Psychologie

7e édition

du développement humain

Diane E. Papalia

Sally W. Olds

Ruth D. Feldman

Adaptation dirigée par Annick Bève
Nicole Laquerre
Martine Thibault
Hélène Baril
Josée Jacques

Achetez en ligne*
www.cheneliere.ca

* Résidants du Canada
seulement.

Chenelière
McGraw-Hill

CHENELIÈRE ÉDUCATION

Psychologie du développement humain
7ᵉ édition

Traduction et adaptation de : *Human Development, Eleventh Edition*
de Diane E. Papalia, Sally W. Olds, Ruth D. Feldman
© 2009 McGraw-Hill (ISBN 978-0-07-337016-3)

© 2010 Chenelière Éducation inc.

Conception éditoriale : Luc Tousignant
Édition : Sophie Jaillot
Édition des activités interactives Odilon : Frédérique Grambin
Coordination : Frédérique Coulombe
Coordination du matériel complémentaire Web : Sabina Badilescu
    et Manon Leroux
Révision linguistique : Danielle Patenaude
Correction d'épreuves : Natacha Auclair
Conception graphique : Josée Bégin
Infographie : Josée Poulin (Interscript)
Conception de la couverture : Nicolas Leclerc, Josée Brunelle
Impression : Imprimeries Transcontinental
Rédaction du matériel complémentaire Web : Nicole Laquerre,
    Ginette Gauthier, Annick Bève, Sonia Tremblay et Anne Chevarie

**Catalogage avant publication
de Bibliothèque et Archives nationales du Québec
et Bibliothèque et Archives Canada**

Papalia, Diane E.

  Psychologie du développement humain

  7ᵉ éd.

  Traduction de la 11ᵉ éd. de : Human development.
  Comprend des réf. bibliogr. et un index.
  Pour les étudiants du niveau collégial.

  ISBN 978-2-7651-0585-5

  1. Psychologie du développement. 2. Psychobiologie du développement.
  I. Olds, Sally Wendkos. II. Feldman, Ruth Duskin. III. Bève, Annick,
  1942-   . IV. Titre.

  BF713.P3514 2010   155   C2010-940770-9

**Chenelière
McGraw-Hill**

CHENELIÈRE ÉDUCATION

7001, boul. Saint-Laurent
Montréal (Québec) Canada H2S 3E3
Téléphone : 514 273-1066
Télécopieur : 450 461-3834 / 1 888 460-3834
info@cheneliere.ca

ISBN 978-2-7651-0585-5

Dépôt légal : 2ᵉ trimestre 2010
Bibliothèque et Archives nationales du Québec
Bibliothèque et Archives Canada

Imprimé au Canada

2 3 4 5 ITIB 14 13 12 11 10

Nous reconnaissons l'aide financière du gouvernement du Canada par
l'entremise du Programme d'aide au développement de l'industrie de l'édition
(PADIÉ) pour nos activités d'édition.

Gouvernement du Québec – Programme de crédit d'impôt pour l'édition de
livres – Gestion SODEC.

Membre du CERC

Membre de
l'Association nationale
des éditeurs de livres

CERC
Canadian Educational
Resources Council

ASSOCIATION
NATIONALE
DES ÉDITEURS
DE LIVRES

Nous avons le grand plaisir de vous présenter la nouvelle édition du Papalia, Olds et Feldman. Dans l'édition précédente, nous avions procédé à un renouvellement de la présentation et à une épuration du contenu, tout en maintenant les nombreuses qualités qui ont assuré le succès de ce manuel au cours des années. Nos efforts ont été profitables, puisque cette édition a connu un franc succès au sein du réseau collégial.

Dans cette nouvelle édition, la rigueur scientifique est demeurée notre priorité et la structure du contenu a été conservée. Nous avons maintenu les mêmes exigences en ce qui concerne la qualité de la langue utilisée, soit la clarté, la précision et l'accessibilité. Nous avons aussi privilégié des références récentes au contexte québécois et canadien, sans pour autant négliger les références propres à d'autres contextes socioculturels. Enfin, nous avons pris soin de renouveler le choix des problématiques abordées en mettant l'accent sur celles qui interpellent la jeune génération et en illustrant notre propos de mises en situation et d'exemples concrets.

Nous savons quel défi représente le cours axé sur la psychologie du développement humain : couvrir une matière riche, abondante et parfois complexe en trop peu de temps. Pour rendre compte de cette complexité, nous avons mis en évidence la continuité, mais aussi les interactions multiples qui existent entre les différentes dimensions et étapes du développement humain, de la période prénatale jusqu'à la fin de la vie. Nous avons par ailleurs gardé le souci constant de rendre la matière encore plus accessible aux étudiants en la présentant de façon concise.

L'ensemble de l'ouvrage contient des ajouts importants. Nous avons notamment inclus un nouveau chapitre portant sur la mort et le deuil. Afin de mieux répartir la matière, les chapitres 11 et 12 portant sur l'âge adulte ont aussi été réorganisés. Une section portant sur le développement du cerveau à chaque étape de l'enfance et à l'adolescence a également été ajoutée, tandis que d'autres sections ont été approfondies (par exemple, celle portant sur l'importance du jeu et de l'attachement dans le développement de l'enfant ou celle abordant la question de la sexualité à l'adolescence). Deux nouveaux types d'encadrés voient par ailleurs le jour, soit « Paroles d'expert » et « Regard sur le monde ». L'aspect pédagogique du manuel est également renforcé par une nouvelle rubrique de questions intitulée « Faites le point », par des résumés de fin de chapitre, par une iconographie renouvelée et par des suggestions de ressources documentaires réunies sous une rubrique intitulée « Pour aller plus loin ». Enfin, l'ensemble des activités interactives présentées sur Odilon, votre complice Web, a été mis à jour, et du matériel complémentaire à télécharger y a été ajouté (tableaux et figures du manuel, médiagraphies complètes, présentations PowerPoint, etc.). Nous sommes donc convaincus que cette nouvelle édition pourra devenir un outil pédagogique indispensable pour les enseignants comme pour les étudiants, qui y trouveront le support nécessaire à leur apprentissage.

Annick Bève

La réalisation d'un tel projet n'aurait pu se faire sans la collaboration de plusieurs personnes, auxquelles nous tenons à exprimer notre reconnaissance.

En premier lieu, nous voulons exprimer notre gratitude envers les professeurs du réseau collégial, dont les critiques pertinentes et constructives nous ont été d'une aide précieuse et nous ont permis d'améliorer la qualité de ce manuel : Mélanie Beaubien (cégep de Trois-Rivières), Julie Benoît (Cité collégiale), Marie-Josée Bergeron (cégep de l'Outaouais), Isabelle Cabot (cégep Saint-Jean-sur-Richelieu), Anne Chevarie (cégep de Sainte-Foy), Anne Croteau (cégep de Sherbrooke), Odette Lacroix (cégep du Vieux Montréal), Éliane Lafontaine (cégep régional de Lanaudière) et Marie Perreault (cégep de Saint-Jérôme).

Nous tenons également à souligner la généreuse contribution des chercheurs qui ont accepté de nous accorder des entrevues et de collaborer aux rubriques « Paroles d'expert », soit, par ordre d'apparition dans le livre : Réjean Tessier (professeur à l'école de psychologie de l'Université Laval), Natacha Trudeau (professeure à l'école d'orthophonie et d'audiologie de l'Université de Montréal), Richard Cloutier (professeur retraité de l'école de psychologie de l'Université Laval), Richard E. Tremblay (professeur au département de psychologie de l'Université de Montréal), Roch Chouinard (professeur au département de psychopédagogie et d'andragogie de l'Université de Montréal), Howard Steiger (professeur à l'Université McGill), Francine Duquet (professeure au département de sexologie de l'Université du Québec à Montréal) et Johanne de Montigny (psychologue à l'unité des soins palliatifs du centre universitaire de santé McGill).

Enfin, nous tenons à exprimer notre profonde reconnaissance à toute l'équipe de Chenelière Éducation pour son entière collaboration et son professionnalisme. Plus particulièrement, nous tenons à remercier Luc Tousignant (éditeur-concepteur) pour sa confiance et son soutien indéfectible, Sophie Jaillot (éditrice) et Frédérique Coulombe (chargée de projet), ainsi que Danielle Patenaude (réviseure linguistique), Natacha Auclair (correctrice d'épreuves) et Interscript (Josée Poulin, infographiste).

ANNICK BÈVE

Annick Bève est titulaire de certificats de licence de psychologie de l'Université de Lille, en France. Elle détient également un baccalauréat en sciences de l'éducation de l'Université de Montréal. Arrivée au Québec en 1967, elle a commencé la même année à enseigner la psychologie au collège Saint-Ignace et au collège Saint-Viateur, puis au cégep Ahuntsic, où elle a poursuivi sa carrière jusqu'à sa retraite en 2002. Durant toutes ces années, elle a donné la plupart des cours de psychologie inscrits au programme, mais plus particulièrement le cours *Psychologie du développement humain.* Elle a collaboré à l'évaluation et à la révision de nombreux manuels de psychologie édités au Québec et a dirigé la précédente adaptation en langue française du livre *Human Development*, de Diane E. Papalia et Sally W. Olds, publiée en 2005. Annick Bève a signé l'adaptation des chapitres 1 et 13 de cette édition, en plus d'avoir assumé la direction pédagogique de l'ensemble de l'ouvrage.

NICOLE LAQUERRE

Nicole Laquerre a suivi une formation en psychologie à l'Université de Montréal avant de poursuivre des études supérieures spécialisées en formation à distance à l'Université du Québec. Elle est également détentrice d'un certificat de perfectionnement en enseignement au collégial de l'Université de Sherbrooke et enseigne la psychologie au collège de Rosemont depuis 1974. Conceptrice pédagogique de plusieurs cours offerts par le Cégep@distance, dont *Développement de l'enfant et de l'adolescent, Psychologie du développement* et *Introduction à la psychologie,* elle a obtenu en 1998, pour le cours *Introduction à la psychologie,* et en 2003, pour le cours *Développement de l'enfant et de l'adolescent,* le Prix d'excellence en conception pédagogique décerné par l'Association canadienne de l'éducation à distance. Nicole Laquerre a assuré l'adaptation des chapitres 2, 3, 5, 7 et 8.

MARTINE THIBAULT

Après avoir obtenu une maîtrise en psychologie de l'Université Laval, Martine Thibault a été, pendant six ans, professionnelle de recherche pour le laboratoire de psychologie fondamentale de l'Université Laval. Depuis 1992, elle est professeure au cégep régional de Lanaudière, à Joliette, où elle donne principalement les cours *Initiation à la psychologie, Interactions et communication, Psychogenèse* et *Psychologie de l'apprentissage.* Elle ajoute à son expérience d'enseignement une cinquième participation à l'adaptation d'un ouvrage de psychologie destiné aux élèves du réseau collégial. Les livres auxquels elle a déjà collaboré, soit *Psychologie générale*, de Spencer A. Rathus, et *Communication et interactions,* de Ronald B. Adler et Neil Towne, publiés chez Beauchemin, ont été primés à trois reprises dans le cadre du concours des Prix de la ministre de l'Éducation. Martine Thibault est l'adaptatrice des chapitres 4, 6 et 12.

HÉLÈNE BARIL

Titulaire d'un doctorat en psychologie de l'Université du Québec à Montréal, Hélène Baril enseigne au cégep Saint-Jean-sur-Richelieu et est psychologue en bureau privé depuis plus de dix ans. Ses travaux de recherche portent principalement sur l'adaptation psychosociale des adolescents lors du passage à l'âge adulte. Elle a également publié plusieurs articles scientifiques en lien avec le développement, lesquels traitent notamment des relations amicales et amoureuses ainsi que de l'impact du dévoilement de l'homosexualité au sein de la famille. Hélène Baril a adapté les chapitres 9, 10 et 11 de cette édition.

JOSÉE JACQUES

Détentrice d'une maîtrise en psychologie de l'Université de Montréal, Josée Jacques a aussi obtenu un diplôme de deuxième cycle en études sur la mort ainsi qu'un certificat en pédagogie. Professeure au département de psychologie du collège de Rosemont depuis plus de vingt ans, mais aussi psychologue en bureau privé, elle est l'auteure de nombreux livres et articles dans lesquels elle s'intéresse plus particulièrement aux thèmes de la communication, de la réussite et du deuil. Josée Jacques est l'adaptatrice du chapitre 14 de cet ouvrage.

Cet ouvrage comporte plusieurs caractéristiques
favorisant un apprentissage structuré et stimulant.

En ouverture de chapitre

Chaque ouverture comprend un **plan du chapitre** qui permet à l'étudiant d'avoir une vue d'ensemble des notions qui seront abordées dans le chapitre, en plus d'en structurer la lecture et l'étude.

L'ouverture de chapitre présente aussi un bref **aperçu** du contenu, rédigé sous forme de texte. Cette synthèse a pour but de placer le contenu dans une perspective globale et de susciter l'intérêt de l'étudiant pour les notions qui seront abordées.

À l'intérieur des chapitres

Le texte s'ouvre sur une **mise en situation** qui met en lumière certaines caractéristiques propres à la période de développement étudiée.

Cette mise en situation se termine par des **questions** qui permettent une première réflexion quant aux enjeux des thèmes traités dans le chapitre.

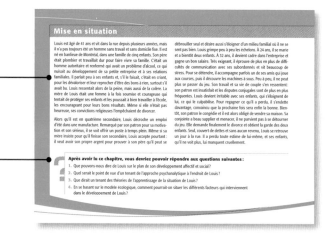

Cet ouvrage propose des **encadrés** qui abordent un aspect ou une problématique propre à un aspect du développement humain.

On trouve quatre types d'encadrés :

- ***Application :*** Cet encadré explore certaines applications pratiques de la recherche ou de la théorie sur le développement.

- ***Approfondissement :*** Cet encadré apporte un complément d'information pertinent à un élément abordé dans le chapitre.

- ***Regard sur le monde :*** Cet encadré propose d'autres perspectives en montrant comment un aspect du développement peut être vécu au sein d'autres cultures.

- ***Paroles d'expert :*** Cet encadré brosse le portrait d'un chercheur québécois ou d'une chercheuse québécoise dont les travaux contribuent à l'enrichissement de la connaissance en psychologie du développement.

ENCADRÉ 1.1 APPLICATION

ENCADRÉ 1.2 APPROFONDISSEMENT

La valeur adaptative de l'immaturité

Comparativement aux autres animaux, incluant les primates, l'être humain prend beaucoup plus de temps à se développer. Ainsi, la maturité sexuelle, par exemple, est atteinte vers six-huit mois chez le chat, vers quatre ans chez le singe rhésus et vers huit ans chez le chimpanzé. Les humains, par contre, ne sont pas encore totalement matures physiquement avant l'adolescence, et ils peuvent même atteindre la maturité cognitive et psychologique plus tard encore, du moins dans les sociétés modernes industrialisées.

ENCADRÉ 1.3 REGARD SUR LE MONDE

ENCADRÉ 1.4 PAROLES D'EXPERT

Une **période critique** cons[...]
(ou son absence) aura plus d'im[...]
moment. Si l'existence de pér[...]
comme nous le verrons dans l[...]
ment, qu'en est-il des humain[...]
certains médicaments ou cont[...]

Période critique
Moment particulier où un événement donné
(ou son absence) aura plus d'impact sur le
développement qu'à tout autre moment.

Certains termes clés, qui apparaissent en caractère gras et en couleur dans le texte, sont définis en marge. Ces définitions faciles à repérer se retrouvent également dans un glossaire général en fin de volume. Ces **définitions en marge** aident l'étudiant à mieux comprendre le vocabulaire d'usage en psychologie du développement.

Plusieurs **tableaux, figures** et **photos**, en plus d'agrémenter et de dynamiser le texte, viennent préciser, illustrer et soutenir une explication donnée dans le texte. Ils permettent aussi parfois de synthétiser ou de simplifier des notions plus complexes, en vue d'en favoriser la compréhension.

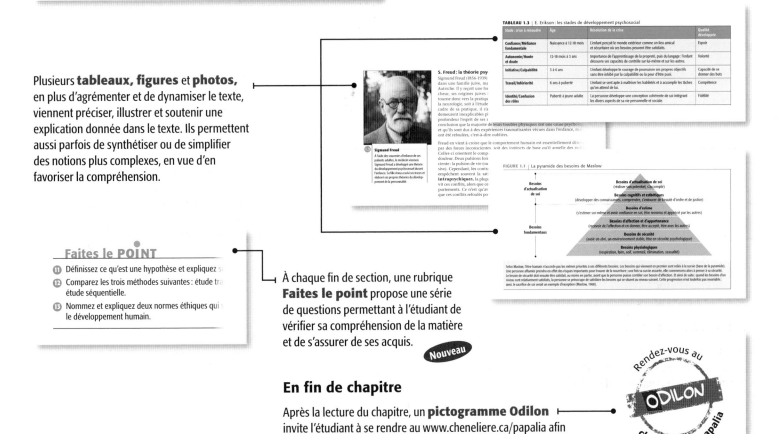

Faites le POINT

⑪ Définissez ce qu'est une hypothèse et expliquez s[...]

⑫ Comparez les trois méthodes suivantes : étude tra[...]
étude séquentielle.

⑬ Nommez et expliquez deux normes éthiques qui s[...]
le développement humain.

À chaque fin de section, une rubrique **Faites le point** propose une série de questions permettant à l'étudiant de vérifier sa compréhension de la matière et de s'assurer de ses acquis.

Nouveau

En fin de chapitre

Après la lecture du chapitre, un **pictogramme Odilon** invite l'étudiant à se rendre au www.cheneliere.ca/papalia afin de réaliser les ateliers interactifs Odilon en lien avec le chapitre.

Un **résumé** permet de revenir brièvement sur le contenu du chapitre afin d'en faire ressortir les points essentiels.

Nouveau

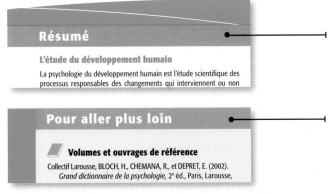

Résumé

L'étude du développement humain

La psychologie du développement humain est l'étude scientifique des processus responsables des changements qui interviennent ou non

Pour aller plus loin

Volumes et ouvrages de référence
Collectif Larousse, BLOCH, H., CHEMANA, R., et DEPRET, E. (2002).
Grand dictionnaire de la psychologie, 2e éd., Paris, Larousse,

Enfin, une rubrique **Pour aller plus loin** présente diverses ressources en lien avec le chapitre (volumes et ouvrages de référence, périodiques, films, vidéos, cédéroms, sites Internet et documents en ligne, etc.) accompagnées d'un bref commentaire. Ces ressources permettront à l'étudiant qui désire approfondir ses connaissances d'en apprendre davantage sur la matière.

Nouveau

Au début et à la fin de l'ouvrage

Dans les liminaires en début d'ouvrage, vous trouverez une présentation des ateliers Odilon et de l'ensemble du matériel complémentaire en ligne disponible pour cet ouvrage.

En fin de volume, vous pourrez consulter au besoin le **glossaire** général, qui reprend en ordre alphabétique tous les mots clés des chapitres, la **bibliographie** complète ainsi qu'un **index** général des sujets traités.

ODILON est un outil d'apprentissage interactif dont les activités pédagogiques variées et parfois ludiques visent à vérifier l'atteinte de compétences dans des cours de niveau collégial. Odilon est aussi couplé à un dossier virtuel qui conserve la trace de toutes les visites de l'étudiant sur le site, ainsi que la note obtenue à chaque activité.

Le complice Web Odilon propose des activités conçues par des enseignants et des auteurs expérimentés afin d'orienter les étudiants, à la maison comme en laboratoire informatique. Les questions et les réponses ont été préparées à partir du manuel. La plupart des réponses sont soumises à une correction automatique. En tant qu'enseignant, vous n'avez plus qu'à consulter les notes obtenues par vos étudiants et à suivre leurs progrès dans leurs moindres détails : le rendement fourni, la fréquence et la durée de leurs visites sur le site, les activités qu'ils ont effectuées et les notes obtenues.

L'inscription au complice Web est gratuite. Toutefois, le matériel offert par notre complice Web s'adresse exclusivement aux enseignants qui utilisent ce volume comme manuel de base pour l'enseignement de leur cours ainsi qu'à leurs étudiants. Enfin, le matériel et le soutien fourni par notre service à la clientèle sont réservés uniquement aux utilisateurs canadiens.

Que propose ODILON, votre complice Web, aux utilisateurs de *Psychologie du développement humain*, *7ᵉ édition* qui veulent accroître leurs connaissances et améliorer leur rendement scolaire ?

Des activités interactives comprenant :

- des tests de lecture ;
- de nombreux ateliers récapitulatifs pour chacun des chapitres.

Du matériel statique incluant :

- les tableaux et les figures du manuel à télécharger ;
- une présentation PowerPoint pour chaque chapitre ;
- une médiagraphie complète, pour aller encore plus loin.

Pour profiter d'une gamme d'ateliers stimulants et de documents utiles, consultez le site :

www.cheneliere.ca/papalia

Table des matières

CHAPITRE 1

Le développement humain : vue d'ensemble et approches théoriques — 2

CHAPITRE 2

La conception, le développement prénatal, la naissance et le nouveau-né — 36

CHAPITRE 5

Le développement physique et cognitif de l'enfant de trois à six ans   **132**

CHAPITRE 6

Le développement affectif et social de l'enfant de trois à six ans   **166**

CHAPITRE 10
Le développement affectif et social de l'adolescent de onze à vingt ans
286

CHAPITRE 11
Le développement du jeune adulte de vingt à quarante ans
314

CHAPITRE 14

La mort et le deuil — 414

1

Le développement humain : vue d'ensemble et approches théoriques

Le développement humain est un processus dynamique et continu qui perdure tout au long de la vie. Tout en maintenant une certaine stabilité, chaque dimension de la personne, qu'elle soit physique, cognitive, affective ou sociale, subit de profonds changements, sous les influences respectives et souvent combinées de l'hérédité et de l'environnement. Chacune d'elles se développent en interaction avec les autres, faisant alors du développement un processus global. Que ce soit l'approche psychodynamique, l'approche béhavioriste, l'approche cognitiviste, l'approche humaniste ou l'approche écologique, tous ces grands courants de la psychologie se sont intéressés au développement humain. Toutefois, si aucune théorie ne peut à elle seule expliquer l'ensemble du développement et sa complexité, chacune, compte tenu de l'approche dans laquelle elle s'inscrit, jette un regard particulier sur certains aspects de ce développement et nous permet de mieux le comprendre.

Louis est âgé de 41 ans et vit dans la rue depuis plusieurs années, mais il n'a pas toujours été un homme sans travail et sans domicile fixe. Il est né en banlieue de Montréal, dans une famille de cinq enfants. Son père était plombier et travaillait dur pour faire vivre sa famille. C'était un homme autoritaire et renfermé qui avait un problème d'alcool, ce qui nuisait au développement de sa petite entreprise et à ses relations familiales. Il parlait peu à ses enfants et, s'il le faisait, c'était en criant, pour les dévaloriser et leur reprocher d'être des bons à rien, surtout s'il avait bu. Louis ressentait alors de la peine, mais aussi de la colère. La mère de Louis était une femme à la fois soumise et courageuse qui tentait de protéger ses enfants et les poussait à bien travailler à l'école, les encourageant pour leurs bons résultats. Même si elle n'était pas heureuse, ses convictions religieuses l'empêchaient de divorcer.

Alors qu'il est en quatrième secondaire, Louis décroche un emploi d'été dans une manufacture. Remarqué par son patron pour sa motivation et son sérieux, il se voit offrir un poste à temps plein. Même si sa mère insiste pour qu'il finisse son secondaire, Louis accepte pourtant : il veut avoir son propre argent pour prouver à son père qu'il peut se

débrouiller seul et désire aussi s'éloigner d'un milieu familial où il ne se sent pas bien. Louis grimpe peu à peu les échelons. À 24 ans, il se marie et a bientôt deux enfants. À 32 ans, il devient cadre dans l'entreprise et gagne un bon salaire. Très exigeant, il éprouve de plus en plus de difficultés de communication avec ses subordonnés et vit beaucoup de stress. Pour se détendre, il accompagne parfois un de ses amis qui joue aux courses, puis il découvre les machines à sous. Peu à peu, il ne peut plus se passer du jeu. Son travail et sa vie de couple s'en ressentent : son patron est insatisfait et les disputes conjugales sont de plus en plus fréquentes. Louis devient irritable avec ses enfants qui s'éloignent de lui, ce qui le culpabilise. Pour regagner ce qu'il a perdu, il s'endette davantage, convaincu que la prochaine fois sera enfin la bonne. Bientôt, son patron le congédie et il est alors obligé de vendre sa maison. Sa conjointe a beau le supplier et le menacer, il ne parvient pas à se détourner du jeu. Elle demande finalement le divorce et obtient la garde des deux enfants. Seul, couvert de dettes et sans aucun revenu, Louis se retrouve à la rue. Il a perdu toute estime de lui-même, et ses enfants, qu'il ne voit plus, lui manquent cruellement.

Après avoir lu ce chapitre, vous devriez pouvoir répondre aux questions suivantes :

1. Que pouvons-nous dire de Louis sur le plan de son développement affectif et social ?

2. Quel serait le point de vue d'un tenant de l'approche psychanalytique à l'endroit de Louis ?

3. Que dirait un tenant des théories de l'apprentissage de la situation de Louis ?

4. En se basant sur le modèle écologique, comment pourrait-on situer les différents facteurs qui interviennent dans le développement de Louis ?

1.1 L'étude du développement humain

1.1.1 La vision actuelle du développement

Psychologie du développement humain
Étude des processus responsables des changements et de la stabilité qui interviennent ou non tout au long de la vie des individus.

La **psychologie du développement humain** est l'étude scientifique des processus responsables des changements qui interviennent ou non tout au long de la vie des individus. Ces processus concernent tous les aspects du développement, à toutes les étapes de l'existence humaine. Le développement est un processus dynamique, cohérent et organisé qui a une fonction adaptative.

Les types de changements

Changement quantitatif
Changement mesurable en nombre ou en quantité, par exemple la taille, le poids et le vocabulaire.

Changement qualitatif
Changement de nature, de structure ou d'organisation, par exemple le type d'intelligence et l'évolution de l'attachement d'une personne.

Si les changements sont généralement plus visibles et plus rapides chez les enfants, ils surviennent à tout âge. Il existe deux types de changements : les changements quantitatifs et les changements qualitatifs. Les **changements quantitatifs** sont ceux que l'on peut mesurer, tels que les modifications de la taille et du poids, le nombre de mots de vocabulaire, l'augmentation ou la diminution des comportements agressifs, etc. Les **changements qualitatifs** désignent les transformations qui touchent à la nature de la personne ou à son organisation interne, telles que la nature de l'intelligence, l'évolution de l'attachement, l'orientation vers une nouvelle carrière, etc.

La plupart de ces changements se feront dans le sens d'une plus grande adaptation, c'est-à-dire vers une spécialisation de plus en plus poussée et une organisation de plus en plus complexe.

La question de la stabilité

Si les personnes évoluent au cours de leur vie, elles font également preuve d'une certaine stabilité dans leur comportement ou leur personnalité.

Par exemple, des recherches ont montré qu'environ 10 % à 15 % des enfants très timides le resteront, et que 10 % à 15 % de ceux qui sont très sociables dans l'enfance le seront aussi à l'âge adulte (Kagan, 1989). Certaines caractéristiques comme l'extraversion et l'ouverture à de nouvelles expériences semblent persister jusqu'à l'âge adulte, alors que d'autres se modifient avec la maturité. Nous verrons plus loin quels sont les facteurs responsables de la stabilité et du changement.

La complexité du développement

Le développement humain est un phénomène complexe. Il met en œuvre de multiples facteurs en interaction les uns avec les autres et qui influencent tous les individus. Par ailleurs, chaque être humain est unique et il est intéressant de savoir pourquoi une personne diffère d'une autre. Qui ne s'est pas déjà demandé : «Suis-je normal ?» ou encore «Le développement de mon petit frère peut-il se comparer à celui des enfants de son âge ?» Comprendre le développement humain aide à répondre à ces questions.

C'est en examinant l'évolution des personnes que les chercheurs ont beaucoup appris sur ce qui est nécessaire à leur développement normal, sur leur façon de réagir aux influences internes et externes, ainsi que sur leur manière de réaliser pleinement leur potentiel en tant qu'individu comme en tant que membre d'une société.

1.1.2 Les principes du développement

Le développement est un processus dynamique et continu qui n'est pas le fruit du hasard. Il suit certains principes communs à tous les êtres humains, que ce soit avant ou après la naissance. Ces principes sont la progression céphalo-caudale, la progression proximo-distale et la progression du simple au complexe.

La progression céphalo-caudale

Selon la **progression céphalo-caudale,** le développement commence par la tête et se termine par les membres inférieurs. La tête, le cerveau et les yeux de l'embryon sont en effet les premiers à se développer. La tête de l'embryon de deux mois représente ainsi la moitié de son corps, tandis qu'à la naissance, elle n'en représente plus que le quart. Elle continuera de diminuer proportionnellement, pour ne représenter seulement qu'un huitième du corps chez l'adulte. Le développement sensoriel et moteur suit le même principe. Les enfants apprennent en effet à utiliser les parties supérieures de leur corps avant les parties inférieures. Les bébés lèvent la tête avant de maîtriser les mouvements du tronc, et ils peuvent saisir un objet avec leurs mains bien avant de savoir ramper ou marcher.

Progression céphalo-caudale
Principe selon lequel le développement se fait de la tête aux pieds, c'est-à-dire que les parties supérieures du corps se développent avant les parties inférieures.

La progression proximo-distale

Selon la **progression proximo-distale,** le développement procède du centre vers la périphérie, soit du tronc vers les extrémités du corps. Ainsi, chez l'embryon, la tête et le tronc se développent avant les bras et les jambes, et les mains et les pieds se développent avant les doigts et les orteils. Il en va de même pour le développement moteur. Le bébé apprend d'abord à maîtriser les articulations qui rattachent les bras et les jambes au tronc, puis les parties antérieures des bras et des jambes, les mains et les pieds et, finalement, les doigts et les orteils.

Progression proximo-distale
Principe selon lequel le développement se fait du centre vers la périphérie, c'est-à-dire que les parties proches du tronc se développent avant les extrémités.

L'interaction des différentes dimensions du développement

Ces enfants qui examinent un insecte dans un bocal illustrent bien les rapports qui existent entre les différents domaines de développement: la perception sensorielle, l'apprentissage cognitif et les interactions émotionnelles et sociales.

La progression du simple au complexe

Selon cette progression, l'individu apprend d'abord à effectuer des choses simples avant de pouvoir réaliser des opérations plus complexes. Ce principe s'applique à l'acquisition de presque toutes les habiletés physiques et cognitives. Ainsi, avant d'être en mesure de marcher seul, l'enfant doit d'abord être tenu par les mains pour apprendre à mettre un pied devant l'autre; de même, il prononce des mots avant de pouvoir faire des phrases. Cette évolution progressive permet à l'individu de s'adapter de mieux en mieux à son milieu.

1.1.3 Les dimensions du développement

Les changements et la stabilité touchent différents aspects ou dimensions du développement humain, soit le développement physique, le développement cognitif et le développement affectif et social. Toutefois, même si nous abordons séparément chacune de ces dimensions pour en faciliter la compréhension, il ne faut pas perdre de vue qu'elles demeurent indissociables et qu'elles s'influencent mutuellement tout au long du développement.

Le développement physique

Les changements concernant le corps, le cerveau, les capacités sensorielles et motrices, de même que la santé, font tous partie du développement physique et peuvent toucher d'autres dimensions. Le développement physique exerce une influence majeure sur le développement de l'intelligence et de la personnalité. C'est d'abord au moyen de ses sens et de ses mouvements que le nouveau-né entre en contact avec le monde qui l'entoure. Ainsi, un enfant qui naît sourd risque de souffrir d'un retard du langage. À la puberté, les changements importants qui surviennent au niveau des hormones et du corps agissent sur la façon dont le soi se développe. La mise en situation du début du chapitre nous montre comment l'alcoolisme du père de Louis, que l'on peut rattacher à la dimension physique, influence sa capacité de communiquer avec ses enfants. Chez certaines personnes vieillissantes, des modifications physiques au niveau du cerveau peuvent entraîner une détérioration des facultés intellectuelles et de la personnalité.

Le développement cognitif

Les habiletés mentales telles que la perception, l'apprentissage, la mémoire, le langage, le raisonnement et la créativité correspondent à différents aspects du développement cognitif. Les progrès sur le plan cognitif, de même que les déclins, sont étroitement reliés à des facteurs physiques, affectifs et sociaux. L'apprentissage du langage dépend ainsi du développement physique de la bouche et du cerveau. Par ailleurs, un enfant précoce sur le plan du langage sera plus susceptible d'interagir positivement avec les autres et de gagner par le fait même de la confiance en lui. Le développement de la mémoire joue un rôle aussi évident dans les apprentissages. Ainsi, pour apprendre à lire, un enfant doit se souvenir de la forme des lettres. Lorsqu'il sait lire, cette nouvelle habileté peut l'aider à développer son vocabulaire, en plus de lui procurer un loisir.

Le développement affectif et social

Les émotions, la personnalité et les relations avec les autres font partie de la dimension affective et sociale du développement. La mise en situation de ce chapitre nous montre comment le développement affectif de Louis a été influencé par l'attitude de son père à son égard. C'est parce que son père ne le valorise pas et lui fait souvent des reproches que Louis décide d'abandonner l'école pour lui prouver qu'il peut être autonome. La personnalité et le développement social ont des effets sur les aspects physiques et cognitifs du fonctionnement. Par exemple, l'anxiété lors d'un examen peut nuire à notre performance, alors que le soutien d'un ami peut nous aider à surmonter un problème de santé ou un deuil. Par ailleurs, les aspects physiques et cognitifs ont aussi des effets sur la vie affective et sociale : une personne âgée qui devient sourde peut se sentir socialement isolée et se replier sur elle-même, de la même façon qu'une personne analphabète peut avoir une piètre estime d'elle-même.

1.1.4 Les périodes du cycle de vie

Toute division du cycle de vie en périodes réfère à ce qui est communément accepté par les membres d'une société à une époque donnée. Ainsi, on ne peut dire objectivement à quel moment l'enfant devient adulte.

Dans les sociétés occidentales, l'adolescence n'a pas toujours été reconnue comme une étape distincte du développement humain. Nous avons cependant choisi de diviser l'étude du cycle de vie en huit périodes : période prénatale, 0 à 2-3 ans, 3 à 6 ans, 6 à 11-12 ans, 12 à 20 ans, 20 à 40 ans, 40 à 65 ans, 65 ans et plus. Même si cette division est approximative et un peu arbitraire, particulièrement en ce qui concerne l'âge adulte, elle est généralement acceptée dans les sociétés occidentales. Les chercheurs qui étudient le développement considèrent en effet que chacune de ces périodes est marquée par des phénomènes qui lui sont propres.

1.1.5 Les différences individuelles

Nous avons souligné plus haut le caractère unique de chaque être humain. En effet, même si les personnes se développent généralement selon une séquence commune, il existe de nombreuses différences individuelles quant au moment et à la façon dont les changements se produisent. Par exemple, l'âge auquel un enfant commence à marcher ou à parler peut varier grandement. Dans ce livre, lorsque nous indiquons les âges auxquels se présentent certains phénomènes, nous nous référons donc à des âges moyens. Dans ce contexte, la réponse à la question « Telle personne se développe-t-elle normalement ? » demande beaucoup de nuances. Nous considérons que le développement d'une personne est en avance ou en retard seulement en cas d'écart extrême.

La majorité des enfants franchissent les étapes du développement à des âges semblables parce que la maturation du corps et du cerveau suit une séquence relativement fixe. Toutefois, on peut observer des différences individuelles en ce qui concerne la taille, le poids, le niveau d'énergie, l'état de santé, l'intelligence, la personnalité, etc. Par ailleurs, les expériences particulières qui sont les nôtres, les différents milieux où nous vivons et les modes de vie que nous adoptons constituent autant d'éléments qui influencent notre développement et lui donnent son caractère unique.

1.1.6 Les facteurs d'influence du développement

Le développement est soumis à l'influence du bagage génétique et à celle des expériences faites dans un environnement donné. Certaines de ces expériences sont purement individuelles, tandis que d'autres sont communes à des ensembles d'individus : des groupes d'âge, des générations, des sociétés, des cultures.

Les facteurs internes

Les influences internes sur le développement proviennent de l'**hérédité**. L'hérédité individuelle représente l'ensemble des traits génétiques hérités des parents, alors que les traits hérités de l'espèce à laquelle nous appartenons se rapportent à l'*hérédité spécifique*. La **maturation** désigne la succession des changements physiques, programmés génétiquement, qui rendent un individu apte à maîtriser certaines habiletés. Les modifications neurophysiologiques et biochimiques qui se produisent dans l'organisme au cours de la maturation vont ouvrir de nouvelles possibilités. De nombreux changements,

Hérédité
Ensemble des traits, individuels et spécifiques, transmis d'une génération à l'autre par les gènes.

Maturation
Succession de changements physiques, programmés génétiquement, qui rendent l'individu apte à maîtriser certaines habiletés.

surtout durant l'enfance et l'adolescence, sont liés à la maturation du corps, plus particulièrement à celle du cerveau. Ainsi, il est inutile de demander à un nourrisson de contrôler ses sphincters, puisque ses fonctions neurophysiologiques n'ont pas encore atteint le niveau de maturation nécessaire à l'acquisition de la propreté.

Les facteurs externes

Influence du milieu
Influence attribuable au contact de l'individu avec son environnement.

Les influences externes, ou **influences du milieu,** proviennent du contact avec le monde extérieur. Nous verrons dans le chapitre 2 que, dès la fécondation, l'embryon puis le fœtus peuvent subir les influences du milieu prénatal. Toutefois, c'est surtout à partir de la naissance qu'une multitude de facteurs interviennent dans le développement du nourrisson : le type de famille dans laquelle il naît, le statut économique de celle-ci, la présence ou l'absence de frères et sœurs, les contacts avec les grands-parents, les caractéristiques du voisinage, le type de société et la culture d'appartenance sont parmi les facteurs les plus marquants. Dans la mise en situation, Louis grandit dans un contexte familial difficile, ce qui exerce une influence déterminante sur ses choix. L'influence respective de l'hérédité (la nature) par rapport à celle du milieu (la culture) a longtemps fait l'objet d'une controverse. Autrement dit, l'hérédité joue-t-elle un rôle plus grand que le milieu, ou vice versa ? Aujourd'hui, la plupart des théoriciens s'entendent pour dire que ces deux types d'influence sont conjointement impliqués dans le développement et qu'il est souvent très difficile de les distinguer. Par exemple, lorsque le corps de la jeune fille se transforme lors de la puberté, les regards que les garçons plus vieux portent sur elle changent. Sous l'effet de ces nouveaux regards, la jeune fille peut devenir plus coquette ou encore se sentir mal à l'aise dans son corps. Ainsi, l'étude du développement humain met-elle en évidence l'interaction constante entre l'inné et l'acquis, entre la maturation et l'apprentissage.

Les influences normatives et les influences non normatives

Cohorte
Groupe d'individus nés à peu près au même moment, ayant vécu au même endroit et ayant connu les mêmes expériences en même temps.

On distingue deux sortes d'influences normatives. Les influences normatives *liées à l'âge* représentent des facteurs qui agissent de façon semblable sur la plupart des gens d'un groupe d'âge donné, peu importe le lieu et l'époque où ils vivent. Elles comprennent des événements biologiques comme la puberté ou la ménopause et des événements socioculturels comme l'entrée à l'école, le mariage ou la retraite.

Les influences normatives *liées à une génération* sont des facteurs qui marquent profondément un groupe de personnes à un moment historique donné. Elles touchent toutes les personnes d'une **cohorte,** c'est-à-dire d'un groupe de personnes nées à peu près au même moment, ayant vécu au même endroit et ayant connu les mêmes expériences. Par exemple, les générations qui ont grandi durant la Grande Dépression de 1929 ou durant la Seconde Guerre mondiale ont été profondément marquées par ces événements. Elles tendent à faire preuve d'un sentiment d'interdépendance sociale plus grand que les générations suivantes (Rogler, 2002). Les influences normatives incluent aussi des facteurs culturels, tels que la transformation du rôle des femmes ou l'émergence d'Internet dans la vie quotidienne des gens.

1.2 Un exemple d'influence normative

L'utilisation étendue des ordinateurs exerce une influence normative progressive sur le développement de l'enfant, ce qui n'existait pas pour les générations précédentes.

Les influences non normatives sont liées à des événements inhabituels qui ont une influence marquante sur la vie d'un individu. Il peut s'agir d'événements courants qui se produisent à un âge inhabituel ou d'événements rares que la majorité des gens ne connaîtront jamais. Ces événements peuvent être heureux ou dramatiques : perdre ses parents alors qu'on est encore bébé ou développer une maladie grave, être accepté à l'université à l'âge de 15 ans ou gagner 30 millions de dollars à la loterie, etc. Une personne peut elle-même contribuer à créer ses propres événements non normatifs, par exemple en choisissant de pratiquer assidûment un sport comme le plongeon et en devenant championne olympique.

Les périodes critiques ou sensibles

Une **période critique** constitue un moment particulier où un événement donné (ou son absence) aura plus d'impact sur le développement de l'individu qu'à tout autre moment. Si l'existence de périodes critiques a bien été démontrée chez les animaux, comme nous le verrons dans le chapitre 4 avec les théories éthologiques de l'attachement, qu'en est-il des humains ? Si une femme enceinte subit une radiographie, prend certains médicaments ou contracte certaines maladies à une étape donnée de sa grossesse, on sait que le fœtus peut en être plus ou moins affecté, selon la nature et le moment du «choc». Or, si l'existence de périodes critiques pour le développement physique du fœtus est incontestable, il n'en va pas de même des autres aspects du développement, pour lesquels l'existence de périodes critiques irréversibles est très controversée. Ainsi, l'immaturité du cerveau à la naissance et durant l'enfance lui confère une grande *plasticité* (*voir l'encadré 1.1*), et c'est la raison pour laquelle plusieurs chercheurs préfèrent parler alors de **période sensible,** c'est-à-dire d'une période de temps durant laquelle une personne est particulièrement prête à répondre à certaines expériences (Bruer, 2001). Contrairement à Eric Lenneberg (1969), qui croit

Période critique
Moment particulier où un événement donné (ou son absence) aura plus d'impact sur le développement qu'à tout autre moment.

Période sensible
Période de temps durant laquelle une personne est particulièrement prête à répondre à certaines expériences ou à effectuer une tâche.

ENCADRÉ 1.1 ⊕ APPROFONDISSEMENT

La valeur adaptative de l'immaturité

Comparativement aux autres animaux, incluant les primates, l'être humain prend beaucoup plus de temps à se développer. Ainsi, la maturité sexuelle, par exemple, est atteinte vers six-huit mois chez le chat, vers quatre ans chez le singe rhésus et vers huit ans chez le chimpanzé. Les humains, par contre, ne sont pas encore totalement matures physiquement avant l'adolescence, et ils peuvent même atteindre la maturité cognitive et psychologique plus tard encore, du moins dans les sociétés modernes industrialisées.

Du point de vue de la théorie issue des travaux de Charles Darwin, cette immaturité prolongée est essentielle à la survie et au bien-être de notre espèce. Plus que tout autre animal, l'homme vit grâce à son intelligence. Les communautés et les cultures humaines sont éminemment complexes et les enfants ont beaucoup à apprendre avant d'y participer pleinement. Une longue enfance permet donc une préparation essentielle à l'âge adulte. Plusieurs aspects de l'immaturité servent des objectifs adaptatifs immédiats. Comme nous le verrons dans le chapitre suivant, certains réflexes primitifs, par exemple le réflexe de succion, sont indispensables à la survie du nouveau-né et disparaissent lorsqu'ils ne sont plus utiles. De même, malgré sa croissance rapide durant la vie prénatale, le cerveau humain est bien moins achevé à la naissance que celui des autres primates ; si le cerveau du fœtus atteignait sa taille adulte avant la naissance, la tête du bébé serait en effet trop grosse pour passer par les voies naturelles (col et vagin). Par conséquent, le cerveau humain poursuit sa croissance au cours de l'enfance et dépasse ensuite largement les capacités des autres espèces les plus évoluées avec l'acquisition du langage et de la pensée. En étant plus lent à se développer, le cerveau humain bénéficie donc d'une plus grande flexibilité, ou plasticité, car toutes les connexions neurales ne sont pas établies en bas âge. Un chercheur a qualifié cette plasticité de «plus grand avantage de l'espèce humaine» (Bjorklund, 1997). La longueur de cette période d'immaturité et de dépendance amène l'enfant à consacrer plus de temps au jeu et à développer ainsi l'imagination, la créativité

et la curiosité intellectuelle, des habiletés caractéristiques de l'esprit humain. L'immaturité des systèmes sensoriels et moteurs pourrait aussi protéger l'enfant de la surstimulation. En limitant la quantité d'informations à traiter, les habiletés sensorimotrices inachevées peuvent aider le nourrisson à se concentrer sur les expériences essentielles à sa survie, telles que la nutrition et l'attachement à sa mère. Par ailleurs, ses capacités mnémoniques limitées peuvent simplifier le traitement des sons reliés aux paroles qu'il entend et faciliter ainsi un apprentissage précoce du langage. L'immaturité de la pensée pourrait également avoir une valeur adaptative. On sait, par exemple, que les jeunes enfants tendent à être peu réalistes lorsqu'ils font l'évaluation de leurs propres capacités et qu'ils ont tendance à les surestimer. Or, cette immaturité du jugement peut constituer un facteur qui encourage les enfants à effectuer de nouvelles expériences en réduisant leur crainte de l'échec.

Enfin, la théorie évolutionniste et la recherche montrent que l'immaturité n'est pas nécessairement synonyme d'insuffisance : si quelques attributs de la petite enfance et de l'enfance se sont maintenus, c'est parce qu'ils ont une valeur adaptative et qu'ils permettent d'accomplir les tâches développementales de cette période de la vie.

Source : Bjorklund, 1997 ; Bjorklund et Pellegrini, 2000, 2002.

à l'existence d'une période critique pour l'apprentissage du langage, plusieurs chercheurs préfèrent donc parler d'une période sensible qui irait jusqu'à la puberté (Newport, Bavelier et Neville, 2001). Même s'il est plus facile de commencer à parler autour de deux ans, un enfant qui ne parle pas encore à cet âge peut en effet acquérir le langage à un âge plus avancé.

1.1.7 L'étude scientifique du développement humain

Le développement est aussi ancien que l'être humain, mais les idées à son sujet ont connu une évolution remarquable. Aujourd'hui, l'étude scientifique du développement humain apporte des connaissances plus précises sur les différents processus qui le caractérisent aux différentes périodes de la vie. Elle modifie la façon dont les adultes considèrent les enfants et se comportent avec eux. C'est particulièrement vrai en ce qui concerne les pratiques éducatives familiales et scolaires, où, par exemple, la connaissance du développement cognitif de l'enfant a largement modifié l'enseignement des mathématiques. Elle permet également d'avoir un regard plus ouvert sur les personnes âgées et sur leurs capacités.

Les études sur l'enfance

Au fil des siècles, les manières de considérer les enfants et de les éduquer ont bien changé. Selon l'historien français Philippe Ariès (1960), ce n'est qu'au XVIIᵉ siècle que les gens ont commencé à voir les enfants comme des êtres qualitativement différents des adultes. Auparavant, une fois passée la période où leur survie était incertaine, ils étaient intégrés au monde des adultes. Ariès fonde ses opinions, entre autres, sur l'observation des tableaux anciens, où les enfants possèdent des traits d'adultes et sont vêtus comme eux. Si cette position d'Ariès a été largement acceptée, d'autres analyses sur diverses périodes de l'histoire brossent pour leur part un tableau différent. Le psychologue David Elkind (1987) a ainsi trouvé dans la Bible et dans les textes grecs et romains des éléments témoignant de la nature spéciale des enfants. Linda A. Pollock (1983), après avoir examiné des documents littéraires remontant au XVIᵉ siècle, nous amène aussi à croire que les enfants sont traités différemment des adultes depuis fort longtemps.

Charles Darwin, le père de la théorie de l'évolution, fut l'un des premiers à reconnaître l'importance de l'enfance dans le développement humain (Keegan et Gruber, 1985). En observant et en tenant un journal sur les progrès quotidiens de son fils, né en 1839, il a constaté que la compréhension du développement durant la petite enfance était nécessaire à la compréhension de l'être humain en tant qu'individu et en tant que membre d'une espèce.

À partir de la fin du XIXᵉ siècle, la psychologie fait officiellement son entrée dans le monde des sciences humaines. Non seulement elle se propose de comprendre et d'expliquer le comportement humain, mais elle va aussi considérer l'enfance comme une période déterminante du développement de la personne. Toutefois, à ses débuts, la psychologie du développement se limite essentiellement à la description des changements qui surviennent chez l'enfant.

Les études sur l'adolescence, l'âge adulte et le vieillissement

Il faut attendre le XXᵉ siècle pour que l'adolescence soit vraiment considérée comme une période particulière du développement, avec la publication du livre de Stanley Hall (1904) *Adolescence*. La première moitié du siècle voit également la publication des travaux de Sigmund Freud et de Jean Piaget, dont nous parlerons plus loin.

Hall est aussi l'un des premiers psychologues à s'intéresser au vieillissement. En 1922, à l'âge de 78 ans, il publie *Senescence: The Last Half of Life*. Le premier centre de recherche important dédié à l'étude du vieillissement est ensuite mis sur pied en 1928, à l'Université Stanford de Californie. Depuis la fin des années 1930, on s'intéresse également au développement de la personne à l'âge adulte. La première étude longitudinale a été menée à l'Université Harvard, où des étudiants ont été suivis de l'âge de

18 ans jusqu'à l'âge mûr. Au milieu des années 1950, des chercheurs tels que Bernice Neugarten et K. Warner Schaie ont poursuivi ces travaux sur l'adulte d'âge mûr. Ces études, et bien d'autres, ont enrichi notre compréhension du développement adulte.

Les études sur le cycle complet de la vie

À l'heure actuelle, la grande majorité des scientifiques reconnaissent que le développement se poursuit tout au long du cycle de vie (*life-span development* pour les auteurs anglophones), soit de la conception jusqu'à la mort d'un individu. Dans cette perspective, de vastes recherches ont été menées aux États-Unis. Une des plus connues est celle entreprise en 1921 à l'Université de Stanford, sous la direction de Lewis M. Terman. Elle a permis de suivre l'évolution, depuis leur enfance jusqu'à nos jours, de sujets sélectionnés en raison de leur intelligence exceptionnelle. Cette façon d'aborder le développement permet de mieux comprendre l'enchaînement et les interactions existant entre les différentes périodes de la vie. Plus près de nous, l'approche de Paul B. Baltes et de ses collègues (Baltes, 1987 ; Baltes, Lindenberger et Staudinger, 1998 ; Baltes et Smith, 2004) a permis d'établir six principes de base qui s'appliquent au développement humain au cours du cycle de vie et que nous pouvons résumer ainsi :

1. *Le développement se poursuit tout au long de la vie.* C'est un processus continu de transformation des capacités d'adaptation de l'individu à son environnement. Chaque période de la vie est influencée par la précédente et influence à son tour les périodes suivantes.

2. *Le développement comporte des gains et des pertes.* Le développement est influencé par des dimensions biologiques, psychologiques et sociales, qui sont en interaction, mais qui se développent à des rythmes différents. Une personne peut, simultanément, faire des gains dans une dimension et des pertes dans une autre.

3. *L'influence relative de la biologie et de la culture change au cours du cycle de vie.* L'équilibre entre ces deux sources d'influence varie avec le temps.

4. *Le développement implique une répartition des ressources.* Les personnes choisissent d'investir leur temps, leur énergie, leurs talents, leur argent et leur support social de diverses façons au cours de leur vie. Ces ressources peuvent être utilisées pour assurer le développement, pour maintenir un état ou pour le retrouver s'il a été perdu (par exemple, faire du sport pour se maintenir en santé ou en faire après une maladie) ou encore pour faire face à une perte.

5. *Le développement est modifiable.* De nombreuses habiletés, telles que la mémoire ou la force physique, peuvent être améliorées avec de l'entraînement et de la pratique, et ce, jusqu'à un âge avancé. Toutefois, cette plasticité a des limites même durant l'enfance.

6. *Le développement est influencé par le contexte historique et culturel.* Chaque personne se développe dans des contextes multiples définis autant par son niveau de maturation que par le lieu et l'époque. Si l'individu influence son contexte historique et culturel, il est également influencé par lui.

L'apport de l'étude du développement

L'étude scientifique du développement humain permet de le jalonner et de déterminer les étapes que toutes les personnes franchissent autour du même âge. Aujourd'hui, on ne se contente plus de décrire le comportement aux différentes étapes de la vie, on veut *expliquer*, *prédire* et, éventuellement, *modifier* ce comportement. En comprenant mieux les transitions qui surviennent au cours du cycle de vie et comment la plupart des gens y font face, chacun de nous est susceptible de mieux s'y préparer. Que ce soit l'arrivée d'un enfant, l'entrée à l'école, la première relation sexuelle, la formation d'un couple, l'entrée sur le marché du travail, l'apparition d'une maladie incurable, la retraite, le décès du conjoint, etc., la psychologie du développement nous permet de mieux saisir l'importance de ces étapes et d'y faire face de façon plus adéquate. Elle permet également de mettre sur pied des programmes spécifiques d'intervention afin d'assurer un meilleur développement aux personnes concernées, comme nous le verrons plus loin dans ce chapitre.

Faites le POINT

1. Définissez la psychologie du développement humain.
2. Expliquez la différence entre un changement quantitatif et un changement qualitatif et donnez-en des exemples.
3. Nommez les différentes dimensions du développement.
4. Définissez le concept de maturation.
5. Expliquez la différence entre une influence normative et une influence non normative.

1.2 Les approches théoriques du développement humain

Théorie
Ensemble cohérent de concepts reliés entre eux de façon logique et qui vise à expliquer un phénomène. Les théories aident les scientifiques à expliquer, à interpréter et à prédire des phénomènes.

Pour expliquer comment l'être humain se développe, les scientifiques ont élaboré plusieurs théories. Une **théorie** se veut un ensemble cohérent d'énoncés ou de concepts reliés entre eux de façon logique et vise à expliquer un phénomène. Une théorie est élaborée à partir de données, c'est-à-dire d'informations obtenues par la recherche et l'observation. Dans le cas qui nous concerne, l'objectif principal est d'expliquer le développement et de prédire quels comportements sont susceptibles d'apparaître sous certaines conditions. En organisant les données issues de la recherche, une théorie permet de formuler des hypothèses, c'est-à-dire des tentatives

TABLEAU 1.1 | Les cinq approches théoriques du développement

Approche	Principale théorie	Postulat de base
Psychanalytique	Théorie psychosexuelle (Freud)	Le comportement est contrôlé par des pulsions inconscientes puissantes.
	Théorie psychosociale (Erikson)	La personnalité est influencée par la société et se développe en passant par différentes crises ou alternatives critiques.
Béhavioriste et néobéhavioriste	Béhaviorisme ou théorie traditionnelle de l'apprentissage (Pavlov, Skinner, Watson)	Les individus réagissent aux stimuli de l'environnement ; le comportement est contrôlé par l'environnement.
	Théorie de l'apprentissage social ou sociocognitive (Bandura)	Les enfants apprennent dans un contexte social donné, en observant et en imitant des modèles, et contribuent activement à leur apprentissage.
Cognitiviste	Théorie cognitiviste (Piaget)	Des changements qualitatifs de la pensée se produisent dans l'enfance et l'adolescence. L'enfant initie activement son propre développement qui va dans le sens d'une adaptation croissante.
	Théorie socioculturelle (Vygotsky)	Les interactions sociales sont au centre du développement cognitif de l'enfant.
	Théorie du traitement de l'information	Les êtres humains sont en quelque sorte des processeurs de symboles.
Humaniste	L'actualisation de soi (Rogers)	L'être humain tend vers le développement de son plein potentiel en étant authentique et congruent.
	La pyramide des besoins (Maslow)	Les besoins de base doivent être satisfaits avant qu'une personne n'atteigne l'actualisation de soi.
Écologique	Modèle écologique (Bronfenbrenner)	L'individu se développe en fonction de six systèmes d'influence qui sont en interaction constante.

d'explication ou de prédiction d'un phénomène. Ces hypothèses seront, à leur tour, vérifiées par d'autres recherches. Une théorie peut donc être modifiée, améliorée ou remise en question par des résultats de recherche.

Si aucune théorie ne permet à ce jour d'expliquer l'ensemble du développement humain, chacune apporte sa propre perspective et met davantage l'accent sur un aspect ou un autre du développement. Au moins cinq approches différentes permettent aujourd'hui d'étudier le développement : l'approche psychanalytique, l'approche béhavioriste, l'approche cognitiviste, l'approche humaniste et l'approche écologique. Chacune ayant ses partisans et ses opposants, aucune n'échappe à la critique. Néanmoins, chacune contribue de façon importante à notre compréhension du développement humain. Le tableau 1.1 énumère les principales caractéristiques de ces cinq approches, dont les différences sont surtout axées autour de deux points fondamentaux : la participation active ou non de l'individu à son propre développement et la présence ou l'absence de stades dans le développement.

1.2.1 L'approche psychanalytique ou psychodynamique

Croyez-vous que votre enfance a eu une influence sur la personne que vous êtes aujourd'hui ? Louis a-t-il pu devenir un sans-abri parce que son père ne le valorisait pas ?

L'**approche psychanalytique** ou **psychodynamique** stipule que le développement est marqué par l'action de forces inconscientes qui motivent le comportement humain et que les événements qui se produisent durant l'enfance déterminent le développement de la personnalité adulte.

Approche psychanalytique ou psychodynamique
Approche qui stipule que le développement est marqué par l'action de forces inconscientes qui motivent le comportement humain et que les événements qui se produisent durant l'enfance déterminent le développement de la personnalité adulte.

Technique utilisée	Basée sur des stades	Cause	Individu actif ou passif
Observation clinique	Oui	Facteurs innés modifiés par l'expérience	Passif
Observation clinique	Oui	Interaction de facteurs innés et de facteurs dus à l'expérience	Actif
Procédure scientifique (expérimentale) rigoureuse	Non	Expérience	Passif
Procédure scientifique (expérimentale) rigoureuse	Non	Expérience modifiée par des facteurs innés	Actif et passif
Entrevues souples ; observation méticuleuse	Oui	Interaction de facteurs innés et de facteurs dus à l'expérience	Actif
Recherche interculturelle ; observation d'enfants interagissant avec des personnes plus compétentes	Non	Expérience	Actif
Recherches en laboratoire ; contrôle technologique de réponses physiologiques	Non	Interaction de facteurs innés et de facteurs dus à l'expérience	Actif et passif
Observation clinique	Non	Expérience	Actif et passif
Observation clinique	Non	Expérience	Actif et passif
Observation et analyse naturalistes	Non	Interaction de facteurs innés et de facteurs dus à l'expérience	Actif

S. Freud: la théorie psychosexuelle

Sigmund Freud (1856-1939) vient au monde en Moravie (actuelle République tchèque) dans une famille juive, mais il est élevé à partir de l'âge de trois ans à Vienne, en Autriche. Il y reçoit une formation en médecine, malgré son désir de devenir chercheur, ses origines juives faisant alors obstacle à une carrière universitaire. Il se tourne donc vers la pratique privée de la médecine et s'intéresse particulièrement à la neurologie, soit à l'étude du cerveau et des troubles du système nerveux. Dans le cadre de sa pratique, il s'aperçoit que certains maux dont souffrent ses patients demeurent inexplicables physiologiquement. Il entreprend alors de sonder plus en profondeur l'esprit de ses malades en les questionnant. Peu à peu, il parvient à la conclusion que la majorité de leurs troubles physiques ont une cause psychologique et qu'ils sont dus à des expériences traumatisantes vécues dans l'enfance, mais qui ont été refoulées, c'est-à-dire oubliées.

Freud en vient à croire que le comportement humain est essentiellement déterminé par des forces inconscientes, soit des instincts de base qu'il appelle des pulsions. Celles-ci orientent le comportement vers la recherche du plaisir et l'évitement de la douleur. Deux pulsions fondamentales dominent le comportement de façon inconsciente : la pulsion de vie (ou pulsion sexuelle) et la pulsion de mort (ou pulsion agressive). Cependant, les contraintes liées à la réalité extérieure et aux attentes sociales empêchent souvent la satisfaction de ces pulsions et créent alors des **conflits intrapsychiques,** la plupart du temps inconscients : la personne ne sait pas qu'elle vit ces conflits, alors que ces derniers influencent pourtant ses émotions et ses comportements. Ce n'est qu'avec l'aide d'une psychanalyse – une forme de thérapie – que ces conflits refoulés pourront revenir à la mémoire.

Freud va élaborer une **théorie du développement psychosexuel,** fondée sur des stades, lesquels constituent la base du développement de la personnalité. Il identifie cinq stades de développement psychosexuel : le stade oral, le stade anal, le stade phallique, la période de latence et le stade génital. Le tableau 1.2 résume ces cinq stades. Les trois premiers stades, qui correspondent aux premières années de la vie, sont les plus déterminants : la façon dont chacun d'eux est franchi influence le développement de la personnalité adulte. Chaque stade, exception faite de la période de latence, est relié à une **zone érogène,** donc à une partie du corps qui procure une sensation de plaisir. Freud considère qu'un enfant qui reçoit trop ou trop peu de gratification durant l'un de ces stades risque de faire une fixation, c'est-à-dire un arrêt dans le développement qui pourra influencer sa personnalité adulte.

Pour Freud, la personnalité est composée de trois instances psychiques, le *ça,* le *moi* et le *surmoi*. Les nouveau-nés sont gouvernés par le **ça** qui est la seule instance présente à la naissance. Source des pulsions de base et réservoir de l'énergie psychique, le ça est totalement inconscient, donc inaccessible directement, et amoral. Il ne supporte pas la tension et obéit au *principe du plaisir,* c'est-à-dire qu'il exige une satisfaction immédiate des besoins sans tenir compte de la réalité externe. Étant donné l'impossibilité de voir tous les besoins satisfaits sans délai, une seconde instance de la personnalité va alors se développer : le **moi,** qui obéit au *principe de réalité*. Le moi est rationnel et, en grande partie, conscient. Il joue un rôle de médiateur entre les exigences du ça et celles de la réalité extérieure. C'est un peu l'« administrateur » de la personnalité. Plus tard, apparaît le **surmoi,** troisième instance de la personnalité qui résulte de l'intériorisation des règles, des interdits et des principes moraux transmis par les parents et les autres représentants de la société. Le surmoi se forme au stade phallique, soit lorsque le complexe d'Œdipe est résolu et que l'enfant s'identifie à ses parents, ce que nous verrons dans le chapitre 6. En partie conscient, mais surtout inconscient, le surmoi obéit au *principe de moralité*. La plupart des conflits intrapsychiques naissent de l'opposition entre les exigences du ça et les interdits du surmoi. Lorsque les exigences du surmoi ne sont pas respectées, l'enfant peut se sentir coupable et développer de l'anxiété.

1.3

Sigmund Freud

À l'aide des souvenirs d'enfance de ses patients adultes, le médecin viennois Sigmund Freud a développé une théorie du développement psychosexuel durant l'enfance. Sa fille Anna a suivi ses traces et élaboré ses propres théories du développement de la personnalité.

Conflit intrapsychique

Conflit inconscient entre les pulsions fondamentales et les contraintes liées à la réalité extérieure et aux attentes sociales.

Théorie du développement psychosexuel

Théorie développée par Freud qui décrit une séquence invariable de stades dans le développement de la personnalité, depuis l'enfance jusqu'à l'adolescence, au cours de laquelle différentes zones érogènes sont investies.

Zone érogène

Partie du corps qui procure une sensation de plaisir et qui est associée à un stade du développement psychosexuel.

Ça

Selon Freud, instance innée et inconsciente de la personnalité, présente dès la naissance, qui obéit au principe de plaisir par la recherche d'une gratification immédiate.

Moi

Selon Freud, seconde instance de la personnalité qui se développe à partir du contact avec le monde extérieur et qui obéit au principe de réalité dans la recherche de modes acceptables de satisfaction des désirs.

Surmoi

Selon Freud, troisième instance de la personnalité qui représente les règles, les interdits et les principes moraux transmis à l'enfant par les parents et d'autres représentants de la société. Il obéit au principe de moralité et se développe vers l'âge de cinq ou six ans.

TABLEAU 1.2 | S. Freud : les stades de développement psychosexuel

Stade	Âge	Zone érogène	Activités gratifiantes	Tâche à accomplir
Oral	Naissance à 12-18 mois	Bouche	Téter, sucer, mordre	Sevrage.
Anal	12-18 mois à 3 ans	Anus	Rétention et expulsion des fèces	Apprentissage de la propreté.
Phallique	3 à 6 ans	Organes génitaux	Attouchement des parties génitales	Résolution du complexe d'Œdipe. Identification au parent de même sexe.
Période de latence	6 ans à puberté	Aucune en particulier	Calme relatif de la pulsion sexuelle	Développement des compétences cognitives et sociales.
Génital	Puberté à fin de vie	Organes génitaux	Relations sexuelles	Choix d'un partenaire de sexe opposé. Reproduction.

L'exemple suivant pourrait vous aider à mémoriser le rôle joué par les trois instances de la personnalité. Le ça crie : « J'ai faim, je veux manger immédiatement ! », le moi répond « D'accord, mais attends un instant, le repas n'est pas tout à fait prêt. », et le surmoi murmure : « Tu n'as pas honte d'être aussi gourmand quand il y a autant d'enfants qui ne mangent pas à leur faim ? »

Pour Freud, une personnalité saine implique un équilibre relatif entre les trois instances de la personnalité. Lorsque le moi ne parvient plus à jouer son rôle de régulateur entre le ça et le surmoi, le déséquilibre s'installe, engendrant de la tension et de l'anxiété. Le moi recourt alors à des **mécanismes de défense** inconscients qui consistent à déformer la réalité ou à la nier. Le refoulement est un exemple de mécanisme de défense qui vise, entre autres, à empêcher un souvenir menaçant d'accéder à la conscience. Si vous donnez un coup de pied à votre chien après vous être disputé avec votre père, vous utilisez un autre mécanisme de défense : le déplacement. Selon Freud, tous les individus utilisent des mécanismes de défense, mais certains le font d'une manière trop rigide ou de façon trop répétitive, ce qui peut entraîner des troubles psychologiques. Nous reparlerons plus loin des différents mécanismes de défense.

Mécanisme de défense
Stratégie inconsciente utilisée par le moi pour réduire l'anxiété et qui consiste à nier la réalité ou à la déformer.

E. Erikson : la théorie psychosociale

Né en Allemagne d'un père qu'il ne connaîtra pas et d'une mère danoise d'origine juive, Erik Erikson (1902-1994) est initié à la psychanalyse en Autriche par Anna, la fille de Freud. Devant la menace nazie (qui finira par démanteler le cercle de Freud), il doit fuir Vienne et s'installe alors aux États-Unis en 1933, où il deviendra professeur. Son arrivée aux États-Unis l'oblige à redéfinir son identité en tant qu'immigrant. Ses expériences personnelles, dont nous reparlerons dans le chapitre 10, ainsi que des observations réalisées auprès d'adolescents troublés, de soldats au combat pendant la Seconde Guerre mondiale et de membres de groupes minoritaires, vont influencer l'élaboration de sa théorie (Erikson, 1968, 1973 ; Evans, 1967). Il travaille également auprès de groupes d'enfants amérindiens, ce qui va l'amener à faire le lien entre le développement de la personnalité et l'influence des valeurs parentales et sociales. Erikson accepte en grande partie les idées de Freud, mais il trouve que sa théorie sous-estime l'influence de la société en accordant trop de place à la pulsion sexuelle comme facteur central du développement. Or, pour lui, une fille qui grandit dans une réserve sioux, où les femmes apprennent à servir leur mari chasseur, se développera différemment d'une fille ayant vécu dans une famille viennoise aisée du début du XXᵉ siècle, comme la plupart des patientes de Freud.

Pour Erikson, l'émergence et le développement de l'identité sont au cœur du développement humain, et le moi est l'instance la plus importante de la personnalité. Selon la **théorie du développement psychosocial** (Erikson, 1963, 1982 ; Erikson,

1.4 **Erik Erikson**
Le psychanalyste Erik Erikson est parti de la théorie freudienne, mais, selon lui, les influences de la société touchent autant, sinon davantage la personnalité que les facteurs biologiques.

Théorie du développement psychosocial
Théorie développée par Erikson qui souligne l'importance des influences sociales et culturelles dans le développement de la personnalité, et au cœur de laquelle se situe la recherche de l'identité du moi.

Selon Erikson, stade du développement de la personnalité. Au nombre de huit, chaque stade est marqué par l'existence d'une crise à résoudre, c'est-à-dire par l'atteinte d'un équilibre entre deux pôles, l'un positif, l'autre négatif.

Erikson et Kivnick, 1986), cette recherche de l'identité se poursuit tout au long de la vie, contrairement à la théorie psychosexuelle de Freud. Le moi se développe au cours de huit **stades psychosociaux** et chacun de ces stades est caractérisé par un conflit central qui engendre une *crise* au niveau de la personnalité. La résolution de chacune des huit crises exige l'atteinte d'un équilibre entre deux pôles, l'un positif, l'autre négatif. Par exemple, au premier stade, la crise à résoudre est appelée *confiance/méfiance fondamentale*. Le jeune enfant fait alors l'apprentissage de son lien de base avec le monde extérieur. Selon Erikson, l'enfant doit trouver l'équilibre entre le fait d'accorder une confiance aveugle à tous ceux qui l'entourent et celui de rester en retrait à cause d'une trop grande méfiance. Selon cette théorie, un enfant équilibré fera fondamentalement confiance au monde, mais gardera un minimum de méfiance pour se protéger des situations dangereuses ou malsaines. Lorsqu'une personne résout la crise qu'elle traverse, elle développe alors une *qualité* particulière, une force adaptative qui lui permet d'aller plus avant dans son développement. La façon dont chacune des crises est résolue aura un impact sur la personnalité. Contrairement à Freud pour qui la fixation à un stade particulier marquerait la personnalité de manière inéluctable, Erikson croit plutôt en la présence de périodes sensibles. Si une crise n'est pas franchie ou qu'elle l'est plus difficilement, l'enfant, et même l'adulte, pourra la résoudre ultérieurement, lorsque d'autres occasions se présenteront. Par exemple, un enfant qui traverse mal la crise de *confiance/méfiance* pourra, lors d'une première relation amoureuse, expérimenter une nouvelle forme d'attachement qui lui permettra de devenir plus confiant. Le tableau 1.3 présente les huit stades psychosociaux selon Erikson.

L'apport et les limites des théories psychanalytiques

Les travaux de Freud ont eu une influence majeure sur la vision que nous avons, aujourd'hui encore, de la psyché humaine, et plus particulièrement de la nature des désirs, des pensées et des émotions inconscientes. Freud nous a permis de mieux comprendre le rôle crucial de l'enfance dans le développement, de prendre conscience de la sexualité infantile et de saisir toute l'importance – et l'ambivalence – des relations parent-enfant. Parmi les nombreux penseurs qui ont suivi ses traces, Erikson,

TABLEAU 1.3 | E. Erikson : les stades de développement psychosocial

Stade : crise à résoudre	Âge	Résolution de la crise	Qualité développée
Confiance/Méfiance fondamentale	Naissance à 12-18 mois	L'enfant perçoit le monde extérieur comme un lieu amical et sécuritaire où ses besoins peuvent être satisfaits.	Espoir
Autonomie/Honte et doute	12-18 mois à 3 ans	Importance de l'apprentissage de la propreté, puis du langage : l'enfant découvre ses capacités de contrôle sur lui-même et sur les autres.	Volonté
Initiative/Culpabilité	3 à 6 ans	L'enfant développe le courage de poursuivre ses propres objectifs sans être inhibé par la culpabilité ou la peur d'être puni.	Capacité de se donner des buts
Travail/Infériorité	6 ans à puberté	L'enfant se sent apte à maîtriser les habiletés et à accomplir les tâches qu'on attend de lui.	Compétence
Identité/Confusion des rôles	Puberté à jeune adulte	La personne développe une conception cohérente de soi intégrant les divers aspects de sa vie personnelle et sociale.	Fidélité
Intimité/Isolement	Jeune adulte	La personne est capable de s'engager affectivement avec une autre personne (formation d'un couple, d'une famille, etc.).	Amour
Générativité/Stagnation	Adulte d'âge moyen	La personne se sent de plus en plus concernée par les générations plus jeunes. Elle les guide, leur transmet ses connaissances et les fait profiter de son expérience.	Souci pour autrui (sollicitude)
Intégrité/Désespoir	Adulte d'âge avancé	La personne accepte la vie qu'elle a menée ainsi que sa mort prochaine.	Sagesse

Source : Adapté d'Erik Erikson, 1982.

en s'écartant plus ou moins de sa théorie et en ouvrant de nouvelles perspectives, est celui qui a le plus contribué à la compréhension du développement humain. Une des forces de la théorie d'Erikson consiste à reconnaître que l'individu se développe tout au long de sa vie. Elle réside aussi dans l'importance qu'elle accorde aux influences sociales et culturelles qui s'exercent sur le développement.

Les théories psychosexuelle et psychosociale ont toutes deux été critiquées. Certains reprochent à Freud d'accorder une importance exagérée aux processus inconscients, dont l'existence ne peut être prouvée de façon empirique. De plus, Freud a élaboré sa théorie à partir d'entretiens cliniques et non à partir d'études scientifiques. Plusieurs de ses concepts n'ont pu être validés (Emde, 1992 ; Westen, 1998). Par ailleurs, ses patients, surtout des femmes adultes généralement issues de milieux favorisés, ne constituent pas un échantillon représentatif : difficile alors de généraliser ses conclusions à l'ensemble de la population.

Si cette critique s'applique moins aux travaux d'Erikson, certaines recherches révèlent néanmoins qu'il existe peu de preuves selon lesquelles les stades se succèdent comme il le prétend (Chiriboga, 1989). Comme ceux de Freud, les concepts mis de l'avant par Erikson peuvent difficilement être vérifiés scientifiquement (Thomas, 2004). Enfin, Freud et Erikson reçoivent la même critique, quoique formulée différemment : ils ont tous deux centré leur théorie sur l'homme comme étant la norme d'un sain développement, au détriment de la femme, ce qui, de fait, laisse de côté la moitié de la population...

1.2.2 L'approche béhavioriste et néobéhavioriste

L'**approche béhavioriste** met l'accent sur l'étude des comportements observables, mesurables et quantifiables. À l'opposé de l'approche psychodynamique, elle nie les motivations inconscientes et considère le développement comme résultant de l'apprentissage, c'est-à-dire comme un ensemble de réactions à des stimuli et à des événements extérieurs. Pour les béhavioristes, les changements de comportements dus à l'apprentissage observés durant le développement découlent particulièrement de la façon dont un individu réagit aux stimuli agréables, douloureux ou menaçants qui viennent de son environnement. En effet, s'ils reconnaissent la limite imposée aux actions humaines par les mécanismes biologiques, les tenants de l'approche béhavioriste accordent à l'environnement un rôle déterminant dans l'orientation du comportement : on dit qu'ils sont **déterministes.** Par conséquent, si l'on parvient à cerner toutes les influences exercées par l'environnement sur l'individu, on pourra prédire ses comportements et même les modifier. Il faut donc tenter de reconnaître et d'isoler les facteurs qui poussent les gens à agir de telle ou telle façon. Pour étudier les comportements complexes, il faut les diviser en éléments plus simples.

Les tenants de cette approche se sont surtout intéressés à deux formes d'apprentissages, soit le conditionnement classique ou répondant et le conditionnement instrumental ou opérant.

I. Pavlov : le conditionnement classique ou répondant

Ivan Pavlov (1849-1936), un physiologiste russe, est devenu célèbre avec une expérience où il a appris à un chien à saliver au son d'une cloche. Nous savons que les chiens salivent naturellement au moment où nous leur offrons de la nourriture. Comment modifier ce comportement et amener un chien à saliver au son d'une cloche ? Pavlov faisait entendre le son d'une cloche juste avant de présenter de la nourriture au chien. Cette procédure étant répétée plusieurs fois, progressivement, le chien a associé le son de la cloche à la présence de nourriture et il s'est mis à saliver au seul son de la cloche. Dans cette expérience, la nourriture représente le stimulus inconditionnel (SI) provoquant naturellement la salivation, laquelle représente la réponse inconditionnelle (RI). Au départ, le son de la cloche est un stimulus neutre (SN), puisqu'il ne provoque pas la salivation. Associé à la nourriture,

 Ivan Pavlov
Le physiologiste Ivan Pavlov est considéré comme le découvreur du conditionnement classique.

Conditionnement classique ou **répondant**
Apprentissage grâce auquel un stimulus finit par déclencher une réponse après avoir été associé à un autre stimulus qui, lui, provoque automatiquement cette réponse.

il devient un stimulus conditionnel (SC), c'est-à-dire capable d'évoquer une réponse conditionnelle (RC) : la salivation. Cette expérience illustre le **conditionnement classique** ou **conditionnement répondant**.

John B. Watson (1878-1958) a été le premier béhavioriste à appliquer le conditionnement classique à l'étude du développement de l'enfant. Ainsi, le bébé va notamment apprendre à aimer ses parents parce qu'il les associe peu à peu au sentiment de confort qu'il éprouve dans leurs bras et aux caresses qu'ils lui prodiguent. Les parents sont donc d'abord un stimulus neutre qui devient ensuite conditionnel. En apprenant quels événements sont associés les uns aux autres, l'enfant peut anticiper ce qui va se produire, et le monde devient alors plus ordonné et plus prévisible. Dans la mise en situation de ce chapitre, lorsque le père de Louis revenait ivre à la maison, il se montrait agressif à l'égard de son fils, qui se sentait mal et éprouvait alors de la colère. La répétition de cette scène a pu provoquer chez Louis des sentiments négatifs à l'égard de son père, indépendamment du fait que celui-ci ait bu ou non. Le père a pu ainsi devenir un stimulus conditionnel déclenchant une réponse conditionnelle de colère chez son fils Louis.

B. F. Skinner : le conditionnement instrumental ou opérant

Noémie joue tranquillement dans le salon. Quand elle se met à rire, sa mère s'approche et joue avec elle. Un peu plus tard, son père fait de même. Si cette situation se répète, Noémie va apprendre que son comportement (rire) entraîne une conséquence agréable (recevoir de l'attention de ses parents). Elle va donc continuer de rire pour obtenir à nouveau cette attention. Ce type de conditionnement est appelé **conditionnement instrumental** ou **conditionnement opérant**.

À la différence du conditionnement répondant, où l'association s'établit entre un stimulus venant de l'environnement et une réponse réflexe de l'organisme, dans le conditionnement opérant, l'association se fait entre une réponse et ses conséquences. C'est le psychologue américain Burrhus F. Skinner (1904-1990) qui a énoncé les principes de ce type de conditionnement fréquemment utilisé par les parents, les enseignants et les dompteurs d'animaux. Skinner (1938) a amené des pigeons à reconnaître des leviers de couleurs différentes en les récompensant avec de la nourriture lorsqu'ils appuyaient sur le bon levier. Il a ensuite montré que le même principe pouvait s'appliquer au comportement humain. Si un comportement entraîne une conséquence agréable (ou le retrait d'une conséquence désagréable), on dit qu'il est renforcé. La probabilité que le sujet adopte de nouveau le même comportement augmente alors. Si, au contraire, le comportement entraîne une conséquence désagréable (ou empêche une conséquence agréable), il est puni, et la probabilité que le sujet l'adopte à nouveau diminue.

1.6 **Burrhus F. Skinner**
Le psychologue Burrhus F. Skinner a énoncé les principes du conditionnement opérant.

Le renforcement et la punition Le renforcement peut être positif ou négatif. Le **renforcement positif** consiste à donner une récompense telle que de la nourriture, une bonne note à un travail, de l'argent ou des compliments à la suite de la réponse du sujet. Le **renforcement négatif** consiste à retirer de l'environnement du sujet un stimulus désagréable, par exemple une lumière aveuglante, un bruit désagréable ou des réprimandes, pour obtenir la réponse désirée. Pour ne pas avoir froid aux mains l'hiver, l'enfant apprend ainsi à mettre ses mitaines lorsqu'il va jouer à l'extérieur.

Conditionnement instrumental ou **opérant**
Forme d'apprentissage dans laquelle une réponse continue de se produire parce qu'elle a été renforcée ou bien cesse de se produire parce qu'elle a été punie.

Renforcement positif
Selon Skinner, stimulus agréable appliqué après un comportement pour augmenter la probabilité de réapparition du comportement.

Renforcement négatif
Selon Skinner, stimulus désagréable retiré après un comportement pour augmenter la probabilité de réapparition du comportement.

Nous savons tous ce qu'est une punition. Il s'agit d'une conséquence désagréable qui suit un comportement. Il faut cependant bien distinguer le renforcement négatif de la punition : alors que le renforcement négatif augmente la probabilité d'apparition d'une réponse, la punition diminue au contraire cette probabilité. Par exemple, si un ami vous insulte lors d'une dispute, vous pouvez le punir en cessant de lui parler. Vous lui infligez alors une conséquence désagréable pour faire disparaître le comportement en question. À l'opposé, lorsque nous appliquons un renforcement négatif, nous retirons une conséquence désagréable si le comportement souhaité apparaît. Par exemple, si votre ami s'excuse après avoir proféré des paroles blessantes et que vous recommencez à le fréquenter, vous aurez alors retiré la conséquence désagréable que vous lui aviez infligée (ne plus lui parler). Généralement, l'individu reproduira un comportement qui fait cesser une conséquence désagréable.

Comme c'est le cas pour le renforcement, il existe des punitions positives et des punitions négatives. Si vous criez contre votre petit frère parce qu'il est venu fouiller dans vos affaires, vous lui appliquez une punition positive (se faire réprimander est désagréable). Mais si, pour la même raison, vous lui reprenez un livre que vous lui aviez donné, cette fois la punition est négative (vous lui enlevez un stimulus agréable). Le conditionnement opérant est un outil puissant, utilisé pour former ou modifier le comportement des enfants et des adultes. Les actions désirées sont encouragées par un renforcement, tandis que celles jugées indésirables sont punies. Toutefois, pour être vraiment efficaces, le renforcement ou la punition doivent être donnés le plus tôt possible après le comportement visé. Par ailleurs, pour plusieurs théoriciens de l'apprentissage, la punition n'est pas toujours considérée comme le meilleur moyen de modifier un comportement, comme nous le verrons dans le chapitre 4. Enfin, il faut savoir que ce qui représente un renforcement pour l'un peut être une punition pour l'autre. Par exemple, recevoir publiquement des félicitations pour un travail bien fait peut être agréable pour une personne, mais très désagréable pour une autre qui serait très timide.

A. Bandura : l'apprentissage social ou apprentissage par observation

La **théorie de l'apprentissage social,** ou **apprentissage par observation,** soutient que la personne – notamment l'enfant – apprend en observant et en imitant le comportement de modèles, par exemple ses parents ou ses amis. Cette théorie, dont le psychologue canadien Albert Bandura (1925-) est le principal défenseur, met elle aussi l'accent sur l'impact de l'environnement. Toutefois, elle attribue à la personne un rôle beaucoup plus actif dans son développement que le béhaviorisme classique. En effet, selon cette théorie, la personne choisit ses modèles : ainsi, un enfant peut choisir d'imiter le comportement d'un joueur de hockey pour qui il a une grande admiration ou un adolescent peut choisir de s'habiller comme un chanteur à la mode. Parce qu'elle reconnaît l'importance de la pensée dans l'apprentissage, on classe cette théorie dans le courant *néobéhavioriste*. Depuis 1989, la théorie de l'apprentissage social est d'ailleurs nommée *théorie sociale cognitive* par Bandura (1986, 1989). Cette nouvelle appellation reflète bien l'importance accordée aux processus cognitifs. Lorsqu'elle observe les comportements d'autrui, la personne évalue leurs conséquences. Ainsi, si la conduite observée est récompensée, la personne aura tendance à la reproduire pour être récompensée à son tour. Si, au contraire, elle entraîne une conséquence désagréable, elle aura plutôt tendance à l'éviter. Ce type d'apprentissage *vicariant*, comme le nomme Bandura, nous permet d'apprendre un comportement sans que nous soyons directement renforcés ou punis.

1.7 **Albert Bandura**

Le psychologue Albert Bandura est un éminent défenseur de la théorie de l'apprentissage social selon laquelle l'apprentissage passe par l'observation et l'imitation de modèles.

La sélection et la reproduction des comportements observés mettent en jeu plusieurs processus cognitifs tels que la capacité d'être attentif, d'organiser mentalement l'information sensorielle et de mémoriser. Ces processus agissent sur les apprentissages. Par exemple, un enfant peut décider d'imiter le comportement d'un camarade de classe particulièrement agressif parce que ce dernier obtient de cette façon davantage d'ascendant sur ses pairs. Cependant, ce comportement peut être rejeté dans un autre contexte, par exemple dans la famille de l'enfant. À partir des réactions obtenues dans divers contextes, l'enfant pourra alors former peu à peu son jugement et mieux sélectionner ses modèles, ce qui développera son sentiment d'**efficacité personnelle,** c'est-à-dire sa conviction de détenir les capacités nécessaires pour réussir ce qu'il entreprend. Aujourd'hui, rares sont les chercheurs qui excluent la dimension cognitive de l'apprentissage comme le faisaient les tenants du conditionnement répondant et opérant. Les humains apprennent dans un contexte social et culturel complexe où la diversité des apprentissages à développer ne peut être expliquée par le simple conditionnement. L'imitation de modèles joue ainsi un rôle majeur dans l'acquisition du langage, dans le développement du sens moral et dans l'acquisition des comportements reliés au genre, pour ne citer que ces exemples.

Théorie de l'apprentissage social ou **apprentissage par observation**
Théorie néobéhavioriste principalement développée par Bandura, selon laquelle les comportements sont acquis par l'observation et l'imitation du comportement de modèles.

Efficacité personnelle
Conviction d'une personne de détenir les capacités nécessaires pour réussir ce qu'elle entreprend.

L'apport et les limites des théories de l'apprentissage

Grâce à une définition mesurable des comportements et à des expériences en laboratoire, le béhaviorisme a contribué à rendre plus rigoureuse l'étude du développement. Il nous permet de mieux comprendre non seulement les mécanismes impliqués dans l'apprentissage, mais aussi comment nous subissons, même à notre insu, l'influence de l'environnement. Parmi les principales contributions du béhaviorisme se trouvent les programmes conçus pour obtenir des modifications rapides du comportement (par exemple, cesser de fumer) ou pour inculquer de nouveaux comportements (comme l'apprentissage de la propreté), sans avoir à plonger dans une recherche approfondie sur les conflits affectifs.

Cependant, cette approche a tendance à sous-estimer les facteurs biologiques et héréditaires, ainsi que les facteurs cognitifs, les motivations, le libre arbitre et les facteurs inconscients du comportement. Elle a également tendance à exagérer le déterminisme de l'environnement et fait peu de distinction entre les différentes périodes de la vie. Enfin, selon certains, le principal défaut de la théorie béhavioriste est qu'elle ne se penche pas sur les causes profondes des conduites humaines. Or, le fait de ne tendre qu'à éliminer un comportement indésirable (par exemple, mouiller son lit) peut entraîner un autre comportement tout aussi indésirable (comme voler des objets) simplement parce que la vraie source du problème n'a pas été identifiée.

Il est vrai que les principales caractéristiques de la théorie de l'apprentissage social – soit mettre l'accent sur le contexte social, reconnaître le rôle actif de la personne dans son propre développement et montrer l'importance des processus cognitifs – représentent de nettes améliorations par rapport aux théories quelque peu réductionnistes du béhaviorisme classique. Cette théorie nous permet en effet de mieux comprendre l'influence exercée par d'autres personnes sur nos propres comportements, et ce, souvent à notre insu. Cependant, cette approche ne précise pas davantage comment interviennent les changements en fonction de l'âge. Enfin, même si ces deux théories nous aident à mieux comprendre le comportement humain, elles ne sont pas, en tant que telles, des théories du développement.

1.2.3 L'approche cognitiviste

L'**approche cognitiviste** s'intéresse surtout au développement de l'intelligence et des processus cognitifs tels que la perception, la mémoire et la pensée, ainsi qu'aux comportements qui en résultent. Parmi les théoriciens qui appartiennent à cette approche, Jean Piaget a eu une influence déterminante sur la compréhension de l'intelligence du jeune enfant. De son côté, Lev Vygotsky s'est également intéressé au développement cognitif des enfants, mais en situant les apprentissages dans un contexte socioculturel. Enfin, la théorie du traitement de l'information s'est particulièrement intéressée aux processus impliqués dans la captation et dans la rétention de l'information.

J. Piaget : la théorie des stades du développement cognitif

Le théoricien suisse Jean Piaget (1896-1980) a été le plus éminent défenseur de l'approche cognitiviste. Ses recherches ont considérablement amélioré notre connaissance du développement de la pensée de l'enfant.

Enfant, Piaget est déjà très curieux. À 11 ans, alors qu'il est au collège, il écrit un court article sur un moineau albinos observé dans un parc. Son intérêt pour la nature se développe à l'adolescence. En 1920, il obtient un doctorat en sciences naturelles de l'Université de Neuchâtel, en Suisse, mais il s'intéresse aussi à la philosophie, à la théologie et connaît bien la théorie psychanalytique de Freud. Il s'installe alors à Paris où, durant une année, il travaille dans le laboratoire d'Alfred Binet, le concepteur du premier test d'intelligence. C'est là que Piaget commence à élaborer sa théorie du développement cognitif. Il applique sa vaste connaissance de la biologie, de la philosophie et de la psychologie à l'observation des enfants. Au moment de sa mort, en 1980, Piaget

1.8 **Jean Piaget**

Le psychologue Jean Piaget a étudié le développement cognitif des enfants en observant plusieurs d'entre eux dans différentes situations, en discutant avec eux et en leur posant des questions afin de découvrir comment fonctionne leur esprit.

Approche cognitiviste
Approche qui s'intéresse au développement de l'intelligence et des processus cognitifs tels que la perception, la mémoire ou la pensée, ainsi qu'aux comportements qui en résultent.

aura rédigé plus de 40 livres et une centaine d'articles sur la psychologie de l'enfant, sans compter des ouvrages de philosophie et d'éducation, dont plusieurs ont été écrits avec sa collaboratrice de longue date, Bärbel Inhelder. Les travaux de Piaget influence-ront plusieurs théoriciens, comme Lawrence Kohlberg, dont il sera question plus loin.

Piaget développe son modèle à l'aide d'une méthode clinique qui consiste à observer et à interroger systématiquement des enfants (incluant les siens) en train d'effectuer des tâches de résolution de problèmes. Ces problèmes sont particulièrement conçus pour permettre à Piaget de découvrir les limites des modes de raisonnement des enfants. C'est ainsi qu'il peut observer, par exemple, qu'un enfant de quatre ans croit que des pièces de monnaie sont plus nombreuses lorsqu'elles sont alignées plutôt qu'empilées. Il élabore ainsi une théorie complexe du **développement cognitif**, défini comme une suite de transformations des modes de pensée permettant à l'en-fant de s'adapter de mieux en mieux à son environnement et d'aller dans le sens d'une équilibration de plus en plus poussée (Piaget, 1964).

Développement cognitif
Suite de transformations des modes de pensée qui permettent à l'enfant de s'adapter de mieux en mieux à son environnement.

Pour Piaget, l'être humain possède la capacité innée d'apprendre pour s'adapter à l'environnement, laquelle constitue le point de départ du développement cognitif. Compte tenu de son niveau de maturation, l'enfant commence par exercer ses réflexes innés et ses premières habiletés sensorimotrices, grâce auxquels il développe une connaissance du monde de plus en plus précise. En manipulant son ourson, en explorant les limites du salon, il fait ainsi des expériences nouvelles et développe des structures mentales de plus en plus complexes. Selon Piaget, cette progression se fait selon quatre stades de développement cognitif: le stade sensorimoteur, le stade pré-opératoire, le stade des opérations concrètes, ou stade opératoire concret, et le stade des opérations formelles, ou stade formel. Ces stades sont universels et qualitative-ment différents, ce qui veut dire qu'à chaque stade correspond un mode de pensée particulier. Ces stades sont présentés dans le tableau 1.4.

TABLEAU 1.4 | J. Piaget: les stades du développement cognitif

Stade	Âge	Principales caractéristiques	Principales acquisitions
Sensorimoteur	Naissance à 2 ans	À partir de l'exercice des réflexes, appréhension du monde par les sens et la motricité. Début d'organisation cognitive.	Permanence de l'objet
Préopératoire	2 à 6 ans	Développement d'un système de représentation. Utilisation croissante des symboles (imitation différée, jeu symbolique, langage). Égocentrisme. Non-conservation.	Langage, pensée symbolique
Opérations concrètes	6 à 12 ans	Utilisations d'opérations mentales pour résoudre des problèmes concrets. Compréhension des relations spatiales et des liens de causalité augmente.	Notions de conservation, classification, réversibilité, décentration
Opérations formelles	12 ans et plus	Pensée qui peut se détacher du concret et formuler des hypothèses. Peut envisager le possible. Peut réfléchir sur des idées, des données abstraites.	Pensée abstraite, raisonne-ment hypothético-déductif

Les principes du développement cognitif de Piaget Dans la théorie de Piaget, le développement cognitif progresse selon trois principes interreliés. Ces trois principes sont l'organisation cognitive, l'adaptation et l'équilibration. Piaget a nommé ces ten-dances héréditaires **invariants fonctionnels** parce qu'elles agissent à tous les stades du développement cognitif.

On entend par **organisation cognitive** la tendance à créer des structures cogni-tives de plus en plus complexes, c'est-à-dire des systèmes qui rassemblent les connais-sances d'une personne à un moment donné de son développement. Ces structures, appelées *schèmes*, représentent des façons d'agir ou de penser. Par exemple, pour le nourrisson, il peut s'agir de toutes les façons de sucer ou de prendre un objet ou, pour un enfant plus vieux, des façons de classer ou de comparer divers objets ou éléments. À chaque stade, la personne essaie de donner un sens à son univers et elle y parvient

Invariant fonctionnel
Selon Piaget, principe de développement cognitif qui agit en interaction à tous les stades du dévelop-pement de l'intelligence. On en dénombre trois: l'organisation cognitive, l'adaptation et l'équilibration.

Organisation cognitive
Selon Piaget, tendance héréditaire à créer des structures cognitives de plus en plus complexes qui rassemblent systématiquement en un tout cohérent les connaissances d'une personne, à chaque stade de son développement.

en organisant systématiquement ses connaissances. Selon Piaget, le développement cognitif évolue à partir de structures organisationnelles simples vers des structures complexes. Par exemple, les habiletés utilisées par un enfant pour regarder et saisir son ourson fonctionnent d'abord séparément. Par la suite, l'enfant organise ces habiletés distinctes en un seul schème, plus complexe, qui lui permet de regarder son ourson tout en le tenant, donc de coordonner l'œil et la main. À mesure que l'enfant apprend, une organisation de plus en plus poussée se développe ainsi, comme nous le verrons de façon plus approfondie dans le chapitre 3.

L'**adaptation** – terme que Piaget emploie pour désigner la façon dont une personne traite une nouvelle information à la lumière de ce qu'elle connaît déjà – représente le deuxième invariant fonctionnel. Elle comporte deux mécanismes qui fonctionnent en interaction, soit l'assimilation de la nouvelle information et l'accommodation à celle-ci. L'**assimilation** consiste à incorporer une nouvelle information dans une structure cognitive existante. Lorsque sa mère donne à Ariane, âgée de sept mois, un nouveau toutou, elle le touche, le regarde, le porte à sa bouche. Ariane assimile alors ce nouveau jouet en utilisant des comportements qu'elle possédait déjà. Quant à l'**accommodation,** elle consiste à modifier un processus cognitif existant pour tenir compte d'une nouvelle information ou situation. L'assimilation et l'accommodation fonctionnent de pair et en interaction constante pour produire une adaptation toujours plus grande aux conditions changeantes de l'environnement.

L'**équilibration** est le troisième invariant fonctionnel. Piaget emploie ce terme pour désigner la tendance à rechercher un état d'équilibre entre les divers éléments cognitifs. Il peut s'agir d'un équilibre entre les différents éléments cognitifs ou entre la personne et le monde extérieur. Ce besoin d'équilibre amène l'enfant à passer de l'assimilation à l'accommodation. En effet, lorsque ses structures cognitives existantes s'avèrent insuffisantes pour affronter une nouvelle situation, il doit développer de nouveaux processus cognitifs pour retrouver son équilibre mental. Au cours de la vie, la recherche d'équilibre est une force qui sous-tend tout le développement cognitif.

L. Vygotsky : la théorie socioculturelle

Né en Russie dans une famille juive, le psychologue Lev Semonevitch Vygotsky (1896-1934) a étudié la médecine, l'histoire et le droit à Moscou. À partir de 1924, il s'installe à Moscou où il travaille à l'Institut de psychologie. C'est au cours de la décennie 1924-1934 qu'il va mettre sur pied sa théorie et rédiger un nombre impressionnant d'ouvrages longtemps restés méconnus.

Selon la **théorie socioculturelle** de Vygotsky, pour comprendre le développement cognitif, il faut prendre en considération les processus historiques, sociaux et culturels au sein desquels l'enfant se développe et qui lui servent de guides, puisque sa façon de penser en découle. Pour lui, l'intelligence se développe grâce à des outils psychologiques, dont le plus important est le langage. Utilisé par les adultes pour communiquer avec l'enfant, le langage se transforme en outil psychologique : les mots vont permettre à l'enfant d'intérioriser ses activités physiques en activités mentales de plus en plus complexes.

Comme la théorie piagétienne, la théorie socioculturelle considère que l'enfant participe activement à son développement cognitif. Cependant, alors que Piaget perçoit le développement comme allant de l'individuel au social, Vygotsky pense que le développement se fait au contraire du social vers l'individuel. Piaget met l'accent sur la façon dont l'enfant, individuellement, intègre et interprète les informations qui lui parviennent par des processus cognitifs spécifiques, Vygotsky (1978), lui, s'attache au processus dit de *collaboration active* qui s'instaure entre l'enfant et son environnement. Selon cette théorie, les humains possèdent en effet une sociabilité innée et se développent sur le plan cognitif à travers leurs interactions sociales (Ivic, 1994) ; ils intègrent ainsi les modes de pensée et les façons de se comporter de la société à laquelle ils appartiennent.

Adaptation
Selon Piaget, terme désignant la façon dont une personne gère une nouvelle information à la lumière de ce qu'elle connaît déjà. Elle résulte de l'assimilation et de l'accommodation.

Assimilation
Terme issu de la théorie de Piaget désignant l'intégration d'une nouvelle information dans une structure cognitive existante.

Accommodation
Terme issu de la théorie de Piaget désignant la modification que subit une structure cognitive pour intégrer une nouvelle information.

Équilibration
Selon Piaget, tendance à rechercher un équilibre entre les divers éléments cognitifs, que ce soit au sein de l'organisme ou entre l'organisme et le monde extérieur.

Théorie socioculturelle
Théorie cognitiviste développée par Vygotsky selon laquelle le développement cognitif doit être compris en tenant compte des processus historiques, sociaux et culturels dans lesquels l'enfant se développe. Le développement cognitif résulte de la collaboration active entre l'enfant et son environnement.

Les zones proximales de développement de Vygotsky Selon la théorie socioculturelle, les adultes (parents, professeurs, etc.) ou les enfants plus âgés (frères, sœurs, amis, etc.) qui entourent l'enfant doivent servir de guides. Ils doivent encadrer l'apprentissage de l'enfant et le soutenir dans l'organisation de sa pensée, avant même qu'il ne soit prêt à le maîtriser et à l'intégrer. Ce soutien doit se situer dans une **zone proximale de développement,** c'est-à-dire la distance entre ce que l'enfant connaît déjà et le niveau qu'il doit atteindre pour accéder à une connaissance plus complexe. Un enfant qui apprend, par exemple, à prononcer des voyelles a besoin d'adultes pour l'aider à enrichir son vocabulaire. Ces guides doivent partir de ce que l'enfant sait déjà pour l'amener plus loin. Ce franchissement d'une zone proximale de développement pour une tâche spécifique ne peut s'accomplir qu'avec l'aide d'une autre personne de l'entourage (ou des ressources de l'environnement) qui, par ses questions et ses interventions, va amener l'enfant à acquérir cette nouvelle habileté.

La théorie socioculturelle implique donc que l'environnement immédiat s'adapte constamment aux capacités cognitives de l'enfant, de manière à l'aider à évoluer vers des tâches plus complexes. Elle nous montre que les normes de développement varient non seulement d'une culture à une autre, mais aussi d'un sous-groupe à un autre à l'intérieur d'une même culture. Par exemple, les normes reliées à l'éducation des enfants dans les cultures amérindiennes diffèrent de celles que l'on retrouve dans les cultures caucasiennes. Par conséquent, les attentes à l'égard de ces enfants seront elles aussi différentes.

 Lev Semenovitch Vygotsky
Selon le psychologue Lev Semenovitch Vygotsky, les enfants apprennent grâce aux interactions sociales.

La théorie du traitement de l'information

La **théorie du traitement de l'information** tente d'expliquer le développement cognitif en observant et en analysant les processus impliqués dans la perception et le traitement de l'information. Plusieurs théoriciens appartenant à ce courant comparent le cerveau à un ordinateur dans lequel les sensations « entrent » et les comportements « sortent ». Mais que se passe-t-il entre les deux ? Comment, par exemple, votre cerveau utilise-t-il l'information sensorielle et perceptuelle obtenue en regardant un nouveau visage pour que vous puissiez le reconnaître plus tard ? Les théoriciens ont développé des modèles de *traitement de l'information* qui permettent d'analyser les différentes étapes nécessaires au processus. Dans notre exemple, l'information visuelle (le nouveau visage) est *encodée* par le cerveau, c'est-à-dire transformée en un matériel qu'il peut utiliser. Cette information codée est ensuite *stockée* dans la mémoire, où elle pourra éventuellement être *récupérée,* vous permettant alors de reconnaître ce visage.

Les théoriciens du traitement de l'information pensent que l'individu participe activement à son développement, même si le modèle de l'ordinateur est « passif ». Ils voient le développement comme un processus continu. Toutefois, au fur et à mesure que l'enfant grandit, ses processus mentaux gagnent en rapidité, en complexité et en efficacité, et le matériel qu'il peut stocker dans sa mémoire augmente en quantité et en variété.

La théorie du traitement de l'information a des applications pratiques. Elle permet par exemple aux parents et aux éducateurs d'aider l'enfant à être davantage conscient de ses propres processus mentaux et à développer des stratégies pour les améliorer, comme nous le verrons dans le chapitre 7. De plus, ce modèle permet de tester, de diagnostiquer et de traiter les problèmes d'apprentissage (Thomas, 2004 ; Williams, 2001).

L'apport et les limites des théories cognitivistes

De manière générale, les cognitivistes ont profondément modifié l'étude du développement en nous permettant de mieux saisir l'influence que la pensée peut exercer sur les comportements. Ils ont grandement amélioré notre compréhension du développement des habiletés cognitives, en particulier celui de l'intelligence. Plus que tout autre théoricien, Piaget a mis en évidence les caractéristiques uniques de la pensée enfantine et montré à quel point elle diffère de celle des adultes. De plus, en décrivant la façon dont les enfants pensent et se représentent

Zone proximale de développement
Selon Vygotsky, distance entre ce qu'un enfant connaît déjà et le niveau qu'il doit atteindre pour accéder à une connaissance plus complexe. Pour franchir la zone proximale de développement, l'aide de l'entourage est nécessaire.

Théorie du traitement de l'information
Théorie qui explique le développement cognitif en observant et en analysant les processus impliqués dans la perception et le traitement de l'information.

le monde aux différents stades de leur développement cognitif, Piaget a fourni des barèmes précieux à tous ceux qui s'occupent d'enfants, plus particulièrement sur le plan scolaire. Cette contribution majeure à la psychologie du développement a inspiré de nombreux chercheurs et a donné naissance à une multitude de projets de recherche.

Toutefois, la théorie de Piaget n'a pas échappé à la critique. Ses travaux ont peu tenu compte des différences individuelles, de l'influence de l'éducation et des interactions sociales. Le rôle des motivations et des émotions a été sous-estimé. Enfin, plusieurs théoriciens ont remis en question sa vision des stades du développement cognitif et des aptitudes qui y sont rattachées. Ainsi, on sait aujourd'hui qu'il a sous-estimé les habiletés cognitives des jeunes enfants. Lorsque nous aborderons le développement cognitif de l'adulte, nous verrons aussi que plusieurs chercheurs remettent en question l'idée selon laquelle la pensée n'évolue plus après le stade formel.

De son côté, la théorie socioculturelle de Vygotsky a le grand mérite d'avoir montré le rôle indéniable joué par l'environnement social et par la culture dans le développement cognitif des enfants. Elle a mis en évidence l'importance des interactions sociales pour guider l'enfant dans ce développement. Cependant, comme les autres approches cognitivistes, elle a négligé le rôle joué par la maturation biologique et n'a pas tenu compte de l'impact du développement affectif sur les capacités intellectuelles.

Enfin, les recherches utilisant l'imagerie cérébrale et les études sur des personnes ayant des lésions au cerveau ont confirmé plusieurs aspects de la théorie du traitement de l'information, tels que l'existence de structures physiques séparées pour la mémoire consciente et la mémoire inconsciente (Schachter, 1999 ; Yingling, 2001). De plus, cette théorie a entraîné des applications pratiques intéressantes. Ceci étant, elle a négligé, elle aussi, le rôle des motivations et des émotions. Toutefois, le reproche le plus souvent adressé à cette théorie reste le caractère réductionniste de la comparaison du cerveau à un ordinateur, comparaison qui ne tient pas compte de la complexité du fonctionnement cérébral.

1.2.4 L'approche humaniste

En 1962, un groupe de psychologues inspirés par les travaux de l'Américain Carl Rogers fondent l'Association de psychologie humaniste. Ces spécialistes sont en réaction contre la vision mécaniste et déterministe de l'approche béhavioriste et ils rejettent du même coup la vision essentiellement négative qui sous-tend, selon eux, la théorie psychanalytique. Ces psychologues avancent l'idée que la nature humaine est fondamentalement bonne et que ses aspects indésirables résultent de torts infligés par des facteurs provenant du milieu.

L'**approche humaniste** s'appuie sur le postulat que chaque personne a la capacité de prendre sa vie en main et de veiller à son propre développement. Les humanistes insistent sur l'idée d'un potentiel inné de développement positif et sain et sur la capacité qu'a l'être humain d'exercer son libre arbitre et d'être créatif. La réalisation de ce potentiel représente le but ultime de tout être humain.

C. Rogers : l'actualisation de soi

Carl Rogers (1902-1987) est l'un des fondateurs du courant humaniste. Il est né aux États-Unis, dans une famille rurale protestante. Après des études en agronomie puis en histoire, il change à nouveau d'orientation et, en 1926, entre à l'école normale de l'Université de Columbia où il se forme à la pédagogie et à la psychologie clinique. Pendant plus de vingt ans, il enseignera la psychologie et la thérapie, en plus de mener de nombreuses recherches dans diverses universités américaines.

Pour Rogers, comme pour les autres humanistes, l'être humain est fondamentalement libre et peut donc orienter sa vie selon ses choix afin de se réaliser pleinement. Rogers s'intéresse essentiellement à l'expérience subjective des individus, c'est-à-dire à la façon dont ils perçoivent leurs expériences et les sentiments qui s'y rattachent. Au fur et à mesure que la personnalité se développe, le *concept de soi* se forme à partir

Carl Rogers

Carl Rogers, l'un des fondateurs du courant humaniste, considère l'être humain comme fondamentalement libre de ses actions.

Approche humaniste

Approche selon laquelle chaque personne a la capacité de prendre sa vie en main et d'assumer son développement de manière saine et positive grâce à sa capacité d'exercer son libre arbitre, de créer ou de tendre vers l'actualisation de soi.

de l'ensemble des perceptions qu'une personne a d'elle-même. Pour Rogers, l'authenticité est une valeur importante ; elle implique qu'une personne soit le plus possible elle-même, c'est-à-dire en contact étroit avec ses sentiments, ses valeurs et ses espoirs. L'authenticité exige elle-même la **congruence,** que l'on peut définir comme la correspondance qui existe entre l'expérience (ce que vit la personne), la prise de conscience (ce que la personne en sait) et la communication (ce qu'elle en dit). Cependant, l'être humain ne peut se réaliser sans entrer en relation avec les autres. Ainsi, selon Rogers, ces apprentissages sociaux vont avoir une influence sur le développement et pourront faire obstacle à la congruence. En effet, l'enfant a besoin de *considération positive* de la part des personnes significatives qui l'entourent, c'est-à-dire d'être aimé, respecté et accepté. Pour que sa personnalité se développe de façon saine et congruente, cette considération positive doit être *inconditionnelle :* l'enfant doit être aimé pour lui-même et accepté en tant que personne, même si ses comportements ne sont pas toujours adéquats. Ainsi, lorsqu'un enfant se conduit mal, il est important, lorsqu'on le réprimande, de bien lui faire comprendre que c'est son comportement qui est en cause et non sa personne. Dans la mise en situation, Louis n'a pas reçu de considération positive inconditionnelle de la part de son père.

Rogers a également développé une approche thérapeutique dite *centrée sur le client,* dans laquelle il poursuit l'objectif d'amener les individus à actualiser leur plein potentiel en prenant conscience de leur interprétation de la réalité. Les concepts clés de cette approche ont été utilisés non seulement en thérapie individuelle ou de groupe, mais également dans un contexte pédagogique inspirant le courant de la pédagogie dite *non directive.*

A. H. Maslow : la théorie de la hiérarchie des besoins

Abraham H. Maslow (1908-1970) est né aux États-Unis et a connu une enfance difficile dans une famille immigrante. Diplômé en psychologie, il va avoir plusieurs mentors, dont Harry Harlow, de qui nous parlerons dans le chapitre 4, et l'anthropologue Ruth Benedict. Son admiration pour ses différents mentors va nourrir sa réflexion sur la réalisation du potentiel humain. Il a été l'un des chefs de file du mouvement humaniste et s'est surtout fait connaître par la pyramide de la hiérarchie des besoins, appelée communément *pyramide de Maslow* (*voir la figure 1.1*).

Congruence

Selon Rogers, état d'une personne qui ressent une correspondance entre ce qu'elle vit (son expérience), ce qu'elle en sait (sa prise de conscience) et ce qu'elle en dit (sa communication).

 Abraham H. Maslow

Abraham H. Maslow, cofondateur du courant humaniste avec Carl Rogers, est connu pour sa pyramide de la hiérarchie des besoins.

FIGURE 1.1 | La pyramide des besoins de Maslow

Besoins d'actualisation de soi

Besoins d'actualisation de soi
(réaliser son potentiel, s'accomplir)

Besoins cognitifs et esthétiques
(développer des connaissances, comprendre, s'entourer de beauté, d'ordre et de justice)

Besoins d'estime
(s'estimer soi-même et avoir confiance en soi, être reconnu et apprécié par les autres)

Besoins fondamentaux

Besoins d'affection et d'appartenance
(recevoir de l'affection et en donner, être accepté, être avec les autres)

Besoins de sécurité
(avoir un abri, un environnement stable, être en sécurité psychologique)

Besoins physiologiques
(respiration, faim, soif, sommeil, élimination, sexualité)

Selon Maslow, l'être humain n'accorde pas les mêmes priorités à ses différents besoins. Les besoins qui viennent en premier sont reliés à la survie (base de la pyramide). Une personne affamée prendra en effet des risques importants pour trouver de la nourriture ; une fois sa survie assurée, elle commencera alors à penser à sa sécurité. Le besoin de sécurité doit ensuite être satisfait, au moins en partie, avant que la personne puisse combler son besoin d'affection. Et ainsi de suite : quand les besoins d'un niveau sont relativement satisfaits, la personne se préoccupe de satisfaire les besoins qui se situent au niveau suivant. Cette progression n'est toutefois pas invariable ; ainsi, le sacrifice de soi serait un exemple d'exception (Maslow, 1968).

Pour Maslow, la satisfaction des besoins est directement liée au développement de la personnalité et ce n'est qu'une fois les besoins fondamentaux satisfaits, tout au moins en partie, que l'on peut atteindre la réalisation de soi (Maslow, 1971 et 1987). Chez le tout-petit, par exemple, ce sont surtout les besoins physiologiques qui doivent être satisfaits. Selon Maslow (1968), la personne adulte pleinement développée et actualisée présente toutes les caractéristiques suivantes : une perception aiguë de la réalité ; l'acceptation de soi, des autres et de la nature ; la spontanéité ; la capacité de résoudre des problèmes et l'autodétermination ; le détachement et le désir d'intimité ; la liberté de pensée et la richesse émotive ; des relations interpersonnelles satisfaisantes et dynamiques ; une attitude démocratique, la créativité et le sens des valeurs.

L'apport et les limites des théories humanistes

Contrairement au point de vue freudien, plutôt pessimiste, l'humanisme propose un modèle plus positif de la personne humaine. De plus, à l'opposé du béhaviorisme, il reconnaît l'importance des réalités intimes de la personne (ses sentiments, ses valeurs et ses espoirs) comme facteurs du développement. En ce sens, les théories humanistes ont contribué à l'élaboration de méthodes thérapeutiques et éducatives qui respectent le caractère unique de l'enfant.

Par ailleurs, le caractère subjectif et peu mesurable des aspects étudiés limite quelque peu l'approche humaniste. Les concepts humanistes apparaissent flous et se traduisent difficilement en données quantifiables sur lesquelles la méthode scientifique pourrait s'exercer. De plus, l'approche humaniste ne distingue généralement pas de stades au cours de la vie, ce qui rend l'étude du développement plus difficile.

1.2.5 L'approche écologique

U. Bronfenbrenner : le modèle bioécologique

Le psychologue américain Urie Bronfenbrenner (1917-2005) a développé un modèle qui offre une grille d'analyse nouvelle du développement humain. Selon cette **approche écologique,** tout organisme biologique se développe à l'intérieur d'un système qui favorise ou empêche sa croissance, et il en va de même pour l'être humain.

Le **modèle bioécologique** de Bronfenbrenner (1979, 1986, 1994, 2001 : Bronfenbrenner et Morris, 1998) décrit l'ensemble des facteurs (familiaux, géographiques, politiques, économiques, culturels, etc.) susceptibles d'influencer le développement d'une personne et les interactions qui existent entre ces facteurs (*voir la figure 1.2*). La version révisée du modèle (Bronfenbrenner et Morris, 1998) stipule que, pour étudier le développement, trois dimensions doivent être prises en considération : 1) la dimension ontosystémique, ou **ontosystème,** c'est-à-dire les caractéristiques personnelles d'un individu aussi bien innées qu'acquises, telles que son bagage génétique, ses habiletés intellectuelles, ses valeurs, etc. ; 2) la dimension chronosystémique, ou **chronosystème,** qui représente le degré de stabilité ou de changement dans l'environnement de la personne, c'est-à-dire les influences qui résultent du passage du temps, les transitions vécues par l'individu au cours de sa vie et l'époque dans laquelle il se développe ; et 3) le contexte et l'environnement dans lesquels la personne évolue. Ces dimensions sont reliées entre elles et s'influencent mutuellement. Cela signifie que le tempérament d'un enfant influencera le fonctionnement de sa famille autant que sa famille aura un impact sur lui. De la même façon, dans notre mise en situation, stressé par ses pertes au jeu, Louis devient irritable avec ses enfants qui s'éloignent alors de lui, ce qui déclenche son sentiment de culpabilité.

L'environnement écologique humain est un système complexe qui se subdivise en quatre sous-systèmes : le microsystème, le mésosystème, l'exosystème et le macrosystème.

Le **microsystème** désigne le milieu fréquenté régulièrement par une personne et dans lequel elle entretient des relations étroites avec d'autres. Pour une même personne, il existe plusieurs microsystèmes : la maison, la garderie, l'école pour l'enfant ; la maison, le collège, le cercle d'amis pour l'adolescent ; la maison, le lieu de

1.12   Urie Bronfenbrenner

Urie Bronfenbrenner a développé le modèle bioécologique pour expliquer le développement humain.

Approche écologique

Approche qui explique le développement humain par l'interaction qui existe entre la dimension ontosystémique (caractéristiques personnelles d'un individu), la dimension chronosystémique (transition vécue et moment du développement), le contexte de développement (famille, école, etc.) et l'environnement (facteurs géographiques, politiques, économiques et culturels).

Modèle bioécologique

Modèle développé par Bronfenbrenner qui décrit l'ensemble des facteurs (familiaux, géographiques, politiques, économiques, culturels, etc.) susceptibles d'influencer le développement d'une personne et l'interaction entre ces facteurs.

FIGURE 1.2 | Le modèle bioécologique de Bronfenbrenner

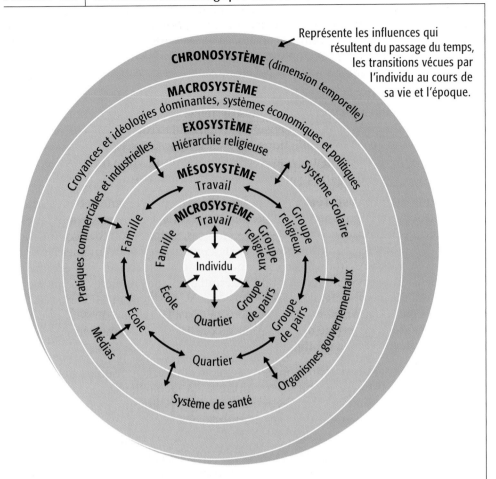

Les cercles concentriques montrent cinq niveaux d'influence environnementale, qui vont du plus intime (au centre) au plus extérieur, le tout dans un contexte temporel. Les cercles forment un ensemble d'influences imbriquées les unes dans les autres autour de la personne qui se développe. Il est important de se rappeler que les frontières entre les différents systèmes sont fluides et qu'elles sont en interrelations.

Source: Adapté de Cole et Cole, 1989.

travail et le centre de loisirs pour l'adulte. Dans chacun de ces microsystèmes, l'individu joue différents rôles: on nourrit des attentes à son égard et il doit suivre certaines règles. Les relations qu'il entretient sont des relations de face-à-face qui sont réciproques. Le même individu peut connaître des difficultés d'adaptation dans un microsystème particulier et très bien fonctionner dans un autre. C'est aussi par l'entremise de ces microsystèmes que les influences plus lointaines, telles que les institutions sociales ou les valeurs culturelles, parviennent à l'individu. Par exemple, si un enfant est le « mouton noir » de sa classe, nous pouvons regarder comment il interagit avec ses camarades, voir comment ceux-ci répondent et observer comment les brimades de ses pairs accentuent son repli sur soi et contribuent à le rendre encore moins populaire.

Le **mésosystème** correspond quant à lui aux interactions qui existent entre les différents microsystèmes d'une personne: entre l'école ou la garderie et la famille pour l'enfant, ou encore entre la maison et le travail ou le travail et la communauté pour l'adulte. Cette dimension inclut également les **réseaux de soutien social,** c'est-à-dire l'ensemble des personnes qui composent l'entourage et qui offrent un ou plusieurs types de soutien (celles à qui nous nous confions et qui nous donnent des conseils, celles avec qui nous pratiquons des loisirs, etc.). Un examen mésosystémique

Ontosystème

Selon Bronfenbrenner, facteur de développement relié aux caractéristiques individuelles aussi bien innées qu'acquises, telles que le bagage génétique, les habiletés intellectuelles, les valeurs, etc.

Chronosystème

Selon Bronfenbrenner, facteur de développement qui représente le degré de stabilité ou de changement dans l'environnement d'une personne et qui est relié au passage du temps, que ce soit les périodes de transition de sa vie ou l'époque au cours de laquelle elle se développe.

Microsystème

Selon Bronfenbrenner, système qui correspond au milieu fréquenté régulièrement par une personne et dans lequel elle entretient des relations étroites avec d'autres individus. Il existe plusieurs microsystèmes pour une même personne (la famille, l'école, le centre de loisirs, le lieu de travail, le voisinage, etc.).

Mésosystème

Selon Bronfenbrenner, système qui correspond à l'ensemble des liens et des interactions qui existent entre les différents microsystèmes d'une personne.

Réseau de soutien social

Ensemble des individus qui font partie de l'entourage d'une personne, qui lui offrent différents types d'aide et avec qui elle partage des relations interpersonnelles.

appelle à l'examen de la nature des interactions entre les microsystèmes. Il peut, par exemple, révéler de quelle manière la façon dont un employeur traite ses employés influence leur productivité, cette dernière influençant à son tour l'attitude de l'employeur à leur égard (microsystème = travail). Par ailleurs, les exigences de l'employeur, en générant du stress chez ses employés, peuvent aussi influencer le comportement à la maison, qui est un autre microsystème. Repensons à Louis dans la mise en situation de ce chapitre.

Pour faire un examen de votre propre mésosystème, vous devriez d'abord identifier tous vos microsystèmes et analyser ensuite les liens qui existent entre eux, aussi bien les compatibilités que les contradictions. Par exemple, avez-vous l'impression que vos valeurs familiales sont compatibles avec celles de vos amis ? Votre travail s'agence-t-il bien avec votre vie d'étudiant quant à l'horaire et aux exigences ?

Exosystème
Selon Bronfenbrenner, système qui correspond à des instances habituellement non fréquentées par la personne qui se développe, mais dont les décisions ont un impact sur sa vie.

En troisième lieu, l'**exosystème** désigne des lieux (généralement des institutions) habituellement non fréquentés par la personne qui se développe, mais dont les décisions exercent une influence sur sa vie. C'est le cas, entre autres, des commissions scolaires, des conseils d'administration et des organismes gouvernementaux. Les décisions relatives aux droits de scolarité du cégep constituent un bon exemple de cette dimension exosystémique. En tant qu'étudiants, vous ne faites pas partie des instances qui décident d'augmenter les droits de scolarité, mais s'ils le sont, cela aura un impact concret sur votre vie. Les décisions reliées à la fixation du seuil de la pauvreté, aux heures d'ouverture des magasins, aux tarifs des différentes formes d'énergie sont autant d'exemples de dimensions exosystémiques.

Macrosystème
Selon Bronfenbrenner, système qui inclut les valeurs et les normes véhiculées dans une société, une culture, un système économique et politique.

Enfin, le **macrosystème** représente le système le plus large puisqu'il comprend les trois précédents. Il inclut les modèles culturels, les idéologies et les valeurs d'une société, d'une culture. Les systèmes économiques et politiques en font également partie. De quelle façon le fait de vivre dans une société capitaliste et individualiste influence-t-il nos choix ? Les idées véhiculées au sujet des hommes et des femmes, dans les médias par exemple, influencent-elles nos amis ? Il faut se rappeler que ces quatre systèmes sont eux aussi interdépendants et en interaction. Ainsi, la mondialisation des marchés (macrosystème) peut déclencher la restructuration de l'entreprise où travaille votre père (exosystème), ce qui peut entraîner sa mise à pied et la diminution du revenu familial (mésosystème). Vos parents peuvent alors être incapables de continuer de payer vos études, ce qui peut créer une tension à la maison et vous pousser à trouver un emploi de fin de semaine (microsystème).

L'apport et les limites de l'approche écologique

L'approche écologique a le mérite de tenter de tenir compte de l'ensemble des dimensions présentes dans la vie des personnes, particulièrement les dimensions sociales et culturelles, et d'en analyser les multiples interactions. Contrairement aux autres approches, elle ne se centre pas sur une seule dimension, soit la personne elle-même, pour comprendre son développement. Par ailleurs, elle met en évidence les influences de l'environnement sur l'individu, mais aussi celles de l'individu sur son environnement. Elle tente également de prendre en considération des facteurs plus rarement étudiés en psychologie : l'influence du milieu de travail, la dimension économique, les réseaux de soutien, les décisions gouvernementales, les valeurs sociales, les idéologies, etc. C'est enfin une approche qui élargit le mode d'intervention. En effet, alors que la plupart des interventions issues des théories psychodynamiques, cognitivistes ou humanistes se concentrent essentiellement sur la modification des comportements ou des émotions de l'individu qui éprouve le problème, l'approche écologique permet de choisir des voies multidimensionnelles. Certaines critiques ont toutefois relevé des ambiguïtés et des imprécisions dans ce modèle. On lui reproche plus particulièrement de mal expliquer le développement passé et de ne pas pouvoir prédire le développement futur (Thomas et Michel, 1998).

L'initiative *1, 2, 3 GO!*, présentée dans l'encadré 1.2, est un programme d'intervention communautaire qui illustre bien l'application du modèle écologique.

1, 2, 3 GO! Un programme visant le mieux-être des tout-petits, de leur famille et de la communauté

L'initiative *1, 2, 3 GO!* est un programme québécois de promotion du bien-être des enfants fondé en 1985. À l'heure actuelle, 13 projets à différents stades de développement existent surtout sur le territoire montréalais, mais aussi à l'extérieur. À partir du constat voulant que les enfants qui vivent sur des territoires où le niveau de pauvreté est élevé aient moins de chances de se développer pleinement, comparativement aux enfants provenant de milieux favorisés, les promoteurs du projet ont proposé au départ à six territoires présentant des indices élevés de pauvreté de participer à un projet visant à soutenir les enfants ainsi que leur famille. Depuis, le programme s'est étendu et un centre *1, 2, 3 GO!* a été créé en 2001 pour coordonner les différents projets.

Cette initiative trouve sa source dans l'approche écologique de Bronfenbrenner. Comme nous l'avons vu plus haut, le modèle écologique considère que le développement de l'enfant résulte de l'interaction entre celui-ci et son environnement humain et social. Il prend en considération l'importance du contexte économique, organisationnel et culturel dans lequel se développe un enfant. L'approche écologique favorise ainsi l'émergence d'interventions multidimensionnelles qui, bien qu'elles visent le développement optimum de l'enfant, s'adressent à l'ensemble des contextes de sa vie. Dominique Damant et ses collègues (1999) décrivent ainsi les objectifs poursuivis par l'initiative *1, 2, 3 GO!* sur les différents territoires :

- objectifs ontosystémiques : amélioration des compétences parentales, de la situation occupationnelle des parents, des habiletés cognitives et sociales des enfants et de la nutrition ;

- objectifs microsystémiques : amélioration des relations parent-enfant, des aires de jeux et de détente, de la salubrité et de la sécurité dans les parcs ;

- objectifs mésosystémiques : création de ressources d'entraide et de soutien entre les parents, enrichissement des liens entre les familles et les services sociaux et scolaires, amélioration du transport ;

- objectifs exosystémiques : amélioration de la qualité des services destinés aux parents ou aux enfants, meilleure intégration des services voués aux familles et meilleure concertation entre les services ;

- objectifs macrosystémiques : tolérance et bienveillance plus grande envers les enfants et préoccupation plus marquée de la communauté à l'égard de leur bien-être, association plus affirmée entre les acteurs du milieu économique et du milieu social, de manière à influencer les choix idéologiques à l'égard des enfants.

La poursuite de ces objectifs a engendré la mise en place d'activités qui s'adressent principalement aux enfants (de 0 à 5 ans) et à leurs parents, ainsi qu'aux services présents sur le territoire et à leurs dirigeants. Les activités destinées aux enfants prennent surtout la forme d'ateliers de stimulation cognitive, d'ateliers de peinture ou de bricolage ou encore de la fréquentation d'un camp de jour. Selon les auteurs de ce programme (Damant *et al.*, 1999), « ces activités favorisent le développement de la motricité fine et globale, de la créativité, tout en socialisant les tout-petits qui se retrouvent en présence d'autres enfants de leur âge ». Des activités parent-enfant sont également offertes ; il peut s'agir d'activités animées par les parents auprès de l'enfant ou tout simplement de séances de jeux communs. Dans ce programme, les parents sont particulièrement ciblés. On favorise pour eux la mise en place de services de répit, de groupes de soutien alimentaire (par exemple, des cuisines collectives), de groupes d'entraide et d'activités visant à les soutenir dans leurs habiletés parentales.

Au terme de plusieurs années d'implantation, une étude a révélé que ce programme ne semblait pas avoir eu d'impact significatif sur le développement cognitif des enfants concernés, un des objectifs ontosystémiques poursuivis. Toutefois, ce programme a eu un impact important sur la vie communautaire, sur le développement de réseaux de soutien social et sur la mobilisation des partenaires sociaux. Les parents sont mieux informés et reçoivent un soutien plus cohérent ; ils font également davantage appel aux ressources et aux services, et ils s'engagent davantage dans la vie communautaire. Selon un responsable du centre, le modèle écologique est un modèle très intéressant, mais son application se heurte à un vrai défi : conjuguer le sentiment d'urgence d'agir à court terme sur l'enfant et sa famille (microsystème) avec la nécessité d'agir de façon concertée sur les déterminants sociaux (exosystème et macrosystème). Ainsi, un événement comme la crise économique actuelle (macrosystème) peut venir anéantir des années d'efforts au niveau microsystémique. Il faut donc accepter que les changements souhaités prennent du temps.

Faites le POINT

6. Nommez et définissez les trois instances psychiques de la personnalité dans la théorie psychosexuelle.

7. Expliquez les principales différences existant entre la théorie d'Erikson et la théorie de Freud.

8. Comment l'approche béhavioriste et néobéhavioriste explique-t-elle le développement ?

9. Quelles sont les quatre grandes périodes de développement cognitif selon Piaget ?

10. Nommez et expliquez les différents systèmes contenus dans le modèle écologique.

1.3 Les méthodes de recherche en psychologie du développement

Comme nous l'avons vu, aucune théorie du développement n'est universellement acceptée et aucune approche n'explique toutes les facettes du développement humain. La tendance actuelle est donc plutôt de proposer des «minithéories» qui touchent à des aspects spécifiques du développement, par exemple les effets du vieillissement sur les relations sociales. Toutefois, comme nous l'avons déjà mentionné, même si la plupart des chercheurs sont assez éclectiques puisqu'ils tiennent compte de différentes approches, leurs recherches révèlent souvent une orientation qui leur est propre, que ce soit par les questions de recherche qui sont posées ou par la méthodologie utilisée. Ainsi, pour comprendre comment un enfant développe le sens du bien et du mal, un chercheur d'orientation béhavioriste regardera plutôt quels comportements sont renforcés ou punis par les parents. Un théoricien de l'apprentissage social, lui, se concentrera plutôt sur les exemples de comportement moral que ces derniers lui fournissent et qu'il peut imiter. Enfin, un théoricien cognitiviste se penchera sur les capacités intellectuelles de l'enfant lui permettant de poser un jugement moral.

1.3.1 L'élaboration des théories

Hypothèse
Prédiction du résultat d'une expérience basée sur des connaissances antérieures au sujet d'un phénomène.

La recherche et la théorie s'avèrent toutes les deux indispensables et indissociables. Les théories aident en effet à organiser les données selon une structure cohérente : elles permettent de dépasser les observations faites à partir des recherches, elles leur donnent un sens et permettent d'établir des généralisations, c'est-à-dire de fournir des explications s'appliquant à l'ensemble des individus d'un même groupe d'âge. De plus, les approches théoriques façonnent les questions des chercheurs, leurs méthodes et leur interprétation des résultats. Elles nourrissent la recherche en fournissant des hypothèses à vérifier, une **hypothèse** étant une prédiction du résultat d'une expérience. Quand la recherche confirme une hypothèse, elle renforce alors la théorie dont elle s'inspire. Toutefois, il arrive aussi qu'une théorie doive être modifiée pour correspondre aux découvertes de la recherche. C'est ce qui permet à la science de progresser.

La recherche dans le domaine du développement humain comporte différentes étapes basées sur la méthode scientifique. L'utilisation rigoureuse de cette méthode permet aux chercheurs de tirer des conclusions sur le développement des personnes. Les étapes de la méthode scientifique sont les suivantes :

- définir un problème à étudier, qui découle généralement d'une théorie ou de recherches précédentes ;
- formuler une hypothèse qui sera testée durant l'étude ;
- effectuer la collecte des données ;
- analyser les données pour vérifier si elles supportent l'hypothèse ;
- tenter de formuler une conclusion ;
- diffuser les résultats de la recherche de manière à ce que d'autres chercheurs puissent la reproduire, évaluer sa validité, apprendre de cette recherche ou la poursuivre pour faire progresser les connaissances dans le domaine d'étude.

Les études menées dans le domaine du développement humain s'appuient par ailleurs sur une gamme diversifiée d'outils de recherche. Il existe en effet différentes formes de collecte de données et plusieurs méthodes de recherche.

1.3.2 Les caractéristiques des principales méthodes de recherche

L'étude du développement humain s'appuie principalement sur deux types de méthodes, soit les méthodes expérimentales et les méthodes non expérimentales.

Les méthodes expérimentales regroupent les méthodes suivantes: les expériences en laboratoire, les expériences sur le terrain et les expériences dites naturelles. Le tableau 1.5 présente ces méthodes expérimentales ainsi que leurs principales caractéristiques.

TABLEAU 1.5 | Les méthodes de recherche expérimentales

Méthode	Principale caractéristique	Avantages	Inconvénients
Expérience en laboratoire	Expérience dont les variables sont manipulées par l'expérimentateur dans un milieu bien contrôlé.	Possibilité d'établir des liens de causalité. Interventions contrôlées de près et reproductibles. Permet de déterminer précisément l'objet sur lequel une variable agit.	Situation très artificielle maximisant les risques de comportements non représentatifs de la vie ordinaire. Impossibilité, pour raisons éthiques, de manipuler certaines variables.
Expérience sur le terrain	Expérience dont les variables sont manipulées par l'expérimentateur dans un milieu naturel, afin d'en voir les effets (ex.: demander à des parents de lire avec leur enfant).	Possibilité de déterminer le lien de causalité le plus représentatif de la vie ordinaire.	Changement amené par la manipulation de certaines variables modifiant déjà légèrement la situation naturelle.
Expérience naturelle	Quasi-expérimentation mesurant les différences entre deux groupes qui sont séparés naturellement (ex.: comparer les degrés de stress des décrocheurs et des étudiants).	Méthode la plus proche de l'expérimentation. Permet d'étudier des aspects qui ne peuvent pas être manipulés pour des raisons éthiques.	Impossibilité d'établir des liens de causalité. N'est pas une expérimentation à proprement parler.

De leur côté, les méthodes non expérimentales, très utilisées dans l'étude du développement, comprennent les études de cas, les observations sur le terrain, les observations en laboratoire, les entrevues et les études de corrélation. Le tableau 1.6 décrit ces méthodes non expérimentales ainsi que leurs principales caractéristiques.

TABLEAU 1.6 | Les méthodes de recherche non expérimentales

Méthode	Principale caractéristique	Avantages	Inconvénients
Étude de cas	Étude approfondie d'un individu.	Portrait détaillé du comportement d'une personne.	Impossibilité de généraliser les observations à l'ensemble des gens. Biais de l'observateur.
Observation sur le terrain	Observation de personnes dans un contexte familier, sans interventions destinées à influencer leur comportement.	Bonne description du comportement. Absence de conditions artificielles susceptibles de modifier le comportement. Source d'hypothèses de recherche.	Absence de contrôle des variables. Impossibilité d'expliquer les liens de causalité. Biais de l'observateur.
Observation en laboratoire	Observation de personnes en laboratoire, sans interventions destinées à influencer leur comportement.	Bonne description du comportement. Meilleur contrôle des variables que l'observation sur le terrain, mais situation plus artificielle. Source d'hypothèses de recherche.	Milieu artificiel. Impossibilité d'expliquer les liens de causalité. Biais de l'observateur.
Entrevue	Questions destinées à obtenir des renseignements sur certains aspects de la vie des participants. L'entrevue peut être très structurée ou plus souple.	Renseignements fournis sur la vie, les attitudes et les opinions d'une personne plus approfondis qu'avec l'observation.	Imprécision des souvenirs. Déformation possible des réponses pour les rendre socialement acceptables. La façon de poser les questions peut influencer les réponses.
Étude de corrélation	Mesure de la direction et de la grandeur d'une relation entre deux variables.	Formulation possible, en fonction d'une des variables, de prédictions au sujet de l'autre variable.	Comme avec les méthodes non expérimentales, impossibilité de déterminer l'existence de liens de causalité.

1.3.3 Les stratégies de collecte des données

Comme l'ont montré les précédents tableaux, selon la méthode de recherche utilisée, la collecte des données ne se fait pas de la même façon. Toutefois, en psychologie du développement, trois stratégies de recherche sont particulièrement utilisées: les études transversales, les études longitudinales et les études séquentielles.

Étude transversale

Étude qui compare les résultats de sujets parvenus à des étapes différentes du développement.

Étude longitudinale

Étude qui suit l'évolution des mêmes sujets sur une longue période de temps.

Étude séquentielle

Étude plus complexe qui combine les deux autres méthodes et donne un portrait plus complet du développement.

Dans l'**étude transversale,** on compare les résultats de sujets parvenus à des étapes différentes de leur développement. Cette méthode permet d'obtenir un aperçu général de l'effet de l'âge sur le développement, mais elle comporte aussi plusieurs limites.

À la différence de l'étude transversale, l'**étude longitudinale** suit l'évolution des mêmes sujets sur une longue période de temps, parfois sur plusieurs années. Les chercheurs peuvent s'intéresser à une caractéristique particulière, par exemple l'agressivité, ou à plusieurs en même temps afin de voir les relations qu'elles entretiennent entre elles. Si cette méthode cible bien l'effet du développement, elle est toutefois difficile à mener.

La combinaison des deux méthodes précédentes se retrouve dans l'**étude séquentielle,** une stratégie plus complexe qui permet d'obtenir un portrait plus complet du développement.

Le tableau 1.7 présente ces trois méthodes de collecte des données, ainsi que les avantages et les inconvénients qu'elles comportent.

TABLEAU 1.7 | Les stratégies de collecte des données propres à l'étude du développement humain

Type de collecte	Caractéristique	Avantages	Inconvénients
Étude transversale	Étude qui compare des sujets parvenus à des étapes différentes de leur développement.	Donne un aperçu général de l'effet de l'âge sur le développement. Méthode relativement rapide et économique permettant d'aborder des sujets de recherche présentant un intérêt actuel. Pas de risque de perdre des sujets en cours de route.	Peut facilement confondre les effets du développement et les effets de cohorte. Voile les différences individuelles, car ne s'intéresse qu'aux moyennes de groupe. Donne peu de renseignements sur les séquences du développement.
Étude longitudinale	Étude qui suit l'évolution des mêmes sujets sur une longue période de temps.	Cible bien l'effet du développement. Élimine la confusion des résultats avec l'effet de cohorte. Est sensible aux changements individuels. Permet d'observer les séquences du changement.	Demande beaucoup de temps et d'argent. Ne donne pas nécessairement de résultats généralisables aux autres cohortes. Nécessité de tenir compte, dans certains types d'études, de l'effet des tests répétés à plusieurs reprises. Biais possible de l'échantillon s'il s'agit de volontaires. Fort taux d'abandon des sujets.
Étude séquentielle	Étude qui combine les deux autres méthodes. Étude de plusieurs cohortes au cours d'une période donnée.	Cible bien l'effet du développement. Élimine l'effet de cohorte tout en donnant des résultats pouvant être généralisés aux autres générations.	Méthode parfois difficile à utiliser.

1.3.4 La dimension éthique de la recherche

Peut-on permettre qu'une recherche susceptible de nuire aux sujets soit entreprise ? Comment trouver un juste équilibre entre les bénéfices potentiels pour l'avancement de la science et les risques de préjudices physiques ou psychologiques pour le sujet ?

Au Canada, les chercheurs utilisant des sujets humains doivent respecter certains principes éthiques tels le respect de la dignité humaine, le consentement libre et éclairé des sujets, le respect des personnes vulnérables, le respect de la vie privée et des renseignements personnels et l'équilibre des avantages et des inconvénients (Conseil de recherches en sciences humaines du Canada, 1998, 2000, 2003, 2005). Au Québec, l'Ordre des psychologues a mis sur pied un code de déontologie qui encadre la recherche en fixant les responsabilités des chercheurs et les droits des sujets. Revenons sur quelques-unes des normes éthiques les plus répandues.

Le consentement libre et éclairé

Tout individu a le droit de choisir lui-même de participer ou non à une recherche. C'est là un principe d'éthique majeur. Selon le nouveau Code civil du Québec, même un mineur dont les parents ont donné leur accord à sa participation à une recherche a tout à fait le droit de refuser d'y participer (*Code civil*, article 21, ministère de la Justice du Québec, 1994).

Pour que le consentement soit libre et éclairé, il faut que le sujet reçoive toutes les informations nécessaires sur la nature de la recherche, sur ses objectifs, sur les bénéfices potentiels et sur les risques encourus en y participant. Le consentement doit être donné par écrit et il peut être révoqué en tout temps. Le sujet doit aussi être capable de bien les comprendre et être libre de refuser de participer à la recherche sans subir de conséquences négatives. Ainsi, un prisonnier qu'on obligerait à participer à une expérience pour obtenir une libération conditionnelle ne donnerait pas un consentement libre. En outre, l'accord d'une personne souffrant de déficience intellectuelle peut être jugé insuffisant pour lui donner le droit de participer à une expérience (bien que cette personne ait toujours le droit de refuser par elle-même).

Le respect de l'estime de soi

Les sujets peuvent être troublés par leur propre comportement durant une expérience, particulièrement lorsqu'il s'agit d'enfants. Par exemple, une recherche sur la limite des capacités met souvent un sujet en situation d'échec. Jusqu'à quel point cet échec peut-il ébranler la confiance en soi de ce sujet? De même, lorsque les chercheurs publient des résultats indiquant que les enfants des classes moyennes réussissent mieux à l'école que ceux des classes défavorisées, peut-on porter involontairement préjudice à ces derniers? Les chercheurs doivent donc toujours veiller à ne pas ébranler l'estime de soi de leurs sujets.

Le droit à la confidentialité et à la vie privée

Certaines recherches utilisant la méthode du questionnaire ou de l'entrevue impliquent des questions sur la vie privée des sujets qui peuvent ainsi être amenés à révéler des informations très personnelles. Le chercheur ne peut toutefois pas utiliser ces informations en dehors du cadre de la recherche. De plus, dans ce cadre, le nom du sujet ne doit jamais apparaître en association avec une information particulière.

Faites le POINT

11 Définissez ce qu'est une hypothèse et expliquez son rôle dans la recherche.

12 Comparez les trois méthodes suivantes : étude transversale, étude longitudinale, étude séquentielle.

13 Nommez et expliquez deux normes éthiques qui s'appliquent à la recherche sur le développement humain.

Rendez-vous au
ODILON
cheneliere.ca/papalia

Résumé

L'étude du développement humain

La psychologie du développement humain est l'étude scientifique des processus responsables des changements qui interviennent ou non tout au long de la vie des individus. Il s'agit d'un phénomène complexe, dynamique et continu, qui dure toute la vie. Le développement touche aux quatre dimensions de la personne : physique, cognitive, affective et sociale. Ces divers aspects du développement sont indissociables et s'influencent mutuellement dans une interaction constante.

La division du développement en huit périodes en facilite l'étude et permet de dégager les caractéristiques propres à chacune d'elles, tout en tenant compte des nombreuses différences individuelles.

Le développement est soumis à diverses influences en constante interaction. Les facteurs internes (la nature) réfèrent à l'hérédité, qui assure le contrôle de la maturation du corps et de ses fonctions. Les facteurs externes (la culture) concernent les influences du milieu où l'individu se développe. Ces influences peuvent être normatives ou non.

Par ailleurs, l'existence de périodes critiques (ou plus communément aujourd'hui, de périodes sensibles) pour certains aspects du développement physique peut être mise en évidence.

C'est à la suite de l'apparition de la psychologie au XIXᵉ siècle que le développement humain est devenu un objet d'étude scientifique. Alors que les premières recherches étaient essentiellement descriptives, on tente aujourd'hui d'expliquer, de prédire et, éventuellement, de modifier les comportements de l'individu en développement.

Les approches théoriques du développement humain

Une théorie est un ensemble cohérent d'énoncés reliés logiquement et élaborés à partir de données de recherche. On dénombre plusieurs théories du développement qui ont pour objectif d'expliquer le comportement et de le prédire.

L'approche psychanalytique de Freud suppose que le développement de la personnalité adulte est déterminé par les événements ayant eu lieu durant l'enfance. Deux pulsions inconscientes dominent le comportement humain : la pulsion sexuelle et la pulsion agressive. Cinq stades du développement psychosexuel sont identifiés, au cours desquels trois instances de la personnalité se développent : le ça, le moi et le surmoi. En empêchant la satisfaction des pulsions, la réalité engendre des conflits psychiques qui sont la plupart du temps inconscients.

Selon Erikson et la théorie du développement psychosocial, les influences sociales sont les plus importantes et la recherche de l'identité est au cœur du développement. Huit stades psychosociaux, caractérisés par une crise à résoudre, permettent au moi de se développer et d'atteindre un équilibre.

L'approche béhavioriste ne s'intéresse qu'aux comportements observables, mesurables et quantifiables. Elle accorde une importance déterminante à l'environnement et voit le développement humain comme une réaction à des stimuli et à des événements externes. Le conditionnement répondant (Pavlov) et le conditionnement opérant (Skinner) sont les deux formes d'apprentissage qui expliquent les modifications survenant lors du développement. La théorie de l'apprentissage social (Bandura) attribue à l'individu un rôle plus actif que l'approche béhavioriste classique et reconnaît le rôle des processus cognitifs dans l'apprentissage. L'enfant apprend en observant des modèles et en imitant des comportements.

L'approche cognitiviste s'intéresse surtout au développement des processus cognitifs. Pour Piaget, le développement cognitif de l'enfant se déroule en quatre stades et il est régi par trois principes : l'organisation

cognitive, l'équilibration et l'adaptation. Deux mécanismes en interaction, l'assimilation et l'accommodation, permettent à l'individu de s'adapter toujours mieux à son environnement.

Selon la théorie socioculturelle de Vygotsky, on ne peut comprendre le développement cognitif de l'enfant sans tenir compte des processus sociaux et culturels. Aussi, les personnes qui composent l'entourage de l'enfant doivent lui servir de guides dans l'organisation de sa pensée et l'aider à franchir les zones proximales de développement.

Si la théorie du traitement de l'information s'intéresse surtout aux processus permettant au cerveau de traiter l'information, l'approche humaniste considère pour sa part que chaque être humain possède la capacité de se prendre en main et d'assumer son développement. Pour Rogers, l'actualisation de soi repose ainsi sur le libre arbitre et représente le but ultime du développement humain. Pour Maslow, la satisfaction des différents besoins est à la base du développement, mais elle se réalise selon une hiérarchie allant des besoins physiologiques à l'actualisation de soi.

Enfin, l'approche écologique, développée par Bronfenbrenner, explique le développement humain en tenant compte de tous les facteurs qui l'influencent. Les dimensions ontosystémique et chronosystémique ainsi que l'environnement dans lequel la personne se développe sont en constante interaction. Selon cette approche, l'environnement est décrit comme un système complexe subdivisé en quatre sous-systèmes, également en interaction.

Les méthodes de recherche en psychologie du développement

Indispensables à la compréhension du développement humain, la recherche et la théorie sont indissociables : les théories alimentent la recherche en fournissant des hypothèses à vérifier.

La recherche s'appuie sur la méthode scientifique. Elle utilise des méthodes de recherche expérimentales, mais aussi des méthodes non expérimentales.

Trois types de collecte de données sont particulièrement utilisés dans la recherche sur le développement : l'étude transversale, l'étude longitudinale et l'étude séquentielle.

La dimension éthique est au cœur de cette recherche sur le développement humain. Le consentement éclairé des sujets, le respect de l'estime de soi et le droit à la confidentialité et à la vie privée font notamment partie des normes éthiques que les chercheurs se doivent de respecter.

Pour aller plus loin

Volumes et ouvrages de référence

Collectif Larousse, BLOCH, H., R. CHEMANA et E. DEPRET (2002). *Grand dictionnaire de la psychologie*, 2ᵉ éd., Paris, Larousse, 1 062 p.

Dictionnaire général qui dresse un panorama des connaissances dans le domaine des sciences psychologiques. Réalisé par plus de 150 spécialistes, il regroupe les différents savoirs de la psychologie

avec ceux qu'apportent notamment la psychiatrie et la psychanalyse. Très complet et facile d'utilisation.

HOUDÉ, O., *et al.* (2003). *Vocabulaire des sciences cognitives*, Paris, PUF, Collection Quadrige, 512 p.

Premier ouvrage qui présente les apports essentiels de la neuroscience, de la psychologie cognitive, de l'intelligence artificielle, de la linguistique cognitive et de la philosophie de l'esprit.

ROUDINESCO, E., et M. PLON (2006). *Dictionnaire de la psychanalyse*, 3e éd., Paris, Fayard, 1 217 p.

Dictionnaire qui traite de la psychanalyse sous tous ses aspects (concepts, auteurs) et dans ses rapports avec les autres thérapies.

 Périodiques

Child Development

Publie des articles, des essais et des revues portant sur les recherches en développement de l'enfant. Journal de la Society for Research in Child Development (SRCD).

Cognitive Development

Présente des articles empiriques et théoriques sur les différentes dimensions du développement. Journal officiel de la Société Jean Piaget.

Enfance

Revue scientifique consacrée au développement de l'enfant dans ses différentes dimensions.

La Recherche

Mensuel français. Un des magazines de référence pour l'information scientifique francophone.

« Grandir, l'enfant et son développement », *La Recherche,* (juillet-août 2005), numéro spécial n° 388.

 Sites Internet et documents en ligne

Répertoire de sites sur la psychologie : www.er.uqam.ca/nobel/k31610/DIVERS/sites-ressources-dev.htm

Site très intéressant mis sur pied par Sylvie Richard-Bessette, chargée de cours au département de psychologie et de sexologie de l'UQAM dans lequel on retrouve des vidéos. Répertorie des sites consacrés à la psychologie de l'enfant, de l'adolescent et de l'adulte et aux perspectives théoriques en psychologie.

Encyclopédie sur le développement des jeunes enfants : www.enfant-encyclopedie.com

Site sur le développement affectif et social des enfants, de la conception à cinq ans.

Centre collégial de développement de matériel didactique (CCDMD) : www.ccdmd.qc.ca

Site géré par le collège de Maisonneuve, qui produit des ressources informatisées ainsi que des documents imprimés pour les enseignants et les élèves de l'ensemble du réseau collégial.

Psychomédia : www.psychomedia.qc.ca

Site où l'on peut trouver une information de qualité sur des recherches récentes en psychologie. On y trouve également des applications pratiques, des dossiers en santé mentale et des conseils judicieux. Il suffit de s'inscrire pour recevoir le bulletin mensuel.

Revue *Enfance* : www.cairn.info/revue-enfance.htm

Site qui présente plusieurs numéros thématiques publiés au cours des années par la revue *Enfance*. Tous les numéros parus peuvent être consultés en ligne.

Sites des départements de psychologie des différentes universités du Québec.

Films, vidéos, cédéroms, etc.

TRUFFAUT, F. (1970). *L'enfant sauvage,* France, 83 minutes, noir et blanc, 35 mm.

Film de fiction inspiré de l'histoire de Victor de l'Aveyron, trouvé en 1800 dans le sud de la France et confié aux soins du docteur Jean Itard.

2 La conception, le développement prénatal, la naissance et le nouveau-né

eux cellules se rencontrent et s'unissent pour n'en former qu'une. Véritable usine à fabriquer de la vie, cette cellule-mère, détentrice du patrimoine génétique de notre espèce et des caractéristiques transmises par nos parents, produit bientôt un nouvel être humain, au cours d'un processus de croissance sans précédent. Dès cet instant, le développement du futur bébé s'amorce. Niché au sein de la matrice, dépendant de sa mère pour sa survie, le fœtus peut subir certaines influences nocives, lesquelles vont avoir des conséquences plus ou moins graves sur son développement. Sa naissance se fait dans un contexte plus ou moins facile pour sa mère et pour lui, alors qu'il s'apprête à goûter à la vie et au contexte rassurant de l'allaitement.

Ce n'est pas encore pour cette fois… Julie et Frédéric tentent depuis plusieurs mois déjà de concevoir un enfant, mais ils sont de nouveau déçus. Après cinq ans de vie commune, ils souhaitent concrétiser leur amour dans un projet qui donnera un sens à leur vie. Si Julie a toujours voulu être mère, Frédéric, pour sa part, considère la paternité comme un autre stade de son émancipation adulte.

Le couple décide finalement de s'adresser à une clinique de fertilité. Le spécialiste leur propose alors un traitement visant à stimuler l'ovulation de Julie. En cas d'échec, il faudra recourir à l'insémination intra-utérine avec le sperme de Frédéric. Heureusement pour eux, le premier traitement fonctionne et ils évitent ainsi un processus parfois long et éprouvant. Julie est enceinte! Elle avait déjà cessé de fumer en même temps qu'elle avait arrêté ses contraceptifs. Elle abandonne maintenant les verres de vin qu'elle prenait de temps en temps avec Frédéric et décide de prêter une grande attention à son alimentation. Quelques semaines plus tard, l'échographie vient confirmer ce qu'ils n'osaient encore trop croire. Frédéric et Julie voient leur bébé bouger et apprennent que ce sera une fille. Ils sont très émus et tentent de l'imaginer : aura-t-elle les yeux bleus de Frédéric? Sera-t-elle passionnée par la musique comme Julie?

Près de neuf mois plus tard, le grand jour arrive enfin. Julie et Frédéric se sont bien préparés pour l'accouchement par voie naturelle grâce à des lectures et à des cours prénataux, mais après plusieurs heures de travail, le cœur du bébé montre des signes de faiblesse : on doit alors procéder à un accouchement par césarienne. Cependant, tout se passe bien et les parents ont enfin le bonheur de voir leur petite fille. Elle est parfaite! Pendant que Frédéric essuie une larme, Julie ne manque rien des premiers soins qu'on donne à sa fille. Laurence mesure 49 cm, elle pèse 3 200 g et obtient 9/10 au test d'Apgar.

Après avoir lu ce chapitre, vous devriez pouvoir répondre aux questions suivantes :

1. Comment la fécondation se produit-elle ?

2. Comment le sexe de Laurence a-t-il été déterminé ?

3. Quel est l'apport de l'hérédité et de l'environnement dans certaines caractéristiques personnelles ?

4. Pendant sa grossesse, Julie prend-elle les bonnes précautions pour maximiser ses chances de donner naissance à un bébé en santé ?

5. Dans quelles circonstances doit-on procéder à une césarienne lors d'un accouchement ?

2.1 La conception

2.1.1 La fécondation

La vie de Laurence a débuté en moins d'une seconde par la rencontre des deux cellules sexuelles, ou **gamètes:** un seul spermatozoïde, parmi les millions que produit le père, a réussi à percer la membrane de l'ovule. L'œuf fécondé, appelé **zygote,** commence alors à se diviser et à se différencier. Tous les zygotes ne survivent pas, mais si les circonstances sont favorables, un bébé formé de plusieurs trillions de cellules naîtra environ neuf mois plus tard.

Comme toutes les femmes, Julie possède des milliers d'ovules et chacun mesure environ le quart du point qui se trouve à la fin de cette phrase. Pourtant, l'ovule est la plus grosse cellule du corps humain. Lors de l'ovulation, un ovule provenant de l'un ou l'autre des ovaires se libère de son follicule et amorce son voyage vers l'utérus en passant par l'une des trompes de Fallope.

Les spermatozoïdes, quant à eux, figurent parmi les plus petites cellules du corps et ne gardent leur capacité de féconder l'ovule que durant 48 heures environ. Lorsque les spermatozoïdes arrivent dans l'utérus, ils vont à la rencontre de l'ovule et la fécondation se produit alors généralement dans les trompes de Fallope. Si la fécondation n'a pas lieu, les spermatozoïdes sont détruits par les globules blancs de la femme, tandis que l'ovule est éliminé lors des prochaines menstruations.

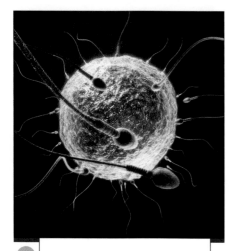

2.1 La fécondation

Un minuscule spermatozoïde réussira à percer la surface de l'ovule, la plus grosse cellule du corps humain.

2.1.2 Les naissances multiples

Une femme donne normalement naissance à un seul enfant à la fois, mais des naissances multiples peuvent toutefois se produire. La cause la plus courante est la libération de deux ovules (ou plus) par l'ovaire, et ce, dans un intervalle très bref. Si les deux ovules sont fécondés, il en résulte des **jumeaux dizygotes,** aussi appelés jumeaux fraternels. Il arrive également, parfois, qu'un même ovule non fécondé se divise et que les deux ovules qui en résultent soient fécondés. La deuxième cause de naissances multiples provient de la division du zygote en deux après la fécondation. On parle alors de **jumeaux monozygotes,** c'est-à-dire de vrais jumeaux. Les triplés, les quadruplés ou les autres naissances multiples peuvent résulter d'une combinaison de ces deux phénomènes.

Le bagage génétique des jumeaux dizygotes, qui proviennent de deux spermatozoïdes différents et habituellement de deux ovules différents, diffère autant que celui de chacun des autres enfants issus des mêmes parents. Ces jumeaux peuvent donc être du même sexe ou de sexe opposé. Les jumeaux monozygotes, pour leur part, possèdent exactement le même patrimoine génétique et sont nécessairement du même sexe. Toutefois, à cause de légères différences dans le milieu prénatal et postnatal, ils présentent tout de même certaines distinctions. Ils peuvent notamment avoir un tempérament différent. Certaines caractéristiques physiques, comme les boucles de cheveux, les empreintes dentaires ou la dominance de la main, peuvent même réfléchir des images en miroir. Ainsi, l'un peut très bien être gaucher et l'autre droitier.

La conception de vrais jumeaux semble résulter du hasard, alors que celle de jumeaux dizygotes apparaît plus fréquente dans des cas de grossesses tardives, dans les familles où il y a déjà eu des jumeaux ainsi que chez certains groupes ethniques. Ces dernières années, le taux de naissances multiples a toutefois considérablement augmenté, et ce, dans plusieurs pays. Au Québec, il a enregistré une hausse de 50% entre 1985 et 2006 (Santé et Services sociaux du Québec, 2008). On attribue cette augmentation à la tendance à retarder la maternité à un âge plus avancé, ainsi qu'aux médicaments fertilisants et aux techniques de procréation assistée, qui augmentent la quantité d'ovules libérés lors d'un même cycle de reproduction (Martin *et al.*, 2005).

2.1.3 Les mécanismes de l'hérédité

Le code génétique

Nous venons de voir que la première cellule d'une nouvelle vie provient de l'union de deux cellules reproductrices, soit l'ovule et le spermatozoïde. Le noyau de chacune de ces cellules ne contient que 23 **chromosomes,** alors que toutes les autres cellules du corps humain en comptent 23 paires, soit 46. À la suite de l'union des deux gamètes, le zygote comprendra lui aussi 23 paires de chromosomes (*voir la figure 2.1 à la page suivante*). Ces 46 chromosomes, porteurs de milliers de gènes, contiennent toutes les informations génétiques qui guideront le développement du fœtus. Ils sont constitués d'**acide désoxyribonucléique (ADN),** une substance chimique qui transporte un ensemble précis d'informations nécessaires à la fabrication des protéines et, ce faisant, à la formation et au fonctionnement des cellules.

Le **gène,** un fragment d'acide désoxyribonucléique, est l'élément de base de l'hérédité. Chaque gène occupe une position définie sur le chromosome. Ce sont les gènes qui déterminent les caractéristiques héréditaires. Ils indiquent à chaque cellule sa spécialisation et la manière de faire la synthèse des protéines nécessaires aux principales fonctions de l'organisme (*voir la figure 2.2 à la page suivante*).

Ce code génétique est unique à chaque personne sauf pour les jumeaux monozygotes. Après la division du zygote, un processus appelé **mitose,** chaque cellule-fille, exception faite des cellules sexuelles, possédera 46 chromosomes identiques à ceux du zygote original. Chaque cellule du corps renferme donc la même information

Gamète
Cellule reproductrice sexuée (spermatozoïde ou ovule).

Zygote
Organisme unicellulaire provenant de l'union d'un spermatozoïde et d'un ovule.

Jumeau dizygote
Jumeau né de l'union de deux ovules différents et de deux spermatozoïdes différents; il est aussi appelé jumeau fraternel, faux jumeau ou jumeau non identique.

Jumeau monozygote
Jumeau né de la division d'un seul zygote après la fécondation; il est aussi appelé vrai jumeau ou jumeau identique.

2.2 Les vrais jumeaux

On essaie parfois d'accentuer les ressemblances entre jumeaux. Pourtant, ce n'est pas parce que des jumeaux se ressemblent qu'ils sont forcément des jumeaux identiques.

Chromosome
Segment d'ADN porteur des gènes qui transmettent les facteurs héréditaires. On en dénombre 46 chez l'être humain normal.

Acide désoxyribonucléique (ADN)
Substance chimique du génome qui transporte les informations contrôlant la synthèse des protéines et, ce faisant, permet la formation et le fonctionnement des cellules.

Gène
Composante de base de l'hérédité située à un endroit précis sur le chromosome et qui détermine le trait hérité.

Mitose
Division du noyau d'une cellule en deux cellules identiques.

FIGURE 2.1 | La composition héréditaire du zygote

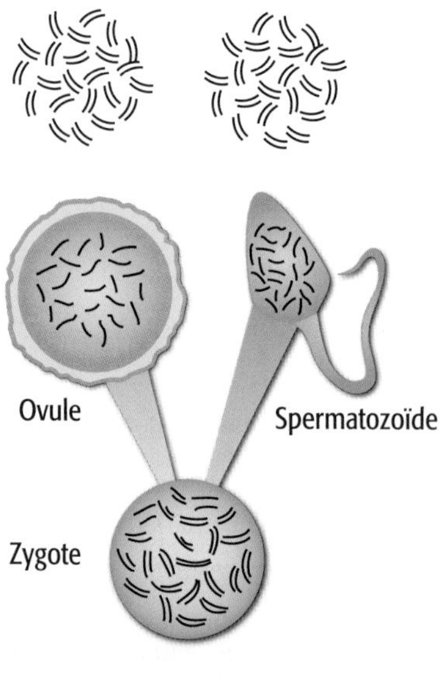

Ovule

Spermatozoïde

Zygote

Les cellules de l'homme et de la femme contiennent 23 paires de chromosomes. À la suite de la méiose, chaque cellule sexuelle contient 23 chromosomes simples. Lors de la fécondation, les chromosomes de chaque parent se joignent pour former un zygote contenant 23 paires de chromosomes – une moitié provient de la mère et l'autre du père.

FIGURE 2.2 | L'ADN : le code génétique

L'ADN constitue le matériel génétique de toutes les cellules vivantes. Il comprend quatre bases chimiques qui sont désignées par des lettres : l'adénine (A), la thymine (T), la cytosine (C) et la guanine (G). Ces bases sont associées par paires (A avec T et G avec C) et forment les barreaux d'une échelle en spirale. Il y a trois millions de paires de bases dans l'ADN humain.

Source : Ritter, 1999.

génétique, qui demeure constante tout au long de la vie. Les gènes entrent en action quand la situation pour laquelle ils sont programmés se présente. Ce qu'on appelle le **génome humain** est l'identification des séquences de gènes qui sont particuliers à l'espèce humaine. La communauté scientifique a réussi à séquencer à 99 % la totalité de nos gènes. On en dénombre près de 25 000 (*voir l'encadré 2.1*).

La détermination du sexe

Dans certains villages du Népal, il est encore fréquent qu'un homme dont l'épouse ne lui a pas donné d'enfant mâle prenne alors une deuxième épouse. Pourtant, ironiquement, c'est le père qui est responsable du sexe de l'enfant à naître. En effet, comme nous l'avons vu plus haut, au moment de la conception, les 23 chromosomes du spermatozoïde forment des paires avec les 23 chromosomes de l'ovule. Sur ces 23 paires de chromosomes, 22 sont *autosomes,* c'est-à-dire non liées au sexe ; c'est donc la vingt-troisième paire, composée des *hétérochromosomes,* ou chromosomes sexuels, qui détermine le sexe de l'enfant. Chez la femme, la vingt-troisième paire de chromosomes se compose de deux chromosomes identiques XX, alors que chez l'homme, dans cette vingt-troisième paire, un chromosome X est uni à un chromosome Y, plus petit.

La **méiose** désigne une seconde forme de division cellulaire qui est différente de la mitose ; elle se produit lors de l'élaboration des gamètes (spermatozoïdes et ovules) dans les glandes sexuelles (testicules et ovaires) de l'adulte pubère. Chaque cellule sépare alors son patrimoine génétique en deux : ses paires de chromosomes se divisent et le nombre de ses chromosomes diminue donc de moitié. Après la méiose, chaque gamète mature ne contient finalement plus que 23 chromosomes. Dès lors, les bébés ne peuvent plus recevoir pour vingt-troisième chromosome qu'un chromosome X de la mère. C'est donc le père qui détermine le sexe de l'enfant en lui apportant soit un chromosome X, soit un chromosome Y. Dans notre mise en situation, l'ovule de Julie ne pouvait porter qu'un chromosome X, tandis que le spermatozoïde de Frédéric pouvait porter soit un chromosome X soit un chromosome Y. Un ovule fécondé par

Génome humain
Identification des séquences de gènes qui sont particuliers à l'espèce humaine.

Méiose
Division cellulaire au cours de laquelle le nombre de chromosomes diminue de moitié. L'infinité de combinaisons de gènes explique les différences de constitution génétique entre enfants issus de mêmes parents.

Le dépistage et les manipulations génétiques

En 2003, les scientifiques ont complété à 99 % la cartographie du génome humain et estimé à près de 25 000 le nombre total de nos gènes (International Human Genome Sequencing Consortium, 2004). Parmi les découvertes intéressantes, on a constaté que le génome des humains et celui des chimpanzés sont à 99 % semblables (Clark *et al.,* 2003). Cette cartographie du génome humain a considérablement augmenté notre capacité à reconnaître les gènes qui déterminent certains de nos traits ou comportements spécifiques. On cherche maintenant à mettre en évidence les gènes qui causent, déclenchent ou augmentent certains désordres particuliers de manière à cibler les populations à risque. Les résultats de telles recherches permettraient en effet de prédire, de prévenir, de contrôler, de traiter et de guérir des maladies. Le dépistage génétique du cancer du sein pourrait notamment identifier la majorité des individus qui présentent un plus haut risque de développer ce type de cancer (Pharaoh *et al.,* 2002).

Les tests génétiques soulèvent toutefois des questions éthiques fondamentales. D'une part, les prédictions demeurent imparfaites. D'autre part, un faux résultat négatif pourrait provoquer un excès de confiance, alors qu'un faux résultat positif pourrait provoquer de l'anxiété inutile. À quoi cela sert-il en effet de savoir qu'on possède le gène d'une maladie incurable ? D'autant plus que le fait de posséder le gène d'une maladie donnée ne signifie pas nécessairement qu'on va la développer, puisque la plupart des maladies génétiques impliquent une combinaison complexe de gènes et dépendent en partie du mode de vie ou d'autres facteurs environnementaux (Clayton, 2003).

Il faut également considérer la question du respect de la vie privée et de l'utilisation des informations obtenues. Serait-il acceptable de se servir du profil génétique d'une personne en santé pour lui refuser un emploi ou une assurance vie ? Or, même si les données médicales sont censées être confidentielles, il est presque toujours impossible de maintenir le caractère privé de ce genre d'informations.

D'autres considérations à prendre en compte se rattachent au dépistage des enfants. Qui devrait décider si un enfant doit être testé : les parents ou l'enfant ? Un enfant devrait-il être automatiquement testé si ce test peut profiter à l'un de ses frères ou sœurs ? Comment un enfant sera-t-il affecté psychologiquement s'il apprend qu'il est susceptible de développer une maladie dans vingt, trente ou cinquante ans ? Une éventualité particulièrement troublante est celle qui consisterait à utiliser des résultats de dépistage génétique pour justifier la stérilisation de personnes porteuses de certains gènes *indésirables*. De futurs parents pourraient aussi opter pour l'avortement si un fœtus était porteur d'un *mauvais* bagage génétique.

En outre, après avoir soulevé beaucoup d'espoirs, la thérapie génique commence aussi à causer quelques déceptions. En 2000, des chercheurs français ont ainsi modifié génétiquement des cellules de moelle osseuse chez dix bébés atteints d'une maladie immunitaire sévère. La première année, les bébés semblaient en parfaite santé, mais par la suite, trois bébés ont développé la leucémie et l'un d'entre eux est décédé (Harris, 2005). En 2007, un autre patient est décédé lors d'un traitement de thérapie génique touchant l'arthrite (Weiss, 2007). Pourtant, la même année, la thérapie génique a été utilisée avec succès en Grande-Bretagne pour traiter une forme rare de cécité congénitale (Bainbridge *et al.,* 2008).

La thérapie génique risque-t-elle enfin d'être utilisée d'une façon abusive ? Ce genre de thérapie devrait-il être utilisé pour contrer la calvitie ? Pour faire grandir un enfant petit ou pour transformer un enfant obèse en enfant mince ? Pour améliorer l'apparence ou l'intelligence d'un bébé à naître ? Certains parents, qui en auraient les moyens financiers, pourraient très bien chercher à octroyer à leurs enfants les *meilleurs* gènes. L'écart entre la correction thérapeutique de problèmes de santé et la manipulation génétique à des fins esthétiques ou fonctionnelles est donc très mince. D'ici quelques années, le dépistage génétique risque de révolutionner la pratique de la médecine. On ne sait manifestement pas encore si les bénéfices viendront alors contrebalancer les risques.

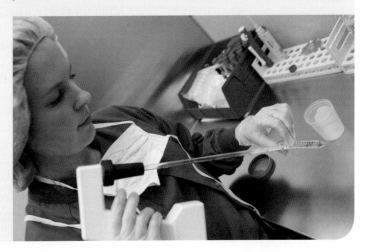

un spermatozoïde porteur d'un chromosome Y produit le zygote XY, donc un embryon mâle, tandis qu'un ovule fécondé par un spermatozoïde porteur d'un chromosome X produit le zygote XX, donc un embryon femelle. Laurence étant une petite fille, elle provient par conséquent d'un zygote XX (*voir la figure 2.3 à la page suivante*).

Les modèles de transmission génétique

Pourquoi une personne a-t-elle les yeux bleus et l'autre, les yeux bruns ? Qu'est-ce qui cause le daltonisme ? Pourquoi une maladie héréditaire n'affecte-t-elle que certains membres d'une même famille ? Pour répondre à de telles questions, il est essentiel de comprendre comment sont transmis les traits héréditaires.

FIGURE 2.3 | La détermination du sexe

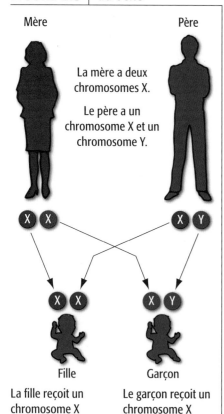

Mère ... Père

La mère a deux chromosomes X.

Le père a un chromosome X et un chromosome Y.

X X ... X Y

X X ... X Y

Fille ... Garçon

La fille reçoit un chromosome X à la fois de la mère et du père.

Le garçon reçoit un chromosome X de la mère et un chromosome Y du père.

Mode dominant-récessif
Mode de transmission génétique qui fait qu'un trait déterminé par un gène récessif se manifeste seulement s'il n'est pas en présence d'un gène dominant pour ce même trait.

Allèle
Chacune des formes possibles d'un même gène.

Mode polygénique
Mode de transmission génétique qui fait qu'un trait est déterminé par plusieurs gènes.

Mode plurifactoriel
Mode de transmission génétique qui fait qu'un trait résulte d'une interaction complexe entre plusieurs gènes et plusieurs facteurs environnementaux.

Phénotype
Ensemble des caractéristiques observables d'un individu, résultant de l'interaction entre les facteurs héréditaires et les facteurs environnementaux.

Génotype
Ensemble des caractéristiques génétiques sous-jacentes qui mène à la manifestation de certains traits.

Le mode de transmission dominant-récessif Depuis les travaux de Mendel en 1860 sur le croisement des petits pois et la loi de la dominance qui en a résulté, nous savons que certaines caractéristiques génétiques sont transmises selon un **mode dominant-récessif.** Pour chaque caractéristique, l'individu reçoit au moins un gène de chaque parent. On appelle ces gènes des **allèles.** Lorsque ces allèles sont identiques, la caractéristique se manifeste chez l'individu alors que s'ils diffèrent, c'est l'allèle dominant qui se manifeste. Une caractéristique récessive, comme dans le cas de certaines maladies, n'apparaît pour sa part que si les deux allèles sont récessifs. L'individu n'est donc atteint que s'il hérite de ce gène récessif de ses deux parents. Lorsque deux parents sont porteurs du gène récessif de la maladie, les probabilités qu'un enfant soit atteint sont donc de 25 % (*voir la figure 2.4*).

La couleur des yeux se transmet aussi en bonne partie selon un mode dominant-récessif. Ainsi, le gène récessif des yeux bleus empêche la mélanine de se déposer sur l'iris et de le pigmenter. Toutefois, d'autres gènes interviennent aussi dans l'intensité de la pigmentation. D'ailleurs, dans les faits, peu de traits se transmettent uniquement selon le mode dominant-récessif, la transmission étant souvent beaucoup plus complexe.

Le mode de transmission polygénique On parle de **mode polygénique** lorsque la plupart des traits sont transmis par l'interaction de plusieurs gènes. C'est le cas pour la couleur de la peau, qui résulte d'au moins trois ensembles de gènes situés sur trois chromosomes. Ces gènes se combinent pour produire des centaines de nuances différentes. L'intelligence, elle, pourrait être affectée par plus de 50 gènes.

Le mode de transmission plurifactorielle Les caractéristiques d'un individu résultent aussi souvent d'une combinaison de facteurs génétiques et de facteurs environnementaux. Certaines caractéristiques physiques (comme la taille et le poids) et la plupart des caractéristiques psychologiques (comme l'intelligence, la personnalité, l'habileté musicale et bien d'autres) proviennent d'une interaction complexe entre plusieurs gènes et des facteurs environnementaux ; on parle alors d'une transmission selon un **mode plurifactoriel.**

Le génotype et le phénotype

L'ensemble des traits observables constitue le **phénotype ;** le bagage génétique invisible et sous-jacent qui contribue à la manifestation de ces traits représente quant à lui le **génotype.** Tous les individus ont des génotypes différents, sauf les jumeaux monozygotes. Le phénotype résulte du génotype et des influences de l'environnement. Ainsi, la taille d'une personne, qui est normalement déterminée par son patrimoine génétique, peut être altérée par la maladie ou la malnutrition. Ce serait, par exemple, le cas d'un enfant dont la mère aurait consommé des drogues ayant affecté le développement du fœtus.

Ce que nous venons de voir nous amène à soulever la question du rôle respectif de l'hérédité et de l'environnement dans le développement. Ainsi, certaines caractéristiques, comme la couleur des yeux ou le groupe sanguin, sont clairement héréditaires, alors que des traits plus complexes, relatifs à la santé, à l'intelligence et à la personnalité, résultent d'une interaction complexe entre l'hérédité et l'environnement. De la même façon, de nombreux troubles apparaissent lorsqu'une prédisposition héréditaire (une variation anormale d'un gène donné) entre en interaction avec un facteur environnemental avant ou après la naissance. C'est le cas du déficit d'attention avec hyperactivité, dont nous parlerons dans le chapitre 7 (Price *et al.*, 2001). Nous reviendrons un peu plus loin sur cette question des rôles joués par l'hérédité et l'environnement dans le développement.

Les anomalies génétiques et chromosomiques

Nous avons expliqué, au début de ce chapitre, le fonctionnement de base des mécanismes de l'hérédité. Malheureusement, il arrive que ce processus soit perturbé. Les

FIGURE 2.4 | Le mode de transmission dominant-récessif

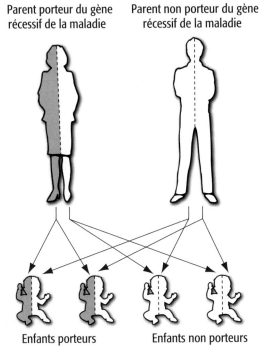

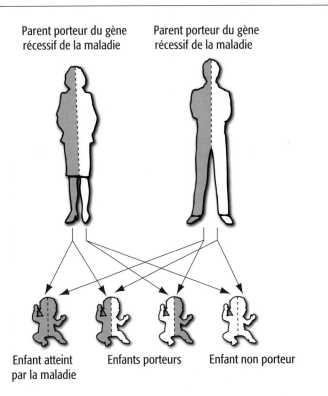

Parent porteur du gène récessif de la maladie — Parent non porteur du gène récessif de la maladie

Parent porteur du gène récessif de la maladie — Parent porteur du gène récessif de la maladie

Enfants porteurs — Enfants non porteurs

Enfant atteint par la maladie — Enfants porteurs — Enfant non porteur

L'individu n'est atteint d'une maladie associée à un gène récessif que s'il hérite de ce gène récessif des deux parents. Dans le cas où deux parents sont porteurs du gène récessif de la maladie, les probabilités qu'un enfant soit atteint sont donc de 25 %. Le sexe du parent porteur n'a aucun lien avec les probabilités d'être porteur ou non.

enfants qui naissent avec une **anomalie congénitale** héréditaire courent ainsi un risque élevé de mourir à la naissance ou peu après ; aux États-Unis, ils constituent environ 20 % des décès à survenir dans la première année de vie (Hoyert, Kung et Smith, 2005). La plupart des malformations graves impliquent le système circulatoire ou le système nerveux central.

Les anomalies génétiques (transmission héréditaire) et chromosomiques (produites lors de la division cellulaire) ne sont pas toutes décelables à la naissance. Elles peuvent même apparaître aussi tard qu'à la fin de la trentaine. Certaines anomalies sont causées par des **mutations,** qui sont des modifications subies par les gènes ou les chromosomes, alors que d'autres résultent de l'interaction entre une prédisposition innée et un facteur environnemental survenant avant ou après la naissance. Le tableau 2.1, à la page suivante, présente quelques problèmes connus.

Le **syndrome de Down,** ou **trisomie 21,** représente l'anomalie chromosomique la plus répandue avec environ une naissance sur 770 au Québec (Commissaire à la santé et au bien-être Québec, 2009). Le syndrome se manifeste par plusieurs signes : des yeux bridés, une petite tête, un nez aplati, une grosse langue, une déficience intellectuelle plus ou moins grave, une déficience motrice légère ou profonde et des malformations du cœur, des yeux et des oreilles. Le syndrome de Down est causé par la présence d'un chromosome supplémentaire à la vingt et unième paire, d'où le nom couramment utilisé de trisomie 21. Il est possible de détecter cette anomalie avec l'**amniocentèse,** ou ponction du liquide amniotique. Cette anomalie risque surtout de se produire quand les parents, particulièrement la mère, sont relativement âgés au moment de la conception. De nombreux enfants trisomiques sont souvent décrits comme étant attachants et affectueux, et plusieurs peuvent acquérir des habiletés qui leur permettront de subvenir à leurs besoins quand ils atteindront l'âge adulte.

Anomalie congénitale
Caractéristique anormale, présente à la naissance, qui peut être héréditaire ou acquise pendant le développement prénatal.

Mutation
Modification subie par les gènes ou les chromosomes.

Syndrome de Down ou **trisomie 21**
Anomalie chromosomique habituellement causée par la présence d'un chromosome 21 supplémentaire et caractérisée par la déficience intellectuelle légère ou profonde, de même que par certaines anomalies physiques.

Amniocentèse
Ponction du liquide amniotique. Ce test prénatal permet de dépister certaines anomalies génétiques, de connaître le sexe du bébé ainsi que son âge fœtal.

TABLEAU 2.1 | Quelques anomalies congénitales

Problème et personne à risque	Effet	Traitement possible
Fibrose kystique (une personne blanche sur 2 000)	Production excessive de mucus qui s'accumule dans les poumons et le système digestif. Les enfants atteints ne grandissent pas normalement et meurent souvent avant 30 ans.	Traitements journaliers pour détacher le mucus, antibiotiques pour les infections aux poumons, enzymes pour améliorer la digestion, thérapie génique (stade expérimental).
Anencéphalie (une personne sur 1 000)	Absence de tissus crâniens et d'ancéphale (en dehors du tronc cérébral). Le bébé est mort-né ou meurt peu après la naissance.	Aucun traitement.
Spina bifida (une personne sur 1 000)	Occlusion incomplète du tube rachidien, résultant en une faiblesse musculaire ou en une paralysie et une perte de maîtrise de la vessie et des intestins ; souvent accompagnée d'hydrocéphalie, soit une accumulation de fluide rachidien dans le cerveau qui peut provoquer la déficience intellectuelle.	Chirurgie pour refermer le tube rachidien. Des drains placés dans le cerveau peuvent prévenir la déficience intellectuelle.
Dystrophie musculaire progressive de type Duchenne (un garçon sur 4 000)	Maladie mortelle propre aux hommes, caractérisée par une faiblesse musculaire et fréquemment accompagnée d'un léger déficit intellectuel. L'insuffisance respiratoire et la mort se produisent habituellement au début de l'âge adulte.	Aucun traitement.
Hémophilie (une famille sur 10 000 ayant des antécédents d'hémophilie)	Hémorragies prolongées dues au retard de coagulation n'affectant que les hommes. Dans sa forme la plus aiguë, la maladie peut, à l'âge adulte, provoquer l'arthrite invalidante.	Fréquentes transfusions de sang avec des facteurs de coagulation.

Source : Adapté de AAP Committee on Genetics, 1996 ; Tisdale, 1988.

Daltonisme
Anomalie héréditaire caractérisée par une mauvaise vision des couleurs.

Le **daltonisme** est une autre anomalie héréditaire qui touche environ 8 % des garçons et 0,5 % des filles. Pourquoi surtout les garçons ? Parce que le gène récessif se trouve sur le chromosome sexuel X (dans le cas de mauvaise perception du rouge et du vert). Les filles ayant deux chromosomes sexuels X, le gène récessif est généralement annulé par un autre gène présent sur l'autre chromosome X. Étant donné que les garçons n'ont qu'un seul chromosome X, si celui-ci est porteur du gène récessif, rien ne vient contrebalancer son effet. C'est pourquoi l'individu sera atteint.

Le rôle de l'hérédité et de l'environnement

Comme nous l'avons mentionné, la façon dont notre patrimoine génétique se manifeste dépend dans une large mesure du milieu spécifique dans lequel nous évoluons. De nombreux traits varient selon notre environnement, mais toujours à l'intérieur des limites fixées par nos gènes.

Héritabilité
Mesure statistique de l'apport de l'hérédité dans la variabilité d'un trait particulier à une certaine période et pour une population donnée.

La mesure de l'héritabilité L'**héritabilité** est une mesure statistique de l'apport de l'hérédité dans la variabilité d'un trait particulier, à une certaine période et pour une population donnée. L'héritabilité n'est pas la mesure de l'influence relative de l'hérédité et de l'environnement chez un individu en particulier. Elle ne nous dit pas non plus comment les traits se développent ou jusqu'à quel point ceux-ci peuvent être modifiés. Elle nous indique simplement jusqu'à quel point les gènes contribuent aux différences individuelles pour un trait donné, dans une certaine population.

L'héritabilité s'exprime par un nombre qui varie de 0,0 à 1,0 ; plus le nombre est élevé, plus l'héritabilité du trait est grande. Une héritabilité de 1,0 signifie que les gènes sont responsables à 100 % des différences dans un trait. Comme l'héritabilité ne peut pas se mesurer directement, les chercheurs s'appuient sur trois types de recherches corrélationnelles : les études sur les familles, sur l'adoption et sur les jumeaux. De telles études se basent sur le principe que les membres d'une famille immédiate sont plus semblables génétiquement que les membres d'une famille éloignée, que les jumeaux monozygotes sont plus semblables génétiquement que les jumeaux dizygotes, et enfin que les enfants adoptés sont plus proches génétiquement de leur famille biologique que de leur famille adoptive.

Dans les études portant sur les familles, les chercheurs mesurent jusqu'à quel point les membres d'une même famille partagent certains traits et si le degré de parenté est associé au degré de similitude d'un trait. Si la corrélation est forte, les chercheurs en déduisent une influence génétique. Toutefois, de telles études n'écartent pas les influences environnementales. Ainsi, une étude sur les familles ne peut, à elle seule, nous dire si les enfants obèses de parents obèses ont hérité de ce trait ou s'ils sont obèses parce que leur alimentation est semblable à celle de leurs parents. C'est pourquoi les chercheurs ont aussi recours aux études sur l'adoption afin de séparer les effets de l'hérédité de ceux d'un environnement partagé.

Les études sur l'adoption observent les similitudes entre les enfants adoptés et leurs familles adoptives, ainsi que celles entre les enfants adoptés et leurs familles biologiques. Quand les enfants adoptés ressemblent plus à leurs parents biologiques ou à leurs frères et sœurs pour un trait particulier (l'obésité, par exemple), l'influence de l'hérédité est manifeste. Par contre, quand ils ressemblent plus à leur famille adoptive, l'influence de l'environnement peut être constatée.

Les études sur les jumeaux comparent des paires de jumeaux monozygotes et des paires de jumeaux dizygotes de même sexe. Génétiquement, les jumeaux monozygotes sont deux fois plus semblables, en moyenne, que les jumeaux dizygotes de même sexe. Lorsqu'ils présentent une plus grande concordance dans un trait particulier que les jumeaux dizygotes, la probabilité d'un facteur génétique peut être analysée plus à fond et appuyée par des études sur l'adoption. En effet, des études sur des jumeaux monozygotes séparés dans l'enfance et élevés séparément ont confirmé de fortes ressemblances entre eux. Les études sur les jumeaux et sur l'adoption confirment donc la part de l'hérédité dans plusieurs caractéristiques (McGuffin, Riley et Plomin, 2001).

L'obésité Chez un enfant, l'obésité est définie par un indice de masse corporelle (IMC) situé au-dessus du quatre-vingt-quinzième percentile des enfants du même sexe et du même groupe d'âge. Chez l'adulte, elle est définie comme une surcharge de tissu adipeux se traduisant par un indice de masse corporelle égal ou supérieur à 30.

Plusieurs études révèlent que l'hérédité joue un rôle important dans l'obésité (Chen *et al.*, 2004). La cartographie génétique a en effet identifié jusqu'à maintenant plus de 250 gènes ou marqueurs génétiques qui seraient liés à l'obésité (Pérusse *et al.*, 1999). Toutefois, l'accroissement rapide des cas d'obésité dans les pays industrialisés ces dernières années laisse croire que l'environnement exerce aussi une influence primordiale. Des changements dans les habitudes alimentaires associés à une diminution de l'exercice physique seraient les premiers responsables de cette situation.

L'intelligence Même si aucun gène propre à l'intelligence n'a été identifié, l'hérédité semble jouer un rôle important dans l'intelligence générale ainsi que dans certaines habiletés particulières. Le rôle de l'hérédité dans l'intelligence a été mis en évidence par plusieurs études sur l'adoption et sur les jumeaux. En effet, le quotient intellectuel des enfants adoptés est systématiquement plus proche du quotient intellectuel de leur mère biologique que de celui de leurs parents adoptifs ou de leurs frères et sœurs. De leur côté, les jumeaux monozygotes se ressemblent plus sur le plan de l'intelligence que des jumeaux dizygotes. C'est la même chose en ce qui concerne leurs résultats scolaires à l'école primaire. Ces études fournissent une estimation constante de l'héritabilité d'environ 50 % pour les habiletés spatiales, ce qui signifie que les différences génétiques sont responsables d'environ la moitié des variations observées parmi les membres d'une population. Une corrélation semblable entre les habiletés verbales et spatiales suggère donc un lien génétique dans les composantes de l'intelligence (Petrill *et al.*, 2004).

Cependant, la génétique n'explique qu'une partie des variations de l'intelligence dans une population donnée puisqu'un changement d'environnement peut entraîner des répercussions considérables. Un environnement enrichi ou appauvri peut affecter significativement le développement et l'expression d'habiletés innées (Neisser *et al.*, 1996). Par ailleurs, les performances cognitives du jeune enfant seront très influencées

2.3 Le syndrome de Down

Cette enfant présente certaines caractéristiques physiques (yeux bridés, visage plus plat, etc.) montrant qu'elle est atteinte du syndrome de Down. Ce syndrome est causé par la présence d'un chromosome supplémentaire dans la vingt et unième paire, d'où son nom couramment utilisé de trisomie 21.

2.4 L'obésité

Un enfant dont le père ou la mère est obèse a de fortes chances d'être lui-même obèse à l'âge adulte.

par son milieu familial, même si cette influence s'atténue avec l'âge. En effet, les dispositions génétiques semblent reprendre plus d'importance à l'adolescence, période où la personne est plus apte à choisir des environnements correspondant à ses habiletés héréditaires (Bouchard, 2004).

La personnalité Des gènes liés à des traits de personnalité spécifiques, comme l'anxiété et la tendance à la dépression, ont été identifiés. Le tempérament est en grande partie inné et stable avec les années, quoiqu'il soit sensible à la qualité des soins parentaux ou à certaines expériences particulières. Les frères et sœurs ont ainsi tendance à avoir des tempéraments semblables, même si les parents les voient souvent plus différents qu'ils ne le sont (Saudino *et al.*, 2004).

Autisme
Trouble du développement caractérisé par des lacunes sur le plan de la communication et des interactions sociales, ainsi que par des comportements stéréotypés.

L'autisme L'**autisme** est un trouble du développement du cerveau qui se manifeste par l'incapacité plus ou moins grande de communiquer avec les autres. Il apparaît habituellement dans les trois premières années de la vie et touche surtout des garçons. L'autisme semble présenter une forte composante génétique, mais plusieurs facteurs environnementaux ont aussi été déterminés. Ces facteurs environnementaux pourraient activer la tendance héréditaire à l'autisme (*voir l'encadré 2.2*).

ENCADRÉ 2.2 🔍 **APPROFONDISSEMENT**

Une « épidémie » d'autisme

L'autisme est un trouble grave du fonctionnement cérébral caractérisé par une absence d'interactions sociales normales, des troubles de communication, des mouvements répétitifs et une gamme très restreinte d'activités et d'intérêts. Généralement, l'imagerie du cerveau permet de confirmer le diagnostic.

Ce trouble du développement semble résulter d'une absence de coordination entre différentes régions du cerveau qui sont sollicitées pour effectuer des tâches complexes (Just *et al.*, 2007). Des études *post mortem* ont permis de découvrir que le noyau amygdalien du cerveau des autistes contenait un plus petit nombre de neurones que celui des autres (Schumann et Amaral, 2006).

Les signes possibles d'autisme

(selon diverses combinaisons et à des degrés de gravité variés)

• Rires et ricanements inappropriés	• Attachement inapproprié aux objets
• Absence de peur du danger	
• Apparente insensibilité à la douleur	• Insistance sur la similitude
• Rejet des câlins	• Écholalie
• Jeu soutenu inhabituel et répétitif	• Réaction inappropriée aux sons
• Habiletés physiques ou verbales inégales	• Tournoiement sur soi-même ou des objets
• Évitement du contact visuel	• Difficulté à interagir avec les autres
• Difficulté à exprimer ses besoins sauf par des gestes	• Préférence pour la solitude

Source : Autism Society of America, 2008.

Le syndrome d'Asperger est un trouble connexe, mais moins grave. Le fonctionnement des enfants atteints de ce syndrome est généralement meilleur que celui des autistes. Ces enfants manifestent habituellement un intérêt obsessif pour un sujet unique à l'exclusion de tous les autres, et ils en parlent abondamment à tous ceux qui veulent bien les écouter. Leur vocabulaire est plus riche, même si leur structure de parole est souvent maladroite et peu coordonnée. Leur comportement bizarre et excentrique rend les contacts sociaux souvent difficiles (National Institute of Neurological Disorders and Stroke, 2007).

La prévalence de ces affections a considérablement augmenté depuis le milieu des années 1970, peut-être parce qu'on les connaît mieux et que les diagnostics sont plus précis. Environ 1 enfant sur 150 reçoit un diagnostic d'autisme et de troubles connexes chaque année, et 4 autistes sur 5 sont des garçons (Markel, 2007). On attribue la prévalence plus importante de l'autisme chez les garçons à plusieurs facteurs. L'un d'eux concerne la grosseur du cerveau qui est plus gros chez les garçons que chez les filles et plus gros que la moyenne chez les autistes (Gilmore *et al.*, 2007). Un autre facteur réfère à la capacité naturelle des garçons à systématiser tout comme les enfants autistes ont tendance à le faire (Baron-Cohen, 2005). Ces résultats appuient l'idée selon laquelle l'autisme serait une version extrême du cerveau masculin normal.

L'autisme et les troubles connexes auraient une base génétique. Une équipe internationale de chercheurs a identifié au moins un gène et a désigné l'emplacement d'un autre gène qui pourrait contribuer à l'autisme (Szatmari *et al.*, 2007). D'autres recherches ont établi un lien entre le niveau élevé de testostérone fœtale dans le liquide amniotique et une piètre qualité des relations sociales et des intérêts restreints à l'âge de quatre ans, ce qui suggère que les niveaux plus élevés de testostérone fœtale contribueraient à la vulnérabilité masculine en matière d'autisme (Knickmeyer *et al.*, 2005).

Les facteurs environnementaux, comme l'exposition à certains virus ou agents chimiques, peuvent déclencher la maladie chez un sujet ayant une prédisposition héréditaire à l'autisme (Rodier, 2000). De nombreux parents ont reproché au thimérosal, l'agent de conservation utilisé dans les vaccins, d'augmenter l'incidence de l'autisme, mais de multiples études sur le thimérosal et ses effets n'ont découvert aucun lien concluant entre l'agent de conservation et l'autisme, pas plus qu'elles n'ont réussi à trouver une relation entre la vaccination infantile et l'autisme (Baird *et al.*, 2008). D'autres facteurs, comme certaines complications pendant la grossesse, l'âge avancé des parents, les premières naissances, la menace d'une perte fœtale, l'anesthésie péridurale, le travail provoqué et l'accouchement par césarienne, sont liés à une incidence accrue de l'autisme (Glasson *et al.*, 2004 ; Reichenberg *et al.*, 2006).

➡

Les signes très précoces indiquant la possibilité d'autisme ou de troubles connexes chez le bébé sont les suivants (Johnson *et al.*, 2007) :

- ne regarde pas joyeusement le parent ou le donneur de soins ;
- ne participe pas à un dialogue sous forme de babillage avec le parent (qui débute habituellement vers l'âge de cinq mois) ;
- ne reconnaît pas la voix du parent ;
- ne réussit pas à établir de contact visuel ;
- commence à babiller avec du retard (après neuf mois) ;
- ne fait pas de gestes, comme un signe de la main ou pointer, ou en fait peu ;
- fait des mouvements répétitifs avec les objets.

Plus tard, lorsque la parole se développe, les signes suivants sont importants :

- pas de mots isolés à 16 mois ;
- pas de babillage, de pointage ni d'autres gestes communicatifs à un an ;
- pas de phrases comportant deux mots à deux ans ;
- perte des habiletés langagières quel que soit l'âge.

Bien qu'il n'existe pas de remède connu, des améliorations importantes peuvent se produire à la suite d'interventions éducatives précoces très structurées qui aident l'enfant à acquérir de l'indépendance et à se responsabiliser, à la suite d'une thérapie du langage et de la parole, par l'enseignement des habiletés sociales et avec des traitements médicaux si nécessaire (Myers *et al.*, 2007).

Faites le POINT

1 Quelle différence faites-vous entre des jumeaux monozygotes et des jumeaux dizygotes ?

2 Pourquoi dit-on que c'est le père qui est responsable du sexe d'un enfant ?

3 Expliquez en quoi consiste le modèle de transmission génétique dominant-récessif et dites pourquoi il ne s'applique pas à la majorité des traits normaux.

2.2 Le développement prénatal

Le développement prénatal, appelé **gestation,** transforme une seule cellule en un être extrêmement complexe. Après un survol des motivations qui poussent un couple à vouloir un enfant, nous allons aborder les grandes étapes de ce processus, qui dure normalement 38 semaines, et voir comment certaines influences peuvent déjà en affecter le déroulement.

Gestation
Période de la vie qui va de la fécondation jusqu'à l'accouchement.

2.2.1 Le désir d'enfant

Le désir d'avoir un enfant est un phénomène complexe influencé par de nombreux facteurs aussi bien personnels que socioculturels. Il peut même être absent dans le cas de grossesses non planifiées ou non voulues, ce qui peut dans certains cas, par exemple pour des grossesses d'adolescentes, avoir un impact sur le comportement de la mère. Si ce désir d'enfant représente souvent, dans certaines sociétés, la réalisation de la féminité chez une femme, l'aboutissement de l'amour d'un couple, le besoin de se prolonger dans un autre être et la recherche d'un amour inconditionnel, il peut aussi répondre à des motifs socioéconomiques (par exemple, avoir des enfants qui aideront leurs parents dans leur travail ou qui prendront soin d'eux lorsqu'ils seront âgés). Pour Freud, ce désir correspondrait à une forme d'instinct. Chez l'homme, il est moins lié à l'horloge biologique que chez la femme ; l'homme veut plutôt reproduire le modèle familial qu'il a connu ou celui qu'il idéalise, il veut se projeter dans l'avenir et s'immortaliser à travers les générations ou, tout simplement, il veut faire plaisir à sa conjointe. Son sentiment de paternité devient bien réel surtout après la naissance de l'enfant.

Pour plusieurs couples, comme pour Julie et Frédéric, le désir d'enfant se heurte parfois à certaines contraintes. Ils peuvent alors avoir recours à l'adoption ou, de plus en plus, à la procréation assistée (*voir l'encadré 2.3 à la page suivante*). On estime en effet que près d'un couple sur huit au Canada se tourne vers des techniques médicalisées qui contournent le processus biologique normal pour fonder une famille (Santé Canada, 2008).

2.5 **Le désir d'enfant**
Plusieurs couples considèrent le désir d'avoir un enfant comme l'aboutissement de leur amour.

La procréation assistée

Lorsque l'homme produit un nombre de spermatozoïdes insuffisant, le couple peut alors recourir à l'*insémination artificielle,* soit l'introduction de sperme dans le col de l'utérus de la femme. Cette technique permet de rassembler le sperme de plusieurs éjaculations en une seule injection. On accroît les chances de réussite si l'on augmente aussi la production d'ovules par une stimulation ovarienne et si l'on injecte directement le sperme dans l'utérus.

En cas d'infertilité masculine, un couple peut choisir la méthode de l'*insémination artificielle avec donneur* (IAD). Le donneur peut être choisi selon les caractéristiques physiques du père. Au Canada, le sperme des donneurs doit subir différents tests permettant de dépister certaines maladies ou anomalies génétiques. Un nombre croissant de couples ont aussi recours à la *fécondation in vitro* (FIV). Dans ce cas, la fécondation se fait hors du corps de la mère. Cette méthode comporte plusieurs étapes : un traitement hormonal permettant d'augmenter la production d'ovules, le prélèvement d'un ovule mature, sa fécondation en laboratoire, le développement de l'embryon jusqu'à huit à dix cellules, sa conservation à une cryotempérature et, enfin, son implantation dans l'utérus de la mère. Souvent, plusieurs ovules sont fécondés et implantés pour augmenter les chances de réussite, ce qui entraîne fréquemment des naissances multiples (Santé et Services sociaux du Québec, 2008a).

Avec le *don d'ovule,* l'équivalent féminin de l'IAD, un ovule est *donné,* généralement de façon anonyme, par une jeune femme fertile. Il est ensuite fécondé en laboratoire et implanté dans l'utérus de la mère. L'ovule peut également être fécondé dans le corps de la donneuse par insémination artificielle. Quelques jours plus tard, l'embryon est récupéré et transplanté dans l'utérus de la mère. Cette technique a déjà été utilisée chez des femmes ménopausées.

La *mère porteuse* désigne une femme fertile qui est fécondée par le père ou par un donneur, généralement par insémination artificielle. Elle porte le fœtus jusqu'à terme et remet le bébé au couple à sa naissance. Cette maternité de substitution se trouve actuellement dans un vide juridique, ce qui veut dire qu'aucune entente entre un couple et une mère porteuse ne serait reconnue par les tribunaux du Québec. Outre l'éventualité de devoir forcer la mère porteuse à renoncer à l'enfant, l'aspect qui soulève le plus d'objections envers la maternité de substitution est l'aspect financier : beaucoup de gens craignent que ne se crée une *classe reproductrice* de femmes pauvres et désavantagées qui porteront les bébés des femmes aisées.

Toutes ces techniques soulèvent des questions d'éthique. Au Québec, le ministère de la Santé et des Services sociaux (MSSS) est responsable des comités d'éthique concernant les cas cliniques et la recherche sur les embryons. Les cliniques de fertilité doivent-elles être réservées aux personnes stériles ou accessibles également aux gens qui souhaitent les utiliser pour des raisons de commodité ? Les personnes seules et les homosexuels peuvent-ils avoir accès à ces méthodes ? Qu'en est-il des personnes plus âgées qui pourraient tomber malades ou même décéder avant que l'enfant ne devienne adulte ? Les enfants doivent-ils connaître leurs origines ? Doit-on fixer légalement des limites sur le nombre d'embryons implantés ? Que se passe-t-il si un couple qui a signé un contrat avec une mère porteuse divorce avant la naissance de l'enfant ? Lorsqu'un couple opte pour une fécondation *in vitro,* que faut-il faire des embryons inutilisés ? Nous le voyons, il existe bien des questions graves et encore non résolues qui gagneraient peut-être à faire l'objet d'un débat de société.

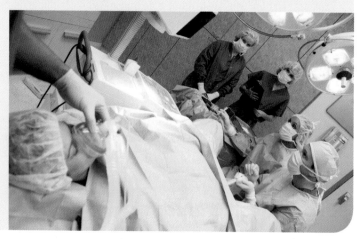

2.2.2 Les périodes du développement prénatal

Le développement prénatal de Laurence s'est déroulé en trois étapes : la période germinale, la période embryonnaire et la période fœtale. Les sentiments ambivalents de joie et d'angoisse qui habitent souvent la femme qui apprend qu'elle est enceinte évoluent tout au long de la grossesse. Nous allons aborder ici les points les plus importants de chaque période.

La période germinale (de la fécondation à deux semaines environ)

Période germinale
Stade du développement prénatal au cours duquel le zygote se divise et s'implante dans l'utérus.

Blastocyste
Stade de développement de l'embryon avant qu'il s'implante dans l'utérus.

Au cours de la **période germinale,** le zygote entreprend sa migration vers l'utérus. Pendant les 36 heures qui suivent la fécondation, le zygote amorce comme on l'a vu une période de division rapide : la mitose. Tout en se divisant, l'œuf fécondé descend le long de la trompe de Fallope pour atteindre l'utérus, après un *voyage* de trois à quatre jours (*voir la figure 2.5*). À ce stade, il adopte la forme d'une sphère remplie de fluide, le **blastocyste,** et il flotte librement pendant un jour ou deux dans l'utérus avant de s'y implanter. La différenciation des cellules commence : certaines cellules du blastocyste s'agglomèrent d'un côté pour former le disque embryonnaire, une masse de cellules à partir desquelles l'embryon va se développer. Autour, d'autres cellules seront à l'origine du système de soutien: le sac et le liquide amniotique, le placenta et le cordon ombilical. Environ 10 à 14 jours après la fécondation, cette enveloppe externe produit de minuscules filaments qui s'enfouissent dans la paroi utérine, créant ainsi une sorte de nid. Une fois implanté dans l'utérus, le blastocyste contient environ 150 cellules et devient un embryon. Toutefois, seulement une minorité des œufs fécondés parviendront à s'implanter et à poursuivre leur développement.

FIGURE 2.5 | La période germinale

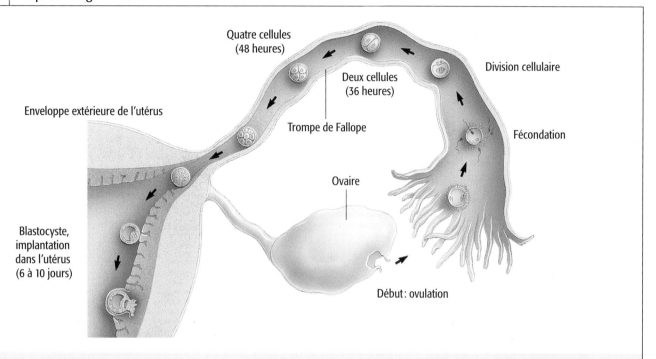

Ce schéma simplifié montre la progression de l'ovule à partir du moment où il quitte l'ovaire, où il est fécondé dans la trompe de Fallope, pour ensuite se diviser et s'implanter dans la paroi de l'utérus.

La période embryonnaire (de la deuxième à la huitième semaine)

La **période embryonnaire** commence une fois que l'œuf est implanté et elle s'étend jusqu'à la fin de la huitième semaine. Le système de soutien termine son développement, et les principaux organes et systèmes (respiratoire, digestif, nerveux) commencent alors à se développer rapidement.

Le sac amniotique, première structure du système de soutien, est formé d'une membrane renfermant un liquide maintenu à température constante et dans lequel baigne le bébé en gestation. Le placenta est relié à l'embryon par le cordon ombilical. Le rôle de ce dernier est de transmettre l'oxygène ainsi que les substances nutritives au fœtus et d'éliminer les déchets. Le placenta contribue à combattre les infections internes en filtrant les substances nocives, mais ne peut pas toutes les éliminer, comme nous le verrons un peu plus loin.

Vers le vingt-deuxième jour, une ébauche de cœur commence à battre: le système cardiovasculaire se met en place. Après un mois, le tube neural, qui formera le cerveau, se développe et le système nerveux prend forme. On commence à distinguer la tête, avec les yeux et les cellules olfactives, ainsi que les bourgeons qui deviendront les bras et les jambes. Ces derniers s'allongent au cours du deuxième mois; les doigts et les orteils finissent par apparaître. À la fin de la période embryonnaire, l'embryon a déjà la forme d'un être humain et ses principaux organes vitaux sont en place.

Période embryonnaire

Stade du développement prénatal qui s'étend de la deuxième à la huitième semaine et au cours duquel les principaux organes et systèmes se développent.

La forme très primitive de la structure de base de l'embryon et la rapidité de son développement le rendent très vulnérable aux influences nocives. Presque toutes les anomalies congénitales (bec-de-lièvre, membres incomplets ou absents, cécité, surdité, etc.) apparaissent durant cette période critique du premier trimestre de la grossesse. En général, les embryons les plus gravement atteints ne survivent pas au-delà de cette période, et la mère avorte alors spontanément: c'est ce qu'on appelle *faire une fausse couche*. Près de 50% de toutes les grossesses finissent par un avortement spontané, mais seulement 15% de celles-ci sont connues (ACOG, 2001).

La période fœtale (de la huitième semaine à la naissance)

La **période fœtale** commence vers la huitième semaine, quand les premières cellules osseuses apparaissent: l'embryon devient alors un **fœtus.** Au troisième mois de gestation, les organes génitaux se forment. Les six derniers mois serviront alors à peaufiner les structures et les systèmes déjà en place: les ongles, les paupières, les cheveux apparaîtront. Le cerveau grossit de plus en plus et les cellules nerveuses continuent leur développement, ce qui permettra au fœtus de réagir peu à peu aux stimuli, à la voix et aux battements de cœur de la mère, de même qu'aux vibrations de son corps, et d'exprimer ainsi qu'il peut entendre et sentir. Ces réactions débutent autour de la vingt-sixième semaine de gestation, augmentent et atteignent leur plateau vers la trente-deuxième semaine. C'est généralement au cours de cette période fœtale qu'on utilise l'**échographie,** un test permettant de voir le bébé à partir d'ultrasons. Enfin, durant les deux derniers mois de la grossesse, le poids du bébé augmente considérablement.

Ainsi, loin d'être une passagère passive dans l'utérus de sa mère, Laurence, alors encore à l'état de fœtus, donnait des coups de pied, se retournait, s'étirait, faisait des pirouettes, avalait, fermait le poing, hoquetait et suçait déjà son pouce. Le tableau 2.2 offre une description détaillée du développement prénatal mois après mois.

Période fœtale
Stade du développement prénatal qui va environ de la huitième semaine à la naissance et au cours duquel le fœtus présente une apparence humaine.

Fœtus
Nom donné à l'embryon après la huitième semaine de la grossesse, c'est-à-dire dès qu'il commence à présenter des formes humaines.

Échographie
Procédure médicale prénatale qui utilise les ultrasons pour voir le fœtus et ses mouvements. Ce test est aussi utilisé pour déterminer si une grossesse se déroule normalement.

TABLEAU 2.2 | Le développement prénatal

Mois		Description
1er mois		La croissance est plus rapide au cours du premier mois qu'à toute autre période de la vie: l'embryon devient 10 000 fois plus gros que le zygote. Il mesure maintenant entre 6 mm et 7 mm de longueur. Le sang circule dans ses veines et ses artères minuscules. Son petit cœur bat 65 fois à la minute. Son cerveau, ses reins, son foie et son système digestif commencent déjà à se former. Le cordon ombilical, lien vital avec sa mère, fonctionne.
2e mois		L'embryon mesure environ 2,5 cm et ne pèse que 2 g. La tête représente la moitié de la longueur totale du corps. On peut déjà distinguer les différentes parties du visage, ainsi que la langue et les bourgeons dentaires. Ses bras sont prolongés par des mains, des doigts et des pouces; ses jambes, par des genoux, des chevilles et des orteils. Il est recouvert d'une peau mince, et ses mains et ses pieds peuvent laisser des empreintes. Les organes sexuels se développent. Les battements du cœur sont réguliers. Les reins filtrent l'acide urique dans le sang. La peau est maintenant suffisamment sensible pour réagir à la stimulation tactile.
3e mois		Le fœtus pèse environ 28 g et mesure 7,5 cm. Il a des ongles aux doigts et aux orteils, des paupières (encore fermées), des cordes vocales, des lèvres et un nez proéminent. Il a une grosse tête (environ le tiers de la longueur totale de son corps) et le front large. On peut facilement savoir s'il s'agit d'un garçon ou d'une fille. Les organes vitaux, appareils digestif et respiratoire, fonctionnent: le fœtus peut même uriner de temps à autre. Ses côtes et ses vertèbres se sont transformées en cartilage, et ses organes de reproduction internes contiennent des cellules primitives d'ovules ou de spermatozoïdes. À ce stade, le fœtus jouit d'une grande variété de réactions: il peut remuer les jambes, les mains et la tête, et sa bouche peut s'ouvrir, se fermer et avaler. Si l'on touche ses paumes, ses mains se referment à moitié, si l'on touche ses lèvres, il suce, et si l'on touche à la plante de ses pieds, ses orteils se déploient. Ces comportements réflexes seront encore présents à la naissance, mais ils disparaîtront au cours des premiers mois de vie.

Mois	Description
4e mois	La tête ne représente plus que le quart de sa longueur totale, proportions qu'il aura à la naissance. Le fœtus mesure environ 15 cm à 25 cm et il pèse près de 200 g. Le cordon ombilical est aussi long que le fœtus et il continuera de croître avec lui. Le placenta est maintenant complètement développé et tous les organes sont formés. La mère peut sentir les coups de pied de son bébé. Grâce au développement du système musculaire, les réflexes apparus au troisième mois sont maintenant plus énergiques.
5e mois	Le fœtus pèse maintenant entre 340 g et 450 g, il mesure environ 30 cm et des signes de son individualité commencent à se manifester. Son cycle sommeil-éveil est bien établi et il devient plus actif : il donne des coups de pied, s'étire, se tortille et a même des crises de hoquet. Si l'on appuie l'oreille contre le ventre de la mère, on peut entendre son cœur battre. De rudes cils et sourcils ont commencé à pousser, de fins cheveux couvrent sa tête et le lanugo, un duvet laineux qui disparaîtra plus tard, recouvre son corps. Le système respiratoire n'est pas encore suffisamment développé pour fonctionner en dehors de l'utérus ; un bébé qui naît à ce stade n'a aucune chance de survivre.
6e mois	La croissance du fœtus a un peu ralenti. Il mesure maintenant environ 35 cm et pèse quelque 570 g. Des coussins adipeux se forment sous sa peau ; les yeux sont complets : il peut maintenant les ouvrir et les fermer. Sa respiration reste toujours régulière et il est capable de pleurer et de serrer les poings fermement. Toutefois, si le fœtus naissait maintenant, ses chances de survie seraient encore très minces.
7e mois	Le fœtus mesure environ 40 cm et pèse entre 1 360 g et 2 270 g. Ses réflexes sont maintenant complètement développés. Il pleure, respire, avale et peut même sucer son pouce. Le lanugo peut disparaître à cette période, mais demeure parfois jusqu'après la naissance. Les cheveux continuent parfois de pousser. Si le fœtus pèse au moins 1 600 g, il a de bonnes chances de survivre hors de l'utérus, pourvu qu'il reçoive des soins médicaux intensifs.
8e mois	Le fœtus, qui mesure entre 45 cm et 50 cm et pèse entre 2 270 g et 3 180 g, est maintenant à l'étroit dans l'utérus, et ses mouvements sont réduits. Au cours des huitième et neuvième mois, une couche adipeuse recouvre tout son corps pour lui permettre de s'adapter aux variations de température à l'extérieur de l'utérus.
9e mois	Environ une semaine avant la naissance, le fœtus cesse de grandir, ayant atteint un poids moyen de 3 180 g et 50 cm de longueur. Des coussins adipeux continuent de se former, les organes fonctionnent mieux, le rythme cardiaque s'accélère et il élimine plus de déchets. La couleur rougeâtre de la peau s'estompe. Le jour de sa naissance, le fœtus aura séjourné environ 266 jours dans l'utérus, même si la durée de la gestation est normalement fixée à 280 jours par les médecins, qui situent le début de la grossesse à la dernière menstruation de la mère.

Remarque : Des différences individuelles apparaissent dès les premiers stades de la vie. Les mesures et les descriptions fournies ici représentent des tendances moyennes.

2.2.3 Les influences sur le développement prénatal

Les diverses influences qui s'exercent sur le milieu prénatal n'affectent pas tous les fœtus de la même façon. Dans certains cas, le même facteur environnemental peut être **tératogène** (c'est-à-dire avoir des conséquences nocives) et, dans d'autres, avoir des effets négligeables ou nuls. Les recherches semblent indiquer que le moment où intervient cet agent environnemental, de même que son intensité et son interaction avec d'autres facteurs, est déterminant. Voyons donc comment certains agents peuvent affecter le développement prénatal.

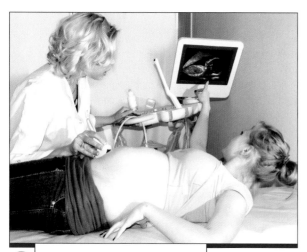

2.6 L'échographie

Les ultrasons dirigés vers l'abdomen de la mère permettent d'avoir une image du fœtus. On peut ainsi s'assurer qu'il est bien vivant, voir s'il y a plus d'un fœtus et dépister certaines anomalies.

L'âge de la mère

Après 35 ans, une femme enceinte est plus susceptible de souffrir de haute pression, de saignements abondants et de complications dues au diabète. De plus, les fausses-couches, les naissances prématurées et les complications à la naissance sont plus fréquentes, de même que les risques d'un syndrome de Down chez le bébé. Passé 40 ans, la probabilité de devoir procéder à une césarienne augmente. Ainsi, en 2006 au Québec, 15 % des bébés sont nés de mères de plus de 35 ans, et près du tiers d'entre eux sont nés par césarienne (MSSS, 2007). Chez les femmes de plus de 50 ans, les bébés sont de deux à trois fois plus susceptibles de naître prématurément, d'être très petits ou encore de mourir à la naissance (Salibu *et al.*, 2003). Les adolescentes aussi ont tendance à avoir des bébés prématurés ou de faible poids; il se pourrait que le corps en croissance des adolescentes consomme les substances nutritives dont le fœtus a besoin (Fraser, Brockert et Ward, 1995).

L'incompatibilité des groupes sanguins

Lorsque le sang du fœtus ne contient pas le même facteur Rh (facteur rhésus, une substance protéique) que celui de sa mère, l'organisme de cette dernière peut fabriquer des anticorps capables d'attaquer le fœtus, ce qui risque alors de produire un avortement spontané, la mortinatalité, la jaunisse, l'anémie, des anomalies cardiaques ou même la déficience intellectuelle. Habituellement, un premier bébé dont le sang est rhésus positif ne court pas de danger, mais le risque s'accroît ensuite à chaque grossesse subséquente. Aujourd'hui, une mère ayant un sang rhésus négatif peut aussi recevoir un vaccin qui, s'il est administré dans les trois jours suivant la naissance ou l'avortement, empêchera l'organisme de la mère de produire des anticorps. Les bébés qui sont déjà touchés par une incompatibilité du facteur Rh peuvent quant à eux être soignés par une série de transfusions sanguines, parfois même données avant la naissance.

L'alimentation de la mère

Julie a eu bien raison de surveiller son alimentation durant sa grossesse, car c'est aujourd'hui un fait reconnu : le régime alimentaire de la mère (avant et pendant la grossesse) a un effet crucial sur la santé future de l'enfant. Des mères bien alimentées donnent naissance à des enfants en meilleure santé. Le problème est donc de taille dans les pays en voie de développement, où la majorité des individus souffrent de sous-alimentation. Dans certaines régions rurales de l'Afrique de l'Ouest, par exemple, les personnes qui naissent durant la période de famine, c'est-à-dire quand les réserves de nourriture provenant des dernières récoltes sont épuisées, sont dix fois plus susceptibles de mourir au début de l'âge adulte que celles qui naissent à une autre période de l'année (Moore *et al.*, 1997). Des examens psychiatriques effectués sur des recrues militaires allemandes dont les mères avaient connu la famine durant la guerre ont aussi démontré que les carences alimentaires qui surviennent dans le premier ou le deuxième semestre de la grossesse nuisent au bon développement du cerveau et augmentent les risques de présenter des troubles de personnalité antisociale vers l'âge de 18 ans (Neugebauer, Hoek et Susser, 1999).

Ainsi, les mères dont le régime est inadéquat sont plus susceptibles de donner naissance à un enfant prématuré, de faible poids, dont le cerveau ne se développera pas normalement et qui sera mort-né ou susceptible de mourir peu de temps après la naissance. À l'inverse, plus une mère aura consommé de fruits, de légumes et de sources de protéines l'année précédant sa grossesse, plus le risque sera faible d'avoir un enfant qui développera une leucémie, le cancer le plus fréquent chez les enfants nés aux États-Unis (Jensen *et al.*, 2004). Ce n'est que depuis les années 1980 que les chercheurs ont commencé à reconnaître l'importance, lors de la grossesse, de l'acide folique, une vitamine B qui se retrouve principalement dans les fruits et les légumes. Une carence sur ce plan peut en effet causer des problèmes au tube neural. C'est pourquoi on recommande aux femmes de commencer à prendre de l'acide folique avant même d'être enceintes, les dommages se produisant généralement durant les toutes premières semaines de la grossesse.

Les médicaments et les drogues

Tout ce que la femme enceinte absorbe parvient à l'utérus. Les médicaments et les drogues peuvent donc traverser le placenta, tout comme le font l'oxygène, le dioxyde de carbone et l'eau. La vulnérabilité est encore plus grande durant les premiers mois de la grossesse, quand le développement du fœtus se fait à un rythme rapide. Arrêtons-nous sur les effets de quelques-unes de ces substances.

Les médicaments Jusqu'au début des années 1960, on a cru que le placenta protégeait le fœtus contre les drogues et les médicaments pris par la mère pendant sa grossesse. On a cependant changé d'avis lorsqu'on a découvert les effets que causait la thalidomide : ce médicament avait entraîné de graves malformations chez des milliers d'enfants. Ce drame a permis de sensibiliser les professionnels de la santé et le grand public aux dangers de la prise de médicaments durant la grossesse. Aujourd'hui, une trentaine de médicaments ont été reconnus comme présentant des effets tératogènes, surtout s'ils sont consommés durant le premier trimestre de la grossesse. Parmi ceux-ci, citons la tétracycline (un antibiotique), certains barbituriques, les opiacés et autres dépresseurs du système nerveux central, plusieurs hormones dont les anovulants, l'Accutane, un médicament souvent prescrit dans les cas graves d'acné, et même la simple aspirine (Koren, Pastuzak et Ito, 1998).

La nicotine Fumer durant la grossesse est nocif pour le bébé. En effet, il est établi que le tabagisme de la mère est le facteur le plus important expliquant le faible poids à la naissance dans les pays développés (DiFranza, Aligne et Weitzman, 2004). La nicotine franchit aussi la barrière placentaire et peut nuire au développement du fœtus de plusieurs façons : ralentissement de la croissance, augmentation du débit cardiaque, risque de rupture prématurée des membranes et, par conséquent, de naissance prématurée, diminution de l'oxygène dans le sang amené au fœtus, etc. (DiFranza *et al.*, 2004). À long terme, on a découvert des problèmes respiratoires, neurologiques, cognitifs et comportementaux qui y sont aussi reliés (Martin *et al.*, 2007). Ce ne sont là que quelques-uns des effets connus de la nicotine. Une analyse des cellules fœtales du liquide amniotique de mères ayant fumé au moins 10 cigarettes par jour pendant 10 ans, et qui avaient continué de fumer durant leur grossesse, a montré une instabilité chromosomique et des anomalies qui n'apparaissaient pas dans le liquide amniotique de mères non fumeuses (de la Chica *et al.*, 2005). Une autre étude a montré que les bébés de mères qui avaient fumé durant leur grossesse (mais qui n'avaient pas consommé de drogues ou pris plus de trois boissons alcoolisées par mois) présentaient plus d'excitabilité et de stress que ceux de mères n'ayant pas fumé (Law *et al.*, 2003). De plus, il a été démontré que le tabagisme durant la grossesse augmente considérablement le risque de mort subite du nourrisson, en retardant le développement de certaines structures du système nerveux central (Chang *et al.*, 2003). En outre, puisque plusieurs femmes ayant fumé durant leur grossesse continuent de le faire après la naissance de leur enfant et que chaque type d'exposition semble avoir des effets indépendants (DiFranza *et al.*, 2004), on a cherché à bien distinguer les

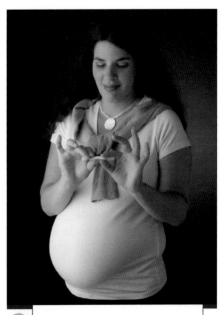

2.7 Non à la cigarette
Fumer quand on est enceinte peut avoir des conséquences graves sur le bébé.

effets d'une exposition prénatale de ceux d'une exposition postnatale en examinant 500 bébés de 2 jours avant qu'ils ne soient exposés à la fumée secondaire. On a remarqué, là encore, que les bébés des mères qui avaient fumé durant la grossesse étaient plus petits et souffraient davantage de problèmes respiratoires que les bébés de mères non fumeuses (Stick *et al.*, 1996). Ainsi, en arrêtant de fumer, Julie n'était pas assurée que son bébé n'aurait aucun problème, mais elle a diminué considérablement les risques.

Selon plusieurs chercheurs, le fait d'avoir été exposé à la nicotine pendant le développement prénatal aurait aussi des répercussions à l'âge scolaire : faible capacité d'attention, hyperactivité, troubles d'apprentissage et de comportements et faibles résultats aux tests de quotient intellectuel (Thapar *et al.*, 2003). Une étude longitudinale de 10 ans portant sur des enfants de mères ayant fumé durant leur grossesse a trouvé que les garçons avaient quatre fois plus tendance à présenter, juste avant la puberté, des problèmes de comportement, et les filles, cinq fois plus de risque de dépendance aux drogues à l'adolescence, comparativement aux adolescents dont les mères n'avaient pas fumé durant leur grossesse (Weissman *et al.*, 1999).

Même si les nombreuses campagnes de publicité antitabac ont contribué à la diminution du taux de fumeuses chez les femmes enceintes, 17 % des femmes qui ont donné naissance à un enfant depuis les cinq dernières années ont admis avoir fumé pendant leur grossesse (Statistique Canada, 2004).

L'alcool Comme la nicotine, l'alcool peut causer des dommages importants au fœtus. Et plus une mère consomme d'alcool durant sa grossesse, plus les risques sont élevés. Puisqu'il s'avère très difficile de déterminer avec précision la quantité d'alcool à partir de laquelle les effets sont dommageables, on recommande aux femmes d'éviter de consommer de l'alcool durant la grossesse, et même dès le moment où elles songent à concevoir et jusqu'à ce qu'elles cessent d'allaiter (Santé Canada, 1996). En effet, l'alcool consommé par la femme enceinte se retrouve dans le sang du bébé qu'elle porte et nuit à la croissance de ses cellules nerveuses. Les risques de susciter une déficience intellectuelle, des troubles de l'attention, de l'agitation, de l'irritabilité, de l'hyperactivité et des problèmes d'apprentissage augmentent donc avec la consommation d'alcool (Sokol, Delaney-Black et Nordstrom, 2003). Une étude effectuée sur plus de 500 femmes a même démontré que celles qui consommaient de petites quantités d'alcool durant leur grossesse avaient tendance à avoir des enfants qui étaient plus agressifs que les autres vers l'âge de six ou sept ans, tandis que les enfants de celles qui consommaient moyennement ou beaucoup d'alcool avaient tendance à avoir des problèmes plus sérieux de délinquance (Sood *et al.*, 2001).

Une forte consommation prolongée peut également conduire au **syndrome d'alcoolisation fœtale** (SAF), qui se manifeste par un sérieux retard de croissance, par des malformations du visage et par des troubles du système nerveux central. Au Canada, en moyenne un à deux enfants sur mille souffriraient du SAF, et près de un sur cent des effets de l'alcool sur le fœtus. Chez des communautés plus isolées, comme chez certaines Premières Nations, c'est près d'un enfant sur cinq qui serait atteint du SAF (Santé Canada, 2007).

Le sida

Le **sida** (syndrome d'immunodéficience acquise) est une maladie causée par le virus d'immunodéficience humaine (VIH), lequel affaiblit le fonctionnement du système immunitaire. Si une mère porte le virus dans son sang, il peut se transmettre au sang du bébé qu'elle attend en traversant le placenta. Par ailleurs, plusieurs bébés sont aussi infectés au moment de l'accouchement ou par le lait maternel. On peut alors réduire ce risque d'infection en pratiquant une césarienne et en prescrivant un autre mode d'allaitement.

Environ 370 000 enfants de moins de 15 ans ont été infectés en 2007 à travers le monde (UNAIDS, 2008). Cependant, un nouvel espoir existe : en effet, depuis que le traitement à l'AZT s'est répandu et qu'il est combiné à d'autres antirétroviraux, le

2.8 Le syndrome d'alcoolisation fœtale

Une mère qui consomme de l'alcool de manière excessive durant sa grossesse risque de mettre au monde un enfant atteint du syndrome d'alcoolisation fœtale, comme cet enfant de quatre ans.

Syndrome d'alcoolisation fœtale
Syndrome caractérisé par des anomalies cérébrales, motrices et développementales (retard de croissance, malformations du visage et du corps, troubles du système nerveux central, etc.) dont sont atteints les enfants de femmes qui ont consommé une quantité excessive d'alcool durant leur grossesse.

Sida
Syndrome d'immunodéficience acquise dû au VIH qui se caractérise par une faiblesse du système immunitaire favorisant le développement d'infections et de cancers.

nombre d'enfants atteints a considérablement diminué et l'on croit pouvoir parvenir, dans un avenir rapproché, à enrayer la transmission materno-fœtale du virus (Peters *et al.*, 2003). Ceci ne concerne cependant que les pays développés, où ces traitements sont disponibles et accessibles. Dans les pays les plus pauvres, où ces médicaments ne sont pas disponibles, les ravages sont d'ores et déjà immenses.

Les autres maladies de la mère

On sait qu'une **rubéole** contractée avant la onzième semaine de grossesse entraîne presque à coup sûr une surdité et des anomalies cardiaques chez le bébé. Cette situation peut être évitée en vaccinant les femmes contre cette maladie longtemps avant leur grossesse, et de préférence avant la puberté.

De son côté, le diabète mal contrôlé de la mère peut avoir des effets à long terme sur le développement neurologique et les performances cognitives de l'enfant qu'elle porte (Kjos et Buchanan, 1999).

Enfin, il existe une infection, la toxoplasmose, qui est causée par un parasite logé dans le corps des animaux et notamment dans les intestins des chats. Cette infection passe généralement inaperçue chez la plupart des gens. Toutefois, chez une femme enceinte, elle peut causer des dommages importants au bébé: lésions cérébrales, cécité, surdité, avortement et mort. Bien que neuf enfants sur dix atteints de toxoplasmose semblent normaux à la naissance, plus de la moitié d'entre eux auront des problèmes plus tard, tels que des infections des yeux, une perte d'audition et des difficultés d'apprentissage (March of Dimes Foundation, 2002).

Le stress de la mère

L'état émotionnel de la mère semble lui aussi avoir des répercussions sur l'enfant qu'elle porte. Plusieurs recherches sur des animaux ont en effet démontré que le stress maternel provoque des modifications dans l'environnement hormonal du fœtus, notamment une augmentation du cortisol, ce qui engendre des effets neurobiologiques à court et à long terme. Chez les humains, les effets à long terme se manifesteraient sous forme d'anxiété, d'hyperactivité et de problèmes de comportement (O'Connor *et al.*, 2002). En janvier 1998, en pleine crise du verglas au Québec, un événement particulièrement stressant, 150 femmes enceintes ont ainsi été suivies. Les chercheurs ont d'abord noté un taux plus élevé de naissances prématurées et de bébés nés avec un faible poids. Un suivi à long terme a ensuite démontré qu'à l'âge de cinq ans et demi, les enfants qui avaient été exposés à un stress prénatal avaient un QI inférieur à 10 points et des aptitudes langagières moins développées que les enfants de mères qui n'avaient pas vécu ce stress (Laplante *et al.*, 2008).

D'autres études ont également trouvé des liens entre le stress évalué par les mères et le niveau d'activité fœtale de leur bébé (DiPietro *et al.*, 2002). Toutefois, un stress modéré n'est pas nécessairement néfaste pour le fœtus. En effet, à certaines périodes de la gestation, une légère dose de stress pourrait stimuler l'organisation du cerveau du fœtus en développement. Un suivi effectué sur 100 bébés de 2 ans, qui avaient participé à une recherche sur les effets du stress chez le fœtus, a ainsi démontré que ceux dont les mères avaient manifesté plus d'anxiété en milieu de grossesse obtenaient de meilleurs résultats lorsqu'on mesurait leur développement moteur et cognitif (DiPietro, 2004).

Les autres dangers environnementaux

Comme on l'a dit, tout ce qui agit sur la femme enceinte peut agir sur le fœtus. Il en va donc aussi de l'exposition à certains facteurs environnementaux, que ce soient les radiations des rayons X, les conditions extrêmes de chaleur et d'humidité ou les produits chimiques et industriels. Nous savons par exemple qu'une exposition élevée au plomb et aux métaux lourds lors du développement prénatal peut affecter les habiletés cognitives de l'enfant. De même, les enfants de mères qui vivent près d'un site d'enfouissement toxique courent un plus grand risque de présenter des anomalies

Rubéole
Maladie contagieuse, généralement bénigne, dont les symptômes sont un gonflement des ganglions, la fièvre et des rougeurs sur la peau. Elle peut avoir des conséquences graves si la mère contracte cette maladie durant les premiers mois de sa grossesse.

congénitales. Des recherches effectuées en Grande-Bretagne font en effet état d'un accroissement de 33 % des risques d'anomalies congénitales dans les familles qui vivent à moins de trois kilomètres de certains sites de déchets dangereux (Vrijheld *et al.*, 2002).

Les influences liées au père

Des recherches ont prouvé que l'exposition au plomb, aux radiations et aux pesticides, de même qu'une grande consommation de tabac, de marijuana ou d'alcool, peuvent appauvrir la qualité du sperme d'un homme (Swan *et al.*, 2003). De plus, certaines substances comme la cocaïne, le plomb et le mercure semblent *s'attacher* au sperme lui-même et pénétrer alors dans l'ovule au moment de la fécondation (Yazigi, Odem et Polakoski, 1991). D'autre part, une recherche menée à New York et portant sur 214 femmes non fumeuses a démontré que l'exposition combinée à la fumée secondaire du père et à l'air urbain pollué diminuait de 7 % le poids du bébé à la naissance et de 3 % la circonférence de sa tête (Perera *et al.*, 2004). Enfin, l'âge avancé du père peut aussi être en cause dans environ 5 % des cas de trisomie 21 et dans un nombre important de cas de schizophrénie (Byrne *et al.*, 2003).

Faites le POINT

④ Nommez les trois stades du développement prénatal et dites ce qui se passe à chacun de ces stades.

⑤ Qu'est-ce qu'un agent tératogène ? Nommez-en trois.

⑥ Quels sont les risques associés à une consommation élevée d'alcool pendant la grossesse ?

⑦ Expliquez comment le stress de la mère peut affecter le développement de l'enfant à naître.

2.3 La naissance

La façon de se préparer à la naissance et le cadre dans lequel elle se déroule reflètent les valeurs et les ressources d'une culture. Ainsi, une femme maya du Yucatan accouchera dans le hamac dans lequel elle dort chaque nuit, en présence du père et de la sage-femme. Pour éviter les mauvais esprits, la mère et son bébé resteront à la maison pendant une semaine. Par contre, chez les Ngonis d'Afrique de l'Est, les hommes sont exclus de l'événement, tandis que dans les régions rurales de la Thaïlande, la nouvelle mère reprend ses activités à peine quelques heures après la naissance de son enfant (Gardiner et Kosmitzki, 2005). Et chez nous, qu'en est-il ?

2.3.1 L'accouchement

Nous ne savons pas exactement ce qui provoque le déclenchement du processus de l'accouchement, mais plusieurs hormones jouent là un rôle important, particulièrement l'œstrogène. Même si la mère obtient une date précise d'accouchement (calculée en fonction du premier jour des dernières règles), le déclenchement du processus peut varier de plusieurs jours et, parfois, de quelques semaines. Par ailleurs, la sécurité de la mère et celle de l'enfant sont les premiers facteurs à considérer lors de l'accouchement. Associés au confort de la mère, ce sont en effet eux qui vont déterminer si l'accouchement se fera par voie naturelle ou par césarienne.

Les phases de l'accouchement par voie naturelle

Travail
Première phase de l'accouchement caractérisée par la présence de contractions régulières.

Un accouchement par voie naturelle se déroule en trois phases (*voir la figure 2.6*). La première phase de l'accouchement, appelée le **travail,** est la plus longue : elle dure en moyenne de 8 à 12 heures, et parfois plus chez la primipare (c'est-à-dire celle qui donne naissance à son premier enfant). Au cours de cette étape, le col de l'utérus s'efface et se dilate grâce aux contractions utérines. Il s'élargit jusqu'à ce que la tête du bébé puisse passer, soit jusqu'à 10 cm environ. Au début de cette phase, les contractions, peu douloureuses, durent une trentaine de secondes et surviennent environ toutes les 10 à 20 minutes. À mesure que le travail avance, les contractions deviennent alors de plus en plus longues, de plus en plus rapprochées et de plus en plus douloureuses. C'est souvent à cet instant que se produit une fissure du sac amniotique, laquelle laisse s'écouler le liquide amniotique : c'est ce qu'on appelle communément *la perte des eaux,* qui peut se produire aussi bien avant le début des contractions que pendant le travail.

FIGURE 2.6 | Un accouchement par voie naturelle

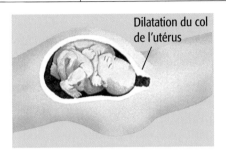
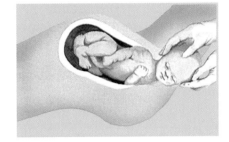
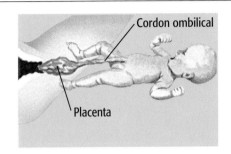

(a) Première phase   (b) Deuxième phase   (c) Troisième phase

a) Dans la première phase, des contractions de plus en plus fortes dilatent le col de l'utérus de la mère. b) Dans la deuxième phase, la tête du bébé s'engage dans le col et émerge du vagin. c) Dans la dernière phase, après la sortie du bébé, le placenta et le reste du cordon ombilical sont expulsés de l'utérus.

Source : Adapté de Lagercrantz et Slotkin, 1986.

Lorsque le sommet du crâne du bébé commence à passer à travers le col utérin et à s'engager dans le passage vaginal, la deuxième phase commence : il s'agit de la phase de l'**expulsion.** Elle dure environ une heure et se termine lorsque le bébé est né, donc complètement sorti. Durant cette phase, la mère qui s'est bien préparée à l'accouchement peut pousser énergiquement en utilisant ses muscles abdominaux à chaque contraction de façon à aider le bébé à sortir. Une fois l'enfant né, on coupe alors le cordon ombilical, toujours attaché au placenta.

C'est là que commence la troisième phase, appelée la **délivrance,** qui ne dure que quelques minutes. Il s'agit du moment où le reste du cordon ombilical et le placenta sont expulsés du corps de la mère.

Pendant ces trois phases de l'accouchement, le bébé joue un rôle plutôt passif. Ce sont les contractions involontaires de l'utérus, déclenchées par des mécanismes hormonaux complexes, ainsi que les poussées volontaires de la mère qui sont responsables de sa venue au monde.

L'accouchement par césarienne

La sécurité de la mère ou du bébé exige parfois un accouchement par **césarienne,** intervention chirurgicale qui consiste à extraire l'enfant de l'utérus en pratiquant une incision horizontale d'environ 10 cm juste au-dessus du pubis. On pratique généralement une césarienne si le bassin de la mère est trop étroit, si la dilatation du col ne se fait pas correctement, si le bébé semble éprouver des difficultés, s'il se présente en mauvaise position ou si la mère souffre d'une hémorragie. L'intervention est souvent pratiquée en urgence, mais peut aussi être programmée dans certaines situations.

Au Québec, les naissances par césarienne représentent aujourd'hui 22,8 % de l'ensemble des naissances, alors que cette proportion était de 5 % en 1970 (MSSS, 2006). Ce taux est parmi les plus élevés au monde, et il dénote une médicalisation à outrance d'un acte normalement très naturel. Cette augmentation du nombre de césariennes pourrait s'expliquer par les progrès médicaux (on peut désormais déceler la souffrance

Expulsion
Phase de l'accouchement qui débute au moment où la tête du bébé commence à s'engager dans le col et le vagin, et qui se termine lorsque le bébé est complètement sorti du corps de la mère.

Délivrance
Troisième phase de l'accouchement, pendant laquelle le placenta et le sac amniotique sont expulsés.

Césarienne
Intervention chirurgicale qui consiste à pratiquer une incision dans la paroi abdominale afin d'extraire le bébé de l'utérus.

foetale lorsqu'une modification des bruits du cœur et du rythme cardiaque apparaît au monitorage) et par un nombre plus élevé de grossesses à risques (notamment celles survenant à un âge plus avancé). Toutefois, la césarienne est une intervention chirurgicale importante pour la mère ; la cicatrisation peut être douloureuse, les complications hémorragiques ou infectieuses sont plus fréquentes que lors d'un accouchement naturel, tout comme le taux de mortalité (qui demeure tout de même assez bas). La Société des obstétriciens et gynécologues du Canada considère qu'il faut mettre en place des mesures visant à diminuer le nombre de césariennes non nécessaires. Elle s'est donc opposée, en 2004, à la césarienne de convenance (faite à la demande de la mère, pour des raisons non médicales).

L'utilisation de médicaments

La douleur des contractions est bien réelle, mais le recours à différents moyens peut l'atténuer. L'anesthésie générale, qui rend les femmes complètement inconscientes, est rarement utilisée de nos jours, même dans les cas de césariennes. On a plutôt recours à l'injection péridurale, une technique consistant à administrer, de façon progressive et continue, un médicament visant à diminuer (**analgésie péridurale**) ou à bloquer (**anesthésie péridurale**) la transmission de la douleur au cerveau (*voir la figure 2.7*). Parmi les femmes ayant accouché par voie naturelle au Québec en 2006, 60 % ont reçu une péridurale (épidurale et rachidienne). C'est deux fois plus qu'en 1994 (MSSS, 2006). Dans bien des cas, l'analgésie est suffisante pour enrayer les douleurs des contractions, tout en permettant à la mère de les ressentir et de pousser au moment opportun, et ce, sans entraver la mobilité des jambes.

Les chercheurs ne s'entendent toutefois pas sur l'effet de ces médicaments sur le bébé. Certains affirment en effet que toutes les drogues, y compris celle-ci, traversent le placenta et pénètrent dans les réserves sanguines et les tissus. Toutefois, des recherches ultérieures ont comparé sur le plan de la robustesse, de la sensibilité tactile, de l'activité, de l'irritabilité et du sommeil des enfants de mères ayant reçu une injection péridurale et d'autres nés sans aucune médication : aucune différence n'a été observée (Kraemer *et al.*, 1985). Cela s'explique probablement par le fait qu'on a réussi à trouver des façons efficaces de soulager la douleur avec des doses minimes de médicaments. Il en résulte, pour la mère soulagée de douleur, moins de stress, une meilleure participation à son accouchement et une récupération plus rapide.

2.3.2 Le contexte de la naissance

La préparation à l'accouchement

La peur de l'inconnu est souvent une cause de stress pour une femme qui se prépare à donner la vie. C'est pourquoi la plupart des établissements de santé ont mis sur pied des cours ou des séances d'information pour les futurs parents. On y explique ce qui se passe lors de l'accouchement, on y enseigne des techniques de respiration, de relaxation et d'assouplissement physique, on y donne des conseils préventifs concernant la grossesse et on y prépare l'arrivée du bébé.

De plus en plus de couples choisissent aussi une accompagnatrice (qui n'est pas nécessairement une sage-femme) pour préparer leur *projet de naissance*. Ensemble, ils discutent des choix possibles concernant le contexte de la naissance : l'endroit de l'accouchement, les personnes présentes, le recours ou non à la médication et plusieurs autres points considérés importants pour les parents. Il s'établit ainsi une relation de confiance entre la mère (ou entre les parents) et cette personne expérimentée, ce qui diminue l'insécurité et le stress et contribue alors à faire de l'accouchement une expérience positive.

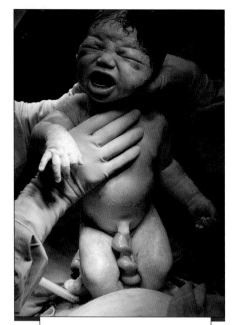

2.9 Une césarienne

Parfois la sécurité de la mère ou du bébé exige un accouchement par césarienne, une intervention chirurgicale qui consiste à extraire l'enfant de l'utérus en pratiquant une incision horizontale d'environ 10 cm juste au-dessus du pubis.

Analgésie péridurale

Diminution de l'influx nerveux responsable de la douleur qui est produite par l'administration d'une substance appropriée dans l'espace péridural.

Anesthésie péridurale

Abolition de la sensibilité qui est produite par l'administration d'une substance appropriée dans l'espace péridural.

Le rôle des sages-femmes

Au Québec, les **sages-femmes** sont intégrées depuis 1999 au réseau de la santé et des services sociaux, mais ce n'est que depuis 2005 que les futures mères peuvent légalement accoucher à leur domicile avec l'aide d'une sage-femme. L'évaluation de quelques projets-pilotes avec des sages-femmes a en effet permis de constater une diminution importante de l'utilisation des techniques médicales (césarienne, **forceps,** ventouses, injection péridurale, **épisiotomie**), de la durée moyenne de la phase de travail, des naissances prématurées et des accouchements jugés difficiles.

Les sages-femmes font partie d'un ordre professionnel, soit l'Ordre des sages-femmes du Québec, qui considère l'accouchement comme un processus normal et significatif dans la vie d'une femme et de sa famille. Les sages-femmes établissent une relation personnalisée avec la mère tout au long de la grossesse, supervisent le déroulement de l'accouchement et assurent un suivi postnatal. Une formation universitaire de quatre ans comprenant de nombreux stages cliniques les prépare à détecter les grossesses à risque et à devenir des intervenantes de première ligne dans tout ce qui concerne le processus normal de la naissance. Au Québec, les sages-femmes sont rattachées à un centre de santé et de services sociaux (CSSS) et leurs services sont offerts dans une **maison de naissance.** Toutefois, l'accouchement peut aussi se dérouler au domicile de la mère ou à l'hôpital, sous la supervision de la sage-femme. Il existe actuellement neuf maisons de naissance à travers le Québec, mais ce nombre devrait augmenter d'ici quelques années.

Comme il est souvent impossible de prédire les risques de complications durant l'accouchement, les maisons de naissance ont une entente avec un service ambulancier et un hôpital situé à proximité, et elles possèdent de l'équipement d'urgence sur place. En outre, à peu près tous les hôpitaux disposent maintenant de chambres de naissance, où les pères et d'autres personnes peuvent rester auprès de la mère durant le travail et tout au long de l'accouchement.

Selon un récent sondage, 10 % des Québécoises en âge de procréer aimeraient être suivies et accompagnées par une sage-femme lors de l'accouchement. Cependant, seulement 1,6 % des naissances en 2006 ont été assistées par une sage-femme. Afin de répondre à cette demande croissante des femmes et de leur famille, une augmentation substantielle du nombre de sages-femmes sera donc nécessaire dans les années à venir (MSSS, 2006).

Le syndrome du troisième jour ou *baby blues*

Plus de la moitié des femmes qui viennent d'accoucher ressentent des sentiments confus d'euphorie, de tristesse et d'anxiété, lesquels culminent vers le troisième ou quatrième jour après la naissance de l'enfant. C'est ce qu'on appelle le **syndrome du troisième jour,** ou *baby blues.* Ces réactions durent de quelques heures à quelques jours et disparaissent généralement sans intervention particulière. On explique ces réactions par un changement hormonal rapide, mais aussi par la fatigue et les craintes ressenties relativement aux nouvelles responsabilités. Si ces symptômes persistent, ils peuvent conduire à une dépression postnatale qui, elle, nécessite un suivi psychologique et médical au même titre que toute autre forme de dépression.

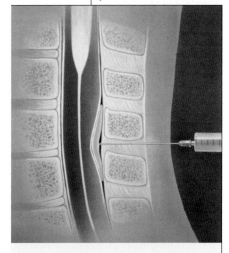

FIGURE 2.7 | L'anesthésie péridurale

L'administration d'une injection péridurale consiste à introduire de façon progressive et continue une substance permettant de soulager les douleurs de l'accouchement.

Sage-femme
Professionnelle formée pour assister les femmes durant leur grossesse et leur accouchement et pour donner des soins au nouveau-né.

Forceps
Instrument en forme de deux cuillères croisées destiné à saisir la tête du bébé et à faciliter l'expulsion lors de l'accouchement.

Épisiotomie
Incision du périnée entre la vulve et l'anus destinée à agrandir l'orifice afin de faciliter la sortie du bébé.

Maison de naissance
Établissement convivial où l'on pratique des accouchements et où l'on apporte des soins à la mère et au nouveau-né.

Syndrome du troisième jour ou *baby blues*
Sentiment confus de tristesse et d'anxiété qui survient peu après un accouchement.

Faites le POINT

8. Quelles sont les phases d'un accouchement par voie naturelle et que se passe-t-il à chacune de ces phases ?

9. Comment peut-on expliquer l'augmentation importante du taux de césariennes ces dernières années ?

10. Au Québec, quels sont les endroits où une femme suivie par une sage-femme peut accoucher ?

2.4 Le nouveau-né

La naissance est une transition physiologique unique. Le nouveau-né doit apprendre à fonctionner dans un tout nouvel environnement. C'est là un défi de taille pour un être qui ne pèse que quelques kilogrammes. Néanmoins, comme nous allons le voir, l'enfant arrive au monde avec des atouts lui permettant de relever brillamment ce défi.

2.4.1 L'aspect physique du nouveau-né

Les dimensions corporelles à la naissance dépendent de plusieurs facteurs, dont la taille et le poids des parents, leur origine ethnique, le sexe de l'enfant, l'alimentation et l'état de santé de la mère. Par exemple, les garçons ont tendance à être un peu plus grands et plus lourds que les filles, et le premier-né d'une famille pèse généralement moins que ses cadets. Avec ses 3 200 g et ses 49 cm, on considère que Laurence est un bébé moyen.

Comme tous les nouveau-nés, Laurence est arrivée enduite d'une substance graisseuse, appelée ***vernix caseosa,*** qui la protège contre les infections et aurait pu faciliter son passage à l'accouchement si elle était née par voie naturelle. Comme on l'a vu, certains bébés sont également très velus puisque le **lanugo,** le fin duvet qui recouvre le fœtus dans le ventre maternel, n'est pas encore tombé. Il arrive aussi que la tête de certains bébés soit allongée et déformée par le *moulage* subi au cours de son passage dans le pelvis de sa mère. Cette déformation, assez fréquente chez les bébés qui naissent par voie naturelle, n'est que temporaire. En effet, le crâne présente encore les **fontanelles,** un espace membraneux qui ne se soude que vers l'âge de 18 mois, laissant ainsi le temps à la tête de retrouver son aspect normal.

2.4.2 L'évaluation du nouveau-né

Avec son premier cri, Laurence est passée d'un environnement sombre, chaud et feutré à un environnement comportant une lumière intense, une température fraîche et des sons stridents. Avant sa naissance, sa respiration, son alimentation, son élimination et le contrôle de la température de son corps étaient pris en charge par le corps de sa mère. Après sa naissance, ses systèmes physiologiques doivent fonctionner de manière autonome. Or, la majeure partie de cette transition se produit dans les quatre à six heures suivant la naissance (Ferber et Makhoul, 2004).

La plupart des bébés commencent à respirer dès qu'ils sont exposés à l'air. Si un bébé ne respire pas encore cinq minutes après sa naissance, il risque alors de souffrir de dommages permanents au cerveau causés par l'**anoxie,** c'est-à-dire par un manque d'oxygène. De plus, comme les poumons du bébé ont dix fois moins de poches d'air que ceux des adultes, les nouveau-nés (et surtout ceux nés prématurément) sont plus susceptibles d'avoir des problèmes respiratoires.

L'indice d'Apgar

Étant donné que les premières minutes qui suivent la naissance sont cruciales pour le développement futur de l'enfant, il importe de savoir le plus rapidement possible si le nouveau-né souffre d'un problème nécessitant des soins particuliers. Une minute après la naissance de Laurence, puis cinq minutes plus tard, on a donc procédé à son évaluation au moyen de l'**indice d'Apgar.** Nommé d'après la docteure Virginia Apgar (1953), cet indice sert à évaluer la vitalité d'un nouveau-né par la vérification de cinq points : la coloration de la peau, la fréquence cardiaque, la réactivité aux stimuli, le tonus musculaire et la respiration (*voir le tableau 2.3*). Chaque critère reçoit une note de zéro à deux, pour un total possible de dix. Quatre-vingt-dix pour cent des nouveau-nés obtiennent un résultat de sept et plus à ce test. Un résultat inférieur

---

Vernix caseosa
Substance graisseuse qui recouvre le fœtus et le protège contre une infection et qui est absorbée par la peau dans les deux ou trois jours suivant la naissance.

Lanugo
Duvet qui recouvre le nouveau-né et qui disparaît quelque temps avant ou après la naissance.

Fontanelle
Espace membraneux entre les os du crâne du nouveau-né qui s'ossifie graduellement durant les premiers mois de sa croissance.

Anoxie
Privation d'oxygène susceptible de causer des lésions cérébrales.

Indice d'Apgar
Évaluation standardisée de la condition du nouveau-né ; elle consiste à mesurer la coloration, la fréquence cardiaque, la réactivité, le tonus musculaire et la respiration.

à sept indique généralement qu'une aide est nécessaire pour déclencher la respiration. Enfin, un résultat inférieur à quatre signale que l'enfant est en danger et a besoin de soins intensifs immédiats.

TABLEAU 2.3 | L'indice d'Apgar

Signe* Note	A Apparence (couleur de la peau)	P Pouls (fréquence cardiaque)	G Grimace (réponse aux irritations)	A Activité (tonus musculaire)	R Respiration
0	Bleue, pâle	Absent	Aucune réponse	Flasque	Absente
1	Corps rose, mains et pieds bleus	Faible (en dessous de 100)	Grimace	Faible	Irrégulière, faibles pleurs
2	Rose partout	Rapide (plus de 100)	Pleure, tousse, éternue	Forte, mouvements	Régulière, pleurs puissants

* Chaque signe est évalué en termes d'absence ou de présence, de 0 à 2. La note maximale est de 10.
Source : Adapté de V. Apgar, 1953.

L'indice d'Apgar a récemment été critiqué, en partie à cause de son manque de précision comparativement à des mesures physiologiques plus récentes (par exemple, un nouveau test existe qui permet de déterminer la quantité d'oxygène dans le sang du nouveau-né). Néanmoins, comme ce test est simple, peu coûteux et qu'il aide les intervenants à réagir plus rapidement quand cela est nécessaire, on choisit encore de le conserver.

L'échelle de Brazelton et autres tests

L'échelle de Brazelton, une autre échelle d'évaluation du comportement néonatal, a été mise sur pied par le docteur T. Berry Brazelton (1973). Il s'agit d'un examen neurologique et comportemental qui dure une trentaine de minutes et sert à évaluer les réactions du nouveau-né à son environnement : vivacité, coordination, aptitude à se calmer après une contrariété, réaction au stress, etc. Plutôt que de mesurer le rendement moyen, ce test mesure la meilleure performance du bébé. Pour y parvenir, on répète parfois certaines manipulations au cours de l'examen et on demande à la mère de stimuler l'attention de son enfant.

En outre, il est d'usage au Québec que des prélèvements sanguins de tous les bébés nés dans les hôpitaux ou les maisons de naissance soient acheminés au laboratoire de dépistage des maladies congénitales et héréditaires, situé au Centre hospitalier de l'Université Laval. Un échantillon d'urine de l'enfant est aussi prélevé à 21 jours puis envoyé au Centre hospitalier universitaire de Sherbrooke afin d'identifier les enfants atteints de certains autres types de désordres métaboliques héréditaires.

2.4.3 Les bébés de faible poids à la naissance

On considère qu'un bébé a un faible poids lorsqu'il pèse moins de 2 500 g. Ce faible poids peut être le fait d'un **bébé prématuré** (c'est-à-dire né avant la trente-septième semaine de gestation) ou d'un bébé de faible poids par rapport à son âge de gestation (donc qui pèse moins de 90 % du poids moyen des bébés de même âge). Chez ces derniers, un poids insuffisant est attribuable à un ralentissement de la croissance fœtale.

Bébé prématuré
Bébé né avant la trente-septième semaine de gestation.

Les répercussions immédiates sur la santé du bébé

Les très petits bébés souffrent de nombreuses complications, potentiellement mortelles. Comme leur système immunitaire n'est pas entièrement développé, ils sont d'abord vulnérables aux infections (Stoll *et al.,* 2004). De plus, l'immaturité de leur système nerveux peut les empêcher d'assurer certaines fonctions indispensables à

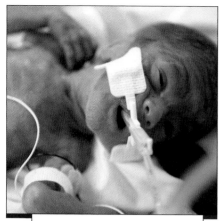

Un bébé prématuré

Les très petits bébés souffrent de nombreuses complications potentiellement mortelles.

Mortalité infantile

Décès d'enfants de moins de un an.

leur survie, comme téter. Il faut alors les nourrir par intraveineuse. Ayant moins de tissus adipeux que les autres bébés pour se protéger et générer de la chaleur, il leur est aussi plus difficile de maintenir leur température corporelle et c'est pourquoi il faut les garder au chaud. L'incidence d'hypoglycémie, de jaunisse et d'hémorragie cérébrale est également plus élevée chez les bébés dont le poids est insuffisant. Enfin, ils présentent souvent un syndrome de détresse respiratoire, leur système respiratoire n'étant pas encore suffisamment développé.

Par ailleurs, plusieurs prématurés très petits manquent de surfactant, un enduit qui recouvre les parois des poumons et empêche les sacs d'air de se dégonfler. Leur respiration est donc irrégulière et peut même s'arrêter subitement. Heureusement, l'administration de surfactant aux prématurés à risque élevé a grandement amélioré leur taux de survie. Il est actuellement de plus de 90% chez les bébés de très faible poids (entre 1 000 g et 1 500 g) et de plus de 70% chez les bébés extrêmement petits (entre 500 g et 999 g). Toutefois, ce plus grand taux de survie entraîne aussi une proportion plus importante d'enfants vivant avec des problèmes respiratoires et neurologiques (Stoelhorst *et al.*, 2005).

Le faible poids à la naissance est souvent associé à la **mortalité infantile.** Au Canada, en 2005, le taux de décès dans les 27 premiers jours de la vie était de 4,1 pour 1 000 naissances vivantes, ce qui est environ deux fois moins qu'il y a 20 ans, mais sensiblement équivalent aux chiffres d'il y a 10 ans (Statistique Canada, 2008a). Les progrès médicaux ont permis de réduire le taux de mortalité, mais dans les dernières années, le nombre d'enfants nés de mères plus âgées de même que l'augmentation des naissances multiples ont fait en sorte d'accroître le nombre de nouveau-nés à risque.

L'amélioration globale du taux de survie des nouveau-nés semble attribuable, entre autres, à l'implantation de centres de soins prénataux et néonataux, ainsi qu'au dépistage précoce des grossesses à risque. Des programmes comme celui de la fondation québécoise OLO (pour œufs, lait et oranges), qui offre gratuitement des aliments aux jeunes mères de milieux défavorisés (qui sont les plus touchées par la prématurité) et leur procure aussi un soutien sur le plan psychosocial, contribuent également à diminuer le nombre d'enfants nés avant terme ou présentant un poids insuffisant à la naissance. Le tableau 2.4 dresse une liste des facteurs de risque associés au faible poids de naissance.

TABLEAU 2.4 | Des facteurs augmentant la probabilité d'avoir un bébé de faible poids

Facteurs démographiques ou socioéconomiques	Facteurs médicaux antérieurs à la grossesse	Facteurs environnementaux agissant sur le développement prénatal	Facteurs médicaux associés à la grossesse
• Mère âgée de moins de 17 ans ou de plus de 40 ans • Pauvre • Célibataire • Non scolarisée	• Première grossesse • Avoir déjà plus de quatre enfants • Être petite ou très mince • Avoir déjà eu un enfant de faible poids • Avoir déjà eu des fausses-couches • Avoir été soi-même un bébé de faible poids • Avoir des problèmes génitaux ou urinaires • Hypertension chronique	• Malnutrition • Soins prénataux inadéquats • Tabagisme • Consommation d'alcool ou d'autres drogues • Exposition au stress • Exposition à des substances toxiques	• Saignements vaginaux • Infections • Pression sanguine trop haute ou trop basse • Anémie • Prise de poids insuffisante

Les effets à long terme

Même si les bébés de faible poids survivent aux premiers jours critiques, certaines inquiétudes demeurent. En effet, les bébés dont le poids est insuffisant à la naissance sont plus susceptibles de souffrir de diabète et de problèmes cardiovasculaires à l'âge adulte (Sperling, 2004). De plus, on a remarqué chez ces bébés des déficits cognitifs, particulièrement sur le plan de la mémoire et de la vitesse de traitement de l'information, qui persistaient jusqu'à la fin de l'enfance (Rose et Feldman, 2000). À l'adolescence, on observe également un lien entre le poids de naissance et le quotient intellectuel. Ainsi, plus le poids de naissance est bas, plus les résultats aux tests d'aptitudes et aux tests de QI sont bas. Enfin, ces enfants courent plus de risques de présenter des problèmes scolaires et des problèmes de comportement (Taylor *et al.*, 2001).

Sur le plan affectif, les parents ont tendance à s'inquiéter davantage de la santé de leur enfant de faible poids. Or, cette inquiétude peut avoir des conséquences négatives sur le processus d'attachement. En effet, angoissés à l'idée de pouvoir perdre leur bébé, les parents ont parfois tendance à traiter l'enfant différemment : ils le touchent moins, sont mal à l'aise en sa présence, ce qui le prive de stimulations importantes pour son développement. C'est la raison pour laquelle plusieurs recherches explorent actuellement les effets bénéfiques de certaines mesures visant à stimuler le développement neurologique des bébés de faible poids, comme les massages ou les soins kangourou (*voir l'encadré 2.4*).

ENCADRÉ 2.4 **PAROLES D'EXPERT**

À la rescousse des prématurés

Réjean Tessier
Professeur à l'école de psychologie de l'Université Laval et chercheur

Les progrès de la science permettent aujourd'hui de sauver des enfants qui naissent prématurément et qui n'auraient pas été viables il y a quelques années. Cependant, qu'arrive-t-il à ces enfants qu'on *réchappe in extremis* et à leurs familles ? Quelles sont les conséquences d'une naissance prématurée et que pouvons-nous faire pour en minimiser les effets négatifs à long terme ? Voilà ce qui préoccupe depuis près de 20 ans Réjean Tessier, professeur titulaire à l'école de psychologie de l'Université Laval.

Plusieurs recherches ont déjà permis de constater que la maturation inachevée du bébé prématuré pouvait avoir des conséquences à long terme.

En effet, lorsqu'un enfant naît prématurément, il voit, en plus d'une croissance inachevée, son cerveau bombardé de stimulations qu'il n'est pas prêt à absorber. Il en résulte des séquelles neurologiques souvent importantes. Cela est vrai non seulement pour les grands prématurés, qui sont de plus en plus nombreux à survivre, mais aussi pour les prématurés de quelques semaines.

Réjean Tessier et d'autres chercheurs travaillent actuellement sur l'hypothèse que les conséquences de la prématurité sont indirectes et que des facteurs associés sont en cause. Deux avenues sont explorées.

1. La prématurité induit des problèmes relationnels parent-enfant qui influencent le développement des fonctions cognitives et sociales durant l'enfance, lesquels, à leur tour, augmentent les risques de problèmes d'ajustement social à l'âge scolaire.

2. La prématurité agit sur la maturation neurologique et modifie le développement des processus cognitifs durant l'enfance, ce qui augmente les risques de problèmes d'ajustement né à l'âge scolaire.

On pourrait donc penser que la qualité de l'environnement de l'enfant s'ajoute à la prématurité pour augmenter ou diminuer le risque. C'est pourquoi les efforts actuels des chercheurs portent sur la mise en place et l'évaluation de programmes d'intervention efficaces pour l'enfant et sa famille. De récentes interventions de nature neurodéveloppementale visant à modifier l'environnement des unités de soins intensifs ont d'ailleurs produit des effets positifs, montrant à l'évidence qu'un environnement bien ajusté peut favoriser le développement normal du cortex en milieu extra-utérin.

Le programme de soins kangourou (*Kangouroo Mother Care*) est un programme qui vise à combler le déficit de poids chez l'enfant. Ce programme, qui devrait commencer aussitôt que l'état de santé de l'enfant est stabilisé, prévoit que celui-ci soit tenu sur la poitrine de sa mère, peau à peau, plusieurs heures par jour, et parfois même 24 heures sur 24. Il reçoit ainsi, en plus des stimulations visuelles, les stimulations olfactives qui proviennent du corps de sa mère, les stimulations auditives produites par sa voix, les stimulations kinesthésiques induites par ses mouvements et les stimulations tactiles causées par le contact de sa peau. Ce *cocon* peut aider à compenser l'expérience intra-utérine qu'il n'a pas eue et à éviter les surcharges d'informations sensorielles. Ces soins prodigués pendant les dernières semaines de gestation extra-utérine vont donc avoir un effet bénéfique sur le neuro-développement de l'enfant et aider à prévenir les problèmes liés au lobe frontal et aux difficultés d'attention. De plus, l'implication du parent qui s'engage dans ce programme solidifie les liens mère-enfant (Tessier *et al.*, 2003).

Les massages sont une autre mesure qui amène des effets bénéfiques sur le bébé prématuré en favorisant le gain de poids. Lors des séances ➡

de massage, des chercheurs ont en effet observé une augmentation de l'activité du nerf vague, un nerf associé au système nerveux sympathique qui joue un rôle dans la digestion et d'autres fonctions vitales (Diego *et al.*, 2007). Cela fait plusieurs années que les chercheurs accumulent des travaux montrant les effets positifs du massage chez les enfants prématurés. Considérant toutes ces données scientifiques collectées au sujet du massage, il est peut-être alors temps de se questionner sur le bien-fondé de certaines pratiques qui persistent dans les unités de soins intensifs, tel le minimum de contacts physiques.

Comme le souligne Réjean Tessier, « une meilleure connaissance de la prématurité et de ses effets à court et à long terme permettra aux parents, aux cliniciens, aux chercheurs ainsi qu'aux décideurs de prendre position sur la question suivante : sommes-nous prêts, en tant que société, à assurer des services à long terme aux enfants qui naissent de plus en plus tôt? Une politique à l'égard de ces enfants devrait assumer que la survie n'est pas l'aboutissement, mais le début d'un long parcours pour ces enfants, et qu'il y a une obligation morale à investir les ressources nécessaires pour les aider à grandir ».

Quoi qu'il en soit, le poids à la naissance n'est pas un facteur isolé et il faut aussi tenir compte des autres facteurs environnementaux. Ainsi, les enfants de faible poids qui vivent avec leurs deux parents, ceux dont la mère est très scolarisée et ceux qui n'ont pas souffert de dommages importants au cerveau s'en sortent généralement mieux (Ment *et al.*, 2003).

2.4.4 L'allaitement

Depuis les débuts de l'humanité, les enfants ont été nourris au sein. Les femmes qui ne pouvaient pas ou qui ne voulaient pas allaiter leur bébé trouvaient habituellement une nourrice pour allaiter l'enfant à leur place, soit une femme ayant elle-même eu un enfant récemment. Dans les années 1940, les progrès quant à la conservation et à la pasteurisation du lait ont alors rendu l'allaitement au biberon intéressant pour les mères.

Après avoir connu un déclin de popularité, l'allaitement retrouve peu à peu, à compter de la fin des années 1970, la faveur des femmes, et surtout de celles dont les niveaux d'instruction et de revenu sont supérieurs à la moyenne. En 2006, plus de 80% des bébés québécois étaient ainsi nourris au sein à leur naissance (46% pendant au moins six mois), ce qui constitue une progression considérable (Institut de la statistique du Québec, 2006b).

2.11 **L'allaitement au sein**

L'allaitement au sein comporte de nombreux avantages, pour le bébé comme pour sa mère.

Colostrum

Liquide sécrété par le sein juste avant la montée laiteuse, moins riche en graisses que le lait, mais adapté aux besoins du nouveau-né. Il contient, entre autres, des anticorps qui contribuent à l'immuniser contre certaines infections.

Les avantages de l'allaitement maternel

Le lait maternel est ce qui convient le mieux aux besoins du nourrisson. Il est plus facile à digérer que le lait de vache et moins susceptible d'entraîner des réactions allergiques. Le **colostrum,** qui a une texture différente du lait maternel et qui est produit durant les trois premiers jours de l'allaitement, immunise le bébé grâce à son taux élevé d'immunoglobulines et à d'autres facteurs de protection. Le lait maternel contient aussi des composantes complexes qui réduisent l'incidence ou la gravité de plusieurs problèmes ou maladies. Quelques-uns de ces avantages physiques sont présentés dans le tableau 2.5.

L'allaitement maternel comporte aussi des avantages psychologiques. Plusieurs mères considèrent ainsi que l'allaitement au sein fait partie intégrante de la maternité. Pour elles, le fait de nourrir son enfant apporte la confirmation qu'on est une bonne mère, une mère qui sait prendre soin de son bébé correctement. L'allaitement aide alors à s'adapter au rôle maternel et augmente la satisfaction liée à la condition de mère (Virden, 1988).

Devant la multitude d'études démontrant les bienfaits de l'allaitement, le Comité de nutrition de la Société canadienne de pédiatrie, les diététistes du Canada et Santé Canada recommandent un allaitement maternel exclusif au moins durant les six premiers mois et sa poursuite jusqu'à l'âge de deux ans (Santé Canada, 2007a).

TABLEAU 2.5 | Les avantages de l'allaitement maternel

Les enfants dont le poids à la naissance est insuffisant digèrent et absorbent mieux le lait maternel que le lait maternisé. Ces enfants rattraperont leur poids normal plus rapidement.	Il favorise le développement cognitif, possiblement parce qu'on trouve dans le lait maternel des acides gras essentiels au développement du cerveau et de la vision.
Il diminue la diarrhée, les infections respiratoires et les otites.	Il facilitera ensuite l'acceptation des autres aliments : comme le lait change de goût selon l'alimentation de la mère, le bébé aura déjà goûté différentes saveurs.
Il augmente à long terme la résistance à certaines maladies comme la grippe et la diphtérie.	
Il présente des bénéfices à long terme sur la santé cardiovasculaire et les niveaux de cholestérol.	Il protège la mère contre le cancer du sein et le cancer de l'ovaire.
	Il aide l'utérus à reprendre ses dimensions normales et la mère à retrouver son poids normal plus rapidement.
L'allaitement exclusif réduit l'asthme.	
Il aide à prévenir l'obésité.	Il est gratuit, toujours disponible et toujours à la bonne température.
Il diminue l'incidence du syndrome de la mort subite du nourrisson.	Il est écologique : il diminue la pollution due aux contenants de lait maternisé.

L'impossibilité d'allaiter au sein

Une infime proportion de femmes sont physiologiquement incapables d'allaiter, par exemple dans certains cas de réduction mammaire. D'autres doivent y renoncer parce qu'elles souffrent de certaines maladies comme le sida ou la tuberculose, qu'elles ont été exposées à des radiations ou qu'elles consomment des drogues. Il faut alors savoir que la qualité de la relation entre la mère et l'enfant restant sans contredit l'élément central du développement, les enfants nourris au biberon et entourés d'amour ont, eux aussi, toutes les chances de se développer de manière saine et équilibrée.

Faites le POINT

11 Comment appelle-t-on le test fréquemment utilisé pour évaluer la condition du bébé à la naissance ? Sur quels critères se base-t-il ?

12 Quels sont les principaux écueils qui guettent les bébés de faible poids ?

13 Énumérez quelques-uns des avantages de l'allaitement maternel.

Rendez-vous au ODILON cheneliere.ca/papalia

Résumé

La conception

Au moment de la conception, lorsqu'un ovule s'unit à un spermatozoïde pour former un zygote, le processus de gestation est enclenché, et le bébé naîtra environ neuf mois plus tard.

Les jumeaux dizygotes, ou jumeaux fraternels, proviennent de deux ovules fécondés par deux spermatozoïdes différents et sont aussi différents que des frères et sœurs. Les jumeaux monozygotes, ou vrais jumeaux, sont issus de la division d'un zygote après le processus de fécondation et possèdent exactement le même bagage génétique.

Un zygote contient 46 chromosomes (23 provenant du spermatozoïde et 23 provenant de l'ovule). Les chromosomes sont constitués d'ADN et portent les gènes, qui constituent l'élément de base de l'hérédité. Le sexe d'un enfant est déterminé par la vingt-troisième paire de chromosomes. Chez une fille, cette paire est formée des chromosomes XX et chez un garçon, des chromosomes XY.

Les traits héréditaires peuvent se transmettre selon un mode dominant ou récessif, un mode polygénique ou un mode plurifactoriel. Les anomalies génétiques et chromosomiques ne sont pas toutes décelables à la naissance et la plus répandue demeure la trisomie 21.

La mesure de l'héritabilité s'appuie sur trois types de recherches corrélationnelles : les études sur les familles, celles sur l'adoption et celles sur les jumeaux. Plusieurs études révèlent que l'hérédité joue un rôle important dans le développement de l'obésité, de l'intelligence et de certains traits de la personnalité.

Le développement prénatal

Au cours de la période germinale, le zygote se divise rapidement. La différenciation des cellules s'amorce et le zygote s'implante dans la paroi utérine. La période embryonnaire s'étend jusqu'à la huitième semaine. L'embryon a alors la forme d'un être humain et ses principaux organes vitaux sont en place. La période fœtale, enfin, sert à peaufiner les structures et les systèmes déjà en place : les cellules nerveuses continuent leur développement, ce qui permet au fœtus de réagir dès lors à certains stimuli.

Diverses influences, telles que les agents tératogènes, agissent sur le développement du fœtus. Des facteurs comme l'âge de la future mère, une incompatibilité des groupes sanguins, une alimentation déficiente, l'usage de nicotine, d'alcool, de drogues ou encore certaines maladies peuvent aussi avoir des répercussions graves sur l'issue de la grossesse, sur le développement du fœtus et, à plus long terme, sur l'enfant.

La naissance

L'accouchement par voies naturelles débute généralement par les contractions utérines, qui provoquent la dilatation et l'effacement du col de l'utérus. Cette phase de travail est la plus longue. Au cours de l'expulsion, la tête du bébé s'engage dans le col et l'enfant naît. Enfin, lors de la délivrance, le cordon ombilical et le placenta sont expulsés.

Au Québec, les naissances par césarienne sont plus élevées qu'auparavant, ce qui pourrait dénoter la surmédicalisation d'un acte très naturel. Pour soulager les douleurs des contractions ou pour pratiquer une césarienne, on peut avoir recours à une anesthésie péridurale qui bloque les messages de transmission de la douleur au cerveau.

Afin de contrer la peur de l'inconnu et de se préparer à l'accouchement, plusieurs couples assistent à des cours prénataux ou choisissent une accompagnatrice pour préparer leur « projet de naissance ». Les sages-femmes jouent un rôle primordial : celui d'établir une relation privilégiée avec la future mère, de superviser le déroulement de l'accouchement et d'assurer un suivi postnatal.

Le nouveau-né

À la naissance, le nouveau-né est recouvert de lanugo et d'une substance graisseuse : le *vernix caseosa.* Une minute après la naissance, on évalue l'état du nouveau-né au moyen de l'indice d'Apgar en vérifiant cinq points : la coloration de la peau, la fréquence cardiaque, la réactivité aux stimuli, le tonus musculaire et la respiration. L'échelle de Brazelton et des prélèvements sanguins et urinaires sont d'autres outils pouvant aussi servir à cette fin.

Un bébé est prématuré lorsqu'il naît avant la trente-septième semaine de grossesse, et ce, qu'il soit de faible poids ou non. Un bébé de faible poids par rapport à son âge de gestation est un bébé trop petit. Les bébés de faible poids sont très vulnérables aux infections à cause de l'immaturité de leur système immunitaire et, à long terme, plus susceptibles de souffrir de problèmes physiques et cognitifs. Si les progrès médicaux ont permis d'en sauver davantage à la naissance, on constate que l'augmentation de ce taux de survie amène en contrepartie une proportion plus grande d'enfants ayant des problèmes respiratoires et neurologiques.

Enfin, l'allaitement maternel comporte de nombreux avantages pour la mère comme pour l'enfant. Le colostrum produit durant les premiers jours de l'allaitement contient des substances qui favorisent l'immunisation du bébé contre les réactions allergiques et certaines maladies. Santé Canada recommande l'allaitement maternel exclusif au moins durant les six premiers mois de vie du nourrisson né à terme et en santé.

Pour aller plus loin

Volumes et ouvrages de référence

SOCIÉTÉ DES OBSTÉTRICIENS ET GYNÉCOLOGUES DU CANADA (2009). *Partir du bon pied,* Ottawa, John Wiley and Sons, 219 p.

> Guide sur la grossesse et l'accouchement, conçu et écrit par des spécialistes du domaine. Il contient les renseignements les plus à jour sur la maternité.

LOUIS, S. (2008). *Que deviennent les très grands prématurés de 26 semaines et moins ?*, Montréal, Éditions du CHU Sainte-Justine, 208 p.

> Ouvrage qui, dans un langage accessible, décrit bien l'univers de la prématurité et les différents problèmes auxquels peut être exposé le bébé prématuré. On y trouve de nombreux conseils destinés aux parents confrontés à cette situation parfois critique.

Périodiques

« Le diagnostic d'autisme : Quoi de neuf ? », *Enfance*, numéro thématique, vol. 2009 (avril).

> Numéro spécial qui présente les résultats des récentes recherches portant sur l'autisme. Les thèmes abordés sont, entre autres, le dépistage précoce, la piste génétique, l'évolution et le développement, les aspects neurophysiologiques et les autistes de « haut niveau ».

COLLECTIF. « L'énigme des vrais jumeaux », *Sciences et Avenir*, hors série n° 149 (décembre 2006).

> Dossier complet sur les vrais jumeaux. On y apprend comment l'épigénétique peut expliquer les différences entre les vrais jumeaux.

Sites Internet et documents en ligne

Naître et grandir : http ://naitreetgrandir.net

Site récent qui couvre, dans un langage accessible, les différents aspects du développement de l'enfant selon un ordre chronologique : développement moteur, intellectuel, affectif et social ; langage ; comportement et discipline ; alimentation ; soins et bien-être ; vie de famille ; apprentissage et jeux.

SANTÉ ET SERVICES SOCIAUX QUÉBEC. *Politique de périnatalité 2008-2018*, [En ligne], http ://publications.msss.gouv.qc.ca/acrobat/f/documentation/2008/08-918-01.pdf

Document qui présente le cadre dans lequel le Québec entend répondre aux besoins des parents. On y traite, entre autres, du suivi prénatal, des interventions obstétricales, de l'allaitement, des anomalies congénitales, de la procréation assistée et de la prématurité.

Santé et allaitement maternel (SAM) : www.santeallaitement maternel.com

Site qui donne de l'information sur le mécanisme de la tétée, une activité réflexe à la naissance. On y aborde différents aspects favorisant la réussite de l'allaitement, tels que la position de la mère et celle du bébé, le tout appuyé d'illustrations explicites.

Films, vidéos, cédéroms, etc.

TAVERNIER, N. (2005). *L'Odyssée de la vie*, sous la direction scientifique du professeur René Frydman, France, 82 minutes, couleurs.

Documentaire qui retrace, à l'aide d'images spectaculaires, les neuf mois de la grossesse, de la conception jusqu'à la naissance.

CHINN, P. (2008). *Un voyage au centre de la vie, de la grossesse à l'accouchement,* France, 85 minutes, couleurs.

Document créé à partir d'images provenant d'échographies en 3D et d'images virtuelles. On y voit très bien les faits saillants du développement prénatal à travers des images spectaculaires.

TOWNEN, L. (2008). *Voyage au centre de la vie – Les bébés multiples,* France, 79 minutes, couleurs.

Documentaires réalisés à partir d'images provenant d'échographies en 3D et d'images virtuelles. Chacun d'eux suit l'évolution du développement prénatal, que ce soit pour une naissance simple ou pour des naissances multiples.

3 Le développement physique et cognitif de l'enfant, de la naissance à deux ou trois ans

Voir, entendre, toucher, sucer, bouger… Le bébé entre dans le monde avec ces quelques outils encore imparfaits, mais suffisants pour lui permettre d'établir les premières interactions avec son environnement. En deux ou trois ans, il passe petit à petit d'un état de totale dépendance à celui d'un petit explorateur déjà capable d'agir sur ce qui l'entoure à l'aide de ses sens et de sa motricité. Trottineur infatigable, il multiplie les expériences et les découvertes et développe ainsi un sentiment de maîtrise indispensable à l'établissement de sa confiance en lui. Au terme de cette période de croissance remarquable, il dispose de ses premières représentations mentales, signe manifeste du développement de son intelligence, et commence à communiquer avec son entourage au moyen du langage, instrument par excellence de son insertion sociale et culturelle.

Maryse a choisi de mettre en veilleuse son travail d'infirmière pour se consacrer pendant quelques années à l'éducation de ses enfants. Gabriel a six mois et Anna vient d'avoir deux ans. Pendant que Maryse s'affaire dans la cuisine, les deux enfants s'amusent à ses côtés.

Gabriel est à plat ventre par terre, près de sa sœur qui joue avec ses formes à encastrer. Depuis quelques jours, Gabriel a fait d'énormes progrès dans sa capacité de se déplacer; en remuant bras et jambes, il parvient à avancer un peu, juste assez pour attraper le morceau de céleri que sa maman vient de faire tomber. Juste avant qu'il ne le porte à sa bouche, elle s'empresse de le lui retirer et, sans manifester son désaccord, Gabriel commence aussitôt à s'intéresser à autre chose. Il saisit un losange bleu du jeu de sa sœur et le secoue dans tous les sens. Maryse en profite pour le remettre dans son petit siège incliné.

Anna se penche au-dessus de son frère, assis dans son siège. Celui-ci attrape un coin du gilet de sa sœur, qui tente de se dégager. Un jeu s'engage alors entre eux. Anna se dégage puis se rapproche à nouveau, et le jeu recommence. Gabriel ne se lasse pas de tirer sur le gilet de sa sœur et semble même y prendre un grand plaisir.

Après le dîner, Anna s'approche de maman avec le livre que papa lui a rapporté la veille de la bibliothèque. «Un instant ma puce, je finis de changer la couche de Gabriel et nous allons regarder le livre ensemble!» Depuis la naissance de son petit frère, Anna a un peu de difficulté à partager sa maman. Même si les soins du bébé lui demandent bien du temps, Maryse essaie quand même d'avoir des activités exclusivement centrées sur les champs d'intérêt d'Anna. Elles s'installent donc ensemble, et Maryse examine le livre avec sa fille en décrivant ce qui se trouve sur les grandes pages colorées. «Regarde Anna, qu'est-ce qu'il y a dans l'arbre?» Et Anna de répondre: «wa-zeau.» – «Très bien, ma puce! Et où sont les papillons?» – «Là, et là, et là!» – «Bravo! Et le chien?» – «Sien dodo.» Tiens, se dit Maryse, elle commence à faire des phrases...

Avant de commencer à regarder le livre avec Anna, Maryse a donné un hochet à son fils. Gabriel examine le hochet, le porte à sa bouche et le secoue. Mais, au bout de quelques minutes, il le laisse tomber et réclame l'attention de sa mère. Maryse lui donne alors un autre jouet qu'il n'avait pas vu depuis un certain temps. La nouveauté de ce jouet permettra sans doute de capter l'intérêt de Gabriel pendant un bon moment.

Après avoir lu ce chapitre, vous devriez pouvoir répondre aux questions suivantes:

1. Quelles seront les grandes étapes du développement de la motricité chez Gabriel?

2. Pourquoi Gabriel ne se lasse-t-il pas de refaire le même jeu avec le gilet de sa sœur?

3. Maryse s'y prend-elle de la bonne façon pour regarder des livres avec sa fille?

3.1 Le développement physique

Dans cette première partie, nous allons aborder le développement des sens et de la motricité du bébé. Dans les premiers mois de la vie d'un enfant, il est difficile de faire la distinction entre son développement physique et son développement cognitif, tant les deux sont liés. Prenons l'exemple de l'apprentissage: à la base, il s'agit d'une fonction cognitive; toutefois, les enfants, eux, apprennent beaucoup par l'action, c'est-à-dire au moyen des fonctions motrices et sensorielles. Le bébé ne peut faire d'apprentissage tant qu'il n'a pas commencé à explorer son environnement à l'aide de ses sens et par ses propres mouvements, car c'est cette exploration qui lui permet de savoir où finit son corps et où commence le reste du monde. Le gilet que Gabriel tire ou le bout de céleri qu'il parvient à atteindre lui apprennent comment son corps peut transformer son environnement. Il en va de même pour les gestes qui accompagnent les premières tentatives de paroles. Quand un enfant dit «bye-bye!», il ouvre et ferme la main, en plus de montrer qu'il est socialement en relation avec une personne. Quand un enfant dit «haut», il lève les bras, montrant ainsi à l'adulte où il veut aller. Le cerveau ne traite donc pas de façon séparée les fonctions sensorielles et motrices, les fonctions cognitives et les fonctions sociales: il les intègre. Ainsi, lorsque nous étudions le développement de la personne, nous devons garder en tête l'importance de faire des liens entre toutes les dimensions de cette évolution, qu'elles soient physiques, cognitives, sociales ou affectives.

3.1.1 Le développement du cerveau et du système nerveux

La croissance du cerveau, avant la naissance et durant l'enfance, est capitale pour le développement physique, cognitif et affectif. Le cerveau commence son développement environ deux semaines après la conception, passant graduellement d'un long tube creux à une masse sphérique de cellules. C'est d'abord le **tronc cérébral** qui se développe. Ce dernier intervient dans les réflexes et dans les autres fonctions biologiques de base comme la respiration et la circulation sanguine. À mesure que le cerveau croît, la partie avant se développe pour former le **cortex cérébral.** Des aires particulières du cortex sont responsables des informations sensorielles et de la motricité. Certaines de ces régions, impliquées dans la vision et l'audition, arrivent à maturité vers l'âge de six mois. Par contre, les régions des lobes frontaux responsables des activités cognitives supérieures, comme la pensée, la mémoire et la résolution de problèmes, prendront encore quelques années pour parvenir à leur pleine maturité. Quant au **cervelet,** responsable de l'équilibre et de la coordination, il croît plus rapidement durant la première année (*voir la figure 3.1*).

Tronc cérébral
Structure cérébrale située en haut de la moelle épinière. Il assure le passage des informations sensorielles et motrices entre celle-ci et les couches supérieures du cerveau. Il joue un rôle dans plusieurs fonctions biologiques de base.

Cortex cérébral
Couche supérieure du cerveau ou substance grise, siège des processus mentaux tels que la mémoire, l'apprentissage, l'intelligence et la capacité de résoudre des problèmes.

Cervelet
Structure située à la base du cerveau, en arrière de la moelle épinière. Il est responsable de l'équilibre et de la coordination motrice.

FIGURE 3.1 | Les structures du cerveau

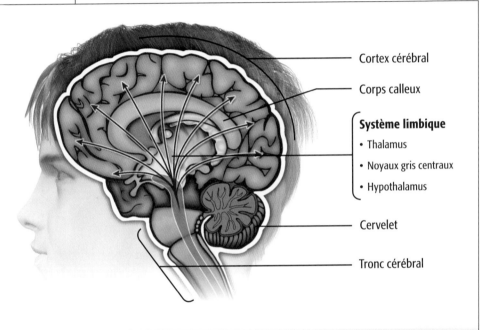

Cortex cérébral

Corps calleux

Système limbique
• Thalamus
• Noyaux gris centraux
• Hypothalamus

Cervelet

Tronc cérébral

Pendant le développement prénatal, le tronc cérébral est la première structure à se développer. Les réflexes, ainsi que certaines fonctions biologiques de base, sont contrôlés par les centres inférieurs du cerveau. Certaines régions du cortex cérébral mettront plusieurs années avant d'atteindre leur pleine efficacité.

La croissance des neurones et la formation des synapses

À la naissance, le cerveau humain possède 25 % de sa masse adulte. Il croît ensuite rapidement pour atteindre près des deux tiers de sa masse future durant la première année, et près de 90 % à la fin de la troisième année (Rao et Georgieff, 2000). La croissance rapide du cerveau est due en grande partie à la croissance des **neurones.** Au départ, ces neurones ne sont que des corps cellulaires avec un noyau, composé d'ADN, qui contient le programme génétique. Ces cellules rudimentaires se déplacent vers les différentes régions du cerveau en développement. C'est alors que les **dendrites** et les **axones** apparaissent. Les axones envoient l'information aux autres neurones, alors que les dendrites reçoivent l'information en provenance des autres neurones. Ce transfert d'information se fait à travers les **synapses,** de petits espaces traversés par les neurotransmetteurs (*voir la figure 3.2 à la page suivante*). Un seul neurone pourrait

Neurone
Cellule de base du système nerveux dont le rôle est de transmettre les impulsions nerveuses.

Dendrite
Prolongement du neurone dont les ramifications captent l'information provenant d'autres neurones.

Axone
Prolongement du neurone qui transmet l'information à d'autres neurones par l'arborisation terminale.

Synapse
Zone de rencontre entre deux neurones par laquelle l'information passe de l'un à l'autre.

éventuellement avoir entre 5 000 et 100 000 connexions synaptiques qui envoient et reçoivent l'information liée aux récepteurs sensoriels, aux muscles et aux autres neurones du système nerveux central.

Alors que les neurones se multiplient et développent leurs connexions, ils subissent un double processus d'*intégration* et de *différenciation*. L'intégration permet aux neurones qui contrôlent différents groupes de muscles de se coordonner, tandis que la différenciation permet à chaque neurone de développer une structure et une fonction spécifiques.

FIGURE 3.2 | Un neurone

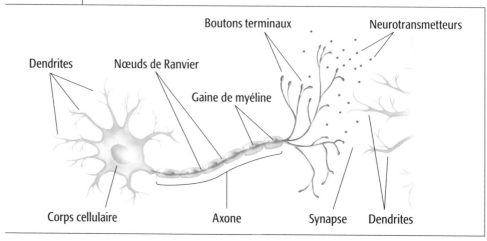

Le cerveau produit d'abord plus de neurones et de synapses que nécessaire. Les connexions qui sont les plus utilisées se renforcent au fur et à mesure de leur utilisation, alors que celles qui ne sont pas utilisées ou qui ne fonctionnent pas correctement sont éliminées, assurant ainsi une meilleure efficacité du cerveau. La figure 3.3 illustre ce **processus d'élagage,** qui s'amorce pendant le développement prénatal et se poursuit après la naissance.

Processus d'élagage
Processus par lequel certaines connexions non utilisées entre les neurones sont éliminées.

FIGURE 3.3 | La croissance des connexions nerveuses : la myélinisation

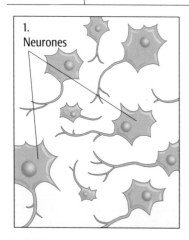 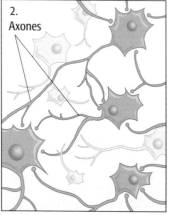 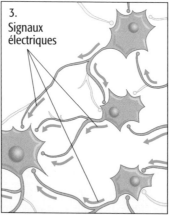 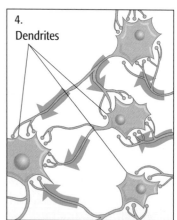

1. Le cerveau de l'embryon produit beaucoup plus de neurones qu'il n'en a besoin, mais il élimine progressivement ce qui est superflu.
2. De chaque neurone restant émerge un axone dont l'extrémité se divise bientôt en plusieurs branches qui effectuent des connexions temporaires avec plusieurs cibles. Les axones sont les lignes de transmission à longue distance du système nerveux.
3. Des poussées spontanées d'activité électrique renforcent certaines de ces connexions, tandis que celles qui ne sont pas renforcées par cette activité s'atrophient.
4. Après la naissance, le cerveau connaît une nouvelle poussée de croissance lorsque les axones (qui envoient les signaux) et les dendrites (qui reçoivent les signaux) explosent avec de nouvelles connexions. L'activité électrique, déclenchée par un flot d'expériences sensorielles, raffine les circuits du cerveau en déterminant les connexions qui seront conservées et celles qui seront éliminées.

Source : Nash, 1997.

L'extension du réseau synaptique dépend des stimulations provenant de l'environnement. Comme nous le verrons plus loin, on sait aujourd'hui qu'un enfant qui grandit dans un environnement riche en stimulations développe un réseau synaptique plus complexe que celui qui vit dans un milieu pauvre en stimulations. La multiplication des dendrites et des connexions synaptiques, surtout durant le dernier trimestre de la gestation et les premières années de la vie, est responsable de la croissance rapide du cerveau. Elle permet l'apparition de nouvelles habiletés perceptuelles, motrices et cognitives.

Le développement sensoriel, moteur et cognitif de l'enfant se fait aussi grâce au processus de **myélinisation.** Ce processus de recouvrement des axones par une gaine de substance graisseuse, appelée *myéline*, permet une conduction plus rapide des influx nerveux. Les voies associées au toucher sont déjà entièrement myélinisées à la naissance, alors que celles qui sont associées à la vision commencent à être myélinisées à la naissance et continuent de l'être durant les cinq premiers mois de la vie. De leur côté, les parties du cortex qui contrôlent l'attention et la mémoire se développent plus lentement; elles ne seront pas totalement myélinisées avant le début de l'âge adulte. C'est cette myélinisation des voies sensorielles et motrices, qui s'effectue dans la moelle épinière avant la naissance et dans le cortex cérébral ensuite, qui peut expliquer l'apparition et la disparition de certains réflexes.

Myélinisation
Processus de recouvrement des axones par une substance graisseuse appelée *myéline*. Elle permet une conduction plus rapide de l'influx nerveux.

Les réflexes

Les **réflexes** sont des réactions involontaires à des stimuli externes spécifiques. On estime qu'il en existe environ 27 principaux (Gabbard, 1996). Or, de nombreux réflexes font déjà partie du bagage du nouveau-né et jouent un rôle important dans le tout premier développement du système nerveux central et des muscles. Certains fournissent les premiers indices du développement cérébral et neurologique du bébé. Leur apparition obéit à une séquence prévisible. En effet, la plupart de ces réflexes sont présents dès la naissance, ou peu après, et disparaissent au bout de quelques mois. Leur présence ou leur absence peut donc servir à l'évaluation du développement neurologique de l'enfant.

Réflexe
Réponse innée et automatique à certaines stimulations spécifiques.

Les réflexes *primitifs* sont liés aux besoins instinctifs de survie et de protection, et ils témoignent de l'évolution de notre espèce. Par exemple, le réflexe de Darwin (ou réflexe d'agrippement) est le même que celui qui permet au bébé singe de s'agripper aux poils de sa mère. Le réflexe de succion, pour sa part, apparaît dès le développement prénatal. Tout objet introduit dans la bouche d'un bébé, que ce soit le mamelon, une tétine ou même le doigt de papa, déclenche des mouvements rythmiques de succion. Au bout de quelques mois, parce que le développement du cerveau suit son cours, le réflexe disparaît pour faire place à des réponses volontaires; la succion sera alors réservée au biberon et le doigt de papa sera plutôt mordillé. Le réflexe des points cardinaux est un autre réflexe primitif: dès qu'un bébé est placé près du sein de sa mère, il tourne sa tête de manière réflexive du côté où le mamelon touche sa joue.

Les réflexes *locomoteurs*, comme le réflexe de la marche automatique ou celui de la nage, sont présents dès la naissance. Ils ressemblent à des mouvements volontaires qui n'apparaîtront que plusieurs mois après la disparition du réflexe. Enfin, les réflexes *posturaux* (c'est-à-dire les réflexes liés à la posture et à l'équilibre) apparaissent de deux à quatre mois après la naissance, à mesure que les centres supérieurs du cerveau entrent en action. Ainsi, les bébés qui, par exemple, sont plongés vers le bas vont étendre leurs bras en parachute, ce qui ressemble à une réaction instinctive pour se protéger d'une chute.

La plupart de ces réflexes disparaissent en l'espace de six à douze mois, ce qui démontre que les voies neuromotrices du cortex sont suffisamment myélinisées pour permettre le passage aux mouvements volontaires. Le tableau 3.1, à la page suivante, présente les principaux réflexes, en précisant ce qui les déclenche et vers quel âge ils devraient normalement disparaître. En plus de ces réflexes, les êtres humains disposent de tout un arsenal de réflexes adaptatifs dont plusieurs jouent un rôle de protection, comme le clignement des yeux, le bâillement, la toux, la nausée, l'éternuement et le réflexe pupillaire (dilatation des pupilles dans le noir). Ces réflexes, eux, seront présents toute la vie.

TABLEAU 3.1 | Les réflexes du nouveau-né

Réflexe		Stimulation	Comportement	Âge moyen de disparition
Réflexe de succion		Mettre un objet (sein, tétine, doigt, etc.) dans la bouche de l'enfant.	Mouvements rythmiques de la langue et des lèvres.	6 mois
Réflexe des points cardinaux		Frotter la joue avec le doigt ou le mamelon.	Bouche ouverte, le bébé tourne la tête.	9 mois
Réflexe de Darwin (agrippement)		Frotter la paume de la main.	Le bébé ferme le poing.	4 mois
Réflexe tonique du cou		Coucher l'enfant sur le dos.	Le bébé tourne la tête d'un côté, prend la pose de l'*escrimeur*, étend le bras et la jambe de son côté préféré et fléchit les membres opposés.	5 mois
Réflexe de Moro		Soulever les fesses et le dos du bébé et les relâcher ou lui faire entendre un gros bruit.	Le bébé étend les jambes, les bras et les doigts, cambre le dos et rejette la tête en arrière.	3 mois
Réflexe de Babinski		Frotter la plante du pied.	Le pied tourné vers l'intérieur, le bébé déploie les orteils.	4 mois
Réflexe de marche		Soutenir le bébé sous les bras, les pieds nus sur une surface plane.	Le bébé exécute des pas qui ressemblent à la marche.	4 mois
Réflexe de nage		Placer l'enfant dans l'eau, la tête vers le bas.	Le bébé exécute des mouvements de nage bien synchronisés.	4 mois

La plasticité du cerveau

Jusqu'au milieu du XXe siècle, les scientifiques croyaient que le cerveau se développait selon une programmation génétique immuable. On ne croit plus aujourd'hui que le développement du cerveau dès la naissance dépend uniquement de la programmation génétique. Nous avons vu plus haut que le développement du cerveau est marqué par les expériences du nouveau-né, particulièrement durant les premiers mois de sa vie. Ainsi, lorsque Gabriel exerce ses mouvements pour mieux se déplacer, il renforce certaines connexions de son système nerveux. De la même façon, si certaines de ces connexions ne sont pas utilisées tôt dans la vie et qu'aucune intervention ultérieure n'est faite, ces circuits peuvent définitivement être coupés (Bruer, 2001).

La **plasticité du cerveau** désigne sa capacité à se modifier et à se réorganiser à la suite de l'expérience. On croit que les différences individuelles concernant l'intelligence résultent de différences dans la plasticité neurale, c'est-à-dire dans l'habileté du cerveau à développer des connexions entre les neurones en fonction de l'expérience (Garlick, 2003). Durant les premières années de la vie, le cerveau est particulièrement vulnérable. Les premières stimulations sensorielles, mais aussi d'autres facteurs comme la malnutrition ou les mauvais traitements, peuvent en effet avoir un impact durable sur l'aptitude du cerveau à assimiler de l'information et à la stocker (Thompson, 2001).

Plasticité du cerveau
Capacité du cerveau à se modifier et à se réorganiser à la suite d'une expérience.

Pour des raisons éthiques évidentes, on ne peut appauvrir l'environnement d'un nourrisson afin d'en vérifier les effets à long terme. Toutefois, la découverte de milliers de jeunes enfants ayant passé la quasi-totalité de leur vie dans des orphelinats roumains surpeuplés a fourni l'occasion de procéder à une étude naturelle (Ames, 1997). Ces enfants abandonnés, qui ont été découverts après la chute du dictateur Nicolae Ceausescu en décembre 1989, étaient littéralement affamés et passifs et ne démontraient aucune émotion. Ils avaient passé le plus clair de leur temps couchés, inactifs dans leur berceau ou leur lit, en ayant peu de contacts entre eux ou avec le personnel soignant. La plupart des enfants âgés de deux ou trois ans ne marchaient pas et ne parlaient pas. Des tests d'imagerie par résonance magnétique du cerveau de ces orphelins roumains ont permis de déceler une inactivité extrême dans les lobes temporaux, qui servent à réguler les émotions et à recevoir les informations auditives.

Plusieurs de ces enfants ont été adoptés par des familles britanniques ou placés en foyer d'accueil en Roumanie. Dans les deux cas, l'âge de l'adoption et la durée de la précédente institutionnalisation représentaient des facteurs clés dans l'amélioration cognitive de ces enfants. En effet, ceux qui avaient été sortis des orphelinats avant l'âge de 6 mois ne présentaient pas de dommages cognitifs à l'âge de 11 ans lorsqu'on les a comparés à un groupe contrôle d'enfants britanniques adoptés en Grande-Bretagne. Par contre, le quotient intellectuel moyen des enfants roumains adoptés après l'âge de 6 mois et âgés alors de 6 à 11 ans était de 15 points inférieurs à celui du même groupe contrôle. En outre, plus les enfants étaient âgés au moment de l'adoption, plus ils étaient handicapés sur le plan cognitif, même s'ils manifestaient tout de même de légers progrès (Beckett *et al.*, 2006). Il semble donc qu'on puisse en conclure que pour surmonter les effets d'une privation extrême, des stimulations environnementales doivent survenir très tôt dans la vie. Par ailleurs, on sait aussi que la grande plasticité du cerveau permet de compenser certaines lésions, d'autres circuits se mettant alors en place pour prendre le relais.

3.1.2 Les capacités sensorielles du bébé

Dès la naissance du bébé, tous ses sens fonctionnent, du moins jusqu'à un certain point. Néanmoins, ses capacités sensorielles se développent assez rapidement.

Le sens tactile et la sensibilité à la douleur

La peau d'un nourrisson est déjà sensible aux stimulations : le bébé pleure au contact d'une couche mouillée ou se calme lorsqu'on le caresse. Nous avons aussi vu quelle importance avait le contact réconfortant de l'allaitement. En outre, contrairement à ce que l'on croyait à une certaine époque où l'on pratiquait la circoncision sans anesthésie, le bébé peut aussi ressentir de la douleur, et ce, même à compter du troisième trimestre de la grossesse (Lee *et al.*, 2005). L'Académie américaine de pédiatrie et la Société canadienne de pédiatrie (2000) affirment aujourd'hui qu'une douleur intense et prolongée peut avoir des effets néfastes à long terme chez le nourrisson et que le soulagement de la douleur est donc essentiel.

Le goût et l'odorat

Au même titre que le sens tactile, le goût et l'odorat semblent aussi se développer avant la naissance. La saveur et les odeurs des aliments consommés par la mère pourraient être transmises au fœtus par le liquide amniotique, puis lors de l'allaitement. Le nouveau-né repousse ainsi les aliments qui ont mauvais goût et semble préférer les goûts sucrés aux saveurs amères et sures. Il est possible que cette préférence innée pour le sucré aide le bébé à s'adapter, puisque le lait maternel est lui-même plutôt sucré. Quant à sa tendance à rejeter les aliments amers, il est probable qu'il s'agisse d'un autre mécanisme de survie, plusieurs substances toxiques étant aussi amères (Harris, 1997).

Par ailleurs, le nouveau-né peut également reconnaître la provenance d'une odeur. De très jeunes enfants peuvent en effet différencier des odeurs très semblables, et cette sensibilité augmente même durant les premiers jours de la vie. Des enfants de six jours nourris au sein préfèrent ainsi un coussinet imbibé du lait de leur mère au lait maternel d'une autre femme (MacFarlane, 1975).

L'ouïe

L'audition est une autre activité sensorielle qui est fonctionnelle avant la naissance, le système auditif ayant presque atteint sa maturité au septième mois de vie prénatale. Des expériences ont ainsi permis de démontrer que, dès l'âge de trois jours, des bébés peuvent distinguer des sons différents de ceux qu'ils ont déjà entendus, même s'ils sont très semblables. Cette capacité permettrait à un bébé de reconnaître la voix de sa mère et même sa langue maternelle, comme nous le verrons un peu plus loin. Puisque l'audition est la clé du développement du langage, il est donc essentiel de détecter le plus tôt possible toute déficience auditive. En effet, de un à trois enfants sur mille présenteront un problème de surdité qui, s'il n'est pas détecté, occasionnera alors des retards de développement (Gaffney *et al.*, 2003).

La vue

La vision est un outil de développement particulièrement important et qui a été beaucoup étudié. Même si c'est le sens le moins développé à la naissance, un bébé peut voir dès ses tout premiers jours. Toutefois, la rétine et le nerf optique ne sont pas complètement développés, et les circuits de neurones du cerveau sont encore immatures. Le bébé peut quand même suivre des yeux un objet qui se déplace, et c'est à une distance d'environ 20 à 30 cm que sa vision est la meilleure, distance qui correspond par ailleurs à celle existant entre le bébé et le visage de sa mère lorsqu'elle le nourrit, ce qui pourrait avoir une valeur adaptative pour l'établissement du lien avec la mère.

C'est seulement vers quatre ou cinq mois que la vision binoculaire est finalement établie, la convergence de ses deux yeux permettant alors au bébé de percevoir la distance et la profondeur. Cette acuité visuelle passe ensuite de 20/400 à 20/20 vers le huitième mois (Kellman et Arterberry, 1998).

Si les capacités sensorielles sont relativement fonctionnelles dès la naissance, il n'en est pas de même pour les capacités perceptuelles (comme la compréhension de la signification des sons et des images), qui se développeront graduellement dans les mois et les années à venir.

3.1 Les yeux du bébé

Dès la naissance, un bébé peut suivre des yeux un objet en mouvement, mais c'est seulement vers quatre ou cinq mois que la convergence de ses deux yeux lui permettra de percevoir la profondeur.

Horloge biologique
Mécanisme interne qui contrôle le cycle des variations physiologiques.

3.1.3 Les cycles physiologiques

Notre organisme est en grande partie réglé par des *horloges* internes, ou **horloges biologiques,** qui cadencent nos cycles d'alimentation, de sommeil ou d'élimination et, possiblement aussi, nos humeurs. Le sommeil constitue la principale activité des nouveau-nés, qui dorment environ 18 heures par jour. Jusque vers trois mois, le bébé se réveille habituellement toutes les deux ou trois heures, de nuit comme de jour, pour être nourri. Des périodes de sommeil calme ou régulier alternent avec des périodes de sommeil actif ou irrégulier. Le sommeil actif, qui constitue environ 50% du temps de sommeil chez le bébé, serait l'équivalent du **sommeil paradoxal** chez l'adulte, lequel est associé aux rêves. Ce type de sommeil diminue de plus de 20% vers l'âge de trois ans et continue de décroître régulièrement tout au long de la vie. C'est vers l'âge de six mois qu'un enfant normal arrive généralement à «faire ses nuits», c'est-à-dire à dormir environ six heures d'affilée durant la nuit. À deux ans, un enfant dort en moyenne 13 heures par jour, incluant le temps de sieste pendant la journée (Hoban, 2004).

L'éveil, l'activité et la vivacité qui augmentent le jour s'accompagnent habituellement d'un rapide développement physique, cognitif et affectif. Les réactions des parents devant un bébé qui sommeille presque toujours ou qui, au contraire, est souvent éveillé sont alors très différentes, tout comme celles provoquées par un bébé plutôt calme ou souvent en pleurs. Les états du nourrisson agissent en effet sur le comportement des parents, ce dernier agissant à son tour sur le type d'individu que deviendra le nourrisson. Par exemple, un bébé facile à calmer rehausse le sentiment de compétence et d'estime de soi des personnes qui s'en occupent, ce qui contribue à établir un cycle de renforcement mutuel. Il arrive aussi que des parents soient exaspérés parce qu'ils sont incapables de calmer leur enfant, certains allant même jusqu'à secouer leur bébé pour faire cesser ses pleurs. Or, ces gestes, même s'ils sont de courte durée, peuvent provoquer de sérieuses lésions au cerveau et donc avoir de graves conséquences (*voir l'encadré 3.1*).

Sommeil paradoxal
Type de sommeil caractérisé par une activité cérébrale intense et associé aux rêves.

 Le sommeil du bébé

Un nouveau-né dort environ 18 heures par jour. Son sommeil alterne entre des périodes de sommeil calme ou régulier et des périodes de sommeil actif ou irrégulier.

ENCADRÉ 3.1  **APPROFONDISSEMENT**

Le syndrome du bébé secoué

Le scénario est typique : un bébé de moins de six mois est amené à l'urgence parce qu'il présente certains des symptômes suivants : incapacité de sucer ou d'avaler, léthargie, somnolence, vomissements, convulsions ou coma. Par ailleurs, on ne remarque aucune blessure apparente. Les parents disent ignorer ce qui a causé cet état ou affirment que l'enfant est tombé. Un examen radiologique plus approfondi peut alors révéler une hémorragie du cerveau ou de la rétine, signe que l'enfant a été violemment secoué. Comme le cerveau du bébé ne remplit pas encore complètement la boîte crânienne, de rudes mouvements de va-et-vient de sa tête amènent le cerveau à se comprimer contre les parois, créant ainsi des lésions importantes.

Le syndrome du bébé secoué est une forme de maltraitance exercée généralement sur des enfants de moins de deux ans, surtout des bébés, et qui provoque des traumatismes sérieux et irréversibles au cerveau. Souvent mal diagnostiqué et non rapporté, la réelle fréquence de ce syndrome est inconnue, mais on l'estime à environ cent cas par an au Canada. Environ 20% de ces enfants meurent quelques jours après avoir été secoués. La majorité de ceux qui survivent en gardent des séquelles, tant sur le plan neurologique que sur celui du développement : état végétatif, paralysie, retard mental, cécité. Même si certains semblent guéris à leur sortie de l'hôpital, des problèmes peuvent encore survenir plus tard : retard de développement, troubles d'apprentissage, problèmes d'épilepsie, problèmes de langage, difficultés de raisonnement, etc. Près de 85% des enfants victimes du syndrome du bébé secoué auront ainsi besoin de soins spécialisés pour le restant de leur vie (CLIPP, 2005).

Pourquoi donc un adulte s'acharne-t-il autant sur un bébé sans défense? Plusieurs parents ignorent que le fait de secouer un bébé peut avoir des conséquences graves. Ils peuvent alors trouver plus acceptable de le secouer que de le frapper. Par ailleurs, on a observé une forte corrélation entre les traumatismes infligés aux enfants et le faible niveau socioéconomique et de scolarisation des parents (CLIPP, 2005). Divers facteurs peuvent amener une personne à perdre le contrôle de soi : un bébé qui pleure sans arrêt, une situation familiale explosive, l'épuisement, des attentes irréalistes à l'égard du bébé ou un manque de soutien. Une personne qui est incapable de gérer son stress peut ainsi secouer un bébé qui pleure dans une tentative désespérée de le calmer. Si ce dernier devient engourdi ou qu'il perd connaissance, la personne peut être tentée de croire que le traitement a *fonctionné* et être amenée à le répéter quand les pleurs recommencent. La personne peut également mettre le bébé inconscient dans son lit en espérant qu'il récupère, lui faisant perdre ainsi l'occasion d'un traitement rapide pouvant éviter des séquelles plus importantes. Les adultes doivent par conséquent savoir qu'il est normal pour un bébé de pleurer, que cela ne dépend pas de leurs habiletés à en prendre soin, qu'ils peuvent toujours recevoir de l'aide et que secouer leur bébé n'est *jamais* correct.

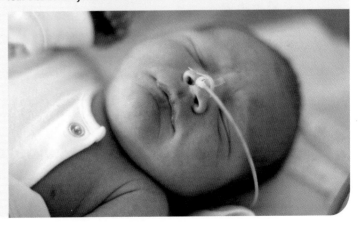

3.1.4 La croissance

La croissance n'est jamais aussi rapide que durant les trois premières années de la vie, et plus particulièrement durant les premiers mois.

La tête du bébé, qui semble énorme à cause de la croissance rapide du cerveau avant la naissance, devient proportionnellement plus petite au fur et à mesure que l'enfant grandit et que les parties inférieures se développent (*voir la figure 3.4*).

FIGURE 3.4 | L'évolution des proportions du corps humain au cours de la croissance

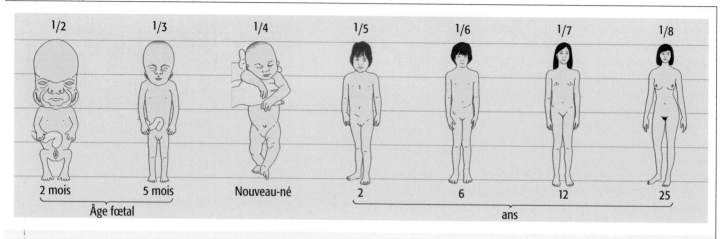

La transformation la plus frappante est la diminution de la proportion de la tête par rapport au reste du corps. Les fractions indiquent la proportion que représente la tête par rapport à la longueur totale du corps à différents âges.

FIGURE 3.5 | L'augmentation de la taille et du poids, de la naissance à cinq ans

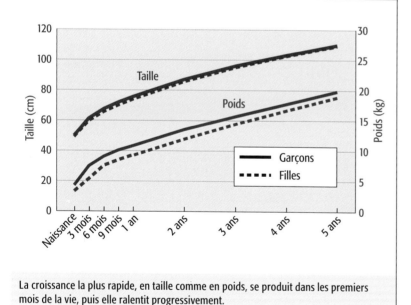

La croissance la plus rapide, en taille comme en poids, se produit dans les premiers mois de la vie, puis elle ralentit progressivement.

Source : Adapté de l'Organisation Mondiale de la Santé, 2006.

Le poids du bébé moyen, lui, double de la naissance à cinq mois. À un an, il a triplé. Quant à la taille, elle suit une courbe comparable (*voir la figure 3.5*).

La silhouette générale du corps dépend principalement des gènes : ceux-ci déterminent, par exemple, si nous serons grands et minces ou courts et trapus. Habituellement, les garçons sont légèrement plus grands et plus lourds que les filles à la naissance, et ils le demeurent généralement tout au long de la vie adulte, à l'exception de la courte période de la puberté pendant laquelle la poussée de croissance est alors plus précoce chez les filles.

Cependant, la taille et le poids sont également influencés par des facteurs environnementaux comme l'alimentation, les conditions de vie et l'état de santé général. Les enfants de milieux favorisés, peu importe l'origine ethnique de leurs parents, deviennent plus grands, plus gros et atteignent souvent leur maturité sexuelle plus tôt que ceux qui vivent dans des milieux plus pauvres. Ainsi, l'environnement et l'hérédité entrent constamment en interaction dans le processus de la croissance physiologique.

3.1.5 Le développement de la motricité

Les nouveau-nés sont très actifs : ils tournent la tête, donnent des coups de pied, battent l'air de leurs bras et manifestent, comme nous l'avons vu, toute une gamme de réflexes. Vers le quatrième mois, ce sont les mouvements volontaires, gérés par le cortex, qui prennent le dessus. La capacité de se déplacer délibérément et de manipuler les objets avec de plus en plus de précision se développe alors rapidement et sans relâche durant les trois premières années, au fur et à mesure que l'enfant commence à utiliser consciemment certaines parties de son corps.

Le développement de la coordination vision-mouvement se trouve au centre de ces progrès. L'ordre dans lequel ce contrôle s'acquiert respecte les principes du développement définis au premier chapitre. Par exemple, le bébé peut tourner la tête avant d'être capable de se retourner du ventre sur le dos (progression céphalo-caudale). Il commence aussi par prendre des objets avec la totalité de sa main, les doigts se refermant sur la paume, avant de pouvoir perfectionner sa technique par des mouvements de pince et prendre de petits objets entre le pouce et l'index (progression proximo-distale).

Les jalons du développement de la motricité

Le développement moteur est marqué par une série d'événements qui le jalonnent, la maîtrise de chaque nouvelle habileté préparant l'enfant à aborder la suivante. Ainsi, les jeunes enfants développent d'abord des habiletés simples, qu'ils combinent pour en arriver à des systèmes d'action de plus en plus complexes, ce qui leur permet de mieux contrôler leur environnement. Si la maturation suit un cours apparemment bien déterminé, le moment précis où les enfants acquièrent les habiletés de base varie par contre considérablement. Il n'y a donc pas véritablement de *bon âge* pour se tenir debout ou pour marcher. Toutefois, on peut déterminer l'âge moyen auquel la majorité des enfants développent certaines habiletés. Le tableau 3.2 décrit les grandes lignes de ce développement.

À partir de trois mois, l'enfant moyen commence à rouler délibérément sur lui-même, d'abord sur le dos, puis sur le ventre. Avant cet âge, les bébés se retournent cependant parfois accidentellement. Le bébé peut ensuite rester assis sans appui vers l'âge de cinq ou six mois et, deux mois plus tard environ, il arrive à se mettre seul en position assise.

Vers l'âge de six mois, la plupart des bébés, comme Gabriel, peuvent se mouvoir sans aide, en rampant. Vers l'âge de neuf ou dix mois, ils se déplacent alors assez bien, généralement à quatre pattes. Le fait de pouvoir se déplacer par lui-même semble marquer un tournant dans le développement du jeune enfant. Cette nouvelle capacité a en effet des répercussions sur de nombreux aspects physiques, cognitifs et socioaffectifs, et elle apporte à l'enfant des perspectives nouvelles sur le monde :

1. En se déplaçant, les enfants deviennent plus sensibles à la position des objets, à leur grosseur et à la façon de les bouger. Marcher à quatre pattes aide les bébés à évaluer les distances et la profondeur ; ils se rendent compte que les personnes et les objets leur apparaissent différemment selon qu'ils sont proches ou éloignés.

2. Lorsqu'ils commencent à se déplacer, les enfants entendent plus souvent des mises en garde comme « Reviens ! » et « Ne touche pas ! », et ils apprennent à prendre en considération les consignes données par les parents pour déterminer si une situation est dangereuse ou non.

3. Un enfant qui veut se rapprocher de sa mère ou s'éloigner d'un étranger peut maintenant le faire. Cette étape importante lui donne un sentiment de maîtrise sur le monde et contribue grandement à développer sa confiance et son estime de soi.

Le jalon suivant est posé lorsque l'enfant arrive à se lever et à se tenir debout. Lorsqu'ils sont capables de se tenir debout tout seuls, la plupart des enfants se déplacent en se tenant aux meubles, puis réussissent leurs premiers pas sans aide. Ils tombent, recommencent à quatre pattes, puis tentent de nouveau leur chance. Peu après son premier anniversaire, le bébé moyen marche relativement bien, quoique d'un pas mal assuré au début. Durant l'année qui suit le début de son apprentissage de la marche, le bébé raffinera ses habiletés motrices. Il pourra alors courir, sauter ou faire des roulades, et ses progrès, tant sur le plan de la coordination que sur celui de l'équilibre, seront remarquables.

TABLEAU 3.2 Les jalons du développement de la motricité

Habileté	50 %	90 %
Roule sur lui-même	3,2 mois	5,4 mois
S'assoit sans soutien	5,9 mois	6,8 mois
Se tient debout avec un appui	7,2 mois	8,5 mois
Rampe ou marche à quatre pattes	7,5 mois	9,4 mois
Saisit un objet avec le pouce et l'index	8,2 mois	10,2 mois
Se tient debout sans appui	11,5 mois	13,7 mois

TABLEAU 3.2 | *(suite)*

Habileté	50%	90%
Marche bien	12,3 mois	14,9 mois
Construit une tour de deux blocs	14,8 mois	20,6 mois
Monte un escalier debout	16,6 mois	21,6 mois
Saute sur place	23,8 mois	2,4 ans
Reproduit un cercle	3,4 ans	4 ans

Note: Ce tableau montre vers quel âge 50% ou 90% des enfants maîtrisent chaque habileté.

Source: Adapté de Frankenburg *et al.*, 1992.

Préhension en pince
Mode de préhension qui utilise l'opposition du pouce et de l'index.

Parallèlement à la motricité globale, le jeune enfant fait aussi des progrès sur le plan de la motricité fine. Le réflexe d'agrippement disparaît et le bébé devient capable de saisir des objets de taille moyenne, comme un hochet. Toutefois, ce n'est qu'un peu plus tard qu'il pourra les relâcher de manière volontaire. Entre 7 et 11 mois, l'enfant passe ensuite d'une préhension palmaire, c'est-à-dire de l'utilisation du pouce en opposition à la paume de la main, à une préhension digitale, avec opposition du pouce et des doigts. Peu à peu, le contrôle des doigts devient alors suffisamment raffiné pour saisir de petits objets, comme une miette de pain, en utilisant le pouce et l'index: c'est ce qu'on appelle la **préhension en pince.**

Les influences du milieu sur le développement de la motricité

L'être humain semble programmé pour s'asseoir, se tenir debout et marcher; cela fait partie de son hérédité spécifique. Avant de pouvoir exercer chacune de ces aptitudes, l'enfant doit cependant atteindre un certain niveau de maturation physiologique. En général, lorsqu'on assure aux enfants une saine alimentation, de bons soins, la liberté de mouvement et l'occasion de pratiquer leurs aptitudes motrices, la motricité se développe normalement. Cependant, si le milieu présente de graves lacunes dans l'un ou l'autre de ces domaines, le développement moteur de l'enfant peut en souffrir, comme nous l'avons vu avec les enfants des orphelinats roumains.

Les recherches de Thelen

Aujourd'hui, des chercheurs comme Esther Thelen (1995) considèrent que le développement moteur se fait selon un processus continu d'interactions entre le bébé et son environnement. Thelen prend pour exemple le réflexe de la marche, ces mouvements de pas que le nouveau-né fait quand on le tient droit et que ses pieds touchent une surface dure. Ce réflexe disparaît vers le quatrième mois et de tels mouvements ne sont pas reproduits avant la fin de la première année, quand le bébé est prêt à marcher. Jusqu'ici, on expliquait cela par le passage au contrôle cortical, l'enfant plus vieux pouvant alors décider de marcher. Cependant, Thelen est d'avis que les pas du nouveau-né nécessitent les mêmes sortes de mouvements que ceux qu'il fait lorsqu'il est couché sur le dos et qu'il donne des coups de pied. Aussi, pourquoi ces mouvements de pas cessent-ils subitement et réapparaissent-ils des mois plus tard, alors que les coups de pied, eux, continuent? Selon Thelen, l'explication serait d'ordre physiologique: les jambes du nouveau-né deviendraient plus grosses durant les premiers mois, mais pas suffisamment robustes pour soutenir le poids du bébé. C'est pourquoi, lorsqu'on met le bébé dans l'eau, les mouvements de pas réapparaissent. La capacité à produire le mouvement n'a pas changé: seules les conditions physiques et environnementales qui l'inhibent ou la favorisent ont été modifiées.

Si l'on se fie aux recherches de Thelen, la maturation ne peut donc expliquer à elle seule une telle observation. Le développement de la motricité résulte de plusieurs facteurs en interaction. Il faut tenir compte de la motivation de l'enfant à agir (par exemple, lorsqu'il veut prendre un jouet ou aller dans une autre pièce), de même que de l'aménagement physique de son environnement (l'enfant est couché dans son berceau ou placé par terre). Au cours d'une même journée, plusieurs situations se présentent, pouvant être favorables ou non au développement de certaines habiletés. L'enfant expérimentera alors différents comportements avant de retenir celui qui lui permettra le mieux d'atteindre son but. Ainsi, la maturation du cerveau n'est pas la seule impliquée, elle n'est que l'une des composantes du processus.

Selon Thelen, la plupart des bébés développent les mêmes habiletés motrices dans le même ordre parce qu'ils sont bâtis de façon assez semblable et qu'ils font face à des besoins et des défis similaires. Ils finissent donc par découvrir que, dans la plupart des situations, la marche est préférable au déplacement à quatre pattes. Chaque nouvelle habileté maîtrisée donne à l'enfant encore plus d'occasions d'explorer son environnement et d'en retirer une stimulation sensorielle et intellectuelle. Les hypothèses de Thelen pourraient alors expliquer pourquoi certains bébés apprennent à marcher plus tôt que d'autres.

Les influences culturelles

La culture influence également le développement de la motricité. En Ouganda, par exemple, la plupart des bébés marchent en moyenne à 10 mois, comparativement à 12 mois aux États-Unis et à 15 mois en France (Gardiner et Kosmitzki, 2005). De telles variations peuvent s'expliquer par des différences culturelles dans les pratiques éducatives. Certaines cultures encouragent en effet le développement hâtif des habiletés motrices par des exercices qui renforcent les muscles du bébé. D'autres, par contre, veulent plutôt le ralentir, comme chez les Indiens Aches du Paraguay, où les bébés ne commencent à marcher que vers 18 à 20 mois. Peut-être est-ce dû au fait que, chez cette population nomade, les mères, par crainte du danger, ont tendance à empêcher les enfants de s'éloigner lorsqu'ils commencent à ramper. Quoi qu'il en soit, vers l'âge de 8 ou 10 ans, ces enfants grimpent en haut des arbres, coupent des branches et manifestent plusieurs habiletés physiques normales pour leur âge (Kaplan et Dove, 1987). Cela démontre que le développement n'a pas forcément besoin de suivre la même chronologie pour arriver aux mêmes objectifs.

3.3 La préhension en pince

Cette enfant utilise sa préhension en pince pour saisir les petits morceaux de nourriture.

Faites le POINT

① Expliquez comment se fait la croissance des neurones chez le nouveau-né.

② Expliquez en quoi consiste la plasticité du cerveau.

③ Quelles sont les principales capacités sensorielles du bébé à la naissance?

④ Expliquez comment l'hérédité et l'environnement agissent en interaction dans le développement de la motricité chez le jeune enfant.

3.2 Le développement cognitif

Comme nous venons de le voir, tous les sens du nouveau-né sont en éveil. Utilisant sa capacité d'apprendre, il peut non seulement réagir à son milieu, mais bientôt le transformer activement. Voyons, à travers quelques-unes des principales approches en psychologie, comment il y parvient.

3.2.1 L'approche béhavioriste et l'apprentissage chez le nourrisson

Le bébé apprend-il à téter? Certainement pas, puisque, comme nous l'avons vu, ce réflexe est présent avant même la naissance. Cependant, le bébé apprend rapidement que le fait de téter lui procure le lait qui satisfait sa faim. De la même manière, le premier cri d'un enfant n'est pas un comportement appris. Toutefois, le bébé découvre vite que ses pleurs l'aident à obtenir ce qu'il désire: il apprend la fonction du cri.

L'**apprentissage** est une modification relativement durable du comportement qui résulte habituellement de l'expérience. Si l'être humain possède la capacité d'apprendre dès la naissance, l'apprentissage comme tel ne se produit qu'avec l'expérience. En effet, l'enfant apprend d'abord par ses sens, c'est-à-dire par ce qu'il voit, entend, sent, goûte et touche, puis utilise ensuite son intelligence et sa mémoire pour distinguer les différentes informations sensorielles. Lorsque Gabriel saisit le losange, il s'agit alors pour lui d'un objet parmi d'autres. Ce n'est que plus tard qu'il pourra en faire une analyse plus rationnelle qui l'amènera à distinguer les caractéristiques de l'objet: il pourra le reconnaître comme un losange et non un cercle, il pourra nommer sa couleur bleue et il sera même un jour capable de le dessiner sans l'avoir sous les yeux.

3.4 Un objectif à atteindre

L'objectif de cet enfant – atteindre son jouet – favorisera le développement de sa motricité. Ce développement ne dépend pas seulement de la maturation, mais aussi des conditions de l'environnement.

Le conditionnement répondant

Un père très fier prenait souvent des photos de sa fille. À chaque éclair du flash, celle-ci clignait des yeux de façon réflexe. Un jour, alors que l'enfant était âgée de 11 mois, son père voulut prendre une photo et eut la surprise de voir alors sa fille

Apprentissage
Modification durable du comportement résultant de l'expérience.

cligner des yeux avant même d'être éblouie par le flash. L'enfant avait appris à associer l'appareil photo à une lumière aveuglante et, désormais, la seule vue de l'appareil
déclenchait le réflexe de clignement des yeux...

Le comportement de cette enfant illustre bien le *conditionnement répondant* que nous
avons présenté dans le chapitre 1. Dans cet apprentissage de base, une personne ou un
animal apprend à réagir de façon réflexe ou involontaire à un stimulus qui est neutre à
l'origine, c'est-à-dire qui ne provoque pas la même réponse habituellement. Avec cette
forme de conditionnement, qui repose sur l'association répétée de stimuli, une personne ou un animal apprend donc à prévoir un événement avant même qu'il se pro-
duise. Toutefois, si l'association répétée des stimuli cesse, la réponse conditionnée
s'éteindra. Nous avons vu que, dans ce type de conditionnement, le sujet est passif.

Le conditionnement opérant

Un bébé qui crie pour attirer l'attention de ses parents offre un exemple de *conditionnement opérant*, un apprentissage basé sur le renforcement ou la punition, au cours
duquel l'apprenant agit sur son environnement. L'enfant apprend à manifester un
comportement particulier (crier) pour obtenir une réaction spécifique (attirer l'attention de ses parents). S'il l'obtient, le comportement de l'enfant est alors renforcé. Le
conditionnement opérant permet aux enfants d'apprendre des comportements
volontaires comme crier ou sourire. Lorsque Maryse souligne les paroles de sa fille en
disant « Bravo ! », « Très bien ! », elle renforce les comportements d'Anna et l'encourage
à recommencer, l'aidant ainsi à développer son langage.

Le conditionnement opérant a été utilisé dans des recherches sur la mémoire du
jeune enfant. Pour cela, on a attaché un mobile au pied des bébés à l'aide d'un ruban
et on leur a appris à donner des coups de pied pour l'actionner. Quelques jours ou
quelques semaines plus tard, lorsqu'ils étaient replacés dans la même situation, des
bébés âgés de deux à six mois donnaient encore des coups de pied, même s'ils n'étaient
plus attachés au mobile, indiquant ainsi que seule la reconnaissance du mobile
stimulait le rappel de l'expérience initiale. La durée de la rétention de la réponse augmentait avec l'âge : de 2 jours pour les bébés de 2 mois à 13 semaines pour ceux de
18 mois. Ces recherches démontrent que les bébés peuvent répéter une action plusieurs semaines plus tard si on les expose périodiquement à la situation dans laquelle
ils l'ont apprise (Rovee-Collier, 1999).

3.5 **L'apprentissage**
Un enfant apprend rapidement que ses
pleurs peuvent l'aider à obtenir ce
qu'il désire.

Stade sensorimoteur
Selon Piaget, premier stade du développement
cognitif qui va de la naissance à deux ans. À ce
stade, l'enfant apprend par ses sens et par ses
activités motrices.

3.2.2 La théorie de Piaget : le stade sensorimoteur

Pour découvrir la nature de la pensée des enfants, le psychologue Jean Piaget leur posait
des questions inhabituelles : « Une pierre est-elle vivante ? », « D'où viennent les rêves ? »,
etc. Il demandait ensuite aux enfants d'expliquer leurs réponses, dans l'espoir de trouver
des indices sur leur façon de penser. Il en vint ainsi à la conclusion que leur pensée n'était
pas simplement une pensée adulte à un stade moins avancé, mais bien une pensée dont
la nature même différait de celle des adultes. Cette pensée se développe selon des stades
qualitativement différents, qui caractérisent la compréhension que les enfants ont de
leur environnement à un certain stade de leur développement cognitif. Nous avons vu
les principes de base de ce développement cognitif émis par Piaget dans le chapitre 1.

Selon Piaget, le **stade sensorimoteur** est le premier stade du développement cognitif : il s'étend de la naissance à approximativement deux ans. Ne pouvant questionner les bébés, Piaget a élaboré sa théorie par l'observation méticuleuse de leurs
comportements. Il remarque que les très jeunes enfants se découvrent et découvrent
le monde à travers leurs activités sensorielles et motrices. À partir de réflexes innés et
de comportements aléatoires, ils parviennent peu à peu à coordonner les informations sensorielles et motrices et à les utiliser pour résoudre des problèmes simples.

Les sous-stades du stade sensorimoteur

Au cours du stade sensorimoteur, le développement cognitif progresse selon six sous-
stades (*voir le tableau 3.3*).

TABLEAU 3.3 | Les six sous-stades du stade sensorimoteur du développement cognitif (selon Piaget)

Sous-stade	Âge	Description	Exemple de comportement
Sous-stade 1 L'exercice des réflexes	De la naissance à 1 mois	Le bébé exerce ses réflexes et parvient à les maîtriser jusqu'à un certain point. Il ne coordonne pas l'information provenant de ses sens (par exemple, lorsqu'il ne saisit pas l'objet qu'il regarde). Il n'a pas acquis le schème de la permanence de l'objet.	Noémie commence à téter lorsque le sein de sa mère est dans sa bouche.
Sous-stade 2 Les réactions circulaires primaires	de 1 à 4 mois	Le bébé reproduit des comportements, d'abord survenus par hasard, qui lui donnent des sensations agréables. Ses activités sont centrées sur son corps plutôt que sur l'environnement. Il manifeste ses premières adaptations acquises, par exemple il varie sa manière de sucer selon l'objet. Il commence à coordonner l'information sensorielle. Il n'a pas acquis le schème de la permanence de l'objet.	Quand on la nourrit au biberon, Justine, qui est habituellement nourrie au sein, est capable d'ajuster sa succion à la tétine.
Sous-stade 3 Les réactions circulaires secondaires	de 4 à 8 mois	Le bébé s'intéresse davantage à l'environnement, il répète les actions qui produisent des résultats intéressants. Quoique intentionnelles, ses actions ne sont pas orientées vers un but. Le bébé peut chercher un objet caché s'il en voit une partie.	Benjamin agite les jambes afin de faire bouger le mobile suspendu au-dessus de son lit.
Sous-stade 4 La coordination des schèmes secondaires	de 8 à 12 mois	Le comportement devient plus délibéré et orienté vers un but. Le bébé peut prévoir des événements. Le schème de la permanence de l'objet se développe, mais le bébé cherchera encore un objet dans sa première cachette, même si on le déplace, sous ses yeux, vers une autre cachette.	Sur la boîte à musique de Mégane, il y a cinq manettes qui demandent des mouvements différents. Elle sait maintenant très bien comment manipuler chacune de ces manettes.
Sous-stade 5 Les réactions circulaires tertiaires	de 12 à 18 mois	Le bébé manifeste de la curiosité et varie intentionnellement ses actions pour en voir les effets. Il explore activement son univers dans le but de découvrir comment un objet ou une situation peut offrir de la nouveauté. Il essaie des activités nouvelles et résout des problèmes simples par essais et erreurs. Le bébé peut suivre les déplacements d'un objet, mais comme il est incapable d'imaginer un mouvement qu'il ne voit pas, il ne cherchera pas un objet ailleurs que là où il l'a vu disparaître.	Dans son bain, Charles s'amuse avec des contenants de différentes grosseurs. Il s'est aperçu qu'il peut faire des éclaboussures lorsqu'il renverse l'eau sur le rebord du bain. Il essaie aussi d'obtenir des éclaboussures en changeant de contenant et en renversant l'eau sur d'autres objets.
Sous-stade 6 Les combinaisons mentales	de 18 mois à 2 ans	Le bébé peut maintenant se représenter mentalement certains comportements. Il a élaboré un premier système de symboles qui lui permet de prévoir des événements sans avoir besoin de poser un geste concret. Il n'a donc plus besoin de recourir à l'apprentissage par essais et erreurs pour résoudre des problèmes simples. Le schème de l'objet permanent est complètement formé.	Sarah joue avec sa boule de formes à encastrer. Avant même de l'essayer, elle cherche soigneusement le trou qui convient à la forme et l'insère au bon endroit.

La transition de l'un à l'autre de ces six sous-stades du stade sensorimoteur se fait à mesure que les schèmes de l'enfant se précisent. Piaget a utilisé le concept de **schème** pour désigner des actions de base, qu'elles soient physiques (sucer, prendre, regarder, etc.) ou mentales (se représenter quelque chose, faire des catégories, utiliser des symboles, etc.). Au début de sa vie, l'enfant ne possède que quelques schèmes innés, sensoriels et moteurs, qu'il exercera et modifiera ensuite grâce aux mécanismes de l'assimilation et de l'accommodation. Ces progrès cognitifs se font principalement à travers les **réactions circulaires,** par lesquelles un enfant apprend à reproduire un événement plaisant ou intéressant qu'il a d'abord expérimenté par hasard (*voir la figure 3.6 à la page suivante*).

Schème
Dans la terminologie piagétienne, structure cognitive élémentaire dont se sert l'enfant pour interagir avec l'environnement et modèle organisé de pensée et de comportement.

Réaction circulaire
Selon Piaget, terme qui désigne une action que l'enfant répète.

FIGURE 3.6 | Les réactions circulaires

Le bébé suce son pouce.

Le bébé éprouve du plaisir à sucer son pouce.

Réaction circulaire primaire :
l'action et la réaction se rapportent au corps de l'enfant (1 à 4 mois).

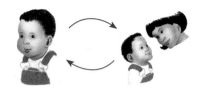

Le bébé gazouille.

Le bébé voit un visage souriant.

Réaction circulaire secondaire :
l'action produit une réaction émanant d'une personne ou d'un objet ; cette réaction amène l'enfant à répéter l'action originale (4 à 8 mois).

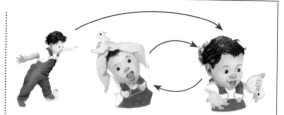

Le bébé marche sur un canard en caoutchouc.

Le bébé presse le canard.

Le canard émet un son.

Réaction circulaire tertiaire :
l'action produit un résultat agréable, amenant le bébé à expérimenter d'autres actions pour obtenir des résultats semblables (12 à 18 mois).

Réaction circulaire primaire
Action simple et répétitive centrée sur le corps de l'enfant et destinée à reproduire une sensation agréable découverte par hasard. Elle est caractéristique du deuxième sous-stade du stade sensorimoteur de Piaget.

Réaction circulaire secondaire
Action intentionnelle répétée pour obtenir des résultats extérieurs au corps de l'enfant. Elle est caractéristique du troisième sous-stade du stade sensorimoteur de Piaget.

3.6 **La découverte des objets**
Au stade sensorimoteur, l'enfant découvre le monde qui l'entoure à travers ses sens et sa motricité.

Sous-stade 1 : l'exercice des réflexes (de la naissance à un mois) Le nouveau-né exerce ses réflexes et, avec la pratique, en acquiert une certaine maîtrise (rôle de l'accommodation). Il commence à produire certains comportements réflexes, même en l'absence des stimuli qui les déclenchent. Par exemple, le nouveau-né a le réflexe de téter lorsqu'on lui touche les lèvres. Au cours du premier mois, il tète même lorsqu'on ne le touche pas et commence donc à s'exercer à téter même s'il n'a pas faim (assimilation). L'enfant, loin d'être un récepteur passif, joue un rôle actif et contributif dans le développement des comportements qu'il acquiert.

Sous-stade 2 : les réactions circulaires primaires (de un à quatre mois) Le bébé couché dans son berceau, en train de sucer son pouce avec bonheur, illustre ce que Piaget a appelé les **réactions circulaires primaires.** Ce sont des gestes simples, répétitifs, centrés sur le corps de l'enfant et destinés à reproduire une sensation agréable découverte par hasard. Un jour, le bébé a exercé son schème de succion alors que son pouce se trouvait dans sa bouche. Aimant cette nouvelle sensation, il essaie de la reproduire par tâtonnements. Une fois qu'il y parvient, il s'efforce délibérément de se mettre le pouce dans la bouche et de le sucer. Ce faisant, il réalise une première adaptation acquise : il s'accommode en suçant son pouce d'une manière différente de celle qu'il utilise pour téter le sein. Cet apprentissage modifie ainsi son schème de succion.

Le bébé commence également à coordonner et à organiser différents types d'informations sensorielles. Par exemple, quand il entend la voix de sa mère, il tourne la tête vers le son et finit par découvrir que celui-ci provient de la bouche de sa mère. Son monde commence à prendre un sens.

Sous-stade 3 : les réactions circulaires secondaires (de quatre à huit mois) Le troisième sous-stade coïncide avec un intérêt nouveau de l'enfant pour la manipulation des objets. C'est le début des **réactions circulaires secondaires :** des gestes intentionnels sont répétés non pas pour le plaisir corporel qu'ils procurent, comme dans le sous-stade précédent, mais dans le but d'obtenir des résultats extérieurs au corps. Un bébé aime alors agiter un hochet pour entendre le bruit qu'il fait, ou encore il découvre que lorsqu'il émet un son doux à l'apparition d'une personne au visage amical, celle-ci a tendance à rester plus longtemps en sa présence. En voulant saisir de façon répétitive le gilet de sa sœur pour poursuivre le jeu, Gabriel démontre qu'il est dans ce stade des réactions circulaires secondaires.

Sous-stade 4 : la coordination des schèmes secondaires (de 8 à 12 mois) Parvenu au quatrième sous-stade, l'enfant a enrichi le petit nombre de schèmes qu'il possédait à la naissance en les adaptant en fonction de son environnement. Il commence à utiliser des réactions déjà maîtrisées et à les combiner pour résoudre de nouveaux problèmes.

On observe maintenant clairement chez lui l'émergence de l'intentionnalité et un début de compréhension des liens de causalité. Supposons qu'un bébé joue avec son centre d'activités ou tout autre jouet sollicitant des mouvements différents : au stade précédent, par tâtonnements, il a appris qu'il doit tourner la manette rouge pour produire un bruit, pousser le bouton vert pour faire apparaître le lapin, glisser le bouton bleu pour ouvrir la petite porte, etc. Au quatrième sous-stade, il commence désormais à distinguer quel mouvement produit tel effet, et il adapte alors ses mouvements à chaque activité différente.

Sous-stade 5 : les réactions circulaires tertiaires (de 12 à 18 mois) Au cours du cinquième sous-stade, l'enfant devient un véritable explorateur : lorsqu'il commence à marcher, sa curiosité est attirée par un grand nombre d'objets nouveaux, qu'il découvre en explorant son milieu. Il manifeste des **réactions circulaires tertiaires**, c'est-à-dire qu'il varie ses actions originales pour voir ce qui va se produire, plutôt que de simplement répéter, comme avant, des comportements agréables découverts par hasard. À ce stade de l'expérimentation, le jeune enfant peut ramper pour entrer dans une grande boîte, se coucher dedans et y placer des objets. Il utilise la méthode d'essais et erreurs pour résoudre des problèmes simples et trouver le meilleur moyen d'atteindre son but.

Sous-stade 6 : les combinaisons mentales (de 18 à 24 mois) Selon Piaget, vers 18 mois, l'enfant devient capable de **représentation mentale :** il forme des images d'événements dans son esprit et peut, par conséquent, réfléchir à ses actions avant de les réaliser. Puisqu'il possède maintenant une certaine notion du lien de causalité, il n'a plus besoin de passer par de laborieux essais et erreurs pour résoudre de nouveaux problèmes. Il fait plutôt appel à la représentation mentale pour imaginer des solutions et abandonner celles qu'il estime inefficaces. Il peut aussi imiter des actions, même si l'objet ou la personne qu'il imite n'est plus devant lui. C'est ce qu'on appelle de l'**imitation différée.** Le jeu du *faire semblant* apparaît. Par exemple, un petit garçon de 20 mois peut jouer à faire manger son toutou en lui mettant un bloc sur la bouche. Cette capacité de représentation mentale, qui se manifeste particulièrement par la permanence de l'objet, annonce le second stade, le stade préopératoire, dont nous parlerons dans le chapitre 5.

La permanence de l'objet

Le concept d'objet (à savoir l'idée que les objets ont leur propre existence indépendante, leurs propres caractéristiques et leur propre emplacement dans l'espace) est essentiel pour une bonne compréhension de la réalité physique. Ce concept est à la base de la prise de conscience par l'enfant que l'objet existe, indépendamment des autres objets et des autres personnes. Il est donc essentiel à la compréhension d'un monde rempli d'objets et d'événements. Selon Piaget, les enfants prennent conscience des objets en voyant les résultats de leurs propres actions, en d'autres mots, en coordonnant l'information visuelle et motrice. En ce sens, le jeu du *coucou* est un jeu qui contribue particulièrement à cette prise de conscience (*voir l'encadré 3.2 à la page suivante*).

La **permanence de l'objet,** aussi appelée schème de l'objet permanent, se construit graduellement durant le stade sensorimoteur dont elle est la principale acquisition. Le schème de l'objet permanent, c'est la compréhension du fait que les objets et les personnes continuent d'exister même si on ne les perçoit plus. Au début, le nourrisson ne fait pas la distinction entre lui-même et le monde environnant, qu'il perçoit d'abord comme une extension de sa propre personne. Puis, peu à peu, il se rend compte que les objets et les autres personnes possèdent une existence distincte de la sienne, même s'ils n'existent plus pour lui quand il ne les perçoit plus.

Ainsi, vers l'âge de quatre mois, le bébé peut chercher l'objet qu'il a laissé tomber ou qui est partiellement caché, mais il se comporte comme si l'objet n'existait plus lorsque celui-ci est entièrement caché. Par exemple, si sa mère recouvre de sa main les clés qu'il veut prendre, il s'intéressera tout simplement à autre chose, comme le fait Gabriel lorsque Maryse lui enlève le céleri qu'il s'apprêtait à porter à sa bouche.

 L'expérimentation

Au cours du stade des réactions circulaires tertiaires, l'enfant répète des actions qu'il maîtrise, mais en les modifiant *juste pour voir ce que ça donne.*

Réaction circulaire tertiaire
Action destinée à explorer de nouvelles façons de produire un résultat. Elle est caractéristique du cinquième sous-stade du stade sensorimoteur de Piaget.

Représentation mentale
Capacité de se rappeler et de se représenter mentalement des objets et des expériences sans l'aide de stimuli, principalement par le recours à des symboles.

Imitation différée
Reproduction après un certain laps de temps d'un comportement observé qui est rendue possible grâce à la récupération de sa représentation en mémoire.

Permanence de l'objet
Selon Piaget, fait pour un enfant de comprendre qu'un objet ou une personne continuent d'exister même s'ils ne sont pas dans son champ de perception.

Le jeu du *coucou*

Au cœur de l'Afrique, une maman bantoue sourit à son petit garçon âgé de neuf mois, pose ses mains devant ses yeux et l'interroge «Uphi?» (Où ça?). Quelques secondes plus tard, elle enchaîne «Ici!», en ôtant ses mains, provoquant ainsi une explosion de joie chez le bébé. À Tokyo, une maman japonaise se prête au même jeu avec sa fille de 12 mois qui exprime le même bonheur. Dans une banlieue de Montréal, un petit garçon de 15 mois revoit son grand-père après deux mois d'absence, il relève son tee-shirt pour s'en couvrir les yeux, comme grand-papa l'avait fait lors de sa dernière visite.

Partout dans le monde, le jeu du *coucou* est connu. Dans les nombreuses cultures où il est présent, il provoque le rire au moment où la personne qui joue avec l'enfant réapparaît (Fernald et O'Neill, 1993). Il est accompagné de gestes et de cris d'enthousiasme exagérés. Le plaisir que les nourrissons tirent de la stimulation sensorielle immédiate du jeu est augmenté par la fascination qu'ils éprouvent pour les visages et les voix.

Ce jeu si simple remplit plusieurs fonctions importantes. Selon les psychanalystes, il permet au bébé de surmonter son anxiété lorsque la maman s'absente. Les psychologues cognitifs y voient un moyen pour le bébé d'exercer la notion de la permanence de l'objet qui est en cours de développement. On peut également le considérer comme une routine sociale qui initie le bébé aux règles de la conversation, notamment celle de parler à tour de rôle. On peut y voir enfin une manière de fixer l'attention, ce qui est un préalable pour tout apprentissage.

Au fur et à mesure que se développe la compétence cognitive qui permet de prévoir les événements qui s'annoncent, le jeu prend de nouvelles dimensions. Entre trois et cinq mois, les sourires et les rires du bébé qui suivent l'apparition ou la disparition du visage de l'adulte indiquent que le nourrisson développe sa capacité à prévoir ce qui se prépare. De cinq à huit mois, le nourrisson fait preuve d'anticipation lorsqu'il regarde, et il sourit au moment où la voix de l'adulte lui indique que ce dernier réapparaîtra bientôt. Vers l'âge d'un an, le bébé n'est plus simplement un observateur, mais un acteur : il démarre lui-même le jeu en invitant activement l'adulte à y participer. C'est alors l'adulte qui répond généralement aux invitations physiques ou vocales du bébé, celles-ci pouvant d'ailleurs devenir très insistantes si l'adulte tarde à entrer dans le jeu. À deux ans, on remarque une baisse d'intérêt envers ce jeu, ce qui dénote probablement une maîtrise de plus en plus grande de la permanence de l'objet.

Vers huit mois, l'enfant commence à comprendre qu'un objet existe toujours, même s'il ne le voit plus : pour Piaget, c'est là le début de la permanence de l'objet. Ainsi, même si sa mère recouvre les clés de sa main, l'enfant cherchera à soulever la main, parce qu'il sait maintenant que les clés sont en dessous. Toutefois, si l'on cache devant ce bébé de 8 à 12 mois un objet que l'on déplace par la suite, il ira le chercher dans sa première cachette, même si le déplacement s'est effectué sous ses yeux. Selon Piaget, le nourrisson croit que l'existence de l'objet est reliée à un endroit précis (celui où l'objet a été trouvé la première fois) et à ses propres actions pour le récupérer à cet endroit. Une explication plus récente révèle que les nourrissons, et même les enfants d'âge préscolaire, trouvent tout simplement difficile de retenir l'impulsion qui les pousse à répéter un comportement qui a été couronné de succès auparavant (Zelazo, Reznick et Spinazzola, 1998).

Autour d'un an, l'enfant ne commet plus cette erreur et il cherche cette fois l'objet au dernier endroit où il a vu qu'on le cachait. Néanmoins, il ne peut pas encore comprendre qu'un objet se déplace s'il ne le voit pas se déplacer. Aussi, si sa mère referme la main sur les clés avant de les placer sous une couverture, l'enfant cherchera encore les clés dans la main de sa mère, parce que c'est là qu'il les aura vues disparaître. À la fin du stade sensorimoteur, soit entre 18 et 24 mois, la permanence de l'objet est enfin complètement acquise. L'enfant peut alors comprendre que si la main se déplace, les clés, qu'il ne voit pas, se déplacent aussi. Il peut maintenant se représenter mentalement le déplacement d'un objet. Il peut donc se mettre à chercher son toutou qu'il ne retrouve plus dans différents endroits de la maison, simplement parce qu'il y a pensé. Cette acquisition de la permanence de l'objet va aussi permettre à l'enfant dont les parents se sont absentés de se sentir rassuré en sachant qu'ils existent toujours et qu'ils reviendront. Elle est essentielle à l'enfant pour comprendre le temps, l'espace et un monde en perpétuel changement.

La causalité

La **causalité** est une autre notion importante acquise durant le stade sensorimoteur. C'est le terme employé par Piaget pour désigner le fait que l'enfant comprend peu à peu que certains événements en causent d'autres.

Vers quatre à six mois environ, lorsque le bébé acquiert la capacité de saisir les objets, il commence à réaliser qu'il possède un pouvoir sur son environnement. Cependant, d'après Piaget, jusque vers l'âge de un an, le nourrisson ignore encore que les causes doivent précéder les effets, et il ne réalise pas que d'autres éléments peuvent agir sur les objets et les événements.

Certains chercheurs croient pour leur part que cette capacité pourrait survenir plus tôt encore que ne le pensait Piaget. Au cours d'expériences basées sur l'habituation (un concept dont nous parlerons un peu plus loin), des enfants de six mois et demi semblent avoir discerné une différence entre les événements provoqués par des causes immédiates (par exemple, lorsqu'une brique pousse une autre brique et l'amène à changer de position) et les événements qui se produisent sans cause apparente (par exemple, lorsqu'une brique s'éloigne d'une autre brique sans qu'elles se soient touchées). Les jeunes enfants pourraient donc comprendre la causalité lorsqu'il s'agit d'événements simples. Cependant, d'autres recherches démontrent que ce n'est qu'entre 10 et 15 mois environ qu'ils peuvent comprendre la causalité dans une chaîne d'événements (Cohen *et al.*, 1999).

Vers 10 mois, le bébé est plus en mesure de faire ses propres expériences: dans sa chaise haute, il tape sur une flaque de lait pour voir les éclaboussures; il joue avec des commutateurs électriques, s'amusant à allumer et à éteindre la lumière; il sourit pour qu'on lui réponde. Ses jouets préférés sont ceux qu'il peut manipuler en les faisant rouler, en les laissant tomber ou ceux qui font du bruit. Les actions des enfants de cet âge montrent qu'ils comprennent leur pouvoir de causer certains événements.

Selon Piaget, bien qu'à cet âge des notions aussi importantes que la permanence de l'objet et la causalité prennent racine, les enfants ne les saisissent toutefois pas encore pleinement parce que leur capacité de représentation, c'est-à-dire leur capacité d'imaginer et de se rappeler mentalement des objets ou des actions, est limitée, du moins tant que le stade sensorimoteur n'est pas achevé.

De nouvelles avenues sur la théorie de Piaget

Comme nous l'avons dit plus haut, divers chercheurs ayant à leur tour étudié les concepts cognitifs décrits pour la première fois par Piaget ont découvert que ceux-ci apparaissaient plus tôt que ne l'avait observé le psychologue suisse. Pour eux, il semble que Piaget ait sous-estimé les capacités cognitives des enfants à cause de la façon dont il les évaluait. Il nous faut donc apporter des précisions provenant des résultats de ces recherches récentes.

La permanence de l'objet Concernant la permanence de l'objet, Piaget soutenait que le bébé ne cherche pas un objet qu'il ne voit pas avant l'âge de huit mois, même si l'on a caché l'objet devant lui. Si l'objet est complètement caché, le bébé agit comme s'il n'existait pas. Cependant, un jeune enfant peut aussi ne pas chercher un objet caché pour la seule raison qu'il est incapable d'effectuer les gestes nécessaires pour le faire, comme déplacer un coussin pour voir si quelque chose est caché derrière. Cela ne signifie donc pas nécessairement que l'enfant ignore que l'objet s'y trouve, mais peut-être qu'il renonce simplement à le chercher. Des recherches basées sur ce que les enfants regardent sans avoir besoin de recourir à une quelconque activité motrice démontrent ainsi que de jeunes enfants de quatre à huit mois sont aussi capables de comprendre qu'un objet continue d'exister même s'ils ne le voient plus (Goubet et Clifton, 1998).

L'imitation invisible Piaget affirmait que l'**imitation invisible**, soit l'imitation à l'aide de parties de son corps que le bébé ne peut voir (comme la bouche), commence

Causalité
Principe selon lequel certains événements découlent d'autres événements ou en sont la cause.

3.8 **L'expérience de la causalité**
Ce bébé est en train de prendre conscience de son pouvoir sur les objets. Selon Piaget, c'est une première étape vers la compréhension de la causalité.

Imitation invisible
Imitation réalisée avec des parties du corps que l'on ne peut voir, par exemple la bouche.

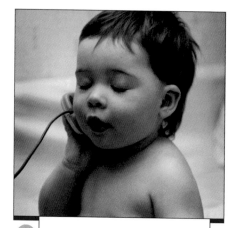

3.9 **L'imitation différée**

Selon Piaget, l'imitation différée ne se développe pas avant 18 mois, mais certains chercheurs affirment que ce serait un peu plus tôt.

vers l'âge de huit mois et succède à une période d'**imitation visible,** où le bébé imite en utilisant des parties de son corps qu'il peut voir (les mouvements de ses mains ou de ses pieds). Certaines études ont toutefois révélé que des bébés âgés de deux à trois semaines imitaient des adultes en tirant la langue, une partie de leur corps qu'ils sont, bien sûr, incapables de voir (Meltzoff et Moore, 1983). Les chercheurs en ont alors conclu que la capacité d'imiter est présente dès la naissance et qu'elle ne requiert aucun apprentissage. Toutefois, d'autres chercheurs ont démontré que cette capacité disparaissait vers l'âge de deux mois. Puisque cette capacité d'imitation semble être de courte durée et limitée à un seul geste, ces chercheurs croient plutôt que le fait de tirer la langue aurait pour ces bébés d'autres explications, par exemple une tentative d'interaction avec la mère ou un comportement d'exploration suscité par la vue inhabituelle de la langue de l'adulte (Bjorklund, 1997). En attendant d'autres recherches, on considère donc que l'âge de l'apparition de l'imitation invisible n'est pas encore clairement déterminé.

L'imitation différée Selon Piaget, l'imitation différée ne se développerait pas avant 18 mois, puisque l'enfant ne pourrait pas garder en mémoire des représentations mentales à long terme avant cet âge. Or, des recherches récentes rapportent un phénomène d'imitation différée chez des enfants de moins de un an. Des bébés de 6 semaines ont en effet imité 24 heures plus tard les mouvements faciaux d'un adulte, alors qu'ils étaient à nouveau mis en sa présence et que celui-ci gardait cette fois le visage immobile (Meltzoff et Moore, 1998). Ces résultats laissent donc croire que l'imitation différée se produit plus tôt que Piaget ne l'avait supposé. L'imitation différée d'événements nouveaux ou complexes commencerait entre six et neuf mois (Bauer, 2002), ce qui rejoint les recherches sur la mémoire dont nous avons parlé un peu plus tôt.

La compréhension des images Les enfants utilisent leurs mains pour explorer les images. Ils cherchent à les saisir, les frotter, les presser, comme ils le feraient avec des objets réels. Cette exploration manuelle diminue vers l'âge de 15 mois, mais selon Piaget, ce n'est pas avant 19 mois, soit avec l'apparition de la représentation mentale, que les enfants peuvent pointer l'image d'un objet en le nommant, signe qu'ils ont compris que l'image est la représentation de quelque chose d'autre. Selon l'**hypothèse de la double représentation,** la compréhension des images se développe lentement parce qu'il est difficile pour un jeune enfant de se représenter mentalement en même temps l'image (une représentation de la réalité) et l'objet qu'elle représente. Même si les enfants passent beaucoup de temps devant la télévision, ils peuvent ne pas réaliser tout de suite qu'ils regardent une représentation de la réalité. Ainsi, dans une expérience menée avec des enfants de deux ans et deux ans et demi, un film était projeté qui montrait un adulte en train de cacher un objet dans une pièce. Tout de suite après le visionnement, les enfants étaient amenés dans la pièce en question. Ceux de deux ans et demi ont facilement trouvé l'objet, alors que ceux de deux ans en étaient incapables. Pourtant, ces derniers étaient capables de trouver l'objet s'ils avaient vu, à travers une fenêtre, l'adulte le cacher. Cela prouve que la capacité de comprendre la fonction représentative des images sur écran semble encore manquer aux enfants de deux ans (DeLoache, Pierroutsakos et Uttal, 2003).

Les enfants font aussi des erreurs dans la perception de la taille des objets réels ou symboliques. On voit souvent de jeunes enfants tenter de se glisser dans une chaise de poupée ou essayer de s'asseoir dans une voiture miniature. De telles erreurs dans l'estimation de la grandeur des objets diffèrent nettement du jeu symbolique et résultent possiblement d'un manque de contrôle sur les impulsions. Selon les chercheurs, deux systèmes différents du cerveau travaillent normalement ensemble durant les interactions avec les objets familiers. Un système permet à l'enfant de reconnaître l'objet ou sa catégorie (« C'est une voiture. ») et de savoir ce qu'il va faire avec cet objet (« Je vais m'asseoir dedans. »). L'autre système serait impliqué dans la perception de la taille de l'objet et l'utilisation de cette information pour contrôler les actions relatives à cet objet. Une complémentarité déficiente entre ces deux systèmes immatures pourrait expliquer les fréquentes erreurs d'*échelle* commises par les jeunes enfants (DeLoache, 2006).

L'évaluation du stade sensorimoteur de Piaget Si les travaux de plusieurs psychologues viennent nuancer la théorie de Piaget, sa contribution au domaine de la psychologie du développement demeure sans conteste inestimable. Toutefois, il se peut que Piaget ait effectivement accordé trop d'importance aux expériences motrices comme agents premiers de croissance cognitive. Les habiletés perceptives des nouveaux-nés sont plus développées que leurs habiletés motrices, et les méthodes de recherche actuelles permettent maintenant d'explorer ces habiletés. Comme nous allons le voir, la relation entre la perception et la cognition est devenue aujourd'hui un champ de recherches des plus importants.

3.2.3 La théorie du traitement de l'information : perception et mémoire

La théorie du traitement de l'information apporte de nouvelles explications au fonctionnement de l'intelligence, comme nous l'avons vu dans le chapitre 1. Les tenants de cette théorie examinent des aspects spécifiques du processus de la pensée (attention, mémoire, catégorisation, etc.) plutôt que son développement global à différents stades, comme le faisait Piaget. Les chercheurs évaluent l'efficacité du traitement de l'information chez les bébés en mesurant la variation de leur attention. On mesure, par exemple, le temps d'habituation à un stimulus familier ou le temps nécessaire pour capter leur attention par un nouveau stimulus.

L'habituation

Un enfant qui entend le son provenant d'une boîte à musique est d'abord très intéressé par celui-ci, mais après un certain temps, il n'y porte plus attention : il s'y est alors habitué. L'**habituation** est une forme élémentaire d'apprentissage qui permet à l'individu d'économiser son énergie ; il peut alors se concentrer sur les éléments nouveaux de l'environnement qui attirent son attention. Du fait qu'elle est associée au développement normal, la présence ou l'absence de l'habituation, ainsi que la rapidité avec laquelle elle s'installe, peut nous fournir de précieux renseignements sur le développement cognitif d'un enfant. Puisque la capacité d'habituation augmente dans les dix premières semaines de vie, on la considère comme un signe de maturation. Cette capacité de s'habituer est déficiente chez les bébés qui ont un faible indice d'Apgar, qui sont atteints du syndrome de Down, qui naissent avec des lésions cérébrales ou qui souffrent de détresse à la naissance, de même que chez les nouveaux-nés dont la mère a été fortement anesthésiée durant l'accouchement. En outre, un enfant qui ne manifeste aucune habituation durant la période néonatale risque d'éprouver des difficultés d'apprentissage ultérieures (Colombo, 1993).

Les habiletés perceptuelles

Le temps respectif qu'un bébé passe à regarder différentes sortes de stimuli qui lui sont présentés permet de mesurer sa préférence visuelle. Ainsi, les bébés naissants semblent préférer les représentations de visages à d'autres images (Turati *et al.*, 2002). La préférence visuelle repose sur la capacité de faire des distinctions. En effet, la **mémoire de reconnaissance visuelle** est une habileté permettant de distinguer un stimulus familier d'un nouveau stimulus lorsque ces deux stimuli sont présentés en même temps. Des recherches ont montré que des bébés de deux jours peuvent faire preuve de cette habileté (Turati *et al.*, 2002). Si l'enfant accorde plus d'attention au nouveau stimulus qu'à l'autre (ce qu'on appelle la *préférence pour la nouveauté*), il manifeste qu'il peut distinguer le nouveau de l'ancien. Selon les tenants de la théorie du traitement de l'information, cela signifie que l'enfant a mémorisé l'ancien stimulus, c'est-à-dire qu'il en a une représentation mentale.

Contrairement à la position de Piaget, les études sur l'habituation et la préférence pour la nouveauté suggèrent donc qu'il existe au moins une capacité de représentation mentale rudimentaire à la naissance ou très tôt après celle-ci. Les différences individuelles dans l'efficacité du traitement de l'information témoignent de la vitesse

Habituation
Forme d'apprentissage élémentaire par laquelle l'enfant, une fois habitué à un son, à une sensation visuelle ou à tout autre stimulus, réagit de manière moins intense ou cesse complètement de réagir.

 L'intérêt pour la nouveauté
L'habituation permet à l'enfant de se concentrer sur les éléments nouveaux qui attirent son attention.

Mémoire de reconnaissance visuelle
Habileté à distinguer un stimulus familier d'un nouveau stimulus lorsqu'ils sont présentés en même temps.

à laquelle les bébés peuvent former de telles images mentales et s'y référer (Rose, Feldman et Jankowski, 2001). Par ailleurs, des études ont également montré que les nouveau-nés possédaient la même capacité de discrimination sur le plan auditif.

L'attention

La façon dont les enfants accordent leur attention est un autre indice de l'efficacité du traitement de l'information étudié par les chercheurs. De la naissance jusqu'à environ dix semaines, le temps que les bébés passent à regarder un nouveau stimulus augmente. De deux à neuf mois, il diminue au fur et à mesure que les enfants apprennent à reconnaître l'information plus efficacement. Ainsi, parce que Gabriel reconnaît bien son hochet, il parvient rapidement à en explorer les possibilités. Par contre, l'objet nouveau que sa mère lui présente va retenir davantage son attention. À partir de neuf ou dix mois, ce comportement d'attention va augmenter lorsque l'attention sera orientée volontairement vers un objectif (Colombo *et al.*, 2004).

La capacité d'**attention conjointe,** c'est-à-dire celle permettant de porter attention à la chose que quelqu'un d'autre regarde ou montre, apparaît vers l'âge de 12 mois, quand l'enfant est capable de regarder dans la même direction que le regard de l'adulte. Cette habileté est à la base des interactions sociales, de l'acquisition du langage et de l'empathie. Chez les jeunes enfants, le fait de regarder trop longtemps la télévision peut nuire au développement de l'attention conjointe. Dans une recherche longitudinale menée aux États-Unis, on a en effet démontré que plus des enfants de un à trois ans passaient de temps devant la télévision, moins ils s'initiaient aux interactions sociales et plus ils étaient susceptibles d'avoir des problèmes d'attention à l'âge de sept ans (Christakis *et al.*, 2004).

La mémoire

Différentes recherches ont tenté de déterminer quelles structures du cerveau affectent les différents aspects du développement cognitif, en particulier celui de la mémoire. On a constaté que les structures du cerveau impliquées dans la **mémoire explicite,** une forme de mémoire à long terme qui intervient dans le rappel volontaire (rappel de noms, de connaissances, d'événements), différaient de celles qui se rapportent à la **mémoire implicite,** une forme de mémoire à long terme qui se produit sans effort conscient et qui est souvent associée aux habitudes ou aux habiletés (savoir lancer un ballon, savoir nager). Chez les bébés, quand les structures du cerveau impliquées dans la formation des souvenirs ne sont pas complètement formées, les différentes formes de mémoire sont plutôt volatiles. La mémoire implicite se développerait la première, au cours des premiers mois de la vie. La maturation de l'hippocampe, entre autres, rendrait possible la mémoire à long terme, plus particulièrement la mémoire explicite, et se poursuivrait au moins jusqu'à l'âge de cinq ans (Bauer *et al.*, 2003).

Durant la deuxième moitié de la première année, le développement du cortex préfrontal et des circuits qui y sont associés permet l'apparition de la **mémoire de travail,** une mémoire à court terme qui correspond à l'information en cours de traitement. Le cortex préfrontal (partie du cerveau située directement sous le front) est reconnu pour contrôler plusieurs aspects de la cognition : c'est donc là que les représentations mentales seraient traitées avant d'être enregistrées ou rappelées. Cette partie du cerveau se développant plus lentement que toute autre, l'apparition relativement tardive de la mémoire de travail pourrait être en grande partie responsable du lent développement de la permanence de l'objet (Nelson, 1995).

Même si la mémoire explicite et la mémoire de travail continuent de se développer au-delà de l'enfance, l'émergence rapide des structures de mémoire du cerveau souligne l'importance de la stimulation par l'environnement durant les premiers mois de la vie.

Attention conjointe
Capacité de porter attention à la chose que quelqu'un d'autre regarde ou montre.

3.11 La mémoire explicite et la mémoire implicite

Les habiletés liées au fait de pédaler sur un tricycle relèvent de la mémoire implicite, alors que le souvenir de l'événement, lui, sera conservé dans la mémoire explicite de cet enfant.

Mémoire explicite
Mémoire à long terme qui utilise le rappel conscient des souvenirs (rappel de noms, de connaissances ou d'événements).

Mémoire implicite
Mémoire à long terme qui se produit sans efforts conscients et qui est habituellement associée aux habitudes ou aux habiletés (lancer un ballon, nager, etc.). On l'appelle aussi mémoire procédurale.

Mémoire de travail
Mémoire à court terme qui correspond à l'information qu'on est en train de traiter.

3.2.4 L'approche socioculturelle : les interactions entre l'enfant et les personnes de son entourage

Les recherches inspirées de la théorie socioculturelle de Lev S. Vygotsky se penchent sur la manière dont le contexte culturel influence les premières interactions sociales qui peuvent favoriser les compétences cognitives. La **participation guidée** – à savoir les interactions entre l'adulte et l'enfant, qui aident ce dernier à mieux comprendre l'activité en cours – survient généralement dans les situations de jeux partagés ou dans les activités quotidiennes au cours desquelles les enfants apprennent les connaissances, les habiletés et les valeurs importantes de leur culture.

Des chercheurs ont observé des mères de différentes cultures lorsqu'elles aidaient leurs enfants à s'habiller et à découvrir un jouet non familier. Dans les cultures où les enfants accompagnent leur mère au travail (travail dans les champs, couture à la maison, etc.), la mère fait une démonstration, souvent non verbale, et les enfants se débrouillent ensuite seuls pendant que l'adulte demeure disponible en cas de besoin. Dans les cultures où la mère reste à la maison avec son enfant et dans celles où l'enfant passe la journée en garderie, les interactions avec les parents se font dans un contexte de jeu plutôt que dans un contexte de travail ou de milieu social. Les parents vont alors parler davantage avec leur enfant et le motiver à apprendre avec enthousiasme et au moyen de beaucoup de louanges (Rogoff *et al.,* 1993).

Par ailleurs, dans une étude portant sur des familles de classe moyenne des États-Unis et d'Argentine, on a observé des enfants de vingt mois qui jouaient à la maison avec leur mère. Les enfants américains et leurs mères s'engageaient plus dans des jeux d'exploration (par exemple, composer un numéro de téléphone) alors que les petits Argentins préféraient les jeux symboliques et les jeux sociaux (par exemple, nourrir une poupée, changer sa couche, etc.). Ces différences semblent refléter des variations culturelles dans les objectifs d'éducation : la société américaine, qui est plutôt individualiste, favorise l'autonomie et l'affirmation de soi alors que la société argentine met plutôt l'accent sur l'interdépendance et la collaboration (Bornstein *et al.,* 1999).

La façon dont les parents se comportent avec leur enfant représente l'un des principaux facteurs qui influencent le développement cognitif. Des programmes ont déjà été mis sur pied pour aider les mères à développer des attitudes et des comportements susceptibles de stimuler le développement cognitif de leurs enfants. Les résultats montrent que les mères ainsi *formées* donnent à leur enfant plus d'instructions, d'informations et d'encouragements que les mères d'un groupe témoin. Elles posent plus de questions, encouragent leur enfant à penser et à parler, mettent des jeux plus adéquats à sa disposition et permettent une routine plus souple. De plus, sur le plan émotif, elles réagissent davantage et se montrent à la fois plus sensibles et plus tolérantes ; elles s'interposent et critiquent moins. À l'âge de trois ans, les enfants de ces mères obtiennent de meilleurs résultats aux tests que les autres enfants (Ramey et Ramey, 1998). Ces résultats montrent que les soins accordés aux bébés de même que le comportement de leur mère à leur égard peuvent avoir des effets positifs sur leur développement intellectuel. Quoique la plupart de ces études aient porté sur le seul comportement de la mère, leurs conclusions peuvent fort probablement s'appliquer aussi au père et aux autres personnes proches de l'enfant.

Mais en quoi la réceptivité des adultes favorise-t-elle le développement intellectuel des enfants ? D'abord, elle peut rehausser leur estime de soi et leur donner l'impression d'une certaine maîtrise de leur vie. Ensuite, elle peut leur procurer un sentiment de sécurité qui les poussera à explorer le monde extérieur et les encouragera à

Participation guidée
Selon Vygotsky, interactions entre l'adulte et l'enfant qui aident ce dernier à mieux comprendre l'activité en cours.

3.12 **Les parents : des acteurs importants dans le développement cognitif de l'enfant**
La façon dont les parents se comportent avec leur enfant représente l'un des principaux facteurs qui influencent son développement cognitif.

poursuivre cette exploration. Enfin, elle peut également les aider à organiser leur pensée de manière à développer leur faculté de concentration, ce qui favorise l'apprentissage (Bornstein et Tamis-LeMonda, 1989). L'encadré 3.3 répertorie quelques comportements parentaux qui peuvent favoriser le développement des compétences cognitives chez l'enfant.

ENCADRÉ 3.3 · APPLICATION

Comment développer les compétences cognitives

Si l'on regarde ce qui se fait dans le domaine de l'éducation des enfants, on se rend compte que certains éléments reviennent fréquemment. Voici donc une compilation des grandes lignes directrices qui reviennent le plus souvent dans les conseils visant à favoriser le développement cognitif des enfants.

- *Offrir des stimulations sensorielles* dès les premiers mois de vie, mais éviter les stimulations excessives et les bruits qui dérangent.

- *Créer un environnement qui favorise l'apprentissage,* c'est-à-dire un environnement comprenant des objets intéressants (qui ne sont pas spécialement des jouets chers), des livres et un endroit pour jouer.

- *Répondre aux signaux du bébé,* afin de créer chez lui un sentiment de confiance, de favoriser son appréhension du monde en tant qu'environnement accueillant et pour lui donner l'impression qu'il contrôle sa vie.

- *Donner au bébé le pouvoir de modifier les choses* à l'aide de jouets qui peuvent être secoués, façonnés ou déplacés. Aider le bébé à découvrir que tourner la poignée d'une porte lui permet de l'ouvrir, qu'appuyer sur un interrupteur lui permet d'allumer une lampe et qu'ouvrir un robinet fait couler de l'eau dans la baignoire.

- *Donner au bébé la liberté d'explorer.* Placer le bébé dans un endroit sécuritaire, mais qui lui permet d'avoir suffisamment d'espace pour se déplacer et explorer.

- *Parler au bébé.* Pour apprendre à parler, un enfant a besoin d'interactions avec des adultes, car ce n'est pas en écoutant la radio ou la télévision que le bébé apprendra à parler.

- *S'intéresser à ce qui intéresse le bébé,* et ce, au moment précis choisi par ce dernier, sans essayer de rediriger son attention vers autre chose.

- *Lui donner l'occasion d'acquérir des compétences de base,* comme nommer, comparer et trier des objets (par exemple, par taille ou par couleur), les mettre dans un ordre précis et observer les conséquences de ses actes.

- *Féliciter le bébé pour ses nouvelles compétences et l'aider à les développer et à les améliorer.* Rester à proximité, mais sans s'imposer.

- *Faire la lecture au bébé dès son plus jeune âge dans une atmosphère chaude et aimante.* Lire une histoire à haute voix puis en discuter prépare le développement des compétences en lecture.

- *Utiliser la punition avec modération.* Ne pas punir l'enfant ou le ridiculiser pour les résultats obtenus à la suite d'une exploration par essais et erreurs normale.

Faites le POINT

5 Faites la distinction entre les sous-stades des réactions circulaires primaires, secondaires et tertiaires.

6 Dressez les grandes lignes du développement de la permanence de l'objet selon Piaget.

7 Comment les chercheurs s'y prennent-ils pour évaluer l'efficacité du traitement de l'information chez les bébés?

8 Comment les parents peuvent-ils favoriser le développement des compétences cognitives chez leur enfant?

3.3 Le développement du langage

Lorsqu'Anna dit « wa-zeau » en pointant l'image dans son livre, elle nous fournit un exemple du lien qui existe entre le langage, un système de communication basé sur les mots et la grammaire, et le développement cognitif. Anna a fait le lien entre l'image de l'oiseau et les sons qui peuvent symboliser cet animal qu'elle connaît.

Une fois qu'un enfant connaît les mots, il possède un système de symboles qu'il peut utiliser pour se représenter des actions ainsi que pour évoquer les objets et les personnes qui l'entourent. Il peut réfléchir sur ces objets et ces personnes et communiquer ses besoins, ses sentiments ou ses opinions. Il développe ainsi une maîtrise de plus en plus grande sur sa vie.

Le développement du langage illustre très bien l'interaction qui existe entre tous les aspects du développement. En effet, au fur et à mesure que les structures physiques nécessaires à la production des sons deviennent matures et que les connexions nerveuses nécessaires à l'association des sons et du sens des mots deviennent actives, l'interaction sociale avec les adultes amène l'enfant à développer un système de communication. Nous allons voir maintenant les étapes du développement du langage et la manière dont les parents et les autres personnes de l'entourage peuvent aider l'enfant dans ce processus qui lui permettra plus tard de lire et d'écrire.

3.3.1 Les étapes du développement du langage

Le développement du langage ne commence pas seulement lorsque l'enfant dit son premier mot. Avant de pouvoir utiliser des mots pour manifester ses besoins et ses émotions, le bébé se fait d'abord comprendre par une variété de sons. La progression, à peu près la même pour tous, va des pleurs à l'imitation accidentelle, en passant par le gazouillis et le babillage, pour aboutir enfin à l'imitation délibérée: c'est ce qu'on appelle le **langage prélinguistique.** Peu après, le vocabulaire s'étend, les mots se combinent pour former des phrases et l'enfant commence à intégrer quelques règles de syntaxe.

Langage prélinguistique
Mode d'expression orale qui précède le langage véritable. Il se compose de pleurs, de gazouillis, de babillages, d'imitations accidentelles puis délibérées de sons que l'enfant ne comprend pas.

La reconnaissance des sons

La capacité de différencier les sons est essentielle au développement du langage. Des recherches ont démontré que les fœtus ont une nette préférence pour la voix de leur mère: les battements cardiaques d'un fœtus enregistrés alors qu'on lui faisait entendre une histoire lue par une femme augmentaient si la voix était celle de sa mère et diminuaient lorsqu'il s'agissait de la voix d'une étrangère (Kisilevsky *et al.*, 2003).

On peut donc en conclure que le fait d'entendre sa *langue maternelle* avant la naissance pourrait *préparer* l'oreille du bébé à repérer plus tard les **phonèmes** de base, c'est-à-dire les sons des voyelles et des consonnes propres à sa langue. (DeCasper *et al.*, 1994). Autour de six mois, les enfants apprennent à reconnaître les phonèmes de base de leur langue maternelle et ils peuvent s'ajuster à de légères différences dans la façon dont ils sont prononcés. La perception phonétique joue alors un rôle important dans l'acquisition du langage (Tsao, Liu et Kuhl, 2004). Enfin, vers dix mois, les enfants perdent l'aptitude qui leur permettait de distinguer les phonèmes qui ne font pas partie de la langue parlée par leur entourage. Par exemple, les enfants japonais ne sont plus capables de différencier les sons «ra» et «la», puisque la distinction entre ces sons n'existe pas dans la langue japonaise (Lalonde et Werker, 1995). Toutefois, avec des efforts, cette aptitude peut être réactivée à l'âge adulte.

Phonème
Son de base d'une langue, généralement une voyelle ou une consonne.

Le langage prélinguistique

Les pleurs Les pleurs constituent le premier et l'unique mode de communication du nouveau-né. Les pleurs d'un bébé peuvent sembler identiques pour une oreille étrangère, mais les différences de ton, de modulation et d'intensité qui signalent la faim, la fatigue, la douleur ou la colère sont reconnues par l'oreille exercée des parents.

Les gazouillis Entre six semaines et trois mois, le bébé commence à rire et à **gazouiller** lorsqu'il est content: il crie, glousse et prononce des voyelles comme le «a». Vers l'âge de trois mois commence ensuite un genre de *tennis verbal*: l'enfant s'amuse à émettre une variété de sons qui semblent reproduire ceux qu'il entend autour de lui. Souvenons-nous que c'est vers quatre mois que l'enfant passe alors des réactions circulaires

Gazouiller
Émettre des gazouillis, premiers sons simples émis par les bébés.

primaires aux réactions circulaires secondaires. Ainsi, il gazouille d'abord pour le simple plaisir de produire des sons et, ensuite, au stade des réactions circulaires secondaires, il va pouvoir gazouiller pour attirer ou soutenir l'attention.

Le babillage Le **babillage,** c'est-à-dire la répétition de chaînes composées d'une consonne et d'une voyelle comme «ma-ma-ma-ma», se produit entre six et dix mois; on les confond souvent avec les premiers mots de l'enfant. Or, le babillage n'est pas un langage à proprement parler, même s'il se rapproche néanmoins peu à peu des mots et qu'il conduit généralement aux premières paroles. Au départ, le bébé imite par hasard les sons entendus, puis il imite ses propres sons. Vers neuf ou dix mois, il imite délibérément d'autres sons qu'il entend autour de lui, sans les comprendre pour autant. Une fois qu'il possède son répertoire de sons, il arrive que le jeune enfant les rassemble selon un modèle qui ressemble au langage réel, mais qui n'a aucune signification particulière.

L'expression gestuelle Entre 9 et 12 mois, les enfants apprennent quelques **gestes sociaux conventionnels:** agiter la main pour exprimer un «au revoir», hocher la tête pour dire «oui» ou secouer la tête pour dire «non», taper dans les mains pour manifester sa joie, etc. Peu à peu, les gestes se rapportent à des significations plus élaborées: lever les bras pour se faire prendre ou porter un verre vide à sa bouche pour exprimer le désir de boire. Les **gestes symboliques,** comme souffler pour dire que c'est chaud, apparaissent souvent en même temps que les premiers mots et ils fonctionnent d'ailleurs comme eux. Ces gestes montrent qu'avant de pouvoir parler, l'enfant comprend que les objets et les concepts ont des noms et qu'il peut utiliser des symboles pour désigner tous les objets et les événements de sa vie quotidienne. Ces gestes symboliques sont habituellement utilisés avant que le vocabulaire de l'enfant n'atteigne 25 mots, et ils disparaissent généralement lorsque l'enfant a appris les mots correspondant aux idées qu'il exprimait jusque-là par des gestes (Lock *et al.*, 1990).

L'expression gestuelle semble se produire spontanément. On a remarqué que les enfants aveugles produisent eux aussi des gestes en parlant, comme le font les voyants. L'utilisation de gestes ne dépend donc pas seulement de la présence d'un modèle ou d'un observateur, mais semble faire partie intégrante du processus d'acquisition du langage.

Bien que les enfants construisent presque tous leurs gestes, le rôle des parents demeure important. Des chercheurs considèrent en effet que les gestes utilisés par un enfant de 14 mois, comme pointer l'index en direction de ce qu'il désire, traduisent son besoin de communiquer et d'agir sur son environnement. En filmant des enfants pendant 90 minutes, ils ont constaté qu'à 14 mois, les enfants utilisaient en moyenne 20 gestes signifiants et prononçaient 13 mots. Ils ont évalué de nouveau le vocabulaire de ces enfants à l'âge de quatre ans et demi et ils ont constaté que plus l'enfant utilisait de gestes à 14 mois, plus son vocabulaire était riche. Si l'enfant grandit dans un milieu pauvre en stimulations sensorielles, c'est-à-dire avec des parents dépressifs, malades, sans ressources, etc., il sera donc moins exposé à des gestes signifiants et son manque de vocabulaire risquera alors d'avoir une incidence sur sa scolarité (Rowe et Goldin-Meadow, 2009).

L'utilisation des mots et des phrases

L'enfant moyen prononce son premier mot entre 10 et 14 mois, inaugurant par là son usage du langage véritable. Rapidement, l'enfant va utiliser beaucoup de mots et manifester une certaine compréhension de la grammaire, de la prononciation, de l'intonation et du rythme.

Les premiers mots Comme nous l'avons vu, le «ma-ma-ma-ma» que l'enfant de huit ou neuf mois prononce à l'étape du babillage est souvent considéré par les parents comme le premier mot de l'enfant pour dire «maman». C'est pourtant rarement exact. C'est donc quand le son «ma-ma» sert vraiment à désigner ou à appeler sa maman qu'on peut alors affirmer que l'enfant a prononcé son premier mot. À ce

Babillage
Répétition de sons composés d'une consonne et d'une voyelle.

Geste social conventionnel
Geste qui sert à communiquer et qui est utilisé par l'ensemble de la communauté.

Geste symbolique
Geste qui sert à représenter des objets ou des situations.

3.13 **L'expression gestuelle**
Même si les mots sont absents, cette enfant sait très bien comment utiliser des gestes conventionnels pour signifier ce qu'elle veut.

stade-ci, cependant, le répertoire de l'enfant risque de se limiter à «maman» ou «papa». Il est aussi probable que l'enfant ne puisse prononcer qu'une seule syllabe qui aura plusieurs significations selon les circonstances. Par exemple, le «da» d'un enfant peut signifier : «Je veux ceci. » s'il désigne en même temps un objet précis; «Je veux sortir. » s'il pointe vers la porte; «Où est papa ? » s'il prend un air interrogateur. On appelle ce genre de mot une **holophrase,** car, à lui seul, il exprime une pensée complète, souvent accompagnée d'une composante émotive. Tout au long du stade du mot unique, qui dure jusqu'à l'âge de 18 mois environ, le vocabulaire s'enrichit. Les sons et les rythmes de la parole évoluent et, même si une grande partie du discours de l'enfant en reste au stade du babillage (beaucoup d'enfants de plus de un an babillent en effet presque constamment), ce babillage est plutôt expressif.

Le développement du vocabulaire Entre 11 et 13 mois, l'enfant semble généralement saisir la fonction symbolique de la désignation, c'est-à-dire qu'il se rend compte qu'un mot désigne un objet ou un événement précis. À cet âge, et même toute la vie, le **langage réceptif,** c'est-à-dire la compréhension des mots, est beaucoup plus étendu que le **langage expressif,** c'est-à-dire la capacité de s'exprimer avec des mots. Ainsi, Anna utilise le mot «wa-zeau» (langage expressif), ce qui signifie qu'elle a tout de même compris le sens de la question posée par sa maman : «Qu'est-ce qu'il y a dans l'arbre ? » (langage réceptif). Généralement, l'enfant comprend d'abord soit son propre nom, soit le mot «non», ce qui n'est pas très étonnant si l'on considère le fait que ce sont les deux mots qu'un enfant actif risque d'entendre le plus souvent. Il a aussi tendance à généraliser les concepts : le mot «balle» peut ainsi désigner une orange, tandis qu'une vache peut aussi être «chien». C'est au fur et à mesure que les concepts se définissent que le vocabulaire se précise.

Au début, l'augmentation du vocabulaire se fait assez graduellement. Toutefois, vers la fin de la deuxième année (soit entre 16 et 24 mois), on assiste soudainement à une *explosion* de mots. Les noms d'objets ou de personnes sont alors plus faciles à apprendre pour l'enfant. Des études ont même démontré que quelle que soit la langue maternelle (français, espagnol, allemand, hébreu, italien, coréen ou anglais), les enfants de vingt mois utilisaient dans toutes ces langues plus de noms que n'importe quelle autre catégorie de mots (Bornstein *et al.,* 2004).

L'encadré 3.4, à la page suivante, aborde la question du développement du vocabulaire chez les enfants francophones du Québec.

Les premières phrases En général, les enfants agencent deux ou plusieurs mots lorsqu'ils ont entre 18 et 24 mois, mais cela demeure néanmoins très variable. Bien que le langage prélinguistique soit relativement lié à l'âge chronologique, le langage verbal, lui, ne l'est pas. Certains enfants qui commencent à parler relativement tard rattrapent ainsi assez rapidement le temps perdu.

Les premières phrases prononcées ne comportent d'abord que des mots essentiels à la compréhension de l'idée générale : c'est un **langage télégraphique.** Lorsqu'Anna dit «sien dodo», elle combine deux mots qu'elle connaît bien pour exprimer une pensée complète : «Le chien est là, mais il s'est endormi. » Comme dans le cas des holophrases, les phrases de deux mots peuvent présenter des significations différentes selon leur contexte de production. Ainsi, un enfant qui dit «auto maman» peut vouloir dire que l'auto qu'il désigne appartient à maman, qu'il entend l'auto de maman, que maman est partie en auto ou qu'il désire se promener en auto avec maman. Toutefois, ce n'est pas parce que l'enfant n'utilise pas les mots de fonction qu'il ne les comprend pas.

L'apparition de la syntaxe Le langage des enfants se complexifie peu à peu. Au début, les articles et les prépositions lui font défaut («Tombé soulier. »), tout comme les sujets et les attributs («Boit lait. »). L'enfant peut ensuite agencer deux relations élémentaires («Vincent frappe. » et «Frappe balle. ») pour enfin être capable d'établir une relation plus complexe («Vincent frappe balle. »).

Holophrase
Mot qui exprime une pensée complète.

Langage réceptif
Capacité de comprendre la signification des mots.

Langage expressif
Capacité de s'exprimer avec des mots.

Langage télégraphique
Langage qui utilise des phrases ne comportant que quelques mots essentiels.

Le développement du vocabulaire chez les enfants francophones du Québec

Natacha Trudeau

Professeure à l'école d'ortho-phonie et d'audiologie de l'Université de Montréal et chercheuse

Détentrice d'un doctorat en sciences biomédicales et orthophoniste, Natacha Trudeau poursuit ses recherches au CHU Sainte-Justine tout en étant professeure agrégée à l'école d'orthophonie et d'audiologie de l'Université de Montréal. Son champ de recherche principal est le développement du langage chez les enfants francophones du Québec, de la naissance à l'âge de cinq ans.

Il existe bien peu de ressources pour éva-luer le développement du langage chez les enfants francophones du Québec. Ce constat, ainsi que son émerveillement à l'endroit de la complexité du langage, dont l'acquisition semble pourtant se faire naturellement dans la majorité des cas, a poussé Natacha Trudeau à s'en-gager dans ce champ de recherches.

Le développement du langage des enfants québécois respecte les grandes lignes du développement observées dans d'autres langues ou d'autres communautés culturelles (français du Québec par rapport au français d'Europe). Toutefois, de nouvelles données propres à cer-taines caractéristiques du français au Québec sont maintenant dis-ponibles. Par exemple, sur le plan de la richesse du vocabulaire, les francophones du Québec ont tendance à se situer entre les deux groupes de références, c'est-à-dire sous les Américains, mais au-dessus des Français (Trudeau *et al.,* 2006). Madame Trudeau avance quelques hypothèses pour expliquer cette différence avec l'anglais américain. La première, c'est que les mots en français sont souvent plus longs et plus complexes que les mots en anglais. Ainsi, l'enfant en apprend un peu moins au début. Peut-être aussi que les parents qué-bécois reconnaissent moins certains mots lorsqu'ils sont prononcés par le jeune enfant. La deuxième explication avancée, c'est que le français étant plus riche sur le plan de la morphologie (règles de for-mation des mots), on suppose que l'enfant développe en parallèle d'autres aspects et commence déjà à exprimer la morphologie, même si son lexique demeure restreint. On observe d'ailleurs le même phé-nomène dans d'autres langues présentant une riche morphologie, par

exemple, l'islandais (Thordardottir, Ellis-Weisman et Evans, 2002). Il est par contre plus difficile d'expliquer pourquoi le vocabulaire du jeune enfant est plus large au Québec qu'en France. Il s'agirait proba-blement de différences culturelles plutôt que linguistiques, puisqu'on obtient le même constat avec l'anglais. Les jeunes enfants britanniques auraient en effet eux aussi un lexique moins étendu que les Améri-cains. Le parent européen serait-il donc plus strict lorsqu'il rapporte les mots maîtrisés par son enfant?

Les recherches ont également permis d'établir l'ordre d'apparition de certains mots dans le lexique des enfants québécois et de comprendre la séquence d'acquisition des catégories de mots (noms, verbes, articles). Le fait de connaître l'ordre d'émergence de certains concepts et de savoir à partir de quel âge un enfant peut commencer à former des phrases plus ou moins complexes peut aider l'entourage à stimuler certaines habiletés particulières et amener ainsi l'enfant à un niveau d'apprentissage plus élevé. Selon le sexe de l'enfant, on constate là encore des différences dans l'ordre d'acquisition des mots. Par exemple, le mot «camion» apparaît plus tôt chez les garçons que chez les filles. Toutefois, une recherche récente montre que les filles ont un léger avan-tage sur les garçons en ce qui concerne la taille du lexique (Bouchard *et al.,* 2009).

On savait déjà que le niveau d'éducation des parents est un facteur important dans le développement du langage des enfants. Toutefois, ces dernières recherches ont permis de préciser que, pour les groupes très peu scolarisés (moins que 5ᵉ secondaire), le niveau d'éducation est un vrai désavantage dans le développement du langage, alors qu'il n'est pas un réel avantage pour les groupes très scolarisés. En effet, on ne note aucune différence entre des parents détenant un diplôme d'études collégiales et ceux détenant un diplôme universitaire de pre-mier ou de deuxième cycle (Boudreault, Trudeau et Bouchard, 2006).

Il est donc toujours important de connaître les caractéristiques de la communauté à laquelle un enfant appartient lorsqu'on se questionne sur le développement de son langage. Les travaux de Natacha Trudeau ont permis de décrire l'acquisition typique du lexique dans la commu-nauté québécoise, ce qui donne des repères plus précis quand on observe un enfant. Comme les performances langagières en bas âge sont liées à son développement subséquent, une identification pré-coce des difficultés ainsi qu'une intervention appropriée vont pouvoir favoriser un développement harmonieux et optimal de l'enfant.

Syntaxe

Règles qui président à l'organisation des mots et des phrases.

Entre 20 et 30 mois, l'enfant acquiert alors des rudiments de la **syntaxe.** Il commence à utiliser des articles, des mots au pluriel et des terminaisons de verbes. À trois ans, il peut répondre et poser des questions qui commencent par «qu'est-ce que» et par «où», mais il éprouve plus de difficulté avec les «pourquoi» et les «comment».

Bien que le jeune enfant parle enfin couramment de façon intelligible et passablement correcte d'un point de vue grammatical, son discours est encore truffé d'erreurs parce qu'il ignore les exceptions aux règles. Une erreur comme «il tiennait» au lieu de «il tenait» dénote donc un signe de progrès dans l'apprentissage d'une langue. Une fois que l'enfant découvre les règles, il a en effet tendance à les appliquer sans distinction. C'est ce qu'on appelle la **surgénéralisation des règles.** Le résultat est la plupart du temps correct, sauf pour les exceptions. Ayant appris les règles du pluriel et de l'imparfait,

Surgénéralisation des règles

Emploi généralisé de règles grammaticales ou de règles de syntaxe qui ne tient pas compte des exceptions.

il peut dire que «Les chats pleuraient.» ou que «Les poupées mangeaient des fraises.», mais cette surgénéralisation des règles va aussi l'amener à dire que «Les oiseaux sontaient petits.» au lieu de «étaient». De même, c'est parce qu'il généralise l'accord du participe passé des verbes comme «couru», «connu» ou «reconnu» que l'enfant va dire qu'il avait «pleuvu». À mesure que l'enfant entend les gens parler et qu'il participe lui-même aux conversations, il remarque alors que la conjugaison des verbes irréguliers diffère notablement de celle du modèle régulier. On pourrait donc penser que de telles *erreurs* constituent un pas en arrière, alors qu'en réalité, elles indiquent au contraire un progrès considérable dans l'apprentissage d'une langue.

À trois ans, un enfant arrive ainsi généralement très bien à se faire comprendre et, à la fin de l'enfance, il a acquis la pleine maîtrise de la grammaire, même si son vocabulaire et la complexité de ses phrases continuent de s'accroître. Le langage des enfants n'est donc pas simplement une version simplifiée du langage des adultes: il présente de véritables traits distinctifs. Le tableau 3.4 résume quelques-unes de ces caractéristiques du langage des jeunes enfants.

TABLEAU 3.4 | Les caractéristiques du langage enfantin

Caractéristique	Description	Exemple
L'enfant simplifie.	Il en dit juste assez pour être compris.	Juliette dit «bon nana» au lieu de «C'est bon des ananas.»
L'enfant restreint la signification des mots.	Il croit qu'un concept ne peut désigner qu'une seule chose.	Papa répare une porte, il dit «Je vais prendre mes outils.» et il prend un marteau. Pour Éric, le mot «outils» va désigner seulement le marteau et non les autres outils.
L'enfant généralise les concepts.	Il étend l'utilisation d'un concept pour désigner des éléments qui sont semblables.	Pour Benito, tous les hommes qui ont des cheveux gris sont des grands-papas.
L'enfant comprend plus qu'il ne dit.	Il comprend les relations grammaticales avant de pouvoir les exprimer avec des mots.	Anouk dit «Chien court.» Elle comprend que le chien court après l'écureuil, mais elle ne peut pas encore enchaîner suffisamment de mots pour dire «Le chien court après l'écureuil.»
L'enfant généralise les règles grammaticales.	Il utilise des règles grammaticales pour former des mots nouveaux, mais il ne tient pas compte des exceptions aux règles.	Maman regarde par la fenêtre et dit «C'est venteux et pluvieux.» Éva ajoute «et froideux».

3.3.2 Les théories de l'acquisition du langage

Est-ce que les habiletés langagières sont innées ou acquises? Dans les années 1950, un vif débat s'est engagé entre deux écoles de pensées: l'une menée par Burrhus Frederic Skinner, partisan de l'apprentissage, et l'autre, par le linguiste Noam Chomsky, partisan d'un facteur inné dans l'acquisition du langage.

Les théories de l'apprentissage

Skinner (1957) soutenait que les enfants apprennent à parler comme ils apprennent d'autres comportements, c'est-à-dire de façon opérante, par renforcement. Les enfants émettent des sons au hasard. Ceux qui ressemblent au discours adulte étant renforcés par un sourire, de l'attention ou l'obtention de l'objet désiré, ils sont donc utilisés de nouveau.

Selon les théoriciens de l'apprentissage social, les enfants imitent les phonèmes qu'ils entendent prononcer dans leur entourage, et les adultes y réagissent. Puisque les parents encouragent leurs enfants lorsqu'ils émettent des sons qui imitent le langage adulte, ceux-ci émettent alors de plus en plus de sons et, avec le temps, finissent par être capables de généralisation et d'abstraction.

3.14 **L'apprentissage du langage**

Selon les théoriciens de l'apprentissage social, les enfants apprennent à parler par observation, imitation et renforcement.

S'il est vrai que l'observation, l'imitation et le renforcement contribuent au développement du langage, la théorie de l'apprentissage ne peut cependant pas tout expliquer. Tout d'abord, les combinaisons de mots et les nuances sont si nombreuses et si complexes qu'elles ne peuvent être apprises uniquement par imitation et renforcement. Ensuite, les adultes qui prennent soin de l'enfant renforcent souvent des énoncés qui sont grammaticalement incorrects, mais qui ont un sens. De plus, le discours de l'adulte lui-même n'est pas toujours un modèle à imiter (mots mal prononcés, phrases incomplètes ou mal structurées, etc.). Enfin, les théories de l'apprentissage ne peuvent pas expliquer la grande créativité de l'enfant dans ses façons de dire des choses qu'il n'a jamais entendues, comme le fait de dire d'un avion au loin qu'il était « très là-bas » ou que l'autobus était « bruiteux ».

La théorie innéiste

Théorie innéiste
Théorie selon laquelle le comportement relève d'une capacité innée.

Dispositif d'acquisition du langage
Selon la théorie innéiste de Noam Chomsky, ensemble des structures mentales innées permettant à l'enfant de déduire les règles grammaticales par l'analyse du langage qu'il entend dans son entourage.

Le point de vue de Chomsky sur l'acquisition du langage est appelé **théorie innéiste**. Contrairement aux théories de l'apprentissage, la théorie innéiste met l'accent sur le rôle actif de l'apprenant. Comme le langage est universel chez les êtres humains, Chomsky prétend qu'ils possèdent la capacité d'apprendre à parler aussi naturellement qu'ils apprennent à marcher. Le nouveau-né posséderait donc un **dispositif d'acquisition du langage** inné, qui le prédisposerait à donner une signification aux sons qu'il entend et à comprendre les règles sous-jacentes à sa langue (Chomsky, 1957, 1972). Plusieurs faits semblent confirmer ce point de vue :

- Les nouveau-nés sont capables de différencier des sons semblables, ce qui laisse croire qu'ils naissent avec un mécanisme de perception qui leur permet de capter les caractéristiques du discours.

- Quelle que soit la complexité de leur langue maternelle, presque tous les enfants l'apprennent, et ils en acquièrent les principes de base sans enseignement formel, selon une séquence déterminée par leur âge.

- L'enfant qui commence à parler ne se limite pas à répéter des phrases toutes faites. Il crée des mots nouveaux et structure continuellement de nouvelles phrases, même sans jamais les avoir entendues auparavant.

- L'être humain, le seul animal doué de la parole, est aussi le seul dont le cerveau est plus volumineux d'un côté que de l'autre ; d'autre part, cet hémisphère (généralement le gauche) possède des structures spécialisées pour le langage (Gannon *et al.*, 1998).

Néanmoins, la perspective innéiste n'explique pas pourquoi certains enfants parlent mieux et plus rapidement que d'autres. Elle n'explique pas non plus les différences individuelles dans les aptitudes grammaticales et la facilité d'élocution, ni pourquoi l'acquisition du langage dépend de la présence d'un interlocuteur et pas simplement de l'écoute de la langue.

L'apport de ces deux théories

Des éléments de ces deux théories (de l'apprentissage et innéiste) ont été utilisés pour expliquer comment les enfants sourds apprennent le langage des signes.

Les théoriciens de l'apprentissage constatent que les enfants sourds qui ont des parents sourds semblent imiter le langage des signes qu'ils voient chez leurs parents. En utilisant des mouvements des mains d'une manière plus systématique et délibérée que les bébés qui entendent, ils combinent des gestes sans signification et les répètent inlassablement, telle une sorte de babillage des mains. À mesure que les parents renforcent de tels gestes, les bébés leur associent alors une signification.

De leur côté, les théoriciens innéistes signalent que des enfants sourds peuvent produire leur propre langage des signes, même s'ils n'ont aucun modèle à imiter. Des enfants sourds du Nicaragua, à qui l'on a appris uniquement la lecture sur les lèvres en espagnol, ont ainsi pu développer un réel langage des signes qui a évolué de simples gestes à des mots et des phrases qui suivent des règles linguistiques (Senghas, Kita et Ozyürek, 2004). De plus, les enfants sourds commencent à babiller avec leurs mains au même âge où les enfants non sourds commencent à babiller vocalement, et on observe cette même correspondance dans la construction de phrases. Ces exemples semblent donc indiquer qu'une capacité innée est à la base de l'acquisition de la langue parlée et de la langue des signes et que les progrès dans ces deux sortes de langage sont liés à la maturation du cerveau.

Aujourd'hui, la plupart des spécialistes du langage croient que l'acquisition du langage, comme la plupart des autres aspects du développement, dépend d'une interaction entre les facteurs innés et ceux provenant de l'environnement. Dès la naissance, les enfants, qu'ils entendent ou non, seraient donc dotés de la capacité d'acquérir une langue, capacité qui est activée puis développée par l'expérience.

3.3.3 Les facteurs d'influence de l'acquisition du langage

Qu'est-ce qui détermine la rapidité et la facilité avec lesquelles un enfant apprend à parler ? Encore ici, il est possible de constater les influences respectives de l'hérédité et du milieu.

La maturation du cerveau

L'incroyable croissance du cerveau et sa réorganisation durant les premiers mois et les premières années de vie sont étroitement liées au développement du langage. Les pleurs du nouveau-né sont contrôlés par le tronc cérébral, une des parties les plus primitives du cerveau et parmi les premières à se développer (*revoir la figure 3.1 à la page 71*). Le babillage répétitif commencerait par la maturation de certaines parties de la zone motrice qui contrôle les mouvements du visage et du larynx. On a en effet observé, dans le cerveau, l'émergence de liens entre les perceptions phonétiques et les zones motrices dès l'âge de 6 mois, des connexions qui se raffermissent entre 6 et 12 mois (Imada *et al.,* 2006). Les régions corticales associées au langage n'atteignent toutefois leur complète maturité qu'à la fin de l'âge préscolaire et même au-delà, certaines ne l'atteignant même pas avant l'âge adulte.

La latéralisation des fonctions linguistiques dans le cerveau apparaît très tôt dans la vie. Dans 98 % des cas, même si l'hémisphère droit participe, l'hémisphère gauche domine en tout ce qui a trait au langage. Des enregistrements vidéo de bébés qui babillent démontrent, comme chez les adultes qui parlent, que la bouche s'ouvre un peu plus du côté droit (lequel est contrôlé par l'hémisphère gauche) que du côté gauche (Holowka et Petitto, 2002). Selon des études réalisées sur des enfants dont le cerveau était endommagé, il semblerait aussi qu'il existe une période critique avant que la latéralisation du langage ne soit fermement établie. La plasticité du cerveau du nourrisson permettrait en effet le transfert de fonctions depuis les zones endommagées vers d'autres régions. Alors qu'un adulte dont l'hémisphère gauche est blessé peut souffrir de pertes considérables sur le plan du langage, un jeune enfant qui subirait le même problème pourrait ainsi conserver une élocution et une compréhension à peu près normales (Nobre et Plunkett, 1997).

D'autres preuves de la plasticité cérébrale ont été apportées lorsqu'on a découvert que les régions supérieures du lobe temporal, qui sont impliquées dans la compréhension de la parole, pouvaient être activées chez une personne sourde dès sa naissance si celle-ci utilisait le langage des signes (Nishimura *et al.,* 1999). De telles découvertes suggèrent que l'attribution des fonctions langagières aux structures cérébrales est un processus graduel relié à l'expérience verbale et au développement cognitif (Nobre et Plunkett, 1997).

Les interactions sociales et le rôle des parents

Le langage est un comportement social. Aussi, les enfants qui grandissent sans interactions sociales normales n'ont pas un développement du langage normal, et ceux qui ne sont exposés au langage que par l'entremise de la télévision n'en ont pas davantage. Les parents ainsi que toutes les personnes qui s'occupent d'un enfant jouent donc un rôle important à chaque étape du développement du langage, en procurant à l'enfant des occasions de communiquer, ce qui le motive à vouloir parler, et en lui proposant ensuite des modèles d'utilisation du langage (Hoff, 2006).

À l'étape du babillage, les parents peuvent aider leur enfant à progresser vers la véritable parole en répétant les sons qu'il produit. Le bébé entre rapidement dans le jeu et répète les sons en retour. Ces interactions agissent sur le rythme d'acquisition du langage et permettent d'expérimenter l'aspect social du langage. Elles initient le bébé au fait que la conversation se fait à tour de rôle, ce qu'il semble saisir vers l'âge de sept mois et demi ou huit mois. Selon une étude longitudinale, la réaction des mères aux vocalisations de leur bébé de neuf mois peut prédire les moments d'apparition des grands jalons du langage, comme les premiers mots et les premières phrases (Tamis-LeMonda, Bornstein et Baumwell, 2001).

Le vocabulaire de l'enfant s'accroît rapidement quand l'adulte saisit les occasions de lui apprendre de nouveaux mots, par exemple en nommant les objets auxquels le bébé porte attention et en décrivant ce qu'il fait en lui donnant les soins de base («Maman va laver les mains, les pieds…»). Les mères qui ont un statut socioéconomique élevé ont tendance à utiliser un vocabulaire plus riche et des énoncés plus longs lorsqu'elles parlent à leur bébé, et ce dernier a par conséquent tendance à recourir lui-même à un vocabulaire assez varié lorsqu'il commence à construire ses premières phrases (Hoff, 2003). Des chercheurs californiens ont publié un manuel visant à encourager les parents à communiquer par gestes avec leurs enfants, avant même que ces derniers ne soient capables de parler. Actuellement, des ateliers basés sur cette méthode sont offerts aux parents un peu partout dans le monde, dont plusieurs au Québec (Goodwyn et Acredolo, 1998). Cependant, la sensibilité de la mère et ses réactions appropriées sur le plan du développement de l'enfant sont plus importantes que le nombre de gestes ou de mots qu'elle utilise.

Dans les familles où plus d'une langue est utilisée, les bébés maîtrisent les différentes étapes d'acquisition de chaque langue au même moment que les enfants qui sont exposés à une seule langue. Les enfants bilingues utilisent souvent des éléments des deux langues, parfois dans la même phrase: c'est ce qu'on appelle le **mélange de codes.** Toutefois, cela ne signifie pas qu'ils confondent les deux langues (Pettito et Kovelman, 2003). Des enfants de deux ans qui vivent dans des foyers bilingues sont en effet tout à fait capables de distinguer deux langues entre elles; ils vont par exemple s'adresser à leur mère francophone en français et à leur père anglophone en anglais. Cette habileté à passer d'une langue à l'autre s'appelle l'**alternance de code.** Nous reviendrons dans le chapitre 5 sur cette question du bilinguisme chez les enfants.

Le langage de bébé

Souvent, les adultes parlent d'*une bien drôle de façon* lorsqu'ils s'adressent à des enfants qui apprennent à parler. Comparativement au langage ordinaire, le **langage de bébé** est un langage simplifié qui possède davantage d'intonations, qui exagère les sons des voyelles, qui utilise des phrases plus courtes et qui présente beaucoup de répétitions. Dans plusieurs langues et cultures différentes, on a remarqué que la plupart des adultes et des enfants l'utilisent de manière spontanée.

Plusieurs chercheurs croient que le langage de bébé favorise l'apprentissage de la langue maternelle en aidant les enfants à saisir les caractéristiques distinctives des sons. Les voix de mères américaines, russes et suédoises ont été enregistrées alors qu'elles parlaient à leur enfant âgé de deux à cinq mois. Peu importe la langue qu'elles parlaient, elles produisaient plus de sons exagérés de voyelles lorsqu'elles s'adressaient à leur enfant que lorsqu'elles parlaient à des adultes. Le babillage des bébés contenait lui-même des voyelles distinctives qui reflétaient les différences phonétiques du discours des mères (Kuhl *et al.*, 1997).

3.15 **Deux langues en même temps**
Les enfants qui vivent dans des foyers bilingues sont tout à fait capables de faire la distinction entre deux langues différentes.

Mélange de codes
Utilisation d'éléments de deux langues différentes, souvent dans la même phrase, par de jeunes enfants vivant dans des familles où les deux langues sont utilisées.

Alternance de code
Chez les jeunes enfants, passage d'une langue à une autre pour s'ajuster à la situation, comme chez les personnes bilingues.

Langage de bébé
Langage souvent utilisé pour se mettre à la portée des bébés. Ce langage est simplifié: il comprend beaucoup d'intonations, de phrases courtes, de répétitions et un registre plus aigu.

La lecture dirigée

Faire la lecture à un jeune enfant permet de partager des moments d'intimité avec lui, en plus de favoriser la communication parent-enfant. La fréquence à laquelle les parents font la lecture avec leur enfant, ainsi que la manière dont ils le font, peut influencer le développement de la **littératie,** qui désigne l'habileté à lire et à écrire. Les enfants qui apprennent à lire plus tôt sont généralement ceux à qui les parents ont fait beaucoup de lecture quand ils étaient très jeunes.

Les adultes ont tendance à utiliser trois styles de lecture avec les enfants : le style descriptif, le style compréhensif et le style orienté sur la performance. Le parent qui utilise le *style descriptif* se concentre sur la description de ce qui est illustré sur l'image et invite l'enfant à faire de même, un peu comme Maryse le fait avec sa fille Anna lorsqu'elle lui demande : « Qu'est-ce qu'il y a dans l'arbre ? » Le parent qui a recours au *style compréhensif* encourage l'enfant à aller un peu plus loin dans la signification de l'histoire en émettant des déductions et des hypothèses (« Qu'est-ce que le pompier devrait faire maintenant ? »). Enfin, un parent dont le *style* est *orienté sur la performance* va lire toute l'histoire en introduisant d'avance les termes principaux et en posant ensuite à l'enfant des questions (Reese et Cox, 1999).

Une autre technique, qui ressemble au style descriptif, semble bénéfique pour le développement des habiletés langagières chez le jeune enfant et, plus tard, pour sa compréhension de la lecture à sept ans : c'est la lecture dirigée, une méthode selon laquelle l'enfant devient le *lecteur*. Les parents posent des questions ouvertes (« Qu'est-ce qu'il y a dans l'arbre ? ») plutôt que des questions fermées qui amènent une réponse par « oui » ou par « non » (« Est-ce que l'oiseau est dans l'arbre ? »). Ils prolongent alors la réponse de l'enfant avec d'autres questions, ils répètent et s'étendent sur ce que l'enfant a dit, ils corrigent les mauvaises réponses et proposent d'autres possibilités, tout en aidant l'enfant s'il en a besoin, en l'encourageant et en le félicitant. Ils amènent aussi l'enfant à faire des liens entre l'histoire et ses propres expériences (« As-tu déjà vu un chat qui se léchait ? » « Comment fait-il cela ? »).

Pour pouvoir parler et communiquer, l'enfant doit pratiquer le langage et interagir. Comme on l'a vu précédemment, il ne lui suffit pas d'écouter des conversations entre adultes ; le bébé doit aussi entendre des paroles qui lui sont directement adressées. En lui parlant, les parents et les responsables lui montrent donc comment utiliser de nouveaux mots, comment structurer des phrases et s'exprimer par la parole. De plus, ils lui communiquent le sens élémentaire du déroulement d'une conversation, soit comment introduire un sujet, le commenter, le développer et parler à son tour.

Selon le modèle de U. Bronfenbrenner que nous avons vu dans le chapitre 1, l'âge des parents, la façon dont ils interagissent avec leur enfant, le rang de celui-ci dans la fratrie, ses expériences au service de garde et, plus tard, avec ses pairs, son exposition à la télévision de même que l'école sont autant de facteurs qui affectent le rythme et les étapes d'acquisition du langage. Il en va de même pour la culture. En effet, les jalons du développement du langage décrits dans ce chapitre sont typiques de la culture occidentale et des enfants de classe moyenne à qui l'on s'adresse directement. Ils ne sont donc pas nécessairement les mêmes dans toutes les cultures, ni pour des niveaux socioéconomiques différents (Hoff, 2006).

3.16 **La lecture dirigée**

Dans la lecture dirigée, le parent pose des questions et aide l'enfant à faire des liens entre l'histoire et ses propres expériences. Cette technique favorise le développement du langage et de la littératie.

Littératie
Habiletés de lecture et d'écriture.

Faites le POINT

9 Quelles sont les grandes étapes du langage prélinguistique ?

10 Quelles sont les deux théories qui s'opposent concernant la façon dont les enfants acquièrent le langage et comment arrive-t-on à les concilier ?

11 Comment les parents peuvent-ils favoriser le développement du langage chez leur enfant ?

Rendez-vous au
ODILON
cheneliere.ca/papalia

Le développement physique

Le cerveau du bébé croît rapidement avant la naissance, mais le cortex cérébral poursuit son développement durant quelques années encore après la naissance. Lors de la formation du réseau synaptique, un processus d'élagage a lieu : les connexions les plus utilisées sont renforcées et celles qui ne le sont pas ou qui ne fonctionnent pas correctement sont éliminées.

Chez le jeune enfant, l'attention et la mémoire se développent plus lentement que la vision et le toucher, parce que le processus de myélinisation de ces fonctions s'effectue avec lenteur. Quant à la plupart des réflexes primitifs, ils disparaissent au bout de quelques mois, au fur et à mesure que le développement cérébral et neurologique se poursuit. À cause de la grande plasticité du cerveau de l'enfant, les premières expériences de vie sont d'une importance capitale dans son développement. Les stimulations sensorielles renforcent certaines connexions, tandis que certaines lésions semblent être compensées par d'autres connexions.

Tous les sens fonctionnent dès la naissance. En outre, le nouveau-né peut ressentir de la douleur dès le premier jour, distinguer plusieurs saveurs et reconnaître la provenance d'une odeur. Il parvient aussi à bien voir les objets qui se trouvent à 20 cm de ses yeux. Quant à son sommeil, il alterne entre des périodes de sommeil calme ou régulier et des périodes de sommeil actif ou irrégulier.

À la naissance, les garçons sont généralement un peu plus grands et plus lourds que les filles. La croissance est rapide durant les premiers mois de la vie, et on remarque que la proportion de la tête diminue au fur et à mesure que l'enfant grandit.

Le développement de la coordination vision-mouvement est au centre des progrès de la motricité dans les premiers mois. Le fait de pouvoir se déplacer par lui-même marque un tournant dans le développement de l'enfant. De plus, le fait de pouvoir s'approcher de sa mère ou s'éloigner d'un étranger de manière volontaire lui apporte un sentiment de maîtrise sur le monde et de confiance en soi. Outre cette maturation physiologique, d'autres facteurs, comme la motivation de l'enfant et l'environnement dans lequel il évolue, exercent aussi une certaine influence dans le développement de la motricité. La culture peut également valoriser des pratiques éducatives qui vont ralentir ou accélérer le développement moteur de l'enfant.

Le développement cognitif

À la naissance, le bébé possède déjà la capacité d'apprendre, mais c'est dans un environnement stimulant qu'il va pouvoir développer son plein potentiel.

Au moyen du conditionnement répondant, l'enfant apprend à réagir de façon réflexe ou involontaire à un stimulus qui, au départ, est neutre. En utilisant les récompenses et les punitions, le conditionnement opérant permet pour sa part aux enfants de produire des comportements volontaires.

Le stade sensorimoteur s'étend de la naissance jusque vers l'âge de deux ans ; c'est le premier stade de développement cognitif défini par Piaget, celui au cours duquel l'enfant découvre le monde à travers ses activités sensorielles et motrices. Il est divisé en six sous-stades : le stade de l'exercice des réflexes, le stade des réactions circulaires primaires, le stade des réactions circulaires secondaires, le stade de la coordination des schèmes secondaires, le stade des réactions circulaires tertiaires et le stade des combinaisons mentales et du début de la représentation symbolique.

Vers huit mois apparaît ce que Piaget appelle le schème de l'objet permanent. C'est vers la fin du stade sensorimoteur que le bébé pourra se représenter mentalement le déplacement d'un objet. Toutefois, des chercheurs soutiennent que certaines acquisitions décrites par Piaget se produiraient plus tôt. Pour eux, si l'enfant ne semble pas comprendre la permanence de l'objet ou la causalité, c'est parce qu'il est limité dans les habiletés motrices nécessaires pour le démontrer.

Les chercheurs évaluent l'efficacité du traitement de l'information chez le bébé en mesurant la variation de son attention et sa rapidité d'habituation. On sait ainsi que la mémoire implicite, sur laquelle reposent les habitudes et les habiletés, se développe avant la mémoire explicite, reliée aux rappels d'événements ou de connaissances.

Quant aux recherches inspirées de la théorie socioculturelle de Vygotsky, elles se penchent sur les interactions entre l'adulte et l'enfant et postulent que la participation guidée peut avoir des effets positifs sur le développement intellectuel de ce dernier.

Le développement du langage

Présente dès la naissance et même avant, la capacité de distinguer les sons les uns des autres est essentielle au développement du langage ; un bébé de quelques jours peut distinguer des sons différents, ce qui lui permet de reconnaître la voix de sa mère ainsi que sa langue maternelle.

En un an, le langage prélinguistique suit une progression qui va des gazouillis à l'expression gestuelle, en passant par le babillage. Les premiers mots et holophrases apparaissent alors. Le développement du vocabulaire, plutôt graduel au début, se fait plus rapidement vers la fin de la deuxième année. À tout âge, le langage réceptif est toujours plus étendu que le langage expressif.

Les premières phrases apparaissent souvent vers l'âge de 18 à 24 mois. Elles ressemblent à un langage télégraphique et ne comportent que les mots essentiels.

C'est entre 20 et 30 mois que l'enfant acquiert les rudiments de la syntaxe. Toutefois, il en applique les règles sans tenir compte des exceptions, un phénomène appelé la surgénéralisation des règles.

La théorie de l'apprentissage soutient que le langage s'acquiert par l'expérience, principalement par imitation et par renforcement, alors que la théorie innéiste de Chomsky et ses confrères affirme que le nouveau-né possède un dispositif inné d'acquisition du langage. On peut concilier ces deux théories en affirmant que, dès la naissance, les enfants possèdent la capacité d'acquérir une langue, capacité qui est ensuite activée puis développée par l'expérience. L'acquisition du langage est donc liée à la maturation du cerveau et aux interactions entre l'enfant et les personnes qui prennent soin de lui. C'est pourquoi il est tout aussi important de réagir aux vocalisations du bébé au stade du langage prélinguistique que de stimuler sa communication lorsqu'il développe son vocabulaire, en lui parlant avec des gestes ou en utilisant un vocabulaire varié.

Volumes et ouvrages de référence

ACREDOLO, L., et S. GOODWYN (2008). *La méthode Baby Signs : comment communiquer avec votre bébé avant qu'il ne sache parler*, Montréal, Éditions Marée Haute, 188 p.

Application des résultats des recherches de Linda Acredolo et Susan Goodwyn, deux psychologues de l'Université de Californie qui ont mené des recherches sur l'utilisation du langage des signes avec les bébés.

BOUCHARD, C. (2008). *Le développement global de l'enfant de 0 à 5 ans en contextes éducatifs,* Québec, Presses de l'Université du Québec, collection Éducation à la petite enfance, 464 p.

Ouvrage qui présente, dans un langage clair et précis, les principales théories et connaissances sur le développement de l'enfant. On y aborde les aspects neurologique, psychomoteur, socioaffectif, cognitif et langagier ; étayés de nombreux exemples pertinents.

CENTRE POUR L'INNOVATION ET LA RECHERCHE DANS L'ENSEIGNEMENT (CERI), ORGANISATION DE COOPÉRATION ET DE DÉVELOPPEMENT ÉCONOMIQUES (OCDE) (2007). *Comprendre le cerveau : naissance d'une science de l'apprentissage*, Paris, OCDE, 277 p.

Ouvrage qui aborde de nombreux sujets comme la plasticité du cerveau, la synaptogénèse et les périodes sensibles (chapitre 2) et l'impact de l'environnement sur l'apprentissage (chapitre 3). D'autres sections tendent à dissiper et à nuancer certains «neuromythes», tels «tout se joue avant trois ans», et abordent également différents aspects du développement du cerveau et de l'apprentissage.

Périodiques

COLLECTIF. «Le point sur les prémices de la parole», *Cerveau & Psycho*, nᵒ 17 (septembre-octobre 2006), p. 36-51.

Dossier qui fait état des théories d'acquisition du langage : l'hypothèse de l'innéisme selon Chomsky, la reconnaissance de la voix de la mère et de la langue maternelle, le langage gestuel des bébés et les parleurs tardifs.

Sites Internet et documents en ligne

Centre collégial de développement de matériel didactique (CCDMD) : www.ccdmd.qc.ca

Banque de séquences vidéo de courte durée portant sur les comportements des enfants de zéro à six ans. On y trouve aussi des vignettes portant, entre autres, sur le développement de la motricité, la permanence de l'objet, la causalité et le langage.

Centre de liaison sur l'intervention et la prévention psychosociales (CLIPP) : www.clipp.ca

Site d'un centre d'information et de documentation qui offre, entre autres, dans la section Bilan de connaissance, un dossier qui se consacre au syndrome du bébé secoué, à l'agression indirecte, ainsi qu'aux mauvais traitements physiques et psychologiques envers les enfants.

Le cerveau à tous les niveaux : http://lecerveau.mcgill.ca/flash/i/i_09/i_09_p/i_09_p_dev/i_09_p_dev.html

Dossier intitulé *Le développement cognitif selon Piaget* et qui traite du développement cognitif. On y explique sa conception de l'assimilation et de l'accommodation. On y couvre les quatre structures cognitives primaires qui correspondent à autant de stades de développement, tout en abordant le développement du langage et la théorie de Vygotsky.

Films, vidéos, cédéroms, etc.

BAYLAUCQ, P. (2008). *La dynamique du cerveau,* Québec/Canada/France, 52 minutes, couleurs.

Documentaire qui présente les recherches les plus avancées dans le domaine de la neuroscience et de la plasticité du cerveau. On tente de déterminer quelle est la part respective de la biologie et de la culture dans la transmission des connaissances.

LUMBROSO, V. (2003). *L'enfance pas à pas*, Guilgamesh et ARTE France, 26 minutes, couleurs.

Série de 13 documentaires d'une durée de 26 min chacun, portant sur le développement des enfants de zéro à cinq ans. Chaque documentaire présente des découvertes ou des expériences classiques sur le développement ; on y voit des bébés et de jeunes enfants manifestant les comportements en question. On y relève, entre autres, des extraits intéressants portant sur les réflexes, les étapes du langage (gazouillis, babillage, premiers mots), les expériences en lien avec la situation étrange d'Ainsworth, l'enfant et le miroir.

4

Le développement affectif et social de l'enfant, de la naissance à deux ou trois ans

Prisonnier de ses besoins de base qu'il ne peut exprimer que par ses pleurs et dépendant des autres pour leur satisfaction, le nourrisson s'ouvre peu à peu au monde en prenant conscience de son existence et de celle des autres. Bébé au tempérament facile ou difficile, ses premières émotions apparaissent et constituent son premier moyen de communication. Souvent aimé et choyé par sa famille, parfois négligé ou maltraité, le bébé perçoit le monde comme une source d'amour et de bien-être ou comme un lieu hostile dont il doit se méfier et se protéger. La qualité des soins reçus, les marques d'affection prodiguées par sa mère et par le reste de son entourage déterminent sa confiance en ce monde et lui permettent de développer un attachement sécurisant. Sûr d'être aimé, le jeune enfant peut alors se lancer sans crainte à la découverte de son environnement.

Maïté est une petite fille enjouée qui vient d'avoir deux ans. C'est le matin, et sa mère l'aide à s'habiller. Alors qu'elle veut lui mettre son chandail jaune, Maïté refuse et montre à sa mère le chandail mauve avec des brillants. Sa mère tente de lui faire comprendre qu'il commence à être trop petit pour elle, mais Maïté se met aussitôt en colère et repousse de nouveau le chandail jaune. Après de nombreuses tentatives, sa mère admet que le chandail mauve peut bien être porté une journée de plus.

Une fois habillée, Maïté est prête pour le grand jour : aujourd'hui, elle fait son entrée à la garderie ! Ses parents l'y conduisent et restent avec elle durant la première heure pour la sécuriser. Un peu désemparée au début devant tous les enfants présents, Maïté trouve très rapidement le moyen de s'amuser avec les nouveaux jouets mis à sa disposition. De temps en temps, elle jette un coup d'œil du côté de ses parents qui s'entretiennent avec la responsable du CPE. Tout en jouant, elle commence peu à peu à interagir avec les autres enfants : elle les touche, leur tend des jouets, leur parle un peu. Lorsqu'un des enfants lui arrache soudainement un ballon des mains, Maïté est tellement surprise qu'elle court se réfugier dans les bras de son père, qui aussitôt la rassure.

Toutefois, il est maintenant l'heure pour les parents de quitter la garderie. Les parents de Maïté l'avisent donc qu'ils doivent partir et qu'ils seront de retour bientôt, mais Maïté ne l'entend pas de cette façon : elle fond en larmes et s'accroche aux vêtements de ses parents pour les retenir. Sa mère la prend alors à part et tente de la raisonner en lui parlant doucement. Elle lui explique que leur absence ne sera pas longue, qu'il y a plein de petits amis pour s'amuser avec elle et lui rappelle que, dans la soirée, ils auront aussi la visite de Simon, l'oncle préféré de Maïté. La petite fille se calme un peu, mais lorsque ses parents s'approchent de la porte pour sortir, les larmes coulent de nouveau. C'est au tour de son papa d'intervenir ; il sort dans la cour avec sa fille et se dirige vers le bac à sable. Le père et la fille se mettent à y dessiner des routes et à imiter des bruits de voitures. Après quelques minutes de jeu, les parents de Maïté renouvellent leur intention de partir. C'est cette fois au tour de l'éducatrice de consoler la petite fille pendant que ses parents s'éloignent. Peu à peu, Maïté cesse de pleurer pour retourner jouer dans le bac à sable en attendant leur retour.

Après avoir lu ce chapitre, vous devriez pouvoir répondre aux questions suivantes :

1. Le comportement de Maïté est-il normal ou est-il représentatif d'une enfant trop gâtée par ses parents ?

2. À quel type d'attachement le comportement de la fillette peut-il être relié ?

3. Y a-t-il une différence entre la façon d'intervenir de la mère et les actions du père de Maïté ? Que peut-on dire du comportement de chacun des parents à l'égard de leur fille ?

4. Comment le comportement de Maïté, lorsqu'elle refuse de porter le chandail jaune, peut-il être interprété en regard de la théorie d'Erikson ?

4.1 Les fondements du développement affectif et social

Les fondements du développement affectif et social sont multiples et complexes, et ils résultent, dès la naissance, de l'interaction entre l'enfant et son environnement. Même si les chercheurs ont identifié les principales caractéristiques du développement social des enfants de la naissance à trois ans, chaque enfant possède, dès le départ, un ensemble de caractéristiques – son tempérament, sa façon de vivre ses émotions ou d'interagir avec les autres – qui font de lui une personne unique (*voir le tableau 4.1*).

Dans cette section, nous allons examiner les premiers jalons des interactions du bébé avec son environnement par le biais de l'apparition de la conscience de soi, de l'expression des premières émotions et du tempérament.

TABLEAU 4.1 | Les jalons du développement psychosocial des enfants de la naissance à trois ans

Âge approximatif	Caractéristiques
0-3 mois	Les nourrissons sont ouverts à la stimulation. Ils commencent à manifester de l'intérêt et de la curiosité et ils sourient volontiers aux gens.
3-6 mois	Les nourrissons peuvent anticiper ce qui se passera et sont déçus si cela ne se produit pas. Ils l'expriment en se fâchant et en devenant méfiants. Ils sourient, gazouillent et rient souvent. C'est la période de l'éveil social et des premiers échanges réciproques entre l'enfant et la personne qui s'occupe de lui.
6-9 mois	Les nourrissons se prêtent à des «jeux sociaux» et cherchent à susciter l'intérêt des gens. Ils «parlent», ils touchent et cajolent les autres bébés pour provoquer une réaction de leur part. Ils expriment des émotions plus différenciées, comme la joie, la peur, la colère et la surprise.
9-12 mois	Les nourrissons sont extrêmement préoccupés par la personne qui s'occupe d'eux au quotidien, ils peuvent devenir craintifs envers les étrangers et agir de façon timorée dans des situations nouvelles. Vers l'âge de un an, ils communiquent leurs émotions plus clairement. Ils expriment leur humeur, leur ambivalence et des émotions d'intensités différentes.
12-18 mois	Les enfants explorent leur environnement en utilisant les personnes auxquelles ils sont le plus attachés comme base de sécurité. Au fur et à mesure qu'ils maîtrisent l'environnement, ils gagnent en confiance et s'affirment davantage.
18 mois - 3 ans	Les enfants peuvent parfois éprouver de l'anxiété, parce qu'ils réalisent maintenant qu'ils se séparent peu à peu de la personne qui s'occupe d'eux. Ils s'amusent à tester leurs limites par l'imaginaire et le jeu ainsi qu'en s'identifiant aux adultes.

Source : Adapté de Sroufe, 1979.

4.1.1 L'apparition de la conscience de soi

Le bébé naissant n'est pas conscient de son existence et il ne différencie pas son propre corps de l'environnement. Il n'a pas encore acquis la **conscience de soi,** c'est-à-dire la représentation que l'on se fait de soi-même et la compréhension d'avoir une identité propre, séparée et différente de celle des autres personnes. Cette conscience de soi va se développer graduellement (Harter, 1998).

Le **moi existentiel,** ou **moi subjectif,** émerge dans un premier temps lorsque le bébé apprend qu'il est un être «séparé» et entier, soit durant la période qui va de la naissance à 15 mois. Cette prise de conscience surgit des interactions de l'enfant avec les objets et les personnes qui l'entourent, comme Piaget l'a démontré dans son explication du développement cognitif. Quand le bébé devient plus mobile, ses mouvements font apparaître dans son champ de vision des parties de son corps qu'il va volontiers porter à sa bouche. C'est la première façon dont le bébé apprend à se connaître.

Comme nous l'avons vu dans le chapitre précédent, c'est par hasard que l'enfant fait ensuite bouger des objets présents autour de lui (par exemple, un mobile). En tentant de les faire bouger de nouveau, il réalise graduellement que c'est lui qui occasionne leur mouvement. Par ses diverses expérimentations, l'enfant se différencie alors des objets qui l'entourent. De la même façon, s'il émet un cri et que les personnes de son entourage y portent attention, il réalise alors qu'il exerce une certaine influence sur elles et constate qu'il est une personne distincte.

Toutefois, c'est lors de la seconde étape, entre 15 et 24 mois, que la conscience de soi se réalise pleinement, soit lorsque le **moi différentiel,** ou **moi objectif** ou **catégoriel,** apparaît. L'enfant devient alors pleinement conscient qu'il est un individu à part entière, différent des autres. Selon Piaget, cela se produit lorsque l'enfant est capable de se former une représentation mentale de soi et qu'il a acquis la permanence de l'objet. Cette dernière implique en effet que l'enfant se différencie déjà de l'autre, puisqu'il réagit à son absence. La capacité de se représenter soi-même est bien illustrée par l'expérimentation du miroir conduite par le chercheur Michael Lewis (1997). Pour vérifier l'existence de la conscience de soi chez les enfants, il a dessiné à leur insu un point

4.1 **Le moi existentiel**
C'est en portant des parties de son corps à sa bouche que le bébé apprend à se connaître.

Conscience de soi
Représentation que l'on se fait de soi-même et compréhension d'avoir une identité propre, séparée et différente de celle des autres personnes.

Moi existentiel ou **moi subjectif**
Compréhension par l'enfant qu'il est un être entier, séparé des personnes de son entourage, et qu'il peut agir sur son environnement.

Moi différentiel ou **moi objectif** ou **catégoriel**
Capacité de se représenter soi-même par la compréhension et l'intégration de différentes catégories : le sexe, la taille, la couleur des cheveux, etc.

**Le développement
de la conscience de soi**

Cette trottineuse démontre sa conscience
de soi en touchant sur son visage l'endroit
exact où elle voit dans le miroir le dessin
d'un point rouge. Selon cette expérimentation, on peut affirmer que les enfants
commencent à reconnaître leur propre
visage entre 18 et 24 mois.

Identité de genre
Représentation que se fait une personne
d'elle-même en fonction de son appartenance
à un sexe.

Émotion
Réaction subjective associée à des changements
physiologiques et comportementaux qui surviennent
en réponse à des situations et à des expériences
vécues par la personne.

**Les pleurs, premier moyen
de communication**

Pleurer est le moyen le plus puissant, et
parfois le seul, dont le bébé dispose pour
communiquer ses besoins. Les parents
apprennent vite à différencier les pleurs
dus à la faim de ceux qui sont dus à la
colère, à la frustration ou à la douleur.

rouge sur le nez d'enfants âgés de 6 à 24 mois et les a placés devant un miroir. On pouvait inférer la présence de la conscience de soi si l'enfant touchait son nez plutôt que
toucher son reflet dans le miroir. Les résultats indiquent que la plupart des bébés de
18 mois et tous ceux de 24 mois ont touché leur nez plus souvent pendant l'expérimentation. Par contre, aucun des bébés âgés de 15 mois et moins ne l'a fait. Le comportement des enfants plus âgés au cours de cette expérience démontre donc avec éloquence
qu'ils ont conscience de leur visage, qu'ils savent qu'ils n'ont habituellement pas de
point rouge sur le nez et qu'ils peuvent reconnaître leur reflet dans le miroir.

L'utilisation des mots *je* ou *moi,* qui survient vers 20 ou 24 mois, est une autre manifestation de la présence de la conscience de soi. Le développement du langage permet
à l'enfant de parler de lui et de se représenter en intégrant les descriptions verbales
des adultes à son image de soi (Stipek, Gralinski et Kopp, 1990).

Par ailleurs, le développement de l'**identité de genre** constitue une autre étape de
la conscience de soi. Il s'agit du processus par lequel l'enfant prend conscience qu'il
fait partie de l'un des groupes «filles» ou «garçons». L'identité de genre commence à
se développer à partir de deux ans, mais n'est pleinement acquise qu'autour de cinq
ou six ans, comme nous le verrons dans le chapitre 6.

4.1.2 Les premières manifestations émotives

Les **émotions** comme la joie, la tristesse, la colère ou la peur constituent des réactions subjectives qui sont associées à des changements physiologiques et comportementaux (Sroufe, 1997). Tous les humains éprouvent normalement des émotions,
mais des différences existent dans la façon particulière de les ressentir, dans les types
d'événements qui les déclenchent et dans les comportements qui en résultent. La
culture joue un rôle fondamental dans l'expression des émotions. À titre d'exemple,
dans les cultures asiatiques où l'on prône l'harmonie interpersonnelle, l'expression
de la colère est découragée et l'accent est mis davantage sur l'expression de la honte.
Dans notre culture, plus individualiste, on encourage plutôt l'affirmation et l'expression de soi, parfois aux dépens du bien commun (Cole, Bruschi et Tamang, 2002).

Les émotions ont de nombreuses fonctions. Premièrement, elles servent à communiquer un besoin, une intention ou un désir. Elles appellent une réponse de l'entourage
et jouent donc un rôle prépondérant dans le développement social de l'enfant.
Deuxièmement, dans les cas d'émotions négatives comme la peur, elles peuvent
servir à mobiliser l'énergie nécessaire pour réagir en cas d'urgence, ce qui constitue
un mécanisme d'adaptation non négligeable. Troisièmement, des émotions comme
l'enthousiasme ou l'intérêt favorisent l'exploration de l'environnement et, par le fait
même, permettent une meilleure connaissance du monde.

Le principe du simple au complexe, que nous avons vu dans le chapitre 1, s'applique au
développement des émotions. La plupart des chercheurs s'entendent aujourd'hui pour
affirmer que le développement émotionnel procède selon une séquence ordonnée, dans
laquelle les émotions complexes découlent de réactions émotionnelles plus simples. Les
réactions émotionnelles commencent à se développer dès la naissance et constituent
l'un des éléments de base de la personnalité. Le tableau 4.2 illustre bien l'apparition de
certaines réactions émotionnelles au cours des trois premières années de vie.

Les pleurs

Même s'il est souvent pénible pour un parent d'entendre son enfant pleurer, cette
réaction est essentielle puisqu'elle représente la seule forme d'expression dont dispose le bébé naissant pour manifester qu'il a faim ou qu'il ressent de l'inconfort. Plus
tard, les pleurs peuvent signaler une détresse psychologique. Une réponse adaptée
aux besoins de l'enfant contribuera, au fil des mois, à diminuer graduellement la
fréquence de ces pleurs et leur intensité. Le bébé dont les pleurs sont soulagés consta-
tera que ses actions produisent un résultat. Conséquemment, il apprendra graduellement à avoir confiance en son entourage et, par la suite, en lui-même.

TABLEAU 4.2 | L'expression des émotions au cours des trois premières années

Naissance	L'enfant sourit pendant son sommeil. Il montre des signes de dégoût en réaction à certaines substances gustatives et olfactives. Il manifeste des signes de détresse en réponse à l'inconfort et à la douleur. Un bruit soudain le fait sursauter.
1 mois	L'enfant sourit parfois lorsqu'il entend une personne parler ou qu'il la voit. Il manifeste des signes d'intérêt pour les objets qui bougent ou qui présentent des zones fortement contrastées.
2 mois	L'enfant exprime de la colère, mais ces épisodes sont rares et peu intenses. Il répond aux sourires qu'on lui adresse. Si une personne le regarde avec une expression faciale manifestant de la colère, il peut exprimer lui aussi de la colère. Le visage humain et la nouveauté suscitent un intérêt particulier.
4 mois	L'enfant commence à rire lorsqu'il est chatouillé. Les signes de colère deviennent plus nombreux et plus évidents, surtout quand il ne parvient pas à atteindre certains objets ou à les manipuler.
6 mois	L'enfant sourit davantage aux personnes familières et exprime parfois de la méfiance à l'égard des personnes étrangères. Certains sons le font rire.
7 mois	L'enfant manifeste les premiers signes de peur à l'égard de la hauteur. Un événement inhabituel entraîne une réaction de surprise.
8 mois	L'enfant exprime une réaction de peur à l'égard des personnes étrangères, particulièrement lorsqu'elles s'approchent rapidement et qu'elles établissent un contact physique. Certains jeux avec l'adulte commencent à le faire rire.
9 mois	L'enfant montre des signes de peur et de détresse lorsqu'il est séparé de ses parents.
12 mois	L'enfant rit lorsqu'il voit l'adulte agir de façon bouffonne. Le rire par anticipation fait son apparition dans les jeux qui comportent une série d'actions répétitives.
18 mois	L'enfant exprime de la honte lorsqu'il échoue devant les autres.
2 ans	Des gestes agressifs peuvent accompagner l'expression de sa colère.
3 ans	L'enfant montre des signes de culpabilité lorsque l'adulte lui fait remarquer qu'il a enfreint une règle. Il manifeste de la fierté en réponse à ses réalisations.

Source : Cloutier, Gosselin et Tap, 2005.

Le sourire et le rire

Quand un nourrisson s'endort en souriant, on dit qu'« il sourit aux anges ». Il s'agit d'un sourire involontaire, qui ne s'adresse à personne, et qui résulterait de l'activité nerveuse subcorticale. Il faut attendre qu'il ait environ deux semaines pour voir apparaître un premier sourire qui survient en réaction à une stimulation de l'extérieur, comme une légère caresse sur la joue de bébé. Le sourire social, c'est-à-dire celui qui apparaît lorsque l'enfant sourit à une personne qui lui parle ou s'occupe de lui, survient vers trois semaines. À partir d'un mois, le bébé sourit plus fréquemment et ses sourires sont plus sociaux. Vers deux mois, alors que la reconnaissance visuelle se développe, le bébé sourit davantage à la vue de visages connus (Sroufe, 1997). Les premiers éclats de rire se produisent quant à eux autour de quatre mois. Le bébé, alors plus enjoué, peut par exemple manifester son plaisir d'être chatouillé. Dès six mois, il peut aussi s'esclaffer en entendant son père émettre des sons bizarres ou en voyant sa mère jouer au jeu du « coucou » et apparaître en cachant son visage avec un mouchoir. Vers l'âge de dix mois, les bébés peuvent même tenter de remettre alors le mouchoir sur le visage de leur mère, probablement pour faire durer le plaisir.

4.4 L'apparition du rire

Cet enfant de six mois rit en compagnie de son père et de sa sœur. Rire pour des choses inhabituelles ou inattendues montre que la compréhension cognitive se développe.

Toutes ces réactions sont le reflet du développement cognitif du bébé. En riant à la suite de situations inattendues, les bébés montrent qu'ils savent à quoi s'attendre et qu'ils reconnaissent les situations particulières (Sroufe, 1997). Ces comportements sont également le reflet des premières manifestations de la permanence de l'objet : le bébé montre ainsi qu'il a gardé en mémoire les caractéristiques habituelles de ses parents.

À partir de six mois, les premières manifestations émotives se complexifient et se transforment en émotions de base, telles que la joie, la surprise, la tristesse, le dégoût et la colère. Toutefois, leur étude demeure difficile puisque les enfants de cet âge ne peuvent exprimer verbalement ce qu'ils ressentent. Pour mieux comprendre l'apparition des émotions chez les bébés, Izard et ses collègues (1980) ont enregistré sur vidéocassettes les expressions faciales de bébés de cinq, sept et neuf mois placés dans différentes situations. Lorsqu'on a ensuite demandé à des individus de visionner les vidéocassettes et d'identifier les expressions des bébés, ils ont dit distinguer de la joie, de la tristesse, de l'intérêt, de la peur et, à un degré moindre, de la colère, de la surprise et du dégoût, ce qui démontrerait l'existence, chez ces jeunes enfants, d'un vaste répertoire d'émotions. Ces émotions de base se complexifient encore plus lorsque la conscience de soi apparaît et, par conséquent, la reconnaissance des personnes de l'entourage.

La peur de l'étranger et l'anxiété de séparation

Comme son nom l'indique, la **peur de l'étranger** est une réaction négative de la part du bébé à l'endroit d'une personne qu'il voit pour la première fois. L'**anxiété de séparation** correspond pour sa part à la détresse ressentie par l'enfant lorsque les adultes qui s'occupent de lui le quittent.

La peur des étrangers est quasi inexistante chez les bébés de moins de six mois. Elle apparaît autour de huit ou neuf mois et peut durer jusqu'à un an (Sroufe, 1997). Il est intéressant de souligner le lien existant entre la peur des étrangers et la permanence de l'objet telle que décrite par Piaget. La peur des étrangers implique que le bébé est capable de garder en mémoire les caractéristiques du visage de son parent et de les comparer à un autre, de la même manière qu'il peut garder en mémoire l'objet disparu et se mettre à sa recherche (Golse, 2001). Si, dans le passé, on attribuait ces réactions à tous les enfants, on sait aujourd'hui que ces réactions varient beaucoup en fonction de la situation et du tempérament de chacun. Ainsi, un enfant qui possède un tempérament facile, comme nous le verrons dans la section 4.1.3, réagira moins qu'un enfant au tempérament plus difficile. De plus, la peur des étrangers est assez facilement surmontable pour la plupart des bébés. Si on laisse à l'enfant la chance de se trouver en présence d'un étranger, il pourra graduellement réagir plus positivement (Sroufe, 1997). De son côté, l'anxiété de séparation ne serait peut-être pas attribuable à la séparation elle-même, mais plutôt à la qualité des soins prodigués par la personne à qui l'on confie l'enfant. En effet, quand cette personne est chaleureuse et joue avec l'enfant âgé de neuf mois avant même qu'il ne se mette à pleurer, celui-ci pleure moins lorsque son parent le quitte (Gunnar *et al.*, 1992). Dans la mise en situation du début du chapitre, force est de constater que l'éducatrice qui console Maïté joue en effet un rôle primordial auprès de la jeune enfant.

Les émotions autoévaluatives

Les émotions comme l'embarras et l'envie n'apparaissent que lorsque l'enfant a développé la conscience de soi, soit entre 15 et 24 mois. Cette compréhension permet à l'enfant de savoir à quel moment il est le centre de l'attention et de désirer ce qu'une autre personne possède. Vers l'âge de trois ans, l'enfant a non seulement acquis la conscience de soi, mais il a aussi intégré plusieurs règles sociales. Cette évolution favorise l'apparition des **émotions autoévaluatives** telles que la fierté, la honte et la culpabilité. Ces émotions impliquent que l'enfant porte un jugement sur lui-même et qu'il peut évaluer ses propres pensées, ses désirs et ses comportements en fonction des attentes de la société (Lewis, 1998). Ainsi, la culpabilité et la honte constituent deux émotions distinctes. La culpabilité implique qu'un enfant regrette un comportement inadéquat, par exemple casser un jouet. L'émotion est alors centrée sur son comportement. Par contre, lorsqu'il a honte, l'enfant centre son émotion sur lui-même: il se sent inadéquat comme individu parce qu'il a cassé un jouet. L'enfant qui se sent coupable essaiera donc plutôt de réparer le jouet, tandis que l'enfant qui se sent honteux aura davantage tendance à cacher sa faute (Eisenberg, 2000).

L'empathie

L'**empathie,** c'est-à-dire la capacité de se mettre à la place de l'autre et de ressentir ce qu'il ressent (ou ce que l'on croit qu'il ressent), apparaît au cours de la deuxième année et augmente avec l'âge (Eisenberg, 2000). L'enfant est de plus en plus apte à

Peur de l'étranger
Méfiance qu'éprouve un enfant à l'égard de personnes inconnues. Phénomène apparaissant généralement entre l'âge de six mois et de un an.

Anxiété de séparation
Sentiment de détresse ressenti par un enfant quand la personne qui s'occupe habituellement de lui le quitte.

4.5 **L'anxiété de séparation**

Cet enfant démontre des signes d'anxiété de séparation. L'anxiété de séparation est un phénomène courant chez les enfants de huit mois à un an.

Émotion autoévaluative
Émotion, comme la fierté, la honte et la culpabilité, qui dépend de la conscience de soi et de la connaissance des normes sociales quant aux comportements jugés acceptables.

Empathie
Habileté à se mettre à la place d'une autre personne et à ressentir ce qu'elle ressent.

différencier ce qu'il ressent de ce que les autres ressentent ; il peut donc répondre à la détresse émotionnelle d'une autre personne comme s'il la ressentait lui-même. Par exemple, s'il prend le jouet d'un autre enfant, le fait pleurer et décide alors de lui rendre son jouet, on peut alors penser qu'il est capable de reconnaître ce que l'autre ressent (Hoffman, 1998). Piaget croyait que l'enfant restait égocentrique (c'est-à-dire incapable de comprendre le point de vue de l'autre) jusqu'au stade des opérations concrètes, soit autour de sept ans. Des recherches plus récentes émettent toutefois l'hypothèse que la capacité d'empathie commencerait beaucoup plus tôt et qu'elle serait même innée, au même titre que la capacité d'apprendre le langage (Lillard et Curenton, 1999).

La croissance du cerveau et le développement émotionnel

La croissance du cerveau est étroitement liée au développement émotionnel. Ainsi, un nouveau-né est facilement dérangé par les bruits ou la lumière. Toutefois, au fur et à mesure que se développe le système nerveux central et que les cellules nerveuses sont myélinisées, les réactions du bébé sont moins éparpillées et deviennent plus tempérées. Un pas important est franchi lorsque, vers 9 ou 10 mois, les lobes frontaux commencent à interagir avec le système limbique, siège des réactions émotionnelles. Les relations entre la sphère cognitive et la sphère affective se trouvent en effet facilitées. En outre, les émotions sont également liées au développement physiologique plus large. C'est pourquoi un enfant négligé, qui n'est pas pris dans les bras, qui n'est pas caressé et à qui on ne parle pas, peut développer le **syndrome d'arrêt de croissance non organique.** Ce syndrome se caractérise par l'absence de croissance et de prise de poids, et ce, malgré une alimentation adéquate. Par chance, lorsqu'on s'occupe des bébés atteints de ce syndrome, qu'on les transporte à l'hôpital et qu'on leur offre le soutien émotionnel requis, ils ont de bonnes chances de reprendre leur rythme de croissance normal et de surmonter les effets de ce type de négligence. L'abus, la maltraitance et la négligence ont donc aussi des effets sur le développement de l'enfant, comme le montre l'encadré 4.1 à la page suivante.

Syndrome d'arrêt de croissance non organique
Arrêt de croissance physique d'un bébé, malgré une alimentation adéquate.

4.1.3 Le tempérament

Le tempérament est un autre facteur pouvant influer sur le développement émotionnel de l'enfant. Reprenons le cas de Maïté, présenté dans la mise en situation au début de ce chapitre. Pourquoi réagit-elle fortement lorsqu'elle est contrariée ? Un des facteurs susceptibles d'expliquer ce phénomène est son **tempérament.** En effet, un autre enfant du même âge aurait pu se comporter très différemment dans la même situation. Ce tempérament correspond à une manière spécifique, et relativement stable, de réagir aux personnes et aux situations. Il caractériserait l'enfant dès les débuts de sa vie (Royer, 2004).

Tempérament
Ensemble des dispositions fondamentales, et relativement stables, qui modulent le style d'approche et de réaction à une situation donnée.

L'origine du tempérament

À la naissance, chaque bébé possède déjà certaines caractéristiques innées qui l'amènent à réagir à son environnement d'une façon qui lui est propre. Le tempérament dépend, à la source, d'une multitude de facteurs génétiques ainsi que de nombreuses conditions prénatales, comme la nutrition et l'état de santé de la mère durant sa grossesse. Après la naissance, il se consolide alors en fonction du contexte social et des expériences de l'enfant. Le tempérament est donc au bébé ce que la personnalité est à l'enfant plus vieux ou à l'adulte. Il représente, en quelque sorte, une base fondamentale sur laquelle se développera sa personnalité future.

Les types de tempérament

L'Étude longitudinale de New York (NYLS) fournit des informations précieuses sur les types de tempérament. Dans cette recherche, 133 personnes ont été observées et testées, de la petite enfance jusqu'à l'âge adulte. Les chercheurs ont examiné le degré d'activité des enfants, la régularité de leurs fonctions biologiques (faim, sommeil, élimination) ; leurs réactions à une situation nouvelle ou à un étranger ;

Les mauvais traitements envers les enfants

Une recherche importante concernant les mauvais traitements envers les enfants a vu le jour au début des années 2000 (Tourigny *et al.*, 2002) : il s'agit de l'*Étude sur l'incidence et les caractéristiques des situations d'abus, de négligence, d'abandon et de troubles de comportement sérieux signalées à la Direction de la protection de la jeunesse au Québec (EIQ)*. Dans cette étude, les chercheurs se sont donné pour mandat d'évaluer l'ensemble des dossiers signalés à la Direction de la protection de la jeunesse (DPJ). Plus spécifiquement, la recherche voulait, entre autres, estimer les taux annuels d'enfants signalés à la DPJ selon les diverses formes de mauvais traitements, documenter la nature et la gravité des situations signalées et décrire les caractéristiques des enfants et des familles signalées.

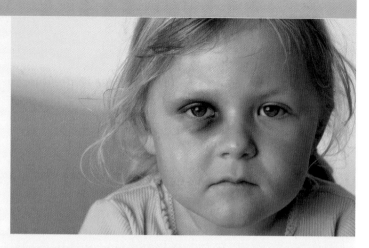

Les résultats démontrent qu'en 2002, la majorité des signalements (43 %) proviennent de cas de négligence, c'est-à-dire de «l'échec chronique du parent à répondre aux divers besoins de son enfant sur les plans de la santé, de l'hygiène, de la protection, de l'éducation ou des émotions» (Éthier, Gagnier et Lacharité, 1994, dans Tourigny *et al.*, 2002). En second lieu, on trouve les troubles sérieux de comportement (39 %), qui prennent la forme de comportements autodestructeurs, de violence envers les autres, de problèmes relationnels entre les parents et les enfants, de fugues ou de problèmes scolaires. Viennent ensuite les mauvais traitements physiques (17 %), caractérisés par une discipline abusive, de la brutalité ou une restriction physique (par exemple, le fait d'enfermer l'enfant) ; les mauvais traitements psychologiques (16 %), qui se manifestent par des menaces, du dénigrement ou de l'indifférence affective ; les sévices sexuels (10 %) et enfin l'abandon (4 %). Ce dernier peut survenir à la suite du décès des parents, quand aucun des membres de la famille ne se manifeste pour prendre en charge l'enfant. Il peut s'agir également de l'expulsion du foyer par des parents qui ne veulent plus s'occuper de leur enfant.

Les familles le plus souvent signalées à la DPJ sont des familles monoparentales. Il semble toutefois que ces familles, même si elles semblent susciter davantage d'inquiétude de la part de l'entourage, ne soient pas, dans les faits, plus abusives que les autres types de famille. En outre, certaines caractéristiques communes aux familles d'enfants signalés ressortent de cette étude : un revenu bas, un faible niveau de scolarité des parents, des déménagements fréquents et des antécédents de mauvais traitements chez les parents. En effet, le tiers des enfants victimes de mauvais traitements vivent avec au moins un parent qui en a lui-même été victime durant son enfance. Néanmoins, sans vouloir minimiser la transmission intergénérationnelle, force est de constater que les deux tiers des parents qui abusent de leurs enfants ne l'ont pas eux-mêmes été durant leur enfance.

L'EIQ a aussi évalué la présence de facteurs de protection dans l'environnement des enfants signalés à la DPJ. Les facteurs de protection identifiés réfèrent, la plupart du temps, à la présence d'un parent qui procure un soutien émotionnel à l'enfant, qui croit ce que l'enfant lui dit et qui pose des gestes pour le protéger. Les victimes de sévices sexuels sont les enfants qui bénéficient du plus grand nombre de facteurs de protection dans leur entourage, alors que les enfants victimes de négligence sont ceux qui en ont le moins.

Une des conclusions de l'étude concerne justement la gravité du phénomène de la négligence, qui est le type de mauvais traitements le plus fréquent au Québec. En effet, la proportion d'enfants victimes de négligence pendant plus de six mois y est de 65 %. Cette négligence, qui est définie comme l'omission sur le plan physique, affectif et intellectuel de comportements bénéfiques à l'enfant, est souvent associée au phénomène de la transmission intergénérationnelle et aussi plus fréquemment associée à une autre forme de sévices. Les conditions de vie des enfants victimes de négligence s'avèrent difficiles, puisqu'on dénombre également des problèmes familiaux et parentaux ainsi qu'une pauvreté économique et sociale constante (Tourigny *et al.*, 2002).

En 2007-2008, la DPJ a reçu 68 651 signalements. Sur ce nombre, elle en a retenu 29 780 pour enquête et a considéré le développement ou la sécurité de l'enfant compromis dans 9 719 cas. En outre, les cas de négligence semblent encore avoir augmenté ces dernières années, car parmi tous les dossiers retenus en 2007-2008, 64 % étaient des cas de négligence (Mayer, 2007).

Les conséquences de la négligence chez les enfants sont nombreuses et elles doivent être prises en considération dans le soutien offert aux familles (Faugeras, Moisan et Laquerre, 2000). Les conséquences principales sont :

- des troubles de l'attachement dans la relation parent-enfant ;
- des problèmes de santé et retards de croissance ;
- des retards de développement ;
- des troubles de comportement sérieux, de la délinquance, de la toxicomanie à plus long terme ;
- la transmission intergénérationnelle des comportements de négligence.

Étant donné l'ampleur des problèmes identifiés, il importe de mettre en place des mécanismes de soutien pour les familles. Il existe au Québec de plus en plus de programmes d'intervention précoce offerts aux familles présentant certains facteurs de risque (faible statut socioéconomique, faible niveau de scolarité, monoparentalité, isolement social, jeune âge de la mère). Dans certains de ces programmes, des rencontres avec les parents, animées par des intervenants (ou parfois même par d'autres mères provenant de quartiers défavorisés de Montréal, comme dans le cas de la Fondation de la Visite), visent à offrir des modèles et des encouragements aux parents, à développer les habiletés parentales et à favoriser l'attachement.

leurs capacités d'adaptation aux changements de routine ; leur sensibilité au bruit, à la lumière ou à d'autres stimuli ; l'intensité de leurs réactions ; leur humeur (si l'enfant tend à être joyeux et amical ou malheureux et peu ouvert aux autres) ; leur tendance à la distraction ; leur capacité d'attention et leur persistance dans l'effort. Les auteurs de l'étude ont constaté que les deux tiers des enfants pouvaient être classés en trois catégories : les **enfants faciles**, les **enfants difficiles**, et les **enfants plus lents à réagir** (*voir le tableau 4.3*). Ils ont également découvert que l'appartenance à une catégorie demeurait relativement stable jusqu'à l'âge adulte (Thomas et Chess, 1984).

Enfant facile
Enfant démontrant un tempérament généralement joyeux, une ouverture aux nouvelles expériences et ayant des rythmes biologiques réguliers.

Enfant difficile
Enfant au tempérament irritable, ayant un rythme biologique irrégulier et des réactions émotionnelles intenses.

TABLEAU 4.3 | Les trois types de tempérament

Enfant facile	Enfant difficile	Enfant plus lent à réagir
Réagit bien à la nouveauté et au changement.	Réagit mal à la nouveauté et au changement.	Réagit lentement à la nouveauté et au changement.
Développe rapidement des horaires réguliers de sommeil et d'alimentation.	A des horaires de sommeil et d'alimentation irréguliers.	Dort et mange plus régulièrement que l'enfant difficile, mais moins régulièrement que l'enfant facile.
S'habitue facilement à de nouveaux aliments.	S'adapte lentement à de nouveaux aliments.	Devant un nouveau stimulus (un nouvel aliment, une nouvelle personne, un nouvel endroit, etc.), présente une réponse initiale négative de faible intensité.
Sourit aux étrangers.	Se méfie des étrangers.	S'habitue graduellement à un nouveau stimulus au terme d'expositions répétées, sans subir de pression.
S'adapte facilement à des situations nouvelles.	S'adapte lentement aux situations nouvelles.	Présente des réactions, positives ou négatives, de faible intensité.
Accepte bien la plupart des frustrations.	Réagit à la frustration par des manifestations de colère.	
S'adapte rapidement à une nouvelle routine et aux règles de nouveaux jeux.	S'adapte lentement à une nouvelle routine.	
Affiche des humeurs d'intensité faible à moyenne et habituellement positives.	Pleure souvent fort, rit fort, manifeste des humeurs intenses et souvent maussades.	

Source : Adapté de Thomas et Chess, 1984.

Les résultats de l'étude de Thomas et Chess (1984) ont montré que 40 % des enfants entraient dans la catégorie des enfants faciles : ils faisaient preuve de gaieté, de régularité biologique et d'ouverture à l'égard des nouvelles expériences. L'étude indique que 10 % des enfants étaient des enfants difficiles : ils étaient plus irritables et difficiles à satisfaire, irréguliers dans leurs rythmes biologiques et plus intenses dans l'expression de leurs émotions. Enfin, 15 % des enfants étaient plus lents à réagir : leurs réactions (positives ou négatives) étaient de faible intensité, mais ils mettaient plus de temps à s'adapter à des situations nouvelles ou à des personnes inconnues (Thomas et Chess, 1984). Il importe toutefois de noter que plusieurs enfants (dont 35 % des enfants de l'échantillon de la NYLS) n'entrent dans aucune de ces trois catégories de tempérament. En effet, un enfant peut par exemple manger et dormir avec régularité, mais craindre néanmoins les étrangers, tandis qu'un autre peut s'adapter lentement à un nouvel aliment, mais s'attacher très vite à une nouvelle gardienne. Ces variantes sont donc normales.

4.6 **Un bébé au tempérament facile**
Cette fillette accepte volontiers de goûter de nouveaux aliments. Ces signes démontrent un tempérament facile.

Par ailleurs, les enfants dits « difficiles » ne sont pas nécessairement destinés à une mauvaise adaptation. Selon la NYLS, la clé d'un développement sain réside dans le degré d'**adéquation** entre le tempérament de l'enfant et les exigences de son environnement. Aussi, si nous attendons par exemple d'un enfant très actif qu'il reste tranquille pendant de longues périodes, ou que nous plaçons constamment un enfant plus lent à réagir devant de nouvelles situations, nous ne favorisons pas cette adéquation. Il est donc important pour les parents et les éducateurs de reconnaître le tempérament de l'enfant et d'ajuster leurs demandes en fonction de celui-ci. Dans la mise en situation

Enfant plus lent à réagir
Enfant dont le tempérament est généralement calme, mais qui se montre hésitant devant de nouvelles situations.

Adéquation
Concordance entre le tempérament d'un enfant et les caractéristiques de son environnement.

de ce chapitre, le changement de comportement de la mère, lorsqu'elle tente d'habiller Maïté, constitue un bon exemple d'adaptation à l'enfant. Lorsqu'elle voit que sa fille tient à mettre son chandail mauve et qu'elle prend le parti de la laisser faire, elle reconnaît le besoin de son enfant d'avoir son mot à dire quant au choix de ses vêtements. Le fait d'accepter le tempérament inné de leur enfant libère en outre les parents d'une lourde charge émotive. Ils comprennent alors que leur enfant n'agit ni par entêtement ni par malveillance. Ils l'acceptent tel qu'il est et risquent donc moins de devenir impatients et sévères envers lui. Au lieu de le considérer comme un obstacle, ils aident alors plutôt l'enfant à utiliser son tempérament comme une force.

La stabilité du tempérament

Le tempérament apparaît de façon innée, probablement héréditaire (Thomas et Chess, 1984), et relativement stable. Comme nous l'avons vu, les nouveau-nés affichent en effet des tempéraments différents qui persistent dans le temps. Cependant, il semble que seul un faible pourcentage d'enfants très difficiles (10 %) maintienne ce tempérament jusqu'à l'entrée à l'école (Rubin *et al.,* 1997). En fait, le tempérament n'est pas complètement formé à la naissance et continue de se développer dans l'enfance lorsque les diverses émotions et les habiletés d'autorégulation apparaissent (Rothbart, Ahadi et Evans, 2000). Il peut donc changer en fonction de l'attitude des parents. Par exemple, de jeunes garçons qui se montrent craintifs et timides sont plus susceptibles de l'être encore à l'âge de trois ans si leurs parents acceptent leurs réactions. Par contre, si les parents encouragent leur enfant à s'aventurer dans de nouvelles situations, ils tendent à être moins inhibés (Park *et al.,* 1997).

La culture influence aussi la stabilité du tempérament. En effet, selon la culture d'appartenance, les parents vont encourager les enfants à maintenir un type de tempérament plutôt qu'un autre. Dans les pays occidentaux comme le Canada, les enfants timides et inhibés sont plus susceptibles d'être perçus comme immatures et incompétents socialement, alors qu'en Chine, la timidité et l'effacement sont socialement approuvés. Ainsi, une étude comparative Canada-Chine a montré que les mères canadiennes d'enfants timides se montraient plutôt punitives ou surprotectrices, alors que les mères chinoises étaient plus chaleureuses et acceptaient davantage leur enfant (Chen *et al.,* 1998).

Les efforts du pédiatre Gilles Julien, dont il est question dans l'encadré 4.2, mettent également l'accent sur la prévention. En effet, les résultats d'une intervention précoce auprès des clientèles à risque ont montré des comportements d'interaction plus positifs entre les mères et leurs nourrissons (Cloutier et Moreau, 1990).

Faites le POINT

1. Comment se manifeste l'apparition de la conscience de soi chez l'enfant ?
2. Décrivez la peur de l'étranger et l'anxiété de séparation.
3. Expliquez la différence fondamentale entre les émotions de base, comme le sourire et les pleurs, et les émotions autoévaluatives.
4. Nommez et définissez les différents types de tempérament.

4.2 Les théories du développement de la personnalité

Comme nous l'avons vu dans le chapitre 1, les théoriciens d'orientation psychanalytique que sont Freud et Erikson ont tous deux expliqué le développement de la personnalité à travers des stades de développement. Nous allons donc présenter ici les caractéristiques des stades de la théorie psychosexuelle et de la théorie psychosociale qui correspondent à la période d'âges étudiée dans ce chapitre, soit de la naissance à deux ou trois ans.

La pédiatrie sociale : une approche axée sur la prévention

Une nouvelle approche de la médecine, appelée pédiatrie sociale, est apparue depuis quelques années au Québec. Elle est issue du constat du pédiatre Gilles Julien, reconnu comme un expert clinique en sévices et négligence, qui note que, encore de nos jours, beaucoup trop d'enfants sont des victimes. Son expérience dans plusieurs milieux défavorisés du Québec lui fait estimer qu'un enfant sur trois n'a pas les outils nécessaires quand vient le temps d'entrer à la garderie et, qui plus est, à l'école. De fait, les conséquences de la pauvreté et le manque de ressources font trop souvent de ces enfants des exclus du système.

Gilles Julien a cofondé en 1996-1997 l'organisme Assistance aux enfants en difficulté (AED) dans le quartier Hochelaga-Maisonneuve, ainsi que le Centre de services préventifs à l'enfance (CSPE) dans le quartier Côte-des-Neiges, à Montréal. Le premier assure une assistance multidisciplinaire aux familles ou aux écoles, le second est une clinique de pédiatrie où l'on offre également des services de répit et d'accompagnement psychologique aux parents, de même qu'un appui préventif pouvant contribuer à améliorer le développement des enfants.

Pour le docteur Julien, ce n'est plus uniquement la pédiatrie qui doit être au centre de l'intervention, mais la famille et l'entourage de l'enfant. Selon lui, les médecins ont aussi un rôle à jouer pour la santé globale (et non pas seulement physique) de l'enfant. Il intervient donc auprès de ses confrères, notamment de l'Université McGill et de l'hôpital Sainte-Justine, afin de leur apprendre à mieux écouter à la fois les parents et les enfants. Son expérience auprès des jeunes lui a fait réaliser que leurs réactions émotionnelles parfois intenses, comme la colère ou la tristesse, ne sont pas nécessairement pathologiques, mais peuvent au contraire démontrer une certaine adaptation en faisant réagir l'enfant à une situation malsaine.

La pédiatrie sociale mise sur la prévention et croit que le dépistage rapide des enfants à risque permet d'intervenir avant que les problèmes ne s'aggravent. En se rapprochant des familles et de leurs besoins, elle permet aux parents d'explorer différentes ressources provenant de l'entourage, de la communauté et même de l'environnement physique. Les familles peuvent ainsi mieux traverser certaines crises inévitables et développer des compétences en observant d'autres modèles. Or, plus les parents seront en mesure de trouver les ressources adéquates répondant à leurs besoins, plus ils auront la chance d'offrir un milieu familial aimant. En outre, de façon globale, une société en meilleure santé ne peut que servir au développement harmonieux de nos enfants.

4.2.1 La théorie psychosexuelle de Freud

Pour Freud, à chaque stade de son développement, l'enfant investit une partie de son corps. Le degré ou la qualité du plaisir sexuel procuré par cette zone érogène ainsi que la façon dont chaque stade est franchi a un impact sur la personnalité de l'enfant (*voir le chapitre 1*). Pour Freud, la mère joue un rôle fondamental. Elle représente pour l'enfant le premier objet d'amour, et la nature de leur relation va venir teinter les relations de l'enfant avec son entourage pour le reste de sa vie. Durant les trois premières années de la vie, l'enfant passe par deux stades de développement psychosexuel : le stade oral et le stade anal.

Le stade oral

Durant le **stade oral** (qui dure de la naissance à 18 mois), la zone érogène investie est la bouche. L'enfant tire du plaisir à téter et à sucer tout ce qui lui tombe sous la main. Durant cette période, selon Freud, la façon dont la mère répond à ce besoin a un impact fondamental sur la personnalité de l'enfant. Le développement d'une personnalité saine résulte, en effet, d'un juste équilibre entre la satisfaction adéquate des besoins oraux de l'enfant et la présence d'un espace pour le développement de la force du *moi*. Par exemple, une mère qui cesserait brusquement son allaitement ou qui empêcherait son bébé de porter des objets à sa bouche créerait une frustration trop grande chez lui. À l'opposé, une mère qui irait toujours au-devant des besoins de son bébé ne lui permettrait pas de les exprimer par lui-même, alors que cet apprentissage s'avère pourtant nécessaire à la construction de sa personnalité. Ainsi, on assiste dans les deux cas à l'apparition d'un conflit intrapsychique, c'est-à-dire à un déséquilibre entre les besoins du *ça* (celui qui ne veut que téter) et les exigences extérieures, qui ne permettent pas

Stade oral
Selon Freud, premier stade du développement psychosexuel, durant lequel la satisfaction est obtenue principalement par la bouche, l'incorporation et la relation à la mère.

toujours la satisfaction immédiate de ces besoins. Selon Freud, un tel déséquilibre au stade oral crée une personnalité dépendante, caractérisée par la difficulté de ressentir une sécurité émotionnelle et de devenir autonome dans ses relations interpersonnelles.

Le stade anal

Au **stade anal** (de 18 mois à 3 ans), ce sont l'anus et le rectum qui deviennent sources de plaisir pour l'enfant. Dans un premier temps, la défécation lui procure du plaisir. Le fait de retenir ou au contraire de relâcher ses sphincters lorsqu'il en a acquis le contrôle est à la base de la gratification. L'apprentissage de la propreté, toujours sous la supervision de la mère, représente donc un moment critique. Encore une fois, selon Freud, le rôle de la mère est de laisser l'enfant jouir de son plaisir tout en l'encadrant dans le contrôle qu'il doit désormais exercer. En effet, une attitude de la mère trop contrôlante ou, à l'inverse, trop laxiste influencera le développement de la personnalité de l'enfant. Il faut se souvenir qu'à cet âge, l'enfant est beaucoup plus évolué physiquement et cognitivement qu'au stade précédent. Pendant cette période, il apprend qu'il peut non seulement exercer un contrôle sur lui-même, mais également sur ses parents. Un déséquilibre au stade anal crée ainsi une personnalité marquée par l'obsession du contrôle de soi et des autres ou, au contraire, par l'absence totale de structure.

4.2.2 La théorie psychosociale d'Erikson

Vous vous souvenez qu'à chaque stade du développement psychosocial proposé par Erikson survient une crise qui doit se résoudre par l'atteinte d'un équilibre satisfaisant entre des forces qui s'opposent, faute de quoi le développement du *moi* risque d'être compromis. Deux crises se produisent au cours des trois premières années : la crise de la confiance *versus* la méfiance, et celle de l'autonomie *versus* la honte et le doute.

La première crise : confiance *versus* méfiance fondamentales

L'opposition **confiance *versus* méfiance fondamentales** marque la première crise que traverse l'enfant de la naissance à 18 mois. L'enfant est alors totalement dépendant des autres pour la satisfaction de ses besoins et le développement sain de la personnalité ne sera atteint que par un juste équilibre entre la confiance, nécessaire à l'établissement de relations interpersonnelles authentiques, et la méfiance, nécessaire à la protection de soi. L'acquisition de cette confiance est primordiale pour établir des relations sociales saines. Comme nous l'avons vu dans le tableau 1.3 du chapitre 1 (*voir la page 16*), la qualité développée lors de cette crise est l'*espoir*, qui donne à l'enfant la certitude que le monde qui l'entoure est un endroit sécuritaire dans lequel ses besoins peuvent être comblés, ce qui favorise alors son ouverture au monde. Dans le cas inverse, un enfant chez qui la méfiance prédomine va percevoir le monde comme un lieu menaçant, ce qui engendrera chez lui la peur de s'ouvrir aux autres. Selon Erikson, cet équilibre entre la confiance et la méfiance fondamentales s'instaure à travers la satisfaction des besoins de l'enfant par la mère. Contrairement à Freud, pour qui l'alimentation était source de gratification orale, pour Erikson, c'est la nature de l'interaction affective entre la mère et l'enfant qui influe sur l'établissement du sentiment de confiance de ce dernier. La mère qui réagit favorablement aux besoins de l'enfant, qui tantôt le rassure, tantôt le laisse explorer son univers, facilite sa transition vers le stade suivant, puisque l'enfant intériorise alors l'idée que sa mère est disponible même si elle n'est pas constamment présente. Bien qu'il ne l'ait pas formulé en ces termes, nous pouvons dire qu'Erikson prônait l'établissement d'un processus d'adéquation entre les besoins de l'enfant et les comportements de la mère.

La seconde crise : l'autonomie *versus* la honte et le doute

L'opposition **autonomie *versus* honte et doute** constitue la deuxième crise traversée par l'enfant de 18 mois à 3 ans. Le sentiment de confiance développé lors de la première crise a engendré chez l'enfant le désir de s'ouvrir au monde extérieur sans trop de crainte. Il veut donc maintenant explorer et agir de manière autonome. Cette poussée vers l'autonomie dépend en partie de la maturation de ses nouvelles capacités motrices. En effet, comme nous l'avons vu dans le chapitre 3, il peut maintenant agir davantage par lui-même. Rapidement, grâce au langage, il est même en mesure d'exprimer davantage ses désirs. Aussi, la qualité qui émerge durant ce stade est la *volonté*. Toutefois, si son besoin d'explorer et de s'affirmer est trop souvent contrecarré par l'entourage, il peut développer le pôle négatif de cette crise, à savoir la honte et le doute. L'entraînement à la propreté, qui est acquise plus rapidement chez la plupart des enfants s'il commence après 27 mois (Blum, Taubman et Nemeth, 2003), représente un pas important vers l'acquisition de l'autonomie et du contrôle de soi.

Le **négativisme**, qui apparaît autour de deux ans, constitue une manifestation normale de cette autonomie. Dans la mise en situation du début, nous en avons une belle illustration. En effet, Maïté veut mettre le chandail de son choix et manifeste ouvertement son mécontentement lorsque sa mère tente de l'en empêcher. L'enfant de cet âge veut exprimer ses propres idées et expérimenter selon ses préférences. Si l'autonomie est l'issue souhaitable de cette seconde crise, l'enfant doit cependant évaluer de façon réaliste ses propres limites ; c'est là une composante essentielle d'une personnalité équilibrée. Les parents doivent donc être attentifs à cette période particulière du développement et mettre sur pied des stratégies qui aideront l'enfant à devenir autonome (*voir le tableau 4.4*).

Négativisme
Comportement caractéristique du jeune enfant (autour de deux ans) qui l'amène à exprimer son désir d'autonomie en s'opposant fermement à ce qu'on lui demande de faire.

TABLEAU 4.4 | Comment encourager un comportement acceptable

Soyez flexible. Étudiez les rythmes naturels de l'enfant, ce qu'il aime et ce qu'il n'aime pas.	*Utilisez la suggestion plutôt que le commandement.* Formulez vos demandes avec le sourire et accompagnez-les de caresses et non de critiques, de menaces ou de contraintes physiques.
Percevez-vous comme un havre rassurant, avec des limites sécuritaires. Vous êtes le point de référence dont l'enfant peut s'éloigner pour découvrir le monde et vers lequel il peut revenir pour trouver soutien et réconfort.	*Associez vos demandes à des activités agréables :* « Il est temps que tu t'arrêtes de jouer, comme ça, tu pourras venir faire des courses avec moi. »
Adaptez votre demeure à l'enfant. Mettez-y des objets incassables qu'il peut manipuler et explorer sans risque.	*Rappelez à l'enfant ce que vous attendez de lui :* « Quand nous allons au terrain de jeux, il ne faut jamais dépasser la barrière. »
Évitez les punitions corporelles. Elles ne donnent rien et peuvent même pousser l'enfant à s'opposer davantage.	*Accordez un délai* avant de répéter. Si l'enfant n'obtempère pas, laissez-lui quelques minutes avant de répéter votre demande.
Offrez des choix. Un choix, aussi limité soit-il (par exemple, « Veux-tu prendre ton bain maintenant ou après la lecture de ce livre ? »), permet à l'enfant d'exercer sa volonté.	*Recourez au « temps d'arrêt »* pour mettre fin à un conflit. Sans faire appel à la punition, soustrayez-vous ou soustrayez l'enfant à la situation conflictuelle.
Faites preuve de constance et faites respecter les consignes.	*Faites preuve d'indulgence durant les périodes de stress,* comme une maladie, un divorce, la naissance d'un petit frère ou d'une petite sœur, ou un déménagement.
N'interrompez une activité que si c'est absolument nécessaire. Essayez d'attendre que l'enfant ait détourné son attention.	*Comprenez que l'enfant éprouve plus de difficultés avec ce qu'il « faut » faire qu'avec ce qu'il « ne faut pas » faire :* « Range tes jouets » lui demande plus d'efforts que « N'écris pas sur les meubles ».
S'il faut absolument interrompre une activité, avertissez l'enfant. « Nous allons bientôt devoir quitter le terrain de jeux. »	
Proposez des activités de remplacement lorsqu'un comportement devient inacceptable. Par exemple, lorsque Camille jette du sable dans les yeux de Jade, dites : « Regarde ! Il n'y a personne à la balançoire. Allons-y ! Je vais te pousser très fort ! »	*Maintenez l'atmosphère aussi positive que possible.* Faites en sorte que votre enfant ait *envie* de coopérer.

Source : Haswell, Hock et Wenar, 1981 ; Kochanska et Aksan, 1995 ; Kopp, 1982 ; Kuczynski et Kochanska, 1995 ; Power et Chapieski, 1986.

4.2.3 L'évaluation des théories du développement de la personnalité

Les théories de Freud et d'Erikson nous aident à mieux comprendre le développement de la personnalité des enfants. Toutefois, ces deux théories possèdent certaines limites, surtout liées à la difficulté de valider objectivement les concepts qu'elles mettent de l'avant. Qu'est-ce exactement que la confiance fondamentale et comment la mesurer objectivement ? Comment évaluer avec certitude que c'est bien l'insatisfaction orale

4.8

La confiance fondamentale

D'après Erikson, ce poupon développera sa confiance dans le monde extérieur grâce aux soins sensibles, attentifs et réguliers de sa mère ou de la personne qui en prend soin.

Attachement

Relation affective réciproque et dynamique qui s'établit entre deux individus et qui a une fonction adaptative pour l'enfant. L'interaction entre ces deux personnes contribue à renforcer et à raffermir ce lien.

Éthologiste

Scientifique qui étudie les comportements caractéristiques des différentes espèces.

Empreinte

Processus génétiquement programmé qui se produit durant une période critique du développement d'un organisme, et par lequel l'organisme réagit à un stimulus d'une manière difficilement modifiable par la suite.

qui crée une personnalité dépendante ? Les recherches qui ont tenté de confirmer les postulats de ces théories n'ont pas abouti à des résultats concluants. Par ailleurs, toutes deux considèrent la mère comme la seule responsable du développement de la personnalité de l'enfant et ne laissent que peu de place au père et aux autres adultes significatifs, de même qu'au contexte de vie de l'enfant. Quoi qu'il en soit, ces théories nous renseignent tout de même sur l'importance des premières relations affectives de l'enfant, comme le font d'ailleurs aussi les théories de l'attachement que nous allons voir maintenant.

Faites le POINT

5 Nommez et expliquez les deux premiers stades de la théorie freudienne, ainsi que les deux premières crises de la théorie d'Erikson.

6 Quelles sont les différences fondamentales entre ces deux théories ?

7 Quelles sont les limites de ces théories du développement de la personnalité ?

4.3 Les théories de l'attachement

L'**attachement** représente le lien affectif, durable et réciproque entre un enfant et celui qui en prend soin. L'attachement a une fonction adaptative pour l'enfant. Il lui assure le bien-être physique et affectif dont il a besoin. Bien que ce processus débute dès les premières semaines de vie, lorsque le bébé manifeste une préférence pour les personnes qui lui sont connues, l'attachement devient plus manifeste autour du sixième mois, pour atteindre son point culminant vers huit ou neuf mois. Il se manifeste alors, comme nous l'avons vu, par la peur de l'étranger et l'anxiété de séparation. Ce lien d'attachement développé durant la petite enfance semble être déterminant pour l'établissement des liens interpersonnels futurs chez l'individu. Trois grands courants théoriques ont tenté d'expliquer l'attachement : les théories de l'apprentissage, les théories éthologiques et la théorie éthologico-psychanalytique.

4.3.1 Les théories de l'apprentissage

Ces théories s'appuient sur les notions de conditionnement et de renforcement que nous avons étudiées dans le chapitre 1. Elles postulent que l'attachement se crée essentiellement par le biais des interactions entre les parents et l'enfant, interactions qui permettent à celui-ci de faire des apprentissages de type répondant ou opérant. Ainsi, le bébé aura un conditionnement de type répondant lorsqu'il établira par exemple une association entre la personne qui lui donne le biberon et l'assouvissement de sa faim. Le renforcement est également présent dans la relation bébé-adulte. En effet, le fait qu'un parent réponde en souriant au bébé qui gazouille renforcera son comportement et favorisera la proximité entre eux. Les théories béhavioristes ont insisté depuis longtemps sur le fait que les parents façonnent le comportement de leurs enfants selon des processus de conditionnement et considèrent que ces conditionnements sont réciproques (Rubin *et al.*, 1996). Enfin, la théorie de l'apprentissage social peut également servir à la compréhension des processus d'attachement. Selon elle, l'enfant apprend comment se créent les interactions intimes en observant des comportements modèles qui font appel à la proximité, par exemple en voyant son grand frère qui pleure se faire consoler par sa mère. Les théories de l'apprentissage suggèrent enfin que l'attachement ne se crée pas seulement avec la mère, mais avec toutes les personnes qui s'occupent régulièrement de l'enfant, comme le père et l'éducatrice de la garderie.

4.3.2 Les théories éthologiques de l'attachement

Konrad Lorenz, un **éthologiste** célèbre, a mis en évidence le processus de l'**empreinte**, appelé aussi « imprégnation » chez les animaux. Il a montré que des poussins frais éclos suivent le premier objet mobile qu'ils perçoivent, lequel, dans leur environnement naturel, est habituellement la mère. L'empreinte, un processus génétiquement programmé, démontre que les petits émettent donc des comportements visant à les maintenir à proximité de la mère. Ce comportement, que l'on peut qualifier «de survie», est-il relié au besoin de nourriture?

Nous avons vu que, pour Freud, la mère devient un objet d'amour parce qu'elle satisfait un besoin primaire: l'alimentation. Cependant, certains éthologistes comme Harry Harlow ont remis en question la position de Freud sur l'établissement de l'attachement. Lors d'une expérience classique, Harlow a voulu vérifier les facteurs responsables de l'établissement de l'attachement de singes rhésus de 6 à 12 semaines à partir des dimensions suivantes: l'apport de nourriture, le réconfort fourni par le contact d'un tissu pelucheux, la température et le mouvement. Il a séparé les jeunes singes de leurs mères biologiques 6 à 12 heures après leur naissance et les a élevés avec des mères de substitution: une «mère» en fil métallique à laquelle était accroché un biberon et une «mère» sans biberon, mais recouverte d'un doux tissu en peluche. Les jeunes singes étaient libres de choisir leur mère de substitution. Tous, sans exception, ont choisi le contact et le réconfort fourni par la mère en tissu pelucheux. Même s'ils se nourrissaient auprès de la mère métallique, ils allaient ensuite se réfugier auprès de l'autre mère. De plus, lorsqu'ils étaient soumis à un stimulus effrayant, ils se tournaient systématiquement vers la mère de peluche. Harlow en a conclu que le facteur de contact réconfortant est plus puissant que les autres facteurs tels que le mouvement, la température et même l'apport de nourriture. Toutefois, bien que les petits élevés par des mères de substitution aient démontré un intérêt plus grand pour l'exploration et un certain attachement à leur mère en peluche, celle-ci n'a pas réussi à remplacer une vraie mère. En effet, aucun des animaux des deux groupes n'a connu un développement normal et aucun n'a pu, par la suite, materner ses propres petits (Harlow et Harlow, 1962; Suomi et Harlow, 1972). Néanmoins, cette expérience débouche sur une conclusion irréfutable: ce n'est pas l'apport de nourriture qui favorise l'établissement d'un lien d'attachement, mais plutôt la satisfaction du besoin de contact physique, doux et réconfortant (Parent et Saucier, 1999).

 Le besoin de contact réconfortant

Dans une série d'expériences classiques, Harry et Margret Harlow ont montré que la nourriture n'est pas ce qui compte le plus dans l'établissement de l'attachement. Lorsque des bébés singes rhésus pouvaient choisir entre une «mère nourricière» en fil de fer ou une «maman» douce et chaude en tissu peluicheux, ils passaient plus de temps accrochés à leur mère en tissu, même s'ils étaient nourris par des bouteilles attachées à leur «mère métallique».

4.3.3 La théorie éthologico-psychanalytique

John Bowlby, pédiatre et psychanalyste anglais, a travaillé auprès d'enfants séparés de leurs parents durant la dernière guerre mondiale, et chez qui il a pu observer les carences sur le plan du développement affectif. Il s'est aussi beaucoup intéressé aux travaux des éthologistes, convaincu en effet que cette théorie pouvait servir à expliquer la construction du lien affectif entre la mère et l'enfant humains. Son postulat de base repose d'ailleurs sur l'idée que, tout comme l'animal, l'être humain a le besoin primaire d'établir des liens d'intimité forts avec ses parents, de manière à protéger sa survie et celle de son espèce (Bowlby, 1969). Puisqu'un bébé ne peut assurer seul sa survie, il est génétiquement programmé à maintenir une proximité avec une personne capable de le protéger, en émettant des signes comme les pleurs, la succion, les cris, le sourire, etc. (Parent et Saucier, 1999). Pour Bowlby, la personne avec qui ce premier lien d'attachement s'établit n'est pas nécessairement la mère biologique. L'attachement est un lien affectif positif qui s'accompagne d'un sentiment de sécurité et qui ne peut être observé directement. Ce que nous pouvons observer, ce sont des **comportements d'attachement,** tels que des regards, des sourires, des contacts, des pleurs. De tels comportements apparaissent surtout lorsque l'enfant a besoin d'être soigné, réconforté ou sécurisé, c'est-à-dire lorsqu'il veut maintenir le contact ou se rapprocher de sa figure d'attachement. Les carences dans l'établissement du lien d'attachement sont irréversibles si elles interviennent au premier âge (Bowlby, 1969).

Comportement d'attachement
Signe émis par l'enfant (regard, sourire, contact, pleur, etc.) qui appelle une réponse de l'adulte qui s'en occupe.

La création du lien d'attachement

La création du lien d'attachement entre un enfant et une autre personne est un processus qui se développe lentement. Pour Bowlby (1969), l'attachement s'établit en trois phases: le *préattachement*, l'*émergence de l'attachement* et l'*attachement véritable*.

Le développement de l'attachement

Par la façon dont elles interagissent ensemble, cette mère et sa fille contribuent toutes deux à créer un lien d'attachement. La façon dont le bébé étreint sa mère montre qu'elle a confiance en elle et renforce les sentiments que la mère éprouve pour son enfant.

Situation étrange
Expérience de laboratoire développée par Mary Ainsworth visant à évaluer le type d'attachement entre une mère et son enfant.

Attachement sécurisant
Type d'attachement dans lequel l'enfant manifeste de la confiance en présence de sa mère, de la détresse lors de son absence, et un retour à la confiance lors de la réunion avec la mère.

Attachement insécurisant de type évitant
Type d'attachement perturbé, dans lequel l'enfant manifeste une distance à l'égard de sa mère lorsqu'elle est présente, une indifférence lors de son départ, et une absence de réconfort lors du retour.

Attachement insécurisant de type ambivalent
Type d'attachement perturbé, dans lequel l'enfant affiche une anxiété en présence et en l'absence de sa mère. Lors de la réunion avec cette dernière, l'enfant démontre tout à la fois une recherche de réconfort et des comportements de rejet et de résistance à la mère.

Avant deux ou trois mois, un ensemble de comportements d'attachement innés sont émis par l'enfant (pleurs, agrippements, sourires, etc.), mais ils ne sont pas différenciés en fonction des personnes qui prennent soin de lui (Ainsworth, 1989). Dès la huitième semaine, le bébé se met à orienter ses comportements d'attachement vers les personnes proches de lui, et plus particulièrement sa mère. Ses avances portent fruit quand la mère répond chaleureusement et avec plaisir, lui offrant de fréquents contacts physiques et la liberté d'explorer. Le bébé se rend compte alors de l'effet de ses actions et acquiert progressivement à la fois un sentiment d'emprise sur le monde et un sentiment de confiance en lui, lié à sa capacité d'obtenir des résultats. Toutefois, il n'est pas encore véritablement attaché à elle. En effet, l'attachement véritable n'apparaîtrait pas avant six ou huit mois : une personne, généralement la mère, devient alors la figure d'attachement principale, comme nous le verrons plus loin.

Selon Bowlby (1969), l'enfant est actif dans la création d'un lien d'attachement. Pour ce faire, il se construit un « modèle opérationnel interne » (MOI), c'est-à-dire une représentation des comportements et des attitudes de la personne la plus significative pour lui, généralement sa mère. Tant que celle-ci agit conformément à ce modèle interne, le bébé ne change pas. Si toutefois la mère modifie de façon consistante sa manière d'agir avec l'enfant, celui-ci doit modifier son modèle interne et le type d'attachement peut alors en être affecté.

L'enfant se construit de la même manière plusieurs modèles internes d'attachement au contact des personnes qui sont significatives pour lui. Contrairement à ce que l'on a longtemps cru, il semble aussi que les bébés développent des liens d'attachement avec leurs deux parents à peu près au même moment. La plupart du temps, le type d'attachement au père et à la mère est également similaire. Il arrive cependant qu'un attachement insécurisant avec l'un des parents soit compensé par un attachement sécurisant avec l'autre (Verschueren et Marcoen, 1999).

Les formes d'attachement

Mary Ainsworth a d'abord étudié le phénomène de l'attachement lorsqu'elle était une jeune collaboratrice de Bowlby, puis chez des bébés ougandais, dans des contextes d'observation naturelle. Par la suite, elle a conçu la célèbre expérience de la **situation étrange**, une technique standardisée d'observation en laboratoire visant à mesurer les types d'attachement entre un bébé et un adulte. Durant cette expérience de la situation étrange, qui dure au total moins de 30 minutes, la mère laisse l'enfant seul à deux reprises dans un environnement nouveau pour lui. La première fois, elle le laisse en compagnie d'un étranger tandis que, la deuxième fois, elle le laisse seul. Pendant qu'il est seul, l'étranger revient en premier dans la pièce, suivi peu après de la mère. Lorsque la mère revient, l'étranger quitte une nouvelle fois la pièce. La mère encourage alors le bébé à poursuivre son exploration et ses jeux, et elle le réconforte au besoin. Ce qui intéressait le plus Ainsworth dans cette expérience de la situation étrange était d'observer les réactions du bébé au retour de la mère. Elle a ainsi pu constater que les bébés ne réagissaient pas tous de la même façon. Certains étaient contents et sautaient dans les bras de leur mère en la voyant apparaître ; d'autres enfants semblaient quant à eux ne pas être affectés par son retour ; d'autres enfin manifestaient de la colère et de l'anxiété qui ne se calmaient pas à la vue de la mère.

Ces observations auprès d'un nombre significatif d'enfants de un an ont permis à la chercheuse et à ses collègues de décrire trois formes d'attachement : une forme d'**attachement sécurisant** (la forme la plus courante, 66 % des bébés), et deux formes d'attachement insécurisant, l'**attachement insécurisant de type évitant** (20 % des bébés) et l'**attachement insécurisant de type ambivalent** (12 % des bébés), ces deux dernières formes étant anxiogènes (Ainsworth *et al.*, 1978).

Le bébé qui fait preuve d'un attachement sécurisant pleure ou proteste quand sa mère quitte la pièce et il l'accueille avec joie quand elle revient. Lorsqu'elle est présente, le bébé se sert de sa mère comme d'une **base de sécurité** à partir de laquelle il explore son environnement. Il peut s'éloigner d'elle temporairement pour observer et manipuler des jouets, par exemple, mais tout en jetant régulièrement un coup d'œil dans sa direction ou en tentant d'attirer son attention en lui montrant ses découvertes. Il revient également de temps à autre auprès d'elle pour trouver du réconfort et se sécuriser.

Le bébé qui manifeste un attachement insécurisant de type évitant réagit peu au départ de sa mère et accepte généralement les contacts avec une personne étrangère. Quand la mère revient, il n'accourt pas vers elle et reste distant, même s'il exprime de la colère. De même, lorsqu'il s'éloigne pour jouer, l'enfant de type évitant ne cherche pas à attirer l'attention de sa mère.

Le bébé qui vit un attachement insécurisant de type ambivalent est pour sa part anxieux, même en présence de sa mère. Il est extrêmement bouleversé lorsqu'elle part et, à son retour, il manifeste son ambivalence en cherchant à la fois un contact avec elle, mais en lui résistant par des coups de pied et des contorsions. En général, ces enfants réagissent fortement à une personne étrangère et sont moins portés à s'éloigner de leur mère pour explorer leur environnement.

Fait remarquable, ces trois types d'attachement sont présents dans toutes les cultures dans lesquelles ils ont été étudiés, soit en Afrique, en Chine et en Israël. On note toutefois que la proportion d'enfants de chaque catégorie diffère alors de celles identifiées dans les études d'Ainsworth (van IJzendoorn et Sagi, 1999). En retournant à la mise en situation du début du chapitre, seriez-vous en mesure de définir quel type d'attachement affiche Maïté?

On a récemment décrit une quatrième forme d'attachement, soit l'**attachement désorganisé et désorienté** (Main et Solomon, 1986). Souvent subtile et difficile à observer, cette forme d'attachement a cependant été validée par plus de 80 études (van IJzendoorn, Schuengen, Badermans-Kranenburg, 1999). Le bébé qui présente cette forme d'attachement manifeste souvent des comportements contradictoires. Au retour de la mère, il affiche un comportement erratique: il semble joyeux, mais il peut en même temps se détourner ou s'approcher sans regarder sa mère. Il semble confus et apeuré ou, au contraire, il paraît figé et peut passer très rapidement d'une émotion à l'autre. Il s'agit probablement du type d'attachement le plus insécurisant. Il apparaît le plus souvent chez des enfants dont les mères sont insensibles, intrusives ou abusives (Carlson, 1998). Le tableau 4.5 décrit les comportements types associés à chacune de ces quatre formes d'attachement dont nous venons de parler.

Base de sécurité
Utilisation du parent comme point de référence permettant à l'enfant d'explorer son environnement et de revenir au besoin pour recevoir un réconfort émotionnel.

Attachement désorganisé et désorienté
Type d'attachement perturbé, dans lequel l'enfant démontre de multiples contradictions dans son comportement à l'égard de sa mère et manifeste de la confusion et de la peur.

TABLEAU 4.5 | Les comportements d'attachement dans la situation étrange

Forme d'attachement	Comportement
Attachement sécurisant	Noémie joue et explore à volonté en présence de sa mère. Elle l'accueille avec joie quand elle revient.
Attachement insécurisant de type évitant	Lorsque la maman d'Émile revient, celui-ci ne la regarde pas et ne l'accueille pas. Il agit presque comme s'il n'avait pas remarqué son retour.
Attachement insécurisant de type ambivalent	Miguel erre près de sa mère pendant la plus grande partie de la situation étrange, mais il ne l'accueille pas avec enthousiasme lorsqu'il la retrouve. Au contraire, il est fâché et contrarié.
Attachement insécurisant de type désorganisé et désorienté	Catherine répond à la situation étrange par un comportement inconsistant et contradictoire. Elle semble s'effondrer, écrasée par le poids du stress.

Source: Adapté de Thompson, 1998.

La quasi-totalité des recherches sur l'attachement repose sur l'étude de la situation étrange. Néanmoins, plusieurs chercheurs ont remis en question sa validité. En effet, la situation est non seulement étrange, mais artificielle. Au cours de l'expérience, la mère et l'enfant sont conduits dans un lieu qu'ils ne connaissaient pas auparavant.

La mère est ensuite invitée à ne pas engager d'interaction avec l'enfant. Ainsi, on expose l'enfant aux allées et venues répétées de personnes non familières, c'est-à-dire d'«étrangers», et on s'attend à ce que l'enfant leur prête attention. L'attachement se manifestant habituellement à travers une variété beaucoup plus grande de comportements que ceux observés dans la situation étrange, certains chercheurs comme Waters et Deane (1985) ont proposé une autre méthode pour observer les enfants dans des situations naturelles. L'AQS (pour *Attachment Q-set*) demande à la mère, ou à tout autre observateur présent à la maison, d'évaluer l'enfant à partir d'une liste de mots ou de phrases décrivant des comportements spécifiques (par exemple, «pleure souvent», «a tendance à se cramponner», etc.). L'observateur doit déterminer si chaque description caractérise bien, ou peu, l'enfant observé. Par la suite, cette évaluation est comparée à la description type d'un enfant sécurisé et confiant, fixée par les experts. Cette méthode permet ainsi d'analyser de manière plus réaliste l'attachement chez un enfant.

Faites le POINT

8 Expliquez la différence fondamentale entre la théorie de l'apprentissage et la théorie éthologique concernant l'attachement.

9 Décrivez ce que Bowlby entend par le comportement d'attachement.

10 Nommez et décrivez les quatre formes d'attachement chez l'enfant.

4.4 Les facteurs d'influence et les conséquences de l'attachement

Pourquoi certains bébés développent-ils un attachement sécurisant et d'autres, un attachement insécurisant? Le processus d'attachement est le résultat de l'interaction entre le tempérament, l'état émotionnel de l'enfant et la qualité de la relation parent-enfant. Toutefois, il importe de garder en mémoire que de nombreux autres facteurs – tels que l'attachement à de nombreux adultes significatifs autres que les parents ou le contexte social dans lequel évolue la famille (situation financière, travail, etc.) – peuvent grandement influencer le développement de l'enfant. Nous allons donc aborder dans cette section les différents facteurs d'influence ainsi que les conséquences de l'attachement.

4.4.1 Le rôle du tempérament

Le tempérament de l'enfant a-t-il une influence sur l'attachement? La réponse à cette question varie selon les chercheurs. Certaines études révèlent en effet que le degré de frustration, la quantité de pleurs, l'irritabilité et la peur des bébés représentent des facteurs de prédiction de l'attachement (Kochanska, 1997). Les manifestations du tempérament du bébé, en agissant sur le comportement des parents, pourraient donc avoir un impact sur l'attachement. Une série d'études menées aux Pays-Bas a même démontré que des bébés ayant des tempéraments difficiles risquaient davantage de développer un attachement insécurisant (van den Boom, 1994). Toutefois, l'effet du tempérament ne semble pas aussi déterminant que certains chercheurs le proposent, notamment lorsque les parents s'accommodent mieux que d'autres du tempérament de leur enfant ou disposent de davantage de ressources dans leur environnement (Cloutier *et al.*, 2005). Ainsi, des recherches ont prouvé que des enfants difficiles dont la mère avait été soutenue par les conseils d'une professionnelle sur les façons de calmer un bébé avaient autant de chance que les autres enfants de développer un attachement sécurisant. On pourrait donc dire que le tempérament difficile peut effectivement influer de manière négative sur le processus d'attachement, sauf si la mère développe des manières spécifiques de s'adapter au tempérament de son enfant et qu'elle obtient du soutien dans ce sens (Rothbart *et al.*, 2000).

4.4.2 L'influence des parents

Tout comme le tempérament de l'enfant, la personnalité des parents influence grandement la qualité de l'attachement puisque le bébé dépend entièrement d'eux pour assouvir ses besoins. Ainsworth et ses collaborateurs (1978) avaient déjà relevé dans leurs recherches des différences marquées dans les modes de maternage, différences qui se répercutaient sur l'attachement du bébé. Ainsi, les mères de bébés qui manifestaient un attachement sécurisant étaient le plus à l'écoute de leur nourrisson durant la première année de leur vie. Par exemple, elles respectaient vraiment les «demandes» de boire de l'enfant et tenaient compte des signes du bébé leur indiquant à quel moment arrêter et à quel rythme (rapide ou lent) le nourrir (Ainsworth, 1979). Bref, elles semblaient avoir la sensibilité nécessaire pour interpréter adéquatement les signaux de leur enfant et elles y répondaient de manière appropriée. Chez les pères, cette même sensibilité tend plutôt à s'exprimer dans un contexte de jeu ou d'activité récréative. Un père sensible dose ses interventions en tenant compte des besoins ponctuels de son enfant, par exemple en le stimulant davantage, ou au contraire, en ralentissant le jeu (Cloutier *et al.*, 2005).

4.11 **Un père qui joue**

Les pères sensibles savent doser leurs interventions en accélérant ou en ralentissant le jeu. Ils s'ajustent ainsi aux besoins ponctuels de leur enfant.

Enfin, les facteurs contextuels comme le travail de la mère, et encore plus son attitude par rapport au fait qu'elle travaille, peuvent aussi avoir un impact sur l'attachement. Une étude a en effet démontré que l'inquiétude de mères, éloignées de leur bébé de huit mois durant leur travail, contribuait à créer chez leur enfant de l'attachement insécurisant de type évitant, tel que mesuré par la situation étrange (Stifter, Coulehan et Fish, 1993).

4.4.3 Les conséquences à long terme de l'attachement

Comme la théorie de l'attachement le prédit, ce lien influe sur les compétences émotionnelle, cognitive et sociale d'un individu (van IJzendoorn et Sagi, 1997). Ainsi, plus l'enfant est attaché de façon sécurisante à l'adulte qui s'occupe de lui, plus il lui sera facile de s'en détacher et de développer de bonnes relations avec les autres personnes. Les enfants qui vivent un attachement sécurisant n'ont donc pas besoin de rester accrochés à leur mère ; ils veulent faire de nouvelles expériences et résoudre à leur façon les problèmes rencontrés. Globalement, ils entretiennent aussi une attitude plus positive à l'égard de l'inconnu.

4.12 **L'attachement sécurisant**

Les enfants qui ont connu un attachement sécurisant lorsqu'ils étaient nourrissons ont tendance à bien s'entendre avec les autres enfants et à former des amitiés fortes.

Plusieurs études longitudinales ont démontré une certaine constance dans le temps quant à l'expérience d'attachement vécue par l'enfant. Hamilton (2000) a constaté que 72 % des enfants de 18 mois conservaient jusqu'à la fin de leur adolescence le même lien d'attachement quant à la sécurité et à l'insécurité. Une autre recherche portant sur 70 bébés de 15 mois qui avaient un attachement sécurisant avec leur mère (tel que mesuré par la situation étrange) a quant à elle démontré que ces enfants présentaient par la suite moins de stress à l'égard d'autres personnes qui prenaient soin d'eux, comparativement aux enfants qui avaient vécu un attachement insécurisant (Ahnert *et al.*, 2004). Ces données nous indiquent bien l'influence que peut avoir le lien d'attachement sur nos relations interpersonnelles futures.

Sur le plan des relations sociales, des observations faites auprès d'enfants de tous âges concluent que ceux qui vivent un attachement sécurisant (comparés à ceux qui vivent un attachement insécurisant de type évitant ou ambivalent) sont plus sociables et plus populaires auprès de leurs pairs ; bref, ils s'adaptent plus facilement à la vie en société (Goldberg, 2000). L'attachement sécurisant semble donc préparer l'enfant à l'intimité des relations amicales (Carlson, Sroufe et Egeland, 2004). En outre, on a aussi démontré que les enfants qui vivent un attachement sécurisant possèdent un vocabulaire plus varié que ceux qui vivent un attachement insécurisant (Meins, 1998). Ils se montrent plus curieux, plus compétents, plus empathiques et plus confiants en eux-mêmes (Elicker, Englund et Sroufe, 1992). Ils ont non seulement une meilleure estime de soi, mais ils démontrent également moins de comportements agressifs et font preuve de persévérance dans l'exécution d'une tâche (Cloutier *et al.*, 2005). À l'âge scolaire et à l'adolescence, les enfants qui ont un attachement sécurisant tendent à avoir les relations d'amitié les plus étroites et les plus stables, du moins dans les pays occidentaux où ont été faites la plupart des recherches (Schneider, Atkinson et Tardif, 2001) et à être mieux adaptés socialement (Jaffari-Bimmel *et al.*, 2006). Enfin, un attachement sécurisant durant l'enfance semble également influencer la qualité de l'attachement du jeune adulte à son partenaire amoureux (Simpson *et al.*, 2007).

De leur côté, les enfants qui ont développé un attachement insécurisant connaissent plus souvent des problèmes à long terme: ils sont inhibés, éprouvent plus d'émotions négatives, sont plus colériques ou agressifs. Ils sont plus hostiles envers d'autres enfants à l'âge de cinq ans et sont plus dépendants à l'âge scolaire (Sroufe, 1983; Kochanska, 2001). Quant aux enfants qui vivent un attachement désorganisé, ils risquent davantage de présenter des problèmes de comportement à l'école et de développer des troubles psychiatriques vers l'âge de 17 ans (Carlson, 1998).

Faites le POINT

⓫ Expliquez le rôle du tempérament dans l'attachement.

⓬ En quoi l'influence des parents est-elle importante dans le développement de l'attachement?

⓭ Quelles sont les conséquences à long terme de l'attachement sécurisant chez un enfant?

4.5 La famille: le premier contexte du développement affectif et social

La famille constitue le terrain par excellence des premières expériences de l'enfant avec le monde extérieur. Selon le modèle écologique, nous pouvons dire que l'ontosystème «enfant» se développe à la base dans le microsystème «famille», la famille se situant elle-même dans un contexte plus large. Le type de famille, le travail des parents, leur revenu, mais aussi le service de garde, les normes qui régissent la société ou les croyances qu'entretiennent les adultes à l'égard des enfants et de la façon de les éduquer sont autant d'éléments qui, dans toutes les cultures, influencent le développement de l'enfant. Ainsi, à Bali, les bébés sont vus comme étant des ancêtres revenus à la vie dans un corps d'enfant et ils doivent donc être traités avec le plus grand respect (DeLoache et Gottlieb, 2000). En Afrique centrale, dans la tribu des Efes, on croit qu'il est sain pour l'enfant de développer des attachements multiples. Aussi, les nourrissons reçoivent des soins d'au moins cinq adultes et sont allaités par plusieurs femmes (Tronick, Morelle et Ivey, 1992).

L'époque dans laquelle l'enfant grandit influence également les processus familiaux. Il y a de fortes chances que vous ayez vous-même grandi dans une famille différente de celle de vos grands-parents. Comparativement à la génération précédente, l'enfant qui naît aujourd'hui au Québec a plus de chances d'être un enfant unique ou de n'avoir qu'un frère ou une sœur. Sa mère est davantage amenée à travailler à l'extérieur, et son père participe en moyenne davantage à la vie de famille que ne le faisait le père ou le grand-père de celui-ci. En effet, en 2006, 44 % des familles québécoises avaient un seul enfant, 40 % en avaient deux et 16 % en avaient trois et plus. Sur les familles qui avaient encore des enfants à la maison, 47 % étaient des couples mariés et 28 % vivaient en union libre (Girard et Payeur, 2009). De même, il est intéressant de constater qu'au Québec, entre 1981 et 2006, la proportion de familles monoparentales avec enfants de moins de 25 ans est passée de 15 % à 25 %. Quant aux couples de même sexe vivant avec un ou plusieurs enfants, ils totalisaient 7,1 % au Québec en 2006, dont 2,6 % étaient des hommes et 13,4 % des femmes. Enfin, mentionnons que l'Institut de la statistique du Québec a obtenu des données intéressantes sur la situation familiale des élèves du secondaire en 2006. Les résultats de cette enquête, présentés dans le tableau 4.6, ne concernent toutefois que les jeunes âgés de 12 à 17 ans. On y voit que la grande majorité (65,6%) d'entre eux vivait en 2006 dans une famille «intacte», les autres cas étant les familles monoparentales (12,4%), la garde partagée à parts égales (10,5%) et les familles recomposées (9,6%).

TABLEAU 4.6 | La situation familiale des élèves du secondaire en 2006

Situation	%
Vivant avec le père et la mère	65,6
Garde partagée égale	10,5
Avec la mère seule	9,9
Avec la mère et son nouveau conjoint	7,7
Avec le père seul	2,5
Avec le père et sa nouvelle conjointe	1,9
En famille monoparentale	12,4
En famille recomposée	9,6

Source : Institut de la statistique du Québec, 2006.

Avant d'examiner plus en détail le rôle des parents et de la fratrie, examinons d'abord quatre phénomènes importants qui caractérisent le processus du développement de l'enfant au sein de sa famille, soit la *régulation mutuelle*, l'*autorégulation*, la *référence sociale* et, enfin, la *socialisation*.

4.5.1 La régulation mutuelle

Nous l'avons vu, dès sa naissance, le bébé exprime des émotions; il apprend graduellement à se distinguer de son entourage par la conscience de soi et développe déjà, à deux ans, une autonomie bien à lui. Ces progrès sont dus en partie à la **régulation mutuelle.** Cette régulation mutuelle, ou synchronie, réfère à la capacité du parent (ou de l'adulte qui prend soin de l'enfant) d'être attentif aux signaux émis par le bébé et d'y ajuster ses réponses. Il s'agit d'une sorte de processus d'adéquation, mais à plus petite échelle. Donnons un exemple concret: un bébé tend les bras vers son père en gazouillant et celui-ci le prend et lui parle. Il lui présente ensuite un jouet en peluche très coloré, mais le bébé se tourne en faisant la moue. Le père laisse alors le jouet de côté afin de respecter le besoin de l'enfant de ne plus être stimulé. C'est cette régulation mutuelle qui aide les bébés à interpréter et à prévoir le comportement des autres. Même de très jeunes enfants sont effectivement en mesure de percevoir les émotions exprimées par d'autres personnes et d'ajuster leurs comportements en conséquence (Legerstee et Varghese, 2001; Montague et Walker-Andrews, 2001). Inversement, l'interruption du contact interpersonnel a pour effet de perturber ces comportements (Striano, 2004).

Le **paradigme du visage inexpressif** (Tronick *et al.*, 1978) est une méthode de recherche servant à mesurer la régulation mutuelle chez les bébés de deux à neuf mois. Cette méthode s'expérimente de la manière suivante: la mère et l'enfant interagissent normalement jusqu'à ce que, d'un seul coup, le visage de la mère devienne inexpressif; elle se tait et ne répond plus à l'enfant. Les bébés cessent alors de sourire et de regarder leur mère. Ils grimacent, émettent des sons ou gesticulent. Ils se touchent ou touchent leurs vêtements, vraisemblablement pour se rassurer ou pour diminuer le stress induit par ce changement si soudain du comportement maternel (Weinberg et Tronick, 1996). Quelques minutes plus tard a lieu la «réunion»: la mère reprend ses interactions avec l'enfant et son visage redevient expressif. Une analyse

Régulation mutuelle
Accord entre les rythmes émotionnels et les réponses mutuelles de deux personnes en interaction.

Paradigme du visage inexpressif
Méthode de recherche utilisée pour mesurer la régulation mutuelle chez des bébés de deux à neuf mois.

plus fine des comportements des enfants de six mois lors de l'expérience révèle qu'ils ont une double réaction. Lorsque la mère redevient expressive, l'enfant adopte des comportements de rapprochement avec elle: il gazouille et lui tend les bras. Cependant, ses expressions faciales restent tendues, tristes ou fâchées. Il manifeste aussi davantage de signes de stress prouvant qu'il est affecté par ce bris de la régulation mutuelle. Cette étude suggère également que l'enfant est capable d'être actif dans ses tentatives de rétablir cette régulation et que la façon dont le parent répond à l'enfant affecte la réaction de ce dernier. Ainsi, les enfants dont les parents sont habituellement sensibles à leurs besoins affectifs semblent se consoler plus facilement et ont moins de réactions négatives durant l'épisode du «visage inexpressif» (Tarabulsy *et al.,* 2003). Ceci est important, parce que la capacité d'un enfant de quatre mois de se réconforter par lui-même prédit la formation d'un attachement sécurisant à l'âge de 12 mois (Rosenblum *et al.,* 2002). Nous devons donc retenir que le comportement de l'adulte à l'égard de l'enfant est encore là primordial.

4.5.2 L'autorégulation

Catherine a deux ans. Elle est sur le point de mettre ses doigts dans une prise de courant lorsque son père s'écrie: «Non!» Elle retire alors sa main en vitesse. Quelques jours plus tard, Catherine repasse devant la même prise de courant. Elle pointe son doigt, puis dit: «Non.» Elle fait preuve ici d'autorégulation en s'empêchant elle-même, sans la présence d'un contrôle extérieur, de commettre un geste non souhaité. L'**autorégulation** constitue la base de la socialisation et implique toutes les dimensions du développement. Catherine est maintenant capable physiquement de marcher jusqu'à la prise électrique. Pour ne pas y mettre les doigts, elle doit comprendre clairement ce que son père lui a dit et s'en souvenir. Cependant, ces processus cognitifs ne sont pas suffisants. Catherine doit aussi faire preuve de contrôle émotionnel pour restreindre ses envies.

En prenant conscience de la réponse émotionnelle de leurs parents par rapport à leurs comportements, les enfants apprennent ce que ces derniers approuvent ou désapprouvent. Le désir intense des enfants de plaire à leurs parents les fait alors choisir des comportements souhaités par eux, même en leur absence. La régulation mutuelle durant la petite enfance aide les enfants, et en particulier les enfants au tempérament difficile, à faire preuve d'autorégulation (Feldman, Greenbaum et Yirmiya, 1999). Un attachement sécurisant et des interactions chaleureuses entre l'enfant et le parent contribuent aussi au développement de cette autorégulation (Eisenberg, 2000). Par ailleurs, les enfants sont plus motivés à obéir aux demandes parentales quand le parent est ouvert à l'autonomie de l'enfant, par exemple en le laissant diriger une période de jeu (Kochanska, 1997).

4.5.3 La référence sociale

Vers la fin de la première année, alors que les comportements du bébé deviennent plus complexes, un changement important se produit: celui-ci peut désormais se servir des adultes qui l'entourent comme source de référence pour ajuster ses réactions à des situations nouvelles. Par exemple, en présence d'une nouvelle personne, l'enfant peut observer ses parents pour obtenir des indications sur la façon dont il doit lui-même réagir. Si ses parents semblent contents de se trouver en présence de cette personne, l'enfant aura alors davantage tendance à bien réagir. Par cet échange d'ordre affectif, l'enfant indique ce qu'il ressent dans telle ou telle situation et réagit aux émotions qu'il perçoit. Ces progrès sont à la base de la **référence sociale,** c'est-à-dire de la capacité à comprendre comment se comporter dans une situation ambiguë en obtenant d'une autre personne une information d'ordre affectif (Hertenstein et Campos, 2004). Une expérimentation a mis en évidence la présence de cette référence sociale chez les bébés dès l'âge de 12 mois: lorsque ceux-ci étaient exposés à des jouets qui vibraient ou qui se déplaçaient rapidement sur le sol ou le plafond, les enfants de 12 et 18 mois s'éloignaient ou se rapprochaient du jouet en fonction de l'expression émotionnelle de l'expérimentateur qui feignait d'avoir peur ou de trouver la situation amusante (Moses *et al.,* 2001). Dans une autre étude, des enfants

Autorégulation
Contrôle interne sur ses comportements dont fait preuve l'enfant en fonction des attentes sociales.

Référence sociale
Capacité à comprendre comment se comporter dans une situation ambiguë en obtenant d'une autre personne une information d'ordre affectif.

de 12 mois (mais pas ceux de 10 mois) alignaient leur comportement vis-à-vis des objets non familiers sur les signaux émotionnels non verbaux, émis par une comédienne sur un écran de télévision (Mumme et Fernald, 2003).

4.5.4 La socialisation

La **socialisation** est le processus par lequel les enfants développent des habitudes, des habiletés, des valeurs et des motivations qui leur permettent de devenir des membres responsables d'une société. La socialisation se base sur l'*intériorisation* des règles de la société. L'obéissance aux attentes des parents représente la première étape de l'intériorisation de normes extérieures, puisque les parents sont les premiers agents de socialisation de l'enfant, une sorte de courroie de transmission entre lui et la société. Certaines règles ont trait à la sécurité (par exemple, éviter de toucher aux couteaux), alors que d'autres concernent les rapports avec les autres (par exemple, remercier ou respecter son tour de parole). Les enfants les apprennent dès leur plus jeune âge dans leur famille. Ceux qui sont bien socialisés obéissent aux règles établies non pas pour éviter une punition ou pour obtenir une récompense, mais parce qu'ils ont intégré ces règles comme étant les leurs (Kochanska, Tjebkes et Forman, 1998). Certes, certains enfants sont plus faciles à socialiser que d'autres. Le tempérament de l'enfant et la qualité du lien avec le parent peuvent autant faciliter cette socialisation que lui nuire. La sécurité de l'attachement, la possibilité d'apprendre en observant et l'ouverture mutuelle entre les parents et l'enfant constituent également les déterminants importants d'une socialisation réussie (Kochanska *et al.*, 2004). Les conflits qui surgissent lorsque l'enfant se comporte mal peuvent représenter des occasions constructives pour aider l'enfant à développer son sens moral. Leur résolution doit pour cela impliquer la négociation et le raisonnement, qui permettent alors à l'enfant de voir un autre point de vue que le sien, mais aborder aussi les aspects affectifs de la situation («Comment te sentirais-tu si...?») pour aider l'enfant à développer sa propre conscience (Laible et Thompson, 2002).

Socialisation
Processus d'apprentissage des comportements considérés comme appropriés dans une culture donnée.

4.5.5 Le rôle de la mère et du père

Freud affirmait que la conduite future d'un enfant, bonne ou mauvaise, dépendait exclusivement de sa mère. Sans nécessairement souscrire à une telle affirmation, de nombreuses études se sont pourtant consacrées exclusivement aux interactions mère-enfant, possiblement à cause d'une plus grande disponibilité des mères ayant de jeunes enfants. Or, même si la mère demeure un personnage central dans l'histoire du développement de son enfant, nous savons maintenant qu'elle n'est pas la seule personne importante dans la vie de celui-ci. Depuis les années 1970, la présence plus grande des femmes sur le marché du travail, la remise en question des rôles sexuels traditionnels et le désir des pères de s'investir davantage dans la vie de leurs enfants ont contribué à un plus grand engagement de ceux-ci dans les jeux et les soins prodigués aux enfants. Les recherches sur l'engagement paternel confirment d'ailleurs qu'une présence positive et stable du père dans la vie de l'enfant a des effets positifs sur son bien-être et sur son développement physique, cognitif et social (Cabrera *et al.*, 2000). Toutefois, aujourd'hui encore, les mères assument majoritairement la responsabilité de l'éducation des enfants (Dubeau, Coutu et Moss, 2000).

Les différences entre hommes et femmes, sur le plan biologique comme sur les plans social et culturel, font que chacun joue un rôle unique et apporte sa contribution particulière au sein de la famille. Contrairement à ce que véhiculent certains préjugés, les pères possèdent, tout comme les mères, les compétences nécessaires pour élever un enfant (Lanoue et Cloutier, 1996). On remarque cependant des différences entre les pères et les mères quant aux façons d'interagir avec leurs enfants. En effet, des études portant sur les interactions père-enfant indiquent que les pères sont généralement plus présents dans les jeux que dans les soins corporels, ces derniers étant plus souvent assumés par la mère. Les mères seraient aussi plus sécurisantes et plus verbales dans leurs interactions avec l'enfant, alors que les pères seraient davantage orientés vers l'action (Lamb, 2004). Dans la mise en situation présentée en début de chapitre,

4.13 **Un père qui s'implique**
Cette petite fille adore dessiner avec son papa. L'implication active de son père contribue à son développement cognitif et émotionnel.

rappelez-vous comment les deux parents réagissent au comportement de Maïté à la garderie : sa mère privilégie le langage, tandis que son père lui propose un jeu. Plusieurs facteurs déterminent le degré de participation du père : sa motivation, son engagement, l'impression qu'il peut faire une différence dans la vie de l'enfant et qu'il possède les habiletés pour le faire, sa relation avec la mère de l'enfant et le degré d'ouverture de cette dernière à la participation du père à la vie des enfants (Coley, 2001).

4.5.6 Les relations avec les frères et sœurs

Les relations avec la **fratrie** jouent un rôle unique dans la socialisation, différent de celui des parents ou des pairs. Les bébés s'attachent en effet beaucoup à leur grand frère ou à leur grande sœur. Et plus l'attachement parent-enfant est sécurisant, plus les enfants s'entendent bien entre eux (Teti et Ablard, 1989). Cependant, les conflits qui existent entre frères et sœurs peuvent aussi être un moyen de comprendre les relations sociales, car plus les enfants se développent sur les plans cognitif et social, plus les conflits tendent à devenir constructifs (Ram et Ross, 2001). Les conflits entre frères et sœurs aident en effet les enfants à reconnaître les besoins, les désirs et les points de vue de l'autre. Ils permettent ainsi à l'enfant d'apprendre à tolérer la présence de désaccords et favorisent la recherche de compromis dans un contexte stable et sécurisant (Vandell et Bailey, 1992). Étant donné la diminution du nombre d'enfants dans les familles, l'apprentissage de la gestion des conflits peut également se faire à la garderie avec les pairs, comme nous le verrons dans le chapitre 6.

4.5.7 Les perturbations des relations familiales

Nous avons vu combien les parents jouent un rôle fondamental dans la vie de leurs enfants. Lorsque les relations parents-enfants sont perturbées, les conséquences peuvent parfois être graves pour la famille entière et pour l'enfant en particulier, comme vous avez pu le constater dans l'encadré 4.1 sur les mauvais traitements infligés aux enfants (*voir la page 112*). Toutefois, il est important de garder à l'esprit la remarquable capacité d'adaptation des enfants et des adultes, qui leur permet de trouver les moyens d'affronter des perturbations très sérieuses et de faire preuve ainsi de résilience, comme nous le verrons dans le chapitre 8.

Le divorce ou la séparation des parents

Même si la majorité des enfants québécois habitent avec leurs deux parents, les séparations et les divorces sont beaucoup plus nombreux aujourd'hui qu'ils ne l'étaient il y a 50 ans. Cette situation a attiré l'attention des chercheurs, lesquels se sont attardés à comprendre son effet sur les enfants et les parents. Les résultats de nombreuses études sur le sujet tracent un portrait parfois sombre des conséquences d'une séparation. On avance que les adultes divorcés connaissent des difficultés de plusieurs ordres : surconsommation, dépression, problèmes psychosomatiques. Les difficultés émotionnelles des adultes reliées au divorce exerceraient donc une influence sur leur façon de s'occuper de leurs enfants. Surtout durant les deux années suivant la séparation, les mères, qui le plus souvent obtiennent la garde des enfants, se montrent plus « préoccupées et irritables, moins présentes, et elles punissent davantage les enfants de façon erratique » (Jutras, 1999). De plus, le divorce implique souvent une perte de revenu pour les deux parents, la diminution ou même la perte des contacts avec l'un des parents, parfois aussi un déménagement et un changement d'école, sans compter le fait qu'un enfant en garde partagée doit sans cesse circuler entre les foyers de ses deux parents. Toutes ces dimensions peuvent être à l'origine de difficultés. L'acceptation du divorce par la société joue cependant son rôle. En effet, plus les divorces sont nombreux et moins l'enfant se sent « à part ».

Malgré toutes les difficultés évoquées, on estime que 70 % à 80 % des enfants dans cette situation ne présentent pas de problème notable, que ce soit sur le plan émotionnel, comportemental ou développemental. Chez les enfants de familles intactes, ce taux est de 85 % à 92 % (Bray, 1999). Ce constat amène Saint-Jacques et Drapeau (2009) à affirmer que « ce sont les processus relationnels et les conditions de vie objectives qui

Fratrie
Ensemble des frères et des sœurs d'une famille.

4.14 Les relations avec la fratrie
Il a été démontré que plus l'attachement avec les parents est de type sécurisant, plus les frères et sœurs s'entendent bien entre eux.

expliquent l'adaptation des enfants aux transitions familiales, et non le fait d'avoir des parents séparés ou de vivre dans une famille recomposée». Dans le cas des divorces, comme dans tout événement stressant, il est donc important de prendre en considération la multiplicité des facteurs en jeu, facteurs qui sont abordés dans l'encadré 4.3.

L'impact de la séparation parentale : le projet de vie de l'enfant est différent de celui de ses parents

Richard Cloutier
Professeur retraité de l'école de psychologie de l'Université Laval et chercheur

À la suite de l'obtention d'une maîtrise à l'Université Laval et d'un doctorat à l'Université McGill, Richard Cloutier s'est consacré pendant plus de trente ans à ce qu'on pourrait appeler «l'adaptation de l'enfant dans son milieu». Ses travaux l'ont amené à étudier l'effet de la transition familiale dans les cas de séparation des parents et de placement des enfants en milieux substituts, notamment par la DPJ.

Richard Cloutier a également été associé à l'équipe interdisciplinaire de recherche Jeunes et familles à risque de l'Université Laval, un des partenaires importants du Centre jeunesse du Québec. Les effets de la séparation des parents sur le développement de l'enfant constituent un axe important de recherche pour l'équipe Jeunes et familles à risque, car les transitions familiales qui en découlent constituent des facteurs de risque susceptibles de concerner, de nos jours, un enfant sur trois au Québec. En effet, au-delà de la séparation initiale des parents, d'autres transitions suivront vraisemblablement, comme une nouvelle union de l'un ou des deux parents, la venue de nouveaux frères et sœurs dans la famille recomposée, un changement de formule de garde, une nouvelle séparation, etc. Chacune de ces transitions représente un défi d'adaptation et peut s'avérer déstabilisante pour le jeune. Dans ce domaine, les chercheurs s'intéressent maintenant aux caractéristiques des familles qui arrivent à traverser positivement ce type de crise, c'est-à-dire aux familles résilientes. Cependant, comme c'est le cas pour les facteurs de risque d'inadaptation, les facteurs de protection associés à la résilience sont complexes parce que leurs effets sont conditionnés par plusieurs variables. Voici quelques-unes d'entre elles (Cloutier *et al.*, 2005) :

- l'âge et le sexe de l'enfant ;
- la formule de garde adoptée par les parents ;
- le degré de conflit entourant la séparation ;
- les ressources matérielles et le niveau de scolarité des parents ;

- les changements dans l'environnement immédiat de l'enfant (déménagement, changement d'école et d'amis, etc.) ;
- le temps écoulé depuis la séparation.

La place de l'enfant dans les décisions qui le concernent lors des transitions familiales constitue aussi un objet intéressant de recherche. Tout le monde s'entend pour dire que l'enfant est un membre à part entière de sa famille et que son avenir est directement concerné par la transformation de ce qui constitue sa première cellule de vie. La majorité des adultes vont aussi s'entendre pour dire qu'ils placent les intérêts des enfants en tête de liste de leurs préoccupations au moment de choisir un arrangement lors de la séparation. Dans les faits, force est de constater qu'on laisse malheureusement encore peu de place à l'enfant dans la gestion sociale des séparations et des divorces, selon monsieur Cloutier. «Lors d'un divorce ou d'une séparation, on oublie trop souvent que le projet de vie de l'enfant n'est pas celui de ses parents.» Ces derniers, toutefois, en prétendant être les meilleurs représentants des droits de l'enfant, ont souvent du mal à composer avec les émotions (colère, tristesse, anxiété par rapport au futur, etc.) ainsi qu'avec les réactions du jeune ou ses préférences en contexte de décision. Dans ces contextes difficiles, les adultes ont alors trop souvent tendance à ne pas offrir de place à l'expression de l'enfant, en prétextant qu'il est trop jeune pour comprendre, qu'il faut lui laisser vivre son enfance en paix, ou encore qu'il faut éviter de le mêler aux histoires des adultes en conflits. En réalité, les adultes ont peur de l'enfant et des enjeux liés à ce qu'il peut dire ou faire. Pourtant, il ne s'agit pas de lui faire porter le poids de la décision, mais bien de lui donner l'occasion de donner son opinion ou d'exprimer sa colère et sa tristesse, bref de l'écouter. En effet, «lorsqu'on prend la peine de donner la parole aux enfants, nous sommes toujours étonnés de la pertinence de leur propos et des nuances dont ils sont capables».

Il importe donc de mieux connaître la dynamique psychologique en jeu dans les transitions de séparation parentale, car celle-ci a trop souvent pour effet l'appauvrissement de la famille ; un appauvrissement n'est pas uniquement matériel, mais également psychologique, affectif, culturel et spirituel. «Il ne faut pas oublier que le départ d'un de ses parents coûte très cher à l'enfant et que ce dernier, même après de nombreuses années, continue d'avoir des fantasmes de réconciliation. Or, il a été démontré que si la famille ne s'appauvrit pas à la suite d'un divorce, les effets négatifs de la séparation sur le développement de l'enfant seront pratiquement inexistants.» On comprend par conséquent combien il est nécessaire que les parents assurent la continuité relationnelle, car comme le mentionne si bien Richard Cloutier, «la parentalité n'est pas la conjugalité».

L'hospitalisation de l'enfant

La séparation d'avec les parents peut également survenir à cause d'une maladie qui affecte l'enfant. Dès les années 1960, Bowlby a ainsi observé les effets négatifs de l'hospitalisation sur l'enfant et a noté que des bébés hospitalisés âgés entre six mois et trois ans passent par trois stades d'angoisse liée à la séparation. Les bébés réagissent d'abord par la protestation. Ils pleurent, se débattent et communiquent leur besoin de retrouver le contact avec le parent. Dans un deuxième temps, les bébés deviennent plus calmes, non pas parce qu'ils s'habituent à cette situation, mais parce que ces premières réactions n'ont pas donné de résultats fructueux. En fait, ils deviennent plus passifs. La troisième phase est quant à elle caractérisée par le détachement. Le bébé reprend ses habitudes : il mange, s'amuse avec ses jouets, sourit et se montre sociable. Toutefois, lorsque le bébé reçoit la visite de sa mère, on peut voir qu'il n'est pas tout à fait rétabli : il reste apathique et peut même se détourner, ce qui suggère que les mécanismes de l'attachement sont perturbés, du moins momentanément.

Il existe des moyens d'aider l'enfant à traverser cette épreuve. Les parents peuvent bien entendu séjourner avec lui à l'hôpital ou, à la limite, lui rendre visite tous les jours. De plus, des ententes avec le personnel hospitalier peuvent faciliter l'adaptation de l'enfant. Le personnel soignant doit s'informer auprès des parents de la routine de l'enfant et tenter de la maintenir. Si l'enfant a un «doudou», il est important qu'il puisse le garder près de lui. Cela compensera en effet, du moins en partie, l'absence des parents. Idéalement, un nombre limité de personnes devrait prendre soin de l'enfant, de manière qu'il puisse développer une relation de confiance avec ces personnes et ainsi être moins affecté par la situation. Durant l'absence des parents, le personnel soignant va en quelque sorte remplacer les parents. Aussi, les interactions chaleureuses et affectueuses de l'enfant avec l'infirmière peuvent faire toute la différence dans son rétablissement affectif une fois de retour à la maison.

Faites le POINT

⑭ Distinguez les notions de régulation mutuelle et d'autorégulation.

⑮ Expliquez le rôle des parents pour ce qui est de la référence sociale et de la socialisation.

⑯ Quels sont les facteurs pouvant réduire les conséquences d'une séparation parentale ?

Résumé

Les fondements du développement affectif et social

Le développement de la conscience de soi représente un des fondements du développement affectif et social. Il permet au nourrisson de se percevoir comme un être «séparé» et différent de son entourage. La conscience de soi se construit progressivement au cours des deux premières années, à partir des interactions avec l'environnement. Parallèlement, les premières émotions se manifestent, d'abord à travers les pleurs, puis le sourire et le rire. Au fur et à mesure que l'enfant développe sa conscience de soi et qu'il reconnaît les personnes familières, ses réactions émotives deviennent plus complexes. L'anxiété de séparation et la peur des étrangers peuvent alors survenir. Vers trois ans, la présence d'émotions autoévaluatives indique la capacité de l'enfant à porter un jugement sur lui-même, tandis que l'apparition de l'empathie montre qu'il peut se mettre à la place d'autrui.

Le tempérament, lui, semble inné. Les stimulations et les soins que l'enfant reçoit ainsi que l'adéquation entre le tempérament de l'enfant et les exigences de son environnement se trouvent à la base d'un développement sain.

Les théories du développement de la personnalité

Selon la théorie psychosexuelle, l'enfant se situe au stade oral de la naissance à 18 mois. Pour Freud, la façon dont la mère satisfait les besoins oraux de l'enfant exerce alors une influence fondamentale sur le développement de sa personnalité. De 18 mois à 3 ans, l'enfant atteint le stade anal, moment où l'apprentissage de la propreté devient un élément majeur de son développement.

Selon la théorie psychosociale d'Erikson, l'enfant traverse sa première crise développementale de la naissance à 18 mois, alors qu'il doit trouver un équilibre entre la confiance et la méfiance fondamentales. De 18 mois à 3 ans, l'enfant manifeste ensuite un désir croissant d'autonomie. Le négativisme qui survient vers l'âge de deux ans est une manifestation normale de cette recherche d'autonomie.

Les théories de l'attachement

L'attachement réfère ici au lien affectif durable et réciproque qui s'établit entre l'enfant et la personne qui en prend soin. Cet attachement exerce une influence sur les compétences émotionnelles, cognitives et sociales de l'enfant. Les théories de l'apprentissage postulent que le développement de l'attachement repose essentiellement sur les interactions entre l'enfant, ses parents et les autres personnes de son entourage. Celles-ci lui permettent de faire des apprentissages de type répondant et opérant dans un processus de conditionnement réciproque. Selon l'éthologiste Harlow, le développement du lien d'attachement reposerait davantage sur la satisfaction du besoin de contact réconfortant. La théorie éthologico-psychanalytique de Bowlby voit pour sa part l'attachement comme un lien affectif positif qui s'accompagne d'un sentiment de sécurité. L'enfant se construit ainsi plusieurs modèles internes d'attachement.

Enfin, à partir de ses observations issues de la situation étrange, Ainsworth a identifié trois formes différentes d'attachement, auxquelles a été ajoutée, plus récemment, une quatrième forme.

Les facteurs d'influence et les conséquences de l'attachement

Le processus d'attachement semble être surtout le résultat de l'interaction entre l'état émotionnel de l'enfant et la qualité de la relation parent-enfant. Selon qu'il est facile ou difficile, le tempérament de l'enfant peut avoir une influence sur l'attachement. La capacité des parents à s'adapter à ce tempérament apparaît alors déterminante. L'attachement sécurisant semble le plus favorable au bon développement de l'enfant, contrairement à l'attachement insécurisant, qui représente davantage pour lui un facteur de risque à long terme. La forme prise par ce lien d'attachement a donc une influence sur les relations interpersonnelles futures de l'enfant.

La famille : premier contexte du développement affectif et social

Le type de famille dans laquelle l'enfant va grandir ainsi que le contexte historique et social plus large influencent les processus familiaux.

Alors que la régulation mutuelle réfère à la capacité du parent de bien percevoir les signaux émis par l'enfant et d'y donner des réponses adaptées, l'autorégulation permet à l'enfant d'exercer un contrôle interne sur ses comportements et constitue ainsi la base de la socialisation. Cette socialisation aide l'enfant à devenir un membre adapté à sa société d'appartenance par l'intermédiaire de l'apprentissage des diverses règles qui la régissent.

Si la mère demeure un élément central du développement de l'enfant, on sait aujourd'hui que le père ainsi que les autres personnes de son entourage, et particulièrement la fratrie, jouent un rôle prépondérant dans cette socialisation. Plus fréquent qu'auparavant, le divorce représente une perturbation majeure dans la vie de l'enfant. Toutefois, des recherches récentes montrent que le pronostic n'est pas nécessairement négatif. Les capacités d'adaptation de l'enfant lui permettent en effet de surmonter les situations difficiles et de poursuivre adéquatement son développement.

Pour aller plus loin

Volumes et ouvrages de référence

CLOUTIER, R., P. GOSSELIN et P. TAP (2005). *Psychologie de l'enfant*, Montréal, Gaëtan Morin Éditeur, 576 p.

Ouvrage très complet portant sur tous les aspects du développement de l'enfant de 0 à 12 ans. Le chapitre 8 porte plus particulièrement sur le développement de la cognition sociale et traite, entre autres, des préalables cognitifs à l'attachement social. Il aborde également la compréhension des émotions chez l'enfant ainsi que le décodage des expressions émotionnelles. Le chapitre 13, quant à lui, analyse le développement social de l'enfant par l'étude des premiers liens d'attachement et leurs conséquences.

LACHARITÉ, C., et J.-P. GAGNIER (2009). *Comprendre les familles pour mieux intervenir*, Montréal, Gaëtan Morin Éditeur, 370 p.

Livre qui porte un regard multidisciplinaire sur les familles d'aujourd'hui. Près d'une vingtaine d'auteurs contribuent à initier le lecteur à la compréhension des réalités familiales et à l'intervention. On y parle, dans la première partie, des transformations et de la diversité des familles au Québec, alors que la seconde partie aborde plusieurs questions touchant l'intervention. Le dernier chapitre porte spécifiquement sur la violence physique des parents envers leurs enfants.

Sites Internet et documents en ligne

Revue *Forum* : www.nouvelles.umontreal.ca

Site qui présente quelques résumés des recherches de Daniel Paquet portant sur la socialisation des enfants, notamment sur l'attachement père-enfant et les jeux entre parents et enfants.

Centre collégial de développement de matériel didactique (CCDMD) : www.ccdmd.qc.ca

Banque de séquences vidéo très intéressantes sur lesquelles on peut voir, entre autres, les réactions d'enfants devant un miroir, ce qui illustre bien le concept de soi. On y trouve également la réponse d'un enfant à la situation étrange élaborée par Ainsworth, en lien avec la théorie de l'attachement de Bowlby.

Films, vidéos, cédéroms, etc.

DOCHERTY, N. (1995). *Quand la coupe déborde,* Canada, CBC (Toronto), adaptation française : Production « Le réseau de l'information », 43 minutes, couleurs.

Documentaire portant sur l'attachement, notamment sur la théorie de Bowlby. On assiste au cheminement de trois familles dont l'un des enfants présente des problèmes d'attachement, ainsi qu'aux différentes interventions proposées aux parents.

FOURNIER, E., et M. MOREAU (1980). *Premières pages du journal d'Isabelle*, Canada, Éducfilm, 25 minutes, couleurs.

Film qui montre le développement d'une enfant durant sa première année de vie. Différents aspects du développement y sont abordés, tels que certains réflexes archaïques, l'alimentation et l'acquisition de la marche, la permanence de l'objet, l'apprentissage de la coordination, etc. Un extrait de ce grand classique des cours de psychogenèse illustre très bien les manifestations de la « peur de l'étranger ».

5

Le développement physique et cognitif de l'enfant de trois à six ans

Courir, sauter, grimper, s'habiller, dessiner... Notre petit explorateur maladroit est devenu aventureux et intrépide. Il utilise ses nouvelles habiletés motrices pour élargir ses horizons, ce qui ne va pas sans quelques plaies et bosses. Centré sur lui-même et sur sa façon de se représenter le monde, il peut difficilement adopter un autre point de vue que le sien. Il possède néanmoins une pensée symbolique qui lui permet d'imiter son entourage, d'établir ses premiers liens logiques, de développer une certaine compréhension des nombres et, surtout, d'acquérir une maîtrise du langage déjà remarquable. Cet outil fantastique favorise les interactions de l'enfant avec ses proches, dont le rôle socialisateur s'accentue. Tandis que sa mémoire se développe, celui-ci prend peu à peu conscience de ses propres processus mentaux. Il fait ses premiers pas hors de sa famille et découvre avec la garderie un monde nouveau, dans lequel son autonomie est amenée à progresser.

Ce matin, Ève, âgée de trois ans, et Renaud, son grand frère de quatre ans et demi, sont en train de déjeuner. Maman leur a préparé deux assiettes de fruits avec des morceaux de fromage et des rôties. Renaud compte ses raisins : « Un-deux-trois-quatre-cinq-six-sept-huit. » Ève fait de même avec les siens, en répétant « un-deux-trois-quatre-cinq-six-sept-huit », même si elle n'en a que cinq dans son assiette… Elle prend ensuite un morceau de fromage, l'agite devant les autres morceaux en disant avec une grosse voix : « Bonjour les enfants, je vais travailler ! », puis elle l'avale tout rond. Elle attrape alors à deux mains son verre de lait à moitié plein et le boit d'un trait, convaincue qu'elle en a autant que son frère. Elle ne réalise pas que Renaud, dans son grand verre, lui aussi à moitié plein, a en réalité beaucoup plus de lait qu'elle. En reposant son verre, elle dit : « J'ai fini ! Maman, veux-tu me déprocher ? » Maman répond : « Oui, ma chérie, je vais reculer ta chaise, mais avant de descendre, il faut bien essuyer ta bouche et tes mains. N'oubliez pas, les enfants, qu'aujourd'hui vous allez aux pommes avec les amis de la garderie. » Renaud se souvient qu'il avait eu beaucoup de plaisir dans le labyrinthe de maïs l'année dernière. Il dit à sa sœur : « Tu vois, il fait beau parce qu'on va aux pommes. » Vite, on se brosse les dents et on s'habille ! Renaud est fier de montrer qu'il est capable de boutonner son manteau et d'attacher ses souliers sans aucune aide. De son côté, Ève se prépare en énumérant à voix haute tout ce qu'elle fait : « Je regarde l'étiquette et je mets le chandail de ce côté, je passe les bras, je tire ici et coucou ! »

Dans la voiture, en route pour le centre de la petite enfance (CPE), Maman leur propose de compter les voitures rouges. En effet, durant ce trajet d'une quinzaine de minutes, les enfants aiment généralement beaucoup compter tout ce qu'ils voient : les chiens qu'on promène en laisse, les cyclistes, les autobus, les bébés en poussette et même les boîtes aux lettres. En arrivant au CPE Les petits soleils, les enfants retrouvent avec plaisir leur éducatrice et leurs amis. Tout le monde est excité par la perspective de la sortie. Après la routine du matin, c'est donc une autre journée remplie de découvertes et de petites joies qui attend les deux enfants.

Après avoir lu ce chapitre, vous devriez pouvoir répondre aux questions suivantes :

1. Si Ève est capable de répéter des chiffres dans l'ordre, cela signifie-t-il qu'elle sait compter ?

2. Quel type de mémoire permet à Renaud de se souvenir de sa précédente sortie aux pommes ?

3. Les habiletés motrices des enfants de trois à cinq ans leur permettent-elles de s'habiller complètement seuls ?

4. Doit-on s'inquiéter du fait qu'Ève se parle à elle-même à voix haute ?

5. Le fait de jouer à compter divers objets peut-il favoriser le développement cognitif de l'enfant ?

5.1 Le développement physique

Au cours de la petite enfance, les enfants s'amincissent et s'allongent. Ils dorment moins qu'avant, mais ils sont plus susceptibles d'avoir des problèmes de sommeil. Ils deviennent meilleurs pour courir, sauter, grimper ou lancer des balles, et ils font des progrès pour dessiner, lacer leurs souliers ou se verser des céréales. Ils commencent aussi à démontrer une certaine préférence pour leur main gauche ou droite.

5.1.1 La croissance et les transformations physiques

Entre trois et six ans, les enfants grandissent encore rapidement, mais un peu moins vite que durant les trois années précédentes. Les filles comme les garçons gagnent environ cinq à sept centimètres et prennent environ deux à trois kilos par année. Vers l'âge de trois ans, leurs rondeurs potelées cèdent donc la place aux silhouettes plus allongées de l'enfance. Avec le raffermissement des muscles abdominaux, le petit ventre rebondi s'efface. Le tronc, les bras et les jambes s'allongent (*revoir la figure 3.4 à la page 78*). La tête est encore relativement volumineuse, mais les autres parties du corps continuent de se développer, et les proportions du corps s'apparentent de plus en plus à celles de l'adulte, ce qui modifie le centre de gravité de l'enfant et lui permet un meilleur équilibre.

5.1

La croissance physique

On constate des changements physiques chez ces deux frères qui ont deux ans d'écart : en vieillissant, la proportion de la tête diminue alors que les membres s'allongent.

Ces modifications dans l'apparence de l'enfant résultent d'importantes transformations internes. En effet, la croissance musculaire et osseuse progresse et fortifie l'enfant. Le cartilage se transforme en masse osseuse à un rythme plus rapide qu'auparavant. Les os durcissent, ce qui, en plus de rendre l'enfant plus solide, constitue une protection pour les organes internes. De plus, les capacités accrues des systèmes respiratoire et circulatoire améliorent la vigueur physique de l'enfant. Combinées à un système immunitaire en plein développement, elles contribuent à le maintenir en santé. Ces changements, qui sont liés à la maturation du cerveau et du système nerveux, favorisent le développement d'une foule d'habiletés motrices qui font appel aux grands comme aux petits muscles.

5.1.2 Le développement du cerveau

Le développement du cerveau durant cette période est moins spectaculaire que durant les premières années de la vie, mais sa croissance continue néanmoins jusqu'à ce que la densité des synapses dans le cortex préfrontal atteigne son apogée vers l'âge de quatre ans. À six ans, le cerveau a atteint près de 95 % de son volume maximal.

Un changement progressif se produit dans le corps calleux, la région qui relie les hémisphères droit et gauche : la myélinisation progressive des fibres de ce corps calleux permet une transmission plus rapide et une meilleure intégration des informations (Toga, Thompson et Sowell, 2006). Ce développement, qui va se poursuivre jusqu'à l'âge d'environ 15 ans, améliore différentes fonctions telles que la coordination des informations sensorielles, les processus de la mémoire et de l'attention, le langage et l'audition. De trois à six ans, la croissance la plus rapide se produit dans les régions frontales, qui sont responsables de la planification et de l'organisation des actions.

5.1.3 Les habiletés motrices

Entre trois et six ans, l'enfant déborde d'énergie et toutes les occasions sont bonnes pour exercer ses habiletés motrices. Le développement des aires sensorielles et motrices du cortex ainsi que la poursuite de la myélinisation permettent une meilleure coordination entre ce que l'enfant veut faire et ce qu'il est capable de faire. Nous allons voir ici comment l'enfant continue de progresser de façon importante sur le plan du développement moteur.

 Les habiletés motrices

Le jeune enfant adore jouer et les activités motrices l'amènent à satisfaire son besoin de bouger tout en lui permettant d'acquérir de nouveaux savoir-faire.

La motricité globale

La **motricité globale** réfère aux habiletés qui mobilisent plusieurs ou l'ensemble des parties du corps. Ces actions sont considérées comme étant des comportements moteurs fondamentaux puisqu'elles constituent les bases sur lesquelles se développeront les habiletés plus spécialisées nécessaires à la plupart des disciplines athlétiques, sportives et artistiques. On peut diviser ces habiletés en quatre catégories : les actions de locomotion, c'est-à-dire celles qui impliquent un déplacement du corps d'un endroit à un autre (marcher, courir, grimper, sauter, glisser, etc.) ; les actions de changement de position, soit celles qui nécessitent des changements d'orientation ou de posture (tourner, se balancer, se redresser, etc.) ; les actions de transmission de force (pousser, tirer, lancer, frapper, soulever, donner un coup de pied, etc.) ; et les actions d'équilibration ou de stabilisation (rester debout, s'accroupir, se pencher, se tenir sur un pied, etc.).

Selon Paoletti (1999), l'enfant passe par un stade initial, puis par un stade intermédiaire, avant de parvenir, vers l'âge de sept ou huit ans, au stade final, où il acquiert une bonne maîtrise de la plupart de ces comportements moteurs fondamentaux (*voir le tableau 5.1 à la page suivante*). La période qui s'étend de l'âge de deux ou trois ans à sept ou huit ans constitue un moment propice pour le développement moteur, puisque l'enfant de cet âge adore jouer : les activités motrices l'amènent à satisfaire son besoin de bouger tout en lui permettant d'acquérir de nouveaux

Motricité globale
Ensemble des habiletés motrices qui impliquent tout le corps ou une grande partie du corps, et qui mettent en jeu les muscles longs.

savoir-faire. Cette période est tout aussi critique pour l'intégration du stade final de ces habiletés motrices globales. En effet, alors que les stades initial et intermédiaire dépendent surtout de la maturation physique, l'atteinte du stade final dépend surtout de la pratique. Aussi, de cinq à sept ans, si l'enfant n'a pas beaucoup l'occasion d'exercer ces habiletés, il pourrait avoir beaucoup de difficulté à les maîtriser par la suite (Paoletti, 1999).

TABLEAU 5.1 | Les stades de développement de la motricité globale

Stade	Comportement et exemple illustré : donner un coup de pied	
Stade initial	Ébauche du comportement, limité aux membres qui contribuent à l'effet final souhaité, enchaînement incomplet.	
Stade intermédiaire	Coordination améliorée des séquences, déplacements plus amples, mouvements encore un peu maladroits et manque de fluidité.	
Stade final	Actions coordonnées et fluides, amplitude et continuité dans les mouvements.	

Source : Paoletti, 1999.

Motricité fine
Ensemble des habiletés motrices impliquant une région précise du corps et qui permettent une meilleure dextérité et une meilleure coordination œil-main.

5.3 **La motricité fine**
En jouant du piano, cette jeune enfant exerce sa motricité fine.

Les performances des enfants varient beaucoup selon leur potentiel génétique et selon les occasions qu'ils ont d'apprendre et de pratiquer certaines habiletés. Par exemple, seulement 20 % des enfants de quatre ans peuvent arriver à lancer une balle correctement et 30 % d'entre eux peuvent bien l'attraper (AAP Committee on Sports Medicine and Fitness, 1992). Avant six ans, les enfants sont par ailleurs rarement prêts à pratiquer un sport organisé, non seulement en fonction de leurs capacités motrices, mais aussi parce qu'ils ne sont pas encore en mesure de comprendre les règles du jeu, comme nous le verrons un peu plus loin. Le développement physique de l'enfant de cet âge progresse mieux à travers des jeux actifs et non structurés, puisque ces jeux lui permettent de se concentrer sur les habiletés qu'il désire maîtriser.

La motricité fine

La **motricité fine**, par opposition à la motricité globale, désigne des habiletés qui impliquent une région précise du corps. À partir du moment où l'enfant maîtrise mieux ses petits muscles, il est en mesure de satisfaire davantage ses besoins personnels, ce qui lui donne un sentiment de compétence et d'autonomie et augmente son estime de soi, comme nous le verrons dans le chapitre 6. À trois ans, par exemple, il peut manger avec une cuillère, verser du lait dans ses céréales, s'habiller ou se déshabiller, aller aux toilettes, se laver les mains et se brosser les dents presque sans l'aide d'un adulte. Un peu plus tard, il pourra boutonner son manteau et attacher ses souliers, comme l'a fait Renaud dans la mise en situation du début de chapitre. La maîtrise de ces habiletés motrices fines, qui fait surtout appel à la coordination œil-main, prépare l'enfant aux apprentissages scolaires.

Comme le montre le tableau 5.2, on distingue cinq catégories d'actions liées aux activités manuelles : les actions d'orientation–approche, les actions de préhension, les actions de manipulation, les actions de restitution, les actions de projection et l'action graphique. Ce qui distingue ces catégories, c'est l'intention à la base de l'action

(Paoletti, 1999). La maturation du cerveau permet en effet des actions de plus en plus complexes, comme en témoignent, par exemple, les changements observés dans les dessins des jeunes enfants.

TABLEAU 5.2 | La classification des activités manuelles

Action	Intention	Exemples
Orientation–approche (pointage, toucher, poursuite, approche)	Visée	• Appuyer sur un bouton • Suivre du doigt le vol d'un oiseau • Porter sa main sous un robinet
Préhension	Prise de contrôle manuelle	• Saisir un verre • Attraper une balle
Manipulation (palpation, soutien, déplacement, maniement, transformation)	Contrôle manipulatoire	• Tâter un fruit • Tenir une bouteille • Retourner un verre • Manger à l'aide d'une cuillère • Transformer de la pâte à modeler
Restitution (lâcher, dépôt)	Relâchement de la prise	• Laisser tomber un caillou • Poser un verre
Projection (frapper, lancer)	Transmission de la force	• Donner un coup de marteau • Lancer une fléchette
Action graphique	Contrôle graphique	• Tracer, colorier, copier, écrire

L'évolution graphique

Avant même de commencer à dessiner, l'enfant avait découvert le plaisir de laisser une trace, que ce soit par les marques de ses mains ou de ses pieds dans le sable ou par les traces de ses doigts enduits de peinture ou de confiture. À deux ans, l'enfant gribouille; il ne le fait toutefois pas au hasard, mais selon certaines structures, soit en traçant des lignes verticales ou des zigzags. Son plaisir réside autant dans le mouvement que dans la trace, tandis qu'il apprend peu à peu à exercer le contrôle de ses gestes. Avec l'avènement de la fonction symbolique, dont nous parlerons plus loin, son œil s'efforce de guider sa main pour arriver, peu à peu, à donner un sens à sa production (Baldy, 2005). À trois ans, l'enfant dessine des formes, surtout des cercles et des croix, mais il éprouve encore de la difficulté à fermer les figures. Il va ensuite commencer à combiner ces formes dans des motifs plus complexes: le stade pictural commençant généralement vers quatre ou cinq ans.

Le passage des formes abstraites à la représentation d'objets réels indique un changement majeur dans les objectifs du dessin de l'enfant et traduit un progrès cognitif dans les habiletés de représentation de ce dernier. Ainsi, par l'examen de ses dessins d'un bonhomme, nous pouvons observer les progrès réalisés par un enfant dans la construction de son **schéma corporel**, c'est-à-dire dans la représentation qu'il se fait de son propre corps, des éléments qui le composent et de leurs proportions. Ainsi, les premiers dessins du bonhomme sont incomplets: un seul cercle constitue le tout ou des pièces détachées représentent un bonhomme. Vers quatre ans apparaît le bonhomme «têtard»: un cercle représente la tête et des membres s'attachent à ce cercle. Peu à peu, l'enfant cherche alors à remplir l'espace entre la tête et les jambes: bras accrochés aux jambes, trait entre les jambes, boutons, etc. C'est là une étape de transition avant d'en arriver, vers l'âge de cinq ans, à l'ajout du tronc et à l'obtention d'un bonhomme complet. Ce premier bonhomme filiforme est appelé «fil de fer», puis bonhomme «tube», avec des bras et des jambes dessinés sous la forme d'un trait

Schéma corporel
Image qu'on se fait de son propre corps.

5.4 **Les premiers dessins**
Vers trois ans, un enfant est capable de dessiner des formes, comme des cercles et des croix, mais il éprouve de la difficulté à fermer les figures. Le stade pictural commence entre quatre et cinq ans.

double représentant un rectangle ou un tube. Vers sept ou huit ans, l'enfant arrive enfin à dessiner un bonhomme avec une certaine organisation d'ensemble (*voir le tableau 5.3*). Il faut préciser que plusieurs types de bonshommes se chevauchent à tous les âges et que les différences individuelles sont ici plus fortes que les différences liées au développement. En général, les filles passent plus rapidement d'un type de bonhomme à l'autre que les garçons, mais, comme eux, elles sont portées à dessiner des personnages du même sexe qu'elles (Baldy, 2002).

TABLEAU 5.3 | L'évolution du dessin du bonhomme

Âge	Niveau d'habileté		
	Inférieur	**Moyen**	**Supérieur**
4 ans	• Tête • Yeux • Jambes	• Nez • Bouche • Bras • Tronc • Pieds	• Cheveux • Un vêtement • Doigts
5 ans	• Bras • Nez • Bouche • Tronc • Pieds	• Doigts • Cheveux	• Tube • Tronc: long > large • Rapport tronc/tête
6 ans	• Cheveux	• Un vêtement • Tronc: long > large	• Visage figuratif • Cou • Cinq doigts • Deux vêtements
7 ans	• Un vêtement	• Tube • Bouche figurative • Rapport tronc/tête	• Bras, mains et doigts figuratifs • Oreilles
8 ans	• Doigts	• Visage, bras, mains et doigts figuratifs • Cou	• Contour • Tête figurative

Source: Adapté de Baldy, 2002.

Latéralité
Dominance d'une des parties paires du corps (mains, pieds, yeux, etc.).

La latéralité manuelle

Les deux hémisphères du cerveau sont en grande partie symétriques et accomplissent de concert un grand nombre de fonctions, mais chacun possède des fonctions spécialisées: c'est ce qu'on appelle le processus de latéralisation. Sur le plan de la motricité, puisque les nerfs se croisent, l'hémisphère gauche du cerveau régit le côté droit du corps, alors que l'hémisphère droit régit le côté gauche. La **latéralité** désigne la dominance d'une des parties paires du corps (mains, pieds, yeux, etc.).

La latéralité manuelle, c'est-à-dire la préférence pour l'utilisation d'une main plutôt que l'autre, est habituellement évidente vers l'âge de trois ans. L'hémisphère gauche du cerveau étant généralement dominant, la plupart des gens utilisent donc leur main droite. Néanmoins, chez ceux dont le cerveau est plus symétrique, l'hémisphère droit tend à dominer, ce qui les rend alors gauchers. Les garçons sont plus souvent gauchers que les filles. Toutefois, la dominance n'apparaît pas toujours aussi clairement et plusieurs personnes utilisent ainsi indifféremment une main ou l'autre.

La dominance de la main relève-t-elle de la génétique ou de l'apprentissage? Certains chercheurs expliquent la dominance de la main droite par l'existence d'un gène particulier. Selon leur théorie, les personnes qui héritent de ce gène – soit environ 82% de la population – sont droitières. Toutefois, les individus qui ne le reçoivent pas ont quand même 50% des chances d'être droitiers; autrement, ils seront gauchers ou ambidextres. Le fait que la dominance de la main relève alors du hasard chez ceux qui ne reçoivent pas ce gène pourrait expliquer pourquoi des jumeaux homozygotes peuvent avoir des mains dominantes différentes et pourquoi 8% des enfants de deux parents droitiers sont gauchers. Cette théorie, qui s'oppose à celle de l'apprentissage, prédit avec précision la proportion d'enfants gauchers dans un échantillon de familles sur trois générations (Klar, 1996).

5.1.4 Les habitudes de vie

La nutrition et la malnutrition

L'obésité est un problème qui apparaît de plus en plus tôt. En 2002, plus de 10 % des enfants américains de deux à cinq ans étaient considérés comme obèses, alors que cette proportion n'était que de 7 % en 1994 (Hedley *et al.*, 2004). Ce phénomène s'observe un peu partout dans le monde. La « malbouffe » se répand en effet aussi dans les pays en développement, de telle sorte que dans des pays comme l'Égypte, le Maroc ou la Zambie, environ 20 % à 25 % des enfants de quatre ans ont un surplus de poids. Nous reviendrons sur le problème de l'obésité dans le chapitre 7.

Par ailleurs, dans les pays en développement, près du tiers des enfants de moins de cinq ans présentent des retards de croissance, et ce taux est particulièrement élevé en Asie du Sud et en Afrique subsaharienne. Les retards de croissance en bas âge résultent souvent d'un apport insuffisant de nutriments sur une longue période de temps et ils sont difficilement réversibles. Ils s'accompagnent généralement d'un retard dans le développement de la motricité et des fonctions cognitives, et ils peuvent alors être la cause de faibles résultats scolaires (Unicef, 2007). Parce que ces enfants vivent habituellement dans un milieu très appauvri, à tous les niveaux, les effets particuliers de cette malnutrition sont encore difficiles à isoler.

Le sommeil

À mesure que l'enfant grandit, ses heures de sommeil diminuent, mais il développe son propre rythme de sommeil, comme le montre la figure 5.1. La plupart des enfants de cinq ans dorment en moyenne 11 heures par nuit et ne font plus de sieste le jour (Hoban, 2004). Ils dorment aussi d'un sommeil profond, plus profond qu'à n'importe quelle autre période de leur vie.

FIGURE 5.1 | Les besoins typiques de sommeil dans l'enfance

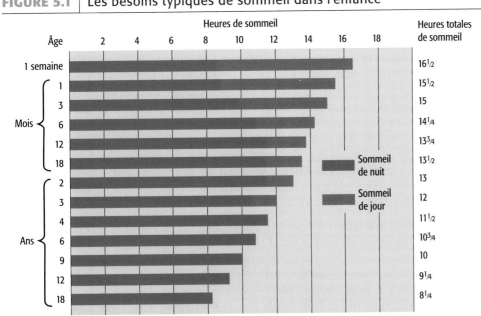

À la différence des nouveau-nés, qui souvent dorment autant le jour que la nuit, les jeunes enfants comblent presque entièrement leur besoin de sommeil la nuit, en une seule longue période. Le nombre d'heures de sommeil diminue tout au long de l'enfance.

Source : Ferber, 1985 ; Iglowstein *et al.*, 2003.

L'heure du coucher provoque parfois une certaine forme d'anxiété de séparation, ce qui amène l'enfant à chercher toutes sortes de façons de l'éviter ; il ne veut pas quitter un univers stimulant et peuplé de gens pour se retrouver tout seul dans son lit. Il semble que la façon la plus efficace d'éliminer ce problème est d'établir avec l'enfant une routine simple et stable, qui comprend une heure fixe pour le coucher et des rituels de mise au lit qui s'effectuent dans le calme et ne s'éternisent pas.

Les troubles du sommeil

Cauchemar
Rêve terrifiant dont l'enfant garde généralement un vif souvenir.

Plusieurs enfants âgés de trois à huit ans souffrent de cauchemars ou de terreurs nocturnes. Le **cauchemar** est un rêve terrifiant qui se produit souvent lorsque l'enfant reste éveillé trop longtemps, qu'il est surexcité ou qu'il mange un repas copieux avant de se coucher. Le cauchemar survient souvent vers la fin de la nuit et, à son réveil, l'enfant en garde un vif souvenir. Les cauchemars sont assez répandus chez les jeunes enfants, surtout chez les filles. Un mauvais rêve de temps en temps n'a bien entendu rien d'inquiétant, mais des cauchemars fréquents, surtout s'ils rendent l'enfant craintif et anxieux durant les périodes d'éveil, peuvent signaler un stress excessif (Hoban, 2004).

Terreur nocturne
Manifestation d'un état de panique pendant le sommeil profond dont l'enfant ne garde habituellement aucun souvenir.

L'enfant qui éprouve des **terreurs nocturnes** semble quant à lui sortir brusquement d'un sommeil profond et se réveille dans un état de panique. Il peut crier et s'asseoir dans son lit en respirant rapidement et en regardant dans le vide devant lui. Toutefois, il n'a pas conscience d'avoir fait un mauvais rêve ou d'avoir pensé à une chose terrifiante. Il se rendort rapidement et, au petit matin, il ne se souviendra pas de s'être réveillé au cours de la nuit. Ces terreurs nocturnes surviennent plus souvent chez les garçons et se produisent, la plupart du temps, entre 3 et 13 ans (Laberge *et al.*, 2000).

Somnambulisme
Fait de marcher en dormant, dont la personne ne garde habituellement aucun souvenir.

Somniloquie
Fait de parler en dormant, dont la personne ne garde habituellement aucun souvenir.

Le **somnambulisme** (le fait de marcher en dormant) et la **somniloquie** (le fait de parler en dormant) sont aussi des troubles du sommeil assez fréquents chez les enfants. Le somnambulisme en soi est sans danger, même s'il peut arriver qu'une personne heurte un objet en quittant son lit. Il est donc préférable de ne pas réveiller le somnambule, de même que l'enfant qui vit des terreurs nocturnes, puisque le réveil peut troubler l'enfant et susciter ensuite de la peur (Hoban, 2004). Ces troubles du sommeil, comme les cauchemars et les terreurs nocturnes, sont dus à une activation accidentelle du système de contrôle moteur du cerveau (Hobson et Silvestri, 1999). Ces problèmes disparaissent généralement d'eux-mêmes.

L'énurésie

Énurésie
Émission involontaire d'urine souvent associée au sommeil nocturne des enfants.

À partir de l'âge de trois à cinq ans, la plupart des enfants sont capables de rester au sec, le jour comme la nuit. Toutefois, selon la Société canadienne de pédiatrie (SCP), environ 10 % à 15 % des enfants de cinq ans, principalement des garçons, continuent d'uriner au lit pendant la nuit (SCP, 2007). L'**énurésie** constitue un autre problème assez répandu associé au sommeil des enfants. Même s'il se peut que leur vessie soit plus petite, moins de 1 % des enfants qui souffrent d'énurésie présentent un problème physique. La découverte de l'emplacement d'un gène relié à l'énurésie sur le chromosome 13q indique que l'hérédité en est un facteur majeur (Eiberg, 1995), facteur qui peut être combiné à une lente maturation motrice, à une capacité réduite de la vessie et à des difficultés à sortir de la phase du sommeil profond (Hoban, 2004).

Les enfants ainsi que leurs parents doivent cependant être rassurés : l'énurésie est un phénomène fréquent et bénin qui finit par disparaître de lui-même. À l'âge de huit ans, ce problème a effectivement disparu dans 50 % des cas sans aucune intervention et, à 15 ans, les jeunes ne sont plus que 1 % à souffrir d'énurésie. Il est donc préférable de se montrer patient avec l'enfant et, surtout, d'éviter de le blâmer ou de le punir. Les traitements qui semblent les plus efficaces consistent plutôt à récompenser l'enfant lorsqu'il est propre, à lui enseigner comment contrôler ses sphincters et à utiliser la nuit un avertisseur automatique. Il existe aussi des médicaments qui limitent la quantité d'urine produite pendant la nuit, mais comme ils s'accompagnent d'effets secondaires désagréables, ils doivent être utilisés avec prudence. Cependant, selon la Société canadienne de pédiatrie (2007a), les enfants qui ne se sentent pas dérangés par l'énurésie nocturne primaire ne devraient pas être traités.

5.1.5 La santé et la sécurité des enfants

Au cours de la petite enfance, les enfants sont généralement en bonne santé, surtout depuis que les principales maladies qui les frappaient autrefois sont devenues relativement rares en raison de la généralisation de la vaccination. Par contre, dans les pays en voie de développement, des maladies comme la rougeole, la coqueluche ou la poliomyélite sont encore assez répandues. Plus de 73% des décès d'enfants de moins de cinq ans surviennent ainsi dans des régions rurales et pauvres de l'Afrique subsaharienne et de l'Asie du Sud, où la nutrition est inadéquate, l'eau non potable et les installations sanitaires absentes (Bryce *et al.*, 2005). L'encadré 5.1 s'attarde sur les chances de survie des enfants de cet âge à travers le monde.

Pourquoi certains enfants sont-ils plus susceptibles d'être malades ou d'avoir un accident que d'autres? D'une part, l'hérédité joue un rôle dans certaines maladies en prédisposant certains enfants à des affections précises. De plus, comme nous l'avons vu dans le chapitre 1 avec le modèle écologique de Bronfenbrenner, la qualité du milieu familial, les difficultés financières, l'accès aux soins de santé de même que l'environnement physique et social représentent des facteurs importants en ce qui concerne la vulnérabilité à la maladie et aux accidents.

La pauvreté

Il existe, on le sait, une forte corrélation entre le niveau socioéconomique et la santé. La pauvreté est ainsi un facteur déterminant dans les problèmes de santé de plusieurs dizaines de milliers de jeunes Canadiens, et notamment au Québec, qui est la province affichant les taux de pauvreté les plus élevés au pays (Conseil national du bien-être social, 2004). Souvent, les enfants pauvres mangent mal, vivent dans des logements insalubres, n'obtiennent pas le suivi médical nécessaire et ne grandissent pas normalement. Selon une étude longitudinale menée auprès des enfants du Québec, les enfants qui vivent dans la pauvreté sont plus susceptibles de souffrir de graves problèmes de santé, d'un retard de croissance, de crises d'asthme et d'avoir déjà été admis à l'hôpital au cours des douze derniers mois. Les effets de cette pauvreté se font sentir chez tous les enfants,

---

ENCADRÉ 5.1 ◉ **REGARD SUR LE MONDE**

Survivre aux cinq premières années de la vie

Aujourd'hui, un enfant a deux fois plus de chances de vivre jusqu'à l'âge de cinq ans qu'il y a 40 ans, mais ses chances de survie dépendent en grande partie de l'endroit où il réside. À travers le monde, plus de 17 millions d'enfants de moins de cinq ans sont morts en 1970. En 2007, le nombre de décès dans ce groupe d'âge est tombé sous la barre des 10 millions pour la première fois de l'histoire (UNICEF Press Centre, 2007).

Les efforts internationaux destinés à améliorer la santé infantile visent les cinq premières années de la vie parce que, dans le groupe des enfants de moins de 15 ans, presque 9 décès sur 10 ont lieu pendant cette période. En outre, au moins 98% des décès infantiles se produisent dans les régions pauvres et rurales des pays en développement. La probabilité de mourir avant l'âge de cinq ans en Sierra Leone, pays situé sur la côte ouest de l'Afrique, est plus de cent fois plus élevée qu'en Islande, le pays qui a le taux de mortalité infantile le plus faible au monde (WHO, 2003). Plus de la moitié des décès chez les enfants âgés de moins de cinq ans sont dus à des maladies contagieuses (pneumonie, diarrhée, malaria et septicémie néonatale). La sous-alimentation est la cause sous-jacente de la plupart de ces décès (Bryce *et al.*, 2005).

Dans les pays émergents, lesquels sont situés en Méditerranée orientale, en Amérique latine et en Asie, on observe par ailleurs un changement qui ressemble à celui des pays développés : les décès d'enfants sont davantage causés par des complications à la naissance. En Inde et en Chine, le taux de mortalité infantile a chuté de manière impressionnante. Ainsi, bien que l'écart entre les pays développés et les autres ait diminué, les disparités entre les régions en développement, elles, se sont accrues (WHO, 2003).

Dans certains pays africains, le VIH est la cause de 60% des décès chez les enfants, ces derniers ayant souvent perdu leur mère à cause de la maladie. Après avoir réduit de manière importante la mortalité infantile entre 1970 et 1980, 14 pays africains ont constaté, en 2002, une augmentation du taux de mortalité des jeunes enfants par rapport à 1990.

En Amérique latine, les diminutions les plus spectaculaires du taux de mortalité infantile ont eu lieu au Chili, au Costa Rica et à Cuba, où le taux a chuté de plus de 80% depuis 1970. En revanche, le taux de mortalité des enfants haïtiens est encore de 133 ‰, soit presque le double de celui de la Bolivie, qui arrive en deuxième place pour ce qui est du taux de mortalité le plus élevé des Amériques (WHO, 2003).

Les enfants des pays pauvres et les enfants pauvres des pays riches sont donc plus susceptibles de mourir jeunes que les autres. En outre, les progrès en matière de survie dans certains pays comme les États-Unis ont surtout profité aux personnes à revenus plus élevés. Il n'en demeure pas moins que les enfants pauvres vivant aux États-Unis sont toujours moins susceptibles de mourir jeunes que les enfants africains plus fortunés (WHO, 2003).

indépendamment du niveau d'instruction de leurs parents. Un manque de ressources peut alors entraîner non seulement une malnutrition, mais aussi un stress prolongé vécu autant par les enfants que par leurs parents (Séguin *et al.*, 2005).

Les problèmes liés à la pauvreté commencent souvent bien avant la naissance : la mère ne mange pas convenablement, elle reçoit des soins prénataux inadéquats et elle donne alors plus souvent naissance à un enfant prématuré et de faible poids, ou bien à un enfant mort-né ou qui meurt peu de temps après l'accouchement. De plus, l'enfant lui-même étant souvent mal nourri, il est généralement plus faible et plus vulnérable à la maladie, tout comme sa mère.

Par ailleurs, plus la pauvreté persiste, plus le développement des enfants est compromis ; les troubles du comportement, les perturbations psychologiques et les problèmes d'apprentissage surviennent en effet plus fréquemment chez les enfants qui ont connu la pauvreté avant l'âge de cinq ans, ces derniers étant aussi plus susceptibles d'être victimes de violence (Conseil canadien de développement social, 2002).

L'exposition à la fumée secondaire

La fumée secondaire produite par les parents qui fument est un facteur évitable de maladie chez les enfants. En 2003, 25 % des enfants âgés de 0 à 11 ans étaient régulièrement exposés à cette fumée secondaire (ESUTC, 2003). Pourtant, on sait que les dangers liés à cette exposition sont plus grands durant l'enfance qu'à toute autre période de la vie (DiFranza, Aligne et Weitzman, 2004). L'exposition passive à la fumée secondaire augmente en effet les risques de problèmes médicaux comme la bronchite, la pneumonie, les infections respiratoires, les otites et l'asthme. Heureusement, plusieurs campagnes de sensibilisation, tant au Québec qu'au Canada, visent en ce moment à faire baisser ce taux.

Les pesticides

Les enfants sont également plus vulnérables aux effets néfastes des pesticides que les adultes, et on a des raisons de croire que l'exposition aux pesticides, même à de faibles doses, peut affecter le développement de leur cerveau (Weiss, Amler et Amler, 2004). Dans une étude portant sur des enfants d'âge préscolaire de deux communautés agricoles du Mexique, on a ainsi observé que les enfants qui vivaient dans une communauté qui utilisait des méthodes agricoles traditionnelles obtenaient de meilleurs résultats dans plusieurs mesures du développement neuropsychologique (comme la coordination ou l'habileté à dessiner une personne) que les enfants d'une autre communauté qui, elle, utilisait des pesticides (Guillette *et al.*, 1998).

L'exposition au plomb

Les enfants peuvent introduire du plomb dans leur sang en absorbant de l'eau ou de la nourriture contaminée au plomb, en mettant leurs doigts infectés dans leur bouche ou en respirant la poussière de maisons ou d'écoles dont on a couvert les surfaces de peinture à base de plomb. L'empoisonnement au plomb peut causer divers problèmes neurologiques et comportementaux et ainsi nuire sérieusement au développement cognitif. Il n'existe pas de seuil sécuritaire d'exposition au plomb, puisqu'il est démontré qu'une exposition, aussi faible soit-elle, peut avoir des effets néfastes sur les jeunes enfants. Or, les dommages sur le cerveau en développement des enfants sont apparemment irréversibles (Bellinger, 2004).

5.5 **L'exposition au plomb**

Les jeunes enfants qui vivent dans de vieux logements où le revêtement de peinture au plomb s'écaille risquent un empoisonnement au plomb, lequel peut causer des dommages au cerveau en développement.

Faites le POINT

1. Quelle distinction faites-vous entre la motricité fine et la motricité globale ?

2. Pourquoi dit-on que la période allant de deux ou trois ans à sept ou huit ans est une période critique pour l'intégration du stade final des habiletés motrices ?

3. Expliquez comment la pauvreté peut affecter la santé des jeunes enfants.

4. Quelles sont les causes possibles de l'énurésie chez les enfants ?

5.2 Le développement cognitif

À partir de trois à six ans, l'enfant fait preuve d'une maîtrise accrue des notions d'âge, de temps et d'espace. Il développe aussi ses capacités d'attention et d'utilisation des symboles et devient de plus en plus efficace pour traiter de nouvelles informations. Nous allons voir maintenant quels sont les progrès et les limites du stade préopératoire de Piaget et nous attarder sur quelques recherches qui remettent en question certaines de ses conclusions.

5.2.1 Le stade préopératoire de Piaget

L'étape que traverse l'enfant de deux à six ans a été appelée par Piaget le **stade préopératoire.** Selon lui, les enfants de cet âge ne sont pas encore prêts à effectuer des **opérations mentales** qui font appel à une pensée logique. La caractéristique principale de ce stade de développement cognitif est l'utilisation croissante de la **fonction symbolique** et des capacités de représentation apparues à la fin du stade sensorimoteur.

De deux à six ans, le monde devient plus ordonné et plus prévisible pour l'enfant, au fur et à mesure que celui-ci développe une meilleure compréhension de l'identité, c'est-à-dire du fait que les personnes et la plupart des objets demeurent essentiellement les mêmes, que leur forme ou leur apparence change ou pas. Cette compréhension est à la base de l'émergence du concept de soi que nous verrons dans le chapitre 6. Voyons donc plus en détail certains de ces progrès et limites identifiés par Piaget au stade préopératoire, ainsi que les nuances apportées par des recherches récentes sur ces aspects du développement.

La fonction symbolique

Lorsque, dans la mise en situation de ce chapitre, Ève prend son morceau de fromage et l'agite en disant d'une grosse voix : «Bonjour les enfants, je vais travailler ! », elle démontre qu'elle peut se représenter mentalement, à travers un bout de fromage, un personnage qui parle. Cette possibilité de se représenter mentalement un objet, une personne ou une situation sans qu'ils soient physiquement présents caractérise la fonction symbolique. Selon Piaget, la pensée symbolique est présente vers la fin du stade sensorimoteur, mais elle se développe pleinement entre deux et six ans. Le fait de disposer de symboles (mots, chiffres, images) pour représenter diverses réalités nous permet à la fois d'y penser, d'en intégrer les qualités, de nous les rappeler et d'en parler. La fonction symbolique constitue par conséquent un progrès considérable dans le développement cognitif. Sans symboles, les gens seraient en effet incapables de converser, de lire une carte ou de chérir la photo d'une personne aimée qui se trouve loin d'eux.

Le mot constitue le symbole le plus usuel et probablement le plus important pour la pensée, qu'il soit verbalisé ou écrit. Comme nous l'avons vu dans le chapitre précédent en évoquant les bases du langage, un enfant qui utilise le mot *pomme* pour désigner un objet absent attribue à ce son un caractère symbolique. C'est donc dans l'utilisation du langage que la fonction symbolique prend tout son sens. Cette fonction se manifeste aussi à travers *l'imitation différée,* qui consiste à reproduire une action observée, mais en l'absence du modèle. Dans la mise en situation, le morceau de fromage symbolise un personnage qu'Ève a déjà observé, peut-être son père, et qu'elle s'amuse à faire parler. Enfin, la fonction symbolique peut aussi s'exprimer dans le jeu symbolique, dont nous parlerons plus loin.

La compréhension de la causalité

Au début du stade préopératoire, l'enfant saisit de façon générale les relations fonctionnelles élémentaires qui existent entre les objets et les événements. Par exemple, un enfant de trois ans sait qu'en tirant sur un cordon, le rideau s'ouvre, et qu'en appuyant sur un interrupteur, la lumière s'allume. Bien qu'il ne comprenne pas encore

Stade préopératoire
Selon Piaget, deuxième stade du développement cognitif qui se situe de deux à six ans et au cours duquel l'enfant peut se représenter mentalement des objets qui ne sont pas physiquement présents. Ces représentations sont toutefois limitées par le fait que l'enfant ne peut encore penser logiquement.

Opération mentale
Réflexion mentale qui permet de comparer, de mesurer, de transformer et de combiner des ensembles d'objets.

Fonction symbolique
Selon Piaget, capacité de l'enfant à utiliser certains symboles (mots, nombres ou images) qui ont pour lui une signification.

5.6 La fonction symbolique

La fonction symbolique permet à un enfant du stade préopératoire de se servir d'un objet en plastique pour se représenter de la nourriture.

pourquoi telle action en entraîne telle autre, il perçoit tout de même le rapport qui existe entre les deux actions. Si Piaget admet que les jeunes enfants ont une certaine compréhension des relations de cause à effet, il considère toutefois que le raisonnement de l'enfant du stade préopératoire n'est pas logique, mais plutôt transductif. La **transduction** est le fait d'établir un lien de causalité, logique ou non, entre deux événements sur la seule base de leur proximité dans le temps. Dans ce type de raisonnement, l'enfant n'utilise donc ni la logique inductive (le fait de tirer une conclusion générale à partir de données particulières), ni la logique déductive (le fait de partir de données générales pour en tirer une conclusion particulière). Si deux événements surviennent en même temps ou sont perçus dans le même contexte, l'enfant croit alors que l'un est la cause de l'autre. C'est le cas de Renaud, qui dit qu'il fait beau parce qu'il va aux pommes avec les amis de la garderie. Son raisonnement est le suivant : on va aux pommes aujourd'hui et je constate qu'il fait beau, donc il fait beau parce qu'on va aux pommes. C'est ce raisonnement transductif qui pourrait amener un enfant à croire, par exemple, que ses parents divorcent parce qu'il s'est disputé avec sa sœur.

Toutefois, lorsqu'on teste les jeunes enfants sur des situations compréhensibles pour eux, on constate qu'ils sont capables de relier correctement les causes aux effets. En effet, une équipe de recherche a entrepris une série d'expériences à l'aide d'un détecteur programmé pour s'allumer et pour jouer de la musique lorsqu'on plaçait dessus certains objets précis. Il s'est avéré que même les enfants de deux ans qui avaient observé l'appareil en état de fonctionnement ont démontré un raisonnement logique en comprenant quels objets placer et quels objets enlever pour activer ou désactiver le détecteur. En outre, d'autres recherches ont aussi montré que des enfants de moins de cinq ans sont susceptibles de comprendre que des facteurs biologiques sont responsables de la croissance ou de la maladie ou encore comment les désirs ou les émotions entraînent des réactions humaines (Gopnik *et al.*, 2001).

Il suffit d'écouter les enfants parler pour remarquer que, dans les faits, leur discours révèle souvent une meilleure compréhension des relations causales que ne l'a cru Piaget. Même s'ils éprouvent parfois des difficultés à répondre aux « pourquoi » des adultes, ils utilisent spontanément des phrases contenant des « parce que » ou des « alors » : « Maman a mis un pansement parce que j'avais un bobo. » ou « La fée a pris sa baguette magique, alors la petite souris est devenue grande. » Par contre, il est vrai que les enfants de cet âge tendent à croire que tous les événements ont des relations causales prévisibles. Ainsi, un enfant de quatre ans peut croire qu'on sera automatiquement malade si l'on ne se lave pas les mains avant de manger : pour lui, ce lien de cause à effet est aussi prévisible que celui de voir retomber un ballon lancé dans les airs.

La maîtrise des nombres

Lorsque, dans la mise en situation, Ève compte ses raisins en énumérant les chiffres de un à huit sans même tenir compte du nombre réel de raisins qui se trouvent devant elle, peut-on alors dire qu'elle sait compter ? Sûrement pas ! Certes, elle peut énoncer les chiffres dans le bon ordre, mais elle ne maîtrise pas le principe de **cardinalité,** c'est-à-dire le principe selon lequel on utilise un seul et même nom de nombre en fonction de l'élément compté, le dernier nombre énoncé représentant le total des éléments. Ève est donc incapable de dire combien de raisins elle a réellement. Les enfants n'appliquent pas systématiquement le principe de cardinalité lorsqu'ils comptent avant l'âge de trois ans et demi.

Vers quatre ou cinq ans, l'**ordinalité,** c'est-à-dire la capacité de comparer des quantités numériques, permet ensuite à l'enfant de comprendre les notions de *plus* et de *moins* (trois biscuits, c'est plus que deux). L'ordinalité apparaît autour de 12 à 18 mois, mais à cet âge, elle demeure limitée à la comparaison d'un nombre restreint d'objets. Vers cinq ans, la plupart des enfants sont capables (si on le leur a appris, la plupart du temps en jouant) de réciter dans l'ordre les chiffres jusqu'à 20 et de résoudre des problèmes simples d'ordinalité (Laurie a pris sept pommes et Bianca en a pris cinq. Laquelle en a le plus?) sur des groupes de moins de dix objets (Byrnes et Fox, 1998).

Lorsqu'ils entrent en première année du primaire, la plupart des enfants ont déjà développé le sens de la numération. Le niveau de base des habiletés de numération comprend la capacité de compter, l'ordinalité (la comparaison de quantité), les transformations numériques (les additions et les soustractions simples), l'estimation (ce groupe de points est-il inférieur ou supérieur à cinq) et la reconnaissance d'un modèle d'équations (deux plus deux font quatre, trois plus un aussi) (Jordan *et al.*, 2006).

Bien sûr, même si l'acquisition des connaissances se rapportant à la numération est universelle, elle se développe à des rythmes différents selon l'importance qui lui est accordée par la famille ou la culture à laquelle l'enfant appartient.

Les limites de la pensée préopératoire

La pensée préopératoire est encore rudimentaire comparativement à ce que l'enfant pourra accomplir une fois parvenu au stade des opérations concrètes. Selon Piaget, la principale limite du stade préopératoire est la **centration,** c'est-à-dire la tendance à se concentrer sur un seul aspect d'une situation en négligeant tous les autres. La centration a des répercussions à la fois sur la compréhension du monde physique et sur celle des relations sociales.

L'égocentrisme Selon Piaget, les enfants de trois ans croient encore que l'univers tourne autour d'eux. Même s'ils sont moins égocentriques que les nouveau-nés, les enfants d'âge préscolaire sont tellement centrés sur leur propre point de vue qu'ils sont incapables d'en considérer un autre. L'**égocentrisme** est une forme de centration qui empêche l'enfant du stade préopératoire d'adopter un autre point de vue que le sien. Fascinée par le vacarme incessant des vagues, une fillette de quatre ans se tourne vers son père en lui disant: «Mais quand est-ce que ça arrête?» «Jamais», lui répond son père. Sur quoi la fillette demande, incrédule: «Même pas quand on dort?» L'égocentrisme pourrait expliquer pourquoi les jeunes enfants ont parfois du mal à séparer la réalité de ce qu'ils imaginent et pourquoi ils sont parfois confus en ce qui concerne les liens de causalité.

On entend aussi parfois un enfant dire que le soleil se couche parce qu'il est fatigué. C'est un exemple de ce que Piaget appelle l'**animisme,** une forme d'égocentrisme qui consiste à attribuer des caractéristiques humaines à des objets inanimés. En interrogeant des enfants à propos du soleil, du vent et des nuages, Piaget a obtenu des réponses qui l'ont amené à conclure que les enfants éprouvent de la difficulté à distinguer ce qui est vivant de ce qui ne l'est pas, surtout lorsque les éléments non vivants sont en mouvement. Il a alors attribué cela à l'animisme. Toutefois, d'autres recherches ont démontré depuis que des enfants de trois à quatre ans comprennent que les gens sont vivants et que les cailloux ne le sont pas. Ainsi, au cours d'une expérience, des enfants n'ont attribué ni pensées ni émotions aux cailloux, et ils ont mentionné que si les poupées ne peuvent pas se déplacer par elles-mêmes, c'est qu'elles ne sont pas vivantes (Gelman, Spelke et Meck, 1983). La différence entre les réponses obtenues par Piaget et celles obtenues par d'autres chercheurs s'explique peut-être par le fait que les objets présentés aux enfants par Piaget se déplaçaient d'eux-mêmes et n'offraient aucune possibilité de manipulation concrète.

Une expérience classique de Piaget, la tâche des trois montagnes, illustre bien cet égocentrisme. L'expérimentateur assoit un enfant devant trois monticules (*voir la figure 5.2 à la page suivante*) et place une poupée sur une chaise, de l'autre côté de la table. Il demande alors à l'enfant de lui dire comment la poupée voit les montagnes. Le jeune enfant ne peut répondre à cette question. En effet, il décrit chaque fois les montagnes selon sa propre perspective. Pour Piaget, cela met en évidence l'incapacité de l'enfant à imaginer un point de vue différent du sien (Piaget et Inhelder, 1967).

 L'ordinalité et la cardinalité
Un enfant de cinq ans commence à comprendre l'ordinalité et le principe de cardinalité. Il est donc capable, ou presque, de compter ces cailloux et de savoir quelle série en contient le plus.

Centration
Selon Piaget, limite de la pensée préopératoire qui amène l'enfant à ne percevoir qu'un seul aspect d'une situation au détriment des autres.

Égocentrisme
Selon Piaget, caractéristique de la pensée préopératoire qui rend impossible la prise en compte du point de vue d'une autre personne.

Animisme
Tendance à concevoir les objets inanimés comme possédant des caractéristiques humaines.

FIGURE 5.2 | La tâche des trois montagnes de Piaget

Au stade préopératoire, un enfant est incapable de décrire les montagnes selon le point de vue de la poupée. Selon Piaget, c'est là une manifestation de l'égocentrisme.

Dans une autre expérience, on a cependant présenté le problème d'une manière différente et on a alors obtenu des résultats différents. Un enfant était assis en face d'un panneau divisé en quatre sections par des «murs». Un personnage représentant un policier se tenait d'un côté du panneau tandis qu'une poupée était déplacée d'une section à l'autre. Après chaque déplacement, on demandait à l'enfant: «Est-ce que le policier peut voir la poupée?» Puis un autre personnage policier entrait en action, et on demandait à l'enfant de cacher la poupée de manière à ce qu'aucun policier ne la voie. Des enfants âgés de trois ans et demi à cinq ans ont donné la bonne réponse neuf fois sur dix (Hughes, 1975). Pourquoi ces enfants étaient-ils capables de considérer le point de vue d'une autre personne (le policier), alors que ceux à qui l'on présentait le problème des montagnes en étaient incapables? Il est possible que ce soit parce que le problème du policier les amène à penser d'une façon plus usuelle et moins abstraite. En effet, les jeunes enfants ne regardent généralement pas les montagnes de cette façon et ne se questionnent pas sur ce que les autres personnes voient en les regardant. Toutefois, la plupart des enfants de trois ans connaissent les poupées, les policiers et le jeu de la cachette. Ainsi, les jeunes enfants peuvent effectivement faire preuve d'égocentrisme au premier abord, mais principalement dans des situations qui dépassent leur expérience immédiate.

Conservation
Selon Piaget, capacité de comprendre que deux quantités égales (liquide, poids, nombre, surface, etc.) restent égales malgré leur transformation apparente si rien n'est enlevé ou ajouté.

La non-conservation Une autre expérience classique de Piaget illustre bien comment la centration vient limiter la pensée enfantine. Piaget a conçu cette expérience pour évaluer la notion de **conservation,** qui est le principe selon lequel deux quantités égales (liquide, poids, nombre, surface, etc.) restent égales malgré une transformation apparente, tant et aussi longtemps qu'on ne leur ajoute ou qu'on ne leur enlève rien. Il a ainsi découvert que les jeunes enfants ne comprennent pas pleinement ce principe avant le stade des opérations concrètes. Dans cette expérience, on présente à un enfant deux verres identiques, bas et évasés, qui contiennent la même quantité d'eau. On verse ensuite l'eau d'un des verres dans un troisième verre, haut et étroit, puis on demande à l'enfant s'il y a un verre qui contient plus d'eau ou si les deux verres contiennent la même quantité d'eau (*voir la figure 5.3*). Que l'enfant ait vu l'expérimentateur verser l'eau du verre bas et évasé dans le verre haut et étroit ou qu'il ait versé l'eau lui-même, il répond toujours que l'un des deux verres contient plus d'eau. Lorsqu'on lui demande pourquoi, il répond: «Celui-ci est plus grand ici.», en montrant la hauteur (ou la largeur) du verre. Au stade préopératoire, l'enfant est donc incapable de considérer la hauteur et la largeur en même temps. Il centre sa pensée sur l'un ou l'autre de ces aspects, et sa réponse découle par conséquent de l'évaluation d'une seule dimension du verre.

FIGURE 5.3 | L'épreuve de la conservation d'un liquide de Piaget

Au stade préopératoire, un enfant est incapable de concevoir qu'il y a autant de liquide dans les deux contenants, parce que la centration l'empêche de considérer à la fois leur hauteur et leur largeur.

Cette compréhension de la conservation est également limitée par l'**irréversibilité** de la pensée, c'est-à-dire par l'incapacité de comprendre qu'une opération peut se faire dans les deux sens. L'enfant ne parvient pas à imaginer qu'il suffirait de reverser l'eau dans le premier verre pour démontrer que la quantité est toujours la même. Au stade préopératoire, selon Piaget, l'enfant pense comme s'il observait les images statiques d'une pellicule: il se concentre sur les états successifs, mais ne reconnaît pas les transformations d'un état à un autre. Ainsi, l'enfant prend séparément en considération l'eau qui se trouve dans chacun des verres, au lieu de la considérer comme une même substance pouvant être transvasée d'un verre à l'autre.

Irréversibilité
Limite de la pensée préopératoire qui empêche l'enfant de comprendre qu'une opération sur un objet peut être faite en sens inverse pour revenir à l'état initial de l'objet.

Il existe différents tests permettant d'évaluer la notion de conservation. Les principaux sont présentés dans le tableau 5.4.

TABLEAU 5.4 | Les principaux tests de conservation

Type de conservation	1. Présenter à l'enfant	2. Opérer une transformation	3. Demander à l'enfant	4. Réponse habituelle d'un enfant du stade préopératoire
Nombre	Deux rangées parallèles de bonbons.	On augmente l'espace entre les bonbons de l'une des rangées.	Est-ce qu'il y a le même nombre de bonbons dans chaque rangée ou est-ce que l'une des deux rangées en a plus que l'autre ?	La rangée plus espacée a plus de bonbons.
Longueur	Deux trains parallèles de même longueur.	On déplace l'un des trains vers la droite.	Est-ce que les deux trains sont de la même longueur ou est-ce que l'un des deux trains est plus long ?	Le train qui est le plus avancé à droite est le plus long.
Liquide	Deux verres identiques, transparents, avec la même quantité de jus.	On verse le liquide de l'un des verres dans un autre plus étroit.	Est-ce que les deux verres contiennent la même quantité de jus ou est-ce que l'un des deux verres en contient plus ?	Le verre où le jus monte plus haut contient plus de jus que l'autre.
Substance	Deux boules identiques de pâte à modeler.	On roule une des boules pour en faire un serpent.	Est-ce qu'il y a la même quantité de pâte à modeler dans la boule et le serpent ou est-ce que l'un des deux en contient plus ?	Le serpent contient plus de pâte à modeler.
Poids	Deux boules identiques de pâte à modeler.	On roule une des boules pour en faire une saucisse.	Est-ce que la boule et la saucisse pèsent le même poids ou est-ce que l'une des deux est plus lourde que l'autre ?	La boule est plus lourde que la saucisse (ou parfois l'inverse).
Surface	Des petits blocs (représentant des maisons) placés sur deux feuilles de papier vert (représentant de l'herbe), et on dépose sur chaque feuille une vache qui doit manger l'herbe.	On déplace les maisons de l'une des feuilles afin de les coller les unes aux autres.	Est-ce que les deux vaches ont la même quantité d'herbe à manger ou est-ce que l'une des deux en a plus que l'autre ?	La vache de la feuille où les maisons sont collées a plus d'herbe à manger.
Masse	Des maisons identiques construites avec le même nombre de blocs (par exemple, trois étages de neuf blocs).	On modifie la forme de l'une des maisons en déplaçant les blocs (par exemple, on fait neuf étages de trois blocs).	Est-ce qu'il y a le même espace dans les deux maisons ou est-ce que l'une des deux en a plus que l'autre ?	La maison la plus haute a plus d'espace que l'autre.

Théorie de l'esprit
Conscience et compréhension des
processus mentaux.

5.2.2 Les jeunes enfants et les théories de l'esprit

Piaget (1929) a été le premier à étudier les **théories de l'esprit** chez les enfants, c'est-à-dire la prise de conscience de leurs propres processus mentaux et de ceux des autres. Il a posé aux enfants des questions du type « D'où viennent les rêves ? » ou « Avec quoi penses-tu ? » Les réponses reçues l'ont amené à conclure que les enfants de moins de six ans sont incapables de faire la différence entre les pensées ou les rêves et la réalité physique, et qu'ils n'ont donc pas de théorie de l'esprit. Cependant, des recherches plus récentes indiquent quant à elles qu'entre l'âge de deux et cinq ans, la connaissance que démontrent les enfants en matière de processus mentaux – les leurs et ceux des autres – augmente de façon spectaculaire (Cross et Watson, 2001).

La prise de conscience de la pensée

Entre l'âge de trois et cinq ans, les enfants commencent à comprendre que les pensées se passent dans la tête, que nous pouvons penser à des choses réelles ou imaginaires, que quelqu'un peut penser à quelque chose en faisant ou en regardant autre chose, qu'une personne peut penser à des objets même en ayant les yeux fermés et les oreilles bouchées, et que penser constitue une action différente de celle de voir, parler ou toucher (Flavell *et al.*, 1995).

Toutefois, à cet âge, les enfants croient généralement que l'activité mentale a un début et une fin. Ce n'est pas avant le milieu de l'enfance qu'ils se rendent compte finalement que la pensée est continuellement active. Les jeunes enfants n'ont donc pas (ou très peu) conscience que les gens « se parlent dans leur tête, avec des mots » ou qu'ils pensent en même temps qu'ils regardent, écoutent, lisent ou parlent (Flavel *et al.*, 1997). Ils ont aussi tendance à confondre les rêves et l'imagination, et ils croient qu'ils peuvent décider de ce dont ils vont rêver. Les enfants de cinq ans reconnaissent que les expériences, les émotions et les pensées ont un effet sur le contenu des rêves, mais ce n'est toutefois pas avant l'âge de onze ans qu'ils réalisent vraiment qu'ils ne peuvent pas contrôler leurs rêves (Woolley et Berger, 2002).

La **cognition sociale,** qui désigne la capacité de reconnaître que les autres ont également des états mentaux, est une particularité humaine qui implique la disparition de l'égocentrisme et le développement de l'empathie (Povinelli et Giambrone, 2001). Vers trois ans, les enfants réalisent qu'une personne va continuer de chercher ce qu'elle veut si elle ne le trouve pas immédiatement et qu'elle sera heureuse ou triste si elle ne l'obtient pas.

Les fausses croyances et la tromperie

Un chercheur montre une boîte de bonbons à Sarah, une petite fille de trois ans, et lui demande ce qu'il y a dedans. « Des bonbons », répond-elle. Or, lorsqu'elle ouvre la boîte, Sarah y trouve des crayons et non des bonbons. « D'après toi, qu'est-ce qu'un autre enfant qui n'a pas ouvert la boîte croira trouver dedans ? » demande le chercheur. « Des crayons », dit Sarah, ne comprenant pas qu'un autre enfant serait lui aussi trompé par la boîte, comme elle-même l'a été. Pour comprendre que quelqu'un peut avoir de fausses croyances, il faut que l'enfant ait d'abord pris conscience qu'on peut se faire une représentation de la réalité et que celle-ci peut parfois être erronée. Or, les enfants de trois ans, comme Sarah, n'ont pas cette compréhension (Flavell *et al.*, 1995).

Ce type de recherches sur les fausses croyances a été repris un peu partout dans le monde et on arrive toujours aux mêmes résultats. Toutefois, si l'on demande aux enfants de répondre avec des gestes plutôt qu'avec des mots, ceux qui sont sur le point d'avoir quatre ans parviennent alors mieux à reconnaître les fausses croyances. Aussi, on peut dire que les gestes peuvent aider les enfants sur le point de comprendre le concept des fausses croyances à franchir cette étape (Carlson *et al.*, 2005).

L'incapacité des enfants de trois ans à reconnaître les fausses croyances peut découler de leur pensée égocentrique. À cet âge, l'enfant a effectivement tendance à croire que toutes les autres personnes savent ce qu'il sait et croient ce qu'il croit. Il a donc du mal à comprendre que ses propres pensées peuvent être fausses (Lillard et Curenton, 1999). À quatre ans, les enfants parviennent enfin à comprendre que des personnes qui entendent ou qui voient des versions différentes d'un même événement peuvent développer des croyances différentes. Toutefois, ce n'est pas avant six ans que les enfants réalisent que deux personnes qui voient ou entendent la même chose peuvent l'interpréter différemment (Pillow et Henrichon, 1996).

La tromperie est une tentative destinée à créer une fausse croyance dans la pensée de quelqu'un. Or, pour pouvoir mentir, l'enfant doit auparavant supprimer son impulsion d'être franc. En d'autres termes, on peut dire que le mensonge est un signe de développement cognitif. Des recherches ont montré que certains enfants sont capables de mentir dès l'âge de deux ou trois ans, d'autres vers quatre ou cinq ans seulement. La différence semble reliée au moyen que les enfants utilisent pour tromper. En effet, on a demandé à des enfants de trois ans s'ils voulaient jouer un tour à quelqu'un en lui donnant de fausses indications quant à laquelle des deux boîtes contenait une balle. Les enfants étaient plus en mesure de mentir quand on leur demandait de mettre l'image d'une balle sur la mauvaise boîte que lorsqu'ils devaient pointer la boîte du doigt, ce qu'ils font habituellement de manière honnête à cet âge (Carlson, Moses et Hix, 1998).

La distinction entre l'imaginaire et la réalité

Entre 18 mois et 3 ans, les enfants apprennent à faire la distinction entre des événements réels et des événements imaginaires. Dès lors, les enfants de trois ans peuvent faire semblant et sont capables de reconnaître que quelqu'un d'autre fait semblant. Ils savent aussi que le fait de faire semblant est intentionnel : ils font bien la différence entre le fait de faire quelque chose et le fait de prétendre faire cette chose (Rakoczy, Tomasello et Striano, 2004). Toutefois, la ligne qu'ils tracent entre la fantaisie et la réalité n'est pas toujours très nette. Ainsi, une étude a montré que des enfants âgés de quatre à six ans, qui étaient laissés seuls dans une pièce, préféraient toucher une boîte contenant un ourson imaginaire plutôt qu'une boîte contenant un monstre imaginaire, même si la plupart affirmaient que c'était juste pour faire semblant (Harris *et al.*, 1991). Il peut donc être difficile de savoir, en les questionnant sur de « prétendus » objets, si les enfants donnent des réponses sérieuses ou s'ils continuent de faire semblant (Taylor, 1997).

Certains chercheurs suggèrent que la **pensée magique** des enfants de trois ans et plus ne provient pas de la confusion entre l'imaginaire et la réalité. Cette pensée magique servirait surtout à expliquer des événements qui ne leur semblent pas avoir une explication réaliste évidente (souvent parce qu'ils manquent de connaissances sur le sujet) ou encore à céder aux plaisirs de l'invention. Tout comme les adultes, les enfants sont en effet généralement très conscients de la nature magique de personnages imaginaires tels que les sorcières et les dragons, mais ils se plaisent tout simplement à entretenir l'éventualité de leur existence (Woolley, 1997). C'est d'ailleurs vers cet âge qu'apparaissent souvent les amis imaginaires (*voir l'encadré 5.2*).

5.8 Fantaisie ou réalité ?

Est-ce vraiment Minnie ? La capacité de distinguer la fantaisie et la réalité se développe vers trois ans, mais des enfants de quatre à six ans peuvent encore croire qu'un personnage fantaisiste est réel.

Pensée magique
Façon d'interpréter la réalité selon laquelle tout est possible.

ENCADRÉ 5.2 **APPROFONDISSEMENT**

Les amis imaginaires

À trois ans et demi, Marianne avait déjà plusieurs frères et sœurs, ainsi que des amis prénommés Mia, Kali, Anna et Boule. L'année suivante, tous sauf Mia avaient disparu. Cette Mia avait un chat et un chien (alors que Marianne en avait toujours demandé un, mais n'en avait jamais obtenu), et si l'on refusait à Marianne quelque chose qu'elle avait vu à la télévision, elle affirmait que Mia, elle, l'avait déjà.

Les frères, les sœurs et les amis de Marianne vivaient seulement dans son imagination, et elle-même le savait très bien. Ainsi, quand un ami réel venait lui rendre visite et que la mère de Marianne faisait allusion devant lui à l'une de ses « sœurs », Marianne changeait rapidement de sujet. Comme environ 25 % à 65 % des enfants âgés de 3 à 10 ans, Marianne s'était créé des amis imaginaires avec lesquels elle parlait et jouait. Ce phénomène, normal dans l'enfance, est plus fréquent chez les aînés d'une famille et chez les enfants uniques. Il semble aussi que les filles ont plus tendance que les

garçons à avoir des amis imaginaires ou, du moins, à en faire mention. Les garçons, pour leur part, sont plus susceptibles de se faire passer pour différents personnages imaginaires (Carlson et Taylor, 2005).

Les enfants qui ont des amis imaginaires s'engagent plus souvent dans le jeu symbolique que les enfants qui n'ont pas d'amis imaginaires, mais ils sont tout à fait en mesure de distinguer la réalité et l'imaginaire, même dans les séances de jeux libres. Ils sont souvent plus coopératifs avec les autres enfants et les adultes, et ils ne manquent pas d'amis à la garderie (Gleason, Sebanc et Hartup, 2000). Dans leurs jeux, ils manifestent plus de curiosité, d'excitation et de persévérance ; ils regardent aussi moins la télévision et ont plus de fluidité sur le plan du langage. Ainsi, dans une étude portant sur des enfants d'âge préscolaire, ceux de quatre ans qui avaient des amis imaginaires avaient de meilleurs résultats que les autres dans les tâches liées aux théories de l'esprit (par exemple, distinguer la réalité des apparences et reconnaître les fausses croyances), et ils manifestaient également de meilleures compétences émotionnelles trois ans plus tard. Par ailleurs, près du tiers des enfants qui disaient avoir des amis imaginaires jouaient encore avec eux à sept ans (Taylor *et al.*, 2004).

Les relations des enfants avec leurs amis imaginaires sont semblables aux relations avec leurs pairs : ils sont habituellement sociables et amicaux avec eux, alors qu'à l'inverse, ils traitent souvent leurs jouets qui personnifient des êtres vivants (peluches, poupées, etc.) avec plus ou moins d'égards (Gleason *et al.*, 2000). En outre, les amis imaginaires procurent des mécanismes de réalisation des désirs (« Il y avait un monstre dans ma chambre, mais Kali lui a fait peur avec la poudre magique. »), servent de bouc émissaire (« Ce n'est pas moi qui ai mangé les biscuits, c'est Boule ! »), ils agissent comme mécanisme de déplacement pour les propres peurs de l'enfant (« Anna a peur d'être entraînée par le renvoi d'eau de la toilette. ») et leur procurent aussi du soutien dans des situations plus stressantes (par exemple, pour aller explorer un endroit inquiétant comme un grenier). Aussi, les compagnons de jeu imaginaires sont souvent bénéfiques pour les enfants uniques comme Marianne.

Comment les parents doivent-ils alors réagir à l'endroit de ces amis imaginaires ? En réalité, il ne sert à rien de nier leur existence, ni même d'en faire des membres réguliers de la famille. L'enfant sait généralement lui-même très bien que son ami imaginaire n'existe pas, mais il aime tout de même garder une certaine domination sur lui. Il sait aussi que ses parents ne sont pas dupes, même s'ils font semblant d'entrer dans son jeu. Avoir des amis imaginaires demeure normal à l'âge préscolaire et dans les premières années scolaires, et ces amis disparaissent généralement lorsque l'enfant commence à établir de vraies relations d'amitié.

Les diverses influences sur les théories de l'esprit

Les compétences sociales et le développement du langage contribuent à la compréhension des pensées et des émotions. Ainsi, les enfants qui sont considérés par leurs enseignants et par leurs pairs comme ayant des habiletés sociales supérieures sont meilleurs pour distinguer les vraies émotions des émotions fictives, pour reconnaître les fausses croyances et pour considérer le point de vue d'une autre personne. Ces mêmes enfants ont par ailleurs aussi tendance à avoir de meilleures habiletés langagières (Cassidy *et al.*, 2003).

Le genre de discours que le jeune enfant entend à la maison peut aussi faire une différence. En effet, les enfants ont tendance à développer de meilleures habiletés liées aux théories de l'esprit lorsque leur mère leur parle de l'attitude mentale des autres (Jenkins *et al.*, 2003). En outre, les enfants bilingues, comme nous le verrons plus loin, sont aussi avantagés sur ce plan (Goetz, 2003).

Enfin, les familles qui encouragent le jeu du faire semblant stimulent le développement des habiletés reliées aux théories de l'esprit. En effet, quand les enfants jouent entre eux à faire semblant, ils sont obligés de tenir compte de leur monde imaginaire. De même, lorsqu'ils se mettent à jouer des rôles, ils essaient alors d'adopter une autre perspective que la leur. En parlant avec un enfant des sentiments vécus par les personnages d'une histoire, on l'aide ainsi à développer sa compréhension sociale (Lillard et Curenton, 1999).

Les tableaux 5.5 et 5.6 résument les principaux progrès cognitifs, mais aussi les limites qui, selon Piaget, concernent les enfants du stade préopératoire.

5.2.3 La théorie du traitement de l'information : le développement de la mémoire

À trois ans et demi, Renaud est allé pour la première fois cueillir des pommes avec les enfants de sa garderie. Quelques mois plus tard, il parle toujours du voyage en autobus, de la visite du verger, de la cueillette des pommes et des cachettes dans le labyrinthe de maïs : il a encore un vif souvenir de l'excursion. Or, un an plus tard, si l'on évoque cette journée, il s'en souvient toujours. C'est effectivement à cet âge que les enfants commencent habituellement à former des souvenirs à long terme.

TABLEAU 5.5 | Les progrès cognitifs au stade préopératoire (selon Piaget)

Progrès	Description	Exemple
Fonction symbolique	Les enfants peuvent penser à une personne, à un objet absent ou à un événement qui ne se déroule pas dans le présent.	Jérémie se souvient d'avoir mangé un cornet de crème glacée chez sa grand-mère la veille, et il en réclame un autre aujourd'hui.
	Les enfants peuvent imaginer que les objets ou les personnes possèdent des propriétés différentes de celles qu'ils ont en réalité.	Mathieu utilise le rouleau de carton provenant d'un papier d'emballage pour jouer à l'épée.
Compréhension de l'identité	Les enfants savent que des modifications superficielles ne changent pas la nature des choses.	Alexis sait que, même si son grand frère est déguisé en pirate, il demeure toujours son grand frère.
Compréhension des liens de causalité (causes et effets)	Les enfants réalisent que les événements ont des causes.	Jade voit un ballon surgir de derrière un mur et va regarder derrière celui-ci pour voir qui a lancé le ballon.
Capacité de classifier	Les enfants classent les objets, les personnes et les événements en catégories significatives.	Norma trie les cocottes qu'elle a ramassées dans la forêt. Elle les répartit en deux séries selon leur taille : les «petites» et les «grandes».
Compréhension des nombres	Les enfants peuvent compter et gérer les quantités.	Laurence partage quelques bonbons avec ses amies en les comptant un à un, de façon à ce que chacune d'elles en ait le même nombre.
Empathie	Les enfants deviennent plus à même d'imaginer comment les autres se sentent.	Pierre essaie de réconforter son ami qui est triste en lui faisant un câlin.
Théorie de l'esprit	Les enfants deviennent plus conscients de l'activité mentale et du fonctionnement de l'esprit.	Camille veut cacher des biscuits pour que son petit frère ne les trouve pas. Elle choisit de les mettre dans sa boîte à crayons, car elle sait qu'il ne les cherchera pas dans un endroit où il ne s'attend pas à trouver des biscuits.

TABLEAU 5.6 | Les limites de la pensée préopératoire (selon Piaget)

Limite	Description	Exemple
La centration	L'enfant ne perçoit qu'un seul aspect d'une situation au détriment des autres ; il ne peut pas opérer de décentration.	Maxime croit que Juliette a plus de blocs que lui parce que ceux-ci sont répandus sur le plancher et occupent plus d'espace que les siens, qui sont bien rangés dans leur boîte. Il se centre uniquement sur l'espace occupé.
L'irréversibilité	L'enfant ne comprend pas que certaines actions ou opérations sur un objet peuvent être faites en sens inverse pour revenir à l'état initial de l'objet.	Coralie ne réalise pas que si l'on remet ses framboises dans son bol, elle en a toujours la même quantité.
Fixation sur l'état plutôt que sur la transformation	L'enfant ne comprend pas le sens de la transformation d'un état à un autre.	Sylvia considère son biscuit brisé en morceaux en croyant en avoir plusieurs. Elle ne conçoit pas que le biscuit a simplement été divisé.
Le raisonnement transductif	L'enfant n'utilise pas le raisonnement inductif ou déductif. Il tend à établir un lien de causalité, logique ou non, entre deux événements en sautant d'une particularité à une autre.	Sarah a été méchante avec son frère juste avant que celui-ci tombe malade. Sarah en conclut donc qu'elle a rendu son frère malade.
L'égocentrisme	L'enfant ne peut pas prendre en considération le point de vue d'une autre personne.	Clémence parle au téléphone avec sa grand-mère et montre en même temps du doigt les dessins dont elle parle.
L'animisme	L'enfant tend à donner vie à des objets inanimés.	Pierre dit que le soleil se couche parce qu'il est fatigué.
L'incapacité à reconnaître les fausses croyances	L'enfant ne comprend pas que quelqu'un d'autre peut être trompé par les apparences.	Après avoir constaté que sa boîte de blocs ne contenait pas des blocs, mais une poupée, Karen ne comprend pas qu'un autre enfant serait lui aussi trompé par l'apparence de la boîte.

FIGURE 5.4 | Les paliers de la mémoire

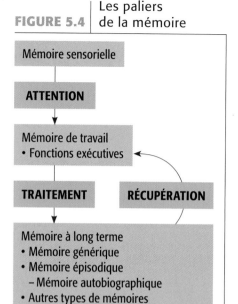

Mémoire sensorielle
Stockage initial, bref et temporaire, des informations sensorielles.

Système exécutif central
Selon Baddeley, élément de la mémoire de travail qui contrôle l'attention et le traitement de l'information dans la mémoire de travail.

Mémoire à long terme
Stockage pratiquement permanent des informations qui sont conservées en mémoire.

Mémoire générique
Mémoire qui produit des scénarios de routines familières servant à orienter le comportement.

Mémoire épisodique
Mémoire qui réfère à la conscience d'avoir vécu une expérience particulière dans un lieu et un temps déterminé.

Mémoire autobiographique
Mémoire qui réfère aux événements vécus par une personne.

Le fonctionnement de la mémoire

Comme le montre la figure 5.4, les modèles du traitement de l'information représentent le cerveau comme le réservoir de stockage de trois types de mémoire : la mémoire sensorielle, la mémoire de travail et la mémoire à long terme.

La **mémoire sensorielle** est un réservoir temporaire pour toutes les informations sensorielles qui arrivent, et si on ne leur porte pas attention, elles s'estompent rapidement. Ce type de mémoire change peu à partir de l'enfance.

Les informations qui sont traitées ou qui sont récupérées se trouvent, elles, dans la mémoire de travail. C'est là le réservoir à court terme des informations avec lesquelles la personne travaille activement : ce à quoi elle pense, ce dont elle se souvient ou ce qu'elle tente de comprendre. Des recherches sur l'imagerie cérébrale ont montré que la mémoire de travail était située en partie dans le cortex préfrontal, une région du cerveau qui se développe plus lentement que les autres (Nelson *et al.*, 2000). L'efficacité de cette mémoire est limitée par sa capacité restreinte de stockage, un adulte ne pouvant conserver en moyenne que sept éléments dans sa mémoire de travail.

La croissance de la mémoire de travail permet le développement des *fonctions exécutives,* c'est-à-dire la planification et la réalisation d'activités mentales orientées vers un objectif précis. Selon le modèle de Baddeley (1996, 1998), un **système exécutif central** contrôle en effet les processus de traitement de la mémoire de travail. C'est ce système qui permet de transférer l'information encodée dans la **mémoire à long terme,** un dernier réservoir qui jouit d'une capacité illimitée, qui conserve l'information pour de longues périodes de temps et qui permet aussi de la récupérer.

La formation des souvenirs d'enfance

En général, les jeunes enfants se souviennent seulement des événements qui ont produit chez eux une forte impression, la plupart de ces souvenirs ne semblant pas durer très longtemps. Un chercheur a néanmoins distingué trois types de mémoire à long terme particuliers à l'enfance et qui fonctionnent différemment : la mémoire générique, la mémoire épisodique et la mémoire autobiographique.

La mémoire générique

La **mémoire générique,** qui débute autour de l'âge de deux ans, produit des scénarios ou des lignes générales d'événements familiers qui se sont répétés, mais sans détails concernant le temps ou le lieu. Chaque scénario contient des routines pour les situations qui reviennent souvent : il permet à l'enfant de savoir à quoi s'attendre et comment se comporter. Par exemple, chaque matin, après le déjeuner, Renaud et Ève savent qu'ils doivent s'essuyer la bouche et les mains, se brosser les dents et s'habiller.

La mémoire épisodique

La **mémoire épisodique** réfère à la conscience d'avoir vécu une expérience particulière dans un lieu et dans un temps déterminé. Les jeunes enfants se souviennent mieux des événements qui sont nouveaux pour eux. Ainsi, un enfant de trois ans peut se rappeler les détails de sa visite au zoo un an auparavant, tandis que les souvenirs génériques de situations fréquentes (par exemple, un dîner chez grand-maman) seront plutôt flous. Étant donné la capacité limitée de la mémoire chez les jeunes enfants, ces souvenirs épisodiques sont temporaires, à moins qu'ils ne se répètent souvent. Ils sont conservés pour quelques semaines ou quelques mois, puis ils s'estompent. La fiabilité de cette mémoire épisodique chez les enfants est devenue une préoccupation importante pour les poursuites légales dans les cas de sévices sexuels, comme on peut le voir dans l'encadré 5.3.

La mémoire autobiographique

La **mémoire autobiographique** est une forme de mémoire épisodique ; elle réfère aux souvenirs qui forment l'histoire de la vie d'une personne. Néanmoins, tous les souvenirs épisodiques n'en font pas partie, mais seulement ceux qui présentent une signification personnelle et spéciale pour l'enfant. La mémoire autobiographique apparaît généralement entre trois et quatre ans (Nelson et Fivush, 2004 ; Nelson, 2005).

Peut-on se fier au témoignage des enfants?

Dans la plupart des cas, les sévices sexuels ne peuvent être prouvés que par le témoignage de l'enfant. Par conséquent, si le témoignage du jeune enfant est erroné, un adulte innocent peut être condamné. *A contrario*, si l'on ne tient pas compte du témoignage de l'enfant, un adulte dangereux peut demeurer en liberté.

Il est possible que les jeunes enfants ne sachent pas toujours s'ils ont vraiment vécu une expérience, s'ils l'ont imaginée ou s'ils en ont seulement entendu parler. Ainsi, des enfants qui participaient à une recherche se sont «souvenus» d'événements qui ne s'étaient jamais produits. Dans cette expérience, un homme appelé Sam Stone visitait pendant quelques minutes une garderie. Le visiteur se promenait dans la pièce, émettait un commentaire sur l'histoire que les enfants étaient en train de lire, leur disait au revoir de la main puis s'en allait. Cependant, avant la visite, on avait décrit Sam Stone à certains enfants comme étant un gentil bouffon ayant déjà déchiré un livre et sali un ours en peluche. Or, après quatre entrevues réalisées à raison d'une par semaine, près de la moitié des enfants de trois à quatre ans et 30 % des enfants de cinq à six ans à qui l'on avait parlé du bouffon Sam Stone et de ses faux agissements disaient spontanément à un nouvel intervieweur que Sam Stone avait déchiré un livre et sali un ourson lors de sa visite. De plus, dès qu'on leur posait des questions plus précises, près de 75 % des enfants disaient alors que le visiteur avait fait l'un ou l'autre. Par contre, aucun des enfants du groupe contrôle (soit le groupe d'enfants à qui l'on n'avait donné aucune mauvaise information) n'a rapporté de fausse information (Leichtman et Ceci, 1995). Cette expérience prouve donc que le témoignage des enfants peut être exact s'il est amené de manière neutre.

Les jeunes enfants sont plus influençables que les enfants plus vieux. Cette différence pourrait s'expliquer par la faible mémoire des enfants pour des événements particuliers et par leur grande vulnérabilité aux suggestions, menaces et attentes des adultes. Par ailleurs, les jeunes enfants peuvent se tromper dans le rappel de certains détails précis concernant un événement qui se produit fréquemment. Ils ont effectivement

tendance à confondre ce qui est arrivé au cours d'un épisode particulier avec ce qui s'est produit au cours d'un épisode semblable. Ainsi, un enfant peut avoir de la difficulté à répondre à des questions à propos d'un cas particulier d'abus, même s'il se rappelle le «modèle» général de l'abus. En outre, les témoignages de jeunes enfants sont souvent exclus parce que ces derniers sont incapables de démontrer qu'ils peuvent distinguer le vrai du faux et qu'ils sont conscients des conséquences d'un mensonge. Souvent, ils ne comprennent pas la façon dont les questions sont posées ou ils ne saisissent pas les concepts impliqués. De plus, plusieurs enfants abusés ont de sérieux retards de langage, ce qui rend leur témoignage encore plus confus.

La question concernant la fiabilité des témoignages des jeunes enfants n'est donc pas réglée, mais il semble que les jeunes enfants puissent donner un témoignage fiable si l'on prend soin d'éviter les techniques menant à des entrevues biaisées. C'est la raison pour laquelle des chercheurs tentent en ce moment de développer et de valider des modèles d'entrevues qui permettront de dénoncer les adultes qui font du tort aux enfants, tout en protégeant ceux qui pourraient être faussement accusés (Bruck, Ceci et Hembrooke, 1998).

Pour expliquer cette apparition relativement tardive, certains avancent l'idée que l'enfant ne peut mettre en mémoire des événements qui concernent sa propre vie tant qu'il n'a pas développé le concept de soi. Par ailleurs, la rétention des souvenirs autobiographiques est certainement liée au développement du langage: tant que l'enfant est incapable de transposer ses souvenirs en mots, il ne peut les maintenir dans ses pensées, y réfléchir et les comparer aux souvenirs des autres (Nelson, 2005).

Les interactions sociales et la mémoire

Pourquoi donc certains souvenirs durent-ils plus longtemps que d'autres? Outre le caractère particulier d'un événement, deux autres facteurs peuvent entrer en jeu: la participation active de l'enfant, autant au cœur de l'événement lui-même que dans son rappel ou sa reconstitution périodique, et la façon dont les parents parlent de cet événement avec lui.

Ainsi, une étude impliquant des enfants de trois à cinq ans qui avaient participé à une sortie au zoo a montré qu'une conversation détaillée avec l'enfant quelques jours après cette sortie avait eu une plus grande influence sur sa mémorisation de l'événement que la même conversation qui s'était tenue avant ou pendant l'événement. En effet, un tel échange peut aider l'enfant à encoder l'information sur cette expérience

Des souvenirs qui durent

Cette journée spéciale au zoo a bien des chances de faire partie des souvenirs autobiographiques de ces enfants, surtout s'ils ont l'occasion d'en reparler périodiquement.

récente en lui fournissant à la fois des étiquettes verbales pour les différents aspects de l'événement ainsi qu'une structure ordonnée et compréhensible. La conversation détaillée permet aussi d'établir des «frontières» autour des représentations mentales de l'événement et de prévenir ainsi l'intrusion d'informations erronées ou non pertinentes (McGuigan et Salmon, 2004).

Les interactions sociales aident non seulement les enfants à se souvenir des événements, mais elles peuvent aussi être la clé de la formation des souvenirs. En s'inspirant de la théorie socioculturelle de Vygotsky, des chercheurs proposent en effet un modèle d'interactions sociales qui soutient que les enfants construisent conjointement avec leurs parents ou d'autres adultes leurs souvenirs autobiographiques en parlant des événements qu'ils ont vécus. Les adultes initient et guident ces conversations, montrant ainsi aux enfants comment les souvenirs sont organisés dans une forme narrative propre à leur culture. Aussi, lorsque les parents posent à leur enfant de deux ou trois ans des questions portant sur le contexte de l'événement («Quand as-tu trouvé la chenille? Où l'as-tu trouvée? Qui était avec toi?»), celui-ci apprend vite à inclure ces informations. De même, quand les parents émettent des commentaires sur les émotions relatives à l'événement («Tu *voulais* aller sur cette balançoire.» ou encore «La petite fille était *triste*.»), les enfants de cinq ans et demi sont ensuite plus susceptibles d'inclure de telles précisions dans leurs souvenirs (Fivush et Haden, 2006).

5.2.4 L'influence des parents et du milieu sur le développement cognitif

Le développement cognitif d'un enfant est influencé par de nombreux facteurs tels que son tempérament, le degré de correspondance entre son mode cognitif et les situations dans lesquelles il se trouve, sa maturité sociale et affective, son milieu socio-économique et ses origines ethniques. Toutefois, l'une des plus grandes influences provient des parents et de leur façon de stimuler leur enfant.

L'attitude des parents

Les parents d'enfants brillants sont souvent des parents sensibles, chaleureux et aimants. Ils se montrent généralement très ouverts en regard du comportement de leurs enfants, en leur laissant la liberté d'explorer et de s'exprimer. Pour modifier certains aspects de ce comportement, ils font aussi appel au raisonnement ou aux sentiments plutôt qu'à des règles strictes. Ils utilisent enfin un langage et des techniques qui encouragent l'autonomie et la créativité des enfants et recourent à la lecture, à l'enseignement et au jeu pour favoriser leur développement. Les enfants réagissent alors à cette attention en faisant preuve de plus de curiosité, de créativité et d'intérêt.

La zone proximale de développement

La zone proximale de développement

Les parents peuvent diriger l'apprentissage d'un enfant en l'amenant au point où il peut réussir une tâche avec juste un peu d'aide, de façon à lui faire franchir cette zone appelée par Vygotsky *zone proximale de développement*.

Certains tenants de la théorie socioculturelle de Vygotsky ont utilisé la métaphore de l'échafaudage pour symboliser le soutien temporaire que les parents donnent à l'enfant pour qu'il puisse effectuer une tâche. Moins l'enfant est habile dans l'exécution d'une tâche, plus le parent doit le guider. Inversement, plus l'enfant maîtrise la tâche, moins le parent devrait l'aider. Une fois la tâche accomplie, le parent retire son soutien – l'échafaudage –, celui-ci n'étant plus nécessaire. Comme nous l'avons vu dans le chapitre 1, les adultes doivent d'abord diriger et organiser l'apprentissage d'un enfant, ce qu'ils parviennent à faire avec le maximum d'efficacité dans ce que Vygotsky appelle la *zone proximale de développement*. Cette zone est une situation au sein de laquelle l'enfant peut presque réussir une tâche par lui-même, mais pas totalement. S'il est bien guidé, l'enfant pourra l'accomplir avec succès. Un bon tuteur doit donc tenter de trouver cette zone et soutenir l'enfant dans les limites de celle-ci. En amenant l'enfant à prendre conscience de ses propres processus cognitifs et à reconnaître le moment où il a besoin d'aide, les parents incitent leur enfant à devenir responsable de son apprentissage. Les enfants d'âge préscolaire qui reçoivent ce genre de soutien sont ensuite plus en mesure d'ajuster leurs techniques d'apprentissage lorsqu'ils entrent à l'école (Neitzel et Stright, 2003).

Les ressources du milieu

Comme nous l'avons vu avec le modèle bioécologique de Bronfenbrenner, les parents ne représentent cependant qu'un seul des facteurs qui influent sur le développement de l'enfant. En effet, la famille fait partie d'un environnement plus large qui comporte d'autres ressources pouvant elles aussi participer au sain développement de l'enfant. Ainsi, les enfants qui vivent dans un quartier possédant de nombreuses ressources communautaires (parcs, aires de loisirs, organismes sportifs et culturels, bibliothèques, etc.) obtiennent de meilleurs résultats aux tests de développement physique, affectif, social et intellectuel que les enfants vivant dans un quartier qui offre moins de ressources civiques (Conseil canadien de développement social, 2002). De plus, une majorité d'enfants passent aujourd'hui plus de temps qu'auparavant en dehors du milieu familial, puisqu'ils sont pris en charge par des services de garde. Nous y reviendrons un peu plus loin.

Faites le POINT

5 Quels sont les progrès réalisés par l'enfant qui est parvenu au stade préopératoire ?

6 Piaget a utilisé une expérience classique pour évaluer la notion de conservation chez les enfants. Décrivez cette expérience et expliquez les réponses typiques d'un enfant du stade préopératoire.

7 Quels sont les principaux facteurs qui font qu'un enfant se rappellera davantage un événement particulier plutôt qu'un autre ?

8 Expliquez ce qu'est la zone proximale de développement et dites quelle est son utilité.

5.3 La maîtrise du langage

Nous avons vu dans le chapitre 3 comment se développait le langage, en passant du babillage aux premières phrases. Nous allons voir maintenant de quelle façon l'enfant parvient de mieux en mieux à maîtriser cette habileté qui lui permet de communiquer avec les autres.

5.3.1 L'augmentation du vocabulaire et les progrès en syntaxe

À trois ans, un enfant moyen peut utiliser près de 1 000 mots, alors qu'à six ans, son vocabulaire compte environ 2 600 mots (Owens, 1996). Comment donc les enfants étendent-ils leur vocabulaire aussi rapidement ? Apparemment, cela est rendu possible grâce à la **catégorisation rapide,** un processus leur permettant d'intégrer le sens d'un nouveau mot après l'avoir entendu seulement une ou deux fois dans une conversation. Selon le contexte, les enfants semblent se faire une hypothèse rapide sur le sens du mot, qu'ils stockent alors dans leur mémoire.

Catégorisation rapide
Processus de traitement de l'information qui consiste à poser rapidement une hypothèse. Par extension, processus selon lequel un enfant absorbe le sens d'un nouveau mot après l'avoir entendu seulement une ou deux fois.

Il semble que les mots désignant des objets (les noms communs) soient plus faciles et rapides à catégoriser que ceux qui désignent des actions (les verbes), ces derniers étant moins concrets (Golinkoff et *al.,* 1996). Les linguistes ne savent pas exactement comment fonctionne cette catégorisation rapide, mais il semblerait que les enfants se basent sur ce qu'ils connaissent des règles de formation des mots, des mots similaires, du contexte immédiat et du sujet abordé dans la discussion. Prenons l'exemple de Louis, à qui on raconte une histoire. On lui dit : « Le petit garçon a perdu ses chaussettes et il se promène pieds nus. » Louis ne connaît pas encore le mot *chaussette,* mais il connaît le mot *chaussures.* La catégorisation rapide lui permet de reconnaître que le mot *chaussette* ressemble à *chaussure,* qu'il existe probablement un lien avec les pieds, que c'est sans doute quelque chose qui les recouvre. Louis pourra même utiliser ce nouveau mot lorsque viendra le temps de se déshabiller. Ce processus de catégorisation rapide se fait souvent sans que les parents en soient conscients. Ils notent des progrès fulgurants, mais ils ne savent pas toujours si le mot nouveau est utilisé ou non pour la première fois par leur enfant. Ils ne le remarquent souvent que lorsque leur enfant fait des erreurs de surgénéralisation, comme nous l'avons vu dans le chapitre 3.

Le développement des théories de l'esprit semble également jouer un rôle dans l'apprentissage du vocabulaire. Une étude a en effet démontré que des enfants d'âge préscolaire apprennent plus facilement des mots qui n'ont pas de signification pour eux si la personne qui parle semble certaine de ce qu'elle dit (Sabbagh et Baldwin, 2001).

Par ailleurs, l'augmentation rapide du vocabulaire vient du fait qu'un enfant de deux à trois ans commence à comprendre qu'un même objet peut faire partie de plusieurs catégories. Cette flexibilité dans l'utilisation des mots lui permet d'étiqueter son environnement ainsi que les situations qu'il vit. À cet âge, le défi consiste donc à comprendre qu'un objet peut appartenir à différentes catégories conceptuelles et que, parmi celles-ci, il existe différents niveaux hiérarchiques: Garfield est un chat, un chat est un animal, et un animal peut aussi être un chien ou un poisson. Cette capacité de comprendre l'inclusion des classes pourrait être en lien avec l'apprentissage simultané de plus d'une langue, comme le montre l'encadré 5.4, qui porte sur les avantages du bilinguisme.

Les façons de combiner les syllabes en mots et les mots en phrases deviennent elles aussi plus raffinées pendant l'enfance. Vers l'âge de trois ans, les enfants commencent généralement à utiliser le pluriel, le possessif et la conjugaison au passé; ils connaissent aussi la différence entre les pronoms je, tu et nous; ils utilisent des adjectifs et des prépositions, mais ils oublient souvent les déterminants, comme un, le et la. Leurs phrases sont habituellement courtes et simples, environ quatre ou cinq mots, et elles peuvent prendre la forme affirmative (« Je veux du jus. »), interrogative (« Pourquoi tu fais ça ? ») ou impérative (« Donne-moi le ballon ! »).

Autour de quatre ou cinq ans, ils sont en mesure d'utiliser des phrases plus complexes comprenant des propositions subordonnées (« Il est parti se coucher parce qu'il était fatigué. ») si leurs parents utilisent eux-mêmes souvent de telles phrases (Huttenlocher *et al.*, 2002).

5.3.2 Le langage social

À mesure que l'enfant maîtrise les mots et qu'il intègre la syntaxe, il devient plus habile dans la connaissance pragmatique des règles qui régissent l'utilisation du langage pour la communication. Il sait comment demander quelque chose, comment raconter une histoire ou une blague, comment commencer ou poursuivre une conversation et comment ajuster son propos en fonction de la personne à qui il s'adresse. Ce sont là les diverses habiletés du **langage social**: un langage où l'on cherche à être compris par un interlocuteur.

Avec le langage social, l'enfant veut et peut établir des liens avec autrui. Si on ne le comprend pas, il essaiera alors de s'exprimer de façon plus claire. La plupart des enfants de cinq ans savent recourir à des mots pour régler des disputes, utiliser un langage plus poli et s'adresser aux adultes en donnant moins d'ordres directs que lorsqu'ils s'adressent à des enfants (Owen, 1996).

5.3.3 Le soliloque

Les enfants qui parlent ne cherchent parfois pas à communiquer avec qui que ce soit et s'adonnent alors à une forme de discours appelée **soliloque.** C'est ce que fait Ève dans la mise en situation, lorsqu'elle se parle à elle-même en même temps qu'elle s'habille. Le soliloque est à la fois normal et courant chez les enfants d'âge préscolaire et scolaire. Ainsi, entre 20% et 50% des paroles prononcées par les enfants de trois à cinq ans sont des énoncés personnels qui vont de la répétition rythmique et ludique (semblable au babillage des bébés) aux pensées exprimées à haute voix, en passant par le marmonnement indistinct (Berk, 1992).

5.11 **Le langage social**

S'il était possible d'entendre ce que disent ces deux enfants, on se rendrait compte qu'ils sont capables d'ajuster leur langage en fonction de leur interlocuteur.

Langage social
Langage destiné à un interlocuteur.

Soliloque
Action de penser à haute voix sans intention de communiquer; courant chez les enfants d'âge préscolaire et scolaire.

Le bilinguisme : un avantage réel !

Le bilinguisme – et le plurilinguisme – est une réalité culturelle de plus en plus évidente dans la plupart des régions du monde. Un nombre croissant d'enfants grandissent dans un environnement où l'on parle plus d'une langue. En outre, de plus en plus de parents et d'établissements scolaires s'interrogent sur la pertinence d'enseigner une deuxième langue le plus tôt possible.

Le bilinguisme précoce s'acquiert de deux façons. On parle de *bilinguisme simultané* si l'enfant grandit dans un milieu bilingue, dans un contexte où deux ou plusieurs langues sont utilisées simultanément lorsqu'il apprend à parler. Dans ce cas, si les sources des deux langues ne sont pas distinctes, l'enfant risque davantage dans un premier temps de mêler les deux langues, mais il arrivera un peu plus tard à les séparer complètement et à les utiliser avec justesse. On parle de *bilinguisme consécutif* lorsque l'enfant acquiert d'abord une première langue avant de baigner dans un milieu qui utilise une langue différente, par exemple au service de garde ou à l'école. Dans cet autre cas, à partir du moment où l'enfant prend conscience que les autres utilisent un langage différent, il franchit généralement quatre étapes. Il tente dans un premier temps d'utiliser la langue qu'il connaît pour se faire comprendre. Quand il voit que cela ne fonctionne pas, il reste alors muet. Même s'il donne l'impression d'être passif, il apprend toutefois activement, se laissant imprégner par cette autre langue. Il utilise ensuite un langage télégraphique, semblable à celui du jeune enfant. Enfin, il est en mesure à la dernière étape de faire des phrases complètes et de mieux en mieux structurées (Abdelilah-Bauer, 2006).

Le fait d'être exposé à plus d'une langue est-il bénéfique pour un enfant ? Existe-t-il un danger de surcharge cognitive ? Les recherches démontrent que, pour un enfant normal, l'apprentissage de deux langues ou plus peut se faire tout à fait naturellement, sans que cela limite le reste de ses apprentissages. Selon Dalgalian (2000), chez les enfants en bas âge, la plasticité du cerveau est en plein essor et les connexions nécessaires se multiplient, de sorte que le langage se développe à travers plusieurs circuits. Grâce à l'imagerie par résonance magnétique fonctionnelle, on a mesuré le flux sanguin dans le cerveau lors de la production du langage. À partir de six ans, des régions différentes s'activent pour traiter les informations relatives à la deuxième langue, alors que chez les bilingues précoces, ce sont les mêmes régions qui travaillent. Le dispositif d'acquisition du langage qui est présent chez les jeunes enfants et qui leur est propre s'estompe donc, l'apprentissage d'une autre langue – à compter de six ans – se faisant alors à travers les structures cognitives du cerveau qui servent à la résolution de problèmes (Abdelilah-Bauer, 2006).

Sur le plan cognitif, les enfants bilingues sont capables d'utiliser deux catégories de symboles ; ils savent donc qu'un objet ou une idée peuvent être représentés linguistiquement de plus d'une manière. Ils deviennent ainsi conscients du fait que le langage est quelque chose de relatif, qu'il est un système de communication accepté par une communauté. La nécessité d'accorder leur langage avec celui de leur interlocuteur peut les aider à voir que des personnes différentes peuvent avoir des perspectives différentes. Cela expliquerait pourquoi les enfants bilingues réussissent mieux dans certaines tâches portant sur les théories de l'esprit ; ils sont en effet plus aptes à se concentrer sur ce qui est vrai et réel plutôt que sur les apparences (Goetz, 2003). Les études ont aussi montré que les enfants bilingues étaient avantagés sur le plan de la flexibilité mentale et de la résolution de problèmes non verbaux (Nicoladis, Charbonnier et Popescu, 2006). Selon Bialystok (2006), le bilinguisme favorise le développement des fonctions exécutives de contrôle qui sont au cœur de la pensée intelligente. Ces fonctions permettent à l'enfant de centrer son attention sur les aspects propres au problème et d'inhiber son attention envers des aspects inutiles.

Par ailleurs, sur le plan des habiletés langagières, les jeunes enfants bilingues ont en général un vocabulaire moins étendu dans chacune des langues utilisées, comparativement aux enfants qui n'utilisent qu'une seule langue. On peut donc parfois avoir l'impression que l'enfant présente un certain retard, les premiers mots utilisés dépendant largement du contexte langagier : par exemple, dans un contexte franco-anglais, l'enfant produit d'abord des verbes en français comme « tiens » ou « donne » et enrichit son vocabulaire de noms d'objets avant d'utiliser leur équivalent en anglais. Toutefois, si l'on combine les acquisitions des deux langues, on s'aperçoit alors que le développement se fait au même rythme que chez un enfant monolingue (Abdelilah-Bauer, 2006).

Enfin, en ce qui concerne la compréhension de la structure du langage (la conscience métalinguistique), elle est au moins aussi bonne, voire meilleure que celle des enfants monolingues (Bialystok, Majumder et Martin, 2003). Si les deux langues partagent un même système écrit, les enfants bilingues progresseront en effet plus rapidement pour apprendre à lire, alors que si les systèmes d'écriture diffèrent (par exemple, le français et le chinois), les enfants bilingues n'auront ni avantage ni désavantage par rapport aux monolingues (Bialystok, Luk et Kwan, 2005).

Plusieurs systèmes scolaires ont tenté de mettre sur pied des programmes d'apprentissage de langues secondes, mais ces programmes mènent rarement à un bilinguisme qui permet de réaliser des tâches cognitives exigeantes dans les deux langues et qui ne se limite pas à une utilisation fonctionnelle de l'une des langues. Ces programmes s'avèrent même souvent insatisfaisants. Les enfants possèdent, il est vrai, une capacité naturelle à s'approprier la langue parlée dans leur entourage. Cependant, cette capacité se perd avec l'âge. En outre, on considère que l'apprentissage d'une autre langue à l'école ne se fait naturellement que lorsque certaines conditions sont réunies : la nécessité de développer un outil de communication approprié si l'un des parents ou l'éducateur ne comprend qu'une seule langue, un contexte naturel qui amène à utiliser un langage fonctionnel et efficace dans la vie de tous les jours et la possibilité d'un apprentissage intensif. C'est pourquoi l'apprentissage d'une deuxième langue à l'école conduit rarement à une maîtrise parfaite : l'enfant n'est pas « obligé » d'avoir recours à cette langue, le contexte d'apprentissage est artificiel et cet apprentissage trop dilué dans le temps (Perrenoud, 2000). À la suite de ces échecs, plusieurs établissements tendent à commencer l'apprentissage d'une deuxième langue à un âge de plus en plus jeune, partant du principe que plus on commence tôt, plus c'est efficace.

Piaget considère le soliloque comme un manque de maturité sur le plan cognitif. À cause de son égocentrisme, l'enfant serait incapable d'ajuster son discours en fonction d'une autre personne. Il ne ferait donc que verbaliser ce qui se trouve dans ses pensées. En revanche, Vygotsky considère le soliloque comme une variante de la communication, soit comme une communication avec soi-même. Pour lui, le soliloque permettrait de faire la transition entre le début du langage social (souvent vécu sous la forme d'ordres provenant d'un adulte) et le discours intérieur (qui permet de penser avec des mots). Il marquerait donc une transition vers le contrôle interne de son comportement. (« Maintenant, je dois déposer mon pinceau pour ne pas me salir. ») Vygotsky estime ainsi que l'enfant utilise de plus en plus le soliloque pour guider et maîtriser ses actions. Cela expliquerait pourquoi les soliloques augmentent entre trois et cinq ans, puis s'estompent ensuite au fur et à mesure que l'enfant établit ce contrôle interne par la pensée silencieuse.

5.3.4 Les habiletés préparatoires à la lecture

L'apprentissage de la lecture se greffe sur des habiletés linguistiques telles le vocabulaire, la syntaxe et la structure narrative ainsi que sur des habiletés phonétiques telles la conscience phonologique (la réalisation que les mots sont composés de sons distincts, de phonèmes), la correspondance phonème–graphème et l'habileté à relier les sons aux lettres ou aux combinaisons de lettres correspondantes. Avant même que s'amorce l'enseignement de la lecture, les différentes dimensions du langage permettent à l'enfant de comprendre et de produire des énoncés oraux. En apprenant à lire, l'enfant transfère ensuite, en tout ou en partie, ces compétences à l'écrit.

Ainsi, dans une étude longitudinale de deux ans portant sur 90 enfants britanniques qui sont entrés à l'école un peu avant l'âge de cinq ans, le développement de la reconnaissance des mots est apparu comme étant significativement dépendant des habiletés spécifiques de phonétique (connaissance des lettres et conscience phonétique). D'autre part, les habiletés générales en linguistique telles que le vocabulaire et la syntaxe se sont révélées les meilleurs prédicateurs de la compréhension en lecture (Muter *et al.*, 2004).

Enfin, à mesure que les enfants développent les habiletés nécessaires pour traduire les mots écrits en paroles, ils apprennent aussi que l'écriture sert à exprimer des idées, des pensées et des sentiments. Il arrive souvent que les enfants prétendent écrire, tout en gribouillant ou en traçant des lignes de traits quelconques de gauche à droite. Un peu plus tard, ils commencent néanmoins à utiliser des numéros, des lettres ou des semblants de lettres pour représenter des mots ou des phrases. Les enfants à qui l'on a fait la lecture quand ils étaient jeunes ont appris qu'en français, on lit et on écrit de gauche à droite et de haut en bas, et que les mots sont séparés par des espaces. Ils sont généralement motivés à apprendre à lire (Whitehurst et Lonigan, 1998).

Faites le POINT

9 Expliquez comment la catégorisation rapide permet à l'enfant d'augmenter son vocabulaire.

10 Quelle distinction faites-vous entre le langage social et le soliloque ?

11 On dit que la capacité de lire dépend des habiletés phonétiques et des habiletés linguistiques. Précisez en quoi consistent ces habiletés.

5.4 La place du jeu dans le développement

Le jeu est l'outil principal du développement de l'enfant. En jouant, l'enfant stimule ses sens, gagne la maîtrise de son corps et acquiert de nouvelles habiletés. C'est à travers le jeu que l'enfant s'exprime, qu'il apprivoise son milieu, qu'il expérimente, qu'il apprend et qu'il s'initie aux réalités sociales. Dans la plupart des programmes éducatifs, l'accent est mis sur l'importance du jeu dans la vie de l'enfant. En effet, « le jeu constitue un moyen privilégié d'interaction et d'évolution pour l'enfant. Il est un puissant levier d'apprentissage avec lequel l'enfant acquiert des connaissances tout en développant ses capacités à raisonner, créer et résoudre des problèmes. C'est à travers le jeu que l'enfant arrive à recréer le monde afin de mieux le comprendre. [...] Tout est prétexte au jeu, tout devient spontanément un jeu et l'enfant en retire un immense plaisir. Jouer est une expérience essentiellement agréable à travers laquelle l'enfant se développe globalement » (Ministère de la Famille et de l'Enfance, 1998). Ainsi, loin d'être un simple passe-temps, le jeu s'avère essentiel au développement global.

Les enfants d'âge préscolaire s'engagent dans différents types de jeux que les chercheurs classent selon leur but (ce que les enfants font quand ils jouent) et leur dimension sociale (si les enfants jouent seuls ou avec d'autres).

5.4.1 Les types de jeux

Selon Piaget, c'est le développement cognitif du petit enfant qui lui permet de s'adonner à des jeux de plus en plus complexes. De même, la pratique de jeux plus complexes contribue elle aussi au développement cognitif. Comme le montre le tableau 5.7, on peut identifier quatre catégories de jeux qui présentent des degrés de complexité croissants sur le plan cognitif (Smilansky, 1968).

TABLEAU 5.7 | Les catégories de jeux liés au développement cognitif

Jeu fonctionnel	Jeu constructif	Jeu symbolique	Jeu formel
Actions répétitives impliquant des mouvements musculaires.	Utilisation d'objets pour construire ou créer autre chose.	Utilisation de symboles, à travers des objets ou non. Aussi nommé jeu dramatique ou jeu du faire semblant.	Observation de règles ou de procédures connues par tous les partenaires. Aussi nommé jeu de règles.

La forme la plus simple de jeu, qui commence très tôt dans l'enfance, est le **jeu fonctionnel.** Ce type de jeu est constitué d'actions répétitives impliquant des mouvements musculaires tels que secouer des jouets bruyants, frapper sur des chevilles, faire rouler une balle, pousser un chariot, etc. À mesure que la motricité globale s'améliore, l'enfant devient capable de sauter, de lancer, de patiner et de viser avec de plus en plus d'adresse.

Le deuxième degré de complexité cognitive des jeux apparaît vers l'âge de un an avec le **jeu constructif,** qui consiste à utiliser des objets pour construire ou créer autre chose (jeux de construction, jeux de bricolage, matériel pour le dessin, la peinture, etc.). On estime que les enfants passent de 10 % à 15 % de leur temps à jouer avec de tels objets (Bjorklund et Pellegrini, 2002). Ces jeux deviennent de plus en plus élaborés vers cinq ou six ans.

Le troisième degré de complexité apparaît au cours de la deuxième année avec le **jeu symbolique,** que l'on nomme également **jeu dramatique** ou **jeu du faire semblant.** Comme nous l'avons vu précédemment, ce type de jeu repose sur la fonction symbolique, qui apparaît à la fin du stade sensorimoteur. Ce jeu atteint

Jeu fonctionnel
Jeu constitué d'actions répétitives avec ou sans objets (par exemple, faire rouler une balle ou tirer un jouet sur roues).

Jeu constructif
Jeu qui consiste à utiliser des objets pour construire ou créer autre chose.

Jeu symbolique, jeu dramatique ou **jeu du faire semblant**
Jeu dans lequel l'enfant invente une situation imaginaire comme faire semblant d'être quelque chose ou quelqu'un d'autre, en s'adonnant à des activités d'abord relativement simples puis de plus en plus complexes.

son apogée entre deux et six ans, alors qu'il gagne en fréquence et en complexité (Bjorklund et Pellegrini, 2002). Comme le jeu constructif, il occupe une place importante dans les jeux observés chez les enfants en garderie ou en centres de la petite enfance.

Ce type de jeu remplit une fonction importante, non seulement dans le développement cognitif, mais aussi dans l'évolution de la personnalité globale de l'enfant. En jouant des rôles, l'enfant se familiarise avec une gamme d'émotions complexes qu'il doit apprendre à gérer; il commence alors à s'affirmer, à contrôler ses tendances agressives, à partager, etc. De même, en faisant semblant, le jeune enfant tente de comprendre le point de vue d'une autre personne; il développe ainsi sa capacité de résoudre des problèmes d'ordre social et devient plus créatif.

Nous pouvons aussi affirmer que le jeu symbolique est un moyen d'expression, une sorte de langage des émotions que l'enfant utilise pour exprimer ses besoins et ses préoccupations. En l'observant, on comprend ce qu'il ressent ou comment il vit une situation difficile. Par exemple, une petite fille qui parle à sa poupée en lui disant qu'elle ne doit pas avoir peur ou qui la gronde parce qu'elle refuse de s'habiller ne fait pas qu'imiter sa maman; elle exprime aussi sa peur ou sa culpabilité. Le jeu symbolique implique énormément de combinaisons entre les cognitions, le langage, les émotions et le comportement moteur. Il contribue ainsi à renforcer le développement des connexions du cerveau et à consolider la future capacité de penser abstraitement. La tendance actuelle des services de garde à planifier des programmes structurés, de plus en plus orientés vers la scolarisation, risque de limiter le temps que les enfants consacrent au jeu symbolique (Ginsburg et *al.*, 2007). Quoi qu'il en soit, le jeu symbolique diminue de lui-même à mesure que l'enfant d'âge scolaire s'engage dans des jeux faisant partie du dernier degré de complexité.

Jeu formel ou **jeu de règles**
Jeu comportant des règles, une structure et un objectif tel que la victoire (marelle, billes, etc.).

Le quatrième et dernier degré de complexité comprend les **jeux formels**, ou **jeux de règles** (marelle, ballon chasseur, serpents et échelles, jeu de loto). Ces jeux établissent des procédures qui doivent être connues de tous les partenaires. Ce n'est que vers la fin du stade préopératoire que l'enfant peut participer efficacement à ce type de jeux, puisque ceux-ci nécessitent généralement la mise en relation de plusieurs aspects d'une situation (compréhension des règles, des stratégies, du chacun son tour, etc.).

Tous les types de jeu contribuent donc au développement cognitif de l'enfant en lui permettant de développer ses habiletés langagières et sa capacité à résoudre des problèmes. À son insu, il assimile les concepts qui seront à la base de ses apprentissages scolaires ultérieurs. En effet, repérer les détails sur les pièces d'un casse-tête, faire semblant de lire un message ou encore trouver des différences entre deux images semblables sont autant d'activités qui le préparent à la littératie, de la même façon que la manipulation de blocs ou que les jeux de classification l'aident à assimiler des notions mathématiques (Jarrell, 1998).

5.4.2 L'aspect social du jeu

Jeu social
Jeu dans lequel les enfants interagissent les uns avec les autres.

Le **jeu social** reflète à quel point l'enfant interagit avec d'autres enfants en jouant. Dans une étude classique, Mildred Parten (1932) a recensé six types de jeu social, qui vont du moins social au plus social (*voir le tableau 5.8*). Selon elle, plus les enfants grandissent, plus la dimension sociale et coopérative de leurs jeux se développe. Des recherches récentes arrivent toutefois à des conclusions quelque peu différentes et montrent qu'à tout âge, les enfants s'engagent dans chaque catégorie de jeu déterminée par Parten (Rubin, Bukowski et Parker, 1998).

L'enfant qui joue seul fait-il preuve d'une moins grande maturité que celui qui joue en groupe? Parten et d'autres observateurs affirment que le jeune enfant qui joue seul risque en effet de développer des problèmes sur les plans psychologique et social et de connaître des troubles d'apprentissage. Cependant, d'autres travaux laissent croire au contraire que le jeu non social est souvent fait d'activités à la fois constructives et éducatives. Une recherche effectuée auprès d'enfants de quatre ans a ainsi démontré que la pratique en parallèle de certains jeux non sociaux (par exemple, construire un casse-tête à côté d'autres enfants faisant la même chose) est l'activité la plus souvent choisie par des enfants qui font preuve d'habiletés dans la résolution de problèmes, qui sont très appréciés par les autres enfants et qui sont considérés comme socialement compétents par leurs éducatrices ou éducateurs (Rubin, 1982). Le choix de tels jeux par les enfants peut donc être un signe d'indépendance et de maturité ; il peut indiquer que les enfants qui font ce choix sont davantage orientés sur la tâche plutôt que sur les personnes. Cependant, il est possible que le choix de jeux solitaires chez certains enfants soit aussi un signe de timidité, d'anxiété ou de rejet social (Coplan *et al.*, 2004).

Les jeux symboliques deviennent quant à eux de plus en plus sociaux durant les années préscolaires. Les enfants passent alors du faire semblant solitaire au jeu dramatique impliquant d'autres enfants, et parfois même des amis imaginaires. Ils suivent des règles tacites autant dans l'organisation du jeu dramatique et sa mise en scène que dans la définition et la distribution des rôles. À mesure que la collaboration augmente, les intrigues deviennent plus complexes et plus créatives. Le jeu dramatique offre aussi à l'enfant la chance de pratiquer ses habiletés verbales et interpersonnelles, tout en lui permettant d'explorer des conventions et des rôles sociaux. Les études démontrent en effet que la qualité du jeu symbolique est associée aux compétences sociales et linguistiques (Bergen, 2002).

5.12 **Le jeu solitaire**

Le jeu non social est souvent fait d'activités constructives et éducatives.

TABLEAU 5.8 | Les jeux sociaux chez le petit enfant

Type de jeu social	Description
Le comportement oisif	L'enfant ne joue pas, mais il observe tout ce qui peut présenter un intérêt passager.
Le comportement du spectateur	L'enfant passe le plus clair de son temps à regarder les autres jouer. Il parle souvent aux enfants qu'il observe, leur pose des questions ou fait des suggestions, mais il n'entre pas vraiment dans le jeu. Il s'intéresse plus particulièrement à certains groupes d'enfants plutôt qu'à quoi que ce soit d'autre.
Le jeu solitaire indépendant	L'enfant joue à proximité des autres avec des jouets différents et ne fait aucun effort pour se rapprocher d'eux.
L'activité parallèle	L'enfant joue parmi d'autres enfants de façon indépendante. Il utilise des jouets semblables, mais pas nécessairement de la même façon. Il joue à côté des autres plutôt qu'avec eux et n'essaie pas d'influencer leurs jeux.
Le jeu associatif	L'enfant joue avec les autres. Ils parlent ensemble de leurs jeux, se prêtent des jouets, se suivent les uns les autres et cherchent à décider qui peut se joindre au groupe. Ils jouent tous de façon semblable, voire identique. Il n'y a pas de partage des tâches ni d'organisation en fonction d'un but commun : chaque enfant se comporte comme il l'entend et s'intéresse davantage aux autres enfants qu'à l'activité comme telle.
Le jeu coopératif	L'enfant joue dans un groupe organisé en fonction d'un but, de règles formelles ou de la mise en scène d'une situation. Un ou deux enfants décident des jeux et déterminent qui fait partie du groupe. En vertu d'une certaine division du travail, les enfants assument différents rôles et leurs efforts se complètent.

Source : Adapté de Parten, 1932 ; Sroufe, 1979.

5.4.3 L'influence du sexe de l'enfant et de la culture sur le jeu

Une tendance à jouer différemment selon l'appartenance à un sexe ou l'autre semble être présente dans toutes les cultures. D'un point de vue évolutionniste, ces différences liées au sexe dans les jeux des enfants servent de pratique pour les comportements adultes nécessaires à la survie et à la reproduction. Toutefois, même si les composantes biologiques semblent influencer fortement les différences de jeux selon le sexe, l'influence du groupe de pairs semble encore plus puissante (Smith, 2005).

Par ailleurs, lorsque les garçons et les filles jouent avec les mêmes jouets, ils jouent différemment. Ainsi, la plupart des garçons, quel que soit leur âge, préfèrent les jeux actifs qui se pratiquent dans de grands groupes ; les filles, elles, sont plus portées à jouer à des jeux tranquilles, avec une seule compagne. Les garçons jouent aussi spontanément dans la rue, sur les trottoirs et dans les terrains vagues, alors que les filles ont tendance à choisir des activités plus structurées et supervisées par des adultes. Les jeux dramatiques des garçons impliquent aussi souvent du danger, des désaccords ainsi que des rôles dominants et compétitifs comme dans les jeux de batailles fictives. Les jeux dramatiques des filles, eux, sont généralement centrés sur les relations sociales, les soins ou les rôles domestiques (Pellegrini et Archer, 2005).

Faites le POINT

12 Définissez les quatre catégories de jeux liées au développement cognitif, selon Piaget.

13 L'enfant qui joue seul fait-il preuve d'une moins grande maturité que celui qui joue en groupe ?

14 Quelles différences peut-on observer dans la façon de jouer des garçons et des filles ?

5.5 L'éducation préscolaire

L'entrée à la garderie est une étape importante qui élargit l'environnement physique, cognitif et social de l'enfant. Aujourd'hui, les parents sont de plus en plus nombreux à recourir aux services de garde pour leurs enfants d'âge préscolaire. Au Québec, les options qui s'offrent à eux sont les centres de la petite enfance (CPE), les garderies à but lucratif (dont la plupart sont conventionnées, c'est-à-dire qu'elles accueillent des enfants admissibles à la contribution réduite), les services de garde en milieu familial régis par les bureaux coordonnateurs et les services de garde en milieu familial non régis.

5.5.1 Le programme éducatif des centres de la petite enfance

Le programme éducatif des CPE tire son origine de plusieurs études américaines, dont *Head Start*, qui ont montré l'effet bénéfique de divers programmes de stimulation précoce destinés aux enfants. En effet, les enfants issus de milieux défavorisés qui ont déjà bénéficié de ces programmes connaissent moins de problèmes d'apprentissage, de comportement et de marginalisation. De plus, les parents qui participent à ces programmes améliorent la qualité de leurs interactions et de leurs stratégies disciplinaires avec leurs enfants. À la lumière de ces constatations, le Québec a annoncé en 1997 une série de mesures sans précédent en Amérique du Nord en matière de soutien à la famille et d'éducation à la petite enfance. Plusieurs services destinés aux enfants ont ainsi été mis sur pied et un programme éducatif a été élaboré. Des recherches récentes confirment aujourd'hui que des services de garde de qualité sont bénéfiques aux enfants dans tous les aspects de leur développement (Tremblay, 2003).

Le programme éducatif des services de garde vise le développement intégral de l'enfant, incluant son autonomie, sa motricité et ses habiletés langagières. Il cherche également à l'éveiller au monde qui l'entoure et à l'aider dans son épanouissement personnel. Certaines conditions favorisent l'atteinte des objectifs de ce programme : de petits groupes, un nombre suffisant d'adultes par groupe d'enfants et un personnel stable, compétent et très motivé. Les éducatrices et éducateurs jouent sans doute le rôle le plus important dans la progression de l'enfant dans toutes les dimensions de son développement (Hohmann *et al.,* 2000). Ils doivent donc avoir reçu une formation en psychologie du développement de l'enfant, être sensibles aux besoins des enfants, savoir être autoritaires sans être restrictifs et se montrer stimulants et affectueux.

5.5.2 Les objectifs de l'éducation préscolaire

Dans le débat portant sur les moyens d'améliorer l'éducation préscolaire, des pressions sont faites, d'une part, pour offrir une éducation basée sur les habiletés scolaires. D'autre part, certains prônent plutôt une philosophie axée sur le développement social et émotionnel. Ils affirment que les programmes centrés sur l'aspect scolaire négligent les besoins des enfants pour l'exploration et les jeux libres, et que trop d'insistance sur les apprentissages cognitifs peut étouffer leur intérêt et nuire à leur désir d'apprendre.

Quel type d'éducation préscolaire est le meilleur pour les enfants ? Une étude américaine a comparé des enfants de quatre et cinq ans qui fréquentaient trois types de prématernelle : une axée sur les besoins de l'enfant, une axée sur l'aspect scolaire et une qui offrait un mélange des deux. Les enfants du premier groupe, soit ceux qui orientaient eux-mêmes leurs expériences d'apprentissage de manière active, excellaient dans les habiletés scolaires de base. Ils faisaient preuve aussi d'habiletés motrices mieux développées que les enfants des deux autres groupes, obtenant même de meilleurs résultats que le groupe « mélange des deux » dans les habiletés de communication. Ces résultats suggèrent donc qu'une philosophie de l'éducation simple et cohérente, qui demeure centrée sur les besoins de l'enfant, est plus efficace qu'une approche centrée principalement sur l'aspect scolaire ou qu'un mélange des deux approches (Marcon, 1999).

 **Le rôle de l'éducatrice**

Le programme éducatif des CPE cherche, entre autres, à aider l'enfant dans son épanouissement personnel à l'amener à avoir confiance en lui-même, à partager, à respecter les règles, à résoudre des conflits et à développer son estime de soi.

5.5.3 La maternelle

À l'origine, la maternelle était une année de transition entre la relative liberté de la maison ou de la garderie et la structure établie de la « vraie » école. Désormais, la maternelle ressemble beaucoup plus à une première année scolaire. Alors qu'elle se tenait autrefois sur une demi-journée, elle dure aujourd'hui toute la journée. Les enfants passent aussi moins de temps dans des activités libres et davantage devant des feuilles de travail et des activités préparatoires à la lecture.

Depuis septembre 2001, un nouveau programme d'éducation préscolaire a été mis en œuvre dans toutes les maternelles des écoles publiques et privées du Québec. Ses objectifs visent le développement chez le jeune enfant des aspects suivants : agir avec efficacité dans différents contextes sur le plan sensoriel et moteur, affirmer sa personnalité, interagir de façon harmonieuse avec les autres, communiquer en utilisant les ressources de la langue, construire sa compréhension du monde, mener à terme une activité ou un projet (Ministère de l'Éducation du Québec, 2006).

Au-delà de ces objectifs, les recherches mettent en lumière l'importance de la préparation qu'un enfant reçoit avant son entrée en maternelle. L'analyse de six études longitudinales menées dans trois pays différents (Canada, États-Unis et Grande-Bretagne) a en effet montré de fortes corrélations entre l'acquisition des compétences de base en mathématiques avant l'entrée en maternelle et la réussite scolaire en cinquième année. Les habiletés de lecture (vocabulaire, connaissance des lettres) arrivaient au second rang dans les facteurs de réussite scolaire, suivies des habiletés d'attention et de concentration. Selon cette analyse, les comportements perturbateurs ou le repli sur soi n'avaient pas d'impact négatif sur la réussite ultérieure (Duncan *et al.,* 2007). Les chercheurs en ont conclu qu'il est souhaitable de stimuler, dès les années préscolaires, les habiletés mathématiques et les habiletés préparatoires à la lecture à travers le jeu ainsi que par des moyens informels, sans en faire un apprentissage structuré. Par ailleurs, selon les enseignants du préscolaire, l'ajustement social et émotionnel est un autre facteur important dans la préparation pour la maternelle et la prédiction du succès scolaire. L'enfant doit être capable de rester assis, de suivre des directives, d'attendre son tour et d'organiser son propre apprentissage (Brooks-Gunn, 2003). Toutefois, comme nous l'avons dit, le facteur principal de l'efficacité des programmes préscolaires demeure la qualification des intervenants en petite enfance. Des éducatrices et éducateurs centrés sur les besoins des enfants, enjoués, à l'écoute, mais capables aussi d'exprimer leurs limites sont mieux à même de faire des programmes préscolaires de véritables milieux d'apprentissage pour le jeune enfant (Bertrand, 2007). L'épanouissement des habiletés physiques et cognitives dans la tendre enfance a des répercussions autant sur l'image de soi des enfants et sur leur adaptation émotionnelle que sur leur façon de se comporter à la maison et avec leurs camarades, comme nous le verrons dans le chapitre 6.

Faites le POINT

15. Quels sont les principaux objectifs du programme éducatif des services de garde à l'enfance?

16. Selon les résultats de plusieurs études longitudinales, quelles habiletés un enfant d'âge préscolaire doit-il développer pour favoriser sa réussite scolaire dans les années prochaines?

17. Quel est le facteur principal de l'efficacité des programmes préscolaires?

Résumé

Le développement physique

À partir de l'âge de trois ans, les proportions du corps de l'enfant commencent à ressembler davantage à celles de l'adulte, alors que la myélinisation et la croissance de son cerveau se poursuivent. C'est l'âge où l'enfant arrive à une meilleure maîtrise des comportements moteurs fondamentaux : les changements observés dans ses dessins semblent refléter la maturation de la motricité fine et celle du cerveau. La dominance de la main, évidente à cet âge, serait d'ordre génétique.

En outre, l'obésité est un problème qui apparaît de plus en plus tôt et qui est de plus en plus fréquent. Dans les pays en développement, près du tiers des enfants de moins de cinq ans présente aussi des retards de croissance résultant souvent d'un apport insuffisant de nutriments sur une longue période.

À partir de trois ans, les besoins de sommeil diminuent graduellement. Les troubles du sommeil sont alors assez fréquents, mais ils constituent rarement un problème grave. L'hérédité serait aussi un facteur majeur de l'énurésie, un problème qui touche surtout les garçons.

Enfin, la qualité du milieu familial, la situation financière, l'accès aux soins de santé ainsi que l'environnement physique et social représentent des facteurs importants en ce qui concerne la vulnérabilité à la maladie et aux accidents.

Le développement cognitif

Selon Piaget, les enfants de moins de six ans ne sont pas prêts à effectuer des opérations mentales qui exigent une pensée logique. Pour lui, les enfants âgés de deux à six ans ont atteint le deuxième stade de leur développement cognitif, soit le stade préopératoire. Ce stade se caractérise par l'utilisation de la fonction symbolique, c'est-à-dire par la capacité d'utiliser des symboles tels que le mot pour représenter des objets.

Outre la fonction symbolique, plusieurs progrès cognitifs surviennent de deux à six ans. L'enfant apprend notamment que certains changements n'affectent pas la nature des choses et que les événements ont des causes. Il devient capable d'imaginer comment un autre se sent. Il commence aussi à pouvoir compter vers l'âge de quatre ou cinq ans et maîtrise alors l'ordinalité et la cardinalité.

Au stade préopératoire, la pensée de l'enfant présente toutefois certaines limites. L'enfant ne perçoit qu'un seul aspect d'une situation et ne comprend pas qu'on peut inverser des opérations. Il se centre sur l'état des objets, sans tenir compte de leur transformation. Son raisonnement est transductif, et l'égocentrisme l'empêche de prendre en considération le point de vue d'une autre personne. Enfin, il fait preuve d'animisme et ne parvient pas encore à maîtriser la notion de conservation.

Si Piaget considérait que les enfants de moins de six ans étaient incapables de réfléchir sur les processus mentaux, des recherches récentes démontrent toutefois que les théories de l'esprit et la cognition sociale s'améliorent grandement de deux à cinq ans. Les enfants prennent alors conscience que nous pouvons penser à des choses réelles, mais aussi imaginaires. S'ils sont incapables de reconnaître les fausses croyances à trois ans, il semblerait qu'ils commencent vers cinq ou six ans à faire la distinction entre les apparences et la réalité, et entre les fantaisies et la réalité.

Les modèles du traitement de l'information représentent le cerveau comme un réservoir capable de stocker trois types de mémoire : la mémoire sensorielle, la mémoire de travail et la mémoire à long terme. Si la capacité de mémorisation de l'enfant est plus grande lorsque ses connaissances sont riches et structurées, il semble cependant qu'il ne puisse pas maintenir ses souvenirs dans ses pensées tant qu'il est incapable de les transposer en mots.

Enfin, on sait que les parents jouent un rôle primordial dans le développement cognitif. En effet, les parents d'enfants brillants sont souvent sensibles et aimants : ils font appel au raisonnement ou aux sentiments plutôt qu'à des règles rigides. Ils encouragent l'autonomie et la créativité et ont recours à la lecture, à l'enseignement et au jeu pour favoriser le développement de leur enfant.

La maîtrise du langage

Le vocabulaire des enfants progresse rapidement grâce à la catégorisation rapide, qui leur permet d'émettre une hypothèse sur le sens d'un mot simplement à partir du contexte dans lequel ils l'entendent. L'enfant comprend alors peu à peu qu'un même objet peut faire partie de plusieurs catégories. Le soliloque guide son comportement et l'aide à formuler sa pensée.

Les enfants qui apprennent à lire rapidement sont généralement ceux qui ont bénéficié très jeunes de la lecture dirigée. Ainsi, les parents qui offrent à l'enfant des occasions d'apprentissage stimulantes et agréables ont plus de chances d'avoir des enfants qui réussissent bien à l'école. Selon ce que Vygotsky nomme la zone proximale de développement, l'enfant a besoin de soutien temporaire pour accomplir une tâche et pour ensuite être en mesure de la faire par lui-même.

La place du jeu dans le développement

Les enfants d'âge préscolaire s'engagent dans différents types de jeux. Les chercheurs classent ces jeux selon leur but et selon leur dimension sociale. Ainsi, le jeu fonctionnel commence très tôt et implique des mouvements musculaires. Il est suivi vers l'âge de un an du jeu constructif, qui devient de plus en plus élaboré à mesure que l'enfant avance en âge.

Le jeu symbolique apparaît à la fin du stade sensorimoteur et atteint son apogée entre deux et six ans. Ce type de jeu est important sur le plan cognitif et dans l'évolution de la personnalité globale de l'enfant. En faisant semblant, celui-ci apprend en effet à comprendre le point de vue d'une autre personne, il développe sa capacité de résoudre des problèmes d'ordre social et devient plus créatif.

Enfin, les jeux formels apparaissent seulement vers l'âge de cinq à six ans, puisqu'ils nécessitent la mise en relation de plusieurs aspects d'une situation et des procédures devant être connues et appliquées par tous les partenaires. Quant aux jeux non sociaux, ils ne dénotent pas nécessairement une mauvaise adaptation sociale puisqu'ils comportent aussi souvent des activités constructives et éducatives.

L'éducation préscolaire

Le programme éducatif des services de garde aide l'enfant à développer son autonomie, sa motricité et son langage. Son objectif est d'éveiller l'enfant au monde qui l'entoure et de l'amener à avoir confiance en lui, à apprendre à partager, à respecter les règles, à résoudre des conflits et à développer son estime de soi.

Pour aller plus loin

Volumes et ouvrages de référence

CENTRE POUR L'INNOVATION ET LA RECHERCHE DANS L'ENSEIGNEMENT (CERI), ORGANISATION DE COOPÉRATION ET DE DÉVELOPPEMENT ÉCONOMIQUES (OCDE) (2007). *Comprendre le cerveau : naissance d'une science de l'apprentissage,* Paris, OCDE, 277 p.

Ouvrage comportant un chapitre complet qui aide à comprendre le concept de la littératie et le fonctionnement du cerveau, et un autre qui aborde celui de la numératie et le fonctionnement du cerveau.

HOHMANN, M., *et al.* (2007). *Partager le plaisir d'apprendre – Guide d'intervention éducative au préscolaire,* Montréal, Gaëtan Morin Éditeur, 504 p.

Livre qui présente plusieurs aspects théoriques liés au développement de l'enfant, mais qui est avant tout un guide centré sur l'application concrète de ces aspects et sur les stratégies qui favorisent l'apprentissage actif. Il est destiné à tous les intervenants qui œuvrent dans les services de garde et les maternelles.

Périodiques

VALLÉE, H. «L'intelligence de l'enfant : les théories actuelles», *Sciences Humaines,* n° 164 (octobre 2005).

Article qui met en relation la théorie de Piaget et les théories contemporaines de l'intelligence. Il fait partie d'un dossier complet intitulé «L'enfant et ses intelligences», où sont traités des thèmes comme les enfants à haut potentiel, la créativité, l'autisme, la part des gènes dans l'intelligence et la théorie de l'esprit.

Sites Internet et documents en ligne

INSTITUT DE LA STATISTIQUE DU QUÉBEC. *Commencer l'école du bon pied : facteurs associés à l'acquisition du vocabulaire à la fin de la maternelle,* [En ligne], www.jesuisjeserai.stat.gouv.qc.ca/pdf/publications/feuillet/fascicule_ecole_bon_pied.pdf

Document qui s'appuie sur les données de l'Étude longitudinale du développement des enfants du Québec (ÉLDEQ 1998-2010) et qui porte sur le niveau d'aptitude des enfants à comprendre le vocabulaire, ainsi que sur certaines compétences sociales et affectives pouvant influencer leur capacité d'apprendre. On y étudie aussi la relation qui existe entre les habiletés langagières des enfants de maternelle et diverses caractéristiques de l'environnement familial et économique dans lequel ils grandissent.

Encyclopédie sur le développement des jeunes enfants : www.enfant-encyclopedie.com

Site qui présente les connaissances scientifiques les plus récentes et qui regroupe des articles, écrits par des experts de renommée internationale, sur des thèmes traitant du développement psychosocial des jeunes enfants, de leur conception à l'âge de cinq ans. On y trouve, entre autres, un dossier complet sur le bilinguisme.

Centre collégial de développement de matériel didactique (CCDMD) : www.ccdmd.qc.ca

Banque de séquences vidéo accompagnées de vignettes portant, entre autres, sur le jeu symbolique, la conservation, les théories de l'esprit et la surgénéralisation.

Films, vidéos, cédéroms, etc.

CECOM DE L'HÔPITAL RIVIÈRE-DES-PAIRIES, LAVIGUEUR, S., et QEMVIE (2008). *Moi comme parent,* 80 minutes.

DVD accompagné de matériel complémentaire destiné à faciliter la mise en œuvre des programmes de soutien parental. Deux des thèmes retiennent particulièrement l'attention : qualités d'un enfant (2-5 ans) et compétences parentales (0-8 mois, 9-24 mois et 2-5 ans).

6 Le développement affectif et social de l'enfant de trois à six ans

Fier de ses nouvelles habiletés, le jeune enfant multiplie les initiatives pour montrer ce dont il est capable. Les encouragements de ses proches l'aident à se construire une estime de soi élevée, indispensable au développement de ses compétences sociales. Qu'il soit un garçon ou une fille, l'enfant sait maintenant qu'il appartient à l'un des deux genres et amorce son apprentissage des rôles sexuels. En imitant les divers modèles proposés par son milieu, l'enfant développe ainsi des comportements plus ou moins stéréotypés sexuellement. Curieux du monde et des autres, il veut faire de plus en plus de choses par lui-même, il vit ses premières relations d'amitié et découvre l'importance de l'échange et de l'entraide. Ses parents ont alors la responsabilité de lui inculquer des comportements socialement acceptables, en adoptant des méthodes éducatives fermes mais bienveillantes, qui doivent faire appel au raisonnement de l'enfant et être dénuées de toute forme de violence.

Aurélie vit avec ses deux parents. Elle a maintenant quatre ans et fait de plus en plus preuve d'autonomie. Elle veut s'habiller seule et remplir elle-même son bol de céréales, même si elle a parfois de la difficulté à verser son lait sans le renverser. Sa mère, Hélène, qui demeure à la maison depuis la naissance de sa fille, va bientôt accoucher d'un second enfant. En fin de grossesse, elle a besoin de repos et confie donc parfois Aurélie à sa grand-mère Myriam, qui habite tout près.

Depuis quelque temps, Aurélie manifeste son mécontentement dans diverses situations : elle pleure lorsqu'on la conduit chez sa grand-mère, elle fait des crises au moment des repas et elle réclame sans cesse la présence de son papa, Yves, quand vient l'heure du coucher. Or, lui qui avait l'habitude de raconter une histoire à sa fille avant qu'elle ne s'endorme est moins disponible. Il a en effet obtenu une promotion et il lui arrive assez régulièrement d'arriver à la maison plus tard qu'auparavant, alors que sa fille est déjà couchée. Le matin, lorsqu'Aurélie se réveille, elle court aussitôt dans la chambre de ses parents et se colle à son père. Après le petit déjeuner, Yves a du mal à quitter la maison, car Aurélie s'accroche encore à lui. Et lorsque sa mère tente de la consoler, elle la repousse. Hélène ne comprend pas la réaction de sa fille : alors qu'elle était auparavant d'une humeur égale, Aurélie s'oppose désormais à sa mère de façon constante et réclame de plus en plus la présence de son père.

Hélène se dit que cette réaction est certainement temporaire et qu'il vaut mieux pour l'instant ignorer le comportement d'Aurélie, le temps que passe la crise. Myriam, la grand-mère, n'est pas du tout de cet avis. Elle pense plutôt qu'il faut intervenir rapidement en punissant le comportement d'Aurélie afin de lui apprendre les règles d'une bonne conduite. Hélène parle de la situation avec Yves, qui décide d'accorder plus de temps à sa fille : désormais, il lui racontera des histoires à l'heure du petit déjeuner, des histoires qui mettront en vedette une petite fille et son papa adoré…

Après avoir lu ce chapitre, vous devriez pouvoir répondre aux questions suivantes :

1. Le comportement d'Aurélie est-il commun aux fillettes de quatre ans ?

2. En quoi le manque de disponibilité de son père peut-il affecter Aurélie dans cette période de son développement ?

3. Comment peut-on expliquer l'opposition soudaine d'Aurélie à sa mère ?

4. Quel style parental semble avoir la mère d'Aurélie ? Et sa grand-mère ?

6.1 L'évolution de la conscience de soi

La période de trois à six ans constitue une étape significative dans le développement affectif et social de l'enfant. Comme nous l'avons vu dans les chapitres précédents, l'enfant possède maintenant une série d'habiletés cognitives et émotionnelles qui, idéalement, vont lui permettre d'affronter le monde plus vaste qu'il s'apprête à découvrir. L'enfant de cet âge développe une image de lui-même beaucoup plus complète qu'auparavant : il est en mesure d'aimer ou de ne pas aimer ce qu'il est, et il découvre également qu'il fait partie de la catégorie des garçons ou des filles, ce qui vient compléter cette représentation qu'il se fait de lui-même.

Nous avons vu dans le chapitre 4 comment s'amorçait l'ébauche de cette définition que l'enfant va se faire de lui-même. Ce processus débute par la conscience de soi, qui permet au bébé de sentir qu'il est un être séparé et différent des personnes de son entourage. Combinée aux messages que l'enfant va constamment recevoir sur lui-même, cette conscience de soi constitue véritablement la base à partir de laquelle l'enfant en vient à développer un concept de soi.

6.1.1 Le concept de soi

Concept de soi
Ensemble des représentations qu'une personne possède au sujet d'elle-même.

Le **concept de soi** renvoie à la représentation que nous nous faisons de nous-mêmes, de nos caractéristiques et de nos traits. Cette construction, de type cognitif, est à la fois descriptive et évaluative ; elle détermine comment nous nous sentons et elle guide notre action (Harter, 1996). Le concept de soi se développe par l'intermédiaire des expériences quotidiennes qui permettent à l'enfant de se représenter comme un être ayant des caractéristiques particulières, mais aussi, plus largement, par l'entremise des informations reçues de son entourage (« c'est une petite qui se débrouille très bien » ou encore « c'est un enfant qui se décourage facilement »).

Le concept de soi évolue constamment. Il débute avec la conscience de soi, se développe et se complexifie durant la petite enfance, l'adolescence et l'âge adulte, parallèlement au développement cognitif. Ainsi, à l'âge de quatre ans, un enfant est déjà capable de se définir lui-même. Il peut nommer la couleur de ses cheveux et de ses yeux, énumérer les membres de sa famille, décrire la maison qu'il habite, affirmer ce qu'il aime ou n'aime pas manger et décrire ses habiletés. Cependant, ces premières descriptions se centrent surtout sur des aspects extérieurs et sur des comportements concrets et peu sur ses propres émotions ou sa personnalité. En outre, l'enfant de cet âge a tendance à se décrire de manière très positive et il faut attendre l'âge de sept ans environ pour qu'il fasse preuve de plus de nuances et de réalisme dans sa description de lui-même. Il pourra alors décrire sa manière d'être de façon plus globale, par exemple en disant « je suis intelligent » ou « je suis apprécié de mes amis », et faire preuve d'autocritique en reconnaissant ses forces et ses faiblesses.

6.1 **L'image de soi**

L'image de soi du jeune enfant est principalement fondée sur des caractéristiques extérieures telles que les traits physiques.

Selon une analyse néopiagétienne, les changements qui surviennent autour de l'âge de cinq à sept ans apparaissent en trois étapes (Case, 1985, 1992 ; Fischer, 1980). Dans un premier temps, l'enfant de quatre ans a une représentation simple de lui-même, c'est-à-dire une vision en une seule dimension (« j'aime la pizza », « je suis fort »). Cette façon de se percevoir s'effectue au cas par cas, sans aucun lien logique. Ainsi, parce qu'il ne peut considérer deux aspects de lui-même à la fois, l'enfant est incapable à ce stade d'imaginer qu'on puisse ressentir deux émotions simultanément, comme être « joyeux » et « effrayé » à la fois. Puis, vers l'âge de cinq ou six ans, il accède à une seconde étape grâce à sa nouvelle capacité à faire certaines connexions logiques entre différents aspects de sa personnalité (« je cours vite, je saute haut et je suis fort ; je suis aussi capable de lancer une balle très loin et je pourrais donc faire partie d'une équipe de baseball »). Toutefois, à ce stade, il n'est pas encore en mesure de considérer qu'il peut être bon dans certains domaines et moins performant dans d'autres. Ce n'est qu'à la troisième étape, soit vers le milieu de l'enfance, que l'enfant pourra enfin intégrer le fait qu'il peut à la fois avoir de la facilité à jouer au hockey et de la difficulté en natation.

6.1.2 L'estime de soi

L'**estime de soi** est la valeur qu'une personne s'accorde à elle-même ; elle représente donc la part évaluative du concept de soi, c'est-à-dire le jugement que l'enfant porte sur lui-même en fonction de ses caractéristiques. Dans une étude longitudinale belge (Verschueren, Buyck et Marcoen, 2001), les chercheurs ont mesuré différents aspects de la perception de soi chez des enfants de cinq ans, soit l'apparence physique, les habiletés scolaires et athlétiques, l'acceptation sociale et la façon de se comporter. Les résultats montrent que l'estime de soi présente à cinq ans, qu'elle soit positive ou négative, permet de prédire l'estime de soi et le fonctionnement socioémotionnel que l'enfant aura à l'âge de huit ans. On voit donc toute l'importance des premières perceptions de l'enfant sur lui-même. Par ailleurs, comme pour le concept de soi, l'estime de soi gagne en nuances avec l'âge. Ainsi, vers cinq ans, l'enfant se définit globalement à la manière du « tout ou rien » (« je suis bon ou je suis méchant ») et, au fur et à mesure qu'il grandit, il se définit davantage à partir de ses forces et aussi de ses faiblesses (« je suis bon en lecture, mais moins bon en mathématiques »).

Estime de soi
Valeur qu'une personne s'accorde à elle-même.

L'estime de soi trouve sa source dans les interactions précoces de l'enfant avec les adultes qui en prennent soin. En effet, si les mécanismes que nous avons décrits dans le chapitre 4 sont présents dans la vie de l'enfant, notamment la régulation mutuelle et l'attachement sécurisant, celui-ci a de meilleures chances de ressentir au plus profond de lui-même qu'il a sa place, qu'il est une bonne personne et qu'il est digne d'être aimé. L'estime de soi n'est donc pas innée ; elle se façonne à partir des relations significatives que l'enfant entretient avec son entourage. Un enfant ayant une estime de soi élevée part donc avec une longueur d'avance dans la vie, puisque cette force lui permettra de développer des compétences sociales qui, en retour, l'amèneront à renforcer son estime de soi (Royer, 2004).

De nombreux travaux démontrent que l'estime de soi est un facteur de protection essentiel contre les problèmes d'adaptation et d'apprentissage chez les enfants ; l'estime de soi pourrait même prévenir certains problèmes de santé mentale ultérieurs, tels que la dépression à l'âge adulte (Duclos, 2007). Certains indicateurs peuvent renseigner sur la présence d'une bonne estime de soi dans la petite enfance : le fait de se sentir bien dans son corps, d'être fier d'être un garçon ou une fille, de croire en ses capacités, d'avoir le sentiment d'être aimable, d'être à l'aise en compagnie des autres ou encore d'avoir confiance que ses besoins seront reconnus et comblés dans un avenir rapproché (Laporte, 2002). Les parents et les éducateurs ont donc un rôle à jouer dans le développement de l'estime de soi, en stimulant chez l'enfant quatre composantes fondamentales (Duclos, 2004) : le sentiment de sécurité, l'identité positive, le sentiment d'appartenance et le sentiment de compétence.

Le sentiment de sécurité

L'acquisition de la confiance fondamentale génère un sentiment de sécurité. Pour favoriser le développement de la confiance et de la sécurité chez un enfant, les adultes de l'entourage doivent bien connaître ses besoins et chercher à les combler, ce qui implique de passer beaucoup de temps avec lui afin de décoder adéquatement ses messages et ses demandes. De plus, l'enfant doit évoluer à l'intérieur de routines stables, où les changements qu'il aura à vivre seront limités. Le parent ou l'éducateur se doit ainsi d'établir une discipline qui tient compte du rythme de l'enfant et de s'assurer que celui-ci en comprend bien et respecte les règles.

L'identité positive

L'identité positive passe par la connaissance de soi. Cette dernière s'élabore grâce à la reconnaissance et à l'acceptation des parents et des éducateurs du tempérament propre à l'enfant. Ceci implique de lui mentionner ses forces, mais également d'accepter ses faiblesses et d'être en mesure de lui en parler de manière constructive. Toutes les personnes de son entourage peuvent aider l'enfant à identifier ses émotions, à comprendre que ses difficultés sont temporaires et à l'amener ainsi à se projeter positivement dans l'avenir (Laporte, 2002).

Le sentiment d'appartenance

Pour aider l'enfant à développer un sentiment d'appartenance et le désir d'être bien avec les autres, les parents et les éducateurs doivent faciliter sa vie sociale et l'encourager. En effet, lorsque l'adulte permet à un enfant de vivre des relations significatives et stables, tout en respectant le stade de développement propre à son âge, il contribue au développement de ses habiletés verbales, sociales et relationnelles. Par ailleurs, pour favoriser le sentiment d'appartenance à un groupe, le parent peut, par exemple, organiser des rituels comme des soirées cinéma ou des sorties en famille, qui aident à resserrer les liens entre les membres de la famille. L'adulte doit également démontrer qu'il valorise la vie sociale en parlant positivement de la sienne et en récompensant l'harmonie (Laporte, 2002).

Le sentiment de compétence

Le sentiment de réussite aide l'enfant à se sentir compétent. En proposant de nouvelles situations à leur enfant et en l'encourageant à tenter de nouvelles expériences, les parents peuvent l'aider à réaliser qu'il exerce du pouvoir sur son environnement. Le fait de lui confier de petites responsabilités peut également contribuer au développement du sentiment de compétence. En comparant l'enfant à lui-même (et non aux autres), en l'encourageant à recommencer une tâche qu'il n'a pas su effectuer du premier coup et en le félicitant pour ses réussites, si petites soient-elles, l'adulte permet à l'enfant d'expérimenter l'échec de manière constructive, ce qui l'amène alors à persévérer dans ses entreprises (Duclos, 2004). Les parents dont les enfants ont une estime de soi élevée offrent à leur enfant des rétroactions particulières liées à l'un de ses comportements («Lorsque tu ne ranges pas tes jouets, ça me dérange.») plutôt que de porter un jugement global sur lui («Tu es vraiment désordonné.»). Nous reviendrons sur les conduites parentales dans la section 6.6.

L'enfant qui possède une estime de soi élevée est par conséquent motivé à entreprendre et à réussir. Cependant, si cette estime de soi est trop directement liée à la réussite, il peut alors percevoir l'échec comme une indication de sa piètre valeur en tant que personne. Cette perception peut à son tour entraîner un sentiment d'impuissance à changer la situation. Environ un tiers des enfants de maternelle ou de première année montrent des signes de ce sentiment d'impuissance: plutôt que de persister dans une tâche difficile à réussir, ils abandonnent, se sentent honteux et choisissent alors une tâche qu'ils peuvent réussir facilement (Burhans et Dweck, 1995).

L'approbation

L'approbation contribue beaucoup à l'estime de soi de l'enfant de trois ou quatre ans, qui développera plus tard des normes internes de valorisation personnelle.

Par ailleurs, les enfants qui pensent ne pas pouvoir changer leurs caractéristiques personnelles ont tendance à mal supporter l'échec, puisqu'ils croient que leurs lacunes sont permanentes. De plus, ces enfants peuvent aussi attribuer le rejet social à leurs caractéristiques personnelles. Ainsi, plutôt que de faire de nouvelles tentatives et de modifier certains de leurs comportements, ils abandonnent. Par exemple, un enfant de ce type qui tente de se joindre au jeu d'un petit groupe et se fait rejeter préférera retourner jouer seul plutôt que d'analyser la situation et de voir par quels moyens il pourrait intéresser ses amis. En comparaison, les enfants qui ont une estime de soi élevée ont tendance à attribuer leurs échecs à des facteurs extérieurs ou à leur manque d'efforts. S'ils sont rejetés, ces enfants feront alors plusieurs tentatives pour essayer de changer la situation (Pomerantz et Saxon, 2001). Ils sont donc plus actifs et capables de trouver des alternatives devant l'échec.

6.1.3 La compréhension et la régulation des émotions

La compréhension et la régulation des états internes représentent l'une des acquisitions majeures de la petite enfance (Dennis, 2006). En effet, l'enfant qui comprend ses propres émotions est capable de mieux les contrôler et d'être plus sensible à ce que les autres ressentent. La régulation des émotions guide les comportements de l'enfant et contribue à développer chez lui la capacité de bien s'entendre avec les autres (Denham *et al.*, 2003).

Les enfants d'âge préscolaire peuvent parler de ce qu'ils ressentent et sont souvent en mesure de discerner comment les autres se sentent. De plus, ils comprennent que ces émotions sont liées aux expériences et aux désirs (Saarni, Mumme et Campos, 1998). Par exemple, ils conçoivent qu'une personne qui obtient ce qu'elle désire sera contente et, à l'inverse, qu'elle sera déçue et triste si elle ne l'obtient pas (Lagattuta, 2005).

La compréhension émotionnelle devient toutefois plus complexe avec l'âge et le développement du concept de soi. Une étude a ainsi demandé à 32 enfants âgés de quatre à huit ans et à 32 adultes d'imaginer comment un jeune garçon se sentirait si sa balle roulait jusque dans la rue et qu'il avait ou non le droit d'aller la récupérer. Les enfants de quatre et cinq ans ont tous eu tendance à croire que le garçon serait content s'il allait chercher sa balle – même s'il enfreignait pour cela une règle –, et mécontent s'il ne la récupérait pas. De leur côté, les enfants plus vieux, tout comme les adultes, ont été plus enclins à croire que l'obéissance à une règle ferait en sorte que le garçon se sentirait bien, alors que la désobéissance l'amènerait à se sentir coupable (Lagattuta, 2005). Une des raisons qui peut expliquer la confusion éprouvée par les jeunes enfants à l'égard de leurs émotions concerne leur difficulté à comprendre encore qu'ils peuvent avoir des émotions contradictoires simultanément. Comme nous le verrons dans le chapitre 8, cette compréhension deviendra plus précise durant la prochaine période de développement.

❶ Expliquez le lien entre l'évolution de la conscience de soi et l'apparition du concept de soi.

❷ Définissez les termes *concept de soi* et *estime de soi,* et dites en quoi ils sont liés.

❸ En quoi la régulation des émotions peut-elle être avantageuse pour un enfant?

6.2 Le développement de l'identité de genre

Le fait d'être un garçon ou une fille a certes un impact sur l'apparence physique, les vêtements portés et la façon de bouger, mais l'appartenance à un sexe influence également le concept de soi et la perception qu'on a des autres. Comme nous l'avons vu dans le chapitre 4, l'identité de genre constitue la représentation qu'une personne se fait d'elle-même, selon son appartenance à un sexe et dans une société donnée.

6.2.1 Les différences de genre

Quelles différences peut-on observer entre les garçons et les filles? Dans les faits, mise à part l'anatomie des organes génitaux, les différences mesurables entre les sexes sont assez peu nombreuses. Les bébés garçons sont souvent plus grands, plus lourds et un peu plus forts. Par contre, ils sont généralement plus vulnérables physiquement que les bébés filles, qui se développent plus rapidement et sont moins sensibles au stress (Keenan et Shaw, 1997). À la naissance, le cerveau des garçons est en moyenne 10% plus gros que celui des filles, une différence qui se maintient jusqu'à l'âge adulte (Gilmore *et al.*, 2007). Par ailleurs, garçons et filles sont tout aussi sensibles au toucher, ils peuvent s'asseoir et marcher environ au même âge et ils franchissent les différentes étapes du développement moteur à peu près au même rythme. Et même si certaines particularités deviennent plus prononcées à partir de trois ans, on peut affirmer que les garçons et les filles sont généralement plus semblables que différents.

Sur le plan cognitif, les différences entre les genres sont faibles et peu nombreuses (Spelke, 2005). Ainsi, il n'existe aucune dissemblance entre le quotient intellectuel moyen des garçons et celui des filles (Keenan et Shaw, 1997). De plus, les deux sexes réussissent tout aussi bien dans les tâches qui impliquent des habiletés mathématiques de base et ils sont tout aussi aptes à apprendre les mathématiques. Toutefois, on note des différences entre les deux sexes pour certaines activités particulières. Ainsi, les filles seraient meilleures dans les tâches qui font appel à la fluidité verbale, au calcul mathématique et à la mémoire pour localiser des objets, alors que les garçons seraient plus habiles dans les analogies verbales, la résolution de problèmes mathématiques et la mémoire pour les configurations spatiales (Spelke, 2005).

Sur le plan comportemental, la disparité sexuelle la plus marquée concerne l'agressivité. Lorsqu'ils sont tout petits, autant les filles que les garçons sont capables de frapper, de mordre ou de faire des crises. Cependant, à partir de l'âge préscolaire, ces comportements diminuent chez les filles, tandis que les garçons se montrent plus agressifs verbalement et physiquement (Coie et Dodge, 1998). Nous reviendrons sur cette question de l'agressivité.

Enfin, sur le plan social, les filles ont tendance à se montrer plus empathiques, plus sociables et plus obéissantes à l'endroit des consignes données par les parents ou les autres adultes (Keenan et Shaw, 1997). Ces différences peuvent s'expliquer biologiquement par la plus grande résistance au stress dont les filles font preuve ainsi que, sur le plan cognitif, par leur plus grande habileté à s'exprimer verbalement, ce qui les aiderait à mieux contrôler les situations difficiles et à résoudre les conflits par la communication. Une autre explication peut aussi être trouvée dans la socialisation, qui est globalement différente chez les filles et les garçons. On encourage en effet davantage les filles à se maîtriser, à partager leurs jouets et à réfléchir à l'impact de leurs agissements sur les autres (Keenan et Shaw, 1997). D'un autre côté, on incite les garçons à être affirmatifs et audacieux, ce qui peut aussi constituer une force (Coutu, Tardif et Pelletier, 2004). Quoi qu'il en soit, il ne faut pas oublier que les différences sexuelles sont mesurées à partir de très grands échantillons et qu'elles ne sont donc valides que pour de grands groupes, et non pour chaque enfant pris individuellement.

6.2.2 Les étapes du développement de l'identité de genre

L'identité de genre s'établit selon quatre phases successives :

1. la *conscience du genre,* de 18 à 24 mois, qui permet à l'enfant de comprendre que le monde animal et humain se partage en deux catégories : le genre masculin et le genre féminin ;

2. l'*identification du genre,* de deux à trois ans, qui amène l'enfant à comprendre qu'il appartient lui aussi à l'un des deux genres et à différencier le genre des personnes qui l'entourent, mais en s'appuyant essentiellement sur des critères extérieurs tels que leurs vêtements ;

3. la *stabilité du genre,* de trois à cinq ans, qui permet à l'enfant de concevoir l'appartenance à un genre comme une réalité permanente reliée au sexe anatomique ;

4. la *consolidation* ou la *constance du genre,* de cinq à six ans, qui amène l'enfant à concevoir un sentiment d'appartenance physique et psychologique à un sexe (Germain et Langis, 2003). L'identité de genre est alors établie : l'enfant réalise que ni son comportement, ni son apparence ne peuvent modifier son genre.

6.2.3 Les influences biologiques

La similarité de plusieurs rôles sexuels dans de nombreuses cultures laisse à penser que certaines différences sexuelles pourraient avoir un fondement biologique, une hypothèse qui semble corroborée par certaines découvertes sur les plans génétique, hormonal et neurologique.

Les scientifiques ont ainsi identifié plus de 50 gènes pouvant expliquer les différences anatomiques et fonctionnelles existant entre des cerveaux mâles et femelles de souris. S'il existe des différences génétiques similaires chez les humains, l'identité sexuelle pourrait donc déjà être préprogrammée dans le cerveau avant même la formation des organes sexuels ou le début de l'activité hormonale (Dewing *et al.,* 2003). En outre, vers l'âge de cinq ans, soit lorsque le cerveau atteint approximativement sa taille adulte, celui des garçons est environ 10 % plus large que celui des filles, et ces dernières ont proportionnellement moins de matière grise ou de cellules neuronales (Halpern *et al.,* 2007 ; Reiss *et al.,* 1996). De plus, les hormones présentes dans le système sanguin avant ou au moment de la naissance peuvent également influencer le développement du cerveau. La testostérone, une hormone mâle, est en effet associée à l'agressivité chez les animaux adultes, quoique ce lien soit moins clair en ce qui concerne les humains (Simpson, 2001). Il est donc encore difficile de distinguer les influences hormonales des effets génétiques ou des influences provenant de l'environnement (Iervolino *et al.,* 2005).

Certaines recherches ont mis l'accent sur l'étude d'enfants ayant des problèmes hormonaux particuliers. Ces recherches démontrent que les filles qui naissent avec une maladie produisant un niveau beaucoup plus élevé d'androgènes (les hormones sexuelles mâles) que la normale préfèrent les jouets de garçons et les jeux de bataille, choisissent des compagnons de jeu masculins et font preuve de grandes habiletés spatiales, et ce, même si elles sont élevées comme des filles (Ruble et Martin, 1998). Cependant, les préférences de ces enfants découlent-elles de l'effet des hormones ou des interactions précoces entre parents et enfants ? Malheureusement, les études effectuées en milieu naturel comme celles-ci ne permettent pas de distinguer la cause de l'effet et ne permettent donc pas de conclure dans un sens ou dans l'autre.

6.3 **Un garçon élevé comme une fille**

L'identité du genre est-elle biologique ? Cet ouvrage décrit le cas célèbre d'un nourrisson dont le pénis a été coupé lors d'une circoncision et qui a alors été élevé comme une fille, mais qui a rejeté plus tard son identité féminine pour vivre comme un homme.

De leur côté, John Money et ses collègues (1955) se sont penchés sur le cas des enfants naissant avec des organes génitaux anormaux (partiellement féminins et partiellement masculins) et ont suggéré de leur attribuer au plus tôt le genre qui leur permettrait de développer une identité de genre stable et de fonctionner le plus normalement possible. Toutefois, il est très difficile de prédire les conséquences de l'attribution d'un sexe à la naissance. Dans le cadre d'une étude, 14 enfants génétiquement mâles, mais nés avec une malformation sexuelle, ont ainsi subi une chirurgie pour modifier leurs organes génitaux un mois après leur naissance. Même si on les a considérés légalement comme étant du genre féminin et qu'on les a élevés comme des filles, huit de ces enfants ont déclaré plus tard qu'ils se considéraient comme des garçons tandis que cinq ont dit avoir une identité féminine, mais avoir des difficultés à s'entendre avec d'autres filles. Quant au dernier sujet, après avoir appris qu'il était un garçon à la naissance, il a alors refusé de discuter du sujet avec quiconque. Par ailleurs, deux garçons dont les parents avaient refusé qu'on attribue un sexe féminin à leur enfant sont demeurés des garçons (Reiner et Gearhart, 2004).

Dans une autre étude, 25 garçons sur 27 nés sans pénis ont aussi été élevés comme des filles, mais ils se considéraient par la suite comme des garçons et s'engageaient dans des jeux plus rudes et plus typiquement masculins (Reiner, 2000). Ces exemples suggèrent donc que l'identité de genre pourrait être enracinée dans la structure chromosomique et qu'il ne serait pas facile de la modifier (Diamond et Sigmundson, 1997).

6.2.4 Les rôles sexuels et les stéréotypes sexuels

À partir du moment où l'enfant est identifié comme appartenant au genre masculin ou féminin, la culture attend de lui certains comportements, centres d'intérêt ou attitudes qu'elle associe à son sexe et que l'on nomme des **rôles sexuels.** On entend par rôles sexuels les traits de personnalité, les comportements, les centres d'intérêt, les attitudes et les habiletés qu'une culture associe aux femmes ou aux hommes et qu'elle souhaite les voir adopter. Ces rôles sexuels sont présents dans toutes les sociétés. Historiquement, dans la plupart des cultures, on a en effet appliqué un **double standard** à l'égard des deux sexes. Ainsi, on a attendu des femmes qu'elles soient plus orientées vers les soins et l'empathie, qu'elles soient plus accommodantes et aimantes, et on a voulu des hommes qu'ils soient plus actifs et pourvoyeurs, affirmatifs et compétitifs. Cependant, au cours des dernières décennies, on a assisté à une diversification et à un grand assouplissement des rôles sexuels, du moins en Occident. Ce changement est largement attribuable au féminisme, qui a favorisé la libération de la femme de ses rôles traditionnels et son entrée massive sur le marché du travail. Ce phénomène a entraîné un partage plus grand entre les hommes et les femmes des rôles de pourvoyeur économique et d'éducateur auprès des enfants.

Les rôles sexuels sont eux-mêmes nettement influencés par les **stéréotypes sexuels.** Ces derniers correspondent à des généralisations sur le plan de la masculinité et de la féminité. Dire que toutes les femmes sont passives et dépendantes, et que tous les hommes sont agressifs et indépendants sont des exemples de stéréotypes sexuels. Ces stéréotypes sont appris par les enfants dès leur plus jeune âge, en même temps que le sont les rôles sexuels, et leur premier lieu d'apprentissage est assurément la famille. Ainsi, certains enfants d'âge préscolaire appartenant aux deux sexes vont dire des garçons qu'ils sont forts, rapides et cruels, et des filles qu'elles sont peureuses et qu'elles ont toujours besoin d'aide (Ruble et Martin, 1998). Cependant, tous les enfants n'adhèrent pas de la même façon aux stéréotypes sexuels. En effet, des garçons peuvent adopter des caractéristiques plus «féminines» et des filles peuvent afficher des côtés plus «masculins».

L'influence des parents et du modèle familial

L'influence des parents sur l'identité sexuelle a été étudiée par Maccoby et Jacklin (1974), qui en ont conclu que les comportements des parents diffèrent en fonction du sexe de l'enfant. De son côté, Frisch (1977) a présenté 24 enfants âgés de 14 mois (12 garçons

Rôle sexuel
Traits de personnalité, comportements, centres d'intérêt, attitudes et habiletés qu'une culture considère comme appartenant aux femmes ou aux hommes.

Double standard
Attentes de la société qui diffèrent en fonction du sexe de la personne.

Stéréotype sexuel
Généralisation portant sur la masculinité et la féminité.

6.4 **Un «vrai petit homme»**
Ce garçon déguisé en cowboy a développé un important sens des rôles sexuels. La principale différence comportementale entre les petits garçons et les petites filles réside dans la présence d'une plus grande agressivité chez les garçons.

et 12 filles) à des femmes qui ne les connaissaient pas. On leur indiquait tantôt le sexe véritable de l'enfant et tantôt le sexe contraire, les enfants étant vêtus de manière à ce qu'on ne puisse reconnaître leur appartenance sexuelle. En demandant aux femmes de jouer avec les enfants, on a pu constater que leurs comportements variaient en fonction du sexe qu'elles leur attribuaient: elles étaient en effet plus portées à proposer des jeux actifs aux garçons et à les laisser explorer les lieux, alors qu'elles parlaient davantage aux filles, qu'elles étaient plus portées à leur offrir une poupée pour jouer et qu'elles les maintenaient davantage à proximité. D'autres études montrent qu'en général, les parents, et particulièrement les pères, n'aiment pas que leur garçon joue avec une poupée (Sandnabba et Ahlberg, 1999) et qu'ils accordent une plus grande liberté aux filles qu'aux garçons dans le choix de leurs vêtements, de leurs jeux et de leurs amis (Miedzian, 1991). Toutefois, d'autres études mettent en garde contre des généralisations excessives. Ainsi, l'examen de 172 études portant sur l'influence des adultes sur l'identité sexuelle des enfants menées par Lytton et Romney (1991) conclut que les différences de comportements parentaux observées sont généralement trop minces pour qu'on puisse conclure qu'il existe une réelle variation de leur comportement en fonction du sexe de leurs enfants.

Par ailleurs, les comportements des parents peuvent influencer l'adoption par les enfants de certains stéréotypes sexuels. Ainsi, une étude internationale menée en Angleterre et en Hongrie auprès d'enfants de quatre ans a montré que les garçons et les filles qui vivaient avec un père qui participait aux tâches ménagères et aux soins aux enfants étaient moins conscients des stéréotypes sexuels et, par le fait même, s'engageaient moins dans des jeux stéréotypés sexuellement (Turner et Gervai, 1995). De même, le vécu d'une famille monoparentale dans laquelle le parent doit assumer les rôles dits féminins et masculins semble influencer le comportement des enfants. Ces derniers adoptent en effet moins fréquemment des comportements traditionnellement associés à leur sexe (Leve et Fagot, 1997).

Au Québec, on estime que, dans l'ensemble de la population, l'homosexualité varie entre 5% et 18%. Or, on pense souvent que les enfants élevés par des parents de même sexe éprouveront davantage de difficulté que les autres à trouver leur identité et qu'ils risquent de devenir homosexuels eux aussi. Sur ce point, des études rapportées par Dubé et Julien (2000) ont divisé l'identité sexuelle en trois dimensions: l'identité de genre, les rôles sexuels et l'orientation sexuelle. Pour ce qui est de l'identité de genre, les résultats d'une étude comparative ont démontré que, à un degré comparable avec les enfants de mères hétérosexuelles, les enfants de mères homosexuelles connaissent un développement normal de leur identité de genre et qu'ils sont satisfaits de leur appartenance sexuelle. En ce qui a trait aux rôles sexuels (qui ont été évalués par la préférence pour des jouets, des activités ou des centres d'intérêt divers), on ne trouve pas non plus, dans l'ensemble, de différences significatives entre les deux groupes. Une autre étude, qui a utilisé l'entrevue clinique comme méthode de collecte de données, a cependant révélé que les filles de mères lesbiennes montraient plus d'intérêt pour les jeux physiques et les jouets plus masculins, alors que les garçons préféraient toujours des jeux associés à leur propre sexe. Toutefois, la recherche indique que ces préférences non conformistes demeurent dans les limites traditionnelles. Enfin, une des rares études québécoises portant sur l'orientation sexuelle a été réalisée auprès de 148 mères lesbiennes et a montré que, d'après elles, seulement 3% de leurs filles et 6% de leurs garçons seraient homosexuels. Ainsi, les enfants de familles homoparentales ne deviennent pas davantage des homosexuels que ceux qui sont élevés par des parents de sexe opposé. L'étude québécoise précise tout de même que les enfants des mères lesbiennes avaient souvent d'abord été élevés auprès de leurs parents biologiques, dans une famille hétérosexuelle, donc avec un modèle d'origine qui ne serait pas celui d'un couple de lesbiennes. Ainsi, comme le soulignent les auteures, «ces résultats ne signifient pas que les enfants de parents homosexuels ne font face à aucun problème d'identité. Cependant, ces résultats suggèrent que les problèmes d'identité sexuelle, lorsqu'ils surgissent, n'ont rien à voir avec l'orientation sexuelle des parents» (Dubé et Julien).

6.5 L'homoparentalité

Contrairement à la croyance populaire, les enfants élevés par des parents de même sexe n'éprouvent pas plus de difficulté à trouver leur identité que les enfants élevés par un couple hétérosexuel.

L'influence de la fratrie et des pairs

Les frères et sœurs exercent-ils une influence sur le développement de l'identité de genre ? La réponse à cette question dépend du rang de l'enfant dans la fratrie. En effet, les aînés ont tendance à être plus influencés par leurs parents, tandis que les cadets tenteraient davantage d'adopter les comportements et les attitudes de leurs aînés (McHale *et al.*, 2001). De leur côté, les pairs commencent très tôt à exercer une influence sur l'identité de genre puisque dès l'âge de trois ans, les enfants jouent généralement déjà dans des groupes de même sexe, ce qui renforce les comportements de genre. Cette influence du groupe de pairs augmente aussi avec l'âge (Martin, Ruble et Szkybalo, 2002). On note également que les pairs désapprouvent davantage les garçons qui agissent comme des filles que les filles que l'on dépeint comme des «garçons manqués» (Ruble et Martin, 1998). Toutefois, de manière générale, l'influence des amis et celle des parents se renforcent mutuellement. Comme nous le verrons plus loin, la théorie de l'apprentissage social suggère que le groupe de pairs ne constitue pas une source de référence isolée. Il s'imbrique dans un système culturel complexe qui inclut non seulement les parents, mais aussi d'autres influences, dont les médias (Bussey et Bandura, 1999).

L'influence des médias

La littérature enfantine contient de moins en moins de personnages stéréotypés sexuellement, ce qui permet aux enfants de disposer de modèles diversifiés auxquels ils peuvent s'identifier, quel que soit le sexe auquel ils appartiennent. Cependant, si l'on examine les caractéristiques des personnages féminins et masculins présentés à la télévision, dans les films ou sur Internet, on trouve encore généralement les stéréotypes masculins qui correspondent à la compétitivité, à la performance et à la force, ainsi que les stéréotypes féminins qui sont liés à des comportements de soins et à une attitude empathique et chaleureuse. De fait, ces personnages médiatiques sont souvent plus stéréotypés que les hommes et les femmes que l'on côtoie dans la vie réelle (Ruble et Martin, 1998). Or, la télévision a un impact important sur la transmission de valeurs culturelles relatives aux rôles sexuels (Durkin et Bradley, 1998). Nous aurions donc tort de croire que les enfants demeurent passifs devant une émission de télévision. Ils sont au contraire particulièrement sensibles à ce qu'elle leur transmet : ils écoutent, enregistrent et interprètent les informations reçues (Deaudelin et Brodeur, 1985 ; dans Royer, 2004). Les parents ont par conséquent un rôle à jouer pour aider l'enfant à développer une compréhension plus nuancée des stéréotypes sexuels présentés à la télévision. Heureusement, les médias sont aujourd'hui de plus en plus sensibles à cette problématique. Au Québec, on présente maintenant des émissions pour enfants et des feuilletons qui sont plus proches de la diversité des familles actuelles et dans lesquels on peut voir des pères monoparentaux, des mères au travail, des parents homosexuels ou des familles reconstituées. Nous pouvons donc penser que, à moyen terme, la télévision deviendra encore plus représentative de la diversité et de la complexité des rôles sexuels, et qu'elle offrira aux enfants des modèles plus variés et, surtout, plus nuancés.

6.6 **La transmission des rôles sexuels**

Un père qui encourage son fils à effectuer des activités traditionnellement masculines lui transmet le message qu'il existe des centres d'intérêt qui sont appropriés aux garçons.

Faites le POINT

❹ Nommez les quatre étapes du développement de l'identité de genre.

❺ Expliquez la différence entre un rôle sexuel et un stéréotype sexuel.

❻ Expliquez l'impact de la télévision ou d'Internet sur la transmission des valeurs culturelles relatives aux rôles sexuels.

6.3 Les théories du développement de l'identité de genre

Parmi les théories qui tentent d'expliquer l'acquisition de l'identité de genre, nous allons brièvement aborder la théorie psychanalytique, laquelle sera mieux explicitée dans la section portant sur les théories du développement de la personnalité, ainsi que les théories cognitives de Kohlberg, de Bandura et de Bem.

6.3.1 La théorie psychanalytique

Selon l'approche psychanalytique, le développement de l'identité de genre doit passer par un processus d'**identification,** c'est-à-dire par un processus selon lequel un enfant adopte les caractéristiques, les croyances, les attitudes, les valeurs et les comportements du parent de son sexe. Nous verrons plus loin que de trois à six ans, l'enfant passe par une période où le parent de même sexe que lui devient son rival, puisqu'il désire inconsciemment le parent de sexe opposé, comme cela semble être le cas d'Aurélie dans la mise en situation du début de chapitre. Or, cette situation provoque une tension chez l'enfant, qui finit néanmoins généralement par s'identifier à son père (pour le petit garçon) ou à sa mère (pour la petite fille) et par adopter les caractéristiques, attitudes et comportements du parent de son sexe. Ce processus sera abordé plus en détail, dans la section 6.4.1.

Identification

Selon Freud, processus par lequel un jeune enfant adopte les caractéristiques, croyances, attitudes, valeurs et comportements du parent de même sexe que lui.

6.3.2 Les théories cognitives

Parce que les autres disent à un enfant qu'il est un garçon ou qu'elle est une fille, celui-ci ou celle-ci se perçoit comme tel et finit, à force d'observations et de réflexion, par conclure à la permanence de son sexe. En effet, pour les théories cognitives, la construction de l'identité de genre met en jeu différents processus cognitifs que l'enfant utilise activement.

La théorie développementale cognitive de Kohlberg

Selon Kohlberg (1966), la connaissance du genre précède le comportement de genre («je suis un garçon, donc j'aime faire des activités de garçons»). Les enfants cherchent activement dans leur entourage des indices qui les informent sur leur genre, puis lorsqu'ils réalisent à quel genre ils appartiennent, ils adoptent des comportements qu'ils estiment compatibles avec leur sexe. À l'âge de trois ans, une fille préfère généralement jouer avec des poupées plutôt qu'avec des camions parce qu'elle a vu d'autres petites filles le faire. Et si elle joue principalement avec d'autres petites filles, c'est parce qu'elle croit partager leurs centres d'intérêt (Ruble et Martin, 1998 ; Martin et Ruble, 2004).

Selon Kohlberg, cette acquisition des rôles associés à un sexe pivote autour de l'établissement de la **constance du genre** qui, comme nous l'avons vu dans la section 6.2, constitue la dernière étape du développement de l'identité de genre. Pour lui, c'est lorsque l'enfant réalise que son genre va demeurer le même toute sa vie qu'il est motivé à adopter les comportements appropriés à son sexe. Toutefois, cette position de Kohlberg est aujourd'hui remise en question par plusieurs recherches qui démontrent que les enfants affichent des préférences reliées à leur sexe (par exemple, dans le choix des jouets) bien avant d'avoir acquis la constance du genre. Les théoriciens cognitivistes actuels ne croient donc plus que la constance de genre doive nécessairement précéder l'apprentissage des rôles sexuels (Martin et Ruble, 2004).

Constance du genre

Dernière étape du développement de l'identité de genre où la personne prend conscience qu'elle conservera le même genre toute sa vie.

La théorie sociale cognitive de Bandura

Selon la théorie de l'apprentissage social traditionnelle, les enfants apprennent les rôles sexuels en observant les autres, comme nous l'avons vu dans le chapitre 1. Ils choisissent généralement des modèles qui ont du pouvoir, qui sont chaleureux et qu'ils admirent. Le plus souvent, c'est le parent de même sexe qui est pris pour modèle, mais l'enfant peut aussi modeler son comportement sur celui d'autres adultes de son entourage ou même sur celui de ses pairs. Et lorsque l'enfant reproduit le comportement d'un modèle, la réaction qu'il obtient influence la fréquence avec laquelle il répétera ce comportement. Or, puisque les parents et les autres adultes approuvent généralement le comportement du garçon associé au sexe masculin et celui de la fille présentant des comportements dits féminins (et réprouvent par le fait même les comportements inverses), les rôles sexuels s'en trouvent alors consolidés.

Des modèles non stéréotypés

Des modèles non traditionnels permettent aux enfants d'adopter des attitudes moins stéréotypées.

Selon la théorie sociale cognitive de Bandura (1986), qui découle de la théorie de l'apprentissage social, l'acquisition de l'identité de genre résulte d'un processus de socialisation complexe, au cours duquel l'enfant interprète puis intériorise les expériences qu'il vit avec ses parents, ses pairs et les autres adultes (Bussey et Bandura, 1999). Cependant, la façon dont l'enfant donne un sens à ses diverses expériences joue un rôle crucial. L'observation permet en effet à l'enfant d'en apprendre beaucoup sur les rôles sexuels, avant même d'en adopter les comportements. Il ne se contente pas d'imiter directement : il peut au contraire combiner mentalement ses observations de modèles différents et produire ensuite ses propres variations comportementales. Ainsi, une petite fille qui a observé les comportements de sa mère, de sa tante et de sa gardienne pourra en sélectionner certains et combiner ces observations pour produire ce qu'elle pense être un comportement féminin. Bientôt, cette enfant n'aura plus besoin de la présence de modèles, ni d'être récompensée ou réprimandée pour adopter le comportement attendu d'elle par la société. D'après les chercheurs, ce passage du contrôle social extérieur à l'autorégulation se produirait en grande partie de trois à quatre ans (Bussey et Bandura, 1992).

Bien qu'il soit indéniable que l'apprentissage par observation joue un rôle dans l'acquisition de l'identité de genre, il faut se rappeler, comme nous l'avons constaté dans la section portant sur l'influence des parents, que les méthodes d'éducation de ces derniers ne sont pas nécessairement très différentes selon le sexe de leur enfant. Les parents ont plutôt tendance à renforcer l'entraide et à punir l'agressivité, chez les garçons comme chez les filles. Par ailleurs, la théorie sociale cognitive n'explique pas comment les normes culturelles concernant le genre sont intériorisées, il semble intéressant d'examiner une autre hypothèse qui vient la compléter.

La théorie du schème du genre de Bem

La **théorie du schème du genre**, dont Sandra Bem est l'instigatrice, s'inspire en partie de la théorie sociale cognitive, qu'elle combine à celle du développement cognitif, à qui elle emprunte le concept de *schème* (une représentation mentale qui organise l'information et influence le comportement). Selon cette théorie du schème du genre, dès la petite enfance, l'enfant commence à catégoriser des informations relatives aux personnes ou aux situations et il les organise autour d'un **schème du genre** (Bem, 1983, 1985). Il procède ainsi parce qu'il observe que la société classe les gens en fonction de leur sexe (par exemple, les garçons et les filles portent des vêtements différents, ne jouent pas aux mêmes jeux et « font pipi » dans les lieux publics à des endroits différents). Une fois que l'enfant réalise à quel sexe il appartient, il développe alors le concept de ce que signifie être un garçon ou une fille dans sa propre culture et il ajuste ensuite son comportement à ce schème. Selon la théorie du schème du genre, les schèmes du genre favorisent donc les stéréotypes sexuels parce qu'ils influencent les jugements portés sur le comportement. De fait, les enfants acceptent très rapidement les étiquettes sexuelles. Par exemple, si l'on donne un jouet neutre à un garçon et qu'on lui dit qu'il s'agit d'un jouet de fille, il est fort probable qu'il s'en débarrassera comme d'une patate chaude (Martin et Ruble, 2004).

Théorie du schème du genre
Théorie voulant que l'enfant se socialise en fonction des rôles appropriés à son sexe en se représentant ce que signifie être une fille ou un garçon.

Schème du genre
Selon Bem, représentation mentale d'un ensemble de comportements qui aide l'enfant à traiter l'information relative à ce que signifie être un garçon ou une fille.

Androgynie
Personnalité qui possède à la fois des caractéristiques féminines et masculines.

Sandra Bem soutient quant à elle que les adultes ont un rôle à jouer auprès de l'enfant pour lui éviter d'adopter trop de comportements stéréotypés. Selon elle, l'**androgynie**, qui caractérise une personnalité possédant des caractéristiques des deux sexes, constitue la personnalité la plus saine. Ainsi, un individu androgyne pourra devenir autonome et sera capable de s'affirmer (des caractéristiques dites masculines), tout en faisant preuve de bienveillance, d'empathie et de compréhension (des caractéristiques dites féminines).

Comment les parents peuvent-ils donc combattre les stéréotypes sexuels véhiculés dans la société ? D'abord, en ne se confinant pas eux-mêmes en tant qu'adultes dans des tâches traditionnelles ou des attitudes stéréotypées. Ensuite, en offrant à l'enfant la possibilité de choisir des jeux qui ne sont pas traditionnellement associés à son sexe (par exemple, en proposant des camions aux filles et des poupées aux garçons). Cependant, le contrôle exercé par les parents se restreint souvent au milieu familial. En effet, Sandra Bem a déjà raconté que lorsque son fils s'est présenté un jour à la garderie avec des rubans dans les cheveux parce qu'il trouvait cela joli, les réactions de ses amis lui ont fait rapidement comprendre que ce n'était pas là une attitude correcte pour un garçon.

Si la théorie du schème du genre tient compte de plusieurs facteurs qui influencent l'identité de genre chez l'enfant, il n'est cependant pas prouvé que le schème du genre influence les comportements des enfants. La théorie n'explique pas non plus pourquoi certains enfants optent pour des comportements moins conformes à leur sexe (Ruble et Martin, 1998). Enfin, un des problèmes posés par la théorie de Bem est que, dans les faits, l'identité de genre ne devient pas plus stéréotypée à mesure que l'enfant acquiert des connaissances au sujet des caractéristiques masculines et féminines. C'est même plutôt le contraire qui se produit (Bussey et Bandura, 1999). Ainsi, vers l'âge de cinq ou six ans, les enfants développent tout un répertoire de stéréotypes rigides à l'égard du genre, qu'ils appliquent autant à eux-mêmes qu'aux autres. Un garçon de cet âge s'attendra en effet à mieux réussir une tâche «de garçon» qu'une tâche «de fille». Toutefois, à partir de sept ou huit ans, les schèmes de genre deviennent plus complexes au fur et à mesure que l'enfant intègre des informations contradictoires concernant les deux sexes (par exemple, le fait que beaucoup de filles portent des pantalons). L'enfant devient alors plus flexible dans sa vision des rôles sexuels (Martin et Ruble, 2004).

Le tableau 6.1 résume les caractéristiques des quatre théories que nous venons de présenter.

6.8 **Plus de souplesse dans les jeux**

Les parents peuvent combattre les stéréotypes sexuels véhiculés par la société en offrant à leur enfant la possibilité de choisir des jeux qui ne sont pas traditionnellement associés à son sexe.

TABLEAU 6.1 | Le développement de l'identité de genre selon quatre perspectives

Théorie	Auteur	Processus en jeu	Postulat de base
Théorie psychanalytique	Sigmund Freud	Résolution de conflits émotionnels inconscients	L'identité de genre apparaît lorsque l'enfant s'identifie au parent de même sexe que lui.
Théorie développementale cognitive	Lawrence Kohlberg	Adoption de comportements compatibles avec son sexe	Lorsque l'enfant apprend qu'il est une fille ou un garçon, il recherche les informations en accord avec son sexe et agit en fonction de ces données.
Théorie sociale cognitive	Albert Bandura	Observation et sélection de modèles, imitation et renforcement, socialisation	L'identité de genre résulte de l'observation, de l'interprétation et de l'intériorisation de standards sociaux relatifs au sexe des individus.
Théorie du schème du genre	Sandra Bem	Catégorisation cognitive combinée à l'observation de modèles	L'enfant organise les informations au sujet des comportements appropriés pour un garçon ou pour une fille en se basant sur les normes culturelles. Il intègre ensuite ces comportements dans un schème du genre et y adapte son comportement.

Faites le POINT

7 Selon l'approche psychanalytique, comment se déroule le processus d'identification de l'enfant?

8 Expliquez le rôle joué par l'établissement de la constance de genre dans la théorie de Kohlberg.

9 Selon la théorie sociale cognitive de Bandura, comment s'acquiert l'identité de genre chez l'enfant?

10 Expliquez en quoi consiste l'androgynie et énumérez les avantages procurés par le fait d'avoir une personnalité androgyne.

6.4 Les théories du développement de la personnalité

L'identité de genre ne représente qu'un aspect de la personnalité du jeune enfant. Plusieurs théoriciens se sont aussi penchés sur le développement affectif et social des enfants de trois à six ans.

6.4.1 La théorie psychosexuelle de Freud

Le stade phallique

Nous avons vu dans le chapitre 4 que l'enfant de moins de deux ans se trouvait au stade anal et qu'en faisant l'apprentissage de la propreté, il explorait de manière plus approfondie ses organes génitaux. Ce sont ces organes qui vont devenir la zone érogène investie de trois à six ans. Cette découverte marque en effet le début du **stade phallique,** un terme qui vient du mot latin *phallus* (pénis, symbole de pouvoir). Durant cette période, les enfants découvrent qu'il est agréable de toucher ses propres organes génitaux et ils expérimentent la masturbation. Ils développent aussi une curiosité sexuelle qu'ils ne possédaient pas auparavant, puisqu'ils font maintenant la différence anatomique des sexes, une différence qui, à cet âge, se résume selon Freud au fait d'avoir un pénis ou pas.

Le complexe d'Œdipe

Le **complexe d'Œdipe** représente sans doute l'événement le plus important de ce stade. Celui-ci peut être défini comme le désir inconscient que ressent l'enfant pour le parent du sexe opposé. À ce stade, le garçon veut en effet entretenir une relation unique avec sa mère, à l'image de celle qu'elle entretient avec le père. Il devient donc jaloux de son père, qu'il perçoit comme un rival, et désire inconsciemment le supprimer. Par ailleurs, selon Freud, le petit garçon se sent très coupable de ce désir et des pensées qui y sont associées. Ce conflit psychique est pour lui une source d'anxiété, car il craint son père, qui représente pour lui un puissant symbole d'autorité. En outre, il a peur de perdre son pénis en se liant à une mère qui n'en possède pas : c'est ce que Freud nomme l'*angoisse de castration,* qui incite le garçon à s'identifier à son père et à acquérir ainsi un peu de son pouvoir plutôt que de risquer la perte de son pénis.

Quant à la fille, sa déception relative à l'absence de pénis la fait se tourner vers son père qui, lui, en possède un : c'est ce que Freud appelle l'*envie du pénis.* La fille devient jalouse de sa mère, qu'elle perçoit comme une rivale, et elle manifeste un désir de rapprochement avec son père, comme Aurélie dans la mise en situation du début de chapitre. Toutefois, selon Freud, le conflit psychique inconscient qui en résulte est plus difficile à surmonter pour elle, la mère étant, pour la fille comme pour le garçon, le premier objet d'amour. De plus, même si elle s'identifie à sa mère, la petite fille ne pourra jamais obtenir le pénis qu'elle convoite.

Pour l'un comme pour l'autre, le complexe d'Œdipe n'est donc pas le reflet d'un amour idyllique, mais une source de remords et d'anxiété. La résolution de l'Œdipe passe par un processus d'identification au parent de même sexe et par la formation du surmoi, les pulsions sexuelles étant refoulées jusqu'à l'adolescence. Prenant conscience que la formation d'un couple avec le parent n'est pas une avenue possible dans la réalité, l'enfant choisit plutôt de devenir comme son parent de même sexe. Le *surmoi,* la troisième instance de la personnalité, apparaît alors environ au même moment, comme nous l'avons vu dans le chapitre 1. Ce surmoi intègre les valeurs et les règles sociales, dont l'interdit de l'inceste. Étant donné l'importance fondamentale de l'identification au parent de même sexe dans la résolution du complexe d'Œdipe, on peut se demander comment Freud aurait expliqué le développement des enfants qui, comme nous l'avons vu précédemment, vivent aujourd'hui dans une famille dont les deux parents sont de même sexe.

 Le complexe d'Œdipe

Au stade phallique, le petit garçon qui vit son complexe d'Œdipe veut entretenir une relation unique avec sa mère.

La théorie psychosexuelle reflète bien les stéréotypes entretenus à l'époque à laquelle vivait Freud. Elle dénote en effet l'importance accordée aux hommes et à leur soi-disant supériorité, et elle survalorise la possession d'un pénis. Dans les faits, quoique certains parents relatent des anecdotes qui peuvent laisser croire à l'existence de ce complexe d'Œdipe (par exemple, le comportement d'Aurélie dans la mise en situation), aucune preuve scientifique n'a pu être donnée de l'existence de cette envie du pénis chez les filles (Matlin, 1987). Les recherches sur la sexualité féminine écartent d'ailleurs l'idée selon laquelle le pénis est un idéal pour les deux sexes. Selon Karen Horney, une ex-disciple de Freud, ce serait davantage le statut social de l'homme, et non son pénis, qui serait envié par la femme. Horney suggère aussi que certains comportements masculins, comme le désir de reconnaissance sociale, pourraient constituer en réalité une compensation à l'impossibilité pour les hommes d'enfanter. Dans ce contexte, les hommes auraient une « envie de l'utérus », soit le désir inconscient de porter des enfants.

6.4.2 La théorie psychosociale d'Erikson

Comme nous l'avons vu dans le chapitre 4, l'enfant tentait de trouver dans la crise qui caractérisait le stade précédent un équilibre entre l'autonomie, la honte et le doute. Vers trois ans, l'enfant entre désormais dans une **crise de l'initiative *versus* la culpabilité.** L'autonomie acquise au stade précédent ainsi que le développement de ses nouvelles habiletés cognitives amènent l'enfant non seulement à agir de plus en plus de façon indépendante, mais aussi à vouloir prendre des initiatives, élaborer des projets et les réaliser. C'est le cas d'Aurélie, qui veut se servir toute seule le matin, même si elle a parfois du mal à verser correctement du lait dans son bol de céréales. Cependant, l'enfant voit grand et perd parfois de vue ses limites, ce qui peut entraîner un sentiment de culpabilité à l'égard de ses motivations ou de ses actes. Par ailleurs, l'enfant désire fortement être approuvé par les adultes. C'est pourquoi il peut aussi se sentir coupable lorsque ses parents freinent ses initiatives.

L'enfant qui traverse bien cette crise développera le sens de l'initiative et le *courage* de se donner des buts, comme nous l'avons vu dans le tableau 1.3 (*voir la page 16*). Il pourra agir sans être inhibé par la culpabilité et la peur de la punition, sera en mesure d'assumer pleinement ses responsabilités et fera donc preuve d'une certaine mesure dans ses initiatives (Erikson, 1982). Quant à l'enfant qui traverse cette crise avec difficulté, il pourra être dépourvu de toute spontanéité et rongé par la culpabilité, ce qui influencera sa façon d'amorcer la crise suivante. Il est également possible qu'un enfant n'ayant subi aucun contrôle de la part de ses parents ressorte de cette crise avec un sens de l'initiative trop exubérant et qu'il ne tienne pas compte des autres. Or, cela n'est pas non plus souhaitable, puisque le monde de l'enfant s'ouvre désormais à des interactions sociales toujours plus nombreuses et diverses auxquelles il doit s'ajuster.

6.4.3 La perspective sociale cognitive

La perspective sociale cognitive présente une vision différente des approches psychanalytiques traditionnelles en ce qui a trait au développement de la personnalité. Elle suggère en effet un lien étroit entre les nouvelles capacités cognitives des enfants d'âge préscolaire et les nombreux changements émotionnels qu'ils expérimentent (Macrae et Bodenhausen, 2000). La métacognition, c'est-à-dire la capacité de réfléchir au sujet de la pensée, a maintenant un rôle à jouer dans l'élaboration du concept de soi (Flavell, 1985). De fait, l'enfant peut désormais réfléchir sur les connaissances relatives à sa personnalité. Le concept de soi passe donc par une conscience des expériences métacognitives intimes et par l'acquisition de connaissances significatives sur soi-même.

Piaget (1954) avait déjà démontré la capacité des enfants à catégoriser, sur la base de ressemblances ou de divergences, non seulement les objets, mais également les personnes (dont eux-mêmes). Cette acquisition logico-cognitive permet, entre autres, à

Crise de l'initiative *versus* la culpabilité
Selon Erikson, troisième crise du développement psychosocial, au cours de laquelle l'enfant de trois à six ans doit réaliser l'équilibre entre le désir d'atteindre des buts et les jugements moraux liés à ce qu'il veut faire.

l'enfant de deux à sept ans de mieux se connaître par le traitement d'affects intuitifs tels que les sentiments sociaux élémentaires ou les premiers sentiments moraux de reconnaissance (Cloutier, Gosselin et Tap, 2005).

Faites le POINT

11 Expliquez à quel stade et comment se manifeste le complexe d'Œdipe chez le garçon et chez la fille dans la théorie psychosexuelle de Freud.

12 Quelle est l'issue positive de la crise de l'initiative *versus* la culpabilité dans la théorie psychosociale d'Erikson ?

13 Expliquez le postulat de base de la perspective sociale cognitive.

6.5 Le développement social

De trois à six ans, le cercle social de l'enfant s'élargit. Celui-ci fréquente la garderie, puis la maternelle, et il rencontre d'autres enfants et adultes, ce qui lui donne l'occasion de faire de nouveaux apprentissages comme celui de l'amitié. L'enfant peut aussi éprouver certaines difficultés comportementales (par exemple, l'agressivité). Les comportements sociaux désignent les interactions des enfants avec les adultes et, plus particulièrement, celles qu'ils établissent avec leurs pairs. Ces comportements peuvent être positifs ou négatifs, la période préscolaire constituant un moment privilégié pour le développement des compétences sociales de l'enfant. Ces apprentissages sont importants, et l'initiation à la vie de groupe, par exemple dans le contexte de la fréquentation d'une garderie, peut s'avérer plus difficile qu'on ne le croit. En effet, comme nous l'avons vu dans le chapitre 4, un enfant qui naît aujourd'hui au Québec a de fortes chances d'être enfant unique. Rappelons-nous qu'en 2006, 44 % des familles avaient un seul enfant (Girard et Payeur, 2009). Dans ce contexte, où un enfant est habitué à être souvent seul avec des adultes, l'initiation à la vie de groupe peut être moins facile. Ainsi, à l'inverse d'un enfant habitué à vivre quotidiennement avec d'autres enfants, l'enfant unique doit davantage apprendre à partager son espace avec ses pairs, à attendre son tour, à tenir compte des autres et à les écouter. Toutefois, les recherches ne montrent pas de différences significatives entre les enfants uniques et ceux ayant des frères et des sœurs en ce qui a trait à la capacité de s'adapter, à la sociabilité et à la popularité (Falbo, 2006). Ainsi, les observations d'enfants d'âge préscolaire montrent que les enfants uniques sont non seulement motivés, mais qu'ils possèdent aussi les habiletés à entrer en relation avec les autres (Royer, 2004). Ils ont la capacité de se rapprocher des autres et de choisir un partenaire de jeu en particulier.

6.5.1 Les premiers amis

L'ouverture de plus en plus grande de l'enfant sur le monde extérieur le rend curieux des autres et plus particulièrement des enfants qui l'entourent. En très bas âge, les enfants peuvent jouer les uns à côté des autres sans avoir d'interaction véritable. Toutefois, autour de trois ans, ils sont en mesure de développer de l'amitié. Comme pour les relations avec les frères et sœurs, que nous avons décrites dans le chapitre 4, les interactions amicales ont des fonctions spécifiques. De fait, elles aident l'enfant à s'adapter aux autres, à se montrer empathique, à apprendre à résoudre des conflits et à observer divers modèles de comportements. Les enfants apprennent également les normes qui régissent les rôles sexuels ainsi que les valeurs morales nécessaires à la vie en société. Ils apprennent enfin à gérer leur agressivité.

Généralement, les enfants d'âge préscolaire préfèrent entrer en relation avec des enfants du même sexe et du même âge qu'eux, et les enfants qui ont ensemble des expériences positives fréquentes sont plus susceptibles de devenir amis (Rubin, Bukowski et Parker, 1998). On estime qu'à cet âge, 75 % des enfants entretiennent des amitiés mutuelles (Hartup et Stevens, 1999). Que recherchent donc les enfants de cet âge dans l'amitié ? Ils recherchent tout d'abord des caractéristiques similaires aux leurs et préfèrent les

6.10 Deux amies

Les enfants d'âge préscolaire préfèrent entrer en relation avec des enfants du même sexe et du même âge qu'eux et apprennent que, pour avoir des amis, il faut soi-même se montrer amical.

enfants qui démontrent des comportements prosociaux (Hart *et al.*, 1992). Pour eux, les aspects les plus importants de l'amitié consistent à faire des activités ensemble, à s'apprécier, à s'aider mutuellement et, dans une moindre mesure, à habiter à proximité et à fréquenter la même école.

Ce développement de l'amitié comporte plusieurs conséquences bénéfiques pour l'enfant. Les enfants qui ont des amis, qui se sentent appréciés par eux et qui bénéficient de leur soutien sont en effet plus heureux. Ils se sentent mieux à l'école et, au besoin, vont chercher de l'aide auprès de leurs amis. Les enfants apprennent aussi très vite à différencier les comportements qui sont acceptables de ceux qui ne le sont pas pour leur groupe de pairs. Au moyen des renforcements ou des punitions en provenance des pairs, ils vont ainsi avoir tendance à éliminer les comportements inadéquats et à maintenir ceux qui sont appréciés. L'importance du développement cognitif dans l'élaboration des habiletés sociales est donc ici manifeste : l'enfant doit être en mesure de se forger une représentation réaliste de son comportement, de porter un jugement et ensuite de décider de modifier le comportement en question (Royer et Provost, 2004). Les relations amicales consolident également le développement affectif. Par exemple, lors d'une situation de conflit, l'enfant prend conscience qu'il ne peut pas exprimer ses émotions de n'importe quelle manière. Il doit apprendre à les exprimer en tenant compte des règles établies dans le contexte social dans lequel il se trouve (Coutu *et al.*, 2004). Un tempérament facile (tel que nous l'avons vu dans le chapitre 4) et une estime de soi élevée sont positivement corrélés aux compétences sociales des enfants.

Les comportements sociaux des enfants se regroupent en trois grandes catégories : les comportements prosociaux, les comportements internalisés et les comportements externalisés. Nous allons examiner ces trois types de comportement dans les sections qui suivent.

6.5.2 Le comportement prosocial

Nous avons vu dans le chapitre 4 que le lien d'attachement développé durant la petite enfance est déterminant pour l'établissement des futurs liens interpersonnels. En effet, les enfants qui ont connu un attachement sécurisant lorsqu'ils étaient nourrissons ont davantage de chances de bien s'entendre avec les autres et de développer par la suite des amitiés fortes. Des études longitudinales ont aussi démontré que ces enfants deviennent plus sociables, plus populaires et qu'ils s'adaptent plus facilement à la vie en société (Goldberg, 2000). Ce type d'attachement prépare donc mieux l'individu à l'intimité des relations amicales (Carlson, Sroufe et Egeland, 2004).

Nous avons également vu qu'un enfant commence à éprouver de l'empathie dès l'âge de deux ans. La suite logique de cette empathie est le **comportement prosocial**, qui prend la forme de comportements volontaires à l'égard d'autrui et dont l'objectif vise le bénéfice de l'autre. Ainsi, si un enfant de trois ans et demi accepte de partager sa pâte à modeler avec ses amis, malgré qu'il n'y en ait pas assez pour tous et que ce jeu soit son jeu préféré, c'est qu'il fait preuve d'**altruisme** : il tient compte des autres, et ce, sans espérer de récompense pour lui-même en retour. L'altruisme est au cœur du comportement prosocial ; il s'exprime par une activité volontaire ayant pour but d'aider les autres et pouvant parfois comporter des sacrifices ou des risques. Ces préoccupations pour l'autre augmentent au fur et à mesure que l'enfant avance en âge (Fabes et Eisenberg, 1996). Enfin, même si les filles sont généralement plus orientées vers des comportements prosociaux que les garçons, les différences demeurent néanmoins minimes (Eisenberg et Fabes, 1998).

Selon une étude portant sur 9 319 paires de jumeaux dont le comportement prosocial était évalué par leurs parents et par leurs enseignants aux âges de trois, quatre et sept ans, le développement des comportements prosociaux serait influencé à la fois par l'hérédité et par le milieu. Lorsque les parents sont affectueux et respectent une stratégie disciplinaire positive, ils encouragent la tendance naturelle de l'enfant à

 Le développement de qualités prosociales

Les enfants qui ont des responsabilités à la maison ont tendance à développer des qualités prosociales telles que la coopération et la serviabilité. Ils ont ainsi de fortes chances d'entretenir également des relations affectives avec les gens.

Comportement prosocial
Comportement volontaire à l'égard d'autrui et dont l'objectif vise le bénéfice de l'autre.

Altruisme
Comportement pouvant impliquer un sacrifice personnel et qui a pour but d'aider les autres, sans égard à ses propres intérêts et sans espoir de récompense.

adopter ce type de comportement (Knafo et Plomin, 2006). De façon caractéristique, les parents d'enfants prosociaux le sont aussi eux-mêmes : ils mettent l'accent sur des modèles de comportements prosociaux et orientent leurs enfants vers des films, des histoires et des émissions de télévision qui font la promotion de la coopération, du partage et de l'empathie (Singer et Singer, 1998). En outre, lorsque l'enfant commet un acte répréhensible, ces parents lui montrent l'effet de son comportement sur les autres. Par exemple, lorsqu'un enfant prend un bonbon sans le payer, on lui fait comprendre l'impact de cet acte sur le marchand et ce qu'il ressentirait s'il était à la place de ce dernier.

La culture influence également l'acquisition de comportements prosociaux. Dans la culture nord-américaine où les familles ne comptent souvent qu'un seul enfant, l'accent est surtout mis sur l'accomplissement individuel. Dans d'autres cultures plus traditionnelles, les enfants grandissent dans des familles nombreuses et étendues où l'on préconise davantage le partage des tâches et où l'on inculque alors des valeurs prosociales aux enfants (Eisenberg et Fabes, 1998). Ceci étant, même si l'on transmet des valeurs prosociales aux enfants, il peut arriver que certains d'entre eux présentent tout de même des problèmes de comportement.

6.5.3 Les problèmes de comportement

Comment peut-on distinguer un comportement dérangeant d'un problème de comportement ? Par exemple, si l'on se réfère à la mise en situation de ce chapitre, peut-on dire qu'Aurélie présente un problème de comportement ou que sa conduite n'est que passagère ? La réponse n'est pas évidente, puisqu'elle varie en fonction de l'intensité et de la durée du comportement, ainsi qu'en fonction du degré de tolérance des adultes qui s'occupent de l'enfant. Les études qui sont menées auprès d'enfants d'âge préscolaire souffrant de problèmes de comportement sont plus rares que celles menées auprès d'échantillons d'enfants d'âge scolaire. Cependant, il semble que la proportion d'enfants de cet âge souffrant de ce type de problèmes se situerait entre 4 % et 22 % (Vitaro et Gagnon, 2000). On parle de problèmes de comportement lorsqu'un enfant, dans un contexte de groupe, dérange et perturbe ses pairs à un point tel que les adultes se sentent impuissants et dépassés, ou encore si l'enfant se retire du groupe de façon constante. Ce dernier comportement est qualifié de **comportement internalisé** : il prend la forme d'un retrait de l'enfant dans ses interactions avec les autres. Contrairement aux comportements externalisés, qui ne dérangent que les autres, les comportements internalisés affectent l'enfant lui-même et peuvent perturber sérieusement son fonctionnement affectif et social. Le plus connu de ces comportements est le **retrait social.** L'enfant qui en souffre se tient à l'écart de ses pairs ; il ne leur parle pas et n'a pas de contacts physiques avec eux. Selon Coutu et ses collègues (2004), ces enfants sont « passifs et s'intéressent peu aux activités sociales, ils sourient rarement, ils sont fréquemment distraits, ils sont peu portés à explorer de nouveaux objets, enfin, ils paraissent inquiets et dépressifs ». Certains enfants peuvent vivre des épisodes de retrait social lors de périodes de transition ou d'adaptation, mais ce comportement n'est alors que passager et non généralisé comme c'est le cas chez l'enfant qui vit un réel problème. Par ailleurs, ces auteurs nous mettent en garde contre la confusion qui peut s'établir entre l'enfant souffrant de retrait social et l'enfant solitaire. En effet, un enfant n'est pas considéré comme ayant un problème de comportement si son jeu est actif et s'il fonctionne bien tout en préférant la solitude.

Inversement, les **comportements externalisés,** c'est-à-dire les comportements qui présentent des manifestations antisociales et souvent agressives, sont dirigés vers autrui : l'enfant frappe, pousse ou mord les autres (Royer et Provost, 2004). Il extériorise ses difficultés en s'en prenant aux gens qui se trouvent autour de lui. Il existe trois types de problèmes externalisés : l'hyperactivité, l'opposition à l'adulte et l'agressivité. Les sections qui suivent étant spécifiquement consacrées à l'agressivité et à l'opposition à l'adulte, nous allons tout de même aborder brièvement l'hyperactivité, qui sera vue plus en détail dans le chapitre 7.

6.12 Le retrait social

L'enfant qui souffre d'un problème de retrait social n'a pas de contacts avec les autres enfants et il ne leur parle pas.

Comportement internalisé
Trouble de comportement qui prend la forme d'un retrait de l'enfant de ses interactions avec les autres.

Retrait social
Problème de comportement caractérisé par l'isolement volontaire de l'enfant de son groupe social ainsi que par l'absence de contacts affectifs et physiques avec ses pairs.

Comportement externalisé
Trouble de comportement qui prend la forme de manifestations antisociales et souvent agressives.

L'enfant hyperactif a une faible capacité de concentration et d'attention : il est impulsif et agité, il tolère mal l'attente ou les moments d'inaction. On comprendra aisément que, dans un groupe, cet enfant va demander beaucoup d'attention et souvent déranger les autres. Cela touchera probablement aussi ses relations sociales, puisqu'il sera peut-être rejeté à la fois par les adultes et par ses pairs.

Comme son nom l'indique, l'opposition à l'adulte est présente chez un enfant qui se montre hostile et agressif envers les figures d'autorité (parents, éducateurs, etc.). Celui-ci refuse toute forme d'encadrement ou d'obéissance et, lorsque l'adulte le punit, l'enfant réagit fortement soit en adressant des blâmes, soit en brandissant des menaces. Comme nous l'avons vu, l'opposition est une forme normale de comportement autour de deux ou trois ans et cette affirmation de l'enfant devant l'adulte peut même être saine. Aussi, l'existence d'un réel problème peut être difficile à reconnaître et, parfois, cela peut prendre du temps. En effet, c'est seulement autour de sept ou huit ans qu'un «trouble oppositionnel» peut être diagnostiqué, et ce, si le problème a persisté jusque-là.

6.5.4 L'agressivité

L'agressivité constitue le troisième type de comportement externalisé. Il ne s'agit pas d'un phénomène propre à l'enfant de trois à six ans. Ainsi, l'**agressivité instrumentale,** c'est-à-dire celle qui est utilisée pour atteindre un but, est très fréquente dans la petite enfance. De deux à cinq ans, les enfants l'utilisent souvent pour avoir un jouet ou pour exercer un contrôle sur l'espace environnant, et elle apparaît surtout lors des jeux collectifs. Par ailleurs, les enfants de cet âge qui se battent le plus tendent à être aussi les plus sociables et les plus compétents. Cette capacité à faire preuve d'une certaine agressivité instrumentale pourrait donc constituer un pas nécessaire dans le développement social. Au fur et à mesure que les enfants développent leur contrôle de soi et qu'ils sont plus aptes à s'exprimer verbalement, on note cependant qu'ils modifient leur comportement agressif de façon caractéristique : ils ne se battent plus avec des coups, mais avec des mots (Coie et Dodge, 1998). Ces comportements agressifs diminueraient pour les garçons comme pour les filles, au moment de l'entrée à l'école.

Selon Richard E. Tremblay, dont il est question dans l'encadré 6.1, à la page suivante, les comportements agressifs sont plutôt appris dans les 24 premiers mois de la vie. De plus, un enfant d'âge scolaire qui présente des problèmes d'agressivité risque davantage de maintenir ces comportements à l'adolescence. La période préscolaire est donc intéressante, parce qu'elle constitue un moment privilégié d'intervention avant qu'il ne soit trop tard. Si cette intervention est plus appropriée à l'âge préscolaire, c'est parce que l'enfant est en train de développer les instruments cognitifs, affectifs et sociaux qui lui sont nécessaires pour contrôler son agressivité : il est alors plus apte à tolérer la frustration et à la verbaliser, il peut faire preuve d'empathie et il possède un répertoire plus vaste de comportements de résolution de problèmes (Shaw, 2003).

Les garçons sont-ils plus agressifs que les filles ? Plusieurs études confirment que ce serait effectivement le cas. Cette différence est même apparente dès l'âge de deux ans (Baillargeon *et al.,* 2007 ; Pellegrini et Archer, 2005). Par exemple, dès la petite enfance, les garçons sont plus portés à enlever un jouet des mains d'un autre enfant. Par ailleurs, les filles peuvent aussi être plus agressives qu'elles ne le paraissent, et de façon plus subtile que les garçons (Putallaz et Bierman, 2004). En effet, alors que les garçons s'engagent dans des comportements d'agressivité directe en utilisant la force physique et les menaces dirigées ouvertement vers l'autre, les filles adoptent plus volontiers des comportements de **violence psychologique.** Ce type d'agressivité peut prendre la forme de menaces indirectes, de manipulations ou d'attitudes de dénigrement. Rejeter, se moquer, «traiter de noms», répandre des rumeurs, retirer son affection ou ostraciser sont autant de formes de violence psychologique. À l'âge préscolaire, cette violence psychologique des filles devient plus directe («Je ne t'inviterai pas à ma fête si tu ne me donnes pas ton crayon.»).

Agressivité instrumentale
Forme d'agressivité utilisée pour atteindre un but, comme obtenir un jouet ou exercer un contrôle sur l'espace environnant.

Violence psychologique
Forme d'agressivité plus souvent adoptée par les filles et qui prend la forme de menaces ou de manipulations dans le but de blesser une autre personne.

L'agressivité chez l'enfant

Richard E. Tremblay
Professeur à l'Université de
Montréal et chercheur au centre
de recherche de l'hôpital
Sainte-Justine et au GRIP

Détenteur d'une maîtrise de l'Université de Montréal et d'un doctorat de l'Université de Londres, Richard E. Tremblay est professeur de pédiatrie, de psychiatrie et de psychologie à l'Université de Montréal. Il dirige l'axe «maladies du cerveau» au Centre de recherche de l'hôpital Sainte-Justine, ainsi que le GRIP, un groupe de recherche et d'intervention psychosociale. Il est reconnu pour ses travaux avant-gardistes portant sur la socialisation des enfants et la prévention de la violence. À une époque où la plupart des pays font face à des problèmes de violence physique, tout particulièrement chez les jeunes, le professeur Tremblay a consacré sa carrière à la compréhension du développement de ces comportements violents et à l'expérimentation de programmes éducatifs pouvant favoriser le développement moral et social.

Richard E. Tremblay s'intéresse aux questions d'éducation liées au développement moral et social. Ses travaux sur le développement de l'agression physique durant la petite enfance ont suscité un important changement de paradigme. Depuis longtemps, la recherche concernant le développement de l'agression tentait de répondre à la question suivante : «Quand et comment les enfants apprennent-ils à agresser?» Elle s'intéressait aussi aux enfants du primaire et du secondaire. Les résultats de ses recherches ont démontré que la question devrait plutôt se poser ainsi : «Quand et comment les enfants apprennent-ils à *ne pas* agresser?» La réponse est donc désormais à chercher du côté de la petite enfance.

Selon la théorie de l'apprentissage social traditionnelle, les comportements agressifs seraient acquis chez l'enfant ayant observé des modèles de comportements similaires. Or, s'il en était ainsi, les manifestations agressives devraient augmenter avec l'âge, les jeunes étant de plus en plus exposés à des modèles de comportements agressifs à mesure qu'ils vieillissent. Pourtant, c'est bien le phénomène inverse que monsieur Tremblay a pu observer dans ses recherches (Tremblay, 2000 ; Tremblay et Nagin, 2005). En effet, la fréquence des agressions physiques

tend plutôt à diminuer chez les jeunes entre l'entrée à l'école primaire et la fin du secondaire. De plus, certaines études longitudinales portant sur la petite enfance ont démontré que les actes d'agression physique sont présents dès l'âge de 18 à 24 mois et que la fréquence de ces actes a tendance à augmenter jusqu'à l'âge de 30 à 42 mois, pour diminuer ensuite progressivement (Côté *et al.,* 2006 ; Tremblay *et al.,* 2004). Ces résultats amènent Richard E. Tremblay à conclure que, «contrairement aux croyances traditionnelles, les enfants n'ont pas besoin d'observer des modèles d'agression physique pour commencer à user de ce genre de comportements. […] Ainsi, plutôt que d'apprendre à recourir à l'agression physique par l'intermédiaire de leur environnement, les enfants apprennent *à ne pas recourir* à l'agression physique grâce à divers types d'interactions avec leur environnement» (Tremblay, 2008).

Un des apports les plus importants du professeur Tremblay réside dans la création d'études longitudinales sur le comportement humain. Cette création a été inspirée par ses premières expériences cliniques consacrées à la rééducation d'adultes et de jeunes délinquants. La conclusion qui s'est alors imposée a été que la prévention la plus efficace contre le développement de comportements délinquants et criminels est l'intervention dès la petite enfance. Appuyé par des collaborateurs aux quatre coins du monde, il est maintenant en mesure de suivre le développement de plus de 30 000 enfants. De plus, l'ampleur de ses études longitudinales est telle qu'elles couvrent aujourd'hui le développement humain de la grossesse au début de l'âge adulte.

Le professeur Tremblay a également mené à bien quelques-unes des plus importantes expérimentations en éducation pour la prévention du développement des comportements antisociaux. Ainsi, le programme qu'il a mis au point pour de jeunes enfants perturbateurs à l'école maternelle est maintenant recommandé par l'American Academy of Child and Adolescent Psychiatry, en plus d'être utilisé par le US National Institute of Mental Health comme modèle d'un programme d'intervention scientifiquement valable. En outre, il faut souligner l'engagement du professeur Tremblay à faire connaître le savoir scientifique au-delà des cercles académiques. À cet égard, la création du Centre d'excellence pour le développement des jeunes enfants (CEDJE) est une importante réalisation, directement au service de l'intérêt public. En effet, grâce au CEDJE, un solide réseau international assure désormais le transfert des connaissances scientifiques aux responsables des politiques et des services destinés aux jeunes enfants.

Les facteurs associés à l'agressivité chez l'enfant

Des facteurs biologiques comme le tempérament peuvent jouer un rôle dans l'agressivité. Par exemple, les enfants dont l'émotivité est plus intense et qui font preuve de peu de contrôle de soi, comme c'est le cas pour les enfants ayant un tempérament difficile, vont exprimer plus facilement leur colère par l'agressivité (Eisenberg *et al.,* 1994).

Le comportement des parents influence aussi grandement le développement de l'agressivité. Ainsi, une étude a démontré que de jeunes garçons de cinq ans qui avaient été exposés à la cocaïne durant leur développement prénatal et qui vivaient avec leur mère monoparentale dans un milieu pauvre, instable ou stressant avaient tendance à adopter des comportements plus agressifs, comme se battre ou utiliser l'intimidation (Bendersky, Bennett et Lewis, 2006). Tremblay (2004) note quant à lui que les garçons dont les mères ont donné naissance à leur premier enfant avant l'âge de 20 ans tout en n'ayant pas terminé l'école secondaire sont ceux qui présentent le plus de risques de devenir des agresseurs physiques chroniques, et ce, à compter du moment où ils entrent à la maternelle et jusqu'à l'adolescence. Comme ces mères vivent souvent en situation de monoparentalité et dans des conditions de grande précarité, on constate que le contexte est plus propice à induire de nombreuses difficultés qui rendent leur tâche parentale beaucoup plus ardue que dans les milieux plus favorisés. En effet, ces femmes éprouvent du mal à se trouver un emploi, vivent des difficultés financières, occupent un logement inadéquat, ressentent de la honte relativement à leur situation et disposent de peu de soutien de la part de leur entourage ou des services de répit (Lavigueur, Coutu et Dubeau, 2001).

Ainsi, l'agressivité peut prendre sa source dans une combinaison de facteurs stressants : une discipline sévère, un manque de comportements chaleureux de la part des parents, l'absence de soutien social ou encore l'exposition à la violence adulte à la maison ou dans le voisinage. Les enfants dont la mère a un comportement de rejet sont aussi exposés à un facteur de risque important. Une étude longitudinale a en effet démontré qu'un attachement de type insécurisant et un manque de chaleur maternelle et d'affection dans l'enfance sont des signes qui prédisent de l'agressivité durant la petite enfance (Coie et Dodge, 1998 ; MacKinnon-Lewis *et al.*, 1997).

En outre, les attitudes éducatives des parents sont également à considérer. En effet, les parents d'enfants qui ont des comportements agressifs ne renforcent généralement pas les bons comportements de l'enfant, et ils sont le plus souvent sévères et inconsistants dans l'attribution des punitions (Coie et Dodge, 1998). De plus, les parents qui abandonnent leurs demandes à la suite d'une réaction agressive de l'enfant encouragent chez lui la réapparition de ce comportement. Ainsi, l'enfant voit son agressivité renforcée par l'adulte et aura alors tendance à répéter ce type de comportements. Par ailleurs, les comportements manipulatoires des parents à l'égard de l'enfant, tels que lui retirer leur amour ou le culpabiliser et l'humilier, peuvent également favoriser chez lui une agressivité sociale (Farver *et al.*, 2005*)*. En outre, des enfants battus au cours de leurs cinq premières années d'existence courent aussi plus de risques d'adopter des comportements agressifs à l'école (Pettit, Bates et Dodge, 1997). L'encadré 6.2, à la page suivante, fait état de la frustration et de l'humiliation souvent ressenties par l'enfant soumis à la punition corporelle.

Les déclencheurs de l'agressivité

L'exposition à la violence, dans la vie quotidienne ou à la télévision, peut-elle inciter à l'adoption de comportements agressifs ? Dans une étude classique de Bandura (Bandura, Ross et Ross, 1961), des enfants de trois à six ans ont eu à observer individuellement des adultes en train de s'amuser avec des jouets. Les enfants étaient divisés en trois groupes. Le premier groupe était composé d'enfants qui observaient un adulte en train de jouer calmement. Dans le deuxième groupe, les enfants observaient un modèle qui jouait avec des blocs et qui se mettait soudainement à frapper une poupée gonflable d'un mètre cinquante, à la jeter par terre et à la rouer de coups de pied. Les enfants du troisième groupe (le groupe témoin) n'observaient aucun modèle. Après cette séance, on a conduit les enfants des trois groupes dans une autre salle de jeu. On a alors noté que les enfants qui avaient observé le modèle agressif se montraient beaucoup plus agressifs que ceux des autres groupes. Ils ont en effet répété plusieurs des paroles entendues et reproduit certaines actions dont ils avaient été témoins. Quant aux enfants qui avaient été en contact avec le modèle calme, ils se sont montrés moins agressifs que ceux du groupe témoin, qui n'avaient eu aucun modèle. Cette expérience issue de la théorie de l'apprentissage social démontre que le comportement des adultes peut influer sur l'agressivité des enfants. Les parents peuvent donc apprendre à l'enfant à modérer ses réactions à la frustration en lui offrant des modèles de comportement non agressifs.

Faites le POINT

14 Expliquez ce qu'est un comportement prosocial et donnez-en un exemple.

15 Quelle est la différence entre un comportement internalisé et un comportement externalisé ?

16 Nommez les trois types de problèmes externalisés.

17 Expliquez le lien entre les attitudes éducatives des parents et l'agressivité chez l'enfant.

Pour ou contre la punition corporelle?

La punition corporelle est définie comme étant l'utilisation de la force dans l'intention de causer de la douleur (et non une blessure) et de corriger ou de contrôler le comportement d'un enfant (Straus, 1994). Ces comportements peuvent prendre la forme de fessées, de tapes sur le corps ou sur le visage ou encore de pincements. L'adulte peut aussi secouer l'enfant, ce qui, comme nous l'avons vu dans le chapitre 3, peut malheureusement être fatal pour un nouveau-né. Plusieurs enfants sont soumis à la punition corporelle, certains parents continuant de croire qu'elle permet de développer le respect de l'autorité parentale et qu'il s'agit là d'une bonne méthode punitive si elle est appliquée avec modération par des parents aimants (Kazdin et Benjet, 2003; McLoyd et Smith, 2002).

On sait toutefois combien la démarcation est floue entre une punition corporelle modérée et une punition plus dure, la première pouvant facilement conduire à la seconde. Des données provenant d'études transversales et longitudinales suggèrent ainsi que le recours à la punition corporelle est souvent contre-productif et qu'on devrait l'éviter (Straus, 1999; Straus et Stewart, 1999). D'un autre côté, une étude d'une durée de six ans menée auprès de 1 990 enfants américains d'origine européenne, afro-américaine et hispanique a démontré que la fessée n'entraîne pas de problèmes de comportement si elle est accompagnée d'un solide soutien affectif (McLoyd et Smith, 2002) ou bien si elle est donnée, comme au Kenya, dans des cultures qui la considèrent comme normale et courante (Lansford *et al.,* 2005). Ce débat sur la punition corporelle concerne non seulement les familles, mais également l'école et, plus récemment, le monde du sport (Baron et Holman, 2007).

Les effets négatifs de la punition corporelle sont mentionnés dans de nombreuses recherches. À titre d'exemples, le Centre de liaison sur l'intervention et la prévention psychosociales indique que ces effets négatifs ont des répercussions tant dans les domaines physique et comportemental que sur les plans cognitif, neuropsychologique et émotionnel (CLIPP, 2005a). De même, la déclaration commune sur les punitions corporelles conclut que «les punitions corporelles données aux enfants et aux adolescents ne jouent aucun rôle utile dans leur éducation et, de plus, présentent des risques pour leur développement» (Durrant, Ensom et la Coalition sur les punitions corporelles données aux enfants et aux adolescents, 2004). Enfin, le Comité des droits de l'enfant de l'ONU, dans une convention qui a été signée par le Canada, considère que les châtiments corporels sont incompatibles avec la Convention relative aux droits de l'enfant. Aujourd'hui, la punition corporelle est interdite dans de nombreux pays, comme l'Australie, la Croatie, Chypre, le Danemark, la Finlande, l'Allemagne, l'Islande, Israël, la Lettonie, la Norvège, la Roumanie, la Suède et l'Ukraine. Aux États-Unis, la punition corporelle dans les écoles est illégale dans 28 États (Randall, 2005).

En 2000, la Fondation canadienne pour les enfants, la jeunesse et le droit a demandé l'abolition de l'article 43 du Code criminel canadien. Cet article stipule que «tout père, mère, instituteur ou toute personne qui remplace le père ou la mère est fondé à employer la force pour corriger un élève ou un enfant, selon le cas, confié à ses soins, pourvu que la force ne dépasse pas la mesure raisonnable dans les circonstances». La Fondation canadienne pour les enfants, la jeunesse et le droit estime en effet que cette loi peut conduire à des abus de la part des parents et des éducateurs, en plus de les protéger contre de possibles poursuites. Le juge a toutefois maintenu cet article de loi en mentionnant que le recours à la fessée ne violait pas les droits constitutionnels des enfants. Après appel en 2004, la Cour suprême du Canada a confirmé la constitutionnalité de cette loi par six voix contre trois. Néanmoins, les juges ont établi certaines limites aux formes de corrections pouvant être infligées aux enfants en supprimant la punition corporelle dans les écoles et en l'interdisant sur les enfants âgés de moins de deux ans ainsi que sur les adolescents (Center for Effective Discipline, 2005). La juge en chef a également mentionné que «le châtiment corporel infligé à l'aide d'un objet, comme une règle ou une ceinture, est préjudiciable physiquement et émotivement [alors que] le châtiment corporel consistant en des gifles ou des coups portés à la tête est préjudiciable. Ces formes de châtiments […] ne sont pas raisonnables».

Aussi surprenant que cela puisse paraître, cette décision de la Cour est en accord avec la majorité de la population québécoise. En 2002, un sondage CROP indiquait en effet que 59% des Québécois étaient d'accord avec la loi, laquelle date pourtant de plus de cent ans. Une enquête plus vaste menée dans 63 pays et relatée par la revue *World Perspective* rapporte en outre que seulement 46% des répondants considèrent la punition corporelle comme un acte abusif, ce qui laisse supposer qu'elle est utilisée par plusieurs personnes dans un but disciplinaire (Archer, 2004). Dans le même ordre d'idées, l'hebdomadaire d'information de l'Université de Montréal mentionne les résultats obtenus par Carole Despaties dans son mémoire de maîtrise: sur 2 150 étudiants interrogés, 28% des répondants se disent favorables à l'utilisation de la punition corporelle (Baril, 2006). Par ailleurs, ces résultats démontrent également que ce type d'intervention est plus fréquent chez les membres actifs d'un groupe religieux, notamment chez les protestants, ainsi que chez les personnes nées à l'extérieur du pays. Force est de constater que le débat devient donc plus complexe dans les pays constitués de nombreuses familles immigrantes, comme le Canada. De toute évidence, ce dossier n'a pas encore fini de faire couler de l'encre et des larmes…

6.6 L'encadrement des enfants

Nous avons vu à plusieurs reprises l'importance du rôle joué par les parents qui, pour amener l'enfant à devenir un adulte équilibré, se doivent de le guider et de l'encadrer. La façon dont les adultes exercent cet encadrement peut prendre différentes formes, puisque ce dernier est influencé par une multitude de facteurs.

6.6.1 Les différentes formes de discipline

La discipline réfère aux méthodes utilisées pour apprendre à l'enfant à se contrôler et à bien se comporter. L'objectif ultime de la discipline est d'amener un jour ou l'autre l'enfant à s'autodiscipliner. Quelles sont les formes de discipline qui fonctionnent le mieux avec les enfants? Certains chercheurs se sont penchés sur cette question, comme nous allons le voir.

Les techniques béhavioristes : les récompenses et les punitions

Les parents ont plus souvent tendance à punir leur enfant pour un comportement jugé indésirable. Pourtant, les études révèlent que les enfants réagissent généralement mieux au renforcement d'un bon comportement. Les renforcements positifs externes peuvent être tangibles (un bonbon, un cadeau) ou intangibles (un sourire, une caresse, un mot gentil). Ainsi, lorsque Simon range ses autos dans son coffre à jouets, sa mère lui sourit chaleureusement et le félicite, lui montrant ainsi que son comportement est adéquat et qu'il devrait le répéter. Quel que soit le type de renforcement, celui-ci doit être appliqué dans un délai assez court après le comportement et l'enfant doit le ressentir comme tel. Par la suite, après un certain nombre de renforcements externes, l'enfant n'en aura plus besoin et s'attribuera à lui-même ses propres récompenses internes, par exemple en se sentant fier de lui.

Cependant, la punition – que ce soit par l'isolement ou le retrait d'un privilège – est parfois aussi nécessaire, par exemple lorsqu'un enfant frappe un ami ou traverse la rue sans regarder. Dans ce cas, la punition devrait être immédiate, attribuée en privé et relative à la gravité du comportement, et elle ne devrait pas jouer sur la culpabilisation. Elle est par ailleurs plus efficace lorsque le parent reste calme et offre une explication simple et courte sur la raison de la punition (AAP, 1998). Toutefois, une punition trop sévère comporte des effets pervers. En effet, un jeune enfant qui a été puni trop durement et fréquemment peut devenir plus agressif, et ce, même si la punition visait justement à faire disparaître chez lui ce comportement agressif (Nix *et al.*, 1999). Il peut aussi devenir passif parce qu'il se sent alors démuni. La punition semble donc créer une certaine confusion chez les enfants : ceux qui sont fréquemment punis éprouvent de la difficulté à interpréter les comportements punitifs et peuvent voir de l'hostilité là où il n'y en a pas (Weiss *et al.*, 1992). Enfin, la punition peut aussi tout simplement effrayer l'enfant. Ainsi, le parent qui punit sous l'impulsion d'une colère donne à l'enfant l'image d'une perte de contrôle et engendre chez lui de la peur (Grusec et Goodnow, 1994*)*.

Il est parfois difficile de tracer une démarcation entre les différentes formes de punitions possibles et la violence physique et émotionnelle. Toutefois, il est certain qu'une discipline est jugée abusive lorsqu'elle nuit à l'enfant. L'**agression psychologique** fait référence à des attaques verbales qui peuvent causer des dommages psychologiques à l'enfant. L'adulte peut crier après lui, rire de lui, le menacer de coups ou d'abandon. Il peut aussi le dénigrer en le traitant, par exemple, d'imbécile ou de paresseux. Nous allons maintenant nous attarder sur certains de ces comportements.

 L'exposition à des comportements violents

Selon la théorie de l'apprentissage social, l'exposition à des comportements adultes violents pourrait être un déclencheur de l'agressivité chez l'enfant.

Agression psychologique
Attaques verbales, telles que dénigrer ou menacer un enfant, qui sont susceptibles de causer des dommages psychologiques.

L'utilisation du pouvoir, les techniques de persuasion et le retrait de l'amour

Les parents utilisent, on le sait, tout un répertoire de méthodes disciplinaires autres que la punition et le renforcement. La recherche a ainsi mis en évidence trois types supplémentaires de stratégies déployées par les parents : l'utilisation du pouvoir, la persuasion et le retrait de l'amour.

L'utilisation du pouvoir a pour but de faire cesser ou de décourager un comportement indésirable au moyen du contrôle parental. Cette méthode prend notamment la forme de demandes multiples, de menaces ou de retrait de privilèges. Les techniques persuasives misent quant à elles sur la compréhension de l'enfant. Elles encouragent un comportement souhaitable (ou découragent un comportement inadéquat) en favorisant le raisonnement de l'enfant. Par exemple, le parent peut expliquer à l'enfant les conséquences de ses comportements, discuter avec lui des comportements souhaitables et non souhaitables et lui demander son opinion. Enfin, la troisième stratégie, celle du retrait de l'amour consiste, à la suite d'un comportement inapproprié de l'enfant, à se mettre à l'ignorer, à l'isoler ou à lui manifester moins d'affection.

Parmi ces trois méthodes, les techniques persuasives sont habituellement les plus efficaces et les moins dommageables, tandis que l'utilisation du pouvoir s'avère la moins efficace (McCord, 1996). Les techniques persuasives augmentent en effet les sentiments d'empathie de l'enfant envers les victimes des actes répréhensibles qu'il a pu poser et induisent chez lui une certaine culpabilité, laquelle peut motiver des changements de comportements (Krevans et Gibbs, 1996). Ces techniques persuasives fonctionnent mieux que le retrait de l'amour, probablement parce que l'enfant est plus encouragé à se centrer sur les conséquences de ses comportements sur autrui plutôt que sur la détresse qu'il peut ressentir lorsque ses parents lui retirent leur amour (McCord, 1996). La plupart des parents utilisent plusieurs stratégies simultanément, en les adaptant en fonction de l'enfant et de la situation. Ils utilisent davantage le raisonnement afin d'amener l'enfant à se montrer attentif aux autres, et le pouvoir afin d'interrompre des jeux trop vigoureux. Ils utilisent aussi une combinaison de ces deux stratégies pour faire face aux mensonges et aux vols commis par l'enfant (Grusec et Goodnow, 1994). Enfin, comme nous le verrons plus loin, les comportements disciplinaires des parents peuvent aussi dépendre de leurs croyances au sujet du développement de l'enfant ou de l'origine de ses comportements.

L'efficacité des méthodes utilisées par les parents dépend de l'enfant lui-même, de son tempérament, de son développement cognitif et de sa sensibilité (Grusec, Goodnow et Kuczynski, 2000). Les méthodes directives, mais douces, fonctionnent bien avec des enfants anxieux qui se sentent déjà très affectés lorsqu'ils agissent mal. Ces enfants comprennent en effet plus rapidement les messages des parents, et il est alors inutile d'utiliser un pouvoir excessif qui les rendrait encore plus anxieux (Eisenberg, 2000). Dans tous les cas, il importe que l'enfant reconnaisse que l'intervention du parent est justifiée. Les parents doivent donc être justes, clairs dans leurs explications et cohérents dans leurs demandes. En outre, l'enfant sera probablement plus ouvert à recevoir le message du parent si celui-ci est sensible et chaleureux (Grusec et Goodnow, 1994). Enfin, l'acceptation d'une méthode disciplinaire par l'enfant pourrait aussi dépendre du fait que celle-ci soit ou non admise dans la culture à laquelle sa famille appartient (Lansford *et al.*, 2005).

La discipline n'est donc pas indépendante de la relation parent-enfant ; au contraire, elle en fait partie. Or, afin de mieux comprendre les interactions entre les parents et leurs enfants, les chercheurs ont mis en évidence différents styles parentaux.

6.6.2 Les styles parentaux

La plupart des êtres humains désirent avoir un enfant, ce qui implique alors d'être confronté au difficile rôle de parent. Or, si l'on compare les comportements respectifs de la mère et de la grand-mère d'Aurélie dans la mise en situation de ce chapitre, on voit que chaque personne peut avoir une conception bien différente de ce rôle parental. Existe-t-il donc des façons plus efficaces que d'autres de socialiser un enfant ?

Le modèle de Baumrind

Diana Baumrind (1971, 1996) s'est intéressée au rapport existant entre les différentes approches parentales et la compétence sociale des enfants. Ses travaux, menés auprès de 103 enfants d'âge préscolaire, combinaient des entrevues, des tests et des observations en milieu familial. Au moyen de ces méthodes, elle a pu mesurer le fonctionnement social des enfants, mettre en évidence trois styles parentaux et décrire les patrons comportementaux typiques des enfants en fonction de chacun de ces styles. Des recherches ultérieures ont corroboré l'étroite association entre les styles parentaux et les comportements des enfants (Pettit, Bates et Dodge, 1997).

Les parents autoritaires valorisent le contrôle et la soumission aveugle. Ils attendent de l'enfant qu'il se conforme à des normes de conduite établies, et ils le punissent sévèrement et arbitrairement quand il y déroge. Comparés à d'autres parents, ils sont aussi plus indifférents et moins chaleureux, et leurs enfants sont plus insatisfaits, renfermés et méfiants.

Les parents permissifs valorisent l'expression de soi et l'autodiscipline. Ils font peu de demandes à l'enfant et le laissent libre de déterminer sa conduite. Quand ils émettent des règles, ce qui arrive rarement, ils en expliquent alors les raisons à l'enfant et lui demandent son avis quant à la légitimité de la règle. Ils utilisent aussi très peu la punition, et ils sont chaleureux, non autoritaires et peu exigeants. Les enfants d'âge préscolaire élevés par ce type de parents tendent à être plus immatures, à avoir peu de contrôle sur eux-mêmes et à être peu portés à l'exploration.

Les parents démocratiques (ou directifs) valorisent l'individualité de leurs enfants, mais insistent sur les contraintes de la vie en société. Ils se sentent confiants quant à leurs habiletés à guider l'enfant, tout en respectant ses décisions, ses opinions et sa personnalité. Ils sont chaleureux et ouverts, mais demandent néanmoins à l'enfant de bien se tenir. Ils sont fermes dans le maintien des normes de comportement et imposent certaines limites, qui s'accompagnent de punitions justifiées si nécessaire, mais toujours dans un contexte chaleureux et soutenant pour l'enfant. Ce type de parents utilise la stratégie de la persuasion et du raisonnement, et il se montre ouvert relativement à l'opinion de l'enfant. Selon les observations, les enfants de tels parents se sentent davantage en sécurité et, dans un tel contexte, ils se savent aimés et encadrés. Les enfants d'âge préscolaire qui ont des parents démocratiques sont décrits comme plus autonomes, en meilleur contrôle d'eux-mêmes, affirmatifs, curieux et heureux.

Eleanor Maccoby et John Martin (1983) ont pour leur part mis en évidence un quatrième style parental : *les parents négligents et distants*. Ces parents, parfois à cause du stress ou de problèmes de santé mentale, sont surtout centrés sur leurs propres besoins et ignorent ceux de leurs enfants. Comme nous l'avons vu dans l'encadré du chapitre 4 portant sur la violence et la négligence envers les enfants (*voir la page 112*), ce style parental a été associé à plusieurs problèmes qui surviennent plus tard chez l'enfant et l'adolescent (Parke et Buriel, 1998).

Le style démocratique est celui qui semble donner les meilleurs résultats auprès des enfants (Baumrind, 1989 ; Darling et Steinberg, 1993). Le fait que les parents de style démocratique aient des attentes adaptées à l'enfant et qu'ils déterminent des limites réalistes pour lui y est pour beaucoup. La clarté et la constance de ces règles font que l'enfant sait à quoi s'attendre et, parce qu'il sait quelle sera la réaction de ses parents, il peut décider si le risque de transgression en vaut la peine. Dans les foyers démocratiques, les enfants en viennent ainsi à apprécier la satisfaction de prendre des responsabilités. Lorsque des conflits surviennent, les parents démocratiques enseignent des façons constructives de communiquer son point de vue et de négocier des ententes acceptables. Par exemple, le parent peut demander à l'enfant : « Si tu ne veux pas te débarrasser de ces cailloux que tu as trouvés, où crois-tu que nous devrions les ranger ? » Cette stratégie permet à l'enfant d'exprimer son opinion et de se sentir valorisé. Le tableau 6.2, à la page suivante, résume les éléments qui permettent d'identifier les différents styles parentaux et de découvrir ceux de la mère et de la grand-mère d'Aurélie dans la mise en situation en début de chapitre.

6.14 Les avantages du style démocratique

Les enfants d'âge préscolaire qui ont des parents démocratiques sont plus autonomes, en contrôle d'eux-mêmes, affirmatifs, curieux et heureux. Ils se savent aimés et encadrés.

Le modèle de Baumrind provoque toutefois une certaine controverse, car il semble suggérer qu'il n'existe qu'une seule « bonne » façon d'élever les enfants. De plus, les données proviennent d'études corrélationnelles et, même si elles démontrent bien l'existence d'un lien entre le style parental et les comportements de l'enfant, elles n'informent toutefois pas sur la nature exacte de ce lien. En effet, rien n'indique que ce soit le style d'éducation qui est la *cause* des caractéristiques propres à un enfant. Mentionnons enfin que le modèle proposé par Baumrind ne tient pas compte non plus de certains facteurs innés indépendants de l'influence des parents, tels que le tempérament qui, comme nous l'avons vu dans le chapitre 4, peut influencer grandement les compétences de l'enfant et le comportement des parents.

TABLEAU 6.2 | Les différents styles parentaux

Style parental	Valeur privilégiée	Comportement des parents	Méthode disciplinaire utilisée	Effet sur l'enfant
Autoritaire	Domination, contrôle et soumission aveugle	Indifférent, peu chaleureux, très exigeant	Punitions sévères et parfois arbitraires	Plus renfermé, méfiant et insatisfait
Permissif	Expression de soi et autodiscipline	Chaleureux et peu exigeant	Raisonnement ; parfois punition, mais rarement	Plus immature et peu porté à l'exploration ; manque de contrôle de soi
Démocratique	Individualité de l'enfant et respect des contraintes de la vie en société	Confiant, chaleureux et ouvert ; ferme mais offrant du support	Persuasion et raisonnement ; punition justifiée si nécessaire, mais dans un contexte soutenant pour l'enfant	Autonome, affirmatif et curieux ; fait preuve de contrôle de soi
Négligent et distant	Indéterminée	Plus centré sur leurs propres besoins	Absente	Retard dans le développement et troubles du comportement

Les différences culturelles quant aux styles parentaux

Le modèle de Baumrind correspond en réalité à une vision nord-américaine du développement de l'enfant et il ne n'applique donc pas nécessairement à toutes les cultures ou groupes socioéconomiques. Ainsi, selon Bornstein et Bornstein (2007), « la plupart des études ont mis l'accent sur les familles et les enfants blancs de la classe moyenne, mais les enfants d'autres origines ethniques, culturelles ou socioéconomiques pourraient mieux réussir avec des types d'encadrement différents ». En effet, chez les Américains d'origine asiatique, par exemple, l'obéissance et la sévérité ne sont pas associées à la dureté et à la domination, mais plutôt à la sollicitude, et on les considère comme nécessaires à l'harmonie familiale. Dans la culture chinoise traditionnelle, qui met l'accent sur le respect des aînés, il est de la responsabilité des adultes de maintenir l'ordre social en enseignant aux enfants les comportements sociaux adéquats. Selon Zhao (2002), cette responsabilité implique un contrôle ferme et juste de l'enfant et rend parfois nécessaire la punition physique. Ainsi, même si ces valeurs semblent plus associées au style parental autoritaire, il serait réducteur de les interpréter de la sorte puisque les familles américaines d'origine asiatique sont aussi chaleureuses et valorisantes que les parents de style démocratique. Il est même apparu, à la suite d'une entrevue auprès de 64 mères japonaises d'enfants âgés de trois à six ans, que la description de leurs pratiques parentales reflète plutôt une recherche d'équilibre entre l'expression de l'autonomie et le contrôle disciplinaire (Yamada, 2004). Elles laissent en effet leur enfant prendre des décisions qui concernent son domaine propre, c'est-à-dire les jeux, les amis et l'habillement. Par contre, lorsqu'il s'agit de la santé, de la sécurité ou des règles sociales et morales, ces mères imposent des limites et exercent un contrôle. Enfin, lorsque des conflits surgissent, elles font plutôt appel à la persuasion et au raisonnement.

6.6.3 Les facteurs d'influence des conduites parentales

De nombreux facteurs déterminent les comportements parentaux. Une première source d'influence est d'ordre cognitif, puisqu'elle est reliée aux attitudes et aux croyances des parents au sujet du développement normal de l'enfant. En effet, les croyances des parents peuvent engendrer des attentes irréalistes envers les enfants, de même que des réactions inadéquates. Par exemple, des chercheurs ont observé que certaines mères évitaient de réagir à des comportements inappropriés de l'enfant parce qu'elles croyaient que ces comportements avaient des bases biologiques et qu'ils ne pouvaient être modifiés (Rubin *et al.*, 1996). Il y a donc lieu d'agir aussi sur les croyances des parents afin de favoriser un encadrement adéquat.

Une deuxième source d'influence sur les comportements parentaux concerne les caractéristiques mêmes des parents et de leur relation de couple (Rubin *et al.*, 1996). Parmi ces facteurs, on trouve l'âge du parent, son état de bien-être psychologique, son travail, la présence de conflits conjugaux ou d'une séparation maritale et son soutien social. Ainsi, les mères plus âgées seraient plus disponibles et sensibles à l'égard de leur enfant que les mères plus jeunes. Les mères dépressives seraient quant à elles moins positives et moins impliquées, elles pourraient ne pas tenir compte des demandes de l'enfant ou y réagir excessivement. Le travail de la mère peut également avoir un impact positif sur ses pratiques éducatives, à la condition que celle-ci se sente valorisée par son emploi et ne souffre pas d'un conflit entre son rôle de mère et celui de travailleuse. Une relation conjugale harmonieuse influence positivement les comportements parentaux. En effet, les parents heureux dans leur couple se sentent généralement compétents en tant que parents et ils sont plus sensibles et affectueux. Enfin, comme pour la mère d'Aurélie qui attend son second enfant et qui reçoit le soutien de sa propre mère, la présence dans l'entourage de la mère d'un soutien social, c'est-à-dire d'une personne à qui elle peut se confier, qui peut l'aider et avec qui elle peut partager certaines activités, est négativement corrélée aux comportements punitifs et restrictifs de la mère (Rubin *et al.*, 1996).

Finalement, la troisième source qui influe sur les comportements parentaux est le contexte de vie et le bagage personnel des parents. En effet, les parents sont avant tout des adultes qui ont eux-mêmes déjà été enfants et qui possèdent un certain bagage intellectuel, affectif et social influençant leur façon d'être. Leurs expériences personnelles modèlent donc leurs comportements de multiples façons. De même, le modèle écologique que nous avons vu dans le chapitre 1 permet d'élargir cette analyse et de prendre en compte d'autres facteurs. Les parents occupent effectivement ou non un travail plus ou moins satisfaisant et plus ou moins rémunérateur. Ils bénéficient ou non d'un groupe d'amis qui les soutient dans leur rôle parental et vivent dans un quartier qui met à leur disposition des services plus ou moins nombreux leur permettant d'alléger leurs tâches parentales. Or, des études inspirées du modèle écologique confirment que le fait d'être économiquement défavorisé, d'être sans emploi ou de vivre dans un environnement malsain représente des conditions suffisantes pour diminuer la sensibilité et l'attention des parents à l'égard de leurs enfants. La pauvreté peut à elle seule engendrer un niveau de stress élevé, des conflits conjugaux et une attitude plus punitive à l'égard des enfants (Rubin *et al.*, 1996). C'est la raison pour laquelle certaines mesures de soutien à l'intention des familles les plus vulnérables doivent être mises en place. Voyons comment ce soutien peut leur être utile.

6.6.4 Le soutien aux familles en état de vulnérabilité

Nous venons de voir que les familles qui cumulent un certain nombre de facteurs de risque sont plus susceptibles d'éprouver des difficultés sur le plan des rôles parentaux. Traditionnellement, psychologues et travailleurs sociaux se sont davantage centrés sur les problèmes des familles plutôt que sur leurs forces (Lavigueur *et al.*, 2004). Or, cette culture professionnelle favorise une certaine perception négative des familles qui vivent dans un contexte de pauvreté, les intervenants ayant tendance à penser que «si elles le voulaient vraiment, elles pourraient s'en sortir». Ces derniers approchent donc ces familles avec un certain nombre de préjugés défavorables qui influent non seulement sur les solutions qu'ils proposent, mais aussi sur l'attitude des parents à l'égard de l'intervention. Parce qu'elles se sentent jugées, mal perçues et qu'elles craignent de voir leur enfant placé en famille d'accueil, ces familles sont bien souvent méfiantes et manifestent une certaine résistance à l'égard de l'intervention proposée. L'encadré 6.3, à la page suivante, aborde pour sa part une nouvelle piste empruntée par les intervenants auprès des familles vulnérables: l'*empowerment.*

Empowerment
Processus par lequel une personne ou un groupe reprend le contrôle de sa vie et de sa capacité à répondre à ses propres besoins.

Faites le POINT

18 Quels sont les effets négatifs de la punition chez les enfants?

19 Décrivez, pour chacun des quatre styles parentaux, le comportement type du parent qui l'adopte.

20 Quels sont les avantages de l'utilisation du style démocratique avec un enfant?

21 Définissez le concept d'*empowerment*.

L'*empowerment*: une nouvelle manière d'intervenir

L'*empowerment* est le processus par lequel une personne ou un groupe reprend le contrôle de sa vie et de sa capacité à répondre à ses propres besoins. Cette vision proactive, de plus en plus utilisée dans le domaine de l'intervention sociale, met désormais le pouvoir dans les mains des parents en difficulté et modifie ainsi la démarche des éducateurs qui les accompagnent.

L'approche de l'*empowerment* repose sur deux postulats: première-ment, que les parents sont les mieux placés pour connaître la nature de leurs problèmes et de leurs besoins, et deuxièmement, que les parents possèdent la capacité de définir la façon même d'affronter ces pro-blèmes. Appliquée à l'intervention auprès des familles, cette approche implique donc que l'on mise sur les forces des parents, sur les res-sources dont ils disposent dans leur environnement et sur les stra-tégies qu'ils utilisent pour faire face à leurs problèmes. Elle invite également les différents intervenants à respecter les valeurs et les atti-tudes des parents plutôt qu'à imposer leurs propres valeurs.

Louise Lemay, professeure au département de service social de l'Univer-sité de Sherbrooke, s'intéresse au processus d'intervention sociale en lien avec l'approche de l'*empowerment.* Elle étudie notamment les rap-ports entre les intervenants et la clientèle et constate qu'avec cette

pratique, les rapports de pouvoir autrefois admis sont aujourd'hui ren-versés. De fait, les parents qui pouvaient se sentir incompétents et dému-nis vis-à-vis des différents «experts» ont maintenant la possibilité de prendre part aux discussions et d'être actifs dans la prise de décision, puisqu'on fait désormais confiance à leur jugement (Lemay, 2004). Ainsi, cette approche présente non seulement des gains pour les parents et leurs enfants en leur permettant d'acquérir de nouvelles habiletés et un sentiment de compétence et de contrôle, mais elle profite également aux intervenants qui «expriment leur satisfaction à retrouver une fonction d'aidant et non seulement d'agent de contrôle social» (Lemay, 2006).

Dans le même ordre d'idées, un projet de recherche en protection de la jeunesse actuellement en cours vise à analyser et à rendre compte de la complexité des rapports qui existent entre les différents intervenants des centres jeunesse et les parents d'enfants en situation de négligence (Lemay, 2008-2009). Ce projet analyse, entre autres, l'action des acteurs concernés lors d'une intervention en *empowerment* (à savoir les parents, les interve-nants, les consultants et les gestionnaires), ainsi que les conséquences de ces actions sur la prise de pouvoir des parents. La démarche vise l'implanta-tion dans le milieu de pratiques ayant pour but de promouvoir la prise de décision autonome des individus et des familles.

Résumé

L'évolution de la conscience de soi

De trois à six ans, le concept de soi se développe chez l'enfant par l'in-termédiaire des expériences quotidiennes et des caractéristiques physiques. Quant à l'estime de soi, elle se développe en fonction des interactions entre l'enfant et les personnes importantes de son entou-rage. Une estime de soi élevée représentant un atout important pour le développement ultérieur de l'enfant, les parents et les éducateurs ont alors un rôle à jouer en stimulant chez lui quatre composantes fonda-mentales: le sentiment de sécurité, l'identité positive, le sentiment d'ap-partenance et le sentiment de compétence.

Enfin, la compréhension et la régulation de ses propres états internes repré-sentent une autre acquisition de la petite enfance. L'enfant qui comprend ses émotions est alors capable de mieux les gérer et d'être à la fois plus sensible à ce que les autres ressentent. Cette compréhension émotionnelle devient plus complexe avec l'âge et le développement du concept de soi. La régu-lation des émotions guide quant à elle les comportements de l'enfant et contribue à développer chez lui l'habileté à aller au-devant des autres.

Le développement de l'identité de genre

Le développement de l'identité de genre s'effectue en quatre phases qui aboutissent, vers cinq ou six ans, à un sentiment physique et psy-chologique d'appartenance à un sexe. Durant l'enfance, les différences mesurables entre les deux sexes sont peu nombreuses et celles que l'on observe peuvent s'expliquer par des influences biologiques, par le processus de socialisation (qui renvoie aux parents, au modèle fami-lial, à la fratrie, aux pairs et aux médias) et par l'interaction entre ces

deux types de facteurs. Enfin, si le double standard sexuel tend à dis-paraître dans notre société, les attentes demeurent différentes selon le sexe et les généralisations sur les rôles soi-disant masculins ou fémi-nins sont encore fréquentes.

Les théories du développement de l'identité de genre

Selon la théorie psychanalytique, le développement de l'identité de genre doit passer par un processus d'identification qui conduit l'enfant à adopter les caractéristiques, attitudes et comportements du parent de son sexe. Kohlberg suggère néanmoins que la connaissance du genre précède le comportement. Ainsi, lorsqu'ils réalisent à quel genre ils appartiennent, les enfants adoptent des comportements qu'ils estiment compatibles avec leur sexe. Cette acquisition des rôles associés à un sexe représente la charnière de la constance du genre.

Selon la théorie sociale cognitive de Bandura, c'est en observant et en imi-tant des modèles que les enfants développent leur identité de genre, mais aussi par un processus complexe de socialisation. La télévision serait à ce titre un fournisseur important de modèles plus ou moins stéréotypés.

Enfin, la théorie du schème du genre de Bem soutient que, parmi de nom-breux facteurs, ce sont surtout les informations collectées par l'enfant sur les deux sexes qui l'amènent à s'en faire une représentation mentale. Pour Bem, la personnalité la plus saine serait celle de l'androgyne.

Les théories du développement de la personnalité

Selon la théorie psychosexuelle de Freud, l'enfant de trois à six ans se trouve au stade phallique où l'enjeu central demeure la résolution du complexe d'Œdipe, laquelle passe par l'identification au parent de même sexe et par la formation du surmoi. Cette troisième instance psychique de la personnalité intègre les valeurs, les règles et les interdits sociaux.

Pour la théorie psychosociale d'Erikson, l'enfant de cet âge doit résoudre la crise de l'initiative *versus* la culpabilité et trouver l'équilibre entre son désir de prendre des initiatives et celui d'obtenir l'approbation des adultes.

Enfin, la perspective sociale cognitive présente une vision différente des approches psychanalytiques traditionnelles. Elle suggère un lien étroit, dans la compréhension de soi et d'autrui, entre les capacités cognitives des enfants d'âge préscolaire et les nombreux changements émotionnels et sociaux qu'ils expérimentent.

Le développement social

De trois à six ans, le cercle social de l'enfant s'élargit et il peut alors développer les premières relations amicales qui lui apprendront notamment à s'adapter aux autres, à se montrer empathique et à résoudre certains conflits.

Grâce aux modèles importants que sont ses parents, l'enfant manifeste de plus en plus, et de façon volontaire, son souci de l'autre à travers un comportement prosocial.

Certains enfants présentent cependant des troubles du comportement social : les comportements internalisés, tels que le retrait social, et les comportements externalisés, qui se traduisent par des manifestations antisociales souvent accompagnées d'agressivité. Plusieurs facteurs, dont des interactions parents-enfant négatives, seraient à l'origine de cette agressivité qui semble se manifester de façon plus directe chez les garçons et de manière plus subtile, voire psychologique, chez les filles.

L'encadrement des enfants

Les renforcements et les punitions sont parmi les méthodes disciplinaires les plus utilisées par les parents. Toutefois, la punition corporelle ne devrait pas être choisie pour discipliner l'enfant. D'autres moyens tels que l'utilisation du pouvoir, le retrait de l'amour et les techniques persuasives font également partie du répertoire de méthodes disciplinaires, mais ce sont les techniques de persuasion qui semblent les plus efficaces, car elles font appel au jugement de l'enfant.

Si l'on compare les quatre styles parentaux mis en évidence par les chercheurs, le style démocratique semble être celui qui donne les meilleurs résultats.

Plusieurs facteurs tels que les croyances au sujet du développement, le bagage personnel des parents, leur relation, leur culture d'origine ou leur contexte de vie peuvent influencer ces conduites parentales.

Certains agents sociaux peuvent aussi entretenir des préjugés négatifs à l'égard des familles et ne voir que leurs faiblesses. Aussi, en misant sur les forces et sur les ressources dont ces familles disposent et en les considérant comme étant aptes à définir leurs propres besoins, l'approche de l'empowerment vise à redonner aux familles défavorisées le contrôle sur leur vie.

Pour aller plus loin

Volumes et ouvrages de référence

DUCLOS, G. (2000). *L'estime de soi, un passeport pour la vie,* Montréal, Éditions CHU Sainte-Justine, 246 p.

Ouvrage simple et concis qui résume les travaux du psycho-éducateur Germain Duclos portant sur le développement et l'importance de l'estime de soi chez les enfants. Ce livre traite plus précisément des quatre composantes de l'estime de soi : le sentiment de confiance, la connaissance de soi, le sentiment d'appartenance à un groupe et le sentiment de compétence.

Périodiques

JULIEN, D., M. DUBÉ, et I. GAGNON «Le développement des enfants de parents homosexuels comparé à celui des enfants de parents hétérosexuels», *Revue québécoise de psychologie,* (1994), vol. 15, n° 3.

Article qui présente le résultat des recherches portant sur le développement personnel et social d'enfants de parents homosexuels. On y aborde les dimensions juridiques et sociales relatives au droit des personnes homosexuelles à être parents au Québec, les fondements empiriques entourant les craintes des professionnels concernant le développement de l'identité sexuelle et, enfin, le développement psychosocial et l'adaptation psychologique d'enfants de parents homosexuels.

Sites Internet et documents en ligne

Club des rats de biblio-net : www.ratsdebiblio.net

Site qui consacre une page aux ouvrages de Germain Duclos qui, depuis plus de 25 ans, intervient auprès des enfants et des adolescents qui éprouvent des difficultés d'apprentissage et d'adaptation scolaire. On y trouve une bibliographie de ses nombreux ouvrages et articles dans lesquels il traite particulièrement des besoins et des défis de l'enfance ainsi que de l'importance de l'estime de soi.

CENTRE DE LIAISON SUR L'INTERVENTION ET LA PRÉVENTION PSYCHO-SOCIALES (CLIPP). *Les mauvais traitements physiques envers les jeunes enfants,* [En ligne], www.clipp.ca/doc/fr/attachments/Bilans_de_connaissance/Mauvais_traitements_physiques_bilan_complet.pdf, *Les mauvais traitements psychologiques envers les jeunes enfants,* [En ligne], www.clipp.ca/doc/fr/attachments/Bilans_de_connaissance/Mauvais_traitements_psychologiques_bilan_complet.pdf

Documents mis à jour en août 2009 et qui ont pour but de faire un survol des connaissances scientifiques concernant la problématique des mauvais traitements physiques et psychologiques envers les jeunes enfants. Ils s'attardent, entre autres, à la définition des mauvais traitements, aux conséquences et aux facteurs de risque qui y sont associés, ainsi qu'aux facteurs de détection précoce, de protection et de prévention.

Films, vidéos, cédéroms, etc.

GERVAIS, J., et R. E. TREMBLAY (2005). *Aux origines de l'agression : la violence de l'agneau,* Canada, 50 minutes, couleurs.

Documentaire présentant les aspects biologique, social et psychologique de l'agressivité humaine. Est-elle innée ou acquise ? Plusieurs chercheurs de différents domaines se prononcent sur la question.

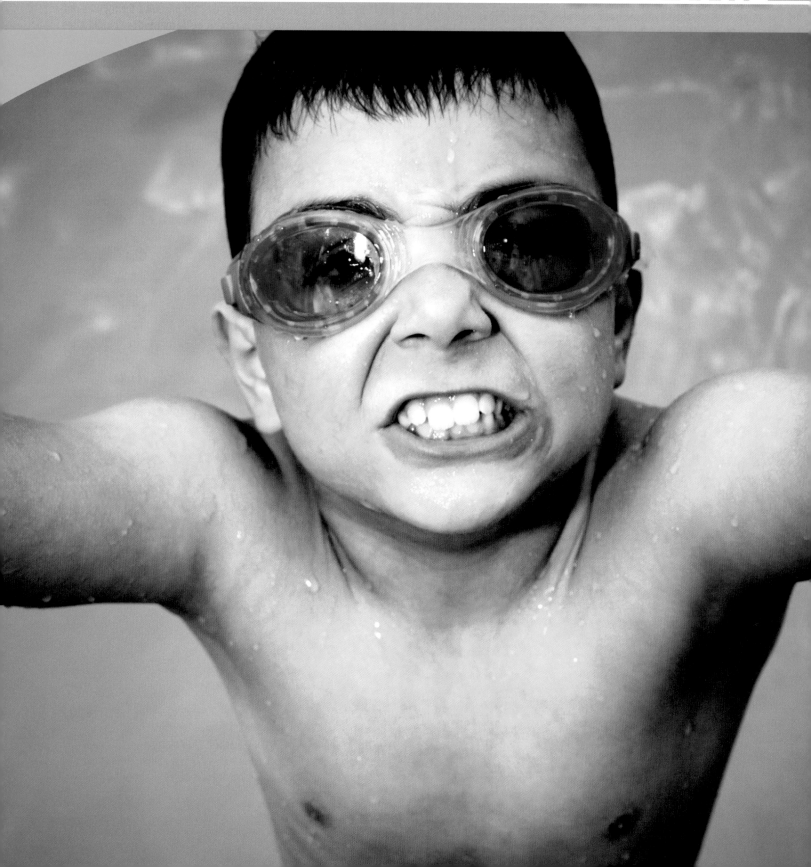

7 Le développement physique et cognitif de l'enfant de six à onze ans

Plus forts, plus rapides et mieux coordonnés, les enfants de six à onze ans ont besoin de se dépenser dans diverses activités physiques et de se nourrir sainement pour assurer leur croissance. De nouveaux progrès cognitifs permettant à l'enfant de faire des opérations mentales, sa pensée devient à la fois plus souple, moins égocentrique, et de plus en plus logique et efficace. L'acquisition des différentes notions de conservation illustre bien cette évolution de la pensée, laquelle devient réversible. Le langage, l'attention et la mémoire, des instruments indispensables à la scolarisation, se développent également. Cet âge dit « de raison » coïncide en effet avec l'entrée à l'école, une étape majeure du développement de l'enfant. La réussite scolaire dépend alors notamment du sentiment d'efficacité personnelle ressenti par l'enfant, mais aussi de l'encadrement et de l'appui de ses parents et de l'ensemble des ressources du système éducatif. C'est aussi l'âge où certains enfants présentent des troubles de l'apprentissage plus ou moins importants.

C'est le retour de la semaine de relâche. Liliane, une enseignante de troisième année, se prépare à accueillir ses «enfants». De la fenêtre de sa classe, elle les regarde arriver à l'école. Cela fait déjà plusieurs mois qu'elle les côtoie et elle les aime tous, mais elle a cependant un attachement plus particulier pour certains d'entre eux.

Voici Jade, qui descend maintenant de la voiture de son papa. Jade est la plus petite de la classe, mais aussi la plus curieuse. Elle pose sans cesse des questions sur tout, et elle se souvient toujours des moindres détails de ce qui se passe dans la classe ou dans la cour de récréation. Ainsi, les questions de Jade permettent souvent à Liliane d'approfondir ses idées sur des sujets d'intérêt et tous les élèves en profitent. Jade commence d'ailleurs à développer ses propres stratégies pour ne rien oublier d'important. Liliane est donc assurée d'obtenir un compte rendu fidèle et détaillé des activités de Jade durant cette semaine de congé.

Myriam vient à son tour d'arriver avec son amie Sophia. Myriam excelle en lecture, son vocabulaire est varié et elle aime écrire des histoires. C'est d'ailleurs elle qui a proposé à Liliane l'idée que tous les élèves de la classe réalisent un livre ensemble. Liliane en a profité pour mettre sur pied un projet de classe où chacun pouvait faire valoir ses talents en proposant des idées afin de déterminer les caractères des personnages, les péripéties, les illustrations, la mise en pages, etc. Sophia, qui éprouve généralement des difficultés dans ses apprentissages, a adoré cette activité, et ses camarades ont tous pu apprécier l'originalité et la qualité de ses dessins. Liliane a ensuite fait imprimer et relier le livre pour que chaque élève puisse en conserver un exemplaire. Quel succès!

Deux garçons s'en viennent en se tiraillant: il s'agit de Carlos et Nathan. Carlos, un champion des mathématiques, a l'impression qu'il n'apprend rien à l'école parce qu'il a toujours une longueur d'avance sur les autres. Par exemple, lorsque Liliane a expliqué comment faire des additions à deux chiffres, Carlos l'avait déjà compris par lui-même. Heureusement, il aime bien offrir son aide aux autres. C'est peut-être là sa façon d'apprendre... Quant à Nathan, il a beaucoup amélioré ses notes cette année. Liliane se demande si l'ajout d'une période d'activité physique quotidienne à l'école n'y serait pas pour quelque chose...

Voilà maintenant Jérémie, qui arrive en courant. Liliane le reconnaît au premier coup d'œil: à peine entré dans la cour de récréation, il donne un vigoureux coup de pied dans un ballon qui se trouve à sa portée. Liliane a une affection particulière pour Jérémie, un enfant hyperactif. Avec ses parents et d'autres ressources extérieures, l'école a mis en place des mesures afin de l'aider. Tout ne fonctionne pas encore parfaitement, mais il a fait des progrès considérables depuis le début de l'année scolaire.

La cloche sonne. Fière de ses élèves, Liliane descend les rejoindre dans la cour, le sourire aux lèvres, gonflée d'une réserve de patience et de bons mots pour tous.

Après avoir lu ce chapitre, vous devriez pouvoir répondre aux questions suivantes:

1. L'utilisation de stratégies pour se rappeler quelque chose est-elle fréquente chez des enfants de huit ans comme Jade?

2. Est-il possible que l'activité physique ait eu une influence positive sur le rendement scolaire de Nathan?

3. Quelles sont les causes de l'hyperactivité et quelles sont les mesures qu'il est possible de mettre en place pour aider Jérémie?

4. Les talents divers des élèves de Liliane relèvent-ils de différents types d'intelligence?

5. L'attitude de Liliane favorise-t-elle la réussite scolaire de ses élèves?

7.1 Le développement physique

L'apparence des enfants de huit ou neuf ans, comme ceux de la classe de troisième année de Liliane, est bien différente de celle des enfants plus jeunes de quelques années. Si nous les observions sur le chemin de l'école, nous verrions donc un groupe d'enfants de différentes tailles et corpulences. Vous les verriez se tirailler en riant et en criant, grimper sur d'étroites saillies en s'y aventurant dans un équilibre précaire, sauter ou s'efforcer de battre des records de vitesse. Toutes ces activités leur sont désormais possibles parce qu'ils sont devenus un peu plus forts, plus rapides, et parce que leur coordination s'est améliorée. Voyons comment se déroule le développement physique de six à onze ans.

7.1.1 La croissance

De six à onze ans, la croissance ralentit considérablement. Pourtant, même si, d'un jour à l'autre, les changements ne semblent pas très évidents, ils s'ajoutent progressivement les uns aux autres, faisant d'un enfant de six ans, encore petit, un jeune de onze ans qui, parfois, atteint presque déjà la taille d'un adulte.

De six à onze ans, les enfants des deux sexes grandissent d'environ 5 cm à 8 cm par année et doublent approximativement leur poids. Les filles développent plus de tissus adipeux que les garçons, une caractéristique qui va se maintenir jusqu'à l'âge adulte. De nos jours, un enfant de dix ans pèse en moyenne 5 kg de plus qu'il y a 40 ans, soit environ 39 kg pour les garçons et près de 40 kg pour les filles (Ogden *et al.*, 2004). À partir de cet âge, la taille et le poids des filles commencent à être légèrement supérieurs à ceux des garçons et le demeurent généralement jusqu'à ce que ces derniers entreprennent à leur tour, vers l'âge de douze ou treize ans, la poussée de croissance pubertaire.

7.1.2 Le développement du cerveau

Des changements dans le fonctionnement et la structure du cerveau sont à la base des progrès cognitifs réalisés par les enfants de cet âge dont nous parlerons plus loin dans ce chapitre. Durant l'enfance, et même après, la maturation et l'apprentissage dépendent en effet de l'ajustement minutieux des connexions qui s'opèrent dans le cerveau, ainsi que d'une meilleure sélection des régions cérébrales associées à des tâches particulières. Ces changements augmentent la vitesse et l'efficacité des mécanismes du cerveau et renforcent sa capacité à filtrer l'information non pertinente (Amso et Casey, 2006).

Des études basées sur l'imagerie cérébrale permettent de voir un changement important dû à la maturation du cerveau, soit une perte de densité de la **matière grise** dans certaines régions du cortex cérébral. Ce processus est dû à l'élagage de dendrites non utilisées. Ainsi, au cours du développement, le volume de matière grise augmente puis diminue, atteignant un sommet dans les différents lobes du cerveau à des moments distincts. La matière grise des lobes pariétaux, dont relève la compréhension spatiale, atteint son volume maximal vers l'âge de dix ans en moyenne chez les filles et de onze ans et demi chez les garçons. Dans les lobes frontaux, siège des fonctions d'un ordre supérieur comme la pensée, le volume maximum de matière grise est atteint vers l'âge de onze ans chez les filles et de douze ans chez les garçons. Enfin, dans les lobes temporaux qui interviennent dans le langage, c'est vers l'âge de seize ans, tant chez les garçons que chez les filles, que le plein volume est atteint (Lenroot et Giedd, 2006). Nous aborderons à nouveau ce sujet dans le chapitre 9.

Cette perte de densité de matière grise est contrebalancée par une augmentation constante de la **matière blanche,** qui correspond aux axones, ou fibres nerveuses, qui transmettent l'information des neurones vers les autres régions du cerveau. Ces connexions s'épaississent et se myélinisent, d'abord au niveau des lobes frontaux puis vers l'arrière du cerveau. De six à treize ans, une croissance accélérée des connexions entre les lobes temporaux et pariétaux est donc en marche. Cette augmentation de la matière blanche peut aussi se poursuivre après treize ans et ne ralentir qu'à un âge adulte relativement avancé (Kuhn, 2006).

La quantité de matière grise dans le cortex frontal, qui est surtout d'origine génétique, a déjà été associée à des différences dans les quotients intellectuels (Toga et Thompson, 2005). Toutefois, certaines recherches suggèrent que l'explication de ces différences ne se trouverait pas dans la quantité de matière grise que l'enfant possède, mais plutôt dans le *modèle de développement* de son cortex préfrontal. En effet, chez les enfants d'intelligence moyenne, le cortex préfrontal est relativement épais à l'âge de sept ans, atteint son épaisseur maximale vers huit ans avant de s'amincir graduellement à mesure que les connexions non nécessaires sont élaguées.

7.1 Mathieu à six ans et Mathieu à onze ans

De six à onze ans, les enfants (garçons et filles) grandissent d'environ 5 cm à 8 cm par année et ils doublent leur poids au cours de la même période.

Matière grise
Corps cellulaire des cellules nerveuses. Partie du neurone qui traite l'information.

Matière blanche
Axones recouverts de myéline. Partie du neurone qui établit les connexions et qui transmet l'information.

Par contre, chez les enfants de sept ans les plus intelligents, le cortex n'atteint son maximum d'épaisseur que vers l'âge de onze ou douze ans. Cet épaississement prolongé du cortex préfrontal pourrait donc représenter une période critique plus étendue pour le développement des circuits de la pensée de haut niveau (Shaw *et al.*, 2006).

7.1.3 L'obésité infantile et l'image corporelle

L'obésité chez les enfants est devenue un problème mondial majeur. On estime en effet que près de 50% des enfants en Amérique du Nord et du Sud, 39% en Europe et 20% en Chine auraient aujourd'hui un surplus de poids (Baker, Olsen et Sorensen, 2007). Au Canada, les taux de surplus de poids chez les enfants de 6 à 11 ans ont effectivement plus que doublé depuis 25 ans, l'embonpoint touchant en 2004 environ 26% des enfants de cet âge (Statistique Canada, 2005).

Image corporelle
Représentation que l'on se fait de son propre corps.

Malheureusement, les enfants qui essaient de perdre du poids ne sont pas toujours ceux qui en ont réellement besoin, car l'**image corporelle,** c'est-à-dire la représentation qu'on se fait de son propre corps, devient une préoccupation de plus en plus importante à l'âge scolaire, surtout chez les filles. Cette préoccupation peut même devenir une obsession et conduire à des troubles alimentaires à l'adolescence, comme nous le verrons dans le chapitre 9. Le fait de jouer avec des poupées au physique plutôt irréaliste, comme les poupées Barbie ou Bratz, pourrait aussi amplifier cette tendance (Dittmar, Halliwell et Ive, 2006).

Par ailleurs, dans une étude longitudinale portant sur 1 456 enfants australiens d'âge scolaire, ceux identifiés comme ayant un surplus de poids étaient, à l'âge de dix ans, en retard par rapport à leurs camarades de classe, non seulement sur le plan du fonctionnement physique, mais aussi sur celui du développement social (Williams *et al.*, 2005). En effet, les enfants obèses sont souvent l'objet de railleries de la part de leurs pairs et ils en souffrent. Ces enfants risquent aussi de présenter des problèmes de comportement, d'être en proie à la dépression et d'éprouver une faible estime de soi (Datar et Sturm, 2004). En outre, ils souffrent habituellement de problèmes médicaux comme de la haute pression ou d'un taux de cholestérol et d'insuline trop élevé (Sorof *et al.*, 2004). Enfin, d'ici le milieu du siècle, l'obésité infantile pourrait raccourcir l'espérance de vie de deux à cinq ans (Ludwig, 2007).

7.2 **L'obésité infantile**

Au cours des dernières années, l'inactivité des enfants et la malbouffe ont été des facteurs importants de l'augmentation considérable de l'obésité infantile.

On sait que, en matière d'obésité comme dans d'autres domaines, la prévention est plus facile, moins coûteuse et plus efficace que le traitement. C'est pourquoi les parents devraient intervenir tôt, en observant la façon dont leurs enfants se nourrissent et en encourageant un style de vie actif, et ce, sans se concentrer uniquement sur la perte de poids. Regarder la télévision, jouer à des jeux vidéo et utiliser un ordinateur sont des passe-temps fréquents chez de nombreux enfants canadiens. En 2004, plus du tiers (36%) des enfants de six à onze ans passaient ainsi plus de deux heures par jour devant l'écran. Or, ces enfants étaient deux fois plus susceptibles de faire de l'embonpoint ou de l'obésité que ceux dont le temps passé quotidiennement devant l'écran était d'une heure ou moins (Statistique Canada, 2005).

7.1.4 L'état de santé

Les maladies qui surviennent pendant l'enfance ont plutôt tendance à être brèves et leur fréquence est de six ou sept «crises» par année, incluant les rhumes, les diarrhées ou les virus, les germes se propageant plus facilement parmi les enfants qui jouent ensemble ou qui se côtoient à l'école. À mesure que les enfants expérimentent la maladie, leur compréhension des causes de la maladie augmente, de même que leurs connaissances concernant la promotion de la santé.

Selon Piaget, la compréhension que les enfants ont de la santé et de la maladie est en lien avec leur développement cognitif. Ainsi, à l'âge préscolaire, les enfants sont égocentriques : ils croient que la maladie est produite magiquement par l'action humaine, et souvent la leur («Je n'ai pas été gentil, alors maintenant je suis malade. »). Plus tard, ils expliquent toutes les maladies par l'action toute puissante des microbes. En se rapprochant de l'adolescence, ils se rendent alors compte qu'il existe de multiples causes à la maladie, que le contact avec des germes ne conduit pas automatiquement à une maladie et que les gens peuvent collaborer au bon maintien de leur santé (Crisp, Ungerer et Goodnow, 1996).

L'asthme, qui est une des maladies chroniques débutant souvent dans l'enfance, est devenu de plus en plus commun et sa fréquence est en augmentation partout dans le monde. Les causes de cette maladie respiratoire touchant davantage les garçons que les filles ne sont pas encore claires, mais elle pourrait être le fait d'une prédisposition génétique. Des chercheurs ont en effet identifié une mutation génétique qui augmente les risques de développer de l'asthme (Ober *et al.*, 2008). D'autres facteurs pourraient également être mis en cause, comme l'exposition à la fumée, les animaux domestiques, la pollution de l'air et les moisissures. Toutefois, les recherches sur ces causes sont peu concluantes, sauf pour l'exposition à la fumée. Par ailleurs, le lien entre l'obésité et l'asthme semble de plus en plus évident, même si le mode de vie pourrait être le facteur sous-jacent expliquant ces deux conditions (Eder, Ege et von Mutius, 2006).

Par ailleurs, le taux d'enfants atteints de cancer est demeuré stable au Canada ces dernières années. Toutefois, on note une diminution considérable des décès reliés à cette maladie, laquelle est en grande partie attribuable aux avancées réalisées dans le traitement de la leucémie. Ainsi, la proportion actuelle d'enfants qui reçoivent un diagnostic de cancer et qui y survivent au moins cinq ans est de 82 % (Société canadienne du cancer, 2009).

Enfin, il y aurait de par le monde 2,2 millions d'enfants de moins de 15 ans vivant avec le VIH et courant un risque élevé de développer le sida. La plupart de ces enfants ont été infectés par leur mère, habituellement dans l'utérus, alors que les autres ont été victimes d'agressions sexuelles. En 2004, 510 000 enfants sont ainsi morts du sida (Unaids/Who, 2004). Des facteurs génétiques peuvent influencer les réponses du système immunitaire à l'endroit de ce virus et faire en sorte que les symptômes se développent plus lentement chez certains enfants que chez d'autres (Singh *et al.*, 2003). La plupart des enfants infectés par le VIH qui atteignent l'âge scolaire peuvent fonctionner normalement. Comme le risque d'infecter un camarade de classe est quasi nul, les enfants atteints n'ont pas besoin d'être isolés. Ils devraient même être encouragés à participer aux activités de l'école (AAP Committee on Pediatric AIDS, 2000).

 L'asthme

L'asthme est une maladie chronique de plus en plus commune chez les enfants. Outre l'exposition à la fumée, plusieurs autres facteurs peuvent être en cause dans les manifestations asthmatiques.

7.1.5 Le développement des habiletés motrices

Les jeux auxquels les enfants s'adonnent dans la cour de récréation sont souvent informels et s'organisent spontanément. Un enfant peut aussi jouer seul pendant que ses camarades s'amusent à se poursuivre les uns les autres tout autour de lui. Généralement, les garçons se livrent à des jeux physiques plus rudes, tandis que les filles préfèrent les jeux nécessitant une expression verbale comme le saut à la corde ou la marelle. De telles activités récréatives favorisent non seulement l'augmentation de l'agilité et de la coordination, mais aussi les compétences sociales et une meilleure adaptation à l'école.

La motricité globale et la motricité fine

Dix pour cent environ des jeux libres auxquels s'adonnent les élèves des premières années du primaire sont des jeux désordonnés et vigoureux souvent accompagnés de rires et de cris, et qui impliquent du chamaillage, de la lutte, des coups de pieds, des cascades, des assauts et parfois des poursuites. Ces jeux peuvent ressembler à des bagarres, mais ils se déroulent néanmoins dans un climat tout à fait amical, comme lorsque Carlos et Nathan s'amusent ensemble dans la mise en situation du début de ce chapitre. Ces jeux favorisent le développement musculaire et squelettique, ils permettent de pratiquer des habiletés relatives à la chasse et au combat et ils aident à canaliser les impulsions agressives et compétitives. Ils peuvent aussi être un moyen d'établir une domination au sein du groupe de pairs (Smith, 2005). Ce genre de jeux culmine dès le début de l'âge scolaire, soit vers six ans, puis diminue vers l'âge de onze ans.

Les compétences motrices continuent de s'améliorer au cours de l'enfance, avec toutefois certaines différences selon le sexe de l'enfant. Le tableau 7.1, à la page suivante, présente quelques aspects du développement de la motricité globale de six à onze ans.

 Les habiletés motrices

La corde à sauter favorise le développement de l'agilité et de la coordination. Elle contribue aussi aux compétences sociales.

TABLEAU 7.1 | Des aspects du développement de la motricité globale des garçons et des filles de six à onze ans

Âge	Comportements	
6 ans	• La fille fait preuve d'une plus grande précision de mouvement. • Le garçon accomplit mieux les actions moins complexes qui demandent de la force.	• L'enfant peut sauter à la corde. • L'enfant peut lancer un objet en transférant correctement son poids d'un pied à l'autre.
7 ans	• L'enfant est capable de se tenir en équilibre sur un pied sans regarder. • L'enfant peut marcher sur une poutre de 5 cm de largeur.	• L'enfant peut sauter et sautiller avec précision dans de petits carrés. • L'enfant peut jouer à saute-mouton.
8 ans	• La force de préhension permet à l'enfant d'exercer une pression constante de 5,5 kg. • Les enfants des deux sexes participent à un grand nombre de jeux.	• L'enfant peut sauter d'un pied à l'autre sur un rythme 2-2, 2-3 ou 3-3. • La fille peut lancer une petite balle jusqu'à une distance de 12 m.
9 ans	• Le garçon peut courir à une vitesse de 5 m/s.	• Le garçon peut lancer une petite balle à une distance de 21 m.
10 ans	• L'enfant peut juger de la trajectoire d'une petite balle lancée de loin et l'attraper.	• La fille peut courir à une vitesse de 5 m/s.
11 ans	• Le garçon peut effectuer, sans élan, un saut en longueur de 1,5 m.	• La fille saute 15 cm de moins.

Source : Adapté de Cratty, 1986.

Sur le plan de la motricité fine à l'âge scolaire, l'habileté dont l'amélioration est la plus évidente concerne la capacité d'écriture. Certes, le fait d'écrire relève d'un processus moteur, mais aussi très largement d'un processus cognitif. Comme nous l'avons vu dans le chapitre 5, la capacité graphique évolue, avant l'âge de six ans, du gribouillage au dessin figuratif. À l'âge scolaire, l'enfant passe alors du dessin à l'écriture.

Le jeune enfant confond d'abord dessin et écriture. C'est lorsqu'il prend conscience que le dessin et l'écriture représentent deux moyens d'expression bien différents qu'il commence à utiliser des stratégies d'écriture qui vont se rapprocher de plus en plus de l'orthographe lisible (*voir le tableau 7.2*). Il prend aussi conscience que l'écriture comporte une dimension spatiale : il y a une orientation et une direction à suivre, une grosseur et un agencement des caractères les uns par rapport aux autres à respecter. Il se rend compte également que des signes particuliers sont utilisés ; il trace alors ce qui commence à ressembler à des lettres. Par la suite, l'enfant comprend que les mots sont composés de syllabes et, une fois qu'il a associé les sons aux lettres, il commence à regrouper ces lettres pour former des **graphèmes**, à combiner des graphèmes pour former des syllabes et à combiner des syllabes pour former des mots. Finalement, au stade de l'orthographe, l'enfant est capable de combiner les lettres sans en ajouter ou en omettre et de respecter l'orthographe de sa langue (Noyer, 2005).

Graphème
Plus petite unité distinctive de l'écriture constituée d'une lettre ou d'une combinaison de lettres formant un son (ou phonème).

TABLEAU 7.2 | L'évolution des différentes stratégies d'écriture

	Stratégie picturale	Stratégie spatiale	Stratégie sémiotique	Stratégie phonographique et alphabétique	Stratégie orthographique
Explication	Les premières « lettres » ressemblent à de petits dessins.	Respect de la direction, de l'orientation et de la grosseur (petits traits, tracé linéaire).	Utilisation de signes (lettres inventées, lettres inversées ou véritables lettres).	Utilisation de graphèmes pour former des syllabes et combinaison de ces syllabes.	Mot correct, sans omission ou ajout de lettre.
Exemple				BA BAL BALON	BALLON

Source : Adapté de Noyer, 2005.

L'activité physique et le sport

Les normes minimales recommandées par Jeunes en forme Canada (2009) sont fixées à 90 minutes d'activité physique par jour. Or, selon ces normes, seulement 13 % des jeunes canadiens sont suffisamment actifs, même si ce nombre augmente lentement.

La participation à des sports organisés a quelque peu baissé au cours des dernières années, surtout chez les garçons. En 2005, 51 % des enfants s'adonnaient ainsi à un sport organisé (hockey, soccer, basketball, natation, tennis, etc.), alors qu'ils étaient 57 % en 1992. Cette participation est encore plus faible au Québec que dans l'ensemble du Canada. On note que les enfants participent généralement plus à un sport lorsque les parents s'y impliquent eux aussi, que ce soit à titre de participant ou de spectateur. Le revenu familial et le niveau de scolarité des parents ont aussi une incidence sur leur participation. Le soccer est aujourd'hui le sport le plus pratiqué par les enfants canadiens ; il remplace ainsi la natation qui, jusqu'à ces dernières années, occupait le premier rang (Statistique Canada, 2008).

Une étude ontarienne qui s'est déroulée sur une période de deux ans a montré que l'activité physique améliore le rendement scolaire. La moyenne des notes des enfants participant à cette étude a en effet augmenté de 36 % en lecture et de 24 % en mathématiques. L'exercice a par ailleurs un effet positif sur la mémoire, la concentration et la durée de l'attention (Guertin, 2007). Enfin, l'exercice influence autant la santé physique que la santé mentale, puisqu'il améliore la force et l'endurance, aide à contrôler le poids, réduit le stress et l'anxiété et augmente la confiance en soi.

Pourtant, certaines écoles ont encore tendance à supprimer l'activité physique pour la remplacer par des périodes de travail scolaire, alors que l'inverse serait plus efficace. En effet, même si l'on retranche du temps d'étude pour faire de la place à de l'activité physique, l'effet positif de l'exercice compense cette diminution de temps d'étude et les notes s'améliorent quand même (Trudeau et Shephard, 2008). Ainsi, les progrès dans le rendement scolaire de Nathan dont nous avons parlé dans la mise en situation de ce chapitre pourraient très bien s'expliquer par l'augmentation de son activité physique.

7.5 **Les activités sportives**
Le soccer est le sport collectif le plus pratiqué par les enfants canadiens.

Faites le POINT

1. Pendant l'enfance, d'importants changements se produisent dans la matière grise et la matière blanche du cerveau. Expliquez ces changements.
2. Comment l'obésité peut-elle influencer l'image de soi chez l'enfant ?
3. Expliquez comment l'activité physique peut avoir un impact sur le rendement scolaire des enfants.

7.2 Le développement cognitif

Comme nous l'avons évoqué, au cours des années scolaires, le développement cognitif de l'enfant se poursuit au rythme de sa capacité grandissante de conceptualiser, de se concentrer, de résoudre des problèmes et de mémoriser.

7.2.1 Le stade des opérations concrètes de Piaget

Selon Piaget, l'enfant atteint entre cinq et sept ans le **stade des opérations concrètes,** stade ainsi nommé parce que l'enfant est désormais capable d'utiliser des opérations mentales pour résoudre des problèmes réels et concrets. Il peut en effet exécuter de nombreuses tâches cognitives d'un niveau largement supérieur à celui qu'il pouvait atteindre au stade préopératoire. Comme il est beaucoup moins égocentrique, l'enfant parvenu au stade des opérations concrètes peut se décentrer, c'est-à-dire qu'il peut tenir compte de plusieurs aspects d'une situation plutôt que de fixer son attention sur un seul aspect, comme c'était le cas au stade précédent. L'enfant comprend également le

Stade des opérations concrètes
Selon Piaget, troisième stade du développement cognitif au cours duquel l'enfant accède, de six à douze ans, à une pensée logique mais non abstraite lui permettant de faire mentalement des opérations pour résoudre des problèmes concrets.

caractère réversible de la plupart des opérations physiques. En outre, sa capacité accrue de comprendre le point de vue des autres lui permet de communiquer plus efficacement et de se montrer plus souple dans son jugement moral. Enfin, bien qu'elle demeure ancrée dans le réel de l'ici et maintenant, la pensée de l'enfant est beaucoup plus logique. Celui-ci comprend mieux les notions d'espace et de temps, de causalité, de catégorisation, de raisonnement inductif et déductif et de conservation. Le tableau 7.3 illustre les compétences cognitives qui, selon Piaget, se développent à l'âge scolaire.

TABLEAU 7.3 | Les compétences cognitives au stade des opérations concrètes (selon Piaget)

Compétence	Exemple
Pensée spatiale	Danielle peut utiliser une carte ou un plan pour trouver un objet caché et elle peut aussi donner les indications nécessaires pour le trouver. Elle est capable d'estimer les distances et de juger combien de temps il faudra pour se rendre d'un endroit à un autre.
Cause et effet	Dimitri sait que les attributs physiques d'objets placés sur chaque plateau d'une balance peuvent influer sur le poids obtenu. Par exemple, il sait que c'est le nombre d'objets qui importe et non leur couleur. Cependant, il ne sait pas encore quels facteurs spatiaux (position ou orientation des objets) font la différence.
Classification	Noémie est capable de trier des objets par catégorie de forme, de couleur ou les deux. Elle sait qu'une sous-catégorie (les roses) compte moins d'éléments que la classe d'objets dont elle fait partie (les fleurs).
Sériation et inférence transitive	Catherine sait que si un bâtonnet est plus long que le second et que le second bâtonnet est plus long que le troisième, alors le premier bâtonnet est forcément plus long que le troisième.
Raisonnement inductif et déductif	Sarah est capable de résoudre des problèmes inductifs et déductifs, et elle sait que les conclusions inductives (celles basées sur des prémisses précises) sont plus incertaines que les conclusions déductives (celles basées sur des prémisses générales).
Conservation	À sept ans, Philippe sait qu'une boule de pâte à modeler contient toujours la même quantité de pâte à modeler une fois roulée en serpent (conservation de la substance). À neuf ans, il sait que la boule et le serpent ont le même poids (conservation du poids). Toutefois, ce n'est que vers onze ans qu'il va comprendre que la boule et le serpent déplacent le même volume de liquide s'ils sont plongés dans l'eau (conservation du volume).
Nombres et mathématiques	Kevin peut compter dans sa tête ; il peut additionner en comptant à partir du chiffre le plus petit et il peut résoudre des problèmes simples formulés sous la forme d'histoires.

Les relations spatiales

Pourquoi un enfant de six ou sept ans peut-il reconnaître le trajet qu'il doit faire pour aller et revenir de l'école, alors qu'un enfant plus jeune en est incapable ? L'une des raisons est que les enfants sont plus aptes à comprendre les relations spatiales lorsqu'ils atteignent le stade des opérations concrètes. L'enfant a alors une idée plus claire de la distance qui sépare un endroit d'un autre (sa maison et celle d'un ami, par exemple) et du temps nécessaire pour parcourir cette distance. Il peut aussi se souvenir plus facilement du parcours et des points de repère qui le jalonnent. L'expérience joue également un rôle dans ce développement des relations spatiales. En effet, un enfant qui se rend à l'école à pied se familiarise plus facilement avec l'environnement qui entoure sa maison.

La capacité d'utiliser des cartes et des plans et celle de communiquer des informations spatiales augmentent par ailleurs avec l'âge. Ainsi, un enfant de six ans aura plus de difficulté à donner à quelqu'un des indications précises pour trouver un objet caché ou un endroit parce qu'il ne dispose pas encore de tout le vocabulaire approprié ou qu'il ne perçoit pas encore toute l'information dont son interlocuteur a besoin.

La classification

La capacité de constituer des catégories aide l'enfant à penser de façon logique. La classification comprend des compétences aussi sophistiquées que la **sériation**, l'**inférence transitive** et l'**inclusion de classe**. L'enfant comprend le principe de sériation lorsqu'il est capable de classer une série d'objets suivant une ou plusieurs dimensions telles que le poids (du plus léger au plus lourd) ou la couleur (du plus clair au plus foncé).

Sériation
Capacité d'ordonner des éléments selon une ou plusieurs dimensions.

Inférence transitive
Compréhension de la relation qui existe entre deux objets, basée sur la connaissance de la relation qu'entretient chaque objet avec un objet tiers.

Inclusion de classe
Compréhension de la relation qui existe entre un tout et ses différentes parties.

L'inférence transitive réfère quant à elle à la capacité de reconnaître une relation entre deux objets si l'on connaît la relation existante entre chacun d'eux et un troisième objet. Par exemple, si l'on montre trois bâtonnets à Catherine – un jaune, un vert et un bleu – et qu'on lui fait remarquer que le bâtonnet jaune est plus long que le vert et que le vert est plus long que le bleu, celle-ci sera capable d'en déduire, sans même comparer physiquement les bâtonnets jaune et bleu, que le bâtonnet jaune est plus long que le bleu (Chapman et Lindenberger, 1988).

L'inclusion de classe réfère enfin à la capacité de saisir la relation qui existe entre un tout et ses différentes parties. Selon Piaget (1964), si l'on montre un bouquet de dix fleurs – sept roses et trois œillets – à un enfant du stade préopératoire et qu'on lui demande si le bouquet compte plus de roses ou plus de fleurs, ce dernier risque fort de répondre qu'il a plus de roses, car il compare alors les roses et les œillets et non les roses et l'ensemble des fleurs du bouquet. Ce n'est qu'au stade des opérations concrètes que l'enfant peut réaliser que les roses représentent une sous-classe de fleurs et que, pour cette raison, il ne peut y avoir plus de roses que de fleurs dans le bouquet (Flavell, Miller et Miller, 2002). Cette compréhension de l'inclusion de classe est étroitement reliée au raisonnement inductif et déductif.

Le raisonnement inductif et le raisonnement déductif

Nous avons vu dans le chapitre 5 qu'au stade préopératoire, l'enfant utilisait un raisonnement transductif, c'est-à-dire un raisonnement qui n'était ni inductif, ni déductif. Selon Piaget, au stade des opérations concrètes, l'enfant utilise désormais un **raisonnement inductif** grâce auquel il peut, à partir d'observations sur certains membres d'une classe d'individus, d'animaux ou d'objets, tirer des conclusions générales sur l'ensemble de la classe (« Mon chien aboie. Le chien de Claude aboie aussi, ainsi que celui de Sarah. Il semble donc que tous les chiens aboient. »). Les conclusions inductives ne sont pas définitives, car il est toujours possible de recevoir une nouvelle information qui va à l'encontre de celles-ci (un chien qui n'aboie pas).

De son côté, le **raisonnement déductif** ne se développerait, selon Piaget, qu'à l'adolescence. Ce raisonnement se construit à partir d'une affirmation générale sur une classe (ou prémisse) appliquée ensuite à tous les membres de cette classe. Si la prémisse est vraie pour l'ensemble de la classe et que le raisonnement est sensé, alors la conclusion est aussi vraie (« Tous les chiens aboient. Frimousse est un chien, donc Frimousse aboie. »).

Des chercheurs ont donné à résoudre des problèmes inductifs et déductifs à des enfants de la maternelle à la sixième année. Ces problèmes étaient conçus de manière à ne pas faire référence à des connaissances du monde réel. Or, contrairement à ce qu'énonce la théorie de Piaget, les enfants de deuxième année (mais pas ceux de maternelle) ont été capables de résoudre correctement les deux types de problèmes et de justifier leurs réponses (Galotti, Komatsu et Voelz, 1997).

La conservation

Au stade des opérations concrètes, l'enfant est également capable de résoudre mentalement certains types de problèmes de conservation, et ce, sans avoir à mesurer ou à peser les objets. Par exemple, si l'on donne à un enfant deux boules de pâte à modeler de même grosseur et que l'on façonne l'une des deux boules en forme de serpent, l'enfant qui a atteint le stade des opérations concrètes, contrairement à celui qui est encore au stade préopératoire (*revoir le tableau 5.4 à la page 147*), est maintenant capable de dire que la boule et le serpent contiennent la même quantité de pâte à modeler. L'enfant comprend donc à la fois le **principe d'identité** (il sait que c'est la même boule de pâte à modeler, même si sa forme a changé) et le **principe de réversibilité** (il sait qu'il pourrait redonner au serpent sa forme de boule). Enfin, l'enfant est également capable de **décentration**: il peut se concentrer sur deux dimensions à la fois, soit sur la longueur et la largeur, et les mettre en perspective. Il reconnaît que, même si le serpent est plus long que la boule, il est aussi plus mince.

 L'inclusion de classe

Au stade des opérations concrètes, l'enfant est maintenant capable de comprendre que la sous-classe des roses, au même titre que toutes les autres sortes de fleurs, fait partie de la classe générale des fleurs.

Raisonnement inductif
Type de raisonnement logique qui part d'observations précises sur des membres d'une classe pour se généraliser en une conclusion au sujet de cette classe.

Raisonnement déductif
Type de raisonnement logique qui part d'une prémisse générale au sujet d'une classe pour tirer une conclusion sur un membre ou des membres particuliers de cette classe.

Principe d'identité
Compréhension du fait que l'identité d'un objet (sa substance, son poids, etc.) ne change pas si aucune opération (enlèvement ou ajout) n'est effectuée sur cet objet.

Principe de réversibilité
Compréhension du fait qu'une transformation peut se faire aussi en sens inverse.

Décentration
Capacité de considérer plusieurs points de vue à la fois.

 La conservation du volume

Est-ce que les pièces séparées déplacent plus d'eau que celles groupées en un seul bloc? Un enfant qui maîtrise la conservation du volume sait que la réponse ne dépend pas de la disposition des pièces.

En général, l'enfant est capable de résoudre des problèmes de conservation de la substance semblables à celui de l'exemple précédent vers six ou sept ans, mais ce n'est que vers neuf ou dix ans qu'il est capable de maîtriser pleinement la conservation du poids (de savoir si, par exemple, la boule et le serpent ont le même poids). Quant à la conservation du volume (La boule et le serpent déplacent-ils la même quantité de liquide lorsqu'on les place dans un verre d'eau ?), il est rare qu'un enfant la maîtrise correctement avant l'âge de onze ou douze ans.

Décalage horizontal
Selon Piaget, incapacité de l'enfant d'appliquer sa compréhension d'un type de conservation (en substance, en poids ou en volume) à un autre type. On le dit « horizontal » parce qu'il se produit dans la même étape de développement et que l'action mentale n'est donc pas encore indépendante du contenu.

Piaget nomme **décalage horizontal** cette inconséquence dans le développement des différents types de conservation. Avant onze ou douze ans, le raisonnement de l'enfant est tellement concret et étroitement lié à une situation particulière que celui-ci ne peut appliquer immédiatement à un autre type ce qu'il a appris à propos d'un type de conservation, même si les principes sous-jacents à chacun de ces types restent identiques. Si l'on reprend l'exemple précédent, un enfant pourrait donc répondre correctement à la question « Est-ce que la boule et le serpent ont la même quantité de pâte à modeler ? », mais pas à la question « Si on les plaçait dans un verre d'eau, est-ce que la boule et le serpent déplaceraient autant d'eau ? ».

Ainsi, avant de maîtriser parfaitement les différentes notions de conservation, l'enfant passe par un stade de transition durant lequel il distingue plus d'une dimension (la hauteur, la largeur, la longueur et l'épaisseur), mais sans voir le lien qui existe entre elles. C'est lorsque l'enfant comprend bien ces notions de conservation qu'il peut alors justifier logiquement ses réponses en faisant appel à la réversibilité, à l'identité ou à la compensation.

Les nombres et les mathématiques

Vers six ou sept ans, la plupart des enfants sont capables de compter dans leur tête. Ils peuvent aussi compter « à partir de… ». Par exemple, pour additionner les nombres « 5 » et « 3 », ils peuvent commencer à compter à partir de « 5 » et additionner « 3 » en continuant de compter jusqu'à « 8 » (5, 6, 7 et 8). Deux ou trois ans de plus sont parfois nécessaires pour qu'ils parviennent ensuite à faire la même chose avec les soustractions, mais vers neuf ans, la plupart des enfants en sont capables.

7.8 La résolution de problèmes

Des enfants peuvent résoudre certains problèmes mathématiques dans la vie de tous les jours, même s'ils ont de la difficulté à le faire dans un contexte scolaire. Ainsi, cette enfant sait très bien comment rendre la monnaie lorsqu'elle vend ses melons.

Les enfants peuvent aussi devenir des champions dans la résolution de problèmes simples présentés sous forme d'histoire, du type : « Félix est allé au magasin du coin avec un billet de 5 $ et il a dépensé 2 $ en bonbons. Combien d'argent lui reste-t-il ? » Par contre, lorsque le même problème est présenté un peu différemment (« Félix est allé au magasin du coin et a dépensé 2 $. Il lui reste 3 $. Combien d'argent avait-il en arrivant ? »), la résolution devient plus difficile pour eux parce que l'opération qu'il leur faut faire (l'addition) n'est pas cette fois clairement indiquée. Peu d'enfants peuvent résoudre ce genre de problèmes avant l'âge de huit ou neuf ans (Resnick, 1989).

Des recherches portant sur des personnes peu scolarisées démontrent par ailleurs que la capacité de faire des opérations mentales se développe de manière quasi universelle et souvent intuitivement, à travers des expériences concrètes liées au contexte culturel (Guberman, 1996). Ces procédures intuitives sont alors différentes de celles enseignées à l'école. Par exemple, si l'on demande à des enfants brésiliens de neuf à quinze ans qui vendent des melons dans la rue à 40 cruzeiros la pièce : « J'achète deux melons et je paie avec un billet de 500 cruzeiros. Combien me revient-il ? », les enfants sont capables de compter à partir de 80 (40 + 40), de monter de dix en dix (80-90-100, etc.) et de rendre 420 cruzeiros. Toutefois, quand on présente à ces mêmes enfants des problèmes similaires en classe (« Combien font 500 moins 80 ? »), ils peuvent alors, en utilisant incorrectement une série d'étapes apprises à l'école, donner une mauvaise réponse. Ces résultats démontrent qu'il est plus efficace d'enseigner les mathématiques au moyen d'applications concrètes plutôt qu'à partir de règles abstraites.

Les influences du développement neurologique, de la culture et de la scolarisation

Piaget considérait que le passage de la pensée rigide et illogique des jeunes enfants à la pensée flexible et logique des enfants plus âgés dépendait à la fois de la maturation neurologique et de l'adaptation à l'environnement. Cette existence d'une influence neurologique a été démontrée par des mesures de l'activité du cerveau prises durant une tâche de conservation : les enfants qui avaient acquis la conservation du volume montraient des rythmes cérébraux différents de ceux qui ne l'avaient pas encore acquise, ce qui laisse penser qu'ils utilisaient différentes régions du cerveau pour accomplir la même tâche (Stauder, Molenaar et Van der Molen, 1993).

Des habiletés telles que la conservation peuvent également dépendre en partie de la familiarité que les enfants ont avec les matériaux manipulés. En effet, les enfants peuvent raisonner plus logiquement lorsqu'ils le font à partir d'objets qu'ils connaissent déjà. Ainsi, des enfants mexicains qui s'adonnent à la poterie depuis leur jeune âge comprennent qu'un rouleau d'argile façonné à partir d'une boule contient toujours la même quantité d'argile qu'au départ. Ces enfants montrent qu'ils maîtrisent la conservation de la substance plus tôt que les autres formes de conservation (Broude, 1995). Cette compréhension de la conservation ne viendrait donc pas uniquement de nouveaux modèles d'organisation mentale, mais elle pourrait dépendre aussi de l'expérience avec le monde physique, telle que définie par la culture propre à l'enfant.

Par ailleurs, il semble que les écoliers d'aujourd'hui ne traversent pas les stades définis par Piaget aussi rapidement que le faisaient leurs parents. Ainsi, après avoir évalué la compréhension de la conservation du volume et du poids chez 10 000 enfants britanniques âgés de 11 et 12 ans, on a observé que leurs performances affichaient de deux à trois ans de retard par rapport à celles d'enfants du même âge réalisées 30 ans auparavant (Shayer, Ginsburg et Coe, 2007). On peut donc se demander si les programmes scolaires actuels mettent suffisamment l'accent sur les expériences concrètes qui permettent à l'enfant de voir comment les matériaux se comportent réellement.

Le raisonnement moral

Pour saisir le raisonnement moral des enfants, Piaget (1932) leur racontait l'histoire suivante : « Il était une fois deux petits garçons. Un jour, Antoine remarque que l'encrier de son père est vide et décide de le remplir pour lui rendre service (à cette époque, un encrier était un objet courant). En ouvrant la bouteille, il la renverse et fait une grande tache d'encre sur la nappe. Julien, lui, joue avec l'encrier de son père, même en sachant que c'est interdit, et fait une petite tache sur la nappe. » Piaget demandait alors aux enfants : « Lequel des deux garçons est le plus désobéissant et pourquoi ? »

Jusqu'à l'âge de sept ans environ, l'enfant est porté à considérer qu'Antoine est le plus coupable des deux garçons, puisqu'il a fait la plus grande tache. Cependant, l'enfant plus âgé reconnaît l'intention louable derrière le geste d'Antoine et considère que la petite tache faite par Julien découle d'une action qu'il n'aurait pas dû faire. Pour Piaget, les jugements moraux immatures sont centrés sur un seul aspect, soit sur l'importance de la faute, et ils font donc preuve d'égocentrisme. Par contre, les jugements plus matures tiennent compte de l'intention de celui qui pose l'action.

Selon Piaget, ce raisonnement moral se développe en trois stades (*voir le tableau 7.4 à la page suivante*) et suit le développement cognitif (Piaget, 1932 ; Piaget et Inhelder, 1969), une idée qui sera reprise par Kohlberg, comme nous le verrons dans le chapitre 9 lorsque nous aborderons sa théorie du jugement moral.

TABLEAU 7.4 | L'évolution du raisonnement moral chez les enfants (selon Piaget)

Stade 1	De deux à sept ans (stade préopératoire)	Basé sur l'obéissance à l'autorité	L'enfant croit que les règles sont dictées par une autorité adulte et que toute offense mérite une punition.
Stade 2	De sept ou huit ans à dix ou onze ans (stade des opérations concrètes)	Basé sur le respect et la coopération	L'enfant développe un code moral basé sur la justice et un traitement égal pour tous. Il prend en considération l'intentionnalité de l'acte.
Stade 3	Débute vers onze ou douze ans avec le raisonnement formel	Basé sur l'équité	L'enfant remplace la notion d'égalité par la notion d'équité. Il prend en considération les circonstances particulières.

Le premier stade, qui s'étend environ de deux à sept ans (ce qui correspond au stade préopératoire), est basé sur l'obéissance stricte à l'autorité. Pour l'enfant, un comportement ne peut être que bon ou mauvais. Comme il est égocentrique, il ne peut concevoir qu'il y ait plus d'une façon de considérer une question morale. Il croit que les règles dictées par une autorité adulte ne peuvent être modifiées et que toute offense, quelle que soit l'intention de départ, mérite une punition.

Le deuxième stade, qui dure de l'âge de sept ou huit ans à dix ou onze ans environ (ce qui correspond à peu près au stade des opérations concrètes), se caractérise par une souplesse croissante dans le raisonnement moral. À mesure que l'enfant multiplie ses interactions avec ses pairs et les adultes de son entourage, il découvre un éventail de plus en plus large de points de vue et commence alors à penser de façon moins égocentrique. L'enfant en vient ainsi à rejeter peu à peu l'idée d'un code moral unique et absolu, et il commence à développer son propre sens de la justice, un sens fondé sur l'impartialité, c'est-à-dire sur un traitement égal pour tous. Parce qu'il peut maintenant considérer plus d'un aspect dans une même situation, il peut poser des jugements moraux plus subtils et prendre en considération l'intentionnalité de l'acte.

Le troisième stade commence lorsque l'enfant devient capable de raisonnement formel (sur lequel nous reviendrons dans le chapitre 9), c'est-à-dire vers l'âge de onze ou douze ans. À ce stade, la notion d'égalité prend une signification différente pour l'enfant: la croyance que tous doivent être traités de façon égale est graduellement remplacée par la notion d'équité, et donc par la prise en compte de circonstances particulières. Ainsi, pour l'enfant plus âgé, un enfant de deux ans qui renverse de l'encre ne devrait pas être traité de la même façon qu'un enfant de dix ans qui agit de la même façon.

7.9 **Le fonctionnement de la mémoire**

Les enfants d'âge scolaire comprennent mieux comment fonctionne la mémoire et cela les rend aptes à utiliser des stratégies pour les aider à se rappeler une information.

7.2.2 La théorie du traitement de l'information: le développement de la mémoire

À mesure que les enfants avancent à travers leurs années scolaires, ils réalisent des progrès constants dans leur capacité de soutenir leur attention, de traiter et retenir l'information, et de planifier et contrôler leur comportement. Tous ces progrès sont reliés entre eux: ils font partie de la **fonction exécutive,** un système conscient de contrôle des pensées, des émotions et des actions permettant d'atteindre un but ou de résoudre des problèmes (Luna *et al.*, 2004). Au fur et à mesure que leurs connaissances augmentent, les enfants d'âge scolaire deviennent donc plus conscients du type d'information auquel il faut porter attention et qu'il faut retenir. De plus, ils comprennent mieux comment fonctionne la mémoire, ce qui les rend aptes à utiliser des stratégies qui peuvent les aider à se rappeler une information.

Le développement de la fonction exécutive

De l'enfance à l'adolescence, le développement graduel de la fonction exécutive accompagne le développement du cerveau, en particulier celui du cortex préfrontal, la région qui permet la planification, le jugement et la prise de décision (Lamm, Zelazo et Lewis, 2006). À mesure que les synapses non utilisées sont éliminées et que les connexions sont myélinisées, la vitesse de traitement de l'information – habituellement mesurée

Fonction exécutive
Système de contrôle des pensées, des émotions et des actions afin d'atteindre un but ou de résoudre des problèmes.

par le temps de réaction – s'améliore significativement, surtout chez les filles (Camarata et Woodcock, 2006). Ce traitement plus rapide et plus efficace augmente la quantité d'information que les enfants peuvent conserver dans leur mémoire de travail, et il permet une pensée plus complexe et mieux orientée vers un objectif.

Par ailleurs, l'environnement familial contribue aussi au développement des habiletés exécutives. Dans une étude longitudinale où 700 enfants ont été suivis de l'âge de quatre ans et demi à six ans, la qualité de l'environnement familial (mesurée à partir des ressources disponibles, de la stimulation cognitive et de la sensibilité maternelle) prédisait la capacité d'attention et de mémoire des enfants en première année (NICHD Early Child Care Research Network, 2005).

Enfin, les enfants d'âge scolaire développent également des habiletés de planification en prenant des décisions dans leurs activités quotidiennes. Là encore, les pratiques parentales influencent le rythme auquel les enfants peuvent le faire. Une étude a ainsi montré que, entre la deuxième et la quatrième année scolaire, la responsabilité de planification des activités informelles des enfants qui incombait aux parents passait graduellement à l'enfant. À la suite de ce changement, les enfants manifestaient une meilleure planification de leur travail scolaire (Gauvain et Perez, 2005).

L'attention sélective

À l'âge scolaire, l'enfant peut se concentrer plus longtemps qu'auparavant, en plus de pouvoir se centrer sur l'information dont il a besoin, en filtrant l'information non pertinente pour lui. Par exemple, il peut inférer la signification approximative d'un mot qu'il lit et supprimer les autres significations qui ne sont pas appropriées au contexte. Ces progrès dans l'**attention sélective,** qui désigne l'habileté d'une personne à diriger consciemment son attention, pourraient dépendre du développement de la fonction exécutive, laquelle permet de supprimer volontairement les réponses indésirables (Luna *et al.,* 2004). Cette augmentation de l'attention sélective, qui est liée à la maturation neurologique, permet d'expliquer pourquoi la mémoire s'améliore durant la scolarité. En effet, les enfants plus vieux font moins d'erreurs de rappel que les plus jeunes; ils sont désormais capables de sélectionner ce qu'ils veulent retenir et ce qu'ils peuvent oublier (Lorsbach et Reimer, 1997).

La métamémoire et les stratégies mnémoniques

De cinq à sept ans, les lobes frontaux subissent une réorganisation significative. Ces modifications rendent possible l'amélioration de la **métamémoire,** qui permet à l'enfant plus âgé d'utiliser des **stratégies mnémoniques** (Janowsky et Carper, 1996).

Les élèves de maternelle, comme ceux de première année, savent qu'on se souvient mieux d'une matière si on l'étudie plus longtemps. Ils savent aussi que les gens oublient des choses avec le temps, qu'il est plus facile de se rappeler un événement inattendu qu'un événement routinier et que certains petits trucs peuvent faciliter le rappel. C'est pourquoi il n'est pas surprenant que, dans la mise en situation de ce chapitre, la petite Jade, âgée de huit ans, puisse utiliser des stratégies pour ne rien oublier. En troisième année, les enfants savent en effet que certaines personnes ont une meilleure mémoire que d'autres et qu'il est plus facile de se souvenir de certaines choses que d'autres.

La stratégie mnémonique la plus connue des enfants et des adultes s'appuie sur l'utilisation d'aide-mémoires externes. Noter un numéro de téléphone, faire une liste ou utiliser une minuterie sont des exemples d'aide-mémoires externes: le rappel vient ici d'une source autre que la personne elle-même. Les autres stratégies mnémoniques les plus utilisées sont la **répétition,** l'**organisation** et l'**élaboration.**

La répétition consiste, par exemple, à réciter sans cesse un numéro de téléphone pour ne pas l'oublier, alors que l'organisation réfère au classement mental de l'information dans une catégorie précise (les animaux, les vêtements, les fruits, etc.)

7.10 **Le fonctionnement de la mémoire**

Les enfants d'âge scolaire comprennent mieux comment fonctionne la mémoire et cela les rend aptes à utiliser des stratégies pour les aider à se rappeler une information.

Attention sélective
Habileté à diriger consciemment son attention.

Métamémoire
Connaissance du fonctionnement de la mémoire.

Stratégie mnémonique
Truc pratique utilisé pour faciliter la mémorisation.

Répétition
Stratégie mnémonique qui consiste à redire sans cesse une information pour ne pas l'oublier.

Organisation
Stratégie mnémonique qui consiste à placer mentalement une information dans une catégorie.

Élaboration
Stratégie mnémonique qui consiste à associer à quelque chose les éléments à mémoriser.

afin de la retracer plus rapidement. Enfin, l'élaboration revient à associer une information à d'autres éléments, par exemple en inventant une histoire. Pour se souvenir d'apporter sa brosse à dents, ses patins, son casque et son livre, un enfant pourrait s'imaginer en train de patiner avec un livre et une brosse à dents en équilibre sur son casque.

Le tableau 7.5 présente ces quelques stratégies mnémoniques couramment utilisées par les enfants de six à onze ans.

TABLEAU 7.5 | Quelques stratégies de mémorisation utilisées de six à onze ans

Stratégie	Définition	Place dans le développement	Exemple
Aide-mémoire externe	Utiliser une aide extérieure	L'enfant de cinq ou six ans peut recourir à cette stratégie si on le guide, mais celui de huit ans peut penser à le faire par lui-même.	Jade note dans son agenda scolaire qu'elle doit apporter un jeu de cartes pour son cours de mathématiques du lendemain.
Répétition	Répéter de manière consciente	L'enfant de six ans peut apprendre à l'utiliser et il le fera spontanément vers l'âge de sept ans.	Afin de mémoriser ses tables de multiplication, Zacharie les récite l'une après l'autre plusieurs fois.
Organisation	Regrouper par catégories	La plupart des enfants ne l'utilisent pas avant l'âge de dix ans, mais on peut tout de même leur enseigner à le faire quand ils sont un peu plus jeunes.	En préparant ses bagages pour la semaine qu'elle passera chez son père, Alice pense aux activités qu'elle voudra sans doute faire : elle aura besoin de ses instruments de peinture, de ses vêtements pour le soccer et de tout le matériel nécessaire pour la réalisation de son projet en sciences.
Élaboration	Associer à autre chose les éléments à retenir	Les enfants plus âgés sont les plus susceptibles de recourir spontanément à cette stratégie et ils se rappellent d'ailleurs mieux lorsqu'ils font leur propre élaboration. Les plus jeunes, eux, se rappellent mieux lorsque quelqu'un le fait pour eux.	Lors d'une sortie au Jardin botanique, Johanna essaie de retenir le nom des fleurs qu'elle découvre en les associant aux noms de ses amies.

Le traitement de l'information et les tâches de conservation de Piaget

Les améliorations dans le traitement de l'information peuvent expliquer les progrès réalisés par l'enfant au stade opératoire, tels que décrits par Piaget. En effet, comme on l'a vu, un enfant de neuf ans est, par exemple, plus en mesure de connaître son chemin pour aller et revenir de l'école parce qu'il peut embrasser toute une scène du regard, en relever les éléments importants et se souvenir dans l'ordre de certains détails pour s'en faire des points de repère (Allen et Ondracek, 1995).

Les progrès de la mémoire peuvent par ailleurs contribuer à la maîtrise des tâches de conservation. La mémoire de travail du jeune enfant est tellement limitée que, même s'il maîtrisait le concept de conservation, il pourrait être incapable de se souvenir de toute l'information pertinente. Il pourrait, par exemple, oublier que deux formes différentes en pâte à modeler étaient identiques au départ. Or, selon Robbie Case (1992), dès l'instant où l'enfant parvient à appliquer un concept ou un schème de façon plus automatique, de l'espace serait libéré dans sa mémoire de travail, ce qui permettrait alors le traitement d'une nouvelle information. Ce processus expliquerait pourquoi les enfants ne maîtrisent pas tous les types de conservation en même temps : il faudrait d'abord que l'enfant soit suffisamment à l'aise avec un premier type de conservation (par exemple, la conservation de la substance) et capable de l'utiliser de façon automatique pour qu'il puisse ensuite étendre et adapter ce schème à d'autres types de conservation.

Ce sont tous ces progrès cognitifs qui vont aider l'enfant dans ses apprentissages scolaires et favoriser sa réussite. Plusieurs chercheurs se sont donc demandé si l'on pouvait réussir à prédire cette réussite scolaire des enfants. Cette interrogation a alors donné lieu à l'apparition des tests d'intelligence destinés à mesurer le quotient intellectuel (QI).

7.2.3 L'approche psychométrique : l'évaluation de l'intelligence

L'intelligence des enfants peut être mesurée par de nombreux tests qui sont validés par des mesures de connaissances semblables à celles utilisées pour les examens scolaires. Il existe notamment des tests individuels ou de groupe. Le test individuel pour les enfants le plus souvent utilisé au Québec, comme un peu partout dans le monde, est le WISC (Wechsler Intelligence Scale for Children). Ce test a été conçu pour les enfants de six à seize ans et permet de mesurer des habiletés verbales et non verbales.

La controverse au sujet des tests d'intelligence

Les résultats obtenus à des tests d'intelligence ou de QI à l'âge scolaire sont de bons indicateurs de la réussite scolaire, surtout chez les enfants qui possèdent des aptitudes verbales très développées. On a en outre découvert que le score obtenu à un test d'intelligence effectué à onze ans permettait de prévoir l'indépendance fonctionnelle durant la vieillesse et la présence ou l'absence de démence (Whalley et Deary, 2001).

Toutefois, l'utilisation de ces tests demeure très controversée. Plusieurs de leurs détracteurs prétendent qu'ils sous-estiment notamment le degré d'intelligence des enfants qui sont en mauvaise santé ou qui travaillent lentement, car la vitesse d'exécution est un élément important de la réussite du test (Sternberg, 2004). On reproche également à ces tests de ne pas mesurer directement l'habileté innée, mais de juger plutôt l'intelligence par rapport aux connaissances de l'enfant, c'est-à-dire principalement à partir de ce qu'il a appris à l'école ou dans son milieu culturel, sans tenir compte des autres caractéristiques importantes du comportement intelligent. En effet, d'autres habiletés comme le bon sens, l'intuition créatrice, les habiletés sociales ou la connaissance de soi ne sont pas mesurées par les tests d'intelligence, même si elles sont tout aussi importantes dans la vie et qu'elles peuvent même être considérées comme des formes différentes d'intelligence.

7.11 **La mesure de l'intelligence**

L'utilisation des tests mesurant le quotient intellectuel est très controversée, même si les résultats obtenus à ces tests à l'âge scolaire sont de bons indices de la réussite scolaire future.

Par ailleurs, l'appartenance ethnique peut influencer le développement de l'intelligence. Ainsi, aux États-Unis, avant 1990, les résultats obtenus par les enfants noirs aux tests de QI étaient en moyenne de quinze points inférieurs à ceux des enfants blancs (Neisser *et al.*, 1996). Cet écart s'est depuis résorbé, puisqu'il n'est plus que de quatre à sept points (Dickens et Flynn, 2006). Qu'est-ce qui pourrait expliquer ces différences de résultats ? Certains chercheurs ont avancé qu'un facteur génétique important pouvait être en cause (Jensen, 1969 ; Rushton et Jensen, 2005). Or, même s'il est devenu évident qu'une influence génétique peut expliquer les différences individuelles en matière d'intelligence, aucune preuve directe ne peut démontrer que l'hérédité joue un rôle dans les différences de QI relevées entre les *groupes* ethniques ou culturels (Gray et Thompson, 2004). Plusieurs recherches attribuent au contraire ces différences à des facteurs environnementaux tels que le revenu, l'alimentation, les conditions de vie, la santé, les pratiques parentales, les stimulations cognitives et/ou le niveau de scolarisation. D'autres facteurs sont aussi évoqués, comme les effets de la discrimination et de l'oppression, qui peuvent avoir une incidence sur l'estime de soi, la motivation et les performances scolaires. La diminution de l'écart observé chez les enfants noirs américains ces dernières années va d'ailleurs de pair avec une amélioration de leurs conditions de vie et d'éducation (Nisbett, 2005). D'autre part, les Américains d'origine asiatique, dont la réussite scolaire dépasse généralement celle des autres ethnies, ne présentent aucune différence significative dans leur QI. Encore là, leur succès scolaire proviendrait donc vraisemblablement d'autres facteurs culturels tels que le respect et l'obéissance aux aînés et la valorisation de l'éducation comme moyen d'ascension sociale (Neisser *et al.*, 1996).

Tendance à inclure dans un test d'intelligence des questions utilisant un vocabulaire faisant appel à des situations ou à des habiletés plus significatives pour un groupe culturel que pour un autre.

Théorie des intelligences multiples
Selon Gardner, théorie selon laquelle chaque personne possède différentes formes d'intelligence.

Le psychologue américain Robert Sternberg (2004) soutient que l'intelligence et la culture sont inextricablement liées. En effet, un comportement jugé intelligent dans une culture peut être considéré comme insensé dans une autre. De plus, la scolarisation offerte dans une culture peut préparer un enfant à bien réussir certaines tâches, mais pas d'autres. Par conséquent, les différences ethniques observées dans les QI seraient selon lui attribuables au **biais culturel**, c'est-à-dire à la tendance à inclure dans les tests des questions qui utilisent un vocabulaire particulier ou qui font appel à des situations ou des habiletés plus significatives pour un groupe culturel donné que pour un autre (Sternberg, 2004, 2005).

La théorie des intelligences multiples de Gardner

Un enfant qui démontre de l'habileté pour analyser des textes et faire des analogies est-il plus intelligent qu'un enfant capable de jouer un morceau de musique difficile au violon, qu'un enfant capable d'organiser un projet de groupe ou qu'un enfant qui réussit à marquer un but au soccer? Selon la **théorie des intelligences multiples** de Howard Gardner, la réponse est non (Gardner, 1993).

Gardner, neuropsychologue et chercheur en éducation de l'Université Harvard, a d'abord identifié sept types d'intelligence distincts. Selon lui, les tests d'intelligence classiques ne couvrent que trois types d'intelligence: l'intelligence linguistique, l'intelligence logicomathématique et, jusqu'à un certain point, l'intelligence spatiale. Les quatre autres formes d'intelligence que Gardner a identifiées et qui ne sont pas mesurées par les tests sont l'intelligence musicale, l'intelligence kinesthésique, l'intelligence interpersonnelle et l'intelligence intrapersonnelle. Gardner a ensuite ajouté une huitième forme d'intelligence, soit l'intelligence naturaliste, en plus d'en évoquer une neuvième: l'intelligence existentialiste (Gardner, 1999). Le tableau 7.6 présente chacune de ces formes d'intelligence identifiées par Gardner, ainsi que des exemples de leurs champs d'application.

7.12 **L'intelligence musicale**

Cet enfant qui joue du violon doit maîtriser plusieurs aspects importants de son art. Cette capacité vient, selon Gardner, de l'intelligence musicale, un des huit types d'intelligences multiples.

TABLEAU 7.6 | Les neuf intelligences (selon Gardner)

Forme d'intelligence	Définition	Champs d'application
Linguistique	Capacité d'utiliser et de comprendre les mots et les nuances de sens	Écriture, édition, traduction
Logicomathématique	Capacité de manipuler les nombres et de résoudre des problèmes logiques	Science, affaires, médecine
Musicale	Capacité de percevoir et de créer des modèles de mélodies et de rythmes	Composition et direction musicale
Spatiale	Capacité de trouver son chemin dans un environnement donné et d'établir des relations entre les objets dans l'espace	Architecture, menuiserie, urbanisme
Kinesthésique	Capacité de se mouvoir de façon précise	Danse, sport, chirurgie
Interpersonnelle	Capacité de comprendre les autres et de communiquer avec eux	Enseignement, théâtre, politique
Intrapersonnelle	Capacité de se comprendre soi-même	*Counseling*, psychiatrie, psychologie
Naturaliste	Capacité de distinguer les espèces	Chasse, pêche, agriculture, jardinage, cuisine
Existentialiste	Capacité de se questionner sur le sens des choses	Philosophie, direction spirituelle

Source: Adapté de Gardner, 1993, 1999.

Être très intelligent dans un domaine ne signifie pas nécessairement qu'on l'est également dans un autre. Une personne peut donc avoir un QI peu élevé et être en même temps très douée en art (capacité spatiale), en précision de mouvement (kinesthésique), en relations sociales (interpersonnelle) ou en compréhension de soi (intrapersonnelle). Ainsi, dans la mise en situation, Sophia, qui se démarque par l'originalité et la qualité de ses dessins, pourrait avoir une intelligence spatiale largement développée malgré un QI plus faible.

La théorie triarchique de l'intelligence de Sternberg

La **théorie triarchique de l'intelligence** établie par Sternberg identifie trois éléments dans l'intelligence : le compositionnel, l'expérientiel et le contextuel. Tout individu posséderait chacun de ces éléments, mais à différents degrés. L'**élément compositionnel** désigne l'aspect analytique de l'intelligence ; il détermine l'efficacité du traitement de l'information. Il permet de résoudre des problèmes, de trouver des solutions et d'évaluer les résultats. L'**élément expérientiel** correspond à l'aspect créatif ; il détermine la façon de réagir à la nouveauté. Il permet aux individus de comparer une nouvelle information avec ce qu'ils connaissent déjà et de trouver de nouvelles manières d'envisager les choses. En d'autres termes, il permet d'avoir une pensée originale. Enfin, l'**élément contextuel** désigne l'aspect pratique ; il détermine l'adaptation d'un individu à son environnement. Il permet d'évaluer une situation et d'y réagir, que ce soit en s'adaptant, en changeant la situation ou en l'évitant.

Les tests d'intelligence traditionnels mesurent surtout l'élément compositionnel. Étant donné que cet élément correspond aux habiletés exigées dans les tâches scolaires, il n'est donc pas étonnant que ces tests soient de bons prédicteurs de la réussite scolaire. Cependant, le fait que ces tests ne tiennent pas compte de l'élément expérientiel (créatif) et de l'élément contextuel (pratique) pourrait expliquer, selon Sternberg, pourquoi ils sont moins utiles pour prédire le succès dans la vie de tous les jours. Selon des études menées au Kenya et en Alaska, le **savoir tacite** des enfants de certaines communautés dans des domaines aussi pratiques que la chasse, la pêche et l'utilisation d'herbes médicinales – un savoir glané de façon informelle et non enseigné de manière explicite – ne présente d'ailleurs aucune corrélation avec les mesures traditionnelles de l'intelligence (Sternberg, 2004).

Les autres mesures de l'intelligence

Nous avons jusqu'à présent surtout parlé des tests de QI, mais il existe d'autres tests individuels qui ont été conçus pour évaluer les habiletés cognitives des enfants ayant des besoins spéciaux (par exemple, ceux souffrant d'autisme ou présentant un trouble auditif ou langagier) et celles des enfants qui proviennent de milieux culturels et linguistiques différents. Le plus connu est le K-ABC-II (Kaufman Assessment Battery for Children), qui s'adresse aux enfants de 3 à 18 ans. Ce test rassemble plusieurs sous-tests destinés à minimiser les instructions et les réponses verbales, ainsi que des éléments présentant un contenu culturel restreint (Kaufman et Kaufman, 1983, 2003).

Par ailleurs, l'**évaluation dynamique**, basée sur les théories de Vygotsky, met l'accent sur le potentiel de l'enfant plutôt que sur ses acquis actuels, comme le font les tests traditionnels. Cette forme d'évaluation cherche à saisir la nature dynamique de l'intelligence en proposant des éléments qui dépassent le niveau de compétence courant de l'enfant et en mesurant directement le processus d'apprentissage sans passer par ce que l'enfant a déjà appris (Sternberg, 2004). Lorsque cela s'avère nécessaire, l'évaluateur aide l'enfant à accomplir la tâche par des questions dirigées, des exemples ou des démonstrations, et ce, en lui offrant une rétroaction. Le test devient alors lui-même une situation d'apprentissage, et la différence entre les éléments auxquels l'enfant est capable de répondre seul et ceux pour lesquels il doit être aidé constitue la zone proximale de développement. En identifiant ce que l'enfant est prêt à apprendre et l'importance de l'aide dont il a besoin, le test dynamique peut donc procurer plus de renseignements utiles aux enseignants que les tests psychométriques et les guider dans leurs interventions pour aider les enfants à atteindre leur plein potentiel.

Théorie triarchique de l'intelligence
Selon Sternberg, théorie du développement de l'intelligence qui identifie trois éléments dans l'intelligence : le compositionnel, l'expérientiel et le contextuel.

Élément compositionnel
Aspect analytique de l'intelligence qui détermine l'efficacité du traitement de l'information.

Élément expérientiel
Aspect créatif de l'intelligence qui détermine la façon de réagir à la nouveauté.

Élément contextuel
Aspect pratique de l'intelligence qui détermine l'adaptation à son environnement.

Savoir tacite
Connaissances qui ne sont pas enseignées formellement, mais qui sont néanmoins nécessaires pour avancer dans la vie.

Évaluation dynamique
Procédure qui consiste à aider l'enfant lors de l'évaluation, de façon à déterminer ses capacités à tirer profit d'un entraînement.

Faites le POINT

4 Selon Piaget, quels sont les progrès cognitifs réalisés au stade des opérations concrètes ?

5 Décrivez les trois stades de raisonnement moral définis par Piaget.

6 Précisez comment les améliorations dans le traitement de l'information peuvent aider l'enfant dans les tâches de conservation décrites par Piaget.

7 Expliquez la controverse soulevée au sujet des tests de quotient intellectuel.

7.3 L'évolution du langage : la communication

Le langage évolue considérablement au cours de cette période de l'enfance qui s'étend de six à onze ans. En effet, l'enfant comprend et interprète mieux les messages, et il réussit davantage à se faire comprendre, ce qui améliore considérablement ses habiletés de communication.

7.3.1 Le vocabulaire, la grammaire et la syntaxe

À mesure que le vocabulaire s'accroît, les enfants d'âge scolaire utilisent des termes de plus en plus précis. Ils apprennent, par exemple, qu'un verbe comme «poser» peut avoir plusieurs significations (poser une question, poser pour une affiche, poser un décor, poser son colis, se poser sur la piste, etc.), en plus d'être capables, d'après le contexte, de savoir laquelle de ces significations s'applique. Les figures de style comme les comparaisons ou les métaphores sont de plus en plus utilisées. Néanmoins, même si l'enfant de six ans peut déjà manier une grammaire assez complexe, il utilise encore rarement des phrases à la forme passive et des tournures conditionnelles.

La compréhension des règles de syntaxe (l'organisation des mots dans la phrase) se raffine avec l'âge. Ainsi, la plupart des enfants de six ans croient par exemple que les phrases «Jean a promis à Gilles d'aller au garage.» et «Jean a dit à Gilles d'aller au garage.» veulent toutes les deux dire que Gilles ira au garage. Ils n'ont donc pas encore maîtrisé les constructions grammaticales utilisant un verbe comme «promettre» tel qu'employé dans la première phrase, même s'ils savent ce qu'est une promesse, et qu'ils sont capables d'utiliser ce mot et de le comprendre correctement dans d'autres phrases. En revanche, à huit ans, la plupart des enfants interprètent correctement les deux phrases. Ils parviennent maintenant à considérer la **sémantique** d'une phrase (le sens des mots) comme un tout, au lieu de se concentrer sur les mots les uns après les autres. Les enfants plus âgés utilisent aussi davantage de propositions subordonnées («Le garçon *qui livre les journaux* a frappé à la porte.»). Toutefois, ce n'est qu'au début de l'adolescence, au moment où les progrès cognitifs permettront de faire des raisonnements plus complexes, qu'ils utiliseront régulièrement des constructions de phrases commençant par *cependant*, *quoique* ou *toutefois* (Owens, 1996).

Sémantique
Compréhension de la signification des mots et des phrases.

Pragmatique
Ensemble des règles linguistiques qui régissent l'utilisation du langage pour la communication.

7.3.2 La pragmatique : la capacité de communiquer

Le domaine dans lequel les enfants progressent le plus à l'âge scolaire est la **pragmatique,** c'est-à-dire l'utilisation du langage pour communiquer, qui inclut aussi les habiletés de conversation et les habiletés de narration.

Un bon communicateur décèle facilement un problème de communication et fait de son mieux pour y remédier. Sur ce plan, il existe de grandes différences individuelles, puisque certains enfants de sept ans ont une meilleure conversation que certains adultes (Anderson, Clark et Mullin, 1994). On note aussi des différences selon le genre. Ainsi, dans une étude où des garçons et des filles devaient travailler ensemble pour résoudre des problèmes mathématiques, les garçons avaient tendance à utiliser plus d'affirmations autoritaires et à provoquer plus d'interruptions négatives, alors que les filles formulaient leurs remarques de manière plus conciliante. De plus, la communication entre les enfants avait tendance à être plus marquée par la collaboration lorsqu'ils travaillaient avec un partenaire du même sexe (Leman, Ahmed et Ozarow, 2005).

Lorsque les enfants de six ou sept ans racontent des histoires, ils rapportent souvent une expérience personnelle. La plupart d'entre eux peuvent répéter l'intrigue d'une courte histoire ou d'un film et faire des liens entre les motifs d'une action, l'action et

7.13 **Les habiletés de communication**

L'aspect du développement du langage qui s'améliore le plus à l'âge scolaire est son utilisation pour communiquer.

ses conséquences. Vers sept ou huit ans, l'enfant raconte des histoires plus longues et plus complexes, mais ses récits ont encore souvent un début et une fin classiques (du type « Il était une fois... » et « Ils vécurent heureux... » ou tout simplement « Fin »). Le vocabulaire utilisé est plus varié qu'auparavant, mais les personnages ne grandissent pas et ne changent pas vraiment, et les intrigues ne sont pas encore complètement développées. L'enfant plus âgé, lui, situe généralement la scène en décrivant le décor et en présentant les personnages, et il indique clairement les changements de temps et de lieux pendant l'histoire. Il construit aussi des épisodes plus complexes que l'enfant plus jeune, mais contenant moins de détails superflus. Il se concentre enfin davantage sur les motifs et les pensées des personnages, et réfléchit à la manière de résoudre les problèmes dans l'intrigue.

Comme nous le verrons dans le chapitre suivant, les habiletés de communication de l'enfant d'âge scolaire sont mises à profit dans ses relations avec les autres et ont un impact réel sur sa popularité auprès de ses pairs.

7.3.3 La littératie

Le fait d'apprendre à lire et à écrire, qui demeure l'un des principaux objectifs du programme scolaire, libère les enfants des contraintes de la communication en face à face en leur donnant accès aux idées et à l'imagination de personnes vivant dans des pays éloignés ou venant d'une autre époque.

L'identification des mots

L'enfant peut identifier un mot écrit de deux façons différentes. La première est appelée le *décodage* : l'enfant « prononce » le mot en traduisant oralement ce qu'il voit. Pour ce faire, l'enfant doit maîtriser le code phonétique, qui détermine quel son correspond aux lettres écrites. La deuxième est la *reconnaissance visuelle* : l'enfant regarde simplement le mot et se le remémore.

Ces deux méthodes ont inspiré des approches différentes dans l'apprentissage de la lecture. L'approche qui met l'accent sur le décodage est appelée **approche phonétique,** tandis que celle qui met l'accent sur la reconnaissance visuelle et l'utilisation d'indices contextuels est appelée **approche globale.** Cette dernière approche est basée sur la croyance que les enfants peuvent apprendre à lire et à écrire naturellement, de la même manière qu'ils apprennent à utiliser le langage. Les partisans de cette approche affirment que l'enfant apprend à lire avec une meilleure compréhension et avec plus de satisfaction lorsqu'il perçoit la langue écrite comme une façon d'obtenir de l'information et d'exprimer des idées et des sentiments, au lieu de la voir comme un système de sons et de syllabes isolés qui doivent être appris par cœur.

Malgré la popularité de l'approche globale, les recherches appuient toutefois peu ces affirmations. On reproche en effet à la méthode globale d'encourager l'enfant à lire le texte en diagonale, à deviner les mots et leur signification, et à négliger la correction de ses erreurs de lecture ou d'orthographe. Selon les détracteurs de cette méthode, la lecture est une compétence qui doit être enseignée, le cerveau n'étant pas programmé pour l'acquérir sans apprentissage. Une longue série de recherches soutient d'ailleurs cette idée qu'une conscience phonologique et un entraînement phonétique précoces constituent les éléments de base pour un bon apprentissage de la lecture (Jeynes et Littell, 2000).

De nombreux experts recommandent à l'heure actuelle de combiner les points forts des deux approches afin de permettre à l'enfant d'apprendre à la fois les compétences phonétiques et les stratégies qui lui permettront de comprendre ce qu'il lit. Étant donné que les habiletés de lecture résultent de plusieurs fonctions situées dans différentes régions du cerveau, un enseignement basé uniquement sur une sous-compétence particulière (phonétique ou compréhension) présente sans doute moins de chance de réussite (Byrnes et Fox, 1998). Les enfants qui peuvent recourir selon le cas à la méthode visuelle et à celle basée sur la phonétique (et utiliser alors à la fois la

Approche phonétique
Approche d'enseignement de la lecture qui met l'accent sur le décodage de mots inconnus.

Approche globale
Approche d'enseignement de la lecture qui met l'accent sur la reconnaissance visuelle et sur l'utilisation d'indices contextuels.

remémoration visuelle pour les mots familiers et le décodage phonétique pour les mots nouveaux) deviennent d'ailleurs des lecteurs plus chevronnés et plus polyvalents (Siegler, 1998).

La compréhension de textes

Les processus sous-jacents à la compréhension de textes écrits sont identiques à ceux qui régissent la mémoire. Ainsi, plus l'identification des mots devient automatique, plus la capacité de la mémoire de travail augmente, et plus l'enfant est capable de se concentrer sur le sens de ce qu'il lit. De nouvelles stratégies, plus sophistiquées, permettent également à l'enfant d'ajuster sa vitesse de lecture et son attention en fonction de l'importance et du degré de difficulté de ce qu'il lit. Ainsi, la **métacognition,** soit la conscience de la façon dont son esprit fonctionne, permet à l'enfant de contrôler la compréhension de ce qu'il lit et de développer des stratégies adaptées, telles que relire les passages difficiles, lire plus lentement, essayer de visualiser ce qui est décrit ou retenir des exemples.

Métacognition
Compréhension du fonctionnement de ses propres processus mentaux.

Toutefois, certains enfants apprennent à lire plus facilement que d'autres, et ce, quelle que soit la méthode utilisée. Ces différences individuelles proviennent de facteurs génétiques ; elles ont tendance à demeurer stables tout au long des études primaires, même si l'environnement continue d'exercer son influence (Harlaar, Dale et Plomin, 2007). Néanmoins, les enfants qui ont des difficultés de lecture dès le départ ne sont pas nécessairement condamnés à l'analphabétisme. En effet, une étude longitudinale qui a suivi des enfants de première année ayant de faibles résultats en lecture a montré qu'environ 30 % d'entre eux avaient progressé vers des résultats situés dans la moyenne entre la deuxième et la quatrième année. Les enfants qui s'étaient le plus améliorés étaient ceux qui, dès la maternelle, avaient un meilleur comportement en classe, ce qui leur permettrait d'être plus attentifs et de profiter davantage de l'enseignement (Spira, Bracken et Fischel, 2005).

L'écriture

L'acquisition de l'écriture va de pair avec l'apprentissage de la lecture. De la même façon dont l'enfant apprend à traduire le mot écrit en parole, il apprend également à utiliser des mots écrits pour exprimer des idées, des pensées et des sentiments. Comme nous l'avons vu lorsque nous avons abordé la question de la motricité fine, l'enfant parvient à faire la distinction entre dessiner et écrire lorsqu'il prend conscience que l'écriture comporte des signes graphiques aux formes précises et que ces signes sont agencés d'une certaine façon dans l'espace (Levin et Bus, 2003). Il prend conscience en même temps que les mots peuvent se diviser en segments (les syllabes) et qu'il est possible de coder les sons de ces syllabes avec des lettres. Les apprentissages scolaires visent justement à lui faire connaître ces règles de codage.

7.14 **L'apprentissage de la lecture et de l'écriture**

Les enfants apprennent à exprimer des idées et des pensées par l'écriture, de la même façon qu'ils apprennent à traduire ces codes écrits par la lecture.

Écrire est difficile pour le jeune enfant. C'est pourquoi les premiers textes qu'il compose sont généralement très courts. Par ailleurs, les devoirs écrits proposés par l'école portent souvent sur des sujets inconnus. L'enfant doit alors rassembler et organiser différentes informations issues de sa mémoire à long terme et de diverses autres sources. Or, contrairement à la conversation, qui lui offre une rétroaction constante, l'écriture demande à l'enfant de juger par lui-même si l'objectif a bien été atteint. L'enfant doit aussi garder à l'esprit un certain nombre d'autres contraintes : l'orthographe, la ponctuation, la grammaire, de même que la tâche physique de base reliée à la formation des lettres (Siegler, 1998).

Nous avons vu comment l'enfant franchit, vers l'âge de six ans, une transition importante en quittant le stade préopératoire pour celui des opérations concrètes. Ce n'est donc pas sans raison si l'âge de l'entrée en première année est fixé à six ans au 30 septembre. En effet, c'est généralement à partir de cet âge que les progrès cognitifs de l'enfant vont lui permettre de réaliser les apprentissages requis par l'école.

8 Expliquez comment évoluent les habiletés de communication chez l'enfant d'âge scolaire.

9 Comparez les deux principales approches dans l'apprentissage de la lecture.

10 Pourquoi est-il plus difficile pour un enfant d'apprendre à écrire que d'apprendre à lire?

7.4 La scolarisation

L'entrée à l'école représente une transition majeure dans la vie de l'enfant et les premières expériences qu'il y vit sont souvent décisives pour la mise en place des bases nécessaires à ses futurs succès ou échecs scolaires. Voyons comment l'entourage familial et le milieu scolaire vont influencer le cheminement de l'enfant.

7.4.1 L'écologie de la réussite scolaire

Selon le modèle bioécologique de Bronfenbrenner, chaque niveau d'influence a des répercussions sur la réussite scolaire de l'enfant. Ce dernier arrive en effet à l'école avec un bagage accumulé depuis la petite enfance qui inclut son tempérament, ses habiletés interpersonnelles, son estime de soi, ses habiletés cognitives et son attitude à l'égard des expériences nouvelles. Muni de ce bagage, il va devoir évoluer dans un cadre d'apprentissage particulier, dans un contexte où il reçoit certains messages de ses pairs, par exemple «ce n'est pas cool d'être intelligent», et de son milieu culturel élargi. Or, l'ensemble de ces facteurs va jouer un rôle significatif dans sa réussite scolaire.

La confiance en soi de l'enfant

Les élèves qui éprouvent un sentiment d'efficacité personnelle élevé se croient capables de maîtriser le travail scolaire et de contrôler leurs propres apprentissages. Ils sont aussi plus susceptibles de réussir à l'école que ceux qui doutent de leurs capacités (Bandura *et al.*, 1996). Ces élèves qui font preuve d'autorégulation se fixent des objectifs stimulants et utilisent les stratégies appropriées pour les atteindre. Ils travaillent fort, persistent malgré les difficultés et demandent de l'aide lorsque c'est nécessaire. À l'inverse, les élèves qui ne croient pas en leurs capacités tendent à devenir frustrés et déprimés, ce qui rend leur réussite scolaire encore plus improbable.

Le sexe de l'enfant

Les filles ont tendance à mieux réussir à l'école que les garçons et elles ont, en moyenne, de meilleurs résultats qu'eux dans toutes les matières, sauf en sciences. Elles sont moins susceptibles de redoubler et connaissent moins de problèmes à l'école (Halpern *et al.*, 2007). Cet écart est présent aussi bien aux États-Unis qu'au Canada ou au Québec. Le décrochage scolaire est d'ailleurs un phénomène qui touche beaucoup plus de garçons que de filles et même si le taux de décrochage est en baisse constante depuis les années 1990, l'écart entre les garçons et les filles, lui, reste stable. Ainsi, en 2005-2006, 11,2 % des garçons contre 7 % des filles n'obtenaient pas leur diplôme d'études secondaires (Statistique Canada, 2006).

Comment se fait-il que les écarts entre les garçons et les filles soient si grands? Certains attribuent ces écarts à la «féminisation» d'un monde scolaire où les femmes sont les plus nombreuses et où l'enseignement est basé sur des valeurs dites féminines. Le processus d'identification des garçons au genre masculin les amènerait ainsi à repousser les valeurs associées à la réussite scolaire (comme la persévérance), parce qu'ils les considèrent comme des valeurs féminines. Par ailleurs, le fait que les mères soient plus présentes que les pères dans le suivi scolaire influencerait peut-être aussi la perception du garçon, qui peut associer les apprentissages scolaires à une «affaire de femmes» (Bouchard, 2003). Bien qu'elle ne soit pas totalement fausse, cette explication est cependant insuffisante. On sait, par exemple, que les garçons ont besoin de bouger davantage et d'être plus actifs dans leurs apprentissages que les filles, ce qui pourrait alors mettre en cause les méthodes pédagogiques qu'on utilise avec eux.

Depuis une dizaine d'années, le problème de la réussite scolaire des garçons interpelle de nombreux acteurs de la société québécoise qui se questionnent sur différentes stratégies à mettre en place. La fin de la mixité, l'ajout d'activités sportives sur l'heure du midi ainsi que des interventions psychosociales visant à modifier la perception négative que les garçons ont de l'école sont autant de pistes de solutions qui sont avancées (Saint-Amant, 2004). La pédagogie par projet, implantée depuis quelques années au Québec, suscitera peut-être davantage l'intérêt des garçons que ne le font les méthodes plus classiques, avec lesquelles l'enfant doit apprendre de façon passive. La question du décrochage des garçons est prise au sérieux. Pour preuve, le ministère de l'Éducation, du Loisir et du Sport a annoncé en 2009 qu'un plan d'intervention devrait s'attaquer prochainement à cette question.

Le rôle de la famille

Les parents des enfants qui réussissent le mieux savent créer un environnement propice à l'apprentissage (une place pour étudier, un horaire faisant place aux devoirs, des heures de télévision réduites, etc.). Ils démontrent aussi de l'intérêt pour la vie scolaire de l'enfant et s'impliquent dans les activités de l'école (Hill et Taylor, 2004). Enfin, ils demeurent disponibles pour offrir un accompagnement à l'enfant dans ses devoirs à la maison (*voir l'encadré 7.1*).

Pour encourager leurs enfants, certains parents ont recours à la motivation extrinsèque (basée sur des ressources externes): ils offrent de l'argent ou des cadeaux en récompense pour les bonnes notes et ils punissent pour les mauvaises. D'autres encouragent plutôt leurs enfants à développer une motivation intrinsèque (basée sur des ressources internes) en les félicitant pour leur travail et en valorisant leurs efforts, ce qui s'avère en réalité beaucoup plus efficace que le recours aux moyens extrinsèques. Les enfants développent ainsi le plaisir de travailler et le sentiment de leur efficacité personnelle.

Le style éducatif des parents peut également influencer la motivation de l'enfant et, par conséquent, son succès scolaire. Une étude a montré que les enfants qui ont des parents démocratiques sont ceux qui réussissent le mieux à l'école. Ces enfants sont curieux et désireux d'apprendre; ils aiment les tâches qui représentent un défi et ils prennent plaisir à résoudre des problèmes par eux-mêmes. Les parents de style autoritaire qui surveillent de près leurs enfants afin qu'ils fassent leurs devoirs, qui les supervisent et qui utilisent des motivations extrinsèques ont tendance à avoir au contraire des enfants qui réussissent moins bien. C'est aussi le cas des parents permissifs qui ne semblent pas se préoccuper de ce que l'enfant fait à l'école (Guinsburg et Bronstein, 1993).

Le niveau socioéconomique

Le niveau socioéconomique de la famille est un autre facteur important de la réussite scolaire. Son influence s'exerce à travers l'ambiance familiale, le voisinage, la qualité des écoles disponibles, les attentes des parents, ainsi que dans la façon dont ces derniers élèvent leurs enfants. L'écart entre les enfants avantagés et désavantagés a tendance à s'accroître avec les années. Le taux d'élèves non diplômés du secondaire serait ainsi deux fois plus élevé dans les milieux socioéconomiques moins favorisés (Bouchard et Saint-Amant, 2000). Les enfants à faibles revenus ne récupèrent donc jamais leur retard, lequel se poursuit jusqu'au secondaire et même jusqu'à la fin des études collégiales (Alexander *et al.*, 2007). Par ailleurs, les vacances d'été et les différences d'expérience et d'apprentissage que les enfants ont durant cette période contribuent également à creuser l'écart.

Il est important de souligner que plusieurs enfants provenant de milieux défavorisés réussissent tout de même bien à l'école. En effet, ce qui fait la différence, c'est le **capital social,** c'est-à-dire les ressources familiales et communautaires sur lesquelles ces

Capital social
Ressources familiales et communautaires sur lesquelles les enfants peuvent compter.

Pour ou contre les devoirs à la maison?

Les revirements historiques sur la question des devoirs à la maison reflètent les changements survenus dans la philosophie de l'éducation. Au cours du XIXᵉ siècle, l'intelligence était en effet considérée comme un muscle, et les devoirs et les leçons, comme un moyen de l'exercer. Les mouvements anti-devoirs affirmaient néanmoins déjà que les travaux scolaires, qui s'étiraient jusque tard dans la soirée, compromettaient la santé physique et émotionnelle des enfants et nuisaient à la vie de famille. Vers les années 1940, avec la popularité de l'éducation centrée sur les enfants, les devoirs ont diminué. Un peu plus tard, soit à l'époque de la conquête spatiale et de l'importance accrue accordée aux sciences et aux mathématiques, certains parents ont alors réclamé davantage de devoirs.

Selon une enquête menée au Canada en 2007 et portant sur l'attitude des Canadiens à l'égard de l'apprentissage, les parents d'aujourd'hui sont généralement favorables aux devoirs à la maison. En effet, plus de 80% d'entre eux estiment que les devoirs favorisent l'apprentissage et qu'ils aident à développer de bonnes habitudes de travail (Conseil canadien sur l'apprentissage, 2008). Les tenants des devoirs affirment que ces derniers permettent de discipliner le cerveau, de développer de bonnes habitudes de travail, d'améliorer la mémoire et de permettre aux élèves d'assimiler plus de contenu. Il est vrai que les devoirs, en sollicitant l'implication des parents, constituent aussi un pont entre la famille et l'école. Toutefois, les opposants affirment qu'un trop-plein de devoirs conduit à la lassitude, à l'anxiété et à la frustration. Pour eux, les devoirs mettent une pression inutile sur les enfants et créent des tensions entre les parents et les enfants; ils découragent la motivation intrinsèque et grugent aussi du temps à d'autres activités bénéfiques. Enfin, selon eux, l'«aide» des parents peut être contre-productive si les parents deviennent trop intrusifs ou s'ils utilisent des méthodes qui entrent en conflit avec celles utilisées à l'école. Ces opposants aux devoirs souhaiteraient au moins que soient bannis les devoirs pour les jeunes enfants.

Les recherches sur cette question apportent cependant un point de vue plus nuancé. Elles reconnaissent que les devoirs peuvent améliorer la réussite, mais notent qu'il en résulte aussi certains coûts (Larson et Verma, 1999). Ainsi, une revue complète de 120 études a démontré que même si les devoirs présentent des bénéfices certains pour les élèves

vers la fin du secondaire, leurs avantages, comparativement à l'étude en classe, demeurent moyens pour ceux qui débutent et sont presque nuls pour les élèves du primaire. Les devoirs semblent aussi être plus efficaces quand ils ne sont pas trop compliqués, quand ils ne concernent pas un sujet totalement nouveau ou inconnu, quand ils sont répartis sur plusieurs tâches et quand la nécessité d'implication des parents demeure minimale. En outre, si les élèves du secondaire qui passent plus de temps à faire des devoirs ont tendance à avoir de meilleures notes, cela est moins vrai pour les élèves du primaire (Cooper *et al.*, 1999). Selon les recherches, deux ou trois périodes de devoirs de 15 minutes par semaine devraient donc suffire au primaire, contre quatre ou cinq périodes de 75 à 120 minutes à la fin du secondaire. Enfin, au lieu de noter les devoirs, les enseignants devraient plutôt s'en servir pour identifier les problèmes d'apprentissage des élèves.

Les devoirs ont donc une certaine utilité, mais seulement s'ils sont utilisés avec modération et s'ils sont adaptés au niveau de développement de l'enfant. Chez les jeunes enfants, ils contribuent à développer de bonnes habitudes de travail et à réaliser que l'apprentissage peut aussi se faire à la maison. Au début du secondaire, un mélange de devoirs facultatifs et obligatoires peut motiver les élèves à se fixer des objectifs relativement à des sujets qui les intéressent, alors qu'à la fin du secondaire, les devoirs permettent de revoir, d'exercer et d'intégrer ce qui a été appris en classe.

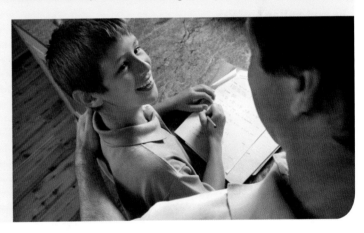

enfants peuvent compter. Ainsi, dans le cadre d'une recherche expérimentale américaine qui s'est échelonnée sur trois ans, on a augmenté le salaire des parents de manière à ce que leurs revenus se situent au-dessus du seuil de pauvreté et on leur a offert également un montant d'argent supplémentaire destiné aux soins de santé des enfants. Ces parents ont alors manifesté moins de stress et plus d'optimisme que le groupe témoin, et leurs enfants d'âge scolaire ont amélioré à la fois leur comportement et leur rendement scolaire. Deux ans après la fin du programme, son impact sur la réussite scolaire et la motivation des enfants s'était maintenu (Huston *et al.*, 2005).

L'influence du groupe de pairs

Le groupe de pairs tend également à avoir une influence sur la performance de l'enfant. En effet, lorsque celui-ci valorise la réussite scolaire, on note un effet d'entraînement chez l'enfant qui, en voulant s'identifier à son groupe, va valoriser à son tour la participation à l'école. En outre, puisque les enfants ont tendance à se regrouper avec ceux qui ont des performances scolaires similaires, les apprentissages nécessaires à la réussite scolaire tels que la persévérance, la détermination ou le dynamisme peuvent être imités par les enfants d'un même groupe (Gagnon, 1999).

Les relations famille-école

La participation du parent à la vie scolaire diminue également les problèmes de comportements des enfants et augmente à la fois leur perception positive de l'école et leurs résultats scolaires. C'est pourquoi la communication entre la famille et l'école est primordiale. Une étude révèle que plus les parents font confiance à l'enseignant, plus ils ont l'occasion de parler avec lui des progrès de leur enfant ou de leurs préoccupations à son sujet, plus l'enfant se sent à l'aise à l'école et plus il s'ajuste à son environnement (Deslandes et Jacques, 2004). Les échanges avec l'école ont donc des effets bénéfiques sur l'enfant s'ils sont positifs, efficaces et bidirectionnels, et si chacune des deux parties respecte les valeurs et les compétences de l'autre. L'approche de l'*empowerment*, dont nous avons parlé dans le chapitre 6, peut aussi s'appliquer au contexte scolaire. Miron (2004) note en effet que les parents perçoivent plus favorablement le milieu scolaire lorsque les relations famille-école sont basées sur l'*empowerment*. L'effet positif de celui-ci se répercute sur l'estime de soi des parents ainsi que sur leurs sentiments de contrôle à l'endroit du milieu scolaire fréquenté par leur enfant. Les parents se sentant alors valorisés et respectés dans leurs rapports avec l'école, les chances de réussite de l'enfant augmentent.

Les pratiques pédagogiques

Comment l'école peut-elle favoriser le développement de l'enfant? Tout au long du XXᵉ siècle, plusieurs philosophies de l'éducation contradictoires se sont succédé, allant de l'apprentissage par cœur aux modèles sociocognitifs, en passant par la pédagogie ouverte et de nombreuses autres théories éducatives. L'encadré 7.2, qui traite de la motivation scolaire, fait référence à l'un de ces modèles d'intervention pédagogique.

ENCADRÉ 7.2 🔊 **PAROLES D'EXPERT**

La motivation scolaire

Roch Chouinard

Professeur et chercheur à la faculté des sciences de l'éducation de l'Université de Montréal

Roch Chouinard œuvre dans le domaine de l'éducation depuis plus de 30 ans. Son doctorat en psychologie de l'UQAM l'a amené à s'intéresser à la métacognition et aux facteurs, internes et externes, qui agissent sur le niveau d'engagement des élèves dans les études. Actuellement en poste au département de psychopédagogie et d'andragogie de la faculté des sciences de l'éducation de l'Université de Montréal, il consacre une grande partie de ses recherches à la question de la motivation scolaire.

Comment susciter la motivation chez les élèves et comment hausser leur persévérance? Les résultats de recherches de Roch Chouinard montrent que la relation que l'enfant entretient avec son ou ses enseignants constitue un important facteur de motivation pour la poursuite de ses études. «Si un enfant n'aime pas son enseignant, il n'aimera pas la matière enseignée.» Les parents exercent, bien sûr, une influence indiscutable sur la réussite scolaire de leur enfant, mais l'enseignant a lui aussi un impact majeur sur la motivation de ses élèves. En effet, le fait qu'un enfant se sente compétent ou non dans un domaine tient davantage de l'évaluation de l'enseignant que des encouragements des parents, particulièrement au secondaire (Chouinard, Karsenti et Roy, 2007).

Mais qu'est-ce qu'un «bon prof»? Selon Roch Chouinard, en plus d'être un expert des contenus qu'il enseigne, un bon prof est capable d'établir une relation de soutien et de confiance avec ses élèves. Il est capable de trouver la façon de faire jaillir l'étincelle qui vient éveiller la curiosité de l'enfant, de lui donner confiance en ses capacités et de l'amener à se surpasser. Un bon prof est capable d'adapter ses pratiques aux besoins des élèves, il sait doser le type et la nature de ses interventions. Il n'est pas centré uniquement sur lui-même ou sur les connaissances à transmettre, mais s'intéresse aussi au climat du groupe et aux besoins de ses élèves. Les qualités relationnelles de l'enseignant sont tout aussi importantes que ses connaissances disciplinaires.

Roch Chouinard a mis au point un modèle intitulé CLASSE et dont chaque lettre du nom représente une dimension ou une piste d'intervention pouvant contribuer à soutenir la motivation des élèves: **C**onceptions, **L**atitude, **A**mbiance, **S**ituations d'apprentissage, **S**outien et **É**valuation (Archambault et Chouinard, 2009). Ce modèle d'intervention pédagogique offre aux enseignants un cadre auquel ils peuvent se référer pour favoriser l'engagement de leurs élèves. En outre, Roch Chouinard s'est penché sur la question de la motivation et de ses possibles différences chez les garçons et les filles. Même si les différences individuelles demeurent beaucoup plus importantes et plus nombreuses que les différences intergenre, les résultats font néanmoins ressortir quelques éléments significatifs. Par exemple, les filles ont tendance à attribuer davantage leurs succès à l'effort fourni, tandis que les garçons ont plutôt tendance à penser qu'ils sont une conséquence de leur habileté ou de leur intelligence, et ce, particulièrement en mathématiques. De plus, la baisse de motivation durant le secondaire semble moins toucher les filles que les garçons (Chouinard et Roy, 2008). Les recherches de Roch Chouinard montrent cependant que, même si la motivation des élèves connaît une baisse significative lors du passage du primaire au secondaire, cette diminution est beaucoup moins marquée chez les élèves qui maintiennent de bonnes relations avec leurs enseignants. L'enseignant joue ainsi un rôle primordial dans la motivation et l'engagement de l'élève, et c'est pourquoi il est essentiel selon lui que la société le reconnaisse et qu'elle valorise davantage la profession enseignante.

De nombreux éducateurs recommandent aujourd'hui d'intégrer à l'enseignement donné aux enfants des projets reliés à leurs champs d'intérêt et à leurs talents naturels. Selon ces éducateurs, il faut favoriser les projets coopératifs et la résolution de problèmes pratiques, car les élèves apprennent mieux lorsqu'on utilise différents moyens d'apprentissage et qu'on met l'accent sur la créativité et les habiletés pratiques autant que sur la mémorisation et l'esprit critique (Sternberg et Horvath, 1998).

L'utilisation des ordinateurs et la possibilité de naviguer dans Internet à l'école ouvrent de nouvelles avenues: apprentissage individualisé, communications élargies et développement précoce des habiletés de recherche. Toutefois, ces nouveaux outils représentent aussi un danger. Au-delà du risque d'être exposé à de l'information pernicieuse ou inappropriée, les jeunes doivent donc apprendre à exercer leur esprit critique afin d'évaluer la qualité de l'information trouvée et trier les faits des opinions ou des publicités.

Le PISA (Programme international pour le suivi des acquis des élèves), dirigé par l'OCDE, est axé principalement sur l'habileté à utiliser des connaissances scientifiques pour résoudre certains problèmes, mais il évalue aussi les habiletés de lecture et les résultats en mathématiques. Le PISA 2006 a évalué des élèves de 15 ans provenant de 57 pays. Si l'on se fie aux résultats de cette enquête, le Canada posséderait l'un des meilleurs systèmes d'éducation au monde, puisqu'il se classerait au troisième rang, juste après la Finlande et la Chine (OCDE, 2007).

7.15 **L'utilisation de l'ordinateur**

L'utilisation des ordinateurs et la possibilité de naviguer dans Internet ouvrent de nouvelles perspectives en éducation, mais les jeunes doivent néanmoins apprendre à exercer leur esprit critique à l'endroit de l'information qui peut y être véhiculée.

7.4.2 Quelques problèmes d'apprentissage

Si les écoles s'adaptent de plus en plus aux enfants provenant de différents milieux et de différentes cultures, elles doivent aussi tenir compte des enfants qui ont des besoins d'éducation particuliers, tels que les enfants qui présentent des problèmes d'apprentissage ou ceux qui sont plus doués que la moyenne.

La déficience intellectuelle

La **déficience intellectuelle** est définie comme étant un fonctionnement intellectuel situé bien en deçà de la moyenne. Elle s'accompagne d'un QI de 70 ou moins, ainsi que de lacunes importantes sur le plan de la communication et de la socialisation. La déficience intellectuelle apparaît avant l'âge de 18 ans; elle touche moins de 1% des enfants américains, et sensiblement le même nombre d'enfants au Québec (Institut de la statistique du Québec, 2006a). Dans près de la moitié des cas, sa cause reste inconnue. Les causes connues, elles, sont liées à des troubles génétiques, à des problèmes lors du développement de l'embryon (syndrome d'alcoolisation fœtale, par exemple), à des complications durant la grossesse et l'accouchement (malnutrition du fœtus, manque d'oxygène à la naissance, etc.) ou à des troubles physiques survenus dans l'enfance (traumatisme, empoisonnement au plomb, etc.). Plusieurs de ces causes de déficience intellectuelle peuvent faire l'objet de prévention (Woodruff *et al.*, 2004).

Déficience intellectuelle
Fonctionnement intellectuel situé bien en deçà de la moyenne et accompagné d'importantes lacunes sur le plan de la communication et de la socialisation.

Lorsque la déficience intellectuelle est faible ou modérée, les enfants déficients peuvent habituellement bénéficier d'une scolarisation. Un milieu favorable et stimulant dès les premières années et un encadrement soutenu favorisent le développement de ces enfants. La plupart d'entre eux peuvent donc aller à l'école jusqu'au secondaire, occuper ensuite un emploi, vivre dans leur communauté et fonctionner relativement bien en société. Toutefois, les enfants qui souffrent d'une déficience plus profonde nécessitent des soins constants, lesquels sont généralement prodigués en institution ou dans des centres dédiés à ce type de soins.

Les troubles d'apprentissage

Savez-vous ce qu'ont en commun l'acteur Tom Cruise, le joueur de baseball Nolan Ryan, le cinéaste Steven Spielberg, l'inventeur du téléphone Alexander Graham Bell et le savant Einstein? Ils sont tous des personnes célèbres qui, plus jeunes, ont souffert

Dyslexie
Dyslexie
Trouble d'apprentissage répandu qui rend la lecture et la rédaction difficiles ou impossibles.

de **dyslexie,** qui est le trouble d'apprentissage le plus souvent diagnostiqué. La dyslexie nuit à l'apprentissage de la lecture et elle est plus fréquente chez les garçons que chez les filles (Rutter *et al.,* 2004). Les enfants dyslexiques présentent des déficiences subtiles dans le langage parlé et écrit: ils confondent souvent le haut et le bas, la gauche et la droite, ils peuvent lire *lion* au lieu de *loin* et inversent également parfois les chiffres, *48* devenant *84.*

Les études utilisant l'imagerie cérébrale ont montré que la dyslexie résulte d'un défaut neurologique qui perturbe le traitement des sons (Shaywitz, Mody et Shaywitz, 2006). Plusieurs gènes contribueraient à ces perturbations (Kere *et al.,* 2005). Avec un entraînement systématique, la dyslexie peut être contrôlée et il est possible d'apprendre à lire à un enfant dyslexique. Cependant, le processus ne devient jamais vraiment automatique, comme il l'est pour la plupart des lecteurs (Eden *et al.,* 2004).

Trouble d'apprentissage
Dysfonctionnement pouvant influencer l'acquisition, l'organisation, la rétention, la compréhension ou le traitement de l'information verbale ou non verbale, et qui cause des problèmes de langage ou des difficultés en lecture et en mathématiques.

Les **troubles d'apprentissage** causent des dysfonctionnements qui peuvent exercer une influence négative sur l'acquisition, l'organisation, la rétention, la compréhension ou le traitement de l'information verbale ou non verbale, et causer à la fois des problèmes de langage et des difficultés en lecture et en mathématiques. Les enfants qui souffrent de ces troubles ont souvent une intelligence qui se situe dans la moyenne, voire au-dessus, mais ils semblent néanmoins avoir de la difficulté à traiter l'information sensorielle, malgré une vision et une audition normales. Ils sont moins orientés vers la tâche, et donc plus facilement distraits que les autres enfants. Ils sont aussi moins organisés dans leurs apprentissages et moins susceptibles d'utiliser des stratégies mnémoniques.

Même si certains facteurs environnementaux tels que des complications durant la grossesse ou à la naissance, des accidents ou une sous-alimentation peuvent être pointés du doigt, les recherches en génétique concluent que les troubles d'apprentissage seraient majoritairement causés par la présence de certains gènes (Plomin et Kovas, 2005).

Le trouble de déficit de l'attention/hyperactivité

Trouble de déficit de l'attention/ hyperactivité (TDAH)
Syndrome caractérisé par une inattention persistante dans des situations inappropriées, accompagnée ou non d'hyperactivité et d'impulsivité.

Le **trouble de déficit de l'attention/hyperactivité (TDAH)** est un syndrome caractérisé par l'inattention persistante, l'impulsivité, une faible tolérance à la frustration et une activité supérieure à la normale au mauvais moment et au mauvais endroit. Même si, jusqu'à un certain degré, ces comportements sont propres à tous les enfants, ils sont parfois tellement prononcés qu'ils nuisent à la vie scolaire et à plusieurs aspects de la vie quotidienne. Le musicien John Lennon, le sénateur Robert Kennedy et les acteurs Robin Williams et Jim Carrey sont quelques-unes des personnalités connues à avoir présenté ce trouble. On estime en effet que de 3 % à 11 % des individus seraient affectés par le TDAH. Ce taux varie grandement selon le genre, l'ethnie, la région géographique et certains facteurs contextuels, et pourrait également être partiellement lié aux pressions exercées sur les enfants pour qu'ils réussissent à l'école (Schneider et Eisenberg, 2006). Si ces symptômes ont tendance à diminuer avec l'âge, le TDAH peut toutefois persister jusqu'à l'adolescence ou à l'âge adulte.

7.16 **Le TDAH**

Le TDAH, qui aurait une forte composante génétique, est un trouble qui se manifeste par une inattention persistante, une grande impulsivité et une faible tolérance à la frustration.

Des études basées sur l'imagerie médicale révèlent que le cerveau des enfants qui souffrent du TDAH croît normalement: ses différentes régions épaississent puis amincissent à des moments différents de son développement. Toutefois, ce processus est retardé d'environ trois ans dans certaines parties du cerveau, et plus particulièrement dans les lobes frontaux. Or, ce sont ces régions frontales qui permettent à une personne de contrôler ses mouvements, de supprimer les pensées et les actions inappropriées, de concentrer son attention, de se souvenir d'un moment et de poursuivre un but. C'est la raison pour laquelle ces fonctions sont souvent perturbées chez les enfants présentant un TDAH. Le cortex moteur est la seule région qui se développe chez eux plus vite que la normale, une disparité qui pourrait expliquer l'impatience et l'agitation caractéristiques des enfants atteints par ce trouble (Shaw *et al.,* 2007).

Avec près de 80% d'héritabilité, le TDAH possède une base génétique importante (Acosta *et al.*, 2004). Les chercheurs ont en effet identifié la présence d'une variation dans un gène lié à la dopamine, un neurotransmetteur essentiel dans l'attention et la cognition, et dont la carence semble ainsi associée au TDAH (Volkow *et al.*, 2007).

Les enfants qui présentent un TDAH ont tendance à vite oublier leurs responsabilités, à penser à voix haute plutôt que dans leur tête, à être facilement frustrés ou fâchés et à abandonner rapidement devant un problème qu'ils ne parviennent pas à résoudre. Comme le font Liliane et les parents de Jérémie dans la mise en situation de ce chapitre, les parents peuvent aider les enfants atteints du TDAH en fractionnant davantage leurs tâches en courtes séquences, en faisant de fréquents rappels sur les consignes et le temps à respecter et en leur offrant des renforcements nombreux et immédiats pour les accomplissements les plus modestes.

Le TDAH est souvent contrôlé avec des médicaments comme le Ritalin ou le Concerta, qu'on combine parfois à une thérapie comportementale, un entraînement aux habiletés sociales ou un placement en classe spéciale. Une étude de 14 mois portant sur 579 enfants présentant un TDAH a démontré qu'un programme contrôlé de traitement au Ritalin, seul ou combiné avec une thérapie axée sur la modification du comportement, s'avérait plus efficace qu'une thérapie seule. Toutefois, les effets bénéfiques de ce programme combiné diminuaient au cours des dix mois suivants. Par ailleurs, un effet secondaire du traitement combiné s'est traduit par un ralentissement de la croissance (MTA Cooperative Group, 2004). Si les effets à long terme des médicaments restent donc encore inconnus, on sait toutefois qu'un TDAH non contrôlé peut avoir des conséquences dévastatrices, tant pour la santé mentale de l'enfant que pour son bulletin scolaire, puisque le comportement perturbateur influence grandement l'estime de soi de ces enfants.

Les enfants doués

La **douance** tend traditionnellement à être associée à une intelligence générale élevée, identifiée par un QI de 130 ou plus. Cette définition semble toutefois exclure les enfants très créatifs (soit ceux dont les réponses inhabituelles font souvent baisser leurs résultats), les enfants de groupes minoritaires (soit ceux chez qui les habiletés ne semblent pas se développer, malgré la présence d'un potentiel) et les enfants ayant des aptitudes particulières (soit ceux qui sont seulement dans la moyenne dans d'autres domaines ou qui peuvent même parfois présenter certains problèmes d'apprentissage). Or, tous ces enfants doués ont souvent besoin de services éducatifs particuliers qui leur permettent de développer efficacement leurs habiletés.

Douance
Intelligence générale élevée, identifiée par un QI de 130 ou plus.

Les enfants doués ont tendance à provenir d'un milieu familial enrichi qui leur procure beaucoup de stimulations intellectuelles et artistiques, et qui leur accorde un degré d'indépendance inhabituel. Les parents d'enfants doués ont des attentes généralement élevées envers leurs enfants, dont ils reconnaissent les capacités. Ils sont souvent eux-mêmes de grands travailleurs qui réussissent ce qu'ils entreprennent. Cependant, si les parents peuvent encourager le développement des dons présents chez leur enfant, ils ne peuvent en aucun cas les créer. Les recherches laissent en effet entendre que les enfants doués «naissent avec un cerveau peu commun qui rend possible un apprentissage rapide dans un domaine particulier» (Winner, 2000). Ainsi, l'hémisphère droit du cerveau des enfants qui présentent des dons particuliers en mathématiques, en musique ou en arts plastiques par exemple, a tendance à présenter une activité inhabituelle lorsqu'ils effectuent des tâches accomplies normalement par l'hémisphère gauche.

Les programmes destinés aux enfants doués se concentrent généralement sur l'enrichissement ou sur l'accélération. Les programmes enrichis approfondissent les connaissances et les habiletés de l'enfant à travers des activités parascolaires, des projets de recherche, des excursions ou un encadrement spécialisé. Les autres programmes, qui sont parfois recommandés pour les enfants extrêmement doués, misent quant à eux sur l'accélération de la scolarisation, que ce soit par une entrée précoce à l'école, par le saut d'une année, par le placement dans une classe au rythme plus rapide ou par des cours plus avancés. Une accélération modérée de la scolarisation ne semble pas nuire à l'ajustement social de ces enfants, du moins à long terme. En effet, une étude de 30 ans portant sur près de 4000 jeunes ayant suivi des cours d'un niveau avancé au secondaire a montré qu'ils étaient plus satisfaits de leur expérience scolaire et qu'ils réussissaient mieux que d'autres jeunes aussi douées qu'eux et qui n'avaient pas suivi de cours avancés (Bleske-Rechek, Lubinski, et Benbow, 2004).

Il est difficile d'établir une marge claire entre le fait d'être doué ou non. Tous les enfants profitent en effet du fait d'être encouragés dans leurs domaines d'intérêt et d'habiletés. Ce qu'on apprend en encourageant les enfants talentueux peut donc aussi aider tous les autres enfants à atteindre le maximum de leur potentiel. La mesure dans laquelle ils peuvent le faire va alors influencer leur estime de soi ainsi que d'autres aspects de leur personnalité, comme nous le verrons dans le prochain chapitre.

Faites le POINT

11 Décrivez les principaux facteurs qui jouent un rôle dans la réussite scolaire d'un enfant.

12 Comment le niveau socioéconomique d'un enfant peut-il avoir un impact sur sa réussite scolaire ?

13 Quelles sont les principales causes attribuées au déficit de l'attention avec ou sans hyperactivité ?

Résumé

Le développement physique

De l'âge de six à onze ans, la croissance de l'enfant continue à un bon rythme et son cerveau poursuit sa myélinisation. De plus en plus d'enfants présentent toutefois un surplus de poids, ce qui peut avoir de sérieuses répercussions sur leur santé et sur leur fonctionnement affectif et social. Au contraire, on sait que l'activité physique a des effets positifs considérables sur la santé physique et mentale des enfants ainsi que sur leur performance à l'école. Malgré cela, on constate que les enfants sont encore moins actifs physiquement qu'auparavant.

Sur le plan des habiletés motrices, l'enfant d'âge scolaire gagne beaucoup en agilité et en coordination. La capacité d'écrire est un aspect important lié au développement de sa motricité fine.

Le développement cognitif

Au stade des opérations concrètes, l'enfant est capable d'utiliser des opérations mentales pour résoudre des problèmes concrets. À ce stade, l'enfant est aussi moins égocentrique et sa pensée devient de plus en plus logique. L'enfant maîtrise également les notions de conservation parce qu'il comprend le principe d'identité, le principe de réversibilité et qu'il est capable de décentration. Cependant, certains types de conservation sont acquis plus tard que d'autres, parce que l'action mentale de l'enfant n'est pas indépendante du contenu.

Selon Piaget, le raisonnement moral suit le développement cognitif. Ce n'est donc qu'au stade opératoire que l'enfant commence à prendre en considération l'intention derrière l'acte et acquiert le sens de l'équité.

L'enfant d'âge scolaire fait par ailleurs des progrès sur le plan de la fonction exécutive et de la vitesse de traitement de l'information. Il commence aussi à utiliser des stratégies mnémoniques et parvient mieux à canaliser son attention sur l'information pertinente à une situation donnée.

Même si les tests d'intelligence permettent de prédire la réussite scolaire, on leur reproche toutefois de mesurer surtout des connaissances plutôt que des habiletés innées. De plus, les biais culturels qu'ils comportent sont difficiles à éviter. Gardner considère qu'il existerait huit ou neuf types d'intelligence, qui ne sont pas tous mesurés par les tests.

L'évolution du langage : la communication

À l'âge scolaire, l'enfant a acquis une bonne maîtrise du langage. Il peut donc manier une grammaire complexe et utiliser un vocabulaire assez étendu. Même s'il a parfois encore de la difficulté à saisir toutes les subtilités de la syntaxe, cela lui permet de progresser rapidement dans ses habiletés de communication.

L'apprentissage de la lecture peut combiner une approche phonétique basée sur un décodage des syllabes et des mots, et une approche plus globale mettant l'accent sur la reconnaissance visuelle. Plus la reconnaissance des mots devient automatique, plus l'enfant est alors capable de se concentrer sur le sens de ce qu'il lit.

De son côté, l'apprentissage de l'écriture fait appel à la motricité fine et impose à l'enfant un certain nombre de contraintes comme l'orthographe, la ponctuation et la grammaire, ainsi que la nécessité de vérifier si ses textes sont compris par les autres.

La scolarisation

Selon le modèle écologique de Bronfenbrenner, plusieurs facteurs jouent un rôle dans la réussite scolaire de l'enfant : la confiance en ses capacités, l'appartenance à un sexe donné, l'implication des parents auprès de l'enfant et de l'école, ainsi que leur style d'éducation, le niveau socioéconomique de la famille, la valorisation de la part des pairs et des pratiques pédagogiques stimulantes.

Aussi, lorsqu'on valorise le travail et les efforts que les enfants fournissent dans leurs apprentissages scolaires, on favorise chez eux la motivation intrinsèque, qui s'avère beaucoup plus efficace en matière de réussite scolaire que la motivation extrinsèque. En outre, l'école doit aussi tenir compte des enfants ayant des besoins particuliers, comme ceux qui présentent une déficience intellectuelle, un problème de dyslexie ou un trouble de déficit de l'attention avec ou sans hyperactivité.

Pour aller plus loin

Volumes et ouvrages de référence

SIAUD-FACCHIM, J. (2002). *L'enfant surdoué, l'aider à grandir, l'aider à réussir,* Odile Jacob, Paris.

Ouvrage dans lequel l'auteure s'intéresse aux particularités de l'enfant surdoué sur le plan affectif et à son extrême sensibilité.

CHOUINARD, R., et J. ARCHAMBAULT (2009). *Vers une gestion éducative de la classe,* 3ᵉ édition, Montréal, Gaëtan Morin, Bruxelles, De Boeck, 333 p.

Ouvrage qui présente les conditions propices au développement des compétences des élèves du primaire et du secondaire. Il traite, entre autres, du travail en collaboration, du maintien de la motivation et de la gestion des problèmes de comportement et propose des outils d'intervention.

Périodiques

COLLECTIF. « Quel enseignement pour demain », *Cerveau & Psycho,* nᵒ 11 (septembre-octobre 2005), p. 36-53.

Dossier qui traite de plusieurs sujets portant sur les apprentissages scolaires. On y aborde les méthodes les plus favorables pour capter et maintenir l'attention des enfants tout en expliquant pourquoi les enfants qui apprennent à écrire à l'aide d'un clavier reconnaissent moins bien les lettres, et comment l'apprentissage d'une deuxième langue peut favoriser l'apprentissage des autres langues. On y expose aussi plusieurs hypothèses et résultats de recherches portant sur le fait que, de manière générale, les sciences intéressent davantage les garçons que les filles.

Sites Internet et documents en ligne

MINISTÈRE DE L'ÉDUCATION DU QUÉBEC. *Programme de formation de l'école québécoise du ministère de l'Éducation,* [En ligne], www.mels.gouv.qc.ca/DGFJ/dp/programme_de_formation/ primaire/pdf/prform2001/prform2001.pdf

Document produit en 2001 par le ministère de l'Éducation, qui définit les apprentissages essentiels à la formation des jeunes du préscolaire et du primaire au Québec.

Association québécoise des troubles d'apprentissage (AQETA) : www.aqeta.qc.ca

Site qui compte une section d'information générale portant sur les troubles d'apprentissage, présente des statistiques, fournit une grille de dépistage et renseigne sur la dyslexie, le trouble de langage et le trouble déficitaire de l'attention avec ou sans hyperactivité. On y trouve aussi un centre de documentation qui propose une sélection de ressources documentaires et de publications assez complète.

MINISTÈRE DE LA SANTÉ ET DES SERVICES SOCIAUX DU QUÉBEC. *Rapport du comité-conseil sur le trouble déficit de l'attention/ hyperactivité et l'usage de stimulants du système nerveux central,* [En ligne], www.msss.gouv.qc.ca/sujets/prob_sante/ hyperactivite.php

Document qui décrit le cheminement permettant de poser le diagnostic du TDAH (lignes directrices du Collège des médecins du Québec et de l'Ordre des psychologues du Québec) et consacre une section entière au traitement, à la médication et aux autres modalités d'intervention.

ORGANISATION DE COOPÉRATION ET DE DÉVELOPPEMENT ÉCONOMIQUES. *À la hauteur : Résultats canadiens de l'étude PISA de l'OCDE, 2006,* [En ligne], www.pisa.gc.ca/BROCHUR-F-28.pdf

Document qui présente les résultats de l'enquête PISA sur les performances des jeunes canadiens en sciences, en lecture et en mathématiques. On trouve aussi sur le site de l'OCDE (www.oecd.org) les résultats généraux de l'enquête PISA sur les connaissances et les compétences des jeunes de quinze ans.

JEUNES EN FORME CANADA. *Bulletin de l'activité physique chez les jeunes, 2009* : www.activehealthykids.ca/Francais.aspx

Bulletin qui présente les résultats des dernières recherches démontrant que l'activité physique joue un rôle important dans l'apprentissage et la réussite scolaire.

STATISTIQUE CANADA. *Réussite scolaire : l'écart entre les garçons et les filles* : www.statcan.gc.ca/pub/81-004-x/200410/7423-fra.htm

Article qui analyse la réussite scolaire différente chez les garçons et les filles en fonction des paramètres suivants : le rendement scolaire, les tendances des taux de décrochage, les attitudes à l'égard de l'école et les tendances des inscriptions au collège et à l'université.

Films, vidéos, cédéroms, etc.

RADIO-CANADA (2006). « La leçon de discrimination », *Enjeux,* Canada, 42 minutes, couleurs.

Documentaire tiré de l'émission *Enjeux* qui présente une expérience de discrimination vécue par des élèves de troisième année dans une école de la Montérégie.

8

Le développement affectif et social de l'enfant de six à onze ans

Les nouvelles capacités cognitives permettent à l'enfant d'âge scolaire de développer un concept de soi plus réaliste et plus complet. L'entrée à l'école apporte aussi un changement majeur dans sa vie affective et sociale, puisqu'il passe maintenant de nombreuses heures en dehors de sa famille. Ainsi, même si les relations familiales sont toujours d'une importance fondamentale, l'univers de l'enfant d'âge scolaire s'élargit considérablement, ce qui l'amène à se créer une vie de plus en plus autonome et indépendante. La présence des parents demeure d'une importance capitale pour assurer l'encadrement nécessaire au désir d'autonomie croissant de l'enfant. Néanmoins, certains problèmes soulevés par la conciliation travail-famille rendent parfois cet encadrement difficile. En outre, les interactions avec les pairs, qui sont de plus en plus présents dans la vie de l'enfant, lui ouvrent de nouvelles perspectives, l'aident à mieux se connaître et lui procurent les joies de l'amitié.

La classe de Magalie a mis sur pied un projet de correspondance avec des élèves du même âge en Belgique. Voici donc la première lettre que Magalie, 10 ans, écrit à sa nouvelle correspondante, Laura.

Bonjour Laura,

Je suis heureuse de pouvoir t'écrire et j'ai hâte de savoir comment ça se passe dans ton pays. Aujourd'hui, je vais te parler de moi, de ma famille et de mes amis. Je m'appelle Magalie, j'ai dix ans, j'ai les cheveux bruns, longs, et les yeux verts. J'habite Montréal et je suis en quatrième année B. Dans ma classe, on est 26 élèves. Ma meilleure amie s'appelle Florence et quand on se dispute, je suis un peu fâchée, mais je continue quand même de jouer avec elle parce que je sais qu'on a presque toujours les mêmes goûts.

À l'école, je suis très bonne en lecture et en dictée, mais pas très bonne en anglais. La plupart de mes amis sont bien meilleurs que moi, mais je veux quand même apprendre l'anglais pour aller visiter d'autres pays et pouvoir parler avec les gens. Les mathématiques, c'est ma matière préférée. Hier, j'ai réussi à résoudre tous les problèmes et Valérie, mon enseignante, m'a demandé ensuite d'aider ceux qui n'avaient pas

compris. J'aime beaucoup aider les autres à l'école, même Frédéric. Il est tout le temps trop gêné et personne ne veut jouer avec lui. Il y a même des grands de sixième année qui lui volent des choses et il ne dit rien.

Je vais te présenter ma famille, mais tu vas voir, c'est un peu compliqué. Pendant la semaine, je vis avec ma mère qui s'appelle Diane, mon beau-père Greg et mon frère William, qui a trois ans. Je l'aime beaucoup, même si des fois il dessine dans mes cahiers d'école. Le matin, c'est moi qui prépare ses céréales et qui l'aide à s'habiller pendant que maman prépare les boîtes à lunch. La fin de semaine, c'est différent. Une fin de semaine sur deux, je vais chez mon père qui s'appelle Marc-André, mais pas William parce que ce n'est pas son père à lui. Là, je vois ma sœur Alice, qui est encore un bébé et qui est en fait ma demi-sœur, et aussi Julie, qui a sept ans. C'est la fille de Josée, l'amie de mon père. Julie et moi, on joue ensemble, mais je la trouve un peu bébé des fois. Sinon, l'autre fin de semaine, c'est Jonathan, le fils de Greg, qui vient vivre avec nous. Il a 13 ans et il fait surtout des activités avec son père. As-tu deux familles toi aussi?

J'ai hâte de recevoir ta lettre et de te connaître un peu plus.

Magalie

Après avoir lu ce chapitre, vous devriez pouvoir répondre aux questions suivantes :

1. Quelle perception Magalie a-t-elle d'elle-même? Quels sont les éléments qui influencent cette perception?

2. La structure familiale dans laquelle vit Magalie pose-t-elle des problèmes particuliers?

3. Le désir de Magalie d'aider les autres, comme son frère et ses camarades de classe, correspond-il à une étape particulière de son développement psychosocial?

4. Quel est le degré de popularité de Frédéric auprès de ses pairs? De quel type d'agression est-il victime? Quelles sont les conséquences de cette forme d'agression?

8.1 Le soi en développement

Les progrès de l'enfant d'âge scolaire sur le plan cognitif lui permettent désormais de développer une image de soi beaucoup plus complexe et réaliste. Or, cette transition favorise l'approfondissement du développement de l'enfant sur le plan émotionnel.

8.1.1 La représentation de soi

La lettre écrite par Magalie, présentée dans la mise en situation de ce chapitre, montre bien comment l'enfant d'âge scolaire est désormais capable de parler de lui plus facilement que dans la période précédente. En effet, les nouvelles capacités cognitives de l'enfant qui a atteint l'âge de sept ou huit ans l'amènent à développer un concept de soi beaucoup plus nuancé qu'auparavant. Les jugements qu'il porte sur lui-même deviennent plus complets et plus réalistes puisqu'ils peuvent maintenant inclure à la fois des éléments positifs et négatifs.

La description que Magalie fait d'elle-même le démontre: elle peut décrire plusieurs aspects différents de sa personne, et elle le fait en apportant des nuances. Elle se décrit ainsi comme une élève bonne dans certaines matières et moins bonne dans d'autres. De plus, sa description inclut des jugements concernant ses propres valeurs ou préférences : «J'aime bien aider les autres.» Enfin, Magalie peut se définir en se comparant avec d'autres enfants de son âge, ce qui contribue au développement de son estime de soi.

Le soi réel et le soi idéal

Durant la période préscolaire, la conception de soi de l'enfant était relativement simple : les enfants se décrivaient en termes concrets et selon un seul point de vue. À l'âge scolaire apparaissent les notions du **soi réel,** qui représente ce qu'une personne est vraiment, et du **soi idéal,** qui correspond à ce que la personne voudrait être. Lorsque l'enfant acquiert la nuance entre ces deux notions, il est davantage en mesure de prendre conscience de la distance qui le sépare de son idéal ou de son objectif, à la manière de ce que fait Magalie lorsqu'elle évoque ses performances en anglais. Un écart important entre le soi réel et le soi idéal est habituellement un signe de maturité (Maccoby, 1980). En effet, en évaluant la différence entre le soi réel et le soi idéal, l'enfant peut se fixer des objectifs plus élevés qui le feront alors évoluer ; il contribue par le fait même à son propre développement.

Le soi idéal, qui est partie intégrante du concept de soi, est nettement influencé par les standards de la société. En effet, les jugements que les enfants portent sur eux-mêmes se basent sur les normes véhiculées dans la société. La chercheuse américaine Susan Harter (1985) a demandé à des enfants de huit à douze ans d'évaluer leur apparence physique, leur comportement, leurs performances scolaires, leurs habiletés sportives, ainsi que le degré d'acceptation de la part de leurs pairs. Elle leur a ensuite demandé laquelle de ces dimensions était selon eux la plus importante pour se décrire soi-même. Les enfants ont alors révélé que l'apparence physique arrivait en premier lieu, suivie de l'acceptation par les pairs. Le succès scolaire, les habiletés sportives et le comportement étaient jugés moins importants. Sans pouvoir affirmer que ces résultats s'appliquent à l'ensemble de notre société, ils suggèrent tout de même qu'à cet âge, la définition de soi passe par les relations avec les pairs et dépend, pour une large part, de l'apparence et du degré d'acceptation ressenti. Nous reviendrons sur l'importance des pairs dans la section 8.4.

L'évolution de l'estime de soi et le soutien social

Dans le chapitre 6, nous avons mentionné l'effet positif que peut avoir le soutien social sur les comportements parentaux. Or, le soutien social est également bénéfique pour l'enfant : il contribue en effet à favoriser chez lui l'estime de soi. Le soutien social que l'enfant reçoit de ses parents, de ses copains de classe et de ses professeurs lui fournit des messages importants. Les gens de son entourage sont-ils attentifs à lui ? Le traitent-ils comme une personne qui a de la valeur à leurs yeux, qui a des choses intéressantes à dire ? Si l'enfant ressent qu'il occupe une place bien à lui dans l'esprit des personnes qui sont importantes dans sa vie, il se sent alors valorisé. De fait, un enfant qui n'est pas soutenu dans ses perceptions par les messages de son entourage ne pourra pas entretenir une estime de soi élevée. Ainsi, dans la mise en situation de ce chapitre, lorsque l'enseignante propose à Magalie d'aider les autres élèves, elle lui transmet le message qu'elle la trouve suffisamment compétente pour apporter aux autres quelque chose de valable. La présence de ce soutien accentue alors son estime de soi qui, comme nous l'avons déjà mentionné, représente sur plusieurs plans, et notamment sur le plan émotionnel, un gage de développement sain pour l'enfant (Duclos, 2000).

8.1.2 Le développement émotionnel

Plus les enfants vieillissent, plus ils sont conscients de leurs émotions et de celles des autres. Ils peuvent donc adapter leurs réactions émotionnelles aux situations dans lesquelles ils se trouvent et, comme nous l'avons vu dans le chapitre 4, ils peuvent expérimenter des émotions plus complexes comme la fierté, la honte et la culpabilité. Vers l'âge de sept ou huit ans, cette perception devient particulièrement aiguë, les enfants de cet âge faisant très bien la distinction entre la culpabilité et la honte. Cet âge est également marqué par une plus grande aptitude de l'enfant à verbaliser des émotions contradictoires, ce qui représente une nouvelle habileté émotionnelle. Dans la mise en

Soi réel
Idée qu'une personne se fait de ce qu'elle est vraiment.

Soi idéal
Idée qu'une personne se fait de ce qu'elle aimerait être.

8.1 **L'importance des pairs dans l'estime de soi**

La valorisation des pairs est importante pour l'estime de soi à l'âge scolaire.

situation de ce chapitre, on voit en effet que Magalie parvient à nuancer ses émotions lorsqu'elle parle de son amie Florence. Hartert (1996) identifie ainsi chez l'enfant plusieurs niveaux de compréhension des émotions contradictoires (*voir le tableau 8.1*).

TABLEAU 8.1 | Les niveaux de compréhension des émotions contradictoires chez les enfants (selon Harter)

Niveau (âge)	Ce que l'enfant comprend	Ce que l'enfant pourrait dire
Niveau 0 (3-6 ans)	Les enfants ne peuvent comprendre l'existence d'émotions contradictoires. Ils ne peuvent même pas concevoir que deux émotions telles que la colère et la tristesse peuvent coexister.	«Tu ne peux pas avoir deux émotions en même temps, parce que tu n'as qu'un seul cœur.»
Niveau 1 (6-7 ans)	Les enfants catégorisent les émotions en émotions positives ou négatives. Ils peuvent reconnaître l'existence de deux émotions simultanées, mais seulement lorsque les émotions sont similaires et qu'elles impliquent une même situation.	«Si mon frère me frappait, je serais triste et en colère.»
Niveau 2 (7-8 ans)	Les enfants peuvent reconnaître la coexistence de deux émotions similaires se rapportant à des situations différentes. Toutefois, ils ne comprennent pas encore la coexistence de deux émotions contradictoires.	«J'étais très excité d'aller rendre visite à mes grands-parents au Mexique. Je n'avais pas peur de prendre l'avion. Je ne pourrais pas avoir peur et être content en même temps.»
Niveau 3 (8-10 ans)	Les enfants peuvent comprendre que l'on peut avoir des émotions contradictoires, mais seulement si elles se rapportent à des objets différents.	«J'étais fâchée contre mon frère, alors je l'ai pincé, mais je suis contente parce que mon père ne s'est pas fâché contre moi.»
Niveau 4 (11 ans)	Les enfants peuvent décrire des émotions contradictoires dirigées vers une même situation.	«Je suis contente de fréquenter ma nouvelle école, mais j'ai aussi un peu peur.»

Le contrôle des émotions négatives est une autre dimension du développement émotionnel. Les enfants comprennent ce qui les met en colère, les rend tristes et leur fait peur, ainsi que la façon dont les autres réagissent à ces émotions. Ils font aussi la différence entre ressentir une émotion et l'exprimer, et ils prennent conscience des normes culturelles qui régissent l'expression des émotions (Cole, Bruschi et Tamang, 2002). Ainsi, si des enfants de maternelle croient que l'émotion d'un enfant qui pleure disparaît quand il cesse de pleurer, ceux de onze ans savent que ce n'est pas nécessairement le cas (Rotenberg et Eisenberg, 1997).

L'autorégulation émotionnelle implique une volonté de contrôler ses émotions, son attention et son comportement. Les enfants qui ont une faible volonté de contrôle ont tendance à se mettre visiblement en colère et à être frustrés lorsqu'on les interrompt ou qu'on les empêche de faire ce qu'ils veulent. Au contraire, ceux qui ont une bonne volonté de contrôle peuvent réprimer leur impulsion de manifester une émotion négative dans un moment inapproprié. Cette capacité de contrôle, qui influe sur l'adaptation de l'enfant à l'école, peut être liée au tempérament, mais elle augmente généralement avec l'âge. Une faible volonté de contrôle peut aussi être indicative de problèmes de comportement ultérieurs (Eisenberg *et al.*, 2004).

Les comportements prosociaux apparaissent à l'âge préscolaire et se renforcent à la période scolaire, alors que les enfants deviennent encore plus enclins à l'empathie. Ceux qui possèdent une estime de soi élevée semblent alors plus portés à offrir spontanément leur aide à ceux qui ont moins de chance qu'eux, comme le fait Magalie avec Frédéric (Karafantis et Levy, 2004). Ces comportements prosociaux sont le signe d'une bonne adaptation émotionnelle de l'enfant.

Faites le POINT

1. Expliquez pourquoi l'enfant d'âge scolaire est capable de faire une description de lui-même plus juste qu'auparavant.

2. Faites la distinction entre le soi réel et le soi idéal.

3. Comment les émotions contradictoires évoluent-elles chez les enfants entre six et onze ans?

8.2 Le développement de la personnalité de six à onze ans : les approches théoriques

Comme ce fut le cas pour les périodes d'âge précédentes, nous allons examiner l'évolution de la personnalité de l'enfant de six à onze ans selon les théories de Freud et d'Erikson.

8.2.1 La théorie psychosexuelle de Freud

Selon Freud, après la « tempête » provoquée par le complexe d'Œdipe décrite dans le chapitre 6, au cours de laquelle l'enfant vit beaucoup d'anxiété et d'émotions intenses, survient la **période de latence.** Cette période se distingue par l'absence d'investissement de l'enfant dans une zone érogène particulière, d'où son nom de « période » plutôt que de « stade ». Pour Freud, il s'agit d'une période de repos pendant laquelle l'enfant se détourne des préoccupations d'ordre sexuel. Si l'enfant a résolu son complexe d'Œdipe en s'identifiant au parent de même sexe, il bénéficie maintenant d'un surmoi qui le rend plus conscient des règles sociales, règles qu'il choisit désormais de suivre volontairement. Ainsi, la présence du surmoi facilite son respect des règlements et de la discipline inhérents à la vie scolaire (Golse, 2001). L'identification peut en outre favoriser la motivation scolaire de l'enfant, puisque celui-ci voudra alors, par son entrée à l'école, suivre les traces de ses parents. La période de latence se caractérise par le développement de compétences intellectuelles et d'habiletés sociales largement présentes dans le contexte scolaire.

C'est aussi à cette étape du développement de sa personnalité que l'enfant commence à utiliser plus fréquemment les mécanismes de défense dont nous avons mentionné l'existence dans le chapitre 1. Dans la théorie freudienne, un mécanisme de défense est un mécanisme inconscient mis en place par le moi et qui tente de diminuer l'angoisse provenant généralement d'un conflit entre une pulsion et les règles morales imposées par la société. C'est donc un moyen souvent irrationnel de réagir à l'anxiété en niant ou en déformant la réalité. Le tableau 8.2 présente les principaux mécanismes de défense du moi.

Période de latence
Selon Freud, quatrième étape du développement psychosexuel caractérisée par le refoulement des pulsions sexuelles causé par la présence du surmoi et par leur sublimation dans des activités scolaires, sociales et culturelles.

TABLEAU 8.2 | Les mécanismes de défense du moi (selon Freud)

Mécanisme de défense	Description	Exemple
Le déni ou la négation	Nier la réalité d'une situation angoissante.	Vincent a perdu son père dans un accident de travail, mais il continue de parler de son père à ses camarades de classe comme si celui-ci était toujours vivant.
Le déplacement	Déplacer une réaction sur une autre cible que celle sur laquelle elle est réellement dirigée.	Maya, qui vient d'être grondée par son père, s'emporte contre son frère qui veut lui emprunter son jeu vidéo.
La formation réactionnelle	Exprimer des émotions ou agir de façon contraire à ce qu'on ressent réellement.	Carl aimerait être choisi pour représenter sa classe aux olympiades de mathématiques, mais comme il a peu de chances d'être élu, il clame haut et fort que ces olympiades ne sont qu'une perte de temps et que cela ne l'intéresse pas.
La projection	Prêter à l'autre des intentions, des désirs et des besoins (généralement négatifs) qui sont inconsciemment les nôtres.	Maryse joue à un jeu de société et meurt d'envie de tricher, mais se retient. Cependant, elle accuse constamment les autres d'essayer de tricher.
Le refoulement	Reléguer dans l'inconscient un souvenir ou une représentation qui suscite trop d'angoisse.	Caroline a subi des attouchements sexuels de la part son beau-père lorsqu'elle avait cinq ans, mais elle n'en garde aucun souvenir conscient.
La régression	Retourner à des modes d'expression ou à des conduites caractéristiques d'un stade antérieur.	Depuis la séparation de ses parents, Justin, cinq ans, recommence à mouiller son lit la nuit.
La sublimation	Canaliser dans une activité socialement acceptable une pulsion qui ne l'est pas.	Marco manifestait des problèmes d'agressivité. Il s'est inscrit à un club de boxe, ce qui l'aide à canaliser cette agressivité.

8.2.2 La théorie psychosociale d'Erikson

Travail *versus* infériorité

Selon Erikson, quatrième crise dans la théorie du développement psychosocial, au cours de laquelle l'enfant doit faire l'apprentissage de certaines habiletés favorisées par la culture. Il doit aussi être conscient de ses limites, sans développer un sentiment d'infériorité.

8.2 Les habiletés culturelles

Selon Erikson, c'est à l'âge scolaire que l'enfant acquiert des habiletés jugées importantes par sa culture. En s'initiant à la préparation du repas, cette jeune fille apprend comment fonctionne la société dans laquelle elle vit et la signification d'un travail correctement effectué.

Comme Freud, Erikson considère les années scolaires comme une période calme sur le plan affectif. En parallèle avec la période de latence, il met l'accent sur la maîtrise d'habiletés qui serviront à l'enfant dans un contexte scolaire. La quatrième crise, qui survient entre six et onze ans, est celle qu'Erikson appelle **travail *versus* infériorité.** À cet âge, l'enfant doit faire l'apprentissage des tâches qui sont requises dans sa société d'appartenance et fournir un travail productif. C'est l'âge où les enfants inuits apprennent à chasser et à pêcher, et où les garçons arapesh de Nouvelle-Guinée apprennent à fabriquer des arcs et des flèches et à poser des pièges tandis que les filles apprennent à semer, à désherber et à récolter. Les enfants des pays industrialisés apprennent pour leur part à lire, à écrire, à compter et à utiliser l'ordinateur. Par ailleurs, comme Magalie qui s'occupe de son frère plus jeune, tous les enfants apprennent aussi à participer aux rouages de la vie en société.

Selon Erikson, si l'enfant résout cette crise, il développe une qualité particulière : la *compétence*, c'est-à-dire le sentiment de pouvoir maîtriser et accomplir les tâches qui lui incombent. En comparant ses propres compétences avec celles de ses pairs, l'enfant va alors acquérir une meilleure connaissance de lui-même et de ses limites. Toutefois, la comparaison sociale inhérente à cette période qui s'étend de six à onze ans peut aussi amener l'enfant à développer un sentiment d'infériorité vis-à-vis de ses pairs. Comme dans les crises précédentes, c'est un juste équilibre entre les deux pôles (travail et infériorité) qui va favoriser le développement d'une saine personnalité. Le sentiment d'infériorité ressenti par l'enfant ne s'avère donc pas obligatoirement négatif, car il l'aide à développer un concept de soi plus réaliste. Cependant, si l'enfant est constamment écrasé par un sentiment d'infériorité, il tend alors à être incompétent et à perdre toute motivation pour le travail et l'apprentissage. L'enfant peut même régresser à une crise antérieure et perdre alors le sens de l'initiative. À l'opposé, un enfant trop axé sur la performance et la perfection peut devenir un bourreau de travail ou ne pas tolérer l'échec. Pour Erikson (1982), la résolution de cette crise est donc déterminante pour l'estime de soi de l'enfant.

Faites le POINT

4 Décrivez ce qui se passe, selon Freud, au cours de la quatrième étape du développement psychosexuel.

5 Selon l'approche psychanalytique, qu'est-ce qu'un mécanisme de défense ? Décrivez-en trois.

6 Selon Erikson, à l'âge scolaire, comment les enfants développent-ils un sentiment de compétence ?

8.3 L'enfant et sa famille

L'enfant d'âge scolaire consacre désormais plus de temps qu'auparavant à l'école et aux activités organisées : il possède donc maintenant une vie bien à lui. Malgré cela, ses relations familiales demeurent une partie très importante de sa vie. Ainsi, pour comprendre ce qu'il vit, il faut examiner le climat et la structure particulière de son environnement familial et garder en tête que cet environnement est aussi influencé par ce qui se passe en dehors des murs de la maison. En effet, selon la théorie de Bronfenbrenner que nous avons abordée dans le chapitre 1, de nombreux éléments situés à différents niveaux ont une incidence sur la famille et, par conséquent, sur le développement des enfants qui grandissent en son sein. La culture définit également le rythme de la vie familiale ainsi que les rôles tenus par ses membres. C'est pourquoi il importe de jeter un œil attentif sur l'environnement familial, en gardant à l'esprit que celui-ci est toujours influencé par des forces extérieures.

8.3.1 Les relations familiales

Le climat familial exerce une influence prédominante sur le développement de l'enfant. Est-il chaleureux et aidant ou est-il plutôt conflictuel ? Une étude portant sur

226 familles d'origines ethniques différentes a montré que les conflits conjugaux étaient systématiquement associés à une éducation parentale inappropriée et que les enfants exposés à un tel climat présentaient généralement des problèmes de comportement associés à de la crainte, à de l'anxiété, à de la désobéissance ou à de l'agressivité (Kaczynski *et al.*, 2006).

L'enfant d'âge scolaire désire de plus en plus prendre ses propres décisions, et il est de plus en plus apte à le faire. Or, l'adaptation des parents aux nouveaux besoins de l'enfant favorise un climat familial propice. Enfin, un autre facteur d'équilibre important réside dans la situation économique de la famille. La famille dispose-t-elle de revenus suffisants pour subvenir aux besoins de base de l'enfant? Comment le travail des parents a-t-il un effet sur son bien-être?

La corégulation et la discipline

Un des changements typiques affectant les relations parent-enfant à l'âge scolaire est le fait que la fonction du contrôle des comportements passe graduellement des parents à l'enfant. La **corégulation** représente ce mécanisme par lequel les parents et l'enfant partagent désormais le pouvoir : les parents supervisent le comportement général de l'enfant et ce dernier fait montre d'autorégulation. Les interventions des parents peuvent alors devenir de moins en moins fréquentes, l'enfant étant plus apte à exercer un meilleur contrôle sur lui-même. Celui-ci peut donc choisir ses propres vêtements, l'heure à laquelle il fait ses devoirs, les activités parascolaires auxquelles il s'inscrit, etc. Ainsi, les parents ne devraient intervenir de manière directe que lorsque c'est nécessaire, puisque la maturité de l'enfant sera davantage favorisée si les parents lui permettent de réfléchir par lui-même et d'exercer son jugement (Maccoby, 1984).

Le passage à la corégulation agit sur la façon dont les parents disciplinent leurs enfants. La plupart des parents d'enfants d'âge scolaire ont en effet tendance à recourir plus souvent à des techniques de persuasion qu'à des stratégies de punitions. À cet âge, l'enfant réagit mieux à ce genre de méthode : compte tenu de ses progrès cognitifs, il aime recevoir des explications et savoir qu'il a une marge de manœuvre. Lorsqu'il ressent cette ouverture, l'enfant a alors plus tendance à respecter les désirs de ses parents, car il constate que ce sont des êtres justes, qui ont à cœur son bien-être et qui ont plus d'expérience que lui (Maccoby, 1984). Les enfants sont donc plus portés à suivre les conseils de leurs parents s'ils reconnaissent que ces derniers sont soucieux de leur bien-être. Par ailleurs, la façon dont parents et enfants gèrent leurs conflits peut être plus importante que leur résolution elle-même. En effet, un conflit familial peut s'avérer constructif s'il aide l'enfant à apprendre quelles sont les stratégies efficaces pour résoudre un problème, et à comprendre que des règles sont nécessaires pour vivre en société (Eisenberg, 1996).

Les relations avec les frères et sœurs

Dans certaines régions isolées d'Asie, d'Afrique, d'Amérique centrale et d'Amérique du Sud, il est fréquent de voir des fillettes plus âgées prendre soin de trois ou quatre frères et sœurs plus jeunes. Dans ces communautés, les aînés ont un rôle important, défini culturellement. Par exemple, ils doivent apprendre aux plus jeunes comment trouver du bois pour le feu, s'occuper des animaux et cultiver la terre. Ces derniers intériorisent progressivement les valeurs de leur communauté : respecter les aînés et placer le bien-être collectif au-dessus du bien-être individuel. Par contre, dans les sociétés industrialisées, comme le Canada et les États-Unis, les parents essaient généralement de ne pas « embêter » leurs enfants plus vieux avec les soins quotidiens des plus jeunes. Les plus vieux transmettent quand même un savoir à leurs jeunes frères et sœurs, mais cela survient généralement d'une manière informelle, et non comme un élément établi du système social (Cicirelli, 1994).

Le nombre de frères et sœurs dans une famille, leur espacement en âge, leur ordre de naissance ainsi que leur sexe déterminent souvent leurs rôles et leurs relations au sein de la famille. Dans les sociétés industrialisées, les frères et sœurs ont tendance à être peu nombreux et plus éloignés en âge, ce qui permet aux parents de consacrer plus d'attention et de ressources à chaque enfant (Cicirelli, 1994).

 La corégulation

Parvenus à l'âge scolaire, les enfants sont de plus en plus autonomes. Les interventions des parents peuvent alors devenir moins fréquentes, l'enfant étant plus apte à exercer un meilleur contrôle sur lui-même.

Corégulation

Stade transitionnel dans le contrôle du comportement de l'enfant durant lequel les parents supervisent l'enfant de façon moins intense qu'auparavant, en lui laissant plus de possibilités d'utiliser l'autorégulation.

 Prendre soin de son frère

Dans les sociétés non industrialisées, on attend généralement des aînés qu'ils prennent soin de leurs frères et sœurs plus jeunes. C'est un rôle important, défini culturellement.

Les frères et sœurs s'influencent les uns les autres, non seulement directement, à travers leurs interactions quotidiennes, mais aussi indirectement, à travers leurs relations respectives avec leurs parents. Ainsi, l'expérience des parents avec un aîné influence les attentes et la façon dont ils vont traiter un enfant plus jeune (Brody *et al.*, 2004). Réciproquement, les modèles de comportement qu'un enfant établit avec ses parents ont tendance à se répercuter dans les comportements qu'il établit avec ses frères et sœurs. Lors d'une étude sur des familles anglaises, on a ainsi montré que lorsque la relation parent-enfant était chaleureuse et affectueuse, les frères et sœurs avaient tendance à entretenir eux aussi des relations positives, alors que quand la relation parent-enfant était conflictuelle, les conflits entre les enfants étaient plus nombreux (Pike, Coldwell et Dunn, 2005).

Enfin, les relations entre frères et sœurs peuvent également être un laboratoire pour l'apprentissage de la résolution de conflits. En effet, les frères et sœurs sont plus motivés à se réconcilier après une querelle parce qu'ils savent qu'ils vont continuer de se côtoyer chaque jour. Ils apprennent ainsi qu'exprimer de la colère ne met pas fin à leur relation. On note par ailleurs que les enfants d'une même famille se disputent plus fréquemment lorsqu'ils sont de même sexe, et que deux frères se chamaillent davantage que n'importe quelle autre combinaison (Ciccirelli, 1995).

La conciliation travail-famille

La plupart des recherches portant sur les effets du travail des parents sur leurs enfants se sont intéressées au travail des femmes. Ces dernières représentent en effet plus de la moitié de la main-d'œuvre active au Canada, et 69 % d'entre elles ont au moins un enfant de moins de trois ans (Barrette, 2009). La hausse de la participation des femmes au marché de l'emploi a ainsi fait émerger un nouvel enjeu : celui de l'effet du travail des mères sur le bien-être de leurs enfants, tant sur le plan de leur santé physique que sur celui de leur bien-être psychologique et social ou de leur réussite scolaire. Les répercussions du travail des mères sont liées à de nombreux facteurs, aussi divers que l'âge et le tempérament de l'enfant, les horaires de travail de la mère (temps plein ou partiel), le soutien qu'elle obtient de son conjoint ou son revenu et la qualité des services de garde dont elle dispose. Toutefois, plus la mère est satisfaite de son travail et a l'impression de s'y développer, plus elle joue son rôle de parent de façon adéquate (Parke et Buriel, 1998).

Il est évident que l'occupation d'un emploi par la mère contribue au bien-être financier des familles. Dans les familles à faible revenu, le travail des mères semble influencer positivement la réussite scolaire des enfants (Goldberg, Greenberger et Nagel, 1996). La participation des mères permet non seulement d'augmenter le revenu familial, mais elle offre à l'enfant des modèles positifs de productivité (Lefebvre et Merrigan, 2000). Les enfants d'âge scolaire dont la mère travaille vivent ainsi de manière plus structurée que ceux dont les mères restent à la maison. Ils sont plus encouragés à devenir indépendants et ils développent des attitudes plus égalitaires vis-à-vis des rôles sexuels (Parke et Buriel, 1998). Plusieurs études ont toutefois démontré que les enfants réussissent un peu mieux à l'école si leur mère travaille seulement à temps partiel (Goldberg *et al.*, 2008).

Au-delà du travail des mères, c'est l'organisation entière de la famille qui est susceptible d'influencer le développement de l'enfant. La **conciliation travail-famille** représente le processus par lequel des parents qui travaillent (aussi bien le père que la mère) arrivent à consacrer du temps et de l'énergie à la fois à leur travail et à leur famille. En général, ce sont les mères qui font le plus de compromis dans l'harmonisation de leurs responsabilités en occupant des emplois atypiques, c'est-à-dire des emplois à temps partiel, un travail autonome ou une fonction qui comporte des horaires variés (Institut Vanier de la famille, 2007). Ces emplois atypiques sont souvent associés à des conditions de travail plus difficiles, caractérisées par de l'instabilité, un faible revenu et des heures qui s'agencent mal avec la vie familiale (Lefebvre et Merrigan, 2000). Ce sont donc les conditions de travail du parent, plus que le fait de travailler ou non, qui semblent avoir le plus d'impact sur le bien-être des enfants.

8.5 **La conciliation travail-famille**
La participation au marché du travail alourdit la charge des parents et augmente le stress de la vie quotidienne.

Conciliation travail-famille
Processus par lequel les parents tentent de répartir leurs énergies en fonction des exigences liées à la vie familiale et au monde du travail.

Une enquête récente menée par le ministère de l'Emploi, de la Solidarité sociale et de la Famille révèle que, pour une très grande majorité de parents, la conciliation travail-famille s'avère souvent difficile. Le stress et la fatigue représentent en effet le lot permanent de plusieurs travailleurs ayant de jeunes enfants. Ce stress proviendrait non seulement de l'accumulation des rôles de travailleur et de parent, mais aussi des conflits engendrés par ces deux rôles (Gouvernement du Québec, 2004).

La pauvreté et l'éducation des enfants

Un enfant canadien sur huit vit dans la pauvreté (Campagne 2000, 2007). Or, la pauvreté peut nuire au développement des enfants, à cause de son impact sur l'état émotionnel des parents, sur leurs pratiques éducatives ainsi que sur le climat familial qui en résulte. En effet, les parents qui vivent dans la pauvreté sont plus à risque d'être anxieux, dépressifs et irritables; ils peuvent alors devenir moins attentionnés et moins affectueux envers leurs enfants et pratiquer une discipline plus incohérente, sévère et arbitraire. Quant aux enfants pauvres, ils ont de la difficulté à s'entendre avec leurs pairs et ils ont tendance à s'engager dans des activités antisociales ou à devenir dépressifs. Ils sont aussi plus susceptibles que les autres enfants de présenter des problèmes émotionnels ou des problèmes de comportement, et leur potentiel cognitif ainsi que leurs performances scolaires en sont touchés (Evans, 2004).

Un comportement parental efficace peut toutefois protéger les enfants des effets négatifs de la pauvreté. En particulier, les interventions qui réduisent la colère et les conflits familiaux, et qui donc augmentent la cohésion et l'affection au sein de la famille, sont particulièrement bénéfiques.

Une étude effectuée sur une période de quatre ans portant sur 152 mères monoparentales a aussi démontré que les mères qui possèdent un bon équilibre émotionnel et qui sont dotées d'une estime de soi relativement élevée, en dépit du stress économique, ont tendance à avoir des enfants socialement compétents et qui réussissent bien à l'école, ce qui renforce positivement leur comportement parental. Cette situation, à son tour, encourage les enfants à maintenir leurs succès scolaires et leurs comportements socialement désirables (Brody *et al.*, 2004).

8.3.2 La structure familiale

La structure familiale a beaucoup changé ces dernières années, et ce, dans la plupart des pays industrialisés (*voir la figure 8.1*). Dans les générations précédentes, la grande majorité des enfants grandissaient dans des familles composées de deux parents mariés. Aujourd'hui, la majorité des enfants vivent encore avec deux parents, mais ces derniers ne sont pas nécessairement mariés, ni de sexes opposés. Plusieurs enfants vivent aussi avec des grands-parents ou dans des familles recomposées. Dans les pages qui suivent, nous allons d'ailleurs passer en revue quelques-unes de ces nouvelles structures familiales.

Dans des conditions similaires, les enfants ont tendance à mieux grandir dans des familles composées de leurs deux parents mariés, surtout si ceux-ci vivent en harmonie, plutôt qu'avec des parents conjoints de fait, divorcés ou monoparentaux (Brown, 2004). Ces enfants connaissent généralement une meilleure qualité de vie. Ils ont des parents plus compétents, une meilleure coopération parentale, des relations plus proches avec les deux parents (surtout avec les pères) et ils vivent moins de situations stressantes. Toutefois, la relation entre les parents, la qualité des soins qu'ils prodiguent aux enfants et leur capacité à créer une atmosphère familiale chaleureuse influencent bien plus l'adaptation de leurs enfants que leur état matrimonial (Amato, 2005).

FIGURE 8.1 | L'évolution de la structure familiale des familles avec enfant

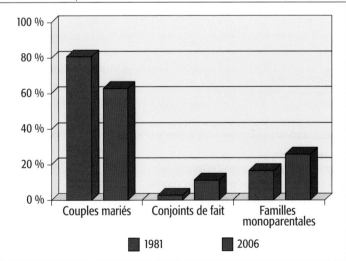

Source: Adapté de Statistique Canada, 2007.

Par ailleurs, l'instabilité familiale peut être plus dommageable pour les enfants que le type de famille dans laquelle ils vivent. Les enfants qui vivent plusieurs transitions familiales sont en effet plus susceptibles de présenter des problèmes de comportement et de s'engager dans des activités délinquantes que les enfants qui vivent dans un foyer stable (Fomby et Cherlin, 2007).

La séparation des parents

La séparation des parents touche des milliers d'enfants chaque année. Comme nous l'avons déjà mentionné dans le chapitre 4, le divorce est une situation stressante, pour les enfants comme pour les parents. Toutefois, les problèmes affectifs et comportementaux des enfants peuvent aussi découler de l'intensité des conflits parentaux présents *avant* le divorce. Une étude longitudinale portant sur près de 11 000 enfants canadiens a en effet démontré que ceux dont les parents finissent par divorcer présentent plus d'anxiété, de dépression et de comportements antisociaux que ceux dont les parents restent mariés (Strohschein, 2005). Ainsi, si la discorde parentale est chronique, évidente ou destructrice durant la période qui précède le divorce, les enfants peuvent se porter aussi bien ou même mieux après celui-ci (Amato, 2005).

Lors d'un divorce, les enfants d'âge scolaire sont sensibles aux pressions parentales et aux conflits de loyauté et, comme les jeunes enfants, ils peuvent craindre d'être abandonnés ou rejetés. Les enfants qui vivent le divorce de leurs parents durant leurs études primaires sont plus susceptibles de développer des problèmes de comportement internalisés ou externalisés, tandis que les enfants dont les parents divorcent plus tard sont plus sujets à des baisses de notes à l'école (Lansford *et al.*, 2006). Habituellement, les garçons s'adaptent plus difficilement au divorce de leurs parents que les filles, et ils sont plus à risque de présenter des problèmes de comportement (Amato, 2005).

8.6

L'importance du père

Plusieurs enfants affirment que la perte de contact avec leur père est l'une des conséquences les plus douloureuses du divorce.

Dans la plupart des divorces, même si la garde paternelle est en augmentation, c'est la mère qui obtient la garde des enfants. Or, plusieurs enfants affirment que la perte de contact avec leur père est l'une des conséquences les plus douloureuses du divorce de leurs parents (Fabricius, 2003). Toutefois, la fréquence des contacts avec le père n'est pas aussi importante que la qualité de la relation père-enfant. Ainsi, les enfants qui ont un père de type démocratique et qui se sentent proches de leur père, même s'il vit ailleurs, ont tendance à mieux réussir à l'école et à présenter moins de problèmes de conduite (Kelly et Emery, 2003).

Lors d'une séparation, la garde des enfants peut être partagée par les deux parents. Cette solution peut s'avérer avantageuse si les parents sont capables de coopérer, puisqu'ils peuvent ainsi continuer de s'impliquer tous les deux étroitement auprès de leurs enfants. Quand les parents ont la **garde conjointe,** ils partagent les devoirs et les responsabilités quant aux décisions à prendre pour le bien-être de l'enfant, et ce, indépendamment du temps que chacun d'eux passe avec lui. Dans les cas moins fréquents de **garde partagée** (on parle alors de garde physique partagée), l'enfant vit à mi-temps ou presque avec chacun des parents. Une analyse de plusieurs études a démontré que les enfants qui vivent en garde partagée ou en garde conjointe sont mieux adaptés : ils ont une meilleure estime de soi et de meilleures relations familiales que les enfants qui sont sous la garde d'un seul parent. Ils sont même aussi bien adaptés que les enfants de parents non divorcés (Bauserman, 2002). Il est probable, toutefois, que les couples qui choisissent la garde conjointe ou partagée soient aussi ceux qui ont eu le moins de conflits avant leur séparation.

Garde conjointe

Situation où la garde légale des enfants est partagée entre les deux parents, ceux-ci assumant conjointement les devoirs, les responsabilités et les décisions à prendre pour le bien-être de l'enfant.

Garde partagée

Situation où la garde physique des enfants est partagée entre les deux parents, l'enfant vivant à mi-temps ou presque avec chacun des parents.

La famille monoparentale

Les familles monoparentales résultent d'un divorce, d'une séparation, d'un parent célibataire ou d'un décès. Le taux des familles monoparentales est en croissance au Canada et aux États-Unis. Néanmoins, plusieurs enfants qui vivent dans cette structure familiale cohabitent avec le nouveau conjoint du parent. Il est possible aussi qu'un enfant en garde partagée passe la moitié du temps dans une famille monoparentale et l'autre dans une famille recomposée. Ainsi, les statistiques surestiment généralement le nombre d'enfants qui vivent exclusivement avec un seul de leurs parents. Par ailleurs, les femmes sont majoritairement à la tête des familles monoparentales. Elles sont aussi généralement plus jeunes que les femmes mariées, moins scolarisées, plus pauvres et vivent souvent dans des quartiers plus défavorisés.

La structure de ces familles monoparentales est souvent sujette à des transitions et à des modifications. On dénombre en effet plusieurs cohabitations avec de nouveaux conjoints ou avec les grands-parents, une présence accrue de colocataires, etc. Pour toutes ces raisons, les familles monoparentales sont aussi plus susceptibles de déménager, ce qui suscite d'autres formes d'adaptation pour les enfants. Ainsi, les enfants qui grandissent dans une famille monoparentale connaissent souvent les mêmes conditions de vie que ceux qui vivent dans la pauvreté; ils risquent de présenter sensiblement les mêmes problèmes d'agressivité, de provocation, d'hyperactivité, d'échecs scolaires, de problèmes relationnels et de délinquance. Plus tard, ces jeunes risquent aussi davantage d'avoir un enfant hors mariage, en particulier pendant l'adolescence, d'être moins scolarisés, d'être plus pauvres, d'avoir un casier judiciaire, de connaître des problèmes conjugaux et de divorcer (Ambert, 2006). En réalité, tout dépend de la façon dont ils vont résoudre et interpréter l'expérience du divorce de leurs parents. Les études sur le sujet n'ont pas encore suffisamment exploré les forces particulières que les enfants élevés dans de telles conditions peuvent développer. Aussi, même si le tableau peut paraître sombre, il faut savoir que plusieurs enfants s'en sortent très bien, comme nous le verrons un peu plus loin.

La famille recomposée

La plupart des parents divorcés se remarient ou vivent avec un nouveau conjoint. Plusieurs mères ou pères non mariés s'unissent ainsi à des hommes ou à des femmes qui ne sont pas les pères ou mères de leurs enfants. Ils forment alors des familles recomposées. La figure 8.2 illustre les différents types de familles recomposées qui existent.

FIGURE 8.2 | Les différents types de familles recomposées au Canada

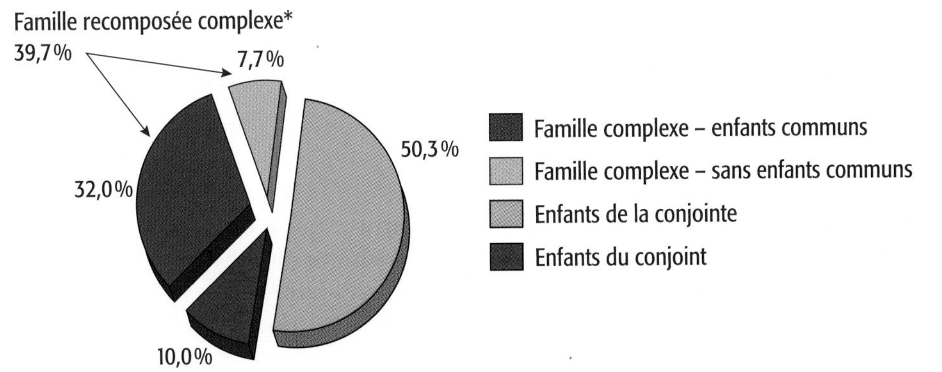

Famille recomposée complexe*
39,7% → 7,7%
50,3%
32,0%
10,0%

- Famille complexe – enfants communs
- Famille complexe – sans enfants communs
- Enfants de la conjointe
- Enfants du conjoint

* Une famille complexe est une famille où il y a des enfants du conjoint et des enfants de la conjointe.

Source : Adapté de Statistique Canada, 2002.

S'adapter à un beau-parent peut être stressant pour l'enfant, car sa loyauté envers le parent absent ou décédé peut interférer avec la formation des liens à créer avec cette nouvelle figure parentale. Toutefois, certaines études portant sur les enfants de mères monoparentales ont démontré que les garçons bénéficient tout de même de la présence d'un beau-père. Les filles, par contre, peuvent davantage considérer un nouvel homme dans la maison comme une menace à leur indépendance et à la relation étroite qu'elles entretiennent avec leur mère (Hines, 1997).

Par ailleurs, vivre dans une famille recomposée n'équivaut pas seulement à vivre avec un beau-père ou une belle-mère. La réalité est beaucoup plus complexe. En effet, les enfants doivent aussi souvent composer avec des demi-frères ou des demi-sœurs nés

d'une union précédente ou de la nouvelle union d'un des parents. Au sein d'une famille, certains enfants peuvent donc vivre avec leurs deux parents biologiques, alors que ce n'est pas le cas pour les autres. Toutefois, la naissance d'un enfant commun, en créant un lien génétique, semble consolider les relations entre les membres d'une famille recomposée. Ces familles vont généralement demeurer ensemble plus longtemps que celles qui n'ont pas ce lien (Juby, 2004). Enfin, la complexité des familles recomposées vient aussi du fait que plusieurs ménages de ce type peuvent aussi être liés entre eux. Ainsi, dans notre mise en situation, Magalie a un demi-frère et une demi-sœur biologiques ainsi qu'un demi-frère et une demi-sœur par alliance ne venant pas de la même famille. La figure 8.3, qui montre les multiples relations familiales de Magalie, illustre la complexité que peuvent prendre ces nouvelles structures familiales recomposées.

8.7 **Une famille recomposée**

Vivre dans une famille recomposée ne revient pas seulement à vivre avec un beau-père ou une belle-mère, mais aussi à composer avec des demi-frères ou des demi-sœurs par alliance ou nés de la nouvelle union.

FIGURE 8.3 | Les relations familiales de Magalie

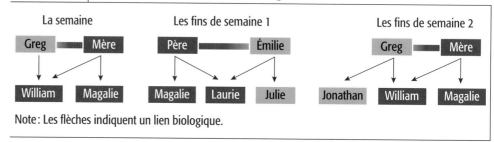

Note : Les flèches indiquent un lien biologique.

Il est irréaliste de croire que les relations entre les membres d'une famille recomposée se déroulent toujours dans l'harmonie, qu'un parent aime généralement ses enfants par alliance autant que ses propres enfants, qu'un enfant est habituellement aussi proche de sa belle-mère que de sa mère et qu'il aime son nouveau frère ou sa nouvelle petite sœur autant que la fratrie avec laquelle il a toujours vécu. Ainsi, les parents et les enfants dont les attentes sont idéalistes risquent de ressentir un fort sentiment de culpabilité. Il est plus réaliste, et donc préférable, de laisser le temps aux relations de se construire. Afin de solidifier les liens, on recommande de partager des tâches, d'établir des rituels et de vivre des expériences communes (Kelly, 2004).

La famille homoparentale

Certains couples gais ou lesbiens élèvent des enfants nés d'une précédente union hétérosexuelle. D'autres décident de concevoir un enfant par des moyens artificiels, d'avoir recours à une mère porteuse ou d'adopter des enfants.

Comme nous l'avons vu dans le chapitre 6, un nombre considérable de recherches ont étudié le développement des enfants qui grandissent avec un couple homosexuel. Leur développement a été examiné sur les plans de la santé physique et émotionnelle, de l'intelligence, de l'adaptation, de l'identité, du jugement moral et du fonctionnement social et sexuel. Aucun élément particulier n'ayant été trouvé, il en ressort qu'il n'y a *pas* de différences significatives entre les parents homosexuels ou hétérosexuels concernant leurs attitudes ou leurs habiletés parentales. Les gais et les lesbiennes ont généralement des relations positives avec leurs enfants, et ces derniers n'ont pas plus de problèmes sociaux ou scolaires que les enfants élevés par des parents hétérosexuels.

Faites le POINT

7 Lorsque les deux parents occupent un emploi, quelles en sont les répercussions possibles sur le bien-être des enfants ?

8 On dit que la pauvreté peut avoir un effet négatif sur le développement des enfants. Expliquez pourquoi.

9 Quelles difficultés les familles recomposées sont-elles susceptibles d'éprouver ?

8.4 L'enfant d'âge scolaire et son groupe de pairs

Les groupes se forment naturellement entre les enfants qui habitent le même quartier ou qui fréquentent la même école. Les membres de ces groupes proviennent habituellement d'un milieu socioéconomique semblable, et ils sont souvent du même âge et de même sexe. Quelle influence le groupe a-t-il sur l'enfant? Qu'est-ce qui détermine l'acceptation d'un enfant par ses pairs et sa capacité à se faire des amis?

8.4.1 L'influence des pairs sur l'enfant

Comme nous l'avons vu dans le chapitre 6, les enfants bénéficient de la présence de leurs pairs. En les côtoyant, l'enfant découvre en effet de nouvelles perspectives qui favorisent l'apparition chez lui de jugements indépendants de ceux de sa famille. Il peut alors confronter ses propres valeurs à celles de ses pairs et décider lesquelles sont les siennes. Cette comparaison avec d'autres enfants du même âge lui permet aussi de juger ses propres habiletés de manière plus réaliste et d'acquérir une perception plus claire de sa propre efficacité (Bandura, 1994). Le groupe de pairs représente donc en quelque sorte une minisociété dans laquelle les enfants apprennent à adapter leurs besoins et leurs désirs à ceux des autres, et à reconnaître les moments où ils doivent céder et ceux où ils doivent rester fermes. Le groupe offre aussi à l'enfant une sécurité émotionnelle, car il est rassurant pour un enfant de se rendre compte, par exemple, qu'il n'est pas le seul à nourrir des pensées qui pourraient choquer les adultes. En outre, les groupes de pairs de même sexe peuvent aider les enfants à apprendre les comportements appropriés à leur genre et à intégrer à leur concept de soi les rôles sexuels. Une recherche portant sur des enfants de huit à onze ans a ainsi démontré que la conviction d'être conforme à son genre et d'être satisfait de ce genre augmenterait l'estime de soi et le sentiment de bien-être (Yunger, Carver et Perry, 2004).

Toutefois, le groupe de pairs peut aussi avoir une influence négative. Par exemple, il peut renforcer les préjugés. Ainsi, le sentiment d'appartenance présent au sein d'un groupe d'enfants a parfois pour effet d'augmenter les attitudes négatives envers les personnes ne faisant pas partie de ce groupe. Ces préjugés peuvent être orientés vers des enfants d'origine ethnique différente de celle de la majorité et avoir, à long terme, des répercussions néfastes sur ceux qui en sont l'objet. Une étude longitudinale portant sur des enfants américains noirs âgés de 10 à 12 ans révèle ainsi que ceux qui se disaient victimes de discrimination ont eu tendance à présenter des symptômes de dépression ou des problèmes de comportements durant les cinq années suivantes (Brody *et al.*, 2006). On peut contrer l'apparition des préjugés et de la discrimination en organisant, par exemple, des activités de groupe dans lesquelles des enfants de différentes origines ou conditions poursuivent un but commun.

8.8 L'importance des pairs

La présence de ses pairs ouvre à l'enfant de nouvelles perspectives et favorise notamment chez lui l'apparition de jugements indépendants de ceux de la famille.

Bien que le groupe de pairs soit à l'origine d'actions constructives, les préadolescents se montrent particulièrement influençables par rapport à la pression de conformité que celui-ci exerce. Ainsi, c'est habituellement en compagnie de leurs camarades que les enfants commencent à fumer et à boire, à se faufiler au cinéma sans payer et à adopter d'autres comportements antisociaux. Évidemment, pour ces enfants, comme pour les adultes d'ailleurs, une certaine conformité au groupe fait partie d'une saine adaptation et le conformisme n'est malsain que s'il devient destructif ou s'il entraîne l'enfant à aller à l'encontre de son propre jugement (Hartup, 1992).

8.4.2 La popularité

La popularité devient plus importante à l'âge scolaire, puisque l'enfant passe plus de temps avec ses pairs et que l'opinion de ces derniers peut avoir un impact considérable sur l'estime de soi. Ainsi, les enfants populaires et qui se sentent aimés par leurs pairs sont susceptibles d'être mieux adaptés une fois arrivés à l'adolescence.

Par contre, ceux qui ne sont pas acceptés par leurs pairs ou qui sont trop agressifs risquent davantage de développer des problèmes psychologiques, de décrocher de l'école ou de devenir délinquants (Hartup, 1992).

Étant donné qu'il est possible de mesurer la popularité de deux façons, les résultats peuvent différer. Les chercheurs mesurent la **popularité sociométrique** en demandant aux enfants quels sont les pairs qu'ils aiment le plus et ceux qu'ils aiment le moins. De telles études ont permis d'identifier cinq statuts dans le groupe de pairs : les enfants populaires, les enfants rejetés, les enfants négligés, les enfants controversés et les enfants dans la moyenne. Quant à la **popularité perçue,** elle est mesurée en demandant aux enfants quels sont ceux qui, selon eux, sont les plus appréciés par leurs pairs.

Selon les résultats de ces deux mesures de popularité, les enfants populaires montrent de bonnes habiletés sur le plan cognitif et ils réussissent bien : ils savent résoudre les problèmes d'ordre social, ils aident les autres et s'affirment sans être dérangeants ou agressifs. Ils sont sympathiques, fiables, coopératifs, loyaux, ils sont capables d'ouverture et ils peuvent offrir du soutien émotionnel à leurs pairs. Leurs habiletés sociales supérieures font donc en sorte que leurs camarades apprécient leur compagnie (Cillessen et Mayeux, 2004). Quant aux enfants qui ont une popularité perçue, c'est-à-dire un statut jugé élevé dans le groupe, ils ont tendance à présenter une apparence attrayante, des habiletés athlétiques et, dans une moindre mesure, des habiletés scolaires.

De leur côté, les enfants impopulaires (qu'ils soient rejetés ou négligés) le sont pour plusieurs raisons. Même si certains sont agressifs, d'autres sont hyperactifs, distraits ou renfermés ; d'autres encore sont immatures ou anxieux. Ces enfants sont souvent trop centrés sur eux-mêmes, ils se montrent insensibles aux émotions de leurs pairs et s'adaptent mal à des situations nouvelles (Bierman, Smoot et Aumiller, 1993). Parmi ces enfants impopulaires, certains ont une faible estime de soi et s'attendent à ne pas être aimés. Ils développent alors un sentiment d'impuissance (comme c'est peut-être le cas pour Frédéric dans la mise en situation de ce chapitre) et ne font plus d'efforts pour tenter de se faire accepter, ce qui vient confirmer leur perception d'être rejetés et impopulaires : c'est ce qu'on nomme le phénomène de l'**autoréalisation des prophéties.** Enfin, malgré le fait que les enfants agressifs soient souvent impopulaires durant les premières années scolaires, il faut savoir qu'ils sont de plus en plus acceptés par la suite parmi les enfants plus vieux et qu'ils peuvent même devenir populaires (Xie *et al.*, 2006).

Popularité sociométrique
Mesure de la popularité qui s'obtient en demandant aux enfants qui ils aiment le plus et qui ils aiment le moins dans leur groupe de pairs.

Popularité perçue
Mesure de la popularité qui s'obtient en demandant aux enfants quels sont les enfants les plus appréciés par leurs pairs.

Autoréalisation des prophéties
Phénomène par lequel des comportements engendrent une réponse particulière, laquelle, à son tour, confirme la justification des comportements de départ.

 **ENCADRÉ 8.1** 👁 **REGARD SUR LE MONDE**

La popularité : une perspective interculturelle

Un enfant qui serait populaire dans une culture donnée le serait-il autant dans une autre ? Les chercheurs ont comparé 450 élèves de deuxième et de quatrième année à Shanghai, en Chine, avec 296 enfants du même âge habitant en Ontario, au Canada (Chen, Rubin et Sun, 1992). Malgré de grandes différences entre les deux échantillons (par exemple, contrairement aux enfants chinois, aucun enfant canadien ne venait d'une famille paysanne), les deux échantillons étaient tout de même représentatifs des enfants d'âge scolaire.

Les chercheurs ont évalué la popularité de ces enfants en se basant sur deux sortes de perception. Les enfants ont d'abord rempli une évaluation sociométrique au cours de laquelle ils devaient nommer les trois enfants qu'ils préféraient dans leur classe et ceux qu'ils aimaient le moins, ainsi que leurs trois meilleurs amis dans cette classe. Les résultats montrent d'abord que certains traits associés à la popularité sont valorisés dans les deux cultures. Ainsi, les enfants sociables et coopératifs sont aussi les plus populaires, tant en Chine qu'au Canada. L'agressivité est également rejetée par les deux groupes. Toutefois, comme nous l'avons vu dans le chapitre 4, une différence importante a été soulevée : la timidité et la sensibilité de l'enfant constituent des traits associés à la popularité en Chine, mais pas au Canada. Cela n'est pas vraiment surprenant. En effet, traditionnellement, les enfants

chinois sont incités à se retenir et à inhiber leurs impulsions, en conséquence de quoi, un enfant timide est considéré comme bien élevé. Au contraire, dans notre culture occidentale, un enfant qui adopte un tel comportement peut être perçu comme immature sur le plan social. Il peut être vu comme un enfant peureux et manquant de confiance en lui.

Des études de suivi réalisées à huit et dix ans ont de nouveau montré que les enfants chinois timides et sensibles étaient populaires auprès de leurs pairs (Chen, Rubin et Li, 1995). Leurs enseignants les jugeaient compétents sur le plan social ; ils les qualifiaient de leaders et estimaient qu'ils manifestaient un bon rendement scolaire. Cependant, entre 10 et 12 ans, un changement significatif s'était produit : les enfants chinois timides et sensibles avaient cessé d'être populaires. Ils avaient au contraire tendance à être rejetés par leurs pairs, tout comme dans les cultures occidentales. Les chercheurs ont donc suggéré que la timidité et la sensibilité pouvaient avoir une signification sociale différente en Chine à l'adolescence, lorsque les relations entre les pairs deviennent plus importantes et que l'approbation des adultes devient secondaire. Malgré la longue tradition chinoise d'obéissance à l'autorité, l'influence des normes sociales des adultes pourrait diminuer au moment où s'affirme le besoin pressant des enfants d'exercer leur propre jugement à propos de leurs pairs.

Les caractéristiques liées à la popularité s'acquièrent d'abord au sein de la famille (Masten et Coatsworth, 1998). Ainsi, les parents démocratiques sont plus susceptibles d'avoir des enfants populaires que les parents autoritaires (*voir le chapitre 6*). En effet, les enfants qui sont punis et menacés par des parents autoritaires tendront à utiliser les mêmes stratégies auprès de leurs pairs, soit des comportements de menace ou d'agressivité directes qui, bien entendu, ne favorisent pas la popularité. Par contre, un style parental démocratique, axé sur le raisonnement de l'enfant, fournit à celui-ci des outils qu'il va pouvoir utiliser dans ses relations avec ses amis (Hart, Ladd et Burleson, 1990).

La culture a-t-elle une influence sur les critères de popularité? Certaines recherches ont démontré que la timidité et la sensibilité de l'enfant constituent des traits associés à la popularité en Chine, mais pas au Canada, où la popularité est davantage associée à l'affirmation de soi et à l'assurance. Toutefois, comme on peut le voir dans l'encadré 8.1, des recherches plus récentes montrent que les caractéristiques associées à la popularité en Chine ont évolué depuis, en même temps que le pays a connu ces dernières années des changements économiques et sociaux importants (Chen *et al.*, 2005).

8.4.3 L'amitié à l'âge scolaire

L'amitié est différente de la popularité. Alors que la popularité résulte de l'opinion d'un groupe de pairs au sujet d'un enfant, l'amitié, pour sa part, est une voie à double sens. Elle est partagée par l'une et l'autre des parties. Comme Magalie dans la mise en situation de ce chapitre, les enfants prennent surtout pour amis des enfants qui partagent les mêmes intérêts qu'eux et qui sont généralement du même âge, du même sexe et de la même ethnie. Les enfants impopulaires ont eux aussi des amis, mais en moins grande quantité que les enfants plus populaires. Ils choisissent également plus souvent des amis qui sont plus jeunes, qui ne font pas partie de leur classe ou qui ne fréquentent pas leur école (George et Hartmann, 1996).

Avec leurs amis, les enfants apprennent à communiquer et à coopérer. Cependant, les inévitables querelles leur permettent aussi d'apprendre à résoudre des conflits. En outre, un ami peut aussi offrir du support lors d'une période plus difficile, comme un changement d'école ou une séparation parentale. L'amitié semble donc aider l'enfant à se sentir bien avec lui-même, même s'il est aussi vrai qu'un enfant bien dans sa

Cependant, une étude publiée plus récemment concernant les enfants plus jeunes attire aussi l'attention sur les effets possibles des changements sociaux résultant de la restructuration radicale du système économique chinois. En effet, depuis la fin des années 1990 principalement, la Chine est passée d'un système entièrement collectiviste à une économie de marché plus compétitive, technologiquement plus avancée et empreinte des valeurs individualistes généralement associées à ce type d'économie. Pour les besoins de cette étude, les chercheurs ont utilisé des mesures sociométriques et des évaluations par les pairs pour déterminer le fonctionnement social de trois cohortes d'élèves de troisième et de quatrième année dans les écoles de Shanghai en 1990, 1998 et 2002 (Chen *et al.*, 2005). Ils ont étudié les dossiers scolaires des élèves et l'évaluation par les enseignants. Il s'est avéré, comme dans les études antérieures, que les comportements prosociaux étaient associés au statut social et au rendement scolaire, alors que l'agression était généralement liée au rejet par les pairs et aux problèmes d'adaptation. Cependant, un changement frappant est apparu en ce qui a trait à la timidité et à la sensibilité. Ainsi, dans la cohorte de 1990, les enfants timides étaient acceptés par leurs pairs et avaient un rendement scolaire élevé, ils étaient des leaders et leurs enseignants notaient que leur compétence était élevée. Or, en 2002, les résultats ont été totalement contraires : les enfants timides avaient tendance à

être rejetés par leurs pairs, à être déprimés et leurs enseignants avaient tendance à considérer qu'ils avaient un faible rendement scolaire. Les résultats de la cohorte de 1998, eux, étaient inégaux, ce qui reflétait probablement déjà les attitudes d'une société en transition.

Ces différents résultats suggèrent donc que l'acceptabilité sociale des enfants timides a un lien étroit avec les normes culturelles. Dans une société chinoise désormais quasi capitaliste, l'affirmation sociale et l'initiative sont probablement plus appréciées et encouragées que par le passé, tandis que la timidité et la sensibilité sont susceptibles d'entraîner des difficultés sociales et psychologiques chez les enfants.

8.9 L'amitié

Les amitiés féminines diffèrent des amitiés masculines. Elles sont surtout caractérisées par l'intimité et l'échange d'affection.

peau se fera plus facilement des amis. Du coup, un rejet par les pairs et un manque d'amis à l'âge scolaire peut entraîner des effets à long terme. Une étude longitudinale, à laquelle participaient des enfants de cinquième année qui n'avaient pas d'amis, a ainsi démontré que ces enfants étaient plus susceptibles d'avoir une faible estime de soi et d'afficher des symptômes de dépression une fois devenus de jeunes adultes (Bagwell, Newcomb et Bukowski, 1998).

La conception qu'ont les enfants de l'amitié, de même que la manière dont ils agissent avec leurs amis, change avec le temps. Ainsi, si les enfants d'âge préscolaire jouent volontiers ensemble, l'amitié devient plus profonde et durable à l'âge scolaire. Pour être et avoir un véritable ami, l'enfant doit en effet atteindre la maturité cognitive lui permettant de tenir compte du point de vue et des besoins de l'autre autant que des siens (Hartup et Steven, 1999).

En se fondant sur des entrevues réalisées auprès de quelque 250 personnes âgées de 3 à 45 ans, Robert Selman (1980) a relevé les changements intervenants dans la conceptualisation de l'amitié à travers le temps. Selon lui, la plupart des enfants d'âge scolaire se situent au stade de la coopération réciproque ou au stade de la relation mutuelle et intime (*voir le tableau 8.3*). Ainsi, les enfants d'âge scolaire peuvent distinguer un « meilleur ami » d'un « bon ami » ou d'une « connaissance » en se basant sur l'intimité de leur relation et sur le temps qu'ils passent ensemble. La plupart des enfants de cet âge ont alors entre trois et cinq « meilleurs amis » avec lesquels ils passent le plus clair de leur temps en dyade ou en triade (Hartup et Stevens, 1999). Par ailleurs, les amitiés féminines diffèrent des amitiés masculines. Ainsi, les garçons ont plus d'amis, mais leurs relations sont moins caractérisées par l'intimité et par l'échange d'affection, qui sont plus typiques des amitiés féminines. Une étude québécoise confirme que ces différences sexuelles s'amorcent dès l'âge scolaire et se maintiennent jusqu'à l'âge adulte. En effet, l'amitié entre hommes est davantage caractérisée par des activités communes (sorties, activités sportives), tandis que l'amitié entre femmes est davantage fondée sur l'échange de confidences et sur le soutien mutuel (Devault, 1988).

TABLEAU 8.3 | Les stades de l'amitié (selon Selman)

Stade (âge)	Description	Exemples
Stade 0 (3-7 ans) Amitié momentanée	À ce niveau indifférencié d'amitié, les enfants sont égocentriques et ils ont de la difficulté à considérer le point de vue de l'autre. Ils ont tendance à ne penser qu'à leurs propres intérêts dans la relation. La plupart des enfants de cet âge définissent leur amitié en termes de proximité géographique et attribuent de la valeur à des caractéristiques physiques ou matérielles.	« Mon amie habite dans ma rue. » « C'est mon ami parce qu'il a une piscine chez lui. »
Stade 1 (4-9 ans) Soutien unidirectionnel	À ce niveau unidirectionnel, un bon ami est celui qui fait ce qu'on veut qu'il fasse.	« Elle n'est plus mon amie parce qu'elle ne vient pas chez moi quand je veux qu'elle vienne jouer avec moi. » « Il est mon ami parce qu'il me prête toujours ses Legos lorsque je lui demande. »
Stade 2 (6-12 ans) Coopération réciproque	Ce niveau de réciprocité coexiste avec le stade 1. Il implique des échanges, mais les enfants sont encore centrés sur leurs propres intérêts.	« On est amis, on fait des choses l'un pour l'autre. » « Un ami est une personne qui joue avec toi quand tu n'as personne d'autre avec qui jouer. »
Stade 3 (9-15 ans) Relation mutuelle et intime	À ce niveau de relation mutuelle, les enfants perçoivent l'amitié comme une entité en soi. La relation, qui se développe avec le temps, demande un investissement et inclut le fait d'accomplir des choses l'un pour l'autre. Les amis deviennent possessifs et demandent l'exclusivité.	« Développer une réelle amitié prend beaucoup de temps. Donc, il n'est pas agréable d'apprendre que ton ami essaie de se faire d'autres amis que toi. »
Stade 4 (12 ans et +) Interdépendance et autonomie	À ce stade d'interdépendance, les enfants respectent les besoins mutuels de dépendance et d'autonomie.	« Une amitié authentique demande un réel engagement. Il faut soutenir l'autre, lui faire confiance et être généreux, mais il faut aussi être capable de le laisser prendre une distance lorsqu'il en a besoin. »

8.4.4 Les agressions et le taxage

Au cours des années du primaire, comme nous l'avons mentionné dans le chapitre 6, les comportements agressifs diminuent graduellement. Cependant, un petit nombre d'enfants n'apprennent pas à contrôler leur agressivité. Qui sont donc ces enfants et quels sont les facteurs associés à l'agression ?

Les types d'agressivité

Chez les enfants qui continuent de manifester une forte propension à l'agression, le type d'agressivité change à l'âge scolaire. L'**agressivité hostile,** qui a pour objectif de blesser quelqu'un, remplace ainsi l'agressivité instrumentale, plus typique des enfants d'âge préscolaire et qui vise à atteindre un but.

Agressivité hostile
Comportement agressif dont le but recherché est de blesser l'autre.

Les enfants agressifs sont le plus souvent impopulaires, et ils ont tendance à avoir des problèmes psychologiques et interpersonnels. Leurs problèmes interpersonnels proviennent-ils de leur agressivité ou ces enfants deviennent-ils agressifs parce qu'ils ont des problèmes ? La réponse à cette question n'a pas encore été clarifiée (Crick et Grotpeter, 1995). Les enfants très agressifs s'entraînent parfois les uns les autres à commettre des actes antisociaux. Par conséquent, les garçons d'âge scolaire qui sont physiquement agressifs peuvent sombrer dans la délinquance à l'adolescence (Broidy *et al.,* 2003). Toutefois, une étude longitudinale portant sur des enfants de 10 à 15 ans d'un milieu urbain multiethnique a révélé que l'agression physique était jugée moins défavorablement au fur et à mesure que les enfants arrivaient à l'adolescence, et que les agressions relationnelles (par exemple, parler dans le dos de quelqu'un ou l'exclure socialement) étaient de plus en plus renforcées par un statut élevé dans le groupe de pairs (Cillessen et Mayeux, 2004).

L'évaluation cognitive de l'information et l'agressivité

Qu'est-ce qui peut pousser les enfants à agir agressivement ? Une explication pourrait provenir de la façon dont certains enfants traitent l'information sociale, c'est-à-dire à quelles caractéristiques de l'environnement ils portent attention et comment ils les interprètent.

Dans le cas de l'agressivité proactive (agressivité non provoquée ou agressivité instrumentale), les agresseurs considèrent la force et la coercition comme des moyens efficaces d'obtenir ce qu'ils désirent. Ils agissent délibérément, et non pas sous l'effet de la colère. Selon les termes de l'apprentissage social, ils sont donc agressifs parce qu'ils s'attendent à être récompensés pour cela. Aussi, en étant agressifs et en obtenant ce qu'ils désirent, ils renforcent leur croyance dans l'efficacité de l'agression (Crick et Dodge, 1996).

L'agressivité réactive (ou agressivité hostile) se manifeste, par exemple, lorsqu'un enfant placé en rang est poussé accidentellement par un autre, qu'il se retourne et pousse son camarade encore plus fort parce qu'il croit que la première poussée était volontaire. Cette réaction agressive est souvent typique des enfants qui présentent un **biais d'attribution hostile,** c'est-à-dire qui croient que les autres enfants leur veulent du mal et qui réagissent donc vivement en se défendant contre ces attaques. Ce biais d'attribution hostile devient plus fréquent entre six et douze ans. Les enfants qui veulent dominer et contrôler leur environnement sont particulièrement sensibles à tout ce qui peut menacer leur recherche de pouvoir. Ils attribuent ces menaces à un comportement hostile dirigé contre eux et réagissent alors par l'agressivité (de Castro *et al.,* 2002). Les enfants rejetés ou victimes d'une discipline exagérément autoritaire réagissent eux aussi souvent par ce biais d'attribution hostile (Coie et Dodge, 1998). Le problème ici est que la plupart des personnes sont portées à devenir hostiles lorsqu'elles se sentent agressées. Dès lors, celles qui ont un biais d'attribution hostile vont généralement voir leurs perceptions confirmées par l'attitude des autres à leur égard, ce qui vient renforcer encore plus leur tendance à l'agressivité hostile (de Castro *et al.,* 2002).

Biais d'attribution hostile
Interprétation cognitive des comportements des autres dans un sens négatif et menaçant.

Les adultes peuvent aider ces enfants à freiner leur agressivité en les aidant à reconnaître les indices de la colère et en leur apprenant comment contrôler cette colère. Des enfants d'une école de New York ayant été soumis à un programme de résolution de conflits qui impliquait des discussions en groupe et des jeux de rôle ont démontré par la suite moins de biais d'attribution hostile, moins d'agressivité, moins de problèmes de comportement et plus de réponses efficaces aux situations sociales que les enfants qui n'avaient pas été impliqués dans un tel programme (Aber, Brown et Jones, 2003).

La violence dans les médias

Comme les enfants passent une grande partie de leur temps devant le téléviseur, les images qu'ils voient peuvent devenir leurs principales sources d'information et donc leurs principaux modèles quant à la façon de se comporter dans la vie. La majorité des études, qu'elles soient expérimentales, longitudinales ou transculturelles, établissent un lien de causalité entre l'observation de la violence dans les médias et l'utilisation de comportements violents durant l'enfance, l'adolescence et l'âge adulte. En fait, l'exposition préalable à la violence est même le seul facteur qui est fortement corrélé au comportement violent. Si l'exposition à la violence conduit à l'agressivité, c'est possiblement parce qu'elle fournit une excitation viscérale sans présenter les coûts humains qui en découlent et qu'elle amène les enfants à considérer l'agression comme acceptable. Les enfants qui voient les héros ou les méchants atteindre leurs buts au moyen de la violence sont enclins à conclure que la force est une bonne façon de résoudre des problèmes ou des conflits. Ils voient donc la violence comme un mal nécessaire et ils sont moins susceptibles d'intervenir lorsqu'ils en sont témoins.

En outre, plus la violence présentée aux enfants semble réelle, plus elle est susceptible d'être acceptée. Ainsi, l'influence de la violence télévisée est encore plus forte si l'enfant croit que celle-ci est réelle, s'il s'identifie au personnage violent, s'il trouve le modèle attrayant ou s'il visionne ces scènes de violence sans la supervision ou l'intervention de ses parents. Les enfants qui sont déjà très agressifs sont plus fortement influencés par la violence télévisée que les enfants qui le sont moins (Anderson *et al.*, 2003). Par ailleurs, chaque heure passée à regarder une émission violente à la télévision réduit le temps passé avec les amis. Ainsi, l'enfant qui regarde souvent de telles émissions peut développer des comportements agressifs qui l'isoleront socialement et l'amèneront à se réfugier encore davantage devant la télévision (Bickham et Rich, 2006).

Peu de recherches ont été consacrées aux effets des médias interactifs, comme les jeux vidéo ou Internet, sur les comportements agressifs ou violents, mais celles-ci suggèrent que lorsque l'enfant est lui-même l'initiateur de la violence virtuelle, les effets peuvent être plus profonds encore que ceux des médias passifs. En effet, les jeux vidéo placent directement l'enfant dans le rôle de l'agresseur, celui-ci étant de surcroît récompensé pour les actions violentes (AAP Committee on Public Education, 2001).

En discutant avec l'enfant, les parents peuvent l'aider à faire la distinction entre le réel et la fiction et peuvent l'amener à dépasser la simple imitation de comportements violents. Le temps passé devant la télévision ou les jeux vidéo devrait aussi être contrôlé (Royer, 2004).

Le taxage et ses victimes

Le **taxage** est une agression délibérée, constamment dirigée vers une même cible qui, le plus souvent, est vulnérable, faible et sans défense. Le taxage peut être physique (frapper, pousser, abîmer ou prendre des objets personnels), verbal (insulter ou menacer), relationnel ou émotionnel (isoler quelqu'un ou parler dans son dos). Le taxage est proactif quand on l'utilise pour établir sa domination, exercer un pouvoir ou gagner de l'admiration, mais il peut aussi être réactif lorsqu'il répond à une attaque réelle ou imaginaire. Le cybertaxage – qui consiste à diffuser des commentaires négatifs ou des photos dénigrantes sur un site Internet – est devenu de plus en plus courant. Ces formes de taxage peuvent résulter d'un penchant génétique envers l'agressivité, combiné à des influences environnementales telles des parents coercitifs et des amis délinquants (Berger, 2007).

Le taxage est un problème fréquent dans les pays industrialisés. Ainsi, aux États-Unis, 34 % des écoles primaires rapportent que des élèves y exercent du taxage au moins une fois pas semaine (Guerino *et al.*, 2006). Au Québec, dans les écoles

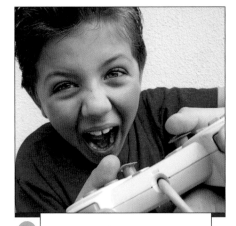

8.10 **Les jeux violents**
Les jeux vidéo placent l'enfant dans le rôle de l'agresseur et le récompensent pour ses actions violentes.

Taxage
Comportement agressif délibéré et dirigé de façon persistante envers les mêmes personnes, qui sont généralement plus faibles et plus vulnérables.

primaires, 18 % des garçons et 13 % des filles affirment avoir déjà été victimes de taxage (Ministère de la Sécurité publique du Québec, 2002). Selon une enquête menée dans 34 pays européens, près du tiers des enfants disent aussi avoir été victimes ou avoir eux-mêmes exercé du taxage (Currie *et al.,* 2004). Enfin, au Japon et en Corée, le taxage à l'école a déjà été associé à une augmentation du suicide et des pensées suicidaires (Kim, Koh et Leventhal, 2005).

Les facteurs de risque menant au taxage semblent être les mêmes à travers les différentes cultures. En effet, les enfants victimes de taxage sont mésadaptés : certains ont tendance à être anxieux, dépressifs, prudents, tranquilles et soumis ainsi qu'à pleurer facilement, alors que d'autres ont un penchant pour l'argumentation et la provocation. Ils ont peu d'amis, ils peuvent vivre dans des conditions difficiles et être issus d'un environnement familial punitif. En outre, les victimes ont souvent peu d'estime de soi, même s'il n'a pas été clairement établi que cette faible estime de soi précède l'intimidation ou qu'elle la suit (Veenstra *et al.,* 2005 ; Nansel *et al.,* 2001). Une étude canadienne a également montré que les enfants obèses sont plus susceptibles de devenir soit des victimes de taxage, soit des taxeurs (Janssen *et al.,* 2004*).* Dans la mise en situation de ce chapitre, Frédéric est victime de taxage, ce qui risque d'entraîner des conséquences à long terme néfastes pour lui. En effet, les victimes de taxage chronique ont tendance à développer des problèmes de comportement et à devenir elles-mêmes plus agressives ou dépressives (Veenstra *et al.,* 2005). De plus, la fréquence du taxage nuit au climat de l'école. Chez les élèves, elle mène à des contre-performances généralisées, à de l'isolement, à une aversion envers l'école, à des maux de tête et d'estomac et à de fréquentes absences (Berger, 2007).

Une enquête québécoise indique que le taxage serait davantage une affaire de garçons : 60 % des victimes et 70 % des auteurs de taxage sont effectivement des garçons. Ces derniers ont tendance à faire l'usage d'agression physique, alors que les filles qui exercent le taxage utilisent l'agression relationnelle ou émotionnelle (Nansel *et al.,* 2001). Mais que veulent finalement les taxeurs ? Dans la majorité des cas de taxage, les victimes rapportent qu'on a tenté de leur prendre ou qu'on leur a pris leur carte de guichet automatique ou de l'argent. Viennent ensuite les fournitures scolaires, les cartes d'autobus ou de la nourriture. Les vêtements et les accessoires à la mode arrivent au troisième rang (Ministère de la Sécurité publique du Québec, 2002). On comprend donc pourquoi, dans une large proportion (77,8 % des filles et 59 % des garçons), les enfants qui fréquentent l'école primaire ont peur d'être taxés. Cela justifie la mise en place de mesures destinées à assurer un sentiment de sécurité dans les écoles.

Un programme introduit aux États-Unis auprès d'élèves de la troisième à la sixième année avait comme objectifs de sensibiliser le personnel et les responsables de l'école au taxage, d'enseigner aux élèves certaines habiletés sociales et émotionnelles et de promouvoir enfin des comportements socialement responsables. Une étude contrôlée a relevé une réduction du taxage et de l'argumentation dans les cours d'école, une augmentation des interactions harmonieuses chez les enfants ayant participé au programme et moins d'incitation au taxage (Frey *et al.,* 2005).

 Le taxage
Au Québec, dans les écoles primaires, 18 % des garçons et 13 % des filles affirment avoir déjà été victimes de taxage.

Faites le POINT

10 Quels sont les effets bénéfiques de la présence des pairs chez les enfants ?

11 Quelles sont les caractéristiques des enfants qui sont les moins populaires dans un groupe de pairs ?

12 La violence présentée dans les médias peut-elle encourager les comportements violents chez les enfants ? Expliquez.

13 Quels sont les facteurs de risque concernant le taxage ?

8.5 La santé mentale des enfants

Un enfant ou un adolescent sur dix présente un trouble mental diagnostiqué suffisamment important pour lui causer des problèmes (Leslie *et al.,* 2005). Certes, si un enfant mange ses selles, se mutile ou commet un meurtre, il est relativement aisé de conclure à un problème grave. Cependant, la plupart des problèmes vécus par les enfants ne sont pas aussi spectaculaires et se rapprochent en réalité de la «normalité». C'est donc souvent le degré d'intensité des problèmes qui va permettre de conclure à la présence d'un trouble réel. Pour faciliter le diagnostic, on utilise les critères suivants : on regarde si l'enfant ressent de la détresse ou est affecté dans au moins deux secteurs de fonctionnement (la famille, l'école, le groupe de pairs, etc.), si ses comportements ou ses émotions ne sont pas appropriés à son âge ou à sa culture, si ses problèmes affectent ses habiletés scolaires, sociales ou personnelles, si ses comportements sont inhabituels pour un enfant de son âge, si ses difficultés persistent même lorsqu'il obtient de l'aide et s'il présente plusieurs problèmes simultanément (APA, 1994). Il est particulièrement important de dépister la présence de troubles de santé mentale chez l'enfant, car ces derniers peuvent conduire à de graves problèmes psychiatriques à l'âge adulte.

8.5.1 Les facteurs de risque

Les problèmes de santé mentale sont complexes et aucune théorie n'est encore parvenue à expliquer totalement leur origine. L'approche psychanalytique suggère la présence de conflits inconscients et non résolus qui seraient apparus durant l'enfance, les théoriciens de l'apprentissage social évoquent plutôt l'imitation de comportements inadaptés, et l'approche écologique fait appel à une multiplicité de facteurs pour expliquer l'apparition d'un trouble.

Quoi qu'il en soit, les facteurs génétiques sont généralement les premiers à envisager. En effet, des troubles comme la déficience intellectuelle, l'autisme et la schizophrénie ont tous des origines génétiques. Quant aux troubles comportementaux, ils pourraient aussi être en partie expliqués par les gènes.

8.12

Les problèmes de santé mentale

Si la relation parent-enfant est problématique, le comportement difficile de l'enfant peut favoriser chez lui l'apparition d'un problème de santé mentale.

Le tempérament de l'enfant constitue un autre facteur de risque à prendre en considération, puisqu'il influence les réactions de l'enfant à son environnement. Par exemple, la mère dépressive d'un enfant au tempérament difficile peut réagir par le rejet ou l'indifférence. Or, il est probable que cette réponse ne rende pas le tempérament de l'enfant plus facile ; au contraire, les interactions subséquentes entre elle et l'enfant pourront avoir pour effet d'aggraver le problème.

Enfin, les familles qui connaissent des conflits nombreux ou des épisodes récurrents de colère et d'agressivité, tout comme les parents froids ou négligents, représentent des facteurs de risque pour leurs enfants. À long terme, ces derniers peuvent en effet présenter des comportements antisociaux ou délinquants, de l'anxiété et de la dépression, ce qui peut même aller jusqu'au suicide. Ces facteurs de risque sont par ailleurs aggravés lorsque les familles vivent dans un milieu pauvre, violent ou stressant, car les enfants qui grandissent au sein de ces familles présentent souvent des lacunes dans le contrôle et l'expression de leurs émotions, ainsi que dans leurs compétences sociales (Repetti, Taylor et Seeman, 2002).

8.5.2 Les principaux troubles émotionnels dans l'enfance

Les principaux troubles émotionnels dans l'enfance concernent principalement les comportements perturbateurs, les troubles de la conduite (agression, trouble de l'opposition, comportement antisocial) et les troubles d'anxiété ou de l'humeur (tristesse, dépression, nervosité, frayeurs et solitude).

Les comportements perturbateurs

Les crises de colère, la provocation et les comportements délibérément hostiles ou agaçants – qui sont fréquents à l'âge de quatre ou cinq ans – disparaissent généralement d'eux-mêmes à l'âge scolaire. Toutefois, lorsque de tels comportements persistent jusqu'à l'âge de huit ans, on peut alors souvent diagnostiquer chez l'enfant un **trouble de l'opposition.** Ce trouble, plus fréquent chez les garçons que chez les filles, se manifeste entre autres par une attitude de défiance, d'argumentation, d'hostilité et de non-respect des règles et des figures d'autorité. Ce comportement doit durer depuis plus de six mois et dépasser les limites d'un comportement acceptable pour un enfant de cet âge. Ainsi, les enfants qui présentent un trouble d'opposition argumentent constamment, manquent de contrôle, blâment les autres, ressentent de la colère et du ressentiment ; ils ont peu d'amis, sont toujours en situation problématique à l'école et testent constamment les limites et la patience des adultes (National Library of Medicine, 2004).

Qu'est-ce qui détermine qu'un enfant présentant des tendances antisociales deviendra ou non plus tard un être antisocial chronique ? Une déficience neurobiologique telle qu'une faiblesse des mécanismes régulateurs du stress peut rendre l'enfant incapable de réfréner ses comportements dangereux ou risqués. De telles déficiences peuvent être d'origine génétique ou être provoquées par un environnement défavorable, par exemple une éducation parentale hostile, des conflits familiaux ou un mélange des deux (van Goozen *et al.*, 2007). Des événements stressants ou encore une association avec des pairs au comportement déviant peuvent également exercer une influence (Roosa *et al.*, 2005).

La phobie scolaire et les autres troubles anxieux

Les enfants qui présentent une **phobie scolaire** éprouvent une crainte irrationnelle d'aller à l'école. Certains enfants ont de bonnes raisons de ne pas vouloir aller à l'école : un enseignant dénigrant, une surcharge de travail ou le fait d'être victime de taxage. Dans ces circonstances, c'est l'environnement qui nécessite des changements, et non l'enfant lui-même. Par contre, la vraie phobie scolaire représente probablement une forme de **trouble d'anxiété de séparation,** lequel touche environ 4 % des enfants ou des jeunes adolescents et peut persister jusqu'à l'enseignement collégial. Ce trouble peut apparaître à la suite d'un événement traumatisant tel que la mort d'un animal de compagnie, une maladie ou un changement d'école. Les enfants qui en sont atteints proviennent souvent d'une famille unie où les liens sont très étroits (Harvard Medical School, 2004).

La phobie scolaire peut également être associée à une forme de **phobie sociale** (ou anxiété sociale) qui se traduit par une peur extrême de se retrouver en contexte social et un désir intense d'éviter tout contexte de ce type. Les enfants qui souffrent de phobie sociale sont si anxieux qu'ils rougissent intensément, transpirent abondamment ou ont des palpitations lorsqu'on leur demande, par exemple, de parler en classe. Ce trouble n'est toutefois pas à confondre avec l'éreutophobie, qui consiste à avoir peur de rougir en public et qui a pour incidence d'accentuer au contraire le rougissement. La phobie sociale affecte environ 5 % des enfants et pourrait avoir une composante génétique assez marquée. Contrairement à l'anxiété de séparation, elle a tendance à augmenter avec l'âge (Costello *et al.*, 2003).

Certains enfants souffrent d'un **trouble d'anxiété généralisée,** qui se caractérise par une anxiété permanente non liée à un contexte particulier comme l'école ou les relations sociales. Ces enfants manifestent de l'anxiété à propos de tout : leur performance scolaire, les blessures, les orages, les tremblements de terre, etc. Ce sont généralement des enfants perfectionnistes, conformistes, qui doutent d'eux-mêmes, qui cherchent l'approbation et qui ressentent le besoin constant d'être rassurés. Toutefois, leurs inquiétudes semblent indépendantes de leurs performances ou de la façon dont les autres les perçoivent (Harvard Medical School, 2004).

Enfin, le **trouble obsessionnel compulsif,** ou TOC, est beaucoup moins fréquent. Les enfants affectés par ce trouble sont obsédés par des images ou des pensées répétitives, parfois par des peurs irrationnelles, dont ils sont incapables de se défaire. Dans le but de faire disparaître cette pensée obsessive, ils émettent un certain comportement de façon répétée, par compulsion. Par exemple, un enfant qui souffre de trouble obsessionnel compulsif pourrait être obsédé par la saleté et, dans une tentative de

Trouble de l'opposition
Problème de comportement qui se manifeste entre autres par une attitude de défiance, d'argumentation, d'hostilité et de non-respect des règles et des figures d'autorité.

Phobie scolaire
Peur irrationnelle d'aller à l'école.

Trouble d'anxiété de séparation
Trouble caractérisé par l'anxiété extrême et prolongée liée au fait de se séparer de ses parents ou de quitter la maison.

Phobie sociale
Peur irrationnelle des situations sociales et désir intense de les éviter.

Trouble d'anxiété généralisée
Trouble caractérisé par une anxiété permanente non dirigée vers une situation particulière.

Trouble obsessionnel compulsif
Trouble caractérisé par la présence de pensées intrusives constantes et de comportements répétitifs visant la disparition des obsessions.

faire cesser ces pensées anxiogènes, se laver constamment les mains de manière à éliminer les microbes. Comme le fait de se laver les mains ne fera pas disparaître son obsession, il se lavera alors les mains encore plus souvent.

Dans la population générale, les troubles anxieux sont plus fréquents que tout autre trouble de santé mentale et ils sont aussi en forte augmentation. En outre, les troubles anxieux sont deux fois plus présents chez les filles que chez les garçons, et cette plus grande vulnérabilité des filles liée à l'anxiété peut se manifester dès l'âge de six ans. Comme la dépression à laquelle elle est d'ailleurs souvent associée, l'anxiété peut avoir des causes neurologiques, mais elle peut aussi provenir d'un attachement insécurisant, d'un contact avec un parent anxieux ou déprimé ou d'autres expériences qui éveillent, chez l'enfant, le sentiment de ne pas pouvoir contrôler ce qui se passe autour de lui (Harvard Medical School, 2004).

La dépression chez l'enfant

On estime que la **dépression,** un trouble de l'humeur qui va au-delà d'une tristesse normale et temporaire, survient chez environ 2 % des enfants d'âge scolaire (NCHS, 2004). La dépression est plus difficile à déceler chez l'enfant que chez l'adulte, parce que les symptômes sont variables et que la dépression est généralement accompagnée chez l'enfant d'une autre forme de problème, souvent de type anxieux.

Comme nous le verrons dans le chapitre 9, la dépression devient plus fréquente à l'adolescence. Toutefois, elle apparaît souvent lors du passage à l'âge scolaire, et elle peut être alors liée à des pressions scolaires plus exigeantes, à un faible sentiment d'efficacité personnelle et à un manque d'implication personnelle dans la réussite scolaire (Rudolph *et al.,* 2001).

Les symptômes de la dépression infantile peuvent se manifester de la façon suivante :

- Premièrement, la présence importante d'émotions négatives, en particulier la tristesse, s'exprime soit verbalement, soit par les pleurs, soit par l'absence d'expressions émotionnelles joyeuses. Bien entendu, tous les enfants affichent de la tristesse à l'occasion. Toutefois, chez les enfants dépressifs, ces périodes de tristesse sont plus longues, plus intenses et plus fréquentes. Ces signes s'accompagnent aussi parfois d'irritabilité et de colère. Les crises de colère, les hurlements ou les coups qui apparaissent à la suite d'une petite frustration constituent parfois les seuls signes susceptibles d'alerter les parents.

- Deuxièmement, des symptômes d'ordre cognitif apparaissent, tels que de la difficulté à se concentrer ou à fournir un effort intellectuel.

- Troisièmement, une diminution du plaisir et de l'intérêt survient. L'enfant perd alors toute motivation à aller à l'école et même à jouer. Il n'a envie de rien, il s'ennuie. Il se retire et peut formuler une certaine absence d'espoir en l'avenir.

- Quatrièmement, une diminution de l'estime de soi et, parfois, des sentiments de culpabilité apparaissent. L'enfant s'évalue négativement dans plusieurs situations et se sent toujours responsable des événements, même de ceux qui lui sont étrangers. Une échelle d'évaluation de la dépression infantile utilise l'assertion suivante : « Tout ce qui ne va pas est de ma faute. » Les deux tiers des enfants dépressifs répondent en effet affirmativement à cette assertion. Enfin, certains enfants craignent la mort imminente des membres de leur famille ou les séparations qu'ils considèrent comme permanentes. Et, même si l'on pense souvent que les enfants ne songent pas au suicide, les deux tiers des enfants déprimés auraient en réalité des idées suicidaires.

Les causes exactes de la dépression chez l'enfant sont inconnues, mais les enfants dépressifs ont tendance à provenir de familles qui présentent déjà des niveaux élevés de dépression parentale, de l'anxiété, des problèmes de toxicomanie ou des comportements antisociaux (Cicchetti et Toth, 1998). Les chercheurs ont par ailleurs identifié plusieurs gènes spécifiques liés à la dépression. L'un d'eux, qui aide à contrôler la sérotonine dans le cerveau, affecte l'humeur. Une étude longitudinale réalisée en Nouvelle-Zélande a révélé en effet que les personnes nées avec deux variations

Dépression

Trouble psychologique qui, lorsqu'il est présent chez l'enfant, se caractérise par une perte d'intérêt ou de plaisir pour presque toutes les activités, y compris le jeu. La capacité de concentration est aussi diminuée, de même que l'estime de soi.

8.13 La dépression chez l'enfant

Une dépression non traitée chez les enfants peut conduire à des problèmes dépressifs récurrents à l'âge adulte.

courtes de ce gène étaient plus susceptibles de devenir dépressives que celles qui en avaient deux variations longues (Caspi *et al.*, 2003). Enfin, la variation d'un autre gène contrôlant également la sérotonine est aussi associée à une hypertrophie du pulvinar – l'un des noyaux du thalamus –, une région du cerveau impliquée dans les émotions négatives (Young *et al.*, 2007).

8.5.3 L'intervention en santé mentale infantile

Le traitement psychologique des enfants dépressifs ou anxieux passe par la **psychothérapie,** où le thérapeute rencontre l'enfant et l'aide à prendre conscience de ses émotions et de ses relations interpersonnelles. Ce type de thérapie peut être salutaire pour un enfant qui traverse une période difficile, comme la séparation de ses parents ou la mort de l'un d'eux. La psychothérapie peut faire appel à différentes techniques telles que la *thérapie par le jeu*. Des jouets, des marionnettes ou de la pâte à modeler sont alors utilisés pour aider l'enfant à verbaliser ce qu'il ressent. Selon les psychanalystes, les mises en scène élaborées par l'enfant dans un contexte du jeu sont en effet le reflet de son vécu émotionnel. La thérapie par le jeu a ainsi montré son efficacité dans diverses situations, incluant les problèmes d'ordre émotionnel et social (Bratton et Ray, 2002).

De son côté, la *thérapie comportementale* vise à modifier les comportements indésirables de l'enfant à l'aide de renforcements, alors que la *thérapie cognitivo-comportementale* cherche à modifier les pensées négatives. Cette dernière a donné les résultats les plus probants dans le traitement des troubles anxieux chez l'enfant et l'adolescent (Harvard Medical School, 2004).

La *thérapie familiale* est une autre technique qui implique que le psychologue rencontre en même temps l'enfant et toute sa famille. Il examine alors les interactions entre les divers membres de la famille et détermine les façons de faire qui sont favorables au bien-être de la famille et celles qui lui sont nuisibles. L'identification par les parents de leurs propres difficultés est souvent la première étape vers la résolution des problèmes de l'enfant.

Enfin, le recours à la *thérapie pharmacologique* (qui passe par la prescription d'antidépresseurs, de stimulants, de tranquillisants ou d'antipsychotiques) a plus que quintuplé durant la dernière décennie, même si son utilisation demeure controversée (Olfson *et al.*, 2006). En effet, même si certaines recherches ne relèvent pas de risques additionnels significatifs, d'autres ont identifié des risques modérés de pensées suicidaires chez les enfants et adolescents prenant des antidépresseurs (Hammad, Laughren et Racoosin, 2006; Simon *et al.*, 2006). Une analyse de 27 études aléatoires utilisant des placebos comme mesures de contrôle montre toutefois que les bénéfices des antidépresseurs l'emportent sur les risques (Bridge *et al.*, 2007).

8.5.4 Le stress et la résilience chez les enfants

Les événements stressants font partie intégrante de la vie de l'enfant, et la plupart des jeunes apprennent à les surmonter. Ces enfants, grâce à leur capacité de **résilience,** n'auront pas besoin de traitement particulier. Toutefois, des événements majeurs, tels qu'une agression physique ou sexuelle, un enlèvement ou une fusillade dans une école ont généralement à plus long terme des conséquences sur le bien-être physique et psychologique des enfants. Là encore, certains enfants manifestent davantage de résilience que les autres.

Le stress de la vie d'aujourd'hui

Selon le psychologue pour enfants David Elkind (1997, 1998), le jeune d'aujourd'hui est un «enfant bousculé». On attend en effet des enfants qu'ils réussissent à l'école, qu'ils se surpassent dans les sports et qu'ils comblent les besoins émotionnels de leurs parents. La vie des familles modernes oblige ainsi les enfants à vieillir trop vite, en plus de les soumettre trop jeunes, notamment par l'entremise de la télévision, à trop de stress. Par ailleurs, le travail des parents, qui favorise une plus grande mobilité, entraîne parfois des déménagements fréquents et la perte de contact avec les amis. Les enfants sont

Psychothérapie

Processus interactionnel structuré, fondé sur un diagnostic, qui vise le traitement d'un trouble de santé mentale à l'aide de méthodes psychologiques reconnues par la communauté scientifique.

 La thérapie par le jeu

Dans la thérapie par le jeu, le thérapeute observe comment l'enfant exprime ses problèmes émotionnels à travers des objets, par exemple des poupées.

Résilience

Capacité de bien se développer et de continuer de se projeter dans l'avenir en présence d'événements déstabilisants, de traumatismes sérieux ou de conditions de vie difficiles.

donc exposés à des problèmes d'adulte avant même d'avoir résolu ceux de l'enfance. Or, les enfants ne sont pas de petits adultes; ils pensent et ressentent les choses comme des enfants, et ils ont besoin de leurs années d'enfance pour se développer sainement.

Compte tenu de leur rythme de vie actuel et du **stress** qu'ils ressentent, il n'est pas étonnant que l'anxiété ait beaucoup augmenté chez les enfants (Twenge, 2000). La peur du danger et de la mort constitue l'une des peurs les plus fréquentes chez les enfants de tout âge, et ce, dans plusieurs pays du monde (Gullone, 2000). Les chercheurs croient que cette anxiété pourrait refléter le niveau élevé de violence que l'on retrouve dans la société à laquelle l'enfant appartient (DeVoe *et al.*, 2004).

Les désastres causés par l'humain, comme le terrorisme ou la guerre, ont un plus grand impact psychologique sur les enfants que les désastres naturels comme une inondation ou un tremblement de terre. L'exposition aux couvertures médiatiques et aux images peut aussi en amplifier les effets négatifs (Wexler, Branski et Kerem, 2006). Ainsi, plusieurs enfants qui ont vu à la télévision les attaques du 11 septembre 2001 à New York ont vécu un stress important, même s'ils n'étaient pas directement concernés (van der Molen, 2004). En outre, les jeunes enfants, qui ne comprennent pas encore pourquoi de tels événements surviennent, ont tendance à se centrer sur les conséquences de ces désastres, alors que les enfants d'âge scolaire, qui sont plus informés, s'inquiètent aussi des forces sous-jacentes ayant causé l'événement (Hagan *et al.*, 2005).

La réaction des enfants à un événement traumatisant se déroule généralement en deux étapes. La première étape voit se succéder la frayeur, l'incrédulité, le déni, le chagrin et le soulagement si les proches sont indemnes. Toutefois, quelques jours ou quelques semaines plus tard, une seconde période s'enclenche, marquée par des signes de régression et de détresse émotionnelle (anxiété, peur, isolement, perturbation du sommeil, pessimisme envers le futur, jeux liés à l'événement stressant). Le tableau 8.4 présente ces réactions typiques à un événement traumatisant, selon l'âge des enfants.

TABLEAU 8.4 | Les réactions typiques à un événement traumatisant selon l'âge

Âge	Réactions typiques		
5 ans et moins	• Peur d'être séparé du parent • Pleurs, gémissements, hurlements, tremblements	• Immobilité ou actions sans but • Expressions faciales de peur	• Accaparement excessif • Comportements régressifs (sucer son pouce, mouiller son lit, peur de l'obscurité)
6 à 11 ans	• Isolement extrême • Comportement perturbateur • Incapacité de porter attention à quelque chose	• Maux d'estomacs ou autres symptômes non liés à une cause physique • Baisse des résultats scolaires, refus d'aller à l'école	• Dépression, anxiété, culpabilité, irritabilité ou engourdissement émotionnel • Comportements régressifs (cauchemars, problèmes de sommeil, peurs irrationnelles, explosion de colère ou d'agressivité)
12 à 17 ans	• Flashbacks, cauchemars • Engourdissement émotionnel, confusion • Évitement des objets ou situations qui rappellent l'événement traumatisant	• Fantasmes de vengeance • Retrait, isolement • Consommation abusive de drogues • Problèmes avec les pairs, comportement antisocial	• Abandon scolaire, déclin des résultats scolaires • Problèmes de sommeil • Dépression, pensées suicidaires

Source: NIMH, 2001.

La résilience

Les enfants résilients sont ceux qui, même dans des circonstances difficiles, maintiennent leurs compétences et leur développement normal ou se relèvent d'événements traumatisants. Ces enfants ne possèdent pas de qualités exceptionnelles; ils réussissent simplement à maintenir un fonctionnement normal et à faire appel aux ressources dont ils ont besoin (Masten, 2001).

Comme le montre l'encadré 8.2, les deux facteurs de protection qui contribuent le plus à la résilience sont d'ordre familial et cognitif. Les enfants résilients entretiennent en effet une relation d'attachement intense avec au moins l'un de leurs parents ou un

La résilience

C'est dans les années qui ont suivi la Seconde Guerre mondiale et les atrocités qui y sont associées qu'on a commencé à parler de résilience. Différent de l'invulnérabilité, le concept de résilience réfère au fait qu'une personne va relativement bien en dépit des situations d'adversité qu'elle a traversées et des souffrances qu'elle a vécues.

Dans les années 1960, Emmy Werner, une psychologue américaine, a suivi pendant plus de 30 ans un grand nombre d'enfants ayant subi de graves traumatismes (agressions physiques et sexuelles, grande pauvreté, absence de structure familiale, abandon). Or, à l'âge de 18 ans, une partie d'entre eux avaient commencé à mieux fonctionner. À 30 ans, 30 % avaient appris à lire et à écrire sans jamais être allés à l'école. Ils avaient appris un métier et fondé une famille. Par quel mystère 30 % de ces enfants avaient-ils réussi à se développer malgré des privations affectives, des troubles organiques et une absence de structure familiale et sociale ? La question fondamentale de la résilience était alors posée.

Le terme *résilience* a d'abord été utilisé par Bowlby (1958), qui la définissait comme un ressort moral, comme la qualité d'une personne qui ne se décourage pas et qui ne se laisse pas abattre par les épreuves de la vie. Des auteurs plus récents, tels que Boris Cyrulnik ou Michel Manciaux, la définissent désormais comme la capacité d'une personne ou d'un groupe de bien se développer et de continuer de se projeter dans l'avenir malgré la présence d'événements déstabilisants, de traumatismes sérieux ou de conditions de vie difficiles. Autrement dit, on parle de résilience lorsqu'une personne qui s'est un jour retrouvée dans une situation très difficile (guerre, génocide, agression, abandon, etc.) semble s'en sortir pratiquement indemne, sans paraître affectée (Cyrulnik, 2001 ; Manciaux, 2001). Comment la résilience se développe-t-elle ? La résilience survient à la suite d'un trauma, c'est-à-dire un événement qui crée une souffrance personnelle. Puis survient le traumatisme, c'est-à-dire la représentation qu'une personne se fait du trauma, sa façon de se remémorer l'événement ou de le raconter à d'autres. Disons d'emblée que le trauma ne peut être modifié ; c'est un événement passé sur lequel il est impossible de revenir. Cependant, le traumatisme, lui, peut évoluer avec le temps. C'est par ce processus que la résilience se réalise, en modifiant cette représentation du traumatisme et en s'en servant pour produire autre chose. L'art, l'humour et l'engagement sont souvent considérés comme des outils de résilience. (Cyrulnik, 2008).

Parmi les caractéristiques observées chez les personnes résilientes, on trouve un attachement sécurisant, la capacité d'utiliser des stratégies de résistance et une propension à l'épanouissement (sociabilité, don d'éveiller la sympathie, sens de l'humour, créativité). L'entourage des enfants résilients compte presque toujours une personne qui aime l'enfant, qui l'écoute, qui croit ce qu'il dit et qui éveille sa conscience. Cyrulnik parle ainsi de *tuteurs de résilience*. Parfois, ces tuteurs ne sont même pas conscients de l'être. Ainsi, un enseignant qui dit à un élève, qui l'entend pour la première fois, qu'il est capable de faire quelque chose peut marquer cet élève pour le restant de sa vie et lui donner l'énergie nécessaire pour aller de l'avant. Les liens d'attachement que l'enfant tisse avec son tuteur de résilience lui donnent la force ou la sécurité nécessaire pour chercher à comprendre la situation.

Par rapport à l'adversité, plusieurs réactions sont possibles : on peut s'abandonner à la souffrance, tenter d'être indifférent ou se complaire dans un rôle de victime. Or, selon Cyrulnik, ces réactions empêchent toutes la poursuite d'un sain développement. La résilience, au contraire, est une lutte pour revenir à la vie. C'est résilier son contrat avec l'adversité pour décider de se reconstruire. La base du processus de résilience est donc la capacité d'une personne de remanier le récit de son expérience traumatique de manière à en transformer le sens et le vécu émotionnel. En effet, l'expérience traumatique peut influencer directement, et le plus souvent de façon négative, la représentation qu'une personne se fait d'elle-même. Or, cette représentation peut toujours évoluer malgré tout, que ce soit, par exemple, avec l'aide d'un tuteur ou par l'entremise de la psychothérapie ou de l'engagement social. Tous ces moyens permettent aux enfants traumatisés de se comprendre eux-mêmes, d'exprimer leur souffrance, d'être entendus et, éventuellement, de cesser de se concevoir uniquement comme des victimes et de poursuivre alors leur développement.

---

autre adulte significatif, que Cyrulnik appelle un *tuteur de résilience*. Sur le plan cognitif, les enfants résilients tendent aussi à démontrer des QI supérieurs à la moyenne et de bons mécanismes de résolution de problème. Leurs habiletés cognitives les aident probablement à affronter l'adversité, à se protéger eux-mêmes, à adapter leurs comportements et à apprendre de leurs expériences. Leur intelligence attire aussi parfois l'intérêt de leurs enseignants qui deviennent pour eux des guides, des confidents ou des mentors (Masten et Coatsworth, 1998). Si un courant de recherche explore en ce moment la possibilité de gènes de protection qui pourraient neutraliser les effets d'un environnement néfaste (Caspi *et al.*, 2002 ; Kim-Cohen *et al.*, 2004), les autres facteurs de protection les plus connus sont :

1. *Le tempérament et la personnalité de l'enfant.* Les enfants résilients s'adaptent en effet facilement ; ils sont sympathiques, indépendants, mais sensibles aux autres. Ils sont compétents et ils ont une estime de soi élevée. Ils sont créatifs, motivés

et agréables à fréquenter. Enfin, quand ils subissent un stress, ils sont capables de réguler leurs émotions en portant attention à autre chose.

2. *La présence d'expériences compensatoires.* Un environnement scolaire favorable, des expériences de succès dans d'autres domaines comme le sport ou la musique ou encore la présence d'autrui sont autant d'éléments qui peuvent aider l'enfant à se protéger d'un milieu familial destructeur.

3. *Le facteur de risque réduit.* Les enfants qui n'ont été exposés qu'à un seul facteur parmi les nombreux facteurs de risques possibles (la discorde des parents, un faible statut social, une mère perturbée, un père criminel, une expérience en foyer d'accueil ou en institution, etc.) sont souvent plus aptes à surmonter le stress que les enfants qui ont été exposés à plus d'un facteur de risque (Eisenberg *et al.,* 2004).

Le fait que certains enfants soient plus résilients ne signifie pas que les difficultés de la vie ne les affectent pas. Ainsi, de manière générale, les enfants issus de milieux difficiles présentent davantage de problèmes d'adaptation que les enfants de milieux plus favorables. En outre, même les enfants apparemment les plus résilients peuvent ressentir une détresse intérieure qui peut engendrer certaines conséquences à long terme (Masten et Coatsworth, 1998). Malgré tout, les recherches portant sur les enfants résilients sont optimistes: elles permettent de constater que les expériences négatives durant l'enfance ne déterminent pas inévitablement ce qu'une personne deviendra. Certains enfants trouvent en effet la force de naviguer à travers les difficultés et réussissent à maintenir le cap vers leur bon développement.

Faites le POINT

14 Quels sont les facteurs de risque les plus souvent associés à la maladie mentale d'un enfant?

15 Identifiez les principaux symptômes qui permettent de diagnostiquer un trouble de l'opposition.

16 Pourquoi la dépression est-elle parfois difficile à déceler chez les enfants?

17 Quels sont les facteurs de protection qui contribuent le plus à la résilience?

Résumé

Le soi en développement

Les progrès sur le plan cognitif permettent à l'enfant d'âge scolaire de développer un concept de soi plus nuancé et plus réaliste. Le soi réel et le soi idéal se différencient et l'enfant peut désormais se fixer des objectifs en fonction de ce qu'il voudrait devenir. En outre, les enfants de cet âge deviennent de plus en plus conscients de leurs émotions et de celles des autres, et ils les comprennent donc davantage. Leurs comportements prosociaux augmentent, ils peuvent mieux adapter leur comportement dans diverses situations et avoir un meilleur contrôle de leurs émotions négatives.

Le développement de la personnalité de six à onze ans: les approches théoriques

Selon la théorie psychosexuelle de Freud, l'enfant traverse une période de latence en ce qui a trait aux pulsions sexuelles. La présence du surmoi lui permet maintenant de suivre volontairement les règles sociales, et l'utilisation des mécanismes de défense devient plus fréquente.

En ce qui concerne la théorie psychosociale d'Erikson, les années scolaires sont également une période d'accalmie. L'enfant doit résoudre la crise travail *versus* infériorité et trouver un équilibre qui lui permettra de développer un sentiment de compétence tout en étant conscient de ses propres limites. La résolution de cette crise est fortement liée à l'estime de soi.

L'enfant et sa famille

Même si l'enfant passe désormais moins de temps auprès de sa famille, le climat familial demeure un élément important de son développement. Alors que le contrôle de ses parents sur son comportement diminue, la corégulation lui permet alors d'avoir plus de pouvoir et d'autonomie. Les relations entre frères et sœurs sont à leur tour influencées par les modèles de relations parents-enfants.

La conciliation travail-famille représente un défi majeur, puisque le travail des parents est susceptible d'avoir une incidence sur le développement de l'enfant en augmentant le stress quotidien et en diminuant le temps consacré à la famille. La pauvreté a aussi un impact majeur sur le développement de l'enfant, mais il peut être réduit grâce au soutien social.

La structure familiale est beaucoup plus diversifiée qu'auparavant. Par ailleurs, l'impact d'un divorce sur les enfants peut être minimisé si ces derniers restent en contact avec les deux parents. Les enfants de familles monoparentales vivent souvent dans la pauvreté et sont susceptibles de connaître des conditions de vie plus difficiles que la normale, ainsi que différentes formes de transition qui risquent d'avoir des effets sur leur développement. La famille recomposée présente aussi parfois une structure assez complexe qui peut constituer un vrai défi, pour les parents comme pour les enfants et beaux-enfants. Enfin, les enfants qui grandissent avec un couple homosexuel ne présentent pas plus de problèmes de développement que les autres enfants.

L'enfant d'âge scolaire et son groupe de pairs

La présence croissante des pairs dans la vie de l'enfant entraîne généralement une diminution de son égocentrisme et favorise son ouverture aux autres. Son degré de popularité au sein du groupe de pairs peut alors avoir une influence considérable sur son estime de soi, puisque les enfants populaires sont généralement ceux qui présentent les meilleures habiletés dans les relations interpersonnelles.

Par ailleurs, l'agressivité et le retrait social entraînent souvent une impopularité qui affaiblit l'estime de soi de l'enfant. À l'âge scolaire, l'agressivité hostile remplace l'agressivité instrumentale. Les enfants présentent alors souvent un biais qui les porte à croire que les autres leur veulent du mal. Selon des études récentes, un lien de causalité entre l'observation fréquente de la violence à la télévision et l'utilisation de comportements violents peut être démontré. Enfin, les victimes de taxage sont souvent des enfants mésadaptés qui manquent notamment d'estime de soi.

La santé mentale des enfants

Les problèmes de santé mentale sont plus fréquents qu'on ne le pense et ils ne sont pas toujours faciles à déceler chez l'enfant. Plusieurs facteurs peuvent être à l'origine de ces troubles, soit des facteurs génétiques, des facteurs liés à la famille ou des facteurs liés à un environnement plus large. Ces problèmes de santé mentale chez les enfants peuvent être traités par la psychothérapie individuelle, par la thérapie familiale ou par certains médicaments.

Le trouble de l'opposition peut avoir une origine génétique ou découler d'une éducation hostile et de conflits familiaux. La phobie scolaire est une forme de trouble anxieux où l'enfant présente une peur irrationnelle de l'école. La phobie sociale, le trouble d'anxiété généralisée et le trouble obsessionnel compulsif sont également des troubles anxieux. La dépression est quant à elle difficile à déceler chez l'enfant, car elle est souvent accompagnée d'autres formes de problèmes.

Les enfants sont soumis à un stress élevé et certains vivent des expériences réellement traumatisantes. Certains feront plus ou moins preuve de résilience par rapport à ces menaces. Deux facteurs de protection semblent plus importants : la présence d'un tuteur et des capacités cognitives supérieures qui permettent à l'enfant de mieux s'adapter.

Pour aller plus loin

 ### Volumes et ouvrages de référence

SCHNEIDER, B. H., *et al.* (2009). *Conduites agressives chez l'enfant : perspectives développementales et psychosociales,* Québec, Presses de l'Université du Québec, 353 p.

Manuel qui fait état des dernières recherches dans le domaine de l'agressivité chez les enfants. Les chapitres traitent, entre autres, des différentes formes et fonctions de l'agressivité, des mesures de l'agressivité, de l'agressivité indirecte, de l'intimidation scolaire, des facteurs de risque familiaux, du rejet par les pairs, des origines culturelles, des manifestations dans le sport et de l'influence des médias sur les conduites agressives.

LE COLLECTIF PAS DE 0 DE CONDUITE (2008). *Enfants turbulents : l'enfer est-il pavé de bonnes préventions ?,* Toulouse, Éditons Érès, 300 p.

Ouvrage dans lequel plusieurs experts des neurosciences, de la génétique et des sciences humaines se prononcent sur les troubles de conduite chez les enfants et les adolescents, apportant pour certains un éclairage différent. On y dénonce, entre autres, l'utilisation que l'on fait des recherches et les prédictions qu'on en tire.

BOUTEYRE, E. (2008). *La résilience scolaire – De la maternelle à l'université,* Paris, Belin, 158 p.

Manuel qui présente une synthèse des recherches sur la résilience et de nombreux cas cliniques. On y parle, entre autres, de l'importance des tuteurs de résilience dans la prévention des échecs scolaires.

 ### Périodiques

«Dossier sur l'enfant violent», *Sciences humaines,* (octobre 2009), n° 208.

Dossier comprenant plusieurs articles qui décrivent l'origine de l'agressivité, abordent la question du dépistage des enfants violents, présentent des avis d'experts sur le sujet et traitent de l'influence des médias et des jeux vidéo dans la violence à l'école.

 ### Sites Internet et documents en ligne

Encyclopédie sur le développement des jeunes enfants : www.enfant-encyclopedie.com

Site qui présente les connaissances scientifiques les plus récentes et qui regroupe des articles écrits par des experts de renommée internationale portant sur le développement psychosocial des jeunes enfants. On y trouve notamment un dossier complet sur le thème de la résilience.

 ### Films, vidéos, cédéroms, etc.

RADIO-CANADA (2005). «Nomades malgré eux», *Enjeux.*

Documentaire qui porte sur la garde partagée et sur son incidence sur les familles. Est-elle une solution pour les enfants ou pour les parents ? Ce documentaire regroupe les témoignages d'enfants qui vivent la garde partagée, mais aussi de parents, de spécialistes et de juristes du Québec, de la France et de la Belgique.

9

Le développement physique et cognitif de l'adolescent de onze à vingt ans

Sous l'effet des hormones, le corps de l'enfant se transforme de façon spectaculaire entre 12 et 17 ans. La puberté se manifeste d'abord par une formidable poussée de croissance, puis le corps de l'adolescent se sexualise : les formes adultes se dessinent, tandis que celui-ci acquiert la capacité de se reproduire. Les pulsions sexuelles deviennent aussi plus fréquentes et plus intenses. Généralement en bonne santé, les adolescents ont souvent un sentiment d'invulnérabilité qui les incite parfois à prendre divers risques, par exemple en consommant de l'alcool ou d'autres drogues dont certains deviennent malheureusement dépendants. L'adolescent assiste également à des modifications profondes de sa pensée. Il est maintenant capable de raisonner abstraitement, de formuler des hypothèses et de se détacher du réel pour mieux envisager le possible. Ce développement cognitif permet la progression du jugement moral. L'adolescent possède donc les outils qui lui permettent de faire les choix et de prendre les décisions qui orienteront le restant de sa vie.

William est un adolescent de 16 ans. Il termine présentement sa quatrième année du secondaire et se questionne sur son choix de carrière, mais il n'a pas encore d'idée précise sur ce qu'il veut faire dans la vie. Il a choisi des cours optionnels en sciences afin de s'ouvrir le plus de portes possible. Toutefois, il étudie moins qu'avant, préférant sortir le soir avec des amis. Comme il rentre tard, ses résultats scolaires s'en ressentent. Il joue aussi deux fois par semaine au volleyball avec l'équipe de l'école. Il pratique ce sport depuis le début du secondaire et prend plaisir à voir ses performances s'améliorer d'année en année.

William fréquente sa copine Véronique depuis trois mois. Ils se sont rencontrés grâce à des amis communs et ils ont eu une relation sexuelle au bout de quelques semaines. Lors de leurs relations, ils ne se protègent pas toujours, car William est convaincu qu'il est à l'abri des infections transmises sexuellement puisque tous les deux sont fidèles. Par ailleurs, malgré le fait que ni lui ni Véronique n'ont envie d'être parents à leur âge, ils n'utilisent pas de moyens contraceptifs de façon assidue.

Les parents de William étant séparés depuis plusieurs années, celui-ci vit principalement chez sa mère, mais peut rendre visite à son père quand bon lui semble. D'ailleurs, depuis quelque temps, William reproche à sa mère d'être trop sévère, ce qui le porte à aller plus souvent chez son père.

Il revendique aussi plus de liberté, ce qui suscite des discussions parfois houleuses avec ses parents. Il est très habile pour argumenter. De plus, comme il est l'aîné d'une famille de trois enfants, ses parents lui demandent souvent de servir d'exemple pour les plus jeunes. William accepte volontiers ce rôle, mais en échange de certains privilèges.

Depuis quelques mois, William occupe un emploi à temps partiel comme pompiste, ce qui lui permet de gagner de l'argent et de prendre plus de décisions par rapport à ses dépenses. D'un autre côté, il a moins de temps à consacrer à ses études et réussit donc moins bien à l'école. Il s'est acheté une voiture usagée, ce qui lui donne plus d'autonomie par rapport à ses parents et lui permet de sortir encore plus souvent avec sa copine et ses amis. Il vient de commencer à consommer de la marijuana et du « speed » à l'occasion, et il ne dédaigne pas prendre de l'alcool lorsqu'il sort avec ses amis. Aussi, il lui arrive souvent de prendre le volant après une soirée bien arrosée.

William se cherche beaucoup ces derniers temps. Certains jours, il envisage d'abandonner ses études malgré les conseils de sa mère qui a peur de le voir décrocher. Il ressent parfois le besoin de fuir certaines situations difficiles et trouve dans l'alcool et autres drogues un refuge qui lui semble plus sécurisant.

Après avoir lu ce chapitre, vous devriez pouvoir répondre aux questions suivantes :

1. Est-ce que le sentiment d'invincibilité de William est typique des adolescents de cet âge ?

2. De quelle façon pouvons-nous expliquer l'émergence des pulsions sexuelles chez William ?

3. Comment la théorie de Kohlberg soutient-elle le raisonnement moral de William qui demande à ses parents de lui accorder des privilèges en échange de son comportement ?

4. De quelle manière la théorie de Piaget explique-t-elle la plus grande capacité d'argumenter de William ?

9.1 Le développement physique

Dans de nombreuses sociétés traditionnelles, les rituels servant à marquer les transitions relatives à l'âge sont courants. Par exemple, les tribus apaches célèbrent les premières menstruations de la jeune fille par un rituel qui dure quatre jours et qui consiste à chanter depuis le lever du soleil jusqu'à son coucher. Par contre, dans la plupart des sociétés modernes, le passage de l'enfance à l'âge adulte n'est pas marqué par un événement isolé, mais par une longue période appelée l'**adolescence** – une transition développementale qui comporte des changements physiques, cognitifs, affectifs et sociaux, et qui se manifeste sous différentes formes selon les milieux sociaux, culturels et économiques.

L'adolescence représente une *construction sociale,* puisqu'elle n'existait pas dans les sociétés préindustrielles, où l'individu passait directement de l'enfance à l'âge adulte. Aujourd'hui, l'adolescence est devenue un phénomène mondial, bien qu'elle

Adolescence
Période de transition développementale qui comporte des changements physiques, cognitifs, affectifs et sociaux et qui se manifeste sous différentes formes selon les milieux sociaux, culturels et économiques.

se manifeste sous différentes formes selon les cultures. Cette période de transition offre à l'individu des occasions de croître non seulement sur le plan physique, mais aussi sur celui de la cognition et des compétences sociales, de l'autonomie, de l'estime de soi et de l'intimité. Et si la plupart des adolescents ont tendance à se développer sainement et de façon positive, certains présentent néanmoins des comportements à risque qui vont mettre en péril leur intégrité physique.

9.1.1 La puberté

Comme nous allons le voir maintenant, l'adolescence est une période de changements physiques remarquables. Sous l'effet des hormones, le corps se modifie et devient sexuellement adulte et apte à la reproduction.

Sur le plan physique, la **puberté,** c'est-à-dire le processus qui mène à la maturité sexuelle et à la capacité de se reproduire, représente un événement majeur dans le développement de l'individu.

Puberté
Étape du développement physique au terme de laquelle l'individu atteint la maturité sexuelle et devient apte à procréer.

Les changements biologiques comprennent une croissance rapide de la taille et du poids, ainsi que des modifications en ce qui a trait aux proportions et à la forme du corps. Ces transformations physiques considérables font partie d'un processus long et complexe de maturation qui a commencé avant la naissance et dont les ramifications psychologiques se prolongent jusqu'à l'âge adulte.

Les bases physiologiques de la puberté

La puberté est un phénomène déclenché par le système endocrinien (*voir la figure 9.1*). Il résulte de la production élevée d'hormones sexuelles et comporte deux étapes: *l'adrénarche*, ou la maturation des glandes surrénales, suivie quelques années plus tard par la *gonadarche*, soit la maturation des glandes sexuelles.

Ainsi, autour de l'âge de sept ou huit ans, les glandes surrénales sécrètent des taux de plus en plus élevés d'androgènes, principalement de la déhydroépiandrostérone (DHEA). Cette hormone joue un rôle dans l'apparition des différents poils, ainsi que dans la croissance accélérée du corps et dans le développement des glandes sébacées et sudoripares. Vers l'âge de dix ans, les taux de DHEA sont dix fois supérieurs à ce qu'ils étaient à l'âge de quatre ans (McClintock et Herdt, 1996).

Le moment précis où cette poussée d'activité hormonale débute semble dépendre du moment où le corps atteint la quantité critique d'adiposité nécessaire à la reproduction, l'adiposité désignant l'accumulation de graisse dans les tissus cellulaires. Ainsi, les filles dont le pourcentage de masse adipeuse est élevé pendant leur enfance et celles qui prennent une quantité de poids inhabituelle de cinq à neuf ans ont tendance à avoir un développement pubertaire plus précoce que les autres (Davison, Susman et Birch, 2003; Lee *et al.*, 2007).

Certaines recherches attribuent l'émotivité accrue et les humeurs changeantes des adolescents à ces changements hormonaux. En effet, les émotions négatives comme la détresse et l'hostilité, ainsi que les symptômes dépressifs chez les filles, ont tendance à augmenter au fur et à mesure que la puberté progresse (Susman et Rogol, 2004).

La maturation sexuelle

Le processus pubertaire dure environ trois à quatre ans pour les deux sexes et conduit à l'apparition des caractères sexuels. Les changements précurseurs de la puberté, eux, commencent généralement à l'âge de huit ans chez les filles et à l'âge de neuf ans chez les garçons (Susman et Rogol, 2004). Toutefois, les âges auxquels chaque transformation particulière se produit sont très variés (*voir le tableau 9.1 à la page suivante*).

FIGURE 9.1 | Le système endocrinien

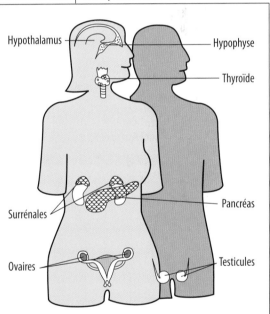

C'est l'hypothalamus qui donne le premier signal de déclenchement de la puberté. Il envoie un message hormonal à l'hypophyse, qui envoie à son tour un signal hormonal aux glandes sexuelles afin qu'elles augmentent leur sécrétion d'hormones mâles et femelles, ce qui favorise alors le développement des organes sexuels.

TABLEAU 9.1 | La séquence habituelle des changements physiologiques à l'adolescence

Changement chez la fille	Âge à la première manifestation	Changement chez le garçon	Âge à la première manifestation
Développement des seins	De 6 ans à 13 ans	Accroissement des testicules et du scrotum	De 9 ans à 13,5 ans
Poils pubiens	De 6 ans à 14 ans	Poils pubiens	De 12 ans à 16 ans
Poussée de croissance	De 9,5 ans à 14,5 ans	Poussée de croissance	De 10,5 ans à 16 ans
Ménarche	De 10 ans à 16,5 ans	Accroissement du pénis, de la prostate et des vésicules séminales	De 11 ans à 14,5 ans
Poils axillaires (aux aisselles)	Environ deux ans après les poils pubiens	Mue	À peu près en même temps que l'accroissement du pénis
Activité accrue des glandes sébacées et sudoripares (pouvant causer de l'acné)	À peu près en même temps que les poils axillaires	Première éjaculation	Environ un an après le début de l'accroissement du pénis
		Barbe et poils axillaires	Environ deux ans après les poils pubiens
		Activité accrue des glandes sébacées et sudoripares (pouvant causer de l'acné)	À peu près en même temps que les poils axillaires

Source : Adapté de Santrock, 2005.

Caractère sexuel primaire
Trait directement relié à la reproduction.

Caractère sexuel secondaire
Signe physiologique de la maturation sexuelle qui n'est pas directement lié aux organes sexuels.

Les **caractères sexuels primaires** désignent les organes nécessaires à la reproduction. Chez la femme, il s'agit des ovaires, des trompes de Fallope, de l'utérus, du clitoris et du vagin. Chez l'homme, ce sont les testicules, le pénis, le scrotum, les vésicules séminales et la prostate. Pendant la puberté, ces organes gagnent en volume et parviennent à maturité.

Les **caractères sexuels secondaires** sont quant à eux des signes physiologiques de la maturation sexuelle qui ne sont pas directement liés aux organes sexuels. Il peut s'agir, par exemple, du développement des seins chez la fille et de l'élargissement des épaules chez le garçon, mais aussi du changement de la voix et de la croissance des poils (*voir le tableau 9.2*). Ces transformations se produisent suivant une séquence déterminée, bien qu'on reconnaisse certaines variations individuelles.

TABLEAU 9.2 | Les caractères sexuels secondaires

Fille	Garçon
Seins	Poils pubiens
Poils pubiens	Poils axillaires
Poils axillaires	Développement des muscles
Mue	Barbe
Changements cutanés	Mue
Développement du pelvis	Changements cutanés
Développement des muscles	Élargissement des épaules

Source : Adapté de Santrock, 2005.

Examinons ces diverses transformations physiques un peu plus en détail. Les premiers signes extérieurs de la puberté sont le développement des seins et la présence des poils pubiens chez les filles, de même que l'augmentation des testicules chez les garçons. Les mamelons de la fille grossissent, l'aréole s'élargit et les seins commencent par avoir une forme conique, puis arrondie. Certains garçons, à leur grand désespoir, connaissent un accroissement temporaire de leur poitrine, le phénomène se résorbant habituellement au bout de 18 mois.

Les poils pubiens, comme les autres poils corporels, font leur apparition. La perception de la pilosité diffère selon le sexe. Ainsi, alors que les garçons sont généralement heureux de voir apparaître des poils sur leur visage et sur leur poitrine, les filles sont plus souvent consternées à la vue de quelques nouveaux poils sur leur visage.

En outre, la voix devient plus grave, surtout chez les garçons, en partie à cause de la croissance du larynx et de la production des hormones mâles. La peau devient aussi plus rude et plus grasse, tandis que l'activité accrue des glandes sébacées entraîne parfois l'apparition de boutons et de points noirs. L'acné, qui est plus courante chez les garçons, semble être liée à l'augmentation de la testostérone.

La maturation des organes reproducteurs entraîne par ailleurs l'apparition des principaux signes de la maturité sexuelle, soit le début des menstruations chez les filles et celui de la production des spermatozoïdes chez les garçons. Chez ces derniers, la première éjaculation, ou **spermarche,** se produit vers l'âge de 13 ans en moyenne. Les garçons trouvent parfois à leur réveil une tache humide ou séchée dans leurs draps, résultat d'une éjaculation involontaire de sperme (souvent appelée « rêve mouillé »). La plupart des adolescents produisent ces émissions qui sont parfois en lien avec un rêve érotique. Par ailleurs, sous l'effet des hormones, et particulièrement de la testostérone, le désir sexuel devient aussi plus urgent. Les explorations sexuelles sont alors plus délibérées et mènent aux premières relations sexuelles complètes. Les pulsions sexuelles manifestées par William dans la mise en situation de ce chapitre illustrent bien ce phénomène.

Chez les filles, les premières menstruations, ou **ménarche,** sont dues à la chute mensuelle de la couche de surface de l'endomètre. Elles apparaissent habituellement entre 10 et 16 ans et demi, généralement un peu plus de deux ans après le début de la transformation des seins. En Amérique du Nord, l'âge moyen de la ménarche est de 12 ans et demi, soit deux ans environ après le début de la poussée des seins et de la maturation de l'utérus (Langis et Germain, 2009 ; Cloutier et Drapeau, 2008). La combinaison d'influences génétiques, physiques, émotives et contextuelles, de même que le stress, peut avoir une influence sur le moment auquel se produit la ménarche (Belsky *et al.,* 2007). La qualité de l'alimentation et le dépôt de tissus adipeux seraient aussi des facteurs importants dans le déclenchement de la ménarche (Langis et Germain, 2009).

En consultant des sources historiques, les spécialistes du développement ont découvert l'existence d'une **tendance séculaire** s'étendant sur plusieurs générations : les adolescents tendent à devenir pubères et à atteindre la taille adulte et la maturité sexuelle de plus en plus tôt. Cette tendance, qui concerne aussi l'augmentation du poids, a débuté il y a environ cent ans et peut être observée dans tous les pays industrialisés (Anderson, Dallal et Must, 2003). Une des explications avancées invoque l'amélioration des conditions de vie : les enfants en meilleure santé, mieux nourris et mieux soignés deviendraient plus grands et parviendraient à la maturité sexuelle plus tôt (Slyper, 2006).

On se demande souvent en quoi le moment où débute la puberté peut influencer le bien-être psychologique de l'adolescent. En réalité, cela dépend de la façon dont l'adolescent et les membres de son entourage interprètent les transformations qui l'accompagnent. Les effets de la maturation précoce ou tardive sont plus susceptibles d'être négatifs lorsque les adolescents considèrent que les transformations qu'ils subissent sont désavantageuses ou que des événements stressants (comme un passage au secondaire) se produisent pratiquement en même temps (Petersen, 1993). Les facteurs contextuels, comme l'appartenance ethnique ou l'école, peuvent aussi jouer leur rôle. Ainsi, les filles qui ont une maturité précoce seraient plus susceptibles de manifester des problèmes de comportement lorsqu'elles fréquentent des écoles mixtes (Dick *et al.,* 2000 ; Ge *et al.,* 2002).

La poussée de croissance pubertaire

La poussée de croissance pubertaire est liée à la production des hormones de croissance et des hormones sexuelles (les androgènes et l'œstrogène). Elle se traduit par une augmentation rapide de la taille, du poids, des muscles et des os. Elle commence

Spermarche
Apparition de la première éjaculation chez le garçon.

Ménarche
Apparition des premières règles chez la fille.

Tendance séculaire
Tendance des générations actuelles à atteindre plus précocement la taille adulte et la maturité sexuelle, observée depuis une centaine d'années environ. Cette tendance semble maintenant stabilisée.

La croissance pubertaire

La plupart des jeunes filles ont une poussée de croissance qui précède celle des garçons. Pendant un certain temps, celles-ci sont donc plus grandes qu'eux.

habituellement chez les filles entre 9 ans et demi et 14 ans et demi (généralement vers 10 ans) et entre 10 ans et demi et 16 ans (généralement vers 12 ou 13 ans) chez les garçons. Cette poussée de croissance dure environ deux ans, après quoi l'adolescent atteint la maturité sexuelle.

Les filles atteignent généralement leur taille adulte vers 15 ans, et les garçons vers 17 ans. Comme cette poussée de croissance se produit environ deux ans plus tôt chez les filles, elles ont tendance, entre 11 et 13 ans, à être plus grandes et plus fortes que les garçons du même âge. Ce phénomène peut créer un malaise chez certains garçons qui intériorisent alors les stéréotypes de la société voulant qu'un homme attirant soit généralement plus grand qu'une femme. Le taux de croissance musculaire atteint quant à lui son maximum vers l'âge de 12 ans et demi chez les filles et de 14 ans et demi chez les garçons (Gans, 1990). Enfin, le pelvis des filles s'élargit pour faciliter la gestation et des couches adipeuses se forment sous l'épiderme, créant ainsi des rondeurs. Cette graisse s'accumule deux fois plus rapidement chez les filles que chez les garçons (Susman et Rogol, 2004). Après leur poussée de croissance, les garçons redeviennent quant à eux généralement plus grands que les filles. Ils deviennent aussi plus massifs : leurs épaules s'élargissent, leurs jambes et leurs bras deviennent plus longs par rapport à l'ensemble du corps. Chacune des transformations suivant son propre rythme, certaines parties du corps peuvent être disproportionnées pendant un certain temps.

Toutes ces transformations physiques frappantes ont des répercussions psychologiques chez les adolescents. En effet, la plupart d'entre eux, particulièrement les filles, se préoccupent beaucoup de leur apparence et certains d'entre eux n'aiment pas ce qu'ils voient alors dans le miroir. Or, comme nous le verrons plus loin, ces attitudes peuvent malheureusement parfois conduire à des troubles alimentaires.

9.1.2 Le développement du cerveau

Il n'y a pas si longtemps, la plupart des scientifiques croyaient que le cerveau atteignait sa pleine maturité à l'adolescence. Aujourd'hui, les études basées sur l'imagerie cérébrale révèlent que le cerveau continue d'évoluer. Comme le montre la figure 9.2, entre la puberté et le début de l'âge adulte, il se produit même des changements considérables dans les structures du cerveau impliquées dans les émotions, le jugement, l'organisation du comportement et l'autocontrôle.

FIGURE 9.2 | Le développement du cerveau entre cinq et vingt ans

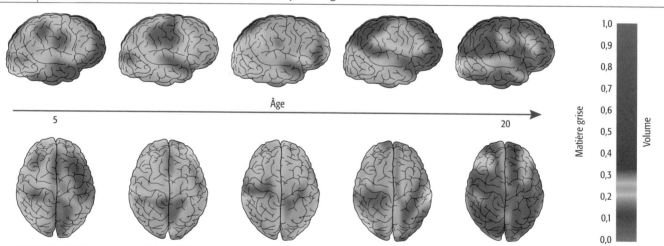

Ces images ont été obtenues grâce à un examen par IRM. Elles montrent le cerveau d'enfants et d'adolescents en santé et représentent 15 ans de développement cérébral (de 5 à 20 ans). Le rouge indique une plus grande quantité de matière grise, et le bleu, une moins grande quantité. La matière grise diminue d'arrière en avant au fur et à mesure que le cerveau devient mature et que les connexions neuronales sont élaguées.

Source : Gogtay *et al.,* 2004.

La prise de risques, une caractéristique de l'adolescence, semble être le résultat de l'interaction entre deux réseaux du cerveau : un *réseau socioaffectif,* sensible aux stimuli sociaux et affectifs comme l'influence des pairs, et un *réseau de contrôle cognitif,* qui régule les réponses aux stimuli. Le réseau socioaffectif devient plus actif à la puberté, alors que le réseau du contrôle cognitif devient mature progressivement, jusqu'au début de l'âge adulte. Ces découvertes pourraient expliquer la tendance des adolescents à laisser libre cours à leurs émotions et à adopter des comportements à risque, plus particulièrement lorsqu'ils sont en groupe (Steinberg, 2007). Dans la mise en situation de ce chapitre, le fait que William ait tendance à consommer de l'alcool et à conduire sa voiture malgré ses facultés affaiblies illustre bien ce point. Ainsi, l'immaturité du cerveau peut faire en sorte que les sentiments prévalent sur le raisonnement et empêcher certains adolescents de tenir compte des avertissements qui semblent logiques et convaincants pour les adultes (Yurgelun-Todd, 2002).

Comme nous l'avons vu dans le chapitre 7, la production de matière grise dans les lobes frontaux augmente fortement autour de la puberté, puis la densité de matière grise diminue considérablement, surtout dans le cortex préfrontal, au fur et à mesure que les synapses non utilisées (connexions entre les neurones) sont éliminées et que celles qui demeurent sont renforcées. Ainsi, du milieu jusqu'à la fin de l'adolescence, les jeunes ont moins de connexions neuronales, mais celles-ci sont plus fortes, plus stables et plus efficaces, ce qui rend le processus cognitif plus performant. De plus, la stimulation cognitive a une influence décisive sur le développement du cerveau à l'adolescence : les activités et les expériences de l'adolescent déterminent en effet quelles connexions neuronales sont maintenues et renforcées (Kuhn, 2006). En utilisant leur cerveau pour mettre de l'ordre dans leurs pensées, pour comprendre des concepts abstraits et pour maîtriser leurs impulsions, les adolescents bâtissent donc les fondements neuronaux qui leur serviront jusqu'à la fin de leur vie (ACT for Youth Center of Excellence, 2002).

Faites le POINT

1. Quelles sont les deux étapes qui annoncent la puberté ?
2. À quel âge apparaissent habituellement les signes précurseurs de la puberté chez les filles et les garçons ?
3. Quelles sont les principales différences entre les caractères sexuels primaires et secondaires ?
4. En quoi les garçons et les filles se distinguent-ils sur le plan de la poussée de croissance pubertaire ?

9.2 La santé physique et mentale

Dans les pays occidentaux industrialisés, selon une enquête de l'Organisation mondiale de la santé, 9 adolescents sur 10 âgés de 11 à 15 ans considèrent qu'ils sont en bonne santé (Scheidt *et al.,* 2000). Pourtant, de nombreux adolescents, surtout des filles, déclarent souffrir fréquemment de maux de tête, de dos ou d'estomac, ressentir de la nervosité ou de la fatigue et se sentir seuls ou déprimés. Plusieurs problèmes de santé, lorsqu'ils sont causés par le mode de vie ou par la pauvreté, sont toutefois évitables. Ainsi, dans les pays industrialisés, les adolescents de familles moins nanties ont tendance à se déclarer en moins bonne santé que les autres et à avoir des symptômes plus fréquents (Scheidt *et al.,* 2000).

Nous allons maintenant examiner plusieurs préoccupations relatives à la santé, telles que la forme physique, les besoins en matière de sommeil, les troubles alimentaires, l'abus de drogues, la dépression et les causes de décès à l'adolescence. L'encadré 9.1, à la page suivante, dresse le portrait actuel des adolescents québécois sur ces différents aspects.

Le portrait actuel des adolescents québécois

Les adolescents actuels sont-ils différents des adolescents des années 1960 ou 1970 ? À bien des égards, il semble en effet que les adolescents des années 2000 diffèrent de ceux d'il y a quarante ou cinquante ans.

Sur plusieurs plans, la situation est assez encourageante. En effet, les études montrent que la criminalité juvénile est en baisse au pays depuis quelques années, que la consommation de tabac chez les adolescents a diminué et que la grande majorité d'entre eux réussissent à obtenir leur diplôme d'études secondaires (Cloutier et Drapeau, 2008). Plus d'un élève du secondaire sur deux a également un travail rémunéré, une proportion qui grimpe à trois sur quatre chez ceux du collégial. Il semble que ce travail rémunéré, réalisé dans une proportion raisonnable, leur permette d'acquérir une indépendance financière, une autonomie personnelle et de développer des habiletés variées.

Néanmoins, tout n'est pas rose. Ainsi, les études montrent aussi que l'obésité et le surplus de poids chez les adolescents ont augmenté de façon inquiétante au cours des dernières années, passant d'un peu plus de 10 % dans les années 1970 à près de 30 % dans les années 2000 (Cloutier et Drapeau, 2008). L'alimentation défaillante et le manque d'exercice physique seraient au cœur de ces préoccupations. Les jeunes se retrouvent donc plus à risque de développer du diabète, des problèmes cardiovasculaires, digestifs et articulaires et d'avoir une espérance de vie réduite.

Par ailleurs, la réalité de la famille québécoise a beaucoup changé au cours des trente dernières années. En effet, le tiers des adolescents actuels sont appelés à vivre au moins une séparation parentale, laquelle peut provoquer une rupture des liens avec l'un des deux parents. Un nombre grandissant d'adolescents doivent aussi partager leur temps entre leurs parents séparés et composer parfois avec des demi-frères et demi-sœurs issus de nouvelles unions. Ils sont donc obligés de se réadapter constamment à des réalités changeantes. Parallèlement à cette situation, la majorité des parents travaillant à l'extérieur de la maison, l'adolescent passe aujourd'hui moins de temps avec eux. Encore là, cette situation peut apporter une dose de stress supplémentaire aux adolescents. Les parents sont aussi souvent pressés, et leurs enfants doivent alors adopter un rythme de vie accéléré qui ne correspond pas toujours à leur stade de développement ni à leurs besoins et qui laisse peu de place à l'aspect ludique, pourtant essentiel à un bon développement. En outre, un nombre grandissant de jeunes sont laissés à eux-mêmes et manquent de repères par rapport à une société en constante évolution. Ainsi, les études révèlent que les activités ou rituels familiaux sont à la baisse chez les adolescents québécois (Cloutier et Drapeau, 2008). Enfin, les familles comptant moins d'enfants, l'ensemble de la population est donc composée de moins de jeunes et de plus d'adultes âgés.

Les recherches actuelles semblent démontrer que les garçons et les filles réagissent cependant différemment à la réalité des années 2000 en ce qui a trait aux indices d'adaptation personnelle, scolaire et sociale. Ainsi, plus de 30 % des garçons n'obtiennent pas leur diplôme d'études secondaires, contre moins de 20 % des filles. De leur côté, les filles sont plus touchées que les garçons par les problématiques reliées à l'image corporelle, puisqu'il y aurait dix fois plus de filles que de garçons souffrant d'anorexie mentale au Québec. Ces données montrent aussi que les filles sont plus sédentaires que les garçons et qu'elles sont donc plus sujettes à différents troubles de santé. Les adolescentes seraient aussi plus touchées par les troubles dépressifs, même si ce sont les garçons qui mettent plus souvent fin à leurs jours. De même, la situation des jeunes des Premières Nations est préoccupante à plusieurs égards, que ce soit quant à la consommation de drogues ou au décrochage scolaire.

Enfin, un changement majeur concerne l'accès plus libre des adolescents aux divers nouveaux médias, qui sont à la fois source de développement personnel et d'ouverture sur le monde, mais aussi de préoccupations. D'une part, les jeunes sont stimulés par la quantité phénoménale d'information qu'ils peuvent obtenir sur Internet, par exemple. D'autre part, ces mêmes jeunes ne sont pas à l'abri des abus associés à la libre circulation de l'information. Ils sont souvent victimes de cette «surstimulation» et doivent rapidement développer un esprit critique leur permettant de se protéger de ce flot d'information non censurée.

Force est de constater que les adolescents d'aujourd'hui diffèrent donc à plusieurs égards de leurs aînés, même si les observations montrent que la réalité est souvent loin des stéréotypes qui sont entretenus à leur sujet (par exemple, «les jeunes d'aujourd'hui sont paresseux»). C'est pourquoi il est important d'être sensible à leurs préoccupations et de leur fournir des balises leur permettant de trouver leur place dans cette réalité des années 2000. Les études montrent en effet que la plupart des jeunes sont en quête de stabilité et d'engagement, et que le projet de vivre en couple et d'avoir des enfants figure au premier plan de leurs aspirations et de leurs priorités.

9.2.1 L'activité physique

Comme nous l'avons vu, l'activité physique a une influence sur la santé non seulement physique, mais aussi mentale. Pratiquée régulièrement, elle a de nombreux avantages : amélioration de la force et de l'endurance, meilleure qualité des os et des muscles, maîtrise du poids, réduction de l'anxiété et du stress, augmentation de l'estime de soi et du sentiment de bien-être et meilleures performances à l'école. L'activité physique diminue aussi la probabilité pour les adolescents d'adopter des comportements à risque. Ainsi, dans la mise en situation de ce chapitre, l'implication de William au sein de l'équipe de volleyball de l'école contribue au maintien de sa santé et de sa bonne forme physique et mentale.

On sait que, pratiquée régulièrement au moins 30 minutes par jour, une activité physique même modérée est bénéfique pour l'individu. Dans le cas contraire, un mode de vie sédentaire peut augmenter les risques d'obésité et de diabète de type 2, des problèmes de santé de plus en plus courants chez les adolescents, ainsi que la probabilité de développer des maladies coronariennes et un cancer à l'âge adulte (Carnethon, Gulati et Greenland, 2005 ; Nelson et Gordon-Larsen, 2006). Or, au Québec, 30 % des adolescents de 12 à 17 ans ont un mode de vie sédentaire, c'est-à-dire qu'ils pratiquent des activités physiques moins de deux fois par semaine. Les données québécoises montrent aussi qu'une proportion plus importante de filles sont sédentaires (Éco-Santé Québec, 2008 ; Ministère de la Santé et des Services sociaux du Québec, 2009).

 La sédentarité

Au Québec, une proportion importante d'adolescents sont sédentaires et s'exposent à des problèmes de santé.

9.2.2 Le sommeil

Le manque de sommeil est un phénomène répandu chez les adolescents (Hansen *et al.*, 2005). Ainsi, une étude effectuée dans 28 pays industrialisés indique qu'en moyenne 40 % des adolescents (surtout des garçons) se sentent au moins une fois par semaine endormis le matin, et 22 % d'entre eux considèrent même être endormis presque chaque jour (Scheidt *et al.*, 2000). Ainsi, l'enfant de 9 ans qui dormait en moyenne plus de 10 heures par nuit dort désormais, à 16 ans, moins de 8 heures par nuit (Eaton *et al.*, 2008). Pourtant, les adolescents ont besoin de beaucoup plus de sommeil que lorsqu'ils étaient plus jeunes. Et faire la grasse matinée les fins de semaines ne compense pas le manque de sommeil accumulé au cours de la semaine. D'autant plus que cette tendance à se coucher et à se lever tard peut avoir un impact sur les phases et la qualité du sommeil et contribuer à l'insomnie, un trouble qui apparaît souvent à la fin de l'enfance ou à l'adolescence (Hoban, 2004).

Le manque de sommeil peut également saper la motivation et provoquer de l'irritabilité, ce qui risque de nuire à la concentration et à la performance scolaire. Dans la mise en situation de ce chapitre, le sommeil de William est réduit par la multitude d'activités qu'il pratique. Or, cette privation de sommeil contribue sans aucun doute à la baisse de ses performances scolaires. En outre, la somnolence peut aussi être mortelle pour les adolescents qui conduisent un véhicule. Des études ont en effet montré que les jeunes de 16 à 29 ans sont plus susceptibles d'être impliqués dans des collisions causées par de la somnolence au volant (Millman *et al.*, 2005).

En plus des nombreuses activités qui peuvent occuper les soirées des adolescents, les experts du sommeil reconnaissent aujourd'hui que les changements biologiques jouent également un rôle dans leurs problèmes de sommeil (Sadeh, Raviv et Grubrer, 2000). En effet, le corps sécrète de la mélatonine au moment où le cerveau est prêt à dormir. Or, après la puberté, cette sécrétion se produit plus tard dans la nuit (Carskadon *et al.*, 1997).

 Le manque de sommeil

Certains adolescents qui ne dorment pas suffisamment voient leurs performances scolaires en souffrir.

9.2.3 La nutrition et les troubles alimentaires

Tout au long de la vie, et particulièrement à l'adolescence, il est important de bien se nourrir, ne serait-ce que pour soutenir la croissance rapide associée à la puberté et pour établir de saines habitudes de vie. Au Québec, comme dans plusieurs autres pays industrialisés, le développement de saines habitudes alimentaires représente un défi de taille. En effet, beaucoup d'adolescents mangent peu de fruits et de légumes, privilégient des aliments trop riches en glucides et en matières grasses, en plus de ne pas consommer suffisamment d'aliments appartenant aux quatre groupes alimentaires. Selon les données d'une enquête, 59 % des adolescents canadiens consomment ainsi des fruits et des légumes moins de cinq fois par jour (Statistique Canada, 2006a).

Afin de s'attaquer au phénomène de la malbouffe, le gouvernement du Québec s'est doté en 2007 d'une politique favorisant la saine alimentation et l'activité physique chez les adolescents québécois. Parmi les mesures adoptées, on demande, par exemple,

9.4 **Lutter contre la malbouffe**

Un nombre grandissant d'écoles secondaires du Québec offre à leurs élèves des aliments sains qui favorisent le maintien d'une meilleure santé.

aux cafétérias scolaires d'offrir des repas où les quatre groupes du *Guide alimentaire canadien* sont présents, de composer une assiette principale comprenant au moins un légume d'accompagnement, de proposer plus de fruits et de légumes ou d'éviter autant que possible les produits contenant des gras saturés. À l'heure actuelle, plusieurs établissements d'enseignement publics et privés ont pris ce virage santé, la poutine ou les fritures étant désormais bannies de plusieurs écoles secondaires québécoises.

L'obésité

Les médecins utilisent généralement l'indice de masse corporelle (IMC) pour mesurer l'excès de poids chez une personne. Cette mesure se calcule en divisant le poids en kilogrammes par la taille en mètre au carré. Elle n'est valable que pour les adultes âgés de 18 à 65 ans et ne peut être une mesure fiable pour les femmes enceintes et les personnes très musclées. L'indice de masse corporelle associé à un poids normal se situe entre 20 et 25 ; un indice qui se situe entre 25 et 30 indique un excès de poids, tandis qu'un indice supérieur à 30 est signe d'obésité.

Au cours des 25 dernières années, la proportion d'adolescents qui font de l'embonpoint ou qui sont obèses a augmenté de façon alarmante au Canada. Ainsi, en 2004, 29 % des adolescents canadiens âgés de 12 à 17 ans faisaient de l'embonpoint ou étaient obèses, contre 14 % en 1978-79. Le taux d'obésité a quant à lui triplé, passant de 3 % à 9 % au cours de la même période (Statistique Canada, 2006a).

Les adolescents qui ne mangent pas suffisamment de fruits et de légumes sont les plus susceptibles de faire de l'embonpoint ou d'être obèses. De plus, comme nous l'avons mentionné dans le chapitre 7, le manque d'exercice demeure un facteur prépondérant. En effet, la probabilité de faire de l'embonpoint ou d'être obèse a tendance à augmenter de concert avec le temps passé à regarder la télévision, à jouer à des jeux vidéo ou à utiliser un ordinateur. Par ailleurs, les adolescents vivant dans un foyer à revenu moyen seraient plus susceptibles de faire de l'embonpoint ou d'être obèses que ceux vivant dans un foyer à revenu élevé (Statistique Canada, 2008b). Des facteurs génétiques, mais aussi des facteurs comme la mauvaise régulation du métabolisme, des symptômes de dépression et le fait d'avoir des parents obèses, augmentent également la probabilité d'une obésité à l'adolescence (Morrison *et al.*, 2005 ; Stice *et al.*, 2005).

Nous avons vu dans les chapitres 5 et 7 que l'obésité peut engendrer des problèmes de santé importants. En outre, les adolescents qui souffrent d'une surcharge pondérale sont aussi plus susceptibles d'avoir des difficultés à fréquenter l'école, à effectuer des tâches ménagères ou à pratiquer des activités physiques (Swallen *et al.*, 2005).

Les troubles alimentaires : l'anorexie et la boulimie

Pour certains adolescents, la détermination à ne pas grossir peut entraîner des problèmes plus graves que le seul gain de poids. Les préoccupations liées à l'image corporelle – soit la façon dont l'individu perçoit son corps – commencent souvent au milieu de l'enfance, voire même avant, et s'intensifient à l'adolescence où elles peuvent entraîner des efforts obsessifs visant à contrôler son poids (Davidson et Birch, 2001 ; Schreiber *et al.*, 1996). Toutefois, cette attitude est plus courante et moins susceptible d'être liée aux problèmes de poids réel chez les filles que chez les garçons. En effet, à la suite de l'augmentation normale de la masse adipeuse qui se produit à la puberté, de nombreuses filles n'aiment plus leur corps, surtout si leur développement pubertaire est précoce, ce qui reflète l'accent mis par la culture occidentale sur l'apparence physique des femmes (Susman et Rogol, 2004). Cette insatisfaction augmente du début à la moitié de l'adolescence, alors que les garçons, qui deviennent plus musclés, aiment au contraire généralement de plus en plus l'image projetée par leur corps (Rosenblum et Lewis, 1999).

Au Québec, 60 % des jeunes de 13 à 16 ans se disent insatisfaits de leur corps, alors que la majorité d'entre eux présentent un poids normal ou inférieur à la norme (Ledoux, Mongeau et Rivard, 2002). La majorité des filles souhaiteraient ainsi être plus minces, tandis que la majorité des garçons désireraient avoir une stature plus imposante (Cloutier et Drapeau, 2008).

Les préoccupations excessives par rapport au contrôle du poids et à l'image corporelle peuvent être le signe de troubles de consommation alimentaire, soit l'*anorexie* et la *boulimie*. Ces troubles sont plus fréquents chez les femmes que chez les hommes. Au Québec, 8 % des filles de 15 à 25 ans sont ainsi atteintes de troubles alimentaires. Depuis 1987, les hospitalisations pour les troubles alimentaires ont également augmenté de 34 % chez les filles âgées de moins de 15 ans et de 29 % chez les jeunes femmes âgées de 15 à 24 ans (Agence de la santé publique du Canada, 2003).

L'**anorexie mentale** est un trouble psychologique très grave qui se caractérise par un refus de maintenir son poids corporel au-dessus du poids minimum normal pour l'âge et la taille de l'individu, ainsi que par une peur extrême de prendre du poids. Les signes avant-coureurs de l'anorexie incluent les régimes secrets, l'insatisfaction après avoir perdu du poids, le fait de se fixer l'objectif de perdre encore plus de poids après avoir atteint le poids désiré, les exercices excessifs et l'interruption du cycle menstruel.

Selon de récentes statistiques, 90 % des personnes souffrant d'anorexie sont des femmes et 10 % des hommes. Les adolescentes souffrant d'anorexie ont une image déformée de leur corps et se trouvent trop grosses, bien que leur poids soit très insuffisant. Cette perception s'exprime alors par une préoccupation obsessive à l'égard de la nourriture et du poids, et elle peut mener à des comportements à risque pour la santé. Même si les adolescentes anorexiques sont souvent de bonnes élèves, elles peuvent être repliées sur elles-mêmes ou déprimées et adopter des comportements répétitifs ou perfectionnistes, car elles ont terriblement peur de perdre le contrôle et de grossir (Wilson, Grilo et Vitousek, 2007).

Si, en Occident, l'anorexie résulte en partie de la pression sociale poussant à la minceur, il semble toutefois que cette pression ne soit pas nécessairement le seul facteur, ni même un facteur essentiel (Keel et Klump, 2003 ; Striegel-Moore et Bulik, 2007). En effet, un nombre grandissant d'études comme celles du docteur Howard Steiger, de l'institut Douglas de Montréal, mettent en évidence l'importance de certains facteurs génétiques et neuropsychologiques (*voir l'encadré 9.2 à la page suivante*).

La **boulimie** commence généralement à un âge un peu plus avancé que l'anorexie, le pic d'incidence se situant vers 17 ou 18 ans (Flament et Jeammet, 2000). La boulimie toucherait aussi une proportion plus élevée de filles que de garçons, mais dans une proportion tout de même moins marquée que pour l'anorexie. On estime que 2 % à 4 % des Canadiens âgés de 13 à 40 ans seraient affectés par des troubles boulimiques (APA, 2000).

Une personne souffrant de boulimie est victime de brèves crises de frénésie alimentaire (de deux heures ou moins). Elle tente ensuite de purger la quantité élevée de calories ingérées en se faisant vomir, en suivant un régime strict, en s'imposant un jeûne, en faisant des exercices vigoureux ou en absorbant des laxatifs et des diurétiques. On parle de trouble boulimique lorsque ces épisodes se produisent au moins deux fois par semaine et qu'ils se prolongent sur une période d'au moins trois mois (APA, 2000). Les personnes boulimiques ne souffrent pas souvent de surcharge pondérale, mais elles sont elles aussi obsédées par leur poids et par leurs formes. Elles ont tendance à avoir une faible estime de soi et peuvent donc se sentir accablées de honte, se mépriser et sombrer dans la dépression (Wilson *et al.*, 2007). Parfois, le trouble consiste à avoir de fréquentes crises de boulimie, mais non suivies de jeûne, d'exercices physiques ou de vomissements. Le trouble peut alors occasionner une surcharge pondérale, de la détresse émotive, ainsi que d'autres troubles physiques et psychologiques.

Le traitement des troubles alimentaires

L'objectif immédiat du traitement de l'anorexie est de faire en sorte que les personnes mangent et prennent du poids, mais il demeure souvent difficile à atteindre étant donné la ténacité des croyances et perceptions des patients concernant leur apparence physique et leur corps. Souvent utilisée, la thérapie cognitive comportementale tente de modifier cette image déformée du corps en récompensant le fait de s'alimenter par

Anorexie mentale
Trouble psychologique très grave qui se caractérise par un refus de maintenir un poids corporel au-dessus d'un poids minimum normal pour l'âge et la taille et par une peur extrême de prendre du poids.

 L'anorexie
Les adolescentes anorexiques ont une image déformée de leur corps. Elles se perçoivent toujours grosses, même lorsqu'elles n'ont plus que la peau et les os.

Boulimie
Trouble psychologique caractérisé par de brèves crises de frénésie alimentaire (de deux heures ou moins), suivies de purgations (vomissements, régimes stricts, exercices vigoureux ou absorption de laxatifs ou de diurétiques).

certains privilèges (Beumont, Russell et Touyz, 1993 ; Wilson *et al.*, 2007). Les cliniques externes des troubles de l'alimentation du Québec offrent aussi des programmes complets de services adaptés aux besoins particuliers des patients. On y retrouve une combinaison de thérapies individuelles, familiales et de groupe, voire de couple, ainsi que des services de nutrition et de pharmacothérapie.

La thérapie cognitive comportementale représente également la meilleure forme de traitement pour la boulimie. On demande alors aux patients de tenir un journal quotidien de leurs modèles alimentaires et on leur enseigne des façons d'éviter la tentation de manger frénétiquement. Comme ces patients courent aussi des risques de dépression et de suicide, les antidépresseurs sont souvent utilisés en combinaison avec une psychothérapie ; toutefois, leur efficacité à long terme n'est pas encore prouvée.

ENCADRÉ 9.2 **PAROLES D'EXPERT**

Les troubles alimentaires

Howard Steiger

Directeur du programme des troubles de l'alimentation de l'institut Douglas, professeur et chercheur

Howard Steiger est psychologue, professeur et chercheur à l'Université McGill. Il dirige également depuis 1990 le programme des troubles de l'alimentation (PTA) de l'institut Douglas, à Montréal. Détenteur d'un doctorat en psychologie de l'Université McGill, il travaille depuis 1986 au développement de ce programme visant la prise en charge clinique des personnes atteintes d'un trouble de l'alimentation et au progrès des connaissances liées aux mécanismes étiologiques de ces troubles. Ses projets de recherche actuels portent sur la relation entre les facteurs génétiques, neurobiologiques et environnementaux dans le développement des troubles alimentaires. En plus de ces travaux, le docteur Steiger est aussi coprésident d'un comité du gouvernement du Québec mandaté pour encourager la collaboration de divers secteurs (mode, médias, éducation, santé, etc.) à diffuser une image corporelle saine et diversifiée, afin de diminuer les pressions sociales valorisant une image de maigreur.

Le docteur Steiger note des différences importantes entre l'anorexie et la boulimie. Dans le cas des troubles anorexiques, la patiente présente en effet une phobie de grossir qui se traduit par un amaigrissement pouvant mettre sa vie en danger. La personne anorexique exerce donc un « surcontrôle » en maintenant son poids à un niveau nettement inférieur au poids qui serait normal pour sa taille. De leur côté, les personnes boulimiques peuvent au contraire présenter un poids normal, voire un surpoids, et vivent généralement un dérèglement sur le plan du contrôle alimentaire. Elles peuvent donc avoir de longues périodes de privations alimentaires, suivies de périodes de consommation excessive accompagnées de comportements compensatoires (vomissement, usage abusif de purgatifs, etc.). Dans le cas de la personne boulimique, on parle plutôt d'un « sous-contrôle ».

Comme le mentionne le docteur Steiger, les scientifiques ont longtemps cru que l'obsession de la beauté et de la minceur véhiculée par les médias ou un excès de contrôle parental expliquaient à eux seuls

l'apparition des troubles alimentaires, particulièrement chez les adolescentes et les jeunes femmes. Or, les résultats d'études récentes apportent un éclairage nouveau concernant les facteurs explicatifs de ces troubles. Bien entendu, les études ne nient pas l'importance des facteurs socioculturels dans l'émergence des troubles alimentaires, mais elles tiennent compte d'autres facteurs significatifs. En effet, l'équipe de recherche du docteur Steiger a réussi à démontrer que certains facteurs biologiques rendent des personnes plus vulnérables aux troubles alimentaires. L'équipe a ainsi mis en évidence l'existence d'interactions entre certains stress vécus pendant l'enfance (des sévices sexuels, par exemple) et certaines fragilités héréditaires liées à l'activité sérotonergique dans le développement des troubles anorexiques et boulimiques (la sérotonine étant un neurotransmetteur influant notamment sur le plan de la régulation des fonctions végétatives comme la satiété). Les régimes alimentaires trop sévères joueraient également un rôle important dans le déclenchement des troubles alimentaires en déréglant les réseaux sérotonergiques. Par ailleurs, les études montrent aussi que les facteurs de l'hérédité, du vécu et des régimes alimentaires agissent de façon différente d'une personne à l'autre. Ce constat invite alors à la prudence quant au choix d'un traitement et incite au développement de soins plus personnalisés.

Les résultats des travaux du docteur Steiger mettent par ailleurs en évidence un lien entre les troubles alimentaires et la présence d'autres symptômes psychologiques comme la dépression, l'anxiété et l'impulsivité. En outre, certains traits de personnalité seraient également associés au développement de troubles boulimiques ou anorexiques. Le docteur Steiger souligne toutefois que ces traits de personnalité sont beaucoup moins homogènes que ce qu'on a laissé croire pendant plusieurs années. Ainsi, ce ne sont pas seulement les jeunes femmes aisées, perfectionnistes et bonnes à l'école qui souffrent de troubles anorexiques. Les patients souffrant de troubles alimentaires affichent une grande variété de caractéristiques personnelles et sociales. Les études du docteur Steiger permettent donc de lever le voile sur un certain nombre de préjugés concernant les personnes souffrant de troubles alimentaires. En effet, la mise en évidence de la présence de facteurs biologiques et héréditaires dans le développement des troubles alimentaires va sans doute permettre de changer l'image négative que plusieurs entretiennent, voulant que les personnes atteintes de ces troubles soient facilement influençables, égocentriques et perfectionnistes.

9.2.4 L'utilisation et l'abus de substances

Même si la grande majorité des adolescents n'abuse pas des drogues, une minorité importante d'entre eux le fait. Les trois drogues les plus populaires auprès des adolescents, comme nous allons le voir, sont l'alcool, la marijuana et le tabac.

La **toxicomanie** désigne la consommation abusive d'alcool ou d'autres drogues. Cet abus peut entraîner une **dépendance**, c'est-à-dire un besoin incontrôlable de continuer à consommer une substance. Cette dépendance des adolescents peut être physiologique, psychologique ou les deux à la fois, et a tendance à se poursuivre à l'âge adulte. La dépendance aux drogues est particulièrement dangereuse pour eux parce qu'elles stimulent des parties de leur cerveau qui sont encore en développement (Chambers *et al.*, 2003). Enfin, la dépendance s'accompagne souvent d'une **tolérance** à la substance, c'est-à-dire d'un besoin d'augmenter la quantité consommée pour obtenir les mêmes effets.

Toxicomanie
Consommation abusive de toute substance psychotoxique (alcool, tabac, marijuana, etc.).

Dépendance
Besoin incontrôlable qui pousse un individu à continuer de consommer une substance psychotoxique.

Tolérance
Besoin d'augmenter les doses d'une substance pour obtenir les mêmes effets.

Les tendances en matière de consommation de drogues

Selon une enquête québécoise menée récemment, la proportion d'élèves du secondaire qui s'abstient de consommer de l'alcool ou d'autres drogues augmente sans cesse depuis 2000. Néanmoins, en 2006, environ 30 % des élèves du secondaire auraient consommé de la drogue au moins une fois sur une période de douze mois, et il n'y aurait pas là de différence significative entre les garçons et les filles. Par ailleurs, cette proportion augmente selon l'année d'étude, passant de 8 % en première année du secondaire à 51 % en cinquième année. Enfin, environ 10 % des consommateurs de drogues sont considérés comme étant des personnes à risque de dépendance et nécessitent une intervention spécialisée (Institut national de santé publique du Québec, 2006).

En outre, bien que la consommation de drogues illicites ait donc globalement diminué, celle de l'ecstasy, une drogue populaire dans les raves, connaît par contre une augmentation. Ainsi, environ 6 % des élèves québécois auraient déjà consommé de l'ecstasy au moins une fois dans l'année. La proportion de consommateurs d'ecstasy est plus élevée chez les filles (7 %) que chez les garçons (5 %). Les filles consomment aussi plus d'amphétamines que les garçons (11,1 %, contre 7,6 %). Par ailleurs, la consommation d'une substance autre que l'alcool ou le cannabis (la cocaïne plus particulièrement) est nettement plus élevée chez les jeunes délinquants, les jeunes de la rue et les jeunes gais que chez les jeunes du secondaire (Institut national de santé publique du Québec, 2009).

Enfin, les études révèlent que l'abus d'inhalants représente un problème majeur chez les jeunes autochtones du Canada, le taux de prévalence pouvant atteindre 60 % (Bibliothèque du Parlement, Service d'information et de recherche parlementaires, 2006). La situation est similaire au Québec, où la consommation de ces jeunes a augmenté de façon importante au cours des quinze dernières années. Les études récentes montrent ainsi que près de la moitié des jeunes autochtones du Nunavut et de la région des Terres-Cries-de-la-Baie-James ont consommé des drogues au moins une fois au cours de la dernière année, et que 60 % d'entre eux en sont même des consommateurs réguliers. La substance la plus populaire demeure le cannabis, suivie des solvants et de la cocaïne. Les études montrent aussi que les jeunes filles autochtones consomment en plus grand nombre que les garçons (Institut national de santé publique du Québec, 2009).

9.6 Les raves
La popularité des soirées technos, ou raves, auprès des jeunes est indiscutable. Or, celles-ci offrent un environnement propice à la consommation d'ecstasy et de méthamphétamines, ou «speed».

L'alcool

Avec la marijuana et le tabac, l'alcool est la drogue la plus populaire auprès des adolescents. Or, il s'agit d'un psychotrope puissant qui a des effets importants sur le bien-être physique, émotif et social. Sa consommation représente d'ailleurs un problème grave dans plusieurs pays.

Au Québec, la proportion de jeunes du secondaire ayant consommé de l'alcool au moins une fois au cours de l'année précédente a diminué ces dernières années, passant de 71,3 % en l'an 2000 à 60,4 % en 2006 (Dubé et Camirand, 2007). Il en va de même pour les consommateurs réguliers d'alcool (20 % contre 14,5 %). On ne note pas ici de différence significative entre les garçons et les filles. Par ailleurs, plus de 80 % des jeunes de 17 ans et plus de la cinquième secondaire ont déjà consommé au moins une fois dans l'année de l'alcool de façon excessive, soit cinq consommations ou plus en une seule occasion. Selon l'information collectée, 40 % d'entre eux l'ont fait à cinq reprises et plus (Institut national de santé publique du Québec, 2009). Une enquête révèle aussi que les jeunes de 15 à 24 ans consomment moins fréquemment de l'alcool que les personnes plus âgées, mais que, lorsqu'ils le font, ils en consomment alors en plus grande quantité (Flight, 2007). Les Québécois âgés de 15 à 24 ans commencent pour leur part à consommer de l'alcool plus tôt que les Canadiens du même âge (15 ans contre 15,7 ans).

Les adolescents sont plus vulnérables que les adultes aux effets négatifs immédiats et à long terme de l'alcool sur l'apprentissage et la mémoire (White *et al.*, 2002). Par ailleurs, les jeunes qui commencent à boire tôt ont tendance à avoir des problèmes de comportement ou des frères et sœurs dépendants de l'alcool (Kuperman *et al.*, 2005). Ceux qui commencent à boire avant l'âge de 15 ans sont d'ailleurs 5 fois plus susceptibles d'en abuser et de développer une dépendance à l'alcool que ceux qui ne commencent à boire qu'à l'âge de 21 ans ou plus (Substance Abuse and Mental Health Services Administration [SAMHSA], 2004a). Les discussions ouvertes avec les parents peuvent neutraliser les mauvaises influences et décourager ou limiter la consommation d'alcool (Austin, Pinkleton et Fujioka, 2000). Cependant, les parents peuvent aussi avoir une influence négative puisqu'une étude longitudinale révèle que le fait d'avoir un parent alcoolique augmente significativement le risque d'une consommation précoce d'alcool et donc, plus tard, de problèmes liés à l'alcool (Wong *et al.*, 2006).

La marijuana

Même si la proportion de consommateurs diminue depuis 2000, la marijuana demeure de loin la substance illicite préférée des élèves du secondaire. En 2006, un élève sur deux de la cinquième secondaire disait ainsi en avoir déjà consommé. Cette consommation concerne 7 % des élèves de la première année et jusqu'à 50 % des élèves de la cinquième secondaire. Comme pour l'alcool, les données recueillies ne démontrent pas de différence significative entre les garçons et les filles (Institut national de santé publique du Québec, 2009).

Contrairement à la croyance populaire, la consommation de marijuana peut entraîner une dépendance à la fois physique et psychologique (Tanda, Pontieri et DiChiara, 1997). Or, la consommation précoce de marijuana, comme celle d'alcool, est liée à de multiples comportements à risques (DuRant *et al.*, 1999). En effet, la fumée de la marijuana contient généralement plus de 400 substances cancérigènes. En outre, la puissance de la substance a doublé au cours des 25 dernières années (National Institute on Drug Abuse [NIDA], 2008). Une consommation élevée peut donc endommager le cerveau, le cœur, les poumons et le système immunitaire, en plus d'entraîner des déficiences nutritionnelles, des infections respiratoires et d'autres problèmes physiques. Enfin, la marijuana peut diminuer la motivation, aggraver la dépression, nuire aux activités quotidiennes et causer des problèmes familiaux (Messinis *et al.*, 2006 ; Office of National Drug Control Policy, 2008).

Le tabac

Au cours de la dernière décennie, les données d'une enquête québécoise révèlent que le pourcentage des élèves du secondaire ayant fait usage de la cigarette a baissé considérablement entre 1998 et 2006, passant de 34,1 % à 14,9 % chez les filles et de 26,8 % à 13 % chez les garçons (Dubé et Camirand, 2007). À l'automne 2006, environ 15 % des élèves québécois du secondaire avaient ainsi fait usage de la cigarette sur une période de trente jours. Chez les jeunes de 12 à 19 ans qui fument quotidiennement ou à l'occasion, le taux de tabagisme (12 %) est demeuré stable entre 2005 et 2007 (Statistique Canada, 2008c).

9.7 **La consommation d'alcool**

Avec la marijuana et le tabac, l'alcool est le psychotrope le plus populaire auprès des adolescents.

9.8 **La consommation de marijuana**

La marijuana demeure la substance illicite préférée des élèves du secondaire.

La consommation de substances nocives débute souvent lorsque les enfants terminent l'école primaire et deviennent alors plus vulnérables à la pression des pairs. Or, plus les jeunes commencent tôt et plus ils risquent de consommer souvent et d'en abuser (Wong *et al.*, 2006). Ainsi, la consommation de tabac s'installe souvent au début de l'adolescence, alors que les jeunes cherchent à paraître plus durs et plus rebelles et que fumer représente pour eux le signe du passage de l'enfance à l'âge adulte. Cette image désirée par l'adolescent lui permet de tolérer le dégoût suscité par les premières bouffées de cigarette. Par la suite, les effets de la nicotine s'imposent et, en un an ou deux, les jeunes inhalent finalement la même quantité de nicotine que les adultes et ressentent le même manque ainsi que les mêmes effets de sevrage qu'eux s'ils essaient d'arrêter. Par ailleurs, les adolescents qui commencent à fumer vers l'âge de onze ans sont deux fois plus susceptibles que les autres d'adopter des comportements à risques (monter en voiture avec un conducteur en état d'ébriété, apporter des couteaux ou des armes à feu à l'école, inhaler des produits toxiques, consommer de la marijuana ou de la cocaïne, planifier un suicide, etc.). L'omniprésence de la consommation de certaines substances dans les médias a aussi une influence importante. Ainsi, les films qui montrent des personnes en train de fumer augmentent l'initiation précoce au tabac (Charlesworth et Glantz, 2005).

Comme pour les drogues dures, l'influence des frères ou sœurs plus âgés ainsi que des amis augmente la probabilité de consommer du tabac ou de l'alcool (Rende *et al.*, 2005). Or, comme nous allons le voir, la consommation de toute forme de drogue représente un facteur de risque additionnel en ce qui concerne la dépression.

9.2.5 La dépression

Nous avons vu dans le chapitre 8 que la dépression peut se manifester chez les enfants d'âge scolaire. Elle peut tout autant toucher les adolescents. Au Québec, les cas de dépression chez les adolescents augmentent d'ailleurs depuis quelques années. En effet, selon les données de la Régie de l'assurance maladie du Québec, les sommes remboursées pour des antidépresseurs destinés aux jeunes de 15 à 19 ans ont doublé en cinq ans. Par ailleurs, les données d'enquêtes récentes montrent que 7 % des adolescents québécois âgés de 12 à 19 ans ont déjà vécu un épisode dépressif majeur (Éco-Santé Québec, 2008). La plupart des personnes qui souffrent de dépression vivent ainsi leur premier épisode dépressif entre 15 et 18 ans, ce qui fait de l'adolescence une période au cours de laquelle la prévalence de la dépression est multipliée par six (Institut de recherche en santé du Canada, 2006).

La dépression chez les jeunes ne se manifeste pas nécessairement par de la tristesse, mais plutôt par de l'irritabilité, un ennui ou une incapacité à ressentir du plaisir. Les symptômes de la dépression doivent être pris au sérieux, ne serait-ce que parce qu'ils peuvent mener à une tentative de suicide (Brent et Birmaher, 2002). Les adolescentes, et surtout celles qui sont devenues matures plus tôt, sont plus susceptibles d'être en proie à la dépression (Brent et Birmaher, 2002 ; SAMHSA, 2005). Cette différence entre les sexes peut être associée aux changements biologiques liés à la puberté. En effet, les études montrent une corrélation entre la puberté précoce et les symptômes dépressifs (Susman et Rogol, 2004). La façon dont les filles sont socialisées ainsi que leur plus grande vulnérabilité au stress dans les relations sociales sont d'autres éléments pouvant expliquer cette différence (Ge *et al.*, 2001 ; Hankin, Mermelstein et Roesch, 2007).

De manière générale, les principaux facteurs de risque de la dépression sont l'anxiété, la crainte des contacts sociaux, les événements stressants, les maladies chroniques comme le diabète ou l'épilepsie, les conflits avec les parents, la maltraitance ou la négligence, la consommation de drogues, l'activité sexuelle et le fait d'avoir un parent ayant lui-même des antécédents de dépression. Parmi ces facteurs, la consommation d'alcool ou d'autres drogues ainsi que l'activité sexuelle sont plus susceptibles de provoquer la dépression chez les filles (Hallfors *et al.*, 2005 ; Waller *et al.*, 2006).

9.9 L'état dépressif

L'adolescence, avec tous les changements qu'elle comporte, est une période très propice à l'émergence de symptômes dépressifs.

Les adolescents déprimés qui ne répondent pas aux traitements ambulatoires, qui sont dépendants aux drogues, qui sont psychotiques ou qui semblent suicidaires peuvent avoir besoin d'être hospitalisés. Même les adolescents dont les symptômes ne sont pas assez graves pour conclure à une dépression courent aussi des risques élevés de dépression clinique et de comportement suicidaire vers l'âge de 25 ans (Fergusson *et al.*, 2005). Voilà donc pourquoi il est important de tenir compte de tout signe annonciateur de dépression. Ces signes se manifestent souvent à travers des changements de comportement chez l'adolescent. Par exemple, un jeune d'ordinaire plutôt sociable et enjoué peut s'isoler progressivement et en arriver à rompre les contacts sociaux qu'il entretenait. La psychothérapie représente une option de traitement pour les adolescents ayant des symptômes dépressifs. Toutefois, l'analyse de toutes les études disponibles révèle que la psychothérapie, qu'elle soit cognitive ou non, serait surtout efficace à court terme, ses effets ne durant qu'environ un an (Weisz, McCarty et Valeri, 2006). La plupart des essais cliniques montrent que le traitement le plus efficace pour traiter la dépression chez les adolescents consiste à combiner un traitement pharmacologique (antidépresseurs) à de la psychothérapie (March et The TADS Team, 2007).

9.2.6 La mortalité à l'adolescence

Les décès à l'adolescence sont non seulement tragiques, mais aussi le plus souvent accidentels et donc fréquemment évitables (Hoyert *et al.*, 2006).

Les décès accidentels

Les accidents de la route représentent l'une des principales causes de décès chez les adolescents au Québec. En 2001, 24 % des décès causés par les accidents de la route impliquaient en effet des personnes de 15 à 24 ans. Les collisions sont ainsi plus susceptibles d'être mortelles lorsqu'il y a des adolescents dans le véhicule, sans doute parce que ces derniers ont tendance à conduire encore plus imprudemment lorsque leurs amis sont à bord (Chen *et al.*, 2000). En outre, l'incidence élevée de la conduite en état d'ébriété chez les adolescents contribue également à ces statistiques en matière de décès reliés à des accidents de la route.

Les accidents de la route

Le jeune âge des conducteurs représente un facteur de risque important dans les accidents de la route.

Le suicide

Le suicide représente la seconde cause de mortalité chez les 15 à 19 ans au Québec et au Canada. En 2005, 43 jeunes âgés de 10 à 14 ans et 213 jeunes âgés de 15 à 19 ans se sont ainsi donné la mort au pays (Statistique Canada, 2009a). Par ailleurs, les données illustrent clairement la prédominance de suicide chez les garçons. En effet, on enregistre trois fois plus de suicides chez les hommes que chez les femmes, un écart qui se manifeste dès le milieu de l'adolescence (Statistique Canada, 2007a). Le Québec continue pour sa part d'afficher les taux de suicide les plus élevés du pays, tant chez les hommes que chez les femmes (Association québécoise de prévention du suicide, 2010). En outre, le taux de suicide est de cinq à sept fois plus élevé chez les jeunes issus des Premières Nations (et plus particulièrement chez les jeunes Inuits) que chez les adolescents non autochtones (Statistique Canada, 2006b). On assiste néanmoins depuis 1999 à une nette diminution du taux de suicide chez les jeunes au Québec. Toutefois, cette baisse concerne principalement les jeunes garçons et est surtout observable dans les grandes régions urbaines (Grand Montréal, Québec, Outaouais et Estrie), les taux de suicide demeurant encore élevés dans les régions où la densité de population est plus faible (Association québécoise de prévention du suicide, 2010).

Si les garçons présentent le plus grand nombre de décès par suicide, ce sont toutefois les filles qui commettent le plus de tentatives et qui sont hospitalisées en plus grand nombre. Cette différence serait due aux moyens plus efficaces utilisés par les garçons, qui choisissent plus souvent d'utiliser la pendaison et non l'empoisonnement par la consommation excessive de médicaments. Les jeunes qui ont des pensées suicidaires ou qui tentent de se suicider ont tendance à avoir des antécédents de problèmes émotionnels ou relationnels, certains ayant souffert de maltraitance pendant leur enfance. Ils ont tendance à avoir une faible opinion d'eux-mêmes, à se sentir plus désespérés, à avoir peu de contrôle sur leurs impulsions et à avoir une faible tolérance à la frustration et au stress. Ces jeunes sont aussi souvent détachés de leurs parents et n'ont personne d'autre vers qui se tourner (Brent et Mann, 2006 ; Johnson *et al.*, 2002).

Faites le POINT

5 Quels sont les facteurs qui permettent d'expliquer les problèmes de sommeil chez les adolescents ?

6 Décrivez ce que sont l'anorexie mentale et la boulimie.

7 De quelle façon la consommation d'alcool, de marijuana et de tabac s'est-elle modifiée au cours des dernières années ?

8 Quels sont les signes de la dépression chez les adolescents ?

9.3 Le développement cognitif

À l'adolescence, la plupart des jeunes en santé ont un corps mature et un esprit vif. Ils n'ont pas seulement l'air différent des enfants plus jeunes : ils pensent et parlent aussi d'une autre façon. Bien que leur pensée reste encore immature dans certains domaines, la plupart d'entre eux sont désormais tout à fait capables de raisonner de façon abstraite, de porter des jugements moraux complexes et de planifier leur avenir de façon réaliste.

9.3.1 Le stade des opérations formelles de Piaget

Les adolescents atteignent ce que Piaget appelle le niveau le plus élevé de développement cognitif, soit le **stade des opérations formelles** ou **stade formel,** lorsqu'ils possèdent la capacité de penser abstraitement. Ce développement, qui se produit généralement vers l'âge de onze ans, leur permet de traiter de l'information plus complexe avec plus de souplesse. Les adolescents ne sont plus limités au «ici et maintenant» : ils sont dorénavant capables de se détacher des contingences du réel pour envisager de multiples possibilités. Ils peuvent utiliser des symboles pour en représenter d'autres (par exemple, utiliser la lettre x pour représenter un chiffre inconnu) et peuvent donc apprendre l'algèbre et le calcul infinitésimal. Ils sont aussi plus en mesure d'apprécier les métaphores et les allégories, et donc de trouver des significations plus riches dans la littérature. Enfin, ils peuvent imaginer des possibilités, formuler et tester des hypothèses.

Cette capacité de raisonner abstraitement a des conséquences émotionnelles. En effet, alors qu'un jeune enfant peut aimer un de ses parents ou détester un camarade de classe, l'adolescent peut également aimer la liberté ou détester l'exploitation, le possible et l'idéal captivant à la fois son esprit et ses sentiments (Ginsburg et Opper, 1979).

Le raisonnement hypothético-déductif

Le problème classique du pendule, mis au point par Piaget, permet d'observer les progrès résultant du passage au stade des opérations formelles. On présente à un enfant un pendule (un poids qui pend au bout d'une corde) et on lui montre comment il peut modifier chacun des facteurs suivants : la longueur de la corde, le poids de l'objet, la hauteur d'où on le laisse pendre et la force qu'il peut utiliser pour mettre ce pendule en mouvement. On lui demande ensuite de découvrir quel facteur ou quelle combinaison de facteurs détermine la vitesse du mouvement du pendule. On présente à trois reprises ce même problème du pendule à l'enfant, soit lorsque celui-ci est âgé de sept, dix et quinze ans.

Stade des opérations formelles ou stade formel
Selon Piaget, quatrième et dernier stade du développement cognitif (douze ans et plus) au cours duquel l'individu acquiert la capacité de penser abstraitement.

À sept ans, soit au stade préopératoire, l'enfant est encore incapable de formuler un plan pour tenter de résoudre le problème posé et ne fait que proposer une solution après l'autre, au hasard. Par exemple, il place d'abord un poids léger au bout d'une longue ficelle, puis un poids plus lourd sur une ficelle courte, et retire ensuite complètement le poids. Non seulement l'enfant agit par essais-erreurs, mais il est aussi incapable de comprendre ou d'expliquer ce qui s'est alors produit.

À dix ans, soit l'âge des opérations concrètes, sa plus grande maturité cognitive permet alors à l'enfant de découvrir que la différence de longueur de la ficelle et la différence de poids de l'objet ont une influence sur la vitesse de mouvement du pendule. Cependant, étant donné qu'il fait varier les deux facteurs à la fois, il ne peut encore déterminer lequel est plus essentiel ou si les deux le sont.

Or, à quinze ans, l'adolescent aborde maintenant le problème de façon systématique. Il conçoit une expérience qui va lui permettre de tester toutes les hypothèses possibles en ne faisant varier qu'un seul facteur à la fois (d'abord, la longueur de la corde, ensuite, le poids de l'objet, puis la hauteur d'où on le tient et, enfin, la force utilisée pour le mettre en mouvement). Grâce à cette méthode, il parvient alors à déterminer que seule la longueur de la corde agit sur la vitesse du pendule.

Raisonnement hypothético-déductif
Selon Piaget, capacité d'élaborer, d'envisager et de tester des hypothèses qui peuvent porter sur des objets ou des situations issus du monde réel ou non. Ce type de raisonnement est caractéristique de la pensée au stade formel.

La solution trouvée par l'adolescent au problème du pendule montre que celui-ci est désormais capable de **raisonnement hypothético-déductif**: il peut concevoir une hypothèse et planifier une expérience pour la vérifier systématiquement. Le raisonnement hypothético-déductif est donc un outil qui permet à l'adolescent de résoudre différents problèmes, qu'il s'agisse de réparer sa bicyclette ou d'élaborer une théorie politique.

Piaget attribue le passage au raisonnement formel à une combinaison de deux éléments essentiels: la maturation du cerveau et les plus larges occasions de stimulation provenant de l'environnement. Comme pour le développement des opérations concrètes, la scolarisation et la culture jouent en effet un rôle que Piaget finit ici par reconnaître. En effet, lorsqu'on a présenté le même problème du pendule à des adolescents de Nouvelle-Guinée et du Rwanda, aucun n'a pu le résoudre, alors que des enfants chinois de Hong Kong qui avaient fréquenté des écoles britanniques ont obtenu d'aussi bons résultats que les enfants américains ou européens (Gardiner et Kosmitzki, 2005). Selon toute vraisemblance, le raisonnement formel serait une habileté apprise que toutes les cultures ne considéreraient pas comme étant nécessaire et à laquelle elles n'accorderaient donc pas la même valeur.

L'évaluation de la théorie de Piaget

Bien que les adolescents soient capables de penser de façon plus abstraite que les enfants, un débat entoure l'âge précis auquel ce progrès apparaît. Les écrits de Piaget fournissent de nombreux exemples d'enfants qui manifestent certains aspects de la pensée scientifique bien avant l'adolescence. En même temps, Piaget semble avoir surestimé certaines capacités cognitives chez les adolescents. En effet, près du tiers ou la moitié des jeunes de plus de quinze ans et des adultes semblent incapables d'un raisonnement abstrait tel que défini par Piaget (Gardiner et Kosmitzki, 2005; Kohlberg et Gilligan, 1971). Quant à ceux qui en sont capables, ils n'en font pas toujours la preuve. De plus, la théorie de Piaget ne tient pas adéquatement compte de plusieurs progrès cognitifs en matière de traitement de l'information, et plus particulièrement du rôle joué par la *métacognition*, dont nous avons parlé dans le chapitre 7, soit la fonction exécutive avancée qui nous permet de «penser à ce à quoi nous pensons».

Pour sa part, la recherche néopiagétienne suggère que les processus cognitifs des enfants sont étroitement liés au contexte du problème, à son contenu particulier (ce que l'enfant en pense), ainsi qu'au type d'information et de réflexion qu'une culture considère important (Case et Okamoto, 1996; Kuhn, 2006).

9.3.2 Les changements dans le traitement de l'information

Les modifications dans la façon dont les adolescents traitent l'information reflètent la maturation des lobes frontaux du cerveau et pourraient expliquer les progrès cognitifs décrits par Piaget. En effet, l'atrophie ou le renforcement de certaines connexions neuronales dépend fortement de l'expérience. C'est pourquoi les progrès dans le traitement cognitif varient énormément d'un adolescent à l'autre (Kuhn, 2006). Les chercheurs qui étudient le traitement de l'information ont déterminé deux grandes catégories de changements mesurables en matière de cognition chez les adolescents : les modifications structurelles et les modifications fonctionnelles (Eccles, Wigfield et Byrnes, 2003).

Les modifications structurelles

Chez l'adolescent, les modifications structurelles comprennent les changements dans la capacité de la mémoire de travail ainsi que la quantité croissante des connaissances stockées dans la mémoire à long terme.

La capacité de la mémoire de travail continue d'augmenter à l'adolescence. Or, l'expansion de cette mémoire permet aux adolescents plus âgés de résoudre des problèmes ou de prendre des décisions complexes contenant de multiples données. De leur côté, les connaissances stockées dans la mémoire à long terme peuvent prendre trois formes : *déclarative*, *procédurale* ou *conceptuelle*.

- La **connaissance déclarative** (« savoir que… ») est composée de toutes les connaissances factuelles qu'un individu a acquises (par exemple, savoir que 2 + 2 = 4 et que Jacques Cartier a découvert le Canada en 1534).

- La **connaissance procédurale** (« savoir comment… ») représente toutes les habiletés acquises (par exemple, savoir multiplier, diviser, conduire une automobile ou se servir d'un ordinateur).

- La **connaissance conceptuelle** (« savoir pourquoi… ») renvoie enfin à la compréhension qu'a un individu des situations ou des concepts abstraits (par exemple, comprendre pourquoi une équation algébrique reste vraie si l'on ajoute ou soustrait la même valeur dans chacun de ses membres).

Connaissance déclarative
Connaissance factuelle acquise par un individu.

Connaissance procédurale
Connaissance concernant le savoir-faire et les habiletés acquises par un individu.

Connaissance conceptuelle
Compréhension qu'un individu a des situations ou des concepts abstraits.

Les modifications fonctionnelles

Les processus visant à obtenir de l'information, à la gérer et à la retenir représentent les aspects fonctionnels de la cognition. Il s'agit entre autres de l'apprentissage, de la mémoire et du raisonnement, des habiletés qui s'améliorent toutes à l'adolescence.

Parmi les changements fonctionnels les plus importants, on observe notamment une augmentation continue de la vitesse du traitement de l'information et la poursuite du développement des fonctions exécutives, qui comprennent des habiletés comme l'attention sélective, la prise de décision, le contrôle inhibiteur des réactions impulsives et la gestion de la mémoire de travail. La capacité de gérer ses propres processus mentaux, qui représente une fonction exécutive avancée, constitue sans doute le progrès majeur de la pensée adolescente (Kuhn, 2006). Toutefois, ces habiletés semblent se développer à des rythmes variés (Blakemore et Choudhury, 2006 ; Kuhn, 2006).

Une étude en laboratoire révèle que les adolescents atteignent à 14 ans un niveau de performance comparable à celui des adultes en matière d'inhibition de la réaction, à 15 ans en matière de rapidité de traitement et à 19 ans en matière de mémoire de travail (Luna *et al.*, 2004). Cependant, ces améliorations observées en laboratoire ne reflètent pas nécessairement la vie réelle, dans laquelle le comportement dépend aussi de la motivation de l'individu et de la régulation de ses émotions. Or, l'immaturité du cerveau chez l'adolescent peut encore faire en sorte que les sentiments l'emportent sur la raison.

9.3.3 Le développement du langage

Grâce à la pensée formelle, les adolescents peuvent maintenant définir des concepts abstraits comme l'amour, la justice et la liberté et en discuter. Ils utilisent plus fréquemment des termes comme «cependant», «donc» et «probablement» pour exprimer des relations logiques. Ils deviennent aussi plus conscients des mots en tant que symboles pouvant avoir de multiples significations, et c'est pourquoi ils aiment faire des jeux de mots et utiliser des métaphores (Owens, 1996). De plus, les adolescents améliorent leurs compétences en ce qui a trait à la coordination sociale des points de vue, soit la capacité de comprendre le point de vue de l'autre, de mesurer son niveau de connaissances et de s'exprimer en tenant compte de ces facteurs. Cette habileté leur est essentielle pour persuader quelqu'un ou simplement pour discuter.

Par ailleurs, conscients de leur public, les adolescents parlent une langue différente avec leurs pairs et avec les adultes (Owens, 1996). Le linguiste canadien Marcel Danesi (1994) soutient que le langage adolescent constitue un *pubilecte*, soit un dialecte à part ou un «dialogue social de la puberté». Comme tout autre code linguistique, le pubilecte sert à renforcer l'identité du groupe et à en exclure les étrangers (les adultes). Il se caractérise par des changements rapides dans le vocabulaire. Aussi, bien que certains termes passent dans le langage courant, les adolescents en inventent sans cesse de nouveaux. Ils diront par exemple «chill» pour signifier que quelque chose est agréable. Leur vocabulaire peut toutefois différer selon le sexe, l'appartenance ethnique, l'âge, la région géographique, le quartier et le type d'école, et il peut donc varier d'un groupe à l'autre. Ce discours vient cimenter les liens de l'adolescent avec le groupe dont il adopte le langage.

9.11
L'esprit critique de l'adolescent

L'adolescent qui exerce ses nouvelles habiletés cognitives se retrouve plus souvent en confrontation avec les figures d'autorité.

9.3.4 L'égocentrisme de l'adolescent et la théorie d'Elkind

Même si la pensée de l'adolescent a progressé à bien des égards, elle reste encore immature. Ainsi, l'adolescent a souvent tendance à être excessivement critique, à argumenter, à se montrer indécis sur les choix les plus simples et à penser que le monde entier tourne autour de sa personne.

D'après le psychologue David Elkind (1984), ce sont là autant de traits qui dénotent la persistance d'un certain égocentrisme, attribuable au manque d'expérience de l'adolescent dans l'utilisation de ses nouvelles capacités cognitives et qui transforment radicalement sa vision de lui-même et de son environnement. Le tableau 9.3 présente les manifestations découlant de cet égocentrisme.

TABLEAU 9.3 | L'égocentrisme à l'adolescence (selon Elkind)

Comportement égocentrique	Explication	Exemple
Illusion d'invincibilité	L'adolescent se croit à l'abri de tous les dangers.	Anne a des relations sexuelles non protégées tandis que son petit ami François collectionne les excès de vitesse.
Fabulations personnelles	L'adolescent pense avoir un destin privilégié et ne pas être régi par les règles couramment en usage.	Simon est convaincu qu'il va devenir une «rock star» et qu'il sera connu mondialement.
Conscience de soi excessive	L'adolescent est convaincu qu'un observateur s'intéresse à lui, à ses pensées et à ses actions autant qu'il le ferait lui-même.	Mélanie est convaincue que tout le monde observe le bouton qu'elle a sur le front.
Indécision	L'adolescent est incapable de prendre des décisions par rapport à des choses très simples de la vie quotidienne.	Julianne n'arrive pas à choisir ce qu'elle va porter pour aller à l'école.
Hypocrisie apparente	L'adolescent prône certaines valeurs, mais agit à l'encontre de celles-ci.	Louis-Martin a la cause écologique très à cœur, mais il ne se soucie guère de la pollution que produit sa vieille voiture.

TABLEAU 9.3 | L'égocentrisme à l'adolescence (selon Elkind) *(suite)*

Comportement égocentrique	Explication	Exemple
Idéalisme et esprit critique	L'adolescent se plaît à imaginer un monde idéal qui est souvent bien loin du monde réel qui l'entoure. Il exerce son esprit critique sur les figures d'autorité, en particulier sur ses parents.	Nathalie est portée à toujours rendre ses parents responsables de son malheur et à les critiquer de façon péremptoire.
La propension à la discussion et à l'argumentation	L'adolescent ne manque pas une occasion d'argumenter.	Martin négocie longtemps avec ses parents lorsqu'il s'agit de l'heure à laquelle il doit rentrer le soir.

Faites le POINT

9 Quelles sont les habiletés nouvelles qu'acquiert l'adolescent lorsqu'il atteint le stade des opérations formelles?

10 De quelle façon le langage se modifie-t-il lors du passage à l'adolescence?

11 Quelles sont les principales manifestations de l'égocentrisme chez l'adolescent?

9.4 Le développement moral

Comme nous l'avons vu dans le chapitre 7, Piaget considère que le raisonnement moral suit le développement cognitif. Ainsi, au fur et à mesure que les enfants atteignent des niveaux cognitifs plus avancés, ils sont capables de raisonnements plus complexes sur des questions morales. Leur tendance à l'altruisme et à l'empathie augmente également. Les adolescents sont donc plus susceptibles de tenir compte du point de vue de l'autre, de résoudre des problèmes sociaux, de gérer les relations interpersonnelles et de se voir eux-mêmes en tant qu'êtres sociaux, ce qui favorise leur développement moral. Nous allons maintenant voir l'intérêt que porte Kohlberg à ce type de développement.

9.4.1 La théorie de Kohlberg

Influencé par les études de Piaget, Kohlberg avance que le développement cognitif constitue la base du développement moral et permet d'expliquer les différentes formes de raisonnement moral qui commencent à se former dès l'enfance. Pour évaluer ces raisonnements moraux, Kohlberg a conçu des dilemmes moraux qu'il soumettait à des enfants, à des adolescents ou à des adultes. Le plus connu de ces dilemmes est celui de Heinz: la femme de Heinz est très malade et va bientôt mourir d'un cancer. Or, un pharmacien a découvert un médicament qui, d'après les médecins, pourrait la sauver. Il demande 2 000 $ pour une petite dose de ce médicament, soit 10 fois plus que ce qu'elle coûte à produire. Heinz emprunte donc de l'argent à tous ceux qu'il connaît, mais ne réussit à réunir que 1 000 $. Il supplie alors le pharmacien de lui vendre le médicament pour 1 000 $ ou de lui permettre de payer le reste plus tard. Ce dernier refuse toutefois, pour la simple raison qu'il a découvert ce médicament et veut en tirer profit. Désespéré, Heinz pénètre finalement par effraction dans la pharmacie pour voler le médicament. Après avoir exposé ces faits à l'enfant, on lui demande alors: Heinz a-t-il eu raison ou tort? Pourquoi? (Kohlberg, 1969)

Le dilemme de Heinz est l'exemple le plus connu de l'approche utilisée par Kohlberg pour étudier le développement moral. Dès les années 1950, Kohlberg et ses collègues ont commencé à soumettre des dilemmes moraux hypothétiques à 75 garçons âgés de 10, 13 et 16 ans et ont continué de les interroger périodiquement durant plus de 30 ans. Le concept de justice était au cœur de chaque dilemme. Ce qui intéressait Kohlberg n'était pas la réponse donnée par les garçons, mais bien la façon dont ils la justifiaient. En effet, puisque c'est le raisonnement de la personne relativement au dilemme moral qui indique son stade de développement moral et non la réponse en soi, deux personnes qui fournissent des réponses opposées peuvent en être au même stade de développement si leur raisonnement se base sur des facteurs similaires.

Pour Kohlberg, tout comme pour Piaget, c'est la façon dont les individus examinent les questions morales qui reflète leur niveau de développement cognitif.

Les niveaux et les stades du développement moral

Pour Kohlberg, comme pour Piaget, le développement moral se produit selon des stades, même si la théorie de Kohlberg est beaucoup plus complexe que celle de Piaget. En effet, Kohlberg a décrit trois niveaux de raisonnement moral comportant chacun deux stades différents (*voir le tableau 9.4*).

Morale préconventionnelle
Selon Kohlberg, premier niveau de la théorie du développement moral, caractérisé par un contrôle extérieur et par le respect de règles afin d'obtenir des récompenses, de se soustraire aux punitions ou de satisfaire ses propres intérêts.

Certains adolescents, et même certains adultes, ne dépassent jamais le niveau I, celui de la **morale préconventionnelle.** Comme les jeunes enfants, ils cherchent à éviter les punitions ou à satisfaire leurs besoins. Par exemple, chez certains criminels, on observe souvent que la motivation à respecter la loi n'est pas reliée à un sens de la justice, mais plutôt à la peur de retourner en prison. Toutefois, la plupart des adolescents et des adultes semblent se situer au niveau II, soit la **morale conventionnelle,** et plus généralement au stade 3. Ils se conforment en effet aux conventions sociales, appuient le *statu quo* et «font ce qu'il faut» pour faire plaisir aux autres ou pour respecter la loi (par exemple, s'arrêter à un feu rouge). Le stade 4 du raisonnement moral, lui, est moins courant, mais il augmente au début de l'adolescence et jusqu'à l'âge adulte. La confrontation à de nouvelles expériences de vie et à d'autres valeurs favorise cette évolution.

Morale conventionnelle
Selon Kohlberg, deuxième niveau de la théorie du développement moral, caractérisé par l'intériorisation des normes des figures d'autorité et la conformité aux conventions sociales.

Morale postconventionnelle
Selon Kohlberg, troisième niveau de la théorie du développement moral, dans lequel l'individu obéit à des principes moraux complètement intériorisés et peut choisir entre des normes morales conflictuelles.

Kohlberg a également ajouté un niveau transitoire entre les niveaux II et III, soit lorsque les personnes ne se sentent plus liées par les normes morales de la société, mais qu'elles n'ont pas encore déterminé leurs propres principes de justice et fondent plutôt leurs décisions morales sur des sentiments personnels. En effet, selon Kohlberg, pour être capables d'atteindre le niveau III, celui de la **morale postconventionnelle** (ou morale des principes moraux autonomes) entièrement fondée sur des principes, les individus doivent d'abord être capables de reconnaître le caractère relatif des normes morales. De nombreux jeunes remettent ainsi en question leurs opinions morales lorsqu'ils entrent au secondaire, au collège ou encore sur le marché du travail et qu'ils y rencontrent alors des personnes ayant des valeurs, une culture ou une origine ethnique différentes des leurs. Pourtant, peu de gens atteignent le niveau où ils peuvent choisir entre différentes normes morales. C'est pourquoi, à un certain moment, Kohlberg a remis en question la validité du stade 6, celui de la morale basée sur des principes éthiques universels, que très peu de gens semblent en réalité atteindre. Enfin, plus tard, Kohlberg a introduit un septième stade, le stade «cosmique», dans lequel les individus considèrent les effets de leurs actions non seulement sur les autres, mais aussi sur l'ensemble de l'univers (Kohlberg, 1981 ; Kohlberg et Ryncarz, 1990).

L'évaluation de la théorie de Kohlberg

Kohlberg a profondément modifié la façon d'envisager le développement moral. Grâce à lui, au lieu de considérer la morale uniquement comme le contrôle des impulsions apportant une satisfaction personnelle, les chercheurs étudient désormais la façon dont les enfants et les adultes basent leurs jugements moraux sur leur compréhension croissante du monde social.

La recherche initiale a appuyé la théorie de Kohlberg. En effet, les enfants américains que Kohlberg et ses collègues ont suivis jusqu'à l'âge adulte ont progressé d'un stade à l'autre, en suivant chaque séquence, sans en sauter un seul. Cependant, des recherches plus récentes ont mis en doute la délimitation de certains des stades de Kohlberg (Eisenberg et Morris, 2004). Une étude sur les jugements portés par des enfants sur les infractions aux lois suggère que certains enfants peuvent démontrer une souplesse dans leur façon de raisonner sur ce sujet dès l'âge de six ans (Helwig et Jasiobedzka, 2001).

TABLEAU 9.4 | Les six stades du raisonnement moral (selon Kohlberg)

Niveau	Stade de raisonnement	Réponse type au dilemme de Heinz
Niveau I: morale préconventionnelle (de 4 à 10 ans)	**Stade 1: orientation vers la punition et l'obéissance** *Qu'est-ce qui va m'arriver?* L'enfant se conforme aux règles pour éviter d'être puni. Il ignore les mobiles d'un acte et ne considère que sa forme physique (comme l'importance d'un mensonge) ou ses conséquences (l'ampleur des dégâts).	**Pour:** «Il devrait voler le médicament. Ce n'est pas vraiment mal de le prendre. Ce n'est pas comme s'il n'avait pas demandé de le payer. Le médicament qu'il veut prendre ne vaut que 200 $, ce n'est pas comme s'il prenait un médicament de 2 000 $.» **Contre:** «Il ne devrait pas voler le médicament. C'est un crime grave. Il n'a pas obtenu la permission; il a fait usage de la force et est entré par effraction. Il a causé beaucoup de dommages et a volé un médicament très cher.»
	Stade 2: orientation vers l'objectif et l'échange *C'est donnant-donnant.* L'enfant se conforme aux règles par intérêt personnel et en fonction de ce que les autres peuvent faire pour lui. Il juge une action d'après les besoins humains auxquels elle répond et distingue cette valeur de la forme physique et des conséquences de l'action.	**Pour:** «Il a le droit de voler le médicament, parce que sa femme en a besoin et il veut qu'elle survive. Ce n'est pas qu'il ait envie de voler, mais il doit le faire s'il veut sauver sa femme.» **Contre:** «Il ne devrait pas voler le médicament. Le pharmacien n'a pas tort et il n'est pas méchant; il veut simplement faire un profit. C'est pour cela qu'il a un magasin: pour faire de l'argent.»
Niveau II: morale conventionnelle (de 10 à 13 ans et plus)	**Stade 3: maintien des bonnes relations et obtention de l'approbation des autres** *Suis-je un bon petit garçon ou une bonne petite fille?* L'enfant cherche à plaire aux autres, à les aider; il peut juger des intentions des autres et développer sa propre idée de ce qu'est une bonne personne. Il évalue un acte selon le motif ou la personne qui l'accomplit et il peut tenir compte des circonstances.	**Pour:** «Il devrait voler le médicament. Il s'agit simplement d'un geste naturel que tout bon mari poserait. On ne peut pas lui en vouloir d'agir par amour pour sa femme. On pourrait lui en vouloir s'il n'aimait pas assez sa femme pour la sauver.» **Contre:** «Il ne devrait pas voler le médicament. Si sa femme meurt, on ne devrait pas lui en vouloir. Ce n'est pas parce qu'il est sans cœur ou qu'il ne l'aime pas assez pour faire tout ce qu'il peut dans les limites de la loi. C'est le pharmacien qui est égoïste et sans cœur.»
	Stade 4: préoccupation et conscience sociales *Et si tout le monde en faisait autant?* L'individu veut remplir son devoir, respecter l'autorité et préserver l'ordre social. Pour lui, tout acte qui viole un règlement ou qui nuit aux autres est mauvais, peu importe le motif et les circonstances.	**Pour:** «Heinz doit voler le médicament, car s'il ne fait rien, il laisse mourir sa femme. C'est donc de sa responsabilité de le faire, mais avec l'intention de rembourser le pharmacien plus tard.» **Contre:** «Il est normal que Heinz veuille sauver sa femme, mais on n'a pas le droit de voler. Il sait qu'il prend un médicament précieux pour celui qui l'a fabriqué.»
Niveau III: morale postconventionnelle (début de l'adolescence, début de l'âge adulte ou jamais)	**Stade 5: moralité du contrat, des droits individuels et de la loi acceptée démocratiquement** *La loi, c'est la loi et elle doit être respectée.* L'individu pense selon des critères rationnels, en attribuant de la valeur à ce que veut la majorité et au bien-être de la société. Il considère généralement que le respect des lois est nécessaire pour protéger ces valeurs. Même s'il reconnaît qu'il peut arriver que des conflits existent entre les besoins de l'individu et la loi, il estime qu'à long terme, il est dans l'intérêt de la société de se conformer aux lois.	**Pour:** «La loi n'a pas été pensée pour ce genre de circonstances. Dans ce cas-ci, prendre le médicament n'est pas vraiment bien, mais c'est justifié.» **Contre:** «On ne peut pas blâmer complètement quelqu'un qui vole, mais même des circonstances extrêmes ne justifient pas vraiment le fait de faire sa propre loi. On ne peut pas permettre aux gens de voler lorsqu'ils sont désespérés. La fin peut être bonne, mais elle ne justifie pas les moyens.»
	Stade 6: moralité des principes éthiques universels *Est-ce que ce que je fais favorise le bien-être collectif?* L'individu fait ce qu'il considère personnellement être bien, sans tenir compte des contraintes légales ni de l'opinion des autres. Il agit conformément à des principes intériorisés, sachant qu'il se condamnerait lui-même s'il ne le faisait pas.	**Pour:** «Cette situation force Heinz à choisir entre voler le médicament et laisser mourir sa femme. Dans ce genre de situation, il est moralement correct de voler. Il doit agir conformément au principe du maintien et du respect de la vie.» **Contre:** «Heinz doit décider s'il tient compte des autres personnes qui ont besoin du médicament tout autant que sa femme. Il ne doit pas agir selon ses sentiments pour sa femme, mais en tenant compte de la valeur de la vie de toutes les personnes impliquées.»

Source: Adapté de Kohlberg, 1969; Lickona, 1976.

Une autre critique soutient que les individus qui ont atteint un niveau élevé de développement cognitif ne parviennent pas toujours à un niveau équivalent de développement moral. En fait, si un certain niveau de développement cognitif est *nécessaire*, il ne serait cependant pas *suffisant* pour atteindre le même niveau de développement moral. Par conséquent, d'autres processus, tels que les émotions et l'intériorisation des normes sociales, devraient intervenir.

De plus, le lien entre le raisonnement moral et le comportement moral n'est pas toujours clair. Par exemple, un adolescent, conscient que tricher à un examen enlève de la valeur à sa note puisqu'elle ne reflète pas ses connaissances et habiletés intellectuelles réelles, pourrait quand même choisir de tricher simplement parce que d'autres personnes le font. Certains autres facteurs, comme des situations particulières, la conception de la vertu et le souci des autres, contribueraient aussi au comportement moral (Colby et Damon, 1992 ; Fischer et Pruyne, 2003). Cependant, de façon générale, ce sont les adolescents les plus avancés dans leur raisonnement moral qui ont tendance à avoir des comportements plus moraux, à mieux s'adapter et à avoir plus de compétences sociales (Eisenberg et Morris, 2004).

Par ailleurs, ni Piaget ni Kohlberg n'ont considéré l'importance des parents pour le développement moral des enfants. Pourtant, des recherches plus récentes montrent que les adolescents soutenus par des parents de style démocratique, qui les incitent à remettre en question leur raisonnement moral et à en élargir la portée, ont tendance à raisonner à des niveaux plus élevés que les autres. Les pairs exercent aussi une influence sur le développement moral. Ainsi, le fait d'avoir plus d'amis intimes, de passer du temps de qualité avec eux et d'être perçu comme un leader est associé à un raisonnement moral plus élevé (Eisenberg et Morris, 2004).

En outre, le modèle de Kohlberg ne semble pas représenter aussi bien le raisonnement moral dans les cultures autres que la culture occidentale, dans laquelle il a été conçu (Eisenberg et Morris, 2004). Enfin, certains chercheurs, comme Carol Gilligan (1982, 1993), ont soulevé la présence de biais reliés à l'appartenance sexuelle, biais qui pourraient limiter la portée du modèle de Kohlberg.

9.4.2 La théorie de Gilligan

En se basant sur des recherches ciblant les femmes, Gilligan a affirmé que la théorie de Kohlberg était davantage axée sur des valeurs plutôt masculines, comme la justice. Selon lui, les femmes n'envisageaient pas tellement la moralité sous l'angle de la justice et de l'équité, mais bien sous celui de la responsabilité de prendre soin de l'autre et d'éviter de lui nuire (Eisenberg et Morris, 2004). Toutefois, la recherche a peu étayé cette affirmation soutenant l'existence d'un biais masculin dans les stades de Kohlberg, ce qui a d'ailleurs conduit Gilligan à finalement modifier son opinion (Brabeck et Shore, 2003 ; Jaffee et Hyde, 2000).

9.4.3 Les comportements prosociaux

Raisonnement moral prosocial
Type de raisonnement qui renvoie aux dilemmes moraux où, dans des situations où les règles ou les normes sociales sont floues ou inexistantes, les besoins et les désirs d'un individu sont en conflit avec ceux des autres.

Certains chercheurs ont étudié le **raisonnement moral prosocial** comme une solution de rechange au modèle de Kohlberg basé sur la justice. Le raisonnement moral prosocial renvoie aux dilemmes moraux dans lesquels les besoins et les désirs d'un individu sont en conflit avec ceux des autres, dans des situations où les règles ou les normes sociales sont floues ou inexistantes. Par exemple, une adolescente pourrait être déchirée entre son désir d'aller passer la soirée chez une amie qui célèbre son anniversaire et la volonté de ses parents qui lui demandent de garder son jeune frère. Une étude longitudinale a montré que les comportements prosociaux et le raisonnement prosocial, basé sur la prise en considération de ses propres besoins et de ceux des autres, augmentaient de façon caractéristique entre l'enfance et l'adolescence, surtout chez les filles. On sait par ailleurs que les filles ont tendance à se percevoir comme plus empathiques et prosociales que les garçons et que leurs parents insistent plus sur les responsabilités sociales que les parents des garçons (Eisenberg et Morris, 2004). Comme on a pu le voir avec les jeunes enfants, les parents qui utilisent un style démocratique sont aussi plus susceptibles d'avoir des adolescents prosociaux que ceux qui emploient une discipline autocratique, basée sur l'affirmation du pouvoir.

Faites le POINT

12 Quels sont les trois niveaux de jugement moral identifiés par Kohlberg?

13 Que peut-on dire de la théorie du jugement moral de Kohlberg en ce qui concerne l'âge des individus?

14 Expliquez en quoi le raisonnement moral prosocial diffère du jugement moral de Kohlberg.

9.5 L'éducation et la formation professionnelle

Au Canada, comme dans les autres sociétés industrielles et dans certaines sociétés en voie de développement, un plus grand nombre d'élèves terminent désormais leurs études secondaires. Au Québec, entre 2006 et 2008, 77,4 % des filles et 63,9 % des garçons ont en effet obtenu leur diplôme d'études secondaires. En 2008, les études ont également montré que 72% des Québécoises et 68% des Québécois détiennent un niveau d'études égal ou supérieur aux études postsecondaires (Institut de la statistique du Québec, 2009).

Toutefois, comme nous l'avons dit précédemment, un nombre encore trop important de jeunes décrochent avant même d'avoir terminé leur secondaire. C'est pourquoi il importe d'examiner les influences qui déterminent la réussite scolaire, la situation des jeunes décrocheurs, ainsi que la planification des études et de l'activité professionnelle.

9.5.1 Les déterminants de la réussite scolaire

À l'adolescence, les facteurs qui influencent la réussite scolaire sont les mêmes qu'au primaire, soit les pratiques parentales, le statut socioéconomique et la qualité de l'environnement familial. D'autres facteurs tels que le sexe, l'appartenance ethnique, l'influence des pairs, la qualité de la scolarisation et la confiance en soi des élèves jouent également un rôle.

La motivation et le sentiment d'autoefficacité

Dans les pays occidentaux, les pratiques éducatives sont basées sur l'hypothèse voulant que les élèves soient motivés à apprendre (motivation intrinsèque) ou qu'ils puissent l'être. Malheureusement, plusieurs élèves ne possèdent pas cette *motivation intrinsèque,* laquelle décline souvent lorsqu'ils entrent au secondaire (Eccles, 2004; Larson et Wilson, 2004). Certains auteurs suggèrent qu'il est essentiel d'aider les adolescents à développer ce type de motivation afin de favoriser la réussite scolaire (Tardif, 1997; Viau, 1994). Dans cette optique, le rôle de l'enseignant consiste à guider l'élève dans la construction de ses perceptions de la valeur des tâches à accomplir. Par exemple, il peut l'aider à donner un sens aux différentes activités scolaires, à en justifier la pertinence et à en évaluer les retombées personnelles et sociales.

Les recherches montrent toutefois que la motivation intrinsèque n'est pas suffisante à la réussite scolaire. Cette dernière est aussi fortement influencée par le fait que l'élève est conscient d'avoir un degré de pouvoir et de contrôle qu'il peut exercer sur sa réussite. Selon certains chercheurs, *l'engagement cognitif,* c'est-à-dire la qualité et le degré d'effort mental dépensé par un élève lors de l'accomplissement d'une tâche d'apprentissage, est essentiel à sa réussite. Ainsi, les élèves qui sont engagés sur le plan cognitif utilisent davantage les processus métacognitifs, et ils sont donc plus conscients et plus critiques quant à leur façon d'apprendre et de résoudre des problèmes; ils sont également en mesure d'apporter des modifications si leurs stratégies s'avèrent infructueuses (Barbeau, 2007).

9.12 L'autoefficacité de l'élève

La perception qu'a l'élève de la valeur d'une activité scolaire et de sa capacité à réussir favorise son succès.

Comme nous l'avons vu dans le chapitre 7, les élèves qui ont un sentiment élevé d'autoefficacité sont plus susceptibles de réussir à l'école (Zimmerman, Bandura et Martinez-Pons, 1992). Une étude longitudinale américaine portant sur 140 élèves de deuxième année du secondaire a révélé que l'autodiscipline était deux fois plus importante que le QI en ce qui a trait à la performance scolaire et au fait d'être choisi pour suivre un programme scolaire très compétitif à la fin de l'année (Duckworth et Seligman, 2005). Par contre, il existe plusieurs cultures où l'éducation ne repose pas sur la motivation personnelle, mais sur des facteurs externes tels que les attentes familiales et sociétales, ou encore le respect de l'autorité. L'apprentissage est alors censé requérir des efforts intenses, et les élèves qui échouent ou qui sont en retard se sentent obligés de persévérer. Par ailleurs, dans les pays en voie de développement, les problèmes de motivation apparaissent dérisoires si l'on considère les nombreux enjeux socioéconomiques qui ont des répercussions sur l'éducation : des écoles et des ressources éducatives inadéquates ou inexistantes, la nécessité pour l'enfant de travailler afin d'aider sa famille, les barrières à la scolarisation des filles ou des sous-groupes culturels et le mariage précoce (Larson et Wilson, 2004). C'est pourquoi, lorsque nous abordons les facteurs de la réussite scolaire, issus en grande partie d'études effectuées dans les pays occidentaux, il faut toujours se rappeler qu'ils ne s'appliquent pas à toutes les cultures.

Le sexe

Nous avons vu également dans le chapitre 7 qu'à l'âge scolaire, les filles tendent à mieux réussir que les garçons. Cette tendance se maintient à l'adolescence. Un test international mené auprès d'adolescents de 43 pays industrialisés révèle que, dans tous les pays, les filles obtiennent de meilleurs résultats en lecture que les garçons.

Les filles semblent se distinguer des garçons de plusieurs façons : elles ont de meilleures notes, elles lisent davantage et elles ont tendance à moins s'intéresser aux mathématiques (Cloutier et Drapeau, 2008). Par contre, les garçons sont généralement plus avancés en mathématiques et en sciences, même si cette différence relative au sexe est moins prononcée que pour la lecture (OCDE, 2004). De plus, lorsque les filles ont la chance d'exercer ce type d'habiletés, leur performance se rapproche de celle des garçons et peut même la surpasser (Spelke, 2005). Par ailleurs, des études québécoises soulignent le fait que les écarts de réussite entre les filles et les garçons sont nettement exagérés par certaines recherches. Selon un chercheur québécois, la seule matière où l'on trouve un réel retard des garçons par rapport aux filles est la langue d'enseignement (lecture et écriture), un phénomène qui serait observé dans l'ensemble des pays industrialisés (St-Amand, 2007). Selon lui, ce ne serait donc pas tant le sexe de l'élève qui influence les résultats scolaires que le milieu social d'origine, dont nous parlerons plus loin. À cet effet, les études montrent que plus on se rapproche des milieux ouvriers et populaires, plus les écarts entre les garçons et les filles risquent d'être marqués. Ces diverses études soulignent l'importance de nuancer davantage les différences relevées entre les garçons et les filles.

Par ailleurs, la recherche s'attarde à ces différences et tend à mettre de l'avant des explications biologiques et environnementales (Halpern *et al.*, 2007). En ce qui concerne les aspects biologiques, les filles ont plus de matière grise (corps cellulaires neuronaux et connexions synaptiques ou connexions avoisinantes), mais les garçons ont plus de matière blanche (myéline) et de liquide céphalorachidien, lesquels entourent les trajectoires de l'influx nerveux les plus longues. Les chercheurs ont établi un lien entre cette meilleure connectivité et la performance visuelle et spatiale, utile en mathématiques et en sciences. D'autre part, selon certaines études, le corps calleux qui relie les deux hémisphères cérébraux est aussi plus large chez les filles que chez les garçons, ce qui permettrait un meilleur traitement du langage. Chez les filles, la taille des deux hémisphères du cerveau est plus proportionnée, alors que le cerveau des garçons est plus spécialisé. Ainsi, les filles seraient plus habiles dans les tâches faisant appel simultanément aux deux hémisphères, soit celles qui sont à la fois verbales et analytiques (cerveau gauche) et intuitives (cerveau droit). De leur côté, les garçons auraient tendance à utiliser les deux hémisphères d'une manière indépendante (Halpern *et al.*, 2007).

Enfin, en termes d'explications environnementales, les forces sociales et culturelles influencent aussi les différences entre les sexes. À titre d'exemples, on pourrait mentionner les forces suivantes : les différences subtiles dans la façon dont les enseignants traitent les filles et les garçons, le fait d'habiter ou non un quartier défavorisé et les rôles des hommes et des femmes dans la société (Halpern *et al.*, 2007).

Le statut socioéconomique

Le statut socioéconomique est un important prédicteur du succès scolaire, selon une étude portant sur la littératie en mathématiques menée auprès de jeunes de quinze ans dans vingt pays au revenu par habitant relativement élevé (Hampden-Thompson et Johnston, 2006). Dans tous ces pays, les élèves dont au moins un des parents avait lui-même une scolarité postsecondaire obtenaient de meilleurs résultats scolaires que ceux dont les parents avaient une scolarité inférieure. On constate le même écart entre les élèves dont les parents avaient un statut professionnel élevé et ceux dont les parents avaient un statut professionnel moyen ou inférieur. Enfin, le fait de posséder plus de 200 livres à la maison était également associé à de meilleures performances scolaires.

Les styles parentaux et l'influence des pairs

Dans les sociétés industrielles, le style parental démocratique est positivement associé à la réussite scolaire au cours de l'adolescence (Baumrind, 1991). Les parents démocratiques encouragent leurs adolescents à examiner les différentes facettes d'une situation, sollicitent leur participation dans les décisions familiales et admettent que, parfois, leurs enfants peuvent en savoir plus qu'eux. Ces parents manifestent donc un équilibre entre leurs demandes et leur réceptivité. Ils félicitent leurs enfants et leur accordent des privilèges lorsqu'ils ont de bons résultats ; ils les encouragent aussi à faire mieux et les aident lorsque les résultats sont moins satisfaisants. De leur côté, les parents de type autoritaire refusent que leurs adolescents argumentent avec eux et exigent que ceux-ci se soumettent à toutes leurs demandes. Les bons résultats ne sont jamais suffisants et ils demandent à leurs adolescents de toujours faire mieux. Quant aux échecs, ils sont sévèrement punis. Enfin, les parents permissifs semblent indifférents aux réussites ou aux échecs de leurs adolescents, ils n'imposent pas de règles concernant la télévision, ne supervisent pas les devoirs ou le rendement scolaire de leurs enfants et ne leur apportent aucune aide. Par ailleurs, ces parents peuvent être à la fois chaleureux et disponibles ; ils sont simplement convaincus que leurs adolescents sont responsables de leur propre éducation.

La grande implication des parents démocratiques et leurs encouragements pourraient être des facteurs primordiaux dans la réussite de leurs enfants puisqu'ils expliqueraient leur succès scolaire. Par ailleurs, des études québécoises démontrent que le style permissif des parents suscite plutôt de l'anxiété chez leurs enfants et les décourage dans leurs tentatives de réussite. Quant aux pratiques éducatives de type autoritaire, caractérisées par des critiques et des attentes élevées, elles viennent sabrer la confiance en soi de l'adolescent et le prédisposent à de piètres performances scolaires (Sénécal, Nadeau et Guay, 2003).

L'école

La qualité de la scolarisation a une grande influence sur la réussite scolaire. Une bonne école secondaire offre un milieu ordonné et sécuritaire, des ressources matérielles adéquates, un personnel enseignant stable et transmet aux élèves un sens positif de la communauté. La culture de l'école insiste aussi énormément sur les études et entretient la croyance selon laquelle tous les élèves peuvent apprendre. Elle offre également des activités parascolaires intéressantes. Enfin, les enseignants ont confiance en leurs élèves, les respectent, se soucient d'eux, ont des attentes élevées à leur égard et croient en leurs propres capacités d'aider les jeunes à réussir (Eccles, 2004).

En outre, les adolescents sont plus satisfaits de leur école s'ils sont autorisés à participer à l'établissement des règles et s'ils sentent que les enseignants et les autres élèves les appuient (Samdal et Dür, 2000). Des programmes d'enseignement significatifs,

9.13 **Le rôle de l'enseignant**

L'enseignant a un rôle important à jouer dans le maintien de la motivation scolaire de l'élève ainsi que dans sa réussite.

stimulants et compatibles avec les champs d'intérêt, les compétences et les besoins des adolescents favorisent leur taux de satisfaction (Eccles, 2004). Finalement, une étude a révélé que les attentes élevées des enseignants représentent un prédicteur positif stimulant la motivation à apprendre et la réussite des élèves. Quant aux rétroactions négatives des enseignants, elles sont un prédicteur négatif de la performance scolaire et du comportement en classe (Wentzel, 2002).

9.5.2 Le décrochage scolaire

Au Québec, entre 2004 et 2007, 18,7 % des filles et 30,9 % des garçons ont décroché avant de terminer leur secondaire (Ministère de l'Éducation, du Loisir et du Sport, 2004, 2008). Les plus récentes statistiques montrent que le Québec affiche la pire performance des provinces canadiennes après le Manitoba. En 2008, 29 % des jeunes du secondaire ont ainsi quitté l'école sans diplôme (Statistique Canada, 2009b). De plus, comme nous l'avons vu, il y a presque deux fois plus de garçons que de filles qui décrochent, ceux-ci provenant en grand nombre de milieux défavorisés. Par exemple, les jeunes qui sont issus de familles monoparentales, souvent à faible revenu, quittent plus fréquemment l'école avant l'obtention de leur diplôme d'études secondaires que les jeunes issus de milieux plus aisés. En outre, les jeunes dont les parents ont une faible scolarité décrochent plus souvent que ceux dont les parents ont une scolarité élevée (Statistique Canada, 2009b). Les minorités ethniques sont elles aussi touchées par ce phénomène. Ainsi, l'abandon scolaire représente une des principales préoccupations chez les populations autochtones. Les études montrent en effet que les Autochtones du Québec sont beaucoup moins nombreux à atteindre les niveaux d'enseignement secondaire et postsecondaire. Ainsi, selon une enquête québécoise, plus de 40 % des Autochtones n'ont pas atteint la troisième année du secondaire, tandis que cette proportion est de 20 % pour l'ensemble du Québec. De plus, 75 % des jeunes autochtones âgés de 15 à 34 ans vivant dans les réserves n'ont jamais terminé leurs études secondaires, une situation qui augmente le sentiment d'isolement social et de discrimination (Gouvernement du Québec, 2009).

Les conséquences de cette désertion massive des bancs d'école sont dramatiques, tant pour les jeunes que pour la société en général. En effet, les décrocheurs courent plus de risques que les diplômés de vivre de l'aide sociale, de devoir se contenter d'un emploi précaire, d'avoir des ennuis de santé ou de vivre des problèmes de toxicomanie et de délinquance. Pour l'État, cela se traduit par des pertes fiscales, par un ralentissement de la croissance économique, par une plus grande pénurie de main-d'œuvre qualifiée et par une pression plus lourde sur les programmes sociaux (Conseil canadien sur l'apprentissage, 2009).

Engagement actif
Attention, intérêt, investissement et efforts que l'individu consacre à ses travaux scolaires.

De leur côté, les jeunes adultes qui ont réussi leurs études secondaires sont plus susceptibles d'entreprendre des études postsecondaires, de trouver un emploi et de le conserver. Le facteur important qui les distingue de ceux qui décrochent est l'**engagement actif**, c'est-à-dire « l'attention, l'intérêt, l'investissement et les efforts qu'ils ont consacrés aux travaux scolaires » (Marks, 2000). Un premier niveau d'engagement actif consiste à arriver à l'heure en classe, à être préparé, à écouter, à répondre à l'enseignant et à respecter les règlements de l'école. À un niveau plus élevé, cette forme d'engagement consiste à jouer un rôle actif durant les cours, à poser des questions, à chercher de l'aide quand c'est nécessaire ou à réaliser des projets supplémentaires. Ces deux niveaux d'engagement actif ont tendance à se traduire par une performance scolaire positive (Finn et Rock, 1997). Les encouragements familiaux, la petite taille des classes et un milieu scolaire qui offre des conditions favorables prédisposent les élèves à s'engager de façon active.

9.5.3 L'éducation supérieure et le choix d'une carrière

Lorsqu'un adolescent a terminé ses études secondaires, deux choix s'offrent généralement à lui : poursuivre ses études ou travailler. Comment les jeunes font-ils ce choix ? Comment définissent-ils leurs objectifs de carrière ? De nombreux facteurs entrent ici en jeu, soit la capacité individuelle et la personnalité, la scolarité, l'origine socio-économique et ethnique, les conseils des orienteurs, les expériences de vie et les valeurs sociétales. Nous allons d'abord examiner certaines influences qui agissent sur les aspirations scolaires et professionnelles, voir ensuite ce qu'il advient des jeunes qui ne prévoient pas poursuivre leurs études et, enfin, nous pencher sur les avantages et les inconvénients du travail pour les élèves du secondaire.

Les influences sur les aspirations des élèves

Les croyances en l'autoefficacité aident à modeler la façon dont les élèves préparent leur carrière (Bandura *et al.*, 1996, 2001). De plus, les valeurs des parents quant à la réussite scolaire influencent celles des adolescents ainsi que leurs objectifs professionnels (Jodl *et al.*, 2001).

Par ailleurs, malgré l'existence d'une plus grande souplesse en matière d'emploi, le sexe et les stéréotypes sexuels continuent d'influencer les choix de carrière (Eccles *et al.*, 2003). Par exemple, même si les filles peuvent aujourd'hui envisager une carrière scientifique tout autant que les garçons, ces derniers sont beaucoup plus nombreux à obtenir un diplôme en ingénierie, en physique et en informatique (NCES, 2001). Les filles, elles, ont davantage tendance à devenir infirmières, intervenantes sociales ou enseignantes (Eccles *et al.*, 2003). Cette situation prévaut encore dans la plupart des pays industrialisés (OCDE, 2004). Le système scolaire lui-même peut freiner les aspirations professionnelles. Ainsi, les élèves qui ont une facilité de mémorisation et une capacité d'analyse ont tendance à avoir de bonnes notes dans les classes où l'enseignant privilégie ces habiletés, contrairement aux élèves qui ont une pensée pratique (Sternberg, 1997). Il est donc essentiel de reconnaître les différentes formes d'intelligence des élèves et d'adapter les stratégies d'enseignement en conséquence.

Lorsque les élèves ne souhaitent pas poursuivre leurs études postsecondaires, une aide leur est offerte dans la plupart des pays industrialisés. Par exemple, en Allemagne, un système d'apprentissage permet aux élèves du secondaire d'aller à l'école à mi-temps et de passer le reste de la semaine à suivre une formation payée en milieu de travail, laquelle est supervisée par un employeur qui est aussi leur mentor. Au Québec, plusieurs centres de formation professionnelle offrent une alternance travail-études à des élèves qui désirent obtenir un diplôme d'études professionnelles. Cette alternance permet à l'élève de passer plus de 20% de sa formation dans le monde du travail. Ces approches éducatives visent à mettre à profit les avantages du milieu scolaire, tout en sensibilisant le jeune aux exigences du milieu du travail. Elles favorisent aussi une progression des apprentissages et l'acquisition des compétences nécessaires au métier choisi.

Les adolescents en milieu de travail

En 2008, 46,3% des étudiants québécois de 15 à 24 ans occupaient un emploi (Institut de la statistique du Québec, 2009a). C'est donc dire que près de la moitié des étudiants québécois partagent leur temps entre les études et le travail. Quel est alors l'impact d'une telle réalité sur les études?

Les chercheurs ne s'entendent pas sur la question de savoir si le travail à temps partiel présente un avantage pour les élèves du secondaire (en les aidant à acquérir des habiletés du monde réel) ou une nuisance (en les distrayant des objectifs éducatifs et professionnels à long terme). En réalité, les élèves qui travaillent se répartiraient en deux catégories: ceux qui suivent une trajectoire accélérée vers l'âge adulte, et ceux qui font une transition plus lente en trouvant un équilibre entre les travaux scolaires, l'emploi rémunéré et les activités parascolaires. Les premiers travaillent plus de vingt heures par semaine pendant leurs études et accordent peu de temps aux activités de loisirs de l'école. Plusieurs d'entre eux ont un statut socioéconomique relativement peu élevé, ont tendance à chercher un emploi à plein temps tout de suite après le secondaire et à ne pas obtenir de diplôme collégial, ce qui peut handicaper sérieusement leurs perspectives d'emploi à long terme. Les élèves appartenant à la deuxième catégorie proviennent au contraire de milieux plus privilégiés. Dans leur cas, les effets du travail à temps partiel ne semblent pas négatifs. Le travail les aide à acquérir un sens des responsabilités, à être indépendants, à avoir confiance en eux et à se rendre compte de la valeur du travail, et ce, sans les détourner de leur trajectoire éducative (Staff, Mortimer et Uggen, 2004).

9.14 **Le travail à temps partiel**
Un nombre grandissant d'étudiants combine les études et le travail à temps partiel.

Au Québec, le phénomène du travail rémunéré des étudiants du réseau collégial a connu une hausse fulgurante depuis la fin des années 1970. Selon une enquête québécoise, 69% de ces étudiants occupaient un emploi rémunéré en 2004, comparativement à 17% en 1977. De plus, le nombre d'heures consacrées au travail rémunéré ne cesse d'augmenter. Ce n'est donc pas le fait d'avoir un emploi qui pose problème, mais bien le nombre d'heures qu'ils y consacrent. En effet, les élèves qui consacrent entre 15 et 19 heures par semaine à leur emploi seraient ceux qui réussissent le mieux leurs études, alors que le fait de travailler plus de 25 heures par semaine pourrait mettre en péril la réussite scolaire (Roy et Mainguy, 2005).

Nous avons vu que la planification de carrière représente un des aspects de la recherche de l'identité chez les adolescents. La question « Que devrais-je faire ? » est en effet très proche de « Qui devrais-je être ? ». Nous verrons dans le prochain chapitre que l'un des principaux enjeux de l'adolescence est de se définir en tant qu'individu.

Faites le POINT

15 Quels sont les principaux déterminants de la réussite scolaire ?

16 Nommez les principaux facteurs de risque du décrochage scolaire. Y a-t-il des différences entre les garçons et les filles sur ce plan ?

17 Quelles sont les conditions qui favorisent ou minent la réussite scolaire des élèves qui occupent un emploi rémunéré ?

Résumé

Le développement physique

Sous l'effet des hormones, la puberté se déclenche et mène à la maturité sexuelle et à la capacité de reproduction. Elle provoque une croissance rapide de la taille et du poids, ainsi que l'apparition des caractères sexuels primaires et secondaires qui entraînent plusieurs transformations physiques du corps. La maturation sexuelle se produit généralement plus tôt chez les filles que chez les garçons, qui sont alors temporairement d'une plus petite taille qu'elles. Certaines répercussions psychologiques, comme le souci de l'apparence, peuvent être associées aux changements dus à la puberté, particulièrement si ces derniers sont rapides et précoces.

Enfin, le développement du cerveau ne se termine pas à l'adolescence, comme on le croyait. Au contraire, le réseau socioaffectif cérébral devient plus actif à l'adolescence, alors que le réseau de contrôle cognitif n'est pas encore parvenu à sa pleine maturité.

La santé physique et mentale

Les adolescents sont généralement en bonne santé physique, mais certaines habitudes de vie peuvent nuire à leur santé. Le manque d'activités physiques et les mauvaises habitudes alimentaires augmentent en effet le risque d'obésité et de divers problèmes de santé. La privation de sommeil, fréquente chez les adolescents, peut aussi nuire à leurs performances scolaires et provoquer de l'irritabilité. Certains problèmes psychologiques peuvent également compliquer le déroulement normal de l'adolescence. Parmi eux, les troubles alimentaires, comme l'anorexie et la boulimie, sont de plus en plus fréquents.

Par ailleurs, une minorité d'adolescents consomment certaines drogues de manière excessive, ce qui nécessite des interventions spécialisées.

Avec l'alcool, la marijuana demeure la substance illicite préférée des adolescents, la consommation de tabac ayant baissé au cours de la dernière décennie. De leur côté, les cas de dépression chez les adolescents ont augmenté au cours des dernières années. Dans certains cas, celle-ci peut mener au suicide, qui représente la deuxième cause de décès chez les jeunes après les accidents de la route.

Le développement cognitif

Sur le plan intellectuel, l'adolescent atteint le quatrième stade du développement cognitif de Piaget, soit le stade des opérations formelles. Il acquiert la capacité de penser de manière abstraite et de se détacher des contingences du réel pour envisager des situations hypothétiques grâce au raisonnement hypothético-déductif.

On observe deux types de changements sur le plan du traitement de l'information : les modifications structurelles, qui concernent entre autres la mémoire à court et à long terme, et les modifications fonctionnelles, relatives aux habiletés telles que l'attention sélective, la prise de décision et la gestion des processus mentaux. Au même moment, le langage des adolescents se raffine grâce à l'intégration de concepts abstraits. En outre, selon la théorie d'Elkind, l'adolescent manifeste plusieurs comportements égocentriques comme le sentiment d'invincibilité, les fabulations personnelles, la conscience excessive de soi, l'indécision ou l'hypocrisie apparente.

Le développement moral

Le développement cognitif permet au jugement moral de se développer. Kohlberg identifie trois niveaux de développement moral : la morale préconventionnelle, conventionnelle et postconventionnelle. La plupart des adolescents et des adultes ne dépasseraient pas le niveau de la morale conventionnelle, où la personne agit dans le respect de la loi.

Pour sa part, Gilligan a proposé un modèle du développement moral selon lequel les femmes, à la différence des hommes, envisageraient davantage la moralité sous l'angle de la responsabilité à l'égard des autres. Enfin, le raisonnement et les comportements prosociaux se développent aussi à l'adolescence.

L'éducation et la formation professionnelle

Des facteurs personnels tels que la motivation intrinsèque, un sentiment élevé d'autoefficacité et l'engagement cognitif favorisent la réussite scolaire des adolescents, lesquels terminent de plus en plus leur secondaire et poursuivent ensuite leurs études. Les filles obtiennent de meilleurs résultats en lecture et en écriture, tandis que les garçons affichent des résultats légèrement plus élevés en mathématiques. En outre, le statut socioéconomique de la famille, le style d'autorité parentale, le niveau de scolarité des parents ainsi que la qualité de l'école et de son personnel enseignant influent également sur la réussite scolaire.

Le décrochage scolaire demeure toutefois très préoccupant, puisque près de 30 % des jeunes Québécois, surtout des garçons, ne terminent toujours pas leur secondaire. La pauvreté et le faible niveau de scolarité des parents sont deux facteurs de risque associés au décrochage. Ce phénomène, qui comme la toxicomanie, entraîne des conséquences sociales à la fois nombreuses et graves, touche notamment beaucoup les populations autochtones.

Enfin, de plus en plus d'adolescents occupent un emploi à temps partiel tout en poursuivant leurs études. L'expérience semble être positive pour ceux qui travaillent entre 15 et 19 heures par semaine, puisque cela leur permet d'acquérir un sens des responsabilités et d'être plus autonomes. Par contre, ceux qui travaillent plus de 25 heures risquent de mettre en péril leur réussite scolaire. C'est pourquoi il est important de trouver et de respecter un bon équilibre entre le travail et les études.

Pour aller plus loin

Volumes et ouvrages de référence

CLOUTIER, R., et S. DRAPEAU (2008). *Psychologie de l'adolescence*, 3e édition, Montréal, Chenelière Éducation.

Livre qui présente une synthèse des connaissances relatives au développement physique, sexuel, cognitif, affectif et social des adolescents. Il constitue une introduction universitaire à la psychologie de l'adolescence et décrit la réalité des adolescents du XXIe siècle.

MISHARA, B. L., et M. TOUSIGNANT (2004). *Comprendre le suicide*, Montréal, Presses de l'Université de Montréal.

Livre qui s'intéresse aux causes du suicide et à sa prévention, notamment à l'évaluation des actions préventives. Il explore aussi les différences entre les hommes et les femmes ainsi qu'entre les pays.

Périodiques

BARIL, H., *et al.* (2007). « Lien entre la qualité des relations familiales et sociales à l'adolescence et à l'âge adulte », *Revue canadienne des sciences du comportement,* vol. 39, n° 1, p. 32-45.

Article qui fait état du lien entre la qualité des relations à l'adolescence et à l'âge adulte, et qui met en lumière l'importance de la qualité des relations à l'adolescence dans la prédiction des relations à l'âge adulte.

FORTIN, L., *et al.* (2004). « La prédiction du risque de décrochage scolaire au secondaire : facteurs personnels, familiaux et scolaires », *Revue canadienne des sciences du comportement,* vol. 36, n° 3, p. 219-231.

Article qui fait état des principaux facteurs de risque du décrochage scolaire. La contribution de facteurs personnels, familiaux et scolaires y est évoquée.

Sites Internet et documents en ligne

FORTIN, L., et P. POTVIN (2008). *Réussite scolaire et jeunes décrocheurs au secondaire*, [En ligne], www.pierrepotvin.com/6.%20

Publications/Commission%20de%20l%27%C3%A9ducation%20 Fortin%20et%20Potvin.pdf

Communication, présentée en octobre 2008 à la Commission de l'éducation portant sur le décrochage scolaire (Assemblée nationale), qui fait état des principaux facteurs de risque du décrochage scolaire. On y présente la contribution de facteurs personnels, familiaux et scolaires.

GOUVERNEMENT DU QUÉBEC, MINISTÈRE DE LA SANTÉ ET DES SERVICES SOCIAUX, COMITÉ PERMANENT DE LUTTE À LA TOXICOMANIE (1999). *Stratégies pour impliquer les parents dans la prévention de la toxicomanie chez les jeunes*, [En ligne], http://publications.msss.gouv.qc.ca/biblio/CPLT/publications/Stratejeunes.pdf

Document dans lequel on aborde, entre autres, l'importance de sensibiliser les parents au problème de toxicomanie des jeunes, d'avoir des contacts fréquents avec eux et de leur donner un rôle actif, d'entretenir des liens étroits entre les parents et les intervenants sur le terrain.

Films, vidéos, cédéroms, etc.

BÉLANGER-MARTIN, H. (2006). *La peau et les os après…*, Christal Films/Zoofilms/ONF, Canada, 90 minutes, couleurs.

Documentaire dans lequel la réalisatrice, qui a souffert d'anorexie dans son adolescence, réunit dans une maison de campagne des amies qui ont traversé la même épreuve qu'elle et qui parlent de ce qu'elles ont vécu.

MARCOTTE, D., et D. MATHURIN (2006). *Programme Pare-Chocs*, [cédérom], Montréal, Centre de transfert pour la réussite éducative du Québec (CTREQ) et Septembre éditeur.

Ensemble de deux cédéroms constituant un ensemble bien organisé et bien structuré d'outils d'intervention auprès des jeunes de 14 à 17 ans qui présentent des symptômes dépressifs et de leurs parents, et qui vise à prévenir et réduire la dépression.

10

Le développement affectif et social de l'adolescent de onze à vingt ans

Être ou ne pas être ? Être qui ? Vouloir quoi ? La quête de l'identité constitue le principal enjeu de cette période charnière du développement. L'adolescent doit intégrer les changements profonds qui bouleversent son corps, son mode de pensée et son concept de soi. Se servant du groupe de pairs comme d'un tremplin, l'adolescent manifeste son besoin d'autonomie, particulièrement à l'égard de ses parents dont il veut s'émanciper tout en restant encore dépendant d'eux. Cette ambivalence met parfois les parents à rude épreuve, car ils doivent apprendre à reconsidérer leur autorité tout en posant leurs limites et en demeurant présents et à l'écoute. Un autre changement radical intervient pour l'adolescent : son identité se complète par la découverte de son orientation sexuelle. Toutes ces transformations peuvent donc fragiliser l'estime de soi de l'adolescent et entraîner divers troubles dont le plus grave, la dépression, peut conduire au suicide, qui est la première cause de mortalité chez les adolescents québécois les plus âgés.

Vanessa a 16 ans. Elle termine actuellement sa cinquième année du secondaire. L'année prochaine, elle ira au cégep. Comme elle n'a aucune idée du travail qu'elle souhaite faire plus tard, elle a décidé de choisir le programme de sciences pour s'ouvrir le plus de portes possible. En ce moment, Vanessa s'interroge beaucoup sur son avenir et elle est préoccupée par ces questions sans réponse. Plusieurs domaines l'intéressent, comme la médecine vétérinaire, l'administration et l'enseignement, mais elle n'arrive pas à faire un choix.

Depuis quelques semaines, Vanessa occupe un emploi à temps partiel comme vendeuse dans une boutique de vêtements. Elle apprécie l'autonomie financière que lui procure ce revenu. Elle peut sortir davantage avec ses amis et se payer de petites gâteries à l'occasion. Récemment, Vanessa a fait l'achat d'un portable et elle planifie un voyage avec Marc, son nouveau copain. Elle s'achète aussi régulièrement des vêtements, car elle est soucieuse de bien paraître et de plaire à Marc.

Vanessa a eu sa première relation sexuelle il y a quelques jours. Elle et son copain se fréquentaient depuis quelques mois et apprenaient à se découvrir mutuellement. Un soir où ils s'embrassaient et se caressaient tendrement, ils ont décidé d'aller plus loin dans leurs échanges intimes. Vanessa n'a pas profité pleinement de cette première expérience sexuelle qui a été plutôt douloureuse. En fait, elle aurait préféré attendre encore un peu, mais elle sentait une certaine pression de la part de Marc, qui lui en parlait depuis des semaines. Vanessa et Marc ont utilisé un condom pour cette première relation sexuelle, mais ils ont l'intention d'arrêter de le faire si leur relation demeure stable et exclusive. Vanessa a commencé à prendre la pilule et elle est convaincue que ce moyen de contraception sera suffisant. Cependant, malgré le plaisir qu'elle retire de cette nouvelle relation, Vanessa est néanmoins hantée par l'attirance qu'elle ressent pour son amie d'enfance Karine, et elle se questionne sur son orientation sexuelle. Plus jeune, elle a vécu quelques jeux sexuels avec elle, mais elle n'avait jamais ressenti cette préoccupation jusqu'ici. Elle se demande donc s'il s'agit d'une attirance passagère ou si elle devrait tenter de nouvelles expériences homosexuelles afin d'être certaine de son orientation.

Heureusement, les conflits avec ses parents se sont estompés depuis environ un an. Vanessa apprécie le fait que ces derniers lui donnent davantage de liberté. En même temps, elle est consciente qu'elle doit respecter certaines règles établies avec ses parents, comme celle de rentrer avant minuit les fins de semaine. Elle se considère chanceuse d'avoir des parents qui discutent avec elle et qui sont ouverts aux compromis. Ce n'est pas le cas de son copain Marc qui se plaint d'avoir des parents trop autoritaires et fermés à la discussion.

Vanessa prépare actuellement son bal de finissants, qui représente pour elle une étape très importante de sa vie. Elle espère d'ici là pouvoir répondre à quelques-unes des questions qui la préoccupent et se sentir moins envahie par sa quête d'identité.

Après avoir lu ce chapitre, vous devriez pouvoir répondre aux questions suivantes :

1. Selon le modèle de Marcia, dans quel état d'identité se situe Vanessa ?

2. Est-ce que le comportement sexuel de Vanessa se situe dans la norme de celui des adolescents du même âge ?

3. Est-ce que les fantaisies homosexuelles de Vanessa déterminent nécessairement son orientation sexuelle ?

4. Quel est le style parental adopté par les parents de Vanessa et en quoi a-t-il un impact sur son bien-être ?

10.1 La quête de l'identité

Comme nous l'avons vu dans le chapitre 9, l'adolescence est une période de transition entre l'enfance et l'âge adulte durant laquelle la quête de l'identité occupe une place importante. L'adolescent doit découvrir qui il est et ce qu'il veut faire dans la vie, trouver des buts et des valeurs qui lui sont propres et explorer différentes avenues pour répondre à toutes ces questions. De plus, nous avons examiné certains facteurs physiques et cognitifs qui contribuent au sentiment d'identité de l'adolescent, comme l'apparence et la réussite scolaire. Dans le présent chapitre, nous traiterons notamment des aspects psychosociaux de la quête de l'identité et de la façon dont les adolescents apprivoisent leur sexualité. Nous verrons également comment leur individualité en plein essor s'exprime à l'égard des autres.

L'**identité** réfère à la conception que l'individu a de lui-même, de ses identifications et de ses différents rôles sociaux. Le développement cognitif de l'adolescent lui permet dorénavant de construire une « théorie du soi » (Elkind, 1998). Comme l'a souligné Erikson (1950), les efforts que font les adolescents pour donner un sens à leur identité ne sont pas « une forme de malaise lié à la maturation »; ils s'insèrent plutôt dans un

Identité
Selon Erikson, conception cohérente du soi composée d'objectifs, de valeurs et de croyances auxquels l'individu est fortement attaché.

processus sain et vital qui tire parti des réalisations effectuées dans les étapes précédentes (la confiance, l'autonomie, l'initiative, le travail) et qui prépare l'individu aux défis qu'il rencontrera à l'âge adulte. Cette quête de l'identité ne se termine pas à l'adolescence, puisque des problèmes d'identité peuvent se poser de nouveau à l'âge adulte.

10.1.1 La théorie psychosociale d'Erikson

Selon Erikson (1968), la crise majeure de l'adolescence consiste en une confrontation entre l'accession à l'identité et la confusion identitaire. Il s'agit de la crise de l'**identité *versus* la confusion des rôles.** L'adolescent doit la résoudre pour devenir un adulte unique doté d'une conception de soi cohérente et jouer un rôle utile dans la société. Pour Erikson, l'identité se définit en effet comme une conception unifiée du soi, composée d'objectifs, de valeurs et de croyances auxquels la personne est fortement attachée. Ce concept de la crise d'identité est en partie basé sur l'expérience personnelle d'Erikson, dont les traits nordiques (sa mère était une Danoise d'origine juive) contrastaient avec ceux de son père adoptif (lui aussi d'origine juive). C'est cette quête identitaire personnelle qui a d'ailleurs nourri son intérêt pour le développement psychosocial. Comme nous l'avons vu dans le chapitre 1, Erikson a dû, une fois de plus, redéfinir son identité lorsqu'il a immigré aux États-Unis. Toutes ces questions identitaires ont donc trouvé un écho dans les crises d'identité qu'il a observées chez les adolescents perturbés, les soldats au combat et les membres de groupes minoritaires (Erikson, 1968, 1973 ; Friedman, 1999).

D'après Erikson, l'identité se développe lorsque les adolescents résolvent trois problèmes majeurs : le choix d'une activité professionnelle, l'adoption de valeurs avec lesquelles ils sont en accord et le développement d'une identité sexuelle satisfaisante. Cette quête d'identité est d'ailleurs illustrée dans la mise en situation de ce chapitre. En effet, Vanessa se demande ce qu'elle veut faire plus tard et se questionne aussi sur son orientation sexuelle. Pendant l'enfance, les jeunes acquièrent les compétences nécessaires pour réussir selon leur culture. À l'adolescence, ils ont besoin de trouver des façons d'utiliser ces compétences. Ainsi, lorsque les adolescents ont de la difficulté à établir une identité professionnelle, ils sont plus à risque d'avoir des comportements entraînant des conséquences négatives graves comme des activités délinquantes ou une grossesse précoce.

Selon Erikson, le **moratoire psychosocial,** c'est-à-dire le temps d'arrêt qu'apporte cette période du développement, permet aux adolescents de chercher des engagements qu'ils peuvent tenir. Toutefois, selon le psychologue David Elkind (1998), de nombreux adolescents « sont prématurément poussés vers l'âge adulte ». Ils n'ont ni le temps ni l'occasion de profiter de ce moratoire psychosocial, cette période protégée, nécessaire pour développer une conception de soi stable.

Les adolescents qui résolvent la crise d'identité de façon satisfaisante développent une nouvelle qualité, soit la *fidélité*, qui désigne une loyauté durable, la confiance ou le sentiment d'appartenir à l'être aimé ou à des amis et compagnons. La fidélité peut aussi consister à s'identifier à une série de valeurs, à une idéologie, à une religion, à un mouvement politique, à un objectif créatif ou à un groupe ethnique (Erikson, 1982). Par exemple, l'adolescent peut faire un choix de carrière et s'engager dans différentes activités visant à actualiser ce choix.

La fidélité représente aussi le prolongement de la confiance. Alors que durant l'enfance, il était important que la confiance à l'égard des autres l'emporte sur la méfiance, à l'adolescence, il devient déterminant d'être soi-même digne de confiance. Les adolescents étendent leur confiance aux mentors et aux êtres aimés et partagent leurs pensées et leurs sentiments avec eux, ce qui les aide à clarifier leur identité en devenir, en la voyant se refléter dans les yeux des personnes qu'ils aiment. Cependant, cette intimité adolescente est différente de l'intimité mature qui implique un engagement plus sérieux, ainsi que des sacrifices et des compromis. Erikson considérait que le principal danger de ce stade était la *confusion des rôles,* qui peut énormément retarder la maturité psychologique, lui-même n'ayant pas résolu sa crise identitaire avant la mi-vingtaine. Toutefois, selon lui, un certain degré de confusion identitaire serait

Identité *versus* confusion des rôles
Selon Erikson, cinquième crise du développement psychosocial au cours de laquelle l'adolescent cherche à acquérir un sens cohérent du soi et du rôle qu'il jouera au sein de la société.

Moratoire psychosocial
Selon Erikson, temps d'arrêt qu'apporte l'adolescence et qui permet aux jeunes de chercher des engagements qu'ils peuvent tenir.

 L'identité et la loyauté
Au cours de l'adolescence, le jeune doit développer un sens de l'identité en développant une loyauté envers des valeurs et des êtres aimés.

normal et pourrait expliquer la nature apparemment chaotique de nombreux comportements adolescents, ainsi que la douloureuse prise de conscience de soi que vivent certains jeunes. Ainsi, l'esprit de clan et l'intolérance envers les différences, qui représentent des marques de la scène sociale adolescente, ne seraient que des défenses contre la confusion identitaire.

Par ailleurs, dans la théorie d'Erikson, le développement de l'identité mâle est présenté comme la norme. Selon lui, l'homme n'est pas capable d'intimité réelle avant d'avoir une identité stable, alors que la femme se définit par le mariage et la maternité (ce qui était peut-être plus vrai à son époque qu'aujourd'hui). Ainsi, contrairement aux hommes, les femmes développeraient leur identité grâce à l'intimité et non pas avant de connaître cette intimité. Comme nous le verrons, cette orientation masculine de la théorie d'Erikson a suscité plusieurs critiques. Cependant, le concept de la crise d'identité d'Erikson a aussi inspiré des recherches très utiles.

10.1.2 La théorie de Marcia

Olivia, Isabelle, Simon et François vont bientôt obtenir leur diplôme d'études secondaires. Olivia a réfléchi à ce qui l'intéressait ainsi qu'à ses talents et voudrait devenir ingénieure. Elle a réduit ses choix à trois collèges qui offrent de bons programmes dans ce domaine. Isabelle, elle, sait exactement ce qu'elle va faire dans la vie. Sa mère, présidente d'un syndicat dans une usine de matières plastiques, a fait en sorte que sa fille devienne apprentie à l'usine. Isabelle n'a donc jamais envisagé de faire quoi que ce soit d'autre. Pour sa part, Simon se tourmente à propos de son avenir. Devrait-il fréquenter le cégep ou entrer dans l'armée? Il n'arrive pas à décider ce qu'il veut faire, ni maintenant ni plus tard. Quant à François, il ne sait pas encore ce qu'il veut faire dans la vie, mais cela ne l'inquiète pas. Il pense qu'il pourra trouver un travail quelconque et décider de son avenir lorsqu'il sera prêt. Comment expliquer les attitudes différentes de ces jeunes et quelle influence celles-ci auront-elles?

Selon les recherches du psychologue James E. Marcia (1966, 1980), ces adolescents vivent des **états identitaires** différents, chacun correspondant à un stade de développement du soi.

Marcia distingue quatre types d'états identitaires qui diffèrent selon la présence ou l'absence de *crise* et d'*engagement,* les deux éléments qui, selon Erikson, sont essentiels à la formation de l'identité. Regardons ces différents états identitaires de façon plus détaillée:

1. L'**identité en réalisation** ou l'identité mature (la crise mène à l'engagement): cet état se caractérise par des engagements pris à la suite d'une période de questionnement. Dans l'exemple que nous venons de voir, Olivia a résolu sa crise identitaire. Pendant sa période de crise, elle a beaucoup réfléchi à son avenir et a vécu certaines difficultés émotionnelles. Elle a fait des choix vis-à-vis desquels elle exprime un engagement résolu.

2. L'**identité surdéterminée** (l'engagement sans la crise): cet état est celui d'une personne qui n'explore pas les différentes alternatives et ne vit pas de crise. Elle s'engage en fonction des projets que d'autres ont déterminés pour elle. C'est le cas d'Isabelle, qui a pris des engagements sans avoir évalué tous les choix possibles, mais en acceptant les projets de sa mère.

3. L'**identité en moratoire** (la crise sans engagement pour le moment): il s'agit d'un état dans lequel la personne réfléchit aux différentes possibilités qui s'offrent à elle et semble en voie de s'engager. Cette période est souvent caractérisée par une gamme d'émotions allant de l'enthousiasme à l'anxiété. Les situations que vivent Simon ou encore Vanessa, dans la mise en situation de ce chapitre, illustrent bien cet état d'identité. Ils se questionnent beaucoup sur leur avenir, se demandent ce qu'ils aimeraient faire plus tard et semblent préoccupés par cette situation.

4. L'**identité diffuse** (pas d'engagement, pas de crise): cet état d'identité caractérise un individu qui ne s'engage pas et qui ne considère pas sérieusement les différentes

---

États identitaires
Selon Marcia, quatre types de configurations identitaires caractérisées par la présence ou l'absence d'une crise et de la capacité ou non de contracter des engagements.

Identité en réalisation
Selon Marcia, état identitaire qui se caractérise par des engagements pris à la suite d'une crise et par une période consistant à explorer les diverses alternatives.

Identité surdéterminée
Selon Marcia, état identitaire dans lequel une personne n'a pas consacré de temps à explorer les différentes alternatives (c'est-à-dire n'a pas vécu de crise) et s'engage en fonction des projets que d'autres ont déterminés pour elle.

Identité en moratoire
Selon Marcia, état identitaire dans lequel une personne réfléchit aux différentes possibilités (crise) et semble en voie de s'engager.

Identité diffuse
Selon Marcia, état identitaire caractérisé par l'absence d'engagement et par le manque de considération sérieuse des différentes alternatives.

alternatives, comme François, qui n'a pas sérieusement envisagé les différentes possibilités qui s'offrent à lui et préfère éviter de s'engager.

Ces catégories ne sont pas des stades; elles représentent l'état du développement identitaire à un moment particulier et elles sont susceptibles de se modifier au fur et à mesure que les jeunes se développent (Marcia, 1979). Marcia suggère qu'à partir de la fin de l'adolescence, de plus en plus d'individus se situent dans l'état de l'identité en moratoire ou en réalisation : ils cherchent ou ils trouvent leur propre identité. De plus, bien que les personnes en état d'identité surdéterminée semblent avoir pris des décisions sans appel, souvent, certaines vont reconsidérer leurs choix une fois qu'elles seront parvenues à l'âge adulte.

Marcia définit donc la **crise** comme la période de questionnement et de prise de décision consciente, et l'**engagement** comme l'investissement personnel dans un métier ou dans un système de croyances, une idéologie. Il a aussi découvert l'existence de relations entre l'état identitaire et des caractéristiques telles que l'anxiété, l'estime de soi, le raisonnement moral et les modèles de comportement. Comme le montre le tableau 10.1, en se basant sur la théorie de Marcia, d'autres chercheurs ont défini des variables personnelles et familiales supplémentaires liées à l'état identitaire (Kroger, 2003).

Crise
Période de questionnements et de prises de décisions conscientes de la part de l'adolescent.

Engagement
Terme utilisé par Marcia pour décrire l'investissement personnel dans une activité professionnelle ou dans un système de croyances.

TABLEAU 10.1 | Les facteurs personnels et familiaux liés aux quatre états identitaires de Marcia

Facteur	Identité en réalisation	Identité surdéterminée	Identité en moratoire	Identité diffuse
Famille	Les parents encouragent l'autonomie et le lien avec les enseignants; les différences sont explorées dans le cadre de la mutualité.	Les parents s'occupent trop de leurs enfants; les familles évitent d'exprimer les différences.	Les adolescents sont souvent aux prises avec une lutte ambivalente contre l'autorité parentale.	Les parents ont des attitudes éducatives non interventionnistes; ils rejettent leurs enfants ou ne sont pas disponibles pour eux.
Personnalité	Niveau élevé de développement de l'égo, du raisonnement moral, de certitude à propos de soi, d'estime de soi, de rendement en cas de stress et d'intimité.	Niveau élevé d'autoritarisme, de pensée stéréotypée et d'obéissance à l'autorité, relations dépendantes et faible niveau d'anxiété.	Anxiété et crainte plus grandes envers le succès; niveau élevé de développement de l'égo, du raisonnement moral et de l'estime de soi.	Résultats mitigés, avec faible niveau de développement de l'égo, du raisonnement moral, de la complexité cognitive et de la certitude à propos de soi; peu d'habiletés de coopération.

Note : Ces associations sont tirées de plusieurs études corrélationnelles et transversales. Il est donc impossible de dire qu'un facteur en particulier justifie le classement dans un état identitaire précis.

Source : Kroger, 1993.

10.1.3 Les différences sexuelles dans la formation de l'identité

De nombreuses recherches appuient la position d'Erikson selon laquelle, chez les femmes, l'identité se développe en même temps que l'intimité. Par ailleurs, certains chercheurs ont critiqué la théorie d'Erikson, lui reprochant d'être basée sur un modèle masculin du développement de l'identité. Selon Carol Gilligan (1982-1993, 1987a, 1987b; Brown et Gilligan, 1990), le sens de l'identité féminine se développe surtout en établissant des relations avec les autres. Selon elle, les filles et les femmes se jugent selon la façon dont elles gèrent leurs responsabilités et selon leur capacité à prendre soin des autres aussi bien que d'elles-mêmes. Toutefois, certains chercheurs remettent en question cette supposée différence entre les trajectoires masculines et féminines, surtout de nos jours, et avancent que les différences individuelles sont peut-être plus importantes que les différences entre les sexes (Archer, 1993; Marcia, 1993). Les recherches de Marcia sur les états identitaires ont d'ailleurs montré peu de différences liées au sexe (Kroger, 2003).

Par contre, le développement de l'estime de soi à l'adolescence semble venir appuyer l'opinion de Gilligan. En effet, l'estime de soi des hommes a tendance à être liée à la réalisation individuelle, alors que celle des femmes dépend davantage des liens avec

10.2 **Le développement de l'identité**
Des variables personnelles et familiales sont liées au développement de l'identité.

les autres (Thorne et Michaelieu, 1996). Plusieurs études récentes importantes ont aussi découvert que l'estime de soi diminuait plus rapidement chez les filles que chez les garçons à l'adolescence, et qu'elle augmentait ensuite progressivement jusqu'à l'âge adulte. Ces changements pourraient être en partie dus à l'image corporelle ainsi qu'aux autres sujets d'anxiété associés à la puberté et aux transitions entre la fin du primaire et le début de l'école secondaire (Robins et Trzesniewski, 2005). Toutefois, comme nous allons le voir, ce modèle semble être différent chez les adolescents appartenant à une minorité ethnique.

10.1.4 Les facteurs ethniques et culturels dans la formation de l'identité

Identité ethnique
Sentiment d'appartenance à un groupe culturel particulier.

Chez les adolescents qui font partie d'une minorité culturelle, le développement identitaire peut s'avérer un défi de taille. En effet, en plus d'acquérir une identité individuelle, ils doivent aussi se forger une **identité ethnique** liée à leur groupe d'origine, c'est-à-dire le sentiment d'appartenir à un groupe culturel particulier. Les adolescents issus de minorités ethniques sont donc aux prises avec le choix douloureux d'adhérer au modèle de leur minorité ou d'adopter celui du groupe ethnique majoritaire. L'enjeu est crucial, puisque l'adolescent doit parvenir à se forger une identité en combinant les valeurs de cultures qui sont parfois en conflit les unes avec les autres. Ainsi, certains adolescents issus de minorités ethniques peuvent parfois traverser plus difficilement cette période charnière, par exemple en s'engageant dans la délinquance juvénile.

Chez l'adolescent, le développement d'une identité ethnique se réalise en trois stades. Au cours du premier stade, l'adolescent adopte les valeurs de sa culture d'appartenance, sans les remettre en question. Il est donc au stade d'une *identité ethnique non réfléchie*. Lors du passage au second stade, celui de la *recherche de l'identité ethnique*, l'adolescent compare son propre groupe ethnique aux autres, se questionne et se construit progressivement une opinion plus personnelle à l'endroit de ce groupe d'appartenance. L'émergence de ce stade survient souvent en réponse à des expériences personnelles qui font ressortir l'appartenance ethnique. Finalement, lors du troisième stade, celui de la *réalisation de l'identité ethnique*, l'adolescent parvient à trouver des réponses à ses questions, et il résout les conflits et les contradictions qui y sont associés. Certains choisissent alors de s'assimiler à la culture dominante, d'autres vont plutôt privilégier les valeurs de leur propre groupe ethnique, d'autres encore vont choisir les deux identités, l'une à la culture dominante, l'autre à leur propre groupe ethnique (Phinney, 1998).

10.3 **L'ethnicité et l'identité**
Dans sa quête d'identité, l'adolescent issu d'une minorité ethnique doit parvenir à se forger une identité en combinant les valeurs de deux cultures.

Des études ont démontré que les adolescents qui parviennent à atteindre le stade de la réalisation de l'identité ethnique possèdent une meilleure estime de soi et une meilleure faculté d'adaptation que ceux qui demeurent au stade de l'identité non réfléchie (Yamada et Singelis, 1999). Par ailleurs, d'autres études montrent que la perception d'une discrimination peut interférer avec la formation positive de l'identité et entraîner des problèmes de comportement ou une dépression. Le fait d'avoir des parents attentifs qui jouent un rôle actif, un réseau d'amis et un bon rendement scolaire sont, au contraire, des facteurs de protection (Brody *et al.*, 2006). Le concept de **socialisation culturelle** renvoie quant à lui aux pratiques parentales qui enseignent aux enfants leur patrimoine culturel et ethnique, qui favorisent les coutumes, les traditions ainsi que la fierté culturelles. Les adolescents qui ont connu cette socialisation culturelle ont tendance à avoir une identité ethnique plus solide et plus positive que les autres (Hughes *et al.*, 2006).

Socialisation culturelle
Pratique parentale qui enseigne aux enfants leur patrimoine ethnique et culturel et qui favorise les pratiques et la fierté culturelles.

Faites le POINT

1. Quelle est la crise majeure à résoudre au moment de l'adolescence selon la théorie d'Erikson ?
2. Quels sont les différents états identitaires selon Marcia ? Expliquez par quoi ils se caractérisent.
3. Quels sont les défis particuliers des minorités ethniques dans la formation de leur identité ?

10.2 La sexualité à l'adolescence

Le fait de se voir comme un être sexué, de reconnaître son orientation sexuelle, d'accepter ses élans sexuels et de vivre un attachement amoureux ou sexuel fait partie de l'identité sexuelle. La prise de conscience de la sexualité représente un aspect important de la formation de l'identité à l'adolescence, et elle exerce une grande influence sur l'image de soi et sur les relations. Bien qu'il s'agisse d'un processus biologique, l'expression de la sexualité est en grande partie définie par la culture.

10.2.1 La théorie psychosexuelle de Freud

Nous avons vu dans les chapitres précédents que l'enfant traverse différents stades psychosexuels. L'atteinte du dernier stade psychosexuel, le **stade génital,** se produit après l'arrivée de la puberté. Selon Freud, au cours de ce stade, l'adolescent acquiert la maturité sexuelle, c'est-à-dire la capacité d'avoir des relations sexuelles procréatrices. La *libido,* cette source d'énergie qui alimente les pulsions sexuelles, connaît un accroissement subit. Parallèlement, plusieurs adolescents commencent à avoir des relations sexuelles complètes et adoptent un mode de gratification sexuelle similaire à celui des adultes.

Selon Freud, il n'est pas rare de voir alors un jeune adolescent éprouver une attirance pour les personnes du même sexe que lui et vivre des expériences homosexuelles. Toutefois, au milieu et à la fin de l'adolescence, la majorité d'entre eux redirigent leurs pulsions vers les personnes de l'autre sexe.

Par ailleurs, selon Freud, lorsque la femme atteint la maturité sexuelle, sa gratification sexuelle ne devrait plus être obtenue par l'entremise d'un orgasme clitoridien, comme aux stades précédents, mais par un orgasme vaginal. Freud décrit l'orgasme clitoridien comme infantile et régressif, alors que l'orgasme vaginal est pour lui un symbole de maturité. Depuis, cette théorie de la dualité orgasmique a été maintes fois remise en question. Les recherches de William Masters et Virginia Johnson ont notamment démontré qu'il n'existait qu'un seul type d'orgasme féminin, qui faisait intervenir à la fois les réactions clitoridiennes et les contractions vaginales. Par contre, celui-ci peut être ressenti différemment selon les personnes (Langis et Germain, 2009).

Enfin, un adolescent qui utilise la masturbation comme mode de gratification sexuelle ferait, selon Freud, une régression au stade phallique. Or, plusieurs psychologues et sexologues contemporains s'entendent au contraire pour dire que la masturbation est importante chez l'adolescent pour le développement d'une sexualité adulte, car elle permet d'apprendre à mieux connaître son corps et son potentiel érotique. Elle permet aussi à l'adolescent de combler ses besoins sexuels, même s'il n'est pas encore prêt à s'engager dans une relation avec une autre personne. En plus de favoriser la détente et la relaxation, la masturbation est même recommandée dans le traitement de plusieurs difficultés sexuelles, et ce, pour les deux sexes (Langis et Germain, 2009).

10.2.2 Les comportements sexuels des adolescents

Au XXᵉ siècle, les attitudes et les comportements sexuels ont considérablement changé, au Canada comme dans les autres pays industrialisés. Désormais, on accepte mieux la sexualité prémaritale, l'homosexualité et d'autres formes d'activités sexuelles qu'on réprouvait auparavant. Par ailleurs, avec l'accès généralisé à Internet, les relations sexuelles occasionnelles avec les «cyberconnaissances» fugaces sont devenues plus courantes. D'après le Conseil canadien de la sécurité (2006), 43 % des adolescents âgés de 15 à 17 ans disent ainsi avoir été invités à rencontrer quelqu'un dont ils ont fait la connaissance sur Internet. Parmi eux, un adolescent sur cinq avait accepté la rencontre. Ce sont surtout les adolescentes âgées de 13 à 15 ans qui sont ciblées par ces invitations.

Tous ces changements ont entraîné de plus en plus d'inquiétudes à propos des comportements sexuels à risque. D'un autre côté, l'épidémie du sida a fait en sorte

Stade génital
Selon Freud, dernier stade psychosexuel normalement atteint au cours de l'adolescence et menant à la maturité sexuelle.

que de nombreux jeunes s'abstiennent d'avoir des relations sexuelles sans être engagés ou ont des activités sexuelles plus sécuritaires. Toutefois, selon une enquête canadienne, 40 % des garçons et 46 % des filles âgés de 16 ans déclarent avoir déjà eu au moins une relation sexuelle (Boyce *et al.,* 2003). Au Québec, chez les 15 à 19 ans, le pourcentage des adolescents ayant eu des relations sexuelles se situe à 58 %, comparativement à 43 % pour la moyenne canadienne (Langis et Germain, 2009). Par ailleurs, contrairement à la croyance populaire, il est faux de prétendre que les jeunes ont davantage de relations sexuelles à un âge plus précoce. En effet, les données canadiennes montrent que les jeunes âgés de 14 à 16 ans sont légèrement moins nombreux à avoir eu des relations sexuelles en 2002 qu'en 1989 (Boyce *et al.,* 2003). Par contre, ceux qui en ont tendent à en avoir plus souvent (Langis et Germain, 2009). De plus, on voit émerger depuis quelques années un nouveau phénomène, que les spécialistes appellent *l'hypersexualisation* (*voir l'encadré 10.1*). Pour ce qui est du sexe oral, des enquêtes canadiennes montrent que plus de 50 % des adolescents âgés de 16 ans affirment l'avoir pratiqué au moins une fois (Boyce *et al.,* 2003). Plusieurs jeunes percevraient cette pratique sexuelle comme étant moins engageante sur le plan affectif (Cloutier et Drapeau, 2008). Quant aux relations anales, elles semblent occuper une place non négligeable. Des études montrent en effet que 3 % des adolescents les pratiquent régulièrement, et 7 % de façon occasionnelle (Langis et Germain, 2009). Enfin, même si les études ne montrent pas de différences significatives entre les filles et les garçons sur le plan des relations sexuelles, il semblerait qu'il existe néanmoins des différences selon le sexe en matière de pratiques sexuelles. Par exemple, les études montrent que les garçons pratiquent davantage la masturbation et qu'ils recherchent les jeux sexuels non coïtaux plus rapidement que les filles, alors que ces dernières sembleraient préférer reporter ces comportements sexuels à plus tard (Cloutier et Drapeau, 2008).

ENCADRÉ 10.1 ◀)) PAROLES D'EXPERT

L'hypersexualisation et la sexualisation précoce

Francine Duquet

Professeure au département de sexologie de l'Université du Québec à Montréal et sexologue

Francine Duquet est sexologue spécialisée dans l'éducation à la sexualité des enfants et des adolescents et dans la formation d'intervenants. Professeure depuis 1996 au département de sexologie de l'UQAM, elle a notamment travaillé, pour le compte du ministère de l'Éducation et du ministère de la Santé et des Services sociaux du Québec, à la conception d'un document intitulé *L'éducation à la sexualité dans le contexte de la réforme de l'éducation.*

Comme l'explique Francine Duquet, l'hypersexualisation et la sexualisation précoce sont des phénomènes complexes. Selon elle, nous avons tendance à réduire ces phénomènes à la simple mode vestimentaire, alors que celle-ci n'est en réalité qu'un seul de ses aspects. Cette hypersexualisation mérite d'être mise en lien avec le constat de surenchère sexuelle présent surtout dans nos sociétés occidentales et qui peut induire une certaine banalisation des comportements sexuels. Les jeunes sont ainsi bombardés de messages liés à la sexualité, lesquels ont tendance à réduire leur identité à la seule dimension sexuelle.

Diverses hypothèses ont été formulées pour expliquer les causes de ce phénomène qu'est l'hypersexualisation. Depuis la libération sexuelle des années 1960, la société a acquis des droits sexuels comme jamais auparavant. Par contre, cette libération aurait eu des contrecoups, et notamment une commercialisation indue de la sexualité dans les médias. Plus récemment, l'arrivée d'Internet a aussi augmenté l'accessibilité à des informations et à des images à caractère sexuel (la cyberpornographie). Ces images, qui circulent plus librement, auraient favorisé, d'une certaine façon, l'expansion de ce phénomène. Par ailleurs, les modèles actuels des jeunes sont, eux aussi, fortement sexualisés. Les vidéoclips de certaines vedettes de la chanson, par exemple, présentent un contenu très explicite sur le plan sexuel (chorégraphie suggestive, lingerie érotique, etc.). Certains jeunes s'identifient alors à ces modèles et cherchent à les imiter. Enfin, un autre facteur, qui selon la chercheuse pourrait expliquer l'apparition de l'hypersexualisation, réside dans le fait que certains adultes (parents, intervenants) manquent parfois de repères sur le plan de l'éducation à la sexualité et ont parfois de la difficulté à mettre certaines limites, par peur d'être mal jugés ou dépréciés.

L'ampleur et les conséquences des phénomènes de l'hypersexualisation et de la sexualisation précoce sont difficiles à évaluer, puisqu'il existe peu de recherches à long terme portant sur le sujet. L'American Psychology Association (APA) a cependant répertorié plus de 350 études en lien avec le phénomène de la sexualisation précoce. Ces recherches mettent en évidence des impacts sur le rapport au corps, l'estime de soi, la banalisation de la violence sexuelle et même les troubles alimentaires. De plus, certains

10.2.3 L'orientation sexuelle

Bien qu'elle soit présente chez les enfants plus jeunes, c'est à l'adolescence que l'**orientation sexuelle** devient généralement une question pressante et qu'elle s'établit. L'orientation sexuelle réfère à l'attirance sexuelle et à l'intérêt émotif systématique d'une personne à l'égard de l'autre sexe (hétérosexuelle), du même sexe (homosexuelle) ou des deux sexes (bisexuelle). L'hétérosexualité prédomine dans presque toutes les cultures connues dans le monde. Même si plusieurs adolescents ont occasionnellement des fantasmes impliquant une personne du même sexe ou vivent une ou plusieurs expériences homosexuelles, ces expériences isolées ne déterminent cependant pas nécessairement leur orientation sexuelle. Ainsi, dans la mise en situation de ce chapitre, même si Vanessa fréquente Marc, elle éprouve aussi une attirance sexuelle pour son amie, ce qui ne signifie pas pour autant qu'elle est d'orientation homosexuelle.

Selon une enquête québécoise récente (Fernet, Imbleau et Pilotte, 2002), 3% des garçons et des filles âgés de 13 ans ont déjà eu des expériences homosexuelles. Ce taux s'élève à 4,6% à l'âge de 16 ans. Enfin, 3% des jeunes canadiens du secondaire disent ressentir une attirance envers les personnes du même sexe (Boyce *et al.*, 2003). Il faut toutefois être prudent à l'endroit de ces données, puisque les enquêtes sur la sexualité des jeunes se heurtent à différents problèmes méthodologiques. D'une part, ces enquêtes se basent sur des déclarations autorapportées par le sujet lui-même et qui font appel à la mémoire, ce qui peut conduire à des distorsions. D'autre part, il existe un biais de *désirabilité sociale* qui fait en sorte que les individus fournissent des réponses qu'ils croient être «normales» ou «acceptables socialement» (Langis et Germain, 2009). Enfin, il existe un biais de *représentativité,* puisque les individus qui se portent volontaires pour participer à des études sur la sexualité sont susceptibles de ressentir

Orientation sexuelle
Attirance sexuelle et intérêt émotif systématiques pour une personne de l'autre sexe (hétérosexuelle), du même sexe (homosexuelle) ou des deux sexes (bisexuelle).

---

jeunes, en l'absence de repères, en viennent à ne plus savoir ce qui est acceptable et ce qui ne l'est pas. Les comportements sexuels étant banalisés, la frontière qui les sépare des comportements d'exploitation ou d'abus peut alors devenir de plus en plus mince pour certains d'entre eux.

En 2009, Francine Duquet a réalisé une étude portant sur 69 jeunes âgés de 12 à 17 ans. Les résultats permettent d'abord de constater combien les jeunes ont accès assez tôt à un univers de consommation sexuelle. Ils se retrouvent ainsi bombardés de messages à caractère sexuel facilement accessibles, à un âge où certaines de ces images leur sont, en principe, interdites par la loi. Par ailleurs, les jeunes semblent aussi avoir très peu d'adultes vers qui ils peuvent se tourner pour tenter de «comprendre» les issues et impacts de tels phénomènes. De plus, on observe un double standard quant aux attitudes ou aux gestes posés par les filles par rapport à ceux posés par les garçons. En effet, qu'il s'agisse de porter un vêtement sexy, de manifester des gestes à connotations sexuelles dans des partys (par exemple, en dansant), d'avoir un *fuckfriend,* de pratiquer le clavardage sexuel, de diffuser des images sexy, d'utiliser une webcam ou de consommer de la cyberpornographie, le jugement est toujours beaucoup plus sévère lorsqu'il s'agit d'une fille. Bien que les jeunes disent aussi désapprouver certains de ces gestes de la part des garçons, il n'en reste pas moins que ceux-ci sont perçus plus «cools» que les filles, jugées vulgaires. Enfin, on constate également une certaine confusion quant à ce que peut représenter l'intimité pour les jeunes, c'est-à-dire entre ce qui relève de la sphère privée par rapport à ce qui appartient à la sphère publique.

Plusieurs pistes d'action ont été envisagées par la chercheuse afin de contrer ces phénomènes d'hypersexualisation et de sexualisation précoce. Une des solutions consiste à faire de l'éducation sexuelle, en misant sur l'intelligence, l'esprit critique et la sensibilité des jeunes. Plus précisément, Francine Duquet considère qu'il faut travailler sur la question des rôles et des stéréotypes sexuels et sur leurs impacts sur les rapports garçons–filles. Il faut aussi encourager leur sens critique à l'endroit de l'abondance médiatique de messages sexuels stéréotypés, mais aussi par rapport à l'univers particulier de la pornographie et de ses messages parfois troubles. Il s'avère également pertinent de discuter avec eux de leur conception de l'amour et de démystifier toute pression associée au fait d'avoir un chum, une blonde ou d'être actifs sexuellement. Il importe en outre de les sensibiliser à ce que représente l'intimité, de les outiller à mieux protéger leur intimité, d'aborder la question du désir, du plaisir, et de l'associer à ce que représente la relation à l'autre. Il s'agit à les amener essentiellement à faire des choix plus éclairés, lesquels choix ne se limitent pas à «faire» ou à «ne pas faire» quelque chose, mais plutôt à identifier les émotions et les sentiments vécus, à les exprimer et à évaluer, à titre d'adolescents, les enjeux de tels choix. Finalement, il importe d'aider les jeunes à s'affirmer, à respecter leur pudeur, leurs limites et celles de l'autre. Francine Duquet insiste donc sur l'importance de favoriser une conscience sociale et une responsabilité collective à l'égard des phénomènes de l'hypersexualisation et de la sexualisation précoce, pour ainsi aider les enfants et les jeunes à mieux grandir.

moins de culpabilité à cet égard; ils vivraient un éventail d'expériences sexuelles plus larges et manifesteraient des attitudes assez permissives quant à la sexualité (Plaud *et al.,* 1999; Wiederman, 1999).

Les origines de l'orientation sexuelle

De nombreuses recherches sur l'orientation sexuelle ont surtout tenté d'expliquer l'origine de l'homosexualité. Est-elle déterminée biologiquement ou résulte-t-elle d'un apprentissage? Cette question est encore aujourd'hui un objet de controverse. Bien qu'elle ait déjà été considérée par le passé comme étant une maladie mentale, plusieurs décennies de recherche n'ont pas permis de découvrir d'association entre l'orientation homosexuelle et les problèmes émotionnels ou sociaux, excepté ceux apparemment causés par la façon dont la société traite les homosexuels, telle que la tendance à la dépression (APA, n. d.; Patterson, 1992, 1995a, 1995b). En 1973, à la suite des résultats de nombreuses recherches, les psychiatres ont ainsi cessé de classer l'homosexualité parmi les troubles mentaux.

Plusieurs recherches confirment l'hypothèse selon laquelle l'orientation sexuelle aurait, du moins en partie, un fondement génétique (Diamond et Savin-Williams, 2003). Cependant, comme les vrais jumeaux ne sont pas parfaitement concordants en ce qui a trait à l'orientation sexuelle, des facteurs non génétiques peuvent aussi déterminer en partie cette orientation (Diamond et Savin-Williams, 2003). Ainsi, dans une recherche portant sur plus de 3 800 paires de jumeaux suédois de même sexe, les facteurs environnementaux non communs expliquaient environ 64% des différences individuelles en matière d'orientation sexuelle. Les gènes expliquaient environ 34% de la variation chez les hommes et 18% chez les femmes. Les influences familiales communes expliquaient quant à elles environ 16% de la variation chez les femmes, mais n'avaient pas d'influence sur les hommes (Langström *et al.,* 2008).

D'autre part, les études utilisant l'imagerie cérébrale ont découvert des similitudes marquantes dans la structure et le fonctionnement du cerveau des homosexuels par rapport à celui des hétérosexuels du sexe opposé. Par exemple, le cerveau des hommes homosexuels et des femmes hétérosexuelles est symétrique, alors que celui des lesbiennes et des hommes hétérosexuels ont un hémisphère droit légèrement plus grand que le gauche. De plus, chez les homosexuels et les lesbiennes, les connexions du corps amygdalien, qui entre en jeu dans les émotions, sont typiques du sexe opposé (Savic et Lindström, 2008). D'autres recherches utilisent aussi l'imagerie cérébrale pour étudier les *phéromones.* Ces phéromones sont des substances chimiques volatiles libérées hors de l'organisme par plusieurs espèces animales et qui jouent un rôle dans l'attraction sexuelle des membres d'une même espèce. Certains chercheurs croient que ces substances seraient le facteur déterminant dans le choix d'un partenaire sexuel: une analyse inconsciente des odeurs transmises par les phéromones conduirait les individus à choisir un partenaire en particulier (Rantala *et al.,* 2006). Des recherches portant plus particulièrement sur l'orientation sexuelle révèlent que l'odeur de la sueur masculine active autant l'hypothalamus chez les hommes homosexuels que chez les femmes hétérosexuelles. De la même façon, les lesbiennes et les hommes hétérosexuels réagissent plus positivement aux phéromones des femmes qu'à celles des hommes (Savic, Berglund et Lindström, 2005, 2006). Cependant, ces différences pourraient être un effet de l'homosexualité et non sa cause. Néanmoins, toutes ces études montrent bien que l'orientation sexuelle dépend de la combinaison de plusieurs causes, et c'est pourquoi d'autres recherches seront nécessaires pour arriver à déterminer de manière plus précise les facteurs qui interviennent dans la formation de l'orientation sexuelle.

Le développement de l'identité homosexuelle et bisexuelle

C'est généralement à l'adolescence que se manifeste la question de l'orientation homosexuelle. Si plusieurs jeunes vivent en effet une ou plusieurs expériences homosexuelles avant l'âge de 15 ans, il faut toutefois savoir que ni des expériences isolées ni des fantasmes à connotation homosexuelle ne déterminent l'orientation sexuelle. Selon Lisa Diamond (1998, 2000), l'acquisition de l'orientation sexuelle se produirait en trois étapes. D'abord, le jeune prend conscience de son attirance envers les personnes

10.4 **L'identité homosexuelle**

C'est généralement au cours de l'adolescence que le jeune va intégrer son homosexualité dans son identité.

du même sexe, généralement entre l'âge de 8 et 11 ans. Par la suite, entre 12 et 15 ans, l'adolescent fait l'expérience d'activités sexuelles avec des personnes du même sexe. Enfin, entre 15 et 18 ans, il intègre l'homosexualité dans son identité, pour ensuite s'engager dans des relations de couple avec des personnes du même sexe.

Malgré l'acceptation accrue de l'homosexualité au Canada, de nombreux adolescents qui s'identifient ouvertement comme homosexuels, lesbiennes ou bisexuels se sentent encore isolés dans un environnement hostile où l'**homophobie**, c'est-à-dire le sentiment de peur et d'aversion éprouvé envers les personnes homosexuelles, est encore présente. Cette homophobie peut être la source de discrimination et de violence physique ou psychologique. Ainsi, une enquête de Léger Marketing (2005) démontre qu'un Canadien sur deux pense encore que l'homosexualité est un état anormal. Le phénomène de l'homophobie est aussi très présent dans les écoles secondaires du Québec, comme le démontre l'enquête du Conseil permanent de la jeunesse (2007). Plusieurs jeunes gais et lesbiennes font face à des agressions verbales et physiques, à du rejet et du dénigrement.

Par ailleurs, le fait de devoir composer avec une orientation sexuelle différente de celle de la majorité peut aussi amener certains jeunes à se dévaloriser eux-mêmes. Selon Cloutier et Drapeau (2008), ce processus d'autodépréciation chez les jeunes gais, lesbiennes et bisexuels constitue un enjeu développemental très important. En effet, dans un tel contexte, il peut être très difficile pour un adolescent d'accepter son orientation et de la vivre ouvertement. Bien des adolescents peuvent donc être réticents à révéler leur orientation sexuelle, même à leurs parents, et ce, par peur de subir leur désapprobation ou même de vivre une rupture familiale (Hillier, 2002 ; Patterson, 1995b). Ces craintes sont souvent justifiées, puisque plusieurs parents acceptent encore mal que leur enfant soit homosexuel. À cet effet, des études ont démontré que 24 % des mères et 37 % des pères affichent de l'intolérance à cet égard (Savin-Williams, 2001). Enfin, ces adolescents peuvent aussi avoir de la difficulté à rencontrer et à identifier des partenaires potentiels du même sexe (Diamond et Savin-Williams, 2003). Plusieurs ne peuvent pas explorer leur sexualité de façon socialement acceptable et vivent par conséquent une confusion d'identité (Sieving, Oliphant et Blum, 2002). Cependant, malgré cette situation difficile, certains jeunes homosexuels arrivent très bien à s'en sortir. Selon Dorais (2000), certaines attitudes, comme le fait de voir la différence comme un atout, de garder le sens de l'humour et de maintenir des relations significatives, contribuent à la résilience. En fait, il n'y a pas de trajectoire unique menant à l'identité et au comportement homosexuel, lesbien ou bisexuel.

10.2.4 Les comportements sexuels à risque

Les deux préoccupations majeures concernant l'activité sexuelle des adolescents sont le risque de contracter des **infections transmises sexuellement (ITS)** et le risque de grossesse précoce. Les jeunes les plus à risque sont ceux qui commencent à avoir des relations sexuelles tôt, qui ont de multiples partenaires, qui n'utilisent pas régulièrement des contraceptifs et qui ne sont pas convenablement informés sur la sexualité (Abma *et al.*, 1997). L'appartenance à une communauté économiquement défavorisée, la consommation de drogues, les comportements antisociaux et l'association avec des pairs déviants constituent d'autres facteurs de risque. Toutefois, la surveillance parentale peut aider à les diminuer (Baumer et South, 2001 ; Capaldi *et al.*, 2002).

La puberté précoce, le mauvais rendement scolaire, l'absence d'objectifs scolaires ou professionnels, des antécédents d'abus de nature sexuelle ou de négligence parentale et des modèles culturels ou familiaux d'expérience sexuelle précoce sont autant de situations qui peuvent amener certains adolescents à être sexuellement actifs (Klein et AAP Committee on Adolescence, 2005). L'absence du père, surtout tôt dans la vie, représente, elle aussi, un facteur important (Ellis *et al.*, 2003). Par contre, les adolescents qui ont une relation chaleureuse avec leur mère ou ceux qui pensent que leur mère désapprouve ce type d'activité sont plus susceptibles de retarder leur activité sexuelle (Jaccard et Dittus, 2000 ; Sieving, McNeely et Blum, 2000). Parmi les adolescents qui ont des relations sexuelles, plus du tiers disent le faire *par amour*,

Homophobie
Sentiment de peur et d'aversion éprouvé envers les personnes d'orientation homosexuelle et qui amène de la discrimination à leur égard.

Infection transmise sexuellement (ITS)
Infection ou maladie transmissible par contact sexuel.

un argument plus souvent évoqué par les filles. Près du tiers des garçons mentionne plutôt l'attirance physique, contre seulement 9 % pour les filles. La curiosité est aussi plus souvent mentionnée par les garçons que par les filles (Langis et Germain, 2009). Toutefois, c'est la perception des normes en vigueur dans le groupe de pairs qui représente une des influences les plus puissantes. En effet, les jeunes se sentent souvent forcés à pratiquer des activités pour lesquelles ils ne se considèrent pas prêts.

L'utilisation de contraceptifs

10.5 L'utilisation des préservatifs

Depuis les années 2000, on observe une recrudescence des ITS chez les adolescents jumelée à une plus grande propension à ne pas utiliser les préservatifs.

Chez les adolescents sexuellement actifs, la meilleure protection demeure l'utilisation correcte et régulière de préservatifs qui, à la fois, protègent contre les ITS et préviennent la grossesse. Cette utilisation a augmenté au cours des dernières années, tout comme celle de la pilule et de nouvelles méthodes de contraception hormonale et injectable ou la combinaison de plusieurs de ces méthodes (Abma *et al.*, 2004). Souvent, les adolescentes qui utilisent des contraceptifs hormonaux cessent d'utiliser le préservatif, ce qui les laisse sans protection contre les ITS (Klein et AAP Committee on Adolescence, 2005). Or, depuis le début des années 2000, les ITS sont en nette recrudescence, surtout chez les adolescents (Langis et Germain, 2009). Comparativement aux jeunes âgés de 20 à 24 ans, un plus grand nombre de jeunes de 15 à 19 ans ont des relations sexuelles avec plusieurs partenaires, et près du tiers d'entre eux rapportent ne pas avoir utilisé de préservatif lors de leurs dernières relations sexuelles. Cette proportion est plus élevée au Québec que dans les autres provinces canadiennes (Rotermann, 2008). Des enquêtes canadiennes récentes montrent que 4,1 % des jeunes âgés de 15 à 24 ans ont reçu un diagnostic d'ITS, avec une forte prévalence pour les filles (Rotermann, 2005, 2008).

Les informations sur la sexualité s'avèrent par conséquent très importantes relativement aux comportements des jeunes. Les adolescents les obtiennent principalement auprès d'amis, de parents, dans les cours d'éducation sexuelle et, enfin, dans les médias (Kaiser Family Foundation *et al.*, 2003). Or, ces médias, et plus particulièrement Internet, abordent rarement les risques liés aux relations sexuelles non protégées et associent souvent l'activité sexuelle au plaisir et à l'excitation, mais aussi à la compétition, au danger et à la violence. Selon des études canadiennes récentes, c'est tout de même à l'école que les adolescents obtiennent le plus d'informations pertinentes sur la santé sexuelle (Boyce *et al.*, 2003 ; ACSA, 2006). Par ailleurs, ceux qui peuvent parler de sexualité avec leurs frères et sœurs plus âgés ainsi qu'avec leurs parents sont plus susceptibles d'avoir une attitude positive envers des relations sexuelles plus sécuritaires (Kowal et Pike, 2004). Les parents aussi ont besoin d'être informés sur les ITS et ils devraient avoir une attitude non moralisatrice à l'égard de la sexualité de leurs enfants. Une telle attitude favoriserait l'adoption de comportements sains et responsables chez les adolescents (Langis et Germain, 2009).

Les infections transmises sexuellement (ITS)

Le tableau 10.2 présente certaines ITS, leurs causes, leurs symptômes les plus fréquents ainsi que leur traitement et leurs conséquences.

En plus de ce qui a été mentionné plus haut, la diversification des pratiques sexuelles chez les 15 à 25 ans et leurs croyances erronées quant au danger de ces pratiques favorisent la progression des ITS (Langis et Germain, 2009). Par exemple, depuis le début des années 2000, les jeunes adolescents s'adonnent en plus grand nombre, et de façon régulière, aux pratiques buccogénitales, croyant à tort que cette activité sexuelle n'entraîne que très peu de risques de contracter une ITS (Curtis et Hunt, 2007 ; O'Brien, 2003). Pourtant, plusieurs ITS, notamment la gonorrhée pharyngée, peuvent se transmettre de cette façon (Remez, 2000). Au cours d'un seul acte sexuel non protégé avec un partenaire infecté, une fille a 1 % de risque de contracter le VIH, 30 % de contracter l'herpès génital et 50 % de contracter la gonorrhée (Alan Guttmacher Institute [AGI], 1999).

La chlamydia est l'ITS la plus souvent déclarée au Canada, plus des deux tiers des cas étant recensés chez les 15 à 24 ans. La gonorrhée, dont le nombre de cas a pratiquement

TABLEAU 10.2 | Les infections sexuellement transmissibles les plus courantes

Maladie ou infection	Cause	Symptômes chez l'homme	Symptômes chez la femme	Traitements	Conséquences de l'absence de traitement
Chlamydia	Infection bactérienne	Douleur pendant la miction, écoulement du pénis	Écoulement vaginal, inconfort abdominal†	Tétracycline ou érythromycine	Peut causer une salpingite aiguë, voire la stérilité
Trichomonase	Infection parasitaire, parfois transmise par les objets humides comme les serviettes et les maillots de bain	En général, absence de symptômes	Absence de symptômes ou écoulement vaginal, inconfort pendant l'acte sexuel, odeur, miction douloureuse	Antibiotique oral	Peut causer la croissance anormale des cellules du col de l'utérus
Gonorrhée	Infection bactérienne	Écoulement du pénis, douleur pendant la miction	Inconfort lors de la miction, écoulement vaginal, menstruations anormales†	Pénicilline ou autres antibiotiques	Peut causer une salpingite aiguë, voire la stérilité, ainsi que de l'arthrite, une dermatite et la méningite
Papillomavirus (verrue génitale)	Papillomavirus humain	Excroissances non douloureuses qui apparaissent généralement sur le pénis, mais parfois aussi sur l'urètre ou dans la zone rectale*	Petites excroissances non douloureuses sur les organes génitaux et sur l'anus, qui peuvent aussi se produire à l'intérieur du vagin sans symptômes externes	Retrait des verrues, mais l'infection revient souvent	Peut être associé au cancer du col de l'utérus; pendant la grossesse, les verrues s'agrandissent et peuvent obstruer la filière pelvigénitale
Herpès génital	Virus de l'herpès simplex	Cloques douloureuses n'importe où sur les organes génitaux, généralement sur le pénis*	Cloques douloureuses sur les organes génitaux, parfois accompagnées de fièvre et de douleurs musculaires; les femmes qui ont des plaies sur le col de l'utérus peuvent ne pas être conscientes de la poussée de l'herpès*	Aucun traitement connu, mais infection contrôlée grâce à un médicament antiviral, l'acyclovir	Peut augmenter le risque d'un cancer du col de l'utérus
Hépatite B	Virus de l'hépatite B	Peau et yeux qui jaunissent	Peau et yeux qui jaunissent	Aucun traitement connu	Peut endommager le foie et causer une hépatite chronique
Syphilis	Infection bactérienne	Au premier stade, plaies brunes dans la bouche, sur les organes génitaux ou les deux, qui peuvent disparaître, bien que la bactérie reste; au 2e stade, plus infectieux, démangeaison généralisée de la peau*	Au premier stade, plaies brunes dans la bouche, sur les organes génitaux ou les deux, qui peuvent disparaître, bien que la bactérie reste; au 2e stade, plus infectieux, démangeaison généralisée de la peau*	Pénicilline ou autres antibiotiques	Peut provoquer une paralysie, des convulsions, des dommages au cerveau et, parfois, un décès
SIDA (syndrome d'immunodéficience acquise)	Virus de l'immunodéficience humaine (VIH)	Fatigue extrême, fièvre, gonflement des ganglions lymphatiques, perte de poids, diarrhée, sueurs nocturnes, prédisposition aux autres maladies*	Fatigue extrême, fièvre, gonflement des ganglions lymphatiques, perte de poids, diarrhée, sueurs nocturnes, prédisposition aux autres maladies*	Aucun traitement; les inhibiteurs de la protéase et d'autres médicaments semblent tout de même prolonger la vie	Le décès est généralement dû à d'autres maladies, comme le cancer

Légende : * = Peut être asymptomatique   † = Est souvent asymptomatique doublé entre 1997 et 2004, arrive au deuxième rang des ITS déclarées au Canada, les 15 à 24 ans représentant 70 % des cas (Agence de la santé publique du Canada, 2006). Ces deux maladies sont curables, à la condition d'être dépistées et traitées ; sinon, elles peuvent entraîner de graves problèmes de santé, notamment pour les femmes, chez qui elles peuvent déclencher une inflammation pelvienne, qui est une infection abdominale grave. De son côté, l'herpès génital est une maladie chronique récurrente, souvent douloureuse et extrêmement contagieuse. Cette maladie, dont l'incidence a considérablement augmenté depuis une trentaine d'années, est une des ITS les plus répandues (au Canada, une personne sur six serait porteuse). Elle figure aussi parmi les infections les plus difficiles à traiter.

Le virus de l'immunodéficience humaine (VIH), qui cause le sida, se transmet par les fluides corporels (principalement par le sang et le sperme), généralement en partageant les aiguilles servant aux injections de drogue par intraveineuse ou encore par contact sexuel avec un partenaire infecté. Ce virus attaque le système immunitaire de l'individu, qui devient alors vulnérable à diverses maladies mortelles. Dans le monde, sur les 4,1 millions de nouvelles personnes infectées par le VIH chaque année, environ la moitié sont âgés de 15 à 24 ans (UNAIDS, 2006). Au Québec, on a dénombré 335 cas déclarés de VIH en 2007, dont 6 % était des jeunes agés de 15 à 24 ans (Ministère de la Santé et des Services sociaux, 2008). Pour le moment, le sida demeure une maladie incurable, mais grâce à la thérapie antivirale, et notamment aux inhibiteurs de protéase, on parvient de plus en plus à faire cesser les infections mortelles qui y sont liées (Palella *et al.*, 1998 ; Weinstock, Berman et Cates, 2004). Ironiquement, en réduisant la peur de la maladie, les progrès médicaux peuvent pousser les adolescents sexuellement actifs à prendre moins de précautions lorsqu'ils ont des relations sexuelles. Par ailleurs, comme les symptômes n'apparaissent pas forcément rapidement après la contamination, le dépistage précoce est important. Un dépistage régulier à l'école, mais aussi des programmes qui font la promotion de l'abstinence ou du report de l'activité sexuelle, des prises de décision responsables et l'accessibilité des préservatifs à ceux qui ont des rapports sexuels pourraient contribuer à contrôler l'épidémie d'ITS (Cohen *et al.*, 1999 ; Rotheram-Borus et Futterman, 2000). En effet, il n'existe aucune donnée probante indiquant que l'éducation relative à l'utilisation des préservatifs et leur disponibilité contribueraient à augmenter l'activité sexuelle (Klein et AAP Committee on Adolescence, 2005).

La grossesse à l'adolescence

Le taux de grossesses chez les adolescentes québécoises a connu une baisse au cours des dernières années : en 1998, ce taux se situait autour de 20 pour 1 000 adolescentes, puis il a baissé graduellement pour atteindre 14,7 pour 1 000 adolescentes en 2004 (Ministère de la Santé et des Services sociaux, 2007a).

Plusieurs facteurs de risque sont associés à la grossesse à l'adolescence. Ainsi, les adolescentes qui tombent enceintes sont plus susceptibles d'avoir été victimes de violence physique, psychologique ou sexuelle pendant leur enfance, ou encore d'avoir été exposées au divorce ou à la séparation de leurs parents, à de la violence familiale, à des abus de substances ou à un membre du foyer qui avait des problèmes de santé mentale ou des comportements criminels (Hillis *et al.*, 2004). Un des facteurs expliquant la grossesse à l'adolescence est aussi la résistance à la contraception. En effet, les adolescentes n'utilisent pas les contraceptifs ou font une utilisation inadéquate de ceux-ci. Par exemple, certaines d'entre elles, par peur de s'affirmer ou d'être rejetées, vont consentir à une relation sexuelle non protégée. Par ailleurs, il existe plusieurs mythes entourant la contraception et la grossesse. Ainsi, plusieurs adolescents croient qu'une fille ne peut pas tomber enceinte au cours d'une première relation sexuelle ou pendant ses menstruations. Ces mythes contribuent au maintien de comportements irresponsables pouvant mener à une grossesse non désirée (Ministère de la Santé et des Services sociaux, 2005).

Or, plusieurs conséquences négatives sont associées à la grossesse à l'adolescence. Sur le plan physiologique, le corps des adolescentes est encore en pleine croissance

10.6

La grossesse à l'adolescence

L'expérience de la maternité à l'adolescence transforme radicalement la vie d'une jeune femme.

et il se retrouve en compétition avec le fœtus en développement en ce qui a trait aux nutriments essentiels (Fraser, Brockert et Ward, 1995). Par ailleurs, de nombreuses jeunes mères sont pauvres et peu scolarisées, et certaines consomment même de la drogue. Nombre d'entre elles ne se nourrissent pas convenablement, ne prennent pas assez de poids et ne reçoivent pas les soins prénataux adéquats, voire n'en reçoivent pas du tout. Leur bébé est donc plus susceptible d'être prématuré ou dangereusement petit. Il court aussi plus de risques de complications lors de l'accouchement, de mort infantile et de devoir faire face plus tard à des difficultés scolaires ainsi qu'à des problèmes de santé, d'abus, de négligence et de déficiences développementales pouvant se poursuivre jusqu'à leur adolescence (Klein et AAP Committee on Adolescence, 2005; Menacker *et al.,* 2004). De leur côté, les mères-adolescentes sont plus susceptibles d'abandonner l'école et de vivre des grossesses répétées. Parfois, ces mères et leurs partenaires n'ont pas suffisamment de maturité, de compétences et de soutien social pour être de bons parents. (Klein et AAP Committee on Adolescence, 2005; Pogarsky, Thornberry et Lizotte, 2006). Enfin, le rôle de père à l'adolescence peut aussi être difficile. Les études montrent en effet que les adolescents s'investissent généralement peu dans leur nouveau rôle, qui leur semble trop lourd. De plus, ces jeunes hommes vont souvent quitter la mère de l'enfant au cours de la grossesse ou des deux années suivant la naissance (Ministère de la Santé et des Services sociaux, 2009a). Toutefois, il faut être prudent quant à la généralisation de toute donnée puisqu'il existe encore peu d'études sur le sujet. Ainsi, certains jeunes prennent leur rôle de père et de mère au sérieux et s'investissent pleinement dans leurs nouvelles responsabilités, comme le montre l'encadré 10.2 (Ministère de la Santé et des Services sociaux, 2005).

La grossesse à l'adolescence : les différentes trajectoires

Malgré le portrait plutôt sombre que les études dressent de la grossesse à l'adolescence, certains chercheurs québécois soulignent la diversité des trajectoires que peuvent emprunter les adolescentes qui donnent naissance à un enfant. Certaines adolescentes reçoivent en effet du soutien de leur famille et voient dans cet événement une occasion de se mobiliser pour se donner un meilleur avenir. Johanne Charbonneau (2003), une chercheuse québécoise, a ainsi mis en évidence deux types de mères-adolescentes. Le premier groupe est composé de mères qui ne font qu'une courte pause avant de retourner aux études ou sur le marché du travail. Ces mères sont plutôt sociables et issues de familles où régnaient certains conflits familiaux. Leur grossesse les conduit ainsi à une profonde remise en question. Elles acquièrent le sens des responsabilités et peuvent compter sur un réseau social de soutien. Le second groupe, lui, est constitué de mères dont l'existence est marquée par de grandes difficultés qui persistent à plus long terme. Ces mères ont généralement eu une enfance perturbée et vivent, à cause de leur situation, un certain retrait social. L'arrivée de l'enfant est alors souvent perçue comme une façon de remplacer les liens affectifs qui ont manqué au cours de leur enfance. Ces mères dépendent des prestations de revenu du gouvernement et ce sont celles qui vont avoir plus d'enfants et remettre toujours à plus tard leur retour aux études ou leur insertion sur le marché du travail (Charbonneau, 1998).

Plusieurs services sont offerts au Québec pour aider les adolescentes enceintes à poursuivre leur grossesse de manière sereine. Parmi ces services, on peut citer l'école Rosalie-Jetté, qui apporte le soutien nécessaire pour aider les jeunes mères à terminer leurs études secondaires dans un environnement sécurisant. Elle leur offre une approche tournée vers l'orientation personnelle et professionnelle, en parallèle avec différentes activités scolaires. Cette stratégie pédagogique leur permet d'établir des liens entre l'école et les exigences du marché du travail, tout en assumant leur rôle de mère. Elle leur permet aussi de s'orienter sur le plan professionnel. De plus, dans certaines écoles secondaires, il existe aussi des programmes adaptés aux mères-adolescentes et à leurs enfants. C'est par exemple le cas de l'école Monseigneur-Richard, à Verdun, qui offre un programme créé dans le but de permettre aux adolescentes et aux jeunes mères de terminer leurs études secondaires, d'acquérir des compétences parentales et sociales et, enfin, de mettre en place un plan de stimulation précoce assurant à leurs enfants un sain développement. Des professionnels présents sur place, en collaboration avec le centre local de services communautaires (CLSC), assurent le succès de ce programme.

Une des composantes importantes de la prévention des grossesses adolescentes est l'accès aux services génésiques. Dans plusieurs pays d'Europe, comme en Grande-Bretagne, en France ou en Suède, les contraceptifs sont fournis gratuitement aux adolescents. La Suède a diminué de cinq fois son taux de grossesse à l'adolescence après avoir aussi introduit des cours sur la régulation des naissances, sur l'accès libre aux contraceptifs et sur l'avortement gratuit sur demande (Bracher et Santow, 1999). Au Québec, la prévention s'articule surtout autour des programmes scolaires de formation et d'éducation sexuelle, qui recommandent d'aborder le sujet de la grossesse à l'adolescence à l'intérieur des cours de formation générale. Toutefois, selon des enquêtes québécoises, les adolescentes se disent ennuyées par les contenus répétitifs de ces cours qui consacrent dans les faits trop de temps à la contraception et trop peu à la réflexion portant sur l'adoption de comportements responsables (Ministère de la Santé et des Services sociaux, 2005). Les chercheurs recommandent donc de mettre davantage l'accent sur les répercussions d'une grossesse à l'adolescence, sur l'affirmation de soi, sur la capacité de négocier et sur le rôle du garçon dans la contraception (Dufort, Guilbert et Saint-Laurent, 2000). Les programmes qui encouragent le report de l'activité sexuelle ou l'abstinence ne suffisent donc pas. Pour prévenir les grossesses et les infections, on doit aussi reconnaître que de nombreux jeunes sont sexuellement actifs et ont grandement besoin d'être éduqués et informés. De plus, on doit aussi tenir compte des facteurs de risque sous-jacents, et donc diminuer la pauvreté, l'échec scolaire ainsi que les problèmes comportementaux et familiaux, améliorer l'emploi, l'acquisition de compétences et l'éducation sur la vie de famille, et les jeunes qui courent le plus de risques (Children's Defense Fund, 1998 ; Klein et AAP Committee on Adolescence, 2005).

Faites le POINT

4 Décrivez le stade de développement psychosexuel qui est atteint à l'adolescence.

5 Qu'entend-on par *homophobie* ?

6 Citez les ITS les plus fréquentes chez les adolescents.

7 De quelle façon la fréquence de ces ITS a-t-elle évolué au cours des dernières années ? Quel est le groupe d'âge le plus à risque de contracter ces types d'infection ?

10.3 Le développement des relations affectives et sociales

L'âge devient un facteur important dans la formation de liens affectifs à l'adolescence. En effet, les adolescents passent plus de temps avec leurs pairs et moins avec leur famille. Cependant, la plupart de leurs valeurs fondamentales sont généralement plus proches de celles de leurs parents qu'on ne le croit (Offer et Church, 1991). Ainsi, même lorsque les adolescents se tournent vers leurs pairs pour trouver des modèles, pour avoir de la compagnie et de l'intimité, ils comptent encore sur leurs parents pour leur fournir une base sécuritaire à partir de laquelle ils vont pouvoir déployer leurs ailes. Les adolescents les plus sûrs d'eux ont des relations solides et réconfortantes avec leurs parents, lesquels sont sensibles à la façon dont leurs enfants se perçoivent, permettent et encouragent leurs tentatives d'indépendance et leur procurent un refuge en cas de stress émotionnel (Allen *et al.,* 2003 ; Laursen, 1996).

Rébellion
Modèle de tourmente affective caractéristique d'une minorité d'adolescents, qui peut comporter des conflits avec la famille, la prise de distance par rapport à la société adulte, le rejet de ses valeurs et des comportements irresponsables.

10.3.1 La rébellion : mythe ou réalité

On a souvent assimilé l'adolescence à une période de **rébellion** et de crise empreinte de bouleversements émotionnels, de conflits avec la famille, de comportements irresponsables, d'une prise de distance par rapport à la société adulte et d'un rejet de ses valeurs. Pourtant, des recherches menées auprès d'adolescents, dans des écoles situées un peu partout dans le monde, suggèrent qu'ils ne sont en réalité qu'environ un sur cinq à correspondre à ce modèle (Offer et Schonert-Reichl, 1992).

Cette idée de rébellion adolescente pourrait venir du psychologue Stanley Hall, dont nous avons brièvement parlé dans le chapitre 1. Ce dernier pensait en effet que les efforts des jeunes qui tentaient de s'adapter à leurs changements corporels et aux exigences imminentes de l'âge adulte les faisaient entrer dans une période de tourmente et de stress causant un conflit intergénérationnel. De leur côté, Freud et sa fille Anna croyaient que la tourmente et le stress étaient universels et inévitables à l'adolescence, et qu'ils provenaient d'une résurgence des pulsions sexuelles infantiles à l'égard des parents. Cependant, l'anthropologue Margaret Mead (1928, 1935), qui a étudié le développement des jeunes à Samoa et dans d'autres îles du Pacifique, a remis en question le caractère universel et inéluctable d'une crise à l'adolescence. Selon elle, lorsqu'une culture favorise une transition graduelle et sereine entre l'enfance et l'âge adulte, il n'y a généralement ni tourmente ni stress. Il est vrai que sa recherche effectuée à Samoa a été plus tard remise en question (Freeman, 1983). Toutefois, des recherches menées dans 186 sociétés préindustrielles ont finalement appuyé cette observation (Schlegel et Barry, 1991). La véritable rébellion semble donc désormais relativement inhabituelle dans les sociétés occidentales, tout au moins chez les adolescents de la classe moyenne qui fréquentent l'école. La plupart des jeunes se sentent proches de leurs parents, en ont une perception positive, partagent les mêmes opinions qu'eux sur la plupart des sujets et comptent sur leur approbation (Offer, Ostrov et Howard, 1989 ; Offer et Church, 1991 ; Offer et al., 1988).

De plus, contrairement à la croyance populaire, les adolescents qui sont apparemment bien adaptés ne sont pas des bombes à retardement prêtes à exploser. Une étude longitudinale américaine, menée auprès de 67 garçons de 14 ans vivant en banlieue, révèle que la grande majorité d'entre eux s'adaptent bien à leurs expériences de vie. Le nombre relativement faible d'adolescents profondément troublés semblait provenir de familles perturbées. Une fois devenus adultes, ils continuent d'avoir une vie familiale instable et de rejeter les normes culturelles. Par contre, ceux qui ont grandi dans un foyer où l'atmosphère familiale était positive semblent avoir tendance à terminer leur adolescence sans connaître de problèmes graves, à former un couple solide une fois devenus adultes et à avoir une vie bien adaptée (Offer et al., 2002).

Bien entendu, sans parler de crise, l'adolescence peut néanmoins être une période de transition difficile pour les jeunes et pour leurs parents. Les conflits familiaux, la dépression et les comportements à risque y sont plus courants que pendant les autres moments de la vie (Arnett, 1999 ; Petersen et al., 1993). Les émotions négatives et les changements d'humeur sont plus intenses au début de l'adolescence, peut-être à cause du stress lié à la puberté. Cette émotivité a toutefois tendance à se stabiliser à la fin de l'adolescence (Larson et al., 2002). Le fait de reconnaître que l'adolescence puisse être une période difficile peut aider les parents et les enseignants à replacer les comportements des adolescents dans leur juste perspective. Cependant, les adultes qui pensent que la tourmente est normale et nécessaire à cette période risquent de ne pas tenir compte des signaux émis par les quelques jeunes qui, relativement peu nombreux, ont tout de même besoin d'une aide spécialisée.

10.3.2 Les relations avec les parents

Durant l'adolescence, les relations avec les parents et le degré de conflit et d'ouverture dans la communication sont largement enracinés dans la proximité affective instaurée pendant l'enfance. Par ailleurs, les relations des adolescents avec leurs parents préparent le terrain pour la qualité de leur relation avec le partenaire à l'âge adulte (Overbeek et al., 2007). La plupart des adolescents déclarent avoir de bonnes relations avec leurs parents (Gutman et Eccles, 2007). Pourtant, l'adolescence amène des difficultés particulières. Ainsi, alors que les adolescents ressentent une tension entre la dépendance envers leurs parents et la nécessité de se détacher, les parents, de

10.7 **La relation parent-adolescent**
La plupart des adolescents déclarent avoir une bonne relation avec leurs parents, mais certaines adaptations de part et d'autre sont nécessaires.

leur côté, désirent que leurs enfants soient indépendants, mais tout en ayant de la difficulté à lâcher prise. Ils sont donc tiraillés entre le désir de leur accorder plus de liberté et celui de les protéger des défaillances de jugement dues à leur immaturité. Or, ces tensions peuvent entraîner des conflits familiaux, dont la forme et le résultat peuvent être influencés par le style parental. De plus, comme pour les enfants plus jeunes, les relations des adolescents avec leurs parents sont influencées par les conditions de vie de ces derniers, c'est-à-dire par leur travail, leur situation matrimoniale et leur statut socioéconomique.

L'individuation et les conflits familiaux

Individuation
Quête d'autonomie et d'identité chez les adolescents.

L'**individuation** représente la lutte de l'adolescent pour l'autonomie et la différenciation ou l'identité personnelle. Ce processus peut occasionner des conflits familiaux, car un aspect important de l'individuation consiste à définir les limites de l'autorité parentale (Nucci, Hasebe et Lins-Dyer, 2005).

Les disputes entre parents et adolescents portent le plus souvent sur des préoccupations liées au quotidien: les tâches ménagères, les travaux scolaires, l'habillement, l'argent, le couvre-feu, les relations amoureuses et les amis (Adams et Laursen, 2001 ; Steinberg, 2005). L'intensité émotive de ces conflits, souvent exagérée par rapport au problème, peut refléter le processus d'individuation sous-jacent. Les conflits familiaux, ainsi que l'identification positive aux parents, sont à leur apogée à l'âge de 13 ans, puis diminuent ensuite jusqu'à l'âge de 17 ans, moment où ils se stabilisent ou augmentent légèrement. Cette modification reflète des occasions accrues pour les adolescents de prendre des décisions de façon indépendante, en élargissant ainsi les frontières de ce qui est considéré comme leurs affaires privées (Gutman et Eccles, 2007 ; Steinberg, 2005). Les adolescents qui ont plus d'occasions de prendre leurs propres décisions déclarent avoir une meilleure estime de soi que ceux qui en ont moins l'occasion. La qualité des relations familiales, surtout chez les filles, peut donc avoir une influence sur la santé mentale, les interactions familiales négatives étant liées à la dépression à l'adolescence, alors que l'identification familiale positive est associée à un taux inférieur de dépression (Gutman et Eccles, 2007).

Les styles parentaux et la santé psychologique

Comme chez l'enfant plus jeune, les pratiques parentales démocratiques continuent de favoriser un développement psychosocial sain (Baumrind, 1991, 2005). Les parents qui manifestent leur déception par rapport à l'inconduite adolescente réussissent effectivement mieux à motiver leurs jeunes à adopter des comportements responsables que ceux qui leur imposent des punitions sévères (Krevans et Gibbs, 1996). Les parents démocratiques insistent sur les règles, les normes et les valeurs importantes, mais ils sont aussi prêts à écouter, à expliquer et à négocier (Lamborn *et al.*, 1991). C'est le cas des parents de Vanessa qui, dans la mise en situation de ce chapitre, ont établi une règle concernant ses sorties de fin de semaine. Les parents démocratiques exercent donc un contrôle adéquat sur la conduite de leur enfant (contrôle comportemental), mais pas sur ses sentiments, ses croyances et son sens de l'identité (contrôle psychologique) (Steinberg et Darling, 1994). Par contre, les parents autoritaires peuvent amener l'adolescent à rejeter l'influence parentale et à chercher à tout prix du soutien et de l'approbation auprès de ses pairs (Fuligni et Eccles, 1993). Les parents qui exercent un contrôle psychologique en utilisant la manipulation des émotions (par exemple, le retrait de l'amour) peuvent donc nuire au développement psychosocial de leur enfant et à sa santé mentale, car ils ne répondent pas adéquatement à ses besoins croissants d'autonomie psychologique ou à son droit à ses propres réflexions et sentiments (Steinberg, 2005).

En ce qui concerne l'image de soi des adolescents, là encore les pratiques parentales démocratiques semblent les plus favorables. En effet, une enquête américaine menée auprès de 8 700 élèves de la deuxième à la cinquième secondaire a conclu que «plus les adolescents pensent que leurs parents s'intéressent à eux, leur accordent de l'autonomie et mettent en place une structure, plus ils évaluent positivement leur propre conduite générale, leur développement psychosocial et leur santé mentale » (Gray et Steinberg, 1999). Par contre, leur santé émotionnelle souffre davantage lorsqu'ils sentent que leurs parents tentent d'exercer un contrôle psychologique plus que comportemental. De plus, les adolescents dont les parents font preuve de fermeté pour faire respecter les règles comportementales semblent avoir plus d'autodiscipline et moins de problèmes de comportements que ceux dont les parents sont plus permissifs. Enfin, ceux auxquels les parents accordent de l'autonomie psychologique ont tendance à avoir davantage confiance en eux et à être plus compétents, tant dans le domaine scolaire que dans le domaine social.

Une surveillance parentale efficace peut prévenir les comportements problématiques chez les adolescents (Barnes, Hoffman et Welte, 2006). Cependant, pour le surveiller efficacement, il faut d'abord savoir ce que fait l'adolescent. Or, l'autonomie croissante des jeunes ainsi que leur perception de la diminution de l'autorité parentale redéfinissent les types de comportements que les adolescents sont censés révéler à leurs parents (Smetana, Crean et Campione-Barr, 2005). Une étude belge révèle que les jeunes sont plus disposés à révéler des informations les concernant lorsque les parents entretiennent un climat familial chaleureux et réceptif dans lequel ils sont encouragés à parler ouvertement et lorsque les parents expriment clairement leurs attentes sans exercer un contrôle exagéré, donc en d'autres termes, lorsqu'ils adoptent un style démocratique (Soenens *et al.*, 2006). Par ailleurs, une enquête québécoise montre qu'une majorité d'adolescents se confient davantage à leur mère qu'à leur père, estimant pouvoir obtenir plus de soutien de la part de cette dernière (Drapeau *et al.*, 2002).

L'atmosphère familiale et le bien-être des adolescents

Les adolescents, comme les enfants plus jeunes, sont sensibles à l'atmosphère qui règne à la maison. En effet, des études montrent que les changements relatifs à la détresse conjugale ou aux conflits conjugaux (que ce soit en termes d'amélioration ou de détérioration) permettent de prédire des changements correspondants en ce qui a trait à l'adaptation des adolescents (Cui, Conger et Lorenz, 2005). De plus, les adolescents vivant dans une famille où les deux parents sont mariés ont tendance à avoir significativement moins de problèmes de comportement que ceux qui grandissent dans d'autres types de structure familiale (parent unique, cohabitation ou famille reconstituée). La participation du père représente aussi un facteur important. L'implication active du père à la suite d'une rupture conjugale est aidante, mais pas autant que celle du père qui vit à la maison (Carlson, 2006). De plus, bien que les adolescents qui ont des liens solides avec leurs deux parents obtiennent les meilleurs résultats, une bonne relation avec un père biologique n'habitant pas sous le même toit peut compenser une mauvaise relation avec la mère (King et Sobolewski, 2006), et cette relation est aussi plus susceptible de continuer jusqu'au début de l'âge adulte (Aquilino, 2006). Toutefois, lorsqu'il y a présence d'un beau-père, les liens étroits que l'adolescent entretient avec lui ont alors plus d'influence que ceux qu'il a avec son père biologique (King, 2006).

Par ailleurs, comme chez les jeunes enfants, les adolescents qui vivent avec des parents en union libre ont tendance à avoir plus de problèmes comportementaux et affectifs que ceux qui grandissent dans des familles où les adultes sont mariés. De plus, lorsqu'un de ces conjoints de fait n'est pas le parent biologique, l'engagement envers l'école en souffre également. Par contre, contrairement aux enfants plus jeunes, ces effets ne dépendent pas des ressources économiques, du bien-être parental ni de l'efficacité des pratiques parentales. Cela suggère donc que le concubinage en soi est peut-être plus problématique pour certains adolescents que pour les enfants plus jeunes (Brown, 2004).

L'emploi de la mère et le statut socioéconomique familial

L'impact du travail de la mère à l'extérieur de la maison est différent selon que la famille est monoparentale ou biparentale. En effet, la mère célibataire doit souvent travailler pour éviter la catastrophe économique. L'impact de son emploi sur les enfants-adolescents va donc dépendre du temps et de l'énergie qui lui restent à leur consacrer, de la connaissance qu'elle a de leurs allées et venues et du type de modèle qu'elle leur offre. Une étude longitudinale menée auprès de 819 jeunes âgés de 10 à 14 ans issus de familles à faible revenu vivant en milieu urbain met en évidence l'importance du type de vigilance et de supervision que les adolescents reçoivent après l'école. Ceux qui sont livrés à eux-mêmes à l'extérieur de la maison ont tendance à boire de l'alcool, à consommer de la drogue et à mal se conduire à l'école, surtout s'ils ont des antécédents de problèmes de comportement. Cependant, cette situation est moins susceptible de se produire lorsque les parents surveillent les activités de leurs enfants et lorsque les voisins participent activement à cette surveillance (Coley, Morris et Hernandez, 2004).

Comme nous l'avons déjà vu à plusieurs reprises, le manque d'argent représente le problème majeur dans de nombreuses familles monoparentales. Ainsi, une étude longitudinale américaine menée à la grandeur du pays a démontré que l'emploi instable de la mère ou le fait d'être au chômage pendant deux ans semble avoir une influence négative sur les adolescents vivant dans une famille monoparentale à faible revenu dirigée par la mère. En effet, ceux-ci sont plus susceptibles d'abandonner l'école et d'avoir une plus faible estime et maîtrise de soi (Kalil et Ziol-Guest, 2005). Ces adolescents sont également plus sujets à avoir des problèmes comportementaux et relationnels (Ambert, 2006). À cet égard, il semble que la situation au Québec et au Canada se soit améliorée au cours des dernières décennies. De récentes statistiques montrent effectivement que les femmes monoparentales actuelles ont un revenu moyen plus élevé et qu'elles sont plus scolarisées qu'elles ne l'étaient dans les années 1980 (Statistique Canada, 2009d). Par ailleurs, des études québécoises montrent aussi que le type de relations qu'entretiennent les parents avec leurs adolescents est lié au statut socioéconomique de la famille et que les jeunes se sentent moins soutenus par leurs parents lorsqu'ils viennent d'une famille disposant de moins de revenus (Bellerose, Cadieux et Noël, 2002). Le faible statut socioéconomique d'une famille serait un terrain propice à l'apparition d'une série d'autres facteurs de risque qui nuisent à l'exercice du rôle parental (Cloutier et Drapeau, 2008).

10.3.3 Les relations avec la fratrie

Comme les adolescents accordent plus de temps à leurs amis, il leur en reste moins qu'autrefois à consacrer à leurs frères et sœurs dont ils se distancient momentanément. Ils sont donc moins proches de leur fratrie que de leurs parents ou de leurs amis, et moins influencés par elle (Laursen, 1996). Ces changements relationnels avec la fratrie précèdent les changements similaires qui se produisent dans les relations entre adolescents et parents : le jeune devient plus indépendant et la personne plus âgée exerce moins d'autorité. Par ailleurs, au moment où les adolescents approchent du secondaire, leurs relations fraternelles deviennent progressivement plus égalitaires : les frères et sœurs plus âgés exercent moins de pouvoir sur les plus jeunes, et ces derniers n'ont plus besoin d'autant de supervision. Les différences d'âge relatives diminuent, tout comme celles ayant trait aux compétences et à l'indépendance (Buhrmester et Furman, 1990).

Des chercheurs ont effectué une étude longitudinale auprès de 200 familles américaines blanches et ont tracé un graphique des changements des relations fraternelles entre le milieu de l'enfance et l'adolescence (Kim *et al.*, 2006). Comme dans les recherches antérieures, les sœurs rapportent une plus grande intimité entre elles que les frères ou que les paires mixtes. De plus, le niveau d'intimité entre les enfants du même sexe demeure stable. En revanche, les frères et les sœurs semblent devenir moins intimes entre le milieu de l'enfance et le début de l'adolescence. Ils se rapprochent davantage au milieu de l'adolescence, soit à une période où la plupart des jeunes s'intéressent davantage au sexe opposé. Leurs conflits tendent alors à diminuer. Par ailleurs, l'étude a aussi démontré que les relations fraternelles (conflictuelles ou non) ont tendance à refléter la relation parents-enfants, de même que la relation matrimoniale des parents. Par exemple, les frères et sœurs sont plus intimes si leur mère est chaleureuse et tolérante. Enfin, lorsque le père est moins heureux en couple, la fratrie se rapproche et se dispute moins (Kim *et al.*, 2006).

10.3.4 Les relations avec les pairs

L'engagement croissant auprès des pairs est une source importante de soutien affectif pendant la période de transition complexe que représente l'adolescence. Le groupe de pairs est aussi une source d'affection, de compréhension et de conseils, un espace permettant de faire des expériences et un milieu où le jeune devient autonome et indépendant de ses parents. C'est le lieu pour établir des relations intimes et pour s'exercer à l'intimité avant l'âge adulte. Les pairs exercent ainsi une forte influence sur le comportement de l'adolescent, ce que les parents déplorent parfois.

Pendant l'enfance, la plupart des interactions entre pairs sont dyadiques, c'est-à-dire qu'elles se déroulent entre deux personnes, bien que des regroupements plus importants commencent à se former au milieu de l'enfance. À l'adolescence, le système social des pairs se complexifie et se diversifie. Même si les adolescents continuent d'avoir des amitiés individuelles, les *cliques*, des groupes structurés d'amis qui font des choses ensemble, deviennent plus importantes. Enfin, un troisième type de regroupement plus grand apparaît généralement à l'adolescence, qui n'est pas basé sur les interactions personnelles, mais sur la réputation, l'image ou l'identité : la *gang*. On ne parle pas ici de gangs de rue, mais bien de regroupements de jeunes qui se distinguent en fonction de caractéristiques sociales particulières. L'appartenance à cette gang est une construction sociale, une série d'étiquettes que les jeunes utilisent pour diviser la carte sociale en se basant sur le quartier, l'ethnicité, le statut socioéconomique ou d'autres facteurs. Ces trois niveaux de regroupement entre pairs peuvent coexister, certains pouvant même se recouper. De plus, les regroupements changent avec le temps. Ainsi, l'appartenance à une clique ou une gang a tendance à diminuer au fur et à mesure que l'adolescence progresse (Brown et Klute, 2003).

L'influence des pairs atteint normalement son maximum vers l'âge de 12 ou 13 ans, puis diminue. À 13 ou 14 ans, les adolescents populaires peuvent adopter des comportements légèrement antisociaux consistant, par exemple, à essayer des drogues ou à entrer au cinéma sans payer afin de prouver à leurs pairs qu'ils se sont affranchis des règles parentales (Allen *et al.*, 2005). Cependant, l'attachement envers les pairs au début de l'adolescence ne permet pas de prédire que les jeunes auront de véritables ennuis par la suite, à moins que cet attachement ne soit si fort que les jeunes en arrivent à cesser d'obéir aux règles familiales, à ne plus faire leurs travaux scolaires et à ne plus développer leurs propres talents dans le seul but de gagner l'approbation de leurs pairs et d'être populaires auprès d'eux (Fuligni *et al.*, 2001).

Les relations amoureuses

Les relations amoureuses représentent un élément central du monde social de la plupart des adolescents. Elles contribuent en effet au développement de l'intimité et de l'identité et ont tendance à inclure des relations sexuelles, comme on peut le voir dans la mise en situation de ce chapitre.

Avec l'apparition de la puberté, la plupart des garçons et des filles commencent à penser aux membres de l'autre sexe et à interagir différemment avec eux. Généralement, les adolescents passent donc des rendez-vous avec des groupes mixtes à des relations amoureuses avec une seule personne qui, selon eux, contrairement aux amitiés avec l'autre sexe, comprennent de la passion et un sentiment d'engagement. Les relations amoureuses ont tendance à devenir plus intenses et plus intimes au cours de l'adolescence. Ainsi, au milieu de l'adolescence, de nombreux jeunes ont déjà eu au moins un partenaire exclusif avec lequel ils ont une relation de plusieurs mois (Furman et Wehner, 1997). De plus, l'influence du choix du partenaire sur le statut au sein du groupe de pairs a tendance à être moins importante qu'au début de

 Le groupe de pairs

Avec l'arrivée de l'adolescence, les groupes d'amis prennent une place de plus en plus importante.

 Les relations amoureuses à l'adolescence

Avec l'avancement en âge, l'adolescent accorde de plus en plus d'importance à une relation exclusive avec un partenaire amoureux.

l'adolescence. Vers l'âge de 16 ans, les adolescents pensent davantage à leur partenaire amoureux et interagissent plus avec lui qu'avec leurs parents, leurs amis, leurs frères et sœurs (Bouchey et Furman, 2003). Ce n'est toutefois que vers la fin de l'adolescence ou le début de l'âge adulte que les relations amoureuses commenceront à combler l'ensemble des besoins affectifs auxquels ce type de relation peut répondre, et seulement dans une relation à long terme (Furman et Wehner, 1997).

La relation de couple des parents peut servir de modèle et ainsi influencer la qualité des relations intimes que l'adolescent développe. À cet égard, une étude menée auprès d'adolescents québécois démontre que leur satisfaction amoureuse est non seulement liée à celle de leurs parents, mais qu'elle est aussi associée à la qualité de la relation entre le parent et son adolescent (Baril *et al.,* 2007). Par ailleurs, le groupe de pairs étant aussi le milieu où se déroulent la plupart des relations amoureuses, il peut donc avoir une influence sur le choix du partenaire et sur l'évolution de la relation (Bouchey et Furman, 2003).

L'importance de l'amitié

L'intensité et l'importance des amitiés, de même que la quantité de temps passé avec les amis, sont probablement plus élevées à l'adolescence que pendant tout le reste de la vie. Les amitiés ont en effet tendance à être plus réciproques, plus égales et plus stables. Celles qui sont moins satisfaisantes perdent de l'importance ou sont abandonnées. Une plus grande intimité, la loyauté et le partage marquent la transition vers des amitiés plus semblables à celles des adultes. Comme nous l'avons vu, les adolescents plus âgés commencent à compter davantage sur leurs amis que sur leurs parents pour avoir de l'intimité et du soutien et ils s'échangent davantage de confidences que les adolescents plus jeunes (Hartup et Stevens, 1999 ; Laursen, 1996). L'intimité avec les amis du même sexe augmente au début et à la moitié de l'adolescence, puis diminue habituellement au fur et à mesure que l'intimité avec les personnes du sexe opposé augmente (Laursen, 1996). Les amitiés entre filles ont aussi tendance à être plus intimes que les amitiés entre garçons et à donner fréquemment lieu à des confidences (Brown et Klute, 2003).

Les amitiés à la fin de l'adolescence

Chez les adolescents plus âgés, l'amitié devient plus intime, profonde et durable.

L'intimité croissante des amitiés adolescentes reflète le développement cognitif et affectif. Les adolescents sont désormais plus à même d'exprimer leurs pensées et leurs sentiments personnels. Étant plus aptes à considérer le point de vue de l'autre, il leur est donc plus facile de comprendre les pensées et les sentiments d'un ami. L'augmentation de l'intimité reflète également le souci que les jeunes adolescents ont de se connaître eux-mêmes. Ainsi, les confidences faites à un ami aident les jeunes à explorer leurs propres sentiments, à définir leur identité et à valider leur confiance en eux (Buhrmester, 1996).

Enfin, la capacité d'être intime est liée à l'adaptation psychologique et à la compétence sociale. Les adolescents qui ont des amitiés intimes, stables et réconfortantes ont généralement une haute opinion d'eux-mêmes, de bonnes notes à l'école, sont sociables et peu susceptibles d'être hostiles, anxieux ou déprimés (Berndt et Perry, 1990 ; Buhrmester, 1990 ; Hartup et Stevens, 1999). Ils ont aussi tendance à avoir établi des liens solides avec leurs parents (Brown et Klute, 2003). Un processus bidirectionnel semble donc être en action : de bonnes relations favorisent l'adaptation, ce qui favorise ensuite de bonnes amitiés.

Comme les enfants plus jeunes, les adolescents ont tendance à choisir des amis qui leur ressemblent. De plus, les qualités qui amènent des amis à se choisir mutuellement peuvent les entraîner à se développer dans la même direction. Ils peuvent en effet s'influencer l'un l'autre, que ce soit pour les activités prosociales ou pour les comportements à risque ou problématiques (Barry et Wentzel, 2006). Par exemple, les amis ont tendance à avoir des attitudes semblables envers les études et le rendement scolaire, ainsi que les mêmes taux de consommation de drogue (Hamm, 2000). Les parents influencent quant à eux indirectement le choix des amis de leurs adolescents en décidant du quartier dans lequel ils habitent et de l'école que leurs enfants fréquentent, mais aussi par l'ampleur et le type de supervision qu'ils exercent, et, surtout, par la qualité de leur propre relation avec eux (Knoester, Haynie et Stephens, 2006).

Faites le POINT

8 De quelle façon la relation avec les parents se modifie-t-elle avec l'arrivée de l'adolescence ?

9 Quel type de pratique parentale devrait être privilégié par les parents ? Pourquoi ?

10 Expliquez comment les relations avec les pairs se transforment au cours de l'adolescence.

11 De quelle façon les relations amoureuses évoluent-elles au cours de l'adolescence ?

10.4 Les problèmes psychosociaux à l'adolescence

Même si la majorité des adolescents traverse cette période d'une manière relativement sereine, une minorité d'entre eux doit faire face à des problèmes psychosociaux divers. Parmi ces problèmes, on note la présence de la délinquance juvénile, qui réfère à l'ensemble des infractions commises par les individus d'âge mineur (Cloutier et Drapeau, 2008). Une enquête québécoise récente montre que les jeunes âgés de 12 à 17 ans représentaient 17 % des auteurs présumés d'infractions au Code criminel en 2007. Comme les jeunes ne forment que 8 % de la population québécoise, ils continuent donc d'être surreprésentés parmi les auteurs présumés d'infractions au Code criminel (Sécurité publique Québec, 2009). Qu'est-ce qui influence donc les jeunes qui se livrent à des actes violents ou à d'autres actes antisociaux et quels sont les processus à l'œuvre dans le développement de ces tendances antisociales ? Comment les comportements problématiques se transforment-ils en délinquance chronique ? C'est ce que nous allons voir maintenant.

10.4.1 Les facteurs de risque

Les comportements antisociaux ont tendance à se développer au sein de la famille. Les analyses de plusieurs études ont en effet conclu que les gènes influencent de 40 % à 50 % de la variation des comportements antisociaux dans une population, et de 60 % à 65 % de la variation des comportements antisociaux agressifs (Rhee et Waldman, 2002 ; Tackett *et al.*, 2005). Par ailleurs, les déficits neurobiologiques, surtout dans les zones du cerveau qui régulent les réactions au stress, pourraient expliquer pourquoi certains enfants deviennent antisociaux. En effet, à cause de ces déficits, qui peuvent être dus à l'interaction entre des facteurs génétiques ou un tempérament difficile et une adversité familiale précoce, ces enfants ne recevraient pas ou ne porteraient pas attention aux signaux avertisseurs leur indiquant de réfréner leurs comportements impulsifs ou irresponsables. L'interaction entre ces facteurs de risque génétiques ou biologiques et ces facteurs environnementaux peut donc être à l'origine de nombreux comportements antisociaux (Van Goozen *et al.*, 2007).

Les chercheurs ont déterminé deux types de comportement antisocial. Un premier type se manifeste tôt, soit vers l'âge de onze ans, et a tendance à conduire à la délinquance juvénile à l'adolescence. Un second type, plus léger, commence plus tard, soit après la puberté, et a tendance à augmenter temporairement en réaction aux changements qui se produisent à l'adolescence. Ces changements sont la dissonance entre la maturité biologique et sociale, un désir accru d'autonomie et une diminution de la supervision exercée par les adultes. Les adolescents appartenant à ce deuxième type de comportement antisocial sont plus susceptibles de commettre des infractions relativement mineures (Schulenberg et Zarrett, 2006). Quant aux individus appartenant au premier type, ils sont plus à risque d'adopter des conduites délinquantes chroniques.

Par ailleurs, la précocité de l'activité antisociale est un prédicteur extrêmement puissant de l'évolution vers des formes plus graves de délinquance (Cloutier et Drapeau, 2008). Selon la théorie de Bronfenbrenner, l'apparition précoce du comportement antisocial serait influencée par des facteurs interdépendants allant des influences microsystémiques (l'hostilité parent-enfant, des pratiques parentales inefficaces, la déviance des pairs) à des influences macrosystémiques (la structure communautaire et le soutien social disponible dans le quartier) (Buehler, 2006 ; Tolan, Gorman-Smith et Henry, 2003). Ces influences interdépendantes se manifesteraient dès le début de l'enfance.

L'apparition tardive du comportement antisocial se produit généralement chez les adolescents qui viennent de familles dont les antécédents sont normaux. Par contre, il semblerait que les parents d'enfants qui deviennent antisociaux de manière chronique ne soient pas parvenus à renforcer les bons comportements au début de l'enfance et qu'ils aient été durs ou incohérents (voire les deux) lorsqu'ils punissaient les inconduites de leurs enfants (Coie et Dodge, 1998 ; Snyder *et al.*, 2005). Au fil du temps, ces parents n'ont peut-être pas été suffisamment proches de leurs enfants ou n'ont pas assez participé à leur vie de façon positive (Patterson, DeBaryshe et Ramsey, 1989). De leur côté, les enfants antisociaux peuvent se voir récompensés pour leurs mauvais comportements, puisque par leurs agissements, ils peuvent obtenir de l'attention ou encore faire ce qu'ils veulent.

Au début de l'adolescence, il peut y avoir une hostilité ouverte entre le parent et l'enfant. Lorsque les critiques constantes, la coercition empreinte de colère ou les comportements grossiers et non coopératifs caractérisent les interactions parent-enfant, ce dernier a tendance à manifester des comportements agressifs problématiques, qui empirent d'autant sa relation avec son parent (Buehler, 2006). De plus, les pratiques parentales inefficaces peuvent faire en sorte que les frères et les sœurs plus jeunes soient soumis à l'influence puissante d'un aîné déviant, surtout si la différence d'âge n'est pas très grande (Snyder, Bank et Burraston, 2005).

Ces modèles précoces ouvrent alors le chemin à des influences négatives de la part des pairs, qui favorisent et renforcent les comportements antisociaux (Collins *et al.*, 2000 ; Brown *et al.*, 1993). Ce sont principalement des facteurs environnementaux qui influencent le choix de pairs antisociaux (Iervolino *et al.*, 2005). Ainsi, les enfants comme les adolescents antisociaux ont tendance à avoir des amis de même genre et à voir leurs comportements antisociaux augmenter lorsqu'ils s'associent à eux (Dishion, McCord et Poulin, 1999 ; Hartup et Stevens, 1999 ; Vitaro *et al.*, 1997).

Les pratiques parentales de style démocratique peuvent aider les jeunes à intérioriser des normes qui les protègent de l'influence négative des pairs et qui les aident à s'ouvrir à des influences positives (Collins *et al.*, 2000 ; Mounts et Steinberg, 1995). Les adolescents dont les parents savent où ils sont et ce qu'ils font sont moins susceptibles de commettre des actes délinquants ou de s'associer à des pairs déviants (Laird *et al.*, 2003 ; Lloyd et Anthony, 2003). Les données canadiennes vont dans le même sens et montrent que des pratiques parentales adéquates représentent des facteurs de protection contre la délinquance juvénile. Par contre, l'absence de supervision, une trop grande permissivité, une discipline incohérente ou trop stricte, un faible lien d'attachement et l'incapacité d'établir des limites claires représentent de puissants facteurs de risque de délinquance et d'adhésion à des gangs de rue (Sécurité publique Canada, 2009).

Pour sa part, la situation économique de la famille peut influencer le développement des comportements antisociaux. Ainsi, les adolescents pauvres sont plus susceptibles que les autres de commettre des actes antisociaux, ceux dont les familles sont continuellement pauvres ayant même tendance à devenir de plus en plus antisociaux avec le temps. À l'inverse, lorsque les familles sortent de la pauvreté au moment où l'enfant est encore jeune, celui-ci n'est pas plus susceptible d'avoir des problèmes de comportement à l'adolescence qu'un enfant dont la famille n'a jamais été pauvre (MacMillan, McMorris et Kruttschnitt, 2004). En outre, comme nous l'avons mentionné, les lacunes de l'organisation sociale dans un quartier défavorisé peuvent avoir une influence sur la délinquance, en raison de leurs répercussions sur le comportement éducatif des parents et sur la déviance des pairs (Chung et Steinberg, 2006). Par contre, l'efficacité collective, c'est-à-dire la force des liens sociaux dans un quartier et le niveau de surveillance ou de supervision des résidants envers les enfants des autres peut avoir une influence positive (Sampson, 1997). Par conséquent, la combinaison de pratiques parentales protectrices et engagées et de l'efficacité collective peut décourager les adolescents de s'associer à des pairs déviants (Brody *et al.*, 2001).

10.11 Les comportements antisociaux

Les adolescents qui proviennent d'une famille pauvre qui leur offre peu de supervision sont plus susceptibles de commettre des actes antisociaux et de se joindre à une gang aux comportements déviants.

10.4.2 La prévention et le traitement

La grande majorité des jeunes qui commettent des actes de délinquance juvénile ne deviennent pas des criminels à l'âge adulte (Kosterman *et al.,* 2001 ; Moffitt, 1993). En effet, la délinquance atteint généralement un maximum vers l'âge de 15 ans, puis diminue lorsque la plupart des adolescents et leurs familles s'entendent sur le besoin des jeunes d'affirmer leur indépendance. Cependant, les adolescents qui ne voient pas d'autres solutions positives ou qui viennent de familles dysfonctionnelles sont plus susceptibles d'adopter un mode de vie antisocial permanent (Elliott, 1993 ; Schulenberg et Zarrett, 2006). Ce sont les garçons ayant subi des influences antisociales précoces qui sont les plus susceptibles de continuer d'avoir des comportements violents. Les moins susceptibles de persister dans cette voie sont les garçons et les filles qui réussissaient bien à l'école dès leur jeune âge et les filles qui manifestaient un développement prosocial précoce (Kosterman *et al.,* 2001).

Par ailleurs, environ 5 % des adolescents vont prendre la route de la criminalité durable. Selon deux chercheurs québécois, il y aurait sept principales caractéristiques habituellement associées à cette trajectoire de la délinquance persistante : la précocité des comportements délinquants, la fréquence, la stabilité, la diversité des comportements délinquants, les délits contre la personne, l'intensification des délits avec le temps (la gravité) et les motifs utilitaires (agir pour le gain) (LeBlanc et Morizot, 2000). Puisque la délinquance juvénile a des racines dans la petite enfance, c'est durant cette période qu'il faut entreprendre les efforts de prévention qui s'attaquent aux multiples facteurs pouvant conduire à la délinquance. Ainsi, les adolescents qui ont participé à certains programmes d'intervention destinés à la petite enfance sont moins susceptibles d'avoir des problèmes que leurs pairs qui sont aussi défavorisés qu'eux (Yoshikawa, 1994 ; Zigler, Taussig et Black, 1992). Les programmes efficaces sont ceux qui ciblent les enfants à haut risque vivant en milieu urbain et qui sont dispensés pendant au moins deux ans au cours des cinq premières années de leur vie. Ils influencent directement les enfants, par l'entremise des services de garde éducatifs de qualité, et indirectement en offrant de l'aide et du soutien aux familles en fonction de leurs besoins (Schweinhart, Barnes et Weikart, 1993 ; Yoshikawa, 1994). Au Québec, les Centres jeunesse offrent aussi des programmes d'intervention destinés aux jeunes délinquants dans le but de les aider à régler leurs problèmes de comportements. De son côté, la Sûreté du Québec a créé le programme *Cool pour vrai,* qui présente six formes d'intervention préventive, soit le soutien, l'information, la sensibilisation, la médiation, la concertation et la répression. Ces interventions visent à agir avant que ne s'installent des habitudes antisociales. Les jeunes sont donc sensibilisés aux origines et aux manifestations de la délinquance juvénile, sont amenés à réfléchir à des pistes de solution adaptées à leurs besoins et sont invités à participer à des jeux de rôles et à des groupes de discussion. Enfin, différents programmes d'intervention ont aussi été mis en place par certaines commissions scolaires du Québec. À titre d'exemple, la commission scolaire du Val-des-Cerfs, sur la rive-sud de Montréal, a mis en place un programme visant à contrer les comportements délinquants des jeunes du secondaire. Ce programme intitulé *Action Réaction Jeunesse,* mis sur pied à l'hiver 2009, vise spécialement les élèves de 12 à 18 ans sur le point de quitter l'école. Il propose de nouvelles stratégies d'intervention basées sur des activités de mise en situation ainsi que sur la discussion en groupe. Il tente ainsi d'aider les élèves ayant des comportements délinquants à retrouver des repères personnels sains et à comprendre les balises qu'exige la vie en société.

Par ailleurs, lorsque les enfants atteignent l'adolescence dans des quartiers pauvres aux prises avec de graves problèmes de criminalité, les interventions doivent être davantage centrées sur le dépistage des adolescents en difficulté et sur la prévention du recrutement par les gangs de rue (Tolan *et al.,* 2003). Dans cette optique, le centre des jeunes Boyce-Viau, situé à Montréal dans le quartier Hochelaga-Maisonneuve, a mis sur pied un projet axé sur la prévention. Le projet, qui porte le nom de *C qui ta gang?,* vise à joindre les jeunes à risque afin de leur offrir, ainsi qu'à leur famille, un soutien adapté à leurs besoins, à les aider à développer et à utiliser leur esprit critique par rapport aux réalités de la criminalité, à maintenir et à bonifier des liens de partenariat étroits de manière à être des intervenants significatifs et cohérents et à documenter le phénomène des bandes criminalisées existantes afin de prévenir l'enracinement de nouvelles. Une initiative similaire a été organisée auprès des jeunes à risque de l'arrondissement de LaSalle, toujours à Montréal. Ce projet consiste à effectuer un travail de prévention auprès des jeunes âgés de 12 à 18 ans. Ces jeunes ont la possibilité d'exprimer leurs attentes et de proposer des solutions de rechange aux déviances telles que les gangs de rue ou la toxicomanie. Ils sont aussi orientés, au besoin, vers des ressources plus spécialisées.

Heureusement, comme nous l'avons dit, la grande majorité des adolescents n'ont pas de graves ennuis. Par contre, ceux qui manifestent des comportements perturbés peuvent – et doivent – être aidés. Avec de l'amour, de l'aide et du soutien, les adolescents peuvent en effet éviter les écueils, mettre à profit leurs forces et explorer leurs possibilités au fur et à mesure qu'ils approchent de la vie adulte.

Faites le POINT

Rendez-vous au ODILON cheneliere.ca/papalia

12 Quels sont les principaux facteurs de risque associés à la délinquance juvénile ?

13 Nommez les deux principaux types de comportements antisociaux et dites lequel est le plus associé à la délinquance juvénile à l'adolescence.

14 Quel type de pratique parentale peut protéger les jeunes des influences négatives de leurs pairs ?

15 Quelles sont les sept principales caractéristiques associées à la délinquance persistante ?

Résumé

La quête de l'identité

L'adolescence est une période de transition entre l'enfance et l'âge adulte, marquée par une quête identitaire. Les adolescents ressentent un besoin de se définir et de trouver un sens à leur vie.

L'enjeu majeur de cette période, selon Erikson, consiste en une confrontation entre l'accession à l'identité et la confusion identitaire. Les adolescents doivent résoudre cette crise pour développer une conception cohérente d'eux-mêmes. Marcia distingue quatre états identitaires qui se distinguent par la présence ou l'absence de questionnement, ainsi que par la capacité ou non de contracter des engagements. Des théories s'opposent quant à l'existence ou non de différences sexuelles dans la formation de l'identité. Enfin, chez les adolescents appartenant à une minorité culturelle, le développement identitaire, qui comporte deux volets distincts, soit l'identité individuelle et l'identité culturelle, représente un défi de taille.

La sexualité à l'adolescence

Les pulsions sexuelles connaissent un accroissement subit avec la puberté. Selon Freud, les adolescents accéderaient au dernier stade du développement psychosexuel, soit le stade génital, qui leur permettrait d'acquérir la maturité sexuelle et la capacité de procréer.

Les études montrent que plus de 50 % des adolescents québécois ont eu des relations sexuelles entre l'âge de 15 et 19 ans. C'est au cours de cette période que l'orientation sexuelle se définit. Par ailleurs, entre 3 % et 5 % des adolescents québécois auraient eu des expériences homosexuelles et,

malgré l'acceptation grandissante de l'homosexualité, l'homophobie demeure une réalité. Si les origines de l'orientation sexuelle suscitent encore des controverses, des facteurs biologiques, génétiques et environnementaux joueraient un rôle dans son développement.

Deux préoccupations centrales concernent la sexualité des adolescents : le risque de contracter des ITS et le risque de grossesse. Depuis les années 2000, les ITS sont en recrudescence au Québec et au Canada. Les jeunes âgés de 15 à 19 ans seraient les plus à risque, près du tiers d'entre eux n'utilisant pas de préservatif. Quant au taux de grossesse chez les adolescentes québécoises, il a connu une baisse au cours des dernières années. Plusieurs facteurs tels que la violence physique, psychologique ou sexuelle seraient associés au risque de tomber enceinte. Par ailleurs, les mères-adolescentes sont plus susceptibles de donner naissance à des bébés prématurés ou ayant divers problèmes de santé. Le problème des ITS et des grossesses à l'adolescence souligne donc l'importance de la prévention par le biais des programmes visant l'éducation sexuelle des jeunes.

Le développement des relations affectives et sociales

Avec l'arrivée de l'adolescence, les relations affectives et sociales se transforment. Les jeunes passent plus de temps avec leurs pairs et moins avec leur famille. En dépit de ces changements, la plupart des adolescents déclarent avoir de bonnes relations avec leurs parents. Ils sont toutefois tiraillés entre leur besoin d'une plus grande autonomie et la dépendance qu'ils maintiennent à l'égard de leurs parents. Contrairement à la croyance populaire, ce sont donc une minorité d'adolescents qui vivent une rébellion, la majorité d'entre eux traversant cette période sans vivre de bouleversements émotionnels majeurs.

Le style de pratique parental s'avère être un facteur essentiel au bon développement des adolescents. Le style démocratique et un climat familial harmonieux favorisent un développement sain chez l'adolescent. Par ailleurs, les adolescents sont moins proches de leur fratrie que pendant l'enfance. Ils passent plus de temps avec leurs pairs et construisent des amitiés qui ont tendance à être plus réciproques et plus durables qu'au cours de l'enfance. Les amis deviennent donc une source importante de soutien affectif.

Enfin, les jeunes construisent également des relations amoureuses et, au milieu de l'adolescence, la plupart d'entre eux ont déjà au moins un partenaire exclusif. La relation de couple des parents peut alors servir de modèle et influencer la qualité des relations intimes de l'adolescent.

Les problèmes psychosociaux à l'adolescence

Seulement une minorité des jeunes adoptent des comportements antisociaux à l'adolescence. La grande majorité d'entre eux ne deviendront donc pas des criminels à l'âge adulte. Ces comportements auraient une forte composante héréditaire, mais certains facteurs sociaux contribueraient aussi à leur apparition et à leur maintien. Parmi ces facteurs, on note l'hostilité parent-enfant, des pratiques parentales inefficaces, la pauvreté et la déviance des pairs. Les comportements déviants qui commencent tôt prédisposent davantage à la délinquance juvénile à l'adolescence, et c'est pourquoi les programmes d'intervention et de prévention devraient s'attaquer aux multiples facteurs pouvant conduire à la délinquance.

Pour aller plus loin

Volumes et ouvrages de référence

BRUNELLE, M., et M.-M. COUSINEAU (2005). *Trajectoires de déviance juvénile : les éclairages de la recherche qualitative,* Montréal, Presses de l'Université du Québec, 268 p.
Ouvrage qui dresse un portrait de la délinquance juvénile et met en évidence les facteurs de risque que sont l'usage des drogues, les gangs de rue et l'itinérance. Il aborde ensuite la question de la prise en charge de ces jeunes et de la judiciarisation.

FERNET, M. (2005). *Amour, violence et adolescence,* Montréal, Presses de l'Université du Québec, 249 p.
Ouvrage qui définit les diverses formes de violence et en dégage les conséquences sur la santé. On y dresse plus particulièrement un portrait de cette violence à l'adolescence, ainsi qu'un état des connaissances en matière de violence conjugale et de ses facteurs explicatifs.

LEBLANC, M. (2003). *La conduite délinquante des adolescents : son développement et son explication,* Montréal, Les Presses de l'Université de Montréal, p. 367-420.
Ouvrage qui propose des explications intégratives de la conduite délinquante qui associent plusieurs notions psychologiques et sociologiques.

Périodiques

POULIN, F., *et al.* (1998). «La prévention des problèmes de comportement à l'adolescence : le *Adolescent Transition Program*», *Criminologie,* vol. 31, n° 1, p. 67-85.
Article qui propose un programme de prévention des comportements antisociaux à l'adolescence. Les auteurs mettent en évidence l'importance d'adopter une perspective développementale dans la mise sur pied des stratégies d'intervention.

Sites Internet et documents en ligne

DUQUET, F. et A. QUÉNIART (2009). *Perceptions et pratiques de jeunes du secondaire face à l'hypersexualisation et à la sexualisation précoce,* [En ligne], www.hypersexualisationdejeunes.uqam.ca

Rapport de recherche qui présente les résultats d'entrevues réalisées auprès de jeunes du secondaire et qui a pour but d'identifier la perception qu'ont les adolescents montréalais des phénomènes d'hypersexualisation, de relever les expériences qu'ils ont eues dans leur milieu et de comprendre le sens que ces phénomènes prennent pour eux.

FRAPPIER, J. Y., *et al.* (1997). *Orientation sexuelle et homosexualité à l'adolescence,* [En ligne], www.acsa-caah.ca/Portals/0/Member/PDF/fr/documents/oriensexhomo.pdf
Article dans lequel les auteurs relatent les principales difficultés psychosociales rencontrées chez les adolescents homosexuels, puis évoquent le rôle du professionnel de la santé en offrant des balises d'intervention. On y traite de l'annonce de l'orientation sexuelle aux parents et des défis particuliers qui y sont liés, tout en abordant brièvement les aspects médicaux et préventifs.

MINISTÈRE DE L'ÉDUCATION DU QUÉBEC (2002). *Jeunes filles enceintes et mères-adolescentes : un portrait statistique,* Québec, [En ligne], www.mels.gouv.qc.ca/cond-fem/publications/enceinte_ado_stat.pdf
Article qui présente d'abord un portrait actuel de la situation des jeunes mères-adolescentes et qui aborde ensuite les caractéristiques qui leur sont propres. On y traite de l'évolution de la situation depuis les années 1980, et on établit des comparaisons de la situation de ces mères à l'échelle canadienne et internationale.

Films, vidéos, cédéroms, etc.

BISSONNETTE, S. (2007). *Sexy inc. : nos enfants sous influence,* Montréal, ONF, 35 minutes, couleurs.
Documentaire qui, à travers le point de vue percutant de plusieurs spécialistes, analyse l'hypersexualisation de notre environnement ainsi que ses effets nocifs sur les jeunes. Dénonçant une culture malsaine qui bombarde les enfants d'images sexualisées et sexistes, ce film mobilisateur propose plusieurs façons de lutter contre ce phénomène inquiétant.

11

Le développement du jeune adulte de vingt à quarante ans

L'âge adulte représente la période la plus longue de la vie. Malgré le fait qu'elle soit en continuité avec le développement survenu au cours de l'enfance, elle possède ses propres spécificités. De nombreux changements, tant physiques et cognitifs qu'affectifs, surviennent au cours de cette étape de vie. Chez le jeune adulte, les capacités physiques et intellectuelles sont à leur apogée, alors que celui-ci doit faire des choix déterminants pour le reste de son existence. Ainsi, certains jeunes adultes choisissent de poursuivre des études postsecondaires, tandis que d'autres accèdent plus rapidement au marché du travail. On observe également une grande diversité de modèles sur le plan des relations intimes. Plusieurs adultes s'engagent ainsi dans une relation de couple, mais certains décident de demeurer célibataires, que ce soit temporairement ou de façon plus permanente. L'arrivée des enfants chez certains couples marque enfin une transition très importante dans la vie du jeune adulte et l'amène vers de nouvelles responsabilités.

Maxime a 22 ans. Il est l'aîné de sa famille et termine un baccalauréat en architecture. Il habite un appartement avec deux amis qui suivent le même programme que lui. Il a quitté la maison familiale pour venir étudier à Montréal il y a trois ans déjà. Au début, Maxime a eu quelques difficultés à s'adapter à cette nouvelle vie. Il s'ennuyait du confort et de la sécurité que lui procurait le fait de vivre chez ses parents. De plus, il parvenait difficilement à payer son loyer, à se nourrir convenablement et à s'acquitter de toutes les obligations liées au fait de vivre de manière autonome. Depuis, Maxime a acquis une maturité et développé des stratégies pour faciliter sa vie en appartement. Il travaille très fort pour subvenir à ses besoins. Bien qu'il ait obtenu des prêts et bourses du gouvernement, il doit en effet occuper un emploi à temps partiel afin de faire face à toutes ses obligations financières. Il enseigne la planche à voile l'été et donne des cours de ski alpin l'hiver, ce qui a l'avantage de le maintenir en forme. Par ailleurs, Maxime a appris à cuisiner, ce qui lui évite de dépenser trop d'argent au restaurant.

Depuis quelque temps, Maxime songe à emménager avec sa copine Mélanie. Ils se fréquentent depuis maintenant deux ans et ont envie de partager des projets communs. Il est à la fois enthousiaste et préoccupé à l'idée de faire le grand saut. Mélanie est séparée et elle éduque seule son fils de quatre ans. Elle aimerait reprendre des études et trouver une carrière qui lui plaira, mais elle ne sait toujours pas vers quel domaine se diriger. Ces dernières années, elle s'est consacrée entièrement à son enfant et voudrait maintenant trouver sa propre voie. Maxime et Mélanie aimeraient aussi avoir un enfant ensemble et s'acheter une maison. Maxime est toujours très occupé, et il trouve difficilement le temps d'aller rendre visite à ses parents qui habitent loin de Montréal. Malgré la distance, il demeure tout de même en contact avec eux. Ils s'envoient régulièrement des messages textes et communiquent par Internet. Lors d'occasions spéciales ou de fêtes familiales, Maxime se rend chez ses parents où il a alors l'occasion de revoir son frère et sa sœur.

Maxime réalise qu'il a fait beaucoup de chemin depuis la fin du secondaire et il est fier de cette évolution. Toutefois, il se sent parfois anxieux relativement à ses nouveaux engagements et à cette autonomie nouvellement acquise.

Après avoir lu ce chapitre, vous devriez pouvoir répondre aux questions suivantes :

1. En quoi le parcours de vie de Maxime est-il typique de celui de l'ensemble des jeunes adultes ?

2. Pourquoi le départ de la maison familiale représente-t-il une transition importante dans la vie de Maxime ?

3. De quelle façon les changements observés chez Maxime nous indiquent-ils qu'il a quitté l'adolescence pour entrer dans la vie adulte ?

4. En quoi l'engagement amoureux de Maxime correspond-il au développement psychosocial des jeunes adultes ?

11.1 Les perspectives générales sur l'âge adulte

La durée du développement de l'âge adulte dépasse généralement celle de toutes les autres périodes que nous avons vues jusqu'ici. C'est aussi la période qui a été étudiée le plus tardivement par les chercheurs en psychologie du développement. Pourtant, la personne adulte n'est pas seulement le produit de son enfance ; elle possède ses propres spécificités. Si les principes de base sont en continuité avec ceux du développement antérieur, de nombreux changements interviendront sur les plans physique, cognitif, affectif et social.

11.1.1 L'espérance de vie et l'allongement de l'âge adulte

Au Canada, comme dans tous les pays développés, l'espérance de vie n'a cessé d'augmenter depuis des générations et, comme nous le verrons plus en détail dans le chapitre 13, elle a atteint un niveau sans précédent dans l'histoire de l'humanité. Alors que dans les siècles antérieurs, on mourrait en moyenne entre quarante et cinquante ans, l'adulte d'aujourd'hui peut ainsi espérer vivre environ deux fois plus longtemps. Or, cet allongement de la vie a pour effet de prolonger la période de l'âge adulte qui, comparativement à l'enfance et à l'adolescence, occupe à présent en moyenne près des trois quarts de la durée totale du développement humain. Par ailleurs, si l'on compare la vie adulte actuelle à ce qu'elle était autrefois, on observe à quel point elle est devenue complexe, offrant à la personne une diversité de rôles et une variété de possibilités jamais égalées.

À l'âge adulte, comme nous venons de le dire, de nombreux changements marquent le développement, mais à la différence de l'enfance, ces changements peuvent aussi bien aller dans le sens de la croissance que dans celui du déclin et des pertes. De plus, ces changements sont surtout d'ordre qualitatif et vont conduire l'individu vers une plus grande maturité. Voyons maintenant comment se développe cette maturité.

11.1.2 L'émergence de la vie adulte et l'atteinte de la maturité

À quel moment un individu devient-il adulte ? Il est important de faire d'abord la distinction entre le *statut d'adulte* et le concept de *maturité*. Ainsi, au Québec, l'âge adulte est légalement atteint à l'âge de 18 ans. Avec l'accès à la majorité juridique, l'individu acquiert un ensemble de privilèges, comme le fait de pouvoir voter aux élections ou de pouvoir prendre ses propres décisions sans le consentement de ses parents. Toutefois, le statut d'adulte ne s'accompagne pas nécessairement d'une pleine maturité dans toutes les dimensions du développement.

La **maturité** désigne la période du développement au cours de laquelle l'individu atteint un point optimal dans l'une ou l'autre des dimensions développementales. La notion de maturité ne représente donc pas un concept global, puisqu'elle se compose de plusieurs dimensions qui n'évoluent pas toutes au même rythme. Ainsi, la *maturité physique* et la *maturité sexuelle* surviennent au cours de l'adolescence, avec la maturation des fonctions corporelles et des organes reproducteurs. Par ailleurs, la maturité cognitive, la maturité affective, la maturité émotionnelle et la maturité morale sont généralement acquises beaucoup plus tard. La *maturité cognitive* réfère pour sa part à l'état de la personne qui a atteint les stades les plus élevés du développement cognitif, par exemple l'atteinte du stade des opérations postformelles, sur lequel nous reviendrons. Avec l'atteinte de la *maturité émotionnelle*, l'individu acquiert une stabilité et une maîtrise sur ses émotions qui contribuent à l'atteinte de la *maturité affective*, laquelle lui permet de s'attacher à l'autre sans toutefois sombrer dans la dépendance. Parallèlement à l'atteinte de ces formes de maturité, l'individu développe une aptitude à créer des liens interpersonnels, à jouer différents rôles sociaux (conjoint, parent, travailleur, etc.), à prendre des responsabilités et à tenir ses engagements. Cette forme de *maturité sociale* est atteinte le plus souvent au cours de la vingtaine. Finalement, la *maturité morale* réfère à l'état de la personne qui atteint, au minimum, les stades de la morale conventionnelle définis par Kohlberg. Cet individu développe une conscience morale et éthique qui évolue tout au long de sa vie d'adulte.

L'atteinte de ces formes de maturité dépend en grande partie des expériences de vie du jeune adulte, de son éducation, de ses valeurs et de ses différentes réalisations personnelles et professionnelles. Par exemple, le départ de la maison est un événement important dans la vie d'un individu ; cela le pousse généralement à devenir plus autonome et responsable. Ce type d'événement peut contribuer à son évolution et à l'atteinte d'une plus grande maturité cognitive, affective et morale. Comme nous l'avons vu dans la mise en situation de ce chapitre, Maxime a effectivement dû développer différentes habiletés pour faciliter son adaptation à la vie en appartement et a acquis les différentes formes de maturité évoquées plus haut.

Par ailleurs, certains psychologues croient que l'atteinte des différentes formes de maturité psychologique ne dépend pas des événements externes, mais plutôt de facteurs internes comme la capacité d'autocontrôle ou le sens des responsabilités ou de l'autonomie. En ce sens, certains individus ne deviennent jamais réellement adultes, peu importe leur âge ou les événements de vie qu'ils traversent. Selon certains chercheurs, trois critères permettraient de définir la maturité adulte : le fait d'accepter des responsabilités, le fait de prendre des décisions de manière autonome et le fait de devenir indépendant financièrement (Arnett, 2006).

Maturité
Période du développement au cours de laquelle l'individu atteint un point optimal dans l'une ou l'autre des dimensions développementales.

Dans les sociétés industrielles modernes, la réalisation de ces différents objectifs prend davantage de temps et suit des trajectoires très variées. Auparavant, les jeunes adultes terminaient l'école secondaire, se trouvaient un emploi stable, se mariaient et avaient des enfants. Toutefois, c'était généralement la femme qui demeurait à la maison pour les éduquer. Or, depuis la seconde moitié du XXe siècle, la révolution technologique a obligé un nombre grandissant d'individus, aussi bien des femmes que des hommes, à poursuivre des études postsecondaires. Aujourd'hui, les jeunes adultes des deux sexes empruntent de multiples parcours dans leur développement. Tout comme Maxime dans la mise en situation, ils étudient ou travaillent (à temps plein ou partiel) et s'éloignent, pour ce faire, du domicile parental. Certains se marient, en général bien plus tard qu'auparavant, ou vivent en union de fait, alors que d'autres choisissent de demeurer célibataires. Par ailleurs, le nombre d'enfants par couple a grandement diminué au cours des cinquante dernières années, et l'arrivée du premier enfant est souvent retardée. D'autres adultes font le choix de ne pas avoir d'enfants pour se consacrer entièrement à leur carrière. Enfin, l'ordre et le moment de ces différentes transitions varient grandement d'un individu à l'autre et laissent place à beaucoup plus de différences individuelles et culturelles qu'auparavant.

Désormais, plusieurs chercheurs en psychologie du développement reconnaissent donc que l'entrée dans la vie adulte représente une période de développement distincte, au même titre que la petite enfance ou l'adolescence, et qu'elle possède ses caractéristiques propres. C'est en effet une période d'exploration, un moment où plusieurs possibilités s'offrent à l'individu et où il peut faire des choix de vie différents. Certes, l'individu n'est plus un adolescent, mais il n'assume pas nécessairement tous les rôles d'adulte, du moins au début. Toutefois, plus il avance en âge, plus il est appelé à jouer une multitude de rôles de façon simultanée (parent, conjoint, travailleur, etc.).

Faites le POINT

1. Que peut-on dire de l'espérance de vie actuelle comparativement aux générations précédentes?
2. Quel type d'expériences de vie influence la maturité affective ou cognitive?
3. Quels sont les principaux critères qui nous permettent de définir la maturité adulte?

11.2 Le développement physique

La plupart des jeunes adultes sont en bonne ou en excellente santé physique. Leur endurance, leur force physique ainsi que leur fonctionnement moteur et sensoriel atteignent généralement leur pleine capacité. Toutefois, certains de ces aspects commenceront à décliner progressivement au cours de cette période. Ainsi, si l'acuité visuelle ne diminue généralement pas avant la quarantaine, les fonctions reproductrices, qui sont à leur maximum de 18 à 25 ans, commencent par contre à décliner, aussi bien chez les hommes que chez les femmes, le déclin s'amorçant toutefois plus tôt chez les femmes.

11.2.1 Les facteurs associés à la santé et au bien-être

Bien que la majorité des individus de ce groupe d'âge soient en santé, certains facteurs contribuent au maintien ou à la détérioration progressive de leur état. Les facteurs génétiques expliqueraient une partie de ces variations interpersonnelles. Des recherches récentes ont en effet identifié des gènes qui prédisposeraient certaines personnes vivant du stress à la dépression (Canli *et al.*, 2006). Toutefois, les recherches semblent démontrer que ce sont les facteurs comportementaux qui contribuent le plus au maintien ou à la détérioration de la bonne santé physique chez les jeunes adultes. En d'autres mots, les jeunes adultes peuvent influencer leur état de santé à travers les choix de vie qu'ils font.

Les habitudes de vie

Comme pour les périodes de développement précédentes, la pratique régulière d'activités physiques et une saine alimentation représentent des facteurs importants dans le maintien de la santé des jeunes adultes. Par contre, certaines habitudes de vie, telles que la consommation d'alcool ou encore l'usage du tabac, entraînent des risques sérieux pour leur santé. En effet, les études montrent que les individus actifs physiquement ont une meilleure santé physique et mentale. Ainsi, en plus d'aider à maintenir un poids santé, à augmenter l'endurance cardiaque et musculaire et à abaisser la tension artérielle, l'activité physique contribue aussi à réduire les symptômes d'anxiété et de dépression (Babyak et al., 2000). Pourtant, en dépit de l'observation des effets bénéfiques de l'exercice physique, un nombre important de personnes sont encore sédentaires au Québec. Des données récentes montrent qu'environ 46 % des Québécois, soit près de la moitié de la population âgée de 15 ans et plus, n'atteint pas le niveau minimal d'activités physiques recommandé. Ce sont aussi les groupes de 15 à 24 ans et de 25 à 44 ans qui représentent la chute la plus radicale d'individus actifs entre la saison chaude (été) et la saison froide (hiver). Enfin, le pourcentage d'individus sédentaires aurait augmenté de façon significative au cours des dernières années chez les hommes âgés de 25 à 44 ans (Ministère de la Santé et des Services sociaux, 2009).

11.1 **La sédentarité**
Près de la moitié des adultes ne font pas suffisamment d'activité physique.

En ce qui concerne les habitudes alimentaires des jeunes adultes québécois, la situation ne semble guère meilleure, un nombre grandissant de personnes ne respectant pas les recommandations du *Guide alimentaire canadien*. L'épidémie mondiale d'obésité n'épargne pas le Québec. En effet, depuis 20 ans, la prévalence de l'excès de poids et de l'obésité ont augmenté de près de 50 % chez les adultes québécois âgés de 15 ans et plus. En 2003, 14 % des Québécois souffraient ainsi d'obésité et 33 % affichaient de l'embonpoint (Institut de la santé publique du Québec, 2006). La prévalence augmente avec l'âge, puisque le problème touche jusqu'à 29,7 % des individus âgés de 45 à 64 ans (Chaire de recherche Merck Frosst/IRSC sur l'obésité, 2010).

11.2 **L'obésité**
Plusieurs adultes ne respectent pas le guide alimentaire canadien et affichent un surplus de poids.

Sur le plan de la consommation d'alcool, des données québécoises récentes montrent que près de 30 % des Québécois âgés de 15 à 24 ans rapportent des épisodes de consommation excessive, comparativement à 15,5 % des adultes de 25 à 64 ans. Ainsi, les jeunes adultes de moins de 25 ans consomment de l'alcool moins fréquemment que les adultes plus âgés, mais d'une façon plus excessive (Institut national de santé publique, 2009). Toutefois, ces mauvaises habitudes de vie peuvent être modifiées par l'individu lui-même. La publicité, les campagnes d'information et même les lois gouvernementales peuvent aussi aider les personnes à changer leurs comportements. En effet, des données récentes laissent croire que la promotion de la santé à travers ces campagnes de sensibilisation porte ses fruits. Ainsi, depuis la fin des années 1990, on observe une diminution des proportions de fumeurs au Québec. Selon l'enquête sur la santé effectuée en 2005, 23,9 % des adultes âgés de 15 ans et plus fumaient en 2003, comparativement à 35,1 % en 1995. Toutefois, c'est chez les jeunes de 20 à 24 ans que l'on trouve encore la proportion la plus élevée de fumeurs, puisque l'étude canadienne montre que le taux de fumeurs québécois âgés de 20 à 24 ans est passé de 37,2 % à 41,8 % entre 2001 et 2003 (Heneman, 2005).

Le stress

Un nombre important de jeunes adultes doivent concilier plusieurs occupations. Certains étudient, d'autres travaillent, plusieurs combinent le travail et les études avec une vie de famille, augmentant ainsi les causes possibles de stress. Certaines recherches mentionnent deux facteurs principaux qui sont sources de stress chez les jeunes adultes : le manque de temps et les relations avec les autres (Chneiweiss, 2002). Selon de récentes données, les adultes québécois présentent ainsi un degré de stress relativement élevé dans leur vie quotidienne. Près de 27 % d'entre eux considèrent leurs journées assez ou extrêmement stressantes, comparativement à 23 % des Canadiens. Pour ce qui est du travail, près de 37 % de ces mêmes adultes se disent assez ou extrêmement stressés, comparativement à 29 % des Canadiens. Les individus âgés de 25 à 44 ans sont les plus touchés. De plus, le niveau de stress semble augmenter avec le niveau de scolarité des individus. Enfin, les femmes s'avouent plus stressées que les hommes dans le contexte professionnel (Institut de la statistique du Québec, 2007).

Pour un certain nombre de jeunes adultes, le stress associé aux multiples tâches et occupations quotidiennes engendre des problèmes de santé. Deux psychiatres américains, Thomas H. Holmes et Richard H. Rahe (1976), ont à cet effet établi des liens entre les événements de vie et l'apparition de maladies. Dans une étude basée sur des entrevues réalisées auprès de 5000 patients hospitalisés, ils ont mis en évidence le fait que des événements malheureux, au même titre que des événements heureux, pouvaient être associés à un stress. À la suite de leurs observations cliniques, ils ont élaboré une échelle de stress sur laquelle différents événements sont calibrés en fonction du degré d'adaptation qu'ils exigent (*voir le tableau 11.1*). Plus le score est élevé, plus l'individu a de possibilités de souffrir de problèmes de santé. Ces chercheurs ont ainsi déterminé qu'un score de 300 représente un seuil critique au-delà duquel l'individu court le risque de tomber malade. Selon leurs observations cliniques, les individus constataient déjà un affaiblissement de leurs résistances organiques à partir du score de 150.

TABLEAU 11.1	Une comparaison du stress lié aux événements de la vie aux États-Unis en 1967 et 2007	
Événement de vie	**Score attribué aux différents événements de vie**	
	1967	**2007**
Décès du conjoint	100	80
Décès d'un membre de la famille	63	70
Divorce/séparation	73/65	66
Perte d'emploi	47	62
Grossesse/naissance d'un enfant	40	60
Décès d'un ami	37	58
Mariage	50	50
Retraite	45	49
Réconciliation conjugale	45	48
Changement d'emploi	36	47
Départ d'un enfant de la maison	29	43

Note: Il s'agit d'une comparaison des résultats de l'étude *First 30 Days* et de l'échelle de mesure du réajustement social, élaborée par Thomas H. Holmes et Richard H. Rahe et publiée dans le *Journal of Psychosomatic Research.* Les niveaux de stress provenant de plusieurs changements de vie ont augmenté. Puisque les méthodes d'études diffèrent, les résultats doivent être interprétés avec prudence.

Source: Adapté de www.first30days.com et du Journal of Psychosomatic Research.

L'échelle de Holmes et Rahe est intéressante, mais elle comporte un certain nombre de faiblesses: tout d'abord, elle ne considère pas les variations individuelles. Or, le même événement peut parfois être perçu très différemment par deux personnes et générer alors des niveaux de stress qui ne sont pas comparables. De plus, elle ne tient pas compte du fait que les événements peuvent être contrôlables ou non par l'individu qui peut être impuissant ou, au contraire, en mesure d'intervenir pour modifier l'événement. Un événement contrôlable génère généralement moins de stress qu'un événement incontrôlable. Enfin, cette échelle laisse à penser que le stress est nécessairement lié à la présence d'événements particuliers, alors qu'à l'occasion, le stress peut aussi être associé à l'absence d'événements. Par exemple, une personne peut souffrir d'ennui ou s'inquiéter d'un appel qu'elle ne reçoit pas. De plus, même si les agents de stress quotidiens comme l'irritation, la frustration ou le fait d'être surchargé ont peut-être moins d'impact immédiat que les grands changements, leur accumulation peut néanmoins avoir un effet sur la santé et l'adaptation émotionnelle (Almeida, Serido et McDonald, 2006). Par ailleurs, le stress peut aussi nuire à la santé de façon indirecte, soit par l'entremise des habitudes de vie. Ainsi, les personnes stressées peuvent dormir moins et moins bien, fumer et boire davantage, mal s'alimenter et prêter peu d'attention à leur santé en général (American Psychological Association, 2007).

D'autres chercheurs ont décrit l'existence de liens entre le stress et les traits de la personnalité. Ainsi, certains individus seraient plus vulnérables aux maladies à cause de leur comportement et de leurs traits de personnalité. Ainsi, Meyer Friedman et Ray Rosenman ont d'abord distingué deux principaux types de personnalité : la *personnalité de type a*, qui désigne des personnes impulsives, ambitieuses, souvent pressées, compétitives et qui seraient particulièrement prédisposées aux maladies cardiovasculaires, et la *personnalité de type b*, qui désigne des individus plutôt calmes, peu ambitieux, réalistes, détendus et qui planifient généralement leurs tâches à l'avance pour ne pas avoir à courir. Quelques années plus tard, d'autres chercheurs ont décrit un troisième type de personnalité, soit la *personnalité de type c*, qui réfère à des individus qui ont l'air calme de l'extérieur, mais qui vivent beaucoup de stress ou de tensions intérieures. Ces individus risqueraient de développer des maladies plus insidieuses comme le cancer ou des maladies liées au système immunitaire (Friedman, 2008).

Toutefois, des études récentes montrent que le lien entre la personnalité et le stress n'est pas aussi simple que cela. En effet, dans la réalité, on peut observer des combinaisons de traits de personnalité appartenant aux types *a, b* et *c* : les comportements adoptés varient aussi en fonction des activités de la personne. De plus, à l'intérieur d'un même type, l'importance des composantes peut aussi varier d'un individu à l'autre. Par exemple, deux individus de type *a* pourraient être affectés différemment par le stress selon qu'ils sont animés par la recherche de la performance et l'atteinte d'objectifs élevés, ou bien par l'impatience et l'hostilité. Cette dernière composante serait associée à un stress plus élevé (Smith, 2003). Enfin, d'autres études montrent que les femmes et les hommes réagissent différemment au stress. Ainsi, on observe une réponse comportementale au stress généralement différente selon le sexe : les femmes auraient tendance à réagir au stress en développant de l'anxiété et des symptômes dépressifs, alors que les hommes seraient davantage portés à réagir au stress par la colère, l'agressivité ou par des problèmes d'abus d'alcool (Chneiweiss, 2002). De plus, d'un point de vue neurologique, ce ne sont pas les mêmes régions du cerveau qui s'activent en réaction au stress, et elles ne déclenchent pas les mêmes effets. Ainsi, chez l'homme, le stress serait associé à l'activation du cortex préfrontal, ce qui entraînerait la production d'une quantité plus importante d'une hormone nommée cortisol. Par contre, chez la femme, le stress serait associé à l'activation du système limbique, une partie du cerveau principalement impliquée dans les émotions. La réponse persisterait aussi plus longtemps chez la femme que chez l'homme, par suite du retrait de l'élément stressant. Selon les chercheurs, ces différences entre les hommes et les femmes pourraient expliquer, en partie, l'incidence plus importante des troubles de l'humeur chez la femme (Wang *et al.*, 2007).

Plusieurs moyens peuvent aider les individus à gérer leur stress. Parmi ces moyens, on note les exercices de relaxation, le yoga, les exercices respiratoires et la pratique régulière d'activité physique. L'individu qui est affecté par le stress doit d'abord en déterminer la source. Il peut ensuite prioriser les changements à effectuer et procéder à la résolution de problème. Dans certains cas, un suivi psychothérapeutique peut apporter une aide précieuse, en permettant essentiellement la mise en place de nouveaux comportements plus efficaces de gestion du stress ou l'élaboration d'une façon de penser plus adéquate et fonctionnelle. Dans d'autres cas, la désorganisation associée au stress peut aussi nécessiter l'usage temporaire d'une médication.

11.3 **Le stress**

Certains facteurs de personnalité contribuent à un niveau de stress plus élevé et au développement de maladies.

Le soutien social

Les relations sociales semblent être associées de façon importante à la santé et au bien-être des jeunes adultes. Les recherches ont identifié au moins deux aspects inter-reliés de l'environnement social qui contribuent à maintenir une bonne santé : l'intégration sociale et le soutien social (Cohen, 2004).

L'intégration sociale représente un engagement actif dans une grande variété de relations sociales, d'activités et de rôles (conjoint, parent, voisin, ami, collègue, etc.). Ainsi, le réseau social peut influencer à la fois le bien-être psychologique et la participation à des activités visant à entretenir de saines habitudes de vie, comme l'exercice physique, la saine alimentation et l'abstinence de substances psychotoxiques (Cohen, 2004). Cette intégration sociale a souvent été associée à un plus faible taux de mortalité (Berkman et Glass, 2000 ; Rutledge *et al.*, 2004). Les individus ayant un large réseau social et de multiples rôles sociaux sont donc plus susceptibles de survivre à une attaque cardiaque et moins enclins à souffrir d'anxiété ou de dépression que ceux qui ont un réseau social ou des rôles plus limités (Cohen, Gottlieb et Underwood, 2000).

Le soutien social réfère quant à lui aux ressources matérielles, informationnelles et psychologiques qui proviennent du réseau social et sur lesquelles la personne peut compter en cas de besoin. Lors de situations fortement stressantes, les individus qui reçoivent du soutien d'autres personnes sont plus susceptibles de bien s'alimenter et de bien dormir, de faire suffisamment d'exercice et d'éviter l'abus de substances ; ils sont donc moins enclins à souffrir d'anxiété, à vivre de la détresse ou même à mourir (Cohen, 2004).

Comme le mariage procure à la fois l'intégration sociale et le soutien social, il n'est pas surprenant de constater qu'il tend à être bénéfique pour la santé, particulièrement pour les hommes (Wu et Hart, 2002). Une enquête réalisée auprès de 127 545 adultes américains a en effet montré que les gens mariés, particulièrement les jeunes adultes, ont tendance à être plus en santé physiquement et psychologiquement que ceux qui n'ont jamais été mariés, qui cohabitent ou qui sont veufs, séparés ou divorcés. Le fait de mettre un terme à un mariage ou à une union de fait serait aussi associé à des effets négatifs sur le plan physique, psychologique ou les deux, tout comme le fait de demeurer dans une relation insatisfaisante (Wu et Hart, 2002).

Le statut socioéconomique

Le lien entre le statut socioéconomique et la santé a été largement documenté. Les individus qui ont un revenu élevé se disent en meilleure santé et vivent plus longtemps que les individus qui ont un faible revenu (NCHS, 2004, 2006). Le niveau de scolarité est lui aussi important. Les études montrent que moins les gens sont scolarisés, plus ils ont de risques de développer des maladies potentiellement mortelles comme les maladies transmissibles, des blessures et des problèmes chroniques (NCHS, 2004). Ceci ne signifie pas que le revenu et l'éducation sont associés à une bonne ou à une mauvaise santé, mais qu'ils sont liés à des facteurs environnementaux et à des conditions de vie qui prédisposent, ou non, au développement de problèmes de santé.

11.2.2 Les problèmes de santé mentale

Chez la plupart des jeunes adultes, la santé mentale et le bien-être augmentent par rapport à l'adolescence. De plus, les problèmes comportementaux diminuent. Cependant, l'incidence des désordres psychologiques, tels que la dépression, la schizophrénie ou le trouble bipolaire, augmente en même temps. Comment expliquer ce paradoxe ?

La transition de l'adolescence vers l'âge adulte signifie la fin des années relativement structurées qui marquent le secondaire. Si le fait de prendre ses propres décisions et de choisir différents parcours de vie est souvent libérateur, la responsabilité de ne pouvoir compter que sur soi-même et de devenir financièrement autonome peut être accablante (Schulenberg et Zarrett, 2006). Ainsi, environ 20 % de la population canadienne souffrira de maladie mentale au cours de sa vie, dont 3 % de troubles graves

11.4 **Le soutien social**
La présence d'un réseau social contribue au bien-être du jeune adulte.

(Gouvernement du Canada, 2006). Ces statistiques ne tiennent pas compte du fait qu'un grand nombre de personnes sont aussi touchées par des problèmes émotionnels temporaires causant de la détresse. La majorité des problèmes de santé mentale, dont les troubles dépressifs, débutent dans la vingtaine (Schulenberg et Zarrett, 2006).

Faites le POINT

4 Quels sont les principaux facteurs qui contribuent à la santé et au bien-être du jeune adulte?

5 Que peut-on reprocher à l'échelle de stress de Holmes et Rahe?

6 Expliquer le lien entre le soutien social et la santé.

7 Quels sont les problèmes de santé psychologique qui augmentent avec la venue de la vie adulte?

11.3 La sexualité et la reproduction

Les activités sexuelles et reproductives représentent une préoccupation centrale dans la vie du jeune adulte. Ces importantes fonctions naturelles peuvent toutefois impliquer certains problèmes d'ordre physique tels que les troubles liés aux menstruations, les infections transmises sexuellement et l'infertilité.

11.3.1 Les comportements sexuels

Selon une enquête récente, les deux tiers des jeunes Canadiens ont connu leur première expérience sexuelle au cours de l'adolescence (Rotermann, 2005). En effet, l'âge moyen de la première relation sexuelle des Canadiens était de 16,5 ans en 2005. Comme nous l'avons vu dans le chapitre 10, il n'y aurait pas de différences notoires entre les garçons et les filles. Ces données montrent également que cet âge diminue constamment. En effet, chez le groupe des 25 à 34 ans, en 2005, la moyenne d'âge de la première relation sexuelle était de 17,9 ans. Elle augmente à 18,7 ans pour le groupe d'âge des 35 à 44 ans et passe à 19,2 ans pour le groupe des 45 à 59 ans.

Les comportements sexuels des jeunes adultes sont très variés. Parmi les 25 à 44 ans, 97 % des hommes et 98 % des femmes auraient des relations vaginales, 90 % des hommes et 88 % des femmes pratiqueraient le sexe oral avec un partenaire de l'autre sexe, et 40 % des hommes et 35 % des femmes auraient des relations anales avec un partenaire de l'autre sexe. Environ 6,5 % des hommes et 11 % des femmes déclarent avoir des relations sexuelles avec un partenaire du même sexe (Mosher, Chandra et Jones, 2005). Sur le plan des pratiques sexuelles des gais et lesbiennes, le **coït intercrural** et le **tribadisme** sont des pratiques courantes (Langis et Germain, 2009). Par coït intercrural, on entend la stimulation avec friction du pénis entre les cuisses. Par tribadisme, on entend le frottement de la vulve sur une partie du corps de la partenaire ou le frottement de pubis à pubis entraînant la stimulation du clitoris. Par ailleurs, selon certaines études, la fellation serait associée à la satisfaction sexuelle chez les couples de gais (Strong *et al.*, 2005).

Enfin, les jeunes adultes ont tendance à avoir plus de partenaires que les adultes plus âgés, mais des rapports sexuels moins fréquents. En effet, les relations sexuelles occasionnelles sont pratiques courantes chez les jeunes adultes qui ne sont pas engagés dans une relation durable. Les condoms sont les contraceptifs les plus utilisés, même si leur usage n'est pas constant. Ce sont les individus qui deviennent actifs sexuellement au début de l'âge adulte plutôt qu'à l'adolescence qui ont tendance à s'engager dans des comportements moins à risque (Lefkowitz et Gillen, 2006).

Coït intercrural
Activité sexuelle pratiquée par les gais qui consiste en une stimulation par friction du pénis entre les cuisses.

Tribadisme
Frottement de la vulve sur une partie du corps de la partenaire ou frottement de pubis à pubis entraînant la stimulation du clitoris.

11.3.2 Les infections transmises sexuellement

Comme nous l'avons vu dans le chapitre 10, c'est chez les jeunes âgés de 15 à 24 ans qu'on observe les taux les plus élevés d'ITS au Canada, de même que les augmentations les plus marquées de la prévalence de ces maladies (Agence de la santé publique du Canada, 2009). Ces taux sont particulièrement élevés chez les individus qui consomment de l'alcool ou des drogues.

Par ailleurs, le nombre d'individus atteints du VIH a grimpé dans toutes les régions du monde depuis 2002, les augmentations les plus fulgurantes étant recensées dans l'est et le centre de l'Asie ainsi que dans l'est de l'Europe. Toutefois, l'Afrique subsaharienne demeure la région la plus concernée. De plus, une proportion plus élevée de femmes est maintenant touchée par cette maladie, particulièrement dans les régions où la transmission hétérosexuelle prédomine, comme en Afrique ou dans les Caraïbes. Avec l'arrivée des thérapies antivirales, le taux de mortalité des individus atteints du VIH a toutefois chuté radicalement et la moyenne de leur durée de vie a augmenté à 35 ans (Bhaskaran *et al.*, 2008). Malgré cette bonne nouvelle, la situation entraîne des effets pervers tels qu'une baisse de la protection, certains pensant à tort qu'on peut aujourd'hui guérir cette maladie.

11.3.3 Les troubles menstruels

Syndrome prémenstruel (SPM)
Trouble qui produit des inconforts physiques et des tensions émotionnelles deux semaines avant la période menstruelle.

Le **syndrome prémenstruel (SPM)** est un trouble qui produit des inconforts physiques et des tensions émotionnelles environ deux semaines avant la période menstruelle. Ces symptômes peuvent inclure de la fatigue, des maux de tête, une sensibilité au niveau des seins, l'enflure des mains et des pieds, une tension abdominale, des nausées, des crampes, de la constipation, des rages alimentaires, un gain de poids, de l'anxiété, des symptômes dépressifs, de l'irritabilité, des changements de l'humeur, des yeux larmoyants et des difficultés de concentration et de mémorisation. Plus de 80% des femmes menstruées peuvent manifester certains de ces symptômes, mais seulement 5% à 10% d'entre elles reçoivent un diagnostic de syndrome prémenstruel (ACOG, 2000).

Les causes du syndrome prémenstruel sont encore mal connues, mais celui-ci semble être une réponse normale à l'augmentation mensuelle de certaines hormones telles que l'œstrogène et la progestérone, ainsi qu'aux taux de testostérone et de sérotonine, un neurotransmetteur produit par le cerveau (Schmidt *et al.*, 1998 ; ACOG, 2000). Les symptômes du SPM peuvent parfois être atténués par de l'exercice physique, le fait de manger fréquemment de petits repas, une diète riche en hydrates de carbone et faible en sel et en caféine, ainsi que par une routine stable au niveau du sommeil. Les suppléments de calcium, de magnésium et de vitamines E peuvent aider également. Certaines médications, comme un diurétique contre la rétention d'eau et le gain de poids, peuvent aussi soulager certains symptômes (ACOG, 2000).

Le SPM peut parfois être confondu avec la *dysménorrhée* (des règles douloureuses ou crampes). Or, les crampes ont tendance à affecter davantage les adolescentes et les jeunes adultes, alors que le SPM est plus fréquent chez les femmes âgées de trente ans et plus. Entre 40% et 90% des femmes rapportent avoir des symptômes de dysménorrhée et, dans 10% à 15% des cas, la douleur est si intense qu'elle en devient invalidante (Newswise, 2004). La dysménorrhée est causée par des contractions de l'utérus qui sont le résultat de la production de prostaglandine, une substance chimique similaire aux hormones. Elle peut donc être traitée avec des inhibiteurs de prostaglandine comme l'ibuprofène (Wang *et al.*, 2004).

11.3.4 L'infertilité

Environ 7% des couples américains souffrent d'infertilité, c'est-à-dire d'une incapacité à concevoir un enfant après douze mois d'essai (Wright *et al.*, 2006). Au Canada, c'est un couple sur six qui serait incapable de concevoir dans les douze premiers mois (ACSI, 2006). De façon naturelle, la fertilité des femmes commence à décliner à partir de la fin de la vingtaine, avec un déclin plus substantiel à la fin de la trentaine. La fertilité des hommes est moins influencée par l'âge, mais elle décline significativement à la fin de la trentaine (Dunson, Colombo et Baird, 2002). L'infertilité peut influer sur la relation de couple, mais c'est seulement lorsqu'elle est permanente qu'elle est associée à une détresse psychologique à long terme.

La cause la plus fréquente d'infertilité chez les hommes est la production d'une quantité insuffisante de sperme. Dans certains cas, le canal déférent peut être bloqué, empêchant ainsi la sortie du sperme ou les spermatozoïdes de circuler suffisamment bien pour atteindre le col de l'utérus. Dans certains cas, l'infertilité masculine a une base génétique (Phillips, 1998). Chez la femme, les causes de l'infertilité peuvent être associées à une incapacité à produire des ovules ou à en produire des normaux; à la présence de mucus à l'intérieur du col de l'utérus (qui peut empêcher le sperme de pénétrer à l'intérieur) ou à un problème de l'endomètre (qui peut empêcher l'implantation de l'ovule fertilisé). Une cause majeure du déclin de la fertilité chez les femmes âgées de plus de trente ans est la détérioration de la qualité des ovules (Van Noord-Zaadstra *et al.*, 1991). Cependant, la cause la plus commune reste le blocage des trompes de Fallope, qui empêche les ovules d'atteindre l'utérus. Dans la moitié des cas, les trompes sont bloquées par des tissus cicatriciels provenant d'une infection transmise sexuellement et qui n'a pas été soignée (King, 1996).

11.5 **Les solutions aux problèmes d'infertilité**

Plusieurs traitements s'offrent aux couples infertiles. Toutefois, les médicaments fertilisants augmentent la probabilité de naissances multiples.

Comme nous l'avons vu dans le chapitre 2, les couples infertiles bénéficient maintenant de plusieurs options et possibilités pour devenir parents. Parfois, les traitements hormonaux, la médication ou la chirurgie peuvent corriger le problème d'infertilité. Cependant, les médicaments fertilisants augmentent la probabilité des naissances multiples. De plus, les hommes qui entreprennent un traitement de fertilité sont à risque de produire des spermatozoïdes comportant des anomalies chromosomiques (Levron *et al.*, 1998). Des suppléments de coenzyme Q10, un antioxydant, peuvent aussi aider à augmenter la motilité des spermatozoïdes (Balercia *et al.*, 2004). À moins qu'il n'y ait une cause connue à l'infertilité, les chances de succès après 18 mois à 2 ans sont relativement élevées (Dunson *et al.*, 2002). Ainsi, en 2002, au Canada, 2 201 enfants ont été conçus grâce à des techniques de procréation assistée.

Faites le POINT

8 Que peut-on dire du nombre de partenaires sexuels des jeunes adultes comparativement aux adultes plus âgés?

9 Qu'en est-il de la prévalence des ITS chez les jeunes adultes canadiens?

10 Qu'est-ce que le syndrome prémenstruel?

11 Expliquez ce qu'on entend par *infertilité*. Combien de couples sont touchés par ce problème au Canada?

11.4 Le développement cognitif

Les chercheurs en psychologie du développement ont étudié la cognition adulte à partir d'une variété de perspectives. Certains ont tenté d'identifier les capacités cognitives distinctes qui émergent au cours de l'âge adulte ou les façons différentes dont les adultes utilisent leurs habiletés cognitives à travers des stades successifs. D'autres ont centré leur attention sur les différents aspects de l'intelligence qui existent tout au long de la vie, mais qui ont surtout tendance à être mis de l'avant à l'âge adulte. Enfin, une théorie plus actuelle, qui s'applique autant aux enfants qu'aux adultes, s'intéresse particulièrement au rôle des émotions dans le comportement intelligent.

11.4.1 Le développement de la pensée postformelle

Bien que Piaget ait décrit le stade des opérations formelles comme étant le niveau optimal du développement intellectuel, certains scientifiques maintiennent que

Pensée réflexive

Type de pensée logique qui émerge au cours de l'âge adulte et qui implique une évaluation active et continue de l'information et des croyances, à la lumière des évidences qui les soutiennent et des conclusions auxquelles elles aboutissent.

Pensée postformelle

Type de pensée mature qui se base sur la combinaison de l'expérience subjective et de l'intuition aussi bien que sur la logique. Ce type de pensée est utile pour résoudre les situations ambiguës, inconsistantes et contradictoires, ainsi que pour faire des compromis.

11.6 **La pensée postformelle**

Grâce au développement de sa pensée, le jeune adulte arrive dorénavant à considérer les éléments logiques et expérientiels dans la recherche de solutions.

les changements cognitifs se poursuivent au-delà de ce stade. Ainsi, un courant de la théorie néopiagétienne s'intéresse à l'émergence de ces niveaux les plus élevés de la pensée réflexive ou du raisonnement abstrait. Un autre courant met aussi en évidence la présence d'une pensée postformelle qui combine la logique, les émotions et les expériences pratiques dans la résolution de problèmes ambigus.

La **pensée réflexive** est une forme complexe de cognition que le philosophe et éducateur américain John Dewey (1910, 1991) a d'abord définie comme étant une forme de pensée qui analyse activement les informations et les croyances, à la lumière des évidences qui les soutiennent et des conclusions auxquelles elles aboutissent. L'individu qui a une pensée réflexive questionne continuellement les faits observés, formule des inférences et fait des liens. Élaborée à partir du stade des opérations formelles de Piaget, la personne qui utilise cette pensée réflexive peut donc créer des systèmes intellectuels complexes qui lui permettent de concilier des idées apparemment contradictoires.

La capacité de penser de façon réflexive semble émerger entre l'âge de 20 et 25 ans. Avant cet âge, les régions du cerveau qui permettent d'avoir des pensées de haut niveau ne sont pas totalement myélinisées. Au cours de cette période, le cerveau forme de nouveaux neurones ainsi que de nouvelles connexions synaptiques et dendritiques. L'environnement peut stimuler le développement de ces connexions corticales plus larges et plus denses. Par ailleurs, bien que la majorité des adultes développent la capacité d'avoir une pensée réflexive, peu d'individus atteignent une totale maîtrise de cette habileté, et encore moins peuvent l'appliquer à une variété de problèmes. Par exemple, un jeune adulte peut comprendre le concept de justice, mais il peut avoir de la difficulté à en évaluer la portée relativement à d'autres concepts comme l'aide sociale, la loi, l'éthique et la responsabilité. Cela pourrait expliquer pourquoi, comme nous le verrons plus loin, peu d'adultes atteignent le niveau le plus élevé du développement moral de Kohlberg. Cependant, pour plusieurs d'entre eux, l'éducation postsecondaire favorise tout de même le progrès en matière de pensée réflexive (Fischer et Pruyne, 2003).

Les recherches réalisées depuis les années 1970 portent à croire que la pensée mature est plus riche et plus complexe que la description qu'en faisait Piaget. Elle est caractérisée par l'habileté à gérer les incertitudes et les contradictions, et elle permet aux individus de faire des compromis. Le stade le plus élevé du fonctionnement intellectuel adulte est parfois appelé **pensée postformelle.** Cette forme de pensée commence généralement avec l'émergence de la vie adulte et souvent lors de l'accès à des études supérieures (Labouvie-Vief, 2006).

La pensée postformelle est flexible, ouverte, individuelle et adaptative. Elle se base à la fois sur l'intuition, les émotions et la logique pour aider l'adulte à faire face à un monde apparemment chaotique, et elle se sert aussi de l'expérience préalable de situations ambiguës. La pensée postformelle est également une pensée relative. Tout comme la pensée réflexive, elle permet à l'adulte de transcender un système logique unique (par exemple, un système politique établi) et de choisir entre des propositions ou des idées conflictuelles (par exemple, celles qui opposent les tenants de la psychanalyse et les béhavioristes), voire de les réconcilier. Alors que la pensée immature est dichotomique et voit les choses en blanc ou en noir (le vrai ou le faux, la logique ou les émotions, le corps ou l'esprit), la pensée mature considère, de son côté, les nuances de gris. Tout comme la pensée réflexive, la pensée postformelle se développe souvent en réponse à des événements ou à des interactions qui débouchent sur des façons nouvelles de voir le monde, remettant alors en question les visions simplifiées et polarisées.

Jan Sinnott (1984, 1998, 2003), une chercheuse marquante en psychologie du développement, a proposé plusieurs critères pour définir la pensée postformelle, comme le montre le tableau 11.2.

Le passage vers un mode de pensée postformelle peut ébranler un individu sur le plan émotionnel. Ainsi, le jeune adulte peut facilement être influencé par ses émotions et être porté à faire des distorsions cognitives, c'est-à-dire des erreurs d'interprétation ou de

326 CHAPITRE 11 Le développement du jeune adulte de vingt à quarante ans perception de la réalité, pour se protéger ou servir ses propres intérêts (Labouvie-Vief, 2006). Par ailleurs, la pensée postformelle opère souvent dans un contexte social et émotionnel. Contrairement aux problèmes étudiés par Piaget, qui impliquaient des phénomènes physiques et qui demandaient des observations et des analyses objectives et détachées, les dilemmes sociaux sont généralement moins clairement structurés et sont souvent chargés d'émotion.

TABLEAU 11.2 | Les critères de la pensée postformelle (selon Sinnott)

Critère	Description	Exemple
Alternance théorie-pratique	Capacité de passer constamment du raisonnement logique ou abstrait aux considérations pratiques et réalistes.	« Selon l'horaire, mon cours devrait finir à 15 h, mais comme il fait une chaleur accablante, je vais le terminer plus tôt, car mes étudiants ne sont plus attentifs. »
Définition du problème	Habileté à définir un problème comme faisant partie d'une classe ou d'une catégorie de problèmes logiques et d'en définir les paramètres.	« Le problème dont tu me parles est d'ordre éthique et non légal. Il n'existe donc pas de jurisprudence pour le résoudre. »
Alternance processus-produit	Habileté à voir qu'un problème peut être résolu soit à travers un processus ayant des applications générales ou à travers le produit, soit une solution concrète à un problème particulier.	« J'ai fait face à ce type de problème dans le passé, et c'est de cette façon que je l'ai résolu. » ou encore « Dans ce cas, la meilleure solution devrait être... »
Pragmatisme	Habileté à choisir la meilleure solution parmi plusieurs solutions possibles.	« Si tu veux la solution la moins coûteuse, fais ceci ; si tu veux la solution la plus rapide, fais cela. »
Solutions multiples	Prise de conscience de la multiplicité des causes et des solutions possibles	« Essaie avec ta manière et si ça ne fonctionne pas, essaie la mienne. »
Conscience des paradoxes	Capacité à reconnaître que les problèmes et les solutions peuvent être porteurs de conflits et de contradictions.	« Si tu romps avec ton conjoint, tu vas retrouver ta liberté, mais cela pourra aussi entraîner des désavantages, comme le fait de souffrir de solitude. »
Pensée autoréférentielle	Conscience qu'a une personne de son raisonnement intellectuel dans la résolution de dilemmes sociaux.	« Si ton conjoint est infidèle, tu peux lui faire porter le blâme pour son geste ou tenter de comprendre la dynamique relationnelle qui l'a entraîné. »

C'est donc dans ce genre de situation que les adultes ont tendance à faire appel à la pensée postformelle (Sinnott, 2003). Enfin, les recherches montrent que l'accès à la pensée postformelle progresse au cours de la jeune vie adulte et de l'âge mûr, particulièrement quand les émotions sont impliquées. Ainsi, dans une étude, on a demandé à des participants d'évaluer ce qui causait les résultats observés lors de situations hypothétiques, par exemple un conflit conjugal. Or, les adolescents et les jeunes adultes avaient tendance à blâmer les individus et à chercher un coupable, alors que les personnes plus âgées étaient davantage portées à attribuer un comportement à l'interaction entre les personnes et à l'environnement. En outre, plus la situation était ambiguë, plus l'âge interférait dans la façon de l'interpréter (Blanchard-Fields et Norris, 1994).

11.4.2 Le modèle de Schaie

Le modèle du développement cognitif de Schaie s'intéresse à la façon dont l'intelligence évolue dans le contexte social tout au long de la vie (Schaie et Willis, 2000). Dans ce modèle, Schaie présente sept stades qui s'articulent autour de buts motivationnels survenant à différentes étapes de la vie. Ces buts se transforment au fil du temps : ils passent de l'acquisition d'information et d'habiletés (qu'est-ce que j'ai besoin de savoir) à l'intégration pratique de connaissances et d'habiletés (comment pourrais-je utiliser ce que je connais), puis à une recherche de signification et de buts (pourquoi devrais-je savoir). Le tableau 11.3, à la page suivante, présente ces sept stades du développement cognitif définis par Schaie.

TABLEAU 11.3 | Les sept stades du développement cognitif (selon Schaie)

Stade	Période	Description	Exemple
Acquisition	Enfance et adolescence	L'individu acquiert des connaissances et des habiletés, surtout pour lui-même ou pour se préparer à l'insertion dans la société.	Recevoir une formation scolaire
Réalisation personnelle	De la fin de la vingtaine au début de la trentaine	Le jeune adulte n'acquiert plus seulement des connaissances pour lui-même; il les utilise pour atteindre ses objectifs, tels que la carrière et la famille.	Suivre un stage pratique au cours d'une formation universitaire
Responsabilités	De la fin de la trentaine au début de la soixantaine	L'intérêt de l'apprentissage se déplace vers les domaines qui sont liés aux difficultés éprouvées quotidiennement par l'adulte d'âge mûr dans l'exercice de ses responsabilités conjugales, familiales et professionnelles.	Apprendre à être un bon parent, apprendre à bien gérer une entreprise
Engagement social	De la trentaine à la soixantaine	Certains individus (hommes politiques, gens d'affaires, etc.) ont des responsabilités dans des systèmes sociaux plus larges, dans lesquels ils doivent résoudre des problèmes complexes sur plusieurs plans. Ce stade peut chevaucher le stade précédent.	Développer des habiletés relationnelles et des connaissances diverses (rouages politiques, principes économiques et administratifs, etc.)
Réorganisation	De la fin de la cinquantaine au début de l'âge avancé	Les personnes réorganisent leur vie et utilisent leur énergie intellectuelle autour d'activités qui ont un sens profond et personnel pour elles, plutôt que pour les besoins du travail comme elles le faisaient auparavant. Ce stade caractérise souvent le fonctionnement cognitif des individus retraités.	Faire de la peinture ou s'impliquer dans des groupes de discussion ou des groupes de lecture
Réintégration	À l'âge adulte avancé	Les personnes sont parfois moins impliquées sur le plan social et leurs fonctions cognitives sont modifiées en raison de changements biologiques. Elles deviennent alors souvent beaucoup plus sélectives quant aux activités auxquelles elles consacrent leurs efforts.	Se concentrer sur les raisons qui poussent à agir et sur les tâches qui sont les plus significatives
Création de l'héritage	À la fin de la vie	Les personnes se concentrent sur des tâches liées à la fin de leur vie.	Prendre des dispositions pour le legs des biens ou pour les funérailles, écrire ou raconter sa vie comme un héritage pour les proches

11.7 **Le stade des responsabilités**
Parvenu à la trentaine, le jeune adulte assume généralement plusieurs responsabilités comme celle d'être parent.

Comme nous pouvons le constater, les stades *responsabilités* et *engagement social* de ce modèle peuvent se chevaucher ou s'alterner selon l'âge, le type de travail ou la structure de vie. De plus, il est certain que les adultes ne traversent pas tous ces stades aux périodes indiquées. Le jeune adulte, lui, traverse les stades *réalisation personnelle* et *responsabilités*. Toutefois, dès le stade de la prise des responsabilités (soit vers la trentaine), des variations commencent à apparaître en fonction des événements de vie vécus par la personne, de ses choix, de sa personnalité, etc.

11.4.3 La théorie triarchique de Sternberg

David, Barbara et Jonathan avaient fait des demandes d'admission dans différents programmes à l'Université de Montréal. Tout au long de son cheminement académique, David avait presque toujours récolté des A, et il avait obtenu des notes très élevées à ses examens de fins de DEC. Il avait aussi reçu d'excellentes recommandations de la part de ses professeurs. Par contre, les résultats scolaires de Barbara n'avaient toujours été que passables, et sa cote R inférieure aux exigences requises par le programme universitaire pour lequel elle avait postulé. Cependant, les lettres de recommandation fournies par ses professeurs étaient remplies d'éloges sur la qualité de ses travaux et sur ses idées innovatrices. Enfin, les résultats scolaires de Jonathan et ses lettres de recommandations étaient bons, mais ils ne figuraient pas parmi les meilleurs. Or, David et Jonathan ont été admis dans le programme universitaire de leur choix. Quant à Barbara, elle n'a pas été admise dans le programme voulu, mais on lui a proposé de travailler comme assistante de recherche tout en suivant des cours à titre d'auditrice libre. David a obtenu de très bons résultats au cours de sa première année de baccalauréat, mais il a moins bien réussi par la suite. Barbara, elle, a dépassé les attentes du département par sa contribution exceptionnelle au sein de son équipe de recherche. Quant aux performances de Jonathan, elles ont été plutôt moyennes, mais il a tout de même eu de la facilité à se trouver un emploi par la suite, et cette nouvelle vie s'est avérée plus facile pour lui.

Selon la théorie triarchique de l'intelligence de Sternberg que nous avons présentée dans le chapitre 7, Barbara et Jonathan sont forts sur deux aspects de l'intelligence que les tests psychométriques ne mesurent généralement pas: l'*intuition créatrice*, qui selon Sternberg fait partie de la dimension expérientielle, et l'*intelligence pratique*, qui appartient à la dimension contextuelle. Étant donné que l'intuition créatrice et l'intelligence pratique sont des éléments cognitifs importants dans la vie des adultes, les tests psychométriques deviennent moins utiles dans l'évaluation de l'intelligence de ces derniers et dans la prédiction de leur succès dans la vie. Dans le cas de David, ses *habiletés analytiques,* c'est-à-dire la dimension compositionnelle de son intelligence, l'ont aidé à traverser avec succès le secondaire et le collégial. Cependant, dans les études universitaires, où l'originalité de la pensée s'avère un atout, la supériorité de l'intelligence expérientielle de Barbara lui a davantage servi. Quant à Jonathan, grâce à son intelligence pratique de type contextuel, il a réussi à bien se débrouiller dans la vie et à trouver un emploi qui satisfait ses attentes.

Comme nous l'avons également vu dans le chapitre 7, la connaissance ou le savoir tacite constitue un aspect important de l'intelligence pratique (contextuelle) qui n'est pas appris de manière explicite. Le savoir tacite réfère au savoir informel, c'est-à-dire au bon sens commun dans la façon de faire les choses. Par exemple, il dicte la façon de faire pour obtenir une promotion. Il n'est pas corrélé avec les mesures d'habiletés intellectuelles générales, mais il représente un meilleur prédicteur du succès en affaires (Sternberg, Grigorenko et Oh, 2001). Le savoir tacite peut inclure la gestion de soi (savoir comment se motiver et organiser son temps), la gestion des tâches à faire (savoir comment rédiger un texte) et la gestion des relations interpersonnelles (savoir quand et comment renforcer ou critiquer un employé) (Smith, 2001).

Pour vérifier le savoir tacite chez l'adulte, Sternberg a utilisé une méthode qui consiste à comparer les choix d'une personne quant aux actions à poser dans des situations hypothétiques liées au travail à ceux des experts dans le domaine concerné. Le savoir tacite, mesuré de cette façon, ne semble pas être lié au QI, et il prédit la performance au travail avec plus d'exactitude que ne le font les tests psychométriques (Herbig, Büssing et Ewert, 2001). Évidemment, ce savoir tacite ne garantit pas à lui seul la réussite professionnelle: d'autres aspects de l'intelligence sont également impliqués. Toutefois, il contribue pour une large part au succès de l'individu dans la réalisation de ses projets personnels et professionnels.

11.4.4 L'intelligence émotionnelle

En 1990, Peter Salovey et John Mayer ont proposé le terme d'**intelligence émotionnelle** pour référer à l'habileté d'une personne à reconnaître, à utiliser, à comprendre et à gérer ses propres émotions et celles des autres. Ce concept a ensuite été repris et développé par Daniel Goleman (1995, 1998, 2001), pour qui l'intelligence émotionnelle se compose de deux types de compétences: la compétence personnelle et la compétence sociale (*voir le tableau 11.4 à la page suivante*).

Intelligence émotionnelle
Selon Salovey et Mayer, type d'intelligence qui réfère à l'habileté d'une personne à comprendre et à maîtriser ses propres émotions et à composer avec celles des autres.

TABLEAU 11.4 | Les compétences et les dimensions de l'intelligence émotionnelle (selon Goleman)

Compétences	Dimensions	Qualités émotionnelles
Compétences personnelles	Conscience de soi	• Conscience de ses propres émotions (connaître ses émotions, ses états intérieurs, ses désirs, ses besoins, etc.) • Autoévaluation réaliste de soi (connaître ses limites et ses forces) • Confiance en soi (certitude de sa valeur et de ses capacités)
	Maîtrise de soi	• Contrôle de soi (savoir gérer ses impulsions) • Crédibilité (rester honnête et crédible) • Conscience professionnelle (soucis de bien faire son travail) • Adaptabilité (souplesse face aux changements)
	Motivation	• Détermination (effort vers l'excellence) • Engagement (savoir s'impliquer) • Initiative (savoir saisir les occasions) • Optimisme (avoir confiance en soi et poursuivre ses objectifs)
Compétences sociales	Empathie	• Compréhension des autres (sensibilité interpersonnelle, capacité de saisir les émotions et les pensées des autres) • Support (savoir aider, anticiper, reconnaître et satisfaire les besoins des autres) • Stimuler (savoir reconnaître et stimuler les capacités des autres) • Réunir (savoir tirer profit des différences interpersonnelles) • Sens politique (savoir saisir les émotions d'un groupe et les relations de pouvoir)
	Aptitudes sociales	• Charisme (savoir persuader) • Communiquer (savoir être clair dans ses messages) • Leadership (savoir guider, diriger) • Entreprise (savoir initier et gérer des changements) • Médiation (savoir résoudre des conflits) • Entregent (savoir créer des relations) • Coopération (savoir collaborer avec les autres) • Synergie (savoir rassembler les gens autour d'objectifs communs)

11.8 **L'intelligence émotionnelle**

L'intelligence émotionnelle contribue au maintien de bonnes relations sur le plan personnel et professionnel.

Certaines personnes sont très intelligentes, mais sont néanmoins incapables de transmettre leurs connaissances aux autres. Cela peut s'expliquer par le fait que l'intelligence émotionnelle influe sur la qualité des relations interpersonnelles. En effet, des études ont montré que les étudiants du collégial qui obtenaient des résultats élevés à ce test d'intelligence émotionnelle étaient plus susceptibles de dire qu'ils entretenaient des relations positives avec leurs parents et leurs amis que les étudiants qui obtenaient de faibles résultats au même test (Lopes, Salovey et Strauss, 2003). D'autres études ont aussi montré que les étudiants qui obtenaient de faibles résultats au test d'intelligence consommaient davantage de drogues et d'alcool (Brackett, Mayer et Warner, 2004).

Par ailleurs, l'intelligence émotionnelle influence aussi l'efficacité au travail. Ainsi, sur un échantillon d'employés provenant d'une des plus grandes compagnies d'assurance en Amérique du Nord, ceux qui obtenaient des résultats élevés à ce test étaient aussi ceux qui étaient les mieux cotés par leurs collègues et leurs superviseurs sur le plan de la sociabilité, de la sensibilité interpersonnelle, du leadership et de l'habileté à gérer le stress et les conflits. Des scores élevés à ce test étaient aussi liés à des salaires plus élevés et à plus de promotions (Lopes *et al.*, 2006).

11.4.5 L'évolution du jugement moral

Selon la théorie de Kohlberg, comme nous l'avons vu dans le chapitre 9, le développement moral dépend du développement cognitif chez les enfants et les adolescents. Leur jugement moral progresse dans la mesure où l'égocentrisme diminue et où le raisonnement abstrait se développe. À l'âge adulte, par contre, le jugement moral devient plus complexe.

Pour Kohlberg, l'avancement dans les stades et l'atteinte du troisième niveau de développement moral, soit celui de la morale postconventionnelle, sont particulièrement liés à l'expérience de vie de chacun. Ainsi, la plupart des individus n'atteindraient pas ce niveau avant la vingtaine, et même plus tard (Kohlberg, 1973). Les deux principales expériences de vie qui poussent le jeune adulte vers le niveau de développement moral le plus élevé seraient, d'une part, le fait d'être confronté à des valeurs conflictuelles à l'extérieur de la famille (par exemple, lorsque l'individu quitte la maison parentale pour aller étudier à l'extérieur) et, d'autre part, le fait de devenir responsable du bien-être d'une autre personne (par exemple, en devenant parent). L'expérience de vie peut alors amener le jeune adulte à reconsidérer ses critères du bien et du mal. Certains adultes vont d'ailleurs spontanément faire référence à leurs expériences personnelles pour expliquer leurs choix relativement à des dilemmes moraux. Ainsi, comme nous l'avons vu dans le chapitre 9, un individu qui a eu le cancer ou dont un proche en a été atteint sera plus susceptible de pardonner à un homme qui vole un médicament trop coûteux pour sauver la vie de sa femme et d'expliquer ce point de vue en évoquant sa propre expérience (Bielby et Papalia, 1975). En ce qui concerne le jugement moral, les stades cognitifs ne suffisent donc pas à donner un portrait complet de la situation. S'il est vrai que l'individu qui fait preuve d'égocentrisme est moins susceptible de prendre une décision morale à un niveau postconventionnel, l'individu qui est en mesure de réfléchir de manière abstraite ne va toutefois pas nécessairement atteindre le plus haut niveau de fonctionnement moral, à moins que son expérience de vie ne le lui permette.

Peu avant sa mort en 1987, Kohlberg a proposé un septième stade de jugement moral, qui va au-delà des simples considérations de justice. Dans ce septième stade, l'adulte réfléchirait à la «la nécessité de la moralité» (Kohlberg et Ryncarz, 1990). Cependant, l'atteinte de ce niveau serait si rare que même Kohlberg avait des réticences à le reconnaître comme un stade de développement en soi.

Comme nous l'avons aussi vu dans le chapitre 9, Carol Gilligan, pour sa part, a suggéré que le principal dilemme moral des femmes est le conflit entre leurs propres besoins et ceux des autres. Pour comprendre de quelle façon les femmes font leurs choix moraux, Gilligan (1982, 1993) a interrogé 29 femmes enceintes au sujet de leur décision de poursuivre ou non leur grossesse, les confrontant au dilemme moral de l'avortement. Elle a découvert que ces femmes voyaient la moralité en termes d'égoïsme ou de responsabilité, celle-ci étant définie comme l'obligation de donner des soins et d'éviter de blesser les autres. Gilligan en conclu que les femmes pensent moins en termes de justice et d'équité que les hommes, et davantage en termes de responsabilité. C'est ce qui l'a amené à proposer son propre modèle du développement moral féminin, présenté dans le tableau 11.5, à la page suivante.

Cependant, d'autres recherches n'ont pas trouvé de différences significatives entre les hommes et les femmes sur le plan du jugement moral, et ce, tout au long de leur vie (Brabeck et Shore, 2003). Dans les quelques études où les hommes avaient des résultats légèrement supérieurs aux femmes, les différences n'étaient pas attribuables au sexe de l'individu, mais plutôt au niveau de scolarité plus élevé des hommes et à leur emploi plus rémunérateur. Une méta-analyse plus récente des résultats de 113 études est parvenue à des résultats plus nuancés. Ainsi, même si les femmes sont plus susceptibles de réfléchir en termes de soins à donner aux autres et les hommes en termes de justice, ces différences sont minimes. Les recherches récentes ne semblent donc pas supporter les hypothèses formulées par Gilligan au sujet d'un biais masculin ou d'une perspective proprement féminine de la moralité (Walker, 1995).

Stade	Description
Niveau 1 Égocentrisme	La femme se préoccupe de son propre bien-être et de ses intérêts personnels, sans égard aux autres.
Transition 1 De l'égocentrisme à la responsabilité	La femme devient plus consciente du fait qu'elle est liée aux autres et commence à tenir compte de ceux qui l'entourent. Ses raisonnements demeurent tout de même égocentriques.
Niveau 2 Bonté et oubli de soi	Les principes conventionnels féminins dictent la bonne conduite à suivre. La femme renonce donc à ses désirs pour répondre à ceux des autres et se préoccupe de ce qu'ils pensent d'elle. Elle se considère comme étant responsable des actes des autres, tout en considérant les autres responsables de ses propres choix. Elle est dans une position de dépendance où ses efforts indirects pour exercer du contrôle se transforment souvent en manipulation, parfois en utilisant la culpabilité.
Transition 2 De la bonté à l'honnêteté	La femme ne prend plus ses décisions sur la base de la réaction des autres, mais bien en se fiant sur les intentions et les conséquences de ses actions. Elle développe un nouveau jugement qui tient compte de ses propres besoins et de ceux des autres. Elle veut être «bonne» en étant responsable des autres, mais aussi en voulant rester «honnête» envers elle-même. Le retour à la survie est un enjeu important.
Niveau 3 Moralité de non-violence	Au-delà du principe de ne vouloir blesser personne (y compris elle-même), la femme découvre de nouveaux principes qui guident ses choix. Ses raisonnements moraux se fondent dorénavant sur des principes personnels, des valeurs éthiques et un principe de réciprocité. Elle établit un principe d'équité entre elle-même et les autres, ce qui lui permet d'assumer la responsabilité de ses choix dans les dilemmes moraux.

Source : Adapté de Gilligan, 1982, 1993.

Dans ses recherches ultérieures, Gilligan a décrit le développement moral chez les femmes et les hommes comme allant au-delà du simple raisonnement abstrait. Dans des études utilisant des dilemmes moraux tirés de la vraie vie (par exemple, est-ce qu'une conjointe devrait confier ses aventures extraconjugales à son partenaire) plutôt que des dilemmes moraux hypothétiques comme ceux proposés par Kohlberg, Gilligan et ses collègues ont trouvé que plusieurs personnes dans la vingtaine ne se satisfont plus d'une morale logique restrictive et deviennent plus aptes à vivre avec des contradictions morales (Gilligan, Murphy et Tappan, 1990). Avec l'inclusion d'un septième niveau de développement moral, la pensée de Kohlberg rejoint maintenant en grande partie les découvertes de Gilligan. Les deux placent maintenant la responsabilité à l'égard des autres au niveau le plus élevé du développement moral et reconnaissent l'importance, autant pour les hommes que pour les femmes, des liens avec les autres, de la compassion et de la sollicitude.

Faites le POINT

12 Quel est le type de pensée qui caractérise le stade adulte ? Qu'est-ce qui la qualifie ?

13 Selon la théorie de Schaie, quels stades sont généralement atteints par les jeunes adultes âgés de 20 à 40 ans ? Décrivez-les.

14 Selon la théorie de Goleman, quelles sont les compétences et les dimensions de chaque composante de l'intelligence émotionnelle ?

11.5　Le développement affectif et social

Les changements sociaux majeurs qui ont suivi la révolution industrielle ont peu à peu conduit à des transformations profondes dans le développement adulte. Parallèlement, plusieurs modèles théoriques ont été mis sur pied pour tenter d'expliquer ces changements. Aujourd'hui, de multiples transitions caractérisent le passage de l'adolescence à la jeune vie adulte. Ainsi, un nombre non négligeable de jeunes adultes choisissent de s'investir dans une relation à long terme dans le but de combler des besoins affectifs fondamentaux. C'est le cas de Maxime, dans la mise en situation de ce chapitre, qui fréquente Mélanie depuis deux ans et qui souhaite maintenant emménager avec elle. Confrontés à plus de responsabilités, la majorité d'entre eux quittent la maison parentale et doivent alors travailler pour subvenir à leurs besoins. Parallèlement à cette quête d'autonomie grandissante, plusieurs jeunes adultes poursuivent des études post-secondaires et doivent par conséquent combiner travail et études, et parfois aussi responsabilités parentales. Tous ces changements associés à la jeune vie adulte sont porteurs de tensions et nécessitent plusieurs adaptations successives. Elles peuvent être des sources de stress pour certains et des facteurs de développement personnel pour d'autres. Examinons plus en détail les différents aspects liés au développement affectif et social du jeune adulte, ainsi que les enjeux particuliers qui y sont associés.

11.5.1 Le développement de la personnalité adulte : les différents modèles théoriques

La théorie psychosociale d'Erikson : un modèle normatif

Comme nous l'avons vu dans les chapitres précédents, Erikson a adopté un modèle théorique pour expliquer les changements développementaux relatifs à chaque période de la vie. Pour lui, ces changements sont *normatifs,* dans la mesure où ils semblent toucher la plupart des membres d'une population et qu'ils s'expriment à travers des stades de développement psychosocial qui s'étendent de la naissance à la mort.

Parvenu à l'âge adulte, l'individu est au sixième stade de développement psychosocial et doit, selon Erikson, résoudre la crise opposant l'**intimité *versus* l'isolement.** Ainsi, le jeune adulte doit être en mesure de développer des relations intimes dans lesquelles il s'engage profondément et à long terme avec les autres, sinon il risque de vivre un sentiment d'isolement et d'être trop préoccupé par sa propre personne. Par ailleurs, l'adulte de cet âge a également besoin de se retrouver avec lui-même : les deux polarités sont donc nécessaires pour assurer un bon équilibre dans le développement. Cependant, selon Erikson, le jeune adulte doit avoir préalablement développé une identité forte pour pouvoir vivre des relations intimes avec une autre personne, relations qui impliquent la capacité de se révéler à l'autre, de faire des compromis et de s'accepter mutuellement. Si cette sixième crise est résolue, elle permet alors le développement d'une force adaptative particulière : *l'amour.* Pour Erikson, cette relation intime doit se vivre entre deux partenaires de sexes différents et mener à la formation d'une famille où l'amour inclut des enfants, sous peine de conséquences négatives pour le développement de la personne. Aujourd'hui toutefois, on reconnaît que cet engagement dans une relation intime peut se vivre de différentes façons, c'est-à-dire non seulement dans le cadre d'une relation hétérosexuelle, mais aussi dans celui d'une relation homosexuelle, et que le fait de ne pas avoir d'enfant n'empêche pas un sain développement, comme nous le verrons plus loin.

Les psychologues qui ont poursuivi dans la même voie qu'Erikson ont identifié des **tâches développementales** qui doivent être accomplies pour réussir l'adaptation aux différentes étapes de la vie (Roisman *et al.,* 2004). Parmi les tâches développementales du jeune adulte, on note le départ de la maison pour poursuivre des études ou pour aller travailler à l'extérieur, le développement de relations amicales et amoureuses plus intimes et profondes, et la capacité de subvenir à ses propres besoins grâce à une indépendance financière et affective (Arnett, 2004). Par ailleurs, les théoriciens du modèle normatif insistent sur le fait que le développement ne s'arrête pas avec le début de l'âge adulte et que les humains continuent de changer et de se développer tout au long de leur vie adulte.

Le modèle des événements de vie de Neugarten

Bernice Neugarten, une éminente chercheuse en psychologie du développement, a proposé un **modèle des événements de vie** pour expliquer le développement humain. Neugarten et ses collègues en sont venus à la conclusion que ce n'est pas tant l'âge qui marque le développement humain, mais plutôt le moment où certains événements se produisent dans la vie de la personne (Neugarten et Neugarten, 1987). Les **événements de vie normatifs,** appelés aussi *influences normatives liées à l'âge,* se produisent à un moment attendu au cours du cycle de vie (*voir le chapitre 1*). Ils sont

Intimité *versus* isolement
Selon Erikson, sixième crise du développement psychosocial au cours de laquelle le jeune adulte doit être en mesure de développer des relations intimes profondes et à long terme. Si la crise n'est pas résolue, l'individu risque de vivre un sentiment d'isolement et d'être trop préoccupé par sa propre personne.

Tâche développementale
Tâche qui doit être accomplie pour réussir l'adaptation aux différentes étapes de la vie.

Modèle des événements de vie
Selon Neugarten, modèle où ce n'est pas tant l'âge qui marque le développement humain, mais plutôt le moment où certains événements se produisent dans la vie d'une personne.

Événement de vie normatif
Appelé aussi *influence normative liée à l'âge,* événement qui se produit à un moment attendu dans une culture et à une période données.

Horloge sociale

Ensemble des normes et des attentes sociales associées aux périodes où certains événements, comme avoir un enfant ou prendre sa retraite, sont censés se produire.

prévisibles selon l'**horloge sociale,** c'est-à-dire qu'ils correspondent aux normes et aux attentes d'une société donnée à une période donnée (par exemple, avoir un enfant à 25 ans ou prendre sa retraite à 60 ans). De fait, les événements sont dits *non normatifs* s'ils se produisent à un moment non attendu dans une culture donnée et à une période donnée, en d'autres mots, si ces événements surviennent de façon imprévue dans la vie d'une personne (par exemple, avoir un enfant à 50 ans ou prendre sa retraite à 30 ans).

Si les événements se produisent selon l'horloge sociale, le développement se fait harmonieusement. Par contre, Neugarten croit que ce sont les événements non normatifs qui déclenchent les crises adaptatives de la vie adulte (par exemple, un jeune père de famille qui perd son emploi ou un jeune couple qui ne parvient pas à avoir un enfant). Toutefois, la personnalité des individus influence leur façon de gérer ces crises. En effet, une personne résiliente affronte mieux une crise adaptative qu'une personne anxieuse. Quant à l'horloge sociale, elle diffère beaucoup selon les cultures et d'une génération à une autre. Ainsi, les normes rattachées aux événements normatifs ont beaucoup évolué au cours des dernières décennies et laissent place à davantage de variabilité. Par exemple, au Canada, en 2004, les naissances chez les mères âgées de 35 ans et plus étaient quatre fois plus fréquentes que dans la génération précédente (Statistique Canada, 2006). Aujourd'hui, on accepte davantage qu'un couple ait son premier enfant vers la quarantaine, qu'une personne prenne sa retraite à 50 ans ou qu'une autre travaille toujours à 70 ans.

Cette théorie fondée sur la chronologie des événements est intéressante, puisqu'elle permet de mettre en évidence l'importance des événements vécus au cours de la vie et qu'elle remet en question le modèle des stades liés à l'âge. De plus, elle tient compte des différences individuelles dans l'évaluation des événements de vie. Par contre, sa pertinence se limite aux cultures et aux périodes pour lesquelles des normes ont été établies.

Le modèle des traits de Costa et McCrae

Modèle des traits

Selon Costa et McCrae, modèle qui présente la configuration de la personnalité en fonction de cinq dimensions ou facteurs : le névrotisme, l'extraversion, l'ouverture à l'expérience, les aptitudes consciencieuses et l'amabilité.

Le **modèle des traits,** ou modèle des cinq facteurs, de Paul. T. Costa et Robert R. McCrae, s'intéresse à la stabilité et au changement dans les traits de personnalité. Ce modèle en cinq facteurs, aussi appelé *big five,* présente la configuration de la personnalité en fonction de cinq dimensions ou facteurs : le névrotisme, l'extraversion, l'ouverture à l'expérience, les aptitudes consciencieuses et l'amabilité. Chacun de ces cinq grands facteurs regroupe une série de six traits liés au facteur dominant (*voir la figure 11.1*).

FIGURE 11.1 | Le modèle des cinq facteurs (*big five*) de Costa et McCrae

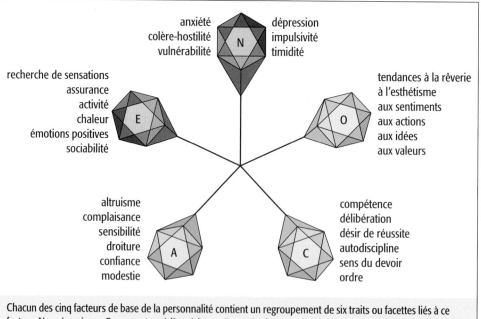

Chacun des cinq facteurs de base de la personnalité contient un regroupement de six traits ou facettes liés à ce facteur. N = névrotisme, O = ouverture à l'expérience, C = aptitudes consciencieuse, A = amabilité, E = extraversion

Le *névrotisme* regroupe six traits ou six facettes de la personnalité qui traduisent l'instabilité émotionnelle. Les personnes chez qui ce trait domine sont anxieuses, promptes à se mettre en colère et sensibles à la critique. Elles peuvent aussi être dépressives, se sentir inutiles ou être aux prises avec un sentiment de culpabilité. Les personnes *extraverties,* elles, sont sociables et chaleureuses ; elles aiment être actives et recherchent l'excitation. Les personnes qui font preuve d'*ouverture à l'expérience* recherchent pour leur part la nouveauté ; elles sont créatives et ouvertes aux idées nouvelles. Les personnes chez qui ce trait domine apprécient la beauté et les arts et remettent en question les valeurs traditionnelles. Les personnes *consciencieuses* sont quant à elles disciplinées, ordonnées, compétentes et ambitieuses. Enfin, l'*amabilité* décrit les personnes ouvertes aux autres, confiantes, altruistes et facilement influençables.

Par ailleurs, le modèle des cinq facteurs semble être lié à différents aspects de la santé et du bien-être de l'individu. Par exemple, le fait d'être consciencieux est associé aux comportements en lien avec la santé et qui augmentent l'espérance de vie (Bogg et Roberts, 2004). Enfin, ce modèle des cinq facteurs a aussi été associé avec la satisfaction conjugale, avec la qualité de la relation parent-enfant et avec les troubles de personnalité (Gattis *et al.,* 2004 ; Kochanskae *et al.,* 2004). Par exemple, les individus qui obtiennent des résultats élevés à la dimension *névrotisme* ont tendance à être plus anxieux et dépressifs, et les individus qui ont des résultats faibles à la dimension *extraversion* sont plus enclins à la phobie sociale et à l'agoraphobie (Bienvenue *et al.,* 2001). Selon ce modèle des cinq facteurs, une personne peut posséder plusieurs traits d'un même facteur et peu de traits d'un autre, ce qui détermine alors la tendance de sa personnalité. Des études menées dans plus de trente cultures différentes, du Zimbabwe au Pérou, ont mis en évidence ces cinq facteurs, qui semblent donc universels. Toutefois, ceux-ci ne sont pas nécessairement aussi importants dans toutes les cultures, et des facteurs supplémentaires peuvent même exister dans certaines d'entre elles (McCrae, 2002). Par ailleurs, si ces cinq traits identifiés par Costa et McCrae sont relativement stables à travers le temps, ils présentent néanmoins des changements notoires entre l'adolescence et l'âge de trente ans, changements qui ralentissent par la suite (McCrae, 2002). La direction de ces changements varie selon les différents facteurs de personnalité. Ainsi, l'amabilité et le fait d'être une personne consciencieuse vont généralement augmenter, tandis que le névrotisme, l'extraversion et l'ouverture à l'expérience vont décliner (McCrae *et al.,* 2000). Selon Costa et McCrae, ces modèles de changements en lien avec l'âge semblent aussi être universels, car présents dans toutes les cultures.

D'autres études ont montré que des changements importants s'opèrent dans presque tous les traits de personnalité au cours de la vie et que ceux-ci seraient toutefois plus marqués au début de l'âge adulte, mais tous iraient dans une direction positive (Roberts et Mroczek, 2008). Ainsi, on assisterait à une augmentation plus marquée sur le plan de la dominance sociale (de l'affirmation, une facette de l'extraversion), de la stabilité émotionnelle et des aptitudes à être consciencieux. La personnalité montrerait aussi des changements notables, généralement positifs, après l'âge de trente ans, et même à l'âge avancé. Selon ces recherches, les changements chez le jeune adulte ne seraient pas liés à la maturation ou à des causes génétiques. Ce seraient les expériences de vie qui surviennent au cours de la jeune vie adulte qui expliqueraient les changements observés (Robert, Walton et Viechtbauer, 2006). Dans les faits, certains individus changent plus que d'autres. De plus, tous les changements ne sont pas positifs. Ainsi, les jeunes adultes qui connaissent des succès et qui sont satisfaits de leur carrière ont tendance à montrer une augmentation importante de leur stabilité émotionnelle et à être encore plus consciencieux, tandis que les personnes qui sont négligentes ou agressives au travail ont tendance à montrer une baisse au niveau de ces traits de personnalité (Roberts et Mroczek, 2008). Devant ces résultats qui remettent en question la continuité de la personnalité, surtout après trente ans, Costa et McCrae reconnaissent aujourd'hui que des changements surviennent tout au long de la vie et que la personnalité à l'âge adulte semble plus malléable et plus complexe qu'on ne le croyait. Toutefois, d'autres études seraient nécessaires, car on ne connaît pas encore très bien la cause de ces changements. En outre, il faut savoir que le modèle de Costa et McCrae a également suscité certaines critiques de type méthodologique. Ainsi, Block (1995), pour qui la personnalité est plus qu'un ensemble de traits, prétend que ce modèle, largement basé sur des évaluations subjectives, manque de validité lorsqu'il n'est pas appuyé par d'autres mesures. De plus, selon lui, la sélection des facteurs est arbitraire et les catégories ne sont pas mutuellement exclusives.

Le modèle typologique de Block

Jack Block (1971) est considéré comme étant un pionnier de l'**approche typologique**, qui considère plutôt la personnalité comme un tout venant affecter les attitudes, les valeurs, les comportements et les relations sociales d'une personne. Ses recherches ont identifié trois types de personnalité : égo-résiliente, surcontrôlée et sous-contrôlée. Ces trois types diffèrent en fonction de deux facteurs : la capacité d'égo-résilience, ou autorésilience, et le contrôle de soi. L'**égo-résilience** réfère à la faculté d'adaptation en situation stressante. Les personnes *égo-résilientes* sont bien adaptées : elles sont sûres d'elles, indépendantes, articulées, coopératives et centrées sur la tâche. Les personnes à fort autocontrôle, ou *surcontrôlées,* sont au contraire beaucoup plus réservées, tranquilles, anxieuses et dignes de confiance. Elles tendent à garder leurs pensées pour elles-mêmes et à éviter les situations de confrontation. Elles sont aussi plus sujettes à la dépression. Enfin, les personnes à faible autocontrôle, ou *sous-contrôlées,* sont actives, énergiques, impulsives, obstinées et facilement distraites. Ces trois types de personnalité semblent exister chez les deux sexes, dans différentes cultures et différents groupes ethniques, et apparaissent autant chez les enfants que chez les adolescents et les adultes (Caspi, 1988).

Une étude longitudinale portant sur 128 enfants d'âge préscolaire suivis jusqu'à l'âge de 32 ans a démontré la valeur prédictive de ces types de personnalité. En effet, les enfants qui présentaient un autocontrôle élevé avaient notamment tendance à avoir des tendances politiques conservatrices à l'âge adulte, alors que ceux qui démontraient un faible autocontrôle en étant enfants étaient plus susceptibles d'être libéraux (Block et Block, 2006). Une autre étude longitudinale, réalisée en Allemagne, confirme également le lien qui existe entre la personnalité de l'enfant et son attitude à l'âge adulte. Dans le cadre de cette étude, des professeurs et des parents devaient évaluer annuellement 103 enfants, d'abord entre l'âge de 3 et 12 ans, puis entre l'âge de 17 ans et de 23 ans. Les enfants qui avaient affiché un surcontrôle entre l'âge de 4 ans et 6 ans (en contenant leurs émotions) avaient tendance à être plus timides à l'adolescence et au début de l'âge adulte, alors que ceux qui avaient démontré un faible autocontrôle dans leur petite enfance (donc qui exprimaient leurs émotions) étaient plus agressifs. Ces traits devenaient plus évidents entre 17 ans et 23 ans. De plus, les enfants à faible autocontrôle, comme ceux à fort autocontrôle, avaient plus de difficulté que les enfants égo-résilients à assumer leurs rôles sociaux une fois devenus adultes (Dennissen, Asendorpf et Van Aken, 2008).

Évidemment, la découverte d'une tendance à la continuité dans les attitudes et les comportements ne signifie pas que la personnalité ne change jamais ou que certains individus sont condamnés à une vie mal adaptée. Les enfants à faible autocontrôle peuvent s'améliorer en vieillissant s'ils trouvent un domaine dans lequel leur énergie et leur spontanéité représentent un atout. De leur côté, les enfants à fort autocontrôle peuvent sortir de leur coquille s'ils découvrent que leur fiabilité est valorisée. De plus, bien que les types de personnalité établis au cours de l'enfance puissent prédire des modèles comportementaux à long terme, certains événements peuvent aussi changer la trajectoire de vie (Caspi, 1998). Ainsi, dans le cas des jeunes adultes qui présentent des problèmes d'adaptation, par exemple, une union avec une personne qui leur offre du soutien peut conduire à des changements très positifs dans leur vie.

Approche typologique
Approche qui considère la personnalité comme un tout influençant les attitudes, les valeurs, le comportement et les relations sociales et qui identifie trois types de personnalité : égo-résiliente, surcontrôlée et sous-contrôlée.

Égo-résilience
Faculté d'adaptation à une situation stressante.

11.5.2 Les relations affectives intimes ou profondes

Erikson considérait que le développement d'une relation intime représentait une tâche cruciale chez le jeune adulte. Le besoin de former une relation forte, stable, intime et soutenante est effectivement une motivation très puissante du comportement humain. Le dévoilement de soi, qui consiste à révéler des informations importantes sur soi à quelqu'un d'autre, représente un élément central de l'intimité. Ainsi, les individus deviennent plus intimes et le demeurent lorsqu'ils échangent des confidences, qu'ils répondent à leurs besoins mutuels et qu'ils se manifestent du respect et de l'acceptation. Pour avoir des relations intimes, il faut donc être conscient de soi, avoir de l'empathie, ainsi que des habiletés à communiquer ses émotions, à résoudre des conflits et à tenir un engagement. Si la relation inclut une sexualité, il faut également avoir la capacité de prendre des décisions à cet égard. Ces habiletés sont particulièrement utiles lorsque le jeune adulte décide de former un couple et d'avoir des enfants (Lambeth et Hallett, 2002).

11.9 **L'intimité**

Le jeune adulte doit être en mesure de développer des relations intimes dans lesquelles il s'engage profondément.

L'amitié

Les amitiés chez le jeune adulte peuvent être moins stables que dans les périodes précédentes ou subséquentes, principalement à cause des nombreux déplacements que celui-ci est susceptible de vivre (Collins et Van Dulmen, 2006). Au cours de cette période, les amitiés ont plutôt tendance à être centrées sur le travail et les activités familiales. Certaines amitiés sont extrêmement intimes et réconfortantes, alors que d'autres sont marquées au contraire par de fréquents conflits. Enfin, certaines amitiés subsistent toute la vie, alors que d'autres sont passagères (Hartup et Stevens, 1999).

Les jeunes adultes célibataires comptent davantage sur leurs amis pour combler leurs besoins sociaux que ceux qui sont en couple ou qui ont des enfants (Carbery et Buhrmester, 1998). Par ailleurs, le nombre d'amis et le temps passé en leur compagnie diminuent généralement durant la jeune vie adulte. En dépit de cette réalité, les individus ont tendance à avoir un sentiment de bien-être en compagnie de leurs amis, soit parce que ces derniers contribuent à ce bien-être, soit parce que les individus qui se sentent bien ont aussi plus de facilité à se faire des amis (Myers, 2000). Par ailleurs, les femmes ont généralement des amitiés plus intimes que les hommes. Alors que les hommes sont plus susceptibles de partager des activités et des informations plutôt que des confidences avec leurs amis, les femmes sont plus portées à partager des confidences avec eux et à recevoir leurs conseils et leur soutien (Rosenbluth et Steil, 1995 ; Helms, Crouter et McHale, 2003). Enfin, plusieurs jeunes adultes intègrent leurs amis à l'intérieur de leur cercle familial. Ces amis proches sont alors considérés comme des sœurs ou frères d'adoption. Chez les gais et les lesbiennes, ces frères et sœurs d'adoption sont souvent des amis hétérosexuels appartenant à l'autre sexe (Muraco, 2006). Toutefois, selon une étude américaine menée sur une période de 19 ans, un nombre grandissant de jeunes adultes n'ont aucun confident. Cette situation se retrouve surtout chez les gens éduqués, issus de la classe moyenne et qui maintiennent des relations avec leurs amis et leur famille surtout par l'entremise de courriels ou par téléphone, mais non en personne (McPherson, Smith-Lovin et Brashears, 2006).

L'amour

La plupart des individus aiment les histoires d'amour et en particulier la leur. Selon la **théorie triangulaire de l'amour** de Robert Sternberg (2006), l'amour se développe un peu comme une histoire dont l'amoureux serait l'auteur, une histoire qui viendrait refléter sa personnalité et sa conception de l'amour. Considérer l'amour comme une histoire peut donc nous aider à voir comment les individus choisissent les éléments qui entrent en jeu et les combinent.

Théorie triangulaire de l'amour
Selon Sternberg, théorie selon laquelle l'amour se compose de trois dimensions : l'intimité, la passion et l'engagement, la combinaison de ces dimensions définissant la forme d'amour.

Intimité

Selon Sternberg, dimension émotionnelle de la théorie triangulaire de l'amour impliquant le dévoilement de soi, la connexion à l'autre, la chaleur et la confiance.

Passion

Selon Sternberg, dimension motivationnelle de la théorie triangulaire de l'amour basée sur des pulsions internes qui transposent l'excitation physiologique en désir sexuel.

Engagement

Selon Sternberg, dimension cognitive de la théorie triangulaire de l'amour qui s'exprime à travers la décision d'aimer et de demeurer avec l'être aimé.

Toujours selon Sternberg (2006), les trois éléments ou composantes clés de l'amour sont l'intimité, la passion et l'engagement. L'**intimité** réfère à la dimension *émotionnelle* et implique le dévoilement de soi, la connexion à l'autre, la chaleur et la confiance. La **passion** représente quant à elle la composante *motivationnelle* : elle est fondée sur les pulsions internes qui transposent l'excitation physiologique en désir sexuel. Quant à l'**engagement,** la dimension *cognitive*, il s'exprime à travers la décision d'aimer et de demeurer avec l'être aimé. Le degré avec lequel chacune de ces composantes est présente détermine le type d'amour vécu par l'individu (*voir la figure 11.2*).

La communication est une partie essentielle de l'intimité. Une étude portant sur 263 couples de jeunes adultes du Brésil, d'Italie, de Taiwan et des États-Unis a ainsi démontré que les couples qui communiquent de manière constructive ont tendance à être plus satisfaits de leur relation amoureuse que ceux qui ne le font pas (Christensen *et al.*, 2006).

FIGURE 11.2 | La théorie triangulaire de l'amour de Sternberg

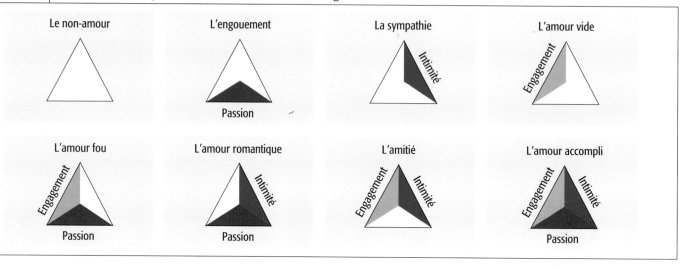

Faites le POINT

15 Selon Erikson, quelle crise le jeune adulte doit-il résoudre ?

16 Montrez en quoi le modèle des événements de vie de Neugarten se distingue du modèle normatif.

17 Quelles sont les principales dimensions de la personnalité selon Costa et McCrae ?

18 Expliquez ce que Block entend par *égo-résilience*.

19 Quelles sont les trois dimensions de l'amour selon Sternberg ?

11.6 Les styles de vie

Dans la plupart des sociétés occidentales, les normes concernant les styles de vie socialement acceptables ont beaucoup évolué depuis la seconde moitié du XXᵉ siècle. De plus, la personne peut modifier ses choix tout au long de l'âge adulte et connaître ainsi plusieurs styles de vie.

11.6.1 Les types d'union : le mariage et l'union de fait

Comme nous l'avons mentionné précédemment, les types d'union et les styles de vie sont de plus en plus diversifiés. En effet, l'union de fait est de plus en plus populaire au Québec depuis quelques années, la proportion de couples vivant en union de fait étant nettement supérieure à la tendance observée dans les autres provinces canadiennes. Ainsi, en 2006, 29 % des familles étaient formées de couples vivant en union libre, ce qui représente une hausse de 20,3 % par rapport à 2001 (Statistique Canada, 2006). Cette tendance est encore plus marquée chez les jeunes adultes : en 2006, 18,4 % des adultes âgés de 20 à 24 ans et 38 % des adultes âgés de 25 à 29 ans vivaient en union libre, comparativement à 3,2 % des adultes âgés de 20 à 24 ans et à 14 % des 25 à 29 ans qui étaient mariés. Chez les couples âgés de 35 à 39 ans, le pourcentage de gens mariés dépasse légèrement celui des couples vivant en union de fait (Statistique Canada, 2006).

Selon certaines études, les individus vivant en union de fait ont tendance à être moins satisfaits que les individus mariés. De plus, il semble que ce type d'union soit moins stable (Heuveline et Timberlake, 2004 ; Seltzer, 2004). Ces différences s'observent principalement chez les couples qui ont des divergences quant à la division des tâches ménagères et qui seraient plus susceptibles de se séparer. Par ailleurs, certains couples vivant en union de fait repoussent aussi leur mariage en attendant d'avoir suffisamment d'argent pour le faire. Enfin, la dissolution d'une union libre est associée à une baisse importante du revenu familial. En effet, selon une enquête américaine, près de 20 % des hommes et 30 % des femmes vivent sous le seuil de la pauvreté après ce type de rupture (Avellar et Smock, 2005).

Dans la plupart des sociétés, le mariage est encore considéré comme étant la meilleure voie pour élever et protéger les enfants. Au Québec, le Code civil ne reconnaît d'ailleurs pas l'union de fait et les conjoints de fait sont considérés, au sens de la loi, comme deux personnes sans lien réel entre elles. Dans l'éventualité d'une rupture conjugale, les conjoints de fait n'ont donc ni droit, ni devoir, ni obligation particuliers l'un à l'égard de l'autre, et ce, peu importe la durée de l'union. Cependant, les conjoints de fait peuvent signer un contrat de vie commune pour protéger leurs droits en cas de rupture ou de décès. De leur côté, les conjoints mariés religieusement ou civilement ont des obligations et des devoirs à respecter à l'égard de leur partenaire. Lors d'une séparation ou d'un divorce, le tribunal ordonne notamment à l'un ou l'autre des conjoints de verser à l'autre une pension alimentaire, qui est une prestation pour compenser son apport financier à la famille. Cependant, dans les sociétés postindustrielles comme la nôtre, on observe tout de même un affaiblissement des normes sociales qui, autrefois, voyaient le mariage comme une institution universelle dont la signification était universellement comprise. Par ailleurs, alors que dans les années 1950 la majorité des individus se mariaient au début de la vingtaine, l'âge moyen du mariage se situe actuellement plutôt autour de la trentaine, probablement à cause de la durée plus longue des études. De plus, les jeunes adultes ne voient plus le mariage comme un pas inévitable vers l'âge adulte et attendent souvent d'être vraiment prêts pour s'engager dans ce type d'union.

11.10 **Le mariage**
En dépit de la popularité grandissante de l'union de fait au Québec, certains jeunes adultes privilégient toujours le mariage à ce type d'union.

Certains facteurs semblent favoriser la satisfaction conjugale, autant chez les couples mariés que chez ceux vivant en union de fait. Parmi eux, on note la sensibilité à l'autre, la validation des émotions de l'autre ainsi que les habiletés à gérer les conflits. (Clements, Stayley et Markman, 2004). De plus, la façon dont les gens parlent de leur mariage fournit aussi des indications sur la probabilité de succès de leur union. Une étude américaine portant sur 2 034 couples mariés montre en effet que ceux qui perçoivent la cohésion au sein de leur mariage à travers les « récompenses » obtenues (amour, respect, confiance, communication, compatibilité et engagement du partenaire) sont plus susceptibles d'être satisfaits de leur mariage et de demeurer plus longtemps mariés que ceux qui évoquent les « barrières » qui pourraient les empêcher briser leur union (enfants, croyances religieuses, dépendance financière et engagement vis-à-vis de l'institution du mariage) (Previti et Amato, 2003).

Certains couples choisissent de demeurer ensemble malgré les conflits et les déchirements. La codépendance, le manque d'empathie, les faibles habiletés à gérer les problèmes ou les différences majeures sur le plan des valeurs figurent parmi les facteurs contribuant au maintien de cette situation. Dans les cas extrêmes, les conflits conjugaux peuvent mener à de la violence entre les conjoints et, ultimement, à des homicides (*voir l'encadré 11.1 à la page suivante*).

La violence conjugale

Il n'existe pas de consensus quant à la définition de la violence conjugale. Certains auteurs la définissent en fonction des mauvais traitements infligés à la victime, alors que d'autres évoquent les comportements qui font en sorte qu'une personne a le sentiment de n'avoir aucune valeur (Walker, 1999 ; Agence de la santé publique, 2009a). Le consensus qui se dégage actuellement dans la littérature concerne les différentes formes de violence et les définitions particulières qui leur sont associées. On distingue généralement six formes de violence conjugale (Institut national de santé publique, 2006a) :

- *La violence psychologique ou affective :* Il s'agit sans aucun doute de la forme de violence la plus difficile à détecter, mais aussi la plus répandue, puisque 18 % des Canadiennes et 17 % des Canadiens déclarent en avoir été victimes (Statistique Canada, 2005a). Cette forme de violence consiste à exercer un contrôle psychologique sur la victime en l'humiliant ou en la dénigrant, en adoptant des propos et une attitude méprisante, en surveillant ses allées et venues ou les personnes qu'elle fréquente, en négligeant les besoins affectifs de la victime, en isolant cette dernière de son entourage ou en exerçant du chantage.

- *La violence verbale :* Souvent associée à la précédente, ce type de violence s'exerce à travers les mots. L'agresseur, homme ou femme, insulte, crie ou utilise le sarcasme lorsqu'il s'adresse à sa victime. Les menaces verbales accompagnent souvent cette forme de violence.

- *La violence physique :* La personne qui utilise ce genre de violence exerce la force physique pour obtenir ce qu'elle veut. Elle peut lancer des objets visant à blesser l'autre, gifler, bousculer, frapper ou étrangler sa victime.

- *La violence sexuelle :* Dans ce cas de violence, la victime est soumise à des pratiques sexuelles qu'elle ne désire pas ou qui sont dégradantes. Le harcèlement sexuel ou les attouchements non désirés entrent dans cette catégorie. Selon de récentes enquêtes québécoises, cette forme de violence serait la plus répandue chez les jeunes adultes (Lussier, Lemelin et Lafontaine, 2002).

- *La violence financière :* La victime qui subit cette forme de violence est exploitée économiquement par son partenaire. L'agresseur nuit à l'autonomie financière de sa victime, lui refuse l'accès à des ressources financières ou exerce un contrôle sur le choix de son travail.

- *La violence spirituelle :* Une personne est victime de violence spirituelle lorsque l'agresseur lui interdit de s'adonner aux pratiques spirituelles de son choix, lui impose les siennes ou invoque ses croyances religieuses pour justifier le contrôle qu'il exerce sur elle.

La violence conjugale n'apparaît pas subitement. Elle se développe généralement de manière insidieuse et progressive, et ce, sur une longue période. D'ailleurs, de nombreux chercheurs notent une escalade de la violence chez plusieurs couples au cours des années de vie commune (Wright *et al.,* 2008).

En 2007, on dénombrait au Québec près de 17 343 victimes de violence conjugale (Ministère de la Sécurité publique, 2008). Selon cette même enquête, 83 % étaient des femmes et 17 % étaient des hommes. Toutefois, une autre enquête montre que presque autant d'hommes que de femmes sont victimes de violence conjugale. Selon cette enquête, 7 % des Canadiennes et 6 % des Canadiens vivant en couple seraient victimes d'une forme quelconque de violence conjugale (Statistique Canada, 2005a). Au Québec, 5 % des hommes et 6 % des femmes disent avoir été victimes de violence conjugale (Statistique Canada, 2005a). Comment peut-on expliquer ces grandes disparités entre les résultats de ces deux enquêtes ?

Tout d'abord, plusieurs stéréotypes nourrissent la croyance selon laquelle la femme est toujours la victime et l'homme l'agresseur. L'approche féministe, qui figure parmi les pionnières dans les études portant sur la violence conjugale, définit la violence conjugale comme étant une tentative de contrôle de l'homme sur sa partenaire (Arriaga et Oskamp, 1999). Toutefois, les études récentes remettent en question ce modèle unique de l'homme violent et de la femme victime et viennent ébranler les convictions qui ont mené à l'établissement de ces stéréotypes. Dans les faits, une minorité des crimes commis dans un contexte conjugal sont déclarés aux autorités policières. Par conséquent, plusieurs statistiques ne reflètent qu'une vision partielle de la réalité. Selon les résultats de l'enquête sociale générale de 2004 sur la victimisation criminelle au Canada, seulement 28 % des personnes ayant déclaré avoir subi de la violence conjugale auraient signalé l'incident à la police (Mihorian, 2006). Par ailleurs, les victimes d'infractions plus graves feraient davantage appel aux autorités policières que les victimes d'infractions moins graves (Laroche, 2003). Dans ce contexte, les spécialistes de la violence conjugale s'entendent de plus en plus pour dire qu'il existe une certaine symétrie entre les sexes quant à la violence conjugale (Dallaire, 2002 ; Wright *et al.,* 2008). En d'autres mots, la violence conjugale serait un phénomène réciproque qui implique presque autant d'hommes que de femmes.

Par ailleurs, les hommes et les femmes se distinguent au niveau de la forme et de l'intensité de la violence. Ainsi, les femmes seraient victimes

11.11

Les couples de même sexe

Le nombre de couples de même sexe a augmenté au cours des dernières années.

11.6.2 Les couples de même sexe

Les couples homosexuels québécois, qui représentent 0,6 % de tous les couples mariés du Canada, ont obtenu le droit de se marier en 2004. En plus d'avoir obtenu ce droit de se marier légalement, les gais et lesbiennes du Québec ont également le droit d'adopter un enfant depuis 2002, comme nous le verrons plus loin. Le nombre de couples de même sexe a augmenté de 32,6 % entre 2001 et 2006 (Statistique Canada, 2007b). En 2006, 16,5 % d'entre eux étaient des couples mariés, alors que 83,5 % vivaient en union libre. Les couples gais se marient dans une plus grande proportion que les couples lesbiens (Statistique Canada, 2009).

Selon certaines études, il existerait certaines différences relationnelles entre les couples homosexuels et hétérosexuels. Lors de conflits, par exemple, les gais et lesbiennes d'incidents violents plus graves que les hommes. De plus, elles rapportent davantage de conséquences physiques ou psychologiques que ces derniers.

La violence conjugale touche toutes les couches de la société. Certaines études ont démontré que les jeunes femmes de 15 à 24 ans sont celles qui présentent le plus grand risque d'être violentées par leur conjoint ou leur ami intime (Brzozowski et Gannon, 2004). Selon une enquête québécoise, 45 % des agresseurs sont d'ailleurs des conjoints de la victime et 41 %, des ex-conjoints (Ministère de la Sécurité publique, 2008). Dans une enquête de 2007 du ministère de la Sécurité publique, on note aussi que près de 9 victimes sur 10 sont âgées de 18 à 49 ans, et que les victimes de 30 à 39 ans étaient les plus nombreuses. Les victimes d'homicides ou de tentatives de meurtre sont généralement les plus âgées (Ministère de la Sécurité publique, 2008). Enfin, certaines recherches indiquent que les partenaires qui présentent des troubles psychologiques ou qui ont des problèmes de toxicomanie seraient plus à risque de commettre ou de subir de la violence conjugale (Matis, 2008).

Il n'existe pas de cause unique pour expliquer la violence conjugale. Certains chercheurs ont évoqué l'importance de la socialisation de l'enfant dans l'apprentissage des comportements violents. Ces études révèlent que les enfants qui ont observé de la violence au sein de leur milieu familial d'origine sont plus susceptibles d'employer à nouveau la violence pour résoudre leurs conflits conjugaux à l'âge adulte (Reiss et Roth, 1994). Par ailleurs, certains auteurs montrent que la violence conjugale résulte la plupart du temps d'une dynamique de couple basée sur des stratégies de communication dysfonctionnelles (Dallaire, 2002). Les deux partenaires seraient violents parce qu'ils n'ont pas développé certaines habiletés relationnelles essentielles à la vie à deux (empathie, ouverture, communication, etc.). Ils éprouvent donc de la difficulté à mettre des mots sur leur souffrance, qu'ils expriment à travers la violence. Ces individus n'assument pas la responsabilité de leurs besoins, de leurs émotions et de leurs frustrations, et rendent l'autre responsable de leur douleur morale. Les théories de l'attachement proposent quant à elle un troisième type d'explication au phénomène de la violence conjugale. Selon cette perspective, la violence conjugale résulterait d'un problème dans les premiers liens d'attachement avec les parents. L'enfant qui n'a pu compter sur la disponibilité d'une figure d'attachement stable et rassurante développerait une peur de l'abandon à l'âge adulte, qui s'exprimerait à travers des

comportements visant à prévenir la prise de distance du partenaire et à le rassurer au niveau du lien. Paradoxalement, la colère mal exprimée éloignerait le partenaire, favorisant ainsi l'escalade de violence (Wright et al., 2008).

Il existe de multiples conséquences à la violence conjugale. À un premier niveau, la violence conjugale peut laisser des séquelles physiques temporaires ou permanentes allant des ecchymoses aux fractures majeures ou aux commotions. Elle peut même conduire à la mort de la victime dans les cas extrêmes. À un deuxième niveau, elle peut engendrer des problèmes de santé physique et des troubles psychologiques comme la perte d'estime de soi, la dépression, l'anxiété, des troubles de sommeil, des problèmes gastro-intestinaux, etc. Enfin, des effets indirects sont aussi observés, particulièrement chez les enfants. Par exemple, certains d'entre eux manifestent aussi de l'agressivité, des syndromes de stress post-traumatique et des troubles d'apprentissage, en plus de risquer de reproduire les mêmes comportements à l'âge adulte (Institut national de santé publique, 2006). L'intervention psychosociale auprès des conjoints violents constitue donc un élément déterminant dans la stratégie globale d'action à l'endroit de la violence conjugale. Il existe notamment plusieurs ressources qui s'adressent aux hommes ou aux femmes ayant des comportements violents. Les thérapies individuelles ou de couple offrent aussi des lieux privilégiés pour traiter les comportements de violence conjugale. Les principaux objectifs du traitement consistent alors à responsabiliser les individus par rapport à leurs comportements violents et à leurs émotions, à leur apprendre de nouvelles façons de gérer leurs conflits de manière non violente et à les aider à reconnaître les pensées qui sont à l'origine de leur colère.

discuteraient beaucoup plus franchement et ouvertement de la sexualité et de la question de la monogamie dans le couple que les hétérosexuels (Perina, 2007). Toutefois, des différences existeraient aussi au sein même des couples homosexuels. En effet, des études montrent que les lesbiennes sont généralement plus désireuses que les gais d'avoir des rapprochements physiques et psychologiques intenses avec l'autre. De plus, tout comme les femmes hétérosexuelles, elles privilégient davantage la stabilité affective à travers un engagement à long terme. Elles préfèrent aussi les unions monogames (Ambert, 2003). De plus, les couples de lesbiennes pratiqueraient une sexualité moins génitale que les couples de gais (Frye, 2000). De l'avis de certains auteurs, ces particularités des couples gais et lesbiens relèveraient davantage de l'existence de différences fondamentales entre les hommes et les femmes que de l'orientation sexuelle elle-même (Langis et Germain, 2009).

À plusieurs égards, les relations gaies et lesbiennes ressemblent aux relations hétérosexuelles. Ainsi, les gais et les lesbiennes ont tendance à être au moins aussi satisfaits de leur relation de couple que le sont les hétérosexuels. De plus, les facteurs qui permettent de prédire la satisfaction conjugale des couples hétérosexuels et homosexuels sont similaires, qu'il s'agisse des traits de personnalité, des perceptions de la relation par le partenaire, des façons de communiquer et de résoudre les conflits ou du soutien social (Kurdek, 2006). Toutefois, certaines différences entre les couples homosexuels et hétérosexuels ont été relevées. D'abord, les couples de gais et lesbiennes sont plus susceptibles que les couples hétérosexuels de négocier les tâches ménagères en fonction de leurs goûts, de leurs habiletés et de leurs horaires de travail. De plus, ils ont tendance à résoudre les conflits de façon plus positive que les couples hétérosexuels. Enfin, les relations homosexuelles ont tendance à être moins stables que les relations hétérosexuelles (Kurdek, 2006).

11.6.3 Le célibat

Le célibat en tant que style de vie est devenu un véritable phénomène de société. Au Canada, on évaluait ainsi à plus de 1,1 million le nombre de célibataires âgés de 29 à 54 ans en 2001 (Statistique Canada, 2005e). En 2006, plus de 25 % des femmes étaient célibataires, et on ne parle pas ici des femmes séparées, divorcées ou veuves. Quant aux hommes, toutes catégories confondues, ils seraient plus de 41 % à vivre seuls (Institut de la statistique du Québec, 2006c).

Ces adultes restent célibataires par choix ou par dépit. En effet, certaines personnes préfèrent rester célibataires. Elles apprécient leur liberté et leur indépendance, voyagent, poursuivent leur carrière ou leur formation et s'adonnent à différents loisirs ou passions. Les femmes, en particulier, sont souvent indépendantes financièrement et ne subissent plus la même pression sociale à l'égard du mariage. Toutefois, la situation peut être très différente dans certains groupes culturels où le mariage demeure l'institution privilégiée.

D'autres personnes, par contre, subissent le célibat et le vivent comme un poids, acceptant mal la solitude. Les célibataires appartenant à cette catégorie se sentent alors impuissants relativement à cette situation et désirent y remédier.

11.12 Le célibat

Plus du tiers des jeunes adultes sont célibataires.

Faites le POINT

20 Quel est le type d'union amoureuse le plus populaire au Québec depuis quelques années ?

21 En quelle année les couples de même sexe ont-ils obtenu le droit de se marier au Québec ?

22 Quelles sont les principales motivations des individus qui demeurent célibataires ?

11.7 Les rôles sociaux du jeune adulte

Comme nous l'avons vu, l'entrée dans la vie adulte est caractérisée par l'émergence de multiples rôles : ceux de conjoint, de travailleur, de parent, etc. Or, ces différents rôles sont associés à des responsabilités et à des devoirs ainsi qu'à un ensemble de questionnements qui varient selon les individus et selon les périodes de leur développement.

11.7.1 Le départ de la maison familiale

Les jeunes adultes ont de plus en plus tendance à retarder le départ de la maison familiale. En effet, les études montrent que les chiffres ont augmenté de façon très importante au cours des dernières décennies. De plus, ceux qui quittent la maison parentale une première fois sont de plus en plus nombreux à y revenir, comme nous le verrons dans le chapitre 12 avec le phénomène du «boomerang» (Statistique Canada, 2008). Plusieurs jeunes d'aujourd'hui quittent la maison parentale non pas pour se marier, mais pour aller étudier. Or, les recherches montrent que ceux qui quittent le domicile parental pour étudier ont davantage de chances d'y revenir que ceux qui le quittent pour se marier (Statistique Canada, 2008). Par ailleurs, un certain nombre de jeunes reviennent à la maison à la suite de la dissolution d'une union de fait.

Ce départ de la maison familiale représente une transition importante pour le jeune adulte et il s'accompagne souvent d'émotions variées. En effet, les parents représentent souvent un filet de sauvetage pour bon nombre de jeunes. De plus, si le jeune adulte est d'un côté en quête d'autonomie, cette quête est d'un autre côté une source d'anxiété à laquelle le manque d'emplois bien rémunérés et les difficultés économiques peuvent contribuer.

11.7.2   Le rôle de travailleur

Contrairement aux jeunes adultes des générations précédentes qui pouvaient généralement s'attendre à aller directement sur le marché du travail après leurs études et espérer ainsi être indépendants financièrement, plusieurs jeunes adultes d'aujourd'hui n'ont pas une trajectoire aussi clairement définie. Certains alternent le travail et les études, alors que d'autres cumulent les deux. La plupart des jeunes qui ne poursuivent pas d'études postsecondaires ou qui ne terminent pas leur secondaire s'en vont directement sur le marché du travail, mais plusieurs retournent plus tard à l'école (Furstenberg, Rumbaut et Setterstein, 2005 ; Hamilton et Hamilton, 2006). Certains jeunes vont aussi choisir de prendre une pause, communément appelée « année sabbatique », pour acquérir de nouvelles habiletés, travailler, voyager ou étudier à l'étranger (Jones, 2004). Enfin, d'autres vont fonder une famille tout en poursuivant leurs études (Fitzpatrick et Turner, 2007). Ainsi, malgré leur « statut d'adulte », plusieurs jeunes adultes sont encore financièrement dépendants (Schoeni et Ross, 2005). De plus, alors que les jeunes adultes d'aujourd'hui changent beaucoup plus souvent d'emploi que les adultes des générations précédentes, ils ont à s'adapter fréquemment à de nouveaux milieux de travail. Or, ces changements peuvent être autant une source de défi que d'anxiété pour le jeune adulte. En effet, certains y voient des occasions de progresser et de s'accomplir, tandis que d'autres sont affectés négativement par l'instabilité que ces changements génèrent.

11.13 **Les études postsecondaires**
Un nombre de plus en plus important de jeunes adultes poursuivent des études postsecondaires.

Par ailleurs, les choix éducationnels et vocationnels qui s'offrent après le secondaire peuvent représenter des occasions de croissance sur le plan cognitif. En effet, l'exposition à un nouvel environnement de travail ou d'études permet au jeune adulte d'aiguiser ses habiletés, de remettre en question les croyances établies et de découvrir de nouvelles façons de voir le monde. Pour un nombre de plus en plus important d'étudiants âgés de plus de 25 ans, la poursuite d'études postsecondaires et la formation continue ravivent la curiosité intellectuelle, augmente les opportunités d'emploi et améliore les compétences professionnelles. Les études postsecondaires sont de plus en plus populaires auprès des jeunes adultes. Au Canada, le pourcentage de ceux qui poursuivent des études collégiales et universitaires à l'intérieur du pays est même plus élevé que dans la plupart des autres pays industrialisés. Ainsi, en 2006, 55 % des Canadiens âgés de 25 à 34 ans avaient terminé un programme d'études postsecondaires, contre une moyenne de 33 % pour l'ensemble des pays de l'OCDE (Conseil canadien sur l'apprentissage, 2009).

Au cours des quinze dernières années, cette participation aux études universitaires aurait augmenté tant chez les hommes que chez les femmes. Toutefois, les données montrent une augmentation beaucoup plus importante chez les femmes. En effet, 28 % des Canadiennes âgées de 18 à 24 ans poursuivaient des études universitaires en 2005, comparativement à 18 % en 1991. De leur côté, les hommes canadiens fréquentaient l'université dans une proportion de 16 % en 1991 et de 21 % en 2005. Le taux de participation des femmes a donc augmenté deux fois plus que celui des hommes au cours de cette période (Ressources humaines et Développement des compétences Canada, 2009). Cependant, certains groupes demeurent sous-représentés. C'est le cas des Autochtones, des familles à faible revenu et des familles sans antécédents d'études supérieures. Par exemple, les jeunes adultes dont les parents gagnent au minimum 75 000 $ par année poursuivent beaucoup plus souvent des études universitaires que ceux provenant de familles moins bien nanties. Par ailleurs, le revenu des parents n'aurait pas d'incidence sur la décision de poursuivre ou non des études collégiales (Conseil canadien sur l'apprentissage, 2009). Ces résultats ne sont pas surprenants, compte tenu du fait que les étudiants à faible revenu doivent surmonter des obstacles à la fois financiers et scolaires. Ils dépendent donc habituellement davantage des prêts étudiants et peuvent moins compter sur les membres de leur famille pour financer leurs études. Au contraire, les étudiants dont les parents ont poursuivi des études universitaires sont souvent plus motivés à emprunter cette voie, car ils sont plus conscients des bénéfices associés à la scolarisation. Cependant, malgré cette motivation à poursuivre des études, certains d'entre eux éprouvent néanmoins des difficultés à prendre une décision quant à leur choix de carrière.

Plusieurs facteurs influencent le choix de carrière. Parmi ceux-ci, on retrouve les facteurs liés à la personnalité. Selon le psychologue John Holland (1997), le choix professionnel est en effet influencé par le type de personnalité du jeune adulte. D'après lui, les individus peuvent être classés selon six types de personnalité : réaliste, investigateur, artistique, social, entreprenant et conventionnel. Ces six types se combinent pour former un profil de personnalité comportant un trait dominant parmi ceux-ci. C'est ce trait dominant qui permettrait alors de prédire le choix de carrière du jeune adulte. Enfin, le milieu familial, le niveau de scolarité des parents et les ressources financières disponibles sont d'autres facteurs qui influencent le choix de carrière. Selon l'étude annuelle sur le syndicalisme, le Canada compte plus de femmes que d'hommes sur le marché du travail (Statistique Canada, 2009). Ainsi, pour la première fois dans l'histoire du pays, le nombre de femmes qui occupent un emploi surpasse celui des hommes. Cette enquête révèle plus particulièrement que l'emploi continue de progresser chez les femmes âgées de 25 à 54 ans ; ces informations sur la population active excluent cependant les travailleurs indépendants (Statistique Canada, 2009). Des pertes massives d'emplois dans des secteurs réservés traditionnellement aux hommes pourraient expliquer en partie ces résultats. Par ailleurs, la plus grande proportion de femmes ayant poursuivi des études postsecondaires au cours des dernières décennies semble aussi associée à leur plus grande présence sur le marché du travail.

Le travail occupe ainsi une place importante dans l'accomplissement personnel d'un individu. Toutefois, certains individus ne peuvent s'y épanouir de façon optimale à cause de comportements ou d'attitudes portant atteinte à leur intégrité psychologique. Le harcèlement psychologique au travail peut en effet ruiner l'existence de plusieurs travailleurs, comme le montre l'encadré 11.2. C'est pourquoi un nombre grandissant d'études se sont intéressées à ce phénomène. Le gouvernement du Québec est aussi la première juridiction en Amérique du Nord à avoir élaboré, en 2004, de nouvelles dispositions à cet effet dans sa Loi sur les normes du travail.

11.7.3 Le rôle de parent

Le fait de devenir parent constitue un autre rôle important que le jeune adulte est appelé à jouer. Comme nous l'avons déjà mentionné, dans la plupart des sociétés industrialisées, les jeunes adultes tendent à retarder l'arrivée du premier enfant et à avoir moins d'enfants que les générations précédentes. La plupart d'entre eux deviennent ainsi parents dans la vingtaine ou la trentaine, certains plus tard encore.

Par ailleurs, l'accroissement du nombre de familles monoparentales, recomposées ou homoparentales a profondément modifié le portrait classique de la famille nucléaire composée d'un père, d'une mère et des enfants. Toutefois, la famille biparentale demeure la structure dominante au Canada. Ainsi, en 2001, la proportion des familles biparentales constituées d'un couple marié vivant avec des enfants de moins de 25 ans représentait 41 % de l'ensemble des familles. Ces chiffres indiquent cependant une diminution de 14 % par rapport au début des années 1980 (Conseil canadien de développement social, 2006).

Le harcèlement psychologique au travail

Le harcèlement psychologique au travail est défini comme étant «des comportements caractérisés par des paroles ou des actes répétés et intentionnellement offensants ou déplaisants pour la personne visée» (Chevalier et Selhi, 2008). Il peut provenir de l'employeur, d'un supérieur hiérarchique, d'un collègue de travail ou d'un subordonné. Il existerait trois principales formes de harcèlement au travail :

1. *Le harcèlement psychologique :* Il se manifeste par des paroles ou des gestes qui sont hostiles et qui portent atteinte à l'intégrité psychologique de l'individu qui en est victime. Il peut s'agir, par exemple, d'empêcher une personne de s'exprimer ou de l'isoler en lui coupant la parole ou en l'interrompant systématiquement. Il peut aussi s'exprimer par le fait de ridiculiser les propos d'une personne ou de la pousser à faire des erreurs en lui faisant des demandes contradictoires (Université Laval, 2007).

2. *Le harcèlement discriminatoire :* Cette deuxième forme de harcèlement est basée sur le sexe, l'orientation sexuelle, l'âge, l'origine ethnique ou les allégeances religieuses de la personne qui en est victime. Cela peut se traduire, par exemple, par le fait de dire des blagues racistes ou de faire des allusions répétées à l'âge d'une personne (Chevalier et Selhi, 2008).

3. *Le harcèlement d'ordre sexuel :* Cette forme de harcèlement englobe les paroles et les gestes non désirés qui ont une connotation sexuelle. Il peut s'agir, par exemple, de regards insistants, de sifflements, d'invitations répétées, de questions intimes, d'attouchements ou de baisers non sollicités (Université Laval, 2007).

Selon la Commission des normes du travail, un travailleur sur dix au Québec a déjà été victime d'une forme grave de harcèlement au travail (Conseil canadien de la sécurité, 2004). Certaines recherches ont démontré qu'il existerait par ailleurs des différences entre les hommes et les femmes, quant à la probabilité d'être victimes de harcèlement au travail. Selon une enquête menée en France, 70 % des victimes seraient en effet des femmes, et 30 % seulement, des hommes (Hirigoyen, 2001). Une enquête québécoise plus récente montre aussi que 63 % des plaignants sont des femmes (Brun et Kedl, 2006). Cette même enquête a révélé que les motifs les plus souvent évoqués pour porter plainte sont les propos et les gestes vexatoires, les atteintes aux conditions de travail, la menace de congédiement, la mise en échec de la personne et l'isolement. Plusieurs indices permettent de reconnaître chez une victime la présence de harcèlement au travail. Sur le plan psychologique, la personne peut se sentir abattue, déprimée, irritable et manquer de confiance en elle. Sur le plan physique, elle peut éprouver des malaises gastriques, des maux de dos, avoir des nausées et des vertiges et souffrir d'une fatigue extrême (Université Laval, 2007).

Le harcèlement au travail est considéré par certains chercheurs comme étant une forme d'abus de pouvoir. La personne qui harcèle exerce de façon indue l'autorité inhérente à son poste dans le but de compromettre l'emploi d'un individu, de nuire à son rendement ou de s'ingérer dans sa vie professionnelle (Gouvernement du Québec, 2001). L'agresseur est généralement égocentrique et dominateur : il s'attaque à l'identité de la victime en l'empêchant le plus possible de penser, de comprendre et de réagir (Hirigoyen, 2001). Le harcèlement au travail comporte plusieurs conséquences pour la personne qui en est victime. Parmi ces conséquences, on note une baisse de l'estime de soi, une perte de confiance en

ses capacités, un sentiment d'humiliation, de l'impuissance et de la frustration (Université Laval, 2007). Le harcèlement représente aussi une source importante de stress. De plus, la personne qui en est victime peut perdre confiance en son employeur, d'autant plus si elle lui est particulièrement dévouée. Enfin, le harcèlement au travail est aussi lié à un taux d'absentéisme plus élevé et conduit parfois à la démission de l'individu (Blouin, 2007). Il est parfois difficile pour une victime de porter plainte puisque, d'une part, elle se trouve dans un état de vulnérabilité et peut avoir peur des représailles, et d'autre part, parce qu'elle ne sait souvent pas à qui s'adresser pour le faire. Or, l'individu qui se croit victime de harcèlement au travail peut s'adresser à la Commission des normes du travail du Québec. Il doit alors fournir le nom et les coordonnées de son employeur, la date du début de l'emploi, une copie de son contrat de travail et un exposé rapportant les faits et les émotions vécues (Commission des normes du travail du Québec, 2009b).

Afin de contrer ce phénomène, la loi oblige les employeurs à fournir aux salariés un milieu de travail exempt de harcèlement psychologique (Commission des normes de travail du Québec, 2009a). Pour ce faire, ils doivent prévenir les situations de harcèlement psychologique et agir en utilisant des mesures appropriées pour mettre fin à toute forme de harcèlement. Cette tâche peut être ardue puisque le harcèlement psychologique au travail n'est pas toujours facile à reconnaître et qu'il peut provenir de l'employeur lui-même. Il peut aussi être insidieux ou être confondu avec des conflits interpersonnels, des droits de gérance de la part d'un supérieur ou des situations stressantes inhérentes à un type de travail (Commission des normes du travail, 2006). Par ailleurs, certains chercheurs soulignent le fait que la loi laisse place à l'interprétation des décideurs, et donc à beaucoup de confusion dans l'esprit des différentes parties en présence (Lamy, 2009). En dépit de cette réalité, certaines solutions s'offrent tout de même aux employeurs voulant combattre ce phénomène de harcèlement. Parmi ces solutions, la *médiation transformationnelle* consiste à donner la parole à la personne qui se sent victime de harcèlement et à lui offrir un lieu sécurisant pour exprimer son point de vue. En même temps, elle permet à la personne à qui les reproches sont adressés de se rendre compte de l'impact de ses gestes ou de ses paroles, de s'expliquer et de présenter des excuses si elle le désire. Cette approche peut aussi proposer des mesures de réparation des torts causés à la victime (Weldon, 2009). *La sensibilisation* figure aussi parmi les solutions à envisager. Les employés doivent en effet être informés sur le harcèlement et sur les différentes formes de violence au travail afin d'être en mesure d'en reconnaître les manifestations et d'y réagir sans en minimiser l'impact (Jetté et Cantin, 2001).

Peu importe le chemin emprunté pour faire cesser le harcèlement psychologique au travail, le mot d'ordre devrait donc toujours être le même : tolérance zéro en regard des différentes formes de violence exercées dans le contexte professionnel.

Le rôle de parent

La venue du premier enfant est à la fois source de grand bonheur et de préoccupations.

Si l'expérience parentale est une source de grand bonheur pour la plupart des jeunes adultes, elle implique aussi un certain nombre de préoccupations. En effet, la naissance du premier enfant représente une transition majeure qui génère un stress important chez les nouveaux parents et qui conduit à une série de changements dans leur vie. Ce nouveau venu totalement dépendant demande en effet une attention et une vigilance constantes. Aussi, parallèlement à l'excitation et à l'émerveillement, plusieurs parents ressentent une certaine anxiété relativement à cette nouvelle responsabilité de soins à donner à l'enfant et au temps et à l'énergie qu'ils doivent y consacrer. De plus, la grossesse et la récupération qui suit la naissance peuvent influer sur la qualité de la relation de couple de différentes façons, soit en augmentant l'intimité entre les partenaires, soit en créant une barrière entre eux.

Par ailleurs, les parents, et plus particulièrement les mères, ont parfois des attentes irréalistes par rapport à l'arrivée d'un enfant, ce qui peut influer sur leur bien-être. Ainsi, selon une étude américaine portant sur 71 nouvelles mères avant et après la naissance de leur premier enfant, les femmes ont tendance à montrer des signes de dépression et une adaptation plus faible à leur rôle parental lorsque l'expérience ne correspond pas à leurs attentes (Harwood, McLean et Durkin, 2007). De plus, bien que la plupart des jeunes mères travaillent désormais à l'extérieur de la maison, elles passent plus de temps à donner des soins à leurs enfants que ne le faisaient les mères des années 1960, qui restaient pourtant majoritairement à la maison. Cette situation paradoxale s'explique notamment par le fait que plusieurs reportent la venue d'un enfant à une période où elles seront plus disponibles pour s'en occuper, parce que les familles sont moins nombreuses qu'avant et parce que les parents ont davantage de moyens financiers à investir dans leurs enfants. Enfin, les normes sociales ont changé : les parents subissent donc plus de pressions les poussant à investir du temps et de l'énergie dans l'éducation de leurs enfants, et ils sont davantage préoccupés par la nécessité de les surveiller afin d'éviter les mauvaises influences et prévenir la violence scolaire et la délinquance (Bianchi, Robinson et Milkie, 2006). De leur côté, les pères d'aujourd'hui sont également plus impliqués auprès de leurs enfants que ne l'étaient leurs propres pères, mais la plupart ne le sont toutefois pas autant que leur conjointe. Le temps passé par les pères auprès de leurs enfants se rapproche davantage de celui des mères durant les fins de semaine et lorsque les enfants avancent en âge (Yeung *et al.*, 2001). Toutefois, en dépit des tendances observées, une étude américaine a montré que la moitié des parents déplorent encore le fait qu'ils ne passent pas suffisamment de temps auprès de leurs enfants (Milkie *et al.*, 2004).

L'expérience parentale est également associée à la baisse de la satisfaction conjugale, particulièrement durant les premières années de cette nouvelle expérience. Une analyse de 146 études portant sur 48 000 hommes et femmes a ainsi montré que les parents rapportent une satisfaction conjugale plus faible que les couples sans enfant. Cette satisfaction est inversement proportionnelle au nombre d'enfants. La différence est nettement plus marquée chez les mères, puisque 38 % d'entre elles rapportent un niveau de satisfaction élevé, comparativement à 62 % chez les femmes qui n'ont pas d'enfants (Twenge, Campbell et Foster, 2003). Le déclin de la satisfaction conjugale chez les nouveaux parents s'expliquerait entre autres par le fait que ces derniers sont plus susceptibles de vivre du stress, ce qui affecte leur santé et leur état d'esprit. Certains peuvent aussi se sentir isolés et perdre de vue le fait que d'autres parents vivent des problèmes similaires. De plus, la division des tâches ménagères peut également devenir une préoccupation : par exemple, le fardeau des tâches ménagères et des soins à donner à l'enfant peut retomber surtout sur les épaules de la mère parce que celle-ci ne travaille temporairement plus et demeure à la maison (Schulz, Cowan et Cowan, 2006). Enfin, le fait que les jeunes parents soient souvent réveillés la nuit pour consoler l'enfant ou pour lui prodiguer des soins peut abaisser leur niveau de satisfaction conjugale durant la première année de vie de l'enfant (Meijer et Van den Wittenboer, 2007). À cet égard, les parents qui participent à des groupes de discussion supervisés par un professionnel et dans lesquels ils peuvent parler des problèmes liés au fait de devenir parents rapporteraient un déclin moins important de leur satisfaction conjugale. Ce type de discussion aiderait en effet ces nouveaux parents à anticiper la nature des difficultés qui accompagnent leur nouveau rôle et les encouragerait à trouver leurs propres solutions (Schulz *et al.*, 2006).

Enfin, malgré leur désir profond d'être parents, certains couples hétérosexuels ou homosexuels ne peuvent avoir d'enfant. La science leur offre alors diverses options, comme nous l'avons vu dans le chapitre 2. Toutefois, pour ces couples, l'adoption peut représenter une autre forme de solution. En 2008, le Québec a enregistré 400 adoptions internationales, ce qui représente le nombre d'adoptions le plus faible depuis 20 ans. La grande région de Montréal regroupe à elle seule 50 % de toutes les adoptions réalisées en 2008 dans la province (Québec adoption, 2009). La Charte des droits et libertés du Québec permet également, depuis 2002, aux gais et lesbiennes d'adopter des enfants. Tout comme les parents hétérosexuels qui désirent en adopter un, les parents de même sexe doivent d'abord se soumettre à une évaluation psychosociale en vue d'obtenir le droit d'adoption. Cette évaluation mentionne alors l'orientation sexuelle des parents, mais ne peut conclure à une incapacité parentale uniquement pour cette raison. À Montréal, en 2007, 16 couples homoparentaux, dont 12 couples de gais et 4 couples de lesbiennes, ont obtenu le droit d'adopter un enfant (Québec adoption, 2008).

Faites le POINT

23 De quelle façon le moment de quitter la maison familiale s'est-il modifié au cours des dernières décennies ?

24 De quelle façon la participation aux études universitaires a-t-elle changé ces dernières années ?

25 Expliquez en quoi l'arrivée du premier enfant peut affecter le couple.

Rendez-vous au ODILON cheneliere.ca/papalia

Résumé

Les perspectives générales sur l'âge adulte

L'âge adulte est la période de développement dont la durée est la plus longue, d'autant plus qu'on constate actuellement une augmentation de l'espérance de vie des adultes. Toutefois, c'est aussi la période qui a été étudiée le plus tardivement par les chercheurs. Or, malgré le fait que le statut d'adulte soit généralement atteint avec la majorité légale, celui-ci n'est pas nécessairement synonyme de maturité.

Le développement physique

Les jeunes adultes sont généralement en bonne santé. Certains facteurs favorisent le maintien de la santé et du bien-être chez eux, particulièrement de saines habitudes de vie comme une bonne alimentation et la pratique régulière d'activité physique. La présence d'un soutien social contribuerait aussi au maintien d'une bonne santé. Au contraire, la consommation de substances psychotoxiques ou un stress mal géré sont liés à une détérioration de la santé. Certains types de personnalité ou événements de vie semblent aussi plus propices au stress et aux maladies. Le statut socioéconomique interviendrait de manière indirecte dans le maintien ou la détérioration de l'état de santé du jeune adulte. De plus, la période de la jeune vie adulte est un moment propice pour l'apparition de certains problèmes de santé mentale, comme la dépression et la schizophrénie.

La sexualité et la reproduction

Les jeunes adultes pratiquent une variété de comportements sexuels et ont tendance à avoir plus de partenaires que les adultes plus âgés. Le groupe d'âge le plus à risque de contracter des ITS se situe de 15 à 24 ans. Une grande proportion de femmes est affectée par le syndrome prémenstruel, qui s'accompagne d'inconfort physique et psychologique. Par ailleurs, environ un couple canadien sur six souffre d'infertilité. Cette difficulté à concevoir touche davantage les femmes âgées de plus de trente ans, la fertilité déclinant naturellement à partir de la fin de la vingtaine.

Le développement cognitif

Avec l'âge adulte, l'individu atteint le stade de la pensée postformelle. Cette forme de pensée combine à la fois la logique, les émotions et les expériences pratiques dans la résolution de problèmes. Au cours de cette même période, l'individu acquiert la capacité de penser de façon réflexive, laquelle l'amène à questionner continuellement les faits observés, à formuler des inférences, à faire des liens et à pouvoir ainsi concilier des idées apparemment contradictoires.

Selon la théorie de Schaie, le jeune adulte franchit deux principaux stades qui lui permettent d'atteindre d'abord ses objectifs de vie, et ensuite d'assumer des responsabilités familiales et professionnelles. D'après la théorie de Sternberg, le jeune adulte développe différentes dimensions de son intelligence à travers ses expériences pratiques, son intuition et ses habiletés analytiques. Par ailleurs, selon la théorie de l'intelligence émotionnelle, le jeune adulte développe aussi sur le plan personnel et social des compétences qui vont favoriser le maintien de relations interpersonnelles harmonieuses et sa réussite professionnelle. Enfin, certains jeunes adultes vont accéder au dernier niveau du développement moral de Kohlberg, ce qui va leur permettre d'avoir une compréhension élargie de la notion de bien et de mal.

Le développement affectif et social

Le jeune adulte atteint le sixième stade du développement psychosocial d'Erikson, dont l'enjeu est la capacité de s'engager à long terme dans une relation d'intimité. Selon Neugarten, il vit alors différents événements de vie, normatifs ou non, qui contribuent à son évolution.

D'après Costa et McCrae, cinq facteurs caractérisent la personnalité de l'adulte. Certains de ces facteurs favorisent le plein développement de son potentiel, alors que d'autres vont le ralentir. De son côté, l'approche typologique suggère l'existence de trois types de personnalité, qui, en fonction de sa capacité d'autorésilience et de contrôle de soi, viennent influencer l'adaptation du jeune adulte à son milieu.

Par ailleurs, avec l'arrivée de l'âge adulte, les relations de couple augmentent et le temps alloué aux amitiés diminue. Selon la théorie de Sternberg, trois dimensions permettent alors de caractériser les différentes formes d'amour : l'intimité, la passion et l'engagement.

Les styles de vie

Les styles de vie sont beaucoup plus diversifiés qu'autrefois. L'union libre est de plus en plus populaire au Québec, où près du tiers des familles sont formées aujourd'hui de couples vivant en union de fait. Cependant, le mariage représente encore une institution importante pour plusieurs jeunes adultes. Le nombre de couples constitués de partenaires de même sexe a augmenté au cours des dernières années. Enfin, plus du tiers des jeunes adultes sont célibataires, certains ayant choisi ce mode de vie, d'autres s'y adaptant plus difficilement.

Les rôles sociaux du jeune adulte

L'entrée dans la vie adulte se caractérise par l'émergence de multiples rôles sociaux. Le jeune adulte accède au marché du travail, établit une relation de couple plus durable et devient éventuellement parent. Le départ de la maison familiale figure parmi les premières transitions importantes et peut être retardé par plusieurs jeunes adultes.

Les trajectoires conduisant l'individu sur le marché du travail sont beaucoup plus variées que pour les générations précédentes. Plusieurs jeunes adultes poursuivent ainsi des études postsecondaires tout en travaillant, tandis que d'autres décident d'aller directement sur le marché du travail ou de prendre une année sabbatique avant de poursuivre leur cheminement. Quel que soit le choix fait par l'individu, ces différents chemins de vie représentent des occasions de croissance sur le plan cognitif.

Enfin, le fait de devenir parent représente un des rôles les plus importants du jeune adulte. L'arrivée du premier enfant constitue en effet une transition majeure qui est à la fois source de stress et d'excitation, les nouveaux parents devant s'adapter à cette nouvelle réalité.

Pour aller plus loin

Volumes et ouvrages de référence

GOLEMAN, D. (1999). *L'intelligence émotionnelle : Cultiver ses émotions pour s'épanouir dans son travail,* Montréal, Laffont.

Livre à succès paru aux États-Unis en 1995 et qui a popularisé le concept d'intelligence émotionnelle. L'auteur applique ce concept au monde du travail et souligne notamment que les compétences comme la maîtrise de soi, l'autodiscipline, la persévérance et l'empathie sont quelques-unes des qualités indispensables qui déterminent la réussite de l'individu.

HOUDE, R. (1999). *Les temps de la vie : le développement psychosocial de l'adulte,* 3e édition, Montréal, Gaëtan Morin.

Livre qui constitue une synthèse accessible des principales conceptions du développement psychosocial de l'adulte selon les étapes du cycle de vie. La vie adulte est une période de transformation. Y a-t-il une crise de la quarantaine ? Existe-t-il chez l'adulte des phases de développement comme on en décrit pour l'enfant ? L'adulte traverse-t-il des étapes de croissance ? En quoi consiste le cycle de vie adulte ?

JULIEN, D., et J. J. LÉVY (2007). *Homosexualités : variations régionales,* Montréal, Presses de l'Université du Québec.

Ouvrage qui analyse les réalités quotidiennes, sociales, relationnelles et sexuelles de lesbiennes et de gais vivant en région, c'est-à-dire là où les conditions socioculturelles peuvent contribuer à amplifier les difficultés de dévoilement et d'expression publique de son identité ou de ses préférences sexuelles.

LÉVY, J. J., et A. DUPRAS (2008). *Questions de sexualité au Québec,* Montréal, Éditions Liber.

Livre qui dresse un portrait de la situation actuelle de la sexualité au Québec. Il met en évidence l'évolution constante de cette situation, en privilégiant une perspective thématique et empirique qui s'appuie essentiellement sur les apports des sciences sociales à la sexualité au Québec.

Périodiques

CÔTÉ, K., et J. WRIGHT (2003). « Caractéristiques, évaluation et traitement des couples dont l'un des conjoints souffre de dépression », *Psychologie Canadienne,* vol. 44, n° 4, p. 382-393.

Article qui dresse un portrait général des études portant sur les couples dont l'un des conjoints souffre de dépression. De nombreuses études ont en effet été effectuées afin d'évaluer l'influence que peuvent avoir les relations interpersonnelles sur le développement et le maintien de la dépression.

Sites Internet et documents en ligne

BRETON, G. (2007). «La démarche préadoption: le drame de l'infertilité», *Québec adoption,* [En ligne], www.quebecadoption.net/adoption/preadopt/infertilite.html

Article qui met en évidence les différentes facettes de l'infertilité. On y aborde les aspects affectifs, cognitifs et comportementaux en fournissant quelques pistes de solutions.

PASSEPORTSANTÉ.NET (2009). *Les troubles menstruels,* [En ligne], www.passeportsante.net/fr/Maux/Problemes/SectionSpeciale.aspx?doc=menstruations_spec

Section du site qui présente les principales anomalies du cycle menstruel: aménorrhée, dysménorrhée, syndrome prémenstruel, etc. On y propose des explications scientifiques aux différentes préoccupations des femmes en matière de cycle menstruel.

Films, vidéos, cédéroms, etc.

TÉLÉ-QUÉBEC (2 octobre 2008). «L'anxiété chez les jeunes adultes», *Une pilule, une petite granule.*

Reportage qui jette un regard critique sur la réalité des jeunes adultes d'aujourd'hui. Beaucoup d'entre eux éprouvent un stress intense, au point de développer une angoisse qui envahit toute leur existence. Au Canada, on estime qu'un jeune adulte sur dix souffre d'un trouble anxieux.

CAPSULE SANTÉ OUTAOUAIS. *La trousse «Jeunes adultes: Par où commencer?»,* [En ligne], www.capsante-outaouais.org/ressources/publications/jeunes.html

Trousse qui s'adresse à ceux qui veulent mieux comprendre la réalité des jeunes adultes d'aujourd'hui. Elle comprend une vidéocassette de trois dramatiques portant sur l'engagement dans l'amour, la famille et le travail, un guide de discussion pour exploiter les contenus de ces scénarios et un cahier d'activités de sensibilisation et de développement personnel.

12

Le développement de l'adulte d'âge mûr de quarante à soixante-cinq ans

L'adulte atteint le mitan de sa vie encore en pleine possession de ses moyens physiques et intellectuels. Cependant, un lent déclin de l'organisme est en cours, et les premiers signes en sont déjà visibles. Bientôt, la femme perd sa capacité de reproduction, tandis que l'homme voit diminuer la vigueur de ses vingt ans. Engagé dans les responsabilités de ses divers rôles, l'adulte d'âge mûr est aussi plus susceptible que jamais de connaître le stress, particulièrement au travail. Il doit donc apprendre à le gérer sainement, sous peine de voir sa santé affectée. Au sommet de son développement cognitif, l'adulte de cet âge bénéficie néanmoins de l'expertise que lui donne l'expérience, et sa capacité d'intégration est remarquable. La prise de conscience d'être au mitan de sa vie amène chez lui un désir de générativité, qu'il va exprimer de diverses manières et plus particulièrement en s'occupant de la génération suivante. Enfin, il voit ses enfants grandir et ses parents mourir. C'est pourquoi, toujours importantes et plus complexes que jamais, les relations interpersonnelles de l'adulte d'âge mûr se transforment, tant dans son couple qu'avec ses enfants, ses parents ou ses amis.

Line, 42 ans, et Alain, 47 ans, sont mariés depuis bientôt 20 ans. Ils ont deux enfants : un garçon de 15 ans, élève au secondaire, et une fille de 18 ans, qui est inscrite au cégep. Ils se disent très heureux dans leur vie de couple. Cependant, Line aimerait bien qu'Alain s'implique davantage dans les travaux ménagers, car elle trouve sa tâche substantiellement alourdie depuis qu'elle a accepté la promotion qu'on lui a offerte au bureau. Elle a en effet dû s'inscrire à un programme de formation professionnelle qui doit durer un an, à raison de deux soirs par semaine et quelques fins de semaine intensives. Alain, pour sa part, est un peu perplexe. Il se réjouit du succès professionnel de sa conjointe et semble heureux de la voir si comblée. Toutefois, il se sent secrètement un peu nostalgique, surtout lorsqu'il se retrouve seul à la maison, alors que Line et les enfants sont à leurs occupations respectives. Il aimerait se rapprocher des membres de sa famille, vivre des moments d'intimité avec eux, mais il a l'impression qu'il est trop tard, qu'il arrive au moment où tout le monde s'en va.

Line a remarqué le silence éloquent d'Alain et elle lui a récemment tendu une perche pour ouvrir la communication. Ils ont alors eu une discussion intéressante et surtout fort concluante, chacun d'eux ayant exprimé les mêmes craintes devant la vie qui passe et le temps qui fuit. Line a parlé de ses rides et de ses cheveux gris qu'elle n'aime pas voir apparaître, de son corps qui change et de sa peur de ne plus être aussi désirable pour Alain. Elle a partagé également ses craintes relativement à son nouvel emploi et aux exigences qu'il implique. Elle a confié à Alain qu'elle avait besoin de son soutien et de son affection pour trouver la force d'affronter ce défi. Alain, lui, a avoué à Line qu'il ressentait une certaine forme de jalousie à l'endroit de son succès professionnel, ce qui remettait en question sa propre satisfaction vis-à-vis de son travail. Il lui a également confié sa crainte d'être mis à pied en raison des difficultés économiques éprouvées par sa compagnie. Ils se sont aussi rendu compte que tous deux redoutaient le départ de leur fille Julie qui, depuis quelque temps, parle sérieusement d'aller vivre avec son copain. Cet échange leur a donc été fort profitable, car au terme de cette discussion, Alain et Line ont décidé de se ménager chaque semaine du temps libre pour faire des activités ensemble. Par ailleurs, ils envisagent de consulter les programmes des collèges et des universités afin de voir s'il existe des formations techniques ou professionnelles susceptibles d'intéresser Alain et de l'orienter vers un éventuel changement de carrière. Enfin, ils ont convenu d'aller manger prochainement au restaurant avec leur fille pour discuter de son projet de départ.

Après avoir lu ce chapitre, vous devriez pouvoir répondre aux questions suivantes :

1. Alain est-il en *crise* de la quarantaine ? En a-t-il les symptômes ?

2. Les craintes ressenties par Line et Alain quant à la vie qui passe et le temps qui fuit sont-elles habituelles durant cette période de vie ?

3. Line et Alain devraient-ils s'inquiéter du départ de leur fille et le considérer comme étant définitif ?

4. Est-il trop tard pour qu'Alain envisage un changement de carrière ou d'employeur, étant donné qu'il a déjà atteint la quarantaine avancée ?

12.1 L'âge mûr : une étape particulière du cycle de vie

Si l'on a déjà vu l'âge mûr comme étant un construit arbitraire propre à certaines cultures, cette période est aujourd'hui considérée dans les sociétés industrialisées comme étant une étape particulière du cycle de vie comprenant ses propres normes sociales, ses rôles et ses défis, et non plus comme étant le début de la vieillesse (Menon, 2001 ; Lachman, 2004). Dans la culture occidentale, l'adolescence et l'âge mûr ont en commun l'idée de transition. En effet, alors que l'adolescence représente une période de transition entre l'enfance et l'âge adulte, l'âge mûr constitue également une sorte de transition entre la jeunesse et la vieillesse : la personne d'âge mûr n'est plus un jeune adulte, mais elle n'est pas encore une personne âgée. En termes chronologiques, on situe le mitan de la vie entre 40 et 65 ans. Toutefois, cette définition est arbitraire puisqu'il n'existe pas de consensus sur son début et sa fin, ni sur les manifestations biologiques ou sociales qui en marqueraient les limites exactes. D'ailleurs, l'augmentation de l'espérance de vie de la population a pour conséquence d'en déplacer la limite supérieure (Lachman, 2001, 2004).

Période charnière, parfois tourmentée, pendant laquelle la personne prend conscience du temps qui fuit et ressent l'urgence de réaliser ses rêves, cette étape du cycle de vie est aujourd'hui considérée comme étant une période de maturité où les compétences de l'adulte culminent. La plupart des adultes d'âge mûr sont en bonne forme physique, cognitive et émotionnelle, et ils apprécient la qualité de leur vie (Fleeson, 2004). Si de nombreuses voies s'ouvrent à eux, les différences individuelles demeurent néanmoins nombreuses. Ainsi, beaucoup d'adultes d'âge mûr qui ont de nombreux rôles à remplir et de lourdes responsabilités à assumer éprouvent un sentiment de stabilité dans le contrôle de leur vie (Skaff, 2006). Certains autres qui ont atteint leurs objectifs et élevé leurs enfants éprouvent un sentiment croissant de liberté et d'indépendance. D'autres encore sont parvenus au summum de leur carrière professionnelle ou de leur créativité. Enfin, quelques-uns ont perdu espoir et abandonné leurs rêves. En réalité, la façon dont est vécue cette période dépend de plusieurs facteurs tels que la santé, le sexe, le statut socioéconomique, la personnalité, l'état matrimonial et parental et l'emploi, mais aussi la culture, comme nous le montre l'encadré 12.1 (Lachman, 2004).

ENCADRÉ 12.1 **REGARD SUR LE MONDE**

Une société sans la notion d'âge mûr

La notion de *crise du mitan de la vie* n'est pas universelle. En effet, certaines cultures ne possèdent pas de concept clair définissant la période de l'âge mûr. C'est le cas des Gusiis, une communauté rurale de plus d'un million d'individus habitant le Kenya (Levine, 1980 ; LeVine et LeVine, 1998). Les Gusiis ont bien un *plan de vie*, où sont précisées les attentes selon chaque période de la vie, mais ce plan est bien différent du nôtre. En effet, ces différents stades de vie sont principalement basés sur l'accomplissement des capacités reproductrices et sur leur prolongement dans les générations suivantes.

Les Gusiis n'ont pas de mot pour exprimer les concepts d'*adolescent*, de *jeune adulte* ou de personne d'*âge mûr*. Le passage de l'enfance à l'âge adulte est marqué par des cérémonies rituelles d'initiation. Les jeunes garçons sont circoncis entre neuf et onze ans environ, alors que les filles sont excisées dès les premiers signes de la puberté. Ils seront ensuite considérés comme étant des aînés après le mariage de leur premier enfant. Entre ces deux événements, l'homme est dans le stade de l'*omomura* (ou guerrier), qui peut s'étendre sur une période de 25 à 40 ans, parfois davantage. En raison de l'accent mis sur le mariage dans la vie des femmes, on leur attribue le stade de l'*omosubaati* (ou jeune femme mariée).

La maternité n'est pas réservée aux jeunes adultes. Comme dans d'autres sociétés préindustrielles où la main-d'œuvre est nécessaire à la culture agricole et où la mortalité infantile est élevée, la fertilité est pour les Gusiis une valeur primordiale et ils se reproduisent aussi longtemps que leur système physiologique le leur permet. Ainsi, les femmes de cette peuplade portent en moyenne dix enfants durant leur vie. Lorsqu'elles atteignent la ménopause, leur conjoint peut ensuite choisir une femme plus jeune et fonder une autre famille.

Dans la société gusii, les changements de statut dépendent des évènements de la vie. De fait, le statut d'une personne est lié à la circoncision, au mariage, à la parentalité et, finalement, au fait d'être le parent d'un enfant marié et à la perspective de devenir un grand-parent et un aîné respecté. Les Gusiis ont donc une *horloge sociale*, c'est-à-dire des attentes concernant l'âge où devraient normalement se produire certains événements. Les personnes qui ne se marient pas ou qui le font tardivement, les hommes stériles ou impuissants, les femmes qui n'ont pas conçu d'enfant, qui l'ont fait trop tardivement ou qui n'ont pas mis au monde d'enfant mâle seront ridiculisés et ostracisés par la communauté, et pourront parfois subir certains rituels visant à corriger la situation.

En outre, bien que les Gusiis n'aient pas une période reconnue comme étant le mitan de la vie, certains d'entre eux ont une réflexion sur leur vie au moment où ils sont assez âgés pour être grands-parents. La prise de conscience de la diminution des capacités physiques et de la mortalité, surtout chez les femmes, peut ainsi mener à une carrière de guérisseur. Cette quête de pouvoir spirituel poursuit également un objectif de générativité, puisque ce sont les aînés qui sont chargés des rituels de protection contre la mort et la maladie des enfants et petits-enfants. Plusieurs femmes âgées pratiquent aussi la sorcellerie et ont alors le pouvoir d'aider ou de nuire aux autres, sans doute pour compenser leur manque de pouvoir personnel et économique dans cette société à domination masculine.

Depuis les années 1970, la société gusii a connu plusieurs changements. La baisse de la mortalité infantile a notamment conduit à une augmentation rapide de la population, ce qui exige plus de nourriture et d'autres ressources. Dans ce contexte, une organisation sociale fondée sur l'optimisation de la reproduction perd de sa valeur adaptative. On observe d'ailleurs, parmi les Gusiis les plus jeunes, une acceptation croissante de la contraception, ce qui laisse croire qu'une « conception de la maturité adulte moins centrée sur la fertilité pourrait devenir dominante dans la culture gusii » (LeVine et LeVine, 1998).

12.2 Le développement physique à l'âge mûr

À l'âge mûr, le corps qui, entre 20 et 40 ans, n'avait présenté que des changements lents et progressifs se transforme de façon soudaine. Bien que nombre de ces changements proviennent de causes biologiques et génétiques, les comportements et les habitudes de vie adoptées dès le plus jeune âge ont une influence sur le moment où arrivent ces changements, ainsi que sur l'étendue des transformations corporelles. De la même façon, la santé et le style de vie de la personne d'âge mûr auront des répercussions sur ses années futures (Lachman, 2004 ; Whitbourne, 2001).

12.2.1 Les transformations corporelles

Les changements organiques et systémiques

Des changements dans l'apparence physique et le fonctionnement corporel apparaissent au début de l'âge mûr. Les cheveux commencent à grisonner et à devenir plus fins, la peau perd de son élasticité et se relâche en raison de l'amincissement de la couche de gras sous-cutané, des molécules de collagène plus rigides et des fibres élastiques plus cassantes, ce qui entraîne l'apparition des premières rides. La densité osseuse, qui culmine normalement entre la vingtaine et la trentaine, commence à diminuer. Les personnes d'âge mûr ont aussi tendance à prendre du poids, en raison d'une accumulation de graisse corporelle (Merrill et Verbrugge, 1999 ; Whitbourne, 2001). Les petites bedaines caractéristiques de la quarantaine peuvent ainsi apparaître. L'apparence générale se modifie donc. En ce qui concerne le fonctionnement organique, on n'observe aucun déclin chez la plupart des adultes d'âge mûr, sinon un déclin léger (Gallagher, 1993). Cependant, chez certaines personnes, le cœur commence à battre plus lentement et de façon plus irrégulière, et les maladies cardiovasculaires deviennent alors plus fréquentes, comme nous le verrons plus loin. Des changements dans le système digestif (problèmes de digestion, d'excrétion) et dans le système reproducteur (ménopause, problèmes vaginaux, problèmes érectiles, etc.) se manifestent également. La programmation génétique est certes le principal facteur et l'élément déclencheur de ces transformations physiques. Cependant, comme nous l'avons mentionné plus haut, le contexte environnemental et les habitudes de vie constituent probablement des facteurs essentiels influant sur l'ampleur, la vitesse et la sévérité de ces transformations (Lachman, 2004).

Les capacités sensorielles et psychomotrices

Parmi les autres transformations corporelles pouvant causer divers désagréments à l'âge mûr, il faut mentionner celles qui affectent les capacités sensorimotrices. En effet, de nombreuses fonctions sont touchées, comme la vue, l'ouïe, l'odorat, le toucher, la force, l'endurance, le temps de réaction, la mobilité, etc., et ces pertes s'accentuent à mesure que l'on avance en âge (Montano, 2003). Autour de 45 ans, certaines personnes réalisent qu'elles ont maintenant de la difficulté à lire le bottin téléphonique ou à consulter le dictionnaire sans leurs lunettes. Dans la soixantaine, plusieurs admettent ne plus se sentir aussi alertes et solides sur leurs jambes. La capacité de la force physique et de la coordination décline graduellement, cette perte atteignant 10 % à 15 % dans la soixantaine. Ce changement est causé par une perte de fibres musculaires, qui sont remplacées par du tissu adipeux. Il semble que le poids d'un enfant à la naissance, le déroulement de sa croissance physique durant la petite enfance et le statut socioéconomique des parents soient des prédicteurs importants de l'ampleur de ce déclin fonctionnel (Guralnik *et al.*, 2006 ; Kuh *et al.*, 2006).

Toutefois, malgré ces inconvénients (plus importants chez certains), il semble que les personnes d'âge mûr restent très performantes et parviennent même à atteindre des sommets de compétence dans différents aspects de leur vie. Ainsi, malgré leurs pertes sensorielles et motrices, les adultes de cet âge restent de meilleurs conducteurs automobiles. Ils ont aussi moins d'accidents de travail et sont souvent plus performants que les plus jeunes, ce qui s'explique probablement par des attitudes compensatoires comme la prudence et l'anticipation.

Si tous les systèmes corporels sont affectés d'une façon ou d'une autre, les pertes sont généralement relativement minimes et la plupart des gens réussissent assez bien à s'y adapter. Le tableau 12.1 présente un relevé des principaux changements corporels survenant à l'âge mûr.

12.1 **Les travailleurs d'âge mûr**

Les adultes d'âge mûr sont souvent plus prudents que les plus jeunes, ce qui peut s'expliquer par certaines attitudes compensatoires comme l'anticipation.

TABLEAU 12.1 | Les systèmes corporels à l'âge mûr

Système corporel et composants		Description
Système sensoriel	**Vue**	• Cinq aspects de la vue sont affectés et perdent de l'efficacité : la vision de près, la vision dynamique (lire des signaux qui bougent), la sensibilité à la lumière, la capacité de localiser un signal visuel et la vitesse de traitement de l'information visuelle (Kline et Scialfa, 1996).
		• À la suite de divers changements au niveau de la pupille, moins de lumière atteint la rétine, ce qui nécessite plus d'intensité lumineuse pour compenser. Les personnes ont donc désormais besoin de plus de lumière pour lire. La réduction de la pupille et la décoloration progressive de la cornée entraînent aussi une diminution de l'acuité visuelle (Vézina, Cappeliez et Landreville, 2007).
		• Le cristallin devient plus opaque à partir de l'âge de 40 ans, ce qui peut causer des éblouissements par la lumière (par exemple, un conducteur qui sortirait d'un tunnel pourrait subir un aveuglement temporaire) (Vézina *et al.*, 2007). La facilité à s'adapter à l'obscurité requiert également de plus en plus de temps (Jackson, Owsley et McGwin, 1999).
		• L'apparition ou l'évolution notable de la presbytie (difficulté à voir de près) est due à la perte d'efficacité du cristallin dans sa capacité d'accommodation. Ce problème de vision progresse et atteint un sommet vers l'âge de 60 ans (Kline et Scialfa, 1996).
		• La myopie (difficulté à voir de loin) augmente également, mais elle compense souvent la presbytie (les gens myopes ont alors une presbytie moins sévère).
	Ouïe	• L'acuité auditive diminue et la presbyacousie (difficulté à percevoir des sons, surtout aigus) fait son apparition. Ce phénomène évolue deux fois plus rapidement chez les hommes que chez les femmes et atteint une personne sur quatre à la fin de la cinquantaine (Pearson *et al.*, 1995 ; Horvath et Davis, 1990). À partir de la soixantaine, le seuil auditif (c'est-à-dire l'intensité minimum d'un son que l'oreille peut capter) augmente d'environ un décibel par année (Lee *et al.*, 2005).
		• Les pertes auditives sont plus fréquentes à l'âge mûr en raison des bruits en milieu de travail et des sons musicaux amplifiés par les casques d'écoute fréquemment utilisés par le passé (Wallhagen *et al.*, 1997 ; Gates et Mills, 2005).
	Goût et odorat	• Le nombre des cellules olfactives commence à diminuer et les papilles gustatives deviennent moins sensibles ; la nourriture peut donc sembler plus fade (Cain, Reid et Stevens, 1990). Cette perte, qui est moins grande chez les femmes que chez les hommes, manifeste des différences individuelles (Whitbourne, 1999). Enfin, la capacité d'identifier les odeurs et leur intensité diminue avec l'âge (Mishara et Riedel, 1994).
	Toucher	• La sensibilité du toucher diminue après 45 ans, tandis que la sensibilité à la douleur diminue après 50 ans. Les gens d'âge mûr ressentent donc moins intensément la douleur, mais ils la tolèrent toutefois moins qu'auparavant (Katchadourian, 1987).
Système moteur	**Force**	• La force et la coordination motrice ont graduellement baissé depuis la fin de la vingtaine. Vers 45 ans, on peut donc remarquer une certaine diminution de la force musculaire. À 60 ans, c'est 10 % à 15 % de la force musculaire qui peut être perdue, en commençant par les bras et les épaules. Ce déclin peut toutefois être évité par l'exercice physique.
		• Une réduction de l'endurance apparaît après 40 ans, en raison de la diminution du métabolisme basal (Merrill et Verbrugge, 1999). Toutefois, les habiletés souvent utilisées par la personne (comme la marche ou certains efforts physiques) résistent davantage à cette perte. De façon générale, la pratique de ces habiletés physiques favorise l'endurance, qui décline alors plus lentement que la force musculaire.
	Coordination motrice	• La dextérité manuelle diminue vers 40 ans, sauf pour ceux qui en font un usage régulier comme les pianistes, les secrétaires, etc. Même si le temps de réaction motrice simple, tel que presser un bouton dès qu'une lumière apparaît, ne varie pas beaucoup avant la cinquantaine, le temps de réaction ou de rapidité diminue graduellement au cours de l'âge adulte (Der et Deary, 2006).
Système structural	**Peau**	• Entre 50 et 60 ans, la peau devient plus relâchée et moins souple, en raison de la perte des gras sous-cutanés, des molécules de collagène plus rigides et des fibres élastiques plus cassantes.
	Cheveux	• À partir de 40 ans, les cheveux deviennent plus minces ; leur taux de remplacement diminue ; la baisse du taux de mélanine occasionne le grisonnement ; les hommes peuvent avoir des pertes abondantes de cheveux.
	Taille	• La taille peut commencer à diminuer à cause du durcissement des disques intervertébraux.
	Os	• La densité osseuse diminue, car plus de calcium est absorbé que métabolisé. Les os deviennent donc plus minces et plus cassants. Cette perte osseuse s'accélère entre 50 et 60. Elle est deux fois plus rapide chez les femmes que chez les hommes, à cause de la baisse des œstrogènes, laquelle entraîne une décalcification osseuse qui peut se traduire par l'ostéoporose (Merrill et Verbrugge, 1999 ; Whitbourne, 2001).

TABLEAU 12.1 | Les systèmes corporels à l'âge mûr (*suite*)

Système corporel et composants		Description
Système circulatoire, cœur et artères	**Cœur**	• Le cœur bat plus lentement et plus irrégulièrement vers le milieu de la cinquantaine, ce qui explique pourquoi les maladies cardiaques sont plus fréquentes au tournant de la cinquantaine. Vers 65 ans, le cœur peut avoir déjà perdu jusqu'à 40 % de sa capacité aérobique.
	Artères	• Les artères deviennent plus minces et moins élastiques en raison des dépôts de mauvais cholestérol qui en durcissent les parois (Whitbourne, 2001). La pression artérielle augmente graduellement avec l'âge, même chez les personnes en santé et en bonne forme physique (Cheitlin, 2003).
Système respiratoire	**Poumons**	• La capacité pulmonaire diminue après 40 ans. Après 70 ans, elle a perdu près de 40 % de sa capacité vitale, qui correspond au volume d'air maximum que les poumons peuvent absorber et rejeter.
Système reproducteur	**Organes féminins**	• Chez la femme, la ménopause commence en moyenne vers le début de la cinquantaine (Vézina *et al.*, 2007). Cette période est alors marquée par des symptômes physiologiques qui varient selon les personnes : bouffées de chaleur, sécheresse vaginale, amincissement des muqueuses des parois vaginales, dysfonctionnement urinaire et sueurs nocturnes. La sexualité féminine n'est cependant pas nécessairement affectée par ces symptômes : certaines perdent de l'intérêt pour la sexualité, mais d'autres voient leur intérêt sexuel augmenter (Langis et Germain, 2009).
	Organes masculins	• Chez l'homme, la prostate commence souvent à grossir, ce qui peut causer des problèmes de miction. Les érections peuvent être moins fermes, moins prolongées et, parfois, le désir sexuel peut s'en trouver affecté. Le taux de testostérone décroît d'environ 1 % par an, et ce, dès la trentaine (Asthana *et al.*, 2004 ; Lewis, Legato et Fish, 2006). Enfin, le nombre des spermatozoïdes viables diminue, mais la capacité reproductrice est maintenue (Vézina *et al.*, 2007).
Autres	**Système immunitaire**	• Le système immunitaire perd de son efficacité à partir de 40 ans.
	Système digestif	• La sécrétion d'enzymes digestives diminue et la fonction rénale ralentit (Marieb et Lachaîne, 2008).
	Température	• La régulation de la température décroît en efficacité à partir de 50 ans, en raison de la perte des gras corporels. Au cours du climatère, on remarque parfois un dérèglement du centre de contrôle de la température chez certaines femmes.
	Sommeil	• Le sommeil profond perd en durée et en qualité à l'âge mûr, ce qui va en s'accentuant vers la vieillesse.

12.2.2 Les changements hormonaux

À l'âge mûr, des changements importants surviennent dans le fonctionnement hormonal lié à la reproduction, particulièrement chez les femmes. Cependant, des modifications se produisent également chez les hommes.

La ménopause

Ménopause
Arrêt définitif des menstruations et de l'ovulation qui survient environ un an après les dernières menstruations et qui met fin à la capacité de reproduction de la femme.

Climatère ou **périménopause**
Période de changements hormonaux progressifs occasionnant une variété de symptômes physiologiques chez la femme et qui mène à la ménopause.

La **ménopause** se caractérise par l'arrêt permanent de l'ovulation et des menstruations, ce qui met fin à la capacité de reproduction de la femme. Ce phénomène survient environ un an après la fin de la dernière période menstruelle, soit entre 42 et 56 ans. L'âge moyen du début de la ménopause est de 52 ans pour les femmes canadiennes (Réseau canadien pour la santé des femmes, 2007). À partir de 35 à 45 ans, la production d'ovules matures décline progressivement et les ovaires sécrètent moins d'œstrogènes. Cette période, appelée **climatère** ou **périménopause,** est accompagnée d'une série de symptômes physiologiques plus ou moins prononcés selon les femmes et qui annoncent l'imminence de la ménopause. Les menstruations deviennent irrégulières et parfois absentes, le flux sanguin diminue et le moment de l'ovulation varie. Des bouffées de chaleur et des sueurs nocturnes pouvant occasionner des troubles du sommeil sont parmi les symptômes les plus fréquents : elles sont dues à la réduction des œstrogènes, laquelle affecte les centres cérébraux de contrôle de la température. Chez certaines femmes, ces symptômes sont quotidiens, alors que d'autres ne les ressentent jamais (Avis et Crawford, 2006). Après le climatère, donc lors de la ménopause proprement dite, d'autres changements peuvent aussi se manifester, comme une décalcification osseuse, une diminution de la lubrification vaginale, un amincissement des muqueuses des parois vaginales et un dysfonctionnement urinaire (Whitbourne, 2001 ; Avis, 1999). Si l'on ne peut démontrer que la diminution du niveau d'œstrogènes est responsable de la baisse du désir sexuel féminin, certaines femmes peuvent néanmoins éprouver des douleurs lors de la pénétration, à cause de cet amincissement de leurs parois vaginales et du manque de lubrification (NIH, 2005). Par ailleurs, certaines manifestations de nature psychologique sont souvent associées à cette période : irritabilité, humeur instable, insomnie, difficultés de concentration, dépression, etc. Toutefois, les recherches ne permettent pas d'établir un lien clair entre ces manifestations et la ménopause. Elles semblent plutôt indiquer que ces symptômes particuliers sont davantage liés à des caractéristiques personnelles, des perceptions individuelles ou des interprétations culturelles de cette période de vie qu'à la ménopause comme telle. Ainsi, lors de cette période, bien des femmes vivent des changements importants et stressants, que ce soit dans leurs rôles, leurs responsabilités ou leurs relations, ce qui peut affecter leur état mental (Lachman, 2004 ; NIH, 2005). Par ailleurs, dans les cultures où la ménopause est perçue positivement et où les femmes plus âgées acquièrent un statut social, religieux ou politique, peu de problèmes sont associés à cet événement naturel (Aldwin et Levenson, 2001 ; Avis, 1999). La question d'une fragilisation émotionnelle à la ménopause semble donc davantage relever du mythe que de la réalité (NIH, 2005). Quoi qu'il en soit, plusieurs femmes considèrent la ménopause comme étant un processus naturel et positif les menant vers la seconde moitié de leur vie (Avis et Crawford, 2006 ; Rossi, 2004).

À court terme, l'**hormonothérapie substitutive** (la prise seule d'œstrogènes de synthèse ou combinée avec de la progestérone synthétique, ou progestine) constitue la méthode la plus efficace pour réduire les symptômes physiologiques, particulièrement les bouffées de chaleur et la décalcification osseuse. Néanmoins, des recherches récentes menées aux États-Unis ont démontré que les effets indésirables de cette hormonothérapie dépassaient les bienfaits escomptés, puisqu'elle pouvait comporter des risques sérieux, tels qu'une augmentation du risque de troubles cardiovasculaires et un risque accru de cancer du sein et des ovaires (NIH, 2005). C'est ce qui a amené Santé Canada (2004) à ne plus recommander l'usage du traitement hormonal combiné.

Hormonothérapie substitutive
Traitement composé d'œstrogènes de synthèse, seuls ou combinés à de la progestérone de synthèse, destiné à réduire ou à prévenir les symptômes de la ménopause dus à la baisse du niveau d'œstrogènes dans l'organisme.

L'andropause

Chez les hommes, on n'observe pas de chute rapide et importante des hormones sexuelles à l'âge mûr ; le déclin hormonal est plus lent, plus discret. Certes, la production de spermatozoïdes décroît et leur motilité diminue, mais la plupart des hommes en produisent suffisamment pour pouvoir procréer jusqu'à un âge avancé. Toutefois, la qualité génétique du sperme se détériore et peut éventuellement être la cause de problèmes liés à la paternité tardive, tels que la trisomie 21 chez le nouveau-né (Lewis, Legato et Fish, 2006). La diminution progressive du niveau de testostérone marque une période appelée l'**andropause,** à laquelle sont associées certaines manifestations caractéristiques comme de la fatigue, de l'irritabilité, des troubles du sommeil, un dysfonctionnement érectile, une baisse du désir sexuel ou une réduction de la masse osseuse et musculaire (Asthana *et al.*, 2004 ; Lewis *et al.*, 2006). Comme pour la ménopause, il n'est cependant pas toujours facile de distinguer les symptômes d'origine hormonale de ceux dont les causes peuvent être intrapsychiques ou psychosociales. D'autres facteurs tels que les modifications dans l'image corporelle, la peur de vieillir, les changements de rôles et l'obligation de s'adapter à des pertes sont en effet susceptibles d'expliquer plusieurs des symptômes associés à l'andropause.

Andropause
Période de changements physiologiques liés aux changements hormonaux du système reproducteur chez l'homme. Ces changements surviennent dans la cinquantaine et sont moins remarquables que chez la femme.

12.2.3 La sexualité des personnes d'âge mûr

De nombreux mythes concernant la sexualité des adultes d'âge mûr ont parfois joué le rôle de prophéties autoréalisantes, comme l'idée que le plaisir sexuel disparaît au cours de la ménopause. De nos jours, les progrès dans les soins de santé et une attitude plus ouverte à l'égard de la sexualité ont amené les gens à considérer le sexe comme faisant partie intégrante de leur vie, que ce soit à l'âge mûr ou avancé.

La fréquence de l'activité sexuelle et de la satisfaction à l'égard de la sexualité tend, il est vrai, à diminuer graduellement dans la quarantaine ou la cinquantaine. Toutefois, une étude a montré que, chez les femmes, ce déclin n'était pas lié à la ménopause, mais bien à l'âge et à la condition physique. Les causes physiques peuvent inclure une maladie chronique, une chirurgie, la prise de médicaments ou un abus de nourriture ou d'alcool (Rossi, 2004). En outre, avec la ménopause, les femmes se voient libérées de la contraception ; elles connaissent alors généralement mieux leur corps et prennent plus souvent l'initiative des relations.

Dysfonction érectile
Incapacité d'obtenir ou de maintenir une érection suffisante pour avoir un rapport sexuel satisfaisant.

Chez certains hommes, la baisse du taux de testostérone peut entraîner une **dysfonction érectile,** familièrement appelée *impuissance,* qui se traduit par une incapacité à avoir ou à maintenir une érection du pénis suffisante pour avoir un rapport sexuel satisfaisant. Ce problème tend à augmenter avec l'âge. Le diabète, l'hypertension, un taux élevé de cholestérol, la dépression et plusieurs troubles chroniques sont associés aux difficultés érectiles. Des problèmes d'alcool, de tabagisme ou d'autres drogues, un manque de connaissances ou de techniques sexuelles appropriées et l'anxiété ou le stress peuvent également être des facteurs contributifs (Lewis *et al.,* 2006 ; Utiger, 1998). Depuis quelques années, des médicaments comme le Viagra sont apparus sur le marché. Ces produits sécuritaires et efficaces ne doivent cependant être prescrits qu'à des hommes n'ayant pas de problèmes de santé autre qu'une déficience en testostérone (Lewis *et al.,* 2006).

La baisse de la fréquence des rapports sexuels à l'âge mûr est souvent due à des causes non physiologiques, comme une monotonie dans la relation conjugale, des préoccupations professionnelles ou financières, la peur de ne pas avoir d'érection ou l'absence de partenaire (King, 1996 ; Masters et Johnson, 1966 ; Weg, 1989). En traitant ces causes, on peut donc amener une nouvelle vitalité dans la vie sexuelle des individus. Ici encore, on note de grandes différences individuelles. En effet, certaines personnes d'âge mûr ont des rapports sexuels plus fréquents, plus variés et même plus intéressants que dans leur jeunesse, alors que d'autres vivent un déclin assez remarquable sur ce plan (Dennerstein, 2006).

Comme une grande part de l'attirance sexuelle repose sur l'apparence physique, on remarque qu'un nombre croissant de personnes d'âge mûr dépensent du temps, de l'énergie et de l'argent pour tenter de paraître continuellement jeunes (*voir l'encadré 12.2*). Les femmes sont désavantagées sur ce plan puisque, dans les sociétés occidentales, un double standard social existe encore selon le sexe à l'égard de l'attrait physique à l'âge mûr. En effet, les premiers signes du vieillissement avantagent les hommes, dont les tempes grises et les premières rides sont souvent perçues comme étant des signes de maturité et de virilité (Lock, 1998). Pour les femmes, les critères de beauté restent au contraire fixés sur la jeunesse éternelle, et les premiers signes du vieillissement les désavantagent alors fortement. C'est pourquoi, dans la mise en situation de ce chapitre, Line s'inquiète de son apparence et craint de ne plus être aussi désirable. Cependant, cet écart tend aujourd'hui à se réduire, puisque de plus en plus de personnes des deux sexes se préoccupent de leur apparence et tentent de rester jeunes.

12.2.4 La santé physique et mentale

Comparativement au siècle dernier, où l'on mourait souvent dans la quarantaine, les gens d'âge mûr qui vivent dans les pays industrialisés sont aujourd'hui relativement en bonne santé (Lachman, 2004). L'adoption d'habitudes de vie plus saines, une alimentation équilibrée et une meilleure accessibilité aux soins médicaux sont certainement des facteurs qui contribuent à cette amélioration. Malgré ce constat, il semble que la génération des baby-boomers, c'est-à-dire de ceux qui font actuellement partie de la tranche d'âge qui nous intéresse, soit en moins bonne santé que leurs aînés immédiats. En effet, Beth J. Soldo, Olivia Mitchell et John McCabe (2007) ont comparé trois cohortes respectivement composées d'individus âgés de 54 à 59 ans, de 60 à 65 ans et de 66 à 71 ans. Ils ont observé que les personnes appartenant aux deux premières cohortes avaient moins de probabilité d'affirmer que leur santé était excellente ou très

Le culte de la jeunesse ou le refus de vieillir

Dans l'histoire de l'humanité, le culte de la jeunesse s'est manifesté à maintes reprises. De fait, les humains cherchent depuis longtemps le moyen d'arrêter ou de renverser le processus du vieillissement. Au XIIIᵉ siècle, le scientifique Roger Bacon prétendait ainsi qu'inhaler le souffle de jeunes vierges permettait aux hommes très âgés de rajeunir (Hayflick, 1994). En 1889, Charles-Edouard Brown-Sequard a affirmé que l'absorption d'un breuvage à base de testicules de chiens redonnait force et vigueur. Au XVIᵉ siècle, l'explorateur espagnol Juan Ponce de León est parti en quête de la légendaire fontaine de Jouvence, mais a échoué dans ses recherches. De nos jours, la génération des baby-boomers est elle aussi en quête de produits et de thérapies anti-âges, lesquels vont de la cure de yogourt à la prise d'extraits glandulaires, en passant par l'injection d'hormones de croissance (Perls, 2004).

Selon un article relatant l'opinion de 51 chercheurs réputés dans le domaine du vieillissement, les prétentions selon lesquelles ces méthodes donnent des résultats n'ont toutefois aucun fondement scientifique (Olshansky, Hayflick et Carnes, 2002b). Trois recherches majeures dans ce domaine concluent même qu'il n'existe aucune preuve empirique démontrant que le processus du vieillissement humain peut être modifié par quelque moyen que ce soit (Olshansky, Hayflick et Perls, 2004). Une des raisons pouvant expliquer la difficulté de vérifier l'efficacité des produits anti-âges réside dans le fait que les scientifiques n'ont pas encore trouvé les biomarqueurs précis liés au vieillissement, c'est-à-dire les changements particuliers survenant chez tous les individus à un âge donné. Il n'est donc pas réaliste et objectif de proclamer qu'un produit particulier a le pouvoir de retarder ou de faire reculer l'horloge biologique des individus (Butler *et al.*, 2004 ; International Longevity Center, 2002 ; Olshansky, Hayflick et Carnes, 2002a ; Warner, 2004).

Les produits anti-âges sont donc non seulement trompeurs ou frauduleux, mais certains d'entre eux peuvent également causer des dommages physiques. Par exemple, les traitements aux hormones de croissance peuvent avoir des effets négatifs sur la croissance des os, occasionner des douleurs aux articulations et fort probablement contribuer au risque de développer un cancer (Harman et Blackman, 2004).

Ces efforts en vue de maintenir un corps jeune et vigoureux peuvent être positifs s'ils ne tournent pas à l'obsession et s'ils sont accompagnés à la fois d'une acceptation réaliste des changements corporels et d'une perception positive de la maturité pour l'un et l'autre des deux sexes. Cependant, les hommes consomment aujourd'hui presque autant de produits cosmétiques que les femmes et le recours à la chirurgie esthétique connaît une hausse fulgurante depuis quelques années dans les pays industrialisés. Aux États-Unis, par exemple, plus de 1,6 million de personnes ont eu recours en 2001 à des injections de Botox, un produit qui fait temporairement disparaître les rides d'expression du visage en paralysant les muscles qui les occasionnent (American Society for Aesthetic Plastic Surgery, 2002). En 2009, Santé Canada a pour sa part émis un avertissement de risque de dispersion de cette toxine dans d'autres parties du corps, ce qui pourrait causer différents problèmes tels que des difficultés respiratoires, des pneumonies, des troubles de la parole et même la mort (Santé Canada, 2009).

---

bonne lorsqu'ils étaient âgés de 51 à 56 ans. De plus, la cohorte des 54 à 59 ans rapportait aussi plus de douleurs, de problèmes de santé chroniques et de troubles psychiatriques que les individus des deux autres cohortes au même âge.

Les facteurs d'influence

Même si les personnes âgées de 45 à 59 ans sont généralement en bonne santé, plusieurs d'entre elles sont néanmoins susceptibles de connaître des problèmes de santé croissants, particulièrement celles dont le niveau socioéconomique est peu élevé (Lachman, 2004). Selon la Fondation des maladies du cœur du Canada, cette génération s'expose tout particulièrement à des troubles cardiovasculaires, son taux d'obésité ayant fait un bond spectaculaire cette dernière décennie (Bulletin annuel de santé des Canadiens et des Canadiennes, 2006). En 2008, l'indice de la masse corporelle était en effet étonnamment plus élevé chez les 45 à 64 ans, même si ce groupe prétendait pratiquer le plus d'activités physiques durant ses loisirs (Statistique Canada, 2009e). Selon la même source, cette génération souffrirait aussi davantage d'arthrite, d'asthme, de diabète et d'hypertension que les autres groupes d'âge, même ceux plus vieux. Les états émotionnels, la personnalité et le stress vécu par les personnes d'âge mûr influencent, on le sait, leur état de santé. Toutefois, comme le montre le tableau 12.2, à la page suivante, une modification positive des habitudes de vie peut aussi augmenter le niveau de santé des individus, même après de nombreuses années d'habitudes négatives.

TABLEAU 12.2 | Les maladies en lien avec les habitudes de vie

Facteur	Troubles coronariens	Infarctus	Diabète	Cancer du sein	Cancer du poumon	Cancer de la prostate	Cancer colorectal	Cancer de la peau	Ostéoporose	Ostéoarthrite
Cigarette	X	X	X	X	X	X	X	X	X	X
Alcool	?			?	?					
Cholestérol	X	X								
Calories			X							
Gras	X	X	?	?		X	X			
Sel		X								
Fibres			0				0			
Calcium										0
Potassium	0									
Embonpoint	X	X	X						X	?
Activité physique	0	0	0	(0)		(0)	0		0	0
Exposition aux toxines				X	X	X	X			
Exposition aux ultraviolets								X		

Légende : X = augmente le risque de maladie   0 = diminue le risque de maladie   ? = peut augmenter le risque de maladie   (0) = peut réduire le risque de maladie

Sources : Adaptation de Merrill et Verbrugge, 1999 ; NIH Consensus Development Panel, 2001 ; Melzer, Dayser et Pichard, 2004 ; Warburton, Nicol et Bredin, 2006 ; Adamu, Sani et Abdu, 2006.

Hypertension artérielle
Élévation anormale et chronique de la tension artérielle.

L'**hypertension artérielle** représente la condition chronique la plus fréquente chez les hommes de 45 à 65 ans et la seconde affection la plus commune chez les femmes après l'arthrite (Statistique Canada, 2009f). Elle peut mener à l'infarctus du myocarde et à d'autres maladies cardiovasculaires, qui constituent actuellement les principales causes de décès au Canada (Statistique Canada, 2005b). Le cancer arrive en deuxième position en tant que principale cause de décès chez les 45 à 64 ans. C'est le cancer du poumon, intimement lié au tabagisme, qui a été la cause de décès prématuré la plus importante au Canada en 2004 chez les deux sexes. On estime par ailleurs que 171 000 nouveaux cas de cancer seront diagnostiqués en 2009 au Canada pour les deux sexes – exception faite des cancers de la peau autres que le mélanome –, et que 75 300 d'entre eux mèneront à un décès (Société canadienne du cancer, 2008). Chez les hommes, le cancer le plus commun est celui de la prostate, tandis que chez les femmes, c'est le cancer du sein qui prédomine. Celui-ci atteint en effet près d'une femme sur huit à l'âge mûr, ce pourcentage allant en s'accroissant avec l'âge (Statistique Canada, 2004a). Toutefois, les progrès réalisés dans la prévention et le traitement du cancer du sein ont considérablement augmenté les chances de survie. L'auto-examen des seins et la *mammographie* – qui devrait être faite tous les deux ans, surtout pour les femmes âgées de 50 à 69 ans – sont deux bons moyens de prévention pouvant mener à un diagnostic précoce (Société canadienne du cancer, 2008).

Comme nous le verrons dans le chapitre 13, les femmes sont susceptibles de vivre plus longtemps que les hommes et affichent le taux de mortalité le plus bas tout au long de la vie. Par ailleurs, les femmes sont plus susceptibles d'aller chez le médecin ou de fréquenter les cliniques externes ou les salles d'urgence. Quant aux hommes, s'ils consultent moins, ils sont néanmoins plus susceptibles d'être longtemps hospitalisés et d'avoir des problèmes de santé chroniques (Addis et Mahalik, 2003 ; Kroenke et Spitzer, 1998). Le fait que les femmes consultent plus souvent ne signifie donc pas qu'elles sont en moins bonne santé que les hommes ni qu'elles souffrent de maux imaginaires. Elles consacrent seulement plus d'efforts au maintien de leur santé (Cleary, Zaborski et Ayanian, 2004).

Le style de vie des femmes ressemblant toutefois de plus en plus à celui des hommes, on ne retrouve plus le même écart entre les deux sexes en ce qui a trait aux maladies cardiovasculaires. Ainsi, après 50 ans, le risque de troubles cardiaques chez les femmes rejoint celui des hommes et il triple entre 50 et 65 ans (Avis, 1999). Ce risque touche principalement les femmes qui ont subi une **hystérectomie.** Enfin, l'**ostéoporose** est une autre maladie fréquente chez les femmes postménopausées et la cause principale des fractures qu'elles subissent. C'est pourquoi, à titre préventif contre cette maladie, les femmes de plus de 40 ans devraient faire de l'exercice et prendre de 1 000 mg à 15 000 mg de calcium par jour, combiné avec de la vitamine D, qui aide à l'absorption du calcium (NIH Consensus Development Panel, 2001).

Le stress et la santé

Nous avons déjà amplement discuté dans le chapitre 11 de la relation intime qui existe entre le stress et la maladie. L'anxiété, les humeurs maussades et les émotions négatives persistantes sont en effet souvent liées à une diminution de la santé physique et mentale (Almeida, Serido et McKonald, 2006). De fait, le stress chronique peut affecter le système immunitaire et causer de sérieux dommages (Miller et Blackwell, 2006). En outre, nous avons vu que même les événements positifs peuvent parfois être sources de stress (*voir le tableau 11.2 à la page 327*). Toutefois, les causes de stress à l'âge mûr sont différentes de celles observées chez le jeune adulte. Elles proviennent en grande partie de l'évolution de leurs divers rôles au mitan de la vie : changements dans la carrière, enfants devenus adultes et vivant encore à la maison ou non, réorganisation dans les relations familiales, etc. (Almeida et Horn, 2004 ; Almeida *et al.*, 2006). Quant au travail, il occupe une place prépondérante parmi les sources de stress les plus fréquentes à l'âge mûr.

Le stress au travail

Dans les sociétés industrialisées, le stress au travail est pratiquement devenu une épidémie. Les Japonais ont d'ailleurs inventé un mot pour décrire la mort par excès de travail : *karoshi*. Environ 40 % d'entre eux craignent en effet cette éventualité, le nombre de décès par surdose de travail étant passé de 21 en 1987 à 2 207 en 2007 (Vision durable, 2009). Avec la mondialisation des marchés et la nécessité d'une productivité accrue à moindres coûts, les entreprises deviennent de plus en plus exigeantes envers leurs employés afin d'assurer leur compétitivité. Elles peuvent donc réduire le personnel tout en augmentant leurs exigences. Surchargés de travail, les employés ont alors tendance à commettre plus d'erreurs, à nourrir de la rancœur envers leurs patrons, à avoir des problèmes de sommeil, à être plus souvent absents ou malades, à connaître des problèmes familiaux, à éprouver plus de difficulté à composer avec les événements de la vie quotidienne et, éventuellement, à se chercher un autre emploi. Un niveau très élevé d'exigences quant à la performance, de faibles possibilités d'autonomie dans la production ainsi qu'un faible niveau de reconnaissance ou de fierté par rapport au travail fourni constituent la combinaison la plus fréquente de stress au travail, un stress susceptible de conduire à des problèmes de santé (Galinski, Kim et Bond, 2001). En outre, le stress causé par la perte d'un emploi est sans doute le problème le plus important lié au travail, comme nous le verrons plus loin.

Selon l'American Psychological Association (2007), le travail et l'argent sont ainsi des facteurs de stress plus importants que les relations interpersonnelles et la santé. Les exigences toujours plus grandes du travail ont d'ailleurs fait apparaître un syndrome de plus en plus fréquent : le **syndrome d'épuisement professionnel** ou *burnout*. Ce syndrome consiste en « un état de fatigue ou une incapacité à fonctionner normalement dans le milieu de travail quand les demandes dépassent la capacité d'un individu à les recevoir » (IUSMD, 2009). Environ 25 % des hommes et 29 % des femmes disent vivre régulièrement un stress intense associé à leur travail (Shields, 2006). Toutefois, ce syndrome est plus fréquent chez les professionnels de première ligne tels que les professeurs, les intervenants dans le domaine de la santé, les travailleurs sociaux, les policiers, etc. (Maslach, 2003). Plus particulièrement, près de la moitié des prestataires de soins de santé (personnel infirmier, médecins, techniciens de laboratoire, etc.) dit

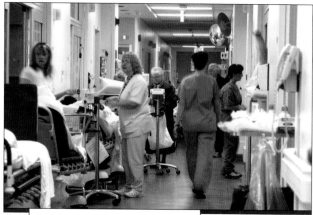

subir un niveau élevé de stress au travail. Chez les infirmiers en chef et les surveillants, ce chiffre atteint 67 %, soit les deux tiers de ces travailleurs (Statistique Canada, 2003a).

Le syndrome d'épuisement professionnel se déclenche habituellement à la suite d'un stress prolongé et soutenu, plutôt qu'après une crise aiguë. Il s'accompagne souvent de problèmes physiques tels que de la fatigue persistante, de l'insomnie, des maux de tête, des douleurs musculaires et des troubles de digestion. Il entraîne aussi généralement des troubles d'ordre psychologique comme de l'instabilité émotionnelle et de l'irritabilité, des difficultés relationnelles, une tendance à s'isoler, un manque de confiance en soi et un sentiment d'incompétence entraînant de la difficulté à prendre des décisions (Passeportsanté.net, 2008). Ces symptômes peuvent aisément être confondus avec ceux de la dépression, car la personne peut avoir des comportements très inattendus, par exemple quitter subitement son travail, se brouiller avec sa famille et ses amis ou afficher des comportements dépressifs.

La gestion du stress

Comparativement à tous les autres groupes d'âge, les personnes d'âge mûr sont généralement mieux équipées pour gérer le stress (Lachman, 2004). Elles tendent, par exemple, à être plus réalistes que les plus jeunes dans la manière de faire face au stress, puisqu'elles ont un meilleur sens de ce qu'elles peuvent faire pour changer une situation stressante et qu'elles sont plus aptes à accepter ce qu'elles ne peuvent changer. En outre, elles ont développé de meilleures stratégies pour éviter le stress inutile, comme l'anticipation, qui consiste à mieux prévoir pour éviter d'éventuels désagréments (Aldwin et Levenson, 2001). Dans la mise en situation du début de ce chapitre, Alain songe ainsi à chercher un nouvel emploi afin de devancer une éventuelle mise à pied par son employeur. Georges Vaillant, dans la *Grant Study de Harvard*, a démontré que, parmi les hommes de 20 à 60 ans qui avaient vécu des événements dramatiques dans leur vie, ceux qui avaient utilisé les mécanismes les plus matures tels que l'anticipation, l'humour et l'altruisme pour s'adapter étaient restés en bonne santé mentale, contrairement à ceux qui n'avaient pas pu s'adapter (Vaillant, 1977). Une autre étude effectuée dans un centre universitaire de recherche sur la douleur chronique, laquelle représente un important facteur de stress, a pour sa part démontré que les patients dans la cinquantaine faisaient preuve d'une meilleure capacité à faire face à la douleur et à éviter la dépression que les patients plus jeunes (Green, Tait et Gallagher, 2005).

En outre, on sait aujourd'hui que le stress est indirectement dommageable pour la santé, puisqu'il provoque parfois des changements néfastes dans les habitudes de vie. En effet, les personnes qui subissent un stress important peuvent y réagir en dormant moins, en buvant davantage d'alcool et en se nourrissant de manière inadéquate, ce qui peut nuire à leur santé sans régler leur problème de stress. Une façon de gérer efficacement le stress serait donc d'adopter des habitudes de vie plus saines et de faire de l'exercice de façon régulière. Les gens bien informés à ce sujet ont effectivement tendance à avoir une meilleure santé et à vivre plus longtemps (Ray, 2004). L'utilisation des réseaux de soutien social représente un autre bon moyen de réduire le stress puisqu'il permet d'échanger des ressources et des responsabilités. Cette solution est toutefois plus souvent utilisée par les femmes que par les hommes (Taylor *et al.*, 2000 ; Taylor, 2006).

Faites le POINT

❶ Que se passe-t-il au niveau des capacités sensorielles et psychomotrices à l'âge mûr ? Nommez quelques changements organiques et systémiques qui surviennent à cette période.

❷ Expliquez les effets de la ménopause et de l'andropause sur la sexualité des individus.

❸ Quels sont les principaux facteurs d'influence d'une bonne santé physique et mentale à l'âge mûr ?

❹ Qu'est-ce que le syndrome d'épuisement professionnel ? Quels en sont les symptômes ?

12.3 Le développement cognitif à l'âge mûr

Nous avons vu dans le chapitre précédent, en abordant les recherches sur l'intelligence postformelle, les modèles de Schaie et de Sternberg et l'intelligence émotionnelle, que l'intelligence continue de se développer à l'âge adulte. L'idée d'une évolution de la plupart des habiletés cognitives semble donc généralement acceptée en ce qui concerne une bonne partie de la vie adulte. Plusieurs études longitudinales ont d'ailleurs confirmé la pertinence de cette conception et révélé que la croissance de l'intelligence se poursuit au moins jusque tard dans la cinquantaine, voire souvent même au-delà (Willis et Schaie, 1999, 2006).

12.3.1 Les habiletés cognitives

Les habiletés cognitives demeurent-elles les mêmes à l'âge mûr ou des modes de pensée particuliers se développent-ils ? Nous allons voir comment les habiletés à résoudre des problèmes, à apprendre et à créer évoluent durant cette période de la vie.

L'étude longitudinale de Schaie

Il semble que les gens d'âge mûr soient à un sommet sur le plan de leur développement cognitif, comme le démontre la vie de certains grands hommes de science, d'art et d'État, tels que Charles Darwin ou Léonard de Vinci. L'étude longitudinale de Seattle menée par Schaie et ses collaborateurs abonde dans ce sens. Cette vaste étude longitudinale, qui s'est déroulée sur plus de 35 ans, a été amorcée en 1956 avec 500 sujets choisis au hasard, soit 250 hommes et 250 femmes, répartis dans des catégories d'âge de 5 ans d'intervalle et s'étalant de 22 à 67 ans. Ces premiers sujets ont ensuite été testés de nouveau tous les sept ans, tandis que de nouveaux sujets se sont ajoutés au fur et à mesure à l'échantillon de base. À la fin de l'étude, en 1994, 5 000 sujets au total avaient ainsi été testés. L'évaluation des sujets portait sur six habiletés mentales de base : la compréhension verbale, la facilité d'élocution et la mémoire verbale, les habiletés numériques, l'orientation spatiale, le raisonnement inductif et la vitesse de perception (*voir le tableau 12.3*).

TABLEAU 12.3 | Les habiletés cognitives de base testées dans l'étude de Seattle

Test	Habileté mesurée	Tâche	Type d'intelligence
Compréhension verbale	• Reconnaître et comprendre les mots.	• À partir de mots énoncés, trouver des synonymes de ces mots dans une liste à choix multiple.	• Cristallisée
Facilité d'élocution et mémoire verbale	• Se souvenir, retrouver les mots inscrits dans la mémoire à long terme.	• Nommer le plus de mots possible commençant par une lettre prescrite, dans un temps donné.	• Partiellement fluide ; partiellement cristallisée
Habiletés numériques	• Réussir des épreuves mathématiques.	• Effectuer de simples problèmes d'addition.	• Cristallisée
Orientation spatiale	• Manipuler mentalement un objet dans un espace à deux dimensions (rotation).	• À partir d'une figure géométrique présentée, sélectionner la figure correspondante à cette image, dans une liste de figures mises en rotation.	• Fluide
Raisonnement inductif	• Identifier des modèles et inférer des principes et des règles permettant de résoudre des problèmes logiques.	• Compléter une série de lettres (trouver la séquence sous-jacente).	• Fluide
Vitesse de perception	• Discriminer rapidement et de façon adéquate entre des stimuli visuels.	• Identifier les images qui vont ensemble et celles qui ne vont pas ensemble, lors d'une présentation rapide à l'écran d'un ordinateur.	• Fluide

Source : Schaie, 1989 ; Willis et Schaie, 1999.

Cette recherche n'a pas permis d'établir un modèle uniforme de changement lié à l'âge, ni entre les sujets soumis aux tests, ni entre les habiletés cognitives (Schaie, 1994, 2005 ; Willis et Schaie, 2006). Bien que les chercheurs aient observé des gains et des pertes, plusieurs habiletés cognitives culminaient néanmoins durant l'âge mûr, tandis que la compréhension verbale s'améliorait à l'âge avancé. De fait, seulement 13 % à 17 % des adultes présentaient un déclin sur le plan des habiletés numériques et de la mémoire verbale de 39 à 53 ans. Même si la plupart des participants faisaient preuve d'une remarquable stabilité, certains pouvaient manifester un déclin plus précoce que d'autres, qui faisaient preuve d'une grande plasticité (Willis et Schaie, 2006). Finalement, en dépit de larges différences individuelles, la plupart des participants à cette étude ne montraient aucune réduction significative dans la plupart des habiletés étudiées avant 60 ans. De fait, aucun sujet n'a présenté un déclin sur l'ensemble des six habiletés étudiées, et plusieurs se sont même améliorés dans certains domaines.

Les progrès réalisés dans le domaine de l'éducation, de meilleures habitudes de vie et d'autres influences environnementales positives sont peut-être responsables du fait que les cohortes successives ont progressivement obtenu, au même âge, de meilleurs résultats dans la plupart des habiletés étudiées. Les participants qui ont le mieux réussi tendaient à avoir un niveau de scolarité élevé et une personnalité flexible, à provenir de familles intactes, à avoir des occupations complexes sur le plan cognitif et à être satisfaits de ce qu'ils avaient accompli (Schaie, 1994, 2005; Willis et Schaie, 2006). Étant donné la grande performance cognitive de la plupart des participants d'âge mûr, on peut penser que les personnes de moins de 60 ans qui manifestent un déclin cognitif substantiel peuvent souffrir d'un problème neurologique (Schaie, 2005). L'observation d'un déclin dans la mémoire verbale et la facilité d'élocution à l'âge mûr (deux habiletés qui permettent de mesurer la fonction exécutive) pourrait en outre permettre de prédire un affaiblissement cognitif à l'âge avancé (Willis et Schaie, 2006).

L'intelligence fluide et l'intelligence cristallisée de Horn et Cattell

En se basant sur une série de recherches menées durant plus de trente ans, deux autres chercheurs, Raymond B. Cattell (1965) et John Horn (Horn et Hofer, 1992) ont proposé de distinguer deux types d'intelligence : l'intelligence fluide et l'intelligence cristallisée. L'**intelligence fluide** comprend les opérations mentales utilisées pour résoudre un problème nouveau, telles que les habiletés à percevoir des relations, à former des concepts et à faire des inférences. Cette intelligence serait liée à la maturation neurologique et serait relativement indépendante de l'éducation et de la culture. L'**intelligence cristallisée,** quant à elle, concerne la capacité à utiliser des informations et des apprentissages antérieurs, c'est-à-dire des habiletés cognitives développées par l'éducation et par l'expérience de vie, telles que les habiletés langagières, la compréhension, les habiletés de communication, les habiletés grammaticales, etc.

Intelligence fluide

Selon Horn et Cattell, type d'intelligence qui concerne la capacité de percevoir des relations, de former des concepts et de faire des inférences. Elle est liée au développement neurologique et décline avec l'âge.

Intelligence cristallisée

Selon Horn et Cattell, type d'intelligence qui concerne la capacité d'utiliser des informations et des apprentissages antérieurs. Elle est liée à des habiletés comme le vocabulaire, la culture ou le raisonnement pratique et évolue avec l'âge.

Selon ces chercheurs, l'intelligence fluide se développerait rapidement pour atteindre un sommet au début de l'âge adulte, puis déclinerait progressivement par la suite. De son côté, l'intelligence cristallisée continuerait de se développer jusqu'à la fin de l'âge mûr et même souvent jusqu'à un âge avancé (*voir la figure 12.1*). Toutefois, à cause de la méthodologie utilisée, ces résultats reflètent peut-être davantage des différences entre les générations que des changements dus à l'âge. En effet, l'étude de Seattle montre non seulement que, à l'âge mûr, l'intelligence cristallisée atteint des sommets, mais aussi que le déclin de certaines habiletés de l'intelligence fluide (comme le raisonnement inductif et l'orientation spatiale) ne se manifeste pas avant 55 ou 60 ans. De plus, ces pertes sont graduelles et n'entraînent pas nécessairement des problèmes de fonctionnement (Lachman, 2004; Willis et Schaie, 1999). Les résultats observés quant à la mémoire verbale sont donc particulièrement rassurants si l'on considère que beaucoup de personnes s'inquiètent de pertes de mémoire liées à l'âge mûr et au vieillissement. Par ailleurs, l'exercice physique semble aussi améliorer le fonctionnement cognitif, et plus particulièrement l'intelligence fluide (Singh-Manoux *et al.,* 2005).

FIGURE 12.1 | L'évolution de l'intelligence fluide et l'intelligence cristallisée

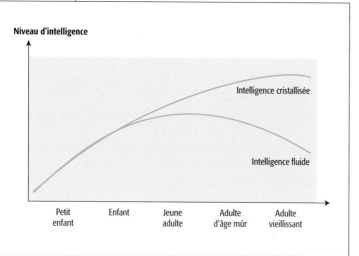

On observe un déclin progressif de l'intelligence fluide, mais une augmentation graduelle de l'intelligence cristallisée.

12.3.2 Les caractéristiques de l'intelligence à l'âge mûr

S'il est intéressant de vérifier si les habiletés cognitives déclinent ou non à l'âge mûr, il est certainement aussi très pertinent d'étudier quelles sont les principales caractéristiques de l'intelligence chez la personne d'âge mûr. Plutôt que de chercher à mesurer les mêmes habiletés cognitives à différents âges, des chercheurs se sont donc intéressés aux qualités propres à la pensée de l'adulte d'âge mûr. Certains d'entre eux ont émis l'hypothèse que les connaissances accumulées au cours des expériences de vie pouvaient changer la manière dont fonctionne l'intelligence fluide. D'autres ont postulé que la pensée mature pourrait représenter une forme spéciale d'intelligence susceptible de contenir des habiletés particulières et de contribuer à la résolution de problèmes pratiques (Sinnott, 1996). Les deux habiletés que sont l'expertise et l'intégration pourraient bien être relativement particulières à l'intelligence de l'âge mûr.

L'expertise

Dans un garage, deux jeunes mécaniciens sont affairés sur un moteur qui étouffe dès qu'on le démarre. Ils discutent sur les causes possibles, testent toutes les pièces électriques et électroniques liées au démarrage et ne trouvent rien. Ils se tournent alors vers le vieux mécanicien du garage pour lui demander son avis. Ce dernier s'approche de la voiture, la fait démarrer, écoute attentivement le bruit qu'elle fait lorsqu'elle étouffe et leur dit: «Le résonateur est bouché; retirez-le et débouchez-le…» Effectivement, la source du problème était là. L'*expertise*, ou la *connaissance spécialisée*, se retrouve fréquemment chez les personnes d'âge mûr qui savent mettre à profit leur expérience dans la résolution d'un problème. Elle est relativement indépendante de l'intelligence générale et de tout déclin dans les processus de traitement des données du cerveau. Avec l'expérience, certains processus de traitement de l'information et certaines habiletés de l'intelligence fluide peuvent être *catégorisés*, c'est-à-dire être dédiés à des connaissances ou à des compétences particulières. Quelques habiletés de l'intelligence fluide sont alors *capturées* pour servir à la résolution de problème dans un domaine d'expertise donné, par exemple la compétence professionnelle. Ainsi, même si les personnes d'âge mûr prennent habituellement plus de temps que les plus jeunes pour traiter de nouvelles informations, elles sont plus rapides lorsque cela concerne leur spécialité (Hoyer et Ribash, 1994). Leur pensée est souvent plus flexible: elles assimilent et interprètent les nouvelles connaissances plus efficacement, en se référant à un ensemble d'informations déjà existant, riche et bien organisé mentalement. Il semble également que les personnes d'âge mûr soient plus conscientes de ce qu'elles ne savent pas (Charness et Schultetus, 1999).

De nombreuses études portant sur diverses occupations professionnelles ont montré comment la connaissance spécialisée contribue à une performance supérieure dans un domaine donné (Billet, 2001). Cependant, la bonne performance n'est pas le seul mérite de l'expertise: le bon jugement en est un autre. Les problèmes que l'on doit résoudre se situant dans un contexte social, il faut être familiarisé avec les façons de faire en vigueur (par exemple, connaître les pratiques et les attentes qui ont cours dans une entreprise) pour juger rapidement et efficacement une situation (Billet, 2001). La pensée experte semble souvent automatique et intuitive. En effet, les personnes ne sont généralement pas entièrement conscientes des processus cognitifs sous-jacents, et elles ne peuvent donc pas toujours expliquer pourquoi elles sont arrivées à telle conclusion, ni pourquoi quelqu'un d'autre était dans l'erreur (Charness et Schultelus, 1999). Cette façon de penser rappelle certaines caractéristiques de la pensée post-formelle, et plus particulièrement sa nature intégrative.

L'intégration

L'**intégration** représente la capacité de faire des liens abondants, de lier des informations et de créer des ensembles significatifs et d'une efficacité pratique. En effet, les adultes d'âge mûr savent généralement inclure la logique à l'intuition et à l'émotion. Ils sont en mesure d'associer des idées et des faits contradictoires et d'intégrer ce qu'ils apprennent à ce qu'ils savent déjà. Ils interprètent, à la lumière de leur expérience antérieure, ce qu'ils voient, lisent ou entendent.

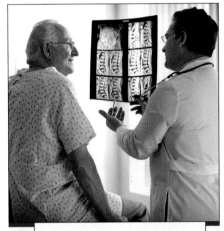

12.3 **L'expertise augmente avec l'âge**

L'expertise nécessaire pour interpréter des radiographies dépend, comme dans beaucoup d'autres champs professionnels, des connaissances spécialisées qui se sont accumulées et qui continuent d'augmenter avec l'âge.

Intégration
Capacité intellectuelle de faire des liens abondants, de lier des informations et de créer des ensembles significatifs et d'une efficacité pratique.

12.4 Le chef-d'œuvre d'un créateur de génie

Léonard de Vinci était âgé de 54 ans lorsqu'il a peint ce chef-d'œuvre mondialement connu qu'est la Joconde.

12.5 Les caractéristiques des personnes créatrices

Tout comme Robert Lepage, les personnes très créatrices sont indépendantes, flexibles, non conformistes, ouvertes aux nouvelles idées et aux nouvelles expériences et elles aiment le risque.

La société bénéficie grandement de cette capacité intégrative de la pensée adulte mature, puisque c'est souvent à cet âge que les personnes deviennent des leaders dans leur milieu. Elles sont alors capables d'assimiler des informations liées à différents secteurs du fonctionnement social: des normes sociales et des comportements moraux, des compétences professionnelles variées, des connaissances diversifiées en politique ou en administration, etc. Cette habileté à unir et à rassembler l'information plutôt qu'à la séparer et à la traiter d'une façon morcelée est particulièrement utile aux gens d'âge mûr qui ont plusieurs rôles sociaux à jouer, des choix parfois difficiles à faire et des tâches complexes à assumer, comme la conciliation travail-famille (Sinnott, 2003).

12.3.3 La créativité

L'âge mûr est souvent l'âge de la consécration pour les gens innovateurs et originaux. C'est à 40 ans que Louis Pasteur a développé sa théorie sur les germes responsables des maladies, à 50 ans que Charles Darwin a présenté sa théorie de l'évolution des espèces et à 54 ans que Léonard de Vinci a peint la Joconde. Agatha Christie, la célèbre romancière anglaise, a aussi connu l'apogée de son succès à 50 ans et a continué d'écrire jusqu'à un âge avancé. On peut déjà observer chez l'enfant un talent, ou un *potentiel créatif*, qui se manifestera ou non à l'âge adulte sous la forme d'une *performance créatrice*, qui désigne ce qu'un esprit créatif peut produire et combien il peut produire (Sternberg et Lubart, 1995). Cependant, la créativité n'est pas seulement une affaire de talent, mais aussi de travail. Elle se développe dans un contexte social particulier, mais pas nécessairement dans un environnement riche en stimulations de toutes sortes. Elle semble plutôt émerger à la suite d'expériences et de défis qui bouleversent les conventions et renforcent la capacité de l'individu à persévérer et à surmonter les obstacles (Simonton, 2000). Selon Robert T. Keegan (1996), ce qui caractérise un génie créateur, c'est la possession de connaissances expertes dans un domaine, la motivation intrinsèque à travailler pour le plaisir et un attachement émotionnel très fort à l'œuvre entreprise, qui permettent au créateur de persévérer malgré les obstacles. En outre, les gens très créateurs tendent à être indépendants, flexibles, non conformistes, ouverts aux nouvelles idées et aux nouvelles expériences et à aimer le risque (Simonton, 2000). Relativement à un problème, ils ont un regard plus approfondi que les autres et parviennent à des solutions beaucoup plus originales, car ils utilisent plutôt une pensée divergente (Sternberg et Hovath, 1998). L'intelligence générale, telle que mesurée par les tests de QI, n'aurait que peu de lien avec la performance créatrice.

La créativité varie-t-elle avec l'âge chez l'adulte? De façon générale, il semble que la productivité des créateurs (nombre de publications, de peintures, de compositions, etc.) atteigne son sommet vers la fin de la trentaine ou le début de la quarantaine (Simonton, 1990). Toutefois, on peut observer des variations en fonction du champ de spécialisation, et ce, indépendamment des cultures. Ainsi, les poètes, les mathématiciens ou les physiciens tendent à être plus prolifiques vers la fin de la vingtaine et le début de la trentaine, tandis que les chercheurs en psychologie atteignent ce sommet vers 40 ans et que les écrivains, les historiens ou les philosophes deviennent de plus en plus productifs jusqu'à la fin de la quarantaine ou de la cinquantaine (Dixon et Hultsch, 1999; Simonton, 1990). Par ailleurs, la diminution de la productivité peut être compensée par des gains en qualité. Une étude portant sur 172 compositeurs a en effet montré que leurs dernières pièces musicales étaient parmi les plus riches et les plus reconnues (Simonton, 1989).

Faites le POINT

5 Nommez les six habiletés mentales de base selon Schaie et identifiez celles qui sont associées à l'intelligence fluide et à l'intelligence cristallisée.

6 Faites la distinction entre l'*intelligence fluide* et l'*intelligence cristallisée* selon Horn et Cattell.

7 Nommez et décrivez les deux habiletés susceptibles d'être propres à l'intelligence de l'âge mûr.

12.4 Le développement affectif et social à l'âge mûr

On sait aujourd'hui qu'au mitan de la vie, on doit percevoir la continuité et les changements dans le développement de l'individu à la lumière de l'ensemble du cycle de la vie (Lachman, 2004). Certes, il existe des différences entre le début et la fin de l'âge mûr. Toutefois, il est de plus en plus difficile de décrire un cycle de vie caractéristique de cette période de l'âge mûr. À 40 ans, on peut en effet voir certains adultes devenir parents pour la première fois, alors que d'autres du même âge deviennent grands-parents. À 50 ans, certains commencent une nouvelle carrière, tandis que d'autres prennent déjà leur retraite. Par ailleurs, la vie ne progresse pas de façon isolée et le chemin de chaque individu croise celui des membres de sa famille, de ses amis, de ses connaissances et de personnes qui lui sont étrangères. Enfin, la cohorte, le sexe, le groupe ethnique, la culture et le statut socioéconomique viennent profondément influencer le cycle de vie. Tous ces facteurs doivent donc être pris en compte lorsqu'on étudie le développement affectif et social de l'adulte d'âge mûr.

12.4.1 Les différentes approches théoriques

Pendant longtemps, l'âge mûr a été considéré comme étant une période de la vie relativement stable. Freud estimait d'ailleurs que la personnalité était formée de façon permanente chez les gens de plus de 50 ans et que la psychothérapie ne pouvait donc plus être utile passé cet âge. Les humanistes, au contraire, ont décrit l'âge mûr comme étant une période propice aux changements positifs, une période où la maturité rend possible l'actualisation de soi (Maslow, 1968). Or, les études longitudinales montrent que le développement psychosocial de l'individu d'âge mûr implique à la fois de la stabilité et du changement. Quels sont ces changements et par quoi sont-ils provoqués ? Plusieurs théories ont tenté de répondre à cette question.

La théorie psychosociale d'Erikson

Pour Erikson, la période de l'âge mûr correspond à l'émergence de la septième crise, soit celle de la **générativité** *versus* la **stagnation,** marquée par deux polarités conflictuelles entre lesquelles la personne doit trouver un équilibre adéquat. La **générativité** réfère au besoin des adultes matures de laisser leur marque en aidant et en guidant la génération montante et en donnant un sens plus global à leur vie. La **stagnation** renvoie quant à elle au sentiment de vide et d'inutilité. Selon Erikson, le *souci pour autrui* ou la sollicitude représente la principale qualité qui peut être rattachée à cette période (Erikson, 1985).

Le désir d'une immortalité symbolique ou le désir qu'on ait besoin de nous, combiné aux demandes provenant de la famille et du travail ainsi qu'aux attentes et aux responsabilités de plus en plus grandes, contribue au développement de la générativité. Celle-ci peut s'exprimer non seulement dans le rôle de parents et de grands-parents, mais aussi dans celui de mentor ou de guide pour des personnes plus jeunes. Elle peut se vivre à travers la créativité ou le bénévolat et s'étendre au monde du travail, des arts, de la politique, etc. En effet, les personnes d'âge mûr sont globalement celles qui font fonctionner la société et ses institutions. Les postes qu'elles occupent, les rôles multiples qu'elles jouent et les responsabilités qu'elles assument les placent donc dans des circonstances idéales pour le développement de leur générativité. Des recherches ont démontré une corrélation entre le fait d'être impliqué socialement et le sentiment de bien-être chez les personnes d'âge mûr. Si l'on ne peut affirmer que la générativité est bien la cause du bien-être, on peut supposer que le fait de contribuer significativement à l'évolution de la société procure un sentiment de satisfaction qui influe positivement sur l'image de soi. À l'âge mûr, la générativité est un signe de maturité psychologique et de bonne santé mentale (McAdams, 2001).

Générativité *versus* stagnation
Selon Erikson, septième crise du développement psychosocial caractérisée par l'émergence d'un sentiment de vide et d'une quête de sens, ainsi que par le désir de laisser sa marque et de s'occuper de la génération qui suit.

Générativité
Selon Erikson, désir des adultes d'âge mûr de laisser leur marque, de guider la génération suivante et de s'en occuper.

Stagnation
Selon Erikson, terme qui renvoie au sentiment de vide et d'inutilité.

En se basant sur la théorie d'Erikson, John Kotre (1984) distingue pour sa part quatre formes de générativité : la générativité *biologique* (concevoir et mettre au monde des enfants), la générativité *parentale* (nourrir et élever des enfants), la générativité *technique* (transmettre des habiletés techniques aux plus jeunes) et la générativité *culturelle* (transmettre des valeurs et des institutions).

La théorie de Neugarten

Comme nous l'avons vu dans le chapitre 11 avec le modèle de Neugarten, le développement de la personnalité adulte dépend moins de l'âge que des événements de vie importants qui surviennent. De nos jours, les styles de vie sont plus diversifiés, les limites de l'âge mûr ont été repoussées et l'*horloge sociale* ne sonne plus au même moment pour tous. Par exemple, lorsque la vie des femmes était centrée principalement sur la maternité et l'éducation des enfants, la ménopause ne signifiait pas la même chose qu'à l'heure actuelle, où un très grand nombre de femmes d'âge mûr sont présentes sur le marché du travail. Autrefois, les gens mouraient plus jeunes, et les individus d'âge mûr se sentaient donc vieux et déjà proches de la fin de leur vie. Aujourd'hui, un grand nombre d'adultes d'âge mûr se retrouvent au contraire plus occupés et engagés que jamais. Certains élèvent encore de jeunes enfants, tandis que d'autres redéfinissent leur rôle de parent d'adolescents ou de jeunes adultes, ou leur rôle d'aidant naturel auprès de leurs propres parents vieillissants. D'autres encore décident de reprendre des études ou de suivre des cours pour répondre aux exigences de leur emploi, comme c'est le cas pour Line, dans la mise en situation de ce chapitre. Les personnes d'âge mûr semblent donc tout à fait aptes à gérer les multiples défis et les nombreux changements auxquels elles sont confrontées au mitan de leur vie (Lachman, 2001, 2004).

Neugarten a également mis l'accent sur certains changements plus intérieurs qui touchent la vie psychique des personnes d'âge mûr, soit l'évolution vers une *intériorité croissante* dans laquelle l'introspection prend davantage de place, une manière différente de percevoir le monde et d'interpréter l'expérience de vie, et des modifications dans la perception du temps et dans les attitudes liées aux rôles sexuels.

12.4.2 La crise ou la transition à l'âge mûr

Dans la mise en situation du début de ce chapitre, nous avons vu qu'Alain se questionne sur sa vie et qu'il avait le sentiment qu'il était peut-être trop tard. Vit-il la célèbre **crise de la quarantaine** ou traverse-t-il tout simplement une période de transition ?

Les changements dans la personnalité et le style de vie qui surviennent autour de la quarantaine ont souvent été attribués à une période stressante communément appelée la crise de la quarantaine, durant laquelle une personne remet en question ses choix de vie et les évalue, tout en prenant de plus en plus conscience du vieillissement et de la mort.

Il faut savoir que ce sont surtout les modèles normatifs qui ont mis de l'avant cette idée de crise apparaissant au mitan de la vie. Aujourd'hui, ce concept de crise de la quarantaine est considéré inapproprié, dans la mesure où les recherches tendent à démontrer que les crises adaptatives fortes sont en réalité relativement peu fréquentes (Aldwin et Levenson, 2001 ; Lachman, 2004). Certains adultes d'âge mûr peuvent effectivement vivre une sorte de crise, mais d'autres se sentent au contraire plus que jamais en possession de leurs moyens. Certes, l'arrivée de l'âge mûr peut être une source de stress, mais pas plus que certains événements de la vie du jeune adulte (Wethington, Kessler et Pixley, 2004). C'est la raison pour laquelle la majorité des psychologues du développement préfèrent parler à l'heure actuelle de *transition du mitan de la vie* plutôt que de crise de la quarantaine. D'un point de vue psychologique, cette transition implique souvent des modifications importantes dans la conception de soi et dans la façon dont la personne perçoit la signification, les buts et l'orientation de sa propre vie. Elle peut aussi être accompagnée du regret de ne pas avoir atteint tous ses objectifs de vie et d'un sentiment de contraction entre le temps qui file et l'urgence pour achever ce qui peut encore l'être (Heckhausen, 2001).

12.6 La générativité

La générativité peut s'exprimer de plusieurs manières. Ici, un adulte d'âge mûr transmet ses connaissances et son expérience à un plus jeune en le soutenant dans son travail.

Crise de la quarantaine

Expression classique issue des premières théories sur le développement adulte et souvent utilisée dans les approches normatives pour définir la période de questionnement qui survient au mitan de la vie.

Cependant, ces éléments ne définissent pas à eux seuls l'apparition d'une véritable crise. Il est certain que la personne d'âge mûr doit s'adapter à divers changements physiques, professionnels, familiaux et autres, mais ses ressources personnelles (par exemple, sa capacité de résilience ou son ouverture au changement), de même que les circonstances (par exemple, le caractère prévu ou imprévu d'un événement, les attentes culturelles, etc.) sont en réalité des facteurs plus importants que l'âge (Lachman, 2004). Les personnes égorésilientes (*voir le chapitre 11*) seront plus susceptibles de s'adapter à ces changements, tout comme celles qui ont le sentiment d'avoir la maîtrise et le contrôle d'elles-mêmes et de leur vie. Par contre, les personnes possédant un trait élevé de névrotisme seront plus susceptibles de vivre une véritable crise (Heckhausen, 2001 ; Lachman, 2004).

12.4.3 L'évolution de l'identité

Même si Erikson faisait de la quête d'identité la tâche développementale fondamentale de l'adolescence, il croyait que l'identité continuait de se développer. Certes, les adultes d'âge mûr ont généralement une conception de soi bien établie sur plusieurs plans, parmi lesquels figurent principalement le sexe, l'âge, l'image corporelle et les rôles sociaux. Cependant, à l'âge mûr, des changements importants surviennent dans le corps, dans les attitudes liées au sexe et dans les rôles joués par une personne, ce qui peut influencer plusieurs aspects de son identité.

Les styles d'identité de Whitbourne

Suzan Krauss Whitbourne (1987, 1996) a développé le **modèle du processus d'identité,** dans lequel elle définit à la fois comment se forme et se transforme l'identité et quels styles émergent de ce processus (Jones, Whitbourne et Skultety, 2006 ; Whitbourne et Connolly, 1999). Selon elle, l'identité se construit à partir de l'accumulation des différentes perceptions de soi qu'un individu intègre. Les caractéristiques physiques apparentes (« je suis fort » ou « je suis mince »), les habiletés cognitives (« je suis bon en maths ») et les traits de personnalité (« je suis une personne sensible » ou « je suis colérique ») sont ainsi incorporés au schéma identitaire. Ces différentes perceptions sont continuellement confirmées ou révisées à la suite des informations qui proviennent de multiples sources : les relations intimes, les situations de travail, les activités sociales ou autres.

D'après Whitbourne, les gens interprètent les interactions qu'ils ont avec leur environnement en se servant de deux mécanismes semblables à ceux décrits par Piaget dans le développement cognitif de l'enfant : l'assimilation et l'accommodation (*voir le chapitre 1*). Ainsi, lorsque la personne vit une nouvelle expérience, elle tente de l'intégrer à son schéma d'identité en utilisant l'**assimilation identitaire.** De son côté, l'**accommodation identitaire** réfère à l'adaptation et aux ajustements du schéma d'identité d'une personne aux nouvelles expériences qu'elle vit. L'assimilation identitaire tend donc à assurer la continuité du concept de soi, alors que l'accommodation identitaire tend à le transformer. Whitbourne soutient que c'est le jeu entre l'assimilation et l'accommodation qui détermine le **style d'identité** d'une personne : celle qui utilise davantage l'assimilation identitaire adopte un *style assimilateur,* alors qu'à l'inverse, celle qui s'adapte rapidement en assimilant moins adopte plutôt un *style accommodateur.*

Selon Whitbourne et ses collègues, toute utilisation abusive de l'un de ces deux processus au détriment de l'autre est malsaine. Les gens trop *assimilateurs* ont en effet tendance à être inflexibles et à ne pas apprendre de leurs expériences. Ils tendent également à résister aux changements liés à l'âge et à vouloir maintenir à tout prix une image de jeunesse. Or, ce processus de déni peut rendre la réalité du vieillissement plus difficile à accepter lorsqu'elle devient inéluctable. D'un autre côté, les gens trop *accommodateurs* sont plus susceptibles d'avoir un faible caractère, d'être influençables, très sensibles à la critique et de remettre facilement en question leur identité. Ils tendent également à se voir prématurément comme étant des personnes âgées et à se

Modèle du processus d'identité
Selon Whitbourne, modèle qui explique le développement de l'identité sur la base des deux processus d'assimilation et d'accommodation.

Assimilation identitaire
Selon Whitbourne, efforts d'une personne pour intégrer une nouvelle expérience à son concept de soi existant.

Accommodation identitaire
Selon Whitbourne, efforts d'une personne pour modifier son concept de soi et l'adapter à son expérience.

Style d'identité
Selon Whitbourne, manière dont une personne réagit le plus souvent aux événements de la vie susceptibles d'influer sur son concept de soi. Il y aurait deux styles d'identité : le style assimilateur et le style accommodateur.

désespérer, ce pessimisme pouvant hâter leur déclin physique et cognitif. Au contraire, une personne saine possède une *identité équilibrée* qui lui permet de maintenir une conception de soi stable lorsqu'elle doit intégrer de nouvelles informations à son schéma d'identité. Par exemple, sur le plan des effets de l'âge, elle parvient à faire face aux changements et à y répondre avec souplesse, en cherchant à contrôler ce qui peut l'être et en acceptant ce qui échappe à son contrôle. Elle résiste aussi aux stéréotypes négatifs (du type, seules les femmes jeunes sont belles), cherche de l'aide au besoin et envisage le futur sans anxiété exagérée (Jones *et al.*, 2006).

L'effet de cohorte influence également la manière dont les personnes réagissent au vieillissement. Ainsi, la génération des baby-boomers, qui se trouve actuellement à cette période de l'âge mûr, a érigé des standards de beauté et de jeunesse assez élevés. Elle est donc plus susceptible de réagir fortement aux changements corporels qui surviennent avec l'âge. De plus, le sexe semble avoir lui aussi une influence sur l'adaptation de la personne, les femmes d'âge mûr ayant davantage tendance à utiliser l'accommodation identitaire, contrairement aux hommes, qui font plutôt preuve d'assimilation (Jones *et al.*, 2006).

Le sentiment de bien-être à l'âge mûr

Le sentiment de bien-être est étroitement lié à une vision saine de soi-même (Keyes et Shapiro, 2004). Cette sensation subjective de bonheur provient de l'évaluation qu'une personne fait de sa propre vie (Diener, 2000). En outre, le soutien social représenté par les amis et les conjoints contribue lui aussi au sentiment de satisfaction et de bien-être (Myers, 2000). Mais comment mesurer ce sentiment de bien-être et déterminer les facteurs qui l'influencent?

Plusieurs études ont démontré un déclin graduel des émotions négatives à partir de l'âge mûr, et ce, même si ces émotions (comme la peur, la colère ou l'anxiété) semblent légèrement plus présentes à tout âge chez les femmes que chez les hommes (Mroczek, 2004). En vieillissant, les adultes semblent donc apprendre à accepter ce qui leur arrive et à réguler leurs émotions efficacement (Lachman, 2004). Si l'état de santé a une influence certaine sur la vie émotionnelle des adultes, deux autres facteurs sont particulièrement déterminants à l'âge mûr: l'état matrimonial et l'éducation. En effet, les personnes d'âge mûr qui sont mariées rapportent davantage d'émotions positives que d'émotions négatives, comparativement aux personnes qui ne le sont pas. Il en est de même pour les gens ayant un niveau d'éducation élevé, mais seulement si le stress, qui a tendance à être élevé au mitan de la vie, est bien contrôlé (Mroczek, 2004).

12.7 **Le sentiment de bien-être**

Les personnes qui sont physiquement et socialement actives ont tendance à se sentir plus heureuses.

Par ailleurs, le sentiment subjectif de bien-être est également lié aux traits de personnalité que nous avons vus dans le chapitre 11 avec le modèle de Costa et McCrae. Ainsi, les personnes qui sont stables émotionnellement – dont le trait de névrotisme est peu élevé – et celles qui sont physiquement et socialement actives – dont le trait d'extraversion est élevé – ont tendance à se sentir plus heureuses. En outre, une étude portant sur 973 paires de jumeaux, identiques ou non, a montré qu'une structure génétique serait commune aux traits de personnalité et au sentiment de bien-être (Weiss, Bates et Luciano, 2008). De plus, un grand nombre d'études menées à travers le monde et qui ont utilisé des méthodes différentes pour évaluer le sentiment de bien-être subjectif ont démontré que la plupart des adultes se déclarent satisfaits de leur vie, et ce, quel que soit leur âge, leur sexe ou leur origine ethnique (Myers, 2000; Walker, Skowronski et Thompson, 2003). Une des principales raisons de cette satisfaction générale serait que les émotions positives associées aux souvenirs agréables tendraient à persister, alors que les sentiments négatifs associés aux souvenirs désagréables disparaîtraient (Walker *et al.*, 2003).

Enfin, l'augmentation de la satisfaction pourrait provenir du fait que la personne d'âge mûr regarde sa vie et l'évalue, cherchant un équilibre entre d'anciens désirs engloutis et des aspirations qui demeurent. C'est ce qui pourrait expliquer pourquoi il arrive fréquemment qu'une personne décide, au mitan de sa vie, d'y effectuer des changements (Josselson, 2003). Une personne qui réalise que sa vie n'a pas pris la direction désirée peut décider soudainement de changer. Par exemple, une femme qui a le sentiment de ne plus se réaliser dans son rôle traditionnel de mère au foyer peut décider de retourner sur le marché du travail ou, comme Alain songe à le faire dans la mise en situation de ce chapitre, un homme qui ne se dépasse plus dans son travail peut se mettre à la recherche d'un nouvel emploi.

Bien que les recherches sur la satisfaction suggèrent que la période de l'âge mûr représente un point culminant sur le plan du bien-être psychologique, une étude récente portant sur 2 millions d'individus menée dans 80 pays a toutefois introduit certaines nuances (Blanchflower et Oswald, 2008). Selon cette étude, dans la plupart des cultures à l'exception de certains pays développés, il semble en effet que les gens soient plus heureux au début et à la fin de leur vie, mais qu'ils se sentent plutôt malheureux au début de l'âge mûr, le sentiment de bien-être réapparaissant généralement vers le début de la cinquantaine. Les chercheurs de cette étude ont émis trois hypothèses pouvant expliquer la hausse de ce bien-être après 50 ans: 1) les individus apprennent avec l'âge à maximiser leurs forces, à s'adapter à leurs faiblesses et à mettre de côté leurs rêves impossibles; 2) l'espérance de vie des personnes heureuses étant généralement plus élevée que celle des personnes malheureuses, il est possible qu'il y ait un plus grand nombre de personnes plus âgées qui sont heureuses; 3) les gens qui voient leurs amis et connaissances du même âge tomber malades, souffrir d'incapacités ou mourir, mais qui conservent pour leur part de bonnes capacités physiques apprennent à voir les années qui leur restent comme une bénédiction.

Faites le POINT

8 Quels sont les deux pôles de la septième crise identifiée par Erikson? Quelle est la qualité qui peut être rattachée à cette période?

9 Expliquez la différence entre l'*assimilation identitaire* et l'*accommodation identitaire* selon le modèle de Whitbourne.

10 Quels sont les différents facteurs associés au sentiment de bien-être à l'âge mûr?

12.5 L'évolution des relations sociales à l'âge mûr

Il est difficile de parler de façon générale des relations à l'âge mûr, non seulement parce que cette période s'étend sur un quart de siècle, mais aussi parce qu'elle couvre, plus que jamais, une multiplicité croissante de trajectoires de vie. Il n'en demeure pas moins que les relations interpersonnelles demeurent importantes pour la majorité des adultes d'âge mûr, mais parfois d'une façon différente que lorsqu'elles étaient plus jeunes.

12.5.1 La théorie du convoi social

La **théorie du convoi social** soutient que les gens évoluent dans la vie à l'intérieur de *convois sociaux,* c'est-à-dire de cercles d'amis proches et de membres de la famille plus ou moins intimes sur lesquels ils peuvent compter pour recevoir de l'aide et du soutien, et auxquels ils donnent en retour assistance et sollicitude (Antonucci et Akiyama, 1997; Kahn et Antonucci, 1980). Les caractéristiques individuelles (âge, sexe, religion, éducation, état civil et origine ethnique) et la situation de la personne (événements de vie, soucis quotidiens et financiers, etc.) influencent l'importance et la composition de ce convoi, aussi appelé **réseau de soutien.** Ces caractéristiques influencent également la quantité et la qualité du soutien social obtenu ainsi que la satisfaction que la personne en retire. De plus, la qualité de ce réseau constitue un facteur de bien-être et de santé mentale (Antonucci, Akiyama et Merline, 2001).

Théorie du convoi social
Selon Kahn et Antonucci, théorie qui stipule que, dans leur vie, les gens évoluent à l'intérieur de cercles concentriques délimitant des degrés variés de relations intimes auxquelles ils réfèrent pour obtenir assistance, réconfort et soutien social.

Réseau de soutien
Concept utilisé dans la théorie du convoi social pour référer à un groupe de gens familiers qui serviront de référence et de soutien à une personne.

Les relations sociales à l'âge mûr

Un réseau de soutien de qualité est un facteur de bien-être à l'âge mûr. En général, les femmes tendent à avoir un réseau de soutien plus important que les hommes, particulièrement sur le plan des relations intimes.

Théorie de la sélectivité socioémotionnelle

Selon Carstensen, théorie qui décrit la façon dont les gens choisissent leur réseau de soutien social. Elle identifie trois critères principaux : la recherche d'information, le maintien de l'identité, le plaisir et le réconfort.

Affinité émotionnelle

Ressemblance et complémentarité dans l'expression des émotions. Les personnes qui possèdent des affinités émotionnelles sont donc des personnes qui s'entendent bien entre elles ou qui partagent les mêmes intérêts.

Celui-ci demeure relativement stable dans le temps, mais sa composition peut changer. À certains moments de la vie, par exemple, les rapports avec la fratrie peuvent devenir très importants alors qu'à d'autres moments, ce sont les liens avec les amis qui peuvent le devenir davantage. Les femmes ont en général un réseau de soutien beaucoup plus grand que celui des hommes, particulièrement en ce qui concerne le cercle intime (Antonucci et Akiyama, 1997). Dans les pays industrialisés, ce sont les gens d'âge mûr qui ont tendance à avoir les réseaux les plus larges, parce que beaucoup d'entre eux sont mariés, ont des enfants, des parents ou des frères et sœurs encore vivants, et parce qu'ils font partie d'un milieu de travail, du moins jusqu'à leur retraite (Antonucci *et al.*, 2001).

12.5.2 La théorie de la sélectivité socioémotionnelle

La **théorie de la sélectivité socioémotionnelle** proposée par Laura Carstensen est, d'une certaine façon, complémentaire à la théorie du convoi social, dans le sens où elle tente d'expliquer *comment* les personnes sélectionnent ceux qui font partie de leur réseau social (Carstensen 1995, 1996 ; Carstensen, Isaacowitz et Charles, 1999). Selon Carstensen, l'interaction sociale vise trois buts principaux : premièrement, elle est une source d'information utile et précieuse ; deuxièmement, elle aide les gens à développer et à maintenir leur concept de soi ; et troisièmement, elle est une source de joie, de réconfort et de bien-être. Dans la petite enfance, le besoin de soutien affectif est prédominant. Puis, de l'enfance à la période du jeune adulte, la recherche d'information culmine. En effet, la personne éprouve alors le besoin de comprendre le fonctionnement de la société et la place qu'elle y occupe, ce qui peut l'amener à créer des liens, particulièrement avec des étrangers. À l'âge mûr, même si la recherche d'information demeure importante, les gens reviennent néanmoins à la fonction de régulation émotionnelle des contacts sociaux, c'est-à-dire qu'ils recherchent principalement la compagnie de personnes avec lesquelles ils se sentent bien (Fung, Carstensen et Lang, 2001).

Les recherches qui visaient à valider cette théorie de la sélectivité émotionnelle ont montré que les personnes d'âge mûr et les personnes plus âgées attachent une importance plus grande que les plus jeunes à l'**affinité émotionnelle** dans le choix d'éventuels partenaires sociaux (Carstensen *et al.*, 1999). Les relations interpersonnelles représentent le facteur de bien-être le plus important puisqu'elles pourraient être une source majeure de satisfaction et de santé physique et mentale (Markus *et al.*, 2004 ; Lachman, 2004). En effet, avoir un conjoint et être en bonne santé sont les principaux facteurs de bien-être chez les femmes dans la cinquantaine, selon deux études américaines effectuées à la grandeur du pays. Le fait d'avoir ou non des enfants semble faire peu de différence. Les mères qui sont seules, divorcées ou veuves sont les moins heureuses, les plus isolées et les plus en proie à la dépression (Koropeckyj-Cox, Pienta et Brown, 2007).

Toutefois, les relations interpersonnelles de l'âge mûr peuvent aussi parfois représenter une source de stress supplémentaire, particulièrement pour les femmes. En effet, leur sens des responsabilités et leur préoccupation à l'égard d'autrui peuvent les amener à être plus facilement affectées par les problèmes qui touchent leurs proches, que ce soit le conjoint, les enfants, les parents, les amis, les compagnons et compagnes de travail, etc. Ce stress indirect pourrait expliquer pourquoi les femmes d'âge mûr sont plus susceptibles de souffrir de dépression ou d'autres problèmes de santé mentale et pourquoi elles tendent à être moins satisfaites de leur mariage que les hommes (Lachman, 2004 ; Antonucci et Akiyama, 1997 ; Thomas, 1997).

12.5.3 Les relations de couple

Il était rare autrefois que des couples restent ensemble plus de 25, 30 ou 40 ans. Généralement, le mariage prenait fin à la mort de l'un des deux conjoints et le survivant pouvait alors éventuellement se remarier. Par ailleurs, les gens avaient plusieurs enfants qui, habituellement, ne quittaient la maison familiale qu'au moment de leur mariage. Les conjoints d'âge mûr demeuraient donc peu longtemps seuls l'un avec l'autre. Aujourd'hui, non seulement on dénombre plus de mariages finissant par un divorce, mais les couples qui restent ensemble ont encore souvent plus de vingt années de vie commune devant eux après le départ des enfants. Qu'en est-il alors de leur satisfaction conjugale ?

La satisfaction conjugale

Selon l'analyse de deux études portant sur 8 929 hommes et femmes dans leur premier mariage, la courbe de satisfaction conjugale prend la forme d'un U. Durant les 20 à 24 premières années de mariage, plus le couple est marié depuis longtemps et plus la satisfaction tend à diminuer. Celle-ci atteint son plus bas niveau au début de l'âge mûr. Puis la relation entre la satisfaction conjugale et la durée du mariage commence alors à redevenir positive. Après 35 à 44 ans de mariage, le couple tend ainsi à être plus satisfait que durant les quatre premières années. Les tensions liées aux engagements familiaux, financiers et professionnels ne sont pas étrangères à cette baisse, puisque les années durant lesquelles la satisfaction conjugale décline sont aussi celles durant lesquelles les responsabilités parentales et professionnelles sont les plus élevées. Après le départ des enfants, on note souvent une hausse du bonheur conjugal, généralement au moment où plusieurs adultes prennent leur retraite et où leurs obligations financières diminuent (Orbuch *et al.,* 1996).

12.9 **La satisfaction conjugale**
On observe souvent une hausse du bonheur conjugal au moment où les responsabilités parentales et professionnelles diminuent.

Par ailleurs, la satisfaction sexuelle est un facteur déterminant dans la stabilité et la satisfaction conjugale. Comme le démontre une étude longitudinale portant sur 283 couples mariés, les hommes et les femmes satisfaits de leur vie sexuelle ont en effet également tendance à être satisfaits de leur mariage, ce qui en prolonge la durée (Yeh *et al.,* 2006).

En ce qui concerne les couples de même sexe, on ne dispose que de très peu de recherches sur l'évolution de leurs relations à l'âge mûr, étant donné le caractère assez récent de leur reconnaissance sociale. Ces personnes appartiennent en effet à une génération où l'homosexualité était assimilée à la maladie mentale et plusieurs d'entre elles n'ont fait leur *coming-out* qu'à l'âge adulte. Ainsi, plusieurs personnes gaies ou lesbiennes peuvent vivre ouvertement en couple à l'âge mûr pour la première fois de leur vie, mais certaines ont encore des conflits avec leurs parents ou d'autres membres de leur famille (incluant parfois le conjoint ou la conjointe), ou continuent de leur cacher leur homosexualité. Malgré des difficultés sur le plan de l'échantillonnage, on peut dire que, globalement, les principes qui prévalent pour la durée et la satisfaction des couples hétérosexuels s'appliquent également aux couples homosexuels. Les relations de couple chez les personnes de même sexe ont aussi tendance à être plus solides si elles sont connues de la famille et des amis, et si le couple a su s'entourer d'un environnement aidant qui inclut d'autres homosexuels (Haas et Stafford, 1998). Enfin, les rapports au sein des couples de même sexe tendent à être plus égalitaires que dans les couples hétérosexuels, même s'ils connaissent les mêmes difficultés en ce qui concerne l'équilibre à trouver entre la carrière et les relations intimes. Comme pour les couples hétérosexuels, ce sont les couples où les deux partenaires sont centrés sur la relation qui tendent à être les plus heureux.

Le divorce à l'âge mûr

Le divorce à l'âge mûr est relativement inhabituel, même s'il a augmenté ces dernières années (Blieszner et Roberto, 2006). Ainsi, au Canada, 60 % des divorces surviennent encore pendant les quinze premières années de la vie du couple (Statistique Canada, 2004a). Les mariages établis depuis longtemps sont en effet moins susceptibles d'être rompus que ceux qui sont plus récents, parce que les membres du couple ont construit ensemble un capital fondé sur les bénéfices affectifs et financiers liés au mariage et qu'il est difficile de le briser (Becker, 1991 ; Jones, Tepperman et Wilson, 1995).

Néanmoins, il semble que les couples aient tendance à divorcer à un âge plus avancé qu'autrefois. En effet, depuis le milieu des années 1980, l'âge moyen des Canadiens divorcés a augmenté d'environ 4 ans (43,1 ans pour les hommes et 40,5 ans pour les femmes). Lorsqu'il survient à l'âge mûr, que les personnes ont vécu ensemble pendant plusieurs années et qu'elles ont présumé que leur vie était établie, le divorce peut alors être vécu comme étant un événement traumatisant. Les personnes qui divorcent dans la quarantaine, la cinquantaine ou la soixantaine décrivent cette expérience comme étant plus dévastatrice émotionnellement que la perte d'un emploi. Elle leur causerait autant de dommages qu'une maladie grave, mais serait tout de même moins dommageable que le décès du conjoint. Cette situation semble particulièrement difficile pour les femmes qui, à tout âge, sont plus affectées par un divorce que les hommes (Montenegro, 2004). De plus, les adultes d'âge mûr divorcés et qui ne se remarient pas tendent à connaître plus d'insécurité financière. Les femmes, principalement, peuvent être obligées de se trouver un emploi pour la première fois de leur vie (Wilmoth et Koso, 2002; Huyck, 1999). Ce sont les personnes dans la cinquantaine qui vivent le plus de difficultés lorsqu'elles divorcent, peut-être parce qu'elles craignent de ne pas pouvoir se remarier et parce qu'elles se sentent plus concernées par leur avenir que celles qui divorcent à un âge plus avancé (Montenegro, 2004).

Malgré tout, le divorce pourrait être une moins grande menace au bien-être à l'âge mûr qu'au début de l'âge adulte. En effet, certaines études démontrent que les gens d'âge mûr semblent disposer de meilleures ressources pour affronter ces difficultés. Une importante étude longitudinale américaine portant sur 6 948 jeunes adultes et adultes d'âge mûr a ainsi fait ressortir que les adultes d'âge mûr démontraient une meilleure adaptabilité que les plus jeunes relativement au divorce et à la séparation, malgré leurs plus faibles possibilités de remariage (Marks et Lambert, 1998). Leur maturité plus grande et leur expertise pour composer avec les problèmes de la vie constituent certainement un avantage leur permettant de faire face à la perte de leur partenaire. Enfin, le divorce à l'âge mûr ne comporte pas que des aspects négatifs. Pour certaines personnes, il peut même être vécu comme une sorte de libération si elles constatent, une fois les enfants partis de la maison, que le mariage ne leur offre plus l'espace nécessaire à leur épanouissement personnel (Aldwin et Levenson, 2001). De plus, la perspective d'un divorce peut toujours paraître plus acceptable dans un contexte social où la séparation est plus courante et où les femmes sont de plus en plus indépendantes sur le plan économique.

12.5.4 L'amitié

Comme le prédit la théorie de la sélectivité socioémotionnelle de Carstensen, le réseau social des personnes d'âge mûr a tendance à devenir plus petit et plus intimiste qu'avant. Toutefois, les amitiés persistent, et elles sont une source importante de soutien affectif et de bien-être, particulièrement pour les femmes (Antonucci *et al.*, 2001). Les baby-boomers ont en moyenne sept bons amis dans leur entourage (Blieszner et Roberto, 2006). Ces amitiés durables tournent souvent autour du travail et du rôle parental, mais elles peuvent provenir également du voisinage ou de la participation à diverses associations. La qualité des amitiés à l'âge mûr l'emporte par ailleurs souvent sur la quantité. Ainsi, lorsque les personnes de cet âge doivent affronter des problèmes émotionnels difficiles, comme un divorce ou la maladie d'un parent vieillissant, elles se tournent vers leurs amis pour en parler et obtenir du soutien affectif, du réconfort, des conseils pratiques et de la compagnie (Hartup et Stevens, 1999; Antonucci *et al.*, 2001).

12.5.5 Les relations familiales

À l'âge mûr, si un nombre croissant de parents en sont encore à chercher un gardien ou une gardienne fiable ou une bonne école primaire, la plupart sont aux prises avec des adolescents qui s'apprêtent à quitter le nid familial. À partir du moment où les enfants deviennent adultes et qu'ils ont leurs propres enfants, la famille intergénérationnelle devient alors plus nombreuse et ses interactions, plus complexes. Par ailleurs, un nombre croissant d'adultes d'âge mûr doivent composer avec des enfants déjà adultes qui continuent de vivre sous le toit familial ou qui, comme nous le

12.10 **L'importance de l'amitié**

L'amitié est une source importante de soutien affectif, particulièrement pour les femmes.

verrons plus loin, le réintègrent. La diversité et la complexité des familles actuelles obligent donc les parents d'âge mûr à s'adapter à nombre d'événements non normatifs. Toutefois, leur bien-être demeure lié au devenir de leurs enfants (Allen, Blieszner, et Roberto, 2000). Heureusement, les relations parents-enfants s'améliorent habituellement avec l'âge (Blieszner et Roberto, 2006).

La vie avec les enfants adolescents

Fréquemment, lorsque les parents atteignent la transition de la quarantaine, leurs enfants entament celle de l'adolescence. Or, cette coïncidence, sous un même toit, de deux phases de transition majeures de la vie peut devenir une source de tension familiale importante. En plus d'avoir à composer avec leurs propres changements, les parents doivent en effet accompagner quotidiennement leurs enfants, qui subissent des transformations physiques, affectives et sociales importantes. Même si les recherches ont invalidé l'ancien stéréotype qui voyait l'adolescence comme étant une crise de rébellion majeure et inévitable, un certain rejet de l'autorité parentale est néanmoins nécessaire aux adolescents (*voir le chapitre 10*). Les parents doivent donc apprendre à lâcher prise et à accepter que leurs enfants sont comme ils sont, et non comme ils voudraient qu'ils soient. Les tenants de diverses perspectives théoriques ont présenté cette période comme étant une phase de questionnement, de réévaluation ou de diminution du bien-être pour les parents. Toutefois, cette situation est loin d'être inévitable. Ainsi, une étude portant sur 129 familles biparentales ayant pour premier enfant un fils ou une fille âgée de 10 à 15 ans montre que les pères occupant un emploi de col blanc ou de professionnel manifestent une satisfaction, voire une fierté croissante envers leur enfant devenu adolescent. Toutefois, pour la plupart des parents, les changements normatifs liés à l'adolescence sont à la fois une source d'émotions positives et négatives. C'est particulièrement vrai pour les mères de jeunes adolescentes avec lesquelles les relations sont les plus ambivalentes, passant de l'intimité au conflit (Silverberg, 1996). Une étude longitudinale portant sur 191 familles ayant un enfant au stade de l'adolescence a montré que les parents avaient alors tendance à compenser le manque d'acceptation et de cordialité dans les relations mère-fils ou père-fille en s'investissant davantage dans leur travail (Fortner, Crouter et McHale, 2004).

Le nid vide et l'évolution des relations parents-enfants

Tôt ou tard, les enfants quittent la maison familiale: devenir parent, c'est donc prendre soin d'une progéniture à laquelle on s'attache et qui partira à son tour pour perpétuer le cycle. Comme Line et Alain qui doivent faire face au départ prochain de leur fille, les parents doivent donc s'adapter à cette nouvelle réalité. L'apprentissage du détachement est donc inhérent au rôle de parent. Le plus souvent, ce processus atteint son paroxysme vers le milieu et la fin de l'âge mûr.

Le **syndrome du nid vide** désigne cette phase de transition vécue par les parents après le départ de la maison du dernier enfant. À ce propos, les recherches vont, une fois de plus, à l'encontre des idées reçues. En effet, si quelques femmes particulièrement investies dans la maternité peuvent vivre difficilement le départ de leurs enfants, bon nombre d'entre elles le ressentent comme une libération (Antonucci *et al.*, 2001; Antonucci et Akiyama, 1997). Il semble même que, pour la grande majorité des parents, le départ des enfants ne soit pas vécu comme un événement très déstabilisant.

Certes, le nid vide peut parfois être plus difficile à accepter pour les couples dont l'identité dépend de leur rôle parental ou pour ceux qui ont occulté leurs problèmes conjugaux sous la pression des responsabilités familiales (Antonucci *et al.*, 2001). Cependant, le nid vide ne signifie pas la fin des relations entre parents et enfants, puisqu'on demeure parents pour la vie. À l'âge mûr, la relation entre les parents et leurs enfants adultes exige de nouvelles attitudes et de nouveaux comportements de la part des deux générations. Les parents continuent généralement à fournir plus de soutien à leurs enfants qu'ils n'en reçoivent, les enfants établissant alors leur carrière et fondant leur famille (Antonucci *et al.*, 2001). L'aide la plus grande est donnée

Syndrome du nid vide
Phase transitionnelle vécue par les parents après le départ de la maison du dernier enfant.

aux enfants qui en ont le plus besoin, soit à ceux qui sont célibataires ou qui se trouvent à la tête d'une famille monoparentale (Blieszner et Roberto, 2006). En même temps, les problèmes des enfants adultes réduisent le bien-être de leurs parents (Greenfield et Marks, 2006). Certains parents peuvent même éprouver de la difficulté à traiter leurs enfants comme des adultes, alors que plusieurs jeunes adultes acceptent mal le fait que leurs parents continuent à s'occuper d'eux, ce qui peut devenir une source de conflits. Les études tendent toutefois à démontrer que la majorité des relations entre les jeunes adultes et leurs parents d'âge mûr sont assez agréables.

Par ailleurs, ces relations prennent des formes variées : 25 % des familles intergénérationnelles présentent ainsi des liens géographiques et émotionnels très *serrés*. Leurs membres ont des contacts fréquents et se fournissent mutuellement aide et soutien. On relève le fait que 25 % des familles sont *sociables*, ce qui signifie que les membres se fréquentent, mais que leurs relations comportent moins d'implication et d'affinité émotionnelle. Environ 16 % d'entre elles entretiennent des relations *formelles*, avec beaucoup d'interactions, mais peu d'attachement affectif. Enfin, 17 % sont complètement *détachées* géographiquement et émotionnellement. Il existe également une catégorie mitoyenne, qui regroupe ceux qui sont *intimes, mais géographiquement distants* (16 % des familles intergénérationnelles). Ces derniers se voient peu souvent, mais entretiennent néanmoins des sentiments chaleureux qui peuvent éventuellement mener à un renouveau dans le contact et les échanges. Enfin, les jeunes adultes semblent entretenir des rapports plus intimes avec leur mère qu'avec leur père (Bengtson, 2001).

Le phénomène boomerang

Parce qu'ils ont eux-mêmes quitté leur famille entre 18 et 22 ans, les parents modernes s'attendent à ce que leurs enfants suivent cette même norme et se préparent à partir à l'approche de leur majorité légale. Les choses ont toutefois profondément changé depuis 30 ans : les contingences économiques sont plus variables, les emplois sont non seulement plus rares, mais également moins stables, les premiers salaires ne sont pas toujours suffisants pour penser à fonder une famille et la durée des études peut se prolonger (Beaupré, Turcotte et Milan, 2006). Bref, pour les jeunes adultes, l'insertion sociale est vécue comme une transition très difficile et c'est pourquoi beaucoup retardent leur départ de la maison ou y reviennent pour des raisons diverses. Ainsi, depuis les années 1980, un nouveau syndrome, appelé **phénomène boomerang** ou **syndrome de la porte tournante,** est apparu dans la plupart des sociétés occidentales. Ce phénomène réfère au retour à la maison des enfants adultes, mais également au départ tardif de ceux qui ne l'ont jamais quittée (Blieszner et Roberto, 2006).

Le phénomène est beaucoup plus répandu qu'on pourrait le croire. En effet, selon le recensement de 2006, 38,7 % des jeunes adultes québécois et 43,5 % des 4 millions de jeunes canadiens âgés de 20 à 29 ans vivraient toujours avec leurs parents ou l'un d'eux, ou seraient retournés au domicile parental après l'avoir quitté momentanément, souvent pour poursuivre leurs études. L'âge de ces jeunes adultes est un facteur important, puisque sur l'ensemble des jeunes adultes vivant avec leurs parents, 60,3 % sont dans la tranche des 20 à 24 ans et seulement 26 % dans la tranche des 25 à 29 ans (Statistique Canada 2006d, 2006e, 2006f).

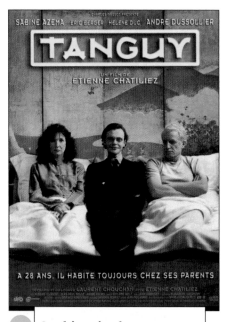

12.11 Le phénomène boomerang

Le phénomène boomerang réfère au retour à la maison des enfants adultes, de même qu'au départ tardif de ceux qui ne l'ont jamais quittée.

Beaucoup de parents qui s'étaient pourtant préparés à vivre le syndrome du nid vide se retrouvent ainsi confrontés de nouveau à des enfants adultes dont les besoins ne sont plus les mêmes que lorsqu'ils étaient enfants. Des conflits territoriaux, de besoins ou de rôles peuvent survenir, surtout lorsque le jeune adulte a déjà vécu en dehors du foyer familial, ce qui peut alors être une source importante de stress familial (Antonucci *et al.*, 2001). Les raisons pour lesquelles les enfants reviennent peuvent avoir une incidence sur la façon dont ils sont accueillis. Les motifs qui dénotent un manque d'autonomie chez le jeune adulte (chômage, dépendance financière, divorce, etc.) suscitent en effet beaucoup plus de tensions et de désapprobation de la part des parents que les motifs indiquant un désir d'autonomie (par exemple, un retour aux études), l'autonomie étant un signe de réussite parentale (Antonucci *et al.*, 2001). Le scénario de tension à l'égard des enfants qui ne partent plus ou qui reviennent n'est toutefois pas universel, et la bonne entente entre parents et enfants adultes dépend vraisemblablement de plusieurs facteurs: statut socioéconomique, âge des parents et des enfants adultes, compatibilité des caractères, facteurs culturels, etc. La cohabitation avec des enfants adultes peut aussi être vue comme étant une expression de la solidarité familiale. Une étude longitudinale américaine portant sur 1 365 couples mariés et ayant un enfant adulte dans la maison familiale suggère ainsi que leur présence n'est pas nécessairement une expérience bouleversante, puisqu'elle ne semble pas être un facteur influant sur le bonheur conjugal des parents, sur le nombre de conflits conjugaux ou sur le temps que les couples passent ensemble (Ward et Spitze, 2004).

Le rôle de grand-parent

Le départ des enfants adultes conduit souvent les personnes d'âge mûr à vivre un autre événement important: la naissance de leurs petits-enfants. C'est surtout durant la quarantaine ou tôt dans la cinquantaine, et généralement durant la période du *nid vide*, que les couples canadiens deviennent grands-parents (Institut Vanier de la famille, 2007). Il arrive néanmoins que certaines personnes assument ce nouveau rôle tout en étant encore parents à temps plein. En effet, la prolongation de la longévité les maintient souvent dans ce rôle pour plusieurs décennies. Quant aux femmes, dont l'espérance de vie dépasse celle des hommes, plusieurs d'entre elles deviennent aussi arrière-grands-mères, ce qui fait de la famille un clan comptant quatre générations. Les grands-parents qui ont de fréquents contacts avec leurs petits-enfants se sentent généralement bien dans leur rôle et lui accordent une grande importance (Reitzes et Mutran, 2004). En général, les grands-mères vivent même des relations plus étroites, plus fréquentes et plus affectueuses avec leurs petits-enfants (et surtout leurs petites filles) que les grands-pères (Putney et Bengtson, 2001).

Le rôle de grand-parent diffère aujourd'hui de ce qu'il était autrefois. Dans les sociétés industrialisées où règne la famille nucléaire, les grands-parents n'habitent généralement pas avec leurs petits-enfants. Leur rôle est alors moins immédiat qu'il peut l'être dans les sociétés où l'enfant est élevé dans une *famille étendue* où plusieurs générations cohabitent. Les grands-parents actuels doivent donc trouver un juste et difficile équilibre entre le désir de donner de l'aide et de l'attention, et celui de ne pas interférer dans la vie familiale de leurs enfants adultes. Même si leur rôle est relativement limité, il est néanmoins important dans la dynamique familiale. Plusieurs d'entre eux entretiennent tout de même des liens affectifs très serrés avec leurs petits-enfants, avec lesquels ils peuvent pratiquer diverses activités.

Les grands-parents sont aussi des pourvoyeurs de ressources matérielles et non matérielles. Ils subviennent indirectement aux besoins de leurs petits-enfants en offrant du soutien affectif ou matériel à leurs enfants, réduisant par le fait même le stress familial. Ils transmettent également l'histoire et les valeurs familiales, les traditions et les valeurs sociales, en plus de servir de confidents (Institut Vanier de la famille, 2007). Au Canada, le nombre de petits-enfants habitant avec leurs grands-parents a augmenté depuis les années 1980; il semble que cette situation soit surtout due à l'augmentation des problèmes d'alcoolisme et de toxicomanie chez les parents, à l'augmentation de grossesses chez les adolescentes et au taux de divorce plus élevé chez les jeunes adultes (Institut Vanier de la famille, 2007). Cette situation extrême peut alors occasionner des problèmes physiques, émotionnels et financiers chez la personne d'âge mûr, l'obligeant parfois à quitter son emploi ou à modifier ses plans d'avenir (Blieszner et Roberto, 2006).

À la suite d'un divorce ou d'un remariage, les relations entre les grands-parents et leurs petits-enfants peuvent toutefois devenir plus difficiles et même se rompre. Ce sont particulièrement les grands-parents paternels qui voient les relations avec leurs petits-enfants diminuer, alors que les grands-parents maternels sont plus susceptibles de les voir se multiplier si leur fille obtient la garde des enfants. À cette occasion, certains grands-parents peuvent donc vivre un véritable deuil. C'est la raison pour laquelle des groupes de défense des droits des grands-parents ont été créés au Canada, dont le groupe GRANDIR (Grands-parents réclamant accès, nouveau départ et retrouvailles).

12.12 **Le rôle de grand-parent**
Les grands-parents pratiquent diverses activités avec leurs petits-enfants. Ils servent aussi de confidents et transmettent l'histoire et les valeurs familiales ainsi que les traditions et les valeurs sociales.

12.13 **Quatre générations de femmes**
La prolongation de la longévité maintient les adultes d'âge mûr de plus en plus longtemps dans leur rôle de grands-parents. C'est particulièrement le cas des femmes, dont l'espérance de vie dépasse celle des hommes. Plusieurs d'entre elles deviendront ainsi arrière-grands-mères.

La relation mère-fille

Les relations entre les mères âgées et leurs filles d'âge mûr tendent généralement à être particulièrement étroites.

Stade de la maturité filiale

Selon Marcoen et ses collaborateurs, stade de développement durant lequel les enfants qui accèdent à l'âge mûr apprennent à tenir compte des besoins de dépendance de leurs parents et deviennent des aidants naturels auprès de leurs propres parents.

Crise filiale

Selon Marcoen, concept qui stipule l'existence d'un stade normatif à l'âge mûr, dans lequel les adultes apprennent à trouver un juste équilibre entre leur devoir et leur affection à l'égard de leurs parents vieillissants, et établissent une relation d'échange réciproque.

Aidant naturel

Personne qui donne de l'aide et procure des soins constants et non rémunérés à un membre de sa famille ou à un proche dans le besoin, en raison de son état de santé physique ou mental.

12.5.6 Les relations avec les parents vieillissants

L'importance des liens avec la famille d'origine a généralement tendance à diminuer chez le jeune adulte, souvent plus préoccupé par son travail et par son désir de fonder une famille. À l'âge mûr, toutefois, ces relations se resserrent de nouveau pour prendre une nouvelle forme. Ainsi, en plus d'endosser leurs nouveaux rôles de grands-parents, les personnes parvenues au mitan de leur vie se doivent fréquemment de fournir aide et soutien à leurs propres parents vieillissants.

Au mitan de la vie, les relations avec les parents vieillissants se modifient de manière radicale, quoique graduellement. Plusieurs adultes d'âge mûr perçoivent en effet désormais leurs parents de façon plus objective, c'est-à-dire comme des personnes ayant leurs forces et leurs faiblesses. Rapidement, ils peuvent aussi en arriver à les voir comme des personnes âgées dont il va falloir prendre soin. Même s'ils n'habitent pas à proximité les uns des autres, les adultes d'âge mûr et leurs parents entretiennent généralement des relations affectueuses, basées sur de fréquents contacts, une aide mutuelle et un fort sentiment d'attachement, particulièrement entre les filles et leur mère (Fingerman et Dolbin-MacNab, 2006). Ces relations positives contribuent au sentiment de bien-être psychologique des personnes d'âge mûr (Blieszner et Roberto, 2006). Les parents de personnes d'âge mûr continuent aussi la plupart du temps de fournir de l'aide à leurs enfants, et ce, jusque tard dans la vie, notamment lorsque ceux-ci traversent une crise (Bengtson, 2001 ; Fingerman et Dolbin-MacNab, 2006). Cependant, même si la plupart des parents âgés restent physiquement en forme et indépendants, certains d'entre eux recherchent aussi auprès de leurs enfants d'âge mûr de l'aide financière et de l'assistance pour prendre des décisions ou assumer certaines tâches quotidiennes.

En effet, il peut arriver que les rôles s'inversent à cette période de la vie, le parent vieillissant devenant, surtout après le décès de son conjoint, celui qui a désormais besoin de l'aide de ses enfants (Antonucci, 2001). C'est pourquoi, avec l'allongement du cycle de vie, certains psychologues du développement ont proposé d'ajouter un stade de développement à l'âge mûr, appelé **stade de la maturité filiale** (Marcoen, 1995). Ce stade surviendrait lorsque les personnes d'âge mûr apprennent à accepter les besoins de dépendance de leurs parents et à y faire face. Ce stade normatif est vu comme étant l'issue la plus saine d'une **crise filiale** dans laquelle l'adulte a appris à trouver un juste équilibre entre son affection et son devoir envers ses parents d'un côté, et son autonomie personnelle de l'autre, en établissant avec ses parents une relation d'échange et de réciprocité. La plupart des personnes d'âge mûr acceptent volontiers ces nouvelles obligations envers leurs parents (Antonucci *et al.*, 2001). Cependant, les relations familiales peuvent aussi être complexes, surtout lorsque les enfants d'âge mûr ont des ressources émotionnelles et financières limitées et qu'ils doivent répondre à leurs propres besoins, à ceux de leurs parents vieillissants et, parfois, de leurs propres enfants. C'est pourquoi les membres de cette génération ont déjà été appelés la *génération sandwich* : ils peuvent être pris comme dans un étau entre ces différents besoins et leurs ressources limitées en temps, en argent et en énergie.

En assumant ce rôle, la personne d'âge mûr peut ainsi être amenée à endosser le rôle d'**aidant naturel** et à offrir de l'aide et des soins à des membres de sa famille ou à des amis dans le besoin. Selon Santé Canada, on estimait en 2003 à 2,85 millions le nombre d'aidants naturels au pays (soit 10 % de l'ensemble des Canadiens). Parmi ce nombre, 1,7 million était des adultes âgés de 45 à 64 ans qui s'occupaient de leurs parents (67 %), de leurs beaux-parents (24 %) ou d'amis et de voisins (24 %). Plus des deux tiers d'entre eux (soit 70 %) étaient des femmes (Statistique Canada, 2002a ; Santé Canada, 2004a). Cette situation n'est pas propre au Canada, puisqu'on la retrouve partout dans le monde, où ce sont les femmes qui procurent le plus de soins, et particulièrement à leur mère malade lorsque celle-ci est veuve ou séparée (Antonucci *et al.*, 2001 ; Pinquart et Sörensen, 2006).

Bien que le fait de prodiguer des soins puisse être en soi très valorisant, il n'en demeure pas moins que les aidants naturels n'ont d'autre choix que d'intégrer la prestation de soins à leurs propres activités quotidiennes que constitue la vie familiale, personnelle, professionnelle et sociale. Or, il peut être particulièrement difficile pour une femme qui occupe un emploi rémunéré d'assumer cette charge: en effet, elle peut vivre un stress financier supplémentaire si elle doit réduire ses heures de travail ou quitter son emploi pour s'acquitter de ses obligations d'aidante (Schultz et Martire, 2004). La prise en charge d'un parent âgé engendre donc de nombreux changements dans la vie de l'aidant naturel. En fonction de la lourdeur de la tâche, ses différents microsystèmes (famille, emploi) sont affectés sur les plans physique et psychologique (fatigue, stress, anxiété, culpabilité, colère, troubles du sommeil, etc.) (Institut de gérontologie sociale du Québec, 2004). En outre, des études révèlent que les aidants naturels de personnes âgées se sentent accablés d'un lourd fardeau et que leurs risques de sombrer dans une dépression seraient supérieurs à la moyenne. La situation serait plus critique chez ceux qui aident une personne atteinte d'une démence, telle que la maladie d'Alzheimer: en plus des soins quotidiens, les personnes malades exigent en effet une surveillance constante, car elles peuvent être agitées, sujettes aux hallucinations et dangereuses pour elles-mêmes comme pour les autres. Consacrer de longues heures à une personne qui ne vous reconnaît parfois même plus peut ainsi représenter une tâche particulièrement éprouvante pour l'aidant, qui peut lui-même finir par tomber malade physiquement ou mentalement (Pinquart et Sörensen, 2007; Schultz et Martire, 2004). Parfois, le stress est si grand qu'il peut malheureusement conduire à de l'abus, à de la négligence et même à un abandon de la personne âgée, comme nous le verrons dans le chapitre 13.

Cependant, l'expérience peut aussi être très positive, en fonction des circonstances, du contexte et des attitudes de la personne aidante. En effet, si cette dernière aime profondément la personne malade, qu'elle croit à la continuité de la famille, qu'elle voit l'aide comme étant un défi à relever et qu'elle reçoit elle-même du soutien de la part de son entourage et de sa communauté, le rôle d'aidant naturel peut être une source d'épanouissement en lui permettant de développer sa compétence, sa compassion, sa connaissance de soi et son sens du dépassement (Bengtson, 2001; Climo et Stewart, 2003).

12.15

Être aidant naturel

Chloé Sainte-Marie est devenue aidante naturelle auprès de son conjoint Gilles Carle, atteint de la maladie de Parkinson. Elle s'est occupée de lui quotidiennement durant plusieurs années, jusqu'au décès de celui-ci en novembre 2009.

Faites le POINT

11 Expliquez en quoi le réseau de soutien des hommes diffère de celui des femmes à l'âge mûr.

12 Selon la théorie de la sélectivité socioémotionnelle, comment les personnes sélectionnent-elles les membres de leur réseau social?

13 Quelles sont les conditions requises pour que le rôle d'aidant naturel soit perçu comme étant une expérience positive chez la personne aidante?

12.6 Les préoccupations professionnelles

Comme nous l'avons vu précédemment, la personne d'âge mûr vit des relations interpersonnelles riches et variées. Cependant, elle est aussi très active socialement. Traditionnellement, dans les sociétés industrialisées, la structure de la vie était basée sur les différences d'âge: les plus jeunes étudiaient, les jeunes adultes et les adultes d'âge mûr travaillaient, et les personnes plus âgées profitaient des loisirs de la retraite. Une telle structure correspond cependant de moins en moins à la réalité démographique et sociale actuelle, dans laquelle les différents rôles tendent à s'ouvrir de plus en plus aux adultes de tous âges (Czaja, 2006). Ainsi, parmi les adultes d'âge mûr, beaucoup travaillent et s'investissent grandement dans leurs activités productives, tandis que d'autres poursuivent leurs objectifs professionnels par le biais d'un retour aux études.

12.6.1 Le travail

Le travail peut directement influencer le fonctionnement cognitif de l'individu. Les recherches suggèrent en effet que les personnes les plus flexibles intellectuellement ont tendance à occuper des emplois complexes et exigeants sur le plan cognitif et à y effecteur des tâches qui requièrent une pensée et un jugement indépendants. En retour, ce type d'emploi contribue à stimuler cette pensée plus flexible (Kohn, 1980). Ainsi, les personnes qui sont profondément engagées dans un travail complexe tendent à démontrer de meilleures performances cognitives que leurs pairs du même âge (Avolio et Sosik, 1999; Kohn et Schooler, 1983). Ceci est également vrai pour les personnes qui effectuent des tâches complexes à la maison, comme planifier le budget ou effectuer des réparations compliquées (Caplan et Schooler, 2006). Qu'elle s'effectue en milieu de travail ou à la maison, toute tâche présentant un défi intellectuel important peut donc contribuer à maintenir ou à améliorer les habiletés cognitives. C'est d'ailleurs ce qui semble se produire ; les gains observés dans la plupart des habiletés cognitives des cohortes d'âge mûr ou d'âge plus avancé pouvant bien être le reflet des changements qui surviennent dans le monde du travail, où l'accent est mis de plus en plus sur l'autogestion, sur les équipes de travail multifonctionnelles, sur la décentralisation des prises de décision et sur le sens de l'initiative et la capacité d'adaptation (Avolio et Sosik, 1999).

Par ailleurs, plutôt que de poursuivre encore le même travail pendant vingt ans, la personne d'âge mûr peut vouloir rechercher un meilleur équilibre entre ce qu'elle sait faire, ce qu'elle attend de son travail et ce qu'elle en retire. Elle peut aussi désirer se perfectionner dans un autre domaine et ouvrir son champ d'expérience. Cette remise en question peut survenir à la suite d'une perte d'emploi, qui oblige alors la personne à se chercher un autre travail, mais elle peut également résulter d'une prise de conscience qui l'amène à réévaluer sa situation. Il est vrai qu'une personne peut à tout moment au cours de sa vie active décider de changer d'emploi, mais l'âge mûr semble être une période particulièrement propice, en grande partie à cause des changements qui surviennent dans les responsabilités familiales et les besoins financiers. Ce scénario peut également traduire un besoin de générativité chez une personne qui a l'impression de stagner dans sa profession. C'est ce genre de questionnement que vit Alain relativement à son travail dans la mise en situation du début de ce chapitre.

En outre, avant 1985, les gens envisageaient la possibilité de prendre leur retraite de plus en plus tôt, ce qui a d'ailleurs fait diminuer considérablement l'âge moyen de celle-ci. Or, nous verrons dans le chapitre 13 que, avec l'augmentation de l'espérance de vie, cette tendance est en pleine modification. En effet, à l'heure actuelle, les travailleurs en fin d'âge mûr préfèrent effectuer un retrait progressif, c'est-à-dire à réduire graduellement leurs heures de travail, parfois pendant plusieurs années, plutôt que de cesser brutalement leur activité. Certains peuvent aussi choisir de changer d'employeur en fin de carrière, voire d'emploi (Czaja, 2006). Environ la moitié des travailleurs âgés de 55 à 65 ans font ainsi le pont entre divers emplois avant de se retirer complètement du marché du travail (Purcell, 2002). Il semble que ces personnes continuent de travailler pour maintenir leur santé physique et mentale, pour conserver les rôles personnels et sociaux associés à leur emploi, ou tout simplement parce qu'elles aiment les stimulations générées par leur travail. La génération actuelle des baby-boomers, qui se trouve à la veille de la retraite et qui est généralement plus éduquée que les générations précédentes, bénéficie à ce titre d'un plus grand choix d'options (Czaja, 2006). Malheureusement, c'est aussi parfois la perte du travail et non le travail lui-même qui occasionne un lourd stress chez les personnes d'âge mûr. En effet, perdre son emploi peu de temps avant l'âge de la retraite constitue un événement particulièrement difficile, comme le montre l'encadré 12.3.

12.6.2 Le retour aux études

Étant donné que de plus en plus de personnes envisagent des changements de carrière génératifs à l'âge mûr, un certain nombre d'entre elles, comme nous l'avons dit, peuvent effectuer un retour aux études. C'est la raison pour laquelle, dans les sociétés occidentales où les technologies avancées progressent à un rythme extrêmement rapide, la possibilité d'une formation continue est souvent essentielle. Les établissements scolaires ont donc ouvert des programmes de perfectionnement et ont planifié des horaires pouvant convenir à une clientèle adulte de plus en plus nombreuse.

La perte d'emploi : un événement doublement stressant à l'âge mûr

Après la récession de 2008-2009, de nombreuses personnes se sont retrouvées sans emploi, y compris des adultes d'âge mûr. En 2008, le taux de chômage au Canada était ainsi de 6,6 % chez les hommes et de 5,7 % chez les femmes (Statistique Canada, 2008e). Dans l'ensemble du Québec, le taux de chômage est passé de 7,4 % au deuxième trimestre de 2008 à 8,6 % pour le deuxième trimestre de l'année 2009 (Institut de la statistique Québec, 2009c).

Or, perdre son emploi à l'âge mûr est souvent un événement dramatique. En effet, les personnes se sont souvent investies pendant de nombreuses années dans leur emploi et le perdre équivaut alors non seulement à perdre un gagne-pain, mais aussi à perdre un milieu de vie et un lieu d'appartenance, des amitiés et une activité pour laquelle elles avaient développé plusieurs compétences. Les hommes, qui se définissent davantage en tant que soutien économique de leur famille, tout comme les travailleurs des deux sexes qui s'identifient fortement à leur travail, perdent donc plus qu'un chèque de paie : c'est toute une partie d'eux-mêmes et de leur estime de soi qui s'en va. Ils ont alors le sentiment de perdre un peu le contrôle de leur vie (Lachman et Firth, 2004).

L'impact psychologique de la perte d'emploi est généralement temporaire et elle se résorbe très rapidement si la personne se trouve un nouveau travail. La motivation et le sentiment de contrôle sont deux facteurs clés pour retrouver un emploi. Cependant, il est souvent plus difficile de trouver un travail équivalant à celui qui a été perdu lorsqu'on est parvenu à l'âge mûr, ce qui peut occasionner une baisse de revenus et avoir alors un impact négatif sur l'estime de soi de l'individu et, par extension, sur sa relation de couple et sur sa vie familiale. Si la situation perdure, la personne risque même de souffrir de dépression et de développer certaines maladies physiques comme l'hypertension, le diabète ou un problème cardiaque. En effet, une étude sociologique américaine récente a démontré que la perte d'emploi n'a pas que des conséquences négatives sur l'estime de soi et sur les finances personnelles ; elle en a également sur la santé des individus, en raison du stress important qu'elle génère. La perte d'un emploi peut donc accroître les risques de tomber malade de 54 % à 83 %, et ce, même chez les personnes qui étaient au préalable en bonne santé (Strully, 2009).

Au Canada, les offres d'emploi ont augmenté depuis août 2009 (Statistique Canada, 2009g). Toutefois, les postes disponibles sont surtout des emplois à temps partiel. En outre, malgré cette hausse, le taux de chômage a légèrement progressé, en raison de l'augmentation du nombre de personnes présentes sur le marché du travail. Or, là encore, les personnes d'âge mûr sont souvent désavantagées lorsqu'elles sont en compétition avec des candidats plus jeunes dans un processus d'embauche.

Plusieurs raisons peuvent inciter les personnes d'âge mûr à retourner aux études. Certaines, comme Line, le font par nécessité, afin de pouvoir s'adapter aux changements inhérents à leur profession. D'autres visent plutôt une réorientation de carrière, et d'autres encore, surtout des femmes, font les premiers pas en vue d'une réinsertion dans le marché du travail après plusieurs années consacrées au foyer familial et à l'éducation des enfants. Quelles que soient les raisons pour lesquelles des adultes se retrouvent sur les bancs d'école, la plupart d'entre eux adoptent des attitudes assez différentes de celles des étudiants plus jeunes. Riches d'une expérience pratique du travail et de leurs responsabilités quotidiennes, ces personnes manifestent en effet un intérêt plus soutenu et des préoccupations plus concrètes à l'égard des connaissances qui leur sont offertes. Elles utilisent aussi leur expérience pour assimiler les nouvelles connaissances, ce qui les avantage par rapport aux plus jeunes (Czaja, 2006). Par contre, ces étudiants adultes sont aussi généralement plus anxieux, moins sûrs d'eux et plus inquiets de leurs performances lors des évaluations. Ils ont également des horaires assez chargés puisqu'ils doivent concilier en même temps les exigences de leur travail, celles de leur vie conjugale et familiale et celles de leurs études, ce qui peut leur procurer un stress supplémentaire important.

Faites le POINT

14 Expliquez en quoi le travail peut directement influencer le fonctionnement cognitif de l'individu.

15 Quel est l'impact psychologique de la perte d'emploi, particulièrement chez les personnes d'âge mûr ?

16 Décrivez en quoi l'attitude d'une personne d'âge mûr qui fait un retour aux études diffère de celle des jeunes étudiants.

Rendez-vous au
ODILON
cheneliere.ca/papalia

Le développement physique à l'âge mûr

Les changements dans l'apparence et le fonctionnement du corps deviennent plus évidents à l'âge mûr. Les fonctions sensorimotrices et reproductrices sont particulièrement affectées. Chez la femme, des changements progressifs importants sur le plan hormonal entraînent la ménopause, qui s'accompagne de plusieurs symptômes physiques. Chez l'homme, l'andropause se traduit par une diminution progressive du niveau de testostérone. Malgré certaines difficultés possibles, la sexualité demeure une source de satisfaction et d'épanouissement à l'âge mûr. Lorsqu'il y a diminution de l'activité sexuelle, les causes sont alors souvent psychologiques, relationnelles ou sociales. De nos jours, le souci de l'apparence physique devient de plus en plus préoccupant, particulièrement chez les femmes, qui font l'objet d'un double standard à cet égard.

Dans les pays industrialisés, les personnes d'âge mûr jouissent généralement d'une bonne santé. Toutefois, plusieurs maladies risquent davantage de les affecter, comme les maladies cardiovasculaires et le cancer. Même si l'hérédité joue un rôle dans l'apparition de plusieurs de ces maladies, les habitudes de vie et le stress demeurent des facteurs importants. Les exigences croissantes du monde du travail contribuent à l'augmentation de ce stress, qui peut mener à l'épuisement professionnel.

Le développement cognitif à l'âge mûr

Les personnes d'âge mûr semblent être au sommet de leur développement cognitif. Selon Schaie, leurs habiletés intellectuelles ne présentent en effet pas de baisse importante avant l'âge de 60 ans et plus. Deux types d'intelligence sont significatifs à l'âge mûr : l'intelligence fluide, qui déclinerait avec l'âge, et l'intelligence cristallisée, qui continuerait de se développer, au moins jusqu'à la fin de l'âge mûr.

L'expertise, l'intégration et la résolution de problèmes sont des habiletés cognitives particulièrement présentes à cet âge. La personne utilise mieux son expérience, fait de nombreux liens et résout efficacement des problèmes concrets. La créativité, qui provient autant du travail que du talent, semble également atteindre un sommet à l'âge mûr.

Le développement affectif et social à l'âge mûr

Selon la théorie psychosociale d'Erikson, la personne d'âge mûr doit résoudre une crise : celle de la générativité *versus* la stagnation. Motivée par le désir de laisser sa marque et d'aider la génération montante, la personne développe en effet de la sollicitude.

Pour expliquer l'évolution de l'identité à l'âge adulte, Whitbourne a élaboré le modèle du processus d'identité selon lequel la personne adulte utilise à la fois l'assimilation identitaire et l'accommodation identitaire, le mécanisme le plus utilisé déterminant son style d'identité. Ces deux mécanismes cognitifs permettent le maintien de l'identité et son adaptation aux nouvelles expériences.

L'évolution des relations sociales à l'âge mûr

La théorie du convoi social met l'accent sur le soutien et l'aide que la personne peut recevoir de ses proches et de ses amis. La qualité de ce réseau constitue un facteur de bien-être et de santé mentale pour la personne d'âge mûr. Pour la théorie de la sélectivité socioémotionnelle, les adultes utiliseraient trois critères pour choisir les membres de leur réseau social : la recherche d'information, le maintien de l'identité, la joie et le réconfort. L'affinité émotionnelle serait particulièrement importante dans le choix des partenaires sociaux. De plus, même si le réseau social des adultes d'âge mûr tend à se réduire, l'amitié devient plus profonde et durable.

La satisfaction conjugale atteindrait son plus bas niveau au début de l'âge mûr, alors que les responsabilités parentales et professionnelles culminent, pour remonter après le départ des enfants et la retraite. Le divorce, moins fréquent à cet âge, peut constituer une épreuve difficile à surmonter, particulièrement pour les femmes. Toutefois, les personnes d'âge mûr semblent faire preuve d'une plus grande adaptabilité que les plus jeunes.

Sur le plan des relations familiales, les relations entre parents et enfants demeurent généralement agréables. La cohabitation des parents d'âge mûr avec leurs enfants au stade de l'adolescence est courante, ce qui peut être une source de tension familiale importante et nécessiter des ajustements. Le syndrome du nid vide ne semble donc pas être aussi perturbant qu'on le croyait. Quant au phénomène boomerang, il exige une adaptation de la part de tous les membres de la famille afin d'assurer le respect des besoins territoriaux, d'autonomie et d'intimité de chacun.

Les rôles changent aussi. De nombreux adultes deviennent grands-parents au début de l'âge mûr. Ces grands-parents deviennent alors des pourvoyeurs de soutien affectif et parfois d'aide matérielle à leurs enfants et petits-enfants. De plus, la majorité a encore ses deux parents vivants. Le stade de la maturité filiale survient donc lorsque les personnes d'âge mûr acceptent les besoins de dépendance de leurs parents et y font face, en devenant parfois des aidants naturels.

Les préoccupations professionnelles

Les travailleurs d'âge mûr ont tendance aujourd'hui à privilégier un départ à la retraite précoce. Certains peuvent aussi choisir de changer d'emploi en fin de carrière. Ces personnes peuvent décider de continuer de travailler pour maintenir leur santé physique et mentale, pour conserver les rôles associés à leur emploi ou tout simplement parce qu'elles aiment les stimulations générées par le travail. Celui-ci influant sur le fonctionnement cognitif de l'individu, il peut ainsi contribuer à maintenir ou à améliorer les habiletés cognitives de la personne qui l'effectue. Enfin, plusieurs personnes d'âge mûr choisissent aussi de faire un retour aux études, soit pour s'adapter à des changements dans leur travail, soit pour se réorienter.

Volumes et ouvrages de référence

VÉZINA, J., P. CAPPELIEZ et P. LANDREVILLE (2007). *Psychologie gérontologique,* Montréal, Gaëtan Morin éditeur, 232 p.

Livre qui, même s'il traite principalement de l'adulte d'âge avancé, explique bien les changements sensoriels qui commencent à survenir dès l'âge mûr. Il aborde également les thèmes de la sexualité, de la personnalité et de l'intelligence.

Périodiques et journaux

Journal of Adult Development

Revue publiée en collaboration avec la Society for Research in Adult Development. On y trouve de nombreux articles empiriques et théoriques sur les diverses dimensions du développement physique, psychologique et socioculturel des adultes. Vous pouvez consulter le site Internet de la revue au www.springerlink.com.

Sites Internet et documents en ligne

Comité scientifique de Kino-Québec : www.kino-quebec.qc.ca

Site d'intérêt pour toutes les personnes qui souhaitent en savoir davantage sur la bonne forme physique en lien avec la santé et qui veulent connaître la quantité d'activité physique requise pour en retirer des bénéfices.

Réseau des aidants : www.reseaudesaidants.org

Site de réseautage pour les aidants lancé par Chloé Sainte-Marie et Gilles Carle. Chloé Sainte-Marie a été aidante naturelle

pendant 17 ans et a par ailleurs inauguré, en septembre 2009, la Maison Gilles Carle, qui tient lieu d'hébergement aux personnes à mobilité réduite ou nécessitant des soins adaptés (*www.maisongillescarle.org*).

Films, vidéos, cédéroms, etc.

RADIO-CANADA (2008). «Les secrets de la longévité», *Découverte.*

Reportage intéressant qui aborde plusieurs questions liées au vieillissement. Est-il possible de retarder les effets du vieillissement? Quelles sont les connaissances actuelles des experts sur ce sujet? La première partie du documentaire présente, entre autres, l'avis de personnes convaincues que la restriction calorique ralentit les effets du vieillissement et l'opinion de scientifiques sur cette question. La dernière partie aborde quant à elle le rêve suscité par la fontaine de Jouvence. Vous pouvez visionner ce documentaire sur le site de Radio-Canada au www.radio-canada.ca.

CHATILIEZ, É. (2001). *Tanguy,* produit par Charles Gassot, France, 108 minutes, couleurs.

Comédie qui présente un couple dans la cinquantaine qui tente désespérément de convaincre leur fils de 28 ans qui demeure toujours au domicile familial de quitter enfin la maison pour voler de ses propres ailes. Un clin d'œil caustique au phénomène boomerang dont nous avons parlé dans ce chapitre.

13 Le développement de l'adulte d'âge avancé de soixante-cinq ans à la fin de la vie

Aujourd'hui, l'adulte entreprend la dernière étape de son développement avec une espérance de vie en santé sans précédent. Toutefois, le processus de sénescence est à l'œuvre : il affecte le cerveau et les organes internes et modifie d'abord les habiletés sensorielles et motrices. De bonnes habitudes de vie peuvent cependant en retarder l'échéance. Avec l'âge, les problèmes de santé deviennent plus fréquents et des maladies graves et mortelles risquent davantage d'apparaître. Les capacités cognitives de la personne âgée demeurent généralement performantes ; même si le traitement de l'information nouvelle n'est plus aussi rapide et certains aspects de la mémoire plus aussi efficaces, la plasticité du cerveau et l'intelligence pratique dont la personne dispose lui permettent de compenser certaines de ces pertes. La dernière période du développement permet aux personnes de porter un regard positif sur leur vie, de terminer ce qu'elles ont entrepris et de décider comment canaliser au mieux leurs énergies pour le temps qui leur reste à vivre. Les relations avec leurs proches demeurent très importantes et sont un facteur de bonne santé et de bien-être.

Céline vient d'avoir 69 ans. Elle a élevé quatre enfants qui sont aujourd'hui bien installés. Il y a quatre ans, son mari est décédé d'un cancer des poumons : il avait fumé une grande partie de sa vie. Depuis qu'elle est veuve, Céline a vu ses moyens financiers diminuer. Toutefois, avec la moitié de la retraite de son mari et le montant de la sécurité du revenu canadien, elle parvient à s'en sortir en faisant attention : pour pouvoir se payer une sortie, elle réduit les dépenses de vêtements et repère les ventes à l'épicerie. Elle n'a jamais travaillé à l'extérieur, ayant eu amplement de quoi faire à la maison.

Aujourd'hui, Céline considère qu'elle est en bonne santé malgré quelques douleurs arthritiques et la nécessité de surveiller sa tension et son cholestérol. Elle souffre d'un début de cataracte, mais elle entend toujours assez bien. Une de ses amies l'a convaincue de suivre un cours de tai-chi avec elle au YMCA ; depuis, elle se sent plus en forme. Elle essaie aussi de changer ses habitudes alimentaires et de manger plus de légumes. Céline aime également s'occuper de ses petits-enfants, qu'elle garde à l'occasion, et prend beaucoup de plaisir à organiser des activités avec les plus grands. Elle trouve son rôle de grand-mère plus gratifiant que celui de mère, qui la surchargeait de responsabilités.

Depuis deux ans, la mère de Céline, âgée de 88 ans, vit en établissement, car elle souffre de la maladie d'Alzheimer. Auparavant, Céline et ses sœurs s'étaient occupées d'elle, mais cela devenait trop lourd de la maintenir à domicile. Elle lui rend visite régulièrement, même si celle-ci ne semble pas vraiment la reconnaître. Céline éprouve beaucoup de peine devant la condition de sa mère et craint de développer elle aussi un jour cette maladie. Lors d'une émission sur l'évolution des facultés mentales chez les personnes âgées, elle a appris qu'il fallait les utiliser pour les maintenir le plus longtemps possible. Depuis, elle s'est mise à faire des mots croisés et à jouer au sudoku. Chaque fois qu'elle rend visite à sa mère, Céline est également bouleversée par la solitude que semblent vivre certains pensionnaires qui ne reçoivent à peu près jamais de visiteurs, et elle se dit qu'elle préférerait mourir plutôt que de connaître une si triste fin de vie. Elle s'est rapprochée de ses sœurs et, avec ses deux meilleures amies, elle participe aux activités et aux sorties organisées par le cercle des aînés de son quartier. Céline pense souvent à son mari, qui lui manque, mais elle trouve que sa vie actuelle lui permet enfin de s'occuper un peu plus d'elle-même.

Après avoir lu ce chapitre, vous devriez pouvoir répondre aux questions suivantes :

1. Céline prend-elle de bonnes décisions en ce qui concerne sa santé physique et mentale ?
2. Comment le début de cataracte dont souffre Céline peut-il nuire à sa vision ?
3. Les craintes de Céline envers la maladie d'Alzheimer sont-elles justifiées ?
4. En quoi le comportement social de Céline peut-il l'aider à bien vivre la vieillesse ?

13.1 Une vieillesse active et productive

La visibilité croissante d'adultes âgés en santé et aussi actifs que l'astrophysicien québécois Hubert Reeves, âgé de 77 ans, contribue à modifier notre perception du vieillissement.

Âgisme
Forme de discrimination fondée sur l'âge.

13.1 Le vieillissement de la population

Alors que dans certains pays, comme le Japon, l'âge avancé est un symbole de statut social, le vieillissement est généralement considéré comme indésirable en Amérique du Nord. Dès l'enfance, des préjugés et des stéréotypes, souvent inconscients, à l'égard des personnes âgées sont intériorisés et sont ensuite renforcés par les attitudes sociales que l'on développe envers elles. Nous avons par exemple trop souvent tendance à croire que les personnes âgées sont en mauvaise santé et que les dépenses qui y sont liées coûtent cher au système, que leurs fonctions cognitives déclinent, qu'elles sont centrées sur elles-mêmes, conservatrices, et qu'elles vivent dans le passé. Cette image négative peut exercer une influence sur les attentes des personnes âgées elles-mêmes, au point où elles en viennent à la partager inconsciemment : ces préjugés agissent alors comme des prophéties autoréalisantes et diminuent l'estime de soi et le bien-être des adultes vieillissants (Lévy, 2003).

Toutefois, les efforts pour combattre l'**âgisme,** c'est-à-dire la discrimination fondée sur l'âge, sont aujourd'hui de plus en plus manifestes. La visibilité croissante de personnes âgées en santé, actives et productives (dans les médias, entre autres) aide considérablement à modifier cette vision négative et souvent fausse du vieillissement.

13.1.1 Les indices démographiques

La population mondiale vieillit. Ainsi, en 2006, environ 500 millions de personnes dans le monde étaient âgées de 65 ans et plus, et l'augmentation nette annuelle est de plus de 850 000 chaque mois. En 2030, on prévoit que la population de ce groupe d'âge atteindra le milliard, soit un habitant de la terre sur huit. L'augmentation la plus rapide s'observe dans les pays développés, où vit actuellement 60 % de la population âgée mondiale. On estime que ces pays connaîtront un bond de 140 % de leur population vieillissante, comme l'indique la figure 13.1 (Dobriansky, Suzman et Hodes, 2007).

FIGURE 13.1 | L'évolution de la population âgée et de la population globale par région de 2002 à 2005

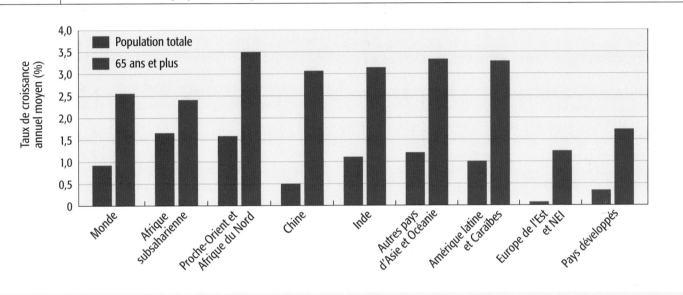

Selon les projections, l'augmentation de la population de 65 ans et plus devrait être plus rapide que celle de tout autre groupe d'âge, et ce, dans toutes les régions du monde. La plus forte augmentation devrait toucher la plupart des pays développés.

Source : U. S. Census Bureau, 2004.

Au Canada, en 2006, le pourcentage des personnes de 65 ans et plus était de 13,7 %, alors qu'il était de 14,3 % au Québec (Statistique Canada, 2007c). La proportion des personnes âgées devrait poursuivre son ascension dans les deux prochaines décennies, tant au Québec qu'au Canada. On prévoit en effet que le nombre de personnes de 65 ans et plus devrait dépasser celui des enfants de 0 à 14 ans dès 2015 (Statistique Canada, 2005c).

Par ailleurs, comme nous le montre l'encadré 13.1, à la page suivante, on assiste à un *survieillissement* au sein de la cohorte des 65 ans et plus, c'est-à-dire que les personnes qui vivent au-delà de 80 ans sont de plus en plus nombreuses. C'est même le groupe d'âge qui devrait augmenter le plus dans les années à venir. Actuellement, 1 Canadien sur 30 est âgé de plus de 80 ans : on estime que ce sera 1 sur 15 en 2031 (Vézina, Cappeliez et Landreville, 2007).

Les deux sexes ne sont pas égaux devant le vieillissement, puisque le pourcentage de femmes âgées est plus élevé que celui des hommes. Ainsi, en 2006, le pourcentage des hommes âgés était de 12,2 % de la population globale du Canada, alors que celui des femmes était de 15,2 %. Au Québec, le pourcentage des hommes âgés était de 12,4 %, et celui des femmes de 16,2 % (Statistique Canada, 2007c). Plus les personnes avancent en âge, plus cet écart se creuse : après 85 ans, on ne compte en effet plus que 45 hommes pour 100 femmes (Vézina *et al.*, 2007).

13.2 **Une doyenne de l'humanité**

Edna Parker tient une rose qu'elle a reçue en avril 2008 pour son 115e anniversaire. Née le 20 avril 1893, cette Américaine a été, jusqu'à son décès en novembre 2008, la personne connue comme étant la plus âgée du monde. Elle a survécu à ses deux fils.

Les centenaires

Voilà une centaine d'années, la plupart des Canadiens n'atteignaient pas l'âge de 50 ans. Aujourd'hui, les personnes centenaires représentent le groupe d'âge qui augmente le plus. Ainsi, lors du recensement de 2001, on a dénombré 3 800 personnes âgées de 100 ans et plus, dont 21 % au Québec, soit une augmentation de 21 % par rapport à 1996. En 2006, ce nombre était passé à 4 600 (Statistique Canada, 2006h). Dans les pays européens industrialisés, la population de centenaires a doublé tous les dix ans depuis 1950 (Kinsella et Phillips, 2005). Dans ce groupe d'âge, il y a par ailleurs de plus en plus de gens qui atteignent l'âge vénérable de 110 ans et plus : ce sont les « super centenaires » comme les appellent certains démographes. Mais partout, les femmes sont surreprésentées. Ainsi, en 2001, sur les 3 800 centenaires canadiens, plus de 3 000 étaient des femmes (Statistique Canada, 2006h). Quant à la plus longue espérance de vie, elle est détenue par les femmes japonaises. Leur espérance de vie était de 86,1 ans en 2008, alors que celle des hommes était de 79,3 ans (Statistics Bureau Japan, 2009). Il faut toutefois faire preuve de prudence lorsque les statistiques se fondent sur des déclarations autorapportées, lesquelles peuvent conduire à une exagération des chiffres. Cependant, au Québec, même si des erreurs demeurent toujours possibles, les données sont généralement assez fiables, puisque les chercheurs disposent de registres paroissiaux tenus depuis le XVIIᵉ siècle.

Certains gérontologues s'inquiètent devant cette augmentation de la longévité qui pourrait conduire, selon eux, à un nombre croissant de personnes souffrant de maladies chroniques. Cette prédiction n'est cependant pas nécessairement vraie. Ainsi, parmi 424 centenaires canadiens et américains des deux sexes, environ la moitié ne présentait pas de problèmes cardiaques, ne souffraient pas d'une congestion cérébrale ou d'une forme de cancer autre que le cancer de la peau, les trois causes de décès les plus fréquentes chez les personnes âgées. Les chercheurs ont découvert trois cheminements différents dans l'histoire de santé de ces centenaires. Un premier groupe de personnes avait complètement échappé à ces maladies (32 % des hommes et 15 % des femmes). Un second groupe (24 % des hommes et 43 % des femmes) avait déjà reçu des diagnostics de maladies associées à l'âge, comme des troubles cardio-vasculaires, des cancers, du diabète ou des troubles pulmonaires, avant l'âge de 80 ans, mais y avait survécu. Enfin, le dernier groupe, le plus large (44 % des hommes et 42 % des femmes), avait réussi à reculer l'arrivée de ces maladies jusqu'à l'âge de 80 ans et plus. En tout, 87 % des hommes et 83 % des femmes centenaires avaient échappé à ces maladies liées à l'âge ou les avaient différées (Evert et al., 2003).

Comment expliquer cette longévité exceptionnelle ? Une des explications possibles est d'ordre génétique. En effet, les centenaires tendent à être relativement exempts des gènes liés à des maladies comme le cancer et la maladie d'Alzheimer. Plus précisément, un endroit sur le chromosome 4, associé à une longévité exceptionnelle (Perls, Kunkel et Puca, 2002a, 2002b), mais aussi à un vieillissement en santé (Reed et al., 2004), est présent chez la plupart des centenaires. Dans une autre recherche effectuée auprès de descendants de personnes d'origine juive ashkénaze (Europe de l'Est) âgées de 95 ans et plus, un gène variant semblait protéger la mémoire ainsi que les habiletés à penser et à apprendre (Barzilai et al., 2006).

Par ailleurs, lors d'une recherche effectuée dans huit villes de Nouvelle-Angleterre, Thomas Perles et ses collègues ont trouvé que le niveau de scolarité, le statut socioéconomique, l'origine ethnique et le régime alimentaire variaient considérablement chez les centenaires étudiés. Certains étaient végétariens, alors que d'autres mangeaient beaucoup de viande. Certains étaient des athlètes, alors que d'autres ne pratiquaient pas d'activités vigoureuses. Cependant, parmi eux, peu étaient obèses, et rares étaient les gros fumeurs. Un nombre significativement élevé étaient des femmes qui n'avaient jamais été mariées. Parmi celles qui avaient eu des enfants, un nombre significativement élevé les avaient eus après 40 ans. Enfin, la capacité à gérer le stress était le seul trait de personnalité partagé par ces centenaires (Perls, Alpert et Fretts, 1997 ; Perls, Hutter-Silver et Lauerman, 1999 ; Silver et al., 1998). Selon Perls et ses collaborateurs, la personnalité influe sur l'espérance de vie. Ainsi, les centenaires seraient plus extravertis ; ils auraient donc plus d'amis pour s'occuper d'eux et ils seraient moins névrosés, ce qui leur permettrait de mieux gérer leur stress (Perls et al., 2009). Donc, pour vivre vieux, vivons heureux !

13.1.2 Les causes du vieillissement de la population

Espérance de vie
Durée de vie moyenne qu'une personne née dans une cohorte donnée est susceptible de connaître.

Du point de vue démographique, deux facteurs sont essentiellement responsables du vieillissement de la population. Le premier concerne le *taux de mortalité*, qui a considérablement baissé au Canada où il est passé de 11,6 pour 1 000 habitants en 1921 à 7,3 en 2005 (Statistique Canada, 2005d). L'**espérance de vie** a par ailleurs augmenté. Ainsi, en 1920, un enfant de sexe masculin né au Canada pouvait espérer vivre jusqu'à 59 ans, et un enfant de sexe féminin jusqu'à 61 ans. En 2005, cette espérance de vie était passée à 78 ans pour un homme et à 82,7 ans pour une femme, soit une espérance de vie moyenne de 80,4 ans (Statistique Canada, 2008f). Cet allongement du cycle de vie résulte de la combinaison de plusieurs facteurs : la science, la technologie et la médecine ont connu des avancées majeures, tandis que la croissance économique a permis une meilleure alimentation, des habitudes de vie plus saines, un contrôle plus efficace des maladies infectieuses, une meilleure qualité de l'eau et une amélioration des conditions sanitaires (Dobriansky *et al.*, 2007).

Parallèlement à la baisse de la mortalité, on a également enregistré une baisse du *taux de fécondité* dans la majorité des pays industrialisés. Ainsi, au Canada en 2005, le nombre moyen d'enfants par femme était de 1,54, ce qui ne permet pas le remplacement de la population, puisque ce nombre est inférieur au *seuil de remplacement des générations* qui, en l'absence de migration, est de 2,1 enfants par femme (Statistique Canada, 2008g).

13.1.3 Les conséquences du vieillissement de la population

Le vieillissement de la population entraîne de nombreuses conséquences, surtout économiques et sociales, et nécessite des ajustements. Ainsi, elle fait craindre à certains l'explosion des coûts du système de santé et soulève la question des retraites à payer par une population active de moins en moins nombreuse. Or, son impact dépend en réalité du nombre de personnes en bonne santé et valides au sein de cette population active.

Le concept d'**âge fonctionnel** réfère à la capacité d'un individu à fonctionner dans son environnement physique et social comparativement à d'autres individus ayant le même âge chronologique. Ainsi, une personne de 90 ans en bonne santé peut être fonctionnellement plus jeune qu'une personne de 65 ans en mauvaise santé. À cet égard, la tendance est encourageante, puisqu'on sait aujourd'hui que de nombreux problèmes, considérés autrefois comme faisant partie du vieillissement normal, sont en fait dus au mode de vie ou à la maladie et non à l'âge lui-même. Alors que le **vieillissement primaire** désigne un processus graduel et inévitable de détérioration du corps qui commence tôt dans la vie et se poursuit au cours des années, indépendamment de ce que fait la personne, le **vieillissement secondaire** résulte, par contre, de facteurs tels que la maladie, les mauvais traitements ou encore d'autres facteurs qui sont plus ou moins sous le contrôle de la personne (Busse, 1987). Si certains facteurs, comme la classe sociale des parents ou la longévité des grands-parents, échappent à ce contrôle, d'autres facteurs, tels que la consommation d'alcool ou de tabac, la pratique d'exercices physiques ou l'indice de masse corporelle, sont davantage sous la responsabilité de la personne elle-même (Vaillant et Mukamal, 2001).

Toutefois, les recherches en **gérontologie,** la discipline scientifique qui étudie les personnes âgées et le processus de vieillissement, ainsi que celles en **gériatrie,** la branche de la médecine concernée par le vieillissement, soulignent la nécessité de mettre en place des services répondant aux besoins particuliers de cette population qui augmente d'année en année.

Par ailleurs, nos préjugés nous font souvent oublier que les personnes âgées contribuent activement à leur famille et à leur société. Comme Céline et ses sœurs dans la mise en situation de ce chapitre, elles transmettent leurs savoirs aux plus jeunes, elles sont souvent des aidantes naturelles auprès de leurs proches, elles font du bénévolat et s'impliquent à divers niveaux dans leur communauté. Le transfert des ressources ne se fait donc pas seulement de la population active vers les aînés, ces derniers représentant aussi une ressource précieuse pour la société (Vézina *et al.*, 2007).

Âge fonctionnel
Mesure de la capacité d'un individu à fonctionner dans son environnement physique et social comparativement à d'autres ayant le même âge chronologique.

Vieillissement primaire
Processus graduel et inévitable de détérioration du corps. Il commence tôt dans la vie et se poursuit au cours des années, indépendamment de ce que fait la personne.

Vieillissement secondaire
Résultat de maladies, de mauvais traitements ou d'autres facteurs plus ou moins sous le contrôle de la personne.

Gérontologie
Discipline scientifique qui étudie les personnes âgées et le processus de vieillissement.

Gériatrie
Branche de la médecine concernée par le vieillissement.

13.3 **La nécessité de services spécialisés**

Les spécialistes en gériatrie recommandent la mise en place de services spécialisés pour répondre aux besoins des personnes vieillissantes.

Faites le POINT

1. Définissez ce qu'est l'âgisme et donnez-en un exemple.
2. Quelles sont les deux causes particulièrement responsables du vieillissement de la population ? Nommez quelques facteurs qui peuvent les expliquer.
3. Expliquez la différence entre le *vieillissement primaire* et le *vieillissement secondaire*.

13.2 Le développement physique

Le processus de **sénescence**, caractérisé par le déclin progressif des fonctions physiques, ne commence pas au même moment pour toutes les personnes. Dans cette section, nous allons essayer de comprendre pourquoi en présentant la position des différentes théories du vieillissement, avant de décrire les principales transformations physiques qu'entraîne cette sénescence.

13.2.1 Les théories du vieillissement

Deux courants théoriques tentent d'expliquer pourquoi les fonctions vitales se détériorent lors du processus de sénescence: les théories du vieillissement programmé et les théories du vieillissement variable.

Les théories du vieillissement programmé

Les **théories du vieillissement programmé** soutiennent que le processus de sénescence est génétiquement programmé, c'est-à-dire que des gènes particuliers «s'éteignent» avant que les pertes dues à l'âge (telles que la diminution de la vision, de l'audition ou du contrôle moteur) ne deviennent évidentes. Minime avant 60 ans, cette influence génétique augmenterait avec l'âge et serait probablement due à plusieurs variantes de gènes rares, chacune ayant de menus effets. On sait maintenant qu'une de ces variantes génétiques, l'APOE2, dont nous reparlerons plus loin, protège contre les troubles cardiovasculaires et la maladie d'Alzheimer, alors que d'autres variantes augmentent le risque de développer ces maladies (Christensen, Johnson et Vaupel, 2006).

Selon la *théorie endocrinienne,* l'horloge biologique agirait grâce aux gènes qui contrôlent les changements hormonaux. Avec l'âge, cette activité hormonale déclinerait, entraînant alors la perte de la force musculaire et l'atrophie des organes (Lamberts, Van den Beld et Van der Lely, 1997). Une autre théorie soutient enfin que certains gènes seraient impliqués dans l'affaiblissement du système immunitaire, qui déclinerait avec l'âge, ce qui rendrait le corps vulnérable aux maladies infectieuses (Holliday, 2004).

Les théories du vieillissement variable

Les **théories du vieillissement variable** voient le vieillissement comme étant le résultat de processus aléatoires qui varient d'une personne à une autre. Ainsi, la plupart de ces théories attribuent le vieillissement à des dommages causés par des erreurs dues au hasard dans les systèmes biologiques ou par des attaques environnementales contre ces systèmes.

Selon la *théorie du vieillissement par l'usure,* les cellules perdraient au fur et à mesure du vieillissement leur capacité de se reproduire et de réparer ou remplacer les parties endommagées. Les agents stresseurs internes et externes pourraient aussi aggraver ce processus (Hayflick, 2004; Holliday, 2004). Pour sa part, la *théorie des radicaux libres* met l'accent sur le rôle néfaste des radicaux libres, c'est-à-dire des agents oxydants non métabolisés. Ceux-ci s'accumuleraient naturellement avec l'âge, mais également à la suite de l'exposition à des oxydants contenus, par exemple, dans certains aliments ou dans la pollution atmosphérique, et causeraient des dommages aux cellules. L'action des radicaux libres a ainsi été associée, entre autres, à l'arthrite, à la cataracte, au cancer et aux troubles neurologiques comme la maladie de Parkinson (Stadtman, 1992; Wallace, 1992). De son côté, la *théorie de l'auto-immunité* avance que le système immunitaire peut devenir «confus» avec l'âge et libérer alors des anticorps s'attaquant aux cellules de son propre organisme. Ce dysfonctionnement serait responsable de certaines maladies associées au vieillissement (Holliday, 2004). Enfin, la *théorie du taux de vie* suggère que le corps ne peut travailler indéfiniment; plus il travaille vite, plus il utilise de l'énergie et plus vite il s'use. Selon elle, ce serait donc la vitesse du métabolisme ou de l'utilisation de l'énergie qui déterminerait la durée de la vie (Schneider, 1992).

Toutes ces théories ont des implications pratiques. En effet, si l'être humain est génétiquement programmé pour vieillir à un certain rythme, il n'y a pas grand-chose à faire pour retarder ce processus, sauf essayer de modifier les gènes en question. Par contre, si le vieillissement est variable, il peut être influencé par des facteurs externes tels qu'un mode de vie sain. Toutefois, rien ne vient supporter scientifiquement l'efficacité des innombrables produits supposément «anti-âge» mis sur le marché (Olshansky, Hayflick et Perls, 2004). Le vieillissement n'est pas une maladie : c'est un processus naturel propre à tous les êtres vivants.

Par ailleurs, ces différentes théories contiennent certainement une part de vérité ; les facteurs environnementaux et ceux liés au mode de vie peuvent interagir avec les facteurs génétiques et déterminer combien de temps une personne va vivre et dans quel état. Mais à quel point peut-on prolonger la vie ? Leonard Hayflick (1974) a constaté que des cellules humaines conservées en laboratoire ne se renouvellent qu'une cinquantaine de fois. Ce phénomène, qui porte le nom de **limite d'Hayflick,** serait contrôlé génétiquement et impliquerait que la durée de la vie humaine est biologiquement limitée elle aussi. Hayflick a ainsi estimé cette limite à environ 110 ans (Hayflick, 1981).

Limite d'Hayflick
Selon Hayflick, limite biologique de la durée de la vie humaine, estimée à environ 110 ans.

Pourtant, une série de recherches prometteuses inspirées de la théorie du taux de vie montrent qu'une réduction radicale de l'apport en calories (incluant cependant tous les nutriments nécessaires) permettrait de prolonger la vie de presque toutes les espèces animales sur lesquelles on l'a testée (Bodkin *et al.*, 2003). De plus, une recension de quinze années de recherche suggère que la restriction calorique peut avoir des effets bénéfiques sur le vieillissement humain et l'espérance de vie. Toutefois, comme il faut une très grande discipline pour réussir à suivre ce genre de diète, les chercheurs se tournent de plus en plus vers la création de médicaments censés en imiter les effets (Fontana et Klein, 2007). Se pourrait-il que la limite biologique de la vie humaine ne soit pas encore vraiment prévisible ?

13.2.2 Les changements physiques associés au vieillissement

Plusieurs changements physiques amorcés durant la période de l'âge mûr s'accentuent avec le vieillissement et sont de plus en plus visibles : la peau se flétrit, les rides se multiplient, les muscles s'atrophient, le gras diminue, les cheveux deviennent plus fins et perdent leur couleur, et des varices peuvent apparaître sur les jambes. Peu à peu, les disques entre les vertèbres s'atrophient, provoquant un tassement de la colonne vertébrale. Chez les femmes qui souffrent d'ostéoporose, le risque de fractures augmente. D'autres changements, tout aussi importants même s'ils sont moins visibles, affectent aussi les organes internes, les différents systèmes du corps, le cerveau, les sens et la motricité ainsi que la fonction sexuelle.

13.4 Les changements physiques dus au vieillissement

Avec le vieillissement, les changements physiques sont de plus en plus visibles : la peau se flétrit, les rides se multiplient et les muscles s'atrophient.

Le vieillissement du cerveau

Chez les personnes en santé, les modifications du cerveau vieillissant sont généralement subtiles et touchent très peu son fonctionnement. De plus, elles varient considérablement d'une personne à une autre, d'une région du cerveau à une autre et d'un type de tâche à un autre (Burke et Barnes, 2006). Ainsi, les déclins dans la mémoire à long terme tendent à commencer vers la fin de la cinquantaine, alors que la capacité à comprendre des mots non familiers à partir de leur contexte demeure très élevée jusqu'à près de 80 ans (Finch et Zelinski, 2005). Une modification caractéristique concerne la diminution du nombre, ou de la densité, des neurotransmetteurs de la dopamine, due à une perte de connexions synaptiques (réduction de la densité dendritique). Ce changement se traduit généralement par des temps de réaction plus lents, particulièrement dans l'exécution des tâches quotidiennes, comme nous le verrons plus loin. On assiste également à un amincissement de la gaine de myéline, la substance qui permet aux impulsions nerveuses de voyager rapidement entre les différentes zones du cerveau. Cette détérioration, qui commence au milieu de la cinquantaine, est associée au déclin cognitif et moteur (Andrews-Hanna *et al.*, 2007).

Par ailleurs, à l'âge adulte avancé, le volume et le poids du cerveau diminuent progressivement, particulièrement au niveau du cortex frontal, qui contrôle les fonctions exécutives (Von Hippel, 2007 ; Burke et Barnes, 2006). On a d'abord attribué ce phénomène principalement à la diminution du nombre de neurones. Cependant, la plupart des chercheurs s'entendent désormais sur le fait que cette perte neuronale n'est pas substantielle, excepté dans certaines zones particulières comme le cervelet, qui coordonne les activités sensorimotrices, et qu'elle ne nuit pas à la cognition. De plus, la plasticité du cerveau lui permet de « réorganiser les circuits neuronaux pour répondre au défi du vieillissement neurobiologique » (Park et Gutchess, 2006). Ce phénomène de *compensation synaptique* permet au cerveau de demeurer le plus fonctionnel possible, et ce, le plus longtemps possible.

Enfin, on a découvert récemment que certaines cellules, les *cellules gliales,* pouvaient produire de nouveaux neurones dans certaines parties du cerveau adulte et que ces neurones s'intégraient aux circuits existants, ce que l'on croyait impossible auparavant (De Chevigny et Lledo, 2006). Ce phénomène a été particulièrement mis en évidence dans l'hippocampe, une partie du cerveau impliquée dans l'apprentissage et la mémoire (Van Praag *et al.*, 2002). Cette découverte importante a ouvert de nouvelles perspectives sur la capacité d'autoréparation du cerveau.

Les changements organiques et systémiques

Les changements qui affectent le fonctionnement des organes et des systèmes internes sont très variables, aussi bien chez une personne en particulier que d'un individu à un autre. Alors que certains systèmes déclinent rapidement, d'autres ne changent presque pas. Par exemple, le système digestif demeure relativement efficace, alors que le rythme cardiaque tend à devenir plus lent et plus irrégulier.

Réserve organique
Réserve dans laquelle le corps peut puiser lors des situations de stress.

Par ailleurs, le niveau de la **réserve organique,** dans laquelle le corps peut puiser lors de situations de stress, tend à baisser : les adultes âgés ne peuvent plus répondre comme avant à des demandes physiques exceptionnelles. Ainsi, la personne qui pouvait faire une longue randonnée à ski de fond après avoir pelleté de la neige risque, à présent, d'épuiser rapidement sa réserve cardiaque. Toutefois, en procédant avec mesure, bien des adultes d'âge avancé peuvent continuer de réaliser les activités de leur choix.

Les capacités sensorielles

La plupart des troubles de la vision qui surviennent avec l'âge sont dus à des transformations, généralement progressives, de la structure de l'œil (Vézina *et al.*, 2007).

Les troubles de la vue

La dégénérescence maculaire liée à l'âge est due à la perte graduelle de la capacité de la macula de distinguer les petits détails. La vision de la personne qui en est atteinte serait celle de la photo de droite.

Pour voir, la personne a maintenant besoin de plus de lumière, elle est plus facilement éblouie et a plus de difficulté à localiser et à lire les signes, surtout ceux qui sont en mouvement, ce qui peut rendre la conduite automobile plus risquée, en particulier la nuit. La vision des couleurs et celle de la profondeur peuvent devenir plus difficiles, et la diminution de la sensibilité aux contrastes visuels peut nuire à la lecture. Cette baisse de l'acuité visuelle est susceptible d'entraîner des accidents et des chutes.

Cataracte
Opacification du cristallin qui rend la vue brouillée. Elle ne peut être corrigée que par une chirurgie.

La **cataracte,** qui est due à une opacification du cristallin, est courante chez les personnes âgées : elle touche 30 % des personnes de 65 à 75 ans, 50 % de celles qui ont entre 75 et 85 ans, et 70 % de celles qui ont plus de 85 ans. La vision devient alors de plus en plus brouillée et ne peut être corrigée par des lunettes. Seule la chirurgie permet de la traiter ; c'est d'ailleurs l'une des opérations les plus fréquentes chez les Nord-Américains âgés et les résultats obtenus sont généralement satisfaisants.

La **dégénérescence maculaire liée à l'âge** représente une autre cause de défi-cience visuelle chez les personnes âgées : le centre de la rétine (la macula) perd gra-duellement la capacité de distinguer nettement les petits détails, ce qui peut rendre difficiles bien des activités quotidiennes. Cette maladie de la rétine apparaît généra-lement après 50 ans et devient plus fréquente après 65 ans. Actuellement, on ne peut la guérir, mais certains traitements peuvent néanmoins en retarder l'évolution.

Le **glaucome** résulte d'une dégradation irréversible du nerf optique causée par une augmentation de la pression oculaire. S'il n'est pas traité, il peut entraîner la cécité. Un traitement précoce peut diminuer la pression élevée de l'œil et retarder l'appari-tion de la maladie. Le glaucome représente la deuxième cause de cécité dans le monde (Quigley et Broman, 2006).

L'audition est également affectée par l'âge. Ainsi, au Canada, 13 % des personnes des deux sexes âgées de 65 à 74 ans et 48 % de celles âgées de plus de 85 ans déclarent avoir un trouble auditif. Ces pourcentages augmentent considérablement lorsqu'il s'agit de personnes vivant en établissement (Vézina *et al.*, 2007). Par ailleurs, ce déclin des facultés auditives est plus important et plus précoce chez les hommes que chez les femmes, et peut aller du trouble léger à la perte totale de l'ouïe. Or, les pertes auditives influent direc-tement sur la capacité de communiquer de la personne âgée. En effet, cette dernière peut avoir de la difficulté à suivre une conversation, surtout si plusieurs personnes parlent en même temps, ou encore s'il y a des bruits de fond comme ceux de la radio. Ne voulant pas toujours faire répéter, la personne peut se retirer socialement et éprouver un senti-ment de solitude. Les prothèses auditives permettent d'améliorer l'ouïe, mais elles coûtent cher et augmentent les bruits de fond autant que les sons que la personne souhaite entendre. Elles sont peu utilisées par les personnes souffrant d'un trouble de l'audition.

La vie quotidienne des personnes âgées souffrant de limitations sensorielles peut être facilitée par différents aménagements de leur environnement physique, tels que des lampes de lecture plus puissantes, des livres imprimés en gros caractères, des barres d'appui et des baignoires aménagées, des sols couverts de tapis ou de matériaux non brillants et des signaux aussi bien sonores que visuels dans les endroits publics (sortie, toilettes, ascenseur, etc.).

La force, l'endurance, l'équilibre et le temps de réaction

Les adultes perdent généralement de 10 % à 20 % de leur force physique jusqu'à l'âge de 70 ans et encore plus par la suite. L'endurance diminue plus systématiquement que certains autres aspects de la forme physique comme la souplesse, surtout chez les femmes (Van Heuvelen *et al.*, 1998). En ce qui concerne la diminution de la force et de la puissance musculaires, on peut les attribuer au vieillissement, mais aussi à la baisse de l'activité physique et à la maladie. Ces pertes sont cependant partiellement réver-sibles, comme l'ont démontré différentes études menées auprès d'individus âgés de 60 à 90 ans, études qui comportaient divers programmes d'entraînement physique. Les résultats de cet entraînement se traduisaient, entre autres, par une augmentation de la masse musculaire. Toutefois, l'aspect le plus important mis de l'avant par ces études réside dans la possibilité d'entraîner la capacité du cerveau à activer et à coordonner l'activité musculaire (Barry et Carson, 2004). Cette preuve de la plasticité du cerveau chez les personnes âgées indique que celles-ci peuvent bénéficier d'un entraînement physique adapté : en augmentant la force musculaire, l'endurance, l'équilibre et la vitesse de réaction, plusieurs chutes et fractures pourraient ainsi être évitées.

Le sommeil

Les personnes âgées tendent à moins dormir et à moins rêver qu'auparavant. Elles s'éveillent plus souvent au cours de la nuit et les périodes de sommeil profond dimi-nuent. Pour rattraper le sommeil perdu, elles font plus souvent de courtes siestes durant la journée. Ces modifications du sommeil ne sont pas inéluctables, et c'est pourquoi il faut s'en préoccuper si elles deviennent récurrentes. L'insomnie chro-nique peut être le signe précurseur d'une dépression et elle doit être traitée. Une acti-vité physique modérée peut notamment aider à améliorer la qualité du sommeil.

Dégénérescence maculaire liée à l'âge
Perte graduelle de la capacité du centre de la rétine (ou macula) à distinguer les petits détails.

Glaucome
Dégradation irréversible du nerf optique causée par une augmentation de la pression oculaire et qui peut entraîner la cécité si elle n'est pas soignée.

13.6 L'audition, un instrument de communication
La prothèse auditive que porte cet homme lui permet de mieux entendre ce que lui dit sa conjointe et de commu-niquer plus facilement avec elle.

13.7 **Le maintien de l'intimité sexuelle**

La sexualité demeure une source de satisfaction importante pour les personnes âgées. Une vie sexuelle active pendant l'âge mûr permet son maintien à l'âge avancé.

La fonction sexuelle

Le facteur le plus important du maintien de la fonction sexuelle jusqu'à un âge avancé réside dans une activité sexuelle régulière au cours de la vie. Ainsi, un homme en bonne santé et qui a toujours été sexuellement actif peut généralement maintenir une certaine activité sexuelle jusqu'à 70 ans, et même 80 ans et plus. Quant aux femmes, elles sont physiologiquement aptes à être sexuellement actives jusqu'à la fin de leur vie. Toutefois, des facteurs tels que l'état de santé physique, la prise de médicaments et la disponibilité d'un partenaire sont également associés à l'activité sexuelle des personnes âgées (Vézina *et al.*, 2007). Ainsi, les hommes âgés sont plus susceptibles que les femmes âgées de rester sexuellement actifs en vieillissant parce qu'ils sont moins nombreux et ont donc plus de chances d'avoir une partenaire (Lindau *et al.*, 2007). Dans la mise en situation de ce chapitre, Céline est donc représentative des femmes de son âge, puisqu'elle n'a plus de partenaire.

À l'âge adulte avancé, la sexualité est cependant différente de ce qu'elle était auparavant. Les hommes prennent plus de temps à avoir une érection et à éjaculer, l'érection devient moins ferme et moins durable, ils peuvent avoir besoin de plus de stimulation manuelle et connaissent des intervalles plus longs entre les érections. Chez les femmes, l'engorgement de la poitrine ainsi que d'autres signes d'excitation sexuelle sont moins intenses qu'auparavant. Alors que ces divers changements n'empêchent pas le maintien de l'activité sexuelle, ils sont souvent perçus de façon très négative. Ainsi, plusieurs pensent que les personnes âgées ne peuvent plus avoir d'activité sexuelle, voire qu'elles ne devraient plus en avoir.

Les préjugés à cet égard sont nombreux : les personnes âgées, ainsi que leur entourage, peuvent les intérioriser et percevoir la sexualité comme ne faisant plus partie de leur vie. Par exemple, dans les établissements pour personnes âgées, on peut négliger de reconnaître leurs besoins sexuels et leur imposer des restrictions à cet égard (Vézina *et al.*, 2007). Pourtant, la sexualité demeure un élément important de la vie des adultes âgées et une source de satisfaction qui contribue à leur bien-être.

Faites le POINT

4 En quoi les théories du vieillissement programmé et celles du vieillissement variable diffèrent-elles ?

5 Définissez la notion de réserve organique et expliquez comment le vieillissement peut l'affecter.

6 Faites la différence entre la cataracte, la dégénérescence maculaire liée à l'âge et le glaucome.

13.3   La santé physique et mentale

L'augmentation de l'espérance de vie soulève la question de la relation entre la longévité et la santé, aussi bien physique que mentale. Quel est, actuellement, l'état de santé des adultes âgés et comment peut-on en prévenir le déclin ? C'est ce que nous allons voir maintenant.

13.3.1   Les facteurs d'influence de la forme et de la santé physiques

Les chances de rester en forme et en santé jusque tard dans la vie dépendent en grande partie du mode de vie, plus particulièrement de l'activité physique et de l'alimentation.

L'activité physique

Comme nous l'avons déjà mentionné, la pratique d'exercices tout au long de la vie peut prévenir de nombreux changements physiques associés auparavant au vieillissement normal. Faire régulièrement de l'exercice fortifie le cœur et les poumons, protège contre l'hypertension, le durcissement des artères, l'ostéoporose et le diabète. Cette pratique contribue à maintenir la vitesse, la résistance, la force et l'endurance; de plus, elle améliore la vigilance mentale et le rendement cognitif, soulage l'anxiété et la dépression légère et augmente le sentiment de bien-être (Agency for Healthcare Research and Quality and CDC, 2002). Une étude longitudinale menée auprès de 7 553 femmes âgées révèle ainsi que le taux de mortalité de celles qui avaient augmenté leur niveau d'activité au cours d'une période de six ans était plus faible pendant les six ans et demi suivants (Gregg *et al.*, 2003). Dans une autre étude réalisée sur une période de 12 mois et menée auprès de 201 adultes de 70 ans et plus, les chercheurs ont découvert que les exercices physiques, combinés à une formation à l'autogestion des maladies chroniques et à du soutien de la part des pairs, permettaient à des individus souffrant d'incapacités faibles à modérées de mener leurs activités quotidiennes de meilleure façon. Enfin, même chez les personnes très âgées et frêles, des exercices modérés semblent augmenter les chances de survie (Phelan *et al.*, 2004).

 Le vieillissement et les habitudes de vie

Ces adeptes du golf profitent d'un exercice physique régulier tout en pratiquant un loisir agréable. L'exercice les aide à vivre plus longtemps et à maintenir une bonne santé physique et mentale.

La nutrition

Nous avons vu que la nutrition représente un facteur d'influence significatif dès le début de la vie. Elle le demeure dans cette dernière période du développement, où elle joue un rôle important dans la prédisposition à diverses maladies telles que l'artériosclérose, les troubles cardiaques et le diabète (Houston *et al.*, 2005). En effet, une diète équilibrée peut réduire les risques d'obésité, de pression artérielle et de taux de cholestérol élevés, plus particulièrement si cette diète est riche en fruits et légumes, en noix, en grains entiers et en gras non saturés (Esposito *et al.*, 2004).

Or, l'alimentation de bien des personnes âgées présente des carences en produits laitiers et en fruits et légumes. De plus, pour des raisons économiques, leur alimentation est parfois insuffisante, non seulement en qualité, mais aussi en quantité. Selon l'Agence de la santé publique du Canada, ce sont surtout les personnes vivant seules et en perte d'autonomie qui sont les plus susceptibles de malnutrition, la pauvreté demeurant un facteur négatif important. Les femmes âgées sont particulièrement susceptibles de vivre cette situation. En effet, en 2005 au Québec, 32,1 % des femmes âgées et seules étaient pauvres, comparativement à 19,8 % des hommes seuls et à 1,4 % des couples (Rose, 2008).

13.3.2 Les problèmes de santé physique et leur impact

La mauvaise santé n'est pas une conséquence inévitable du vieillissement et de nombreux adultes âgés bénéficient d'une bonne santé générale. Toutefois, en vieillissant, ces personnes sont plus susceptibles de connaître des problèmes de santé et de développer des maladies chroniques qui mèneront à la mort, telles que les troubles cardiovasculaires, les cancers, les accidents cérébrovasculaires et les troubles respiratoires (NCHS, 2004). La prévalence du diabète et de l'hypertension augmente avec l'âge, cette dernière étant associée au risque d'accident cérébrovasculaire, mais aussi au déclin des fonctions cognitives telles que l'attention, la mémoire, les fonctions exécutives et les habiletés sensorielles et psychomotrices (Waldstein, 2003). Enfin, les chutes sont également une cause importante d'hospitalisation chez les 65 ans et plus puisqu'elles représentent 85 % des cas (Institut canadien d'information sur la santé, 2004).

Lorsque les incapacités physiques ne sont pas trop sévères, la personne parvient généralement à maintenir ses activités quotidiennes. Cependant, en cas de troubles chroniques et de baisse de la réserve organique, la moindre blessure ou maladie peut avoir des répercussions sérieuses. Ainsi, une étude menée auprès de 754 personnes âgées qui avaient été hospitalisées ou qui avaient connu une période d'activité réduite (à la suite d'une chute, par exemple) a montré qu'elles étaient plus susceptibles de développer une incapacité permanente (Gill *et al.*, 2004).

13.3.3 Les problèmes de santé mentale

Contrairement à la croyance populaire, la santé mentale tend à s'améliorer avec l'âge. Toutefois, lorsque des troubles mentaux et comportementaux surviennent, ils peuvent entraîner une altération de la majorité des activités quotidiennes ainsi qu'un déclin des fonctions cognitives (Van Hooren *et al.,* 2005). Beaucoup de personnes âgées et leurs familles croient, à tort, qu'on ne peut rien faire lorsque ces problèmes surgissent, alors qu'ils peuvent être prévenus, soignés ou atténués, et même guéris.

La dépression

Environ 2% des adultes de 65 ans et plus vivant encore au sein de la collectivité souffriraient de dépression majeure, tandis que 15% d'entre eux présenteraient des symptômes de dépression significatifs (Centre de recherche de l'Institut Douglas, 2009). Toutes les études montrent que les femmes sont deux fois plus touchées que les hommes, et ce, à tous les âges (Blazer et Hybels, 2005). Cependant, la prévalence des cas de dépression diminue pour les deux sexes avec l'avancement en âge (Vézina *et al.,* 2007).

L'hérédité explique 40% à 50% du risque de dépression majeure (Bouchard, 2004). Toutefois, la vulnérabilité serait attribuable à l'influence de gènes multiples en interaction avec des facteurs environnementaux comme les événements stressants, la solitude et la consommation de substances. À l'âge adulte avancé, les facteurs de risque particuliers incluent la maladie chronique ou l'incapacité, le déclin cognitif, le divorce, la séparation ou le veuvage (Mueller *et al.,* 2004).

Les personnes âgées qui souffrent de dépression présentent toute une série de symptômes dont les plus fréquents sont la perte d'énergie et le manque d'intérêt pour leurs activités habituelles, qu'elles n'ont plus de plaisir à pratiquer. Elles se plaignent également de malaises et de douleurs physiques ainsi que de troubles de mémoire. La dépression les rend moins actives et moins autonomes, ce qui contribue au déclin de leur condition physique ; elle peut aussi aggraver leurs problèmes médicaux. De plus, la dépression peut aussi cacher le début d'une autre maladie comme la maladie d'Alzheimer. Toutefois, une personne dépressive peut encore « mettre en mémoire » l'information récente, contrairement à la personne atteinte de la maladie d'Alzheimer, mais elle a certaines difficultés à la récupérer au moment opportun. Par contre, elle y parvient si on lui donne un indice. Enfin, la dépression peut conduire la personne âgée au suicide, dont elle est la cause la plus importante pour ce groupe d'âge (Société canadienne de psychologie, 2009).

Il n'est pas facile de poser un diagnostic de dépression chez les personnes âgées : la dépression étant souvent combinée à d'autres problèmes médicaux, les médecins peuvent lui accorder une moins grande priorité. Pourtant, la dépression étant susceptible d'accélérer le déclin physique, la prévention ainsi qu'un diagnostic précis et un traitement adéquat pourraient aider de nombreuses personnes âgées à prolonger leur vie et à rester plus actives (Penninx *et al.,* 1998). On peut traiter la dépression avec des antidépresseurs, par la psychothérapie ou la combinaison des deux.

Les démences

La **démence** est un terme général qu'on utilise pour désigner la détérioration du fonctionnement cognitif et comportemental dû à des causes physiologiques. La plupart des formes de démence sont irréversibles, mais environ 10% des cas peuvent être soignés s'ils sont diagnostiqués suffisamment tôt. Environ les deux tiers des cas de démence sont causés par la **maladie d'Alzheimer,** un trouble dégénératif progressif du cerveau (Gatz, 2007). La **maladie de Parkinson,** le deuxième trouble en importance comportant une dégénérescence neurobiologique, se caractérise quant à lui par un ensemble de perturbations de la motricité, soit des tremblements, de la raideur musculaire, un ralentissement des mouvements, des problèmes d'équilibre et des difficultés d'élocution. La démence peut aussi survenir à un stade avancé de la maladie. Enfin, la *démence vasculaire,* pour sa part, résulte généralement d'une série

13.9 La dépression chez les personnes âgées

Les symptômes de dépression sont fréquents chez les personnes âgées, mais sont souvent ignorés parce qu'on croit, à tort, qu'ils font partie du vieillissement normal.

Démence
Détérioration du fonctionnement cognitif et comportemental due à des causes physiologiques.

Maladie d'Alzheimer
Maladie dégénérative irréversible du cerveau et caractérisée par des troubles de la mémoire et d'autres fonctions cognitives.

Maladie de Parkinson
Maladie dégénérative irréversible du cerveau caractérisée par un ensemble de troubles de la motricité.

de petits accidents cérébrovasculaires qui, peu à peu, entraînent une détérioration du fonctionnement cognitif. Ces trois maladies, toutes irréversibles, expliquent au moins huit cas de démence sur dix.

La maladie d'Alzheimer est l'une des maladies les plus fréquentes et les plus appréhendées chez les personnes âgées ; elle touche au moins 15 millions de personnes à travers le monde (Reisberg, 2003). Le risque de développer cette terrible maladie augmentant avec l'âge, la longévité croissante signifie que de plus en plus de personnes risquent d'en être atteintes. On prévoit ainsi qu'en une génération, le nombre des personnes présentant la maladie d'Alzheimer ou une affection connexe aura plus que doublé (Société Alzheimer du Canada, 2009). Au Canada, elle représente 64 % de toutes les démences, 1 personne sur 11 âgée de 65 ans et plus est atteinte de la maladie d'Alzheimer ou d'une affection connexe. Les femmes constituent près des trois quarts des personnes atteintes.

Progressivement, cette maladie enlève au patient son intelligence, sa conscience de soi et du monde et même sa capacité de contrôler ses fonctions corporelles, puis, finalement, elle le tue. Les symptômes classiques de la maladie d'Alzheimer sont l'altération progressive des fonctions cognitives, plus particulièrement celles de la mémoire, avec surtout l'oubli des événements récents dont l'encodage est défectueux, et la détérioration du langage et de la pensée (Cummings, 2004). Le tableau 13.1 compare les premiers signes de la maladie d'Alzheimer au comportement normal.

Les changements sur le plan de la personnalité, tels que la rigidité mentale, l'apathie, l'égocentrisme et le manque de contrôle émotionnel, tendent à apparaître au début du développement de la maladie et peuvent contribuer au dépistage et au diagnostic précoce de la maladie d'Alzheimer (Balsis, Carpenter et Storandt, 2005). D'autres symptômes apparaissent ensuite, tels que l'irritabilité, l'anxiété, la dépression et, plus tard, les hallucinations, le délire et les divagations. La mémoire à long terme, le jugement, la concentration, l'orientation ainsi que le langage se détériorent et les patients ont de plus en plus de difficultés à accomplir leurs activités quotidiennes. À un stade avancé de la maladie, les patients ne peuvent plus parler ni comprendre le langage ; ils ne reconnaissent plus leurs proches, ils ne peuvent plus se nourrir seuls, ils sont incapables de contrôler leurs sphincters et ils ne peuvent plus marcher, s'asseoir et avaler des aliments solides. Avec les progrès de la maladie, il est de plus en plus difficile pour les aidants naturels de garder la personne à domicile, car elle nécessite une surveillance constante. Le placement en établissement devient donc presque inévitable, comme c'est le cas pour la mère de Céline dans la mise en situation de ce chapitre. Habituellement, le décès survient huit à dix ans après l'apparition des premiers symptômes (Cummings, 2004).

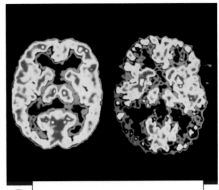

13.10 Le cerveau et la maladie d'Alzheimer

Ces images électroniques montrent la détérioration importante du cerveau d'un patient atteint par la maladie d'Alzheimer (à droite), comparé avec un cerveau normal (à gauche). Le rouge et le jaune représentent des zones de haute activité cérébrale. Le bleu et le noir représentent des zones de faible activité cérébrale.

TABLEAU 13.1 | Les symptômes de la maladie d'Alzheimer

Comportement normal	Symptômes de la maladie
Oublis temporaires	Oublis permanents d'événements récents ; répétitions continuelles des mêmes questions
Incapacité à effectuer des tâches difficiles	Incapacité à effectuer des tâches routinières comprenant différentes étapes, comme préparer un repas ou le servir
Oublier des mots inhabituels ou complexes	Oublier des mots simples
Se perdre dans une ville inconnue	Se perdre dans son propre quartier
Être momentanément distrait et perdre de vue l'enfant dont on s'occupe	Oublier qu'on doit s'occuper d'un enfant et quitter la maison
Commettre une erreur en établissant le solde d'un compte bancaire	Oublier ce que signifient les nombres sur un compte et ne pas savoir quoi en faire
Placer des articles de la vie quotidienne au mauvais endroit	Placer des choses dans un endroit inapproprié où on ne pense pas à les chercher (p. ex., une montre-bracelet dans un aquarium)
Changements d'humeur occasionnels	Changements d'humeur et de personnalité rapides et radicaux ; perte d'initiative

Plaque sénile ou plaque amyloïde
Tissus formé essentiellement de dépôts de protéine bêta-amyloïde que le cerveau ne peut éliminer et qui occupe les espaces entre les neurones, empêchant ces derniers de bien communiquer entre eux.

Enchevêtrement neurofibrillaire
Enchevêtrement de filaments anormaux qui forme des fibrilles dans le corps même des neurones et qui finit par les détruire.

Le cerveau des personnes atteintes de la maladie d'Alzheimer contient des quantités excessives de **plaques séniles** ou **plaques amyloïdes** qui empêchent les neurones de bien communiquer entre eux. On observe également des **enchevêtrements neurofibrillaires,** c'est-à-dire des enchevêtrements de filaments anormaux qui forment des fibrilles dans le corps même des neurones et qui finissent par les détruire. Par ailleurs, à la différence de la maladie de Parkinson, la maladie d'Alzheimer, ou du moins l'âge auquel elle apparaît, est fortement héréditaire (Gatz *et al.*, 2006). Ainsi, dans la mise en situation, les craintes de Céline à l'effet de développer la maladie, comme sa mère, sont fondées.

D'autres facteurs tels que la diète et l'activité physique peuvent être particulièrement importants pour les personnes qui ne présentent pas de risques génétiques (Gatz, 2007). Les aliments riches en vitamine E, les gras insaturés non hydrogénés, les oméga-3, les noix et les graines pourraient, entre autres, protéger contre cette maladie (Morris, 2004). L'encadré 13.2 donne un aperçu des recherches effectuées pour trouver les causes de cette maladie actuellement incurable.

ENCADRÉ 13.2 **APPROFONDISSEMENT**

La maladie d'Alzheimer : la recherche des causes

La maladie d'Alzheimer est une maladie dégénérative du cerveau, irréversible et actuellement incurable. Les chercheurs savent aujourd'hui que cette maladie ne fait pas partie du vieillissement normal et travaillent à en comprendre les causes.

L'accumulation d'une protéine anormale, appelée *bêta-amyloïde,* semble être la cause première du développement de la maladie (Bird, 2005 ; Gatz *et al.*, 2006). Cette protéine se dépose dans les espaces entre les neurones et forme ce que l'on appelle les *plaques amyloïdes,* ou plaques séniles. Dans ces plaques, on trouve non seulement du matériel protéique, mais aussi divers débris de neurones. Ces plaques insolubles, que le cerveau ne peut éliminer, peuvent se répandre et détruire les neurones environnants (Harvard Medical School, 2003). La rupture de la myéline peut favoriser l'accumulation de ces plaques séniles (Bartzokis *et al.*, 2007).

Par ailleurs, les neurones des personnes atteintes par la maladie présentent des *enchevêtrements neurofibrillaires,* c'est-à-dire des enchevêtrements de filaments anormaux, ou fibrilles. Ces fibrilles se forment dans le corps cellulaire de certains neurones qui finissent par mourir étouffés. La quantité des enchevêtrements neurofibrillaires est en corrélation positive avec la perte neuronale et les déficits sur le plan cognitif (Vézina *et al.*, 2007).

La recherche a également permis de mettre en évidence le caractère héréditaire de cette maladie (Gatz *et al.*, 2006). Les chercheurs ont découvert qu'une variante du gène de l'APOE (apolipoprotéine E) sur le chromosome 19 contribuait à l'apparition tardive de la maladie, la forme la plus commune se manifestant généralement après 65 ans (Gatz, 2007). Cette protéine APOE, qui intervient dans le transport du cholestérol, peut se présenter sous trois formes possibles d'allèles : E2, E3 et E4. Les personnes qui sont porteuses de la forme E4 de l'apolipoprotéine ont un risque de quatre à huit fois plus grand de développer la maladie d'Alzheimer (Vézina *et al.*, 2007). Une variante d'un autre gène

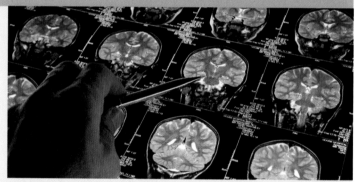

stimulerait la formation des plaques séniles (Meng *et al.*, 2007). Toutefois, les gènes identifiés n'expliqueraient pas plus de la moitié de tous les cas d'Alzheimer (Gatz, 2007).

La recherche actuelle explore d'autres avenues telles que les perturbations du système immunitaire ainsi que la façon dont l'organisme métabolise les graisses.

Jusqu'à tout récemment, c'était seulement par un examen post mortem du tissu cérébral qu'on pouvait diagnostiquer de façon absolue la maladie d'Alzheimer. Les scientifiques disposent désormais d'outils leur permettant de poser un diagnostic assez fiable chez une personne vivante. La neuro-imagerie est particulièrement utile parce qu'elle permet d'exclure les autres formes de démence (Cummings, 2004) et de voir les lésions cérébrales révélatrices de l'Alzheimer chez un patient vivant. La scintigraphie par émission de positrons est une technique non invasive que l'on utilise pour détecter les plaques séniles et les enchevêtrements caractérisant la maladie d'Alzheimer : les résultats sont aussi bons que ceux obtenus grâce à une autopsie (Mosconi *et al.*, 2008 ; Small *et al.*, 2006). Les progrès en génétique ainsi que les nouvelles technologies d'investigation du cerveau permettront aux chercheurs de mieux comprendre les causes de cette terrifiante maladie.

On sait, d'autre part, que le niveau d'éducation et les activités stimulantes sur le plan cognitif ont été systématiquement associés à une diminution des risques de troubles cognitifs (Billings *et al.*, 2007 ; Wilson et Bennett, 2003). Comment l'activité cognitive peut-elle protéger contre la maladie d'Alzheimer ? Une des hypothèses stipule que l'activité cognitive continue permettrait de construire des *réserves cognitives* qui retarderaient l'apparition de la démence (Crowe *et al.*, 2003). Comme les réserves organiques, les réserves cognitives permettraient au cerveau qui se détériore de continuer de fonctionner en cas de stress sans montrer de signes de déficience, mais seulement jusqu'à un certain point. L'analyse de 26 études mondiales conclut qu'une simple augmentation de 5 % des réserves cognitives pourrait prévenir un tiers des cas d'Alzheimer (de la Fuente-Fernandez, 2007). Dans la mise en situation, Céline a donc raison de pratiquer des activités qui sont stimulantes sur le plan cognitif, comme les mots croisés.

Par ailleurs, les tests cognitifs permettent de distinguer les patients qui vivent des changements cognitifs liés au vieillissement normal de ceux qui en sont aux premiers stades de la démence. Dans l'étude longitudinale de Seattle portant sur l'intelligence des adultes présentée dans le chapitre 12, les résultats des tests psychométriques prédisaient la démence au moins 14 ans avant le diagnostic (Schaie, 2005).

Si l'on ne peut, à ce jour, guérir la maladie d'Alzheimer, un diagnostic précoce et un traitement pharmaceutique peuvent en ralentir la progression et améliorer la qualité de vie.

13.11 **Brenda Milner**

À 91 ans, Brenda Milner, chercheuse de réputation internationale en neuropsychologie, continue de travailler dans son laboratoire de l'Institut de neurologie de Montréal, en plus de donner des conférences à travers le monde. Elle contribue ainsi à augmenter ses réserves cognitives.

Faites le POINT

7 Quels sont les deux principaux facteurs qui demeurent importants pour le maintien d'une bonne santé physique chez l'adulte âgé ?

8 Quels sont les symptômes les plus fréquemment observés chez les personnes âgées qui souffrent de dépression ?

9 Définissez la maladie d'Alzheimer et expliquez les principaux troubles qu'elle entraîne.

13.4 Le développement cognitif

Comme nous l'avons vu dans le chapitre 1 avec l'approche de Baltes, le vieillissement, comme l'ensemble du développement, implique à la fois des gains et des pertes. Voyons ce qu'il advient de l'intelligence et des capacités de traitement de l'information chez l'adulte d'âge avancé.

13.4.1 L'intelligence et le traitement de l'information

L'intelligence diminue-t-elle avec l'âge ? La réponse dépend des habiletés concernées et de la façon dont on les mesure. Certaines capacités, comme la rapidité des processus mentaux et le raisonnement abstrait, peuvent décliner dans les années les plus avancées, mais la plupart des autres habiletés tendent à s'améliorer au cours de la vie adulte. Même si les changements dans le traitement de l'information peuvent refléter une détérioration neurologique, les variations individuelles sont très grandes, ce qui indique que le déclin cognitif n'est pas inévitable et qu'on peut le prévenir.

Pour mesurer l'intelligence des personnes âgées, les chercheurs utilisent souvent l'échelle d'intelligence de Wechsler pour adultes (WAIS). Si les personnes âgées ont tendance à obtenir de moins bons résultats que les plus jeunes, la différence concerne principalement la performance non verbale. Cependant, plusieurs facteurs tels que la diminution des capacités sensorielles et psychologiques peuvent influer sur leurs performances. Ainsi, lors des tests, le temps alloué pour répondre est limité, ce qui défavorise les personnes âgées qui réussissent mieux si on leur accorde plus de temps. De plus, bien des personnes âgées s'attendent à une contre-performance, ce qui peut se traduire par une prophétie autoréalisante (Schaie, 1996).

Les travaux de Schaie

Par ailleurs, l'étude longitudinale de Seattle sur l'intelligence chez les adultes a montré qu'il y a une très grande variation entre les individus en ce qui a trait au déclin des habiletés cognitives qu'elle a mesurées, soit la compréhension verbale, l'aisance d'élocution, les habiletés numériques, l'orientation spatiale, le raisonnement inductif et la vitesse de perception. Si les personnes vivent assez longtemps, il semble que ces habiletés faiblissent à un certain moment, mais elles sont néanmoins très peu nombreuses à subir un affaiblissement de toutes leurs habiletés cognitives, ou de la plupart d'entre elles, et plusieurs habiletés peuvent même s'améliorer dans certains domaines. Ainsi, les personnes âgées qui sont relativement en santé ne manifestent que des pertes mineures à la fin de la soixantaine ou à partir de 70 ans. Leur performance n'est inférieure à celle des adultes plus jeunes que lorsqu'elles sont octogénaires, mais là encore, le déclin des habiletés verbales et du raisonnement est léger.

Dans l'étude de Seattle, les sujets les plus susceptibles de présenter un déclin étaient des hommes qui avaient un faible niveau de scolarisation, qui étaient insatisfaits par rapport aux succès obtenus dans leur vie et dont la personnalité présentait une diminution significative de la flexibilité. Par contre, les sujets qui effectuaient un travail complexe sur le plan cognitif avaient tendance à maintenir leurs habiletés plus longtemps que les autres (Schaie, 2005). En effet, les activités qui sollicitent les habiletés cognitives favorisent le développement de ces dernières et améliorent la mémoire. Ainsi, lors d'une formation en lien avec l'étude de Seattle, des personnes âgées qui manifestaient déjà un déclin cognitif ont fait des progrès significatifs en ce qui a trait à l'orientation spatiale et au raisonnement inductif; les progrès observés en laboratoire ont révélé des corrélations significatives avec les mesures objectives du fonctionnement quotidien (Schaie, 1994, 2005). Par conséquent, la détérioration des habiletés cognitives peut souvent être attribuée au fait qu'elles ne sont pas utilisées ou qu'elles le sont de façon insuffisante. Avec de l'entraînement, de la pratique et du soutien social, les personnes âgées semblent capables de faire appel à leurs réserves mentales.

Les deux dimensions de l'intelligence de Baltes

Nous avons rendu compte dans le chapitre 12 de la distinction classique faite entre l'intelligence fluide et l'intelligence cristallisée de Cattell et Horn, la première dépendant largement de la condition neurologique et la seconde, des connaissances accumulées. Avec l'âge, ce sont les aptitudes *fluides* qui tendent à diminuer, alors que l'intelligence cristallisée tend à s'améliorer jusque tard dans la vie. Paul Baltes (1997) et ses collaborateurs ont proposé un nouveau modèle du fonctionnement cognitif, comprenant deux dimensions, soit la *dimension mécanique* et la *dimension pragmatique* de l'intelligence.

Intelligence mécanique
Selon Baltes, inclut les habiletés de traitement de l'information et de résolution de problèmes dont les fonctions sont indépendantes de tout contenu particulier.

Intelligence pragmatique
Selon Baltes, représente la pensée pratique, l'application des connaissances et des habiletés acquises par l'expérience, la productivité professionnelle, l'expertise et la sagesse.

L'**intelligence mécanique** constitue en quelque sorte le « disque dur » neurophysiologique du cerveau, c'est-à-dire les habiletés de traitement de l'information et de résolution de problèmes, dont les fonctions sont indépendantes de tout contenu particulier. Elle ressemble aux habiletés fluides et tend comme elles à décliner avec l'âge. Par contre, l'**intelligence pragmatique** représente le « logiciel » basé sur l'expérience et la culture, c'est-à-dire la pensée pratique, l'application des connaissances et des habiletés acquises par l'expérience, la productivité professionnelle, l'expertise et la sagesse. Elle ressemble à l'intelligence cristallisée, mais son domaine est plus vaste; elle peut continuer de se développer jusqu'à un âge très avancé. Dans le modèle de Baltes, le concept d'*optimisation sélective avec compensation*, que nous verrons plus loin, joue un rôle important. En effet, les personnes âgées peuvent utiliser leurs habiletés pragmatiques, mais aussi leurs ressources physiques, cognitives et psychosociales pour compenser les pertes au niveau de l'intelligence mécanique (Baltes, Lindenberger et Staundinger, 1998; Lang, Rieckmann et Baltes, 2002).

La résolution de problèmes

Dans la vie courante, l'intelligence ne sert pas à passer des tests, mais à résoudre les problèmes quotidiens. Ainsi, dans plusieurs études, la qualité des décisions pratiques prises par les adultes âgés (comme le type d'automobile à acheter, le traitement à suivre pour le cancer du sein ou le choix d'une police d'assurance) ne présente que peu de liens, et parfois aucun, avec la performance lors des tâches proposées dans les tests d'intelligence (Blanchard-Fields, 2007). De la même façon, plusieurs chercheurs qui ont étudié la résolution de problèmes au quotidien (par exemple, savoir quoi faire en cas d'inondation du sous-sol) n'ont pas trouvé que le déclin était aussi rapide que celui qu'on constate souvent lorsqu'on mesure l'intelligence fluide, et certains ont même découvert une amélioration notable (Berg et Klaczynski, 1996; Sternberg, Grigorenko et Oh, 2001). L'efficacité de la résolution de problèmes au quotidien semble plutôt rester stable jusque tard dans la vie, puis décliner par la suite.

Par ailleurs, lorsqu'il s'agit de résoudre des problèmes interpersonnels, les personnes âgées se montrent généralement plus souples et plus efficaces. Elles possèdent en effet des répertoires plus élargis et plus variés de stratégies qui s'appliquent à différentes situations que les adultes plus jeunes (Blanchard-Fields, 2007; Blanchard-Fields, Mienaltowski et Seay, 2007).

Les modifications dans le traitement de l'information

Comment expliquer la trajectoire variable des habiletés cognitives à la fin de l'âge adulte? Chez de nombreuses personnes âgées, le ralentissement général du fonctionnement du système nerveux central contribue considérablement à la perte d'efficacité dans le traitement de l'information et aux modifications des habiletés cognitives. Ainsi, la rapidité du traitement de l'information est une des premières habiletés à décliner; son ralentissement est lié à l'état de santé, à l'équilibre et à la démarche, ainsi qu'à l'exécution de tâches quotidiennes, comme chercher un numéro de téléphone ou compter la monnaie (Ball, Edwards et Ross, 2007). Par ailleurs, l'habileté qui permet de reporter son attention d'une tâche à une autre tend, elle aussi, à décliner avec l'âge, ce qui peut expliquer pourquoi de nombreux adultes vieillissants ont de la difficulté à conduire, cette activité exigeant un déplacement rapide de l'attention: regarder à droite, à gauche, observer les feux de circulation, les piétons, les cyclistes, etc. (Bialystok *et al.*, 2004).

Toutefois, l'entraînement peut augmenter la vitesse de traitement de l'information chez les adultes plus âgés et leur permettre de traiter non seulement plus d'information, mais de l'information plus complexe et dans un laps de temps de plus en plus court. Ce type d'entraînement comprend généralement des exercices, de la rétroaction et l'apprentissage de stratégies particulières à la tâche. L'étude de divers programmes d'entraînement montre que ce sont les participants qui commençaient par les pires performances qui faisaient les progrès les plus importants. C'est la méthode destinée à améliorer la conduite automobile qui se révélait la plus efficace parce que son objectif était concret et pratique. La recherche met en évidence, une fois de plus, la plasticité du cerveau, même en ce qui a trait à une habileté fluide de base, soit la rapidité de traiter de l'information (Ball et *al.*, 2007).

13.4.2 La mémoire

Perdre la mémoire est souvent considéré comme étant un signe de vieillissement. La personne qui prend plusieurs médicaments doit maintenant les placer dans un endroit bien visible pour ne pas les oublier, une autre ne peut faire ses courses sans avoir recours à une liste d'achats. En dehors des cas de démence, on estime que 1 adulte sur 5 âgé de plus de 70 ans présente un certain degré d'altération de la mémoire (Plassman *et al.*, 2008). Toutefois, comme pour les autres habiletés cognitives, le fonctionnement de la mémoire décline lentement et avec de grandes variations individuelles. Pour mieux comprendre ce déclin lié à l'âge, il nous faut regarder les différents systèmes qui permettent au cerveau de retenir de l'information pour un usage ultérieur, soit la mémoire à court terme et la mémoire à long terme, dont nous avons déjà parlé dans le chapitre 5.

La mémoire à court terme

Les chercheurs évaluent la mémoire à court terme en demandant à une personne de répéter une séquence de chiffres soit dans l'ordre dans lequel ils ont été présentés, soit dans l'ordre inverse. Les personnes d'âge avancé peuvent encore répéter les chiffres dans l'ordre, mais pas dans l'ordre inverse (Craik et Jennings 1992). L'explication largement acceptée est que la répétition des chiffres dans l'ordre fait

13.12 **Le lent déclin de la mémoire**
Tout comme les autres habiletés cognitives, la mémoire décline lentement. Cette personne âgée doit maintenant faire une liste pour se souvenir de ce qu'elle doit acheter.

uniquement appel à la mémoire sensorielle, qui permet de retenir très brièvement une information sensorielle et qui reste efficace tout au long de la vie (*voir le chapitre 5*). Par contre, la répétition des chiffres dans l'ordre inverse suppose une manipulation de l'information dans la mémoire de travail dont les capacités diminuent progressivement à partir de 45 ans, faisant en sorte qu'il devient plus difficile d'exécuter plus d'une tâche à la fois (Smith *et al.*, 2001; Swanson, 1999). Toutefois, la complexité de la tâche représente un facteur clé. Ainsi, pour les tâches qui requièrent uniquement de la répétition, le déclin est très léger. Par contre, on observe une baisse plus importante pour celles qui nécessitent un travail de réorganisation ou d'élaboration (Craik et Jennings, 1992).

La mémoire à long terme

Les chercheurs en traitement de l'information divisent la mémoire à long terme en trois systèmes: la mémoire *épisodique,* la mémoire *sémantique* et la mémoire *procédurale.* Êtes-vous en mesure de vous rappeler ce que vous avez mangé ce matin ou si vous avez bien fermé la maison à clé en partant? De telles informations sont entreposées dans la mémoire *épisodique* qui, comme nous l'avons vu dans le chapitre 5, permet de garder des informations sur des expériences et des événements particuliers rattachés à un lieu et à un temps déterminé. C'est cette forme de mémoire qui est la plus susceptible de se détériorer avec l'âge, particulièrement lorsqu'il s'agit d'événements récents (Smith et Earles, 1996).

La **mémoire sémantique,** quant à elle, est comme une sorte d'encyclopédie mentale; elle permet, entre autres, de garder en mémoire la connaissance de faits historiques, de lieux géographiques, de coutumes sociales ainsi que la signification des mots. Pour garder une information dans la mémoire sémantique, il n'est pas nécessaire de se souvenir du lieu ni du moment où elle a été apprise. Cette forme de mémoire décline peu. En fait, le vocabulaire et la connaissance des règles du langage peuvent même augmenter avec l'âge (Camp, 1989).

Enfin, la **mémoire procédurale** permet de se rappeler comment conduire une bicyclette ou utiliser un clavier d'ordinateur. Elle inclut les habiletés motrices, les habitudes et les savoir-faire qui, une fois appris, peuvent être récupérés sans effort conscient. La mémoire procédurale est elle aussi relativement peu affectée par l'âge (Kausler, 1990).

Les causes du déclin des facultés mnémoniques

Les chercheurs avancent plusieurs hypothèses pour expliquer le déclin de la mémoire. Une première approche met l'accent sur les structures biologiques et lie la perte de mémoire à la diminution de la vitesse de traitement de l'information, dont nous avons parlé précédemment. Nous avons vu, dans le chapitre 5, que les différents systèmes mnémoniques dépendent de différentes structures cérébrales. Ainsi, un trouble qui atteint une structure particulière du cerveau peut altérer le type de mémoire qui lui est associé. Par exemple, la maladie d'Alzheimer perturbe la mémoire de travail (dont les fonctions s'effectuent dans le cortex préfrontal à l'avant des lobes frontaux) ainsi que les mémoires sémantique et épisodique (situées dans les lobes frontaux et temporaux), alors que la maladie de Parkinson affecte la mémoire procédurale, située surtout dans le cervelet et les noyaux gris centraux (Budson et Price, 2005). Nous avons vu également que le cerveau peut compenser ces déclins liés à l'âge en mettant d'autres régions cérébrales à contribution. Cela pourrait expliquer pourquoi les symptômes de la maladie d'Alzheimer n'apparaissent souvent qu'à un stade avancé, soit lorsque les régions saines du cerveau qui avaient pris la relève sont à leur tour affectées et ne peuvent plus compenser (Finch et Zelinski, 2005).

Une autre approche met plutôt l'accent sur les problèmes d'*encodage,* de *stockage* et de *rappel* de l'information. Les personnes âgées seraient moins efficaces que les plus jeunes dans leur façon d'encoder une information nouvelle pour s'en souvenir facilement, par exemple en créant des associations mentales. Même si elles ont une connaissance à peu près égale des stratégies d'encodage efficaces, elles sont en effet moins portées à les

Mémoire sémantique
Sorte d'encyclopédie mentale qui permet de garder en mémoire la connaissance de faits historiques, de lieux géographiques, de coutumes sociales ainsi que la signification des mots.

Mémoire procédurale
Mémoire qui inclut les habiletés motrices, les habitudes et les savoir-faire qui, une fois appris, peuvent être récupérés sans effort conscient.

13.13

Les habiletés procédurales
Pour conduire une bicyclette, il faut recourir à la mémoire procédurale. Une fois acquises, les habiletés procédurales peuvent être récupérées sans effort conscient.

utiliser si on ne les incite pas à le faire (Craik et Jennings, 1992). L'autre hypothèse veut que l'information stockée se détériore à un point tel qu'il devient difficile, voire impossible, pour la personne âgée de la retrouver. Cependant, même si la «défaillance du stockage» peut augmenter légèrement avec l'âge, les souvenirs peuvent laisser des traces et être reconstruits (Camp et McKitrick, 1989 ; Chafetz, 1992). Enfin, les adultes âgés ont plus de difficultés à se souvenir que les plus jeunes, mais ils ont d'aussi bons résultats pour ce qui est de la reconnaissance de l'information, moins exigeante que le rappel. Toutefois, la reconnaissance leur prend un peu plus de temps (Lovelace, 1990).

Ici encore, il faut tenir compte du fait que la plupart de ces recherches sur la mémoire ont été menées en laboratoire. Dans le monde réel, les fonctions d'encodage, de stockage et de rappel s'effectuent différemment, et l'on a pu démontrer que la motivation et les facteurs émotionnels y jouent un rôle important. Ainsi, une étude qui demandait à 333 adultes âgés de tenir un journal quotidien a démontré que ces derniers étaient plus susceptibles de rapporter des troubles de mémoire les jours où ils étaient stressés, surtout si le stress était provoqué par d'autres personnes (Neupert *et al.*, 2006). Enfin, d'autres études ont démontré que les adultes âgés sont plus motivés à garder les souvenirs qui ont, pour eux, une signification émotive positive (Carstensen et Mikels, 2005).

Faites le POINT

10 Décrivez la différence entre l'intelligence mécanique et l'intelligence pragmatique.

11 Dans le traitement de l'information, quelle est l'habileté qui décline en premier ?

12 Distinguez la mémoire sémantique de la mémoire procédurale en expliquant les propriétés de chacune.

13.5 Le développement affectif et social

La dernière période du développement ne marque pas la fin de l'épanouissement personnel, bien au contraire. Elle permet aux personnes de porter un regard sur leur vie, de terminer ce qu'elles ont entrepris et de décider comment canaliser au mieux leurs énergies pour le temps qui leur reste à vivre. Voyons ce que la recherche nous apprend sur l'évolution de la personnalité, ainsi que sur les relations affectives et sociales des personnes vieillissantes.

13.5.1 L'évolution de la personnalité

Comme nous l'avons vu dans les chapitres 11 et 12, selon le modèle de la personnalité en cinq facteurs de Costa et McCrae, on peut observer une relative stabilité à long terme dans les traits de personnalité étudiés. Par exemple, une personne optimiste va probablement le rester en vieillissant. Toutefois, d'autres études longitudinales et transversales ont mis en évidence l'existence de changements après l'âge de 60 ans : la vitalité sociale (aimer la compagnie des autres) et l'ouverture aux expériences diminueraient, alors que l'amabilité et la droiture augmenteraient (Roberts et Mroczek, 2008). Par ailleurs, on a souvent dit que les personnes devenaient plus rigides en vieillissant. Or, les tests de personnalité qui ont été appliqués aux 3 442 participants de l'étude longitudinale de Seattle n'ont pas montré de lien entre l'âge et l'inflexibilité (Schaie, 2005). Au contraire, les personnes appartenant aux cohortes les plus récentes semblent être plus flexibles que celles appartenant aux cohortes précédentes. Cette découverte remet en question le stéréotype voulant que les personnes âgées deviennent rigides et qu'elles restent campées sur leurs positions.

Par ailleurs, la personnalité est un solide prédicteur de l'émotivité et du sentiment de bien-être (Isaacowitz et Smith, 2003). Une étude longitudinale qui a suivi quatre générations pendant 23 ans révèle que les émotions *négatives* autorapportées comme

13.14 **L'intégrité du moi et le travail créatif**

Pour maintenir l'intégrité du moi, Erikson croit que l'adulte d'âge avancé doit continuer d'être stimulé et de relever des défis, comme le fait Janine Sutto avec son travail créatif de comédienne.

l'ennui, la solitude, la tristesse et la dépression diminuent avec l'âge, cette diminution ralentissant après 60 ans. En même temps, les émotions *positives*, comme l'enthousiasme, l'intérêt, la fierté et le sentiment d'accomplissement, ont tendance à rester stables jusqu'à un âge avancé, puis à décliner légèrement et progressivement (Charles, Reynolds et Gatz, 2001). On peut expliquer ce tableau généralement positif par le fait que les adultes vieillissants ont tendance à rechercher des activités et des personnes qui leur procurent des gratifications, et qu'elles deviennent plus sélectives quant à leurs contacts sociaux, comme nous l'avons vu dans le chapitre 12. De plus, leur capacité accrue à réguler leurs émotions pourrait expliquer pourquoi les personnes âgées ont tendance à être plus heureuses et plus joyeuses que les adultes plus jeunes, et à ressentir moins souvent des émotions négatives et de façon plus passagère (Blanchard-Fields, Stein et Watson, 2004 ; Carstensen, 1999).

13.5.2 La théorie psychosociale d'Erikson

Intégrité du moi *versus* désespoir
Selon Erikson, huitième et dernière crise durant laquelle la personne accepte la vie qu'elle a menée ainsi que sa mort prochaine ou sombre dans le désespoir et les regrets.

Pour Erikson, la huitième et dernière crise à résoudre est celle de l'**intégrité du moi *versus* le désespoir.** Pour résoudre cette crise, l'adulte vieillissant doit évaluer sa vie et l'accepter, mais aussi accepter sa mort prochaine. Il lui faut atteindre un sentiment de cohérence et de plénitude par rapport à la vie qu'il a menée, au lieu de sombrer dans le désespoir et les regrets (Erikson, Erikson et Kivnik, 1986). Les personnes qui réussissent cette dernière tâche adaptative ont le sentiment que leur vie a un sens et qu'elle s'intègre dans un ordre social plus large. La *sagesse*, la qualité qui peut se développer lors de ce dernier stade, permet à la personne d'accepter ses propres imperfections tout comme celles de ses proches et de faire face à la mort. Toutefois, pour Erikson, même si la crise est résolue et que l'intégrité du moi l'emporte, un certain désespoir demeure inévitable, compte tenu de la vulnérabilité et du caractère transitoire de la condition humaine.

Par ailleurs, Erikson croit que l'adulte d'âge avancé doit maintenir une *implication vitale* dans la société, même si son corps décline : il doit continuer d'être stimulé et de relever des défis. Pour Erikson, le sentiment d'intégrité ne peut donc venir de la seule réflexion sur le passé, mais d'une participation active à la vie sociale que ce soit par le travail créatif, les activités politiques, le conditionnement physique ou les relations avec les petits-enfants (Erikson *et al.*, 1986).

13.5.3 Les différents modèles du vieillissement réussi

Y a-t-il une façon de bien vieillir ? La personne doit-elle poursuivre son engagement dans une vie active, comme le dit Erikson, ou bien doit-elle se retirer progressivement ?

Les théories du désengagement, de l'activité et de la continuité

Théorie du désengagement
Théorie selon laquelle le vieillissement réussi est caractérisé par le retrait mutuel de la personne âgée et de la société, ce retrait représentant une condition universelle du vieillissement.

Pour la **théorie du désengagement,** la plus ancienne en gérontologie, le vieillissement réussi est caractérisé par le retrait mutuel de la personne âgée et de la société, un retrait qui représenterait une condition universelle du vieillissement (Cumming et Henry, 1961). Pour les tenants de cette théorie, le déclin du fonctionnement physique et l'approche de la mort amènent la personne à se retirer de ses divers rôles sociaux et à se tourner vers une vie plus introspective, alors que la société, de son côté, cesse de lui en procurer. Cette théorie n'ayant pas été sérieusement appuyée par la recherche, elle a finalement été délaissée.

Théorie de l'activité
Théorie selon laquelle le vieillissement réussi suppose que la personne âgée demeure la plus active possible.

À l'opposé, pour **la théorie de l'activité,** le vieillissement réussi suppose que la personne âgée demeure la plus active possible. Puisque les diverses activités tendent à être liées aux rôles sociaux, plus la perte de ces rôles est importante, moins la personne est satisfaite de sa vie. Les adultes qui vieillissent bien sont donc ceux qui trouvent des substituts aux rôles qu'ils ont perdus (Neugarten, Havighurst et Tobin, 1968). La recherche a effectivement montré que la perte des rôles les plus liés à l'identité de la personne âgée représente un facteur de risque associé au déclin du sentiment de bien-être et de la santé mentale (Greenfields et Marks, 2006). Ainsi, dans la mise en situation de ce chapitre, même si Céline a perdu son rôle de conjointe, elle reste impliquée socialement en s'occupant de ses petits-enfants et en participant aux activités du cercle des aînés de son quartier, ce qui contribue à son bien-être.

Aujourd'hui, la théorie de l'activité est considérée comme étant un peu simpliste puisque le désengagement peut très bien convenir à certaines personnes, même si la majorité ressent plus de satisfaction en restant active. De plus, s'il y a des corrélations positives entre le niveau d'activité et le vieillissement réussi, on n'a pu démontrer si les personnes vieillissent bien parce qu'elles sont actives ou si elles restent actives parce qu'elles vieillissent bien (Musick, Herzog et House, 1999).

De son côté, la **théorie de la continuité,** une théorie plus récente proposée par le gérontologue Robert Atchley (1989), met l'accent sur la nécessité de maintenir un lien entre le passé et le présent. Selon elle, pour bien vieillir, la personne doit maintenir un équilibre entre la continuité et les changements, aussi bien sur le plan des structures internes que des structures externes de sa vie. Dans cette perspective, l'activité n'est pas importante en soi, mais bien parce qu'elle représente la continuité d'un style de vie. Ainsi, pour un adulte vieillissant qui a toujours été impliqué dans plusieurs rôles sociaux, il peut être important de maintenir un niveau élevé d'activité.

Plus près de nous, certains chercheurs ont vu dans l'*activité productive,* rémunérée ou non, une clé du vieillissement réussi. Ainsi, les personnes âgées qui se sentent utiles aux autres sont plus susceptibles de rester vivantes et en santé, alors que les adultes de 70 ans et plus qui ne se sentent pas utiles aux autres sont plus susceptibles de souffrir d'incapacités et de mourir dans les sept années suivantes (Gruenewald *et al.,* 2007). Une étude longitudinale, menée durant six ans au Manitoba auprès de 3 218 personnes âgées, a révélé que les activités sociales et productives (comme rendre visite à sa famille, entretenir la maison ou faire du jardinage) étaient liées au sentiment de bonheur, à un meilleur fonctionnement physique et à un risque moindre de mourir durant les six années suivant l'étude. Les activités solitaires (comme la lecture) ne conféraient pas d'avantages physiques, mais étaient aussi liées au bonheur, peut-être parce qu'elles favorisaient le sentiment d'un engagement actif dans la vie (Menec, 2003). Par ailleurs, certaines recherches suggèrent que la participation fréquente à des *activités de loisir* peut être aussi bénéfique pour la santé et le bien-être que les activités productives. On peut donc en conclure que toute activité régulière permettant d'exprimer ou de mettre en valeur certains aspects de la personne pourrait contribuer au vieillissement réussi (Herzog *et al.,* 1998).

13.15 **Le maintien de l'activité productive**

Les adultes vieillissants qui se sentent utiles aux autres, comme ce grand-père avec son petit-fils, sont plus susceptibles de bien vieillir.

L'optimisation sélective et la compensation

Pour Baltes et ses collaborateurs (Baltes, 1997 ; Baltes et Smith, 2004 ; Riediger, Freund et Baltes, 2005), le vieillissement réussi repose sur deux stratégies, soit l'**optimisation sélective et la compensation (OSC),** qui correspondent à une amélioration de tout le fonctionnement cognitif qui utilise des habiletés plus fortes pour compenser celles qui ont décliné. L'OSC permet à la personne de s'adapter, tout au long de sa vie, à l'équilibre changeant entre la croissance et le déclin. Alors que pendant l'enfance les ressources sont principalement utilisées pour la croissance, les personnes âgées consacrent de plus en plus leurs ressources au maintien de leur santé et à la gestion de leurs pertes. Ainsi, l'optimisation sélective permet à la personne de consacrer son énergie aux tâches pour lesquelles elle a conservé le plus d'aptitudes, par exemple jouer aux cartes, et de restreindre ou d'abandonner celles qui la fatiguent trop, comme jardiner.

L'OSC aide les personnes âgées à conserver leurs ressources en *choisissant* de faire moins d'activités, en se fixant moins de buts, en consacrant leurs efforts à des activités et à des objectifs plus significatifs, en *optimisant* leurs ressources ou en profitant le plus possible de celles qui sont à leur disposition, et en *compensant* les pertes (Baltes et Smith, 2004; Jopp et Smith, 2006). Le célèbre pianiste Arthur Rubinstein, qui a donné un concert d'adieu à l'âge de 89 ans, compensait ses pertes mnémoniques et motrices en jouant un répertoire moins étendu, en répétant plus longtemps et en jouant plus lentement les mesures précédant les mouvements rapides (qu'il ne pouvait plus jouer à la vitesse supérieure) afin d'accentuer les contrastes (Baltes et Baltes, 1990).

Selon Baltes, les stratégies d'OSC seraient universelles, mais il existerait des différences individuelles dans la fréquence et dans la manière plus ou moins efficace de les utiliser (Baltes et Smith, 2004; Jopp et Smith, 2006). Toutefois, les personnes âgées peuvent finir par atteindre la limite de leurs ressources disponibles: leurs efforts compensatoires ne semblent alors plus fonctionner. Selon une étude, ces efforts augmentent jusqu'à l'âge de 70 ans, puis commencent à décliner, les adultes très âgés ne parvenant plus à maintenir les niveaux antérieurs de performance en utilisant des activités compensatoires. Pour maintenir un regard positif sur sa vie, la personne doit par conséquent tenir compte des changements et ajuster ses propres normes concernant ce qu'elle est encore capable de réaliser (Rothermund et Brandstädter, 2003).

13.5.4 La vie sociale des personnes âgées

En avançant en âge, les personnes doivent prendre une des décisions les plus importantes de leur vie: prendre ou non leur retraite. Cette décision a en effet un impact sur leur situation économique, sur leur état émotionnel, sur leur vie familiale et sociale, ainsi que sur l'ensemble de la société.

La retraite

Jusqu'à l'aube de l'époque industrielle, les individus devaient travailler jusqu'à la fin de leur vie, ou du moins aussi longtemps qu'ils en étaient capables physiquement; l'espérance de vie étant moins longue, la retraite était alors assez exceptionnelle (Vézina *et al.*, 2007). Si cette situation perdure dans les pays les moins développés, la retraite est aujourd'hui une transition inscrite dans les institutions des sociétés occidentales plus développées. Au Canada, l'âge officiel de la retraite (avec admissibilité à la pension) est fixé à 65 ans. Cependant, de plus en plus de personnes prennent leur retraite plus jeune; ainsi, en 2004, l'âge moyen de prise de la retraite s'établissait à 61 ans. Cependant, si le nombre de jeunes retraités augmente, un nombre croissant de personnes âgées de 65 ans et plus continuent aussi de travailler (Statistique Canada, 2006g). À cause, entre autres, d'une possible pénurie de main-d'œuvre, on s'attend d'ailleurs à ce que les gens prennent leur retraite à un âge de plus en plus avancé dans les prochaines années.

La retraite n'est pas un événement unique, mais plutôt un processus continu. Les ressources personnelles comme la santé, la personnalité ou le statut socioéconomique ainsi que le climat sociorelationnel, par exemple le soutien provenant d'un conjoint ou d'amis, peuvent influencer la façon dont cette transition sera vécue. Il en va de même pour l'attachement envers le travail (Van Solinge et Henkens, 2005). Une étude longitudinale de 458 hommes et femmes mariés relativement en bonne santé et âgés de 50 à 72 ans révèle en effet que le moral des hommes qui avait été bas lorsqu'ils travaillaient avait tendance à remonter pendant la «lune de miel» qui suivit immédiatement leur départ à la retraite, alors que la retraite *permanente* était liée à une augmentation des symptômes dépressifs. Le bien-être des femmes était quant à lui moins influencé par la retraite – la leur ou celle de leur mari – que par la qualité de la relation conjugale. Enfin, l'impression de maîtrise personnelle était un prédicteur clé d'un bon moral, tant chez les hommes que chez les femmes (Kim et Moen, 2002). C'est ce que vit Céline dans la mise en situation: son moral est bon, car elle a le sentiment de tenir sa vie en mains.

Par ailleurs, le statut socioéconomique influence la façon dont les personnes retraitées vont utiliser leur temps. Le modèle le plus courant est *axé sur la famille*: la personne pratique des activités peu coûteuses qui tournent autour du couple,

13.16 **Le choix de la retraite**

Un nombre croissant de personnes âgées continuent de travailler, comme le fait cet homme de 70 ans qui n'a pas voulu prendre sa retraite.

de la famille et des amis (conversations, télévision, visites, jeu de cartes, etc.). Un autre modèle, celui de l'*investissement équilibré,* est typique des personnes plus scolarisées qui partagent leur temps plus équitablement entre la famille, le travail et les loisirs (activités culturelles, voyages, etc.). Toutefois, ces modèles peuvent changer avec l'âge.

Le bénévolat est étroitement lié au bien-être à la retraite ; il peut « contribuer à remplacer le capital social perdu lorsqu'une personne quitte le monde du travail » (Kim et Moen, 2001). Il tend aussi à protéger contre la diminution du bien-être lié aux pertes relatives à l'identité et aux rôles. Au Canada, en 2004, un peu plus de la moitié des adultes de 65 à 74 ans faisaient partie d'un groupe ou d'un organisme ; 39 % faisaient du bénévolat et y avaient consacré en moyenne 111 heures durant l'année (Statistique Canada, 2007d). On peut donc conclure que les nombreuses trajectoires qui mènent à une retraite significative et agréable ont deux choses en commun pour la plupart des personnes âgées : les activités et les relations satisfaisantes.

Les conditions de vie

Alors que dans les pays en voie de développement, même si cette pratique tend à diminuer, les personnes âgées vivent encore généralement sous le même toit que leurs enfants et leurs petits-enfants, dans les pays développés, la plupart d'entre elles vivent seules ou avec leur conjoint et préfèrent, si possible, demeurer dans leur propre maison et au sein de leur communauté (Kinsella et Phillips, 2005). Le fait d'être en couple demeure le facteur le plus important du maintien à domicile. En effet, tant et aussi longtemps que les deux conjoints sont relativement en bonne santé, ils peuvent prendre soin l'un de l'autre. Toutefois, puisqu'elles vivent plus longtemps, les femmes sont plus susceptibles que les hommes de se retrouver seules en vieillissant, cette situation prévalant dans la plupart des pays développés.

On pourrait croire que les personnes qui vivent seules, surtout les plus âgées, souffrent toutes de solitude. En fait, plusieurs facteurs, tels que la santé, la personnalité, les habiletés cognitives et le réseau social influent grandement sur le sentiment de solitude (Martin, Hagberg et Poon, 1997). Participer aux activités d'un cercle d'aînés, comme le fait Céline dans la mise en situation, permet à la personne seule de garder un contact avec sa communauté. En demeurant chez elles, les personnes âgées peuvent aussi garder leur indépendance et leur intimité et rester relativement proches de leurs amis et de leur famille. Néanmoins, il est nécessaire qu'elles aient encore la capacité de tenir leur maison, sans ou avec un minimum d'aide, et que leur revenu soit suffisant. Pour les personnes dont la condition physique est moins bonne, diverses formes d'aide sont disponibles, par exemple l'aide domestique, les soins d'hygiène à domicile ou les « popotes roulantes ».

Par ailleurs, la plupart des adultes vieillissants ne souhaitent pas vivre avec leurs enfants adultes, du moins dans les pays développés (Kinsella et Phillips, 2005). Ils craignent à la fois d'être à charge et de perdre leur liberté. En Amérique du Nord, ce désir reflète des valeurs telles que l'individualisme, l'autonomie et l'indépendance. Comme le montre l'encadré 13.3, à la page suivante, la situation est cependant différente dans certains pays comme le Japon et la Chine, où les valeurs traditionnelles ont encore cours. Le succès de la cohabitation intergénérationnelle dépend largement de la qualité des relations qui existent et de la capacité à communiquer pleinement et avec franchise : parents et enfants doivent respecter leur autonomie et leur dignité respectives, et accepter leurs différences.

Rare dans les pays en voie de développement, l'institutionnalisation représente un autre mode de vie dont la prévalence augmente avec l'âge dans les pays développés. Ainsi, au Canada, 9,2 % des femmes de plus de 65 ans et 4,9 % des hommes vivaient en 2001 dans un établissement prodiguant des soins de longue durée. La plupart de ces personnes (35 % de femmes et 23 % d'hommes) avaient 85 ans et plus (Statistique Canada, 2002b). Les personnes les plus susceptibles d'être placées dans un établissement sont celles qui vivent seules, celles qui ne prennent pas part aux activités

 Les bienfaits du bénévolat

En faisant du bénévolat dans une école où elle aide les enfants à faire leurs devoirs, cette femme âgée continue d'exercer un rôle social utile et valorisant et contribue ainsi à son bien-être.

sociales, celles dont la santé ou les handicaps limitent l'accomplissement des tâches quotidiennes et celles dont les aidants naturels sont surchargés (McFall et Miller, 1992 ; Steinbach, 1992). La plupart d'entre elles sont des femmes veuves qui n'ont pas occupé un emploi rémunéré avant leur retraite et qui doivent survivre avec une pension très réduite.

Vieillir en Asie

Les défis posés par le vieillissement de la population ne sont pas propres aux pays occidentaux : les pays asiatiques sont aux prises avec la même problématique. Toutefois, les différences dans les systèmes économiques et les traditions culturelles influencent la façon dont ces sociétés font face à ces défis. En Extrême-Orient, en particulier, les changements dans l'équilibre démographique entre les jeunes et les vieux ainsi que le développement économique rapide ont entraîné des bouleversements sociétaux et des tensions culturelles qui ont renversé les anciennes traditions.

Un des résultats les plus dramatiques pour cette population vieillissante est qu'il y a moins de jeunes pour s'occuper des personnes âgées. Au Japon, par exemple, on estime qu'en 2030, il y aura deux fois plus de personnes âgées que d'enfants, et que presque 40 % d'entre elles auront 80 ans ou plus. Les réserves des fonds de retraite seront alors probablement épuisées, et les retraites ainsi que les coûts de santé consacrés aux personnes âgées représenteront presque les trois quarts du revenu national (Dobriansky *et al.*, 2007 ; Kinsella et Phillips, 2005).

En Chine, la population de plus de 60 ans augmente plus vite que dans tout autre grand pays. Vers la moitié du siècle, environ 430 millions de Chinois, soit un tiers de la population, prendront leur retraite (United Nations, 2007). Or, dans sa transition rapide vers l'économie de marché, la Chine n'a pas créé un système d'assurance vieillesse totalement fonctionnel, alors que l'augmentation constante du nombre de retraités associé au déclin du ratio de travailleurs et de retraités menace la stabilité du système. Une des solutions serait d'augmenter l'âge de la retraite, mais elle rendrait les emplois encore plus rares pour les 30 % de récents diplômés universitaires qui sont au chômage.

Par ailleurs, dans toute l'Asie, une grande proportion de personnes âgées vivent encore avec leurs enfants, dans le respect de la tradition confucéenne selon laquelle chacun est spirituellement obligé d'aider ses parents et d'en prendre soin. Cependant, des changements ont rendu l'ancienne tradition plus difficile à respecter et celle-ci se perd, obligeant un nombre de plus en plus important de personnes âgées à vivre seules. Ce phénomène est observable en Chine, en Corée, au Japon et à Hong-Kong (Dobriansky *et al.*, 2007 ; Kinsella et Phillips, 2005 ; Silverstein, Cong et Li, 2006). Ainsi, au Japon, l'institutionnalisation était presque inexistante en 1960, où elle était considérée comme une violation des obligations traditionnelles. Aujourd'hui, la population de Japonais âgés est en pleine expansion et elle devient si importante qu'elle menace le maintien des soins en milieu familial. Pour contrer cette tendance, le gouvernement japonais a légiféré : il est désormais obligatoire de s'occuper des membres âgés de la famille. Le gouvernement offre toutefois un allègement fiscal à ceux qui fournissent une aide financière à leurs parents (Lin *et al.*, 2003 ; Martin, 1988 ; Oshima, 1996).

Dans les régions urbaines de Chine, où les logements sont rares, les parents âgés continuent de vivre avec un enfant adulte qui est généralement le garçon marié, conformément à la tradition patriarcale (Pimentel et Liu, 2004 ; Silverstein *et al.*, 2006 ; Zhang, 2004). Dans les régions rurales, où beaucoup d'adultes en âge de travailler ont migré vers les villes, le déclin des foyers intergénérationnels ébranle les idéaux du confucianisme. Pourtant, sans régime de retraite public et universel ni programme de soins à long terme, les parents âgés restent largement dépendants de leurs enfants. Ainsi, dans une province rurale, plus de la moitié des parents âgés (51 %) vivent avec des enfants adultes, des petits-enfants ou les deux, et presque tous reçoivent de l'aide matérielle de leurs enfants. Cependant, pour de nombreux parents, cette aide est moins importante que le respect de la tradition du foyer intergénérationnel (Silverstein *et al.*, 2006). De plus, à cause de la politique chinoise sur l'enfant unique, en vigueur depuis 1979, les enfants adultes se retrouvent seuls à s'occuper de leurs parents âgés. Ce sont généralement les belles-filles en âge de travailler qui sont éventuellement censées prendre soin de deux parents et de quatre grands-parents, une tâche qui devient de plus en plus irréalisable. Par ailleurs, de fortes pressions culturelles et sociales s'exercent sur les familles pour que cet enfant unique soit un garçon, ce qui a déjà entraîné un net déséquilibre dans le ratio de garçons et de filles. Si ce déséquilibre se maintient, il y aura alors de moins en moins de femmes disponibles pour fonder une famille, et donc moins d'enfants sur qui les hommes âgés pourront compter.

Enfin, le vieillissement de la population chinoise entraîne une augmentation des maladies chroniques, des incapacités et des besoins en matière de soins de longue durée. Même si le gouvernement chinois a commencé à élaborer des programmes de prévention de la maladie ainsi qu'un système de soins de longue durée, il n'est pas certain que les fonds seront suffisants pour couvrir l'augmentation des coûts liés aux soins de santé (Kaneda, 2006). Par conséquent, même si le vieillissement de leur population touche autant les sociétés occidentales que les sociétés orientales, ces dernières, souvent en pleine mutation économique, doivent gérer ce phénomène en tenant compte de traditions culturelles qui ne correspondent plus nécessairement à leur nouvelle situation démographique.

Un élément essentiel du bien-être des personnes vivant en établissement est la possibilité de prendre des décisions et d'exercer un certain contrôle sur leur vie. Une étude menée auprès de 129 résidents dans un centre de soins intermédiaires a en effet montré que ceux qui avaient le plus haut niveau d'estime de soi, qui étaient les moins dépressifs et qui étaient les plus satisfaits de leur vie étaient aussi les moins susceptibles de mourir dans les quatre années suivantes (O'Connor et Vallerand, 1998). Par ailleurs, certaines personnes âgées vivant dans un centre d'hébergement peuvent présenter des comportements autodestructeurs indirects, par exemple se laisser mourir en refusant de manger convenablement ou de prendre leurs médicaments (Vézina *et al.,* 2007).

13.18 **La vie en établissement**

Un élément essentiel pour les personnes âgées qui vivent en résidence est de pouvoir prendre leurs propres décisions et d'exercer un certain contrôle sur leur vie.

Enfin, si la plupart des personnes âgées vivant en établissement sont bien traitées, la négligence et les mauvais traitements physiques et psychologiques dont elles peuvent être l'objet constituent encore un sujet tabou. Au Canada, le ministère de la Justice identifie six formes de violence commise à l'égard des aînés : la violence physique, la violence et l'exploitation sexuelles, la négligence, la maltraitance psychologique ou émotionnelle, l'exploitation économique et financière et le dénigrement sur le plan spirituel (Ministère de la Justice du Canada, 2009). En 2005, l'Université de Toronto a mis sur pied un projet de recherche d'envergure nationale : A Way forward. Ce projet vise à mieux comprendre cette problématique et à y répondre de façon adéquate pour assurer le bien-être des personnes âgées qui vivent dans les divers établissement canadiens.

13.5.5 Les relations interpersonnelles des personnes âgées

En vieillissant, plusieurs personnes tendent à passer moins de temps avec les autres, surtout si elles ont cessé depuis longtemps d'occuper un emploi ou si leur mobilité est réduite. Cependant, les relations interpersonnelles avec les proches sont plus que jamais importantes et nécessaires à leur bien-être. Selon la théorie du convoi social, les adultes vieillissants maintiennent leur niveau de soutien social en identifiant des membres de leur réseau qui peuvent les aider et en évitant ceux qui ne les soutiennent pas (*voir le chapitre 12*). Ils conservent un cercle intime d'amis proches et de membres de la famille sur lesquels ils peuvent compter et qui ont une grande influence sur leur bien-être. Ainsi, même si les personnes âgées ont des réseaux de soutien plus restreints, elles ont tendance à avoir autant de liens très étroits et à être plus satisfaites de ceux qu'elles ont (Antonucci et Akiyama, 1995 ; Lang et Carstensen, 1997). Les sentiments éprouvés à l'égard des « vieux amis » sont aussi forts que chez les adultes plus jeunes, et ceux éprouvés à l'égard des membres de la famille sont même plus forts (Charles et Piazza, 2007). De plus, le temps leur étant compté, les adultes deviennent plus sélectifs en vieillissant et préfèrent la compagnie et les activités qui répondent à leurs besoins affectifs immédiats (Carstensen *et al.,* 1996).

Enfin, à mesure que les personnes âgées perdent une partie du soutien qu'elles recevaient auparavant de leurs amis, elles reçoivent davantage de soutien affectif d'un nombre plus restreint de membres de la famille (Shaw *et al.,* 2007). Ce soutien affectif aide les personnes âgées à continuer d'apprécier la vie à la suite d'un stress important, comme la perte du conjoint ou d'un enfant. Il devient essentiel particulièrement pour les femmes âgées qui sont veuves et qui vivent seules. Une étude finlandaise menée pendant 10 ans et qui portait sur des femmes âgées de 80 ans a ainsi démontré que celles qui bénéficiaient de la plus grande quantité de soutien social avaient deux fois et demie moins de risque de mourir au cours de l'étude que celles qui recevaient le moins de soutien social (Lyyra et Heikkinen, 2006). Cependant, si les relations interpersonnelles sont conflictuelles – c'est-à-dire marquées par le rejet, la compétition, la critique ou la violation de l'intimité –, elles peuvent engendrer un stress chronique.

Les relations de couple

Parce que les femmes épousent généralement des hommes plus âgés qu'elles et leur survivent, mais aussi parce que les hommes sont plus susceptibles de se remarier après un divorce ou un veuvage, et ce, partout dans le monde, ces derniers sont beaucoup plus nombreux à être encore mariés durant leur vieillesse. Or, les adultes d'âge avancé encore mariés sont plus susceptibles de se déclarer satisfaits de leur vie de couple que les adultes d'âge moyen, plusieurs affirmant qu'elle s'est même améliorée. En effet, lorsque le couple a fini d'élever ses enfants, ceux-ci deviennent souvent une source de joie et de fierté plutôt qu'une source de conflit (Carstensen *et al.*, 1996).

Par ailleurs, la façon dont les couples résolvent les conflits est la clé de la satisfaction conjugale tout au long de l'âge adulte. Les couples mariés qui se disputent souvent ont tendance à être anxieux et déprimés, alors que ceux qui s'entendent bien ont tendance à être plus satisfaits de la vie et à avoir une meilleure estime de soi (Whisman *et al.*, 2006). Si les modes de résolution de conflits ont tendance à rester plutôt constants tout au long de la vie matrimoniale, les conflits des couples plus âgés sont moins graves parce que les conjoints parviennent mieux à réguler leurs émotions (Carstensen *et al.*, 1996).

Dans tous les pays développés, les personnes mariées ont une meilleure santé et vivent plus longtemps que les autres (Kinsella et Phillips, 2005). Cependant, la relation entre le mariage et la santé peut différer selon le sexe : alors que le *fait d'être marié* semble être bénéfique pour la santé des hommes plus âgés, celle des femmes plus âgées semble davantage liée à la *qualité* de la relation conjugale (Carstensen *et al.*, 1996). Toutefois, le couple peut se voir durement mis à l'épreuve avec l'apparition de maux physiques plus graves, même si la relation intime parvient à en modérer les effets psychologiques négatifs (Mancini et Bonanno, 2006). La personne qui doit s'occuper d'un conjoint handicapé peut en effet se sentir isolée, en colère et frustrée, surtout si elle-même est en mauvaise santé. Le couple peut alors se retrouver dans un cercle vicieux : la maladie peut être aggravée par la tension, ce qui augmente à son tour les risques pour la santé de la personne aidante (Schulz et Beach, 1999).

Les relations avec les enfants adultes

Les parents âgés gardent généralement des liens solides avec leurs enfants. Or, les parents qui ont de bonnes relations avec leurs enfants adultes sont moins susceptibles de se sentir seuls ou déprimés que ceux qui n'ont pas de bonnes relations (Koropeckyj-Cox, 2002). Les relations mères et filles ont tendance à être particulièrement intimes. En outre, les enfants constituent un lien avec les autres membres de la famille, surtout avec les petits-enfants. L'équilibre dans l'aide mutuelle a tendance à se modifier au fur et à mesure que les parents vieillissent, les enfants fournissant alors plus de soutien que les parents (Bengtson, Rosenthal et Burton, 1990 ; 1996).

Au Canada, comme dans la plupart des pays développés, le soutien institutionnel, comme l'assurance maladie ou l'assurance médicaments au Québec, a soulagé les membres de la famille de quelques responsabilités à l'égard des personnes âgées. Néanmoins, nombreux sont les enfants qui procurent encore une aide importante et fournissent des soins directs (*voir le chapitre 12*). Cependant, la taille des familles étant plus petite que par le passé, on dénombre moins de « donneurs de soins » potentiels pour aider les parents vieillissants, ce qui exerce une pression grandissante sur ceux qui procurent effectivement ces soins – pression qui peut mener éventuellement à de mauvais traitements envers les personnes âgées plus fragiles ou plus « exigeantes ». La violence envers les aînés peut ainsi s'exercer au sein de la famille et prendre une ou plusieurs des formes de maltraitance mentionnées précédemment. L'agresseur peut être le conjoint ou la conjointe, les enfants adultes ou toute personne qui fournit des soins de base à la personne âgée.

De leur côté, les parents âgés continuent d'être très concernés par leurs enfants adultes. Ceux qui en ont les moyens leur fournissent souvent un soutien financier. Dans les pays moins développés, la contribution des parents âgés se fait aussi par le

13.19 **L'intimité des relations mère-fille**

Au fur et à mesure que leurs parents vieillissent, les enfants adultes tendent à leur fournir plus de soutien. Les relations mère-fille sont souvent particulièrement intimes.

biais de l'entretien de la maison, le soin des enfants et la socialisation des petits-enfants (Kinsella et Phillips, 2005). Par ailleurs, les parents âgés tendent à être angoissés si leurs enfants adultes ont des problèmes et peuvent même les considérer comme un signe de faillite dans leur rôle parental (Troll et Fingerman, 1996).

Les relations avec les frères et les sœurs

Plus que les autres membres de la famille, les frères et les sœurs jouent un rôle important dans le réseau de soutien social des personnes âgées. Comme les amis, ils offrent de la compagnie, mais en donnant davantage de soutien émotionnel que ces derniers (Bedford, 1995). Les conflits et les rivalités au sein de la fratrie diminuent généralement avec l'âge, certaines personnes tentant de résoudre les anciens conflits. Les frères et les sœurs plus jeunes offrent particulièrement leur aide en cas de maladie ou de décès d'un des conjoints. Ils peuvent même devenir des aidants naturels et, dans certains cas, apporter un support financier.

Les sœurs, en particulier, jouent un rôle important dans le maintien des relations familiales et du bien-être. En effet, les personnes âgées qui sont proches de leurs sœurs se sentent mieux et s'inquiètent moins du vieillissement que celles qui n'ont pas de sœur ou qui n'en sont pas proches (Bedford, 1995 ; Cicirelli, 1995). Même si la mort d'un frère ou d'une sœur peut représenter un événement normatif de cette période de vie, la personne qui survit peut donc éprouver une peine intense et un sentiment de perte partielle de son identité (Cicirelli, 1995).

Les relations avec les amis

La plupart des personnes âgées ont des amis proches et, comme au début et au milieu de l'âge adulte, celles qui ont un cercle actif d'amis tendent à être plus heureuses et en meilleure santé (Antonucci et Akiyama, 1997). En effet, les personnes qui peuvent confier leurs sentiments et leurs pensées et celles qui peuvent parler de leurs soucis et de leurs peines avec des amis tendent à mieux supporter les changements dus au vieillissement et à vivre plus longtemps (Steinbach, 1992). Les personnes âgées apprécient davantage le temps qu'elles passent avec leurs amis que celui passé avec la famille, sans doute parce que les relations amicales sont davantage centrées sur le plaisir et la détente, alors que les relations familiales impliquent surtout les besoins et les tâches quotidiennes (Antonucci et Akiyama, 1997). De plus, même si les amis ne peuvent remplacer un conjoint disparu, ils peuvent aider à surmonter son absence, comme c'est le cas pour Céline dans la mise en situation.

13.20 **L'importance du réseau social**

L'amitié représente une source importante de soutien social et contribue au bien-être physique et psychologique des adultes vieillissants.

Les sentiments positifs à l'égard des vieux amis sont plus forts que ceux éprouvés à l'égard des nouveaux amis (Charles et Piazza, 2007). En effet, en accord avec la théorie du convoi social et celle de la sélectivité socioémotionnelle, les amitiés de longue date tendent à se maintenir jusqu'à un âge très avancé (Hartup et Stevens, 1999). Toutefois, la maladie et l'entrée en établissement peuvent rendre les contacts avec les anciens amis difficiles. Bien que les personnes âgées soient encore capables de lier de nouvelles amitiés, même après 85 ans, elles demeurent cependant plus susceptibles que les adultes plus jeunes d'associer les bénéfices de l'amitié (comme l'affection ou la loyauté) à des individus particuliers qui ne peuvent être facilement remplacés lorsqu'ils partent en centre d'hébergement ou qu'ils décèdent (De Vries, 1996).

Les relations avec les petits-enfants et arrière-petits-enfants

Nous avons vu dans le chapitre 12 combien les relations avec les petits-enfants prennent souvent une grande place dans la vie des personnes âgées. Toutefois, lorsque ceux-ci deviennent eux-mêmes parents, les adultes âgés peuvent voir moins souvent leurs petits-enfants et arrière-petits-enfants. Ils sont également moins susceptibles d'être impliqués dans la vie de ces derniers, souvent à cause de la dispersion de la famille. Cependant, la plupart des arrière-grands-parents trouvent ce rôle gratifiant (Pruchno et Johnson, 1996). Lors d'interviews effectuées auprès de 40 arrière-grands-parents des deux sexes, âgés de 71 à 90 ans, 93 % d'entre eux ont ainsi fait ce genre de commentaires : « La vie recommence dans ma famille. » ou « Voir grandir mes arrière-petits-enfants me garde jeune. » (Doka et Mertz, 1988).

Les grands-parents et les arrière-grands-parents ont donc un rôle important à jouer. Ils sont non seulement des compagnons de jeux, mais ils symbolisent aussi à la fois le lien avec le passé et la continuité de la vie de la famille. Ils sont engagés dans l'ultime fonction de générativité : en s'investissant auprès des générations futures, ils expriment le profond désir de l'humanité de transcender sa mortalité.

Faites le POINT

13 Quelle est, selon Erikson, la dernière crise que les personnes âgées doivent résoudre, et quelle est la qualité qu'elles peuvent alors développer ?

14 Expliquez à quoi correspondent l'optimisation sélective et la compensation (OSC) et comment elles sont utiles aux personnes âgées.

15 Selon la théorie du convoi social, comment les adultes vieillissants maintiennent-ils leur niveau de soutien social ?

Résumé

Le vieillissement de la population

En Amérique du Nord, le fait de vieillir est généralement perçu de façon négative. Les personnes âgées sont l'objet de nombreux préjugés et stéréotypes qui peuvent mener à une forme de discrimination : l'âgisme.

Le vieillissement de la population est une réalité démographique mondiale, mais c'est dans les pays développés qu'elle est la plus rapide. On assiste également à un survieillissement, puisque les personnes âgées de plus de 80 ans sont de plus en plus nombreuses et que le nombre de centenaires ne cesse d'augmenter. La baisse du taux de mortalité et l'augmentation de l'espérance de vie sont les deux facteurs qui peuvent expliquer ce vieillissement. Parallèlement, on assiste à une baisse du taux de fécondité dans la majorité des pays industrialisés.

Le vieillissement de la population entraîne de nombreuses conséquences, surtout économiques et sociales, mais son impact dépend davantage du nombre de personnes âgées en bonne santé et fonctionnelles. Le vieillissement primaire est un processus graduel et inévitable, alors que le vieillissement secondaire résulte, en partie, de facteurs sous le contrôle de la personne.

Le développement physique

Le processus de sénescence ne commence pas au même moment pour tous. Les théories du vieillissement programmé soutiennent que le vieillissement est déterminé génétiquement, alors que les théories du vieillissement variable voient le vieillissement comme le résultat de processus aléatoires qui varient d'une personne à l'autre. Selon Hayflick, la vie humaine aurait une durée biologique limitée d'environ 110 ans.

En vieillissant, le cerveau perd des neurones, mais sa plasticité lui permet de compenser ces pertes et de demeurer fonctionnel jusqu'à un âge relativement avancé. Le niveau de la réserve organique baisse aussi avec l'âge. Plusieurs modifications affectent également les capacités sensorielles, particulièrement la vision et l'audition. La force, l'endurance, l'équilibre et le temps de réaction diminuent, mais peuvent être améliorés par un entraînement approprié. Les personnes âgées se réveillent plus souvent et ont moins de sommeil profond. Enfin, chez l'adulte en bonne santé, la fonction sexuelle peut se maintenir jusqu'à un âge avancé et même si la sexualité s'exprime de façon différente, elle demeure une importante source de bien-être.

La santé physique et mentale

L'activité physique et l'alimentation demeurent des facteurs prépondérants de santé physique, et elles jouent un rôle préventif contre bon nombre de maladies associées au vieillissement. La santé mentale tend pour sa part à s'améliorer avec l'âge. Cependant, certaines personnes âgées souffrent de dépression, les femmes étant plus touchées que les hommes. La perte d'énergie et le manque d'intérêt pour les activités habituelles en sont les symptômes les plus fréquents.

La maladie d'Alzheimer, un trouble dégénératif et irréversible du cerveau, est la forme de démence qui affecte le plus les personnes âgées, dont une grande majorité de femmes. Maladie incurable, elle entraîne une altération progressive des fonctions cognitives, plus particulièrement de la mémoire des événements récents, ainsi que des modifications de plus en plus marquées de la personnalité. Les facteurs génétiques jouent un rôle important dans la maladie, mais ne sont pas les seuls impliqués. Les activités stimulantes sur le plan cognitif représentent un facteur de protection contre cette maladie.

Le développement cognitif

Le déclin cognitif n'est pas inévitable chez la personne âgée. Plusieurs habiletés cognitives peuvent se maintenir jusqu'à un âge avancé et parfois même s'améliorer.

Alors que l'intelligence mécanique tend à diminuer, l'intelligence pragmatique peut continuer de se développer. La rapidité du traitement de l'information est une des premières habiletés à décliner, mais l'entraînement peut aider à la maintenir. L'efficacité dans la résolution de problèmes au quotidien semble quant à elle demeurer stable assez longtemps.

La mémoire de travail décline plus tôt que la mémoire sensorielle, qui reste efficace toute la vie. Dans la mémoire à long terme, c'est la mémoire épisodique qui est la plus susceptible de se détériorer, la mémoire sémantique et la mémoire procédurale étant peu affectées par l'âge. La perte de rapidité dans le traitement de l'information ainsi que des problèmes d'encodage, de stockage et de rappel pourraient expliquer ces pertes sur le plan de la mémoire.

Le développement affectif et social

Selon Costa et McCrae, les traits de personnalité demeurent relativement stables avec l'âge. Selon la théorie d'Erikson, la personne doit résoudre une dernière crise, celle de l'intégrité *versus* le désespoir, et développer la sagesse pour accepter la vie qu'elle a menée et sa mort prochaine. Les théories du désengagement, de l'activité et de la continuité proposent quant à elles des modèles différents pour un vieillissement réussi.

L'optimisation sélective et la compensation sont des processus cognitifs qui permettent à la personne de s'adapter aux déclins imposés par le vieillissement. La retraite représente pour sa part une transition majeure pour l'adulte vieillissant ; pour être réussie, elle doit comporter des activités et des relations interpersonnelles satisfaisantes.

De nombreux facteurs, comme le fait d'être ou non en couple, influencent aussi les conditions de vie des personnes âgées. Celles qui vivent en couple ont une meilleure santé, vivent plus longtemps et se disent généralement plus satisfaites que les plus jeunes. L'institutionnalisation, qui augmente dans les pays développés, concerne surtout les personnes seules et peu favorisées sur le plan économique. Les relations interpersonnelles sont plus importantes que jamais pour le bien-être des personnes vieillissantes.

Les liens avec les enfants adultes demeurent généralement solides, ces derniers pouvant devenir des aidants naturels pour leurs parents. Les aînés sont néanmoins parfois l'objet de maltraitance. Les frères et sœurs jouent également un rôle important dans le réseau de soutien social des personnes âgées, tandis que les amis demeurent une grande source de joie : ils ont une influence positive sur le bien-être et la santé des personnes âgées. Enfin, les relations avec les petits-enfants et les arrière-petits-enfants permettent aux personnes âgées d'exprimer leur besoin de générativité.

Pour aller plus loin

Volumes et ouvrages de référence

LEMAIRE, P., et L. BHERER (2005). *Psychologie du vieillissement. Une perspective cognitive,* Bruxelles, De Boeck, Collection Ouvertures psychologiques.
Ouvrage facile d'accès qui fait état des connaissances actuelles sur le vieillissement cognitif et qui traite de l'impact du vieillissement sur les fonctions cognitives, des principaux facteurs modérateurs et des pistes d'intervention possibles.

VÉZINA, J., P. CAPPELIEZ et P. LANDREVILLE (2007). *Psychologie gérontologique,* Montréal, Gaëtan Morin Éditeur.
Ouvrage récent qui, dans un langage clair et facile d'accès, propose une synthèse des connaissances en psychologie du vieillissement, fondée sur les dernières recherches dans ce domaine.

Périodiques

Revue canadienne du vieillissement, Association canadienne de gérontologie, Kingston, Ontario.
Revue de gérontologie qui paraît de façon trimestrielle. Elle présente des travaux de recherche et des exposés théoriques selon diverses perspectives : biologie, sciences de la santé, psychologie et sciences sociales.

Sites Internet et documents en ligne

CONSEIL CANADIEN DE L'APPRENTISSAGE. « L'apprentissage chez les aînés », dans *L'apprentissage des adultes mis en valeur dans sept vidéos,* [En ligne], www.ccl-cca.ca/CCL/AboutCCL/ KnowledgeCentres/AdultLearning/OurWork/Video/Video7. htm?Language=FR (Page consultée le 26 janvier 2010).
Courte vidéo qui met de l'avant l'importance de l'apprentissage chez les aînés dans un contexte formel et informel.

STATISTIQUE CANADA. *Un portrait des aînés au Canada,* n° 89-519-XWF au catalogue, [En ligne], www.statcan.gc.ca/ads-annonces/89-519-x/ index-fra.htm (Page consultée le 26 janvier 2010).
Rapport très complet qui traite, entre autres, des caractéristiques démographiques, de la santé, du travail, de la participation sociale, du revenu et des modes de vie des personnes âgées de 65 ans et plus. Deux chapitres sont consacrés aux aînés autochtones et aux aînés immigrants.

Films, vidéos, cédéroms, etc.

BBC & Learning Channel Productions (1999). « Le vieillissement », *Les mystères du corps humain,* 60 minutes, couleurs, DVD.
Septième volet de la série *Les mystères du corps humain* qui montre que l'être humain continue de vivre et de changer bien au-delà des années nécessaires à la procréation et à l'éducation des enfants, ce qui soulève la question suivante : chez les êtres humains, le vieillissement pourrait-il être autre chose qu'un lent déclin ?

RYDELL, M. (1981). *La maison du lac,* Productions Bruce Gilbert, É.-U., 109 minutes, couleurs, 35 mm.
Film qui illustre remarquablement bien la huitième crise d'Erikson chez un couple qui se questionne à l'approche de la mort, et qui montre également les rapports entre les générations.

14 La mort et le deuil

Nous sommes tous confrontés un jour ou l'autre à la mort d'un être cher et, ultimement, à notre propre mort. Cette conscience de la finitude inévitable nous incite souvent à savourer davantage chacune des étapes de notre vie. Si cette vie, jalonnée de multiples renoncements, peut nous préparer à mieux vivre la mort, c'est souvent la mort elle-même qui nous aide à mieux vivre. Or, qu'elle soit choisie, souhaitée, appréhendée ou non, la mort ne laisse personne indifférent. Devoir renoncer à la présence d'un être cher suscite effective-ment une gamme de perturbations qui varient en durée et en intensité. Bien que certaines manifestations communes soient présentes, chaque relation est unique. Par le fait même, chaque deuil est différent. Le Petit Prince ne disait-il pas qu'il faut supporter deux ou trois chenilles pour pouvoir connaître les papillons ?

Mise en situation

Trois mois après avoir reçu un diagnostic de cancer, Pierre, le mari de Michelle, est mort à l'âge de 67 ans. Aujourd'hui, Michelle vit le deuil de celui qui a partagé sa vie pendant plus de trente ans. Elle se sent bien seule dans sa vaste maison, maintenant devenue trop grande. Elle y voit partout la main de Pierre, un excellent bricoleur.

Bien sûr, elle a ses enfants, mais elle ne veut pas les inquiéter avec sa tristesse et son ennui. Et puis ils sont si occupés par leur vie familiale et professionnelle... Il y a aussi les amis, mais ce n'est pas avec eux que Michelle avait planifié vivre sa retraite. Elle voulait voyager avec son mari et réaliser ces tas de projets qu'ils avaient remis à plus tard. Aujourd'hui, plus rien n'a de sens.

Les nuits d'insomnie lui semblent interminables, sans compter cette sensation de vide abdominal qui l'habite sans cesse. Michelle regrette de ne pas avoir suffisamment dit «Je t'aime» à Pierre. Pourtant, ils avaient leur façon bien à eux de se témoigner leur amour: un regard, un sourire... Comme il lui manque! Puis la colère vient chasser les regrets. Pourquoi lui? Pourquoi nous? Michelle se dit que Pierre n'a même pas eu le bonheur de connaître son premier petit-fils, né tout juste quelques semaines après son décès. Comme ils auraient été de bons grands-parents, ensemble, tous les deux! En réalisant qu'elle est maintenant grand-mère, Michelle retrouve le sourire. La présence de son petit-fils met du baume sur sa souffrance.

Michelle n'avait jamais pensé qu'un deuil puisse être si difficile à vivre. Les mois précédant la mort de Pierre ont été vraiment douloureux, c'était si triste de le voir dépérir. Heureusement, il n'a pas souffert trop longtemps; il n'aurait pas accepté de se sentir dépendant et en perte d'autonomie. Michelle remercie intérieurement le personnel des soins palliatifs qui a été si présent et réconfortant.

Michelle pense également à tous ces gens venus lui témoigner leur sympathie lors des funérailles. Elle imagine le plaisir qu'aurait eu son mari à revoir ses vieilles connaissances. Et puis, il y a eu cet hommage si touchant de leur fils qui a rappelé combien son père savait profiter de chaque instant que la vie lui offrait. Fallait-il donc qu'il meure pour qu'elle prenne à son tour conscience du caractère si précieux de cette vie?

Michelle décide de jouir de chaque moment qu'elle passera désormais avec son petit-fils. Elle lui parlera de son grand-père pour qu'il sache quel homme unique il était. De nouveaux projets, alors qu'elle croyait ne plus être capable d'en faire depuis le décès de son partenaire de vie...

Elle a perdu, c'est vrai, l'amour de sa vie, un confident, un ami, le père de ses enfants et un homme à tout faire talentueux, mais elle conserve en elle les précieux souvenirs du passé. Michelle remercie la vie pour ces années de bonheur...

Après avoir lu ce chapitre, vous devriez pouvoir répondre aux questions suivantes :

1. Quelles réactions de deuil Michelle traverse-t-elle?

2. Quels sont les facteurs qui facilitent le processus de deuil de Michelle?

3. Quels rituels funéraires ont été bénéfiques pour Michelle?

4. Quelles sont les pertes associées à la mort du mari de Michelle?

14.1 La mort

On considère généralement la mort comme étant la fin du processus physiologique. Or, elle comporte aussi des aspects *sociaux, culturels, historiques, religieux, légaux, psychologiques, développementaux, médicaux* et *éthiques* qui sont souvent inextricablement liés. En effet, même si la mort est un phénomène universel, la relation que les gens entretiennent avec elle varie considérablement selon les époques. Philippe Ariès, un historien français, s'est particulièrement intéressé à l'évolution des mentalités par rapport à la mort en Occident.

Jusqu'au XIXe siècle, la mort était acceptée et familière. Les gens mouraient en bas âge, habituellement à la maison, entourés de leurs proches. À partir de la fin du XIXe siècle, une sorte de «révolution de la mort» a eu lieu, particulièrement dans les pays développés où, comme nous l'avons vu dans le chapitre 13, les gens vivent de plus en plus longtemps. Devenue progressivement un phénomène associé surtout à l'âge adulte avancé, la mort est de plus en plus «invisible et abstraite» (Fulton et Owen, 1987-1988). Afin de préserver le bonheur individuel et collectif, c'est désormais un état qu'on veut abréger, voire escamoter et effacer. Par exemple, pour éviter trop de souffrance au malade, les médecins et les membres de la famille lui cachent la gravité de son état et prennent garde de ne pas parler devant lui de sa fin prochaine. Par ailleurs, le lieu de la mort s'est déplacé de la maison à l'hôpital, et les soins aux mourants sont généralement confiés à des professionnels. Les rituels funéraires se font plus rapidement, et le développement de l'incinération apparaît comme une solution pour faire disparaître le corps et épargner les survivants (Ariès, 1975). Tous ces changements ont finalement contribué à l'oubli d'un fait important : la mort fait partie de la vie.

Aujourd'hui, la **thanatologie,** soit l'étude des aspects biologiques, psychologiques et sociologiques de la mort, vise à aider les personnes à composer avec ces réalités. En effet, bien que la mort et la perte soient des expériences universelles, elles n'ont pas la même signification pour un bouddhiste japonais âgé, dont la religion lui a appris à accepter l'inévitable, que pour un jeune Québécois d'origine japonaise de troisième génération, qui a grandi en croyant qu'il pouvait être maître de sa propre destinée. De plus, les critères qui s'appliquent à la mort sont devenus plus complexes avec l'apparition d'appareils médicaux permettant de prolonger les signes vitaux de base. L'utilisation de ces technologies soulève d'ailleurs des questions éthiques dont nous parlerons plus loin. Regardons d'abord les soins qui sont offerts aux personnes en fin de vie.

Thanatologie
Étude des aspects biologiques, sociologiques et psychologiques de la mort.

14.1.1   Les soins aux personnes mourantes

Mourir représente l'ultime expérience de chaque individu. Les soins palliatifs et certains groupes d'entraide cherchent à rendre cette expérience la plus humaine possible. En 1959, Cicely Saunders a ainsi eu l'idée d'offrir des soins de confort au malade, plutôt que de miser sur son improbable guérison. Elle croyait que la personne ne pouvait pas affronter la mort avec dignité si elle était submergée par la souffrance physique. Ce médecin anglais donna alors naissance aux soins palliatifs.

Aujourd'hui, les **soins palliatifs** sont offerts aux malades de tous âges qui sont en phase terminale. Ces soins sont centrés sur le soulagement de la douleur et de la souffrance, sur le contrôle des symptômes et sur le maintien d'une qualité de vie satisfaisante. Ils visent également à apporter réconfort, soutien et accompagnement à la personne malade et à ses proches à toutes les étapes de la maladie (RSPQ, 2005). Au Québec, ces soins peuvent être offerts à domicile, dans un hôpital ou dans un centre de soins palliatifs. Les membres de la famille y participent souvent activement, particulièrement lorsque les soins sont offerts à domicile. Les soins palliatifs permettent ainsi au patient de mourir paisiblement et de préserver sa dignité jusqu'à sa mort.

Que signifie exactement «préserver la dignité d'un mourant»? Une équipe de chercheurs a interrogé cinquante patients canadiens atteints d'un cancer en phase terminale, à l'aide d'une liste de questions ayant trait à la dignité, aux préoccupations et aux lignes directrices en matière de traitement (*voir le tableau 14.1 à la page suivante*). Les chercheurs ont surtout conclu que les soins qui permettaient de préserver la dignité du patient dépendaient non seulement de la façon dont ce dernier était traité, mais aussi de la manière dont il était considéré : «Les patients mourants sont plus susceptibles de conserver leur dignité si les personnes qui s'occupent d'eux les considèrent dignes d'être traités avec respect et estime et s'ils en sont conscients.» (Chochinov, 2002)

Soins palliatifs
Soins chaleureux et personnalisés offerts à une personne mourante et à sa famille. Ils visent le maintien de la qualité de vie plutôt que la guérison et sont centrés sur le soulagement de la douleur et de la souffrance.

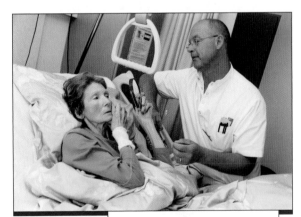

14.1   Les soins palliatifs

Les soins palliatifs visent à apporter réconfort, soutien et accompagnement à la personne malade et à ses proches à toutes les étapes de la maladie. Au Québec, la maison Michel Sarrazin est une institution pionnière dans les soins, l'enseignement et la recherche en soins palliatifs.

TABLEAU 14.1 | Les interventions permettant aux patients de conserver leur dignité à l'approche de la mort

Préoccupations	Questions relatives à la dignité	Interventions thérapeutiques
Maladie		
• Douleur physique	«Votre environnement est-il confortable?» «Que pouvons-nous faire pour améliorer votre confort?»	• Faire preuve de vigilance en matière de gestion des symptômes. Procéder à de fréquentes évaluations. Offrir des soins de confort.
• Douleur psychologique	«Comment prenez-vous ce qui vous arrive?»	• Adopter une attitude réconfortante. Écouter avec empathie. Envisager une orientation vers un processus thérapeutique.
• Incertitude médicale	«Y a-t-il d'autres choses que vous aimeriez savoir sur votre maladie?» «Obtenez-vous toute l'information dont vous avez besoin?»	• Sur demande du patient, lui fournir de l'information et lui suggérer des stratégies précises et faciles à comprendre pour gérer les éventuelles crises.
• Anxiété par rapport à la mort	«Y a-t-il d'autres choses sur les dernières phases de votre maladie dont vous aimeriez discuter?»	• Accueillir et normaliser les inquiétudes du patient.
• Autonomie	«Votre maladie vous a-t-elle rendu plus dépendant des autres?»	• Inciter le patient à participer aux décisions d'ordre personnel et médical le concernant.
• Acuité cognitive	«Avez-vous de la difficulté à réfléchir?»	• Traiter le délire. Si possible, éviter les sédatifs.
• Capacité fonctionnelle	«Qu'êtes-vous capable de faire tout seul?»	• Offrir de l'orthopédie, de la physiothérapie et de l'ergothérapie.
Maintien de la dignité		
• Continuité du soi	«Qu'est-ce que la maladie n'affecte pas chez vous?»	• Reconnaître les aspects de la vie qui ont le plus de valeur pour le patient et y accorder de l'intérêt.
• Préservation du rôle	«Quelles sont les choses les plus importantes que vous faisiez avant de tomber malade?»	• Considérer le patient comme étant un être digne d'honneur, de respect et d'estime.
• Maintien de la fierté	«De quoi êtes-vous le plus fier par rapport à vous-même ou à votre vie?»	• Encourager le patient à participer à des activités significatives pour lui ou qui ont un but, et lui donner les moyens de les réaliser.
• Espoir	«Qu'êtes-vous encore capable de faire?»	• Identifier les activités que le patient peut réaliser.
• Autonomie/contrôle	«Avez-vous l'impression de maîtriser la situation?»	• Faire participer le patient aux décisions concernant le traitement et les soins.
• Générativité/héritage	«Quel souvenir aimeriez-vous laisser?»	• Suggérer des projets de vie (ex.: faire des enregistrements audio ou vidéo, rédiger des lettres ou un journal). Offrir une psychothérapie garantissant la dignité de la personne.
• Acceptation	«Êtes-vous en paix avec ce qui vous arrive?»	• Aider le patient à conserver l'apparence qu'il souhaite.
• Résilience/état d'esprit combatif	«Quand est-ce que vous remarquez une amélioration de votre état?»	• Encourager le patient à faire des activités qui améliorent son bien-être (ex.: méditation, exercices modérés, écouter de la musique, prier).
• Capacité à vivre le moment présent	«Y a-t-il des choses qui vous distraient de la maladie et qui vous réconfortent?»	• Permettre au patient de participer à des activités ordinaires ou de se réconforter en se distrayant momentanément (ex.: sorties quotidiennes, exercices modérés, écoute de musique).

Facteur/sous-thème	Questions relatives à la dignité	Interventions thérapeutiques
• Maintien de la normalité	«Y a-t-il des choses que vous aimez encore faire régulièrement?»	• Identifier les ressources du patient pour réaliser ce qu'il aime.
• Soutien spirituel	«Avez-vous des liens avec une communauté religieuse en particulier ou aimeriez-vous en avoir?»	• Orienter le patient vers l'aumônier ou le chef spirituel. Permettre au patient de participer notamment aux pratiques religieuses ou culturelles.
Environnement social		
• Limites relatives à l'intimité	«Quel aspect de votre intimité ou quelle partie de votre corps ont de l'importance à vos yeux?»	• Demander au patient la permission de l'examiner. S'assurer qu'il est adéquatement couvert afin de respecter son intimité.
• Soutien social	«Quelles sont les personnes les plus importantes pour vous?» «Qui est votre meilleur confident?»	• Adopter des politiques progressistes par rapport aux visites et au partage de la chambre. S'assurer de la participation d'un grand réseau de soutien.
• Teneur des soins	«Est-ce que la façon dont on vous traite vous donne un sentiment de dignité?»	• Adopter une attitude qui fait sentir au patient qu'il est digne de respect et d'estime.
• Fardeau pour les autres	«Avez-vous peur de représenter un fardeau pour les autres?» «Si oui, pour qui et de quelle façon?»	• Encourager le patient qui se considère comme un fardeau à en parler explicitement.
• Préoccupations quant aux survivants	«Quels sont vos principaux soucis à l'égard des personnes que vous laissez derrière vous?»	• Encourager le patient à régler ses affaires, à rédiger des instructions ainsi qu'un testament et à planifier ses funérailles.

Source : Adapté de Chochinov, 2002.

Les médias véhiculent toutefois souvent une image idéalisée des soins palliatifs qui présentent pourtant certaines lacunes, dont la principale concerne le petit nombre de personnes mourantes qui y ont accès. Ainsi, en 2001, au Québec, le pourcentage de personnes ayant bénéficié de soins palliatifs était de 26,5 %, ce qui est loin de répondre aux besoins de la population (St-Arnaud, 2007). Les limites des soins palliatifs ne doivent néanmoins pas faire oublier qu'on leur doit la maîtrise de la douleur et, par le fait même, une moins grande peur de la mort (Gendron et Carrier, 1997).

Il existe différents groupes d'entraide pour les personnes en fin de vie et pour leur famille. Les principaux services offerts par ces ressources communautaires sont le soutien aux soins palliatifs, mais aussi les visites aux personnes mourantes, l'aide pour l'entretien ménager et la préparation des repas, les groupes de soutien pour les proches et des campagnes d'information et de sensibilisation sur les différentes maladies.

14.1.2 La confrontation avec la mort : les enjeux psychologiques

La mort représente une étape importante du développement humain. En effet, plusieurs transformations physiques et psychologiques se manifestent chez les personnes en fin de vie. Les chercheurs qui ont étudié ces changements ont pu identifier les principales attitudes des personnes mourantes et la façon dont les gens peuvent donner un sens à leur vie lorsque la mort est imminente.

Les changements physiques et cognitifs

Même si elles ne souffrent d'aucune maladie identifiable, les personnes qui arrivent à l'âge de 100 ans, donc très près de la limite de l'espérance de vie humaine, ont tendance à subir un déclin fonctionnel, à ne plus avoir envie de boire ni de manger et à mourir de mort naturelle (Johansson *et al.,* 2004; Rabbitt *et al.,* 2004). Ces changements se produisent aussi chez les personnes plus jeunes qui approchent de la mort. Une étude longitudinale effectuée auprès de 1 927 hommes révèle ainsi que leur satisfaction par rapport à la vie avait fortement décliné au cours de l'année précédant leur décès, quelle que soit l'évaluation qu'ils faisaient de leur propre santé (Mroczek et Spiro, 2005).

Les chercheurs ont aussi constaté une **chute des fonctions cognitives** caractérisée par une baisse subite de l'état général de la personne vers la fin de la vie, aussi appelée *phase terminale.* Plusieurs études longitudinales effectuées dans différents pays auprès d'adultes d'âges variés rapportent en effet les mêmes observations, et ce, peu importe leur état de santé apparent, leur genre, leur statut socioéconomique ou la cause du décès (Johansson *et al.,* 2004; Small *et al.,* 2003). Le déclin de l'habileté verbale (l'habileté normalement la moins affectée par le vieillissement), tout comme celui du raisonnement spatial, est l'un des marqueurs particulièrement importants de cette phase terminale (Thorvaldsson *et al.,* 2008).

Par ailleurs, certaines personnes qui ont failli mourir ont relaté avoir vécu une *expérience de mort imminente,* expérience dans laquelle elles ont souvent eu l'impression de sortir de leur corps ou d'être aspirées dans un tunnel et de voir une lumière vive, ou encore de faire des rencontres mystiques. Ces témoignages sont très subjectifs et on les interprète généralement comme le résultat de changements physiologiques qui accompagnent le processus de la mort. Lorsque le cerveau est privé d'oxygène, ce qui se produit chez neuf personnes mourantes sur dix, la conscience s'obscurcit et certaines images apparaissent à la suite de changements dans le cortex visuel (Woerlee, 2005).

Le modèle d'Elisabeth Kübler-Ross

Selon Elisabeth Kübler-Ross (1975), les gens qui sont au seuil de la mort suivent un cheminement similaire, avec des réactions typiques et prévisibles. Après avoir parlé à quelque 500 patients incurables, Kübler-Ross (1969, 1970) a identifié cinq phases traversées par la personne qui va mourir:

1. le *déni* ou la négation, où la personne ne croit pas ce qui lui arrive («Ce n'est pas vrai, pas moi!»);

2. la *colère,* pendant laquelle elle ressent de l'hostilité et de la rancœur («Pourquoi moi?»);

3. le *marchandage,* où, pour obtenir du temps supplémentaire, la personne offre maintes promesses ou invoque des forces supérieures («Si je pouvais seulement vivre jusqu'à ce que ma fille se marie, je n'en demanderais pas plus.»);

4. la *dépression,* pendant laquelle elle prend conscience des pertes subies et de sa mort éventuelle («Pauvre moi, c'est triste et difficile.»);

5. l'*acceptation,* soit la phase pendant laquelle la personne accepte la réalité et commence à organiser sa fin éventuelle («J'abandonne tout en étant sereine. Je suis heureuse de t'avoir connu.»).

Le modèle de Kübler-Ross a été critiqué et modifié par d'autres professionnels qui travaillent auprès de patients mourants. En effet, bien que les émotions décrites précédemment soient courantes, tout le monde ne passe pas à travers ces cinq étapes et, lorsque c'est le cas, ce n'est pas nécessairement dans le même ordre. Par exemple, une personne peut passer alternativement de la colère à la dépression ou ressentir ces deux émotions en même temps. Malgré cela, certains professionnels de la santé supposent que ces étapes sont inévitables et universelles, et ils peuvent même penser qu'ils ont échoué s'ils ne réussissent pas à guider le patient vers l'étape finale de l'acceptation. Pourtant, la mort, comme la vie, est une expérience individuelle. Pour certaines personnes, la colère ou le déni peuvent donc représenter une manière différente de faire face à la mort, ces réactions remplaçant alors l'acceptation sereine préconisée par Kübler-Ross.

Chute des fonctions cognitives
Baisse subite de l'état général de la personne fréquemment observée vers la fin de la vie; aussi appelée *phase terminale.*

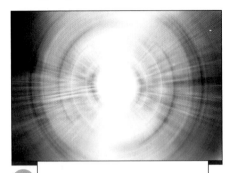

14.2 L'expérience de mort imminente

Quand le cerveau est privé d'oxygène, des images apparaissent à cause d'altérations dans le cortex visuel. Il en résulte une perception de tunnel comme celle rapportée par les personnes ayant eu une expérience de mort imminente.

14.3 Elisabeth Kübler-Ross

La psychiatre Elisabeth Kübler-Ross, spécialiste en thanatologie, s'est entretenue avec de nombreux malades en phase terminale. Elle a constaté que la plupart appréciaient pouvoir parler ouvertement de leur état et étaient conscients d'être proches de la mort, même si on ne leur avait rien dit.

La relecture de vie

Lorsque la vie s'achève, la question du sens devient plus obsédante. Les gens ont alors tendance à effectuer une **relecture de vie.** Il s'agit d'une réminiscence faite par une personne à propos de sa vie afin d'en dégager une signification. Bien que cette démarche puisse être réalisée à n'importe quel moment, elle a souvent lieu lors de la vieillesse et des périodes de transition de vie importantes. L'évocation du passé permet alors aux personnes d'examiner leurs valeurs, leurs réalisations et leurs échecs, et de s'interroger sur le sens de leur existence. La relecture de vie a pour principales fonctions de mieux comprendre et accepter son passé, de se réconcilier avec soi-même et avec les autres et de favoriser l'intégrité du moi, dernière tâche essentielle de la vie selon Erikson. La relecture de vie permet aussi de terminer les tâches inachevées et de se préparer à la mort (Hétu, 2000).

Cependant, tous les souvenirs ne contribuent pas de façon égale à la santé mentale et à la croissance personnelle. Les personnes âgées qui utilisent la réminiscence pour se comprendre elles-mêmes sont celles dont l'intégrité du moi est la plus solide, alors que cette intégrité est plus faible chez celles qui entretiennent seulement les souvenirs agréables. Les personnes qui s'adaptent le moins bien sont celles chez qui le désespoir a pris le pas sur l'intégrité du moi, soit celles qui ressassent des événements négatifs et qui sont assaillies par le regret et par la peur de la mort (Sherman, 1993).

La personne elle-même semble la mieux placée pour trouver un sens à sa vie. Si aucun professionnel ne peut lui imposer le sien, la qualité de son accompagnement, sa disponibilité et les soins prodigués permettent souvent le cheminement personnel nécessaire à un sentiment d'intégrité et de dignité (Gendron et Carrier, 1997) (*voir l'encadré 14.1*).

Relecture de vie
Réminiscence faite par une personne à propos de sa vie afin d'en dégager une signification.

 La relecture de vie
Partager les souvenirs grâce à un album de famille est une façon de poser un regard sur sa vie. Cela permet d'aider les gens à considérer les événements importants sous un nouveau jour. Ils sont alors motivés à tourner la page et à reconstruire des relations qui se sont détériorées ou à terminer des tâches inachevées.

ENCADRÉ 14.1 ◀⟩) PAROLES D'EXPERT

Une pionnière au Québec

Johanne de Montigny
Psychologue à l'unité des soins palliatifs du centre universitaire de santé McGill

Johanne de Montigny est la première psychologue québécoise à se spécialiser en soins palliatifs et en suivi de deuil. En 1988, elle termine une maîtrise en psychologie à l'Université du Québec à Montréal. Cette formation résulte d'une trajectoire bien particulière. En effet, le 29 mars 1979, sa vie bascule dans un accident d'avion où 17 des 24 passagers trouvent la mort, l'un des passagers décédant à ses côtés quelques secondes avant l'écrasement. À la suite de cet événement, elle consulte un psychologue qui, par son accueil, son écoute et son calme, l'aide à surmonter ses réactions de stress post-traumatiques. De cette expérience naît alors son désir de devenir psychologue. Après l'obtention de sa maîtrise, elle effectue un stage à l'unité de soins palliatifs de l'hôpital Royal Victoria et devient la première psychologue québécoise à se spécialiser dans une unité regroupant des personnes en phase terminale.

Depuis 2003, Johanne de Montigny œuvre à l'unité de soins palliatifs du centre universitaire de santé McGill et à l'hôpital général de Montréal. Elle constate les besoins de communication et de solidarité des soignants. Son parcours lui donne l'occasion de collaborer à la mise sur pied d'un groupe de parole interdisciplinaire où les aidants peuvent être entendus, reconnus et soutenus. Il lui donne également l'occasion de participer à une table de concertation sur l'avenir des soins palliatifs et sur le rôle indispensable du psychologue dans ces soins. Le rapport soumis au ministère de la Santé en 2004 a permis de reconnaître la nécessité des services psychologiques en soins palliatifs. Il existe désormais une plus grande concertation entre les acteurs impliqués dans le réseau de la santé. Enfin, l'expérience d'enseignement de Johanne de Montigny, dispensé dans le cadre du programme d'études multidisciplinaires sur la mort de l'Université du Québec à Montréal, lui a permis de transmettre des connaissances essentielles à la relation d'aide dans un contexte de soins en phase terminale. Le confort et le réconfort dont ont besoin les personnes en fin de vie, tout comme le soutien de leurs proches, sont effectivement facilités par la présence de personnes formées à l'accompagnement.

Depuis le début de sa carrière, Johanne de Montigny a formé plusieurs psychologues désireux d'œuvrer dans l'univers des soins palliatifs, a publié plusieurs livres et a participé à de nombreuses émissions télévisées, conférences et congrès. En pratique privée, elle reçoit des personnes qui vivent avec le cancer, qui traversent un deuil ou qui sont confrontées à un tournant majeur dans leur vie. Après plus de vingt ans de métier, elle se dit privilégiée d'avoir pu associer sa chance de survivante à la joie profonde de pratiquer comme psychologue. Selon elle, les perspectives d'avenir pour les soins palliatifs sont nombreuses, et l'une d'entre elles consiste à multiplier les points de service et les ressources pour éviter que les gens ne souhaitent devancer le processus du mourir. Un défi qui continue d'alimenter la passion de cette psychologue remarquable.

14.1.3 Le droit à la mort : les enjeux éthiques, médicaux et juridiques

Comme nous venons de le voir, lorsqu'une personne apprend qu'elle va mourir, elle vit différentes émotions. Mais qu'en est-il des individus qui souhaitent mourir ? Ont-ils le droit de se donner la mort ? Si oui, dans quelles circonstances ? Une personne atteinte d'une maladie incurable devrait-elle être autorisée à se suicider ou à recevoir de l'aide pour y parvenir ? Le médecin peut-il prescrire un médicament qui soulage la douleur, mais qui risque d'abréger la vie du patient ? Qui peut décider qu'une vie ne doit plus être prolongée ? Voici quelques questions morales, éthiques et juridiques épineuses auxquelles les individus, les familles, les médecins et la société sont confrontés.

Le suicide

Comme nous l'avons vu dans le chapitre 9, le suicide est devenu, au Québec, un problème de santé publique important depuis 1970. En effet, 37 % de tous les décès par suicide au Canada se produisent au Québec. Les statistiques sont d'autant plus alarmantes qu'elles minimisent probablement le nombre de suicides. En effet, les « accidents » de la route et les surdoses médicamenteuses « accidentelles » ne sont pas reconnus comme des suicides, alors qu'ils peuvent occasionnellement être des suicides déguisés. De plus, les chiffres sur le suicide ne comprennent généralement pas les tentatives de suicide (St-Laurent et Bouchard, 2004).

Pour plusieurs, les pensées suicidaires sont un signe de maladie mentale. Par contre, un nombre croissant de gens considèrent le choix délibéré d'un adulte de mettre fin à ses jours au moment qui lui convient comme une décision rationnelle et un droit qui doit être défendu. Or, les recherches ont démontré que des personnes mortes à la suite d'un suicide présentaient un taux de psychopathologie variant autour de 90 %. De plus, elles avaient une trajectoire de vie cumulant des difficultés personnelles, familiales, relationnelles, psychologiques et sociales (Séguin, Brunet et Leblanc, 2006). Les antécédents familiaux de suicide ou de tentatives de suicide augmentent aussi considérablement le risque de passage à l'acte. Une vulnérabilité apparemment héréditaire pourrait être liée à la faible activité de la sérotonine (le neurotransmetteur qui régule l'humeur et l'impulsivité) dans le cortex préfrontal, qui est la zone du jugement, de la planification et de l'inhibition (Harvard Medical School, 2003).

Bien que certains individus ayant l'intention de se suicider cachent soigneusement leur projet, huit personnes sur dix envoient des signaux précurseurs avant de passer à l'acte (Harvard Medical School, 2003). Ces personnes présentent souvent des signes de dépression, tels que des difficultés inhabituelles de concentration, une perte de l'estime de soi et des sentiments d'abandon, de désespoir ou de panique. Comme le montre le tableau 14.2, les signaux précurseurs peuvent être regroupés en quatre catégories, soit les messages verbaux directs, les messages verbaux indirects, les signes comportementaux et les signes émotifs indiquant la possibilité d'un état dépressif (Lewis, 2001 ; Jacques, 1998).

14.5 Choisir de mourir

La personne qui choisit délibérément de mettre fin à ses jours suscite plusieurs questions d'ordre moral, éthique et juridique.

TABLEAU 14.2 | Les signes précurseurs d'intentions suicidaires

Les messages verbaux directs	Les messages verbaux indirects	Les signes comportementaux	Les signes émotifs
• Je veux en finir. • Je vais aller me jeter en bas du pont. • Je vais vous débarrasser de moi. Je vais me tuer. • Je veux mourir, je souffre trop. • Je vais me suicider, ça va régler les affaires.	• La vie ne vaut pas la peine. • J'aimerais ne plus me réveiller. • Je partirais pour un long voyage. • Bientôt, je vais vous laisser tranquille. • Ça ne sera pas long, vous allez avoir la paix. • Je suis inutile.	• Dons d'objets personnels significatifs. • Changements de comportements. • Achat d'une arme, d'une corde ou de médicaments. • Consommation excessive de psychotropes. • Changement des habitudes alimentaires et de sommeil. • Mise à jour de documents légaux. • Préoccupation pour des sujets liés à la mort.	• Pleurs, tristesse, apathie. • Désintérêt, ennui. • Perte de plaisir et de désir. • Changement d'humeur. • Culpabilité, irritabilité. • Difficulté de concentration.

Source : Jacques, 1998.

Il n'y a pas d'intervention miraculeuse pour empêcher une personne suicidaire de mettre fin à ses jours. Le geste qu'elle souhaite poser ne peut être jugé de courageux ou de lâche. Une reconnaissance des signaux précurseurs, qui sont souvent des appels à l'aide déguisés, peut toutefois permettre de lui offrir le soutien et l'aide nécessaires. L'Association québécoise de prévention du suicide (AQPS) mise sur l'éducation, la sensibilisation et la mobilisation pour faire diminuer le taux de décès par suicide. À cet effet, des services d'intervention téléphonique, des groupes d'entraide et des formations sur la problématique du suicide sont disponibles dans toutes les régions de la province (AQPS, 2009).

Malgré tous les efforts déployés, il existe et existera toujours des gens qui considèrent la mort comme la seule solution à leur souffrance. Les endeuillés par suicide vivent alors des sentiments de culpabilité et d'autoaccusation. Beaucoup se reprochent de n'avoir pas reconnu les signes précurseurs et tentent d'imaginer comment ils auraient pu prévenir et trouver une explication au geste suicidaire. Étant donné la réprobation du suicide, les survivants bénéficient moins du soutien émotif de leur entourage et se retrouvent souvent seuls aux prises avec leurs émotions (Séguin et Roy, 2005). Des efforts doivent donc être déployés, non seulement pour prévenir le suicide, mais aussi pour aider les personnes qui ont perdu un proche par suicide.

Le suicide assisté

Il existe des situations où une personne peut décider de faire appel à un médecin ou à un tiers pour l'aider à mettre fin à ses jours. Habituellement, il s'agit de patients incurables qui ne peuvent agir seuls. Si un médecin ou un tiers aide une personne à obtenir une prescription ou des drogues létales, on parle alors de **suicide assisté.** Bien que le suicide assisté soit illégal au Canada, comme dans la majorité des pays, il a donné lieu ces dernières années à des débats publics de premier plan.

Suicide assisté
Suicide au cours duquel un médecin ou une autre personne aide quelqu'un à mettre fin à ses jours.

Au Canada, on peut par exemple citer le cas célèbre de Sue Rodriguez qui, atteinte de la maladie de Lou Gehrig, a commencé sa bataille juridique en 1992. Alors qu'elle savait qu'il ne lui restait que quelques années à vivre, elle a réclamé la libre disposition de son corps et présenté une requête d'amendement du Code criminel qui considère l'assistance au suicide comme étant un crime. La Cour suprême du Canada ayant refusé sa demande, elle est morte assistée par un médecin anonyme et appuyée par un député sensible à sa cause.

Ainsi, à la différence de l'euthanasie active, dont nous parlerons plus loin, dans les cas de suicide assisté, c'est la personne qui souhaite mourir qui pose le geste. Malgré cela, les répercussions morales et éthiques sont nombreuses, comme nous allons le voir en examinant les arguments pour et contre le suicide assisté.

Les arguments *éthiques* pour le suicide assisté sont fondés sur les principes de l'autonomie et de l'autodétermination : une personne mentalement compétente devrait avoir le droit de maîtriser sa propre qualité de vie et de décider du moment et de la nature de sa mort. Les tenants du suicide assisté accordent une grande valeur au maintien de la dignité et de l'identité de l'être humain qui se meurt. Selon les *arguments médicaux*, un médecin est obligé de prendre toutes les dispositions nécessaires pour soulager la souffrance. De plus, dans le cas du suicide assisté, c'est le patient qui décide réellement de mettre fin à ses jours. Selon l'argument *juridique*, la légalisation du suicide assisté permettrait de réguler des pratiques qui sont de toute façon en vigueur, certaines personnes faisant preuve de compassion envers les patients qui souffrent. Certains spécialistes de l'éthique et du droit soutiennent même que l'aide à la mort, si elle était ouvertement disponible, diminuerait la peur et l'impuissance des patients en leur permettant de maîtriser leur destinée (APA, 2001 ; Brock, 1992 ; Epstein, 1989 ; Orentlicher, 1996).

Les arguments *éthiques* contre le suicide assisté sont centrés sur deux principes : la croyance selon laquelle mettre fin à une vie, même avec le consentement de la personne, est mal, et les préoccupations concernant la protection des personnes défavorisées. Ainsi, les opposants au suicide assisté signalent que l'autonomie d'une personne est souvent limitée par des facteurs tels que la pauvreté, l'incapacité ou l'appartenance à un groupe social stigmatisé. Par conséquent, les personnes malades appartenant à ces catégories pourraient subir des pressions subtiles les amenant à choisir le suicide à cause de facteurs sous-jacents, comme la limitation des coûts. Certains patients pourraient ainsi être amenés à refuser la prolongation des soins pour éviter des dépenses à leur famille. Les arguments *médicaux* contre le suicide assisté se basent sur la possibilité d'erreurs de diagnostic ou de pronostic incorrect, sur la découverte éventuelle de nouveaux traitements, sur la croyance selon laquelle l'aide à la mort est incompatible avec le rôle du médecin et sur l'impossibilité de mettre en place des mesures de protection adéquates.

Quant aux arguments *juridiques* contre le suicide assisté, ils comprennent des préoccupations relatives au caractère exécutoire des mesures de protection, ainsi que des craintes à l'endroit des poursuites qui pourraient être intentées par les membres de la famille en désaccord avec le bien-fondé de cette action (APA, 2001). Par ailleurs, certains croient que ce serait le début d'un engrenage qui mènerait à l'euthanasie non librement consentie, non seulement pour les malades incurables, mais aussi pour d'autres personnes, comme celles ayant des déficiences et dont on peut penser que la qualité de vie est réduite. Enfin, les opposants au suicide assisté affirment que les personnes qui veulent mourir sont souvent temporairement déprimées et qu'elles pourraient changer d'avis si elles recevaient un traitement ou des soins palliatifs (APA, 2010; Quill, Lo et Brock, 1997; Simpson, 1996). Nous regarderons bientôt plus attentivement les particularités de l'euthanasie afin de mieux comprendre ces derniers arguments.

Toute cette controverse sur l'aide à la mort a eu le mérite d'attirer l'attention sur la nécessité de fournir de meilleurs soins palliatifs et de se préoccuper davantage de la motivation des patients et de leur état d'esprit. En effet, lorsque les médecins discutent ouvertement avec les patients de leurs symptômes physiques et mentaux, de leurs peurs et de leurs attentes, des possibilités de soins en fin de vie, de leurs préoccupations familiales et de leur besoin de sens et de qualité de vie, ils peuvent trouver des façons de diminuer ces préoccupations sans mettre fin à la vie (Bascom et Tolle, 2002). Par ailleurs, chez les patients en phase terminale, la volonté de vivre peut fluctuer énormément; il est donc essentiel de s'assurer que la demande d'aide à la mort n'est pas seulement passagère (Chochinov *et al.*, 1999). Parfois, une consultation psychiatrique permet de découvrir une perturbation sous-jacente masquée par une demande qui semble rationnelle (Muskin, 1998).

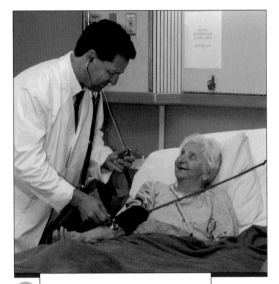

14.6 **Un médecin discutant avec une patiente**

Les patients qui bénéficient de temps de discussion avec leur médecin ont moins tendance à souhaiter mettre un terme à leur vie.

Euthanasie active ou **volontaire**
Action délibérée visant à abréger la vie d'un malade incurable afin de mettre fin à ses souffrances ou de lui permettre de mourir dignement; aussi appelée *meurtre par compassion*.

Euthanasie passive
Omission délibérée de fournir un traitement visant à prolonger la vie d'un malade incurable, ou interruption de ce traitement afin de mettre fin à ses souffrances ou de lui permettre de mourir dignement.

L'euthanasie

On distingue deux formes d'euthanasie procurant une mort douce et sans souffrance: l'euthanasie active et l'euthanasie passive. L'**euthanasie active** ou **volontaire** est une mesure prise directement et délibérément dans le but de raccourcir la vie d'un malade incurable, de mettre fin à ses souffrances et de lui permettre de mourir dignement. Elle est aussi appelée «meurtre par compassion». La personne qui pratique l'euthanasie agit par compassion, par exemple en administrant une substance à une personne souffrant d'une maladie incurable et qui désire mourir, et en sachant que son geste causera la mort. L'**euthanasie passive** est l'omission délibérée de fournir un traitement qui pourrait prolonger la vie d'un malade incurable ou encore l'interruption volontaire de certains traitements (médicaments, systèmes de maintien des fonctions vitales ou sondes d'alimentation). Contrairement à ce qu'on entend, il n'existe pas de vide juridique concernant l'euthanasie au Canada: l'euthanasie active est illégale et considérée comme un homicide sur le plan pénal. Par contre, l'euthanasie passive consistant à arrêter des traitements ne l'est pas. La question la plus importante concernant l'euthanasie, qu'elle soit passive ou active, est de savoir si elle est librement consentie, c'est-à-dire si elle a lieu à la demande directe de la personne qui va en mourir ou si elle répond aux souhaits qu'elle a exprimés. Une personne malade peut donc demander l'interruption des traitements qui ne lui apportent aucun effet bénéfique (Voyer, 2009).

Le Code civil du Québec contient deux mesures souples et assez efficaces permettant à chaque personne mentalement compétente de faire connaître clairement ses volontés de fin de vie: le mandat d'inaptitude et le testament de vie. Le **mandat d'inaptitude** existe depuis 1990 et vise essentiellement à minimiser l'acharnement thérapeutique. Il s'agit d'un écrit dans lequel une personne exprime ses volontés en ce qui concerne son consentement anticipé à des soins éventuels. La personne indique si elle souhaite être maintenue en vie le plus longtemps possible ou, au contraire, si elle refuse. Cet instrument juridique désigne également l'individu responsable de prendre les décisions en prévision d'inaptitude. Cette formule a toutefois ses limites, car les démarches pour faire homologuer le mandat sont lourdes et l'équipe médicale peut en ignorer l'existence. De plus, le fait de décider à l'avance du type de soins souhaité ne tient pas compte du processus continu et évolutif de la maladie (Beaudoin, 2001). Le **testament de vie** est une autre façon d'exprimer ses volontés. Ce document peut contenir des dispositions particulières concernant les circonstances dans lesquelles le traitement devrait cesser, les mesures extraordinaires à prendre, le cas échéant, pour prolonger la vie et le type de gestion de la douleur souhaité. Le testament de vie permet aussi de désigner une personne qui prendra les décisions si l'auteur du document devient inapte à le faire. Par ailleurs, toute personne en âge de le faire peut aussi préciser, par l'entremise d'une carte de donneur ou en apposant sa signature sur l'autocollant de consentement prévu à cet effet et collé au verso de sa carte d'assurance maladie, qu'elle souhaite faire don de ses organes en cas de décès. Toutefois, malgré l'existence d'un testament de vie, de nombreux patients subissent des traitements prolongés et vains contre leur volonté, pourtant clairement exprimée, parce que les médecins en ignorent l'existence.

Mandat d'inaptitude
Instrument juridique qui désigne l'individu qui agira et prendra des décisions à la place d'une autre personne en prévision de son inaptitude. Il précise aussi les volontés de la personne en ce qui concerne des soins éventuels.

Testament de vie
Document qui précise le type de soins désirés par la personne dans le cas où elle serait atteinte d'une maladie invalidante ou incurable.

14.1.4 La perception de la mort selon les âges

La perception de la mort varie selon les âges. Bien que la personnalité, la maturité et les expériences de pertes de chacun puissent devancer ou retarder le processus de conceptualisation de la mort, il est possible d'identifier certaines caractéristiques selon les âges.

L'enfance et l'adolescence

La perception de la mort varie selon le développement cognitif et affectif de l'enfant. Ainsi, la difficulté du nourrisson ou du jeune enfant à saisir la notion du temps qui s'écoule ne lui permet pas vraiment de faire la différence entre la vie et la mort. Pour lui, ce sont deux états en continuité, comme le sommeil et l'éveil, dont aucun n'est irrémédiable. Vers l'âge de neuf mois, l'enfant acquiert la notion de permanence de l'objet. Dès cette période, la disparition d'un proche peut entraîner des manifestations de deuil (irritabilité, perturbations du sommeil ou de l'alimentation, pleurs, etc.). De trois à cinq ans, les enfants peuvent penser que certains groupes de gens (comme les enseignants, les parents ou les enfants) ne meurent pas, qu'une personne suffisamment intelligente ou chanceuse peut éviter la mort, et qu'ils seront eux-mêmes capables de vivre éternellement. Ils peuvent aussi croire qu'une personne morte peut encore penser et ressentir des choses et ils ne perçoivent pas la mort comme un état définitif.

Entre l'âge de cinq et sept ans, le passage de la pensée préopératoire à la pensée opératoire concrète permet à la plupart des enfants de comprendre les concepts d'irréversibilité, d'**universalité** et de causalité (Smilansky, 1987). Ils comprennent que la mort est *irréversible*, c'est-à-dire qu'une personne, un animal ou une fleur ne peut pas ressusciter. À peu près au même âge, ils développent la notion d'*universalité* (toutes les choses vivantes meurent) et perçoivent alors la mort comme *inévitable*. De plus, grâce à ses capacités cognitives grandissantes, l'enfant comprend que la personne morte n'est plus fonctionnelle puisque toutes les fonctions vitales cessent au moment de la mort, qui est donc une fin absolue. À cet âge, l'enfant cherche aussi à comprendre pourquoi la mort survient et à déterminer les causes véritables. Il s'intéresse aux aspects biologiques ou aux explications permettant de déterminer la nature du décès.

Universalité
Caractère inévitable de la mort pour tous les êtres vivants, peu importe leur âge ou leurs caractéristiques personnelles.

14.7 La mort et les enfants

Les enfants reconnaissent le caractère définitif de la mort vers l'âge de six ans. Auparavant, ils peuvent attribuer des fonctions vitales à la personne décédée, comme respirer, entendre ou manger.

Par ailleurs, selon des recherches plus récentes, les enfants pourraient comprendre en partie ce qui se passe après la mort dès l'âge de quatre ans, mais cette compréhension ne serait vraiment complète qu'après avoir fréquenté l'école pendant quelques années. Ainsi, au cours d'une série d'études effectuées dans deux écoles de banlieue américaines, la plupart des tout-petits et des enfants de maternelle ont déclaré qu'une souris morte ne serait plus jamais vivante ou ne deviendrait jamais une vieille souris, mais 54 % ont dit que la souris aurait peut-être encore besoin de manger. Vers l'âge de sept ans, 91 % des enfants répondaient de façon cohérente que les processus biologiques comme manger et boire cessaient avec la mort. Pourtant, lorsque les chercheurs ont posé des questions en termes psychologiques (« A-t-elle encore faim ? »), les enfants de cet âge et les plus jeunes étaient moins cohérents : seulement 21 % des enfants de maternelle et 55 % de ceux qui étaient au début du niveau primaire savaient, par exemple, qu'une souris morte ne serait plus jamais malade, contre 75 % des enfants qui se trouvaient à la fin du niveau primaire et étaient âgés de 11 à 12 ans. Ils étaient encore moins nombreux à comprendre que l'activité cognitive prenait fin avec la mort : seulement 30 % des élèves du groupe de la fin du cycle primaire ont en effet répondu de façon cohérente aux questions visant à déterminer si les pensées, les sentiments et les désirs persistaient après la mort (Bering et Bjorklund, 2004).

TABLEAU 14.3 | La compréhension de la mort selon l'âge et les stratégies pour aider à faire face à la mort

Âge/stade de développement	Exemples de questions ou d'énoncés sur la mort selon l'âge	Réflexions orientant le comportement
1-3 ans	• « Quand je serai mort, combien de temps ça va prendre avant que je sois de nouveau vivant ? » • « Est-ce que tu vas encore me chatouiller quand je serai mort ? »	Compréhension limitée des événements fortuits, du futur et du passé et de la différence entre la vie et la mort.
3-5 ans	• « J'ai été méchant, alors je dois mourir. » • « J'espère que la nourriture est bonne au ciel. »	Les concepts sont sommaires et irréversibles. L'enfant ne fait pas nécessairement la différence entre le réel et l'imaginaire. Les perceptions dominent le jugement.
5-10 ans	• « Comment est-ce que je vais mourir ? Est-ce que ça va faire mal ? Est-ce que c'est effrayant de mourir ? »	L'enfant commence à faire preuve d'une pensée logique organisée. La pensée devient moins égocentrique. L'enfant commence à résoudre concrètement des problèmes, à raisonner logiquement et à organiser sa pensée de façon cohérente. Cependant, son raisonnement abstrait est encore limité.
Adolescents 10-13 ans	• « J'ai peur que si je meurs, ma mère s'effondre. J'ai peur de m'ennuyer de ma famille quand je serai mort, ou de l'oublier, ou quelque chose comme ça. »	La pensée devient plus abstraite et intègre les principes de la logique formelle. La capacité de produire des propositions abstraites, de multiples hypothèses et leurs résultats possibles apparaît.
14-18 ans	• « C'est tellement injuste ! Je n'arrive pas à croire que ce cancer me rend si horrible à regarder. » • « Je veux juste être seul. » • « Je n'arrive pas à croire que je vais mourir… Qu'est-ce que j'ai fait de mal ? »	La pensée devient plus abstraite. L'adolescence est marquée par la prise de risques qui semble nier la propre mortalité de l'adolescent. À cet âge, l'adolescent a besoin d'une personne qui est à l'écoute de ses émotions.

Source : Hurwitz, Duncan et Wolfe, 2004.

Le tableau 14.3 résume la séquence développementale de la compréhension de la mort. Il contient des exemples de questions que les enfants d'âges différents posent généralement et des suggestions de réponses pour les personnes qui s'en occupent.

On peut aider les enfants à comprendre la mort en introduisant ce concept lorsqu'ils sont petits et en les encourageant à en parler, par exemple lors de la mort d'un animal domestique ou à l'occasion des changements de saison. Par ailleurs, chez les enfants atteints du cancer ou d'une autre maladie incurable, le besoin de comprendre la mort peut être plus urgent et plus concret. Or, les parents vont souvent éviter d'aborder le sujet à cause de leur propre difficulté à envisager la perte à venir ou parce qu'ils tentent de protéger leur enfant. Pourtant, le fait qu'un enfant ne puisse pas partager ses peurs ou obtenir de réponses à ses questions est pire pour lui que de connaître l'existence de la maladie et de la mort (Masson, 2006).

La façon dont les enfants expriment leur chagrin par rapport à la mort d'un proche dépend elle aussi de leur développement cognitif et affectif. Ils peuvent refuser de reconnaître la mort, comme si le fait de prétendre que la personne vit encore la rendait vivante. Ils peuvent exprimer de la colère ou encore ressentir de la confusion en entendant les euphémismes des adultes qui disent que la personne « a rendu

Compréhension de la mort selon l'âge	Stratégies et réactions à privilégier
La mort est souvent perçue comme étant la continuité de la vie. La vie et la mort sont souvent considérées comme des états alternés, au même titre que la veille et le sommeil.	Faire en sorte qu'il ait le plus de confort possible, qu'il soit entouré de personnes connues et de ses jouets préférés. Être cohérent. Toucher l'enfant et communiquer avec lui pour qu'il ait confiance en lui et se sente aimé. Lui dire : « Je t'aimerai toujours. », « Tu es merveilleux et je trouverai toujours un moyen de te chatouiller. »
L'enfant considère la mort comme étant temporaire, réversible et pas nécessairement universelle (seules les vieilles personnes meurent). À cause de son égocentrisme, il peut croire qu'il a causé la mort parce qu'il l'a souhaitée ou qu'il a désobéi au défunt. La mort peut donc être une punition ou une force externe qui s'attaque à vous. Elle est souvent personnifiée sous forme de sorcières ou de monstres.	Si l'enfant pense que la maladie est une punition, corriger sa perception. Maximiser le temps qu'il passe avec son ou ses parents. Les enfants de cet âge peuvent se demander comment la famille fonctionnera sans eux. Aider les parents à accepter et à apprécier ces discussions franches. Rassurer l'enfant et aider les parents à diminuer la culpabilité que ce dernier peut ressentir à propos de son décès, en utilisant un langage honnête et précis : « Quand tu seras mort, tu nous manqueras toujours, mais nous saurons que tu es avec nous, que tu es en sécurité dans un endroit merveilleux (peut-être avec un autre être aimé qui est décédé). »
L'enfant commence à comprendre que la mort est réelle et permanente. La mort signifie que le cœur s'arrête, que le sang ne circule plus et qu'on ne respire plus. L'enfant peut la considérer comme un événement violent. Il peut ne pas accepter que cela puisse lui arriver ou arriver à quelqu'un de son entourage, mais il commence à comprendre que les personnes qu'il connaît vont éventuellement mourir.	Être franc et fournir des détails si l'enfant les demande. Aider l'enfant en répondant à son besoin de maîtriser les choses. Lui permettre de participer à la décision et l'encourager à le faire. Lui dire : « Nous allons travailler ensemble pour t'aider à être bien. C'est très important que tu nous dises comment tu te sens et ce dont tu as besoin. Nous serons toujours avec toi, n'aie pas peur. »
Le jeune adolescent comprend que la mort est réelle, définitive et universelle. Il sait que cela pourrait lui arriver, ainsi qu'aux membres de sa famille. Les aspects biologiques de la maladie et de la mort ainsi que les détails de l'enterrement peuvent commencer à l'intéresser. Il peut s'inquiéter et se demander qui va s'occuper de lui si son parent ou la personne qui prend soin de lui meurt. Il a besoin d'être rassuré et de savoir qu'on va continuer de s'occuper de lui et de l'aimer.	Aider l'adolescent à renforcer son estime de soi et sa confiance en lui et à se respecter. Respecter ses besoins et son intimité tout en lui permettant de continuer de fréquenter ses amis. L'inciter à exprimer ses émotions et ses sentiments. Soutenir son besoin d'indépendance, lui permettre de participer aux décisions et l'encourager à le faire.
L'adolescent acquiert une compréhension plus mature et plus adulte de la mort. Il peut considérer la mort comme un ennemi à combattre et donc penser que mourir signifie l'échec et le renoncement.	« Même si tu vas me manquer, tu seras toujours avec moi et je compte sur ta présence en moi pour me donner de la force. » « Je n'arrive pas à imaginer comment tu dois te sentir. Il faut que tu saches que, malgré tout, tu gères très bien la situation. J'aimerais en savoir plus sur tes espoirs et tes inquiétudes. »

l'âme », qu'elle est « partie en voyage » ou qu'elle s'est « endormie » et ne se réveillera plus jamais. Par ailleurs, l'adaptation à la perte est plus ardue si l'enfant avait une relation difficile avec le défunt, si un parent survivant dépend trop de l'enfant, si la mort était inattendue (notamment en cas de meurtre ou de suicide), si l'enfant avait de gros problèmes comportementaux ou émotifs avant le décès ou s'il ne bénéficie pas du soutien de sa famille et de la communauté (AAP, 1992). Ainsi, plus de la moitié des enfants (56,8 %) qui ont perdu un parent lors de l'attaque du World Trade Center en 2001 ont développé des troubles anxieux, incluant des problèmes de stress post-traumatique, dans les trois années qui ont suivi l'événement, soit deux fois plus que les enfants d'un groupe contrôle qui n'avaient pas subi une telle perte (Pfeffer, 2007).

Les parents et les autres adultes qui prennent soin de l'enfant peuvent l'aider à gérer son deuil en lui expliquant que la mort est définitive et inévitable, et qu'il ne l'a pas causée par son mauvais comportement ni par ses pensées. Les enfants qui sont confrontés à la mort ont en effet besoin d'être rassurés et de savoir que des adultes affectueux vont continuer de s'occuper d'eux. On conseille généralement de faire le moins de changements possible dans leur environnement, dans leurs relations et dans leurs activités quotidiennes, de répondre à leurs questions simplement et franchement, et de les encourager à parler de leurs sentiments et de la personne décédée (AAP, 2000).

Les adolescents ne pensent normalement pas beaucoup à la mort, à moins d'y être directement confrontés. Or, avides de raisonnement abstrait, ils se questionnement souvent sur le sens de la vie. Nous avons vu, dans le chapitre 9, que de nombreux adolescents prennent des risques avec insouciance en pensant que la mort n'arrive qu'aux autres. Dans leur urgence de découvrir leur identité et de l'exprimer, leur façon de vivre les préoccupe davantage que leur longévité.

L'âge adulte

Les jeunes adultes sont généralement impatients de vivre la vie à laquelle ils se sont préparés. S'ils sont soudainement frappés par une maladie incurable ou par une blessure mortelle, ils sont donc susceptibles de se sentir extrêmement frustrés. La frustration peut se transformer en colère, ce qui en fait alors des patients difficiles lorsqu'ils sont hospitalisés. Ainsi, les adultes qui contractent dans la vingtaine ou la trentaine une maladie incurable, comme le sida, doivent faire face au fait de mourir à un âge où ils devraient être occupés à établir une relation intime. Au lieu d'avoir le temps de se préparer tout au long de leur vie à la mort, ils voient tout d'un coup leur monde s'écrouler.

À l'âge mûr, les adultes se rendent davantage compte qu'ils vont effectivement mourir un jour, car leur corps leur envoie des signaux indiquant qu'ils sont moins jeunes, moins agiles et moins solides qu'avant. Ils pensent de plus en plus au nombre d'années qui leur restent à vivre et aux façons d'en profiter le plus possible (Neugarten, 1967). C'est souvent après la mort de leurs parents que les personnes prennent conscience qu'elles seront les prochaines à mourir (Scharlach et Fredriksen, 1993). Les adultes d'âge moyen et les adultes plus âgés peuvent se préparer à la mort en faisant un testament, en planifiant leur propre enterrement et en discutant de leurs souhaits avec leur famille et leurs amis.

Les adultes plus âgés peuvent éprouver des sentiments contradictoires par rapport au fait de mourir. Ainsi, les diminutions physiques et les autres problèmes dus au grand âge peuvent amoindrir leur plaisir et leur volonté de vivre (McCue, 1995). Certains d'entre eux, surtout ceux de plus de 70 ans, renoncent à atteindre les objectifs qu'ils s'étaient fixés. D'autres, au contraire, s'efforcent d'accomplir un maximum de choses pendant qu'ils sont encore là. Plusieurs tentent de prolonger leur existence, en adoptant un mode de vie plus sain. D'autres se battent contre la mort lorsqu'ils sont sérieusement malades (Cicirelli, 2002). Selon Erikson, les adultes âgés qui résolvent la dernière crise de l'intégrité *versus* le désespoir réussissent à accepter à la fois la vie qu'ils ont menée et leur mort imminente (*voir le chapitre 13*). La relecture de vie, mentionnée précédemment, représente une façon de résoudre ce dilemme. En effet, les personnes qui pensent que leur vie a eu un sens et qui se sont adaptées à leurs pertes sont probablement plus à même de faire face à leur propre mort.

On voit donc qu'il existe plusieurs façons de considérer la mort et que celles-ci varient selon l'âge de la personne, ses expériences et sa personnalité.

Faites le POINT

1. Expliquez ce que sont les soins palliatifs.
2. Décrivez les différents stades traversés par la personne qui va mourir selon le modèle d'Elisabeth Kübler-Ross.
3. Établissez la différence entre le suicide assisté et l'euthanasie.
4. Quelles sont les particularités de la conception de la mort chez les enfants de cinq à sept ans?

14.2 Le deuil

Le **deuil** (du latin *dolore*, qui signifie «souffrir») est le processus qui consiste à s'adapter à la perte d'une personne significative. Il peut pratiquement influencer tous les aspects de la vie du survivant. Comme nous l'avons vu dans la mise en situation de ce chapitre, Michelle vit une gamme de perturbations physiques, cognitives, affectives et comportementales associées à la perte de son conjoint. Le tableau 14.4 présente la liste des perturbations habituelles lors d'un deuil. Ces différentes réactions peuvent être plus ou moins immédiates après la perte. Elles peuvent aussi varier en durée et en intensité, tout en étant continues ou intermittentes (Jacques, 1998).

Deuil
Processus d'adaptation qui suit la perte d'une personne proche.

TABLEAU 14.4 | Les perturbations habituelles lors d'un deuil

Sur le plan physique	Sur le plan cognitif	Sur le plan affectif	Sur le plan comportemental
• Fatigue	• Absence de goût de vivre	• Tristesse	• Soupirs
• Étourdissements	• Concentration difficile	• Colère, agressivité	• Pleurs
• Maux de tête	• Confusion	• Angoisse, anxiété, rage	• Repli sur soi
• Hypertension	• Doute et incrédulité	• Amertume	• Hyperactivité
• Faiblesse musculaire	• État de choc	• Frustration	• Apathie
• Tension musculaire	• Négation de la réalité	• Ennui	• Propension à la toxicomanie
• Hypersensibilité aux bruits	• Hallucinations visuelles	• Peur	• Distraction
• Constipation ou diarrhée	• Hallucinations auditives	• Trahison	• Évitement ou attachement aux symboles du disparu
• Diminution de l'appétit	• Impression de la présence du défunt	• Culpabilité	• Impatience
• Augmentation de l'appétit	• Inquiétude	• Insécurité	• Hostilité
• Tremblements	• Identification	• Solitude	• Automatisme
• Vision brouillée	• Idéalisation	• Soulagement	• Rêves, cauchemars
• Palpitations	• Regrets	• Ambivalence	• Recherche de l'être disparu
• Sudation excessive	• Souvenirs		• Troubles du sommeil
• Vide abdominal			• Verbalisation excessive
• Contractions dans la gorge ou la poitrine			
• Assèchement dans la région laryngée			

Source : Jacques, 1998.

L'expérience de deuil, comme celle du mourir, est une expérience unique et très personnelle. Ainsi, les recherches récentes ont remis en question l'idée d'un modèle unique et «normal» du processus de deuil. Attardons-nous donc sur les différents modèles du deuil ainsi que sur les multiples variations qui le caractérisent.

14.2.1 Le processus de deuil

Auparavant, on considérait qu'une veuve qui parlait à son défunt mari était émotionnellement perturbée. On reconnaît aujourd'hui qu'il s'agit d'un comportement non seulement courant, mais utile (Lund, 1993). Par ailleurs, certaines personnes se rétablissent assez rapidement après un deuil, mais d'autres jamais. Si, de façon générale, la durée d'un deuil varie de 18 mois à 24 mois, les réactions les plus intenses ont souvent lieu au cours de la première année.

Certains facteurs peuvent faciliter ou complexifier le processus de deuil. Un de ces facteurs est le *type de décès*. Ainsi, la mort d'un enfant ou d'un conjoint représente habituellement le type de perte le plus difficile. L'*âge* de la personne endeuillée et les *circonstances du décès* influencent aussi le processus de deuil : le jeune âge des personnes endeuillées et le caractère soudain du décès (non anticipé ou violent) seraient associés à un déroulement du deuil plus difficile. Enfin, le *soutien social, l'appartenance à un groupe culturel ou religieux* et un *niveau socioéconomique* satisfaisant seraient des facteurs facilitants (Zech, 2006). Bien que le deuil puisse se vivre différemment selon la présence de ces facteurs, il existe des modèles permettant de mieux comprendre l'expérience vécue par les personnes endeuillées.

Le modèle classique du processus de deuil

Le modèle classique du deuil comporte trois étapes au cours desquelles la personne endeuillée accepte la pénible réalité de la perte, lâche prise par rapport au défunt et se réadapte à la vie en développant de nouveaux intérêts et de nouvelles relations. Le processus de deuil franchit généralement les étapes suivantes, bien qu'il existe, comme pour les étapes de Kübler-Ross, des variations (Brown et Stoudemire, 1983 ; Schulz, 1978).

1. *Le choc et l'incrédulité :* Immédiatement après la mort, les survivants se sentent souvent perdus et déconcertés. Au fur et à mesure qu'ils prennent conscience de la perte, la torpeur initiale fait place à des sentiments écrasants de tristesse et à des pleurs fréquents. Cette première étape peut durer plusieurs semaines, surtout lorsque la mort est subite ou inattendue.

2. *La désorganisation et les souvenirs du défunt :* Au cours de la deuxième étape, qui peut durer entre six mois et deux ans, le survivant tente d'accepter la mort, mais n'y parvient pas encore. Ainsi, une veuve peut revivre la mort de son mari et leur relation au complet. De temps en temps, elle peut avoir l'impression que son mari est présent. Ces expériences diminuent avec le temps, mais elles peuvent se reproduire parfois pendant des années, par exemple lors de l'anniversaire de mariage ou celui du décès.

3. *La résolution :* L'étape finale se produit lorsque la personne endeuillée s'intéresse de nouveau aux activités quotidiennes. Les souvenirs du défunt suscitent alors de la tendresse mêlée à de la tristesse plutôt que de la douleur et de la nostalgie.

Le modèle de Monbourquette

Jean Monbourquette, prêtre et psychologue québécois, a longuement accompagné les personnes touchées par des pertes diverses (*voir l'encadré 14.2*). Il a identifié sept étapes servant de repères dans le processus de deuil. *Le choc* est la période d'hébétude pendant laquelle la personne en deuil a l'impression de vivre un mauvais rêve. Sidérée, elle évite un trop grand accablement en se donnant une période de temps avant d'affronter l'inévitable. *Le déni*, tout comme le choc, représente un mécanisme de défense contre la prise de conscience de la perte. La personne endeuillée peut soit nier la réalité, soit refouler les émotions associées au deuil. Lorsque les résistances cèdent, *l'expression des émotions* se manifeste alors. Cette troisième étape peut prendre plusieurs formes : tristesse, colère, culpabilité, peur, solitude, libération, etc. Ces émotions peuvent se chevaucher, apparaître, disparaître et revenir. Tout au long de ces manifestations émotives, la personne endeuillée reconnaît progressivement la perte définitive de l'être décédé. Une fois ce travail émotionnel amorcé, *la réalisation des*

De la chenille au papillon

L'analogie entre le deuil et la chenille se transforment en papillon est souvent faite. Lors d'un décès, la personne endeuillée doit en effet délaisser son ancien univers pour en créer un nouveau.

tâches liées au deuil peut se faire. Il s'agit d'actions concrètes telles que les derniers devoirs funéraires (achat d'un monument, mise en terre des cendres, etc.), l'aménagement de l'environnement physique (don des objets personnels du défunt, réaménagement de sa chambre, etc.) ou encore la réalisation de promesses faites au défunt. La *découverte d'un sens à sa perte* se réalise lorsque la personne endeuillée constate qu'elle s'est découvert de nouvelles ressources personnelles et qu'elle a en quelque sorte grandi à la suite de la perte vécue. *La demande de pardon à l'autre,* même s'il est décédé, permet de diminuer le sentiment de culpabilité et de se réconcilier avec soi-même. Enfin, la dernière étape, *l'héritage,* consiste à s'approprier l'amour et les qualités de l'être disparu. Pour Monbourquette, cette dernière étape serait le signe de la résolution du deuil (Monbourquette, 2007).

ENCADRÉ 14.2 — APPROFONDISSEMENT

La maison Monbourquette

La maison Monbourquette est un organisme à but non lucratif qui vient en aide aux personnes vivant un deuil à la suite du décès d'un être cher. En activité depuis 2004, la maison Monbourquette a été nommée en hommage au travail du psychologue Jean Monbourquette, un pionnier dans le domaine du suivi de deuil au Québec. Elle poursuit plusieurs objectifs : soutenir les personnes éprouvées par le deuil, élaborer et mettre en place des services novateurs et complémentaires en suivi de deuil, former des personnes susceptibles de travailler auprès des personnes endeuillées et contribuer à l'avancement de la recherche concernant ce type de suivi. Elle veut ainsi développer une expertise reconnue en suivi de deuil, en favorisant l'échange et la diffusion des connaissances.

La maison Monbourquette offre, comme principal service, une ligne d'écoute téléphonique gratuite (1-888-523-3596) qui s'adresse à toutes les personnes endeuillées ou à celles qui souhaitent obtenir de l'information sur le deuil. Des bénévoles, formés par des spécialistes, viennent ainsi offrir une écoute active, un soutien et un réconfort aux appelants, et cela, partout au Québec. Un *bottin* des ressources québécoises en suivi de deuil est aussi mis à la disposition de la population sur le site Web de l'organisme. Ce bottin est en fait une base de données

interactive qui permet de trouver de l'aide en faisant une recherche par territoire ou encore selon le type de services souhaités. En complément à ces services, la maison Monbourquette organise des groupes de soutien qui permettent aux personnes endeuillées de partager leur histoire et de trouver du réconfort auprès de personnes ayant vécu une expérience similaire. Des rencontres individuelles sont aussi offertes gratuitement dans la région métropolitaine, en guise d'accompagnement.

Le documentaire sur le deuil, *Vivre sans l'autre,* inspiré de l'œuvre de Jean Monbourquette, donne la parole à des hommes et à des femmes qui ont survécu à la mort d'un proche, d'un conjoint, d'un enfant ou d'un parent. Les différents parcours qui sont présentés dans ce documentaire proposent une réflexion sur la vie sans l'autre et offrent surtout une lueur d'espoir aux personnes affligées par la perte. Porte-parole de la maison Monbourquette, l'animatrice Dominique Bertrand, qui a perdu son amoureux des suites d'un infarctus, évoque souvent comment sa vie a basculé à la suite de cet événement. Depuis, elle a choisi d'appuyer la cause de la maison Monbourquette puisqu'il s'agit, précise-t-elle, d'«un lieu qui nous concerne tous». En effet, la souffrance liée à la mort touchera un jour ou l'autre chacun d'entre nous, qu'on le veuille ou non.

Les variations du deuil

Bien que les modèles du deuil qui viennent d'être décrits soient courants, le deuil ne suit pas nécessairement une trajectoire linéaire. Une équipe de psychologues a recensé des études portant sur les diverses réactions à des pertes majeures, soit la mort d'une personne aimée ou la perte de mobilité due à une blessure à la colonne vertébrale (Wortman et Silver, 1989). Cette recherche leur a permis de définir trois principaux modèles de deuil dans lesquels le chagrin, c'est-à-dire la réaction affective de la personne endeuillée, varie. Dans le premier modèle, la personne qui pleure le défunt passe d'un niveau élevé de chagrin à un niveau faible. Dans le second modèle (parfois appelé «absence de chagrin»), cette même personne qui pleure le défunt ne vit de peine intense ni immédiatement, ni ultérieurement. Dans le troisième modèle, elle vit un chagrin chronique et reste triste pendant une longue période.

Dans une autre étude, les chercheurs ont interviewé 1 532 adultes âgés mariés et ont effectué des entrevues de suivi auprès de 185 adultes (161 femmes et 24 hommes) dont l'époux ou l'épouse était décédé. Les entrevues ont eu lieu six mois, puis quatre ans après le décès (Bœrner, Wortman et Bonanno, 2005). Selon cette étude, le modèle de deuil le plus courant (manifeste pour 46 % de l'échantillon) était la résilience, soit une diminution faible et progressive du niveau de détresse. Les endeuillés résilients acceptaient la mort en tant que processus naturel et passaient relativement peu de temps à y réfléchir, à en parler ou à tenter de lui trouver un sens, bien que la majorité ait déclaré avoir ressenti de l'ennui et des émotions occasionnelles pendant les six premiers mois. Ces résultats démontrent que «le fait de se sentir bien après un décès n'est pas nécessairement inquiétant, mais plutôt une réaction normale chez de nombreux adultes plus âgés» (Bœrner *et al.,* 2005).

La découverte voulant que le chagrin s'exprime de différentes façons et suive différents modèles a des conséquences importantes sur la façon d'aider les personnes à surmonter leurs pertes (Bœrner *et al.,* 2005; Bonanno *et al.,* 2002). Il est donc inutile, et parfois nuisible, de pousser les personnes à faire leur deuil ou de s'attendre à ce qu'elles suivent un modèle établi de réactions émotionnelles, de la même façon qu'il est inutile de s'attendre à ce que tous les patients mourants traversent les mêmes étapes. En respectant les différentes façons dont les personnes expriment leurs émotions, on les aide à gérer leur deuil sans leur faire sentir que leurs réactions sont anormales.

14.2.2 Les types de deuil

Comme nous l'avons mentionné précédemment, la nature de la perte influence les réactions des personnes survivantes. Il importe donc de distinguer les particularités de différents types de deuil.

La mort d'un conjoint

Nous avons vu, dans le chapitre 13, que l'espérance de vie des femmes est plus grande que celle des hommes. Par ailleurs, puisque les femmes ont tendance à être plus jeunes que leur mari, elles sont plus susceptibles d'être veuves et de le devenir plus tôt que leur époux (Institut de la statistique du Québec, 2009b). Or, la perte d'un mari peut être particulièrement difficile pour une femme qui a structuré sa vie et son identité autour du plaisir et des soins qu'elle pouvait lui apporter (Marks et Lambert, 1998). Ce type de femme n'a pas seulement perdu un compagnon, mais aussi un rôle important, parfois fondamental (Lucas, 2003).

Le stress du veuvage peut avoir des répercussions sur la santé aussi bien physique que mentale et affecter le système immunitaire, provoquant des maux de tête, des indigestions, des étourdissements et des problèmes de sommeil. Il augmente également les risques d'usage de drogues, d'hospitalisation et même de mort (Stroebe, Schut et Stroebe, 2007). De plus, les problèmes cardiaques et le cancer sont plus fréquents chez les personnes endeuillées. Cependant, le risque accru de maladie serait davantage lié à la dépression et au stress induits par la perte qu'à la perte elle-même (Zech, 2006). Le veuvage peut également entraîner des problèmes de mémoire et des difficultés de concentration et augmenter les risques d'anxiété, de dépression et de dysfonctionnement social (Stroebe *et al.,* 2007).

Dans une étude finlandaise d'envergure, chez les hommes qui avaient perdu leur épouse à l'intérieur des cinq années qu'a duré l'étude, la probabilité de mourir au cours de la même période était de 21% supérieure à celle des hommes dont l'épouse était toujours vivante; celle des veuves était quant à elle de 10% supérieure à celle des non veuves (Martikainen et Valkonen, 1996). D'autre part, les relations sociales étant liées à la bonne santé, la perte de la compagnie du conjoint ou de la conjointe pourrait aussi expliquer la forte probabilité d'un décès rapide de la veuve, et surtout du veuf (Ray, 2004). Plus concrètement, le fait qu'il n'y ait peut-être plus personne pour rappeler au veuf ou à la veuve de prendre ses pilules ou de respecter une diète particulière pourrait également servir d'explication. En effet, les personnes endeuillées à qui l'on rappelle ce genre de choses, que ce soit fait par les enfants ou des intervenants du domaine de la santé, ont tendance à améliorer leurs habitudes et à se déclarer en meilleure santé (Williams, 2004).

Le veuvage peut également créer des difficultés d'ordre économique, particulièrement pour les veuves dont le mari était le principal soutien de famille (Hungerford, 2001). Toutefois, si la conséquence majeure du veuvage est plus souvent d'ordre économique pour les femmes, l'isolement social et la perte de l'intimité émotionnelle représentent les plus grands risques pour les veufs (Pudrovska, Schieman et Carr, 2006).

Finalement, le chagrin lié à la perte peut aussi mener à l'introspection et à la croissance personnelle. Ainsi, dans une étude, les veuves continuaient de parler et de penser à leur mari plusieurs décennies après son décès, et ces pensées ne les dérangeaient généralement pas. Au contraire, elles déclaraient être devenues plus fortes et avoir plus confiance en elles à la suite de cette perte (Carnelley *et al.* 2006).

La mort d'un parent

La perte d'un parent est toujours difficile à vivre, même à l'âge adulte. Des entrevues en profondeur menées auprès de 83 volontaires âgés de 35 à 60 ans ont en effet permis de découvrir qu'une majorité d'endeuillés adultes ressentaient encore, un à cinq ans après le décès d'un de leurs parents, de la détresse allant de la tristesse et des pleurs à la dépression et aux pensées suicidaires (Scharlach et Fredriksen, 1993). Pourtant, la mort d'un parent peut être une expérience qui favorise la maturité. Elle peut notamment amener l'adulte à résoudre d'importants problèmes de développement : renforcer son sentiment d'identité, l'inciter à être plus réaliste par rapport à sa propre mortalité et acquérir un plus grand sens des responsabilités, de l'engagement et de l'attachement aux autres (Moss et Moss, 1989 ; Scharlach et Fredriksen, 1993).

Par ailleurs, la mort d'un parent amène souvent des changements dans les autres relations. Un enfant adulte endeuillé peut prendre davantage de responsabilités par rapport au parent survivant et à la cohésion familiale (Aldwin et Levenson, 2001). Les émotions intenses du deuil peuvent rapprocher les frères et sœurs ou, au contraire, les séparer à cause de différends qui se sont révélés pendant la maladie du parent. Le décès d'un parent peut aussi libérer un enfant adulte devenu aidant naturel, et lui permettre de consacrer plus de temps et d'énergie aux relations qu'il avait temporairement négligées (Moss et Moss, 1989 ; Scharlach et Fredriksen, 1993).

Lors de la mort du deuxième parent, l'impact peut être particulièrement important : l'enfant adulte peut développer un sens aigu de la mortalité maintenant que la génération la plus âgée a disparu (Aldwin et Levenson, 2001). Une fois encore, cette prise de conscience peut représenter une occasion de croissance qui amène la personne à poser un regard plus mature sur la vie et à mieux apprécier la valeur des relations personnelles (Scharlach et Frederiksen, 1993). Le caractère définitif de la mort et l'impossibilité de dire quoi que ce soit aux parents décédés peuvent aussi inciter certaines personnes à résoudre les conflits qu'elles ont avec les vivants pendant qu'il en est encore temps, comme se réconcilier avec leurs propres enfants adultes.

La mort d'un enfant

De nos jours, puisque la mortalité infantile a diminué de façon draconienne dans les pays développés, un parent est rarement préparé à perdre un enfant. Lorsqu'un tel décès survient, peu importe l'âge auquel il se produit, il constitue donc un choc cruel et inattendu pour les parents, un événement prématuré qui n'aurait jamais dû arriver. Ces derniers peuvent avoir l'impression qu'ils ont échoué, peu importe jusqu'à quel point ils ont aimé leur enfant et s'en sont occupé. Si le couple est solide, les deux parents parviennent alors à se rapprocher et à s'entraider tout au long du processus de deuil. Ils partagent leur peine et sont une source de réconfort mutuel. Par contre, plusieurs couples ne survivent pas à une telle épreuve et se séparent (Brandt, 1989). En outre, les parents, et surtout les mères qui ont perdu un enfant, sont plus susceptibles d'être hospitalisés pour des problèmes de santé mentale (Li *et al.*, 2005). Le stress lié à la perte d'un enfant peut même hâter la mort d'un parent (Li, 2003).

De nombreux parents hésitent à discuter avec leur enfant atteint d'une maladie incurable de sa mort imminente, mais ceux qui le font peuvent ensuite mieux tourner la page, car cela les aide à gérer la perte. En 2001, une équipe de chercheurs suédois a étudié 449 parents qui avaient perdu un enfant quatre à neuf ans plus tôt à cause du cancer. Environ un tiers des parents ont rapporté avoir discuté avec leur enfant de sa mort imminente et aucun d'entre eux ne l'avait regretté, alors que 27 % de ceux qui n'avaient pas abordé le sujet se le reprochaient. Les parents les plus susceptibles d'avoir des regrets étaient ceux qui avaient senti que leur enfant avait

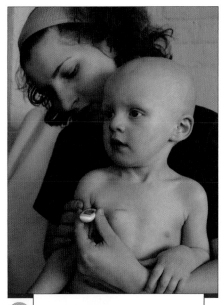

14.9 **L'enfant malade**

Certains parents dont l'enfant est atteint d'une maladie grave comme le cancer doivent affronter la perspective de sa mort. Cette réalité s'avère particulièrement difficile à accepter puisqu'elle va à l'encontre du cycle habituel de la vie.

 La mort périnatale

Rassembler des objets personnels ayant appartenu à l'enfant décédé en bas âge est aidant pour les parents. Ce rituel permet de confirmer le passage de cet enfant dans leur vie, même s'il a été de courte durée.

Deuil périnatal
Deuil lié à la perte d'un fœtus ou d'un enfant, à la naissance ou en très bas âge.

Deuil collectif
Réaction de plusieurs personnes qui vivent simultanément une perte.

 La mort de Michael Jackson

La mort de Michael Jackson a touché le monde entier. Des rituels ont eu lieu partout sur la planète pour pleurer la vedette qui a marqué toute une génération par sa musique. Des milliers de personnes vivaient alors un deuil collectif.

Perte ambiguë
Caractéristique d'une perte qui ne peut être confirmée de façon tangible.

conscience de l'imminence de sa mort, mais qui ne lui en avaient pas parlé. Un nombre disproportionné de ces derniers souffrait d'ailleurs encore de dépression et d'anxiété (Kreicbergs *et al.*, 2004).

Chaque parent endeuillé doit trouver ses propres stratégies pour apprivoiser la souffrance inhérente à la mort d'un enfant. Or, il semble que le fait de travailler, de s'intéresser à quelque chose, de s'investir dans les autres relations ou d'adhérer à un groupe de soutien soulagerait la douleur. Parfois, des gens bien intentionnés recommandent aux parents de ne pas s'appesantir sur leur perte. Pourtant, il semblerait que se souvenir de l'enfant d'une façon significative est exactement ce dont ils ont besoin.

Certains parents vivent un deuil particulier, soit le **deuil périnatal**, c'est-à-dire la perte d'un enfant par fausse couche, grossesse ectopique, interruption de grossesse à cause d'anomalie, mort in utero ou encore décès à la naissance ou dans les semaines qui suivent. Les rituels pour ce type de deuil sont quasi inexistants. Les proches et les professionnels de la santé ont tendance à éviter d'en parler parce que ces pertes sont souvent considérées comme moins importantes que celle d'un enfant vivant. Pourtant, les conséquences psychologiques sont nombreuses (Van, 2001). L'interruption d'une grossesse ou la mort d'un nouveau-né emporte avec elle plusieurs rêves et projets. Ainsi, lors d'un deuil périnatal, la peine ressentie n'est pas proportionnelle au nombre de semaines de grossesse ou à l'âge du nourrisson, mais plutôt à l'attachement développé envers cet enfant à venir ou nouvellement né (Cyr, 2006). De plus, les différentes façons de vivre le deuil selon que l'on soit un homme ou une femme peuvent être source de tension et de discorde dans la relation de couple (Caelli, Downie et Letendre, 2002).

Le deuil collectif

Le **deuil collectif** survient lorsque plusieurs vies sont fauchées en même temps ou lorsqu'une personne connue meurt (Ferland et Denis, 2000). Bien que la peine et les réactions de deuil puissent être vécues dans l'intimité, elles ne sont pas uniquement privées. Les médias peuvent exposer la nature des événements ayant suscité ou entourant la mort, et des rituels communs peuvent être mis en place à la mémoire de la ou des personnes décédées.

Plusieurs événements ont donné lieu à ce type de deuil collectif depuis les dernières années. Qu'il s'agisse des femmes abattues à l'École polytechnique de Montréal, de la mort d'artistes connus comme Dédé Fortin ou Michael Jackson, ou encore du décès d'un homme politique comme John F. Kennedy, le deuil des proches peut être partagé par un nombre parfois très grand de personnes ou de communautés. En effet, les médias permettent à des gens de partout d'être témoins des événements tragiques survenant dans le monde, comme cela a été le cas pour l'attentat du 11 septembre 2001. La couverture médiatique et l'appui collectif peuvent alors venir légitimer la souffrance inhérente à la perte et estomper le sentiment de solitude. Toutefois, des proches disent aussi avoir souhaité plus de tranquillité à la suite d'un décès touchant la communauté (Des Aulniers, 2009).

Les pertes ambiguës

Une femme dont le mari se trouvait dans les tours du World Trade Center au moment des attaques terroristes du 11 septembre 2001 ne croyait pas à sa mort jusqu'à ce que des employés chargés du nettoyage des lieux lui apportent un bout d'os lui appartenant. Les survivants du tsunami qui a eu lieu en décembre 2004 dans le Sud-Est asiatique pleurent encore leurs partenaires, leurs enfants et leurs parents qui ont disparu à jamais sans laisser de trace. Les rescapés du violent séisme survenu récemment en Haïti vivent collectivement la dévastation de leur pays et d'innombrables deuils.

Ces exemples correspondent à ce que la thérapeute familiale Pauline Boss appelle des **pertes ambiguës**, soit des pertes qui ne peuvent être confirmées de façon tangible (Boss, 2004). Il est déjà compliqué de surmonter la mort d'un être cher dans une situation normale, mais lorsqu'il n'y a pas de corps (et donc pas de preuve claire du décès), il est plus difficile encore d'affronter le caractère définitif de la perte. En effet, la vue du corps permet d'avoir la certitude de la mort et ainsi d'amorcer le processus de deuil. Lors d'une perte ambiguë, les gens n'ont donc pas l'occasion de tourner la page sur le plan émotionnel ni de pratiquer les rituels d'usage. Ils s'épuisent physiquement et mentalement. Il leur est difficile de réorganiser les rôles familiaux et de se réinvestir dans de nouvelles relations. De plus, le fait de donner un nom à la situation semble soulager l'angoisse des personnes endeuillées qui pourraient s'en vouloir d'être désespérées, anxieuses et incapables de faire leur deuil normalement (Boss *et al.*, 2003).

Boss a aussi appliqué le concept de la perte ambiguë à des situations où l'être cher est physiquement présent, mais psychologiquement absent, comme dans le cas de la maladie d'Alzheimer, de la toxicomanie et d'autres maladies mentales chroniques (Boss, 2002). La thérapie peut alors aider les gens « à comprendre, à faire face et à passer à autre chose après la perte, même si elle reste floue » (Boss, 1999). En effet, parler de la personne disparue et entendre des histoires la concernant peuvent signifier le début du processus de guérison.

14.2.3 L'aide aux personnes endeuillées

La plupart des personnes endeuillées finissent par s'adapter à leur perte et à reprendre une vie normale, souvent avec l'aide de la famille et des amis. Cependant, certaines personnes bénéficient d'une aide aux personnes endeuillées pour surmonter cette perte. Regardons ce qui peut apporter du réconfort aux personnes affligées par la mort d'un proche.

Les rituels funéraires

Un **rituel** est un geste ou un ensemble de gestes que l'on pose pour donner un sens à un événement (Jacques, 2008). Les rituels funéraires peuvent prendre diverses formes. Lors d'un décès, il peut s'agir de lire des textes significatifs, de rendre un hommage à la personne décédée comme le fait le fils de Michelle dans la mise en situation de ce chapitre, ou encore de présenter un montage vidéo. Peu importe la nature des rituels mis en place, ceux-ci constituent une aide précieuse lors de la mort et du deuil qui s'ensuit. En effet, les rituels ont plusieurs fonctions aidantes. Certaines personnes tentent cependant de passer outre aux rituels funéraires pour éviter de vivre les émotions liées à la perte (FCFQ, 2009). Pourtant, les rituels permettent aux personnes qui y participent d'en retirer des bienfaits (Jacques, 1998):

Rituel
Geste ou ensemble de gestes fait pour donner un sens à un événement.

14.12 Les funérailles
L'exposition du corps est bénéfique pour le processus de deuil. La vue du corps aide à reconnaître la réalité de la mort.

- *Le rituel permet de marquer le temps et l'espace:* de par sa dimension prévisible, il est sécurisant pour les participants de vivre et de se rappeler le déroulement particulier d'un événement vécu à un moment précis, dans un lieu particulier.

- *Le rituel suscite un sentiment de solidarité:* en réunissant plusieurs personnes ayant un objectif commun, le rituel permet aussi d'atténuer la souffrance ou, du moins, de sentir que plusieurs personnes partagent les mêmes émotions.

- *Le rituel soutient la mémoire:* les objets, les paroles ou les gestes présents lors du rituel permettent de réactiver les souvenirs et d'offrir ainsi une place à la personne décédée.

- *Le rituel favorise l'expression des émotions:* les participants peuvent partager ce qu'ils vivent et ainsi éviter de retenir des émotions diffuses ou inconscientes. En exprimant leur peine, ils voient leur deuil reconnu par leurs proches.

- *Le rituel contribue à donner un sens:* le rituel permet d'affirmer que la vie continue malgré la mort d'un être cher. Les éléments présents dans le rituel peuvent être investis d'une signification particulière.

- *Le rituel contribue à reconnaître la perte:* en réalisant davantage qu'un être cher est décédé, les participants amorcent ainsi la première tâche importante pour le déroulement du deuil.

L'exposition du corps est un exemple de rituel funéraire reconnu comme aidant à accepter la réalité de la mort et favorisant l'expression émotive. Toutefois, certaines personnes ont des pratiques personnelles qui remplacent les rituels. Par exemple, elles peuvent planter un arbre ou simplement procéder à une envolée de colombes à la mémoire du défunt. Bien que cette personnalisation des rituels puisse être significative, elle peut aussi simplement refléter la créativité des gens.

L'approche individuelle et de groupe

Dans une approche individuelle, le thérapeute intervient en fonction de son orientation théorique. Or, de façon générale, les thérapeutes aident les personnes endeuillées à exprimer leur tristesse, leur culpabilité, leur hostilité et leur colère. Ils encouragent leurs clients à revoir la relation qu'ils avaient avec le défunt et à intégrer la réalité de la mort dans leur vie. Différentes tâches peuvent être proposées, comme raconter les circonstances du décès, écrire une lettre au défunt et identifier les pertes associées (Jacques, 2010). Monbourquette (2008) propose aussi un rituel de mort symbolique dans lequel le client imagine la scène de la mort de son proche et joue un psychodrame favorisant une décharge émotionnelle qui aide au processus de deuil. Des études démontrent par ailleurs que les traitements pharmacologiques diminuent aussi le niveau de dépression des personnes endeuillées et améliorent le niveau général d'adaptation (Hensley, 2006).

14.13 **Le groupe d'entraide**

Le groupe d'entraide est un groupe de soutien où est abordé à chaque rencontre un thème relatif au deuil. Les participants qui vivent un deuil et les deux intervenants présents discutent alors de ce thème.

Groupe d'entraide

Groupe de personnes endeuillées qui se rencontrent pour échanger leur expérience de perte ou partager des activités.

Peu importe le type d'intervention, les psychothérapeutes doivent tenir compte des traditions ethniques et familiales ainsi que des différences individuelles lorsqu'ils aident les gens à progresser dans leur deuil. Les interventions auprès des personnes endeuillées sont surtout efficaces pour les personnes à risque de deuil compliqué (Zech, 2006). Ainsi, de nombreuses personnes endeuillées ne nécessitent pas d'aide professionnelle (Bœrner *et al.*, 2005 ; Bonanno *et al.*, 2002). Il faut donc réévaluer deux hypothèses générales concernant l'aide aux personnes en deuil : celle selon laquelle l'absence de chagrin indique forcément des problèmes non reconnus liés à la perte, et celle voulant que le deuil soit un des événements les plus stressants de la vie.

Les **groupes d'entraide** sont des groupes de personnes endeuillées qui se rencontrent à une fréquence plus ou moins régulière pour échanger leur expérience ou partager des activités. Ces groupes souvent restreints représentent une alternative au suivi professionnel. Ils permettent de créer des liens et de normaliser les réactions des participants qui prennent conscience que d'autres personnes peuvent vivre des difficultés semblables aux leurs. De plus, ils transmettent de l'information sur le deuil et favorisent une restructuration cognitive permettant aux personnes endeuillées de faire face à leurs difficultés (Zech, 2006). Les participants sortent ainsi de leur isolement et bénéficient d'un moment de répit dans leur deuil qui peut leur procurer un mieux-être (Folkman, 2001). Il existe des groupes d'entraide qui répondent spécifiquement aux différents types de pertes. En effet, un endeuillé par suicide n'a pas toujours les mêmes besoins qu'un parent endeuillé d'un poupon ou qu'un conjoint pleurant sa partenaire de vie. Cependant, aucune recherche n'a pu démontrer que l'expression de soi au sein d'un groupe d'entraide facilitait l'ajustement au deuil (Range, Kovac et Marion, 2000).

Rendez-vous au ODILON cheneliere.ca/papalia

Faites le POINT

5 Quelles sont les principales perturbations vécues lors d'un deuil ?

6 Nommez les étapes proposées par Monbourquette dans la résolution du deuil.

7 Expliquez pourquoi les rituels funéraires peuvent être aidants pour le processus de deuil.

8 Quelles sont les formes d'aide proposées aux personnes endeuillées ?

Résumé

La mort

La façon de vivre la mort varie selon les époques. Ainsi, bien que la mort corresponde à la fin du processus physiologique, elle comporte, entre autres, des aspects sociaux, culturels, historiques et psychologiques.

La personne en phase terminale vit des transformations physiques et psychologiques. Élisabeth Kübler-Ross a identifié cinq étapes que la personne traverse lors de ses derniers moments de vie. Ces moments peuvent être pris en charge par les soins palliatifs, qui permettent de soulager le malade et de lui apporter soutien et réconfort. Une relecture de vie peut aider la personne à en dégager une signification et à favoriser son intégrité.

Le droit à la mort fait l'objet de nombreux débats, que ce soit concernant l'euthanasie active, l'euthanasie passive ou le suicide assisté. Ces débats sont soutenus par divers arguments éthiques et juridiques controversés relatifs au libre droit de mourir. Alors que le nombre de suicides est relativement élevé au Québec, il importe de reconnaître les signes précurseurs des intentions suicidaires, qui peuvent être des messages verbaux directs ou indirects, ou encore des signes comportementaux et émotifs, et de continuer de déployer des efforts pour la prévention du suicide.

La perception de la mort varie selon les âges. Ce n'est que vers l'âge de cinq ans que l'enfant comprend que la mort est irréversible, universelle, inévitable et associée à une cause particulière. L'adolescent, pour sa part, se questionne davantage sur le sens de la vie et il croit souvent que la mort n'arrive qu'aux autres. Les adultes, eux, sont plus conscients qu'ils vont mourir un jour, surtout lorsqu'ils vivent la mort d'un parent. Selon Erikson, les personnes âgées qui résolvent la crise de l'intégrité *versus* le désespoir peuvent accepter la mort imminente.

Le deuil

Le deuil est le processus d'adaptation succédant à la perte d'un proche. Il se manifeste par des perturbations sur les plans physique, cognitif, affectif et comportemental. Bien que le deuil soit vécu différemment selon chacun, il existe des modèles pour mieux comprendre la réalité de la personne endeuillée. Habituellement, trois grandes étapes caractérisent la trajectoire du deuil, soit le choc, la désorganisation et la résolution. Cependant, le psychologue québécois Jean Monbourquette identifie plutôt sept étapes servant de repères dans le processus de deuil. La mort peut aussi être une occasion de croissance. La mort d'un parent, par exemple, amène souvent l'enfant adulte à une plus grande maturité et à un plus grand sens des responsabilités.

La perte d'un enfant demeure une expérience particulièrement souffrante, et ce, même en cas de perte périnatale. En effet, la mort d'un enfant contrevient au cycle habituel de la vie. La perte ambiguë, soit la perte qui ne peut être confirmée de façon tangible, est aussi difficile. Sans la certitude de la mort, le processus de deuil ne peut être amorcé. Au contraire, le deuil collectif, survenant lorsque plusieurs vies sont fauchées en même temps ou lorsqu'une personne connue meurt, offre souvent une source de réconfort puisque la perte est reconnue socialement.

La plupart des personnes endeuillées s'adaptent tout de même à la mort d'un proche. Leur participation aux rituels funéraires les aide à reconnaître la réalité de la mort et à exprimer leurs émotions. Il existe également d'autres formes de soutien et d'accompagnement des personnes qui font face à la disparition d'un de leurs proches.

Pour aller plus loin

 ### Volumes et ouvrages de référence

MICHAUD, J. (2006). *Passages obligés,* Outremont, Libre Expression, 269 p.
Ouvrage collectif dans lequel vingt personnalités connues des médias témoignent de leur expérience de deuil et expriment comment la maladie ou la mort d'un être cher les a transformés. Leur témoignage est source d'information, de réconfort et d'espoir.

 ### Périodiques

Frontières
Revue semestrielle (printemps et automne), publiée par le centre d'études sur la mort de l'UQAM, qui propose, dans une approche multidisciplinaire, des articles de fond, de recherche et d'intervention sur des thèmes liés à la mort. Elle offre également des bibliographies et des sites Web en lien avec la thématique.

 ### Films, vidéos, cédéroms, etc.

LAGANIÈRE, C. (2001). *La fiancée de la vie,* Jonquière, Production de la chasse-galerie, 52 minutes, couleurs, VHS.
Documentaire qui donne la parole à des enfants endeuillés et qui fait état de leur perception de la mort et de leur grande capacité à s'adapter dans une situation de deuil.

 ### Sites Internet et documents en ligne

Encyclopédie sur la mort : http://agora.qc.ca/mort
Encyclopédie sur la mort qui présente les multiples aspects liés à la mort et au deuil selon les époques et les cultures.

A

Accommodation Terme issu de la théorie de Piaget désignant la modification que subit une structure cognitive pour intégrer une nouvelle information.

Accommodation identitaire Selon Whitbourne, efforts d'une personne pour modifier son concept de soi et l'adapter à son expérience.

Acide désoxyribonucléique (ADN) Substance chimique du génome qui transporte les informations contrôlant la synthèse des protéines et, ce faisant, permet la formation et le fonctionnement des cellules.

Adaptation Selon Piaget, terme désignant la façon dont une personne gère une nouvelle information à la lumière de ce qu'elle connaît déjà. Elle résulte de l'assimilation et de l'accommodation.

Adéquation Concordance entre le tempérament d'un enfant et les caractéristiques de son environnement.

Adolescence Période de transition développementale qui comporte des changements physiques, cognitifs, affectifs et sociaux et qui se manifeste sous différentes formes selon les milieux sociaux, culturels et économiques.

Affinité émotionnelle Ressemblance et complémentarité dans l'expression des émotions. Les personnes qui possèdent des affinités émotionnelles sont donc des personnes qui s'entendent bien entre elles ou qui partagent les mêmes intérêts.

Âge fonctionnel Mesure de la capacité d'un individu à fonctionner dans son environnement physique et social comparativement à d'autres ayant le même âge chronologique.

Âgisme Forme de discrimination fondée sur l'âge.

Agression psychologique Attaques verbales, telles que dénigrer ou menacer un enfant, qui sont susceptibles de causer des dommages psychologiques.

Agressivité hostile Comportement agressif dont le but recherché est de blesser l'autre.

Agressivité instrumentale Forme d'agressivité utilisée pour atteindre un but, comme obtenir un jouet ou exercer un contrôle sur l'espace environnant.

Aidant naturel Personne qui donne de l'aide et procure des soins constants et non rémunérés à un membre de sa famille ou à un proche dans le besoin, en raison de son état de santé physique ou mental.

Allèle Chacune des formes possibles d'un même gène.

Alternance de code Chez les jeunes enfants, passage d'une langue à une autre pour s'ajuster à la situation, comme chez les personnes bilingues.

Altruisme Comportement pouvant impliquer un sacrifice personnel et qui a pour but d'aider les autres, sans égard à ses propres intérêts et sans espoir de récompense.

Amniocentèse Ponction du liquide amniotique. Ce test prénatal permet de dépister certaines anomalies génétiques, de connaître le sexe du bébé ainsi que son âge fœtal.

Analgésie péridurale Diminution de l'influx nerveux responsable de la douleur qui est produite par l'administration d'une substance appropriée dans l'espace péridural.

Androgynie Personnalité qui possède à la fois des caractéristiques féminines et masculines.

Andropause Période de changements physiologiques liés aux changements hormonaux du système reproducteur chez l'homme. Ces changements surviennent dans la cinquantaine et sont moins remarquables que chez la femme.

Anesthésie péridurale Abolition de la sensibilité qui est produite par l'administration d'une substance appropriée dans l'espace péridural.

Animisme Tendance à concevoir les objets inanimés comme possédant des caractéristiques humaines.

Anomalie congénitale Caractéristique anormale, présente à la naissance, qui peut être héréditaire ou acquise pendant le développement prénatal.

Anorexie mentale Trouble psychologique très grave qui se caractérise par un refus de maintenir un poids corporel au-dessus d'un poids minimum normal pour l'âge et la taille et par une peur extrême de prendre du poids.

Anoxie Privation d'oxygène susceptible de causer des lésions cérébrales.

Anxiété de séparation Sentiment de détresse ressenti par un enfant quand la personne qui s'occupe habituellement de lui le quitte.

Apprentissage Modification durable du comportement résultant de l'expérience.

Approche béhavioriste Approche qui met l'accent sur l'étude des comportements observables, mesurables et quantifiables, et qui considère le développement comme le résultat d'un apprentissage, donc comme un ensemble de réactions à des stimuli et à des événements externes.

Approche cognitiviste Approche qui s'intéresse au développement de l'intelligence et des processus cognitifs tels que la perception, la mémoire ou la pensée, ainsi qu'aux comportements qui en résultent.

Approche écologique Approche qui explique le développement humain par l'interaction qui existe entre la dimension ontosystémique (caractéristiques personnelles d'un individu), la dimension chronosystémique (transition vécue et moment du développement), le contexte de développement (famille, école, etc.) et l'environnement (facteurs géographiques, politiques, économiques et culturels).

Approche globale Approche d'enseignement de la lecture qui met l'accent sur la reconnaissance visuelle et sur l'utilisation d'indices contextuels.

Approche humaniste Approche selon laquelle chaque personne a la capacité de prendre sa

vie en main et d'assumer son développement de manière saine et positive grâce à sa capacité d'exercer son libre arbitre, de créer ou de tendre vers l'actualisation de soi.

Approche phonétique Approche d'enseignement de la lecture qui met l'accent sur le décodage de mots inconnus.

Approche psychanalytique ou **psychodynamique** Approche qui stipule que le développement est marqué par l'action de forces inconscientes qui motivent le comportement humain et que les événements qui se produisent durant l'enfance déterminent le développement de la personnalité adulte.

Approche typologique Approche qui considère la personnalité comme un tout influençant les attitudes, les valeurs, le comportement et les relations sociales et qui identifie trois types de personnalité : égo-résiliente, surcontrôlée et sous-contrôlée.

Assimilation Terme issu de la théorie de Piaget désignant l'intégration d'une nouvelle information dans une structure cognitive existante.

Assimilation identitaire Selon Whitbourne, efforts d'une personne pour intégrer une nouvelle expérience à son concept de soi existant.

Attachement Relation affective réciproque et dynamique qui s'établit entre deux individus et qui a une fonction adaptative pour l'enfant. L'interaction entre ces deux personnes contribue à renforcer et à raffermir ce lien.

Attachement désorganisé et désorienté Type d'attachement perturbé, dans lequel l'enfant démontre de multiples contradictions dans son comportement à l'égard de sa mère et manifeste de la confusion et de la peur.

Attachement insécurisant de type ambivalent Type d'attachement perturbé, dans lequel l'enfant affiche une anxiété en présence et en l'absence de sa mère. Lors de la réunion avec cette dernière, l'enfant démontre tout à la fois une recherche de réconfort et des comportements de rejet et de résistance à la mère.

Attachement insécurisant de type évitant Type d'attachement perturbé, dans lequel l'enfant manifeste une distance à l'égard de sa mère lorsqu'elle est présente, une indifférence lors de son départ, et une absence de réconfort lors du retour.

Attachement sécurisant Type d'attachement dans lequel l'enfant manifeste de la confiance en présence de sa mère, de la détresse lors de son absence, et un retour à la confiance lors de la réunion avec la mère.

Attention conjointe Capacité de porter attention à la chose que quelqu'un d'autre regarde ou montre.

Attention sélective Habileté à diriger consciemment son attention.

Autisme Trouble du développement caractérisé par des lacunes sur le plan de la communication et des interactions sociales, ainsi que par des comportements stéréotypés.

Autonomie *versus* honte et doute Selon Erikson, deuxième crise du développement

psychosocial (18 mois à 3 ans), au cours de laquelle l'enfant doit trouver un équilibre entre, d'une part, l'autonomie (indépendance, autodétermination) et, d'autre part, la honte et le doute.

Autoréalisation des prophéties Phénomène par lequel des comportements engendrent une réponse particulière, laquelle, à son tour, confirme la justification des comportements de départ.

Autorégulation Contrôle interne sur ses comportements dont fait preuve l'enfant en fonction des attentes sociales.

Axone Prolongement du neurone qui transmet l'information à d'autres neurones par l'arborisation terminale.

B

Babillage Répétition de sons composés d'une consonne et d'une voyelle.

Base de sécurité Utilisation du parent comme point de référence permettant à l'enfant d'explorer son environnement et de revenir au besoin pour recevoir un réconfort émotionnel.

Bébé prématuré Bébé né avant la trente-septième semaine de gestation.

Biais culturel Tendance à inclure dans un test d'intelligence des questions utilisant un vocabulaire faisant appel à des situations ou à des habiletés plus significatives pour un groupe culturel que pour un autre.

Biais d'attribution hostile Interprétation cognitive des comportements des autres dans un sens négatif et menaçant.

Blastocyste Stade de développement de l'embryon avant qu'il s'implante dans l'utérus.

Boulimie Trouble psychologique caractérisé par de brèves crises de frénésie alimentaire (de deux heures ou moins), suivies de purgations (vomissements, régimes stricts, exercices vigoureux ou absorption de laxatifs ou de diurétiques).

C

Ça Selon Freud, instance innée et inconsciente de la personnalité, présente dès la naissance, qui obéit au principe de plaisir par la recherche d'une gratification immédiate.

Capital social Ressources familiales et communautaires sur lesquelles les enfants peuvent compter.

Caractère sexuel primaire Trait directement relié à la reproduction.

Caractère sexuel secondaire Signe physiologique de la maturation sexuelle qui n'est pas directement lié aux organes sexuels.

Cardinalité Principe selon lequel on utilise un seul nom de nombre pour chaque élément compté, le dernier nombre énoncé représentant le total des éléments.

Cataracte Opacification du cristallin qui rend la vue brouillée. Elle ne peut être corrigée que par une chirurgie.

Catégorisation rapide Processus de traitement de l'information qui consiste à poser rapidement une hypothèse. Par extension, processus selon lequel un enfant absorbe le sens d'un nouveau mot après l'avoir entendu seulement une ou deux fois.

Cauchemar Rêve terrifiant dont l'enfant garde généralement un vif souvenir.

Causalité Principe selon lequel certains événements découlent d'autres événements ou en sont la cause.

Centration Selon Piaget, limite de la pensée préopératoire qui amène l'enfant à ne percevoir qu'un seul aspect d'une situation au détriment des autres.

Cervelet Structure située à la base du cerveau, en arrière de la moelle épinière. Il est responsable de l'équilibre et de la coordination motrice.

Césarienne Intervention chirurgicale qui consiste à pratiquer une incision dans la paroi abdominale afin d'extraire le bébé de l'utérus.

Changement qualitatif Changement de nature, de structure et d'organisation, par exemple le type d'intelligence et l'évolution de l'attachement d'une personne.

Changement quantitatif Changement mesurable en nombre ou en quantité, par exemple la taille, le poids et le vocabulaire.

Chromosome Segment d'ADN porteur des gènes qui transmettent les facteurs héréditaires. On en dénombre 46 chez l'être humain normal.

Chronosystème Selon Bronfenbrenner, facteur de développement qui représente le degré de stabilité ou de changement dans l'environnement d'une personne et qui est relié au passage du temps, que ce soit les périodes de transition de sa vie ou l'époque au cours de laquelle elle se développe.

Chute des fonctions cognitives Baisse subite de l'état général de la personne fréquemment observée vers la fin de la vie; aussi appelée *phase terminale*.

Climatère ou *périménopause* Période de changements hormonaux progressifs occasionnant une variété de symptômes physiologiques chez la femme et qui mène à la ménopause.

Cognition sociale Capacité de reconnaître l'état émotionnel des autres.

Cohorte Groupe d'individus nés à peu près au même moment, ayant vécu au même endroit et ayant connu les mêmes expériences en même temps.

Coït intercrural Activité sexuelle pratiquée par les gais qui consiste en une stimulation par friction du pénis entre les cuisses.

Colostrum Liquide sécrété par le sein juste avant la montée laiteuse, moins riche en graisses que le lait, mais adapté aux besoins du nouveau-né. Il contient, entre autres, des anticorps qui contribuent à l'immuniser contre certaines infections.

Complexe d'Œdipe Conflit central du stade phallique au cours duquel l'enfant éprouve inconsciemment un désir sexuel pour le parent du sexe opposé et désire la mort de celui de même sexe. Idéalement, une fois le conflit résolu, l'enfant va vouloir s'inscrire dans sa société et sa culture pour y établir plus tard une relation avec un partenaire du sexe opposé étranger à sa famille.

Comportement d'attachement Signe émis par l'enfant (regard, sourire, contact, pleur, etc.) qui appelle une réponse de l'adulte qui s'en occupe.

Comportement externalisé Trouble de comportement qui prend la forme de manifestations antisociales et souvent agressives.

Comportement internalisé Trouble de comportement qui prend la forme d'un retrait de l'enfant de ses interactions avec les autres.

Comportement prosocial Comportement volontaire à l'égard d'autrui et dont l'objectif vise le bénéfice de l'autre.

Concept de soi Ensemble des représentations qu'une personne possède au sujet d'elle-même.

Conciliation travail-famille Processus par lequel les parents tentent de répartir leurs énergies en fonction des exigences liées à la vie familiale et au monde du travail.

Conditionnement classique ou **répondant** Apprentissage grâce auquel un stimulus finit par déclencher une réponse après avoir été associé à un autre stimulus qui, lui, provoque automatiquement cette réponse.

Conditionnement instrumental ou **opérant** Forme d'apprentissage dans laquelle une réponse continue de se produire parce qu'elle a été renforcée ou bien cesse de se produire parce qu'elle a été punie.

Confiance *versus* méfiance fondamentales Selon Erikson, première crise du développement psychosocial (0 à 18 mois), au cours de laquelle le nourrisson investit le monde sur la base d'un sentiment de confiance ou de méfiance. La qualité de l'interaction avec la mère joue un rôle important dans l'établissement de la confiance.

Conflit intrapsychique Conflit inconscient entre les pulsions fondamentales et les contraintes liées à la réalité extérieure et aux attentes sociales.

Congruence Selon Rogers, état d'une personne qui ressent une correspondance entre ce qu'elle vit (son expérience), ce qu'elle en sait (sa prise de conscience) et ce qu'elle en dit (sa communication).

Connaissance conceptuelle Compréhension qu'un individu a des situations ou des concepts abstraits.

Connaissance déclarative Connaissance factuelle acquise par un individu.

Connaissance procédurale Connaissance concernant le savoir-faire et les habiletés acquises par un individu.

Conscience de soi Représentation que l'on se fait de soi-même et compréhension d'avoir une identité propre, séparée et différente de celle des autres personnes.

Conservation Selon Piaget, capacité de comprendre que deux quantités égales (liquide, poids, nombre, surface, etc.) restent égales malgré leur transformation apparente si rien n'est enlevé ou ajouté.

Constance du genre Dernière étape du développement de l'identité de genre où la personne prend conscience qu'elle conservera le même genre toute sa vie.

Corégulation Stade transitionnel dans le contrôle du comportement de l'enfant durant lequel les parents supervisent l'enfant de façon moins intense qu'auparavant, en lui laissant plus de possibilités d'utiliser l'autorégulation.

Cortex cérébral Couche supérieure du cerveau ou substance grise, siège des processus mentaux tels que la mémoire, l'apprentissage, l'intelligence et la capacité de résoudre des problèmes.

Crise Période de questionnements et de prises de décisions conscientes de la part de l'adolescent.

Crise de la quarantaine Expression classique issue des premières théories sur le développement adulte et souvent utilisée dans les approches normatives pour définir la période de questionnement qui survient au mitan de la vie.

Crise de l'initiative *versus* la culpabilité Selon Erikson, troisième crise du développement psychosocial, au cours de laquelle l'enfant de trois à six ans doit réaliser l'équilibre entre le désir d'atteindre des buts et les jugements moraux liés à ce qu'il veut faire.

Crise filiale Selon Marcoen, concept qui stipule l'existence d'un stade normatif à l'âge mûr, dans lequel les adultes apprennent à trouver un juste équilibre entre leur devoir et leur affection à l'égard de leurs parents vieillissants, et établissent une relation d'échange réciproque.

Daltonisme Anomalie héréditaire caractérisée par une mauvaise vision des couleurs.

Décalage horizontal Selon Piaget, incapacité de l'enfant d'appliquer sa compréhension d'un type de conservation (en substance, en poids ou en volume) à un autre type. On le dit «horizontal» parce qu'il se produit dans la même étape de développement et que l'action mentale n'est donc pas encore indépendante du contenu.

Décentration Capacité de considérer plusieurs points de vue à la fois.

Déficience intellectuelle Fonctionnement intellectuel situé bien en deçà de la moyenne et accompagné d'importantes lacunes sur le plan de la communication et de la socialisation.

Dégénérescence maculaire liée à l'âge Perte graduelle de la capacité du centre de la rétine (ou macula) à distinguer les petits détails.

Délivrance Troisième phase de l'accouchement, pendant laquelle le placenta et le sac amniotique sont expulsés.

Démence Détérioration du fonctionnement cognitif et comportemental due à des causes physiologiques.

Dendrite Prolongement du neurone dont les ramifications captent l'information provenant d'autres neurones.

Dépendance Besoin incontrôlable qui pousse un individu à continuer de consommer une substance psychotoxique.

Dépression Trouble psychologique qui, lorsqu'il est présent chez l'enfant, se caractérise par une perte d'intérêt ou de plaisir pour presque toutes les activités, y compris le jeu. La capacité de concentration est aussi diminuée, de même que l'estime de soi.

Déterminisme Vision selon laquelle l'environnement joue un rôle déterminant dans l'orientation du comportement.

Deuil Processus d'adaptation qui suit la perte d'une personne proche.

Deuil collectif Réaction de plusieurs personnes qui vivent simultanément une perte.

Deuil périnatal Deuil lié à la perte d'un fœtus ou d'un enfant, à la naissance ou en très bas âge.

Développement cognitif Suite de transformations des modes de pensée qui permettent à l'enfant de s'adapter de mieux en mieux à son environnement.

Dispositif d'acquisition du langage Selon la théorie innéiste de Noam Chomsky, ensemble des structures mentales innées permettant à l'enfant de déduire les règles grammaticales par l'analyse du langage qu'il entend dans son entourage.

Douance Intelligence générale élevée, identifiée par un QI de 130 ou plus.

Double standard Attentes de la société qui diffèrent en fonction du sexe de la personne.

Dysfonction érectile Incapacité d'obtenir ou de maintenir une érection suffisante pour avoir un rapport sexuel satisfaisant.

Dyslexie Trouble d'apprentissage répandu qui rend la lecture et la rédaction difficiles ou impossibles.

Échographie Procédure médicale prénatale qui utilise les ultrasons pour voir le fœtus et ses mouvements. Ce test est aussi utilisé pour déterminer si une grossesse se déroule normalement.

Efficacité personnelle Conviction d'une personne de détenir les capacités nécessaires pour réussir ce qu'elle entreprend.

Égocentrisme Selon Piaget, caractéristique de la pensée préopératoire qui rend impossible la prise en compte du point de vue d'une autre personne.

Égo-résilience Faculté d'adaptation à une situation stressante.

Élaboration Stratégie mnémonique qui consiste à associer à quelque chose les éléments à mémoriser.

Élément compositionnel Aspect analytique de l'intelligence qui détermine l'efficacité du traitement de l'information.

Élément contextuel Aspect pratique de l'intelligence qui détermine l'adaptation à son environnement.

Élément expérientiel Aspect créatif de l'intelligence qui détermine la façon de réagir à la nouveauté.

Émotion Réaction subjective associée à des changements physiologiques et comportementaux qui survient en réponse à des situations et à des expériences vécues par la personne.

Émotion autoévaluative Émotion, comme la fierté, la honte et la culpabilité, qui dépend de la conscience de soi et de la connaissance des normes sociales quant aux comportements jugés acceptables.

Empathie Habileté à se mettre à la place d'une autre personne et à ressentir ce qu'elle ressent.

Empowerment Processus par lequel une personne ou un groupe reprend le contrôle de sa vie et de sa capacité à répondre à ses propres besoins.

Empreinte Processus génétiquement programmé qui se produit durant une période critique du développement d'un organisme, et par lequel l'organisme réagit à un stimulus d'une manière difficilement modifiable par la suite.

Enchevêtrement neurofibrillaire Enchevêtrement de filaments anormaux qui forme des fibrilles dans le corps même des neurones et qui finit par les détruire.

Enfant difficile Enfant au tempérament irritable, ayant un rythme biologique irrégulier et des réactions émotionnelles intenses.

Enfant facile Enfant démontrant un tempérament généralement joyeux, une ouverture aux nouvelles expériences et ayant des rythmes biologiques réguliers.

Enfant plus lent à réagir Enfant dont le tempérament est généralement calme, mais qui se montre hésitant devant de nouvelles situations.

Engagement Selon Sternberg, dimension cognitive de la théorie triangulaire de l'amour qui s'exprime à travers la décision d'aimer et de demeurer avec l'être aimé.

Engagement Terme utilisé par Marcia pour décrire l'investissement personnel dans une activité professionnelle ou dans un système de croyances.

Engagement actif Attention, intérêt, investissement et efforts que l'individu consacre à ses travaux scolaires.

Énurésie Émission involontaire d'urine souvent associée au sommeil nocturne des enfants.

Épisiotomie Incision du périnée entre la vulve et l'anus destinée à agrandir l'orifice afin de faciliter la sortie du bébé.

Équilibration Selon Piaget, tendance à rechercher un équilibre entre les divers éléments cognitifs, que ce soit au sein de l'organisme ou entre l'organisme et le monde extérieur.

Espérance de vie Durée de vie moyenne qu'une personne née dans une cohorte donnée est susceptible de connaître.

Estime de soi Valeur qu'une personne s'accorde à elle-même.

États identitaires Selon Marcia, quatre types de configurations identitaires caractérisées par la présence ou l'absence d'une crise et de la capacité ou non de contracter des engagements.

Éthologiste Scientifique qui étudie les comportements caractéristiques des différentes espèces.

Étude longitudinale Étude qui suit l'évolution des mêmes sujets sur une longue période de temps.

Étude séquentielle Étude plus complexe qui combine les deux autres méthodes et donne un portrait plus complet du développement.

Étude transversale Étude qui compare les résultats de sujets parvenus à des étapes différentes du développement.

Euthanasie active ou **volontaire** Action délibérée visant à abréger la vie d'un malade incurable afin de mettre fin à ses souffrances ou de lui permettre de mourir dignement ; aussi appelée *meurtre par compassion*.

Euthanasie passive Omission délibérée de fournir un traitement visant à prolonger la vie d'un malade incurable, ou interruption de ce traitement afin de mettre fin à ses souffrances ou de lui permettre de mourir dignement.

Évaluation dynamique Procédure qui consiste à aider l'enfant lors de l'évaluation, de façon à déterminer ses capacités à tirer profit d'un entraînement.

Événement de vie normatif Appelé aussi *influence normative liée à l'âge,* événement qui se produit à un moment attendu dans une culture et à une période données.

Exosystème Selon Bronfenbrenner, système qui correspond à des instances habituellement non fréquentées par la personne qui se développe, mais dont les décisions ont un impact sur sa vie.

Expulsion Phase de l'accouchement qui débute au moment où la tête du bébé commence à s'engager dans le col et le vagin, et qui se termine lorsque le bébé est complètement sorti du corps de la mère.

Fœtus Nom donné à l'embryon après la huitième semaine de la grossesse, c'est-à-dire dès qu'il commence à présenter des formes humaines.

Fonction exécutive Système de contrôle des pensées, des émotions et des actions afin d'atteindre un but ou de résoudre des problèmes.

Fonction symbolique Selon Piaget, capacité de l'enfant à utiliser certains symboles (mots, nombres ou images) qui ont pour lui une signification.

Fontanelle Espace membraneux entre les os du crâne du nouveau-né qui s'ossifie graduellement durant les premiers mois de sa croissance.

Forceps Instrument en forme de deux cuillères croisées destiné à saisir la tête du bébé et à faciliter l'expulsion lors de l'accouchement.

Fratrie Ensemble des frères et des sœurs d'une famille.

Gamète Cellule reproductrice sexuée (spermatozoïde ou ovule).

Garde conjointe Situation où la garde légale des enfants est partagée entre les deux parents, ceux-ci assumant conjointement les devoirs, les responsabilités et les décisions à prendre pour le bien-être de l'enfant.

Garde partagée Situation où la garde physique des enfants est partagée entre les deux parents, l'enfant vivant à mi-temps ou presque avec chacun des parents.

Gazouiller Émettre des gazouillis, premiers sons simples émis par les bébés.

Gène Composante de base de l'hérédité située à un endroit précis sur le chromosome et qui détermine le trait hérité.

Générativité Selon Erikson, désir des adultes d'âge mûr de laisser leur marque, de guider la génération suivante et de s'en occuper.

Générativité *versus* **stagnation** Selon Erikson, septième crise du développement psychosocial caractérisée par l'émergence d'un sentiment de vide et d'une quête de sens, ainsi que par le désir de laisser sa marque et de s'occuper de la génération qui suit.

Génome humain Identification des séquences de gènes qui sont particuliers à l'espèce humaine.

Génotype Ensemble des caractéristiques génétiques sous-jacentes qui mène à la manifestation de certains traits.

Gériatrie Branche de la médecine concernée par le vieillissement.

Gérontologie Discipline scientifique qui étudie les personnes âgées et le processus de vieillissement.

Gestation Période de la vie qui va de la fécondation jusqu'à l'accouchement.

Geste social conventionnel Geste qui sert à communiquer et qui est utilisé par l'ensemble de la communauté.

Geste symbolique Geste qui sert à représenter des objets ou des situations.

Glaucome Dégradation irréversible du nerf optique causée par une augmentation de la pression oculaire et qui peut entraîner la cécité si elle n'est pas soignée.

Graphème Plus petite unité distinctive de l'écriture constituée d'une lettre ou d'une combinaison de lettres formant un son (ou phonème).

Groupe d'entraide Groupe de personnes endeuillées qui se rencontrent pour échanger leur expérience de perte ou partager des activités.

Habituation Forme d'apprentissage élémentaire par laquelle l'enfant, une fois habitué à un son, à une sensation visuelle ou à tout autre stimulus, réagit de manière moins intense ou cesse complètement de réagir.

Hérédité Ensemble des traits, individuels et spécifiques, transmis d'une génération à l'autre par les gènes.

Héritabilité Mesure statistique de l'apport de l'hérédité dans la variabilité d'un trait particulier à une certaine période et pour une population donnée.

Holophrase Mot qui exprime une pensée complète.

Homophobie Sentiment de peur et d'aversion éprouvé envers les personnes d'orientation homosexuelle et qui amène de la discrimination à leur égard.

Horloge biologique Mécanisme interne qui contrôle le cycle des variations physiologiques.

Horloge sociale Ensemble des normes et des attentes sociales associées aux périodes où certains événements, comme avoir un enfant ou prendre sa retraite, sont censés se produire.

Hormonothérapie substitutive Traitement composé d'œstrogènes de synthèse, seuls ou combinés à de la progestérone de synthèse, destiné à réduire ou à prévenir les symptômes de la ménopause dus à la baisse du niveau d'œstrogènes dans l'organisme.

Hypertension artérielle Élévation anormale et chronique de la tension artérielle.

Hypothèse Prédiction du résultat d'une expérience basée sur des connaissances antérieures au sujet d'un phénomène.

Hypothèse de la double représentation Hypothèse selon laquelle les enfants de moins de trois ans ont de la difficulté à comprendre les relations spatiales à cause de la nécessité de garder en tête plus d'une représentation mentale en même temps.

Hystérectomie Ablation de l'utérus.

Identification Selon Freud, processus par lequel un jeune enfant adopte les caractéristiques, croyances, attitudes, valeurs et comportements du parent de même sexe que lui.

Identité Selon Erikson, conception cohérente du soi composée d'objectifs, de valeurs et de croyances auxquels l'individu est fortement attaché.

Identité de genre Représentation que se fait une personne d'elle-même en fonction de son appartenance à un sexe.

Identité diffuse Selon Marcia, état identitaire caractérisé par l'absence d'engagement et par le manque de considération sérieuse des différentes alternatives.

Identité en moratoire Selon Marcia, état identitaire dans lequel une personne réfléchit aux différentes possibilités (crise) et semble en voie de s'engager.

Identité en réalisation Selon Marcia, état identitaire qui se caractérise par des engagements pris à la suite d'une crise et par une période consistant à explorer les diverses alternatives.

Identité ethnique Sentiment d'appartenance à un groupe culturel particulier.

Identité surdéterminée Selon Marcia, état identitaire dans lequel une personne n'a pas consacré de temps à explorer les différentes alternatives (c'est-à-dire n'a pas vécu de crise) et s'engage en fonction des projets que d'autres ont déterminés pour elle.

Identité *versus* **confusion des rôles** Selon Erikson, cinquième crise du développement psychosocial au cours de laquelle l'adolescent cherche à acquérir un sens cohérent du soi et du rôle qu'il jouera au sein de la société.

Individuation Quête d'autonomie et d'identité chez les adolescents.

Image corporelle Représentation que l'on se fait de son propre corps.

Imitation différée Reproduction après un certain laps de temps d'un comportement observé qui est rendue possible grâce à la récupération de sa représentation en mémoire.

Imitation invisible Imitation réalisée avec des parties du corps que l'on ne peut voir, par exemple la bouche.

Imitation visible Imitation réalisée avec des parties du corps que l'on peut voir, par exemple les mains ou les pieds.

Inclusion de classe Compréhension de la relation qui existe entre un tout et ses différentes parties.

Indice d'Apgar Évaluation standardisée de la condition du nouveau-né ; elle consiste à mesurer la coloration, la fréquence cardiaque, la réactivité, le tonus musculaire et la respiration.

Infection transmise sexuellement (ITS) Infection ou maladie transmissible par contact sexuel.

Inférence transitive Compréhension de la relation qui existe entre deux objets, basée sur la connaissance de la relation qu'entretient chaque objet avec un objet tiers.

Influence du milieu Influence attribuable au contact de l'individu avec son environnement.

Intégration Capacité intellectuelle de faire des liens abondants, de lier des informations et de créer des ensembles significatifs et d'une efficacité pratique.

Intégrité du moi *versus* désespoir Selon Erikson, huitième et dernière crise durant laquelle la personne accepte la vie qu'elle a menée ainsi que sa mort prochaine ou sombre dans le désespoir et les regrets.

Intelligence cristallisée Selon Horn et Cattell, type d'intelligence qui la capacité d'utiliser des informations et des apprentissages antérieurs. Elle est liée à des habiletés comme le vocabulaire, la culture ou le raisonnement pratique et évolue avec l'âge.

Intelligence émotionnelle Selon Salovey et Mayer, type d'intelligence qui réfère à l'habileté d'une personne à comprendre et à maîtriser ses propres émotions et à composer avec celles des autres.

Intelligence fluide Selon Horn et Cattell, type d'intelligence qui concerne la capacité de percevoir des relations, de former des concepts et de faire des inférences. Elle est liée au développement neurologique et décline avec l'âge.

Intelligence mécanique Selon Baltes, inclut les habiletés de traitement de l'information et de résolution de problèmes dont les fonctions sont indépendantes de tout contenu particulier.

Intelligence pragmatique Selon Baltes, représente la pensée pratique, l'application des connaissances et des habiletés acquises par l'expérience, la productivité professionnelle, l'expertise et la sagesse.

Intimité Selon Sternberg, dimension émotionnelle de la théorie triangulaire de l'amour impliquant le dévoilement de soi, la connexion à l'autre, la chaleur et la confiance.

Intimité *versus* isolement Selon Erikson, sixième crise du développement psychosocial au cours de laquelle le jeune adulte doit être en mesure de développer des relations intimes profondes et à long terme. Si la crise n'est pas résolue, l'individu risque de vivre un sentiment d'isolement et d'être trop préoccupé par sa propre personne.

Invariant fonctionnel Selon Piaget, principe de développement cognitif qui agit en interaction à tous les stades du développement de l'intelligence. On en dénombre trois : l'organisation cognitive, l'adaptation et l'équilibration.

Irréversibilité Limite de la pensée préopératoire qui empêche l'enfant de comprendre qu'une opération sur un objet peut être faite en sens inverse pour revenir à l'état initial de l'objet.

Jeu constructif Jeu qui consiste à utiliser des objets pour construire ou créer autre chose.

Jeu fonctionnel Jeu constitué d'actions répétitives avec ou sans objets (par exemple, faire rouler une balle ou tirer un jouet sur roues).

Jeu formel ou **jeu de règles** Jeu comportant des règles, une structure et un objectif tel que la victoire (marelle, billes, etc.).

Jeu social Jeu dans lequel les enfants interagissent les uns avec les autres.

Jeu symbolique, jeu dramatique ou **jeu du faire semblant** Jeu dans lequel l'enfant invente une situation imaginaire comme faire semblant

d'être quelque chose ou quelqu'un d'autre, en s'adonnant à des activités d'abord relativement simples puis de plus en plus complexes.

Jumeau dizygote Jumeau né de l'union de deux ovules différents et de deux spermatozoïdes différents ; il est aussi appelé jumeau fraternel, faux jumeau ou jumeau non identique.

Jumeau monozygote Jumeau né de la division d'un seul zygote après la fécondation ; il est aussi appelé vrai jumeau ou jumeau identique.

Langage de bébé Langage souvent utilisé pour se mettre à la portée des bébés. Ce langage est simplifié : il comprend beaucoup d'intonations, de phrases courtes, de répétitions et un registre plus aigu.

Langage expressif Capacité de s'exprimer avec des mots.

Langage prélinguistique Mode d'expression orale qui précède le langage véritable. Il se compose de pleurs, de gazouillis, de babillages, d'imitations accidentelles puis délibérées de sons que l'enfant ne comprend pas.

Langage réceptif Capacité de comprendre la signification des mots.

Langage social Langage destiné à un interlocuteur.

Langage télégraphique Langage qui utilise des phrases ne comportant que quelques mots essentiels.

Lanugo Duvet qui recouvre le nouveau-né et qui disparaît quelque temps avant ou après la naissance.

Latéralité Dominance d'une des parties paires du corps (mains, pieds, yeux, etc.).

Limite d'Hayflick Selon Hayflick, limite biologique de la durée de la vie humaine, estimée à environ 110 ans.

Littératie Habiletés de lecture et d'écriture.

Macrosystème Selon Bronfenbrenner, système qui inclut les valeurs et les normes véhiculées dans une société, une culture, un système économique et politique.

Maison de naissance Établissement convivial où l'on pratique des accouchements et où l'on apporte des soins à la mère et au nouveau-né.

Maladie d'Alzheimer Maladie dégénérative irréversible du cerveau et caractérisée par des troubles de la mémoire et d'autres fonctions cognitives.

Maladie de Parkinson Maladie dégénérative irréversible du cerveau caractérisée par un ensemble de troubles de la motricité.

Mandat d'inaptitude Instrument juridique qui désigne l'individu qui agira et prendra des décisions à la place d'une autre personne en prévision de son inaptitude. Il précise aussi les volontés de la personne en ce qui concerne des soins éventuels.

Matière blanche Axones recouverts de myéline. Partie du neurone qui établit les connexions et qui transmet l'information.

Matière grise Corps cellulaire des cellules nerveuses. Partie du neurone qui traite l'information.

Maturation Succession de changements physiques, programmés génétiquement, qui rendent l'individu apte à maîtriser certaines habiletés.

Maturité Période du développement au cours de laquelle l'individu atteint un point optimal dans l'une ou l'autre des dimensions développementales.

Mécanisme de défense Stratégie inconsciente utilisée par le moi pour réduire l'anxiété et qui consiste à nier la réalité ou à la déformer.

Méiose Division cellulaire au cours de laquelle le nombre de chromosomes diminue de moitié. L'infinité de combinaisons de gènes explique les différences de constitution génétique entre enfants issus de mêmes parents.

Mélange de codes Utilisation d'éléments de deux langues différentes, souvent dans la même phrase, par de jeunes enfants vivant dans des familles où les deux langues sont utilisées.

Mémoire à long terme Stockage pratiquement permanent des informations qui sont conservées en mémoire.

Mémoire autobiographique Mémoire qui réfère aux événements vécus par une personne.

Mémoire de reconnaissance visuelle Habileté à distinguer un stimulus familier d'un nouveau stimulus lorsqu'ils sont présentés en même temps.

Mémoire de travail Mémoire à court terme qui correspond à l'information qu'on est en train de traiter.

Mémoire épisodique Mémoire qui réfère à la conscience d'avoir vécu une expérience particulière dans un lieu et un temps déterminé.

Mémoire explicite Mémoire à long terme qui utilise le rappel conscient des souvenirs (rappel de noms, de connaissances ou d'événements).

Mémoire générique Mémoire qui produit des scénarios de routines familières servant à orienter le comportement.

Mémoire implicite Mémoire à long terme qui se produit sans efforts conscients et qui est habituellement associée aux habitudes ou aux habiletés (lancer un ballon, nager, etc.). On l'appelle aussi mémoire procédurale.

Mémoire procédurale Mémoire qui inclut les habiletés motrices, les habitudes et les savoir-faire qui, une fois appris, peuvent être récupérés sans effort conscient.

Mémoire sémantique Sorte d'encyclopédie mentale qui permet de garder en mémoire la connaissance de faits historiques, de lieux géographiques, de coutumes sociales ainsi que la signification des mots.

Mémoire sensorielle Stockage initial, bref et temporaire, des informations sensorielles.

Ménarche Apparition des premières règles chez la fille.

Ménopause Arrêt définitif des menstruations et de l'ovulation qui survient environ un an après les dernières menstruations et qui met fin à la capacité de reproduction de la femme.

Mésosystème Selon Bronfenbrenner, système qui correspond à l'ensemble des liens et des interactions qui existent entre les différents microsystèmes d'une personne.

Métacognition Compréhension du fonctionnement de ses propres processus mentaux.

Métamémoire Connaissance du fonctionnement de la mémoire.

Microsystème Selon Bronfenbrenner, système qui correspond au milieu fréquenté régulièrement par une personne et dans lequel elle entretient des relations étroites avec d'autres individus. Il existe plusieurs microsystèmes pour une même personne (la famille, l'école, le centre de loisirs, le lieu de travail, le voisinage, etc.).

Mitose Division du noyau d'une cellule en deux cellules identiques.

Mode dominant-récessif Mode de transmission génétique qui fait qu'un trait déterminé par un gène récessif se manifeste seulement s'il n'est pas en présence d'un gène dominant pour ce même trait.

Mode plurifactoriel Mode de transmission génétique qui fait qu'un trait résulte d'une interaction complexe entre plusieurs gènes et plusieurs facteurs environnementaux.

Mode polygénique Mode de transmission génétique qui fait qu'un trait est déterminé par plusieurs gènes.

Modèle bioécologique Modèle développé par Bronfenbrenner qui décrit l'ensemble des facteurs (familiaux, géographiques, politiques, économiques, culturels, etc.) susceptibles d'influencer le développement d'une personne et l'interaction entre ces facteurs.

Modèle des événements de vie Selon Neugarten, modèle où ce n'est pas tant l'âge qui marque le développement humain, mais plutôt le moment où certains événements se produisent dans la vie d'une personne.

Modèle des traits Selon Costa et McCrae, modèle qui présente la configuration de la personnalité en fonction de cinq dimensions ou facteurs : le névrotisme, l'extraversion, l'ouverture à l'expérience, les aptitudes consciencieuses et l'amabilité.

Modèle du processus d'identité Selon Whitbourne, modèle qui explique le développement de l'identité sur la base des deux processus d'assimilation et d'accommodation.

Moi Selon Freud, seconde instance de la personnalité qui se développe à partir du contact avec le monde extérieur et qui obéit au principe de réalité dans la recherche de modes acceptables de satisfaction des désirs.

Moi différentiel ou **moi objectif** ou **catégoriel** Capacité de se représenter soi-même par la compréhension et l'intégration de différentes catégories : le sexe, la taille, la couleur des cheveux, etc.

Moi existentiel ou **moi subjectif** Compréhension par l'enfant qu'il est un être entier, séparé des personnes de son entourage, et qu'il peut agir sur son environnement.

Morale conventionnelle Selon Kohlberg, deuxième niveau de la théorie du développement moral, caractérisé par l'intériorisation des normes des figures d'autorité et la conformité aux conventions sociales.

Morale postconventionnelle Selon Kohlberg, troisième niveau de la théorie du développement moral, dans lequel l'individu obéit à des principes moraux complètement intériorisés et peut choisir entre des normes morales conflictuelles.

Morale préconventionnelle Selon Kohlberg, premier niveau de la théorie du développement moral, caractérisé par un contrôle extérieur et par le respect de règles afin d'obtenir des récompenses, de se soustraire aux punitions ou de satisfaire ses propres intérêts.

Moratoire psychosocial Selon Erikson, temps d'arrêt qu'apporte l'adolescence et qui permet aux jeunes de chercher des engagements qu'ils peuvent tenir.

Mortalité infantile Décès d'enfants de moins de un an.

Motricité fine Ensemble des habiletés motrices impliquant une région précise du corps et qui permettent une meilleure dextérité et une meilleure coordination œil-main.

Motricité globale Ensemble des habiletés motrices qui impliquent tout le corps ou une grande partie du corps, et qui mettent en jeu les muscles longs.

Mutation Modification subie par les gènes ou les chromosomes.

Myélinisation Processus de recouvrement des axones par une substance graisseuse appelée *myéline*. Elle permet une conduction plus rapide de l'influx nerveux.

Négativisme Comportement caractéristique du jeune enfant (autour de deux ans) qui l'amène à exprimer son désir d'autonomie en s'opposant fermement à ce qu'on lui demande de faire.

Neurone Cellule de base du système nerveux dont le rôle est de transmettre les impulsions nerveuses.

Ontosystème Selon Bronfenbrenner, facteur de développement relié aux caractéristiques individuelles aussi bien innées qu'acquises, telles que le bagage génétique, les habiletés intellectuelles, les valeurs, etc.

Opération mentale Réflexion mentale qui permet de comparer, de mesurer, de transformer et de combiner des ensembles d'objets.

Optimisation sélective et compensation (OSC) Amélioration de tout le fonctionnement cognitif en utilisant des habiletés plus fortes pour compenser celles qui ont décliné.

Ordinalité Capacité de comparer des quantités numériques.

Organisation Stratégie mnémonique qui consiste à placer mentalement une information dans une catégorie.

Organisation cognitive Selon Piaget, tendance héréditaire à créer des structures cognitives de plus en plus complexes qui rassemblent systématiquement en un tout cohérent les connaissances d'une personne, à chaque stade de son développement.

Orientation sexuelle Attirance sexuelle et intérêt émotif systématiques pour une personne de l'autre sexe (hétérosexuelle), du même sexe (homosexuelle) ou des deux sexes (bisexuelle).

Ostéoporose Décalcification osseuse causée par l'arrêt de la production d'œstrogènes chez la femme. Elle rend les os poreux et plus facilement fracturables.

Paradigme du visage inexpressif Méthode de recherche utilisée pour mesurer la régulation mutuelle chez des bébés de deux à neuf mois.

Participation guidée Selon Vygotsky, interactions entre l'adulte et l'enfant qui aident ce dernier à mieux comprendre l'activité en cours.

Passion Selon Sternberg, dimension motivationnelle de la théorie triangulaire de l'amour basée sur des pulsions internes qui transposent l'excitation physiologique en désir sexuel.

Pensée magique Façon d'interpréter la réalité selon laquelle tout est possible.

Pensée postformelle Type de pensée mature qui se base sur la combinaison de l'expérience subjective et de l'intuition aussi bien que sur la logique. Ce type de pensée est utile pour résoudre les situations ambiguës, inconsistantes et contradictoires, ainsi que pour faire des compromis.

Pensée réflexive Type de pensée logique qui émerge au cours de l'âge adulte et qui implique une évaluation active et continue de l'information et des croyances, à la lumière des évidences qui les soutiennent et des conclusions auxquelles elles aboutissent.

Période critique Moment particulier où un événement donné (ou son absence) aura plus d'impact sur le développement qu'à tout autre moment.

Période de latence Selon Freud, quatrième étape du développement psychosexuel caractérisée par le refoulement des pulsions sexuelles causé par la présence du surmoi et par leur sublimation dans des activités scolaires, sociales et culturelles.

Période embryonnaire Stade du développement prénatal qui s'étend de la deuxième à la huitième semaine et au cours duquel les principaux organes et systèmes se développent.

Période fœtale Stade du développement prénatal qui va environ de la huitième semaine à la naissance et au cours duquel le fœtus présente une apparence humaine.

Période germinale Stade du développement prénatal au cours duquel le zygote se divise et s'implante dans l'utérus.

Période sensible Période de temps durant laquelle une personne est particulièrement prête à répondre à certaines expériences ou à effectuer une tâche.

Permanence de l'objet Selon Piaget, fait pour un enfant de comprendre qu'un objet ou une personne continuent d'exister même s'ils ne sont pas dans son champ de perception.

Perte ambiguë Caractéristique d'une perte qui ne peut être confirmée de façon tangible.

Peur de l'étranger Méfiance qu'éprouve un enfant à l'égard de personnes inconnues. Phénomène apparaissant généralement entre l'âge de six mois et de un an.

Phénomène boomerang ou **syndrome de la porte tournante** Tendance notée chez les jeunes adultes à retourner chez leurs parents dans des périodes de troubles financiers, affectifs ou autres.

Phénotype Ensemble des caractéristiques observables d'un individu, résultant de l'interaction entre les facteurs héréditaires et les facteurs environnementaux.

Phobie scolaire Peur irrationnelle d'aller à l'école.

Phobie sociale Peur irrationnelle des situations sociales et désir intense de les éviter.

Phonème Son de base d'une langue, généralement une voyelle ou une consonne.

Plaque sénile ou **plaque amyloïde** Tissus formé essentiellement de dépôts de protéine bêta-amyloïde que le cerveau ne peut éliminer et qui occupe les espaces entre les neurones, empêchant ces derniers de bien communiquer entre eux.

Plasticité du cerveau Capacité du cerveau à se modifier et à se réorganiser à la suite d'une expérience.

Popularité perçue Mesure de la popularité qui s'obtient en demandant aux enfants quels sont les enfants les plus appréciés par leurs pairs.

Popularité sociométrique Mesure de la popularité qui s'obtient en demandant aux enfants qui ils aiment le plus et qui ils aiment le moins dans leur groupe de pairs.

Pragmatique Ensemble des règles linguistiques qui régissent l'utilisation du langage pour la communication.

Préhension en pince Mode de préhension qui utilise l'opposition du pouce et de l'index.

Principe de réversibilité Compréhension du fait qu'une transformation peut se faire aussi en sens inverse.

Principe d'identité Compréhension du fait que l'identité d'un objet (sa substance, son poids, etc.) ne change pas si aucune opération (enlèvement ou ajout) n'est effectuée sur cet objet.

Processus d'élagage Processus par lequel certaines connexions non utilisées entre les neurones sont éliminées.

Progression céphalo-caudale Principe selon lequel le développement se fait de la tête aux pieds, c'est-à-dire que les parties supérieures du corps se développent avant les parties inférieures.

Progression proximo-distale Principe selon lequel le développement se fait du centre vers la périphérie, c'est-à-dire que les parties proches du tronc se développent avant les extrémités.

Psychologie du développement humain Étude des processus responsables des changements et de la stabilité qui interviennent ou non tout au long de la vie des individus.

Psychothérapie Processus interactionnel structuré, fondé sur un diagnostic, qui vise le traitement d'un trouble de santé mentale à l'aide de méthodes psychologiques reconnues par la communauté scientifique.

Puberté Étape du développement physique au terme de laquelle l'individu atteint la maturité sexuelle et devient apte à procréer.

Raisonnement déductif Type de raisonnement logique qui part d'une prémisse générale au sujet d'une classe pour tirer une conclusion sur un membre ou des membres particuliers de cette classe.

Raisonnement hypothético-déductif Selon Piaget, capacité d'élaborer, d'envisager et de tester des hypothèses qui peuvent porter sur des objets ou des situations issus du monde

réel ou non. Ce type de raisonnement est caractéristique de la pensée au stade formel.

Raisonnement inductif Type de raisonnement logique qui part d'observations précises sur des membres d'une classe pour se généraliser en une conclusion au sujet de cette classe.

Raisonnement moral prosocial Type de raisonnement qui renvoie aux dilemmes moraux où, dans des situations où les règles ou les normes sociales sont floues ou inexistantes, les besoins et les désirs d'un individu sont en conflit avec ceux des autres.

Réaction circulaire Selon Piaget, terme qui désigne une action que l'enfant répète.

Réaction circulaire primaire Action simple et répétitive centrée sur le corps de l'enfant et destinée à reproduire une sensation agréable découverte par hasard. Elle est caractéristique du deuxième sous-stade du stade sensorimoteur de Piaget.

Réaction circulaire secondaire Action intentionnelle répétée pour obtenir des résultats extérieurs au corps de l'enfant. Elle est caractéristique du troisième sous-stade du stade sensorimoteur de Piaget.

Réaction circulaire tertiaire Action destinée à explorer de nouvelles façons de produire un résultat. Elle est caractéristique du cinquième sous-stade du stade sensorimoteur de Piaget.

Rébellion Modèle de tourmente affective caractéristique d'une minorité d'adolescents, qui peut comporter des conflits avec la famille, la prise de distance par rapport à la société adulte, le rejet de ses valeurs et des comportements irresponsables.

Référence sociale Capacité à comprendre comment se comporter dans une situation ambiguë en obtenant d'une autre personne une information d'ordre affectif.

Réflexe Réponse innée et automatique à certaines stimulations spécifiques.

Régulation mutuelle Accord entre les rythmes émotionnels et les réponses mutuelles de deux personnes en interaction.

Relecture de vie Réminiscence faite par une personne à propos de sa vie afin d'en dégager une signification.

Renforcement négatif Selon Skinner, stimulus désagréable retiré après un comportement pour augmenter la probabilité de réapparition du comportement.

Renforcement positif Selon Skinner, stimulus agréable appliqué après un comportement pour augmenter la probabilité de réapparition du comportement.

Répétition Stratégie mnémonique qui consiste à redire sans cesse une information pour ne pas l'oublier.

Représentation mentale Capacité de se rappeler et de se représenter mentalement des objets et des expériences sans l'aide de stimuli, principalement par le recours à des symboles.

Réseau de soutien Concept utilisé dans la théorie du convoi social pour référer à un groupe de gens familiers qui serviront de référence et de soutien à une personne.

Réseau de soutien social Ensemble des individus qui font partie de l'entourage d'une personne, qui lui offrent différents types d'aide et avec qui elle partage des relations interpersonnelles.

Réserve organique Réserve dans laquelle le corps peut puiser lors des situations de stress.

Résilience Capacité de bien se développer et de continuer de se projeter dans l'avenir en présence d'événements déstabilisants, de traumatismes sérieux ou de conditions de vie difficiles.

Retrait social Problème de comportement caractérisé par l'isolement volontaire de l'enfant de son groupe social ainsi que par l'absence de contacts affectifs et physiques avec ses pairs.

Rituel Geste ou ensemble de gestes fait pour donner un sens à un événement.

Rôle sexuel Traits de personnalité, comportements, centres d'intérêt, attitudes et habiletés qu'une culture considère comme appartenant aux femmes ou aux hommes.

Rubéole Maladie contagieuse, généralement bénigne, dont les symptômes sont un gonflement des ganglions, la fièvre et des rougeurs sur la peau. Elle peut avoir des conséquences graves si la mère contracte cette maladie durant les premiers mois de sa grossesse.

Sage-femme Professionnelle formée pour assister les femmes durant leur grossesse et leur accouchement et pour donner des soins au nouveau-né.

Savoir tacite Connaissances qui ne sont pas enseignées formellement, mais qui sont néanmoins nécessaires pour avancer dans la vie.

Schéma corporel Image qu'on se fait de son propre corps.

Schème Dans la terminologie piagétienne, structure cognitive élémentaire dont se sert l'enfant pour interagir avec l'environnement et modèle organisé de pensée et de comportement.

Schème du genre Selon Bem, représentation mentale d'un ensemble de comportements qui aide l'enfant à traiter l'information relative à ce que signifie être un garçon ou une fille.

Sémantique Compréhension de la signification des mots et des phrases.

Sénescence Processus caractérisé par le déclin progressif des fonctions physiques.

Sériation Capacité d'ordonner des éléments selon une ou plusieurs dimensions.

Sida Syndrome d'immunodéficience acquise dû au VIH qui se caractérise par une faiblesse du système immunitaire favorisant le développement d'infections et de cancers.

Situation étrange Expérience de laboratoire développée par Mary Ainsworth visant à évaluer le type d'attachement entre une mère et son enfant.

Socialisation Processus d'apprentissage des comportements considérés comme appropriés dans une culture donnée.

Socialisation culturelle Pratique parentale qui enseigne aux enfants leur patrimoine ethnique et culturel et qui favorise les pratiques et la fierté culturelles.

Soi idéal Idée qu'une personne se fait de ce qu'elle aimerait être.

Soi réel Idée qu'une personne se fait de ce qu'elle est vraiment.

Soins palliatifs Soins chaleureux et personnalisés offerts à une personne mourante et à sa famille. Ils visent le maintien de la qualité de vie plutôt que la guérison et sont centrés sur le soulagement de la douleur et de la souffrance.

Soliloque Action de penser à haute voix sans intention de communiquer ; courant chez les enfants d'âge préscolaire et scolaire.

Sommeil paradoxal Type de sommeil caractérisé par une activité cérébrale intense et associé aux rêves.

Somnambulisme Fait de marcher en dormant, dont la personne ne garde habituellement aucun souvenir.

Somniloquie Fait de parler en dormant, dont la personne ne garde habituellement aucun souvenir.

Spermarche Apparition de la première éjaculation chez le garçon.

Stade anal Selon Freud, deuxième stade du développement psychosexuel, durant lequel la satisfaction est obtenue grâce à la rétention et à l'expulsion des selles et, d'une manière plus large, au contrôle de soi et des autres.

Stade de la maturité filiale Selon Marcoen et ses collaborateurs, stade de développement durant lequel les enfants qui accèdent à l'âge mûr apprennent à tenir compte des besoins de dépendance de leurs parents et deviennent des aidants naturels auprès de leurs propres parents.

Stade des opérations concrètes Selon Piaget, troisième stade du développement cognitif au cours duquel l'enfant accède, de six à douze ans, à une pensée logique mais non abstraite lui permettant de faire mentalement des opérations pour résoudre des problèmes concrets.

Stade des opérations formelles ou **stade formel** Selon Piaget, quatrième et dernier stade du développement cognitif (douze ans et plus) au cours duquel l'individu acquiert la capacité de penser abstraitement.

Stade génital Selon Freud, dernier stade psychosexuel normalement atteint au cours de l'adolescence et menant à la maturité sexuelle.

Stade oral Selon Freud, premier stade du développement psychosexuel, durant lequel la satisfaction est obtenue principalement par la bouche, l'incorporation et la relation à la mère.

Stade phallique Selon Freud, troisième stade du développement psychosexuel caractérisé par le déplacement de la libido vers les organes génitaux et au cours duquel l'enfant perçoit la différence sexuelle selon la présence ou l'absence du pénis. Le complexe d'Œdipe est l'enjeu au cœur de ce ce stade.

Stade préopératoire Selon Piaget, deuxième stade du développement cognitif qui se situe de deux à six ans et au cours duquel l'enfant peut se représenter mentalement des objets qui ne sont pas physiquement présents. Ces représentations sont toutefois limitées par le fait que l'enfant ne peut encore penser logiquement.

Stade psychosocial Selon Erikson, stade du développement de la personnalité. Au nombre de huit, chaque stade est marqué par l'existence d'une crise à résoudre, c'est-à-dire par l'atteinte d'un équilibre entre deux pôles, l'un positif, l'autre négatif.

Stade sensorimoteur Selon Piaget, premier stade du développement cognitif qui va de la naissance à deux ans. À ce stade, l'enfant apprend par ses sens et par ses activités motrices.

Stagnation Selon Erikson, terme qui renvoie au sentiment de vide et d'inutilité.

Stéréotype sexuel Généralisation portant sur la masculinité et la féminité.

Stratégie mnémonique Truc pratique utilisé pour faciliter la mémorisation.

Stress Ensemble des réactions ou des réponses de l'organisme à toute demande d'adaptation qui lui est faite.

Style d'identité Selon Whitbourne, manière dont une personne réagit le plus souvent aux événements de la vie susceptibles d'influer sur son concept de soi. Il y aurait deux styles d'identité : le style assimilateur et le style accommodateur.

Suicide assisté Suicide au cours duquel un médecin ou une autre personne aide quelqu'un à mettre fin à ses jours.

Surgénéralisation des règles Emploi généralisé de règles grammaticales ou de règles de syntaxe qui ne tient pas compte des exceptions.

Surmoi Selon Freud, troisième instance de la personnalité qui représente les règles, les interdits et les principes moraux transmis à l'enfant par les parents et d'autres représentants de la société. Il obéit au principe de moralité et se développe vers l'âge de cinq ou six ans.

Synapse Zone de rencontre entre deux neurones par laquelle l'information passe de l'un à l'autre.

Syndrome d'alcoolisation fœtale Syndrome caractérisé par des anomalies cérébrales, motrices et développementales (retard de croissance, malformations du visage et du corps, troubles du système nerveux central, etc.) dont sont atteints les enfants de femmes qui ont consommé une quantité excessive d'alcool durant leur grossesse.

Syndrome d'arrêt de croissance non organique Arrêt de croissance physique d'un bébé, malgré une alimentation adéquate.

Syndrome de Down ou **trisomie 21** Anomalie chromosomique habituellement causée par la présence d'un chromosome 21 supplémentaire et caractérisée par la déficience intellectuelle légère ou profonde, de même que par certaines anomalies physiques.

Syndrome d'épuisement professionnel ou *burnout* État de fatigue ou incapacité à fonctionner normalement dans un milieu de travail quand les demandes dépassent la capacité de l'individu à les recevoir.

Syndrome du nid vide Phase transitionnelle vécue par les parents après le départ de la maison du dernier enfant.

Syndrome du troisième jour ou *baby blues* Sentiment confus de tristesse et d'anxiété qui survient peu après un accouchement.

Syndrome prémenstruel (SPM) Trouble qui produit des inconforts physiques et des tensions émotionnelles deux semaines avant la période menstruelle.

Syntaxe Règles qui président à l'organisation des mots et des phrases.

Système exécutif central Selon Baddeley, élément de la mémoire de travail qui contrôle l'attention et le traitement de l'information dans la mémoire de travail.

Tâche développementale Tâche qui doit être accomplie pour réussir l'adaptation aux différentes étapes de la vie.

Taxage Comportement agressif délibéré et dirigé de façon persistante envers les mêmes personnes, qui sont généralement plus faibles et plus vulnérables.

Tempérament Ensemble des dispositions fondamentales, et relativement stables, qui modulent le style d'approche et de réaction à une situation donnée.

Tendance séculaire Tendance des générations actuelles à atteindre plus précocement la taille adulte et la maturité sexuelle, observée depuis une centaine d'années environ. Cette tendance semble maintenant stabilisée.

Tératogène Qui est susceptible de causer des malformations congénitales.

Terreur nocturne Manifestation d'un état de panique pendant le sommeil profond dont l'enfant ne garde habituellement aucun souvenir.

Testament de vie Document qui précise le type de soins désirés par la personne dans le cas où elle serait atteinte d'une maladie invalidante ou incurable.

Thanatologie Étude des aspects biologiques, sociologiques et psychologiques de la mort.

Théorie Ensemble cohérent de concepts reliés entre eux de façon logique et qui vise à expliquer un phénomène. Les théories aident les scientifiques à expliquer, à interpréter et à prédire des phénomènes.

Théorie de la continuité Théorie selon laquelle le vieillissement réussi suppose que la personne maintienne un équilibre entre la continuité et les changements, aussi bien sur le plan des structures internes que des structures externes de sa vie.

Théorie de l'activité Théorie selon laquelle le vieillissement réussi suppose que la personne âgée demeure la plus active possible.

Théorie de l'apprentissage social ou **apprentissage par observation** Théorie néobéhavioriste principalement développée par Bandura, selon laquelle les comportements sont acquis par l'observation et l'imitation du comportement de modèles.

Théorie de la sélectivité socioémotionnelle Selon Carstensen, théorie qui décrit la façon dont les gens choisissent leur réseau de soutien social. Elle identifie trois critères principaux : la recherche d'information, le maintien de l'identité, le plaisir et le réconfort.

Théorie de l'esprit Conscience et compréhension des processus mentaux.

Théorie des intelligences multiples Selon Gardner, théorie selon laquelle chaque personne possède différentes formes d'intelligence.

Théorie du convoi social Selon Kahn et Antonucci, théorie qui stipule que, dans leur vie, les gens évoluent à l'intérieur de cercles concentriques délimitant des degrés variés de relations intimes auxquelles ils réfèrent pour obtenir assistance, réconfort et soutien social.

Théorie du désengagement Théorie selon laquelle le vieillissement réussi est caractérisé par le retrait mutuel de la personne âgée et de la société, ce retrait représentant une condition universelle du vieillissement.

Théorie du développement psychosexuel
Théorie développée par Freud qui décrit une séquence invariable de stades dans le développement de la personnalité, depuis l'enfance jusqu'à l'adolescence, au cours de laquelle différentes zones érogènes sont investies.

Théorie du développement psychosocial
Théorie développée par Erikson qui souligne l'importance des influences sociales et culturelles dans le développement de la personnalité, et au cœur de laquelle se situe la recherche de l'identité du moi.

Théorie du schème du genre Théorie voulant que l'enfant se socialise en fonction des rôles appropriés à son sexe en se représentant ce que signifie être une fille ou un garçon.

Théorie du traitement de l'information
Théorie qui explique le développement cognitif en observant et en analysant les processus impliqués dans la perception et le traitement de l'information.

Théories du vieillissement programmé
Théories qui soutiennent que le processus de sénescence est génétiquement programmé.

Théories du vieillissement variable Théories qui voient le vieillissement comme le résultat de processus aléatoires qui varient d'une personne à une autre.

Théorie innéiste Théorie selon laquelle le comportement relève d'une capacité innée.

Théorie socioculturelle Théorie cognitiviste développée par Vygotsky selon laquelle le développement cognitif doit être compris en tenant compte des processus historiques, sociaux et culturels dans lesquels l'enfant se développe. Le développement cognitif résulte

de la collaboration active entre l'enfant et son environnement.

Théorie triangulaire de l'amour Selon Sternberg, théorie selon laquelle l'amour se compose de trois dimensions : l'intimité, la passion et l'engagement, la combinaison de ces dimensions définissant la forme d'amour.

Théorie triarchique de l'intelligence
Selon Sternberg, théorie du développement de l'intelligence qui identifie trois éléments dans l'intelligence : le compositionnel, l'expérientiel et le contextuel.

Tolérance Besoin d'augmenter les doses d'une substance pour obtenir les mêmes effets.

Toxicomanie Consommation abusive de toute substance psychotoxique (alcool, tabac, marijuana, etc.).

Transduction Selon Piaget, tendance de l'enfant du stade préopératoire à établir un lien de causalité, logique ou non, entre deux événements, sur la seule base de leur proximité dans le temps.

Travail Première phase de l'accouchement caractérisée par la présence de contractions régulières.

Travail *versus* infériorité Selon Erikson, quatrième crise dans la théorie du développement psychosocial, au cours de laquelle l'enfant doit faire l'apprentissage de certaines habiletés favorisées par la culture. Il doit aussi être conscient de ses limites, sans développer un sentiment d'infériorité.

Tribadisme Frottement de la vulve sur une partie du corps de la partenaire ou frottement de pubis à pubis entraînant la stimulation du clitoris.

Tronc cérébral Structure cérébrale située en haut de la moelle épinière. Il assure le passage

des informations sensorielles et motrices entre celle-ci et les couches supérieures du cerveau. Il joue un rôle dans plusieurs fonctions biologiques de base.

Trouble d'anxiété de séparation Trouble caractérisé par l'anxiété extrême et prolongée liée au fait de se séparer de ses parents ou de quitter la maison.

Trouble d'anxiété généralisée Trouble caractérisé par une anxiété permanente non dirigée vers une situation particulière.

Trouble d'apprentissage Dysfonctionnement pouvant influencer l'acquisition, l'organisation, la rétention, la compréhension ou le traitement de l'information verbale ou non verbale, et qui cause des problèmes de langage ou des difficultés en lecture et en mathématiques.

Trouble de déficit de l'attention/hyperactivité (TDAH) Syndrome caractérisé par une inattention persistante dans des situations inappropriées, accompagnée ou non d'hyperactivité et d'impulsivité.

Trouble de l'opposition Problème de comportement qui se manifeste entre autres par une attitude de défiance, d'argumentation, d'hostilité et de non-respect des règles et des figures d'autorité.

Trouble obsessionnel compulsif Trouble caractérisé par la présence de pensées intrusives constantes et de comportements répétitifs visant la disparition des obsessions.

Universalité Caractère inévitable de la mort pour tous les êtres vivants, peu importe leur âge ou leurs caractéristiques personnelles.

Vernix caseosa Substance graisseuse qui recouvre le fœtus et le protège contre une infection et qui est absorbée par la peau dans les deux ou trois jours suivant la naissance.

Vieillissement primaire Processus graduel et inévitable de détérioration du corps. Il commence tôt dans la vie et se poursuit au cours des années, indépendamment de ce que fait la personne.

Vieillissement secondaire Résultat de maladies, de mauvais traitements ou d'autres facteurs plus ou moins sous le contrôle de la personne.

Violence psychologique Forme d'agressivité plus souvent adoptée par les filles et qui prend la forme de menaces ou de manipulations dans le but de blesser une autre personne.

Zone érogène Partie du corps qui procure une sensation de plaisir et qui est associée à un stade du développement psychosexuel.

Zone proximale de développement
Selon Vygotsky, distance entre ce qu'un enfant connaît déjà et le niveau qu'il doit atteindre pour accéder à une connaissance plus complexe. Pour franchir la zone proximale de développement, l'aide de l'entourage est nécessaire.

Zygote Organisme unicellulaire provenant de l'union d'un spermatozoïde et d'un ovule.

ABDELILAH-BAUER, B. (2006). *Le défi des enfants bilingues,* Paris, La Découverte.

ABER, J. L., J. L. BROWN et S. M. JONES (2003). «Developmental Trajectories Toward Violence In Middle Childhood: Course, Demographic Differences, and Response to School-Based Intervention», *Developmental Psychology, 39,* p. 324-348.

ABMA, J. C., *et al.* (1997). «Fertility, Family Planning, and Women's Health: New Data from the 1995 National Survey of Family Growth», *Vital Health Statistics, 23* (19), Washington DC, National Center for Health Statistics.

ABMA, J. C., *et al.* (2004). «Teenagers in the United States: Sexual Activity, Contraceptive Use, and Childbearing, 2002», *Vital Health Statistics, 23* (24), Washington DC, National Center for Health Statistics.

ACADÉMIE AMÉRICAINE DE PÉDIATRIE et SOCIÉTÉ CANADIENNE DE PÉDIATRIE (2000). «Prevention and Management of Pain and Stress in the Neonate», *Pediatrics, 105* (2), p. 454-461.

ACOSTA, M. T., M. ARCOS-BURGOS et M. MUENKE (2004). «Attention Deficit/Hyperactivity Disorder (ADHD): Complex Phenotype, Simple Genotype?», *Genetics in Medicine, 6,* p. 1-15.

ACT FOR YOUTH UPSTATE CENTER OF EXCELLENCE (2002). «Adolescent Brain Development», *Research Facts and Findings,* Cornell University, University of Rochester, and the NYS Center for School Safety, [En ligne], www.actforyouth.net/documents/may02factsheetadolbraindev.pdf (Page consultée le 17 décembre 2009).

ADAMS, R., et B. LAURSEN (2001). «The Organization and Dynamics of Adolescent Conflict with Parents and Friends», *Journal of Marriage and the Family, 63,* p. 97-110.

ADAMU, B., M. U. SANI et A. ABDU (2006). «Physical Exercice and Health: a Review», *Niger J Med., 15* (3), p. 190-196.

ADDIS, M. E., et J. R. MAHALIK (2003). «Men, Masculinity, and the Contexts of Help Seeking», *American Psychologist, 58,* p. 5-14.

AGENCE DE LA SANTÉ PUBLIQUE DU CANADA (2003). *Rapport de surveillance de la santé des femmes: Troubles de l'alimentation,* [En ligne], www.phac-aspc.gc.ca/publicat/whsr-rssf/chap_20-fra.php (Page consultée le 17 décembre 2009).

AGENCE DE LA SANTÉ PUBLIQUE DU CANADA (2006). *Actualités en épidémiologie sur le VIH/sida,* Division de la surveillance et de l'évaluation des risques, Centre de prévention et de contrôle des maladies infectieuses.

AGENCE DE LA SANTÉ PUBLIQUE DU CANADA (2009). *Les infections transmissibles sexuellement,* [En ligne], www.phac-aspc.gc.ca/publicat/std-mts/index-fra.php (Page consultée le 10 février 2010).

AGENCE DE LA SANTÉ PUBLIQUE DU CANADA (2009a). *Qu'est-ce que la violence psychologique?,* [En ligne], www.phac-aspc.gc.ca/ncfv-cnivf/faqs/fv-emontion-abus-fra.php (Page consultée le 10 février 2010).

AGENCY FOR HEALTHCARE RESEARCH AND QUALITY AND THE CENTERS FOR DISEASE CONTROL (2002). *Physical Activity and Older Americans: Benefits and Strategies,* [En ligne], www.ahrq.gov/ppip/activity.htm (Page consultée le 14 janvier 2010).

AHNERT, L., *et al.* (2004). «Transition to Child Care: Associations with Infant-Mother Attachment, Infant Negative Emotion and Cortical Elevation», *Child Development, 75,* p. 639-650.

AINSWORTH, M. D. S. (1979). «Infant-Mother Attachment», *American Psychologist, 34* (10), p. 932-937.

AINSWORTH, M. D. S. (1989). «Attachments Beyond Infancy», *American Psychologist, 44,* p. 709-716.

AINSWORTH, M. D. S., *et al.* (1978). *Patterns of Attachment: A Psychological Study of the Strange Situation,* Hillsdale, New Jersey, Erlbaum.

ALAN GUTTMACHER INSTITUTE (AGI) (1999). *Facts in Brief: Teen Sex and Pregnancy,* [En ligne], www.agi-usa.org/pubs/fb_teen_sex.html (Page consultée le 9 février 2010).

ALDWIN, C. M., et M. R. LEVENSON (2001). «Stress, Coping, and Health at Midlife: A Developmental Perspective», dans LACHMAN, M. E., dir., *Handbook of midlife development,* New York, Wiley, p. 188-214.

ALEXANDER, K. L., D. R. ENTWISLE et L. S. OLSON (2007). «Lasting Consequences of the Summer Learning Gap», *American Sociological Review, 72,* p. 167-180.

ALLEN, G. L., et P. J. ONDRACEK (1995). «Age-Sensitive Cognitive Abilities Related to Children's Acquisition of Spatial Knowledge», *Developmental Psychology, 31,* p. 934-945.

ALLEN, J. P., *et al.* (2003). «A Secure Base in Adolescence: Markers of Attachment Security in the Mother-Adolescent Relationship», *Child Development, 74,* p. 292-307.

ALLEN, J. P., *et al.* (2005). «The Two Faces of Adolescents' Success with Peers: Adolescent Popularity, Social Adaptation, and Deviant Behavior», *Child Development, 76* (3), p. 747-760.

ALLEN, K. R., R. BLIESZNER et K. A. ROBERTO (2000). «Families in the Middle and Later Years: A Review and Critique of Research in the 1990s», *Journal of Marriage and Family, 62,* p. 911-926.

ALMEIDA, D. M., et M. C. HORN (2004). «Is Daily Life More Stressful during Adulthood?», dans O. G. BRIM, C. K. RIFF et R. C. KESSLER, dir., *How Healthy Are We? A National Study of Well-Being at Midlife,* Chicago, University of Chicago Press.

ALMEIDA, D. M., J. SERIDO et D. McDONALD (2006). «Daily Life Stressors of Early and Late Baby Boomers», dans S. K. WHITBOURNE et S. L. WILLIS, dir., *The Baby Boomers Grow Up: Contemporary Perspectives on Midlife,* Mahwah, New Jersey, Erlbaum, p. 165-183.

AMATO, P. R. (2005). «The Impact of Family Formation Change on the Cognitive, Social, and Emotional Well-Being of the Next Generation», *Future of Children, 15,* p. 75-96.

AMBERT, A.-M. (2003). *Les couples de même sexe et les familles homoparentales. Relations, parentage et questions relatives au mariage,* Montréal Institut Vanier de la famille, [En ligne], www.vifamily.ca/library/cft/samesex_05_fr.html (Page consultée le 10 février 2010).

AMBERT, A.-M. (2006). *Les familles monoparentales. Caractéristiques, causes, répercussions et questions,* Montréal, Institut Vanier de la famille, [En ligne], www.vifamily.ca/library/cft/oneparent_fr.html (Page consultée le 9 février 2010).

AMERICAN ACADEMY OF PEDIATRICS (AAP) (1992). Committee on Psychological Aspects of Child and Family Health, «The Pediatrician and Childhood Bereavement», *Pediatrics, 89* (3), p. 516-518.

AMERICAN ACADEMY OF PEDIATRICS (AAP) (1992). Committee on Sports Medicine and Fitness. «Fitness, Activity, and Sports Participation in the Preschool Child», *Pediatrics, 90,* p. 1002-1004.

AMERICAN ACADEMY OF PEDIATRICS (AAP) (1996). Committee on Genetics. «Newborn Screening Fact Sheet», *Pediatrics, 98,* p. 1-29.

AMERICAN ACADEMY OF PEDIATRICS (AAP) (1998). Committee on Psychosocial Aspects of Child and Family Health, *Pediatrics, 101,* p. 723-728.

AMERICAN ACADEMY ON PEDIATRICS (AAP) (2000). Committee on Pediatric AIDS. «Education of Children with Human Immunodeficiency Virus Infection», *Pediatrics, 105,* p. 1358-1360.

AMERICAN ACADEMY OF PEDIATRICS (AAP) (2000). Committee on Psychosocial Aspects of Child and Family Health. «The Pediatrician and Childhood Bereavement», *Pediatrics, 105,* p. 445-447.

AMERICAN ACADEMY OF PEDIATRICS (AAP) (2001). Committee on Public Education. «Policy Statement: Children, Adolescents, and Television», *Pediatrics, 107,* p. 423-426.

AMERICAN COLLEGE OF OBSTETRICIANS AND GYNECOLOGISTS (ACOG) (2000). «Premenstrual Syndrome», *ACOG Practice Bulletin, 15,* Washington DC, ACOG.

AMERICAN COLLEGE OF OBSTETRICIANS AND GYNECOLOGISTS (ACOG) (2001). «Repeated Miscarriage», *ACOG Education Pamphlet AP1000,* Washington DC, ACOG.

AMERICAN PSYCHIATRIC ASSOCIATION (APA) (1994). *Diagnostic and Statistical Manual of Mental Disorders,* 4e éd., American Psychiatric Publishing.

AMERICAN PSYCHOLOGICAL ASSOCIATION (APA) (n. d.). *Answers to your Questions about Sexual Orientation and Homosexuality,* Washington DC, American Psychological Association.

AMERICAN PSYCHOLOGICAL ASSOCIATION (APA) (2000). *Diagnostic and Statistical Manual of Mental Disorders,* 4e éd., Washington DC, American Psychological Association.

AMERICAN PSYCHOLOGICAL ASSOCIATION (APA), APA Working Group on Assisted Suicide and End-of-Life Decisions (2001). Formation of APA Working Group on Assisted Suicide and End-of-Life Decisions, [En ligne], www.apa.org/pubs/info/reports/aseol.aspx (Page consultée le 23 janvier 2010).

AMERICAN PSYCHOLOGICAL ASSOCIATION (APA). APA Resolution on End-of-Life Issues and Care (2010), [En ligne], www.apa.org/about/governance/council/policy/end-of-life.aspx (Page consultée le 23 janvier 2010).

AMERICAN PSYCHOLOGICAL ASSOCIATION (APA) (2007). *Stress in America,* Washington DC, APA.

AMERICAN SOCIETY FOR AESTHETIC PLASTIC SURGERY (ASAPS) (2002). *Botulium Toxin (Botox, Myobloc®) Injection is Top Cosmetic Treatment: More Than 1.6 Million Procedures,* [En ligne], www.surgery.org/media/news-releases/botulinum---toxin-botox-myoblocandreg%3B-injection---is-top-cosmetic-treatment--more-than---16-million-procedu (Page consultée le 3 janvier 2010).

AMES, E. W. (1997). *The Development of Romanian Orphanage Children Adopted to Canada: Final Report,* National Welfare Grants Program, Human Resources Development, Canada.

AMSO, D., et B. J. CASEY (2006). «Beyond What Develops When: Neuroimaging May Inform How Cognition Changes with Development», *Psychological Science, 15,* p. 24-29.

ANDERSON, A. H., A. CLARK et J. MULLIN (1994). «Interactive Communication between Children: Learning How to Make Language Work in Dialog», *Journal of Child Language, 21,* p. 439-463.

ANDERSON, C. A., *et al.* (2003). «The Influence of Media Violence on Youth», *Psychological Science in the Public Interest, 4,* p. 81-110.

ANDERSON, S. E., G. E. DALLAL et A. MUST (2003). «Relative Weight and Race Influence Average Age at Menarche: Results from Two Nationally Representative Surveys of U.S. Girls Studied 25 years apart», *Pediatrics 2003, 111,* p. 844-850.

ANDREWS-HANNA, J. R., *et al.* (2007). «Disruption of Large-Scale Brain Systems in Advanced Aging», *Neuron, 56,* p. 924-935.

ANTONUCCI, T., et H. AKIYAMA (1997). «Concern with Others at Midlife: Care, Comfort, or Compromise?», dans M. E. LACHMAN, et J. B. JAMES, dir., *Multiple Paths of Midlife Development,* Chicago, University of Chicago Press, p. 145-169.

ANTONUCCI, T. C., H. AKIYAMA et A. MERLINE (2001). «Dynamics of Social Relationships in Midlife», dans M. E. LACHMAN, dir., *Handbook of Midlife Development,* New York, Wiley, p. 571-598.

APGAR, V. (1953). «A Proposal for a New Method of Evaluation of the Newborn Infant», *Current Research in Anaesthesia, 32,* p. 260-267.

AQUILINO, W. S. (2006). «The Noncustodial Father-Child Relationship from Adolescence into Young Adulthood», *Journal of Marriage and Family, 68,* p. 929-946.

ARCHER, J. (2004). «Sex Differences in Aggression in Real-World Settings: A Meta-Analytic Review», *Review of General Psychology, 8* (4), p. 291-322.

ARCHER, S. L. (1993). «Identity in Relational Contexts: A Methodological Proposal», dans J. KROGER, dir., *Discussions on Ego Identity,* Hillsdale, New Jersey, Erlbaum, p. 75-99.

ARIÈS, P. (1960). *L'enfant et la vie familiale sous l'Ancien Régime,* Paris, Plon.

ARIÈS, P. (1975). *Essais sur l'histoire de la mort en Occident du Moyen-Âge à nos jours,* Paris, Seuil, 249 p.

ARNETT, J. J. (1999). «Adolescent Storm and Stress, Reconsidered», *American Psychologist, 54,* p. 317-326.

ARNETT, J. J. (2004). *Emerging Adulthood,* New York, Oxford University Press.

ARNETT, J. J. (2006). «Emerging Adulthood: Understanding the New Way of Coming of Age», dans J. J. ARNETT et J. L. TANNER, dir., *Emerging Adults in America: Coming of Age in the 21st Century,* Washington DC, American Psychological Association, p. 3-19.

ARRIAGA, X. B., et S. OSKAMP (1999). «The Nature, Correlates, and Consequences of Violence in Intimate Relationship», dans X. B. ARRIAGA et S. OSKAM, dir., *Violence in Intimate Relationships,* Thousand Oaks, California, Sage.

ASSOCIATION CANADIENNE DE SENSIBILISATION À L'INFERTILITÉ (ACSI) (2006), [En ligne], www.iaac.ca/fr/accueil (Page consultée le 10 février 2010).

ASSOCIATION CANADIENNE POUR LA SANTÉ DES ADOLESCENTS (ACSA) (2006). «Attitudes et comportements relatifs à la sexualité», *Adolescents et mères du Canada,* IPSOS, [En ligne], http://pubs.cpha.ca/PDF/P31/23025.pdf (Page consultée le 9 février 2010).

ASSOCIATION QUÉBÉCOISE DE PRÉVENTION DU SUICIDE (AQPS) (2010). *Comprendre le suicide, documents et statistiques. Ampleur du problème au Québec et au Canada,* [En ligne], www.aqps.info/comprendre-suicide/documents-statistiques.html (Page consultée le 6 mars 2010).

ASTHANA, S., *et al.* (2004). «Masculine Vitality: Pro and Cons of Testosterone in Treating the Andropause», *Journal of Gerontology: Medical Sciences, 59A,* p. 461-466.

ATCHLEY, R. C. (1989). «A continuity Theory of Normal Aging», *Gerontologist, 29,* p. 183-190.

AUSTIN, E. W., B. E. PINKLETON et Y. FUJIOKA (2000). «The Role of Interpretation Processes and Parental Discussion in the Medias's Effects on Adolescents'use of Alcohol», *Pediatrics, 105* (2), p. 343-349.

AUTISM SOCIETY (2008). *Frequently Asked Questions,* [En ligne], www.autism-society.org/site/PageServer?pagename=about_FAQ (Page consultée le 12 août 2009).

AVELLAR, S., et P. J. SMOCK (2005). «The Economic Consequences of the Dissolution of Cohabiting Union», *Journal of Marriage and Family, 67* (2), p. 315-327.

AVIS, N. E. (1999). «Women's Health at midlife», dans S. L. WILLIS, et J. D. REID, *Life in the Middle: Psychological and Social Development in Middle Age,* San Diego, Academic Press, p. 105-146.

AVIS, N. E., et S. CRAWFORD (2006). «Menopause: Recent Research Findings», dans S. K. WHITBOURNE et S. L. WILLIS, dir., *The Baby Boomers Grow Up: Contemporary Perspectives on Midlife,* Mahwah, New Jersey, Erlbaum, p. 75-109.

AVOLIO, B. J., et J. J. SOSIK (1999). «A Life-Span Framework for Assessing the Impact of Work on White-Collar Workers», dans S. L. WILLIS et J. D. REID, *Life in the Middle: Psychological and Social Development in Middle Age,* San Diego, Academic Press.

BABYAK, M., *et al.* (2000). «Exercice Treatment for Major Depression: Maintenance of Therapeutic Benefit at 10 Months», *Psychosomatic Medicine, 62* (5), p. 633-638.

BADDELEY, A. (1996). «Exploring the Central Executive», *Quarterly Journal of Experimental Psychology: Human Experimental Psychology* (Special Issue: Working Memory*), 49A,* p. 5-28.

BADDELEY, A. (1998). «Recent Developments in Working Memory», *Neurobiology, 8,* p. 234-238.

BAGWELL, C. L., A. F. NEWCOMB et W. M. BUKOWSKI (1998). «Preadolescent Friendship and Peer Rejection as Predictors of Adult Adjustment», *Child Development, 69,* p. 140-153.

BAILLARGEON, R. H., *et al.* (2007). «Gender Differences in Physical Aggression: A Prospective Population-Based Survey of Children Before and After 2 Years of Age», *Developmental Psychology, 43* (1), p. 13-26.

BAINBRIDGE, J. W. B., *et al.* (2008). «Effect of Gene Therapy on Visual Function in Leber's Congenital Amaurosis», *New England Journal of Medicine, 358,* p. 2231-2239.

BAIRD, G., *et al.* (2008). *Measles Vaccination and Antibody Response in Autism Spectrum Disorders,* Archives of Disease in Childhood. (Publié sur Internet le 5 février 2008, DOI: 10.1136/adc.2007.122937).

BAKER, J. L., L. W. OLSEN et T. I. A. SORENSEN (2007). «Childhood Body-Mass Index and the Risk of Coronary Heart Disease in Adulthood», *New England Journal of Medicine, 357,* p. 2329-2336.

BALDY, R. (2002). *Dessine-moi un bonhomme. Dessins d'enfants et développement cognitif,* Paris, In Press.

BALDY, R. (2005). «Dessin et développement cognitif. Comment l'enfant devient-il dessinateur?», *Enfance, 57* (1), p. 34-44.

BALERCIA G., *et al.* (2004). «Coenzym Q_{10} Supplementation in Infertile Men with Idiopathic Asthenozoospermia: An Open, Uncontrolled Pilot Study», *Fertility and Sterility, 81* (1), p. 93-98.

BALL, K., J. D. EDWARDS et L. A. ROSS (2007). «The Impact of Speed of Processing Training on Cognitive and Everyday Functions», *Journal of Gerontology: Psychological Sciences, 62B,* p. 19-31.

BALSIS, S., B. D. CARPENTER et M. STORANDT (2005). «Personality Change Precedes Clinical Diagnosis of Dementia of the Alzheimer Type», *Journal of Gerontology: Psychological Sciences, 60B,* p. 98-101.

BALTES, P. B. (1987). «Theoretical Proposition of Life-Span Development Psychology: On the Dynamics between Growth and Decline», *Developmental psychology, 23* (5), p. 611-626.

BALTES, P. B. (1997). «On the Incomplete Architecture of Human Ontogeny: Selection, Optimization, and Compensation as Foundation of Developmental Theory», *American Psychologist, 52,* p. 366-380.

BALTES, P. B., et M. M. BALTES (1990). «Psychological Perspectives on Successful Aging: The model of Selective Optimization with Compensation», dans P. B. BALTES et M. M. BALTES, dir., *Successful Aging: Perspectives from the Behavioral Sciences,* New York, Cambridge University Press, p. 1-34.

BALTES, P. B., U. LINDENBERGER et U. M. STAUDINGER (1998). «Life-Span Theory in Developmental Psychology», dans R. M. LERNER, dir., *Handbook of Child Psychology, vol. 1, Theoretical Models of Human Development,* New York, Wiley, p. 1029-1143.

BALTES, P. B., et J. SMITH (2004). «Life-Span Psychology: From Developmental Contextualism to Developmental Biocultural Co-constructivism», *Research in Human Development, 1,* p. 123-144.

BANDURA, A. (1986). *Social Foundations of Thought and Action: A Social Cognitive Theory,* Englewood Cliffs, New Jersey, Prentice-Hall.

BANDURA, A. (1989). «Social Cognitive Theory», dans R. VASTA, dir., *Annals of Child Development,* Greenwich, Connecticut, JAL.

BANDURA, A. (1994). «Self-Efficacy», dans V. S. RAMACHAUDRAN, dir., *Encyclopedia of Human Behavior, 4,* p. 71-81.

BANDURA, A., D. ROSS et S. A. ROSS (1961). «Transmission of Aggression Through Imitation of Aggressive Models», *Journal of Abnormal and Social Psychology, 63,* p. 575-582.

BANDURA, A., *et al.* (1996). «Multifaceted Impact of Self-Efficacy Beliefs on Academic Functioning», *Child Development, 67,* p. 1206-1222.

BANDURA, A., *et al.* (2001). «Self-Efficacy Beliefs as Shapers of Children's Aspirations and Career Trajectories», *Child development, 72* (1), p. 187-206.

BARBEAU, D. (2007). *Interventions pédagogiques et réussite au cégep. Méta-analyse,* Québec, Presses de l'Université Laval.

BARIL, D. (2006). «28% des étudiants sont favorables aux punitions corporelles», *Forum,* mars, *40* (24).

BARIL, H., *et al.* (2007). «Lien entre la qualité des relations familiales et sociales à l'adolescence et à l'âge adulte», *Canadian Journal of Behavioural Science, 39* (1), p. 32-45.

BARNES, G. M., J. H. HOFFMAN et J. W. WELTE (2006). «Effects of Parental Monitoring and Peer Deviance in Substance Abuse and Delinquency», *Journal of Marriage and Family, 68,* p. 1084-1104.

BARON, L., et M. HOLMAN (2007). «Violence envers les jeunes qui font du sport: les écoles peuvent s'engager à y remédier», *Magazine Santé et Apprentissage,* Fédération canadienne des enseignantes et des enseignants, printemps, [En ligne], www.ctf.fce.ca/f/publications/health_learning/default.asp?doc=Issuez@noid=7 (Page consultée le 9 novembre 2009).

BARON-COHEN, S. (2005). «The essential Difference: The Male and Female Brain», *Phi Kappa Phi Forum, 85* (1), p. 23-26.

BARRETTE, J. (2009). *Conciliation travail-famille: Qu'en savons-nous vraiment?,* Institut Vanier de la famille, [En ligne], www.vifamily.ca/library/cft/barrette/conciliation_travail_famille.pdf (Page consultée le 4 décembre 2009).

BARRY, B. K., et R. G. CARSON (2004). «The Consequences of Resistance Training for Movement Control in Older Adults», *Journal of Gerontology: Medical Sciences, 59A,* p. 730-754.

BARRY, C. M., et K. R. WENTZEL (2006). «Friend Influence on Prosocial Behavior: The Role of Motivational Factors and Friendship Characteristics», *Developmental Psychology, 42,* p. 153-163.

BARTZOKIS, G., *et al.* (2007). «Myelin Breakdown and Iron Changes in Huntington's Disease: Pathogenesis and Treatment Implications», *Neurochemical Research, 32* (10), p. 1655-1664.

BARZILAI, N., *et al.* (2006). «A Genotype of Exceptional Longevity is associated with Preservation of Cognitive Function», *Neurology, 67,* p. 2170-2175.

BASCOM, P. B., et S. W. TOLLE (2002). «Responding to Requests for Physician-Assisted Suicide: "These are Uncharted Waters for both of us..."», *Journal of the American Medical Association, 288,* p. 91-98.

BAUER, P. J. (2002). «Long-Term Recall Memory: Behavioral and Neuro-Developmental Changes in the First 2 Years of Life», *Current Directions in Psychological Science, 11,* p. 137-141.

BAUER, P. J., *et al.* (2003). «Developments in Long-Term Explicit Memory Late in the First Year of Life: Behavioral and Electrophysiological Indices», *Psychological Science, 14,* p. 629-635.

BAUMER, E. P., et S. J. SOUTH (2001). «Community Effects on Youth Sexual Activity», *Journal of Marriage and Family, 63,* p. 540-554.

BAUMRIND, D. (1971). «Harmonious Parents and their Preschool Children», *Developmental Psychology, 41,* p. 92-102.

BAUMRIND, D. (1989). «Rearing Competent Children», dans DAMON, W., dir., *Child Development Today and Tomorrow,* San Francisco, Jossey-Bass, p. 349-378.

BAUMRIND, D. (1991). «Parenting Styles and Adolescent Development», dans J. BROOKS-GUNN, R. LERNER et A. C. PATERSON, dir., *The Encyclopedia of Adolescence,* New York, Garland, p. 746-758.

BAUMRIND, D. (1996). «The Discipline Controversy Revisited», *Family Relations, 45,* p. 405-414.

BAUSERMAN, R. (2002). «Child Adjustment in Joint-Custody Versus Sole-Custody Arrangements: A Meta-Analytic Review», *Journal of Family Psychology, 16,* p. 91-102.

BAUMRIND, D. (2005). «Patterns of Parental Authority and Adolescent Autonomy», dans J. SMETANA, dir., *Changing Boundaries of Parental Authority during Adolescence, New Directions for Child and Adolescent Development, 108,* San Francisco, Jossey-Bass, p. 61-70.

BEAUDOIN, L. *Journal du Barreau du Québec (2001),* [En ligne], www.barreau.qc.ca/publications/journal/vol33/no2/default.html (Page consultée le 26 janvier 2010).

BEAUPRÉ, P., P. TURCOTTE et A. MILAN (2006). «Fiston revient à la maison: tendances et indicateurs du retour au domicile parental», *Tendances sociales canadiennes,* Statistique Canada, Ottawa, n° 11-008, p. 28-34.

BECKER, G. S. (1991). *A Treatise on the Family,* Cambridge, Massachusetts, Harvard University Press.

BECKETT, C., *et al.* (2006). «Do the Effects of Severe Early Deprivation on Cognition Persist into Early Adolescence? Findings from the English and Romanian Adoptees Study», *Child Development, 77,* p. 696–711.

BEDFORD, V. H. (1995). «Sibling Relationships in Middle and Old Age», dans R. BLIESZNER et V. HILKEVITCH, dir., *Handbook of Aging and the Family,* Westport, Connecticut, Greenwood Press, p. 201-222.

BELLEROSE, C., É. CADIEUX et Y. NOËL (2002). «Interaction parent-enfant», dans *Enquête sociale et de santé auprès des enfants et des adolescents québécois 1999,* Québec, Institut de la statistique du Québec, chap. 6.

BELLINGER, D. (2004). «Lead», *Pediatrics, 113,* p. 1016-1022.

BELSKY, J., *et al.* (2007). «Family Rearing Antecedents of Pubertal Timing», *Child Development, 78* (4), p. 1302-1321.

BEM, S. L. (1983). «Gender Schema Theory and its Implications for Child Development: Raising Gender-Aschematic Children in a Gender-Schematic Society», *Signs, 8,* p. 598-616.

BEM, S. L. (1985). «Androgyny and Gender Schema Theory: A Conceptual and Empirical Integration», dans T. B. SONDREGGER, dir., *Nebraska Symposium on Motivation, 1984: Psychology and Gender,* Lincoln, Nebraska, University of Nebraska Press.

BENDERSKY, M., D. BENNETT et M. LEWIS (2006). « Aggression at Age 5 as a Function of Prenatal Exposure to Cocaine, Gender, and Environmental Risk », *Journal of Pediatric Psychology, 37,* p. 71-84.

BENGTSON, V. L. (2001). « Beyond the Nuclear Family : The Increasing Importance of Multigenerational Bonds », *Journal of Marriage and Family, 63,* p. 1-16.

BENGTSON, V. L., C. J. ROSENTHAL et L. M. BURTON (1990). « Families and Aging : Diversity and Heterogeneity », dans R. BINSTOCK et L. GEORGE, dir., *Handbook of Aging and the Social Sciences,* 3e éd., San Diego, Academic Press, p. 263-287.

BENGTSON, V. L., C. ROSENTHAL et L. M. BURTON (1996). « Paradoxes of Families and Aging », dans R. H. BINSTOCK et L. K. GEORGE, dir., *Handbook of Aging and the Social Sciences,* 4e éd., San Diego, Academic Press, p. 253-282.

BERG, dir., *Intellectual Development,* New York, Cambridge University Press.

BERG, C. A., et P. A. KLACZYNSKI (1996). « Practical Intelligence and Problem Solving : Search for Perspectives », dans F. BLANCHARD-FIELDS et T. M. HESS, dir., *Perspectives on Cognitive Change in Adulthood and Aging,* New York, McGraw-Hill, p. 323-357.

BERGEN, D. (2002). « The Role of Pretend Play in Children's Cognitive Development », *Early Childhood Research & Practice, 4* (1), [En ligne], http://ecrp.uiuc.edu/v4n1/bergen.html (Page consultée le 28 mai 2009).

BERGER, K. S. (2007). « Update on Bullying at School : Science Forgotten ? », *Developmental Review, 27,* p. 91-92.

BERK, L. E. (1992). « Children's Private Speech : An Overview of Theory and the Status of Research », dans R. M. DIAZ et L. E. BERK, dir., *Private Speech : From Social Interaction to Self-Regulation,* Hillsdale, New Jersey, Lawrence Erlbaum Associates, p. 17-53.

BERKMAN. L. F., et T. GLASS (2000). « Social Integration, Social Networks, Social Support, and Health », dans L. F. BERKMAN et I. KAWACHI, dir., *Social Epidemiology,* New York, Oxford University Press, p. 137-173.

BERING, J. M., et D. F. BJORKLUND (2004). « The Natural Emergence of Reasoning Ability about the Afterlife as a Developmental Regularity », *Developmental Psychology, 40,* p. 217-233.

BERNDT, T. J., et T. B. PERRY (1990). « Distinctive Features and Effects of Early Adolescent Friendships », dans R. MONTEMAYOR, G. R. ADAMS et T. P. GULLOTTA, dir., *From Childhood to Adolescence : A Transitional Period ?, 2,* Newbury Park, California, Sage, p. 269-287.

BERTRAND, J. (2007). « Programmes d'enseignement efficaces au préscolaire. Commentaires sur Kagan et Kauerz et sur Schweinhart », dans R. E. TREMBLAY, R. G. BARR et R. De V. PETERS, dir., *Encyclopédie sur le développement des jeunes enfants,* Montréal, Centre d'excellence pour le développement des jeunes enfants, p. 1-7, [En ligne], www.enfant-encyclopedie.com/documents/BertrandFRxp.pdf (Page consultée le 31 mai 2009).

BEUMONT, P. J. V, J. S., RUSSELL et S. W. TOUYZ (1993). « Treatment of Anorexia Nervosa », *Lancet, 341,* p. 1635-1640.

BHASKARAN, K., *et al.* (2008). « Changes in the Risk of Death after HIV Seroconversion Compared with Mortality in the General Population », *Journal of the American Medical Association, 300,* p. 51-59.

BIALYSTOK, E., *et al.* (2004). « Bilingualism, Aging, and Cognitive Control : Evidence from the Simon Task », *Psychology and Aging, 19,* p. 290-303.

BIALYSTOK, E. (2006). « L'acquisition d'une deuxième langue, le bilinguisme pendant la petite enfance et leur impact sur le développement cognitif précoce », dans R. E. TREMBLAY, R. G. BARR et R. De V. PETERS, dir., *Encyclopédie sur le développement des jeunes enfants,* Montréal, Centre d'excellence pour le développement des jeunes enfants, [En ligne], www.enfant-encyclopedie.com/pages/PDF/BialystokFRxp_rev.pdf (Page consultée le 20 mai 2009).

BIALYSTOK, E., G. LUK et E. KWAN (2005). « Bilingualism, Biliteracy, and Learning to Read : Interactions among Languages and Writing Systems », *Scientific Studies of Reading, 9,* p. 43-61.

BIALYSTOK, E., S. MAJUMDER et M. M. MARTIN (2003). « Developing Phonological Awareness – Is There a Bilingual Advantage ? », *Applied Psycholinguistics, 24,* p. 27-44.

BIANCHI, S., J. ROBINSON et M. MILKIE (2006). *The Changing Rhythms of American Family Life,* New York, Russell Sage Foundation.

BIBLIOTHÈQUE DU PARLEMENT, SERVICE D'INFORMATION ET DE RECHERCHE PARLEMENTAIRES (2006). *L'abus de substances psychoactives et la politique publique au Canada : Abus des inhalants chez les jeunes Autochtones.*

BICKHAM, D., et M. RICH (2006). « Is Television Viewing Associated with Social Isolation ? : Roles of Exposure Time, Viewing Context, and Violent Content », *Archives of Pediatrics and Adolescent Medicine, 160,* p. 387-392.

BIELBY, D., et D. PAPALIA (1975). « Moral Development and Perceptual Role-Taking Egocentrism : Their Development and Interrelationship across the Lifespan », *International Journal of Aging and Human Development, 6* (4), p. 293-308.

BIENVENU, O. J., *et al.* (2001). « Phobic, Panic and Major Depressive Disorders and the Five-Factor Model of Personality », *Journal of Mental Disease, 189,* p. 154-161.

BIERMAN, K. L., D. L. SMOOT et K. AUMILLER (1993). « Characteristics of Aggressive Rejected, Aggressive (Non-Rejected), and Rejected (Non-Aggressive) Boy », *Child Development, 64,* p. 139-151.

BILLET, S. (2001). « Knowing in Practice : Reconceptualising Vocational Expertise », *Learning and Instruction, 11,* p. 431-452.

BILLINGS, L. M., *et al.* (2007). « Learning Decreases A beta*56 and Tau Pathology and Ameliorates Behavioral Decline in 3xTg-AD Mice », *Journal of Neuroscience, 27* (4), p. 751-761.

BIRD, T. D. (2005). « Genetic Factors in Alzheimer's Disease », *New England Journal of Medicine, 352,* p. 862-864.

BJORKLUND, D. F. (1997). « The Role of Immaturity in Human Development », *Psychological Bulletin, 122,* p. 153-169.

BJORKLUND, D. F., et A. D. PELLEGRINI (2000). « Child Development and Evolutionary Psychology », *Child Development, 71* (6), p. 1687-1708.

BJORKLUND, D. F., et A. D. PELLEGRINI (2002). *The Origins of Human Nature : Evolutionary Developmental Psychology,* Washington DC, American Psychological Association.

BLAKEMORE, S., et S. CHOUDHURY (2006). « Development of the Adolescent Brain : Implications for Executive Function and Social Cognitions », *Journal of Child Psychology and Psychiatry, 47* (3), p. 296-312.

BLANCHARD-FIELDS, F. (2007). « Everyday Problem Solving and Emotion : An Adult Developmental Perspective », *Current Directions in Psychological Science, 16* (1), p. 26-31.

BLANCHARD-FIELDS, F., et L. NORRIS (1994). « Causal Attribution from Adolescence through Adulthood : Age Differences, Ego Level, and Generalized Response Style », *Aging and Cognition, 1,* p. 67-86.

BLANCHARD-FIELDS, F., A. MIENALTOWSKI et R. B. SEAY (2007). « Age Differences in Everyday Problem-Solving Effectiveness : Older Adults Select More Effective Strategies for Interpersonal Problems », *Journal of Gerontology : Psychological Sciences, 62B,* p. 61-64.

BLANCHARD-FIELDS, F., R. STEIN et T. L. WATSON (2004). « Age Differences in Emotion-Regulation Strategies in Handling Everyday Problems », *Journal of Gerontology : Psychological Sciences, 59B,* p. 261-269.

BLANCHFLOWER, D. G., et A. J. OSWALD (2008). « Is Well-Being U-Shaped over the Life Cycle ? », *Social Science and Medicine, 66* (8), p. 1733-1749.

BLAZER, D. G., et C. F. HYBELS (2005). « Origins of Depression in Later Life », *Psychological Medecine, 35,* p. 1241-1252.

BLESKE-RECHEK, A., D. LUBINSKI et C. P. BENBOW (2004). « Meeting the Educational Needs of Special Populations. Advanced Placement's Role in Developing Exceptional Human Capital », *Psychological Sciences, 15,* p. 217-224.

BLIESZNER, R., et K. ROBERTO (2006). « Perspectives on Close Relationships among the Baby Boomers », dans S. K. WHITBOURNE et S. L. WILLIS, dir., *The Baby Boomers Grow Up : Contemporary Perspectives on Midlife,* Mahwah, New Jersey, Erlbaum, p. 261-279.

BLOCK, J., et J. H. BLOCK (2006). « Nursery School Personality and Political Orientation Two Decades Later », *Journal of Research in Personality, 40* (5), p. 734-749.

BLOCK, J. (1971). *Lives through Time,* Berkeley, California, Bancroft.

BLOCK, J. (1995). « A Contrarian View of the Five-Factor Approach to Personality Description », *Psychological Bulletin, 117* (2), p.187-215.

BLOUIN, C. (2007). « Harcèlement sexuel. Le prévenir ou en subir les conséquences ? », *Hôtels, restaurations et institutions, 11* (5), [En ligne], www.hrimag.com/spip.php?article2629 (Page consultée le 10 février 2010).

BLUM, N. J., B. TAUBMAN et N. NEMETH (2003). « Relationships between Age at Initiation of Toilet Training and Duration of Training : A Prospective Study », *Pediatrics, 111,* p. 810-814.

BODKIN, N. L., *et al.* (2003). « Mortality and Morbidity in Laboratory-Maintained Rhesus Monkeys and Effects of Long-Term Dietary Restriction », *Journal of Gerontology : Biological Sciences, 58A,* p. 212-219.

BOERNER, K., C. B. WORTMAN et G. A. BONANNO (2005). « Resilient or at Risk ? A 4-year Study of Older Adults who Initially Showed High or Low Distress Following Conjugal Loss », *Journal of Gerontology : Psychological Sciences, 60B,* p. 67-73.

BOGG, T., et B.W. ROBERTS (2004). « Conscientiousness and Health-Related Behaviors : A Meta-Analysis of the Leading Behavioral Contributors to Mortality », *Psychological Bulletin, 130* (6), p. 887-919.

BONANNO, G. A., *et al.* (2002). « Resilience to Loss and Chronic Grief : A Prospective Study from Pre-loss to 18-month Postloss », *Journal of Personality and Social Psychology,* p. 1150-1164.

BORNSTEIN, L., et M. H. BORNSTEIN (2007). « Pratiques parentales et développement social de l'enfant », dans R. E. TREMBLAY, R. G. BARR et R. DE V. PETERS, dir., *Encyclopédie sur le développement des jeunes enfants,* Montréal, Centre d'excellence pour le développement des jeunes enfants, p. 1-7, [En ligne], www.enfant-encyclopedie.com/documents/BornsteinFRxp.pdf (Page consultée le 31 juillet 2009).

BORNSTEIN, M. H., *et al.* (1999). « Play in Two Societies : Pervasiveness of Process, Specificity of Structure », *Child Development, 70,* p. 317-331.

BORNSTEIN, M. H., *et al.* (2004). « Cross-Linguistic Analysis of Vocabulary in Young Children ; Spanish, Dutch, French, Hebrew, Italian, Korean, and American English », *Child Development, 75,* p. 1115-1139.

BORNSTEIN, M. H., et C. S. TAMIS-LEMONDA (1989). « Maternal Responsiveness : Characteristics and Consequences », *New Directions for Child Development, 43,* San Francisco, Jossey-Bass.

BOSS, P. (1999). *Ambiguous Loss,* Cambridge, Massachusetts, Harvard University Press.

BOSS, P. (2002). « Ambiguous Loss : Working with the Families of the Missing », *Family Process, 41,* p. 14-17.

BOSS, P. (2004). « Ambiguous Loss Research, Theory, and Practice : Reflections after 9/11 », *Journal of Marriage and Family, 66* (3), p. 551-566.

BOSS, P., *et al.* (2003). « Healing Loss, Ambiguity, and Trauma : A Community-Based Intervention with Families of Union Workers Missing after the 9/11 Attack in New York City », *Journal of Marital and Family Therapy, 29* (4), p. 455-467.

BOUCHARD, C., *et al.* (2009). « Gender Differences in Language Development in French Canadian Children between 8 and 30 Months of Age », *Applied Psycholinguistics, 30* (4), Cambridge University Press, octobre, p. 685-707.

BOUCHARD, P. (2003). *La réussite scolaire comparée selon le sexe,* Condition féminine Canada, [En ligne], http://dsp-psd.tpsgc.gc.ca/Collection/SW21-103-2003F.pdf (Page consultée le 25 novembre 2009).

BOUCHARD, P., et J.-C. SAINT-AMANT (2000). « L'axe mère-enfant de la réussite scolaire au primaire en milieu populaire », dans M. SIMARD et J. ALARY, dir., *Comprendre la famille – 5e symposium québécois,* Conseil de développement de la recherche sur la famille du Québec, Presses de l'Université du Québec.

BOUCHARD, T. J. (2004). « Genetic Influence on Human Psychological Traits : A Survey », *Current Directions in Psychological Science, 13,* p. 148-154.

BOUCHEY, H. A., et W. FURMAN (2003). « Dating and Romantic Experiences in Adolescence », dans G. R. ADAMS et M. D. BERZONSKY, dir., *Blackwell Handbook of Adolescence,* Oxford, Royaume-Uni, Blackwell, p. 313-329.

BOUDREAULT, M.-C., N. TRUDEAU et C. BOUCHARD (2006). *Influence de facteurs biologiques et environnementaux sur le développement langagier du jeune enfant francophone,* Poster Presentation at the Annual CLLRN and Conference, Charlottetown, Île-du-Prince-Édouard.

BOWLBY, J. (1958). « The Nature of the Child's Tie to his Mother », *International Journal of Psycho-Analysis,* XXXIX, p. 1-23.

BOWLBY, J. (1969). « Attachment and Loss », *Attachment, 1,* London, Hogarth Press et Institute of Psycho-Analysis.

BOYCE, W., *et al.* (2003). *Études sur les jeunes, la santé sexuelle, le VIH et le sida au Canada. Facteurs influant sur les connaissances, les attitudes et les comportements,* Toronto, Conseil des ministres de l'Éducation, [En ligne], www.cmec.ca/Publications/Lists/Publications/Attachments/180/CYSHHAS_2002_FR.pdf (Page consultée le 9 février 2010).

BRABECK, M. M., et E. L. SHORE (2003). «Gender Differences in Intellectual and Moral Development? The Evidences Refutes the Claims», dans J. DEMICK et C. ANDREOLETTI, dir., *Handbook of Adult Development,* New York, Plenum Press, p. 351-368.

BRACHER, G., et M. SANTOW (1999). «Explaining Trends in Teenage Childbearing in Sweden», *Studies in Family Planning, 30,* p. 169-182.

BRACKETT, M. A., J. D. MAYER et R. M. WARNER (2004). «Emotional Intelligence and its Relation to Everyday Behaviour», *Personality and Individual Differences, 36* (6), p. 1387-1402.

BRANDT, B. (1989). «A Place for her Death», *Humanistic Judaism, 17* (3), p. 83-85.

BRATTON, S. C., et D. RAY (2002). «Humanistic Play Therapy», dans D. J. CAIN, dir., *Humanistic Psychotherapies: Handbook of Research and Practice,* p. 369-402.

BRAY, J. H. (1999). «From Marriage to Remarriage and Beyond: Findings from the Developmental Issues in Stepfamilies Research Project», dans E. M. HETHERINGTON, dir., *Coping with Divorce, Single Parenting and Remarriage: A Risk and Resiliency Perspective,* Hillsdale, New Jersey, Lawrence Erlbaum Associates.

BRAZELTON, T. B. (1973). *Neonatal Behavioral Assessment Scale,* Philadelphia, Lippincott.

BRENT, D. A., et B. BIRMAHER (2002). «Adolescent Depression», *New England Journal of Medicine, 347,* p. 667-671.

BRIDGE, J. A., *et al.* (2007). «Clinical Response and Risk for Reported Suicidal Ideation and Suicide Attempts in Pediatric Antidepressant Treatment: A Meta-Analysis of Randomized Controlled Trials», *Journal of the American Medical Association, 297,* p. 1683-1696.

BROCK, D. W. (1992, March-April). «Voluntary Active Euthanasia», *Hastings Center Report,* p. 10-22.

BRODY, G. H., *et al.* (2004). «Protective Longitudinal Paths Linking Child Competence to Behavioral Problems among African American Siblings», *Child Development, 75,* p. 455-467.

BRODY, G. H., *et al.* (2006). «Perceived Discrimination and the Adjustment of African American Youths: A Five-Year Longitudinal Analysis with Contextual Moderation Effects», *Child Development, 77* (5), p. 1170-1189.

BRODY, G. H., *et al.* (2001). «The Influence of Neighborhood Disadvantage, Collective Socialization, and Parenting on African American Children's Affiliation with Deviant Peers», *Child Development, 72* (4), p. 1231-1246.

BROIDY, L. M., *et al.* (2003). «Developmental Trajectories of Childhood Disruptive Behaviors and Adolescent Delinquency: A Six-Site Cross-National Study», *Developmental Psychology, 39,* p. 222-245.

BRONFENBRENNER, U. (1979). *The Ecology of Human Development,* Cambridge, Massachusetts, Harvard University Press.

BRONFENBRENNER, U. (1986). «Ecology of the Family as a Context for Human Development: Research Perspectives», *Developmental Psychology, 22,* p. 723-742.

BRONFENBRENNER, U. (1994). «Ecological Model of Human Development», dans T. HUSEN et T. N. POSTLETHWAITE, dir., *International Encyclopaedia of Education, vol. 3,* 2e éd., Oxford, Pergamon Press/Elsevier Science.

BRONFENBRENNER, U. (2001). «The Bioecological Theory of Human Development», dans N. SMELSER et P. BALTES, dir., *International Encyclopedia of the Social and Behavioral Sciences,* New York, Elsevier, p. 6963-6970.

BRONFENBRENNER, U., et P. A. MORRIS (1998). «The Ecology of Developmental Processes», dans W. DAMON et R. M. LERNER, dir., *Handbook of Child Psychology, vol. 1,* New York, John Wiley & Sons, p. 993-1028.

BROOKS-GUNN, J. (2003). «Do You Believe in Magic? What Can We Expect from Early Childhood Intervention Programs?», *SRCD Social Policy Report, 17* (1).

BROUDE, G. J. (1995). *Growing Up: A Cross-Cultural Encyclopedia,* Santa Barbara, Californie, ABC-CLIO.

BROWN, B. B., *et al.* (1993). *Parenting Practices and Peer Group Affiliation in Adolescence,* Cambridge, Royaume-Uni, Cambridge University Press, p. 245-270.

BROWN, B. B., et C. KLUTE (2003). «Friendships, Cliques, and Crowds», dans G. R. ADAMS et M. D. BERZONSKY, dir., *Blackwell Handbook of Adolescence,* Malden, Massachusetts, Blackwell, p. 330-348.

BROWN, J. T., et A. STOUDEMIRE (1983). «Normal and Pathological Grief», *Journal of the American Medical Association, 250,* p. 378-382.

BROWN, L. M., et C. GILLIGAN (1990). «The Psychology of Women and the Development of Girls», *Paper presented at the Laurel-Harvard Conference on the Psychology of Women and the Education of Girls,* Cleveland, Ohio.

BROWN, S. L. (2004). «Family Structure and Child Well-Being: The Significance of Parental Cohabitation», *Journal of Marriage and Family, 66,* p. 351-367.

BRUCK, M., S. J. CECI et H. HEMBROOKE (1998). «Reliability and Credibility of Young Children's Reports: From Research to Policy and Practice», *American Psychologist, 53,* p. 136-151.

BRUER, J. T. (2001). «A Critical and Sensitive Period Primer», dans D. B. BAYLEY *et al.*, dir., *Critical Thinking about Critical Period: A Series from the National Center for Early Development and Learning,* Baltimore, Maryland, Paul Brooks Publishing, p. 289-292.

BRUN, J.-P., et E. KEDL (2006). «Porter plainte pour harcèlement psychologique au travail: Un récit difficile», *Relations industrielles, 61* (3), p. 381-407.

BRYCE, J., *et al.* (2005). «WHO Estimates of the Causes of Death in Children», *The Lancet, 365,* p. 1147-1152.

BRZOZOWSKI, J.-A., et M. GANNON (2004). *La violence familiale au Canada: un portrait statistique,* Ottawa, Statistique Canada.

BUDSON, A. E., et B. H. PRICE (2005). «Memory Dysfunction», *New England Journal of Medicine, 352,* p. 692-699.

BUEHLER, C. (2006). «Parents and Peers in Relation to Early Adolescent Problem Behavior», *Journal of Marriage and Family, 68,* p. 109-124.

BUHRMESTER, D. (1990). «Intimacy of Friendship, Interpersonal Competence, and Adjustment during Preadolescence and Adolescence», *Child Development, 61,* p. 1101-1111.

BUHRMESTER, D. (1996). «Need Fulfillment, Interpersonal Competence, and the Developmental Contexts of Early Adolescent Friendship», dans W. M. BUKOWSKI, A. F. NEWCOMB et W. W. HARTUP, dir., *The Company They Keep: Friendship in Childhood and Adolescence,* New York, Cambridge University Press, p. 158-185.

BUHRMESTER, D., et W. FURMAN (1990). «Perceptions of Sibling Relationships during Middle Childhood and Adolescence», *Child Development, 61,* p. 138-139.

BURHANS, K. K., et C. S. DWECK (1995). «Helplessness in Early Childhood: The Role of Contingent Worth», *Child Development, 66,* p. 1719-1738.

BURKE, S. N., et C. A. BARNES (2006). «Neural Plasticity in the Ageing Brain», *Nature Review Neuroscience, 7,* p. 30-40.

BUSSE, E. W. (1987). «Primary and Secondary Aging», dans G. L. MADDOX, dir., *The Encyclopedia of Aging,* New York, Springer, p. 534.

BUSSEY, K., et A. BANDURA (1992). «Self-Regulatory Mechanisms Governing Gender Development», *Child Development, 63,* p. 1236-1250.

BUSSEY, K., et A. BANDURA (1999). «Social Cognitive Theory of Gender Development and Differentiation», *Psychological Review, 106,* p. 676-713.

BUTLER, R. N., *et al.* (2004). «Biomarkers of Aging: From Primitive Organisms to Humans», *Journal of Gerontology: Biological Sciences, 59A,* p. 560-567.

BYRNE, M., *et al.* (2003). «Parental Age and Risk of Schizophrenia: A Case-Control Study», *Archives of General Psychiatry, 60,* p. 673-678.

BYRNES, J. P., et N. A. FOX (1998). «The Educational Relevance of Research in Cognitive Neuro-Science», *Educational Psychology Review, 10,* p. 297-342.

CABRERA, N. J., *et al.* (2000). «Fatherhood in the Twenty-first Century», *Child Development, 71,* p. 127-136.

CAELLI, K., J. DOWNIE et A. LETENDRE (2002). «Parents' Experiences of Midwife-Managed Care Following the Loss of a Baby in a Previous Pregnancy», *Journal of Advanced Nursing, 39,* p. 127-136.

CAIN, W. S., R. REID et J. C. STEVENS (1990). «Missing Ingredients: Aging and the Discrimination of Flavour», *Journal of Nutrition for the Elderly, 9,* p. 3-15.

CAMARATA, S., et R. WOODCOCK (2006). «Sex Differences in Processing Speed: Developmental Effects in Males and Females», *Intelligence, 34* (3), p. 231-252.

CAMP, C. J. (1989). «World-Knowledge Systems», dans L. W. POON, D. C. RUBIN et B. A. WILSON, dir., *Everyday Cognition in Adulthood and Late Life,* Cambridge, Angleterre, Cambridge University Press.

CAMP, C. J., et L. A. McKITRICK (1989). «The Dialectics of Remembering and Forgetting Across the Adult Lifespan», dans D. KRAMER et M. BOPP, dir., *Dialectics and Contextualism in Clinical and Developmental Psychology: Change, Transformation, and the Social Context,* New York, Springer, p. 169-187.

CAMPAGNE 2000 (2007). *Rapport 2007 sur la pauvreté des enfants et des familles au Canada,* [En ligne], www.campaign2000.ca/reportCards/national/2007FrenchNationalReportCard.pdf (Page consultée le 4 décembre 2009).

CANADA, GOUVERNEMENT DU CANADA (2006). *De l'ombre à la lumière. La transformation des services concernant la santé mentale, la maladie mentale et la toxicomanie au Canada,* Rapport final du Comité sénatorial permanent des affaires sociales, des sciences et de la technologie, [En ligne], www.legislation-psy.com/IMG/pdf/rep02may06part1-f.pdf et www.legislation-psy.com/IMG/pdf/rep02may06part2-f.pdf (Pages consultées le 11 février 2010).

CANADA, INSTITUT DE RECHERCHE EN SANTÉ DU CANADA (2006). *Information sur le projet de recherche: Dr John Abela,* [En ligne], www.cihr-irsc.gc.ca/f/31735.html (Page consultée le 17 décembre 2009).

CANADA, MINISTÈRE DE LA JUSTICE DU CANADA (2009). *Violence à l'égard des aînés: Aperçu du ministère de la Justice du Canada,* [En ligne], www.justice.gc.ca/fra/pi/vf-fv/info-facts/age-old/index.html (Page consultée le 2 mars 2010).

CANADA, RESSOURCES HUMAINES ET DÉVELOPPEMENT DES COMPÉTENCES CANADA (2009). *Indicateurs de mieux-être au Canada, Apprentissage-participation aux études universitaires,* [En ligne] www4.rhdcc.gc.ca/.3ndic.1t.4r@-fra.jsp?iid=56 (Page consultée le 10 février 2010).

CANADA, SANTÉ CANADA (1996). *Prévention du syndrome d'alcoolisme fœtal (SAF) et des effets de l'alcool sur le fœtus (EAF) au Canada,* octobre, déclaration conjointe.

CANADA, SANTÉ CANADA (2004). *Avantages et risques liés au traitement hormonal substitutif combiné (œstrogène et progestatif),* [En ligne], www.hc-sc.gc.ca/hl-vs/iyh-vsv/med/estrogen-fra.php (Page consultée le 4 janvier 2010).

CANADA, SANTÉ CANADA (2004a). *Les aidants naturels au Canada, informels ou membres de la famille, qui prennent soin d'une personne atteinte de maladie mentale,* [En ligne], www.hc-sc.gc.ca/hcs-sss/pubs/home-domicile/2004-mental-care-soins/2004-mental-care-soins-fra.php (Page consultée le 4 janvier 2010).

CANADA, SANTÉ CANADA (2007). *Syndrome de l'alcoolisme fœtal/Effets de l'alcool sur le fœtus,* [En ligne], www.hc-sc.gc.ca/fniah-spnia/famil/preg-gros/intro-fra.php (Page consultée le 12 août 2009).

CANADA, SANTÉ CANADA (2007a). *Aliments et nutrition – L'allaitement maternel,* [En ligne], www.hc-sc.gc.ca/fn-an/pubs/infant-nourrisson/nut_infant_nourrisson_term_3-fra.php (Page consultée le 12 août 2009).

CANADA, SANTÉ CANADA (2008). *Procréation assistée,* [En ligne], www.hc-sc.gc.ca/hl-vs/reprod/hc-sc/index-fra.php (Page consultée le 12 août 2009).

CANADA, SANTÉ CANADA (2009). *Nouvelle information concernant l'innocuité du Botox et du Botox Cosmetic,* [En ligne], www.hc-sc.gc.ca/ahc-asc/media/advisories-avis/_2009/2009_02-fra.php (Page consultée le 4 janvier 2010).

CANADA, SÉCURITÉ PUBLIQUE CANADA (2009). *Facteurs de risque et de protection dans les familles et leurs effets sur la délinquance juvénile. Qu'en savons-nous?,* [En ligne], www.securitepublique.gc.ca/res/cp/res/rpf-jd-fra.aspx (Page consultée le 9 février 2010).

CANADA, STATISTIQUE CANADA (2002). La diversification de la vie conjugale au Canada, [En ligne], http://dsp-psd.pwgsc.gc.ca/Collection/Statcan/89-576-X/89-576-XIF2001001.pdf (Page consultée le 4 décembre 2009).

CANADA, STATISTIQUE CANADA (2002a). *L'enquête sociale générale de 2002, cycle 16: Vieillissement et soutien social,* (no 89-582 au catalogue).

CANADA, STATISTIQUE CANADA (2002b). *Profile of Canadian Families and Households: Diversification Continues, 2001 Census,* Ottawa, Statistique Canada, no 96F0030XIE2001003.

448 Bibliographie

CANADA, STATISTIQUE CANADA (2003). «Tableau 10. Exposition des enfants à la fumée secondaire du tabac à la maison, par province et selon le groupe d'âge», *Enquête de surveillance de l'usage du tabac au Canada (ESUTC)*, Statistique Canada.

CANADA, STATISTIQUE CANADA (2003a). «Le stress au travail chez les prestataires de soins de santé», *Rapports sur la santé, 18* (4) (nº 82-003 au catalogue).

CANADA, STATISTIQUE CANADA (2004). *Rapports sur la santé, 1* (4).

CANADA, STATISTIQUE CANADA (2004a). *Statistiques canadiennes sur le cancer,* Institut National du Cancer du Canada, [En ligne], www.cancer.ca/canada-wide/about%20cancer/cancer%20statistics/canadian%20cancer%20statistics.aspx?sc_lang=fr-CA (Page consultée le 4 janvier 2010).

CANADA, STATISTIQUE CANADA (2005). *L'embonpoint chez les enfants et les adolescents au Canada, Résultats de l'Enquête sur la santé dans les collectivités canadiennes 2004,* [En ligne], www.statcan.gc.ca/pub/82-620-m/2005001/article/child-enfant/8061-fra.htm (Page consultée le 25 novembre 2009).

CANADA, STATISTIQUE CANADA (2005a). *La violence conjugale au Canada : un profil statistique 2005,* [En ligne], www.statcan.gc.ca/pub/85-224-x/85-224-x2005000-fra.pdf (Page consultée le 11 février 2010).

CANADA, STATISTIQUE CANADA (2005b). *Mortalité: liste sommaire des causes,* [En ligne], www.statcan.gc.ca/bsolc/olc-cel/olc-cel?catno=84F0209X&chropg=1&lang=fra (Page consultée le 4 janvier 2010).

CANADA, STATISTIQUE CANADA (2005c). *Projections démographiques pour le Canada, les provinces et les territoires, 2005-2031,* Ottawa, ministre de l'Industrie, Statistique Canada, nº 91-520-XIF.

CANADA, STATISTIQUE CANADA (2005d). *Statistiques démographiques annuelles,* Ottawa, Statistique Canada, nº 91-213-XIB.

CANADA, STATISTIQUE CANADA (2005e). *Toujours fille d'honneur: les gens qui ne prévoient pas se marier,* [En ligne], www.statcan.gc.ca/kits-trousses/pdf/social/edu04_0013a-fra.pdf.

CANADA, STATISTIQUE CANADA (2006). *Ressources humaines et Développement des compétences Canada, Apprentissage – Décrochage scolaire,* [En ligne], www4.hrsdc.gc.ca/.3ndic.1t.4r@-fra.jsp?iid=32#M_2 (Page consultée le 25 novembre 2009).

CANADA, STATISTIQUE CANADA (2006a). *L'obésité chez les jeunes : une situation alarmante,* Enquête sur la santé dans les collectivités canadiennes, [En ligne], www41.statcan.ca/2006/2966/ceb2966_004-fra.htm (Page consultée le 1er décembre 2009).

CANADA, STATISTIQUE CANADA (2006b) *Santé des Premières nations, des Inuits et des Autochtones,* [En ligne], www.hc-sc.gc.ca/fniah-spnia/promotion/mental/index-fra.php (Page consultée le 1er décembre 2009).

CANADA, STATISTIQUES CANADA (2006c). *Recensement de 2006 : Portrait de famille : continuité et changement dans les familles et les ménages du Canada en 2006 : Provinces et territoires,* [En ligne], www12.statcan.ca/census-recensement/2006/as-sa/97-553/p31-fra.cfm (Page consultée le 11 février 2010).

CANADA, STATISTIQUE CANADA (2006d). *Quand fiston quittera-t-il la maison? Transition du domicile parental à l'indépendance,* Tendances sociales Canadiennes, Ottawa, Statistiques Canada, *82* (nº 11-008 au catalogue).

CANADA, STASTISTIQUE CANADA (2006e). *Recensement de 2006,* [En ligne], www12.statcan.ca/census-recensement/2006/rt-td/index-fra.cfm (Page consultée le 4 janvier 2010).

CANADA, STATISTIQUE CANADA (2006f). *Vie familiale – Jeunes adultes vivant avec leur(s) parent(s),* [En ligne], www4.hrsdc.gc.ca/.3ndic.1t.4r@-fra.jsp?iid=77 (Page consultée le 4 janvier 2010).

CANADA, STATISTIQUE CANADA (2006g). *Encore au travail après l'âge de la retraite,* [En ligne], www41.statcan.ca/2008/70000/ceb70000_001-fra.htm (Page consultée le 20 septembre 2009).

CANADA, STATISTIQUE CANADA (2006h). *Recensement de la population, 1996, 2001, 2006,* [En ligne], www12.statcan.ca/census-recensement/index-fra.cfm (Page consultée le 14 janvier 2010).

CANADA, STATISTIQUE CANADA (2007). Recensement 2006, [En ligne], www4.hrsdc.gc.ca/.3ndic.1t.4r@-fra.jsp?iid=37 (Page consultée le 4 décembre 2009).

CANADA, STATISTIQUE CANADA (2007a). *Suicides et taux de suicide selon le sexe et l'âge,* [En ligne], www40.statcan.ca/l02/cst01/hlth66a-fra.htm (Page consultée le 1er décembre 2009).

CANADA, STATISTIQUE CANADA (2007b). *Recensement de 2006 : Familles, état matrimonial, ménages et caractéristiques de logement,* [En ligne], www.statcan.gc.ca/daily-quotidien/070912/dq070912a-fra.htm (Page consultée le 11 février 2010).

CANADA, STATISTIQUE CANADA (2007c). *Portrait de la population canadienne en 2006, selon l'âge et le sexe, Recensement de 2006,* Ottawa, ministre de l'Industrie, Statistique Canada, nº 97-551-XWF 2006001.

CANADA, STASTISTIQUE CANADA (2007d). *Enquête canadienne sur le don, le bénévolat et la participation : fichier de microdonnées à grande diffusion,* 2004, Ottawa, nº 89M0017XCB.

CANADA, STATISTIQUE CANADA (2008). «Étude : La participation aux sports organisés chez les enfants», *Le Quotidien,* [En ligne], www.statcan.gc.ca/daily-quotidien/080603/dq080603a-fra.htm (Page consultée le 25 novembre 2009).

CANADA, STATISTIQUE CANADA (2008a). «Décès», *Le Quotidien,* [En ligne], www.statcan.gc.ca/daily-quotidien/080114/dq080114b-fra.htm (Page consultée le 12 août 2009).

CANADA, STATISTIQUE CANADA (2008b). *L'embonpoint chez les enfants et les adolescents au Canada,* Gouvernement du Canada, [En ligne], www.statcan.gc.ca/pub/82-620-m/2005001/article/child-enfant/8061-fra.htm#6 (Page consultée le 1er décembre 2009).

CANADA, STATISTIQUE CANADA (2008c). *Le quotidien,* Enquête sur la santé dans les collectivités canadiennes, [En ligne], www.statcan.gc.ca/daily-quotidien/080618/dq080618a-fra.htm (Page consultée le 1er décembre 2009).

CANADA, STATISTIQUE CANADA (2008d). *Fiston revient à la maison : tendances et indicateurs du retour au domicile parental,* [En ligne], www.statcan.gc.ca/pub/11-008-x/2006003/9480-fra.htm (Page consultée le 11 février 2010).

CANADA, STATISTIQUE CANADA (2008e). *Enquête sur la population active,* [En ligne], www.statcan.gc.ca/bsolc/olc-cel/olc-cel?catno=71-543-G&CHROPG=1&lang=fra (Page consultée le 4 janvier 2010).

CANADA, STATISTIQUE CANADA (2008f). *Espérance de vie, table de mortalité abrégée, à la naissance et à 65 ans, selon le sexe, Canada, provinces et territoires, données annuelles (années), tableau 102-0511,* Ottawa, Statistique Canada, [En ligne], http://cansim2.statcan.ca/cgi-win/CNSMCGI.EXE?&Lang=F&ArrayId=102-0511&Array_Pick=1&Detail=1&ResultTemplate=CII/CII___&RootDir=CII/&C2SUB=HEALTH (Page consultée le 14 janvier 2010).

CANADA, STATISTIQUE CANADA (2008g). *Rapport sur l'état de la population du Canada 2005 et 2006,* Ottawa, ministre de l'Industrie, Statistique Canada, nº 91-209-X.

CANADA, STATISTIQUE CANADA (2009a). *Suicides et taux de suicides selon le sexe et l'âge entre 2001 et 2005,* [En ligne], www40.statcan.ca/l02/cst01/hlth66d-fra.htm (Page consultée le 17 décembre 2009).

CANADA, STATISTIQUE CANADA. (2009b). *Le décrochage scolaire a augmenté au Québec sous les libéraux,* [En ligne], www.ledevoir.com/societe/education/232633/statistique-canada-le-decrochage-scolaire-a-augmente-au-quebec-sous-les-liberaux (Page consultée le 17 décembre 2009).

CANADA, STATISTIQUE CANADA (2009c). «Couples de même sexe à l'échelle du Canada», dans *La fierté… gaie en chiffres,* [En ligne], www42.statcan.ca/smr08/smr08_118-fra.htm (Page consultée le 11 février 2010).

CANADA, STATISTIQUE CANADA (2009d). *The Demographic Foundations of Rising Employment and Earnings among Single Mothers in Canada and the United States, 1980 to 2000,* [En ligne], www.statcan.gc.ca/pub/11f0019m/11f0019m2008305-eng.pdf (Page consultée le 9 février 2010).

CANADA, STATISTIQUE CANADA (2009e). *Profils d'indicateurs de la santé,* CANSIM, tableau 105-0501 (nº 82-221-X au catalogue), [En ligne], www.statcan.gc.ca/pub/82-221-x/2009001/hip-pis-fra.htm (Pages consultées le 4 janvier 2010).

CANADA, STATISTIQUE CANADA (2009f). *Mortalité : liste sommaire des causes 2005,* [En ligne], www.statcan.gc.ca/bsolc/olc-cel/olc-cel?catno=84F0209X&CHROPG=1&lang=fra (Page consultée le 4 janvier 2010).

CANADA, STATISTIQUE CANADA (2009g). *Le Quotidien,* [En ligne], www.statcan.gc.ca/dai-quo/index-fra.htm (Page consultée le 4 janvier 2010).

CANLI, T., *et al.* (2006). «Neural Correlates of Epigenesis», *Proceeding of the National Academy of Sciences of the United States of America, 103* (43), p. 16033-16038.

CAPALDI, D. M., *et al.* (2002). «Heterosexual Risk Behaviors in At-Risk Young Men from Early Adolescence to Young Adulthood : Prevalence, Prediction, and STD Contraction», *Developmental Psychology, 38,* p. 394-406.

CAPLAN, L. J., et C. SCHOOLER (2006). «Household Work Complexity, Intellectual Functioning, and Self-Esteem in Men and Women», *Journal of Marriage and Family, 68,* p. 883-900.

CARBERY, J., et D. BUHRMESTER (1998). «Friendship and Need Fulfillment during Three Phases of Young Adulthood», *Journal of Social and Personal Relationships, 15,* p. 393-409.

CARLSON, E. A. (1998). «A Prospective Longitudinal Study of Attachment Disorganization – disorientation», *Child Development, 69* (4), p. 1107-1128.

CARLSON, E. A., L. A. SROUFE et B. EGELAND (2004). «The Construction of Experience : A Longitudinal Study of Representation and Behaviour», *Child Development, 69* (4), p. 1107-1128.

CARLSON, M. J. (2006). «Family Structure, Father Involvement, and Adolescent Behavioral Outcomes», *Journal of Marriage and Family, 68,* p. 137-154.

CARLSON, S. M., *et al.* (2005). «Gesture as a Window in Children's Beginning Understanding of False Belief», *Child Development, 76,* p. 73-86.

CARLSON, S. M., L. J. MOSES et H. R. HIX (1998). «The Role of Inhibitory Processes in Young Children's Difficulties with Deception and False Belief», *Child Development, 69* (3), p. 672-691.

CARLSON, S., et M. TAYLOR (2005). «Imaginary Companions and Impersonated Characters : Sex Differences in Children's Fantasy Play», *Merrill-Palmer Quarterly, 51* (1), p. 93-118.

CARNELLEY, K. B., *et al.* (2006). «The Time Course of Grief Reactions to Spousal Loss : Evidence from a National Probability Sample», *Journal of Personality and Social Psychology, 91,* p. 476-492.

CARNETHON, M. R., M. GULATI et P. GREENLAND (2005). «Prevalence and Cardiovascular Disease Correlates of Low Cardiorespiratory Fitness in Adolescents and Adults», *Journal of the American Medical Association, 294,* p. 2981-2988.

CARSKADON, M. A., *et al.* (1997). «Long Nights Protocol : Access to Circadian Parameters in Adolescents», *Journal of Biological Rhythms, 12,* p. 278-289.

CARSTENSEN, L. L. (1995). «Evidence for a Life-Span Theory of Socioemotional Selectivity», *Current Directions in Psychological Science, 4,* p. 150-156.

CARSTENSEN, L. L. (1996). «Socioemotional Selectivity : A Life-Span Developmental Account of Social Behaviour», dans M. R. MERRENS et G. G. BRANNIGAN, dir., *The Developmental Psychologists : Research Adventures across the Life Span,* New York, McGraw-Hill, p. 251-272.

CARSTENSEN, L. L., *et al.* (1996). «Affect in Intimate Relationships : The Development Course of Marriage», dans C. MAGAI et S. H. McFADDEN, dir., *Handbook of Emotion, Adult Development, and Aging,* San Diego, Academic Press, p. 227-247.

CARSTENSEN, L. L., D. M. ISAACOWITZ et S. T. CHARLES (1999). «Taking Time Seriously : A Theory of Socioemotional Selectivity», *American Psychologist, 54,* p. 165-181.

CARSTENSEN, L. L., et J. A. MIKELS (2005). «At the Intersection of Emotion and Cognition : Aging and the Positivity Effect», *Current Directions in Psychological Science, 14,* p. 117-122.

CASE, R. (1985). *Intellectual development : Birth to adulthood,* Orlando, Florida, Academic Press.

CASE, R. (1992). «Neo-Piagetian theories of child development», dans R. STERNBERG et C. BERG, dir., *Intellectual development,* New York, Cambridge University Press, p. 161-196.

CASE, R. et Y. OKAMOTO (1996). «The Role of Central Conceptual Structures in the Development of Children's Thought», *Monographs of the Society for Research in Child Development, Série nº 246, 61,* p. 1-2.

CASPI, A. (1998). «Personality Development across the Life Course», dans W. DAMON et N. EISENBERG, dir., *Handbook of Child Psychology : Social, Emotional, and Personality Development,* 5e éd. (3), New York, Wiley, p. 311-388.

CASPI, A., *et al.* (2002). «Role of Genotype in the Cycle of Violence in Maltreated Children», *Science, 297,* p. 851-854.

CASPI, A., *et al.* (2003). «Influence of Life Stress on Depression : Moderation by a Polymorphism in the 5-HTT Gene», *Science, 301,* p. 386-389.

CASSIDY, K. W., *et al.* (2003). «The Relationship between Psychological Understanding and Positive Social Behaviors», *Social Development, 12,* p. 198-221.

CATTELL, R. B. (1965). *The Scientific Analysis of Personality,* Baltimore, Penguin Books.

CENTER FOR EFFECTIVE DISCIPLINE (2005). *Facts about Corporal Punishment in Canada,* 20 avril, [En ligne], www.stophitting.com/new (Page consultée le 20 août 2009).

CENTRE DE LIAISON SUR L'INTERVENTION ET LA PRÉVENTION PSYCHOSOCIALES (CLIPP) (2005). *Le syndrome du bébé secoué – Bilan de connaissances,* [En ligne], www.clipp.ca/1/attachments/Bilans_de_connaissance/bebe_secoue.pdf (Page consultée le 24 août 2009).

CENTRE DE LIAISON SUR L'INTERVENTION ET LA PRÉVENTION PSYCHOSOCIALES (CLIPP) (2005a). *Les mauvais traitements physiques et psychologiques envers les enfants, Bilan de connaissances,* février, [En ligne], www.clipp.ca/clippmain.jsp?idbin=1B000 (Page consultée le 31 juillet 2009).

CENTRE DE RECHERCHE DE L'INSTITUT DOUGLAS (2009). *Vieillissement et maladie d'Alzheimer,* [En ligne], www.douglasrecherche.qc.ca (Page consultée le 14 janvier 2010).

CHAFETZ, M. D. (1992). *Smart for Life,* New York, Penguin Books.

CHAIRE DE RECHERCHE MERCK FROSST/IRSC SUR L'OBÉSITÉ (2010). *Généralités. Les chiffres de l'obésité les statistiques du Canada. Situation 2004-2005,* [En ligne], http://obesite.ulaval.ca/obesite/generalites/prevalence.php (Page consultée le 10 février 2010).

CHAMBERS, R. A., J. R. TAYLOR et M. N. POTENZA (2003). «Developmental Neurocircuitry of Motivation in Adolecence: A Critical Period of Addiction Vulnerability», *American Journal of Psychiatry, 160*, p. 1041-1052.

CHANG, A. B., *et al.* (2003). «Altered Arousal Response in Infants Exposed to Cigarette Smoke», *Archives of Diseases in Children, 88,* p. 30-33.

CHAPMAN, M., et U. LINDENBERGER (1988). «Functions, Operations, and Decalage in the Development of Transitivity», *Developmental Psychology, 24,* p. 542-551.

CHARBONNEAU, J. (1998). «La maternité chez les adolescentes: certaines s'en sortent bien», *Recherche sociale,* CQRS, p. 3-5.

CHARBONNEAU, J. (2003). *Adolescentes et mères. Histoires de maternités précoces et soutien social,* Québec, Les presses de l'Université Laval.

CHARLES, S. T., et J. R. PIAZZA (2007). «Memories of Social Interactions: Age Differences in Emotional Intensity», *Psychology and Aging, 22,* p. 300-309.

CHARLES, S. T., C. A. REYNOLDS et M. GATZ (2001). «Age-Related Differences and Change in Positive and Negative Affect over 23 Years», *Journal of Personality and Social Psychology, 80,* p. 136-151.

CHARLESWORTH, A., et S. A. GLANTZ (2005). «Smoking in the Movies Increases Adolescent Smoking: A Review», *Pediatrics, 116,* p. 1516-1528.

CHARNESS, N., et R. S. SCHULTELUS (1999). «Knowledge and Expertise», dans R. T. DURSO, dir., *Handbook of Applied Cognition,* Chichester, Angleterre, Wiley, p. 57-81.

CHEITLIN, M. (2003). «Cardiovascular Physiology: Changes with Aging», *American Journal of Geriatric Cardiology, 12,* p. 9-13.

CHEN, L., *et al.* (2000). «Carrying Passengers as a Risk Factor for Crashes Fatal to 16- and 17-year-old drivers», *Journal of the American Medical Association, 283* (12), p. 1578-1582.

CHEN, W., *et al.* (2004). «An Autosomal Genome Scan for Loci Influencing Longitudinal Burden of Body Mass Index from Childhood to Young Adulthood in White Sibships. The Bogalusa Heart Study», *International Journal of Obesity, 28,* p. 462-469.

CHEN, X., *et al.* (1998). «Child-Rearing Attitudes and Behavioural Inhibition in Chinese and Canadian Toddlers: A Cross-Cultural Study», *Developmental Psychology, 34* (4), p. 677-686.

CHEN, X., *et al.* (2005). «Social Functioning and Adjustment in Chinese Children: The Imprint of Historical Time», *Child Development, 76,* p. 182-195.

CHEN, X., K. H. RUBIN et Y. SUN (1992). «Social Reputation and Peer Relationships in Chinese and Canadian Children: A Cross-Cultural Study», *Child Development, 63,* p. 1336-1343.

CHEN, X., K. H. RUBIN et Z. LI (1995). «Social Functioning and Adjustment in Chinese Children: A Longitudinal Study», *Developmental Psychology, 31,* p. 531-539.

CHEVALIER, C., et L. SELHI (2008). *Communiquer pour mieux interagir en affaires,* 2e éd., Montréal, Gaëtan Morin Éditeur, 280 p.

CHILDREN'S DEFENSE FUND (CDF) (1998). *The State of America's Children Yearbook,* Washington DC, Children's Defense Fund.

CHIRIBOGA, D. A. (1989). «Mental Health at the Midpoint: Crisis, Challenge, or Relief», dans S. HUNTER et M. SUNDEL, dir., *Midlife Myths,* Newbury Park, Californie, Sage.

CHNEIWEISS, L. (2002). *Vivre sans stress. 50 Méthodes, 250 Produits, 200 Adresses,* Le Cavalier bleu, 285 p.

CHOCHINOV, H. M. (2002). «Dignity-Conserving Care: A New Model for Palliative Care: Helping the Patient Feel Valued», *Journal of the American Medical Association, 287,* p. 2253-2260.

CHOCHINOV, H. M., *et al.* (1999). «Will to Live in the Terminally Ill», *Lancet, 354,* p. 816-819.

CHOMSKY, N. (1957). *Syntactic Structures,* La Haye, Mouton.

CHOMSKY, N. (1972). *Language and Mind,* 2e éd., New York, Harcourt Brace Jovanovich.

CHOUINARD, R., et N. ROY (2008). «Changes in High-School Students' Competence Beliefs, Utility Value, and Achievement Goals in Mathematics», *British Journal of Educational Psychology, 78* (1), 31-50.

CHOUINARD, R., T. KARSENTI et N. ROY (2007). «Relations among Competence Beliefs, Utility Value, Achievement Goals, and Effort in Mathematics», *British Journal of Educational Psychology, 77* (3), p. 501-517.

CHRISTAKIS, D. A., *et al.* (2004). «Early Television Exposure and Subsequent Attentional Problems in Children», *Pediatrics, 113,* p. 708-713.

CHRISTENSEN, A., *et al.* (2006). «Cross-Cultural Consistency of the Demand/Withdraw Interaction Pattern in Couples», *Journal of Marriage and Family, 68* (4), p. 1029-1044.

CHRISTENSEN, K., T. E. JOHNSON et J. W. VAUPEL (2006). «The Quest for Genetic Determinants of Human Longevity: Challenges and Insights», *Nature Reviews Genetics, 7,* p. 436-448.

CHUNG, H. L., et L. STEINBERG (2006). «Relations between Neighborhood Factors, Parenting Behaviors, Peer Deviance, and Delinquency among Serious Juvenile Offenders», *Developmental Psychology, 42,* p. 319-331.

CICCHETTI, D., et S. L. TOTH (1998). «The Development of Depression in Children and Adolescents», *American Psychologist, 53,* p. 221-241.

CICIRELLI, V. G. (1994). «Sibling Relationships in Cross-Cultural Perspective», *Journal of Marriage and Family, 56,* p. 7-20.

CICIRELLI, V. G. (1995). *Sibling Relationships Across the Life Span,* New York, Plenum Press.

CICIRELLI, V. G. (2002). *Older Adults' Views on Death,* New York, Springer.

CILLESSEN, A. H. N., et L. MAYEUX (2004). «From Censure to Reinforcement: Developmental Changes in the Association between Aggression and Social Status», *Child Development, 75,* p. 147-163.

CLARK, A. G., *et al.* (2003). «Inferring Nonneutral Evolution from Human-Chimp-Mouse Orthologous Gene Trios», *Science, 302,* p. 1960-1963.

CLAYTON, E. W. (2003). «Ethical, Legal and Social Implications of Genomic Medicine», *New England Journal of Medicine, 349,* p. 562-569.

CLEARY, P. D., L. B. ZABORSKI et J. Z. AYANIAN (2004). «Sex Differences in Health over the Course of Midlife», dans O. G. BRIM, C. E. RYFF et R. C. KESSLER, dir., *How Healthy Are We? A National Study of Well-Being at Midlife,* Chicago, University of Chicago Press.

CLEMENTS, M. L., S. M. STANLEY et H. J. MARKMAN (2004). «Before the Said "I Do": Discrimination among Marital Outcomes over 13 Years», *Journal of Marriage and Family, 66* (3), p. 613-626.

CLIMO, A. H. et A. J. STEWART (2003). «Eldercare and Personality Development in Middle Age», dans J. DEMICK et C. ANDREOLETTI, *Handbook of Adult Development,* New York, Plenum Press.

CLOUTIER, H., et J. MOREAU (1990). «L'intervention précoce auprès de clientèles à risque: un investissement qui a ses exigences», *Apprentissage et socialisation, 13* (3), p. 205-212.

CLOUTIER, R., P. GOSSELIN et P. TAP (2005). *Psychologie de l'enfant,* Montréal, Gaëtan Morin.

CLOUTIER, R., et S. DRAPEAU (2008). *Psychologie de l'adolescence,* 3e édition, Montréal, Gaëtan Morin éditeur.

COHEN, D. A., *et al.* (1999). «Repeated School-Based Screening for Sexually Transmitted Diseases: A Feasible Strategy for Reaching Adolescents», *Pediatrics, 104* (6), p. 1281-1285.

COHEN, L. B., *et al.* (1999). «Infants' Perception of Causal Chains», *Current Directions in Psychological Science, 10,* p. 412-418.

COIE, J. D., et K. A. DODGE (1998). «Aggression and Antisocial Behavior», dans W. DAMON et N. EISENBERG, dir., *Handbook of Child Psychology, 3, Social, Emotional and Personality Development,* 5e éd., New York, Wiley, p. 780-862.

COHEN, S. (2004). «Social Relationships and Health», *American Psychologist, 59* (8), P. 676-684.

COHEN, S., B. GOTTLIEB ET L. UNDERWOOD (2000). «Social Relationships and Health», dans S. COHEN, L. UNDERWOOD et B. GOTTLIEB, dir., *Measuring and Intervening in Social Support,* New York, Oxford University Press, P. 3-25.

COLE, M., et S. R. COLE (1989). *The Development of Children,* New York, Freeman.

COLE, P. M., C. J. BRUSCHI et B. L. TAMANG (2002). «Cultural Differences in Children's Emotional Reactions to Difficult Situations», *Child Development, 73* (3), p. 983-996.

COLBY, A., et W. DAMON (1992). *Some do Care: Contemporary Lives of Moral Commitment,* New York, Free Press.

COLEY, R. L. (2001). «(In)visible Men: Emerging Research on Low-Income, Unmarried, and Minority Fathers», *American Psychologist, 56,* p. 743-753.

COLEY, R. L., J. E. MORRIS et D. HERNANDEZ (2004). «Out-of-School Care and Problem Behavior Trajectories among Low-Income Adolescents: Individual, Family, and Neighborhood Characteristics as Added Risks», *Child Development, 75,* p. 948-965.

COLLINS, W. A., *et al.* (2000). «Contemporary Research in Parenting: The Case for Nature and Nurture», *American Psychologist, 55,* p. 218-232.

COLLINS, W.A., et M. VAN DULMEN (2006). «Friendships and Romance in Emerging Adulthood: Assessing the Distinctiveness in Close Relationships», dans J. J. ARNETT et J. L. TANNER, dir., *Emerging Adults in America: Coming of Age in the 21st Century,* Washington DC, American Psychological Association, p. 219-234.

COLOMBO, J. (1993). *Infant Cognition: Predicting Later Intellectual Functioning,* Thousand Oaks, Californie, Sage.

COLOMBO, J., *et al.* (2004). «Maternal DHA and the Development of Attention in Infancy and Toddlerhood», *Child Development, 75,* p. 1254-1267.

CONSEIL CANADIEN DE DÉVELOPPEMENT SOCIAL (2002). *Le progrès des enfants au Canada 2002,* Conseil canadien de développement social, Canada.

CONSEIL CANADIEN DE DÉVELOPPEMENT SOCIAL (2006). «La vie familiale», dans *Le progrès des enfants et des jeunes au Canada,* [En ligne], www.ccsd.ca/pccy/2006/f/vie_familiale.htm (Page consultée le 10 février 2010).

CONSEIL CANADIEN DE LA SÉCURITÉ (2004). *Harcèlement psychologique. Lois sur le harcèlement psychologique/le coût de l'intimidation/du leadership,* [En ligne], http://archive.safety-council.org/CCS/sujet/SST/harcel.html (Page consultée le 10 février 2010).

CONSEIL CANADIEN DE LA SÉCURITÉ (2006). *La sécurité dans le cyberespace,* janvier, [En ligne], www.safety-council.org/CCS/sujet/enfants/cybere.html (Page consultée le 17 décembre 2009).

CONSEIL CANADIEN SUR L'APPRENTISSAGE (2008). *Le rôle des parents dans les devoirs de leurs enfants,* [En ligne], www.ccl-cca.ca/CCL/Reports/LessonsInLearning/LinL20080206_Homework.htm?Language=FR (Page consultée le 25 novembre 2009).

CONSEIL CANADIEN SUR L'APPRENTISSAGE (2009). *Estimation des coûts du décrochage scolaire au Canada,* [En ligne], www.ccl-cca.ca/CCL/Reports/Other+Reports/20090203CostofDroppingOut.htm?Language=FR (Page consultée le 17 décembre 2009).

CONSEIL CANADIEN SUR L'APPRENTISSAGE (2009a). «Enseignement postsecondaire au Canada: Qui sont les laissés-pour-compte?», *Carnet du Savoir,* [En ligne], www.ccl-cca.ca/CCL/Reports/LessonsInLearning/LinL200900401PSEUnderrepresented.htm?Language=FR (Page consultée le 10 février 2010).

CONSEIL DE RECHERCHES EN SCIENCES HUMAINES DU CANADA (2005). Institut de recherche en santé du Canada, Conseil de recherches en sciences naturelles et en génie du Canada (1998, avec les modifications de 2000, 2003, 2005), *Énoncé de politique des trois Conseils: Éthique de la recherche avec des êtres humains,* Travaux publics et Services gouvernementaux Canada.

CONSEIL NATIONAL DU BIEN-ÊTRE SOCIAL (2004). *Rapport sur la pauvreté 2001,* Conseil national du bien-être social, Canada.

CONSEIL PERMANENT DE LA JEUNESSE (2007). *Recherche-avis. Sortons l'homophobie du placard…et de nos écoles secondaires,* Québec, Gouvernement du Québec.

COOPER, H., *et al.* (1999). «Relationships between Five After-School Activities and Academic Achievement», *Journal of Educational Psychology, 91* (2), p. 369-378.

COPLAN, R. J., *et al.* (2004). «Do You "Want" to Play? Distinguishing between Conflicted-Shyness and Social Disinterest in Early Childhood», *Developmental Psychology, 40,* p. 244-258.

COSTELLO, E. J., *et al.* (2003). «Relationship between Poverty and Psychopathology: A Natural Experiment», *Journal of the American Medical Association, 290,* p. 2023-2029.

CÔTÉ, S., *et al.* (2006). «The Development of Physical Aggression from Toddlerhood to Pre-adolescence: A Nation-Wide Longitudinal Study of Canadian Children», *Journal of Abnormal Child Psychology, 34* (1), p. 68-82.

COUTU, S., G. TARDIF et D. PELLETIER (2004). «Les problèmes de comportement chez les enfants d'âge préscolaire: quelques pistes pour l'évaluation, la prévention et l'intervention», dans N. ROYER, dir., *Le monde du préscolaire,* Montréal, Gaëtan Morin.

CRAIK, F. I. M., et J. M. JENNINGS (1992). «Human Memory», dans F. I. M. CRAIK et T. A. SALTHOUSE, dir., *Handbook of Aging and Cognition,* Hillsdale, New Jersey, Erlbaum, p. 51-110.

CRATTY, B. J. (1986). *Perceptual and Motor Development in Infants and Children,* 3ᵉ éd., Englewood Cliffs, New Jersey, Prentice-Hall.

CRICK, N. R., et J. K. GROTPETER (1995). «Relational Aggression, Gender, and Social Psychological Adjustment», *Child Development, 66,* p. 710-722.

CRICK, N. R., et K. A. DODGE (1996). «Social Information-Processing Mechanisms in Reactive and Proactive Aggression», *Child Development, 67,* p. 993-1002.

CRISP, J., J. A. UNGERER et J. J. GOODNOW (1996). «The Impact of Experience on Children's Understanding of Illness», *Journal of Pediatric Psychology, 21,* p. 57-72.

CROSS, D., et J. WATSON (2001). «Meta-Analysis of Theory-of-Mind Development: The Truth about False Belief», *Child Development, 72* (3), p. 655-684.

CROWE, M., *et al.* (2003). «Does Participation in Leisure Activities Lead to Reduced Risk of Alzheimer's Disease? A Prospective Study of Swedish Twins», *Journal of Gerontology: Psychological Sciences, 58B,* p. 249-255.

CUI, M., R. D. CONGER et F. O. LORENZ (2005). «Predicting Change in Adolescent Adjustment from Change in Marital Problems», *Developmental Psychology, 41,* p. 812-823.

CUMMING, E., et W. HENRY (1961). *Growing Old,* New York, Basic Books.

CUMMINGS, J. L. (2004). «Alzheimer's Disease», *New England Journal of Medicine, 351,* p. 56-67.

CURRIE, C., *et al.* (2004). *Young People's Health in Context,* Genève, World Health Organization.

CURTIS, B., et A. HUNT (2007). «The Fellatio Epidemic: Age Relations and Access to the Erotic Arts», *Sexualities, 10* (1), p. 5-28.

CYR, M. (2006). *Perdre notre bébé… Pourquoi? Comment?,* CSSS Vaudreuil-Soulanges, 35 p.

CYRULNIK, B. (2001). *Les vilains petits canards,* Paris, Odile Jacob.

CYRULNIK, B. (2008). *Autobiographie d'un épouvantail,* Paris, Odile Jacob.

CZAJA, S. J. (2006). «Employment and the Baby Boomers: What Can We Expect in the Future?», dans S. K. WHITBOURNE et S. L. WILLIS, dir., *The Baby Boomers Grow Up: Contemporary Perspectives on Midlife,* Mahwah, New Jersey, Erlbaum, p. 283-298.

DALGALIAN, G. (2000). *Enfances plurilingues. Témoignage pour une éducation bilingue et plurilingue,* Paris, Harmattan.

DALLAIRE, Y. (2002). *La violence faite aux hommes. Une réalité taboue et complexe,* Montréal, Les Éditions Option Santé.

DAMANT, D., *et al.* (1999). «1, 2, 3 GO! Modèle théorique et activités d'une initiative communautaire pour les enfants et parents de six voisinages de la grande région de Montréal», *Nouvelles Pratiques Sociales, 12,* p. 133-150.

DANESI, M. (1994). *Cool: The Signs and Meanings of Adolescence,* Toronto, University of Toronto Press.

DARLING, N., et L. STEINBERG (1993). «Parenting Style as Context: An Integrative Model», *Psychological Bulletin, 113,* p. 487-496.

DATAR, A., et R. STURM (2004). «Childhood Overweight and Parent and Teacher-Reported Behavior Problems», *Archives of Pediatric and Adolescent Medicine, 158,* p. 804-810.

DAVIDSON, K. K., et L. L. BIRCH (2001). «Weight Status, Parent Reaction, and Self-Concept in 5-year-old girls», *Pediatrics, 107,* p. 46-53.

DAVIDSON, K. K., E. J. SUSMAN et L. L. BIRCH (2003). «Percent Body Fat at Age 5 Predicts Earlier Pubertal Development among Girls at Age 9», *Pediatrics, 111,* p. 815-821.

DE CASTRO, B. O., *et al.* (2002). «Hostile Attribution of Intent and Aggressive Behavior: A Meta-Analysis», *Child Development, 73,* p. 916-934.

DE CHEVIGNY, A., et P. M. LLEDO (2006). «La neurogénèse bulbaire et son impact neurologique», *Medecine/Science,* Juin-Juillet 2006, *22* (6), [En ligne] www.medecinesciences.org/reserve/recherche/e-docs/00/00/09/5E/document_article.md (Page consultée le 14 janvier 2010).

DE LA CHICA, R. A., *et al.* (2005). «Chromosomal Instability in Amniocytes from Fetuses of Mothers Who Smoke», *Journal of the American Medical Association, 293,* p. 1212-1222.

DE LA FUENTE-FERNANDEZ, R. (2006). «Impact of Neuroprotection on Incidence of Alzheimer's Disease», [En ligne], www.pubmedcentral.nih.gov/articlerender.fcgi?artid=1762379 (Page consultée le 14 janvier 2010).

DES AULNIERS, L. (2009). *Le Repos Saint-François-d'Assise, L'aide aux personnes en deuil,* [En ligne], www.rsfa.ca/aide_agees_deuil.html (Page consultée le 23 janvier 2010).

DE VRIES, B. (1996). «The Understanding of Friendship: An adult Life Course Perspective», dans C. MAGAI et S. H. MCFADDEN, dir., *Handbook of Emotion, Adult Development, and Aging,* San Diego, Academic Press, p. 249-269.

DEAUDELIN, C., et M. BRODEUR (2004). «Les médias au préscolaire: théorie et pratique», dans N. ROYER, dir., *Le monde du préscolaire,* Montréal, Gaëtan Morin.

DECASPER, A. J., *et al.* (1994). «Fetal Reactions to Recurrent Maternal Speech», *Infant Behavior and Development, 17,* p. 159-164.

DELOACHE, J. S. (2006). «Mindful of Symbols», *Scientific American Mind, 17,* p. 70-75.

DELOACHE, J. S., S. L. PIERROUTSAKOS et D. H. UTTAL (2003). «The Origins of Pictorial Competence», *Current Directions in Psychological Science, 12,* p. 114-118.

DELOACHE, J., et A. GOTTLIEB (2000). «If Dʳ Spock Were Born in Bali: Raising a World of Babies», *A World of Babies: Imagined Childcare Guides for Seven Societies,* New York, Cambridge University Press, p. 1-27.

DENHAM, S. A., *et al.* (2003). «Preschool Emotional Competence: Pathway to Social Competence?» *Child Development, 74,* p. 238-256.

DENNERSTEIN, L. (2006). «Hypoactive Sexual Desire Disorder in Menopausal Women: a Survey of Western European Women», *J. Sex Med., 3,* p. 212-222.

DENNIS, T. (2006). «Emotional Self-Regulation in Preschoolers: The Interplay of Child Approach Reactivity, Parenting, and Control Capacities», *Developmental Psychology, 42,* p. 84-97.

DENNISSEN, J. J. A., J. B. ASENDORPF et M. A. G. VAN AKEN (2008). «Childhood Personality Predicts Long-Term Trajectories of Shyness and Aggressiveness in the Context of Demographic Transitions in Emerging Adulthood», *Journal of Personality, 76* (1), p. 67-99.

DER, G., et I. J. DEARY (2006). «Age and Sex Differences in Reaction Time in Adulthood: Results from the United Kingdom Health and Lifestyle Study», *Psychology and Aging, 21,* p. 62-73.

DESLANDES, R. et M. JACQUES (2004). «Relations famille-école et l'ajustement du comportement socioscolaire de l'enfant à l'éducation préscolaire», *Éducation et francophonie, 32,* p. 172-200.

DEVAULT, A. (1988). «L'intimité et la révélation de soi», *Science et Comportement, 18* (3), p. 123-140.

DEVOE, J. F., *et al.* (2004). *Indicators of School Crime and Safety: 2004* (NCES 2005-002/NCJ 205290), Washington DC, Departments of Education and Justice.

DEWEY, J. (1910/1991). *How we think,* Amherst, New York, Prometheus Books.

DEWING, P., *et al.* (2003). «Sexually Dimorphic Gene Expression in Mouse Brain Precedes Gonadal Differentiation», *Molecular Brain Research, 118,* p. 82-90.

DIAMOND, L. M. (1998). *Why is Sex Fun? The Evolution of Human Sexuality,* New York, Barnes & Noble.

DIAMOND, L. M. (2000). «Sexual Identity, Attractions, and Behaviors among Young Sexual-Minority Women over a 2-year Period», *Developmental Psychology, 36* (2), p. 241-250.

DIAMOND, L. M., et R. C. SAVIN-WILLIAMS, (2003). «The Intimate Relationships of Sexual-Minority Youths», dans G. R. ADAMS et M. D. BERZONSKY, dir., *Blackwell Handbook of Adolescence,* Malden, Massachusetts, Blackwell, p. 393-412.

DIAMOND, M., et H. K. SIGMUNDSON (1997). «Sex Reassignment at Birth: Longterm Review and Clinical Implications», *Archives of Pediatric and Adolescent Medicine, 151,* p. 298-304.

DICK, D. M., *et al.* (2000). «Pubertal Timing and Substance Use: Association between and within Families Across Late Adolescence». *Developmental Psychology, 36,* p. 180-189.

DICKENS, W. T., et J. R. FLYNN (2006). «Black Americans Reduce the Racial IQ Gap: Evidence from Standardization Samples», *Psychological Science, 17* (10), p. 913-920.

DIEGO, M. A., *et al.* (2007). «Preterm Infant Massage Elicits Consistent Increases in Vagal Activity and Gastric Motility That Are Associated with Greater Weight Gain», *Acta Pædiatrica, 96,* p. 1588-1591.

DIENER, E. (2000). «Subjective Well-Being: The Science of Happiness and a Proposal for a National Index», *American Psychologist, 55,* p. 34-43.

DIFRANZA, J. R., C. A. ALIGNE et M. WEITZMAN (2004). «Prenatal and Postnatal Environmental Tobacco Smoke Exposure and Children's Health», *Pediatrics, 113,* p. 1007-1015.

DIPIETRO, J. A. (2004). «The Role of Prenatal Maternal Stress in Child Development», *Current Directions in Psychological Science, 13* (2), p. 71-74.

DIPIETRO, J. H., *et al.* (2002). «Maternal Stress and Affect Influences Fetal Neurobehavioral Development», *Developmental Psychology, 38,* p. 659-668.

DISHION, T. J., J. MCCORD et F. POULIN (1999). «When Intervention Harms», *American Psychologist, 54,* p. 755-764.

DITTMAR, H., E. HALLIWELL et S. IVE (2006). «Does Barbie make girls want to be thin? The Effect of Experimental Exposure to Images of Dolls on the Body Image of 5- to 8-year-old girls», *Developmental Psychology, 42,* p. 283–292.

DIXON, R. A., et D. F. HULTSCH (1999). «Intelligence and Cognitive Potential in Late Life», dans J. C. CAVANAGH et S. K. WHITBOURNE, dir., *Gerontology: An Interdisciplinary Perspective,* New York, Oxford University Press.

DOBRIANSKY P. J, R. M. SUZMAN et R. J. HODES (2007). *Why Population Aging Matters: A Global Perspective,* [En ligne], www.nia.nih.gov/NR/rdonlyres/9E91407E-CFE8-4903-9875-D5AA75BD1D50/0/WPAM_finalpdftorose3_9.pdf (Page consultée le 14 janvier 2010).

DOKA, K. J., et M. E. MERTZ (1988). «The Meaning and Significance of Great-Grandparenthood», *Gerontologist, 28* (2), p. 192-197.

DORAIS, M. (2000). *Mort ou fif,* Montréal, VLB Éditeur.

DRAPEAU, S., *et al.* (2002). «Soutien social», dans *Enquête sociale et de santé auprès des enfants et des adolescents québécois 1999,* Québec, Institut de la statistique du Québec, chap. 7.

DUBÉ, G., et J. CAMIRAND (2007). *Enquête québécoise sur le tabac, l'alcool, la drogue et le jeu chez les élèves du secondaire, 2006,* Québec, Institut de la statistique du Québec.

DUBÉ, M., et D. JULIEN (2000). «Le développement des enfants de parents homosexuels: État des recherches et prospective», dans M. SIMARD et J. ALARY, dir., *Comprendre la famille – 5ᵉ symposium québécois,* Conseil de développement de la recherche sur la famille du Québec, Presses de l'Université du Québec.

DUBEAU, D., S. COUTU et E. MOSS (2000). «Comment va le père? Conceptualisation de la complémentarité parentale durant la période d'âge préscolaire de l'enfant», *Revue internationale de l'éducation familiale, 4,* p. 93-115.

DUCKWORTH, A., et M. E. P. SELIGMAN (2005). «Self-Discipline Outdoes IQ in Predicting Academic Performance of Adolescents», *Psychological Science, 26,* p. 939-944.

DUCLOS, G. (2004). *L'estime de soi, un passeport pour la vie,* 2ᵉ éd., Montréal, Éditions CHU Sainte-Justine.

DUCLOS, G. (2007). «L'estime de soi, un passeport pour la vie», dans *Le livre d'or des parents,* Montréal, Éditions CHU Sainte-Justine.

DUFORT, F., É. GUILBERT et L. ST-LAURENT (2000). *La grossesse à l'adolescence et sa prévention. Au-delà de la pensée magique!,* Québec, ministère de la Santé et des Services sociaux, Direction de la santé publique.

DUNCAN, G. J., *et al.* (2007). «School Readiness and Later Achievement», *Developmental Psychology*, 43 (6), p. 1428-1446.

DUNSON, D. B., B. COLOMBO et D. D. BAIRD (2002). «Changes with Age in the Level and Duration of Fertility in the Menstrual Cycle», *Human Reproduction*, 17 (5), p. 1399-1403.

DURKIN, K., et BRADLEY, N. (1998). «Kindergarten Children's Gender-Role Expectations for Television Actors», *Sex Roles: A Journal of Research*, 38 (5-6), p. 387-402.

DURANT, R. H., *et al.* (1999). «The Relationship between Early Age of Onset of Initial Substance Use and Engaging in Multiple Health Risk Behaviours among Young Adolescents», *Archives of Pediatrics & Adolescent Medecine*, 153, p. 286-291.

DURRANT, J. E., ENSOM, R. et la COALITION SUR LES PUNITIONS CORPORELLES DONNÉES AUX ENFANTS ET AUX ADOLESCENTS (2004). «Déclaration conjointe sur les punitions corporelles données aux enfants et aux adolescents», *Coalition sur les punitions corporelles données aux enfants et aux adolescents*, [En ligne], www.cheo.on.ca/francais/4220.shtml (Page consultée le 31 juillet 2009).

EATON, D. K., *et al.* (2008). «Wouth Risk Behaviour Surveillance-United States, 2007», *Morbidity and Mortality Weekly Report*, 57 (SS-4), p. 1-131.

ECCLES, J. S. (2004). «Schools, Academic Motivation, and Stage-Environment Fit», dans R. M. LERNER et L. D. STEINBERG, dir., *Handbook of Adolescent Psychology*, 2e éd., Hoboken, New Jersey, Wiley, p. 125-153.

ECCLES, J. S., A. WIGFIELD et J. BYRNES (2003). «Cognitive Development in Adolescence», dans I. B. WEINER *et al.*, dir., *Handbook of Adolescent Development*, New York, Wiley.

ÉCO-SANTÉ QUÉBEC (2008). *Répartition de la population selon le niveau d'activité physique de loisir*, [En ligne], www.ecosante.fr/QUEBFRA/602000.html (Page consultée le 17 décembre 2009).

EDEN, G. F., *et al.* (2004). «Neural Changes Following Remediation in Adult Developmental Dyslexia», *Neuron*, 44, p. 411-422.

EDER, W., M. J. EGE et E. VON MUTIUS (2006). «The Asthma Epidemic», *New England Journal of Medicine*, 355, p. 2226–2235.

EIBERG, H. (1995). «Nocturnal Enuresis is Linked to a Specific Gene», *Scandinavian Journal Urol Nephrol Suppl*, 173 (15-6), discussion 17.

EISENBERG, A. R. (1996). «The Conflict Talk of Mothers and Children: Patterns Related to Culture, SES, and Gender of Child», *Merrill-Palmer Quarterly*, 42, p. 438-452.

EISENBERG, N. (2000). «Emotion, Regulation, and Moral Development», *Annual Review of Psychology*, 51, p. 665-697.

EISENBERG, N., *et al.* (1994). «The Relations of Emotionality and Regulation to Children's Anger-related Reactions», *Child Development*, 65, p. 109-128.

EISENBERG, N., *et al.* (2004). «The Relations of Effortful Control and Impulsivity to Children's Resiliency and Adjustment», *Child Development*, 75, p. 25-46.

EISENBERG, N., et A. D. MORRIS (2004). «Moral Cognitions and Prosocial Responding in Adolescence», dans R. M. LERNER et L. STEINBERG, dir., *Handbook of Adolescent Psychology*, 2e éd., Hoboken, New Jersey, Wiley, p. 155-188.

EISENBERG, N., et R. A. FABES (1998). «Prosocial Development», dans W. DAMON et N.

EISENBERG, dir., *Handbook of Child Psychology, vol. 3, Social, Emotional, and Personality Development*, 5e éd., New York, Wiley, p. 701-778.

ELICKER, J., M. ENGLUND et L. A. SROUFE (1992). «Predicting Peer Competence and Peer Relationships in Childhood from Early Parent-Child Relationships», dans R. PARKE et G. LADD, dir., *Family Peer Relationships: Modes of Linkage*, Hillsdale, New Jersey, Erlbaum, p. 77-106.

ELKIND, D. (1984). *All Grown-Up and Po Place to Go: Teenagers in Crisis*, Reading, Massachusetts, Addison-Wesley.

ELKIND, D. (1987). *Miseducation*, New York, Knopf.

ELKIND, D. (1997). *Reinventing Childhood: Raising and Educating Children in a Changing World*, Rosemont, New Jersey, Modern Learning Press.

ELKIND, D. (1998). *Teenagers in Crisis: All Grown Up and No Place to Go*, Massachusetts, Perseus Books Group.

ELLIOTT, D. S. (1993). «Health Enhancing and Health Compromising Lifestyles», dans S. G. MILLSTEIN, A. C. PETERSEN et E. O. NIGHTINGALE, dir., *Promoting the Health of Adolescents, New Directions for the Twenty-First Century*, New York, Oxford University Press, p. 119-145.

ELLIS, B. J., *et al.* (2003). «Does Father-Absence Place Daughters at Special Risk for Early Sexual Activity and Teenage Pregnancy?», *Child Development*, 74, p. 801-821.

EMDE, R. N. (1992). «Individual Meaning and Increasing Complexity: Contributions of Sigmund Freud and René Spitz to Developmental Psychology», *Developmental Psychology*, 28, p. 347-359.

EPSTEIN, R. A. (1989, Spring). *Voluntary Euthanasia*, Law School Record, University of Chicago, p. 8-13.

ERIKSON, E. H. (1950, 1982). *The Life Cycle Completed*, New York, Norton.

ERIKSON, E. H. (1963). *Childhood and Society*, New York, Norton.

ERIKSON, E. H. (1968). *Identity: Youth and Crisis*, New York, Norton.

ERIKSON, E. H. (1973). «The Wider Identity», dans K. ERIKSON, dir., *In Search of Common Ground: Conversations with Erik H. Erikson and Huey P. Newton*, New York, Norton.

ERIKSON, E. H. (1982). *The Life Cycle Completed*, New York, Norton.

ERIKSON, E. H. (1985). *The Life Cycle Completed*, New York, Norton.

ERIKSON, E. H., J. M. ERIKSON et H. Q. KIVNIK (1986). *Vital Involvement in Old Age: The Experience of Old Age in Our Time*, New York, Norton.

ESPOSITO, K., *et al.* (2004). «Effects of a Mediterranean-Style Diet on Endothelial Dysfunction and Markers of Vascular Inflammation in the Metabolic Syndrome: A Randomized Trial», *Journal of the American Medical Association*, 292, p.1440-1446.

EVANS, G. W. (2004). «The Environment of Childhood Poverty», *American Psychologist*, 59, p. 77-92.

EVANS, R. I. (1967). *Dialogue with Erik Erikson*, New York, Harper & Row.

EVERT, J., *et al.* (2003). «Morbidity Profiles of Centenarians: Survivors, Delayers, and Escapers», *Journal of Gerontology: Medical Sciences*, 58A, p. 232-237.

FABES, R. A., et N. EISENBERG (1996). *An Examination of Age and Sex Differences in Prosocial Behavior and Empathy*, Données non publiées, Phoenix, Arizona, Arizona State University.

FABRICIUS, W. V. (2003). «Listening to Children of Divorce: New Findings that Diverge from Wallerstein, Lewis, and Blakeslee», *Family Relations*, 52, p. 385-394.

FALBO, T. (2006). «Your One and Only: Educational Psychologist Dispels Myths Surrounding Only Children», *The University of Texas at Austin*, [En ligne], www.utexas.edu/features/archive/2004/single.html (Page consultée le 31 octobre 2009).

FARVER, J. A. M., *et al.* (2005). «Community Violence, Family Conflict, and Preschoolers' Socioemotional Functioning», *Developmental Psychology*, 41, p. 160-170.

FAUGERAS, F., S. MOISAN et C. LAQUERRE (2000). *Les problématiques en centre jeunesse, module pédagogique*, Québec, Centre jeunesse de Québec, Institut universitaire.

FÉDÉRATIONS DES COOPÉRATIVES FUNÉRAIRES DU QUÉBEC (FCFQ) (2009). *Les rituels funéraires*, [En ligne], www.fcfq.qc.ca (Page consultée le 23 janvier 2010).

FELDMAN, R., C. W. GREENBAUM et N. YIRMIYA (1999). «Mother-Infant Affect Synchrony as an Antecedent of the Emergence of Self-Control», *Developmental Psychology*, 35, p. 223-231.

FERBER, R. (1985). *Solve Your Child's Sleep Problems*, New York, Simon & Schuster.

FERBER, S. G., et MAKHOUL, I. R. (2004). «The Effect of Skin-to-Skin Contact (Kangaroo Care) Shortly after Birth on the Neuro-Behavioral Responses of the Term Newborn: A Randomized, Controlled Trial», *Pediatrics*, 113, p. 858-865.

FERGUSSON, D. M. *et al.* (2005). «Subthreshold Depression in Adolescence and Mental Health Outcomes in Adulthood», *Archives of General Psychiatry*, 62 (1), p. 66-72.

FERLAND, M., et F. DENIS (2000). «Le deuil collectif, Vivre ensemble la plus intime des souffrances», *Revue Profil*, 12 (2), p. 2.

FERNALD, A., et D. K. O'NEILL (1993). «Peekaboo Across Cultures: How Mothers and Infants Play with Voices, Faces, and Expectations», dans K. MACDONALD, dir., *Parent-Child Play*, Albany, New York, State University of New York Press, p. 259-285.

FERNET, M., M. IMBLEAU et F. PILOTTE (2002). «Sexualité et mesures préventives contre les MTS et la grossesse», dans *Enquête sociale et de santé auprès des enfants et des adolescents québécois 1999*, Québec, Institut de la statistique du Québec, Gouvernement du Québec.

FINCH, C. E., et E. M. ZELINSKI (2005). «Normal Aging of Brain Structure and Cognition: Evolutionary Perspectives», *Research in Human Development*, 2, p. 69-82.

FINGERMAN, K., et M. DOLBIN-MACNAB (2006). «The Baby Boomers and their Parents: Cohort Influences and Intergenerational Ties» dans S. K. WHITBOURNE et S. L. WILLIS, dir., *The Baby Boomers Grow Up: Contemporary Perspectives on Midlife*, Mahwah, New Jersey, Erlbaum, p. 237-259.

FINN, J. D., et D. A. ROCK (1997). «Academic Success among Students at Risk for Dropout», *Journal of Applied Psychology*, 82, p. 221-234.

FIRST 30 DAYS (2008). *The Change Report*, Research conducted by Southeastern Institute of Research, [En ligne], www.first30days.com/pages/the_change_report.html (Page consultée le 10 février 2010).

FISCHER, K. (1980). «A Theory of Cognitive Development: The Control and Construction of Hierarchies of Skills», *Psychological Review*, 87, p. 477-531.

FISCHER, K. W., et E. PRUYNE (2003). «Reflective Thinking in Adulthood», dans J. DEMICK et C. ANDREOLETTI, dir., *Handbook of Adult Development*, New York, Plenum Press.

FITZPATRICK, M. D., et S. E. TURNER (2007). «Blurring the Boundary: Changes in the Transition from College Participation to Adulthood», dans S. DANZIGER et C. ROUSE, dir., *The Price of Independence: The Economics of Early Adulthood*, p. 107-137.

FIVUSH, R., et C. A. HADEN (2006). «Elaborating on Elaborations: Role of Maternal Reminiscing Style in Cognitive and Socioemotional Development», *Child Development*, 77, p. 1568-1588.

FLAMENT, M., et P. JEAMMET (2000). *La boulimie: Réalités et perspectives*, Paris, Masson.

FLAVELL, J. H. (1985). *Cognitive Development*, 2e éd., Englewook Cliffs, New Jersey, Prentice-Hall.

FLAVELL, J. H., *et al.* (1997). «The Development of Children's Knowledge about Inner Speech», *Child Development*, 68, p. 39-47.

FLAVELL, J. H., F. L. GREEN et E. R. FLAVELL (1995). «Young Children's Knowledge about Thinking», *Monographs of the Society for Research in Child Development*, 60, p. 1-243.

FLAVELL, J. H., P. H. MILLER et S. A. MILLER (2002). *Cognitive Development*, Englewood Cliffs, New Jersey, Prentice-Hall.

FLEESON, W. (2004). «The Quality of American Life at the End of the Century», dans O. G. BRIM, C. D. RYFF et R. C. KESSLER, *How Healthy Are We? A National Study of Well-Being at Midlife*, Chicago, University of Chicago Press, p. 252-272.

FLIGHT, J. (2007). *Enquête sur les toxicomanies au Canada (ETC): Une enquête nationale sur la consommation d'alcool et d'autres drogues par les Canadiens: consommation d'alcool et de drogues par les jeunes*, Ottawa, Santé Canada et Conseil exécutif canadien sur les toxicomanies.

FOLKMAN, S. (2001). «Revised Coping Theory and the Process of Bereavement», dans M. S. STROEBE *et al.*, dir., *Handbook of Bereavement Research: Consequences, Coping, and Care*, Washington DC, American Psychological Association Press, p. 563-584.

FOMBY, P., et A. J. CHERLIN (2007). «Family Instability and Child Well-Being», *American Sociological Review*, 72 (2), p. 181-204.

FONDATION DES MALADIES DU CŒUR DU CANADA (2006), *Bulletin annuel de santé des Canadiens et des Canadiennes. Est-on septuagénaire dix ans avant l'heure?*, [En ligne], www.fmcoeur.qc.ca/site/apps/nlnet/content2.aspx?c=kpIQKVOxFoG&b=4294069&ct=4756231 (Page consultée le 3 janvier 2010).

FONTANA, L., et S. KLEIN (2007). «Aging, Adiposity, and Calorie Restriction», *Journal of the American Medical Association*, 297, p. 986-994.

FORTNER, M. R., A. C. CROUTER et S. M. MCHALE (2004). «Is Parents' Work Involvement Responsive to the Quality of Relationships with Adolescent Offspring?» *Journal of Family Psychology*, 18, p. 530-538.

FRANKENBURG, W. K., *et al.* (1992). *Denver II Training Manual*, Denver, Colorado, Denver Developmental Materials.

FRASER, A. M., J. F. BROCKERT et R. H. WARD (1995). «Association of Young Maternal Age with Adverse

Reproductive Outcomes», *The New England Journal of Medicine, 332* (17), p. 1113-1117.

FREEMAN, D. (1983). *Margaret Mead and Samoa: The Making and Unmaking of an Anthropological Myth,* Cambridge, Massachusetts, Harvard University Press.

FREY, K. S., *et al.* (2005). «Reducing Playground Bullying and Supporting Beliefs: An Experimental Trial of the Steps to Respect Program», *Developmental Psychology, 41,* p. 479-491.

FRIEDMAN, H. S. (2008). «The Multiple Linkages of Personality and Disease», *Brain, Behavior and Immunity, 22* (5), p. 668-675.

FRIEDMAN, L. J. (1999). *Identity's Architect,* New York, Scribner.

FRISCH, H. (1977). «Sex Stereotypes in Adult-Infancy Play», *Child Development, 48,* p. 1671-1675.

FRYE, M. (2000). «Lesbian Sex», dans M. B. ZINN, P. HONDAGNEU-SOTELO et M. A. MESSNER, dir., *Gender through the Prism of Difference,* 2ᵉ éd., Boston, Allyn and Bacon, p. 200-205.

FULIGNI, A. J., et J. S. ECCLES (1993). «Perceived Parent-Child Relationships and Early Adolescents' Orientation toward Peers», *Developmental Psychology, 29,* p. 622-632.

FULIGNI, A. J., *et al.* (2001). «Early Adolescent Peer Orientation and Adjustment during High School», *Developmental Psychology, 37* (1), p. 28-36.

FULTON, R., et G. OWEN (1987-1988). «Death and Society in Twentieth-Century America», *Omega: Journal of Death and Dying, 18* (4), p. 379-395.

FUNG, H. H., L. L. CARSTENSEN et F. R. LANG (2001). «Age-Related Patterns in Social Networks among European-Americans and African-Americans: Implications for Socioemotional Selectivity across the Life Span», *International Journal of Aging and Human Development, 52,* p. 185-206.

FURMAN, W., et E. A. WEHNER (1997). «Adolescent Romantic Relationships: A Developmental Perspective», dans S. SHULMAN et A. COLLINS, dir., *Romantic Relationships in Adolescence: Developmental Perspectives, New Directions for Child and Adolescent Development, 78,* San Francisco, Jossey-Bass, *p.* 21-36.

FURSTENBERG Jr, F. F., R. G. RUMBAUT et R. A. SETTERSTEIN Jr (2005). «On the Frontier of Adulthood: Emerging Themes and New Directions», dans R. A. SETTERSTEN Jr, F. F. FURSTENBERG Jr et R. G RUMBAUT, dir., *On the Frontier of Adulthood: Theory,Research, and Public Policy,* Chicago, University of Chicago Press, p. 3-25.

GABBARD, C. p. (1996). *Lifelong Motor Development,* 2ᵉ éd., Madison, Wisconsin, Brown and Benchmark.

GAFFNEY, M., *et al.* (2003). «Infants Tested for Hearing Loss-United States, 1999-2001», *Morbidity and Mortality Weekley Report, 51,* p. 981-984.

GAGNON, C. (1999). *Pour réussir dès le primaire. Filles et garçons face à l'école,* Montréal, les Éditions du remue-ménage.

GALINSKI, E., S. S. KIM et J. T. BOND (2001). *Feeling Overworked: When Work Becomes Too Much,* New York, Families and Work Institute.

GALLAGHER, W. (1993). «Midlife Myths», *Atlantic Monthly*, p. 51-68.

GALOTTI, K. M., L. K. KOMATSU et S. VOELZ (1997). «Children's Differential Performance on Deductive and Inductive Syllogisms», *Development Psychology, 33,* p. 70-78.

GANNON, P. J., *et al.* (1998). «Asymmetry of Chimpanzee Planum Temporale: Human-Like Pattern of Wernicke's Brain Language Homolog», *Science, 279,* p. 22-222.

GANS, J. E. (1990). *America's Adolescents: How Healthy Are They?,* Chicago, American Medical Association.

GARDINER, H. W., et C. KOSMITZKI (2005). *Lives Across Culture: Cross-Cultural Human Development,* Boston, Allyn & Bacon.

GARDNER, H. (1993). *Frames of Mind: The Theory of Multiple Intelligences*, New York, Basic Books.

GARDNER, H. (1999). *Intelligence Reframed: Multiple Intelligences for the 21ˢᵗ century,* New York, Basic Books.

GARDINER, H. W., et C. KOSMITZKI, C. (2005). *Lives Across Cultures: Cross-Cultural Human Development,* Boston, Allyn & Bacon.

GARLICK, D. (2003). «Integrating Brain Science Research with Intelligence Research», *Current Directions in Psychological Science, 12,* p. 185-192.

GATES, G., et J. H. MILLS (2005). «Presbycusis», *The Lancet, 366,* p. 1111-1120.

GATTIS, K. S., *et al.* (2004). «Birds of a Feather of Strange Birds? Ties among Personality Dimensions, Similarity, and Marital Quality», *Journal of Family Psychology, 18* (4), p. 564-574.

GATZ, M. (2007). «Genetics, Dementia, and the Elderly», *Current Directions in Psychological Science, 16,* p. 123-127.

GATZ, M., *et al.* (2006). «Role of Genes and Environments for Explaining Alzheimer Disease», *Archives of General Psychiatry, 63,* p. 168-174.

GAUVAIN, M., et S. M. PEREZ (2005). «Parent-Child Participation in Planning Children's Activities Outside of School in European American and Latino Families», *Child Development, 76,* p. 371-383.

GE, X., *et al.* (2002). «Contextual Amplification of Pubertal Transitional Effect on African American Children's Problem Behaviours», *Developmental Psychology, 38.*

GELMAN, R., E. S. SPELKE et E. MECK (1983). «What Preschoolers Know about Animate and Inanimate Objects», dans D. R. ROGERS et J. S. SLOBODA, dir., The Acquisition of Symbolic Skills, New York, Plenum Press, p. 297-326.

GENDRON, C., et M. CARRIER (1997). *La mort, condition de vie,* Sainte-Foy, Presse de l'Université du Québec, p. 123-124.

GEORGE, T. P., et D. P. HARTMANN (1996). «Friendship Networks of Unpopular, Average, and Popular Children», *Child Development, 67,* p. 2301-2316.

GERMAIN, B., et P. LANGIS (2003). *La sexualité. Regards actuels,* Laval, Groupe Beauchemin.

GILL, T. M., *et al.* (2004). «Hospitalization, Restricted Activity, and the Development of Disability Among Older Persons», *Journal of the American Medical Association, 292,* p. 2115-2124.

GILLIGAN, C. (1982, 1993). *In a Different Voice: Psychological Theory and Women's Development,* Cambridge, Massachusetts, Harvard University Press.

GILLIGAN, C. (1987a). «Adolescent Development Reconsidered», dans E. E. IRWIN, dir., *Adolescent Social Behavior and Health,* San Francisco, Jossey-Bass.

GILLIGAN, C. (1987b). «Moral Orientation and Moral Development», dans E. F. KITTAY et D. T. MEYERS, dir., *Women and Moral Theory,* Totowa, New Jersey, Rowman & Littlefield, p. 19-33.

GILLIGAN, C., J. M. MURPHY et M. B. TAPPAN, (1990). «Moral Development beyond Adolescence», dans C. N. ALEXANDER et E. J. LANGER, dir., *Higher Stages of Human Development,* New York, Oxford University Press, p. 208-228.

GILMORE, J., *et al.* (2007). «Regional Gray Matter Growth, Sexual Dimorphism, and Cerebral Asymmetry in the Neonatal Brain», *Journal of Neuroscience, 27* (6), p. 1255-1260.

GINSBURG, G. S., et P. BRONSTEIN (1993). «Family Factors Related to Children's Intrinsic/Extrinsic Motivational Orientation and Academic Performance», *Child Development, 64,* p. 1461-1474.

GINSBURG, H., et S. OPPER (1979). *Piaget's Theory of Intellectual Development,* 2ᵉ éd., Engelwood Cliffs, New Jersey, Prentice-Hall.

GINSBURG, K., *et al.* (2007). «The Importance of Play in Promoting Healthy Child Development and Maintaining Strong Parent-Child Bonds», *Pediatrics, 119,* p. 182-191.

GIRARD, C., et F. F. PAYEUR (2009). «Population, ménages et familles», dans INSTITUT DE LA STATISTIQUE DU QUÉBEC, *Données sociales du Québec,* Québec.

GLASSON, E. J., *et al.* (2004). «Perinatal Factors and the Development of Autism: A Population Study», *Archives of General Psychiatry, 61,* p. 618-627.

GLEASON, T. R., A. M. SEBANC et W. W. HARTUP (2000). «Imaginary Companions of Preschool Children», *Developmental Psychology, 36,* p. 419-428.

GOETZ, P.. J. (2003). «The Effects of Bilingualism on Theory of Mind Development», *Bilingualism: Language and Cognition, 6,* p. 1-15.

GOLDBERG, S. (2000). *Attachment and Development,* Londres, Arnold.

GOLDBERG, W. A., E. GREENBERGER et S. K. NAGEL (1996). «Employment and Achievement: Mothers' Work Involvement in Relation to Children's Achievement Behaviors and Mothers' Parenting Behaviors», *Child Development, 67,* p. 1512-1527.

GOLDBERG, W. A., *et al.* (2008). «Maternal Employment and Children's Achievement in Context: A Meta-Analysis of Four Decades of Research», *Psychological Bulletin, 134,* p. 77-108.

GOLEMAN, D. (1995). *Emotional Intelligence*, New York, Bantam Books.

GOLEMAN, D. (1998). *Working with Emotional Intelligence*, New York, Bantam Books.

GOLEMAN, D. (2001). «An EI-Based theory of performance», dans C. CHERNISS et D. GOLEMAN, dir., *The Emotionaly Intelligent Workplace: How to Select for, Measure, and Improve Emotinal Intelligence in Individuals, Groups, and Organizations,* San Francisco, Californie, Jossey-Bass, p. 27-44.

GOLINKOFF , R. M., *et al.* (1996). «Lexical Principles May Underlie the Learning of Verbs», *Child Development, 67,* p. 3101-3119.

GOLSE, B. (2001). *Le développement affectif et intellectuel de l'enfant,* Paris, Masson.

GOODWYN, S. W., et L. P. ACREDOLO (1998). «Encouraging Symbolic Gestures: A New Perspective on the Relationship between Gesture and Speech», dans J. M. IVERSON et S. GOLDIN-MEADOW, dir., *The Nature and Functions of Gesture in Children's Communication*, San Francisco, Jossey-Bass, p. 61-73.

GOPNIK, A., *et al.* (2001). «Causal Learning Mechanisms in Very Young Children - Two-, Three-, and Four-year-olds Infer Causal Relations from Patterns of Variation and Covariation», *Developmental Psychology, 37* (5), p. 620-629.

GOUBET, N., et R. K. CLIFTON (1998). «Object and Event Representation in 6 ½-month-old-Infants», *Developmental Psychology, 34,* p. 63-76.

GRAY, J. R., et P. M. THOMPSON (2004). «Neurobiology of Intelligence: Science and Ethics», *Neuroscience, 5,* p. 471-492.

GRAY, M. R., et L. STEINBERG (1999). «Un-packing Authoritative Parenting: Reassessing a Multidimensional Construct», *Journal of Marriage and Family, 61,* p. 574-587.

GREEN, C. R., R. C. TAIT et R. M. GALLAGHER (2005). «The Unequal Burden of Pain: Disparities and Differences», *Pain Medicine, 8,* p. 1-2.

GREENFIELD, E. A., et N. F. MARKS (2006). «Linked Lives: Adult Children's Problems and their Parents' Psychological and Relational Well-Being», *Journal of Marriage and Family, 68,* p. 442-454.

GREGG, E. W., *et al.* (2003). «Relationship of Changes in Physical Activity and Mortality among Older Women», *Journal of the American Medical Association, 289,* p. 2379-2386.

GRUENEWALD, T. L., *et al.* (2007). «Feelings of Usefulness to Others, Disability, and Mortality in Older Adults: The MacArthur Study of Successful Aging», *Journal of Gerontology: Psychological Sciences, 62B*, p. 28-37.

GRUSEC, J. E., et J. J. GOODNOW (1994). «Impact of Parental Discipline Methods on the Child's Internalization of Values: A Reconceptualization of Current Points of View», *Developmental Psychology, 30,* p. 4-19.

GRUSEC, J. E., J. J. GOODNOW et L. KUCZYNSKI (2000). «New Directions in Analyses of Parenting Contributions to Children's Acquisition of Values», *Child Development, 71,* p. 205-211.

GUBERMAN, S. R. (1996). «The Development of Everyday Mathematics in Brazilian Children with Limited Formal Education», *Child Development, 67,* p. 1609-1623.

GUERINO, P., *et al.* (2006). *Crime, Violence, Discipline, and Safety in U. S. Public Schools: Findings from the School Survey on Crime and Safety: 2003–2004* (NCES 2007-303), Washington DC, National Center for Education Statistics.

GUERTIN, M. (2007). *An Examination of the Effect of a Comprehensive School Health Model on Academic Achievement – The Effect of Living School on EQAO Test Scores,* Toronto, Ontario, University of Toronto.

GUILLETTE, E. A., *et al.* (1998). «An Anthropological Approach to the Evaluation of Preschool Children Exposed to Pesticides in Mexico», *Environmental Health Perspectives, 106,* p. 347-353.

GULLONE, E. (2000). «The Development of Normal Fear: A Century of Research», *Clinical Psychology Review, 20,* p. 429-451.

GUNNAR, M. R., *et al.* (1992). «The Stressfulness of Separation among 9-month-old Infants: Effects of Social Context Variables and Infant Temperament», *Child Development, 63,* p. 290-303.

GURALNIK, J. M., S. BUTTERWORTH, M. E. J. WADSWORTH et K. KUH (2006). «Childhood Socioeconomic Status Predicts Physical Functioning a Half Century Later», *Journal of Gerontology: Medical Sciences, 61A,* p. 694-701.

GUTMAN, L. M., et J. S. ECCLES (2007). «Stage-Environment Fit during Adolescence : Trajectories of Family Relations and Adolescent Outcomes», *Developmental Psychology, 43,* p. 522-537.

HAAS, S. M., et L. STAFFORD (1998). «An Initial Examination of Maintenance Behaviors in Gay and Lesbian Relationships», *Journal of Social and Personal Relationships, 15,* p. 846-855.

HAGAN, J. F., et COMMITTEE ON PSYCHOSOCIAL ASPECTS OF CHILD AND FAMILY HEALTH, AND THE TASK FORCE ON TERRORISM (2005). «Psychosocial Implications of Disaster or Terrorism on Children : A Guide for Pediatricians», *Pediatrics, 116,* p. 787-796.

HALL, S. (1904). *Adolescence,* New York, Appleton.

HALL, S. (1922). *Senescence : The Last Half of Life,* New York, Appleton.

HALLFORS, D. D., *et al.* (2005). «Which Comes First in Adolescence-Sex and Drugs or Depression ?», *American Journal of Preventive Medicine, 29,* p. 1163-1170.

HALPERN, D. F., *et al.* (2007). «The Science of Sex Differences in Science and Mathematics», *Psychological Science in the Public Interest, 8,* p. 1-51.

HAMILTON, C. E. (2000). «Continuity and Discontinuity of Attachment from Infancy through Adolescence», *Child Development, 71,* p. 690-694.

HAMILTON, S. F., et M. A. HAMILTON (2006). «School, Work, and Emerging Adulthood», dans J. J. ARNETT et J. L. TANNER, dir., *Emerging Adults in America : Coming of Age in the 21st Century,* Washington DC, American Psychological Association, p. 257-277.

HAMKIN, B. L., R. MERMELSTEIN et L. ROESCH (2007). «Sex Differences in Adolescent Depression : Exposure and Reactivity Models», *Child Development, 78,* p. 279-295.

HAMM, J. V. (2000). «Do Birds of a Feather Flock Together ? The Variable Bases for African American, Asian American, and European American Adolescents' Selection of Similar Friends», *Developmental Psychology, 36* (2), p. 209-219.

HAMMAD, T. A., T. LAUGHREN et J. RACOOSIN (2006). «Suicidality in Pediatric Patients Treated with Antidepressant Drugs», *Archives of General Psychiatry, 63,* p. 332-339.

HAMPDEN-THOMPSON, G., et J. S. JOHNSTON (2006). *Variation in the Relationship between Nonschool Factors and Student Achievement on International Assessments,* NCES 2006-014, Washington DC, U.S. Department of Education, National Center for Education Statistics.

HANSEN, M., *et al.* (2005). «The impact of school daily schedule on adolescent sleep», *Pediatrics, 115,* p. 1555-1561.

HARLAAR, N., P. S. DALE et R. PLOMIN (2007). «From Learning to Read to Reading to Learn : Substantial and Stable Genetic Influences», *Child Development, 78,* p. 116-131.

HARLOW, H. F., et M. K. HARLOW (1962). «The Effect of Rearing Conditions on Behaviour», *Bulletin of the Menninger Clinic, 26,* p. 213-224.

HARMAN, S. M., et M. R. BLACKMAN (2004). «Use of Growth Hormone for Prevention of Effects of Aging», *Journal of Gerontology : Biological Sciences, 59A,* p. 652-658.

HARRIS, G. (1997). «Development of Taste Perception and Appetite Regulation», dans G. BREMNER, A. SLATER et G. BUTTERWORTH, dir., *Infant Development : Recent Advances,* East Sussex, Royaume-Uni, *Psychology Press,* p. 9-30.

HARRIS, G. (2005). «Gene Therapy is Facing a Crucial Hearing», *New York Times,* 3 mars, [En ligne], www.nytimes.com/2005/03/03/politics/03gene.html (Page consultée le 12 août 2009).

HARRIS, P. L., *et al.* (1991). «Monsters, Ghosts, and Witches : Testing the Limits of the Fantasy-Reality Distinction in Young Children», dans G. E. BUTTERWORTH *et al.,* dir., *Perspectives on the Child's Theory of Mind,* Oxford, Oxford University Press.

HART, C. H., *et al.* (1992). «Maternal and Paternal Disciplinary Styles : Relations with Prescoolers' Playground Behavioral Orientation and Peer Status», *Child Development, 63,* p. 879-892.

HART, C. H., G. W. LADD et B. R. BURLESON (1990). «Children's Expectations of the Outcome of Social Strategies : Relations with Sociometric Status and Maternal Disciplinary Style», *Child Development, 61,* p. 127-137.

HARTER, S. (1985). «Competence as a Dimension of Self-Worth», dans R. LEAHY, dir., *The Development of the Self,* New York, Academic Press.

HARTER, S. (1996). «Developmental Changes in Self-Understanding Across the 5 to 7 Shift», dans A. J. SAMEROFF et M. M. HAITH, dir., *The Five to Seven Year Shift : The Age of Reason and Responsibility,* Chicago, University of Chicago Press, p. 207-235.

HARTER, S. (1998). «The Development of Self-Representations», dans W. DAMON et N. EISENBERG, «Social, Emotional, and Personality Development», *Handbook of Child Psychology, 3,* New York, Wiley, p. 553-617.

HARTUP, W. W. (1992). «Peer Relations in Early and Middle Childhood», dans V. B. VAN HASSELT et M. HERSEN, dir., *Handbook of Social Development : A Lifespan Perspective,* New York, Plenum Press, p. 257-281.

HARTUP, W. W., et N. STEVENS (1999). «Friendships and Adaptation Across the Life Span», *Current Directions in Psychological Science, 8,* p. 76-79.

HARVARD MEDICAL SCHOOL (2003). «Alzheimer's Disease : A Progress Report», *Harvard Mental Health Letter, 20* (5), p. 1-4.

HARVARD MEDICAL SCHOOL (2003). «Confronting Suicide – Part I», *Harvard Mental Health Letter, 19* (11), p. 1-4.

HARVARD MEDICAL SCHOOL (2004). «Children's Fears and Anxieties», *Harvard Mental Health Letter, 21* (6), p. 1-3.

HARWOOD, K., N. McLEAN et K. DURKIN (2007). «First-Time Mothers' Expectations of Parenthood : What Happens when Optimistic Expectations Are Not Matched by Later Experiences ?», *Developmental Psychology, 43* (1), p. 1-12.

HASWELL, K., E. HOCK et C. WENAR (1981). «Oppositional Behavior of Preschool Children : Theory and Prevention», *Family Relations, 30,* p. 440-446.

HAYFLICK, L. (1974). «The Strategy of Senescence», *Gerontologist, 14* (1), p. 37-45.

HAYFLICK, L. (1981). «Intracellular Determinants of Aging», *Mechanims of Aging and Development, 28,* 177.

HAYFLICK, L. (1994). *How and Why We Age,* New York, Ballantine.

HAYFLICK, L. (2004). « "Anti-Aging" is an Oxymoron», *Journal of Gerontology : Biological Sciences, 59A,* 573-578.

HECKHAUSEN, J. (2001). «Adaptation and Resilience in Midlife», dans M. E. LACHMAN, dir., *Handbook of Midlife Development,* New York, Wiley, p. 345-394.

HEDLEY, A., *et al.* (2004). «Prevalence of Overweight and Obesity among U. S. Children, Adolescents, and Adults, 1999-2002», *Journal of the American Medical Association, 291,* p. 2847-2850.

HELMS, H. M., A. C. CROUTER et S. M. McHALE (2003). «Marital Quality and Spouses' Marriage Work with Close Friends and Each Other», *Journal of Marriage and Family, 65* (4), p. 963-977.

HELWIG, C. C., et U. JASIOBEDZKA (2001). «The Relation between Law and Morality : Children's Reasoning About Socially Beneficial and Unjust Laws», *Child Development, 72,* p. 1382-1393.

HENEMAN, B. (2005). *Estimation de la prévalence du tabagisme, du Canada à Montréal : portrait et tendance (des inférences et des doutes),* 2e conférence internationale francophone sur le contrôle du tabac, Direction de la santé publique de Montréal-centre, [En ligne], fire3.globalink.org/documents/cifcot2//heneman.ppt (Page consultée le 11 février 2010).

HENSLEY, P. L. (2006). «Treatment of Bereavement-Related Depression and Traumatic Grief», *Journal of Affective Disorders, 92,* p. 117-124.

HERBIG, B., A. BÜSSING et T. EWERT (2001). «The Role of Tacite Knowledge in the Work Context of Nursing», *Journal of Advanced Nursing, 34,* p. 687-695.

HERTENSTEIN, M. J., et J. J. CAMPOS (2004). «The Retention Effects of an Adult's Emotional Displays on Infant Behaviour», *Child Development, 75,* p. 595-613.

HERZOG, A. R., *et al.* (1998). «Activities and Well-Being in Older Age : Effects of Self-Concept and Educational Attainment», *Psychology and Aging, 13* (2), p. 179-185.

HÉTU, J. L. (2000). *Bilan de vie, Quand le passé nous rattrape,* Montréal, Fidès, 188 p.

HEUVELINE, P., et J. M. TIMBERLAKE (2004). «The Role of Cohabitation in Family Formation : The United States in Comparative Perspective», *Journal of Marriage and Family, 66* (6), p. 1214-1230.

HILL, N. E., et L. C. TAYLOR (2004). «Parental School Involvement and Children's Academic Achievement : Pragmatics and Issues», *Current Directions in Psychological Science, 13,* p. 161-168.

HILLIER, L. (2002). «It's a Catch-22 : Same-Sex-Attracted Young People on Coming Out to Parents», dans S. S. FELDMAN et D. A. ROSENTHAL, dir., Talking Sexuality, *New Directions for Child and Adolescent Development, 97,* San Francisco, Jossey-Bass, p. 75-91.

HILLIS, S. D., *et al.* (2004). «The Association between Adverse Childhood Experiences and Adolescent Pregnancy, Long-Term Psychosocial Consequences, and Fetal Death», *Pediatrics, 113,* p. 320-327.

HINES, A. M. (1997). «Divorce-Related Transitions, Adolescent Development, and the Role of the Parent-Child Relationship : A Review of the Literature», *Journal of Marriage and Family, 59,* p. 375-388.

HIRIGOYEN, M.-F. (2001). *Malaise dans le travail : Harcèlement moral, démêler le vrai du faux,* Paris, Éditions La Découverte et Syros.

HOBAN, T. E. (2004). «Sleep and its Disorders in Children», *Seminars in Neurology, 24,* p. 327-340.

HOBSON, J. A., et L. SILVESTRI (1999). «Parasomnias», *Harvard Mental Health Letter,* février, p. 3-5.

HOFF, E. (2003). «The Specificity of Environmental Influence : Socioeconomic Status Affects Early Vocabulary Development via Maternal Speech», *Child Development, 74,* p. 1368-1378.

HOFF, E. (2006). «How Social Contexts Support and Shape Language Development», *Developmental Review, 26,* p. 55–88.

HOFFMAN, M. L. (1998). «Varieties of Empathy-Based Guilt», dans J. BYBEE, dir., *Guilt and Children,* San Diego, Academic, p. 91-112.

HOHMANN, M., *et al.* (2000). *Partager le plaisir d'apprendre. Guide d'intervention éducative au préscolaire,* Boucherville, Gaëtan Morin Éditeur.

HOLLAND, J. (1997). *Making Vocational Choices : A Theory of Vocational Personalities and Work Environments,* 3e éd., Odessa, Floride, Psychological Assessment Resources.

HOLLIDAY, R. (2004). «The Multiple and Irreversible Causes of Aging», *Journal of Gerontology : Biological Sciences, 59A,* p. 568-572.

HOLMES, T. H., et R. H. RAHE (1976). «The Social Reajustment Rating Scale», *Journal of Psychosomatic Research, 11* (2), p. 213-218.

HOLOWKA, S., et L. A. PETITTO (2002). «Left Hemisphere Cerebral Specialization for Babies while Babbling», *Science, 297,* p. 1515.

HORN, J. L., et G. DONALDSON (1980). «Cognitive Development II : Adulthood Development of Human Abilities», dans O. G. BRIM et J. DAGAN, dir., *Constancy and Change in Human Development,* Cambridge, Massachusetts, Harvard University Press.

HORN, J. L., et S. M. HOFER (1992). «Major Abilities and Development in the Adult», dans R. J. STERNBERG, C. A. HORVATH, T. B. et K. L. DAVIS (1990). «Central Nervous System Disorders in Aging», dans E. L. SCHNEIDER et J. W. ROWE, dir., *The Handbook of the Biology of Aging,* 3e éd., San Diego, Academic, p. 306-329.

HOUSTON, D. K., *et al.* (2005). «Dairy, Fruit, and Vegetable Intakes and Functional Limitations and Disability in a Biracial Cohort : The Atherosclerosis Risk in Communities Study», *American Journal of Clinical Nutrition, 81,* p. 515-522.

HOYER, W. J., et J. M. RIBASH (1994). «Characterizing Adult Cognitive Development», *Journal of Adult Development, 1* (1), p. 7-12.

HOYERT, D. L, *et al.* (2006). «Deaths : Final Data for 2003», *National Vital Statistics Reports, 54* (13), Hyattsville, Maryland, National Center for Health Statistics.

HOYERT, D. L., H.-C. KUNG et B. L. SMITH (2005). «Deaths : Preliminary Data for 2003», *National Vital Statistics Reports, 53* (15), Hyattsville, Maryland, National Center for Health Statistics.

HUGHES, D., *et al.* (2006). «Parents' Ethnic-Racial Socialization Practices : A Review of Research and Directions for Future Study», *Developmental Psychology, 42,* p. 747-770.

HUGHES, M. (1975). *Egocentrism in Preschool Children,* thèse de doctorat non publiée, Edinburgh University, Edinburgh, Écosse.

HUNGERFORD, T. L. (2001). «The Economic Consequences of Widowhood on Elderly Women in the United States and Germany», *Gerontologist, 41,* p. 103-110.

HURWITZ, C. A., DUNCAN, J. et J. WOLFE (2004). «Caring for the Child with Cancer at the Close of Life», *Journal of the American Medical Association, 292* (17), p. 2141-2149.

HUSTON, A. C., *et al.* (2005). «Impacts on Children of a Policy to Promote Employment and Reduce Poverty for Low-Income Parents : New Hope after 5 Years», *Developmental Psychology, 41,* p. 902-918.

HUTTENLOCHER, J., *et al.* (2002). «Language Input and Child Syntax», *Cognitive Psychology, 45,* p. 337-374.

HUYCK, M. H. (1999). «Gender Roles and Gender Identity in Midlife», dans S. L. WILLIS et J. D. REID, dir., *Life in the Middle: Psychological and Social Development in Middle Age,* New York, Academic Press, p. 209-232.

IERVOLINO, A. C., *et al.* (2005). «Genetic and Environmental Influences on Sex-Types Behavior during the Preschool Years», *Child Development, 76,* p. 826-840.

IGLOWSTEIN, I., *et al.* (2003). «Sleep Duration from Infancy to Adolescence: Reference Values and Generational Trend», *Pediatrics, 111,* p. 302-307.

IMADA, T., *et al.* (2006). «Infant Speech Perception Activates Broca's Area: A Developmental Magnetoencephalography Study», *Neuro-Report, 17,* p. 957-962.

INSTITUT CANADIEN D'INFORMATION SUR LA SANTÉ (2004). *National Trauma Registry 2004 Report: Injury Hospitalization*, Ottawa.

INSTITUT DE GÉRONTOLOGIE SOCIALE DU QUÉBEC (2003). *La relève des aidants naturels – Une analyse du contexte entourant les programmes financés par l'État offerts au Canada,* [En ligne], www.hc-sc.gc.ca/hcs-sss/pubs/home-domicile/2003-respite-releve/conclusion-fra.php (Page consultée le 4 janvier 2010).

INSTITUT UNIVERSITAIRE EN SANTÉ MENTALE DOUGLAS (IUSMD) (2009). *Le burnout – C'est quoi?*, [En ligne], www.leburnoutsesoigne.com/burn-out/cest-quoi.html (Page consultée le 4 janvier 2010).

INSTITUT VANIER DE LA FAMILLE (2007). *Tendances contemporaines de la famille,* [En ligne], www.vifamily.ca/library/cft/grandparenthood_fr.html (Page consultée le 4 janvier 2010).

INTERNATIONAL HUMAN GENOME SEQUENCING CONSORTIUM (2004). «Finishing the Euchromatic Sequence of the Human Genome», *Nature, 431,* p. 931-945.

INTERNATIONAL LONGEVITY CENTER – USA (2002). *Is There an Anti-Aging Medicine? ILC Workshop Report,* [En ligne], www.ilcusa.org (Page consultée le 4 janvier 2010).

ISAACOWITZ, D. M., et J. SMITH (2003). «Positive and Negative Affect in Very Old Age», *Journal of Gerontology: Psychological Sciences, 58B,* p.143-152.

IVIC, I. (1994). «L. S. Vygotsky (1896-1934)», *Perspectives: revue trimestrielle d'éducation comparée, 24* (3-4), p. 793-820.

IZARD, C. E., *et al.* (1980). «The Young Infant's Ability to Produce Discrete Emotional Expressions», *Developmental Psychology, 16,* p. 132-140.

JACCARD, J., et P. J. DITTUS (2000). «Adolescent Perceptions of Maternal Approval of Birth Control and Sexual Risk Behavior», *American Journal of Public Health, 90,* p. 1426-1430.

JACKSON, G. R., C. OWSLEY et G. MCGWIN Jr (1999). «Aging and Dark Adaptation», *Vision Research, 39,* p. 3975-3982.

JACQUES, J. (1998). *Psychologie de la mort et du deuil,* Saint-Laurent, Modulo, p. 55-193.

JACQUES, J. (2008). *Le milieu funéraire démystifié,* Outremont, Quebecor, p.109-121.

JACQUES, J. (2010). *Les saisons du deuil,* 3e édition, Outremont, Quebecor, 223 p.

JAFFARI-BIMMEL, N., *et al.* (2006). «Social Development from Infancy to Adolescence: Longitudinal and Concurrent Factors in an Adoption Sample», *Developmental Psychology, 42,* p. 1143-1153.

JAFFEE, S., et J. S. HYDE (2000). «Gender Differences in Moral Orientations: A Meta-Analysis», *Psychological Bulletin, 126,* p. 703-726.

JANOWSKY, J. S., et R. CARPER (1996). «Is There a Neural Basis for Cognitive Transitions in School-Age Children?», dans A. J. SAMEROFF et M. M. HAITH, dir., *The Five to Seven Year Shift: The Age of Reason and Responsibility,* Chicago, University of Chicago Press, p. 33-56.

JANSSEN, I., *et al.* (2004). «Associations between Overweight and Obesity with Bullying Behaviors in School-Aged Children», *Pediatrics, 113,* p. 1187-1194.

JARRELL, R. H. (1998). «Play and its Influence on the Development of Young Children's Mathematical Thinking», dans D. P. FROMBERG et D. BERGEN, dir., *Play from Birth to Twelve and Beyond: Contexts, Perspectives, and Meanings,* New York, Garland, p. 56-67.

JENKINS, J. M., *et al.* (2003). «A Longitudinal Investigation of the Dynamics of Mental State Talk in Families», *Child Development, 74,* p. 905-920.

JENSEN, A. R. (1969). «How Much Can We Boost IQ and Scholastic Achievement?», *Harvard Educational Review, 39,* p. 1-123.

JENSEN, C. D., *et al.* (2004). «Maternal Dietary Risks Factors in Childhood Acute Lymphoblastic Leukemia», *Cancer Causes and Control, 15,* p. 559-570.

JETTÉ, M.-H., et I. CANTIN (2001). «Votre emploi. Le harcèlement au travail: les solutions», *La Presse,* Montréal, 6 octobre.

JEUNES EN FORME CANADA (2009). *Le Bulletin de l'activité physique chez les jeunes 2009,* [En ligne], www.activehealthykids.ca/~ecms.ashx/Resources/ArticleMatte-Lesenfantsquisont-actifsobtiennentdemeilleuresnotes.pdf (Page consultée le 28 juin 2009).

JEYNES, W. H., et S. W. LITTELL (2000). «A Meta-Analysis of Studies Examining the Effect of Whole Language Instruction on the Literacy of Low-SES Students», *Elementary School Journal, 101*(1), p. 21-33.

JODL, K. M., *et al.* (2001). «Parents'Roles in Shaping Early Adolescent's Occupation Aspirations», *Child Development,72* (4), p. 1247-1265.

JOHANSSON, B., *et al.* (2004). «Change in Cognitive Capabilities in the Oldest Old: The Effects of Proximity to Death in Genetically Related Individuals over a 6-year Period», *Psychology and Aging, 19,* p. 145-156.

JOHNSON, C. P., *et al.* (2007). «Identification and Evaluation of Children with Autism Spectrum Disorders», *Pediatrics, 120,* p. 1183-1215.

JOHNSON, J. G., *et al.* (2002). «Childhood Adversities, Interpersonal Difficulties, and Risk for Suicide Attempts during Late Adolescence and Early Adulthood», *Archives of General Psychiatry, 59,* p. 741-749.

JONES, A. M. (2004). *Review of Gap Year Provisions,* London, Department of Education and Skills.

JONES, C. L., L. TEPPERMAN et S. J. WILSON (1995). *The Future of the Family,* Englewook Cliffs, New Jersey, Prentice-Hall.

JONES, R. M., S. K. WHITBOURNE et K. M. SKULTETY (2006). «Identity Processes and the Transition to Midlife among Baby Boomers», dans S. K. WHITBOURNE et S. L. WILLIS, dir., *The Baby Boomers Grow Up: Contemporary Perspectives on Midlife,* Mahwah, New Jersey, Erlbaum, p. 149-164.

JOPP, D., et J. SMITH (2006). «Resources and Life Management Strategies as Determinants of Successful Aging: On the Protective Effect of Selection, Optimization, and Compensation», *Psychology and Aging, 21,* p. 253-265.

JORDAN, N. C., *et al.* (2006). «Number Sense Growth in Kindergarten: A Longitudinal Investigation of Children at Risk for Mathematics Difficulties», *Child Development, 77,* p. 153-175.

JOSSELSON, R. (2003). «Revisions: Precesses of Development in Midlife Women», dans J. DEMICK et C. ANDREOLETTI, dir., *Handbook of Adult Development,* New York, Plenum Press.

JUBY, H. (2004). *Les tiens, les miens et les nôtres: De nouvelles frontières pour la famille recomposée d'aujourd'hui,* Institut Vanier de la famille, [En ligne], www.vifamily.ca/library/transition/334/334_fr.html (Page consultée le 4 décembre 2009).

JUST, M. A., *et al.* (2007). «Functional and Anatomical Cortical Underconnectivity in Autism: Evidence from an fMRI Study of an Executive Function Task and Corpus Callosum Morphometry», *Cerebral Cortex, 17* (4), p. 951-961.

JUTRAS, S. (1999). «Difficultés vécues dans de nouvelles structures familiales: État des recherches récentes», dans J. ALARY *et al., Familles en transformation. Récits de pratique en santé mentale,* Montréal, Gaëtan Morin.

KACZYNSKI, K. J., *et al.* (2006). «Marital Conflict, Maternal and Paternal Parenting, and Child Adjustment: A Test of Mediation and Moderation», *Journal of Family Psychology, 20,* p. 199-208.

KAGAN, J. (1989). *The Nature of the Child,* New York, Basic Books.

KAHN, R. L., et T. C. ANTONUCCI (1980). «Convoys over the Life Course: Attachment, Roles, and Social Support», dans P. B. BALTES et O. G. BRIM Jr, dir., *Life-Span Development and Behaviour,* New York, Academic Press, p. 253-286.

KAISER FAMILY FOUNDATION *et al.* (2003). *National Survey of Adolescents and Young Adults: Sexual Health Knowledge, Attitudes and Experiences,* Menlo Park, California, Henry J. Kaiser Foundation.

KALIL, A., et K. M. ZIOL-GUEST (2005). «Single Mothers' Employment Dynamics and Adolescent Well-Being», *Child Development, 76,* p. 196-211.

KANEDA, T. (2006). «China's Concern Over Population Aging and Health», Washington DC, Population Reference Bureau, [En ligne], www.prb.org/Articles/2006/ChinasConcernOverPopulationAgingandHealth.aspx (Page consultée le 14 janvier 2010).

KAPLAN, H., et H. DOVE (1987). «Infant Development among the Ache of East Paraguay», *Developmental Psychology, 23,* p. 190-198.

KARAFANTIS, D. M., et S. R. LEVY (2004). «The Role of Children's Lay Theories about the Malleability of Human Attributes in Beliefs about and Volunteering for Disadvantaged Groups», Child Development, 75, p. 236-250.

KATCHADOURIAN, H. (1987). *Fifty: Midlife in Perspective,* New York, Freeman.

KAUFMAN, A. S., et N. L. KAUFMAN (2003). *Kaufman Assessment Battery for Children,* 2e éd., Circle Pines, Minnesota, American Guidance Service.

KAUSLER, D. H. (1990). «Automaticity of En-coding and Episodic Memory-Processes», dans E. A. LOVELACE, dir., *Aging and Cognition: Mental Processes, Self-Awareness, and Interventions,* Amsterdam, North-Holland, Elsevier, p. 29-67.

KAZDIN, A. E., et C. BENJET (2003). «Spanking Children: Evidence and Issues», *Current Directions in Psychological Science, 12,* p. 99-103.

KEEGAN, R. T. (1996). «Creativity from Childhood to Adulthood: A Difference of Degree and Not of Kind», *New Directions for Child Development, 72,* San Francisco, Jossey-Bass, p. 57-66.

KEEGAN, R. T, et H. E. GRUBER (1985). «Charles Darwin's Unpublished "Diary of an Infant": An Early Phase in his Psychological Work», dans G. ECKARDT, W. G. PRINGMANN et L. SPRUNG, dir., *Contribution to a History of Developmental Psychology: International William T. Prayer Symposium,* Berlin, Allemagne, Walter de Gruyter, p.127-145.

KEEL, P. K., et K. L. KLUMP (2003). «Are Eating Disorders Culture-Bound Syndromes? Implications for Conceptulizing their Etiology», *Psychological Bulletin, 129,* p. 747-769.

KEENAN, K., et D. SHAW (1997). «Developmental and Social Influences on Young Girls' Early Problem Behaviour», *Psychological Bulletin, 121* (1), p. 95-113.

KELLMAN, P. J., et M. E. ARTERBERRY (1998). *The Cradle of Knowledge. Development of Perception in Infancy,* Cambridge, Massachusetts, MIT.

KELLY, J. B., et R. E. EMERY (2003). «Children's Adjustment Following Divorce: Risk and Resiliency Perspectives», *Family Relations, 52,* p. 352-362.

KELLY, P. (2004). *Frères et sœurs du jour au lendemain: Faciliter l'adaptation des enfants qui se retrouvent en famille recomposée,* Institut Vanier de la famille, [En ligne], www.vifamily.ca/library/transition/334/334_fr.html (Page consultée le 4 décembre 2009).

KERE, J., *et al.* (2005). *Identification of the Dyslexia Susceptibility Gene for DYX5 on Chromosone 3,* document présenté au colloque de l'American Society of Human Genetics, Salt Lake City, Utah.

KEYES, C. L. M., et A. K. SHAPIRO (2004). «Social Well-Being in the United States: A Descriptive Epidemiology», dans O. G. BRIM, C. K. RYFF et R. C. KESSLER, dir., *How Healthy Are We? A National Study of Well-Being at Midlife,* Chicago, University of Chicago Press, p. 350-372.

KIM, J. E., et P. MOEN (2001). «Moving into Retirement: Preparation and Transitions in Late Midlife», dans M. E. LACHMAN, dir., *Handbook of Midlife Development,* New York, Wiley, p. 487-527.

KIM, J. E., et P. MOEN (2002). «Retirement Transitions, Gender, and Psychological Well-Being: A life-Course, Ecological Model», *Journal of Gerontology: Psychological Sciences, 57B,* p. 212-222.

KIM, J., *et al.* (2006). «Longitudinal Course and Family Correlates of Sibling Relationships from Childhood through Adolescence», *Child Development, 77,* p. 1746-1761.

KIM, Y. S., Y.-J. KOH et B. LEVENTHAL (2005). «School Bullying and Suicidal Risk in Korean Middle School Students», *Pediatrics, 115,* p. 357-363.

KIM-COHEN, J., *et al.* (2004). «Genetic and Environmental Processes in Young Children's Resilience and Vulnerability to Socioeconomic Deprivation», *Child Development, 75,* p. 651-668.

KING, B. M. (1996). *Human Sexuality Today,* Englewood Cliffs, New Jersey, Prentice-Hall.

KING, V. (1996). *Human Sexuality Today*, Englewood Cliffs, New Jersey, Prentice-Hall.

KING, V. (2006). «The Antecedents and Consequences of Adolescents' Relationships with Stepfathers and Nonresident Fathers», *Journal of Marriage and Family, 68*, p. 910-928.

KING, V., et J. M. SOBOLEWSKI (2006). «Nonresident Fathers' Contributions to Adolescent Well-Being», *Journal of Marriage and Family, 68*, p. 537-557.

KINSELLA, K., et P. PHILLIPS (2005). «Global Aging: The Challenges of Success», *Population Bulletin, 1*, Washington DC, Population Reference Bureau.

KISILEVSKY, B. S., *et al.* (2003). «Effects of Experience on Fetal Voice Recognition», *Psychological Science, 14*, p. 220-224.

KJOS, S. L., et T. A. BUCHANAN (1999). «Gestational Diabetes Mellitus», *New England Journal of Medicine, 341.*

KLAR, A. J. S. (1996). «A Single Locus, RGHT, Specifies Preference for Hand Utilization in Humans», *Cold Spring Harbor Symposia on Quantitative Biology, 61*, Cold Spring Harbor, New York, Cold Spring Harbor Laboratory Press, p. 59-65.

KLEIN, J. D., et AMERICAN ACADEMY OF PEDIATRICS (AAP) COMMITTEE ON ADOLESCENCE (2005). «Adolescent Pregnancy: Current Trends and Issues», *Pediatrics, 116*, p. 281-286.

KLINE, D. W., et C. T. SCIALFA (1996). «Visual and Auditory Aging», dans J. E. BIRREN et K. W. SCHAIE, dir., *Handbook of the Psychology of Aging*, San Diego, Academic Press, p. 191-208.

KNAFO, A., et R. PLOMIN (2006). «Parental Discipline and Affection and Children's Prosocial Behavior: Genetic and Environmental Links», *Journal of Personality and Social Psychology, 90*, p. 147-164.

KNICKMEYER, R., *et al.* (2005). «Fetal Testosterone, Social Relationships, and Restricted Interests in Children», *Journal of Child Psychology and Psychiatry, 46*, p. 198-210.

KNOESTER, C., D. L. HAYNIE et C. M. STEPHENS (2006). «Parenting Practices and Adolescents' Friendship Networks», *Journal of Marriage and Family, 68*, p. 1247-1260.

KOCHANSKA, G. (1997). «Mutually Responsive Orientation between Mothers and their Young Children: Implications for Early Socialization», *Child Development, 68*, p. 94-112.

KOCHANSKA, G. (2001). «Emotional Development in Children with Different Attachment Histories: The First Three Years», *Child Development, 72*, p. 474-490.

KOCHANSKA, G., *et al.* (2004). «Parents' Personality and Infants' Temperament as Contributors to their Emerging Relationship», *Journal of Personality and Social Psychology, 86* (5), p. 744-759.

KOCHANSKA, G., et N. AKSAN (1995). «Mother-Child Positive Affect, the Quality of Child Compliance to Requests and Prohibitions, and Maternal Control as Correlates of Early Internalization», *Child Development, 66*, p. 236-254.

KOCHANSKA, G., T. L. TJEBKES et D. R. FORMAN (1998). «Children's Emerging Regulation of Conduct: Restraint, Compliance, and Internalization from Infancy to the Second Year», *Child Development, 69* (5), p. 1378-1389.

KOHLBERG, L. (1966). «A Cognitive-Developmental Analysis of Children's Sex Role Concepts and Attitudes», dans E. E. MACCOBY, dir., *The Development of Sex Differences*, Stanford, California, Stanford University Press.

KOHLBERG, L. (1969). «Stage and Sequence: The Cognitive-Developmental Approach to Socialization», dans D. A. GOSLIN, dir., *Handbook of Socialization Theory and Research*, Chicago, Rand McNally.

KOHLBERG, L. (1973). «Continuities in Childhood and Adult Moral Development Revisited», dans P. BALTES et K.W. SCHAIE, dir., *Life-Span Developmental Psychology: Personality and Socialization*, New York, Academic Press, p. 180-207.

KOHLBERG, L. (1981). *Essays on Moral Development*, San Francisco, Harper & Row.

KOHLBERG, L., et C. GILLIGAN (1971). «The Adolescent as a Philosopher: The Discovery of the Self in a Postconventional World», *Daedalus*, p. 1051-1086.

KOHLBERG, L., et R. A. RYNCARZ (1990). «Beyond Justice Reasoning: Moral Development and Consideration of a Seventh Stage», dans C. N. ALEXANDER et E. J. LANGER, dir., *Higher Stages of Human Development*, New York, Oxford University Press, p. 191-207.

KOHN, M. L. (1980). «Job Complexity and Adult Personality», dans N. J. SMELSER et E. H. ERIKSON, dir., *Themes of Work and Love in Adulthood*, Cambridge, Massachusetts, Harvard University Press.

KOHN, M. L., et C. SCHOOLER (1983). «The Cross-National Universality of the Interpretive Model», dans M. L. KOHN et C. SCHOOLER, dir., *Work and Personality: An Inquiry into the Impact of Social Stratification*, Norwood, New Jersey, Ablex, p. 281-295.

KOPP, C. B. (1982). «Antecedents of Self-Regulation», *Development Psychology, 18*, p. 199-214.

KOREN, G., A. PASTUZAK et S. ITO (1998). «Drugs in Pregnancy», *New England Journal of Medicine, 338*, p. 1128-1137.

KOROPECKYJ-COX, T. (2002). «Beyond Parental Status: Psychological Well-Being in Middle and Old Age», *Journal of Marriage and Family, 64*, p. 957-971.

KOROPECKYJ-COX, T., A. M. PIENTA et T. H. BROWN (2007). «Women of the 1950s and the " Normative " Life Course: The Implications of Childlessness, Fertility Timing, and Marital Status for Psychological Well-Being in Late Midlife», *International Journal of Aging and Human Development, 64* (4), p. 299-330.

KOSTERMAN, R., *et al.* (2001). «Childhood Risk Factors for Persistence of Violence in the Transition to Adulthood: A Social Development Perspective. Violence and Victims. Special Issue», *Developmental Perspectives on Violence and Victimization, 16* (4), p. 355-369.

KOTRE, J. (1984). *Outliving the Self: Generativity and the Interpretation of Lives*, Baltimore, Johns Hopkins University Press.

KOWAL, A. K., et L. B. PIKE (2004). «Sibling Influences on Adolescents' Attitudes toward Safe Sex Practices», *Family Relations, 53*, p. 377-384.

KRAEMER, H. C., *et al.* (1985). «Obstetric Drugs and Infant Behavior: A Reevaluation», *Journal of Pediatric Psychology, 10*, p. 345-353.

KREICBERGS, U., *et al.* (2004). «Talking about Death with Children who have Severe Malignant Disease», *The New England Journal of Medicine, 351*, p. 1175-1253.

KREVANS, J. et J. C. GIBBS (1996). «Parents' Use of Inductive Discipline: Relations to Children's Empathy and Prosocial Behaviour», *Child Development, 67*, p. 3263-3277.

KROENKE, K., et R. L. SPITZER (1998). «Gender Differences in the Reporting of Physical and Somatoform Symptoms», *Psychosomatic Medicine, 60*, p. 55-155.

KROGER, J. (1993). «Ego Identity: An Overview», dans J. KROGER, dir., *Discussions on Ego Identity*, Hillsdale, New Jersey, Erlbaum, p.1-20.

KROGER, J. (2003). «Identity Development during Adolescence», dans G. R. ADAMS et M. D. BERZONSKY, dir., *Blackwell Handbook of Adolescence*, Malden, Massachusetts, Blackwell, p. 205-226.

KÜBLER-ROSS, E. (1969). *On Death and Dying*, New York, MacMillan, 260 p.

KÜBLER-ROSS, E. (1970). *On Death and Dying*, New York, MacMillan, 289 p.

KÜBLER-ROSS, E (1975). *Death: The Final Stage of Growth*, Englewood Cliffs, New Jersey, Prentice-Hall.

KUCZYNSKI, L., et G. KOCHANSKA (1995). «Function and Content of Maternal Demands: Developmental Significance of Early Demands for Competent Action», *Child Development, 66*, p. 616-628.

KUH, D., *et al.* (2006). «Developmental Origins of Midlife Grip Strength: Findings from a Birth Cohort Study», *Journal of Gerontology: Medical Sciences, 61A*, p. 702-706.

KUHL, P. K., *et al.* (1997). «Cross-Language Analysis of Phonetic Units in Language Addressed to Infants», *Science, 277*, p. 684-686.

KUHN, D. (2006). «Do Cognitive Changes Accompany Developments in the Adolescent Brain?», *Perspectives on Psychological Science, 1*, p. 59-67.

KUPERMAN, S., *et al.* (2005). «Relationchip of Age or First Drink to Child Behaviour Problems and Family Psychopathology», *Alcoholism: Clinical and Experimental Research, 29* (10), p. 1869-1876.

KURDEK, L. A. (2006). «Differences between Partners from Heterosexual, Gay, and Lesbian Cohabiting Couples», *Journal of Marriage and Family, 68* (2), p. 509-528.

LABERGE, L., *et al.* (2000). «Development of Parasomnias from Childhood to Early Adolescence», *Pediatrics, 106*, p. 67-74.

LABOUVIE-VIEF, G. (2006). «Emerging Structure of Adult Thought», dans J. J. ARNETT et J. L. TANNER, dir., *Emerging Adults in America: Coming of Age in the 21st Century*, Washington DC, American Psychological association, p. 59-84.

LACHMAN, M. E. (2001). «Introduction», dans M. E. LACHMAN, dir., *Handbook of Midlife Development*, New York, Wiley.

LACHMAN, M. E. (2004). «Development in Midlife», *Annual Review of Psychology, 55*, p. 305-331.

LACHMAN, M. E., et K. M. P. FIRTH (2004). «The Adaptative Value of Feeling in Control during Midlife», dans O. G. BRIM, C. K. RYFF et R. C. KESSLER, dir., *How Healthy Are We? A National Study of Well-Being at Midlife*, Chicago, University of Chicago Press, p. 320-349.

LAGATTUTA, D. H. (2005). «When You Shouldn't Do What You Want to Do: Young Children's Understanding of Desires, Rules, and Emotions», *Child Development, 76*, p. 713-733.

LAGERCRANTZ, H., et T. A. SLOTKIN (1986). «The Stress of Being Born», *Scientific American, 254*(4), p. 100-107.

LAIBLE, D. J., et R. A. THOMPSON (2002). «Mother-Child Conflict in the Toddler Years: Lessons in Emotion, Morality, and Relationships», *Child Development, 73*, p. 1187-1203.

LAIRD, R. D., *et al.* (2003). «Parents' Monitoring Relevant Knowledge and Adolescents' Delinquent Behavior: Evidence of Correlated Developmental Changes and Reciprocal Influences», *Child Development, 74*, p. 752-768.

LALONDE, C. E., et J. F. WERKER (1995). «Cognitive Influences on Cross-Language Speech Perception in Infancy», *Infant Behavior and Development, 18*, p. 459-475.

LAMB, M. E. (2004). *The Role of the Father in Child Development*, 3e éd., New York, John Wiley & Sons.

LAMBERTS, S. W. J., A. W. VAN DEN BELD et A. VAN DER LELY (1997). «The Endocrinology of Aging», *Science, 278*, p. 419-424.

LAMBETH, G. S., et M. HALLETT (2002). «Promoting Healthy Decision Making in Relationships: Developmental Interventions with Young Adults on College and University Campuses», dans C. L. JUNTUNEN et D. R. ATKINSON, dir., *Counseling across the Lifespan: Prevention and Treatment*, Thousand Oaks, California, Sage, p. 209-226.

LAMBORN, S. D., *et al.* (1991). «Patterns of Competence and Adjustment among Adolescents from Authoritative, Authoritarian, Indulgent, and Neglectful Families», *Child Development, 62*, p. 1049-1065.

LAMM, C., P. D. ZELAZO et M. D. LEWIS (2006). «Neural Correlates of Cognitive Control in Childhood and Adolescence: Disentangling the Contributions of Age and Executive Function», *Neuropsychologia, 44*, p. 2139-2148.

LAMY, F. (2009). «Le harcèlement psychologique: un terreau fertile à l'imprévisibilité», dans *Développements récents en droit du travail 2009*, vol. 310, Service de la formation continue du Barreau du Québec, Éditions Yvon Blais, 314 p.

LANG, F. R., et L. L. CARSTENSEN (1998). «Social Relationships and Adaptation in Later Life», dans A. S. BELLACK et M. HERSEN, dir., *Comprehensive Clinical Psychology*, Oxford, Pergamon Press, p. 55-72.

LANG, F. R., N. RIECKMANN et M. M. BALTES (2002). «Adapting to Aging Losses: Do Re-sources Facilitate Strategies of Selection, Compensation, and Optimization in Everyday Functioning?», *Journal of Gerontology: Psychological Sciences, 57B*, p. 501-509.

LANGIS, P., et B. GERMAIN (2009). *La sexualité humaine*, Montréal, Éditions ERPI.

LANGSTRÖM, N., *et al.* (2008). «Genetic and Environmental Effects on Same-Sex Sexual Behavior: A Population Study of Twins in Sweden», *Archives of Sexual Behavior*, [En ligne], www.springer.com/psychology/sexual+behaviour?searchKey=easySearchKey&searchType=easy&visited=true&propagate=false&resultStart=1&resultCount=10&SGWID=4-40678-14-0-0&queryText=Genetic+and+environmental+effects+on+same-sex+sexual+behavior+%3A+A+population+study+of+twins+in+Sweden+&easySearchOption=all&go.x=13&go.y=5 (Page consultée le 9 février 2010).

LANOUE, J., et R. CLOUTIER (1996). *La spécificité du rôle de père auprès de l'enfant*, Québec, Université Laval, Centre de recherche sur les services communautaires.

LANSFORD, J. E., *et al.* (2005). «Physical Discipline and Children's Adjustment: Cultural Normativeness as a Moderator», *Child Development, 76*, p. 1234-1246.

LANSFORD, J. E., *et al.* (2006). «Trajectories of Internalizing, Externalizing, and Grades for Children who Have and Have Not Experienced Their Parents' Divorce or Separation», *Journal of Family Psychology, 20*, p. 292-301.

LAPLANTE, D. P., *et al.* (2008). «Project Ice Storm: Prenatal Maternal Stress Affects Cognitive and Linguistic Functioning in 5 ½ Year Old Children», *Journal of the American Academy of Child and Adolescent Psychiatry, 47* (9), p. 1063-1072.

LAPORTE, D. (2002). *Favoriser l'estime de soi des 0-6 ans,* Montréal, Éditions CHU Sainte-Justine.

LAROCHE, D. (2003). La *violence conjugale envers les hommes et les femmes, au Québec et au Canada, 1999,* Institut de la statistique du Québec.

LARSON, R., et S. WILSON (2004). «Adolescents Across Place and Time: Globalization and the Changing Pathways to Adulthood», dans R. M. LERNER et L. STEINBERG, dir., *Handbook of Adolescent Psychology,* 2ᵉ éd., Hoboken, New Jersey,Wiley, p. 299-331.

LARSON, R. W., *et al.* (2002). «Continuity, Stability, and Change in Daily Emotional Experience across Adolescence», *Child Development, 73*, p. 1151-1165.

LARSON, R. W., et S. VERMA (1999). «How Children and Adolescents Spend Time Across the World: Work, Play, and Developmental Opportunities», *Psychological Bulletin, 125*, p. 701-736.

LAURSEN, B. (1996). «Closeness and Conflict in Adolescent Peer Relationships: Interdependence with Friends and Romantic Partners», dans W. M. BUKOWSKI, A. F. NEWCOMB et W. W. HARTUP, dir., *The Company They Keep: Friendship in Childhood and Adolescence,* New York, Cambridge University Press, p. 186-210.

LAVIGUEUR, S., *et al.* (2004). *Les compétences des parents et les ressources qui les soutiennent,* [En ligne], http://W3.uqo.ca/qemvie (Page consultée le 31 juillet 2009).

LAVIGUEUR, S., S. COUTU et D. DUBEAU (2001). «L'intervention auprès des familles à risque. Une approche multimodale qui mise sur la résilience», dans L. LEBLANC et M. SÉGUIN, dir., *La relation d'aide. Concepts de base et interventions spécifiques,* Outremont, Les éditions Logiques, p. 171-220.

LAW, K. L., *et al.* (2003). «Smoking During Pregnancy and Newborn Neurobehavior», *Pediatrics, 111*, p. 1318-1323.

LEBLANC, M., et J. MORIZOT (2000). «Trajectoires délinquantes communes, transitoires et persistantes. Une stratégie de prévention différentielle», dans F. VITARO et C. GAGNON (dir.), *Prévention des problèmes d'adaptation chez les enfants et les adolescents, tome II. Les problèmes externalisés,* Sainte-Foy, Presses de l'Université du Québec.

LEDOUX, M., L. MONGEAU et M. RIVARD (2002). «Poids et image corporelle», dans INSTITUT DE LA STATISTIQUE DU QUÉBEC, *Enquête sociale et de santé auprès des enfants et des adolescents québécois 1999,* Québec, chap. 14.

LEE, J.M., *et al.* (2007). «Weight Status in Young Girls and the Onset of Puberty», *Pediatrics, 119*, p. e624-e630.

LEE, S. J., *et al.* (2005). «Fetal Pain: A Systematic Multidisciplinary Review of the Evidence», *Journal of the American Medical Association, 294*, p. 947-954.

LEFEBVRE, P., et P. MERRIGAN (2000). «Est-ce que le revenu familial, le travail des mères, les conditions et les horaires de travail ont des effets sur le développement des enfants et les pratiques parentales?», dans M. SIMARD et J. ALARY, dir., *Comprendre la famille. Actes du 5ᵉ symposium québécois de recherche sur la famille,* Québec, Presses de l'Université du Québec.

LEFKOWITZ, E. S., et M. M. GILLEN (2006). «Sex Is Just a Normal Part of Life: Sexuality in Emerging Adulthood», dans J. J. ARNETT et J. L. TANNER, dir., *Emerging Adults in America: Coming of Age in the 21ˢᵗ Century,* Washington DC, American Psychological Association, p. 235-255.

LÉGER MARKETING (2005). *Sondage d'opinion auprès des Canadiens: perception et opinion des Canadiens à l'égard de l'homosexualité,* [En ligne], www.gai-ecoute.qc.ca/default.aspx?scheme=3056 (Page consultée le 9 février 2010).

LEGERSTEE, M., et J VARGHESE, (2001). «The Role of Maternal Affect Mirroring on Social Expectancies in Three-month-old Infants», *Child Development, 72*, p. 1301-1313.

LEICHTMAN, M. D., et S. J. CECI (1995). «The Effects of Stereotypes and Suggestions on Preschoolers' Reports», *Developmental Psychology, 31*, p. 568-578.

LEMAN, P. J., S. AHMED et L. OZAROW (2005). «Gender, Gender Relations, and the Social Dynamics of Children's Conversations», *Developmental Psychology, 41*, p. 64-74.

LEMAY, L. (2004). *Conditions et conséquences des pratiques d'empowerment. Une étude interdisciplinaire et intersystémique des rapports de pouvoir professionnels-clients,* thèse de doctorat, Université de Montréal.

LEMAY, L. (2006). «Développer une pratique réflexive: une compétence incontournable. Le cas de la formation continue en *empowerment*», *Revue en marche, 6,* décembre, Montréal, Ordre des conseillères et conseillers en orientation et des psychoéducatrices et psychoéducateurs du Québec.

LEMAY, L. (2008-2009). *Analyse des rapports de pouvoir entre les intervenants et les parents au sein des pratiques axées sur l'empowerment des parents d'enfants en situation de négligence dans le contexte de la protection de la jeunesse,* Fonds de recherche sur la société et la culture (FQRSC), Québec, [En ligne], www.fqrsc.gouv.qc.ca/upload/editeur/resume_Lemay(1).pdf (Page consultée le 23 août 2009).

LENNEBERG, E. H. (1969). «On Explaining Language», *Science, 164* (3880), p. 635-643.

LENROOT, R. K., et J. N. GIEDD (2006). «Brain Development in Children and Adolescents: Insights from Anatomical Magnetic Resonance Imaging», *Neuroscience and Biobehavioral Reviews, 30* (6), p. 718-729.

LESLIE, L. K., *et al.* (2005). «The Food and Drug Administration's Deliberations on Antidepressant use in Pediatric Patients», *Pediatrics, 116*, p. 195-204.

LEVE, L. D., et B. I. FAGOT (1997). «Gender-Role Socialization and Discipline Processus in One- and Two-Parent Families», *Sex Roles, 36* (1-2), p. 1-21.

LEVIN, I., et A. BUS (2003). «How is Emergent Writing Based on Drawing? Analyses of Children's Products and their Sorting by Children and Mothers», *Developmental Psychology, 39*, p. 891-905.

LEVINE, R. (1980). «Adulthood among the Gusii of Kenya», dans N. J. SMELSER et E. H. ERIKSON, dir., *Themes of Work and Love in Adulthood,* Cambridge, Massachusetts, Harvard University Press, p. 77-104.

LEVINE, R. A., et S. LEVINE (1998). «Fertility and Maturity in Africa: Gusii Parents in Middle Adulthood», dans R. A. SCHWEDER, dir., *Welcome to Middle Age! (and Other Cultural Fictions),* Chicago, University of Chicago Press, p. 189-207.

LEVRON, J., *et al.* (1998). *High Rate of Chromosomal Aneuploidies in Testicular Spermatozoa Retrieved from Azoospermic Patients Undergoing Testicular Sperm Extraction for In Vitro Fertilization,* Paper presented at the 16ᵗʰ World Congress on Fertility and Sterility and the 54ᵗʰ annual meeting of the American Society for Reproductive Medicine, California, San Francisco.

LEVY, B. R. (2003). «Mind Matters: Cognitive and Physical Effects of Aging Self-Stereotypes», *Journal of Gerontology: Psychological Sciences, 58B*, p. 203-211.

LEWIS, B. H., M. LEGATO et H. FISH (2006). «Medical Implications of the Male Biological Clock», *Journal of the American Medical Association, 19*, p. 2369-2371.

LEWIS, L. (2001). *Le suicide, un saut dans le néant,* Montréal, Éditions Nouvelles, 250 p.

LEWIS, M. (1997). «The Self in Self-Conscious Emotions», dans S. G. SNODGRASS et R. L. THOMPSON, dir., «The Self Across Psychology: Self-Recognition, Self-Awareness, and the Self-Concept», *Annals of the New York Academy of Sciences, 818,* New York, The New York Academy of Sciences.

LEWIS, M. (1998). «Emotional Competence and Development», dans D. PUSHKAR *et al.*, dir., *Improving Competence across the Life-Span,* New York, Plenum, p. 27-36.

LI, J., *et al.* (2003). «Mortality in Parents after Death of a Child in Denmark: A Nationwide Follow-up Study», *Lancet, 361*, p. 363-367.

LI, J., *et al.* (2005). «Hospitalization for Mental Illness among Parents after the Death of a Child», *The New England Journal of Medicine, 352,* p. 1190-1196.

LICKONA, T. (Dir.) (1976). *Moral Development and Behaviour,* New York, Holt.

LILLARD, A., et S. CURENTON (1999). «Do Young Children Understand What Others Feel, Want, and Know?», *Young Children, 54* (5), p. 52-57.

LIN, I., *et al.* (2003). «Gender Differences in Adult Childrens'Support of their Parents in Taiwan», *Journal of Marriage and Family, 65*, p. 184-200.

LINDAU, S. T., *et al.* (2007). «A Study of Sexuality and Health among Older Adults in the United States», *New England Journal of Medicine, 357,* p. 762-774.

LLOYD, J.J., et J. C. ANTHONY (2003). «Hanging Out with the Wrong Crowd: How Much Difference can Parents Make in an Urban Environment?», *Journal of Urban Health, 80,* p. 383-399.

LOCK, A., *et al.* (1990). «Some Observations on the Origin of the Pointing Gesture», dans V. VOLTERRA et C. J. ERTING, dir., *From Gesture to Language in Hearing and Deaf Children,* New York, Springer.

LOCK, M. (1998). «Deconstructing the Change: Female Maturation in Japan and North America», dans R. A. SCHWEDER, dir., *Welcome to Middle Age! (and Other Cultural Fictions),* Chicago, University of Chicago Press, p. 45-74.

LOPES, P. N., P. SALOVEY et R. STRAUSS (2003). «Emotional Intelligence, Personality, and the Perceived Quality of Social Relationships», *Personality and Individual Differences, 35,* p. 641-658.

LORSBACH, T. C., et J. F. REIMER. (1997). «Developmental Changes in the Inhibition of Previously Relevant Information», *Journal of Experimental Child Psychology, 64,* p. 317-342.

LOVELACE, E. A. (1990). «Basic Concepts in Cognition and Aging», dans E. A. LOVELACE, dir., *Aging and Cognition: Mental Processes, Self-Awareness, and Interventions,* Amsterdam, North-Holland, Elsevier, p. 1-28.

LUCAS, R. E., *et al.* (2003). «Reexamining Adaptation and the Set Point Model of Happiness: Reactions to changes in Marital Status», *Journal of Personality and Social Psychology, 84,* p. 527-539.

LUDWIG, D. S. (2007). «Childhood Obesity – The Shape of Things to Come», *New England Journal of Medicine, 357,* p. 2325-2327.

LUNA, B., *et al.* (2004). «Maturation of Cognitive Processes from Late Childhood to Adulthood», *Child Development, 75,* p. 1357-1372.

LUND, D. A. (1993). «Widowhood: The Coping Response», dans R. KASTENBAUM, dir., *Encyclopedia of Adult Development,* Phoenix, Arizona, Oryx Press, p. 537-541.

LUSSIER, Y., C. LEMELIN et M. F. LAFONTAINE (2002). *La violence conjugale dans les relations de fréquentation telle que perçue par les jeunes femmes,* conférence présentée au congrès de l'Association canadienne-française pour l'avancement des sciences (ACFAS), Québec.

LYTTON, H., et D. M. ROMNEY (1991). «Parents' Differential Socialization of Boys and Girls: A Meta-Analysis», *Psychological Bulletin, 109,* p. 267-296.

LYYRA, T., et R. HEIKKINEN (2006). «Perceived Social Support and Mortality in Older People», *Journal of Gerontology: Social Sciences, 61B,* p.147-152.

MACCOBY, E. (1980). *Social Development,* New York, Harcourt Brace Jovanovich.

MACCOBY, E. (1984). «Middle Childhood in the Context of the Family», dans W. A. COLLINS, dir., *Development during Middle Childhood,* Washington DC, National Academy.

MACCOBY, E. E., et C. N. JACKLIN (1974). *The Psychology of Sex Differences,* Stanford University Press.

MACCOBY, E. E., et J. A. MARTIN (1983). «Socialization in the Context of the Family: Parent-Child Interaction», dans P. H. MUSSEN et E. M. HETHERINGTON, dir., *Handbook of Child Psychology, vol. 4, Socialization, Personality, and Social Development,* New York, Wiley, p. 1-101.

MACFARLANE, A. (1975). «Olfaction in the Development of Social Preferences in the Human Neonate», *Parent-Infant Interaction (CIBA Foundation Symposium nᵒ 33),* Amsterdam, Elsevier.

MACKINNON-LEWIS, C., *et al.* (1997). «Perceptions of Parenting as Predictors of Boys' Sibling and Peer Relations», *Developmental Psychology, 33,* p. 1024-1031.

MACMILLAN, R., B. J. MCMORRIS et C. KRUTTSCHNITT (2004). «Linked Lives: Stability and Change in Maternal Circumstances and Trajectories of Antisocial Behavior in Children», *Child Development, 75,* p. 205-220.

MACRAE, C., et G. BODENHAUSEN (2000). «Social Cognition: Thinking Categorically about Others», *Annual Review of Psychology, 51,* p. 93-120.

MAIN, M., et J. SOLOMON (1986). «Discovery of an Insecure, Disorganized - Disoriented Attachment Pattern: Procedures, Findings, and Implications for the Classification of Behaviour», dans M. YOGMAN et T. B. BRAZELTON, dir.,

Affective Development in Infancy, Norwood, New Jersey, Ablex.

MANCIAUX, M. (2001). *La résilience : résister pour se construire,* Genève, Médecine et hygiène.

MANCINI, A. D., et G. A. BONANNO (2006). «Marital Closeness, Functional Disability, and Adjustment in Late Life», *Psychology and Aging, 21,* p. 600-610.

MARCH, J., et THE TADS TEAM (2007). «The Treatment for Adolescents with Depression Study (TADS): Long-Term Effectiveness and Safety Outcomes», *Archives of General Psychiatry, 64,* p. 1132-1143.

MARCH OF DIMES FOUNDATION (2002). *Toxoplasmosis (Fact Sheet),* Wikes-Barre, Pennsylvania, March of Dimes Foundation.

MARCIA, J. E. (1966). «Development and Validation of Ego Identity Status», *Journal of Personality and Social Psychology, 3* (5), p. 551-558.

MARCIA, J. E. (1979). «*Identity Status in Late Adolescence : Description and Some Clinical Implications*», *Address given at symposium on identity development,* Rijksuniversiteit Groningen, Pays-Bas.

MARCIA, J. E. (1980). «Identity in Adolescence», dans J. ADELSON, dir., *Handbook of Adolescent Psychology,* New York, Wiley.

MARCIA, J. E. (1993). «The Relational Roots of Identity», dans J. KROGER, dir., *Discussions on Ego Identity,* Hillsdale, New Jersey, Erlbaum, p. 101-120.

MARCOEN, A. (1995). «Filial Maturity of Middle-Aged Adult Children in the Context of Parent Care : Model and Measures», *Journal of Adult Development, 2,* p. 125-136.

MARCON, R. A. (1999). «Differential Impact of Preschool Models on Development and Early Learning of Inner-City Children : A Three-Cohort Study», *Developmental Psychology, 35* (2), p. 358-375.

MARKEL, H. (2007). «Is there an Autism Epidemic?», *Medscape Pediatrics,* [En ligne], www.medscape.com/viewarticle/551540 (Page consultée le 12 août 2009).

MARKS, H. (2000). «Student Engagement in Instructional Activity : Patterns in the Elementary, Middle, and High School Years», *American Education Research Journal, 37,* p. 153-184.

MARKS, N. F., et J. D. LAMBERT (1998). «Marital Status Continuity and Change among Young and Midlife Adults», *Journal of Family Issues, 19,* p. 652-686.

MARKUS, H. R., C. D. RYFF, K. B. CURHAN et K. A. PALMERSHEIM (2004). «In Their Own Words : Well-Being at Midlife among High School-Educated and College-Educated Adults», dans O. G. BRIM, C. K. RYFF et R. C. KESSLER, dir., *How Healthy Are We? A National Study of Well-Being at Midlife,* Chicago, University of Chicago Press, p. 273-319.

MARIEB, E. N., et R. LACHAÎNE (2008). *Biologie humaine : anatomie et physiologie,* Montréal, ERPI.

MARTIKAINEN, P., et T. VALKONEN (1996). «Mortality After the Death of a Spouse : Rates and Causes of Death in a Large Finnish Cohort», *American Journal of Public Health, 86,* p. 1087-1093.

MARTIN, C. L., D. N. RUBLE et J. SZKYBALO (2002). «Cognitive Theories of Early Gender Development», *Psychological Bulletin, 128,* p. 903-933.

MARTIN, C. L., et D. RUBLE (2004). «Children's Search for Gender Cues : Cognitive Perspectives on Gender Development», *Current Directions in Psychological Science, 13,* p. 67-70.

MARTIN, J. A., *et al.* (2005). «Annual Summary of Vital Statistics – 2003», *Pediatrics, 115,* p. 619-634.

MARTIN, J. A., *et al.* (2007). «Births : Final Data for 2005», *National Vital Statistics Reports, 56* (6), Hyattsville, Maryland, National Center for Health Statistics.

MARTIN, L. G. (1988). «The Aging of Asia», *Journal of Gerontology : Social Sciences, 43* (4), p. 99-113.

MARTIN, P., B. HAGBERG et L.W. POON (1997). «Predictors of Loneliness in Centenarians : A Parallel Study», *Journal of Cross-Cultural Gerontology, 12,* p. 203-224.

MASLACH, C. (2003). «Job Burnout : New Directions in Research and Intervention», *Current Directions in Psychological Science, 12* (5), p. 189-192.

MASLOW, A. (1968). *Toward a Psychology of Living,* Princeton, New Jersy, Van Nostrand Reinhold.

MASLOW, A. H. (1968). *Toward a Psychology of Being,* Princeton, New Jersey, Van Nostrand Reinhold.

MASLOW, A. H. (1971). *The Farther Reaches of Human Nature,* New York, Viking.

MASLOW, A. H. (1987). *Motivation and Personality,* 3e éd., New York, Harper & Row.

MASSON, J. (2006). *Derrière mes larmes d'enfant,* Saint-Jérôme, Éditions Ressources, p. 296-297.

MASTEN, A. S. (2001). «Ordinary Magic : Resilience Processes in Development», *American Psychologist, 56,* p. 227-238.

MASTEN, A. S., et J. D. COATSWORTH (1998). «The Development of Competence in Favorable and Unfavorable Environments : Lessons from Research on Successful Children», *American Psychologist, 53,* p. 205-220.

MASTERS, W. H., et V. E. JOHNSON (1966). *Human Sexual Response,* Bonston, Little, Brown.

MATIS, R. (2008). *Violence conjugale : les facteurs de risque,* Santé Log, Le carrefour des professionnels de la santé, [En ligne], www.santelog.com/modules/connaissances/actualite-sante-violence-conjugale-les-facteurs-de-risque_197.htm (Page consultée le 10 janvier 2010).

MATLIN, M. W. (1987). *The Psychology of Women,* New York, Holt, Rinehart, and Winston.

MAYER, M. (2007). «La pauvreté comme facteur de risque et de négligence», *Revue de psychoéducation, 36* (2), p. 353-362.

McADAMS, D. p. (2001). «Generativity in Midlife», dans M. E. LACHMAN, dir., *Handbook of Midlife Development,* New York, Wiley, p. 395-443.

McCLINTOCK, M. K., et G. HERDT (1996). «Rethinking Puberty : The Development of Sexual Attraction», *Current Directions in Psychological Science, 5* (6), p. 178-183.

McCORD, J. (1996). «Unintended Consequences of Punishment», *Pediatrics, 98,* p. 832-834.

McCRAE, R. R. (2002). «Cross-Cultural Research on the Five-Factor Model of Personality», dans W. J. LONNER *et al.,* dir., *Online Readings in Psychology and Culture,* Center for Cross-Cultural Research, Western Washington University, Bellingham, Washington.

McCRAE, R. R., *et al.* (2000). «Nature over Nurture : Temperament, Personality, and Life Span Development», *Journal of Personality and Social Psychology, 78* (1), p. 173-186.

McCUE, J. D. (1995). «The Naturalness of Dying», *Journal of the American Medical Association, 273,* p. 1039-1043.

McFALL, S., et B. H. MILLER (1992). «Caregiver Burden and Nursing Home Admission of Frail Elderly Patients», *Journal of Gerontology : Social Sciences, 47,* p. 73-79.

McGUFFIN, P., B. RILEY et R. PLOMIN (2001). «Toward Behavioral Genomics», *Science, 291,* p. 1232, 1249.

McGUIGAN, F., et K. SALMON (2004). «The Time to Talk : The Influence of the Timing of Adult-Child Talk on Children's Event Memory», *Child Development, 75,* p. 669-686.

McHALE, S. M., *et al.* (2001). «Sibling Influences on Gender Development in Middle Childhood and Early Adolescence : A Longitudinal Study», *Developmental Psychology, 37,* p. 115-125.

McLOYD, V. C., et J. SMITH (2002). «Physical Discipline and Behavior Problems in African American, European American, and Hispanic Children : Emotional Support as a Moderator», *Journal of Marriage and Family, 64,* p. 40-53.

McPHERSON, M., L. SMITH-LOVIN et M. E. BRASHEARS (2006). «Social Isolation in America : Changes in Core Discussion Networks over Two Decades», *American Sociological Review, 71* (3), p. 353-375.

MEAD, M. (1928). *Coming of Age in Samoa,* New York, Morrow.

MEAD, M. (1935). *Sex and Temperament in Three Primitive Societies,* New York, Morrow.

MEIJER, A. M., et G. L. H. VAN DEN WITTENBOER (2007). «Contributions of Infants Sleep and Crying to Marital Relationship of First-Time Parent Couples in the 1st Year After Childbirth», *Journal of Family Psychology, 21* (1), p. 49-57.

MEINS, E. (1998). «The Effects of Security of Attachment and Maternal Attribution of Meaning on Children's Linguistic Acquisitional Style», *Infant Behavior and Development, 21,* p. 237-252.

MELTZOFF, A. N., et M. K. MOORE (1983). «Newborn Infants Imitate Adult Facial Gestures», *Child Development, 54,* p. 702-709.

MELTZOFF, A. N., et M. K. MOORE (1998). «Object Representation, Identity, and the Paradox of Early Permanence : Steps toward a New Framework», *Infant Behavior and Development, 21,* p. 201-235.

MELZER, K., B. DAYSER et C. PICHARD (2004). «Physical Activity : the Health Benefits Outweigh the Risks», *Curr Opin Nutr Metab Care, 7* (6), p. 641-647.

MENACKER, F., *et al.* (2004). «Births to 10-14 year-Old Mothers, 1990-2002 : Trends and Health Outcomes», *National Vital Statistics Reports, 53* (7), Hyattsville, Maryland, National Center for Health Statistics.

MENEC, V. H. (2003). «The Relation Between Everyday Activities and Successful Aging : A 6-year Longitudinal Study», *Journal of Gerontology : Social Sciences, 58B,* p. 74-82.

MENG, Y., *et al.* (2007). «Association between SORL1 and Alzheimer's Disease in a Genome-Wide Study», *NeuroReport, 18* (17), p. 1761-1764.

MENON, U. (2001). «Middle Adulthood in Cultural Perspective : The Imagined and the Experienced in Three Cultures», dans M. E. LACHMAN, dir., *Handbook of Midlife Development,* New York, Wiley, p. 40-74.

MENT, L. R., *et al.* (2003). «Changes in Cognitive Function over Time in Very Low-birth-weight Infants», *Journal of the American medical Association, 289,* p. 705-711.

MERRILL, S. S., et L. M. VERBRUGGE (1999). «Health and Disease in Midlife», dans S. L. WILLIS et J. D. REID, dir., *Life in the Middle : Psychological and Social Development in Middle Age,* San Academic Press, p. 78-103.

MESSINIS, L., *et al.* (2006). «Neuropsychological Deficits in Long-Term Cannabis Users», *Neurology, 66,* p. 737-739.

MIEDZIAN, M. (1991). *Boys Will Be Boys : Breaking the Link between Masculinity and Violence,* New York, Doubleday.

MILKIE, M.A., *et al.* (2004). «The Time Squeeze : Parental Statuses and Feelings about Time with Children», *Journal of Marriage and Family, 66,* p. 739-761.

MILLER, G. E., et E. BLACKWELL (2006). «Turning Up the Heat», *Current Directions in Psychological Science, 15,* p. 269-272.

MILLMAN, R.P., WORKING GROUP ON SLEEPINESS IN ADOLESCENTS/YOUNG ADULTS et AAP COMMITTEE ON ADOLESCENTS (2005). «Excessive Sleepiness in Adolescents and Young Adults : Causes, Consequences, and Treatment Strategies», *Pediatrics, 115,* p. 1774-1786.

MIRON, J. M. (2004). «Les services préscolaires et la famille : un partenariat à créer», dans N. ROYER, dir., *Le monde du préscolaire,* Montréal, Gaëtan Morin.

MISHARA, B. L., et R. G. RIEDEL (1994). *Le vieillissement,* Paris, P. U. F.

MOFFITT, T. E. (1993). «Adolescent-Limited and Life-Course-Persistent Antisocial Behavior : A Developmental Taxonomy», *Psychological Review, 100,* p. 674-701.

MONBOURQUETTE, J. (2007). *Grandir : aimer, perdre et grandir,* Montréal, Novalis.

MONBOURQUETTE, J. (2008). *La mort, ça s'attrape?,* Montréal, Novalis, p. 70-75.

MONEY, J., J. G. HAMPSON et J. L. HAMPSON (1955). «Hermaphroditism : Recommendations Concerning Assignment of Sex, Change of Sex and Psychologic Management», *Bulletin of the Johns Hopkins Hospital, 97* (4), p. 284-300.

MONTAGUE, D. P. F., et A. S. WALKER-ANDREWS (2001). «Peekaboo : A New Look at Infants' Perception of Emotion Expressions», *Developmental Psychology, 37,* p. 826-838.

MONTANO, J. J. (2003). «Emerging Technologies for Hearing Loss : An Ecological Approach», *Generations, 27,* p. 71-77.

MONTENEGRO, X. P. (2004). *The Divorce Experience : A Study of Divorce at Midlife and Beyond,* Washington, American Association of Retired Persons.

MOORE, S. E., *et al.* (1997). «Season of Birth Predicts Mortality in Rural Gambia», *Nature, 388,* p. 434.

MORRIS, M. C. (2004). «Diet and Alzheimer's Disease : What the Evidence Shows», *Medscape General Medicine, 6,* p. 1-5.

MORRISON, J. A., *et al.* (2005). «Development of the Metabolic Syndrome in Black and White Adolescent Girls», *Pediatrics, 116,* p. 1178-1182.

MOSCONI, L., *et al.* (2008). «Multicenter Standardized 18F-FDG PET Diagnosis of Mild Cognitive Impairment, Alzheimer's Disease, and Other Dementias», *Journal of Nuclear Medicine, 49,* p. 390-398.

MOSES, L. J., *et al.* (2001). «Evidence for Referential Understanding in the Emotions Domain at

Twelve and Eighteen Months», *Child Development, 72,* p. 718-735.

MOSHER, W. D., A. CHANDRA et J. JONES (2005). «Sexual Behavior and Selected Health Measures: Men and Women 15-44 Years of Age, United States, 2002», *Advance Data from Vital and Health Statistics, 362,* Hyattsville, Maryland, National Center for Health Statistics.

MOSS, M. S., et S. Z. MOSS (1989). «The Death of a Parent», dans R. A. KALISH, dir., *Midlife Loss: Coping Strategies,* Newbury Park, California, Sage.

MOUNTS, N. S., et L. STEINBERG (1995). «An Ecological Analysis of Peer Influence on Adolescent Grade Point Average and Drug Use», *Developmental Psychology, 31,* p. 915-922.

MROCZEK, D. K. (2004). «Positive and Negative Affect at Midlife», dans O. G. BRIM, C. K. RYFF et R. C. KESSLER, dir., *How Healthy Are We? A National Study of Well-Being at Midlife,* Chicago, University of Chicago Press, p. 205-226.

MROCZEK, D. K., et A. SPIRO (2005). «Change in Life Satisfaction during Adulthood: Findings from the Veterans Affairs Normative Aging Study», *Journal of Personality and Social Psychology, 88,* p. 189-202.

MTA COOPERATIVE GROUP (2004). «National Institute of Mental Health Multimodal Treatment Study of ADHD Follow-up: 24-month Outcomes of Treatment Strategies for Attention-Deficit/Hyperactivity Disorder», *Pediatrics, 113,* p. 754-769.

MUELLER, T. I., *et al.* (2004). «The Course of Depression in Elderly Patients», *American Journal of Psychiatry, 12,* p. 22-29.

MUMME, D. L., et A. FERNALD (2003). «The Infant as Onlooker: Learning from Emotional Reactions Observed in a Television Scenario», *Child Development, 74,* p. 221-237.

MURACO, A. (2006). «Intentional Families: Fictive Kin Ties between Cross-Gender, Different Sexual Orientation Friends», *Journal of Marriage and Family, 68* (5), p.1313-1325.

MUSICK, M. A., A. R. HERZOG et J. S. HOUSE (1999). «Volunteering and Mortality among Older Adults: Findings from a National Sample», *Journal of Gerontology: Psychological Sciences, 54B,* p. 173-180.

MUSKIN, P. R. (1998). «The Request to Die. Role for a Psychodynamic Perspective on Physician-Assisted Suicide», *Journal of American Medical Association, 279,* p. 323-328.

MUTER, V., *et al.* (2004). «Phonemes, Rimes, Vocabulary, and Grammatical Skills as Foundations of Early Reading Development: Evidence from Longitudinal Study», *Developmental Psychology, 40,* p. 665-681.

MYERS, D. G. (2000). «The Funds, Friends, and Faith of Happy People», *American Psychologist, 55* (1), p. 56-67.

MYERS, S. M., *et al.* (2007). «Management of Children with Autism Spectrum Disorders», *Pediatrics, 120* (5), p. 1162-1182.

NANSEL, T. R., *et al.* (2001). «Bullying Behaviors among U.S. Youth: Prevalence and Association with Psychosocial Adjustment», *Journal of the American Medical Association, 285,* p. 2094-2100.

NASH, J. M. (1997). «Fertile Minds», *Times, 3,* février, p. 49-56.

NATIONAL CENTER FOR EDUCATION STATISTICS (NCES) (2001). *The Condition of Education 2001* (NCES 2001-072). Washington DC, U.S. Government Printing Office.

NATIONAL CENTER FOR HEALTH STATISTICS (NCHS) (2004). *Health, United States, 2004 with Chartbook on Trends in the Health of Americans* (DHHS Publication n° 2004-1232), Hyattsville, Maryland, National Center for Health Statistics.

NATIONAL CENTER FOR HEALTH STATISTICS (NCHS) (2006). *Health, United States, 2006,* Hyattsville, Maryland, National Center for Health Statistics.

NATIONAL INSTITUTE OF MENTAL HEALTH (NIMH) (2001). *Helping Children and Adolescents Cope with Violence and Disasters: What Rescue Workers Can Do* (NIH Publication n° 01-3518), Bethesda, Maryland.

NATIONAL INSTITUTE OF NEUROLOGICAL DISORDERS AND STROKE (NINDS) (2007). *NINDS Asperger Syndrome Information,* [En ligne], www.ninds.nih.gov/disorders/asperger/asperger.htm (Page consultée le 10 juin 2009).

NATIONAL INSTITUTE ON DRUG ABUSE (NIDA) (2008). *Quarterly Report: Potency Monitoring Project – Report 100, December 16, 2007 thru March 15, 2008,* [En ligne], www.whitehousedrugpolicy.gov/pdf/FullPotencyReports.pdf (Page consultée le 17 décembre 2009).

NATIONAL INSTITUTES OF HEALTH (NIH) CONSENSUS DEVELOPMENT PANEL (2001). «National Institutes of Health Consensus Development Conference Statement: Phenyl-ketonuria Screening and Management, October 16-18, 2000», *Pediatrics, 108* (4), p. 972-982.

NATIONAL INSTITUTES OF HEALTH (NIH) STATE-OF-THE-SCIENCE CONFERENCE STATEMENT (2005). «NIH State-of-the-Science Conference Statement: Management of Menopause-Related Symptoms», *Annuals of Internal Medicine, 142* (12, Pt.1), p. 1003-1013.

NATIONAL LIBRARY OF MEDICINE (2004). *Medical Encyclopedia: Oppositional Defiant Disorder,* [En ligne], www.nlm.nih.gov/medlineplus/ency/article/001537.htm (Page consultée le 23 avril 2005).

NEISSER, U., *et al.* (1996). «Intelligence: Knowns and Unknowns», *American Psychologist, 51* (2), p. 77-101.

NEITZEL, C., et A. D. STRIGHT (2003). «Relations between Parents' Scaffolding and Children's Academic Self-Regulation: Establishing a Foundation of Self-Regulatory Competence», *Journal of Family Psychology, 17,* p. 147-159.

NELSON, C. A. (1995). «The Ontogeny of Human Memory: A Cognitive Neuroscience Perspective», *Developmental Psychology, 31,* p. 723-738.

NELSON, C. A., *et al.* (2000). «Functional Neuroanatomy of Spatial Working Memory in Children», *Developmental Psychology, 36,* p. 109-116.

NELSON, K. (2005). «Evolution and Development of Human Memory Systems», dans B. J. ELLIS et D. F. BJORKLUND, dir., *Origins of the Social Mind: Evolutionary Psychology and Child Development,* New York, Guilford Press, p. 319-345.

NELSON, K., et R. FIVUSH (2004). «The Emergence of Autobiographical Memory: A Social Cultural Developmental Theory», *Psychological Bulletin, 111,* p. 486-511.

NELSON, M. C., et P. GORDON-LARSEN (2006). «Physical Activity and Sedentary Behaviour Patterns are Associated with Selected Adolescent Risk Behaviours», *Pediatrics, 117,* p. 1281-1290.

NEUGARTEN, B. L. (1967). «The Awareness of Middle Age», dans R. OWEN, dir., *Middle Age,* London, BBC.

NEUGARTEN, B. L., R. HAVIGHURST et S. TOBIN (1968). «Personality and Patterns of Aging», dans B. NEUGARTEN dir., *Middle Age and Aging,* Chicago, University of Chicago Press.

NEUGARTEN, B. N., et D. A. NEUGARTEN (1987). «The Changing Meanings of Age», *Psychology today, 21,* p. 29-33.

NEUGEBAUER, R., H. W. HOEK et E. SUSSER (1999). «Prenatal Exposure to Wartime Famine and Development of Antisocial Personality Disorder in Early Adulthood», *Journal of the American Medical Association, 282,* p. 455-462.

NEUPERT, S. D., *et al.* (2006). «Daily Stressors and Memory Failures in a Naturalistic Setting: Findings from the VA Normative Aging Study», *Psychology and Aging, 21,* p. 424-429.

NEWPORT, E. L., D. BAVELIER et H. J. NEVILLE (2001). «Critical Thinking about Critical Periods: Perspectives on a Critical Period for Language Acquisition», dans E. DUPOUX, dir., *Language, Brain and Cognitive Development: Essays in Honor of Jacques Mehler,* Cambridge, Massachusetts, MIT Press, p. 481-502.

NEWSWISE (2004). *High Stress Doubles Risk of Painful Periods,* [En ligne], www.newswise.com/articles/view/508336/ (Page consultée le 11 février 2010).

NICHD EARLY CHILD CARE RESEARCH NETWORK (2005). «Predicting Individual Differences in Attention, Memory, and Planning in First Graders from Experiences at Home, Child Care, and School», *Developmental Psychology, 41,* p. 99-114.

NICOLADIS, E., M. CHARBONNIER et A. POPESCU (2006). «Deuxième langue/bilinguisme chez les jeunes enfants et impacts sur le développement sociocognitif et socioaffectif précoce», dans R. E. TREMBLAY, R. G. BARR et R. De V. PETERS, dir., *Encyclopédie sur le développement des jeunes enfants,* Montréal, Centre d'excellence pour le développement des jeunes enfants, [En ligne], www.enfant-encyclopedie.com/Pages/PDF/Nicoladis-Charbonnier-PopescuFRxp.pdf (Page consultée le 21 mai 2009).

NISBETT, R. E. (2005). «Heredity, Environment, and Race Differences in IQ: A Commentary on Rushton and Jensen», *Psychology, Public Policy, and Law, 11,* p. 302-310.

NISHIMURA, H., *et al.* (1999). «Sign Language "Heard" in the Auditory Cortex», *Nature, 397,* p. 116.

NIX, R. R., *et al.* (1999). «The Relation between Mothers' Hostile Attribution Tendencies and Children's Externalizing Behaviour Problems: The Mediating Role of Mothers' Harsh Discipline Practices», *Child Development, 70* (4), p. 896-909.

NOBRE, A. C., et K. PLUNKETT (1997). «The Neutral System of Language: Structure and Development», *Current Opinion in Neurobiology, 7,* p. 262-268.

NOYER, M. (2005). «Écrire avant de savoir écrire: Comment l'enfant devient-il dessinateur?», *Enfance, 57* (1), p. 11-23.

NUCCI, L., Y. HASEBE et M. T. LINS-DYER (2005). «Adolescent Psychological Well-Being and Parental Control», dans J. SMETANA, dir., *Changing Boundaries of Parental Authority during Adolescence, New Directions for Child and Adolescent Development, 108,* San Francisco, Jossey-Bass, p. 17-30.

OBER, C., *et al.* (2008). «Effect of Variation in CH13L1 on Serum YKL-40 Level, Risk of Asthma, and Lung Function», *New England Journal of Medicine, 358,* p. 1682-1691.

O'BRIEN, M. (2003). *Wrong Messages: Young Kids are Casually Experimenting with Oral Sex,* [En ligne], www.drsharonmaxwell.com/articles_other_wrongmessages.html (Page consultée le 9 février 2010).

O'CONNOR, B. P., et R. J. VALLERAND (1998). «Psychological Adjustment Variables as Predictors of Mortality Among Nursing Home Residents», *Psychology and Aging, 13* (3), p. 368-374.

O'CONNOR, T., *et al.* (2002). «Maternal Antenatal Anxiety and Children's Behavioural/Emotional Problems at 4 Years», *British Journal of Psychiatry, 180,* p. 502-508.

OFFER, D., E. OSTROV et K. I. HOWARD (1989). «Adolescence: What Is Normal?», *American Journal of Diseases of Children, 143,* p. 731-736.

OFFER, D., et R. B. CHURCH (1991). «Generation Gap», dans R. M. LERNER, A. C. PETERSEN et J. BROOKS-GUNN, dir., *Encyclopedia of Adolescence,* New York, Garland, p. 397-399.

OFFER, D., *et al.* (2002). «Continuity in Family Constellation», *Adolescent and Family Health, 3,* p. 3-8.

OFFER, D., *et al.* (1988). *The Teenage World: Adolescents' Self-Image in Ten Countries,* New York, Plenum Press.

OFFER, D., et K. A. SCHONERT-REICHL (1992). «Debunking the Myths of Adolescence: Findings from Recent Research», *Journal of the American Academy of Child and Adolescent Psychiatry, 31,* p. 1003-1014.

OFFICE OF NATIONAL DRUG CONTROL POLICY (2008). *Teen Marijuana Use Worsens Depression: An Analysis of Recent Data Shows «Self-Medicating» Could Actually Make Things Worse,* Washington DC, Executive Office of the President.

OGDEN, C. L. *et al.* (2004). *Mean Body Weight, Height, and Body Mass Index, United States 1960–2002,* Advance Data from Vital and Health Statistics, 347, Hyattsville, Maryland, National Center for Health Statistics.

OLFSON, M., *et al.* (2006). «National Trends in the Outpatient Treatment of Children and Adolescents with Antipsychotic Drugs», *Archives of General Psychiatry, 63,* p. 679-685.

OLSHANSKY, S. J., L. HAYFLICK et B. A. CARNES (2002a). «No Truth to the Fountain of Youth», *Scientific American, 286,* p. 92-95.

OLSHANSKY, S. J., L. HAYFLICK et B. A. CARNES (2002b). «The Truth about Human Aging», *Scientific American,* [En ligne], www.scientificamerican.com/article.cfm?id=the-truth-about-human-agi (Page consultée le 4 janvier 2010).

OLSHANSKY, S. J., L. HAYFLICK et T. T. PERLS (2004). «Anti-Aging Medicine: The Hype and the Reality – Part I», *Journal of Gerontology: Biological Sciences, 59A,* p. 513-514.

ORBUCH, T. L., J. S. HOUSE, R. P. MERO et P. S. WEBSTER (1996). «Marital Quality over the Life Course», *Social Psychology Quarterly, 59,* p. 162-171.

ORENTLICHER, D. (1996). «The Legalization of Physician-Assisted Suicide», *The New England Journal of Medicine, 335,* p. 663-667.

ORGANISATION DE COOPÉRATION ET DE DÉVELOPPEMENT ÉCONOMIQUES (OCDE) (2004). «Education at a Glance: OECD Indicators-2004», *Education & Skills,* (14), p. 1-456.

ORGANISATION DE COOPÉRATION ET DE DÉVELOPPEMENT ÉCONOMIQUES (OCDE) (2007). *Finland Takes Number One Spot in OECD's Latest PISA Survey, Advance Figures Show,* [En ligne], www.oecd.org/document/60/0,3343,en_2649_34487_39700732_1_1_1_1,00&&en-USS_01DBC.html (Page consultée le 25 novembre 2009).

ORGANISATION MONDIALE DE LA SANTÉ (2006). *Normes de croissance de l'enfant, Étude multicentrique de l'OMS sur la référence de croissance,* [En ligne], www.who.int/childgrowth/fr (Page consultée le 24 août 2009).

OSHIMA, S. (1996). «Japan: Feeling the Strains of an Aging Population», *Science, July 5,* p. 44-45.

OVERBEEK, G., *et al.* (2007). «Parent-Child Relationships, Partner Relationships, and Emotional Adjustment: A Birth-to-Maturity Prospective Study», *Developmental Psychology, 43,* p. 429-437.

OWENS, R. E. (1996). *Language Development,* 4e éd., Boston, Allyn and Bacon.

PALELLA, F. J., *et al.* (1998). «Declining Morbidity and Mortality among Patients with Advanced Human Immunodeficiency Virus Infection», *The New England Journal of Medicine, 358,* p. 853-860.

PAOLETTI, R. (1999). *Éducation et motricité de l'enfant de deux à huit ans,* Montréal, Gaëtan Morin Éditeur.

PARENT, S., et J.-F. SAUCIER (1999). «La théorie de l'attachement», dans E. HABIMANA *et al.*, dir., *Psychopathologie de l'enfant et de l'adolescent,* Montréal, Gaëtan Morin.

PARK, D., et A. GUTCHESS (2006). «The Cognitive Neuroscience of Aging and Culture», *Current Directions in Psychological Science, 15,* p. 105-108.

PARK, S., *et al.* (1997). «Infant Emotionality, Parenting, and 3-year Inhibition: Exploring Stability and Lawful Discontinuity in a Male Sample», *Developmental Psychology, 33,* p. 218-227.

PARKE, R. D., et R. BURIEL (1998). «Socialization in the Family: Ethnic and Ecological Perspectives», dans W. DAMON et N. EISENBERG, dir., *Handbook of Child Psychology, vol. 3, Social, Emotional, and Personality Development,* 5e éd., New York, Wiley, p. 463-552.

PARTEN, M. (1932). «Social Play among Preschool Children», *Journal of Abnormal and Social Psychology, 27,* p. 243-269.

PASSEPORTSANTÉ.NET (2008). *Épuisement professionel,* [En ligne], www.passeportsante.net/fr/Maux/Problemes/Fiche.aspx?doc=epuisement_professionnel_pm_sommaire (Page consultée le 4 janvier 2010).

PATTERSON, C. J. (1992). «Children of Lesbian and Gay Parents», *Child Development, 63,* p. 1025-1042.

PATTERSON, C. J. (1995a). «Lesbian Mothers, Gay Fathers, and their Children», dans A. R. D'AUGELLI et C. J. PATTERSON, dir., *Lesbian, Gay, and Bisexual Identities over the Lifespan: Psychological Perspectives,* New York, Oxford University Press, p. 293-320.

PATTERSON, C. J. (1995b). «Sexual Orientation and Human Development: An Overview», *Developmental Psychology, 31,* p. 3-11.

PATTERSON, G. R., B. D. DEBARYSHE et E. RAMSEY (1989). «A Developmental Perspective on Antisocial Behavior», *American Psychologist, 44* (2), p. 329-335.

PEARSON, J. D., *et al.* (1995). «Gender Differences in a Longitudinal Study of Age-Associated Hearing Loss», *Journal of the Acoustical Society of America, 97,* p. 1196-1205.

PELLEGRINI, A. D., et J. ARCHER (2005). «Sex Differences in Competitive and Aggressive Behaviour: A View from Sexual Selection Theory», dans B. J. ELLIS et D. F. BJORKLUND, dir., *Origins of the Social Mind: Evolutionary Psychology and Child Development,* New York, Guilford Press, p. 219-244.

PENNINX, B. W., *et al.* (1998). «Depressive Symptoms and Physical Decline in Community-Dwelling Older Persons», *Journal of the American Medical Association, 279,* p. 1720-1726.

PERERA, F. P., *et al.* (2004). «Molecular Evidence of an Interaction between Prenatal Environmental Exposures and Birth Outcomes in a Multiethnic Population», *Environmental Health Perspectives, 112,* p. 626-630.

PERINA, K. (2007). «Love's Loopy Logic: Men and Woman Deceive Themselves about One Another in Myriad Ways and, As It Turns Out, That's in Our Keenest Interest», *Psychology today, 40* (1), p. 68-77.

PERLS, T. T. (2004). «Anti-Aging Quackery: Human Growth Hormone and Trick of the Trade – More Dangerous than Ever», *Journal of Gerontology: Biological Sciences, 59A,* p. 682-691.

PERLS, T. T, *et al.* (2009). «Personality Traits of Centenarians' Offsprings», *Journal of the American Geriatrics Society, 57* (4), p. 683-685.

PERLS, T. T., L. ALPERT et R. C. FRETTS (1997). «Middle-Aged Mothers Live Longer», *Nature, 389,* p. 133.

PERLS, T. T., M. HUTTER-SILVER et J. F. LAUERMAN (1999). *Living to 100: Lessons in Living to your Maximum Potential at Any Age,* New York, Basic Books.

PERLS, T., L. M. KUNKEL et A. PUCA (2002a). «The Genetics of Aging», *Current Opinion in Genetics and Development, 12,* p. 362-369.

PERLS, T., L. M. KUNKEL et A. A. PUCA (2002b). «The Genetics of Exceptional Human Longevity», *Journal of the American Geriatric Society, 50,* p. 359-368.

PERRENOUD, p. (2000). «Trois pour deux: langues étrangères, scolarisation et pensée magique», *Éducateur, 13,* 24 novembre, p. 31-36.

PÉRUSSE, L., *et al.* (1999). «The Human Obesity Gene Map: The 1998 Update», *Obesity Research, 7,* p. 111-129.

PETERS, V., *et al.* (2003). «Missed Opportunities for Perinatal HIV Prevention among HIV-Exposed Infants Born 1996-2000, Pediatric Spectrum of HIV Disease Cohort», *Pediatrics, 111,* p. 1186-1191.

PETERSEN, A. C. (1993a). «Presidential Address: Creating Adolescents: The Role of Context and Process in Developmental Transitions», *Journal of Research on Adolescents, 3* (1), p. 1-18.

PETERSEN, A. C., *et al.* (1993b). «Depression in Adolescence», *American Psychologist, 48* (2), p. 155-168.

PETITTO, L. A., et I. KOVELMAN (2003). «The Bilingual Paradox: How Signing-Speaking Bilingual Children Help Us to Resolve It and Teach Us about the Brain's Mechanisms Underlying All Language Acquisition», *Learning Languages, 8,* p. 5-18.

PETRILL, S. A., *et al.* (2004). «Genetic and Environmental Contributions to General Cognitive Ability Through the First 16 Years of Life», *Developmental Psychology, 40,* p. 805-812.

PETTIT, G., J. E. BATES et K. A. DODGE (1997). «Supportive Parenting, Ecological Context, and Children's Adjustment: A Seven-year Longitudinal Study», *Child Development, 68,* p. 908-923.

PFEFFER, C. R., *et al.* (2007). «Salivary Cortisol and Psychopathology in Children Bereaved by the September 11, 2001 Terror Attacks», *Biological Psychiatry, 61* (8), p. 957-965.

PHARAOH, P. D. P., *et al.* (2002). «Polygenic Susceptibility to Breast Cancer and Implications for Prevention», *Nature Genetics, 31,* p. 33-36.

PHELAN, E. A., *et al.* (2004). «Activities of Daily Living Function and Disability in Older Adults in a Randomized Trial of the Health Enhancement Program», *Journal of Geronotology: Medical Sciences, 59A,* p. 838-843.

PHILLIPS, D. F. (1998). «Reproductive Medicine Experts till an Increasingly Fertile Field», *Journal of the American Medical Association, 280* (22), p. 1893-1895.

PHINNEY, J. S. (1998). «Stages of Ethnic Identity Development in Minority Group Adolescents», dans R. E. MUUSS et H. D. PORTON, dir., *Adolescent Behavior and Society: A Book of Readings,* Boston, McGraw-Hill, p. 271-280.

PIAGET, J. (1929). *The Child's Conception of the World,* New York, Harcourt Brace.

PIAGET, J. (1932). *The Moral Judgment of the Child,* New York, Harcourt Brace.

PIAGET, J. (1962). *Les relations entre l'intelligence et l'affectivité dans le développement de l'enfant et de l'adolescent,* 2e éd., Paris, Centre de documentation universitaire.

PIAGET, J. (1964). *Six études de psychologie,* Genève, Éditions Gonthier.

PIAGET, J., et B. INHELDER (1967). *The Child's Conception of Space,* New York, Norton.

PIAGET, J., et B. INHELDER (1969). *The Psychology of the Child,* New York, Basic Books.

PIKE, A., J. COLDWELL et J. F. DUNN (2005). «Sibling Relationships in Early/Middle Childhood: Links with Individual Adjustment», *Journal of Family Psychology, 19,* p. 523-532.

PILLOW, B. H., et A. J. HENRICHON (1996). «There's More to the Picture than Meets the Eye: Young Children's Difficulty Understanding Biased Interpretation», *Child Development, 67,* p. 803-819.

PIMENTEL, E. E., et J. LIU (2004). «Exploring Non Normative Coresidence in Urban China: Living with Wives' Parents», *Journal of Marriage and Family, 66,* p. 821-836.

PINQUART, M., et S. SÖRENSEN (2006). «Gender Differences in Caregiver Stressors, Social Resources, and Health: An Updated Meta-Analysis», *Journal of Gerontology: Psychological and Social Sciences, 61B,* p. 33-45.

PINQUART, M., et S. SÖRENSEN (2007). «Correlates of Physical Health of Information Caregivers: A Meta-Analysis», *Journal of Gerontology: Psychological and Social Sciences, 62B,* p. 126-137.

PLASSMAN, B. L., *et al.* (2008). «Prevalence of Cognitive Impairment without Dementia in the United States», *Annals of Internal Medicine, 14* (6), p. 427-434.

PLAUD, J.J., *et al.* (1999). «Volunteer Bias in Human Psychophysiological Sexual Arousal Research: To Whom do our Research Results Apply?», *The Journal of Sex Research, 36* (2), p. 171-179.

PLOMIN, R., et Y. KOVAS (2005). «Generalist Genes and Learning Disabilities», *Psychological Bulletin, 131,* p. 592-617.

POGARSKY, G., T. P. THORNBERRY et A. J. LIZOTTE (2006). «Developmental Outcomes for Children of Young Mothers», *Journal of Marriage and Family, 68,* p. 332-344.

POLLOCK, L. A. (1983). *Forgotten Children,* Cambridge, Massachusetts, Cambridge University Press.

POMERANTZ, E. M., et J. L. SAXON (2001). «Conceptions of Ability as Stable and Self-Evaluative Processes: A Longitudinal Examination», *Child Development, 72,* p. 152-173.

POVINELLI, D. J., et S. GIAMBRONE (2001). «Reasoning about Beliefs: A Human Specialization?», *Child Development, 72,* p. 691-695.

POWER, T. G., et M. L. CHAPIESKI (1986). «Childrearing and Impulse Control in Toddlers: A Naturalistic Investigation», *Developmental Psychology, 22,* p. 271-275.

PREVITI, D., et P. R. AMATO (2003). «Why Stay Married? Rewards, Barriers, and Marital Stability», *Journal of Marriage and Family, 65,* p. 561-573.

PRICE, T. S., *et al.* (2001). «Hyperactivity in Preschool Children is Highly Heritable», *Journal of the American Academy of Child & Adolescent Psychiatry, 40* (12), p. 1362-1364.

PRUCHNO. R., et K. W. JOHNSON (1996). Research on Grand-Parenting: Current Studies and Future Needs, *Generations, 20* (1).

PUDROVSKA, T., S. SCHIEMAN et D. CARR (2006). «Strains of Singlehood in Later Life: Do race and Gender Matter?», *Journal of Gerontology: Social Sciences, 61B,* p. 315-322.

PURCELL, P. J. (2002). *Older Workers: Employment and Retirement Trends,* Congressionnal Research Service Report for Congress, Washington, Congressionnal Research Service.

PUTALLAZ, M., et K. L. BIERMAN, dir. (2004). *Aggression, Antisocial Behavior, and Violence among Girls: A Developmental Perspective,* New York, Guilford Press.

PUTNEY, N. M., et V. L. BENGTSON (2001). «Families, Intergenerational Relationships, and Kin-Keeping in Midlife», dans M. E. LACHMAN, dir., *Handbook of Midlife Development,* New York, Wiley, p. 528-570.

QUÉBEC ADOPTION (2008). «L'adoption homoparentale au Québec», *L'adoption et les familles homoparentales,* [En ligne], www.quebecadoption.net/adoption/preadopt/homoparents.html (Page consultée le 11 février 2010).

QUÉBEC ADOPTION (2009). «L'adoption internationale québécoise mise en chiffres», *Statistiques de l'adoption au Québec et ailleurs...,* [En ligne], www.quebecadoption.net/adoption/pays/stat.html (Page consultée le 11 février 2010).

QUÉBEC, COMMISSAIRE À LA SANTÉ ET AU BIEN-ÊTRE QUÉBEC (2009). *Consultation sur les enjeux éthiques du dépistage prénatal de la trisomie 21, ou syndrome de Down, au Québec,* [En ligne], www.csbe.gouv.qc.ca/fileadmin/www/RapportAvis/Trisomie21/CSBE_Rapport-ConsultationTrisomie21imprimable.pdf (Page consultée le 12 août 2009).

QUÉBEC, COMMISSION DES NORMES DU TRAVAIL DU QUÉBEC (2006). *Harcèlement psychologique au travail. Séance d'information et de sensibilisation pour le personnel en entreprise,* [En ligne], www.cnt.gouv.qc.ca/fileadmin/pdf/TrousseHarcelement/guide.pdf (Page consultée le 11 janvier 2010).

QUÉBEC, COMMISSION DES NORMES DU TRAVAIL DU QUÉBEC (2009a). *Le harcèlement psychologique,* Gouvernement du Québec, [En ligne], www.cnt.gouv.qc.ca/en-cas-de/harcelement-psychologique/index.html (Page consultée le 10 février 2010).

QUÉBEC, COMMISSION DES NORMES DU TRAVAIL DU QUÉBEC (2009b). *Plainte pour harcèlement psychologique,* Gouvernement du Québec, [En ligne], www.cnt.gouv.qc.ca/plaintes-et-recours/plainte-pour-harcelement-psychologique/index.html (Page consultée le 10 février 2010).

QUÉBEC, GOUVERNEMENT DU QUÉBEC (2001). *Rapport du comité interministériel sur le harcèlement psychologique au travail,* [En ligne], www.travail.gouv.qc.ca/actualite/harcelement_psychologique/comite_hpsy.pdf (Page consultée le 11 février 2010).

QUÉBEC, INSTITUT DE LA STATISTIQUE DU QUÉBEC (2006). *Enquête québécoise sur le tabac, l'alcool, les drogues et le jeu chez les élèves du secondaire,* [En ligne], www.stat.gouv.qc.ca/publications/sante/tabac06.htm (Page consultée le 17 décembre 2009). www.stat.gouv.qc.ca/donstat/societe/demographie/struc_poplt/202.htm (Page consultée le 10 janvier 2010).

QUÉBEC, INSTITUT DE LA STATISTIQUE DU QUÉBEC (2006a). *L'incapacité et les limitations d'activité au Québec,* [En ligne], www.stat.gouv.qc.ca/publications/sante/pdf2006/incapacite_limitations2001z.pdf (Page consultée le 25 novembre 2009).

QUÉBEC, INSTITUT DE LA STATISTIQUE DU QUÉBEC (2006b). *Recueil statistique sur l'allaitement maternel au Québec 2005-2006,* [En ligne], www.stat.gouv.qc.ca/publications/sante/pdf2006/recueil_allaitement06.pdf (Page consultée le 12 août 2009).

QUÉBEC, INSTITUT DE LA STATISTIQUE DU QUÉBEC (2006c). *Répartition de la population de 15 ans et plus selon la situation conjugale, le groupe d'âge et le sexe, Québec, 2006,* [En ligne], www.stat.gouv.qc.ca/donstat/societe/demographie/struc_poplt/202.htm (Page consultée le 11 février 2010).

QUÉBEC, INSTITUT DE LA STATISTIQUE DU QUÉBEC (2007). *Zoom santé: Santé générale, santé mentale et stress au Québec. Regard sur les liens avec l'âge, le sexe, la scolarité et le revenu,* Série Enquête sur la santé des collectivités canadiennes, [En ligne], www.stat.gouv.qc.ca/publications/sante/pdf2007/zoom_sante_juin07_stress.pdf (Page consultée le 11 février 2010).

QUÉBEC, INSTITUT DE LA STATISTIQUE DU QUÉBEC (2009). «Science, technologie et innovation», *Les titulaires d'un grade universitaire au Québec: ce qu'en disent les données du Recensement de 2006,* [En ligne], www.stat.gouv.qc.ca/publications/savoir/titu_gr_univer_resenc.htm (Page consultée le 17 décembre 2009).

QUÉBEC, INSTITUT DE LA STATISTIQUE DU QUÉBEC (2009a). «Annuaire québécois des statistiques du travail», *Portrait des principaux indicateurs du marché du travail, 2000-2008,* [En ligne], www.stat.gouv.qc.ca/publications/remuneration/annuaire_travailv5n1.htm (Page consultée le 17 décembre 2009).

QUÉBEC, INSTITUT DE LA STATISTIQUE DU QUÉBEC (2009b). *Décès et taux de mortalité, Québec, 1900-2008,* [En ligne], www.stat.gouv.qc.ca/donstat/societe/demographie/naisn_deces/301.htm (Page consultée le 23 janvier 2010).

QUÉBEC, INSTITUT DE LA STATISTIQUE DU QUÉBEC (2009c). *Taux d'activité, d'emploi et de chômage, selon les régions,* [En ligne], www.stat.gouv.qc.ca/donstat/societe/march_travl_remnr/parnt_etudn_march_travl/pop_active/stat_reg/rmr_taux_trim.htm (Page consultée le 4 janvier 2010).

QUÉBEC, INSTITUT NATIONAL DE SANTÉ PUBLIQUE DU QUÉBEC (2006). *Portrait de santé du Québec et de ses régions 2006. Deuxième rapport national sur l'état de santé de la population du Québec: Les analyses,* [En ligne], www.inspq.qc.ca/pdf/publications/portrait_de_sante.asp (Page consultée le 17 décembre 2009).

QUÉBEC, INSTITUT NATIONAL DE SANTÉ PUBLIQUE DU QUÉBEC (2006a). *Trousse média: La violence conjugale: des faits à rapporter, des mythes à déconstruire, une complexité à comprendre,* [En ligne], www.inspq.qc.ca/violenceconjugale/faq/formes.asp?id=24 (Page consultée le 11 février 2010).

QUÉBEC, INSTITUT NATIONAL DE SANTÉ PUBLIQUE DU QUÉBEC (2009). *L'usage de substances psychoactives chez les jeunes québécois. Portrait épidémiologique,* [En ligne], www.inspq.qc.ca/pdf/publications/950_UsaSubsPsychoJeunesQueb.pdf (Page consultée le 10 janvier 2010).

QUÉBEC, MINISTÈRE DE L'ÉDUCATION DU QUÉBEC (2006). *Programme de formation de l'école québécoise,* Québec, Éducation, Loisirs et Sports, [En ligne], www.mels.gouv.qc.ca/DGFJ/dp/programme_de_formation/primaire/pdf/prform2001/prform2001.pdf (Page consultée le 30 mai 2009).

QUÉBEC, MINISTÈRE DE L'ÉDUCATION, DU LOISIR ET DU SPORT (2004, 2008). *Banque de cheminement scolaire,* Direction de la recherche, des statistiques et des indicateurs.

QUÉBEC, MINISTÈRE DE L'ÉDUCATION, DU LOISIR ET DU SPORT (2009). «Dossier: Réflexion d'une enseignante sur l'école en milieu autochtone», *Revue vie pédagogique,* [En ligne], www.mels.gouv.qc.ca/sections/viepedagogique/151/index.asp?page=dossierC_8 (Page consultée le 17 décembre 2009).

QUÉBEC, MINISTÈRE DE L'EMPLOI, DE LA SOLIDARITÉ SOCIALE ET DE LA FAMILLE (2004). *La conciliation travail-famille dans des petites entreprises québécoises. Analyse et interprétation des résultats d'une enquête qualitative,* Québec, ministère de l'Emploi, de la Solidarité sociale et de la Famille.

QUÉBEC, MINISTÈRE DE LA FAMILLE ET DE L'ENFANCE (1998). *Jouer, c'est magique: programme favorisant le développement global de l'enfant, t. 1,* Québec, ministère de la Famille et de l'Enfance.

QUÉBEC, MINISTÈRE DE LA SANTÉ ET DES SERVICES SOCIAUX (2005). *Ça s'exprime. Magazine des intervenants menant des d'activités d'éducation à la sexualité auprès des jeunes du secondaire,* Québec, Gouvernement du Québec.

QUÉBEC, MINISTÈRE DE LA SANTÉ ET DES SERVICES SOCIAUX (2006). *Fichier des hospitalisations Med-Écho,* compilations effectuées conjointement par le Service de la surveillance de l'état de santé, Direction générale de santé publique, et par la Direction de l'allocation des ressources, Direction générale de la coordination, financement, équipement et ressources informationnelles.

QUÉBEC, MINISTÈRE DE LA SANTÉ ET DES SERVICES SOCIAUX (2007). *Registre des événements démographiques du Québec,* compilations effectuées par le Service de la surveillance de l'état de santé, Direction générale de la santé publique, ministère de la Santé et des Services sociaux.

QUÉBEC, MINISTÈRE DE LA SANTÉ ET DES SERVICES SOCIAUX (2007a). *Grossesse à l'adolescence,* Québec, Gouvernement du Québec.

QUÉBEC, MINISTÈRE DE LA SANTÉ ET DES SERVICES SOCIAUX (2008). *Portrait des infections transmissibles sexuellement et par le sang (ITSS) au Québec année 2007 (et projections 2008),* Québec, Gouvernement du Québec, [En ligne], http://publications.msss.gouv.qc.ca/acrobat/f/documentation/2008/08-329-02.pdf (Page consultée le 9 février 2010).

QUÉBEC, MINISTÈRE DE LA SANTÉ ET DES SERVICES SOCIAUX (2008a). *Les traitements offerts dans le domaine de la procréation assistée,* [En ligne], http://ethique.msss.gouv.qc.ca/site/132.0.0.1.0.0.phtml (Page consultée le 12 août 2009).

QUÉBEC, MINISTÈRE DE LA SANTÉ ET DES SERVICES SOCIAUX (2008b). *Politique de périnatalité 2008-2018,* Gouvernement du Québec.

QUÉBEC, MINISTÈRE DE LA SANTÉ ET DES SERVICES SOCIAUX (2009). *Répartition de la population selon le niveau d'activité physique de loisir, 2008,* Québec, Gouvernement du Québec.

QUÉBEC, MINISTÈRE DE LA SANTÉ ET DES SERVICES SOCIAUX (2009a). *Grossesse à l'adolescence. Le rôle du jeune homme,* Gouvernement du Québec, [En ligne], www.msss.gouv.qc.ca/sujets/prob_sociaux/grossesseadolescence.php (Page consultée le 9 février 2010).

QUÉBEC, MINISTÈRE DE LA SANTÉ ET DES SERVICES SOCIAUX (2009b). *Activité physique: Lutte contre la sédentarité et promotion de l'activité physique,* Gouvernement du Québec, [En ligne], www.msss.gouv.qc.ca/sujets/santepub/activitephysique.php (Page consultée le 11 février 2010).

QUÉBEC, MINISTÈRE DE LA SÉCURITÉ PUBLIQUE DU QUÉBEC (2002). *Les jeunes et le taxage,* Québec, Publications du Québec.

QUÉBEC, MINISTÈRE DE LA SÉCURITÉ PUBLIQUE DU QUÉBEC (2008). *Criminalité et prévention. Statistiques 2007 sur la criminalité commise dans un contexte conjugal au Québec,* [En ligne], www.msp.gouv.qc.ca/prevention/prevention.asp?txtSection=statistiques&txtCategorie=conjugale&txtSousCategorie=2007 (Page consultée le 11 février 2010).

QUÉBEC, MINISTÈRE DE LA SÉCURITÉ PUBLIQUE DU QUÉBEC (2009). *Criminalité et prévention. Taux d'infractions perpétrées par les jeunes de 12 à 17 ans,* [En ligne], www.msp.gouv.qc.ca/prevention/prevention.asp?txtSection=statistiques&txtCategorie=criminalite&txtSousCategorie=2007 (Page consultée le 9 février 2010).

QUIGLEY, H. A., et A. T. BROMAN (2006). «The Number of People with Glaucoma Worldwide in 2010 and 2020», *British Journal of Opthlmology, 90,* p. 262-267.

QUILL, T. E., B. LO et D. W. BROCK (1997). «Palliative Options of the Last Resort», *Journal of the American Medical Association, 278,* p. 2099-2104.

RABBITT, P., *et al.* (2004). «Practice and Drop-Out Effects during a 17-year Longitudinal Study of Cognitive Aging», *Journal of Gerontology: Psychological Sciences, 59B,* p.84-97.

RAKOCZY, H., M. TOMASELLO et T. STRIANO (2004). «Young Children Know That Trying is Not Pretending: A Test of the "Behaving-as-if" Construal of Children's Early Concept of Pretense», *Developmental Psychology, 40,* p. 388-399.

RAM, A., et H. S. ROSS (2001). «Problem Solving, Contention, and Struggle: How Siblings Resolve a Conflict of Interests», *Child Development, 72,* p. 1710-1722.

RAMEY, C. T., et S. L. RAMEY (1998). «Early Intervention and Early Experience», *American Psychologist, 53,* p. 109-120.

RANDALL, D. (2005). *States with Corporal Punishment in School,* FamilyEducation.com (20 avril), [En ligne], http://school.familyeducation.com/classroom-discipline/resource/38377.html (Page consultée le 31 octobre 2009).

RANGE, L. M., S. H. KOVAC et M. S. MARION (2000). «Does Writing about Bereavement Lessen Grief Following Sudden, Unintentional Death?», *Death Studies, 24,* p. 115-134.

RANTALA, M.J., *et al.* (2006). «Male Steroid Hormones and Female Preference for Male Body Odor», *Evolution and Human Behavior, 27* (4), p. 259-269.

RAO, R., et M. K. GEORGIEFF (2000). «Early Nutrition and Brain Development. The Effects of Early Adversity on Neurobehavioral Development», *The Minnesota Symposia on Child Psychology, 31,* p. 1-30.

RAY, O. (2004). «How the Mind Hurts and Heals the Body», *American Psychologist, 59,* p. 29-40.

REED, T., *et al.* (2004). «Genomewide Scan for a Healthy Aging Phenotype Provides Support for a Locus Near D4S1564 Promoting Healthy Aging», *Journal of Gerontology: Biological Sciences, 59A,* p. 227-232.

REESE, E., et A. COX (1999). «Quality of Adult Book Reading Affects Children's Emergent Literacy», *Developmental Psychology, 35,* p. 20-28.

REICHENBERG, A., *et al.* (2006). «Advancing Paternal Age and Autism», *Archives of General Psychiatry, 63* (9), p. 1026-1032.

REINER, W. (2000). *Cloacal Exstrophy: A Happenstance Model for Androgen Imprinting,* présentation à une rencontre de la Pediatric Endocrine Society, Boston.

REINER, W. G., et J. P. GEARHART (2004). «Discordant Sexual Identity in Some Genetic Males with Cloacal Exstrophy Assigned to Female Sex at Birth», *New England Journal of Medicine, 350* (4), p. 333-341.

REISBERG, B., *et al.* (2003). «Memantime in Moderate-to-Severe Alzheimer's Disease», *New England Journal of Medecine, 348,* p. 1333-1341.

REISS, A. L., *et al.* (1996). «Brain Development, Gender and IQ in Children: A Volumetric Imaging Study», *Brain, 119,* p. 1763-1774.

REISS Jr, A. J., et J. A. ROTH (Éds) (1994). *Understanding and Preventing Violence,* Washington DC, National Academy Press.

REITZES, D. C., et E. J. MUTRAN (2004). «Grandparenthood: Factors Influencing Frequency of Grandparent-Grandchildren Contact and Role Satisfaction», *Journal of Gerontology: Social Sciences, 59,* p. S9-S16.

REMEZ, L. (2000). «Oral Sex among Adolescents: Is It Sex or Is It Abstinence?», *Family Planning Perspectives, 32,* P. 298-304.

RENDE, R., *et al.* (2005). «Sibling Effects on Substance Use in Adolescence: Social Contagion and Genetic Relatedness», *Journal of Family Psychology, 19,* p. 611-618.

REPETTI, R. L., S. E. TAYLOR et T. S. SEEMAN (2002). «Risky Families: Family Social Environments and the Mental and Physical Health of the Offspring», *Psychological Bulletin, 128* (2), p. 330-366.

RÉSEAU CANADIEN POUR LA SANTÉ DES FEMMES (2007), [En ligne], www.rcsf.ca (Page consultée le 3 septembre 2009).

RÉSEAU DE SOINS PALLIATIFS DU QUÉBEC (RSPQ) (2005). *Les soins palliatifs: Pour le confort et la dignité du malade et de ses proches,* Montréal, RSPQ.

RESNICK, L. B. (1989). «Developing Mathematical Knowledge», *American Psychologist, 44,* p. 162-169.

RHEE, S. H., et I. D. WALDMAN (2002). «Genetic and Environmental Influences on Antisocial Behavior: A Meta-Analysis of Twin and Adoption Studies», *Psychological Bulletin, 128,* p. 490-529.

RIEDIGER, M., A. M. FREUND et P. B. BALTES (2005). «Managing Life Through Personal Goals: Intergoal Facilitation and Intensity of Goal Pursuit in Younger and Older Adults», *Journal of Gerontology: Psychological Sciences, 60B,* p. 84-91.

RITTER, J. (1999). «Scientists Close in on DNA Code», *Chicago Sun-Times,* 23 novembre, p. 7.

ROBERT, B. W., K. E. WALTON et W. VIECHTBAUER (2006). «Patterns of Mean-Level Change in Personality Traits across the Life Course: A Meta-Analysis of Longitudinal Studies», *Psychological Bulletin, 132* (1), p. 1-25.

ROBERTS, B. W., et D. MROCZEK (2008). «Personality Trait Change in Adulthood», *Current Directions in Psychological Science, 17* (1), p. 31-35.

ROBINS, R. W., et K. H. TRZESNIEWSKI (2005). «Self-Esteem Development across the Life-Span», *Current Directions in Psychological Science, 14* (3), p. 158-162.

RODIER, P. M. (2000). «The Early Origins of Autism», *Scientific American,* février, p. 56-63.

ROGLER, L. H. (2002). «Historical Generations and Psychology: The Case of the Great Depression and World War II», *American Psychologist, 57* (12), p. 1013-1023.

ROGOFF, B., *et al.* (1993). «Guided Participation in Cultural Activity by Toddlers and Caregivers», *Monographs of the Society for Research in Child Development, 58* (8, n° 236).

ROISMAN, G. L., *et al.* (2004). «Salient and Emerging Developmental Tasks in the Transition to Adulthood», *Child Development, 75* (1), p. 123-133.

ROOSA, M. W., *et al.* (2005). «Family and Child Characteristics Linking Neighborhood Context and Child Externalizing Behavior», *Journal of Marriage and Family, 667,* p. 515-529.

ROSE, R. (2008). *La pauvreté des femmes âgées,* Université du Québec à Montréal, Université féministe d'été, Université Laval, [En ligne], www.google.ca/search?q=rose+la+pauvret%C3%A9+des+femmes+%C3%A2g%C3%A9es+&ie=utf-8&oe=utf-8&aq=t&rls=org.mozilla:fr:official&client=firefox-a (Page consultée le 14 janvier 2009).

ROSE, S. A., et J. F. FELDMAN (2000). «The Relation of Very Low Birth Weight to Basic Cognitive Skills in Infancy and Childhood», dans C. A. NELSON, dir., *The Effects of Early Adversity on Neurobehavioral Development. The Minnesota Symposia on Child Psychology, 31,* Mahwah, New Jersey, Lawrence Erlbaum Associates, p. 31-59.

ROSE, S. A., J. F. FELDMAN et J. J. JANKOWSKI (2001). «Attention and Recognition Memory in the 1st Year of Life: A Longitudinal Study of Preterm and Full-Term Infants», *Developmental Psychology, 37,* p. 135-151.

ROSENBLUM, G. D., et M. LEWIS (1999). «The Relations among Body Image, Physical Attractiveness, and Body Mass in Adolescence», *Child Development, 70,* p. 50-64.

ROSENBLUM, K. L., *et al.* (2002). «Maternal Representations of the Infant: Associations with Infant Response to the Still Face», *Child Development, 73,* p. 999-1015.

ROSENBLUTH, G. D., et L. M. STEIL (1995). «Predictors on Intimacy for Women in Heterosexual and Homosexual Couples», *Journal of Social and Personal Relationships, 12* (2), p. 163-175.

ROSSI, A. S. (2004). «The Menopausal Transition and Aging Process», dans O. G. BRIM, C. K. RYFF et R. C. KESSLER, dir., *How Healthy Are We? A National Study of Well-Being at Midlife,* Chicago, University of Chicago Press.

ROTENBERG, K. J., et N. EISENBERG (1997). «Developmental Differences in the Understanding of and Reaction to Others' Inhibition of Emotional Expression», *Developmental Psychology, 33,* p. 526-537.

ROTERMANN, M. (2005). *Relations sexuelles, condoms et MTS chez les jeunes,* Statistique Canada, Rapports sur la santé, *16* (3), p. 47-53.

ROTERMANN, M. (2008). «Tendances du comportement sexuel et de l'utilisation du condom à l'adolescence», dans *Rapport sur la santé, Statistique Canada, 19* (3), [En ligne], www.statcan.gc.ca/pub/82-003-x/2008003/article/10664-fra.htm (Page consultée le 9 février 2010).

ROTHBART, M. K., S. A. AHADI et D. E. EVANS (2000). «Temperament and Personality: Origins and Outcomes», *Journal of Personality and Social Psychology, 78,* p. 122-135.

ROTHERAM-BORUS, M. J., et D. FUTTERMAN (2000). «Promoting Early Detection of Human Immunodeficiency Virus Infection among Adolescents», *Archives of Pediatric and Adolescent Medicine, 154,* p. 435-439.

ROTHERMUND, K., et J. BRANDTSTÄDTER (2003). «Coping with Deficits and Losses in Later Life: From Compensatory Action to Accommodation», *Psychology and Aging, 18,* p. 896-905.

ROVEE-COLLIER, C. (1999). «The Development of Infant Memory», *Current Directions in Psychological Science, 8,* p. 80-85.

ROWER, M. L., et S. GOLDIN-MEADOW (2009). «Differences in Early Gesture Explain SES Disparities in Child Vocabulary Size at School Entry», *Science, 323,* p. 951-953.

ROY, J., et N. MAINGUY (2005). *A comparative Study of Academic Success among College Students based on a Socio-Ecological Model: Synthetis Report and Intervention Guidelines,* Projet PAREA, Cégep de Sainte-Foy.

ROYER, N. (2004). *Le monde du préscolaire,* Montréal, Gaëtan Morin.

ROYER, N., et M. A. PROVOST (2004). «La vie de groupe au préscolaire: aspects sociaux et affectifs», dans N. ROYER, dir., *Le monde du préscolaire,* Montréal, Gaëtan Morin.

RUBIN, K. (1982). «Nonsocial Play in Preschoolers: Necessary Evil?», *Child Development, 53,* p. 651-657.

RUBIN, K. H, *et al.* (1996). «La prédiction du comportement parental: les influences du contexte, des facteurs psychosociaux et des croyances des parents», dans G. M. TARABULSY et R. TESSIER, dir., *Le développement émotionnel et social de l'enfant,* Québec, Presses de l'Université du Québec.

RUBIN, K. H., *et al.* (1997). «The Consistency and Concomitants of Inhibition: Some of the Children, All the Time», *Child Development, 68,* p. 467-483.

RUBIN, K. H., W. BUKOWSKI et J. G. PARKER (1998). «Peer Interactions, Relationships, and Groups», dans W. DAMON et N. EISENBERG, dir., «Social, Emotional, and Personality Development», *Handbook of Child Psychology, 3* (5), New York, Wiley, p. 619-700.

RUBLE, D. N., et C. L. MARTIN (1998). «Gender Development», dans W. DAMON et N. EISENBERG, dir., «Social, Emotional, and Personality Development», *Handbook of Child Psychology, 3* (5), New York, Wiley, p. 933-1016.

RUDOLPH, K. D., *et al.* (2001). «Negotiating the Transition to Middle School: The Role of Self-Regulatory Processes», *Child Development, 72* (3), p. 929-946.

RUSHTON, J. P., et A. R. JENSEN (2005). «Thirty Years of Research on Race Differences in Cognitive Ability», *Psychology, Public Policy, and Law, 11,* p. 235-294.

RUTLEDGE, T., *et al.* (2004). «Social Networks Are Associated with Lower Mortality Rates among Women with Suspected Coronary Disease: The National Heart, Lung, and Blood Institute-Sponsored Women's Ischemia Syndrome Evaluation Study», *Psychosomatic Medicine, 66,* p. 882-888.

RUTTER, M., *et al.* (2004). «Sex Differences in Developmental Reading Disability: New Findings from 4 Epidemiological Studies», *Journal of the American Medical Association, 291* (16), p. 2007-2012.

SAARNI, C., D. L. MUMME et J. J. CAMPOS (1998). «Emotional Development: Action, Communication, and Understanding», dans W. DAMON et N. EISENBERG, dir., «Social, Emotional, and Personality Development», *Handbook of Child Psychology, 3* (5), New York, Wiley, p. 237-309.

SABBAGH, M. A., et D. A. Baldwin (2001). «Learning Words from Knowledgeable versus Ignorant Speakers: Links between Preschoolers' Theory of Mind and Semantic Development», *Child Development, 72* (4), p. 1054-1070.

SADEH, A., A. RAVIV et R. GRUBER (2000). «Sleep Patterns and Sleep Disruptions in School Age Children», *Developmental Psychology, 36* (3), p. 291-301.

SAINT-AMANT, J.-C. (2004). *L'école québécoise et les garçons: l'apprentissage de la domination,* [En ligne], http://sisyphe.org/spip.php?article1320 (Page consultée le 25 novembre 2009).

SAINT-JACQUES, M.-C., et S. DRAPEAU (2009). «Grandir au Québec dans une famille au visage diversifié», dans C. LACHARITÉ et J. P. GAGNIER, dir., *Comprendre les familles pour mieux intervenir,* Montréal, Gaëtan Morin, Chenelière Éducation.

SALIBU, H. M., *et al.* (2003). «Childbearing Beyond Maternal Age 50 and Fetal Outcomes in the United States», *Obstretrics and Gynecology, 102,* p. 1006-1014.

SAMDAL, O., et W. DÜR (2000). «The School Environment and the Health of Adolescents», dans C. CURRIE *et al.,* dir., *Heatlth and Health Behaviour among Young People: A WHO Cross-National Study (HBSC) International Report,* dans WHO Policy Series: Health Policy for Children and Adolescents, Série n° 1, Copenhague, Danemark, Word Health Organization Regional Office for Europe, p. 49-64.

SAMPSON, R. J. (1997). «The Embeddedness of Child and Adolescent Development: A Community-Level Perspective on Urban Violence», dans J. McCORD, dir., *Violence and Childhood in the Inner City,* Cambridge, Angleterre, Cambridge University Press, p. 31-77.

SANDNABBA, H. K., et C. AHLBERG (1999). «Parents' Attitudes and Expectations about Children's Cross-Gender Behaviour», *Sex Roles, 40,* p. 249-263.

SAUDINO, K. J., *et al.* (2004). «Night and Day: Are Siblings as Different in Temperament as Parents Say They Are?», *Journal of Personality and Social Psychology, 87,* p. 698-706.

SAVIC, I., H. BERGLUND et P. LINDSTRÖM (2005). «Brain Response to Putative Pheromones in Homosexual Men», *Proceedings of the National Academy of Sciences, 102,* p. 7356-7361.

SAVIC, I., H. BERGLUND et P. LINDSTRÖM (2006). «Brain Response to Putative Pheromones», *Proceedings of the National Academy of Sciences, 102* (20), p. 7356-7361.

SAVIC, I., et P. LINDSTRÖM (2008). «PET and MRI Show Differences in Cerebral Asymmetry and Functional Connectivity between Homo- and Heterosexual Subjects», *Proceedings of the National Academy of Sciences of the United States of America, 105,* p. 9403-9408.

SAVIN-WILLIAMS, R. C. (2001). *Mom, Dad. I'm Gay. How Families Negotiate Coming Out,* Washington DC, American Psychological Association.

SCHACHTER, D. L. (1999). «The Seven Sins of Memory: Insights from Psychology and Cognitive Neuro-Science», *American Psychologist, 54,* p. 182-203.

SCHAIE, K. W. (1989). «The Hazards of Cognitive Aging», *The Gerontologist, 29* (4), p. 484-493.

SCHAIE, K. W. (1994). «The Course of Adult Intellectual Development», *American Psychologist, 49* (4), p. 304-313.

SCHAIE, K. W. (1996). *Intellectual Development in Adulthood: The Seattle Longitudinal Study,* Cambridge, Angleterre, Cambridge University Press.

SCHAIE, K. W. (2005). *Developmental Influence on Adult Intelligence: The Seattle Longitudinal Study,* New York, Oxford University Press.

SCHAIE, K. W., et S. L. WILLIS (2000). «A Stage Theory Model of Adult Cognitive Development Revisited», dans B. RUBINSTEIN, M. MOSS et M. KLEBAN, dir., *The Many Dimensions of Aging: Essays in Honor of M. Powell Lawton,* New York, Springer, p. 173-191.

SCHARLACH, A. E., et K. I. FREDRIKSEN (1993). «Reactions to the Death of a Parent During Midlife», *Omega, 27,* p. 307-319.

SCHEIDT, P., *et al.* (2000), dans C. CURRIE *et al.,* dir., *Health and Health Behaviour among Young People: A WHO Cross-National Study (HBSC) International Report,* p. 24-38, WHO Policy Series: Healthy Policy for Children and Adolescents, Série n° 1, Copenhague, Danemark, World Health Organization Regional Office for Europe, p. B-72.

SHIELDS, M. (2006). «L'insatisfaction au travail», *Rapport sur la santé, 17* (4), Statistique Canada, n° 82-003.

SCHLEGEL, A., et H. BARRY (1991). *Adolescence: An Anthropological Inquiry,* New York, Free Press.

SCHMIDT, P. J., *et al.* (1998). «Differential Behavioural Effects of Gonadal Steroids in Woman with and in Those without Premenstrual Syndrome», *The New England Journal of Medicine, 338* (4), p. 209-216.

SCHNEIDER, B. H., L. ATKINSON et C. TARDIF (2001). «Child-Parent Attachment and Children's Peer Relation: A Quantitative Review», *Developmental Psychology, 37,* p. 86-100.

SCHNEIDER, E. L. (1992). «Biological Theories of Aging», *Generations, 16* (4), p. 7-10.

SCHNEIDER, H., et D. EISENBERG (2006). «Who Receives a Diagnosis of Attention-Deficit Hyperactivity Disorder in the United States Elementary School Population?», *Pediatrics, 117,* p. 601-609.

SCHOENI, R., et K. ROSS (2005). «Maternal Assistance from Family during the Transition to Adulthood», dans R. A. SETTERSTEN Jr, F. F. FURSTENBERG Jr et R. G. RUMBAUT, dir., *On the Frontier of Adulthood: Theory, Research, and Public Policy,* Chicago, University of Chicago Press, p. 396-416.

SCHREIBER, J. B., *et al.* (1996). «Weight Modification Efforts Reported by Preadolescent Girls», *Pediatrics, 96,* p. 63-70.

SCHULENBERG, J. E., et N. R. ZARRETT (2006). «Mental Health during Emerging Adulthood: Continuity and Discontinuity in Courses, Causes, and Functions», dans J. J. ARNETT et J. L. TANNER, dir., *Emerging Adults in America: Coming of Age in the 21st century,* Washington DC, American Psychological Association, p. 135-172.

SCHULZ, R. (1978). *A Psychology of Death, Dying, and Bereavement,* Reading, Massachusetts, Addison-Wesley.

SCHULZ, R., et S. R. BEACH (1999). «Caregiving as a Risk Factor for Mortality: The Caregiver Health Effects Study», *Journal of the American Medical Association, 282,* p. 2215-2219.

SCHULZ, M. S., C. P. COWAN et P. A. COWAN (2006). «Promoting Healthy Beginnings: Randomized Controlled Trial of a Preventive Intervention to Preserve Marital Quality during the Transition to Parenthood», *Journal of Consulting and Clinical Psychology, 74* (1), p. 20-31.

SCHULTZ, R., et L. M. MARTIRE (2004). «Family Caregiving of Persons with Dementia: Prevalence, Health Effects, and Support Strategies», *American Journal of Geriatric Psychatry, 12,* p. 240-249.

SCHUMANN, C. M., et D. G. AMARAL (2006). «Stereological Analysis of Amygdala Neuron Number in Autism», *Journal of Neuroscience, 26* (29), p. 7674-7679.

SCHWEINHART, L. J., H. V. BARNES et D. P. WEIKART (1993). *Significant Benefits: The High/Scope Perry Preschool Study through Age 27,* Ypsilanti, Michigan, High/Scope Press, p. 231-246.

SÉGUIN, L., *et al.* (2005). «Understanding the Dimensions of Socioeconomic Status that Influence Toddlers' Health: Unique Impact of Lack of Money for Basic Needs in Québec's Birth Cohort», *Journal of Epidemiology and Community Health, 59,* p. 42-48, [En ligne], http://jech.bmj.com/cgi/reprint/59/1/42 (Page consultée le 29 mai 2009).

SÉGUIN, M., A. BRUNET et L. LEBLANC (2006). *Intervention en situation de crise et en contexte traumatique,* Montréal, Gaétan Morin, 200 p.

SÉGUIN, M., et F. ROY (2005). *Intervenir à la suite d'un suicide,* Outremont, Éditions Logiques, p. 83-85.

SELMAN, R. L. (1980). *The Growth of Interpersonal Understanding: Developmental and Clinical Analyses,* New York, Academic Press.

SELTZER, J. A. (2004). «Cohabitation in the United States and Britain: Demography, Kinship, and the Future», *Journal of Marriage and Family, 66* (4), p. 921-928.

SENECAL, C., M.-F. NADEAU et F. GUAY (2003). «Les déterminants de la procrastination académique: un modèle médiationnel du contexte familial et des processus du soi», *Canadian Journal of Behavioural Science.*

SENGHAS, A., S. KITA et A. OZYÜREK (2004). «Children Creating Core Properties of Language: Evidence from an Emerging Sign Language in Nicaragua», *Science, 305,* p. 1779-1782.

SHAW, B. A., *et al.* (2007). «Tracking Changes in Social Relations Throughout Late Life», *Journal of Gerontology: Social Sciences, 62B,* p. 90-99.

SHAW, D. S. (2003). «Commentaires sur les articles portant sur l'agressivité comme issue du développement des jeunes enfants», dans R. E. TREMBLAY, R. G. BARR et R. De V. PETERS, dir., *Encyclopédie sur le développement des jeunes enfants,* Montréal, Centre d'excellence pour le développement des jeunes enfants, p. 1-5, [En ligne], www.enfant-encyclopedie.com/documents/ShawFRxp-Agressivite.pdf (Page consultée le 28 janvier 2010).

SHAW, P., *et al.* (2006). «Intellectual Ability and Cortical Development in Children and Adolescents», *Nature, 440,* p. 676-679.

SHAW, P., *et al.* (2007). «Attention-Deficit/Hyperactivity Disorder is Characterized by a Delay in Cortical Maturation», *Proceedings of the National Academy of Sciences, 104,* p. 19 649-19 654.

SHAYER, M., D. GINSBURG et R. COE (2007). «Thirty Years On – A Large Anti-Flynn Effect? The Piagetian Test Volume & Heaviness Norms 1975-2003», *British Journal of Educational Psychology, 77* (1), p. 25-41.

SHAYWITZ, S. E., M. MODY et B. A. SHAYWITZ (2006). «Neural Mechanisms in Dyslexia», *Current Directions in Psychological Science, 15,* p. 278-281.

SHERMAN, E. (1993). «Mental Health and Successful Adaptation in Late Life», *Generations, 17* (1), p. 43-46.

SIEGLER, R. S. (1998). *Children's Thinking,* 3e éd., Upper Saddle River, New Jersey, Prentice-Hall.

SIEVING, R. E., C. S. MCNEELY et R. W. BLUM (2000). «Maternal Expectations, Mother-Child Connectedness, and Adolescent Sexual Debut», *Archives of Pediatric and Adolescent Medicine, 154,* p. 809-816.

SIEVING, R. E., J. A. OLIPHANT et R. W. BLUM (2002). «Adolescent Sexual Behavior and Sexual Health», *Pediatrics in Review, 23,* p. 407-416.

SILVER, M. H., *et al.* (1998). «Is there a Centenarian Personality?», *Paper Presented at the Annual Meeting of the American Psychological Association, August,* San Francisco.

SILVERBERG, S. B. (1996). «Parents' Well-Being as their Children Transition to Adolescence», dans C. RYFF et M. M. SELTZER, dir., *The Parental Experience in Midlife,* Chicago, University of Chicago Press, p. 215-254.

SILVERSTEIN, M., Z. CONG et S. LI (2006). «Intergenerational Transfers and Living Arrangements of Older People in Rural China: Consequences for Psychological Well-Being», *Journal of Gerontology: Social Sciences, 61B,* p. 256-266.

SIMON, G. E., *et al.* (2006). «Suicide Risk During Antidepressant Treatment», *American Journal of Psychiatry, 163,* p. 41-47.

SIMONTON, D. K. (1989). «The Swan-Song Phenomenon: Last-Works Effects for 172 Classical Composers», *Psychology and Aging, 4,* p. 42-47.

SIMONTON, D. K. (1990). «Creativity and Wisdom in Aging», dans J. E. BIRREN et K. W. SCHAIE, dir., *Handbook of the Psychology of Aging,* New York, Academic Press, p. 320-329.

SIMONTON, D. K. (2000). «Creativity: Cognitive, Personal, Developmental, and Social Aspects», *American Psychologist, 55,* p. 151-158.

SIMPSON, J. A., *et al.* (2007). «Attachment and the Experience and Expression of Emotions in Romantic Relationships: A Developmental Perspective», *Journal of Personality and Social Psychology, 92,* p. 355-367.

SIMPSON, K. (2001). «The Role of Testosterone in Aggression», *McGill Journal of Medicine, 6,* p. 32-40.

SIMPSON, K. H. (1996). «Alternatives to Physician-Assisted Suicide», *Humanistic Judaism, 24* (4), p. 21-23.

SINGER, J. L., et D. G. SINGER (1998). «*Barney & Friends* as Entertainment and Education: Evaluating the Quality and Effectiveness of a Television Series for Preschool Children», dans J. K. ASAMEN et G. L. BERRY, dir., *Research Paradigms, Television, and Social Behaviour,* Thousand Oaks, Californie, Sage, p. 305-367.

SINGH, K. K., *et al.* (2003). «Genetic Influence of CCR5, CCR2, and SDF1 Variants on Human Immunodeficiency Virus 1 (HIV-1)-Related Disease Progression and Neurological Impairment, in Children with Symptomatic HIV-1 Infection», *Journal of Infectious Diseases, 188* (10), p. 1461-1472.

SINGH-MANOUX, A., M. HILLSDON, E. BRUNNER et M. MARMOT (2005). «Effects of Physical Activity on Cognitive Functioning in Middle Age: Evidence from the Whitehall II Prospective Cohort Study», *American Journal of Public Health, 95,* p. 2252-2258.

SINNOTT, J. (1996). «The Developmental Approach: Postformal Thought as Adaptive Intelligence», dans F. BLANCHARD-FIELDS et T. M. HESS, dir., *Perspectives on Cognitive Change in Adulthood and Aging,* New York, McGraw-Hill, p. 358-386.

SINNOTT, J.D. (1984). «Postformal Reasoning: The Relativistic Stage», dans M.L. COMMONS, F.A. RICHARDS et C. ARMON, dir., *Beyond Formal Operations: Late Adolescence and Adult Cognitive Development,* New York, Praeger, p. 357-380.

SINNOTT, J.D. (1998). *The Development of Logic in Adulthood: Postformal Thought and its Applications,* New York, Plenum Press.

SINNOTT, J. D. (2003). «Postformal Thought and Adult Development», dans J. DEMICK et C. ANDREOLETTI, dir., *Handbook of Adult Development,* New York, Plenum Press.

SINNOTT, J.D. (2003). *Postformal Thought and Adult Development,* dans J. DEMICK et C. ANDREOLETTI, dir., *Handbook of Adult Development,* New York, Plenum Press.

SKAFF, M. M. (2006). «The View from the Driver's Seat: Sense of Control in the Baby Boomers at Midlife», dans S. K. WHITBOURNE et S. L. WILLIS, dir., *The Baby Boomers Grow Up: Contemporary Perspectives on Midlife,* Mahwah, New Jersey, Erlbaum, p. 185-204.

SKINNER, B. E. (1938). *The Behavior of Organism: An Experimental Approach,* New York, Appleton-Century.

SKINNER, B. F. (1957). *Verbal Behavior,* New York, Appleton-Century-Crofts.

SLYPER, A.H. (2006). «The Pubertal Timing Controversy in the USA, and a Review of Possible Causative Factors for the Advance in Timing of Onset of Puberty», *Clinical Endrocrinology, 65,* p. 1-8.

SMALL, B. J., *et al.* (2003). «Terminal Decline and Cognitive Performance in very Old Age: Does Cause of Death Matter?», *Psychology and Aging, 18,* p. 193-202.

SMALL, G. W., *et al.* (2006). «Diagnosis and Treatment of Alzheimer's Disease and Related Disorders: Consensus Statement of the American Association for Geriatric Psychiatry, the Alzheimer's Association, and the American Geriatrics Society», *Journal of the American Medical Association, 278,* p. 1363-1371.

SMETANA, J., H. CREAN et N. CAMPIONE-BARR (2005). «Adolescents' and Parents' Changing Conceptions of Parental Authority», dans J. SMETANA, dir., *Changing Boundaries of Parental Authority during Adolescence, New Directions for Child and Adolescent Development, 108,* San Francisco, Jossey-Bass, p. 31-46.

SMILANSKY, S. (1968). *The Effects of Sociodramatic Play on Disadvantaged Preschool Children,* New York, Wiley.

SMILANSKY, S. (1987) *On Death, Helping Children Understand and Cope,* New York, Peter Lang, p. 27-31.

SMITH, A. D., et J. L. EARLES (1996). «Memory Changes in Normal Aging», dans F. BLANCHARD-FIELDS et T. M. HESS, dir., *Perspectives on Cognitive Change in Adulthood and Aging,* New York, McGraw-Hill, p. 165-191.

SMITH, D. (2003). «Angry Thoughts, At-risk Hearts», *Monitor on Psychology, 34* (3), p. 46-48.

SMITH, E. A. (2001). «The Role of Tacite and Explicite Knowledge in the Workplace», *Journal of Knowledge Management,* 5 (4), p. 311-321.

SMITH, E. E., *et al.* (2001). «The Neural Basis of Task-Switching in Working Memory: Effects of Performance and Aging», *Proceedings of the National Academy of Science USA, 98,* p. 2095-2100.

SMITH, P. K. (2005). «Social and Pretend Play in Children», dans A. D. PELLEGRINI et P. K. SMITH, dir., *The Nature of Play,* New York, Guilford, p. 173-209.

SNYDER, J., L. BANK et B. BURRASTON (2005). «The Consequences of Antisocial Behavior in Older Male Siblings for Younger Brothers and Sisters», *Journal of Family Psychology, 19,* p. 643-653.

SNYDER, J., *et al.* (2005). «The Contributions of Ineffective Discipline and Parental Hostile Attributions of Child Misbehavior to the Development of Conduct Problems at Home and School», *Developmental Psychology, 41,* p. 30-41

SOCIÉTÉ ALZHEIMER DU CANADA (2009). *Raz de marée: Impact de la maladie d'Alzheimer et des affections connexes au Canada,* [En ligne], www.alzheimer.ca/french/rising_tide/rising_tide.htm (Page consultée le 14 janvier 2010).

SOCIÉTÉ CANADIENNE DE PÉDIATRIE (SCP) (2007). «Mouiller son lit», *Soins de nos enfants,* [En ligne], www.soinsdenosenfants.cps.ca/grandir-&apprendre/enuresie.htm (Page consultée le 6 octobre 2009).

SOCIÉTÉ CANADIENNE DE PÉDIATRIE (SCP) (2007a). Comité de la pédiatrie communautaire, *La prise en charge de l'énurésie nocturne primaire,* [En ligne], www.cps.ca/francais/enonces/CP/CP05-02.htm (Page consultée le 13 mai 2009).

SOCIÉTÉ CANADIENNE DE PSYCHOLOGIE (2009). *La dépression chez les personnes du troisième âge,* [En ligne], www.cpa.ca/publicationsfr/votresantelapsychologiepeutvousaider/ladepressionchezlespersonnesdutroisiemeage (Page consultée le 14 janvier 2010).

SOCIÉTÉ CANADIENNE DU CANCER (2008). *Statistiques canadiennes sur le cancer*, [En ligne], www.cancer.ca/canada-wide/about%20cancer/cancer%20statistics/canadian%20cancer%20statistics.aspx?sc_lang=fr-CA (Page consultée le 4 janvier 2010).

SOCIÉTÉ CANADIENNE DU CANCER (2009). *Statistiques canadiennes sur le cancer 2009*, [En ligne], www.cancer.ca/canada-wide/about%20cancer/cancer%20statistics/~/media/CCS/Canada%20wide/Files%20List/liste%20de%20fichiers/pdf/stats%202009F%20Cdn%20Cancer.ashx (Page consultée le 25 novembre 2009).

SOENENS, B., *et al.* (2006). «Parenting and Adolescent Problem Behavior: An Integrated Model with Adolescent Self-Disclosure and Perceived Parental Knowledge as Intervening Variables», *Developmental Psychology, 42*, p. 305-318.

SOKOL, R. J., V. DELANEY-BLACK et B. NORDSTROM (2003). «Fetal Alcohol Spectrum Disorder», *Journal of the American medical association, 209*, p. 2996-2999.

SOLDO, B. J., O. MITCHELL et J. McCABE (2007). «Cross-Cohort Differences in Health on the Verge of Retirement», *National Bureau of Economic Research Working Paper 12762*, Cambridge, Massachusetts, National Bureau of Economic Research.

SOOD, B., *et al.* (2001). «Prenatal Alcohol Exposure and Childhood Behavior at Age of 6 to 7 years. Dose-Response Effect», *Pediatrics, 108* (8), p. 461-462.

SOROF, J. M., *et al.* (2004). «Overweight, Ethnicity, and the Prevalence of Hypertension in School-Aged Children», *Pediatrics, 113*, p. 475-482.

SPELKE, E. S. (2005). «Sex Differences in Intrinsic Aptitude for Mathematics and Science? A Critical Review», *American Psychologist, 60*, p. 950-958.

SPERLING, M. A. (2004). «Prematurity - A Window of Opportunity?», *New England Journal of Medicine, 351*, p. 2229-2231.

SPIRA, E. G., S. S. BRACKEN et J. E. FISCHEL (2005). «Predicting Improvement after First-Grade Reading Difficulties: The Effects of Oral Language, Emergent Literacy, and Behavior Skills», *Developmental Psychology, 41*, p. 225-234.

SROUFE, L. A. (1979). «Socioemotional Development», dans J. OSOFSKY, dir., *Handbook of Infant Development*, New York, Wiley.

SROUFE, L. A. (1983). «Infant-Caregiver Attachment and Patterns of Adaptation in Preschool: The Roots of Maladaptation and Competence», dans M. PERLMUTTER, dir., *Minnesota Symposia on Child Psychology, 16*, Hillsdale, New Jersey, Erlbaum, p. 41-83.

SROUFE, L. A. (1997). *Emotional Development*, Cambridge, Angleterre, Cambridge University Press.

STADTMAN, E. R. (1992). «Protein Oxidation and Aging», *Science, 257*, p. 1220-1224.

STAFF, J., J. T., MORTIMER et C. UGGEN (2004). «Work and Leisure in Adolescence», dans R. M. LERNER et L. STEINBERG, dir., *Handbook of Adolescent Development*, 2e éd., Hoboken, New Jersey, Wiley, p. 429-450.

ST-AMAND, J. C. (2007). *Les garçons et l'école*, Montréal, Les éditions Sisyphe.

ST-ARNAUD, J., *et al.* (2007). «Soins palliatifs et fin de vie, État de la question au Québec», *Frontières, 20* (1), p. 86-88.

ST-LAURENT, D., et C. BOUCHARD (2004). *L'épidémiologie du suicide au Québec: que savons-nous de la situation récente?*, Québec, Institut national de santé publique du Québec.

STATISTICS BUREAU JAPAN (2009). *Life Expectancy at Birth by Country, Japan 2008*, [En ligne], www.stat.go.jp/english/data/handbook/c02cont.htm (Page consultée le 14 janvier 2010).

STAUDER, J. E. A., P. C. M. MOLENAAR et M. W. VAN der MOLEN (1993). «Scalp Topography of Event-Related Brain Potentials and Cognitive Transition During Childhood», *Child Development, 64*, p. 769-788.

STEINBACH, U. (1992). «Social Networks, Institutionalization, and Mortality among Elderly People in the United States», *Journal of Gerontology: Social Sciences, 47 (4)*, p. 183-190.

STEINBERG, L. (2005). «Psychological Control: Style or Substance?», dans J. SMETANA, dir., *Changing Boundaries of Parental Authority during Adolescence, New Directions for Child and Adolescent Development, 108*, San Francisco, Jossey-Bass, p. 71-78.

STEINBERG, R. J. (2007). «The Concept of Intelligence and its Role in Lifelong Learning and Success», *American Psychologist, 52*, p. 1030-1037.

STERNBERG, L. (1997). «Risk Taking in Adolescence: New Perspectives from Brain and Behavioral Science», *Current Directions in Psychological Science, 16*, p. 55-59.

STEINBERG, L., et N. DARLING (1994). «The Broader Context of Social Influence in Adolescence», dans R. SILBERSTEIN et E. TODT, dir., *Adolescence in Context*, New York, Springer.

STERNBERG, R. J. (2004). «Culture and Intelligence», *American Psychologist, 59*, p. 325-338.

STERNBERG, R. J. (2005). «There Are No Public Policy Implications: A Reply to Rushton and Jensen», *Psychology, Public Policy, and Law, 11*, p. 295-301.

STERNBERG, R. J. (2006). «A Duplex Theory of Love», dans R. J. STERNBERG et K. WEIS, dir., *The New Psychology of Love*, New Haven, Connecticut, Yale University Press, p. 184-199.

STERNBERG, R. J., E. L. GRIGORENKO et S. OH (2001). «The Development of Intelligence at Midlife», dans M. E. LACHMAN, dir., *Handbook of Midlife Development*, New York, Wiley, p. 217-247.

STERNBERG, R. J., et J. A. HOVATH (1998). «Cognitive Conceptions of Expertise and their Relations to Giftedness», dans R. C. FRIEDMAN, et K. B. ROGERSE, dir., *Talent in Context: Historical and Social Perspectives on Giftedness*, Washington, American Psychological Association, p. 177-191.

STERNBERG, R. J., et T. I. LUBART (1995). *Defying the Crowd: Cultivating Creativity in a Culture of Conformity*, New York, Free Press.

STICK, S. M., *et al.* (1996). «Effects of Maternal Smoking during Pregnancy and a Family History of Asthma on Respiratory Function in Newborn Infants», *The Lancet, 348*, p. 1060-1064.

STIFTER, C., C., M. COULEHAN et M. FISH (1993). «Linking Employment to Attachment», *International Journal of Behavior Development, 14*, p. 45-65.

STIPEK, D., H. GRALINSKI et C. B. KOPP (1990). «Self-Concept Development in the Toddler Years», *Developmental Psychology, 26*, p. 972-977.

STOELHORST, M. S. J., *et al.* pour LEIDEN-FOLLOW-UP PROJECT ON PREMATURITY (2005). «Changes in Neonatology: Comparison of Two Cohorts of Very Preterm Infants (Gestational Age < 32 weeks): The Project on Preterm and Small for Gestational Age Infants 1983 and the Leiden Follow-up project on Prematurity 1996-1997», *Pediatrics, 115*, p. 396-405.

STOLL, B. J., *et al.* (2004). «Neuro-Developmental and Growth Impairment among Extremely Low-Birth-Weight Infants with Neonatal Infection», *Journal of the American Medical Association, 292*, p. 2357-2365.

STRAUS, M. A. (1994). *Beating the Devil Out of Them: Corporal Punishment in American Families*, San Francisco, Jossey-Bass.

STRAUS, M. A. (1999). «The Benefits of Avoiding Corporal Punishment: New and More Definitive Evidence», *Raising America's Children*, Durham, New Hampshire, Family Research Laboratory, University of New Hampshire.

STRAUS, M. A., et J. H. STEWART (1999). «Corporal Punishment by American Parents: National Data on Prevalence, Chronicity, Severity, and Duration, in Relation to Child and Family Characteristics», *Clinical Child and Family Psychology Review, 2 (21)*, p. 55-70.

STRIANO, T. (2004). «Direction of Regard and the Still-Face Effect in the First Year: Does Intention Matter?», *Child Development, 75*, p. 468-479.

STRIEGEL-MOORE, R. H., et C. BULIK (2007). «Risk Factors for Eating Disorders», *American Psychologist, 62*, p. 181-198.

STROEBE, M., H. SCHUT et W. STROEBE (2007). «Health Outcomes of Bereavement», *Lancet, 370*, p. 1960-1973.

STROHSCHEIN, L. (2005). «Parental Divorce and Child Mental Health Trajectories», *Journal of Marriage and Family, 67*, p. 1286-1300.

STRONG, B., *et al.* (2005). *Human Sexuality: Diversity in Contemporary America*, 5e éd., Boston, McGraw-Hill.

STRULLY, K. W. (2009). «Job Loss and Health in the U. S. Labor Market», *Demography, 46* (2), p. 221-246.

SUBSTANCE ABUSE AND MENTAL HEALTH SERVICE ADMINISTRATION (SAMHSA), OFFICE OF APPLIED STUDIES (2005). *Depression among Adolescents: NSDUH Report*, Rockville, Maryland: Author.

SUOMI, S., et H. HARLOW (1972). «Social Rehabilitation of Isolate-Reared Monkeys», *Developmental Psychology, 6*, p. 487-496.

SUSMAN, E. J., et A. ROGOL (2004). «Puberty and Psychological Development», dans R. M. LERNER et L. STEINBERG, dir., *Handbook of Adolescent Psychology*, 2e éd., Hoboken, New Jersey, Wiley, p. 15-44.

SWALLEN, K. C., *et al.* (2005). «Overweight, Obesity, and Health-Related Quality of Life among Adolescents: The National Longitudinal Study of Adolescent Health», *Pediatrics, 115*, p. 340-347.

SWAN, S. H., *et al.* (2003). «Semen Quality in Relation to Biomarkers of Pesticide Exposure», *Environmental Health Perspectives, 111*, p. 1478-1484.

SWANSON, H. L. (1999). «What Develops in Working Memory?», *Developmental Psychology, 35*, p. 986-1000.

SZATMARI, P., *et al.* (2007). «Mapping Autism Risk Loci Using Genetic Linkage and Chromosomal Rearrangements», *Nature Genetics, 39*, p. 319-328.

TACKETT, J. L., *et al.* (2005). «Symptom-Based Subfactors of DSM-Defined Conduct Disorder: Evidence for Etiologic Distinctions», *Journal of Abnormal Psychology, 114*, p. 483-487.

TAMIS-LEMONDA, C. S., M. H. BORNSTEIN et L. BAUMWELL (2001). «Maternal Responsiveness and Children's Achievement of Language Milestones», *Child Development, 72* (3), p. 748-767.

TANDA, G., F. E., PONTIERI et G. DICHIARA (1997). «Cannabinoid and Heroin Activation of Mesolimbic Dopamine Transmission by a Common NI Opiod Receptor Mechanism», *Science, 276*, p. 2048-2050.

TARABULSY, G. M., *et al.* (2003). «Individual Differences in Infant Still-Face Response at 6 Months», *Infant Behavior & Development, 26*, p. 421-438.

TARDIF, J. (1997). *Pour un enseignement stratégique: L'apport de la psychologie cognitive*, Montréal, Les éditions Logiques.

TAYLOR, H. G., *et al.* (2001). «Middle-School-Age Outcomes in Children with Very Low Birthweight», *Child Development, 71* (6), p. 1495-1511.

TAYLOR, M. (1997). «The Role of Creative Control and Culture in Children's Fantasy/Reality Judgments», *Child Development, 68*, p. 436-455.

TAYLOR, M., *et al.* (2004). «The Characteristics and Correlates of Fantasy in School-Age Children: Imaginary Companions, Impersonation, and Social Understanding», *Developmental Psychology, 40*, p. 1173-1187.

TAYLOR, S. E., *et al.* (2000). «Biobehavioral Responses to Stress in Females: Tend-and-Befriend, Not Fight-or-Flight», *Psychological Review, 107*, p. 411-429.

TAYLOR, S. E. (2006). «Tend and Befriend: Biobehavioral Bases of Affiliation Under Stress», *Current Directions in Psychological Science, 15*, p. 273-276.

TESSIER, R., *et al.* (2003). «Kangaroo Mother-Care: A Method of Protecting High-Risk Premature Infants against Developmental Delay», *Infant Behavior and Development, 26* (3), p. 384-397.

TETI, D. M., et K. E. ABLARD (1989). «Security of Attachment and Infant-Sibling Relationships: A Laboratory Study», *Child Development, 60*, p. 1519-1528.

THAPAR, A., *et al.* (2003). «Maternal Smoking during Pregnancy and Attention Deficit Hyperactivity Disorder Symptoms in Offspring», *American Journal of Psychiatry, 160*, p. 1985-1989.

THELEN, E. (1995). «Motor Development: A New Synthesis», *American Psychologist, 50* (2), p. 79-95.

THOMAS, A., et S. CHESS (1984). «Genesis and Evolution of Behavioral Disorders: From Infancy to Early Adult Life», *American Journal of Orthopsychiatry, 141* (1), p. 1-9.

THOMAS, M. R. (2004). *Comparing Theories of Child Development*, 5e éd., Pacific Grove, Californie, Brooks/Cole.

THOMAS, M. R, et C. MICHEL (1998). *Théories du développement de l'enfant. Études comparatives*, Bruxelles, De Boeck Université.

THOMAS, S. P. (1997). «Psychosocial Correlates of Women's Self-Rated Physical Health in Middle Adulthood», dans M. E. LACHMAN et J. B. JAMES, dir., *Multiple Paths of Midlife Development*, Chicago, University of Chicago Press, p. 257-291.

THOMPSON, R. A. (1998). «Early Sociopersonality Development», dans W. DAMON et N. EISENBERG, dir., *Handbook of Child Psychology: Social, Emotional, and Personality development*, 4e éd., 3, New York, Wiley, p. 25-104.

THOMPSON, R. A. (2001). «Development in the First Years of Life», dans R. E. BEHRMAN, dir., «Caring for Infants and Children», *The Future of Children, 11*, p. 21-33.

THORDARDOTTIR, E., S. ELLIS-WEISMER et J. EVANS (2002). «Continuity in Lexical and Morphological Development in Icelandic and English-Speaking Two-years-olds», *First Language, 22* (1).

THORNE, A., et Q. MICHAELIEU, (1996). «Situating Adolescent Gender and Self-Esteem with Personal Memories», *Child Development, 67*, p. 1374-1390.

THORVALDSSON, V., *et al.* (2008). «Onset of Terminal Decline in Cognitive Abilities in Individuals without Dementia», *Neurology*, [En ligne], www.neurology.org/cgi/content/abstract/71/12/882 (Page consultée le 23 janvier 2010).

TISDALE, S. (1988). «The Mother», *Hippocrates, 2* (3), p. 64-72.

TOGA, A. W., P. M. THOMPSON et E. R. SOWELL (2006). «Mapping Brain Maturation», *Neuro-Sciences, 29* (3), p. 148-159.

TOGA, A., et P. M. THOMPSON (2005). «Genetics of Brain Structure and Intelligence», *Annual Review of Neurology, 28*, p. 1-23.

TOLAN, P. H., D. GORMAN-SMITH et D. B. HENRY, (2003). «The Developmental Ecology of Urban Males' Youth Violence», *Developmental Psychology, 39*, p. 274-291.

TOURIGNY, M., *et al.* (2002). *Étude sur l'incidence et les caractéristiques des situations d'abus, de négligence, d'abandon et de troubles de comportement sérieux signalées à la Direction de la protection de la jeunesse au Québec (EIQ)*, Montréal, Centre de liaison sur l'intervention et la prévention psychosociales (CLIPP).

TREMBLAY, R. E. (2000). «The Development of Aggressive Behaviour During Childhood: What Have We Learned in the Past Century?», *International Journal of Behavioral Development, 24* (2), p. 129-141.

TREMBLAY, R. E. (2004). «Development of Physical Aggression During Infancy», *Infant Mental Health Journal, 25* (5), p. 399-407.

TREMBLAY, R. E. (2008). «Développement de l'agressivité physique depuis la jeune enfance jusqu'à l'âge adulte», dans R. E. TREMBLAY, R. G. BARR et R. DE V. PETERS, dir., *Encyclopédie sur le développement des jeunes enfants*, Montréal, Centre d'excellence pour le développement des jeunes enfants, p. 1-7, [En ligne], www.enfant-encyclopedie.com/documents/TremblayFRxp rev.pdf (Page consultée le 31 juillet 2009).

TREMBLAY, R. E., *et al.* (2004). «Physical Aggression During Early Childhood: Trajectories and Predictors», *Pediatrics, 114* (1), p. 43-50.

TREMBLAY, R. E., et D. S. NAGIN (2005). «The Developmental Origins of Physical Aggression in Humans», dans R. E. TREMBLAY, W. W. HARTUP et J. ARCHER, dir., *Developmental Origins of Aggression*, New York, Guilford Press, p. 84-106.

TREMBLAY, S. (2003). *Enquête Grandir en qualité, Recension des écrits sur la qualité des services de garde*, Québec, ministère de la Famille et de l'Enfance, Direction de la recherche de l'évaluation et de la statistique.

TROLL, L. E., et K. L. FINGERMAN (1996). «Connections between Parents and their Adult Children», dans C. MAGAI et S. H. MCFADDEN, dir., *Handbook of Emotion, Adult Development, and Aging*, San Diego, Academic Press, p. 185-205.

TRONICK, E., *et al.* (1978). «The Infants' Response to Entrapment between Contradictory Messages in Face-to-face Interaction», *American Academy of Child Psychiatry, 17*, p. 1-13.

TRONICK, E. Z., G. A. MORELLI et P. IVEY (1992). «The Efe Forager Infant and Toddler's Pattern of Social Relationships: Multiple and Simultaneous», *Developmental Psychology, 28*, p. 568-577.

TRUDEAU, F., et R. SHEPHARD (2008). «Physical education, school physical activity, school sports and academic performance», *International Journal of Behavioral Nutrition and Physical Activity, 5* (10).

TRUDEAU, N., *et al.* (2006). «Comparaisons inter-linguistiques dans le développement de la communication entre 8 et 30 mois», *Poster presentation at the annual CLLRN and conference*, Charlottetown, Île-du-Prince-Édouard.

TSAO, F. M., H. M. LIU et P. K. KUHL (2004). «Speech Perception in Infancy Predicts Language Development in the Second Year of Life: A Longitudinal Study», *Child Development, 75*, p. 1067-1084.

TURATI, C., *et al.* (2002). «Newborn's Preference for Faces: What Is Crucial?», *Developmental Psychology, 38*, p. 875-882.

TURNER, P. J., et J. GERVAI (1995). «A Multidimensional Study of Gender Typing in Preschool Children and their Parents: Personality, Attitudes, Preferences, Behavior, and Cultural Differences», *Developmental Psychology, 31*, p. 759-772.

TWENGE, J. M. (2000). «The Age of Anxiety? Birth Cohort Change in Anxiety and Neuroticism, 1952-1993», *Journal of Personality and Social Psychology, 79*, p. 1007-1021.

TWENGE, J.M., W. K. CAMPBELL et C. A. FOSTER (2003). «Parenthood and marital satisfaction: A Meta-Analytic Review», *Journal of Marriage and Family, 65*, p. 574-583.

UNAIDS (2006). 2006 Report on the Global AIDS Epidemic: Executive Summary/UNAIDS, Genève, Suisse, UNAIDS, [En ligne], http://data.unaids.org/pub/GlobalReport/2006/2006_GR-ExecutiveSummary_en.pdf (Page consultée le 5 février 2010).

UNAIDS (2008). *Report on the Global AIDS Epidemic*, [En ligne], www.unaids.org/en/Know-ledgeCentre/HIVData/GlobalReport/2008/ (Page consultée le 12 août 2009).

UNAIDS/WHO (2004). *Joint United Nations Programme on HIV/AIDS et World Health Organization. AIDS Epidemic Update*, publication n° UNAIDS/04.45E, Genève, UNAIDS/WHO.

UNICEF (2007). *Progrès pour les enfants: Un monde digne des enfants, bilan statistique*, [En ligne], www.unicef.org/french/progress-forchildren/2007n6/index_41401.htm (Page consultée le 13 mai 2009).

UNICEF PRESS CENTRE (2007). «Child Deaths Fall Below 10 Million for the First Time», *UNICEF Reports Solid Progress on Child Survival*, New York, UNICEF Press Centre.

UNITED NATIONS (2007). «An Ageing World Poses New Challenges for Development Strategists», Department of Economic and Social Affairs (DESA) *News, 11* (4), [En ligne] www.un.org/esa/desa/desaNews/v11n04/feature.html (Page consultée le 14 janvier 2010).

U.S. CENSUS BUREAU (2004). *Global Population Profile, 2002*, International Population Report WP/02, Washington DC, Government Printing Office.

UTIGER, R. D. (1998). «A Pill for Impotence», *New England Journal of Medicine, 338*, p. 1458-1459.

VAILLANT, G., et K. MUKAMAL (2001). «Successful Aging», *American Journal of Psychiatry, 158*, p. 839-847.

VAN, P. (2001). «Breaking the Silence of African American Women: Healing after Pregnancy Loss», *Health Care Women International, 22*, p. 229-243.

VAN DEN BOOM, D. C. (1994). «The Influence of Temperament and Mothering on Attachment and Exploration: An Experimental Manipulation of Sensitive Responsiveness among Lower-Class Mothers with Irritable Infants», *Child Development, 65*, p. 1457-1477.

VAN DER MOLEN, J. (2004). «Violence and Suffering in Television News: Toward a Broader Conception of Harmful Television Content for Children», *Pediatrics, 113*, p. 1771-1775.

VAN GOOZEN, S., *et al.* (2007). «The Evidence for a Neurobiological Model of Childhood Antisocial Behaviour», *Psychological Bulletin, 133*, p. 149-182.

VAN HEUVELEN, M. J., *et al.* (1998). «Physical Fitness Related to Age and Physical Activity in Older Persons», *Medicine and Science in Sports and Exercise, 30*, p. 434-441.

VAN HOOREN, S. A. H., *et al.* (2005). «Relation between Health Status and Cognitive Functioning: A 6-year Follow-up of the Maastricht Aging Study», *Journal of Gerontology: Psychological Sciences, 60B*, p. 57-60.

VAN IJZENDOORN, M. H., et A. SAGI (1999). «Cross-Cultural Patterns of Attachment: Universal and Contextual Dimensions», dans J. CASSIDY et P. R. SHAVER, dir., *Handbook of Attachment: Theory, Research, and Clinical Applications*, New York, Guilford Press, p. 713-734.

VAN IJZENDOORN, M. H., C. SCHUENGEN et M. J. BADERMANS-KRANENBURG (1999). «Disorganized Attachment in Early Childhood: Meta-Analysis of Precursors, Concomitants, and Sequalea», *Development and Psychopathology, 11*, p. 225-250.

VAN PRAAG, H., *et al.* (2002). «Functional Neurogenesis in the Adult Hippocampus», *Nature, 415*, p. 1030-1034.

VAN SOLINGE, H., et K. HENKENS (2005). «Couples' Adjustment to Retirement: A Multi-Actor Panel Study», *Journal of Gerontology: Social Sciences, 60B*, p. 11-20.

VANDELL, D. L., et M. D. BAILEY (1992). «Conflicts between Siblings», dans C. U. SHANTZ et W. W. HARTUP, dir., *Conflicts in Child and Adolescent Development*, New York, Cambridge University Press, p. 242-269.

VAN NOORD-ZAADSTRA, B. M., *et al.* (1991). «Delayed Childbearing: Effect of Age on Fecundity and Outcome of Pregnancy», *British Medical Journal, 302*, p. 1361-1365.

VEENSTRA, R., *et al.* (2005). «Bullying and Victimization in Elementary Schools: A Comparison of Bullies, Victims, Bully/Victims, and Uninvolved Preadolescents», *Developmental Psychology, 41*, p. 672-682.

VERSCHUEREN, K., et A. MARCOEN (1999). «Representation of Self and Socioemotional Competence in Kindergartners: Differential and Combined Effects of Attachment to Mother and Father», *Child Development, 70*, p. 183-201.

VERSCHUEREN, K., P. BUYCK et A. MARCOEN (2001). «Self-Representation and Socioemotional Competence in Young Children: A 3-year Longitudinal Study», *Developmental Psychology, 37*, p. 126-134.

VÉZINA, J., P. CAPPELIEZ et P. LANDREVILLE (2007). *Psychologie gérontologique*, Montréal, Gaëtan Morin éditeur.

VIAU, R. (1994). *La motivation en contexte scolaire*, Montréal, ERPI.

VIRDEN, S. F. (1988). «The Relationship between Infant Feeding Method and Maternal Role Adjustment», *J Nurs Midw, 33*, p. 31-35

VISION DURABLE (2009). *Karoshi: la mort par overdose de travail frappe encore au Japon*, [En ligne], www.visiondurable.com/actualites/finance/5950-karoshi-la-mort-par-overdose-de-travail-frappe-encore-au-japon (Page consultée le 4 janvier 2010).

VITARO, F., *et al.* (1997). «Disruptiveness, Friends' Characteristics, and Delinquency in Early Adolescence: A Test of Two Competing Models of Development», *Child Development, 68*, p. 676-689.

VITARO, F., et C. GAGNON, dir. (2000). *Prévention des problèmes d'adaptation chez les enfants et les adolescents, t. 1 et 2*, Montréal, Presses de l'Université du Québec.

VOLKOW, N., *et al.* (2007). «Depressed Dopamine Activity in Caudate and Preliminary Evidence of Limbic Involvement in Adults with Attention-Deficit/Hyperactivity Disorder», *Archives of General Psychiatry, 64*, p. 932-940.

VON HIPPEL, W. (2007). «Aging, Executive Functioning, and Social Control», *Current Directions in Psychological Science, 16* (5), p. 240-244.

VOYER, G. (2009). *La mort à son heure*, Montréal, Médiaspaul, p. 44-45.

VRIJHELD, M., *et al.* (2002). «Chromosomal Congenital Anomalies and Residence near Hazardous Waste Landfill Sites», *The Lancet, 359*, p. 320-322.

VYGOTSKY, L. S. (1978). *Mind in Society: The Development of Higher Psychological Processes*, Cambridge, Massachusetts, Harvard University Press.

WALKER, L. E. (1999). «Psychology and Domestic Violence Around the World», *American Psychologist, 54* (1), p. 21-29.

WALKER, L. (1995). «Sexism in Kohlberg's Moral Psychology?», dans W. M. KURTINES et J. L. GEWIRTZ, dir., *Moral Development: An Introduction*, Boston, Allyn & Bacon, p. 83-107.

WALKER, W. R., J. J. SKOWRONSKI et C. P. THOMPSON (2003). «Life Is Pleasant – and Memory Helps to Keep It That Way!», *Review of General Psychology, 7*, p. 203-210.

WALDSTEIN, S. R. (2003). «The Relation of Hyper-Tension to Cognitive Function», *Current Directions in Psychological Sciences, 12*, p. 9-12.

WALLACE, D. C. (1992). «Mitochondrial Genetics: A Paradigm for Aging and Degenerative Diseases?», *Science, 256*, p. 628-632.

WALLER, M. W., *et al.* (2006). «Gender Differences in Associations between Depressive Symptoms and Patterns of Substance Use and Risky Sexual Behaviour among a Nationally Representative Sample of U.S. Adolescents», *Archives of Women's Mental Health, 9*, p. 139-150.

WALLHAGEN, M. L., W. J. STRAWBRIDGE, R. D. COHEN et G. A. KAPLAN (1997). «An Increasing Prevalence of Hearing Impairment and Associated Risk Factors over Three Decades of the Alameda County Study», *American Journal of Public Health, 87*, p. 440-442.

WANG, J., *et al.* (2007). «Estradiol as a Stress Protective Agent with Relevance for Cognitive Brain Aging: What is the Current Evidence?», *Hormones, Cognitive Function and Dementia: Expert Meeting 19-20 March 2007*, Woodhouse, Leicestershire.

WARBURTON, D. E., C. W. NICOL et S. S. BREDIN (2006). «Health Benefits of Physical Activity: the Evidence», *CMAJ, 174* (6), p. 801-809.

WARD, R. A., et G. D. SPITZE (2004). «Marital Implications of Parent-Adult Child Coresidence: A Longitudinal View», *Journal of Gerontology: Social Sciences, 59B*, p. S2-S8.

WARNER, H. R. (2004). «Current Status of Efforts to Measure and Modulate the Biological Rate or Aging», *Journal of Gerontology: Biological Sciences, 59A*, p. 692-696.

WATERS, E., et K. E. DEANE (1985). «Defining and Assessing Individual Differences in Attachment Relationships: Q-Methodology and the Organization of Behaviour in Infancy and Early Childhood», *Monographs of the Society for Research in Child Development, 50*, p. 41-65.

WEG, R. B. (1989). «Sensuality/Sexuality of the Middle Years», dans S. HUNTER et M. SUNDEL, dir., *Midlife Myths*, Newbury Park, Sage.

WEINBERG, M. K., et E. Z. TRONICK (1996). «Infant Affective Reactions to the Resumption of Maternal Interaction after Still Face», *Child Development, 67*, p. 905-914.

WEINSTOCK, H., S. BERMAN et W. CATES Jr (2004). «Sexually Transmitted Diseases among American Youth: Incidence and Prevalence Estimates, 2000», *Perspectives on Sexual and Reproductive Health, 36*, p.6-10.

WEISS, A., T. C. BATES et M. LUCIANO (2008). «Happiness is a Personal(ity) Thing. The Genetics of Personality and Well-Being in a Representative Sample», *Psychological Science, 19*, p. 205-210.

WEISS, B., *et al.* (1992). «Some Consequences of Early Harsh Discipline: Child Aggression and a Maladaptative Social Information Processing Style», *Child Development, 63*, p. 1321-1335.

WEISS, B., S. AMLER et R. W. AMLER (2004). «Pesticides», *Pediatrics, 113*, p. 1030-1036.

WEISS, R. (2007). «Patient in Gene-Therapy Trial Dies», *Washington Post,* 27 juillet, [En ligne], www.philly.com/philly/health_andscience/20070728_Patient_in_genetherapy_trial_dies.html (Page consultée le 28 juillet 2007).

WEISSMAN, M. M., *et al.* (1999). «Maternal Smoking During Pregnancy and Psychopathology in Offspring Followed to Adulthood», *Journal of the American Academy of Child and Adolescent Psychiatry, 38*, p. 892- 899.

WEISZ, J. R., C. A., McCARTY et S. M. VALERI (2006). «Effects of Psychotherapy for Depression in Children and Adolescents: A Meta-Analysis», *Psychological Bulletin, 132*, p. 132-149.

WENTZEL, K. R. (2002). «Are Effective Teachers Like Good Parents? Teaching Styles and Student in Early Adolescence», *Child Development, 73*, p. 287-301.

WESTEN, D. (1998). «The Scientific Legacy of Sigmund Freud: Toward a Psychodynamically

Informed Psychological Science», *Psychological Bulletin, 124,* p. 333-371.

WETHINGTON, E., R. C. KESSLER et J. E. PIXLEY (2004). «Turning Points in Adulthood», dans O. G. BRIM, C. K. RYFF et R. C. KESSLER, dir., *How Healthy Are We? A National Study of Well-Being at Midlife,* Chicago, University of Chicago Press, p. 586-613.

WEXLER, I. D., D. BRANSKI et E. KEREM (2006). «War and Children», *Journal of the American Medical Association, 296*, p. 579-581.

WHALLEY, L. J., et I. J. DEARY (2001). «Longitudinal Cohort Study Childhood IQ and Survival Up to Age 76», *British Medical Journal, 322,* p. 819.

WILLIAMS, K. (2004). «The Transition to Widow-Hood and the Social Regulation of Health: Consequences for Health and Health Risk Behavior», *Journal of Gerontology: Social Sciences, 59B*, p. 343-349.

WILSON, R. S., et D. A. BENNETT (2003). «Cognitive Activity and Risk of Alzheimer's Disease», *Current Directions in Psychological Science, 12,* p. 87-91.

WHISMAN, M. A., *et al.* (2006). «Marital Discord and Well-Being in Older Adults: Is the Association Confounded by Personality?», *Psychology and Aging, 21,* p. 626-631.

WHITE, A., *et al.* (2002). *Adolescent Brain Development,* [En ligne], www.actforyouth.net/documents/may02factsheetadolbraindev.pdf (Page consultée le 23 décembre 2009).

WHITBOURNE, S. K. (1987). «Personality Development in Adulthood and Old Age: Relationships among Identity Style, Health, and Well-Being», dans K. W. SCHAIE, dir., *Annual Review of Gerontology and Geriatrics,* New York, Springer, p. 189-216.

WHITBOURNE, S. K. (1996). *The Aging Individual: Physical and Psychological Perspectives,* New York, Springer.

WHITBOURNE, S. K. (1999). «Physical Changes», dans J. C. CAVANAUGH et S. K. WHITBOURNE, dir., *Gerontology: An Interdisciplinary Perspective,* New York, Oxford University Press, p. 91-122.

WHITBOURNE, S. K. (2001). «The Physical Aging Process in Midlife: Interactions with Psychological and Sociocultural Factors», dans M. E. LACHMAN, dir., *Handbook of Midlife Development,* New York, Widley, p. 109-155.

WHITBOURNE, S. K., et L. A. CONNOLLY (1999). «The Developing Self in Midlife», dans S. L. WILLIS et J. D. REID, dir., Life in the Middle: Psychological and Social Development in Middle Age, San Diego, *Academic Press,* p. 25-45.

WHITEHURST, G. J., et C. J. LONIGAN (1998). «Child Development and Emergent Literacy», *Child Development, 69,* p. 848-872.

WIEDERMAN, M.W. (1999). «Volunteer Bias in Sexuality Research Using College Student Participants», *The Journal of Sex Research, 36* (1), p. 52-58.

WILLIAMS, G. J. (2001). «The Clinical Significance of Visual-Verbal Processing in Evaluating Children with Potential Learning-Related Visual

Problems», *Journal of Optometric Vision Development, 32* (2), p. 107-110.

WILLIAMS, J., *et al.* (2005). «Health-Related Quality of Life of Overweight and Obese Children», *Journal of the American Medical Association, 293,* p. 70-76.

WILLIS, S. L., et K.W. SCHAIE (1999). «Intellectual Functioning in Midlife», dans S. L. WILLIS et J. D. REID, dir., *Life in the Middle: Psychological and Social Development in Middle Age,* San Diego, Academic Press, p. 233-247.

WILLIS, S. L., et K. W. SCHAIE (2006). «Cognitive Functioning in the Baby Boomers: Longitudinal and Cohort Effects», dans S. K. WHITBOURNE et S. L. WILLIS, dir., *The Baby Boomers Grow Up: Contemporary Perspectives on Midlife,* Mahwah, New Jersey, Erlbaum, p. 205-234.

WILMOTH, J., et G. KOSO (2002). «Does Marital History Count? Marital Status and Wealth Outcomes among Preretirement Adults», *Journal of Marriage and Family, 64,* p. 254-268.

WILSON, G. T., C. M. GRILO et K. M. VITOUSEK (2007). «Psychological Treatmen of Eating Disorders», *American Psychologist, 62,* p. 199-216.

WINNER, E. (2000). «The Origins and Ends of Giftedness», *American Psychologist, 55,* p. 159-169.

WOERLEE, G. M. (2005). *Mortal Minds: The Biology of the Near-Death Experience,* New York, Prometheus Books.

WONG, M. M., *et al.* (2006). «Behavioral Control and Resiliency in the Onset of Alcohol and Illicit Drug Use: A Prospective Study from Preschool to Adolescence», *Child Development, 77,* p. 1016-1033.

WOODRUFF, T. J., *et al.* (2004). «Trends in Environmentally Related Childhood Illnesses», *Pediatrics, 113,* p. 1133-1140.

WOOLLEY, J. D. (1997). «Thinking about Fantasy – Are Children Fundamentally Different Thinkers and Believers from Adults?», *Child Development, 68* (6), p. 991-1011.

WOOLLEY, J. D., et E. A. BERGER (2002). «Development of Beliefs about the Origins and Controllability of Dreams», *Developmental Psychology, 38* (1), p. 24-41.

WORLD HEALTH ORGANIZATION (WHO) (2003). *The World Health Report – Shaping the Future,* [En ligne], www.who.int/whr/2003/en/overview_en.pdf (Page consultée le 6 octobre 2009).

WORTMAN, C. B., et R. C. SILVER (1989). «The Myths of Coping with Loss», *Journal of Consulting and Clinical Psychology, 57* (3), p. 349-357.

WRIGHT, V. C., *et al.* (2006). «Assisted Reproductive Technology Surveillance – United States, 2003», *Morbidity and Mortality Weekly Report: Surveillance Summaries, 55* (SS-04), p. 1-22.

WRIGHT, V. C., *et al.* (2008). «Assisted Reproductive Technology Surveillance – United States, 2005», *Morbidity and Mortality Weekly Report, 57* (SS-05), p. 1-23.

WU, Z., et R. HART (2002). «The Effects of Marital and Nonmarital Union Transition on Health», *Journal of Marriage and family, 64* (2), p. 420-432.

XIE, H., *et al.* (2006). «What Makes a Girl (or a Boy) Popular (or Unpopular)? African American Children's Perceptions and Developmental Differences», *Developmental Psychology, 42,* p. 599-612.

YAMADA, H. (2004). «Japanese Mothers' Views of Young Children's Areas of Personal Discretion», *Child Development, 75,* p. 164-179.

YAMADA, A., et T. SINGELIS (1999). «Biculturalism and Self-Construal», *International Journal of Intercultural Relations, 23,* p. 697-709.

YAZIGI, R. A., R. R. ODEM et K. L. POLAKOSKI (1991). «Demonstration of Specific Binding of Cocaine to Human Spermatozoa», *Journal of the American Medical Association, 266,* p. 1956-1959.

YEH, H., *et al.* (2006). «Relationships among Sexual Satisfaction, Marital Quality, and Marital Instability at Midlife», *Journal of Family Psychology, 20,* p. 339-343.

YEUNG, W. J., *et al.* (2001). «Children's Time with Fathers in Intact Families», *Journal of Marriage and Family, 63* (1), p. 136-154.

YINGLING, C. D. (2001). «Neural Mechanisms of Unconscious Cognitive Processing», *Clinical Neurophysiology, 112* (1), p. 157-158.

YOSHIKAWA, H. (1994). «Prevention as Cumulative Protection: Effects of Early Family Support and Education on Chronic Delinquency and its Risks», *Psychological Bulletin, 115* (1), p. 28-54.

YOUNG, K. A., *et al.* (2007). «5HTTLPR Polymorphism and Enlargement of the Pulvinar: Unlocking the Backdoor to the Limbic System», *Biological Psychiatry, 61* (1), p. 813-818.

YUNGER, J. L., P. R. CARVER et D. G. PERRY (2004). «Does Gender Identity Influence Children's Psychological Well-Being?», *Developmental Psychology, 40,* p. 572-582.

YURGELUN-TODD, D. (2002). *Inside the Teenage Brain,* [En ligne], www.pbs.org/wgbh/pages/frontline/shows/teenbrain/interviews/todd.html (Page consultée le 17 décembre 2009).

ZECH, E. (2006). *Psychologie du deuil, Impact et processus d'adaptation au décès d'un proche,* Belgique, Éditions Mardaga, p. 64, 229-230.

ZELAZO, P. D., J. S. REZNICK et J. SPINAZZOLA (1998). «Representational Flexibility and Response Control in a Multistep, Multilocation Search Task», *Development Psychology, 34,* p. 203-214.

ZHANG, Q. F. (2004). «Economic Transition and New Patterns of Parent-Adult Child Coresidence in China», *Journal of Marriage and Family, 66,* p. 1232-1245.

ZHAO, Y. (2002). «Cultural divide over parental discipline», *New York Times,* 29 mai.

ZIGLER, E., C. TAUSSIG et K. BLACK (1992). «Early Childhood Intervention: A Promising Preventative for Juvenile Delinquency», *American Psychologist, 47,* p. 997-1006.

ZIMMERMAN, B. J., A. BANDURA et M. MARTINEZ-PONS (1992). «Self-Motivation for Academic Attainment: The Role of Self-Efficacy Beliefs and Personal Goal Setting», *American Educational Research Journal, 29,* p. 663-676.

Sources iconographiques

Chapitre 9

Ouverture de chapitre : Kevin Russ/iStockphoto ; Figure 9.1 : Lise Parent et Réseau des femmes en environnement, *Sabotage hormonal – Comment des produits d'usage courant menacent notre santé,* Télé-université de l'Université du Québec à Montréal, 2009, 32 p. ; Photo 9.1 : Ellen Sinisi/The Image Work ; Figure 9.2 : Gogtay, N., *et al.*, «Dynamic mapping of human cortical development during childhood through early adulthood», *Proceedings of the National Academy of Sciences,* 101 (21), 2004, p. 8174-8179 ; Encadré 9.1 : Mara Radeva/iStockphoto ; Photo 9.2 : Sandra O'Claire/iStockphoto ; Photo 9.3 : Vladimir Brandalik/iStockphoto ; Photo 9.4 : webphotographeer/iStockphoto ; Photo 9.5 : Phanie/ Firstlight ; Photo 9.6 : craftvision/iStockphoto ; Photo 9.7 : Sean Locke/iStockphoto ; Photo 9.8 : Diego Cervo/iStockphoto ; Photo 9.9 : Chris Price/iStockphoto ; Photo 9.10 : Thomas Eckstadt/iStockphoto ; Photo 9.11 : asiseeit/iStockphoto ; Photo 9.12 : Lise Gagné/iStockphoto ; Photo 9.13 : Scott Dunlap/ iStockphoto ; Photo 9.14 : Phil Date/iStockphoto.

Chapitre 10

Ouverture de chapitre : ©Tyler Stalman/iStockphoto ; Photo 10.1 : Vladimir Piskunov/iStockphoto ; Tableau 10.1 : Kroger, J. (1993), *Ego Identity: An Overview, Discussion on Ego and Identity,* edited by J. Kroger, avec la permission de Lawrence Erlbaum Associates, Inc. and Jane Kroger ; Photo 10.2 : Jupiter Images ; Photo 10.3 : Anton Gvozdikov/iStockphoto ; Photo 10.4 : ©Paul Piebinga/iStockphoto ; Photo 10.5 : ©Jonathan Cavendish/CORBIS ; Photo 10.6 : Lone Elisa Plougmann/iStockphoto ; Encadré 10.2 : Stanislav Komogorov/iStockphoto ; Photo 10.7 : Elena Korenbaum/iStockphoto ; Photo 10.8 : ©Damir Cudic/ iStockphoto ; Photo 10.9 : Helder Almeida/iStockphoto ; Photo 10.10 : ©Nils Kahle – 4FR/iStockphoto ; Photo 10.11 : Catherine Yeulet/iStockphoto.

Chapitre 11

Ouverture de chapitre : ©Doug Berry/iStockphoto ; Photo 11.1 : ©slobo mitic/iStockphoto ; Photo 11.2 : Michael Donne/SCIENCE Photo LIBRARY ; Tableau 11.1 : Adapté de www.first30days.com et Journal of Psychosomatic Research, vol. 11, Holmes, *et al., The social Readjustment Rating Scale,* p. 213-218, copyright 1967, avec la permission d'Elsevier ; Photo 11.3 : ©Diane Diederich/iStockphoto ; Photo 11.4 : ALiJA/iStockphoto ; Photo 11.5 : digitalskillet/iStockphoto ; Photo 11.6 : ©Marcus Clackson/iStockphoto ; Photo 11.7 : studiovancaspel/iStockphoto ; Photo 11.8 : ©Josh Hodge/iStockphoto ; Photo 11.9 : ©Courtney Keating/iStockphoto ; Photo 11.10 : ©Bela Tibor Kozma/iStockphoto ; Photo 11.11 : ©Martin Purmensky/ iStockphoto ; Encadré 11.1 : ©Sergey Rusakov/iStockphoto ; Photo 11.12 et Encadré 11.2 : ©Terry J Alcorn/ iStockphoto ; Photo 11.13 : ©Michael A. Keller/CORBIS ; Photo 11.14 : ©Hanna Monika/iStockphoto.

Chapitre 12

Ouverture de chapitre : ©Hanna Monika/iStockphoto ; Photo 12.1 : Gautier Willaume/iStockphoto ; Encadré 12.2 : Associated Press ; Photo 12.2 : Maurice Lafontaine ; Tableau 12.3 : Adapté de Schaie, K. Warner, «The Hazards of Cognitive Aging», The Gerontologist 29-4, 1989, p. 484-493, et adapté de Willis, S. L., et K. Warner Schaie, «Intellectual functioning in midlife», dans Willis, S. L., et J. D. Reid, *Life in the middle : Psychological and social development in middle age,* San Diego, ©Academic Press, p. 233-247 ; Photo 12.3 : Steve Cole/iStockphoto ; Photo 12.4 : ©The Gallery Collection/CORBIS ; Photo 12.5 : Le Soleil - Photo Érik Labbé ; Photo 12.6 : Marcin Balcerzak/iStockphoto ; Photo 12.7 : Ben Blankenburg/iStockphoto ; Photo 12.8 : Catherine Yeulet/iStockphoto ; Photo 12.9 : Daniel Bendjy/ iStockphoto ; Photo 12.10 : asiseeit/iStockphoto ; Photo 12.11 : Collection Christophel ; Photo 12.12 : naphtalina/iStockphoto ; Photo 12.13 : BLUESTONE/SCIENCE Photo LIBRARY ; Photo 12.14 : Pamela Moore/ iStockphoto ; Photo 12.15 : ©Pierre Dury ; Encadré 12.3 : AP Photo/Chuck Burton/Presse Canadienne.

Chapitre 13

Ouverture de chapitre : ©Martina Ebel/iStockphoto ; Photo 13.1 : Denis Guignebourg/ABACAPRESS/ Presse Canadienne ; Photo 13.2 : Darron Cummings/AP Photo ; Encadré 13.1 : Robert Simon/iStockphoto ; Photo 13.3 : Rich Legg/iStockphoto ; Photo 13.4 : ©Özgür Donmaz/iStockphoto ; Photo 13.5 : Visuals Unlimited ; Photo 13.6 : Jane Norton/iStockphoto ; Photo 13.7 : Willie B. Thomas/iStockphoto ; Photo 13.8 et 13.18 : ©Catherine Yeulet/iStockphoto ; Photo 13.9 : ©Petr Nad/iStockphoto ; Photo 13.10 : Robert Friedland/SCIENCE Photo LIBRARY ; Encadré 13.2 : Hayden Bird/iStockphoto ; Photo 13.11 : Owen Egan, Courtesy of McGill University ; Photo 13.12 : ©Don Bayley/iStockphoto ; Photo 13.13 : Marko Hagerty/Getty ; Photo 13.14 : © Images Distribution ; Photo 13.15 : Steve Cole/iStockphoto ; Photo 13.16 : merrymoonmary/ iStockphoto ; Photo 13.17 : ©Jim West/MaXx images ; Encadré 13.3 : Kevin Russ/iStockphoto ; Photo 13.19 : Orange Line Media/iStockphoto ; Photo 13.20 : Frances Twitty/iStockphoto.

Chapitre 14

Ouverture de chapitre : studiovancaspel/iStockphoto ; Photo 14.1 : Henny Allis/SCIENCE Photo LIBRARY ; Photo 14.2 : ©Benoit Beauregard/iStockphoto ; Photo 14.3 : ©Jack Moebes/CORBIS ; Photo 14.5 : Reddoch Graphics/iStockphoto ; Tableaux 14.2 et 14.4 : Jacques, J. (1998), *Psychologie de la mort et du deuil,* Saint-Laurent : Modulo, p. 55-193, extraits reproduits aux termes d'une licence accordée par Copibec ; Photo 14.6 : James Steidl/iStockphoto ; Tableau 14.3 : Hurwitz, C. A., Duncan, J., et Wolfe, J., «Caring for the child with cancer at the close of life», *Journal of the American Medical Association,* 292(17), 2004, p. 2141–2149 ; Photo 14.8 : Cathy Keifer/iStockphoto ; Photo 14.9 : Mary Gascho/iStockphoto ; Photo 14.11 : ©STRINGER/ITALY/Reuters/CORBIS ; Photo 14.12 : Karen Mower/iStockphoto ; Photo 14.13 : Claude Dagenais/iStockphoto.

Hallucinations, 397
Handicap, 410
Harcèlement
    d'ordre sexuel, 340, 345
    discriminatoire, 345
    psychologique, 344–345
Harlow, Harry, 119
Harter, Susan, 229–230
Haute pression, 200
Hémophilie, 44
Hémorragie cérébrale, 62
Hépatite B, 299
Hérédité, 7, 8
    agressivité, 244, 246
    caractéristiques personnelles, 42, 44–47
    comportements prosociaux, 183
    déficience neurobiologique, 247
    dépression, 248, 396
    état de santé, 201
    homosexualité, 296
    individuelle, 7
    infertilité, 325
    maladie d'Alzheimer, 398
    maladies, 201
    mécanismes, 39–47
    quotient intellectuel, 211
    santé physique, 318
    spécifique, 7
    TDAH, 223
    tempérament, 111
    troubles émotionnels, 247
    troubles psychosociaux, 309
    vieillissement et longévité, 388, 390–391
    vulnérabilité au suicide, 422
Héritabilité, 44, 45
Herpès génital, 299–300
Hétérochromosome, 40
Hétérosexualité, 295
Hippocampe, 90, 392
Holland, John, 344
Holmes, Thomas H., 320
Holophrase, 95
Homicide, 339, 341
Hommes, fertilité, 324–325
Homophobie, 297
Homosexualité, 175, 238
    à l'adolescence, 297
    à l'âge mûr, 373
    acceptation, 293
    adoption, 347
    chez le jeune adulte, 340–342
    environnement, 296
    expériences, 293, 295–296, 323
    hérédité, 296
    relations intimes, 333
Honnêteté, 332
Honte, 108–110, 171, 181, 229, 265
Horloge
    biologique, 76, 390
    sociale, 334, 353, 368
Hormone, 321, 324
    de croissance, 259, 359
    sexuelle, 173, 257, 259
Hormonothérapie substitutive, 357
Horn, John, 364
Horney, Karen, 181
Hospitalisation de l'enfant, 129–130

Hostilité, 257, 436, *voir* Comportement hostile
Humeur instable, 357
Humour, 362
Hyperactivité, 55, 184–185, 237, 240
Hypersexualisation, 294–295
Hypertension, 358–359, 381, 395
    artérielle, 360
Hypocrisie apparente, 274
Hypoglycémie, 62
Hypothèse, 30
    de la double représentation, 88
Hystérectomie, 361

I

Ibuprofène, 324
Idéalisme et esprit critique, 275
Idée suicidaire, 245, 248–249, 270, 422, 433
Identification, 177, 180
    de genre, 173, 217
    des mots, 215–216
    familiale, 304
Identité, 288
    bisexuelle, 296–297
    compréhension, 143, 151
    confusion, 289–290, 297
    crise, 289–290
    de l'adulte d'âge mûr, 369–371
    développement à l'adolescence, 288–292, 304
    différences sexuelles, 291–292
    diffuse, 290, 291
    en moratoire, 290, 291
    en réalisation, 290, 291
    équilibrée, 370
    ethnique, 292
    ethnique non réfléchie, 292
    ethnique, réalisation, 292
    ethnique, recherche, 292
    facteurs ethniques et culturels, 292
    homosexuelle, 296–297
    mature, 290
    personnelle, 304
    positive, 170
    principe, 205, 206
    professionnelle, 289
    sentiment, 433
    sexuelle, 289, 296–297
    style, 369
    surdéterminée, 290, 291
Identité/confusion des rôles (crise), 16, **289**
Identité de genre, 108, 175
    développement, 172–176
    différences sexuelles, 172–173
    étapes, 173
    influences biologiques, 173–174
    théories du développement, 176–179
    trouble, 175
Illusion d'invincibilité, 274
Image
    compréhension, 88
    corporelle, 200, 262, 264, 266, 292, 357
    de soi, 169, 228, 304, *voir aussi* Concept de soi
Imaginaire
    ami, 149–150
    distinction avec la réalité, 149
Imitation, 98, 246
    capacité, 88

différée, 85, 88, 143
invisible, 87, 88
visible, 88
Immaturité, valeur adaptative, 9
Impuissance, 358
Impulsivité, 266
Inclusion de classe, 204, 205
Indécision, 274
Indépendance, 251
Indice
    d'adaptation, 262
    d'Apgar, 60, 61, 89
    de masse corporelle (IMC), 264, 359, 389
    démographique, 387
Individuation, 304
Infarctus, 360
Infection
    abdominale grave, 300
    des yeux, 55
    respiratoire, 142
    transmise sexuellement (ITS), 297, 298–300, 323–325
Inférence transitive, 204, 205
Infertilité, 324–325
Inflammation pelvienne, 300
Influence(s)
    du milieu, 8, 154
    non normatives, 8–9
    normatives, 8
    normatives liées à l'âge, 333
Influx nerveux, 73
Information
    encodage, 402–403
    rappel, 402–403
    sociale, 243
    stockage, 402–403
    traitement, 272–273, 399–402
Inhibiteur de protéase, 300
Inhibition de la réaction, 273
Initiative/culpabilité (crise), 16, **181**
Injection
    d'hormone de croissance, 359
    de Botox, 359
    péridurale, 58–59
Insémination artificielle, 48
Insomnie, 263, 357, 362
    chronique, 393
Instabilité
    émotionnelle, 335, 362
    familiale, 236
Institutionnalisation, 407
Insuline, 200
Intégration, 365, 366
    des neurones, 72
    sociale, 322
Intégrité/désespoir (crise), 16, **404,** 428
Intégrité du moi, 421
Intelligence, 81, 199–200, 325, 399–401
    à l'âge mûr, 365–366
    cristallisée, 364, 400
    déficience, 52, 221, 246
    développement, 6, 20, 22, 91
    émotionnelle, 329, 330
    évaluation, 211–213, 329
    existentialiste, 212
    expérientielle, 329
    fluide, 364, 400

    générale, 365
    interpersonnelle, 212
    intrapersonnelle, 212
    kinesthésique, 212
    linguistique, 212
    logicomathématique, 212
    mécanique, 400
    mesures, 213
    musicale, 212
    naturaliste, 212
    neuf intelligences de Gardner, 212
    pragmatique, 400
    pratique, 329
    rôle de l'hérédité et de l'environnement, 42, 45–46
    spatiale, 212
    tests, 211–213, 399
    théorie des intelligences multiples, 212
    théorie triarchique, 213
Interactions, *voir aussi* Relation(s)
    affective mère-enfant, 116
    amicales, 182
    avec les adultes, effet sur l'estime de soi de l'enfant, 169–170
    différences entre filles et garçons, 172–173
    dyadiques, 307
    parent-enfant, 63, 91–92, 113, 118, 127–128
    sociales, 99–101, 153–154
Interdépendance, 242
Intérêt, 404
Intériorisation de normes, 127
Intériorité croissante, 368
Intervention
    auprès des familles, 193–194
    auprès des personnes endeuillées, 436
    en santé mentale infantile, 249
    psychosociale, 341
Intimidation, 186
Intimité, 290–291, 306, 308, **338**
Intimité/isolement (crise), 16, **333**
Introspection, 368, 433
Intuition, 326
    créative, 329
Invariant fonctionnel, 21
Irréversibilité, 146, 151, 425
Irritabilité, 54–55, 113, 122, 128, 235, 248, 263, 269, 324, 357, 362, 397
Isolement, 189, 245, 250, 340, 345, 362, 432

J

Jaunisse, 52, 62
Jeu, 201
    aspect social, 160–161
    associatif, 161
    constructif, 159
    coopératif, 161
    de règles, 160
    de rôles, 162, 244
    dramatique, 159, 161–162
    du coucou, 85–86
    du faire semblant, 159
    fonctionnel, 159
    formel, 159, **160**
    identité de genre, 179
    influence du sexe et de la culture, 161–162
    libre, 149, 163, 201
    lié à l'événement stressant, 250